# 中国资本市场法制发展报告

— 2009 —

中国证券监督管理委员会

法律出版社
LAW PRESS CHINA

图书在版编目(CIP)数据

中国资本市场法制发展报告.2009/桂敏杰主编;中国证券监督管理委员会编.—北京:法律出版社,2010.10
ISBN 978-7-5118-1205-6

Ⅰ.①中… Ⅱ.①桂… ②中… Ⅲ.①资本市场—金融法—研究报告—中国—2009 Ⅳ.①D922.280.4

中国版本图书馆CIP数据核字(2010)第179601号



**责任编辑**/李 群 **装帧设计**/乔智炜

**出版**/法律出版社 **编辑统筹**/法规出版分社
**总发行**/中国法律图书有限公司 **经销**/新华书店
**印刷**/北京中科印刷有限公司 **责任印制**/吕亚莉

**开本**/787×1092毫米 1/16 **印张**/63.75 **字数**/1300千
**版本**/2010年10月第1版 **印次**/2010年10月第1次印刷

**法律出版社**/北京市丰台区莲花池西里7号(100073)
**电子邮件**/info@lawpress.com.cn **销售热线**/010-63939792/9779
**网址**/www.lawpress.com.cn **咨询电话**/010-63939796

**中国法律图书有限公司**/北京市丰台区莲花池西里7号(100073)
**全国各地中法图分、子公司电话:**
**第一法律书店**/010-63939781/9782 **西安分公司**/029-85388843 **重庆公司**/023-65382816/2908
**上海公司**/021-62071010/1636 **北京分公司**/010-62534456 **深圳公司**/0755-83072995

**书号:**ISBN 978-7-5118-1205-6 **定价:**240.00元

主　编：桂敏杰

副主编：黄　炜
孙曙伟
胡宝海

2009年2月28日，十一届全国人大常委会第七次会议在北京人民大会堂举行闭幕会，以161票赞成、4票弃权表决通过《中华人民共和国刑法修正案（七）》，新增“利用未公开信息交易罪”，修改“内幕交易、泄露内幕交易罪”的部分规定，确立了“老鼠仓”和利益输送行为的刑事责任。

2009年10月23日，中共中央政治局委员、广东省委书记汪洋，
中国证监会党委书记、主席尚福林出席创业板启动仪式。

2009年1月13日，全国证券期货监管工作会议在北京召开。
中国证监会主席尚福林出席并讲话。

2009年5月7日，中国证监会党委中心组（扩大）组织依法行政专题学习报告会。中国证监会主席尚福林主持，全国人大常委会委员、法制工作委员会副主任信春鹰作“转型社会的政府职能与依法行政”的报告。

2009年1月11日，中国证监会在北京召开资本市场法制建设新春座谈会,邀请了全国人大常委会法工委、国务院法制办、最高人民法院、最高人民检察院等单位领导参会。证监会党委书记、主席尚福林出席会议并作了重要讲话。中国证监会党委副书记、副主席桂敏杰出席了会议。

2009年9月28日，中国证券监督管理委员会新一届上市公司并购重组审核委员会成立大会在北京召开。证监会主席尚福林、副主席庄心一出席会议。

2009年8月14日，第一届创业板发行审核委员会成立大会在北京召开。证监会主席尚福林出席并讲话，副主席姚刚主持会议。副主席刘新华、主席助理朱从玖出席会议。

2009年9月23日，证监会迎国庆暨海外引进人才座谈会在北京召开。
证监会主席尚福林、副主席桂敏杰、刘新华，主席助理吴利军出席会议。
中组部有关负责同志出席会议。

2009年5月18日，全国证券期货监管系统纪检监察工作会议在甘肃召开。中国证监会纪委书记李小雪出席并讲话，甘肃省省委常委、常务副省长冯健身出席会议。

2009年4月14日，期货监管工作座谈会在昆明召开。
中国证监会主席助理姜洋出席并讲话。

2009年11月12日至11月13日,中国证监会打击证券期货犯罪专题工作组调研座谈会在杭州召开。会议由证监会法律部主办，国务院法制办、最高人民法院刑二庭、最高人民检察院侦查监督厅和法律政策研究室、公安部经侦局和证券犯罪侦查局、证监会处罚委、稽查局、稽查总队有关负责同志及部分司法机关一线办案人员参加。

2009年11月5日，证券期货行政复议、行政诉讼研讨会在广东召开。会议由中国证监会法律部主办，国务院法制办、相关法院有关同志以及部分专家学者参加。

2009年8月14日，中国证监会法律部、期货二部工作人员在北京市第一中级人民法院出庭，就江苏某期货经纪有限公司不服证监会行政处罚决定提起行政诉讼一案应诉答辩。法院判决维持证监会行政处罚决定。

2009年12月31日，中国证监会主席尚福林发表题为《切实做好行政复议工作 维护资本市场和谐发展》的署名文章，纪念《行政复议法》实施十周年。

# 序

对于资本市场,人们更多关注的往往是股价的涨与跌,指数的高与低,交易的盈与亏,融资的多与少等,而较少注意这些经济现象背后的法律制度和法治建设。事实上,市场与法治是一对孪生姊妹,资本市场的发展须臾离不开法治。如果说市场经济是法治经济,那么,资本市场就是法治市场。

作为商品经济发展到一定阶段的产物,资本市场是一种比较高级的市场形态,社会财富高度集中,财产关系错综复杂,市场主体之间的利益既相冲突又相依存。资本市场中发生的情况和问题,事态急、牵涉广、变化快、风险大,可能影响经济和社会发展的全局。资本市场对于法治建设有着内在的动力和渴求,完善的立法、有效的执法以及公正的司法,是资本市场有序运行的基础和前提。考察世界上不同国家和地区资本市场的发展历史与现状,我们不难看出,在资本市场的建立、发展中,法治的意义和作用常常以非常直接的方式表现出来。市场的地位需要依法巩固,市场的体系需要依法构建;市场的行为需要依法规范,市场的创新需要依法确认;市场的秩序需要依法维护,市场的风险有赖于法律的有效防范和化解;更为重要的是,法治可以为市场的信心提供最为可靠和稳定的支撑。离开法治,资本市场的秩序和理性将是不可想象的。

我国资本市场正处于新兴加转轨的重要发展时期,法治建设的任务非常繁重,法治建设的意义尤为重大。无论是要处理改革发展中出现的各种新情况,还是妥善解决各种历史遗留的老问题,都要求必须有与其相适应的法律制度和法律机制,都必须有充分的法律依据和有效的法律手段。要发展我国资本市场,必须走法治的道路,这是大家在总结资本市场发展的经验教训之后,收获的重要体会,形成的基本共识。

从一定意义上说,我国资本市场的发展历史,也是我国资本市场法律制度从无到有,从少到多,从简单到系统的演进历程,重视和加强法治建设,历来是资本市场改革与发展的重中之重。十多年来,我国资本市场法治建设取得了明显的成就,逐渐摸索出了一条适应资本市场发展需要,符合资本市场规律要求,有中国特色的资本市场法治建设道路,为资本市场健康稳定发展发挥了非常重要的作用。

资本市场法治建设的成就首先表现为相关法律制度的完善。以《公司法》、《证券法》、《证券投资基金法》、《期货交易管理条例》的制定和修订,以及一系列配套行政法规、规章、规范性文件、自律规则和有关司法解释的制定、修改为标志,资本市场法律规则体系进行了一次全方位的清理和重构,已经形成了比较完整的、多层次的、基本适应资本市场改革发展需要的我国资本市场法律体系。

在基本实现了资本市场发展和规范有法可依的同时,中国证监会按照依法行政、建设法治政府的要求,进一步健全了资本市场行政执法体制,如改革、完善股票发行审核委员会制度,设立由专职委员组成的行政处罚委员会等,严格了执法程序,比较系统地规范了以行政许可和行政处罚为主的资本市场行政执法活动,依法作出了大量的行政许可决定,查处了一批严重扰乱市场秩序的证券期货违法违规案件,增强了行政执法的效能。同时,有关部门和单位还加大了对证券期货刑事犯罪的打击力度,并依法审判、处理了大量与证券期货相关的民事、行政诉讼案件。

资本市场法治建设的成果,既表现为具体的法律制度和执法实践,也表现为法治在促进资本市场发展方面所取得的社会、经济效果。随着我国资本市场法律体系的进一步完备和执法水平的进一步提高,我国资本市场实现了重大的转折性变化,在社会经济生活中的地位与影响越来越突出。二者之间这种时间上的同步与关联,其实正反映了它们的内在联系,是对资本市场法治建设历史作用的客观注解。在近年的股权分置改革、提高上市公司质量和证券公司综合治理等资本市场改革、发展的攻坚中,法治建设所发挥的关键作用都得到了比较充分的体现。

尤为可喜的是,在资本市场法治建设中,经过坚持不懈的努力,市场主体的法律意识不断增强,法治观念进一步树立;监管机构和自律组织也更加注重并越来越善于运用法律来对市场进行监督和管理,依法办事开始从外在的强制性工作要求逐步转变为自觉的意识和行为。

资本市场的法治建设,既是资本市场发展的重要内容,也是我国法治建设不可或缺的组成部分。随着资本市场的不断发展和我国法治建设水平的不断提高,资本市场法治建设也需要与时俱进,改革创新,不断注入新的内涵与活力。今后一段时期,随着资本市场的深入发展,将会不可避免地出现更多新的情况和变化,并会产生许多新的问题,法治建设面临着很大的压力和挑战。这就要求我们一定要在深入研究和认识新形势下资本市场法治建设的规律与特点基础上,进一步加强和做好法治工作,有重点、有针对性地完善法律制度、改进执法方式、加大执法力度,努力把资本市场的法律制度打造得更为科学、完备,切实做到严格执法、科学执法、文明执法,保障执法的规范性和有效性。有关法律规定的内容要充分体现出资本市场的专业性,突出法律对新的产品活动、新的市场关系和新的市场形势进行调整和监控的前瞻性,增强法律在执法实践中的适用性,提高法律在立法技术和形式上的规范性;要积极研究、推进资本市场的执法体制创新,深化资本市场行政审批体制改革,探索、完善新型执法模式,加强调查取证、罚没款执行等行政执法工作中的薄弱环节,提高执法效率,严肃查处资本市场中的各种违法违规行为;特别是要顺应新形势下市场发展和法治建设的要求,在完善市场法律机制、增强市场法治观念、培育市场法治文化、改善市场法治环境等方面狠下工夫,为资本市场的长远发展奠定坚实基础。

为了总结我国资本市场法治建设的实践,梳理资本市场法治建设的经验,进一步提高资本市场法治建设水平,中国证监会专门组织编辑了《中国资本市场法制发展报告》,第一次以年鉴的形式对以往资本市场法治建设的成果进行汇编整理,系统地记录资本市场法治建设的历史进程,为未来资本市场法治建设提供资料和借鉴,是一件非常有意义的事情。值此《中国资本市场法制发展报告(2006)》即将出版之际,愿以本文与大家共勉,祝愿我国资本市场法治建设取得更大进步,我国资本市场发展繁荣、昌盛。

尚福林

2007年9月24日

# 内容说明

本《报告》总结了2009年我国资本市场法制建设的主要成果，并力图反映我国资本市场法制发展的整体状况、发展水平和所处阶段。《报告》在编辑体例和内容上，基本遵循了2008年《报告》的做法，主要包括以下内容：

第一部分为重要文献，主要收录了《中国证监会贯彻落实〈全面推进依法行政实施纲要〉总结报告》等2件重要文件。

第二部分为领导讲话，主要收录了证监会领导在2009年关于资本市场法制建设的重要讲话14篇。

第三部分为法律法规，主要收录了2009年证券期货市场法律制度建设综述，2009年颁布的与资本市场发展相关的法律法规，包括法律4部、行政法规和法规性文件3部、规章14件、法律适用意见2件和司法解释12件的全文，以及92件规范性文件的目录和8件法律文件的说明。新增“重要法律说明”，收录了全国人大就刑法修正案（七）的有关问题答记者问。

第四部分为执法实践，主要收录了2009年中国证监会在行政许可、信息公开、打击非法证券活动、案件稽查、行政处罚、行政复议与行政诉讼、律师监管、诚信建设、普法工作等方面的工作综述及法律问题评析，以及行政处罚、市场禁入和行政复议决定书等内容。

第五部分为派出机构法制工作，收录了中国证监会11家派出机构的法制工作综述。

第六部分为市场自律组织及相关机构法制建设，收录了上海证券交易所、深圳证券交易所、上海期货交易所、大连商品交易所、郑州商品交易所、中国金融期货交易所、中国证券登记结算公司、中国证券投资者保护基金公司、中国期货保证金监控中心、中国证券业协会和中国期货业协会2009年法制建设的工作综述，并收录了上海、深圳证券交易所作出的纪律措施决定书目录。

第七部分为新增的监管专题，收录了《创业板市场建立投资者适当性管理制度》等中国证监会系统各单位、部门报送的专项监管法制工作报告8篇。

第八部分为新增的综述评析，收录了华东政法大学胡改蓉博士撰写的《2009年中国证券市场法制研究报告》，从我国证券市场法制概况等十个方面对2009年资本市场法制发展取得的成就及存在的问题做了具体阐述和评析。

第九部分为案例评析，收录了2009年在资本市场上有较大影响的11个典型案例分析。

第十部分为新增的司法文书选编，收录了大唐电信科技股份有限公司证券虚假陈述赔偿纠纷案民事判决书等司法文书6件。

第十一部分为法律意见书选编,收录了包括主要证券法律服务业务类别在内的12份法律意见书。

附录为2009年资本市场法制建设大事记,按时间顺序收录了2009年发生的对资本市场法制建设有重要影响的事件144件。

# 目 录

## 第一部分 重要文献



## 第二部分 领导讲话

# 第三部分 法律法规

## 一、立法工作



## 二、法律文件

### (一)法律



### (二)行政法规、法规性文件



### (三)中国证监会规章



### (四)证券期货法律适用意见



### (五)其他部委发布的与资本市场相关的部门规章

## 第四部分 执法实践

## 六、行政复议与行政诉讼



## 七、法律问题评析



## 八、律师监管



## 九、普法工作



## 十、诚信建设



# 第五部分　派出机构法制工作

## 第六部分 市场自律组织及相关机构法制建设

## 第十部分　司法文书选编



## 第十一部分　法律意见书选编

### 一、境内发行上市类

## 附　录

# 第一部分　重要文献

## 全面推进依法监管<br>促进资本市场稳定健康发展

### ——中国证监会贯彻落实《全面推进依法行政实施纲要》总结报告

（2009 年 5 月 4 日）

国务院《全面推进依法行政实施纲要》（以下简称《纲要》）发布施行的五年，正是中国证监会按照国务院《关于推进资本市场改革开放和稳定发展的若干意见》（以下简称“国九条”）的整体部署，从战略任务的高度，积极推进资本市场改革开放和稳定发展，取得重大进展的五年。五年来，我会紧紧围绕资本市场改革发展的各项中心工作，大胆改革，勇于创新，认真落实依法行政的各项工作要求，始终坚持将法制建设作为每年工作的重点来安排和部署，在制度建设质量、监管职能转变、科学民主决策、行政行为规范、执法体制创新、监督机制完善以及依法行政能力建设等方面，取得了明显的成效，资本市场监管执法工作全面纳入法治轨道，依法治市的良好局面基本形成。

**一、全面推进依法行政的主要做法**

（一）以提高质量为重点，全面重构法律制度体系

资本市场是规则导向的市场，法律和规则对市场主体的利益产生直接而又重大的影响，历来受到市场的强烈关注。五年来，我会认真落实《纲要》关于制度建设的基本要求，以提高质量为重点，从“新兴加转轨”的市场实际出发，着力改变不适应市场规律的制度和规范，大力强化市场体制、机制和功能建设，以《证券法》、《公司法》、《证券投资基金法》和《期货交易管理条例》的修订制定和配套规章完善为抓手，对资本市场法律制度规则体系进行了一次全方位的清理和重构。截至 2008 年底，资本市场现行有效的法律文件 420 件，其中，自 2003 年着力推进市场基础制度建设以来，制定和修订的法律文件有 355 件，占全部现行有效法律文件近 85%。这一时期资本市场法律制度规则体系建设，涉及数量之多、变动之大、速度之快，皆为历史之最，法律制度规则已经覆盖到发行上市、交易结算、并购重组、信息披露、中介服务、监管执法等资本市场依法行政的各个方面和领域，形成了法律、行政法规、规章、规范性文件以及各类自律规则构成的全面而又系统的科学体系。特别重要的是，我会将借鉴国外经验和立足国情创新相结合，推动建立起包括独立

董事制度、金融机构破产“三中止”制度、市场禁入制度、监管措施制度以及刑事侦查协调配合制度在内的一系列资本市场创新法律制度，一定程度上促进了我国民商事法制、行政法制乃至刑事司法制度的进步和完善。

同时，我会不断完善立法工作程序，颁布了《证券期货规章制定程序规定》，并根据实践需要进行了修订。上海证券交易所还积极探索立法评估制度，发布施行了《业务规则实施监督检查与评估细则》，取得了良好的效果。

(二)以市场约束为导向，切实转变监管职能

充分发挥市场在资源配置中的基础性作用，对于做好资本市场依法行政工作具有特别重要的意义。近五年来，按照《纲要》的要求，我会注重以市场化为导向，以行政审批制度改革为抓手，切实转变监管职能，充分尊重市场自治，大力培育行业自律，努力做到将监管重心和方式逐渐转变到事前、事中、事后管理相结合上来。

一是大幅度取消行政审批项目，全方位扩大市场主体经营自主权。我会先后分四批取消和调整行政审批项目126项，超过原有行政审批项目的2/3，范围涉及融资、并购等资本市场核心业务领域。保留的审批项目中，超过80%针对的是基于特许经营要求，国际上普遍实施严格市场准入的证券期货机构、人员资质及相关业务。

二是积极培育行业自律，强化交易所和协会的自律监管功能。通过立法明确赋予证券交易所证券上市核准、暂停上市及退市的决定权，赋予证券业、期货业协会从业人员资格管理职责等。

三是高度重视证券期货经营机构合规制度建设，提升市场主体规范经营水平。发布《证券投资基金管理公司督察长管理规定》、《期货公司首席风险官管理规定(试行)》、《证券公司合规管理试行规定》等规范性文件，明确要求相关市场主体建立健全合规管理制度，控制风险，规范经营。

四是充分发挥专业中介机构的作用，强化市场约束和监督机制。在证券发行、并购重组等业务中，建立保荐机构和会计师事务所、律师事务所、财务顾问机构、资信评级机构等证券服务机构发表专业意见的制度，明确中介机构提供专业服务的职责。据2008年统计，全年各律师事务所向证监会报送正式法律意见近900件，有效地保证了资本市场的依法监管。

五是创新行政管理方式，大力推进监管信息公开。制定了《证券期货监督管理信息公开办法》及相关配套规定，明确了监管信息公开的范围、公开的方式和程序等要求。办法实施以来，系统各单位、各部门健全信息公开工作制度，主动公开各类监管信息17000余条，证券期货监管工作更具“阳光化”。

六是努力探索诚信监管方式，逐步形成诚信约束机制。建成资本市场统一的诚信档案，共记录各类市场主体的违法失信行为信息6550多条，形成了所有行政许可及相关执法行为必须查询诚信档案，并根据不同的诚信记录类别，由相关主体承担诚信责任的工作制度。系统各单位结合工作实践，普遍建立健全诚信档案工作制度，创造出各类加强诚信建设的有效做法，如江苏局、湖南局建立了法律内核的工作环节，广东局明确了三级复核、定期督办和内部公示等工作程序。

(三)以健全制度为重点，确保决策科学和民主

资本市场的每一项改革、每一项制度，无不关系到千百万投资者的合法权益。五年

来，我会努力建立健全科学民主的决策机制，完善相关工作制度，确保做到依法决策、科学决策、民主决策。

一是建立健全集体决策制度。专门制定《中国证监会主席办公会议议事规则》，明确规定关系资本市场改革发展全局的重大政策，必须经过主席办公会讨论决策。五年来，共召开主席办公会251次，平均每月超过4次，涉及议题超过500个，范围包括重大改革发展政策、法规规章制定、重大个案处理等方方面面。各派出机构也按照民主、科学决策的要求，完善决策机制和制度。

二是建立健全专家决策咨询制度。一方面，在证券发行和并购重组等涉及主体重大利益的行政许可中，引入专家决策机制，由专门的"证券发行审核委员会"、"并购重组委员会"以会议形式形成决策意见，这些意见是证监会最后作出行政许可决定的基本依据。另一方面，经国务院批准，我会于2004年设立了专门的专家咨询机构"国际顾问委员会"，聘请国际金融界的著名专家、学者、知名人士担任委员，为我国资本市场改革发展献计献策，取得了很好的效果。各系统单位也针对重要事项成立了类似的专家委员会，如深交所在理事会层面设立了中小企业培育发展、上诉复核、风险管理3个专门委员会，总经理室层面设有上市、纪律处分2个专门委员会。大商所成立了发展创新委员会、风险控制委员会、财务委员会、审计委员会等议事机构。保护基金成立了投资决策委员会。

三是建立健全公众参与决策制度。为保证立法工作的质量和效果，我会专门规定了在证券期货规章和规范性文件制定工作中，通过座谈会、论证会、听证会征求公众意见以及向社会公开征求意见的工作制度，在实践中逐步形成了"公开为原则，不公开为例外"的公众参与决策制度。五年来，我会正式出台的48件规章中有47件向社会公开征求过意见，占比高达98%。近期，在总结实践经验和我会相关规章原则规定的基础上，专门出台了《证券期货规章草案公开征求意见试行规则》，进一步将公众参与决策制度化。

(四)以规范权力运行为核心，大胆推进执法体制改革创新

推进依法行政，核心是加强和改进行政执法。五年来，我会紧扣"科学分工、合理制衡、严格程序"这一主线，大胆推进证券期货执法体制的改革和创新，全面规范行政执法行为。

一是立足"查审分离"，创新建立资本市场"行政法官"制度。按照调查与审理"相互独立、相互制衡"的执法原则，我会在实践中创造性建立了案件调查和审理决定分由不同部门承办的工作体制，案件调查工作逐步形成了由首席稽查负责统一协调、指挥，稽查局统一办理立案、统一移交，稽查总队和各派出机构稽查局具体实施调查的工作机制。同时，借鉴境外的"行政法官"制度，创设独立的"行政处罚委员会"，专门负责资本市场违法违规行为的行政处罚，由专职委员负责行政处罚案件审理工作，对稽查部门调查终结移送的案件建立"主审——合议"的准司法化审理机制。

二是围绕严格程序，全程规范行政执法行为。在行政许可方面，及时出台《中国证监会行政许可实施程序规定》，对行政许可受理、审查、决定、告知和送达等各个工作环节做出了明确要求。在办公厅专门设立了行政许可统一受理机构，增强了工作的透明度和规范化。会内主要业务部门及系统单位普遍制定了实施行政许可的具体规定和工作程序。在日常监管方面，围绕行政监管措施这一重点监管执法活动，专门出台了《证券期货市场监督管理措施实施办法(试行)》，对监管措施的种类设定、实施程序和公文格式作了统一

要求,实现了依据法定、程序法定和文书格式的统一。对行政监管措施出台专门规定,这在国家行政机关中属于首创,受到市场广泛好评。为贯彻实施好这一办法,江苏证监局等单位专门制定了《工作规程》。在现场检查方面,先后出台了《上市公司检查办法》、《证券公司检查办法》、《证券投资咨询机构检查制度》等,对检查内容、检查方式及检查程序作出了明确规定。各派出机构结合一线监管实践,普遍制定了现场检查工作规程、工作指引等制度规定。在案件调查方面,相继出台了《案件调查实施办法》、《限制证券买卖实施办法》等一系列实施办法和提前介入、立案、调查、内审、移送等具体业务指引,确保案件调查工作全程有章可循。在强制措施方面,制定了《冻结查封实施办法》,对于《证券法》赋予我会的查封、冻结、边控等强制措施的采取,必须报经法制工作部门审查,分管会领导审核,由主席批准实施。在市场禁入方面,专门制定《证券市场禁入规定》,从程序上保障当事人的知情权以及陈述、申辩和要求举行听证的权利。在行政处罚方面,专门发布行政处罚委员会《组成办法》、《工作规则》、《听证规则》及《工作人员廉洁自律基本准则》等规则,从案件接收开始直到案卷归档,全程予以规范。在复议诉讼方面,先后制定发布了《行政复议办法》、《关于加强行政复议及行政应诉工作的通知》、《关于加强行政复议及应诉工作协调配合的通知》,建立起答复答辩、共同应诉等一系列工作制度。

三是针对自由裁量,专门建立规范制度和制约机制。行政执法活动的规范,除了要有必要的工作体制和程序制度为保障,关键是要保证每一位监管干部在日常执法工作中正确执行好法律、运用好法律。为此,在加强法律业务知识培训的基础上,我会主要抓好以下两个方面的工作:一方面,在总结实践经验的基础上,专门建立"证券期货法律适用意见制度",对于证券期货法律法规执行、规章及规范性文件适用中遇到的普遍性问题,形成专门的"法律适用意见"公开发布,以统一执法尺度和标准;另一方面,我会专门建立起"日常执法个案会签审查"制度,对于重大许可事项、重要监管措施、全部强制措施、疑难行政处罚案件,规定须经法制工作部门审查会签。仅 2008 年一年,我会机关法制工作部门就办理会签审查 600 余件,其中超过 2/3 的会签件,都出具了法律建议意见。系统各单位的法制工作部门也广泛参与本单位的各项重要决策,充分发挥合规审核与风险防范作用,有力地提升了本单位的法治水平。如四川局制定了《法制工作处公文会签工作规程》,明确法律把关的公文范围和工作程序;深圳局制定了《关于进一步规范我局证券期货监管行政行为的意见》、《法律事务管理办法》;广东局制定《法律事务专家小组工作制度》。

(五)以落实责任为抓手,不断强化执法监督工作

推进依法行政,加强监督制约是保障。五年来,我会以落实责任为抓手,切实加强对行政执法行为的监督。

一是狠抓行政执法责任制落实。按照《纲要》以及国务院办公厅《关于推进行政执法责任制的若干意见》的要求,发布实施了《中国证监会行政许可执法监督暂行规定》、《关于推行行政执法责任制的实施意见》、《行政执法资格认证及执法证件管理暂行办法》、《行政执法责任制评议考核暂行办法》、《行政违法行为责任追究暂行办法》五项制度文件,成立了"推行行政执法责任制工作小组"、"证监会行政执法评议考核领导小组",梳理行政执法依据 233 项,明确执法职权 103 项,确保执法有据、职权明晰、责任到人。开展行政执法责任制评议考核和行政执法资格认证工作,并对先进集体和人员进行表彰。各派出机构结合一线监管实践,完善制度落实行政执法责任制。天津局制定了《定期与监管

对象座谈实施办法》等依法行政监督制度。云南局对依法行政工作提出树立“铁案、被告、证据、程序、时效”五个意识的工作要求。河南局形成层级监督和AB角监督机制。

二是深化辖区监管责任制。在行政执法责任监督工作中，我会还结合垂直管理体制，创新层级监督机制，建立健全辖区监管责任制。先后出台了《派出机构工作职责》以及按照上市公司监管、证券公司监管、基金公司监管、期货公司监管和会计师事务所监管在内的分类辖区监管工作指引。从2007年开始，我会制定《派出机构监管工作评价办法》，全面启动实施派出机构工作评价工作，进一步健全辖区监管责任制的责任标准、问责体系，推进了证券期货监管体制的完善。在此基础上，各派出机构从辖区监管工作实际出发，制定具体制度，按照明确职责分工、落实责任人员的要求，将监管责任落到实处。

三是强化行政监察责任制。坚持制度为本，规范监管干部的从政行为，制定了《中国证监会工作人员守则》、《中国证监会工作人员勤政廉政六项要求》等各项制度，形成用制度管人、管事、管权的良好机制。通过任期离任审计和月报表系统统计，加强审计监督，提高预算执行情况的约束力。持续推进专项性的“每季一查”，如检查工作人员执行禁止买卖股票规定，全系统累计开展该项活动达600多次。组织开展全面性的执法监察50余次，不断加强对系统各单位依法行政情况的监督检查。

四是狠抓行政复议监督和接受司法监督。在行政复议组织方面，针对我会原级行政复议监督难的特点，我会较早成立了行政复议委员会，由会领导担任主任委员，由各业务部门主要负责人担任委员，吸收市场专业人士参与行政复议，保障了复议监督的独立性、权威性和专业性。在复议应诉制度方面，建立原行政行为承办部门负责人接受复议委员会质询制度，承办部门负责答复答辩制度，承办部门与法制工作机构共同派员出庭应诉制度，以及复议诉讼意见书和建议书制度，强化对前端监管执法行为的监督和制约。五年来，共办理行政复议案件139件，其中作出撤销、变更决定的20件，占14.4%，经过行政复议，95%的案件申请人不再提起行政诉讼或者申请国务院裁决。五年来，人民法院立案受理的涉及我会的行政诉讼案件6件，至今无一例败诉。

（六）以案结事了为目标，积极探索和谐为本的矛盾解决机制

资本市场是公众投资场所，参与主体多元，利益诉求多样，需要我们在监管执法工作中妥善处理好各种矛盾和纠纷，切实做到“案结事了、和谐为本”。

一是不断完善信访工作机制，稳妥处置各类信访事件。五年来，我会一直重视加强信访制度建设，健全信访工作体制。相继出台了“一个信访规则，两个指导意见，一个工作通知”，建立起全证监会系统统一组织部署、辖区责任落实、自律组织配合的信访工作体制。系统各单位也结合实际建立健全信访的相关制度。山东局倡导“大信访”工作理念，积极探索既保护投资者利益又服务监管工作的双向共赢信访工作机制。陕西局编制了“信访流程图”，制定信访事项格式文本16件。深圳局自行研发并启用了“信访管理系统”，实现信访办理全过程留痕。

在信访实践中，我会着力畅通信访渠道，加大矛盾排查力度，积极妥善处理信访事项，绝大多数信访问题和矛盾在辖区当地得到了妥善处理。特别是去年一年，我会围绕全国“两会”、奥运会及改革开放30周年“三个阶段”的工作目标，全力做好信访处置工作，全系统共接收办理来信8688件，接待人员来访2468批3391人次，集体访群体访189批2411人次，信访渠道畅通、有效。特别是，我会在信访工作实践中探索建立下访工作机

制,组织7个单位下访投资者代表,对于信访所反映的问题,积极研究解决,获得了中央联席会议办公室的肯定。

二是综合运用灵活多样的"柔性"执法手段,确保妥善化解执法矛盾。我会本着教育与惩戒相结合的原则,在日常监管、行政处罚、复议诉讼等执法工作中,注意尊重和保障执法对象的合法权益,通过告知、听证等程序,使当事人能够进行阅卷、质证、陈述、申辩、鉴定等活动,确保相关当事人在矛盾处理过程中"有机会参与,有条件说话,有可能商量"。在行政诉讼过程中,则是在法院组织下主动与原告协商沟通、说明情况,2008年拟起诉我会的7例案件,仅有1起正式起诉,并最终以原告主动撤诉结案。

三是强化仲裁工作要求,健全证券期货纠纷仲裁工作制度。2004年国务院法制办公室和我会联合印发了《关于依法做好证券、期货合同纠纷仲裁工作的通知》,明确证券期货市场主体之间发生的6个方面的合同纠纷,适用仲裁方式解决。《通知》发布实施以来,证券期货纠纷仲裁制度逐步完善,证券期货合同中订立仲裁协议、证券期货专业人士参与仲裁等工作,得到了有效落实,对于及时处理证券期货市场民事纠纷发挥了十分积极的作用。系统单位还积极探索调解等化解市场纠纷机制,如郑商所成功调解了某会员与其客户的仓单转让纠纷,市场反映良好。

四是积极探索工作机制创新,推动建立解决矛盾纠纷的"行政和解"执法模式。从证券期货市场违法违规案件专业性强、手段隐蔽、查处难度大的实际情况出发,我会积极研究借鉴境外监管机构"行政和解"的执法模式。2006年9月,中办、国办《关于预防和化解行政争议健全行政争议解决机制的意见》明确提出探索和完善行政和解制度的工作要求后,我会进一步完善在证券期货监管执法中引入和解机制的工作思路,并起草了证券期货行政和解的《实施方案》和《暂行规定》,目前相关工作正在推进中。

(七)以强化意识为基础,大力加强依法行政能力建设

依法行政,必须要不断增强执法人员自身的法律素养、执法意识和执法能力。

一是立足普法宣传教育,着力提升法律知识水平。我会党委和系统各级单位党委普遍建立起中心组学法制度。会党委中心组举办的《物权法》等多场专题报告会,通过视频方式扩大到系统全体干部。系统各单位认真落实法制教育培训"四个确保"的工作要求,即确保新出台的法律法规作为重点内容;确保处以上领导干部作为重点对象;确保专题面授培训、党校课程培训、任职学习培训以及业务工作培训等培训形式;确保与年度评优挂钩的培训考评制度,开展形式多样的普法宣传活动,全体监管干部的法律知识水平有了明显提高,依法行政自觉性明显增强。如福建局的背诵"两法"活动,天津局的"岗位说法"活动等。在"五五"普法中期先进评选中,我会普法办和陕西证监局丁海筠同志、上海证监局薛珍同志、广东证监局方毅祖同志、中国金融期货交易所叶国鹏同志受到表彰。在全国普法办公室2008年举办的第六届全国法制动漫作品征集活动中,我会及上海证监局、海南证监局、安徽证监局荣获组织奖。

二是立足执法主体资格管理,着力培养依法行政意识。按照行政执法任职资格考核要求,我会扩大了行政执法主体资格管理对象范围,由原来的稽查执法人员,扩大到日常监管执法人员,纳入行政执法主体资格管理的人员由340人增加到1900人,相关执法干部必须通过专门的执法任职资格考核,才能颁发执法证书,履行监管执法职责。在这基础上,我会还建立常态的监管干部学法用法、评议考核等工作制度,加大监管执法人员的资

格管理。

三是立足工作机制建设，着力培养监管执法干部依法行政能力。除了系统相关单位和部门设立专门的法制工作机构和法制工作岗位，增加专门的法律专业人员，建立灵活的法律小组工作机制等方式，我会还在国务院部门中最早建立起公职律师制度，并结合证券期货监管工作实际需要，建立起发挥公职律师队伍作用的有效机制。我会系统的142名公职律师，在参与立法起草与论证、解决复杂疑难政策法律问题、实施案件调查与审理、办理行政复议以及代理出庭应诉等关键领域发挥了重要作用，有效提升了依法行政能力。

综上所述，《纲要》施行以来的五年，我会依法行政各项工作进展顺利，取得了明显成效。现行有效的420件法律文件中，包括法律3部、行政法规17件、司法解释16件、规章58件、规范性文件326件。一个符合"新兴加转轨"市场实际需要的资本市场法律制度体系基本形成，资本市场依法运行的基础进一步稳固，资本市场规范发展的法律环境进一步优化。按照建设法治市场的本质要求，资本市场监督管理的法治化水平有了明显提高，五年间，我会正式立案查处案件329件，共对187家机构、1179人作出行政处罚决定，对240人采取市场禁入措施。我会机关和派出机构共对4435家次机构、6487人次采取行政监管措施。同期提起复议和诉讼的有26家机构、124人次，分别占全部被行政处罚、市场禁入和采取行政监管措施机构和个人的0.56%和1.56%，资本市场的依法监管得到了市场的普遍认同，监管执法工作经受住了实践的检验。特别重要的是，资本市场法治化水平的不断提高，有力地促进了资本市场基础性制度建设，促进了资本市场的改革创新，维护了资本市场的良好秩序，最终有力地促进了资本市场的规范和发展。经过股权分置改革、上市公司清欠、证券公司综合治理以及大力发展机构投资者等各项基础性建设的深入推进，资本市场稳定运行的基础进一步加强。截至2008年底，我国资本市场累计为企业股票融资2.3万亿元，债券融资1.3万亿元，上市公司达到1625家，市值已达当年GDP的74%，资本市场服务和促进国民经济发展的作用越来越受到全社会的广泛认同。

五年来的实践充分证明，坚持把推进依法行政作为资本市场改革发展的基础性工作来抓，完全符合资本市场发展的客观要求。依法行政、建设法治市场的生动实践，资本市场相关法律制度和执法体制的改革和创新，在日益显示其深刻反映市场规律、促进市场发展的重要作用的同时，也为依法治国、建设社会主义法治国家治国方略的实现，提供了可资借鉴的重要经验，形成了资本市场法治建设的鲜明特色：

——资本市场是法治市场的观念深入人心，资本市场的稳定运行离不开法制的保障，法治已经成为资本市场参与主体共同的思想文化基础。五年来，我会始终强调资本市场是法治市场，始终尊重市场的法治需求，自觉依照法治的要求规范和发展资本市场，依法行政已经从外在的强制性要求逐步转变为监管机构自觉的意识和行为，资本市场的法治要求日益转化为市场参与主体的行为准则。一个持续健康发展的资本市场，必然是一个深深植根于法治的市场。资本市场的繁荣和发展，唯有法治之路，这一理念开始成为全市场的广泛共识，依法行政工作的内在动力日益增强。

——资本市场是市场经济最为活跃的领域，市场改革创新的生动实践，在挑战现行法律制度的同时，也为法制的发展和完善提供了有益的经验，有力促进了我国民商事法制、行政法制和刑事司法制度的重大进步。资本市场建立以来，特别是近五年来，我会立足于"新兴加转轨"的市场特征，探索出一条市场化导向、创新试点先行的立法道路。面对市场创新的实践需要,我会正确处理借鉴国外经验与立足中国实际的关系,及时回应市场呼声和要求,突破传统民商法、行政法和刑法的窠臼,实现了"公司治理"、"独立董事"、"分类表决"、"三中止措施"、"市场禁入"、"背信罪"等一系列重要法律制度的变革,促进了我国社会主义法律体系的发展和进步。

——与资本市场监管任务和目标相适应的执法体制机制创新,深刻反映了权力运行分工与制约的客观规律,在有效解决资本市场监管执法实际问题的同时,也为我国政府管理体制改革提供了成功范本。近年来,按照行政权力分工与制约的内在要求,我会创新"查审分离"的执法体制,大胆借鉴境外"行政法官"制度,组建专门、专业的"行政处罚委员会",实现了案件调查和审理的独立和制约,启动行政执法"准司法化"的改革,有力打击了违法违规行为,提高了执法效率,反映了现代行政法治的发展方向。

——与资本市场和谐发展相适应的监管手段、方式的创新,促进了资本市场矛盾纠纷化解方式的多元化,在实现"定分止争、案结事了"的行政执法目标的同时,也丰富了依法行政的深刻内涵,体现出转型时期政府职能定位的时代特征。资本市场是经济活动最为鲜活的领域,对改革传统执法模式、不断创新监管手段的要求也更为直接。我会在监管实践中注重创新、不断探索。针对资本市场既强调法制,又特别依赖诚信的实际需要,我会建立统一的诚信档案,大力探索诚信监管方式,初步建立诚信约束和失信惩戒机制。按照中央关于预防和化解行政争议健全行政争议解决机制的工作要求精神,我会以相关案件查处实践为基础,探索在证券期货违法违规调查、审理等行政执法中,试行"行政和解",顺应了监管执法的形势要求。

——资本市场法治建设大胆借鉴和吸收国外先进的法律制度和文化,始终站在法治发展国际化的最前沿,客观上为依法行政的不断创新发展提供了有益借鉴。与其他领域相比,资本市场的法律体系和监管规则的发展特别体现出国际化的内容和要求。为此,我会大胆借鉴国际发达国家和地区的资本市场规则和监管经验,不断地探索"新兴加转轨"时期适合我国资本市场监管规律的模式,不断地消化和吸收先进法律知识和文化,为我所用,我国资本市场法制充分体现出国际化的鲜明特色。

## 二、全面推进依法行政的经验和体会

总结五年来的工作,资本市场依法行政工作取得了显著的成绩,也积累了不少的工作经验,概括起来主要包括:

### (一)必须切实加强组织领导

依法行政是涉及资本市场监管执法体制和机制的深刻变革,是一项涉及各方面工作的系统工程,只有切实加强组织领导,才能确保各项工作任务的完成。

一是领导高度重视。2004年《纲要》发布不久,我会即结合证券期货法制建设和监管工作实际,对贯彻落实《纲要》进行了安排部署,制定印发了贯彻落实《纲要》的实施意见等文件。五年来,我会党委每年都把完善资本市场法制作为基础性工作,重点安排,专门部署。尚福林主席每年都要在监管工作会议上就依法行政工作提出专门要求。《纲要》实施五年来,我会召开的主席办公会议,超过一半议题都与立法、执法等依法行政工作相关。系统各单位也结合实际情况制定了推进依法行政的文件,如山东局、黑龙江局、浙江局、宁波局等单位制定了落实《纲要》和我会实施意见的工作计划、安排、方案、规划,青海局制定了本局全面推进依法行政的五年规划(2004—2009),将依法行政工作列为重要的考核内容。

二是强化组织保障。我会和系统各单位都专门成立了依法行政工作领导小组,尚福林主席担任会领导小组组长,系统各单位主要领导任领导小组组长。我会机关各业务部门、各证券期货交易所、结算公司以及北京局、天津局、黑龙江局、上海局、江苏局、湖南局、广东局、四川局、陕西局、深圳局10家派出机构专门设立法制工作部门和处室机构,其他派出机构也都明确专门的机构负责依法行政工作。

三是充实干部队伍。一方面按照干部队伍结构调整的要求,在新招录工作人员时明确法律专业干部比例,通过努力,资本市场监管干部队伍法律专业人员比例已从最初的不足5%扩大到目前的30%,增加了5倍;另一方面在中央国家机关中率先试行公职律师制度,除已获得公职律师资格的142名人员,还有248名符合条件的人员正在办理公职律师注册手续。通过发挥公职律师的专业优势,带动了我会在日常监管决策、各项行政执法工作中监管执法水平的提高。

(二)必须坚持服务中心工作

为中心工作服务是依法行政工作的立足点和出发点。一是坚持为资本市场基础性建设服务。《纲要》实施的五年,也是我会大力推进股权分置改革、提高上市公司质量、证券公司综合治理、大力发展机构投资者等重大专项工作的五年,我会充分发挥法治的功能和作用,有效促进了重大基础性建设目标的实现。二是坚持为资本市场改革与发展服务。随着股权分置改革等工作的完成,资本市场进入了新的发展阶段,近几年,我会从规则制定、执法协调、环境创造等方面,努力为创业板筹备、股指期货产品、融资融券业务、发行制度改革、上市公司并购重组提供法律支持和服务,有效推动了资本市场的改革与发展。三是坚持为维护资本市场秩序、保护投资者合法权益服务。适应不同时期、不同阶段证券市场违法违规行为的新情况、新特点,我会切实加大查处力度,严厉打击严重侵害投资者合法权益的行为,及时查办了证券公司风险处置、上市公司清欠中的违法违规案件,以及"杭萧钢构内幕交易案"、"带头大哥非法咨询案"、"唐建、王黎敏老鼠仓案"等一大批市场影响恶劣的违法违规案件,有力地维护了资本市场正常秩序,保护了投资者合法权益。

(三)必须坚持按规律办事

依法行政的内在本质就是按规律办事。一方面我会注意遵循市场自身的规律,充分发挥市场在资源配置中的功能作用,按照市场规律界定好市场主体、中介机构和监管机关的职责边界,安排好发行定价、交易机制、并购重组、信息披露、风险控制等制度要求,充分发挥好市场机制的作用。另一方面我会注意遵循法治工作的规律,按照法治的内在逻辑,坚持分权与制衡、分工与合作的原则,构建符合市场实际需要的执法体制。同时,在监管执法的工作实践中,在事实认定、证据运用、法律适用等方面充分体现法治的规范和要求,兼顾合法性与合理性要求,坚持法律效果与社会效果的统一,从而确保实现有法必依、执法必严、违法必究的执法目标。

(四)必须勇于改革和创新

资本市场本身是改革的产物,在资本市场推进依法行政工作,同样必须坚持改革和创新。正是本着改革和创新的精神,五年来,我会在市场制度建设方面、执法体制方面以及执法方式方面,都取得了重大的历史性进步。随着资本市场改革和发展的深入,资本市场的依法行政工作仍然面临着繁重的改革创新任务。勇于改革创新,除了要有改革和创新的精神,更重要的是要把握好改革创新的着力点,明确改革创新需要努力的方向,要坚持从市场发展的实际需要出发,紧紧围绕市场体制机制建设,从多层次市场构建、发行制度改革、交易制度完善、产品业务创新等多个方面入手,发挥好法治的功能和作用,推进依法行政工作向纵深发展。

(五)必须不断优化监管执法环境

资本市场依法行政,仅靠监管机关的努力远远不够。实现依法行政的目标,需要有立法的支持,司法的保障,地方政府和相关部门的配合,不断形成资本市场监管的合力。五年来,立法机关在《公司法》、《证券法》、《刑法修正案(六)》、《刑法修正案(七)》、《企业破产法》、《物权法》等基本法律的制定和修改中,及时反映资本市场实践要求,确立了影响资本市场的一系列重要法律原则和制度。司法机关从市场监管的需求出发,积极推动证券期货犯罪追诉标准、证券民事赔偿,打击非法证券活动等十多件司法文件的出台,在专项工作以及重大个案处理中,大力支持和配合监管机关工作,人民法院两次召开证券公司风险处置工作会议,较好地发挥了司法的支持与保障作用。同时,我会在证券公司风险处置、债权收购、上市公司破产重整等重大工作中,得到了地方政府的大力支持,确保了相关工作的稳妥推进。我会积极与人民银行、国资委、财政部、发展改革委、商务部等部门沟通协作,建立起与其他金融监管部门和综合经济管理部门的合作机制,保证了依法行政工作的顺利开展。

应当看到,全面推进依法行政,实现政府行为从主要依靠政策向主要依据法律转变,涉及我国政府职能的深刻变革,必然会有许多现实的困难和问题,必须正确面对、妥善处理。从资本市场依法行政工作的实践来看,我们体会,应当注意处理好以下几个方面的关系:

(一)正确处理学习借鉴国外经验与立足我国国情的关系

资本市场是在学习借鉴国外经验的过程中建立起来的,引进和吸收了一大批国外的制度和做法,对于促进中国特色资本市场法律体系的建成,发挥了积极作用。同时我们也应看到,我国资本市场是在本土国情和环境下成长和发展起来的,必然受到我国既有的社会环境的影响,包括以国有成分为主的企业特色和股权文化,相对落后的法治和诚信文化等,这些因素决定了资本市场依法行政不能不顾国情,一味照抄照搬国外经验。同时,我们也不能以国情为由,把先进文化拒之门外。必须从我国资本市场特有的运行规律和本土特点出发,吸收国外成熟市场的有益经验,正确处理好学习借鉴国外经验与立足我国国情的关系,只有这样,才能保证资本市场法律制度,既有先进的制度文化内容,又有鲜明的国情特色,从而满足市场改革和发展的实际需要。

(二)正确处理法律效果与社会效果的关系

依法行政讲求严格依法办事,但依法行政绝不是简单的依规定办事、照条文办事,而是要从市场改革发展的现实需要出发,努力通过法治的方法和手段,正确调节利益冲突,处理社会矛盾,获得市场认同,以求得法律效果和社会效果的统一。实践中,曾经出现过对一些执法案件的处理,从法律上看是可行的,但从社会效果看并不好,甚至实际上也很难执行下去。究其原因,就是没有从经济社会发展的全局考虑问题,没有辩证客观地分析矛盾和问题的性质、成因,没有找准问题的症结所在。因此,在资本市场推行依法行政,需要正确处理好法律效果和社会效果的统一,既要坚持合法性原则,严格依法办事,又要坚持合理性原则,充分考虑监管执法的合理措施;既要讲究办案质量,保证公正执法,又要防止办案效率不高,影响监管效果;既要规范执法行为,防止不当执法,又要鼓励敢于执法、有效执法,保证执法效果;既要发挥法律惩罚违法的功能,又要注意发挥法律的教育功能,及时矫正过错。只有正确处理好这些关系,才能更好地发挥监管机关的职能作用,有效促进市场的稳定和发展。

(三)正确处理职权法定与解决现实矛盾问题需要的关系

在"新兴加转轨"的市场环境下,一方面,由于改革创新正在深入推进,各种利益关系处在调整和变动过程之中,许多新的社会矛盾和问题不断出现,需要我们及时加以应对和处理;另一方面,依法行政、建设法治政府要求正确定位政府职能,政府部门应当依照法律规定的职权履行职责,严格依法办事、依法监管。这种监管机关职权法定与市场监管现实需要之间的矛盾和冲突,在我国资本市场改革发展的现阶段往往表现得十分突出。监管机关只有勇于承担社会责任,在符合资本市场改革发展全局需要,在有利于广大投资者合法权益保护,在不违反公平正义的法律原则精神的前提下,大胆采取措施,妥善处理好实际发生的矛盾和问题,才能获得市场的认同。如果囿于"有授权我才管,有规定我才办"的原则处理问题,不仅不利于矛盾和问题的解决,也会损害监管机关的良好形象。近几年来,我会在加强舆论引导,努力净化资本市场监管环境方面;在主动应对挑战,有效打击非法证券活动等方面,自觉从市场监管的实际需要出发,主动研究新情况,应对新问题,及时采取有效措施,较好地解决了市场发展中产生的新的矛盾和问题,取得了良好的市场效果。

(四)正确处理规则导向与原则和审慎监管的关系

资本市场参与主体众多,利益关系复杂,客观上要求强调规则,用规则明确权利义务关系,用规则明确行为准则。只有把资本市场的运行建立在公开透明、相对稳定的规则基础之上,资本市场才能有明确的预期可言,也才会有真正稳定的市场秩序,重视规则导向应当是依法行政的必然要求。但是,我们也应当看到,资本市场的生命在于实践和创新,现有的规则是对既往实践经验的总结,不可能预见和解决市场发展面临的所有问题。资本市场监管执法的现有规则对于市场改革发展中的一些问题,客观上存在规定不明确、不具体的问题,只能通过原则性的规定来体现监管的要求。而对于一些不适于用法律手段调节的,而又必须要由监管部门审慎把握的宏观经济政策、风险控制等方面的要求,也不能完全通过规则来明确,只能通过审慎监管的政策安排来实现。因此,推进资本市场的依法行政工作,在强调依法办事、规则导向的同时,一定要充分重视原则监管和审慎监管的要求,努力实现两者的有机统一,从而保证实现监管执法的既定目标。

## 三、深入推进依法行政的意见和建议

《纲要》实施五年来,我会的依法行政工作取得了明显的成效。在看到成绩的同时,我们清醒地意识到,与《纲要》确定的目标和资本市场科学发展的要求相比,我会依法行政的各项工作任务还很艰巨。依法行政是一项系统工程,是一个动态过程,只有经过长期不懈、持之以恒的努力,才能最终实现目标。下一步,我会将继续推进资本市场依法行政工作:一是要在科学评估的基础上,进一步完善现行法律制度体系,不断提高制度建设的质量;二是要在总结实践经验的基础上,进一步推进执法体制机制的改革和创新,不断提高执法的质量和效率;三是要在借鉴国外经验的基础上,以行政和解制度为重点,不断创新执法模式;四是要在立足客观需要的基础上,切实转变政府职能,进一步厘清政府与市场的关系;五是要在科学界定职责的基础上,进一步完善执法程序和制约机制,不断健全执法责任制度;六是要在明确要求的基础上,进一步加强干部队伍建设,不断提高依法行政能力。

为确保依法行政各项工作目标的实现,我们建议:

(一)进一步加大督促检查力度,保证依法行政的各项要求和目标全面贯彻落实

建立健全依法行政督促检查制度,不断增强各级领导干部的法治观念和责任意识。要通过严格的工作和考核标准,把依法行政的各项要求,转变成对各级领导干部的硬指标、硬任务、硬约束。要加强行政层级监督,确保全国法制统一、政令畅通。发挥行政监察、审计等专门监督机构的作用,加大行政绩效考核和行政责任追究力度。充分利用信访、举报等民主监督形式和媒体、网络等社会监督形式,查找依法行政中的问题,一经发现,保证及时纠正、严肃处理。

(二)进一步加大执法协调和指导力度,保证行政执法的质量和效率

随着中国特色社会主义法律制度体系的基本建立,我国依法行政工作的重心,已经由《纲要》实施初期以构建法律体系,确保有法可依为主,转向了以有法必依、执法必严为主的新阶段。对于行政执法中遇到新情况、新问题,从现有法律中难以找出明确的依据和适用的标准或者法律之间交叉、界限模糊时,希望国务院能够建立健全专门的工作机制,对具有普遍性的问题以及重大疑难个案及时予以协调,统一执法标准,确保严格执法。

(三)进一步优化行政执法环境,形成立法机关和司法机关支持、各部门配合的综合监管体制

资本市场依法行政工作的实践表明,市场监管执法中相当一部分的问题,仅靠监管部门发挥职能作用,力度不够,效果不佳。包括加大刑事打击力度,健全民事赔偿机制,建立行政和解执法模式等工作,必须依靠立法机关、司法机关及地方政府和其他部门的共同努力。建议国务院建立专门的协调工作机制,加大支持推动力度,及时解决市场中出现的立法和司法问题,形成符合资本市场监管实际需要的协调配合、各负其责、齐抓共管的综合监管体制。

# 切实做好行政复议工作<br>维护资本市场和谐发展

——纪念《行政复议法》颁布实施十周年

中国证监会党委书记、主席　尚福林

(2009年12月31日)

今年是《中华人民共和国行政复议法》颁布实施的十周年。《行政复议法》的施行,标志着行政复议制度正式以法律形式确认为我国化解行政纠纷和社会矛盾的重要机制,对

于贯彻依法治国基本方略、严格依法行政具有十分重要的意义。资本市场具有主体多元、公众参与广泛、利益诉求多样、信息公开透明等特点,因此特别依赖规则、强调法治。体现在资本市场的监管工作上,就是对依法行政、依法监管有更高的要求和更多的社会期待。行政复议作为解决行政争议、保障依法行政、强化执法监督的重要法定制度,对维护资本市场“公开、公平、公正”原则、保护投资者合法权益、建立和谐市场秩序发挥着越来越重要的作用。

中国证监会自成立以来秉承依法行政理念,努力推进资本市场的规范与发展,结合资本市场特点和执法监管实践,不断健全和完善行政复议工作。一是立章建制,建立健全了适应证券期货监管工作特点的一整套复议受理、答复、审理、决定、实地核查等制度规范。二是坚持复议为民,注重保障申请人行使合法权利,与申请人直接沟通、实地核实、案后释明,确保当事人在纠纷处理过程中“有机会参与,有条件说话”。三是创新复议体制机制,保障复议监督的独立性、权威性和专业性,在创建行政复议委员会的基础上,近年来又调整了复议委员会组成人员,提高复议委员层次,扩大复议委员的范围,吸收市场专业人士参与行政复议。四是充分发挥行政复议的监督和指导作用,实施行政复议意见书和建议书制度,加强对典型行政复议、行政诉讼案例的总结与宣传,并结合案件所反映的争议问题专门进行研讨,完善相关执法制度、机制。五是不断加强行政复议能力,专门实施了公职律师支持复议等工作制度。这些举措较好地提高了证监会行政复议工作水平,有效化解了行政争议,强化了对前端监管执法行为的监督和制约。2004 年以来证监会共针对 20,307 名当事人(包括机构和个人)作出了直接影响其具体权益的行政决定,同期发生的复议案件为 151 件,涉及申请人 130 位,复议率为 0.64%。经过行政复议,95% 的案件申请人不再提起行政诉讼或者申请国务院裁决。2004 年以来结案的涉及证监会的行政诉讼及国务院裁决案件获得了人民法院和国务院的支持。在有效化解争议的同时,通过行政复议的监督职能把发现的执法问题进一步反馈到前端,证监会先后完善了行政申请受理、行政处罚、行政许可、行政调查、行政强制、行政监管措施、行政执法证据、送达告知、信访等多方面的工作制度和机制,特别是严格实行了“查审分离”的行政处罚工作体制,设立了专门的行政处罚委员会,按照主审合议的机制实施行政处罚,有效地提高了证监会的行政执法能力。

随着资本市场基础性制度的不断完善,特别是资本市场改革、发展的进一步深入,市场开放的进一步扩大,产品和交易方式的不断创新,新的矛盾和问题也将不断出现。实践证明,市场矛盾越是复杂多样,越要注意充分发挥法律制度的规范、引导和保障作用,越要通过法律途径解决问题、化解纠纷、保持稳定、促进和谐。为此需要更加重视法制建设,始终坚持依法行政,正确把握新形势下行政复议工作的思路和方向。

一是行政复议工作要立足于发挥资本市场服务国民经济全局的功能。当前,面对国内外经济金融的复杂环境,按照科学发展观的要求,资本市场应当紧紧围绕充分发挥服务国民经济全局的功能,不断推进市场的改革和创新。行政复议工作应当从这一要求出发,在加强资本市场基础性制度建设、完善体制机制建设、深化市场改革创新、推出多层次市场建设、推进新股发行制度改革等多个方面发挥行政复议本身所特有的法律支持、保障和监督作用。通过行政复议,一方面把资本市场监管体制、机制中阻碍发展的因素和问题甄别出来、剔除出去;另一方面要尽早合理解决行政争议、妥善公平地处理各方利益关系,同时密切市场监管主体与市场参与主体的联系,营造和谐发展的资本市场良好局面,从而使资本市场监管工作进一步融入服务经济发展的大局之中。

二是行政复议工作要立足于全面推进依法行政的总体要求。要牢固树立资本市场监管就是执法的理念,把行政复议作为推进依法行政的一项基础性、保障性的工作去认识和把握,确保制度建设质量、监管职能转变、科学民主决策、行政行为规范、执法体制创新以及依法行政能力提升等依法行政各项要求真正落到实处。要把行政复议作为证监会依法行政和资本市场法制建设工作的重要内容和抓手,一方面要通过行政复议个案来解决市场主体的实际利益诉求,化解行政争议,引导和鼓励市场主体依法办事、依规则办事,确保在依法监管的实践中树立法治的权威。另一方面要更加突出地坚持依法监管,严格依法治市的要求,通过行政复议有效督促监管机构依法行政,纠正违法、失当的行政行为,督促提高依法行政能力和水平。要把行政复议的监督和指导职能在资本市场立法、执法等方面充分体现出来,学会举一反三,善于从争议中总结监管体制机制中的利弊得失,切实从源头上完善资本市场监管执法。

三是行政复议工作要立足于保护投资者合法权益的监管重心。保护投资者的合法权益是证监会工作的重中之重。要不折不扣地把行政复议"以人为本"的理念贯彻落实到保护投资者合法权益中去,确保行政复议便民、利民、为民。一方面对于违法或者明显不当的行政行为,应当坚决予以撤销,以防止和避免行政侵权行为的发生;另一方面对于依法合规作出行政行为,应当坚决予以维护和支持,以确保合法行政行为所维护的正常市场秩序,为投资者提供健康、完善的资本市场投资环境,实现投资者的合法权益。

围绕上述工作思路,下一步应当从以下几个方面做好资本市场的行政复议工作。

一是要重视依法化解监管矛盾。要进一步创新受案方式,畅通行政复议渠道。对符合法定条件的行政复议申请,应当依法受理。要通过公正办案妥善解决问题,形成遵法、守法的有效倡导,努力做到法律效果与社会效果的有机统一。要坚持复议为民,尊重申请人充分表达诉求的权利,积极主动做好与申请人沟通、协调,耐心解释有关法律制度和监管做法,努力探索通过体制机制创新来化解市场发展中可能产生和积累的矛盾和纠纷。

二是要切实提高复议质量。要始终把严格遵循合法、公正、公平的办案原则,作为衡量和判断行政复议办案质量高低的"铁律"。在依法审理时,既要重视合法性审查,也要重视合理性审查;在公正裁决时,既要注意保护当事人合法权益,也要充分发挥监督和促进监管机构依法行政的作用。要坚决贯彻"有错必纠"的法治原则,及时发现并撤销违法或者明显不当的行政行为,把每一件行政复议案件都办成"精品",办成"铁案"。要处理好公平与效率的关系,行政复议案件既要办好,还要及时,更要执行到位、监督有力。要处理好法律效果与社会效果的关系,不满足于解决一时一事,既要注重个案法律效果,也要注重整体社会效果,要切实通过行政复议办案,努力实现定分止争、案结事了。

三是要坚持制度和体制创新。要通过创新行政复议工作体制机制,增强行政复议工作的科学性、有效性和前瞻性。要把证监会实践中的复议委员会、复议听证、复议意见书等做法进一步规范、细化,在规章中予以明确。要进一步转换观念,灵活运用书面审理、公开听证、实地调查等审理方式。要以提高行政复议权威性、专业性和公信力为目标,努力形成政府主导、专业保障、社会参与的工作局面和工作机制,增强专家参与、社会参与行政复议的可操作性。要进一步畅通与信访、法院等多方面的常态联系沟通机制,加强有效衔接和良性互动,形成解决行政争议的合力。

四是要加强监督指导职能。要立足于服务、监督和指导日常监管工作,及时发现、揭示行政复议个案反映的执法监管工作中的问题,敢于纠错、善于纠错,提出改善相关工作的建议、意见。同时,要不断探索行政复议工作和监管执法工作规律,对案件整体反映的法律法规实施过程中、监管执法工作中存在的普遍性、代表性的问题进行分析、总结,对健全法制、改善执法体制和工作机制进行认真研究,提出可行的方案,从而使行政复议真正成为资本市场和谐发展的重要支撑和保障。

# 第二部分　领导讲话

## 尚福林主席在党委中心组(扩大)学习“转型社会的政府职能与依法行政”专题报告会上的讲话

(2009 年 5 月 7 日)

今天,我们按照“五五”普法工作规划要求,召开扩大的党委中心组学习报告会,邀请全国人大常委会委员、全国人大法律委员会委员、全国人大常委会法制工作委员会副主任信春鹰同志为我会系统全体干部作“转型社会的政府职能与依法行政”专题法制讲座。

我国资本市场发展十多年来,特别是国务院《关于推进资本市场改革开放和稳定发展的若干意见》和《全面推进依法行政实施纲要》发布以来,我们紧紧围绕资本市场改革发展的中心工作,认真落实依法行政的各项工作要求,始终坚持把法制建设作为改革发展的重点工作来抓,在法律制度体系建设、监管职能转变、科学民主决策、执法行为规范、执法体制创新、监督机制完善以及依法行政能力建设等方面取得了明显成效。截至目前,资本市场现行有效的法律文件中近 85% 都是 2003 年以来重新修订和制定出台的。按照职能转变的要求,我会分四批取消和调整行政审批项目 126 项,超过原有行政审批项目的 2/3。五年来,我会共对 1249 人作出行政处罚决定,对 283 人采取市场禁入措施。资本市场统一的诚信档案共记录各类市场主体的违法失信行为信息 7397 条。依法行政为资本市场的规范发展发挥了积极的保障和促进作用,同时也还面临着许多新的挑战和问题,需要我们正确面对,努力把依法行政工作引向深入。

随着社会主义市场经济体制改革的逐步深入,我国社会经济生活的各个方面都在发生着深刻的变革,这种变革在带来发展进步和巨大活力的同时,也必然带来这样那样的矛盾和问题,对政府管理经济和社会事务的职能范围与方式方法提出了新的挑战。在股权分置等长期阻碍市场发展的突出问题逐步得到解决,市场实现全流通,市场体制机制不断完善、功能不断健全的形势下,我国资本市场运行的基础正在发生着重大而深刻的变革。如何针对资本市场主体多元、利益多样、信息透明的基本特点,适应资本市场发展快、创新多、风险控制要求高的现实需要,解决好证监会依法行政工作面临的法律规范的科学性、监管手段的有效性、监管方式的灵活性以及监管能力的适应性等方面的矛盾和困难,这是摆在我们全体监管干部面前的一项现实课题。

信春鹰同志在报告中,基于我国由农业社会向工业社会转型起点低、城乡差距大以及建构型而非自然进化等特征,深刻分析了我国 30 年来规则拉动社会前进的现实状况。由于社会运行环境不适应法制发展的要求，我们的许多法律本身是非常好的，但是施行起来却非常困难。对此，我们深有同感。资本市场是在学习、借鉴外国经验的基础上建立起来的，我国社会的法治、诚信和文化发展水平与资本市场的客观要求相比存在着很大的差距，资本市场的规则和制度如何更好地适应“新兴加转轨”的市场运行环境，这是我们一直以来必须面对的现实问题。正如信主任所言，资本市场必须依法监管是由资本市场自身的特点决定的。在资本市场讲求规则、依据制度，可以保证最大限度地做到多元主体地位平等、权利义务标准统一、行为后果预期明确、利益保护渠道畅通，因而用法治的方式进行资本市场的监管，应当是效果最好、最有说服力的方式，也是能够对我们监管者最好保护的监管方式。

经过多年的实践，我们深深体会到资本市场的规范与发展，客观上要求有法治作保障。完善的立法、有效的执法以及公正的司法，是资本市场有效运行的基础和前提，是市场信心最为可靠和稳定的保障。要发展我国资本市场，必须走法治的道路。资本市场监管工作的每一个环节、每一条措施，每一项制度，都包含有法律的要求、法律的内容，也都会产生法律的后果。离开法治，资本市场的秩序和理性是不可想像的。监管工作必须始终贯彻依法行政、依法监管的理念和要求。正如温家宝总理在国务院召开的依法行政电视电话会议上指出的那样，建设法治政府，“最重要的是坚持做到：职权法定、依法行政、有效监督、高效便民。也就是说，行政机关的权力来自法律，行政行为应当遵守法律，行政违法必须承担责任，行政管理要提供优质服务。”为进一步做好资本市场法治建设工作，下面我就全系统依法行政工作，提出几点希望和要求：

一是要进一步完善法律制度体系。过去几年，我们对资本市场法律制度体系进行了全方位、整体性、系统化的修改和完善，取得了明显成效，资本市场法律制度体系已经基本形成。随着改革发展的深入，必然会有许多新的产品形态、新的行为模式、新的市场关系，需要及时地用法律予以规范和调整。我们一定要从资本市场改革创新的实际需要出发，充分尊重市场规律，客观反映市场发展要求，科学设计制度规则，确保制度建设的质量。要全面加强资本市场规范发展中的重要基础性法律制度的前瞻性研究，确保法律体系的科学、法律制度的合理。要认真落实《证券期货规章草案公开征求意见试行规则》的各项工作要求，在立法工作中充分听取各方面的意见，不断提高资本市场立法工作的公众参与度和透明度。在征求各方面意见后，要公布意见采纳情况，没有采纳的要作出说明，保证资本市场制度建设能够充分体现绝大多数人的意志和利益。

二是要进一步规范行政执法行为。行政执法是我会履行监管职责的经常性活动，是依法行政的重要环节。几年来，我们按照依法行政的要求，针对行政许可、行政处罚、市场禁入、行政强制、日常监管等行政执法的各个环节，建立起一整套执法程序制度。近些年来行政执法对程序正当的要求越来越高，公民的法律意识和权利意识在不断增强，可能会通过行政复议、行政诉讼等法律途径来主张权利。我们一定要严格按照法定权限和程序行使职权，履行职责，自觉在行政执法工作中坚持法制的原则和要求，自觉按照程序办事，确保我们做出的每一项监管决定，采取的每一项监管行动，实施的每一项监管措施都能做到于法有据，程序正当。

三是要进一步推进执法体制创新。资本市场对监管执法的公平和效率要求很高。要立足于我国基本国情和法律制度，尊重实践、与时俱进，不断推进监管执法体制创新。一方面，要在完善“查审分离”执法体制的基础上，进一步提高执法的质量和效率，切实加大打击违法违规工作力度,有效维护市场秩序;另一方面,要在借鉴国外经验的基础上,研究采取相对灵活的执法模式,探索建立具有我国特点的行政和解制度,及时有效地处理执法案件,稳定市场预期。在重视和推进监管执法体制和执法模式创新的同时,还要下大力气研究推进资本市场民事赔偿和刑事司法制度与机制的完善,不断优化有利于市场规范发展的司法环境。

四是要进一步强化监督制约机制。权力不受监督和制约,必然导致滥用和腐败。要以落实责任为抓手,切实加强对行政执法行为的监督。要进一步健全行政决策监督和责任追究制度,按照"谁决策、谁负责"的原则,建立并落实决策责任制度。要进一步加强对行政执法行为的监督检查,围绕发行上市、并购重组、机构基金等行政许可和行政处罚、市场禁入等涉及市场主体利益的执法行为,确保严格依法办事。要认真执行行政复议法,加强行政复议机构和队伍建设,完善行政复议意见和建议制度,及时有效纠正违法或者不当的行政行为。要进一步加强审计、监察、纪检等专门监督,提高监督实效。近几年,在证券法、公司法和刑法的修改中,补充了一些规范,同时赋予了证监会查封、冻结的权力,切实加大了资本市场违法案件的执行力度,为及时查处资本市场违法行为发挥了重要作用。但同时,权力也意味着责任,权力的行使必须遵循法定程序,不按照程序行使权力必然要承担相应的法律后果。

五是要进一步加强依法行政能力建设。行政执法水平的提高,归根结底,需要有一支政治合格、纪律严明、业务精通、作风过硬的行政执法队伍。系统各单位和各部门要把加强执法队伍建设,作为一项基础性工作来抓。要加强对行政执法人员的职业道德教育,进一步强化执法为民的观念;要加强对行政执法人员的法律业务培训,重视开展监管干部学法用法活动,增强依法行政的意识、能力和水平;要落实执法人员资格管理制度,不合格的一律不得上岗执法。各单位和各部门领导干部要带头学法、守法、用法,充分发挥法制工作机构和法制工作人员在依法行政方面的参谋、助手和法律顾问作用。要大力加强法制宣传教育工作,积极营造遵法、守法、依法办事的良好市场环境。

## 尚福林主席在第一届创业板发行审核委员会成立大会上的讲话

(2009年8月14日)

推出创业板,是党中央、国务院的战略部署,也是资本市场体系建设和制度创新的一项重要基础工作。按照"金融三十条"和国务院关于"加快推进创业板市场建设"的有关要求,上半年,中国证监会在创业板的制度建设、宣传引导、组织保障方面做了大量精心准备,目前,创业板各项筹备工作已基本就绪。值此第一届创业板发审委成立之际,我谈三点意见。

## 一、不断推进我国资本市场稳定健康发展

今年以来，贯彻落实党中央、国务院应对国际金融危机、促进经济平稳较快发展的重大部署，中国证监会按照年初全国监管会议确定的工作思路和任务，加快推进创业板市场建设，有序推动新股发行市场化改革，平稳重启新股发行工作，不断深化期货市场品种创新，在一些事关市场长远发展的基础性制度建设方面取得突破性进展。同时，坚持不懈地抓好市场监管，着力推动上市公司、中介机构等市场主体规范发展，进一步改善市场法治环境，全力维护市场安全运行，为市场稳定健康发展奠定了良好基础，为促进国民经济平稳较快发展做出了贡献。截至今年7月底，沪深两市上市公司1628家，总市值23.57万亿元，流通市值11.67万亿元。投资者股票账户1.33亿户。证券公司管理客户资产8万亿元。基金总份额2.29万亿份，基金净值2.55万亿元。上半年，证券公司累计净利润438亿元。期货公司实现净利润6.79亿元，同比增长120.57%，我国已经成为世界上第二大商品期货市场和第一大农产品期货市场。

随着国际经济金融形势有所缓和、国内经济逐步回暖，我国资本市场改革监管工作的累积效应逐步显现，市场总体发展出现了一些积极的变化：

一是市场运行反映了宏观经济平稳回升的预期。今年以来，我国沪、深两市在全球主要股指中涨幅居于前列，市场运行情况与经济基本面基本吻合，总体上反映了我国经济的运行态势和发展预期。创业板建设、新股发行等改革举措受到市场广泛认同，在措施出台和实施过程中，市场表现平稳。

二是市场化运行机制逐步健全。通过深化改革，完善市场基础制度，新股定价的市场化程度明显提高，市场参与主体的尽责意识明显增强，创业投资良性循环机制正在逐步培育，市场化的资源配置、价格发现、资本约束机制正在逐步加强，市场运行机制进一步优化，自我调节能力有所增强。

三是市场内外部环境进一步改善。上市公司经营状况逐步好转，盈利公司数量明显增加。随着适度宽松货币政策的实施，市场流动性宽裕。通过加强宣传和引导，市场承受力增强。适时推出一些新的改革措施已具备条件。

四是资本市场服务国民经济全局的功能日益突出。在保增长的过程中，充分发挥资本市场促进并购重组和自主创新的功能，有助于拉动民间投资，推动产业结构调整和优化，促进经济持续增长。同时，不少境外公司希望在中国资本市场上市，为推动我国资本市场国际化带来了契机。

当然，我们也清醒地认识到，随着我国资本市场与国民经济及境外市场互动关联程度的提高，国内外经济金融存在的不确定性仍可能直接或者间接冲击我国资本市场。同时，我国金融体系直接融资比重偏低，市场波动性较大，资本市场自身建设仍有不少亟待加强的方面。但综合来看，当前，推动我国资本市场稳定健康发展的有利因素正在累积，市场改革发展的内外部环境正逐步改善。要继续深化资本市场改革，进一步加强和改善监管，稳步提高资本市场集聚各类要素的功能，不断提升资本市场服务国民经济的能力。

## 二、充分认识推出创业板的重大意义

为充分发挥市场在资源配置中的基础作用，强化资本市场对国民经济的支持力度，推

动创新型国家建设,按照中央的部署,中国证监会进一步明确了创业板市场建设思路,注重把握改革创新的节奏和力度,有步骤地推进创业板筹备工作。目前,创业板市场主要规则和制度的发布工作已基本完成,创业板企业申请材料受理和初审工作进展顺利。今天,第一届创业板发审委的成立,标志着创业板发行工作即将正式启动。

创业板的推出,是我们主动适应市场形势变化和市场发展要求,充分发挥资本市场对高科技、高成长创业企业的"助推器"、"孵化器"功能,促进经济平稳较快发展的重要举措。

(一)创业板有助于促进产业结构的调整与优化

创业板的启动,有利于发挥资本市场的资源配置功能,引导社会经济资源向具有竞争力的创新型企业、新兴行业聚集,有力地促进一批高成长、高科技的自主创新型企业迅速发展壮大,进而推动我国经济增长方式的转变和产业结构调整升级。

(二)创业板有利于推动国家自主创新战略的实施

及时推出创业板,有利于完善科技型中小企业的融资链条,有利于科技成果产业化,有利于形成促进科技型中小企业、风险投资和资本市场良性互动的格局,最终有利于加快推进国家自主创新战略的实施。

(三)创业板适应了以创业带动和扩大就业的需要

据统计,一个中小板公司上市前,员工人数平均不到1300人,上市后经过两到三年的发展,平均员工人数增加到3400人,增长近1.6倍。对处于发展初期的创新型企业而言,人力资源的潜在需求巨大,创业板市场的推出有利于为创新型企业提供融资平台,创造更多的就业机会。此外,创业板的推出有利于在全社会营造创新和创业的良好氛围,激励和引导更多优秀人才加入创业行列,推动企业持续发展。

(四)创业板完善了多层次资本市场体系建设

我国多层次资本市场体系由包括中小企业板在内的主板市场、创业板市场和场外市场构成。中小企业板设立5年来,为培育、规范、引导和促进中小企业发展发挥了重要作用。创业板则适应了中小创新型企业的多元化融资需求,适应了广大投资者多样化的投资需求,有利于扩大资本市场服务范围和覆盖面,完善市场功能,提高资源配置效率。

**三、切实履行使命,把好发行审核关**

自1993年发审委创立至今,已有16年。16年来,特别是2003年底主板发审委制度重大改革的5年多来,发审委制度对于把好市场准入关、从源头上提高上市公司质量、提高发审委自身的公信力发挥了重要作用。今年,在座的第十届主板发审委委员又整体续聘为第十一届发审委委员,为发行审核工作做出了应有的贡献。据统计,从去年5月到今年4月,第十届主板发审委召开发审会109次,审核企业174家,其中通过152家,通过率为87.36%。

随着第一届创业板发审委的正式成立,发审委制度对资本市场的准入把关作用将进一步拓展。各位委员都是经过层层推荐和严格筛评程序遴选出来的,在所处行业和所在部门都有着较好的专业背景和社会声誉。成为发审委委员,备受社会关注,这既是一种荣誉,又意味着将要肩负更重要的社会责任,监管部门和业界都对大家寄予厚望。借此机会,我向各位委员提几点希望:

第一,要从推动市场稳定健康发展的高度认识发行审核工作。发行环节是整个资本市场形成的前端。作为证券发行的重要把关者，发审委的审核质量直接关系到资本市场的初始构成素质与后续发展潜质。由于创业板是个全新的板块，创业板企业一般具有规模小、成长性强、业务模式新、业绩不确定性大、经营风险相对较高的特点，作为第一届创业板发审委委员，你们的审核理念、工作态度和一言一行，都会对创业板发行人、中介机构和投资者产生重要影响。在审核过程中，发审委能不能公平、公正，能不能敬业、专业，直接关系到创业板上市公司的整体质量，关系到创业板市场的长远发展。各位委员一定要站在完善多层次市场体系、促进资本市场稳定健康发展的高度，深刻理解和把握发行审核工作的责任感和使命感。

第二，要努力以保护投资者合法权益为己任从事发行审核工作。切实保护投资者特别是中小投资者的合法权益，是推进资本市场改革发展应始终坚持的基本理念。创业板企业规模小、创新特点强，风险相对高于主板企业。作为创业板发审委委员，要始终如一地把保护投资者合法权益放在发行审核工作的重中之重。在审核时，要对企业信息披露的真实性、完整性、准确性进行严格审核，客观、公正地出具发行审核意见，促使创业板企业充分披露信息，努力做到投出的每一票经得起市场和投资者的检验。要不断提高发行审核的质量，给投资者一个真实的创业板公司，切实保护广大创业板投资者的合法权益。

第三，要站在维护市场公信力的层面做好发行审核工作。发审委制度是现行发行审核制度的核心。作为这一制度的直接实施者，各位委员一段时间内可能会成为社会关注的人物。希望各位委员勤勉尽责，尽忠职守，按照既定的制度、规则和程序，认真做好发行审核工作，共同维护发审委的公信力，维护发行审核制度和资本市场的公信力。这里，我要强调一下发审委工作纪律。自第一届主板发审委成立以来，中国证监会始终致力于完善发审委工作机制，特别是从第六届主板发审委开始，实行专职委员坐班制，发审会的程序和纪律日益规范化。为进一步强化对发审委委员的监督管理，最近，我会正在制定《关于加强发审委委员监督工作的若干意见(试行)》，大家一定要严守相关纪律、严守发审委工作程序、严守工作秘密和商业秘密，努力使第十一届主板和第一届创业板发审委成为严谨、规范、高效的发审委。

第四，要本着提高审核质量的原则不断改进发行审核工作。发审委的审核意见是否客观公正，是否有专业水准，决定着证监会的行政许可能否被社会认可。各位委员都是各自领域内的专家，一定程度上代表着中国资本市场发行审核工作的最高水平。在对企业提出审核意见时，一定要建立在明确的事实依据和充分的法律准则之上，慎之又慎，真正体现出发审委的专家水平。当然，发审委与证监会相关职能部门是一个有机整体，在审核工作上互为补充，一定要确保审核标准和审核理念的一致性。由于发行审核工作专业性强，特别是创业板企业千差万别，情况复杂，涉及大量新技术、新商业模式等，大家可能经常会遇到各种新情况、新问题。为了帮助创业板发审委委员更好地判断和应对，我们还将建立创业板专家咨询制度，希望大家在审核工作的同时加强学习，认真钻研业务，不断提高审核水准。

第五，要立足个人长远职业发展的角度定位发行审核工作。发审委工作敏感性强，大家在审核工作中会遇到来自方方面面的压力和诱惑。各位委员一定要摆正心态，从个人职业生涯的长远视角出发，认真严肃地做好发行审核工作。一届发审委的任期不过一年，大家要倍加珍惜这段宝贵的职业经历，并以此作为全新起点，去实现未来的职业前景。在发行审核工作中,要时刻"公"字当头,坚持以投资者的利益为重,以资本市场发展全局为重,审慎行使手中的权力,保证公平、公正对待所审企业。要坚持独立审核的原则,不要受包括所在单位、部门等在内的任何个人或机构的干扰,以维护发审委的独立性。这里,我还是想重复去年叮嘱过的话,一定要弘扬正气,廉洁自律,金钱有价,人格无价,名誉受损,追悔莫及。希望各位委员本着对法律负责,对自己的人生、事业和前途负责的态度,耐得住寂寞,经得起考验,时刻保持职业的敏感性,不要因为个人的不当言行给发行审核制度抹黑,自觉维护发审委的良好形象。

各位委员,同志们,做好发行审核工作对于维护公开、公平、公正的市场秩序,保护好广大投资者的合法权益意义重大,希望各位委员不辜负证监会的重托,不辜负业界厚望,恪尽职守,奋发有为,圆满完成本届主板和创业板发审委的各项任务,为促进我国资本市场稳定健康发展作出更大的贡献!

# 尚福林主席在新一届上市公司并购重组审核委员会成立大会上的讲话

(2009年9月28日)

上市公司并购重组审核委员会是发审委制度的重要组成部分,依据《证券法》有关规定履行发审委部分职责。为进一步发挥大家的专业所长,增强并购重组审核工作的连续性和稳定性,按照相关规定,本届上市公司并购重组审核委员会全体委员整体续聘。在这里,我代表中国证监会向25位委员表示热烈的祝贺,同时,为在推进上市公司并购重组制度和实践创新中,集思广益,上市公司监管部聘请的14位并购重组专家咨询委员会委员,也一并表示诚挚的问候,对你们在过去的一年中为资本市场发展付出的辛劳和努力表示衷心的感谢。

大家知道,并购重组委是上市公司并购重组的"把关人",并购重组这个手段能否推动上市公司提高质量,做强做优,促进行业整合、产业升级,更好地发挥资本市场优化资源配置功能,都与并购重组审核工作息息相关。并购重组委委员以个人的专业能力,丰富的审核经验,良好的执业素养,从事审核工作,对于把好并购重组"关",实现资本市场"三公"原则,切实将保护中小投资者利益落到实处,具有十分重要的意义。值此新一届上市公司并购重组委成立之际,我谈几点意见。

## 一、充分认识资本市场改革发展面临的新形势,不断推进资本市场稳定健康发展

今年以来,世界各国应对国际金融危机政策力度逐步加大,国际经济金融领域出现了一些企稳回升的积极变化;党中央、国务院确定的扩大内需、促进经济增长一系列政策措施初见成效,经济运行的有利条件和积极因素逐步增多。中国证监会贯彻落实党中央、国

务院的重大部署,按照年初全国监管工作会议确定的工作思路和任务,有序推进改革,深化创新,在一些事关市场长远发展的基础性制度建设方面取得了新的进展,基础性制度建设的累积效应逐步显现,我国资本市场发展的内外部环境总体上好转,呈现出平稳健康运行的良好态势。

一是市场"晴雨表"的作用进一步发挥。大家知道,资本市场是一个信息市场,信息是否有效传递一定程度上反映了这个市场的效率。目前,资本市场基本涵盖了各行业的龙头企业,与国民经济关联度日益提高,宏观经济景气度变化已经在股市运行中得到反映,特别是预期的反映。今年以来,我国沪、深两市在全球主要股指中涨幅居于前列,市场运行情况与经济基本面基本吻合,总体上反映了我国经济运行态势和发展预期,资本市场"晴雨表"作用进一步发挥。

二是市场化运行机制逐步健全。股权分置改革后,全流通的市场环境下,市场运行机制和各类市场主体的行为方式发生了深刻的变化,利益格局更加复杂,对监管制度、监管方式和监管能力提出了新的要求。近年来,我会通过清理大股东违规占用上市公司资金、强化公司治理专项活动、完善回购、增持制度等一系列措施,有力地推动了资本市场中资本约束机制、价格发现机制及内在稳定机制等市场化机制的建设,取得了积极成效,市场自我调整机制,自我调节能力都有所增强。

三是市场运行的基础不断改善。上市公司是资本市场的根本,上市公司的质量决定着资本市场的吸引力和投资价值。近年来,在宏观经济、微观主体和市场基础性制度建设的共同作用下,上市公司经营状况逐步好转,盈利能力持续增强,特别是对投资者的回报能力不断提高,市场运行的微观基础得到了不断的改善和提高。

四是资本市场服务于国民经济全局的功能日益突出。在"保增长、调结构、兴产业"的过程中,充分发挥资本市场促进并购重组和资源优化配置的功能,可以有效地拉动民间投资,推动产业结构调整和优化,实现行业整合、企业整体上市,推进经济结构调整和优化,促进经济持续增长。

当然,我们也清醒地认识到,随着我国资本市场与国民经济及境外市场互动关联程度的提高,国内外经济金融变化的交互影响可能直接或间接冲击我国资本市场,维护市场稳定的压力仍然很大;同时,我国资本市场"新兴加转轨"的基本特征没有改变,市场自身建设仍有不少亟待加强的方面。但综合来看,当前,推动我国资本市场稳定健康发展的有利因素正在累积,市场改革发展的内外部环境正逐步改善。需要继续深化资本市场改革,进一步加强和改善监管,稳步提高资本市场集聚各类要素的功能,不断提升资本市场服务国民经济的能力。

**二、有效发挥资本市场功能,支持促进并购重组,不断提升资本市场服务国民经济全局的能力**

经过十多年的发展,我国上市公司已成为推动国民经济增长的中流砥柱。截至2008年12月底,我国境内上市公司达到1625家,资产规模达到48.70万亿,净资产达到7.12万亿。2008年度实现的营业收入达到11.30万亿,占2008年GDP总量的37.67%,实现利润总额10,747.63亿,约占2008年规模以上企业利润总额的36.31%。据统计,在2008年的世界500强企业中35家中国籍公司有25家在境内外上市,2008年中国500强企业中有56%的企业都实现了核心生产经营资产上市。随着上市公司占国民经济比重的不断提高,上市公司通过并购重组进行结构调整、产业升级,将成为促进我国经济结构调整、经济增长方式转变的重要途径。有效发挥资本市场功能,支持促进并购重组,是资本市场服务于国家宏观经济政策目标的重要组成部分。

从国际经验看,一家公司通过IPO上市后,就取得了利用资本市场配置资源、集聚资本的优势,可以依托资本市场进行并购重组,促进提升企业竞争力、增强产业集中度、有效整合资源,实现产业升级和技术创新。

从我国资本市场并购重组发展状况看,随着股权分置改革的基本完成,资本市场出现了三个方面的积极变化:一是形成了股东共同利益基础,为上市公司集聚优质资产提供了强大动力;二是完善资本市场价格发现机制,为资产交易和资产证券化提供了市场定价平台;三是上市公司股份成为资产交易的支付手段,创新了并购重组方式,降低了交易成本,提高了市场效率。在全流通制度下资本市场配置资源的功能进一步健全,近年来,上市公司并购重组总体数量增多、交易规模加大、方式创新丰富,以"调结构、兴产业"为目标的并购重组成为市场主流,绩效显著。

第一,并购重组为"调结构、兴产业"、转变经济增长方式,提供了有效的途径。

大家知道,我国经济发展中存在的一个突出问题是长期形成的结构性问题和结构性矛盾,其中,产业结构分散,集中度不高,产业层次不强,产能过剩与高新产业发展不足同时并存,产业结构亟须优化的问题更为突出。作为全球化背景下的转轨中的新兴市场,我国经济需要通过并购重组促进产业从新兴走向成熟,推动产业结构升级换代,并在全球经济结构性大调整中实现持续稳定健康发展。为此,去年以来,针对国际国内经济形势的变化,党中央、国务院制定了"保增长、扩内需、调结构"的政策主线,及一系列的产业发展规划。资本市场经过近二十年的发展,市场化配置资源功能得到明显提高,通过并购重组,运用股权转让、资产重组、股份回购、发行股份购买资产、增持、吸收合并、分立等多种手段,可以有效盘活存量资产,优化资产组合,促进产业整合,提升产业升级换代。据统计,从2006年到2009年上半年,共有123家上市公司进行了以促进产业整合、行业升级为目标的并购重组,交易金额达到8334亿元,完成并购重组后上市公司净利润、总收入和总资产平均增长了1—3倍。通过并购重组孵化出一大批具有国际竞争力的优质企业,如中国铝业、中国船舶、中国远洋、长江电力、海螺水泥、青岛海尔等。

第二,并购重组为提高上市公司质量,促进行业整合,实现整体上市发挥了重要作用。

实践表明,世界各国几乎没有一家大公司是仅靠内部积累成长起来的,收购兼并能够将企业推向发展的"快通道"。通过并购重组,可以帮助企业有效整合资源,提升企业竞争力,也有利于优质资产尽快进入资本市场。近二十年来,沪、深两市近500多家上市公司通过并购重组改善了基本面,提高了盈利能力、持续发展能力和竞争力。以2008年为例,有171家上市公司通过并购重组向上市公司注入优良资产3272亿元,平均每股收益提高75%。武钢股份、葛洲坝、上海汽车、包钢股份、上实发展、中国船舶等一大批上市公司实现了行业整合、整体上市和增强控股权等做优做强的目的。

第三,并购重组为完善法人治理结构,提高上市公司运作水平提供了动力。

对微观主体来说,并购重组市场的发展,除了可以提供一系列做优做强的手段外,也构成了公司董事会和经营管理层的外部制约机制。有效地并购重组市场,可以形成强大的外部压力，增强管理层完善公司经营机制、改善公司经营、提升公司价值、追求股东价值最大化的紧迫感。同时，还可以促进控股股东树立运用控制权获取合理收益的理念，履行对上市公司的关注、监督的义务，进而促进上市公司完善治理结构，提高规范运作水平。近年来，随着股权分置的改革，上市公司控股股东关注上市公司、努力提高治理结构，提升经营能力的案例不断增加。

**三、恪守庄严承诺，切实履行使命，携手做好上市公司并购重组审核工作**

近年来，按照党的十七大报告提出的“加快转变经济发展方式，推动产业结构优化升级”和“从制度上更好发挥市场在资源配置中的基础性作用，形成有利于科学发展的宏观调控体系”的总体要求，我会坚决落实国务院的工作部署，大力推动资本市场基础制度建设，支持有条件的企业利用资本市场开展兼并重组，促进上市公司行业整合和产业升级。为进一步发挥资本市场服务国民经济发展全局的作用，促进重点产业调整和振兴，服务于“调结构、兴产业”的国家发展战略，我会正在积极围绕“如何有效发挥资本市场功能，支持促进并购重组，更好服务于宏观经济政策目标”和“如何健全完善监管工作，规范引导并购重组活动，扬长避短，趋利避害，统筹解决存在问题，更好适应市场客观需求”开展深入研究，针对我国资本市场新兴加转轨的特点，注重探索我国上市公司并购重组实践反映出来的规律性和特殊性，兴利除弊，统筹解决好借壳上市与IPO效率问题、借壳上市与退市机制平衡问题、鼓励整体上市的政策导向问题、加强异常交易监管效力问题、防范和打击内幕交易问题，按照标本兼治、远近结合、统筹兼顾的原则，整体论证研究完善推进资本市场并购重组的各项工作安排。

各位委员，随着我国全流通市场格局的形成，上市公司的并购重组将更加活跃，创新不断，资本市场也将成为国民经济结构调整、产业结构升级换代的主“战场”之一。在座各位的审核和咨询工作，关系到资本市场的健康发展，也是我国产业整合、产业结构升级换代的一个“缩影”。各位委员肩负重任，不仅要有过硬的专业能力，还要有强烈的社会责任感和历史使命感。只有这样，才能不负社会所望，市场所托。借此机会，我向各位委员提几点希望和要求：

第一，从“把关人”角度，坚持原则，独立审核。

各位委员，你们作为上市公司并购重组的“把关人”，资本市场上的所有并购重组都要经过你们的把关，你们的工作就像一道“闸”，只有让有利于企业发展的“清流”引入，上市公司才能做优做强；也只有将恶意重组、虚假重组等有损投资者的重组阻挡在外，并购重组才能真正发挥其应有的功能。希望各位委员，坚持“公”字当头，以投资者利益为重，从维护资本市场稳定健康发展的高度认识并购重组审核工作，本着“公开、公平、公正”的原则对待所有企业，严肃、谨慎行使手中权力，秉公办事，保证审核工作的专业性，保持并购重组委的独立性。

第二，从“审核人员”角度，维护市场公信，恪尽职守。

作为一名审核人员，要努力以保护投资者合法权益为己任，本着对投资者负责、对上市公司负责、对资本市场负责的精神，客观、公正、独立地出具并购重组审核意见，投出经得起检验的一票。希望全体委员尽忠职守，按照既定的制度、规则和程序，自觉维护并购重组委的公信力，维护并购重组制度和资本市场的公信力，努力使本届并购重组委员成为严谨、规范、高效的一届并购重组委。

第三,从“专家”角度,坚持学习,业精技良。

各位委员都是经过层层推荐和严格筛评程序遴选出来的,在所处的行业、所处的部门都有着较好的专业背景、执业操守和社会声誉,也是各自领域中的专家。你们在一定程度上代表着中国资本市场并购重组审核工作的最高水平,希望你们能本着提高上市公司并购重组审核质量的原则不断改进完善审核工作。并购重组审核工作具有非常强的专业性,加之市场创新快,变化多,要求各位委员虽是专家,但不能自满,要注意学习,不断提高自己的专业水平,更好地适应不断变化的市场环境。

第四,从“工作人员”角度,自重自爱,廉洁自律。

大家被聘为并购重组委委员,意味着我们对大家的专业水平和执业道德的认同,同时,各位委员也要接受社会的监督。作为一名普通工作人员,希望在审核工作中面对来自方方面面压力和诱惑的时候,一定要摆正心态,从个人职业生涯的长远视角出发,自重自爱,廉洁自律,珍惜并购重组委委员的声誉,清清白白做人,干干净净做事,对规则、纪律常怀敬畏之心,不越雷池半步。希望大家倍加珍惜这段宝贵的职业经历,并以此为全新起点,去实现未来更美好的职业前景。这里,我还是重复一再叮嘱的话,一定要弘扬正气,廉洁自律,金钱有价,人格无价,名誉受损,追悔莫及。希望各位委员本着对法律负责,对自己人生、事业、家庭负责的态度,要抵制住诱惑,经得起考验,时刻保持职业操守,不要因个人的不当言行给并购重组委制度抹黑,自觉维护并购重组委的良好社会形象。

各位委员,同志们,做好并购重组审核工作,对于维护公开、公平、公正的市场秩序,保护好广大投资者的合法权益意义重大。希望各位恪守承诺,切实履行使命,不辜负证监会重托,不辜负业界厚望,忠于职守,奋发有为,圆满完成本届并购重组委的各项任务。同时,也衷心希望并购重组专家咨询委员会的各位委员在研究制定并购重组法律法规、推进并购重组创新发展、研讨并购重组审核标准等工作中,多提出宝贵的建设性建议和意见,为促进我国资本市场健康稳定发展作出更大的贡献。

## 尚福林主席在证券公司合规管理座谈会上的讲话

(2009 年 10 月 16 日)

证券公司全行业建立和实施合规管理制度,已有一年多的时间了。在这个时候召开座谈会,组织大家总结成效和经验,交流做法和体会,分析问题和不足,研究措施和方法,进一步统一思想,深化认识,明确下一步工作思路和要求,对把全行业合规管理工作引向深入并持续取得实效,十分必要。下面,我结合对当前资本市场改革发展形势的分析,就证券公司合规管理工作讲几点意见。

## 一、当前资本市场改革发展的形势

去年10月证券公司规范发展座谈会以来，我们坚持以科学发展观为统领，进一步深化对资本市场稳定健康发展的认识，按照党中央、国务院的决策部署，不断提高以改革促发展的能力，着力深化改革创新，着力完善市场运行机制，着力加强基础性制度建设，有效维护了资本市场的稳定健康发展。顺利启动创业板，推动债券市场发展，丰富期货交易品种，多层次市场体系建设实现重大突破。有序实施新股发行体制改革，平稳重启新股发行工作，加强上市公司并购重组监管和制度建设，市场体制机制改革不断深化。完善证券公司分类监管，推动证券公司健全合规管理和风控机制，强化对基金公司投资管理人员执业行为的监管，行业风险管理能力稳步提升。推动《刑法》的修改完善，依法严惩操纵市场、内幕交易行为，加大力度整治利用网络等媒体开展的非法证券活动，监管和法治环境进一步优化。密切跟踪国际经济金融形势的变化，严密监测境外投资风险，最大限度地减轻了金融危机对我国资本市场的不利影响。

一年来，在国家扩大内需、促进经济平稳较快增长一揽子计划的带动下，我国经济形势总体呈现企稳向好势头，资本市场内外部环境逐步改善，各项改革和监管措施的正面效应逐渐显现，市场运行中的积极因素不断增多，稳定健康发展的态势日趋明显。

一是资本市场与实体经济联动性更加紧密。宏观经济形势成为决定市场走势的主要因素，市场运行情况与宏观经济基本面契合度不断提高。

二是市场化运行机制逐步健全并发挥作用。新股定价市场化程度明显提高，创业投资引导机制正在形成，以市场化为导向的资源配置、价格发现、资本约束机制逐步强化，市场自我调节能力有所增强。

三是对基础性制度改革的预期日益改善。由于准备工作充分、方案设计合理、舆论引导有效，创业板建设、新股发行等重要改革获得市场广泛认同，在规则出台和实施过程中，市场表现总体平稳。

四是市场主体规范发展的态势基本形成。上市公司经营状况稳中有升，今年一、二季度业绩环比明显提高。经过综合治理，证券行业规范运作水平显著提升，财务状况总体稳健，经受住了市场深幅调整的考验。

五是资本市场的国际化发展出现新契机。随着我国资本市场影响力和吸引力的增强，一些境外公司希望在中国上市，一些国内企业也希望通过资本市场实现走出去战略，为继续深入推进资本市场国际化、提高我国资本市场国际竞争力带来了重要的发展契机。

实践充分证明，近年来，我们坚持培育和发挥市场机制的作用，务实坚定地推进市场化改革的方向是正确的；坚持统筹兼顾、远近结合，坚定不移地加强市场基础性制度建设的思路是正确的；坚持风险可测、可控、可承受，稳步有序地深化市场改革创新的路径是正确的；坚持以保护投资者合法权益为出发点，抓监管、防风险、着力提高监管效能的措施是正确的；坚持以我为主，互利共赢，循序渐进地推进资本市场对外开放的做法是正确的。

当前，受国际国内经济金融形势等诸多方面的影响，维护市场稳定健康发展的任务仍然复杂而艰巨。

一是国际经济金融形势仍不确定。世界经济复苏将是一个缓慢而曲折的过程，国际金融市场中产生危机的因素以及此轮危机的后续影响还没有完全消除,国际经济金融形势仍将是较长时间内影响我国资本市场运行态势的重要因素。

二是国内经济回升势头尚不稳定。我国经济回升的基础还需进一步巩固,保持经济平稳较快发展、推动经济发展方式转变和经济结构调整依然面临一些挑战,经济运行中的不确定因素都可能在资本市场有所反映。

三是我国资本市场的竞争力有待提高。我国直接融资比重仍然明显偏低,债券市场发展滞后,不仅影响了资本市场功能的充分发挥,而且在一定程度上影响了资本市场的内在稳定,制约了金融体系的弹性和抗风险能力。随着综合经营的探索和证券行业对外开放程度的提高,证券行业的核心竞争力亟待增强。

尽管我们面临不少困难和压力,但综合来看,我国资本市场持续健康发展的有利条件正在逐步增加,积极因素也正在不断累积。我们将紧紧围绕全党全国的中心工作,继续强化基础性制度建设,不断完善体制机制,进一步加强市场监管,持续保持对违法违规行为的高压态势,稳步拓展资本市场功能,更好地服务国民经济平稳较快发展。

## 二、证券公司合规管理取得初步成效

证券公司合规管理制度,是资本市场基础性制度的重要组成部分。这项制度的建立和实施,有着深刻的市场和行业背景。大家都还清楚地记得,就在五六年前,由于一批公司持续严重违规所积累的风险集中爆发,我们这个行业曾经处在生死存亡的关口,严重威胁到市场的安全和稳定。随后三年,我们经历了艰苦卓绝的综合治理,终于摆脱危机,步入了健康发展的轨道。那段惊心动魄、刻骨铭心的经历,使全行业深刻认识到,证券公司要想生存和发展,必须始终坚持合规经营,必须高度重视风险控制。一些公司从对自身状况的反思和对境外经验的观察中认识到,要有效防范风险,真正实现合规经营,必须建立实施合规管理制度,健全完善内部控制机制。证券监管系统的同志也从对以往监管工作的反思中认识到,要防止证券公司出现持续性、普遍性的违法违规行为和重大风险事件,实现证券行业的持续健康发展,必须健全证券公司的内部约束机制,实现外部监管与内部约束的有机互动。

正是在这样的背景下,在行业发生历史性转折、综合治理接近尾声的 2007 年 4 月,证监会即选择 7 家公司开展了合规管理制度试点。试点公司勇于探索,认真实践,取得了较好效果并积累了一定经验。在此基础上,2008 年初,证监会要求所有证券公司在当年年底前建立合规管理制度。2008 年 4 月,国务院颁布《证券公司监督管理条例》,以行政法规的形式对建立合规管理制度提出了要求。据此,证监会于 2008 年 7 月发布《证券公司合规管理试行规定》,对合规管理的基本制度作出了明确规定。到了今年,我们又将推动行业健全完善合规管理制度作为工作重点,并将合规管理纳入了证券公司分类评价的范围。

全行业建立合规管理制度的要求提出以来,各公司在较短时间内,统一思想、凝聚共识,边学习、边实践,从制度建设、人员调配、技术保障、资金投入等方面着手,积极探索建立适合公司自身特点的合规管理制度。一些起步较早的公司,进一步健全完善制度,加大工作力度,不断推动合规管理工作深入开展。在这个过程中,各证监局抓宣传发动、方案指导、质量控制、专项检查,中国证券业协会抓资格考试、业务培训、工作交流,做了大量工

作,发挥了重要作用。在大家的共同努力下,证券公司合规管理制度建设已经取得了初步成效:

合规管理的基本框架已经形成。各公司建立了合规管理制度体系和组织架构,通过公司章程等内部制度确定了董事会、监事会、管理层和各部门、分支机构的合规管理职责,设立或指定了合规部门,遴选、配备了合规管理人员,并为合规管理工作的开展提供了必要的财务和技术保障。有的公司还尝试建立了统分结合的母子公司合规管理机制,将子公司纳入到合规管理范围。除极少数公司外,都聘任了符合任职条件的合规总监。

合规管理的各项工作循序启动。合规总监和合规部门已经按照监管规定和公司要求,组织梳理、修订公司内部管理制度和业务流程,在合规审查和合规咨询等方面做了大量工作,努力开展了合规检查和合规培训,并开始履行合规监测和合规报告等职责。有的公司还探索建立和实施了信息隔离墙制度,形成了较为有效的反洗钱工作机制,并认真开展了合规管理有效性评估。合规管理工作趋于系统化、规范化,逐步落实到公司经营管理活动的各个环节,较好地预防了违法违规行为的发生,并及时发现、制止和纠正了一批违法违规行为。

合规理念初步树立,合规意识明显增强。通过自上而下的宣传教育和合规培训,一批公司初步树立了合规从高层做起、全员合规、合规创造价值等基本理念。合规管理各项工作的逐步推进,有力地促进了整个行业合规文化氛围的形成。全行业从业人员自觉遵守法律法规的意识得到强化,对合规管理的认识也正在逐步深入。

此外,相当一批公司还以开拓进取的实践勇气、扎实苦干的工作作风,在内部管理制度与组织体系建设、合规管理的工具和方法创新等方面,摸索出了一些有益的经验,形成了适应公司实际的有效措施和特色做法。这些措施和做法,已在昨天的大会发言和会议印发的交流材料中有所体现。比如,有的公司主要负责人发挥核心作用,带头倡导、培育并践行合规理念,注重在公司树立合规管理工作的权威;有的公司合规部门和业务部门通力合作,梳理出数百个合规风险点,并有针对性地制定控制措施;有的公司利用信息技术手段落实合规管理职责,将合规管理融入公司经营管理和业务流程。还有一些措施和做法也很有借鉴意义,我就不再一一重复了。

整体上看,证券公司合规管理制度建设作为资本市场强基固本的一项重要工作,推出时机恰当,具体措施务实,实施过程平稳,配套机制也比较健全,已经开始在防范、发现、处理证券公司违法违规行为,提升合规经营水平方面发挥作用,实现了阶段性目标。建立实施合规管理制度的过程,本身就是对综合治理以后证券公司合规经营意识、内部管理水平和从业人员素质的检验和证明,也是对常规监管阶段证券监管队伍的素质和水平的检验和证明。

由于从试点到现在才两年多时间,证券公司合规管理工作中不可避免地存在一些不足和问题。主要是:部分公司的高层人员仍把合规管理视为被迫接受的外部监管要求,对待合规管理工作比较被动;一些公司对合规管理部门存在不切实际的依赖心理,全过程合规、全员合规的要求与责任相对缺失,合规人人有责的意识还未养成;部分公司合规总监、合规部门的定位和职责需要进一步明晰,内控各部门协调配合的机制需要进一步完善,合规管理人员的履职能力还不能完全适应工作需要;相当一批公司的信息隔离墙制度建设尚未起步,反洗钱工作尚未与日常经营管理有效融合,合规监测、检查、报告和有效性评估等工作仍有待大力改进加强;部分公司求实效、抓落实的意识不强,合规管理制度的严肃性和措施的执行力与有效性仍有待提高。这些问题必须在今后的工作中予以充分重视并切实加以解决。

## 三、持续深化证券公司合规管理工作

去年召开的证券公司规范发展座谈会,按照党的十七大的精神,提出了证券公司应当把提高核心竞争力作为主要任务,真正成为"治理有效、风险可控、资本充足、诚信合规、专业精湛、服务优良"的现代金融企业的要求。增强合规管理能力,是提高核心竞争力、建设现代金融企业的重要内容,是一项长期的工作任务,需要全行业持续不断地努力。

(一)不断深化对合规管理重要性的认识

正确的思想认识,是合规管理工作有效开展的基本前提。虽然经过综合治理,全行业合规经营的意识大大增强,对守法合规的重要性已经有了充分认识,但仍有一些同志对合规经营与合规管理的关系缺乏深刻理解,这是部分公司合规管理不到位的重要原因。合规经营是目标、是结果,合规管理是手段、是过程。对于证券公司这样一个面对庞大客户群体、经营复杂金融业务的企业来讲,如果没有一套机制和方法,没有一支专业队伍,对决策和执行行为的合规性进行流程化管理,其经营行为的合规性是无法持续保证的,合规经营的目标因而也无法彻底实现。进一步讲:

合规管理是证券公司拓宽创新空间,实现持续健康发展的必要保障。国内外的经验教训表明,证券公司的业务发展必须与其管理能力相匹配。只有不断增强管理能力,证券公司的业务规模才能稳步扩大;也只有不断增强管理能力,证券公司才能实现创新发展。超越包括合规管理在内的管理能力,盲目进行规模扩张和业务创新,必将给公司带来毁灭性灾难。随着国民经济和资本市场的持续发展,证券业务和金融产品日益丰富和复杂,对证券公司管理能力的要求越来越高,提高合规管理水平的迫切性越来越强。

合规管理是提升证券公司综合素质,增强证券行业核心竞争力的内在需要。伴随综合经营的探索和对外开放的不断扩大,证券公司必将越来越多地直面各类金融机构和境外投资银行的竞争。随着市场化程度的不断提高,行业内部各公司之间的竞争也将越来越激烈。这种竞争是不同市场主体核心竞争力的较量,说到底是管理水平和专业能力的较量。包括合规管理水平在内的内部管理水平,将直接决定证券公司能否在激烈的市场竞争中求得生存与发展,关系到全行业能否真正在资本市场领域内牢固确立并始终保持自己的独特优势和不可替代的地位。

合规管理是提高客户服务质量,保护投资者利益的必然要求。证券公司的基本职能就是为证券投资者提供服务,保护投资者合法权益是证券公司必须尽到的基本义务。只有通过有效的合规管理,才能保障公司将规范客户服务行为、提高客户服务质量的要求落到实处,最大限度地避免对投资者利益的漠视甚至侵害,从而增进投资者对公司的认同和信任,促进公司与客户之间建立长期、稳定的良性合作关系。

合规管理是维护市场秩序,促进市场稳定健康发展的重要手段。证券公司作为资本市场最重要的中介机构,对资本市场的健康运行和稳定发展肩负着不可推卸的责任,这是市场发展的内在要求和必然趋势。合规管理并不限于确保公司及员工的行为合法合规,还包括防范客户交易行为违法违规、维护市场交易秩序等方面的内容。证券公司合规管理能力的高低,必将直接影响其能否有效承担起维护资本市场稳定健康运行的责任。

(二)着力加强合规管理制度和机制建设

良好的制度和机制,是合规管理工作有效开展的必要基础。制度和机制建设不可能一劳永逸,需要根据情况的变化持续改进完善。各公司要高度重视合规管理制度和机制建设,以实际效果为检验标准,不断查找现有制度和机制的薄弱环节和突出问题,从自身的现实状况和长远需要出发,参考业内有效做法,借鉴国际先进经验,有针对性地改革管理制度、完善组织体系、改进业务流程、创新管理方法,努力形成保持公司持续合规的长效机制。

在改进完善制度和机制的过程中,应当着重处理好合规管理与内部控制、合规管理与业务发展的关系,使合规管理真正融入日常经营管理之中。合规管理是内部控制的有机组成部分,不能将合规管理与内部控制割裂开来。近年来我们之所以大力推动合规管理,并不是因为它有别于内部控制,而是因为在我们当前的内控体系中,合规管理这一重要的内控职能相对薄弱。各公司要把实施合规管理作为强化内部控制的重要措施,以合规管理推动整个内控制度的健全完善,同时清晰界定各项内控职能,建立各项内控职能之间既相互制衡又协调配合的运行机制,确保各项职能充分、有效地发挥作用。合规管理是公司业务发展的内在要求,与公司业务发展的最终目标是一致的,不能把两者对立起来。一个公司业务能力的高低,不仅体现为有效开展了多少业务,而且还体现为已经开展的业务是否合规;合规管理能力的高低,不仅体现为阻止了哪些违规行为的发生,而且还体现为保障了哪些业务活动的开展。公司的制度和机制,应当既能够切实保障业务合规,又能够有力促进业务发展。

(三)精心培育证券行业的先进合规文化

先进的合规文化,是合规管理工作有效开展的坚实保障。我们认为,先进的合规文化,就是敬畏法律、严守规则,把外部法规和公司制度作为最低行为标准,自觉遵守,决不逾越;就是诚实守信、公平正直,无比珍视公司声誉和个人职业形象,始终如一地体现出高尚的职业道德;就是为客户着想、对社会负责,永远把客户利益放在第一位,坚决捍卫社会公共利益,以维护客户合法权益和社会公共利益为天职。

各公司要多措并举、持之以恒,努力加强合规文化建设,力促先进合规文化的形成。一是高层人员必须以身作则,率先垂范,对自己高标准、严要求,以实际行动严格履行合规经营的承诺,并自觉接受监督检查,引领员工牢固树立主动合规的意识。二是通过灵活多样、生动活泼的形式,进行持续性、针对性的合规培训,不断提升全体人员合规执业的观念和能力。三是严格落实法规制度,切实强化责任追究,严厉惩处违规行为,深刻教育全体人员。四是充分发挥绩效考核和职务任免制度的导向作用,使全体人员的行为合规性与其经济利益和职业发展密切挂钩,以此有效激励合规行为、约束违规行为。通过坚持不懈的努力,日积月累,使合规观念在公司上下入脑、入心,合规执业成为全体人员的习惯,形成人人重视合规、自觉做到合规,以合规为荣、以违规为耻的良好合规文化氛围。

(四)切实强化重点领域和环节的合规管理

持续的合规状态,是合规管理工作有效开展的最终体现。要使合规管理不断取得实际效果,必须全面规划,远近结合,突出重点,狠抓落实。适应资本市场和证券行业改革发展的需要,当前和今后一个时期,证券公司要着力抓好六个方面的合规工作:

一是强化对营销行为,特别是证券经纪业务营销行为的合规管理。在现阶段,由营销活动的外部环境和自身因素所致,这一领域的违法违规行为相对易发,而且危害比较直接。各公司要以对投资者高度负责的态度,并从严密防范自身风险的角度出发,健全管理机制,改善管理方法,强化监测检查,切实防范新开不合格账户和营销人员欺诈误导、代客操作等违法违规行为,力促营销活动规范进行。

二是以创业板市场投资者适当性管理为新起点,切实提高对客户行为的合规管理水平。近年来,客户管理的重要性已逐渐为行业所认识,越来越多的公司作了积极探索,但总体上看,这项工作仍是证券公司经营管理工作中亟待加强的薄弱环节。各公司要在现有工作基础上,全面强化投资者教育工作,建立完善客户分类和金融产品风险评估制度,改进业务流程,进一步规范签约、开户行为并加强监督检查,确保了解客户、提示风险、向客户提供适当产品和服务的要求得到落实;同时,改进完善技术系统,强化系统监控功能,加强对客户交易行为和资金变动情况的监控,及时发现和报告涉嫌洗钱、操纵市场的违法违规行为和其他异常情况。

三是妥善处理客户投诉,高度重视媒体报道,通过处理客户投诉和媒体报道反映的问题促进合规管理。证券公司直接面对广大投资者,难免因为这样那样的原因引起客户投诉,或者被媒体所关注。对客户投诉和媒体报道的问题处理不及时、不妥当,或者对媒体的报道不能及时妥善回应,极易引起纠纷、激化矛盾,甚至影响经营秩序和社会稳定。各公司要健全工作制度和流程,确保客户投诉渠道的畅通和投诉处理的及时有效,切实维护客户的合法权益;及时回应媒体质疑,说明事实真相,防止引发不良后果。客户投诉和媒体报道,客观上也为证券公司发现制度不配套、机制不完善、执行不到位,以及经营管理中存在的其他问题,提供了契机、提出了要求。各公司要重视客户投诉和媒体报道,自觉接受社会监督,并以此为线索,化压力为动力,认真查找自身存在的问题,迅速予以解决。

四是建立健全信息隔离墙制度,防范利益冲突。建立健全信息隔离墙制度,切实防范利益冲突,是法律法规对证券公司的一贯要求。随着市场形势的变化,这项工作的必要性和重要性越来越突出,应该引起高度重视,并下大力气予以推进。经营多种证券业务的公司,要借鉴国外先进经验和行业先行者的做法,采取适应公司业务种类和规模的有效措施,努力防范公司与客户、客户与客户之间的利益冲突以及内幕信息的不当使用,使法律法规的有关要求落到实处。

五是加强新产品、新业务的合规管理,防范业务和产品创新中的违规行为。随着资本市场和证券行业的持续发展,新产品和新业务不断出现,业务环节和产品结构日趋复杂。各公司要加大学习培训力度,提高业务人员和合规管理人员的专业素质和对新产品、新业务的认知程度,在此基础上,将合规管理贯穿于新产品、新业务开发、推出、实施的全过程,以有效预防、及时发现、快速纠正创新过程中的违法违规行为,保证整个市场创新发展的有序进行。

六是完善合规管理措施,确保投资银行业务合规开展。证券公司在开展保荐和财务顾问等投资银行业务时,是否合法合规、尽职尽责,直接关系到上市公司质量的高低,关系到证券公司能否真正履行资本市场"看门人"的责任。各公司要进一步完善项目承揽、业务执行、尽职调查、内部审核、持续督导等制度,建立关键业务环节的制衡机制,切实保证项目质量,有效防范各类违法违规行为。

除以上重点工作外，各公司对其他方面的合规管理工作也要抓实、抓好。特别是对经营管理中出现的新情况和新问题，必须予以高度关注、有效应对，严防出现新的违法违规行为；对一些新的做法是否合规难以做出清晰判断的，及时向监管机构咨询。合规总监要加强对公司与股东签订的各种协议合同的合规审查，防止公司向股东进行不正当的利益输送，发现此类或其他违法违规行为的，及时向监管机构报告。

需要明确的是，合规管理是每个证券公司的重要职责和日常任务，董事会和管理层是公司合规管理责任的最终承担者。公司主要负责人要切实履行全面领导合规管理工作的职责，像抓业务发展那样抓合规管理，确保公司经营管理行为持续合规；各公司既要重视发挥合规总监和合规部门的作用，全力支持他们开展工作，更要着眼于全公司合规体系的整体效能，抓基础建设、抓配套机制、抓文化培育，形成全员合规管理、全过程合规运行的保障体系。合规总监和合规管理人员则要切记“有为才能有位”的道理，不断提高能力和水平，持续改进工作方法和管理艺术，通过自己的勤勉精神、专业素质、优质服务促进公司实现合规管理工作目标，体现合规管理工作的价值，从而在公司内部赢得信任和认可。

**四、大力推动证券公司有效实施合规管理**

证券公司能否有效实施合规管理，既取决于其自身的认识和努力程度，也与外部监管环境有着十分密切和直接的关系。全系统监管干部，要不断提高监管的能力和水平，不断增强监管的科学性和有效性，持续推动证券公司提升合规管理的水平与实效。

（一）适应合规管理制度建设的进展情况，将合规管理全面纳入证券公司常规监管

适应合规管理由制度初创期的专项推进向常规运行的转变，从明年起，将合规管理实施状况纳入证券公司常规监管，作为日常现场检查、非现场检查、案件查处、事故分析等工作的重要内容。要通过认真审阅分析合规报告、开展常规现场检查、调查处理投诉举报、与合规总监保持有效沟通等方式，全面掌握证券公司合规管理情况，及时督导证券公司纠正工作中的失误和偏差。

各公司业务种类和规模各异，具体情况千差万别，不可能有一套完整详实的合规管理细则适用于所有公司。监管机构要充分尊重证券公司在合规管理方面的自主权和创造性，可以进行必要的指导和督促，但决不能包办代替。一年多来，我们按照这一思路推动证券公司从实际出发建立实施合规管理制度，取得了明显的成效，这次座谈会上交流的生动多样、具有特色的经验和做法就是很好的证明。今后，我们要继续鼓励支持证券公司在制度框架下，结合各自的具体情况，创造性地开展工作，在实践中真正形成符合自身规范发展需要的合规管理机制和方法，并不断深化完善。检验衡量公司合规管理水平的根本标准只能是公司合规运行的实际。

（二）严格执法，科学监管，以足够的监管压力推动证券公司改进完善合规管理

一是努力增强执行力，严格执行监管法规，及时、快速地查处证券公司的违法违规行为，持续保持足够的监管压力。保持足够的监管压力，是推动证券公司培育合规文化、切实有效地实施合规管理、将外部监管要求转化为内生动力的根本手段，这既是我们监管工作的实践经验，也是行业人士的共识。

二是扩大执法工作内容，完善违法违规行为的查处方式。证券公司发生违法违规行为时，既要依法进行查处，并追究负有直接责任的高管人员和其他直接责任人员的责任，

又要同时检查公司管理制度和业务流程的健全性和有效性,调查了解合规管理工作是否尽责。制度和流程不健全、未能得到有效执行,或者合规管理工作未尽责的,依法责令公司改进、完善和加强,并追究公司及有关人员的管理责任。

三是健全激励约束机制,尽最大可能体现合规公司受益、获得更多发展空间,违规公司受损、受限。全面落实已经明确的监管政策,对证券公司的违规行为,区分"自查自纠"、"自查他纠"、"他查自纠"、"他查他纠"等情形,采取轻重不同的处理措施。对公司自己发现、自己纠正并及时报告的问题,可以根据具体情况从轻或免予处理。对日常监管工作中发现的违规行为,一般情况下,可以先与公司合规总监沟通,要求公司查清事实、追究责任、堵塞漏洞、报告结果,并视公司查处情况进行处理;公司查处整改不力的,监管机构必须立即启动外部查处程序。公司对自身或员工的违规行为隐瞒不报或报告不实的,发现一起,严肃处理一起。

四是增强监管工作的透明度,自觉接受监管对象的监督。坚持廉洁公道、秉公办事的优良作风,公平对待监管对象,保持监管尺度的统一和监管力度的均衡。

(三)不断提高工作质量和办事效率,努力为证券公司有效实施合规管理创造良好的监管环境

一是科学合理地制定监管政策和监管规则,努力做到政策和规则的清晰、透明、公正、合理。要密切关注行业发展过程中出现的新情况和新问题,及时准确地作出分析判断,在审慎务实评估的基础上制定或者完善监管政策和监管规则。既要确保证券公司合规管理有据可依,能够清晰地判断其经营管理行为的合规性,又要保持政策和规则的一致性和适当性,以使公司能够形成明确稳定的行为预期,为业务拓展和各项创新提供正常空间。

二是及时准确地解答证券公司就其经营管理行为合规性提出的咨询。要建立和完善工作机制,确保答复意见准确可行,对重大、普遍或新出现问题的答复意见,应当以适当形式公开,以指导行业合规管理工作。要就反洗钱等工作加强与相关监管机构的沟通、协调,商请他们考虑证券行业的特点和现实情况,制定和执行相关规则,努力为证券公司的合规管理及经营发展创造良好的外部环境。

(四)充分发挥行业自律作用,促进证券公司合规管理能力不断提高

证券业协会、证券交易所、登记结算公司和投资者保护基金公司等行业自律组织,在促进行业提高合规管理能力方面大有可为,也责无旁贷。应当立足于各自的职责,严格执行各项自律规则;同时要充分发挥自身优势,集中行业的智慧和力量,积极采取多样化的措施,推动和帮助证券公司解决工作中遇到的困难和问题,支持证券公司从自身实际情况出发开展合规管理工作,不断提升行业合规管理水平。

一是采取多种形式组织行业合规管理工作经验交流,推动各公司互帮互学,共同提高。同时,加大频率、拓宽范围,针对证券公司不同层次和岗位人员的需求,开展多样化的合规管理业务培训,帮助他们提升合规管理能力,并为公司自己组织的合规培训工作提供支持服务。

二是通过本机构的刊物、网站和公共媒体等平台,利用业务培训、各类会议等时机,持续进行合规文化的宣传和教育,积极倡导正确的价值观念和职业道德,在全行业营造良好的合规文化氛围;证券从业人员资格考试、证券公司高管人员资质测试应当充分体现合规管理相关要求,及时更新、补充新的内容。

三是证券业协会可以组织行业内的专业力量，探索出一套合规管理有效性评估的标准、程序和方法，供各公司借鉴参考；并可以对证券公司合规管理能力试行专业评价，总结推广有效做法，督促改正不当行为。

四是证券业协会合规专业委员会应当切实发挥作用，研究探讨合规管理工作中遇到的困难和问题，总结合规管理的经验教训，对全行业改进完善合规管理工作提出意见和建议。

各自律组织要根据证券公司合规总监和合规部门的职责定位，发挥他们在推动自律规则落实、配合自律监管工作方面的作用，形成行业自律与公司合规管理的有效互动。同时，在制定自律规则时，充分考虑证券公司的差异性，在明确责任主体和责任追究机制的前提下，给其留下足够的自我管理空间；在提出工作要求时，充分考虑证券公司的市场角色与法律地位，兼顾客观需要与现实可能。

同志们，实施证券公司合规管理，是巩固和发展综合治理成果，不断提高我国证券公司核心竞争力的重要措施，是确保证券行业长治久安的战略性举措，事关资本市场改革发展的大局。在合规管理建设方面，我们已经有了一个良好的开端，但要真正建立起持续有效发挥作用的合规管理机制，仍然任重道远。让我们在科学发展观的指导下，以改革创新的精神、求真务实的态度、扎实有效的工作、坚持不懈的努力，把这项基础性制度建设不断引向深入、推向前进，为证券行业和资本市场的持续稳定健康发展做出新的更大的贡献。

# 尚福林主席在创业板启动仪式上的讲话

（2009 年 10 月 23 日）

## 一、建立和发展创业板市场是我国经济社会发展的内在要求

我国的创业板市场，从最初酝酿到筹备建设，历经整整十年，可以说是厚积薄发，水到渠成。1999 年 8 月，为解决我国经济发展面临的深层次问题，进一步提高国民经济整体素质，党中央、国务院颁布《关于加强技术创新，发展高科技，实现产业化的决定》，明确提出适当时候设立高新技术企业板块，创业板建设的帷幕正式拉开。10 年来，根据形势的变化和发展的需要，党中央、国务院审时度势，就创业板市场建设做出了一系列安排部署。党的十六届三中全会、十七大等重要会议以及 2004 年初出台的《国务院关于推进资本市场改革开放和稳定发展的若干意见》等重要文件，明确了创业板的定位、指导原则和发展路径。去年 12 月国务院办公厅《关于当前金融促进经济发展的若干意见》提出，适时推出创业板。10 年来，我们不断探索建设我国创业板的模式和路径，做了大量深入细致的工作。今年以来，创业板市场建设加快推进，时至今日，创业板开市交易的各项准备工作已基本就绪。

推出创业板，是党中央、国务院从经济社会发展全局做出的战略决策，适应了国际国

内经济金融形势发展变化的要求,对我国资本市场乃至经济社会持续健康发展,都具有重要意义。

第一,推出创业板,适应了推动我国经济转型,促进经济平稳较快发展的需要。加快转变经济发展方式,推进经济结构战略性调整,促进产业结构优化升级,是实现我国经济可持续发展的客观要求。推出创业板,有利于发挥资本市场的资源配置功能,推动经济发展方式转变,拉动民间投资,引导社会资源向具有竞争力的新兴行业、创新型企业集聚,培育新的经济增长点,推动产业结构调整升级,增强经济发展的协调性和可持续性。

第二,推出创业板,是落实国家自主创新战略,促进科学技术向现实生产力转化的重要举措。当今世界,经济竞争从根本上讲是科学技术的竞争,提高自主创新能力,是国家发展战略的核心,是提高综合国力的关键。改革开放以来,我国中小企业特别是科技型、创新型中小企业迅速崛起,成为国民经济中最有活力、最具成长性的发展群体。适应这些企业发展的要求,推出创业板,进一步创新金融服务体系,有助于完善科技型中小企业的投融资链条,促进一批发展潜力大、带动作用强的高成长、高科技中小企业和自主创新企业加速发展,加快构建以企业为主体、市场为导向、产学研相结合的技术创新体系,推进国家自主创新战略的实施。

第三,推出创业板,是拓展市场覆盖面,完善多层次资本市场体系的重要环节。随着近年来我国产业结构调整步伐加快,我国企业规模分化日趋明显,不同区域、不同成长阶段企业迫切要求创新金融服务体系。单一的主板市场和同质化的制度安排已经难以满足资本市场多样化的投融资需求和风险管理要求。创业板的推出,适应了中小创新企业的多元化融资需求,也满足了广大投资者的不同风险偏好,有利于扩大资本市场服务范围,逐步完善有机联系的多层次资本市场体系。

第四,推出创业板,是培育和健全市场化运行机制,促进资本市场长期稳定健康发展的必然选择。近年来,以培育和发挥市场机制为导向,我们坚持不懈地强化市场基础性制度建设,不断深化市场体制机制改革,为促进资本市场稳定健康发展提供了重要保障。创业板的推出和发展,将发挥对高科技、高成长创业企业的"助推器"功能,为各类风险投资和社会资本提供风险共担、利益共享的进入和退出机制,促进创业投资良性循环,逐步强化以市场为导向的资源配置、价格发现和资本约束机制,提高我国资本市场的运行效率和竞争能力。

## 二、坚持从实际出发,规划和构建我国的创业板市场

推出创业板市场,是从我国经济社会和资本市场发展实际出发,在充分借鉴国际经验和教训的基础上,对我国资本市场体系的一项重要创新。为确保创业板顺利推出、平稳运行,按照国务院关于"加快推进创业板市场建设"的有关要求,中国证监会、深交所及相关部委、地方政府围绕创业板的启动,大力协同、密切配合,做了大量具体细致而富有成效的工作。在制度规则制定方面,从《首次公开发行股票并在创业板上市管理暂行办法》的酝酿到正式实施,从保荐办法和发审委办法的修订到公布创业板公司招股说明书和上市申请文件,从创业板上市规则的颁布到发布创业板投资者适当性管理暂行规定,每一个规则的出台,都广泛征求社会各界意见,使创业板规则体系更加科学、更具操作性。在发行审核方面,针对创业企业规模小、成长性强、风险相对较高等特点,单独设立创业板发行审核

委员会和创业板监管部门,确保发行审核工作依据相关法律、法规规定的条件和程序稳妥有序进行。在投资者合法权益保护方面,针对我国资本市场中小投资者众多、风险承受能力较弱等特点,建立并全力推动落实投资者适当性管理各项规定,坚持抓创业板投资者教育和风险揭示工作。在技术保障方面,完成交易、通讯、结算和支付等技术系统的全网测试,技术准备全部到位。在创业板上市资源培育方面,截至目前,已有北京、广东、浙江、江苏、上海、湖北等26个省(自治区、直辖市)的188家企业向我会提出了发行申请。对后备上市资源的调查摸底、辅导培训等工作也在有序开展,具有相应条件并希望到创业板上市的企业为数众多。

在推进创业板市场筹备和建设过程中,我们不断深化对创业板企业和创业板市场特点、功能、作用以及风险的认识,不断总结海外创业板市场和我国资本市场发展的经验和教训,努力构建既符合市场一般规律又适应我国资本市场阶段性特征的创业板。

一是注重将服务实体经济与推动创新型国家建设结合起来。创新型企业的发展,是创业板建设发展的根本基础。在创业板筹建过程中,我们始终把支持高科技、高成长企业的发展摆在突出位置,服务科技创新和新兴产业。已受理的企业近七成属于电子信息、新材料、新能源、生物医药、现代服务等行业,新兴产业和服务业占主导地位,符合创业板的基本定位。

二是注重将借鉴境外创业板市场建设经验教训与把握我国资本市场实际结合起来。我国资本市场是"新兴加转轨"的市场,面临着特殊的股权结构、投资者结构和股权文化,具有与成熟市场不同的发展环境和运行规律。结合这些特点,我国创业板市场在制度设计上汲取境外创业板市场建设经验教训的同时,进行了一系列有益探索,例如,规定相对较高的发行上市标准,实行更加严格的退市制度,强化中介机构责任,突出了对风险的充分揭示和引导。从执行的情况看,这些制度创新适应了创业企业的成长规律和我国资本市场的特点,得到了市场各方的肯定。

三是注重将深化改革创新与促进市场平稳运行结合起来。坚持风险可控、可测、可承受,稳步有序地深化市场改革创新是我们一以贯之的工作思路。2004年在主板框架内设立的中小企业板,5年来稳步发展壮大,为筹备创业板积累了经验。今年以来,随着我国经济企稳回升与资本市场平稳运行态势初步确立,我们坚持"分步实施、稳步推进",有计划、按进度地落实规则发布、发行审核、教育培训等各项工作部署,保证了创业板市场建设的平稳进行。

四是注重将防范创业板市场风险与创新投资者保护途径结合起来。创业板公司股本规模小、盈利模式新,经营风险和市场风险明显高于主板企业。创业板建设始终把防范风险作为主线,对公司成长性、股权变动和经营模式严格审核把关,同时,广泛动员相关市场主体,全面落实投资者适当性管理制度,充分揭示市场风险,切实提高投资者对创业板市场风险的认知水平和防范能力。

五是注重将改进舆论引导与稳定市场预期结合起来。在创业板市场各项政策措施出台过程中,我们注重倾听市场声音,建立多层次的新闻信息沟通机制,加大正面解读与权威发布,及时回应热点,切实提高创业板建设透明度。同时,各类新闻媒体也高度关注创业板市场建设,开展了及时、广泛、深入的宣传报道,推动市场形成了明确的改革预期,促进了创业板政策的平稳实施。

## 三、加强监管，全力推动创业板市场稳定健康发展

今天，创业板市场的正式启动，标志着创业板发展新的开始。作为新生事物，创业板的稳定健康发展任重道远。我们必须清醒地看到，创业板企业大部分处于成长期，创新能力强、成长性高，同时也具有业绩不稳定的特点，经营模式和盈利能力还有待时间的检验，对新技术、新模式的探索还存在不确定性，创业板市场面临非理性交易、投机炒作和市场操纵的风险也较高，对此，务必要高度重视，不断深化对创业板市场规律的认识，不断加强和完善创业板监管，确保创业板市场平稳运行。

第一，证监会要坚持"从严监管"的原则。会机关有关部门和各派出机构必须深化监管创新和制度创新，针对创业板市场的特点，逐步完善创业板市场配套法律法规、信用体系和监管规则；继续做好创业板发行监管工作，严把创业板市场准入关；强化信息披露监管，切实提高创业板公司信息披露的真实性、准确性、完整性和及时性；重点加大对内幕交易、利益输送、操纵市场、侵占上市公司财产等违法违规行为的惩治力度，维护创业板市场的正常秩序；创新和强化监管手段，完善综合监管体系，不断提高创业板市场监管的有效性。

第二，深圳证券交易所要全面强化自律监管。加强对募集资金尤其是超募资金的监管，督促创业板公司做好募集资金的规划与安排，确保全部募集资金实现专户存储，明确资金用途，强化保荐机构的持续督导责任；严密监控创业板股票上市首日交易，防止过度炒作，坚决打击操纵股价和内幕交易等违法违规行为，根据创业板股票上市交易情况，不断完善上市首日交易风险控制等各项交易制度安排；强化创业板上市公司的持续监管，提高创业板市场投资者教育和服务水平。

第三，创业板公司要努力提高规范运作水平。创业板上市公司的质量是创业板市场的希望所在。各公司要珍惜创业板市场这一重要平台，牢固树立尊重和维护股东权益的理念，着力完善公司治理结构，健全内控机制，严防大股东侵占上市公司利益和内幕交易等违法违规行为。要依法严格履行上市公司应尽的责任和义务，确保信息披露真实、准确、完整、及时，管好用好募集资金，以良好的业绩回报股东，不辜负广大投资者的信任。

第四，各类中介机构要切实归位尽责。保荐机构、会计师事务所、律师事务所等各类市场中介机构要勤勉尽责，独立、客观、公正地履行好创业板企业发行保荐责任和对创业板上市公司的持续督导责任。各证券公司要全面落实投资者适当性管理各项规定，持续做好创业板投资者教育和风险揭示工作，不断提高投资者的风险防范意识和防范能力。

第五，新闻媒体要继续做好宣传引导工作。希望媒体的朋友们继续关心创业板，客观公正地报道创业板市场，加强对市场热点问题的解释说明和主动引导，防止出现虚假报道、片面报道，误导市场投资者。在做好宣传推广、释疑解惑的同时，充分发挥舆论监督功能，促进创业板市场健康发展。

第六，投资者要理性参与创业板市场。广大投资者特别是中小投资者要充分了解创业板企业和创业板市场的特点，积极参与投资者教育活动，配合落实投资者适当性管理制度，认真分析研判创业板市场的风险因素，尤其是大幅波动的风险，审慎评估自身风险承受能力，在信守买者自负、风险自担原则的基础上，正确认识和理性参与创业板市场。

# 尚福林主席在基金业第32次联席会议上的讲话

（2009年10月26日）

## 一、我国资本市场正处在进一步发展的重要战略机遇期

进入本世纪之初，党中央就明确提出，对我国来说，21世纪头二十年是一个必须紧紧抓住并可以大有作为的重要战略机遇期。近年来，尤其是2004年1月《国务院关于推进资本市场改革开放和稳定发展的若干意见》（以下简称“国九条”）颁布5年以来，我们牢牢把握我国资本市场发展的战略机遇，着力加强了资本市场基础性制度建设，积极开展股权分置改革、上市公司清欠、证券公司综合治理、大力发展机构投资者、加强法制建设，夯实了资本市场进一步发展的基础，推动了资本市场的平稳快速健康发展，有力支持了国家经济建设，促进了社会主义市场经济体系的建立和完善。总体来看，贯彻落实“国九条”的5年，是我国资本市场快速发展壮大的5年。与2003年末相比，截至2009年9月末，我国上市公司数量由1287家增加到1631家，增加的300多家上市公司中大多数是各行业的大型骨干企业；股票市值由4.25万亿元增加到19.69万亿元，2007年末曾突破32万亿元，流通市值由1.32万亿元增加到10.07万亿元，市值排名已由全球第13位上升至第3位。同时，我国已经成为世界第二大商品期货市场和第一大农产品期货市场。资本市场在促进经济和社会发展中发挥了越来越重要的作用。

前不久召开的党的十七届四中全会，在深刻分析国际国内形势的基础上指出，去年发生的国际金融危机影响深远，世界经济格局发生新变化，国际力量对比出现新态势，给我国发展带来新的机遇和挑战，我国正处在进一步发展的重要战略机遇期。就我国资本市场而言，同样处在进一步发展的重要战略机遇期。

（一）世界经济出现回暖迹象，国内经济企稳向好的势头基本确立

今年以来，全球经济和金融市场出现一些积极变化，开始缓慢、曲折的复苏进程。上半年美国和欧洲经济萎缩幅度逐步减小，二季度日本GDP环比增长0.9%，时隔4个季度之后首次出现正增长。全球股市普遍上涨，最近3个月美国和欧洲主要股指涨幅接近15%，投资者信心显著增强。从国内形势来看，面对严峻复杂的国际环境，党中央、国务院牢牢把握经济工作的主动权，实施积极的财政政策和适度宽松的货币政策，不断充实完善应对国际金融危机的一揽子计划，保持经济平稳较快发展取得明显成效。前三季度，GDP同比增长7.7%，其中，第三季度增长8.9%，按季度呈现递升趋势；规模以上工业增加值同比增长8.7%，工业企业利润降幅减缓；国内市场销售平稳较快增长，社会消费品零售总额同比增长15.1%；固定资产投资增幅明显加大；外贸降幅明显收窄；金融市场运行平稳。

（二）资本市场环境进一步改善，有利因素增多

前几年我们着力开展基础性制度建设，显著增强了我国资本市场抵御外部冲击的能

力,同时,我们为应对国际金融危机而采取的一系列稳定市场措施得到了各方面的积极响应,取得了预期效果。在国际金融危机的严重冲击下,我国资本市场经受住了考验,没有发生系统性风险。今年以来,随着对世界经济前景信心的逐步恢复,特别是在国内经济回暖趋势的影响下,我国股票市场迅速摆脱去年的低迷,在全球主要股市中率先回升,投资者信心逐步得到恢复,市场流动性保持充裕,上市公司业绩逐步向好。同时,推动经济结构调整,吸引拉动社会资金参与投资,促进跨境上市及投资业务发展,都需要资本市场发挥更大的作用。总的看,我国资本市场平稳健康发展的总体趋势不会改变。

在看到资本市场内外部环境积极变化的同时,我们也要清醒地认识到,世界经济复苏将是一个缓慢曲折的过程,国际国内不稳定不确定因素仍然很多,我国经济回升基础还不稳定、不巩固、不平衡,保持我国经济平稳较快发展、推动经济发展方式和经济结构调整的难度进一步增大。资本市场自身仍然存在一些不完善之处,维护资本市场平稳健康发展的任务仍然很艰巨。为此,我们必须坚定不移地以科学发展观为指导,认真贯彻落实党中央、国务院对我国资本市场改革发展的各项战略部署,紧紧围绕保增长、保民生、保稳定这条主线,继续加强市场基础性制度建设,进一步发挥市场机制的作用;积极推动上周五刚刚启动的创业板平稳健康发展,择机扩大代办股份转让系统试点,促进多层次资本市场体系建设;强化公司治理和内部控制,支持证券期货经营机构有序创新,不断提高市场主体的整体水平;大力发展机构投资者,鼓励更多的合规资金进入资本市场;积极探索保护投资者合法权益的长效机制,努力培育健康的股权文化和理性的投资文化;进一步加强资本市场法制建设和市场监管体系建设,强化对各类市场主体的监管,依法严惩操纵市场、内幕交易、利益输送等违法违规行为,防范和化解系统性风险,促进资本市场稳定健康发展。

## 二、坚持以科学发展观为指导,推动我国机构投资者又好又快发展

资本市场进一步发展的战略机遇期,也是进一步大力发展机构投资者的战略机遇期。证监会立足于我国资本市场“新兴加转轨”的阶段性特征,以国有股为主的上市公司股权结构、以散户为主的投资者结构的特点,缺乏股权文化和投资文化积淀的现实情况,一直十分重视培育和促进机构投资者的发展。长期以来,证监会协同其他相关部门,积极出台鼓励机构投资者发展的各项政策,为机构投资者创造良好的发展环境。经过近几年的发展,机构投资者队伍不断壮大,形成了包括证券投资基金、社保基金、保险资金、QFII、企业年金等专业化机构投资者共同发展的格局。截至2009年9月,专业机构投资者持有A股的市值约2万亿元,占流通总市值的比重已由2003年末的12%增加到20%,全部机构投资者所占的比重已超过50%。

机构投资者的发展,一定程度上改善了资本市场的投资者结构,有力推动了我国股票发行制度改革,促进了上市公司治理结构的完善;机构投资者的发展,推动了理财市场与各类金融产品的发展,超过30%的城镇居民家庭参与了基金投资,越来越多的居民通过机构投资者的专业理财服务,分享了国民经济快速增长的成果;机构投资者的发展,推动了社保基金运作管理的市场化改革和保值增值目标的实现,截至9月末,基金管理公司管理的社保基金和企业年金已分别达2954亿元和694亿元;机构投资者的发展,有力推动了居民储蓄转化为投资,促进了直接融资比重的提高以及金融体系效率的提升。机构投资者已成为资本市场举足轻重的投资主体。

在看到机构投资者发展取得显著成绩的同时,我们也要清醒地认识到,与我国经济社会发展和资本市场发展的需求相比,与成熟市场相比,我国机构投资者总体上还存在着资产规模偏小、发展不均衡、组织模式单一、投资理念不成熟、风险意识不强、创新能力不足等问题,需要着力加以解决。我们必须认清形势,增强责任意识,以科学发展观为指导,推动机构投资者又好又快发展,为此,要把握好以下四个原则:

一是坚持把保护投资者合法权益放在首要位置的原则。作为资本市场的重要组成部分,以证券投资基金为代表的各类机构投资者具有资金集中化、投资专业化、效益规模化和运作规范化的优势,其与客户之间的委托代理关系,要求机构投资者必须恪尽职责、诚实守信、谨慎勤勉,切实保护好投资者的合法权益,牢固树立客户利益至上的经营理念,强化责任意识,认真履行受托义务,最大限度地实现好、维护好、发展好投资者的合法权益,坚决杜绝"老鼠仓"、非公平交易和各种形式的利益输送等违法行为。

二是坚持统筹兼顾、促进机构投资者全面协调发展的原则。要正确认识和妥善处理各类机构投资者全面协调发展的关系,在继续发展证券投资基金的同时,推动社保基金、保险资金、企业年金等其他机构投资者的不断壮大与协调发展。进一步统筹短期资金和长期资金之间不同的利益诉求,兼顾发挥不同类型机构投资者的协同效应,促进机构投资者内部结构的优化。

三是坚持着力提升质量、实现可持续发展的原则。大力发展机构投资者,不仅要重视量的扩张,更要关注质的提升,坚持"好"字当头,坚持走规范可持续发展的道路,更加重视核心竞争力的培育、投资理念的形成、投资风格的稳定、治理结构的完善、内部控制的有效、风险管理能力的提高等,努力实现"又好又快"发展。

四是坚持深化改革创新、注重发挥市场机制作用的原则。坚持深化改革创新和发挥市场机制作用,始终是资本市场发展的动力和源泉。大力发展机构投资者,必须坚持解放思想,走改革创新之路,走市场化发展之路,积极探索在我国新兴加转轨的市场条件下机构投资者发展的新思路新方法,完善市场化竞争和退出机制。同时,坚持市场化改革方向,为机构投资者发展营造良好的市场氛围,努力形成激励有效、约束到位、竞争有序的创新发展机制。

作为机构投资者中最重要的一支力量,基金行业十一年来取得了巨大的成就,没有出现系统性风险,经受住了国际金融危机的考验,这是全行业共同努力的结果,也是践行科学发展观的具体体现。下一步,全行业必须继续坚持以科学发展观为指导,牢牢把握以上四个原则,再接再厉,开拓进取,努力将我国基金业建设成为"专业精良、治理完善、诚信合规、运作稳健"的现代资产管理行业。

(一)强化公司合规管理,切实把保护投资者合法权益落到实处

要始终牢记保护投资者合法权益的行业宗旨,不断强化信托义务、受托责任和契约意识,研究探索有效的公司治理。对金融业而言,诚信是第一位的,信用一旦受损,很难在短期内恢复,有的金融行业发展经历已经充分印证了这一点。维护持有人的利益是整个基金行业的"生命线",要在始终坚持基金持有人利益优先原则的前提下,处理好基金持有人、公司及股东之间的利益关系,要深刻认识到基金持有人的利益得不到保护,公司和股东的利益就无从谈起。要认真吸取其他行业的深刻教训,进一步提高诚信合规意识,加强对员工的合规教育和管理,完善基金运作的制度和流程,不断改进各项内控措施,确保各

项制度有效执行。要坚决杜绝内幕交易、操纵市场等违法违规行为。要针对基金行业特点,切实防范“老鼠仓”、非公平交易等各种类型的利益输送行为,维护市场秩序。需要提醒的是,今年2月28日生效的《刑法修正案(七)》增加了背信方面的罪行,今后再发生“老鼠仓”等行为将要承担刑事责任。要高度重视风险管理,牢固树立风险意识,增强员工的责任心,提高风险管理能力,完善各项风险预警机制和应急机制,有效防范风险。近年来发生的几起“老鼠仓”案件,对行业的教训是深刻的。这些违规行为的发生,不仅是基金经理个人的问题,也有公司内控和管理方面的问题。因此,不能简单地将责任归结于个人的道德风险,而要从公司合规意识、内部控制、员工教育等方面查找原因,从中吸取教训。各公司一定要高度重视内部控制,切实加强管理,不要将内控制度作为应付监管部门检查的表面文章,不能因为任何原因放松对内控制度的执行,不能由于任何原因放松对员工的管理。对于因公司内控薄弱,导致发生各类违法违规行为的,不仅直接责任人要承担责任,公司及相关负责人也要承担相应责任。大家一定要居安思危,要有责任心,为维护行业发展尽自己的一份力量。

(二)着力提升发展质量,增强行业核心竞争能力

要树立长期发展理念,制定长远发展规划,处理好公司短期利益与长远发展的关系,在扩大规模的同时,更加注重提升发展质量。要进一步实施好人才战略,制定人才培养的长期规划,完善科学的考核体系和激励约束机制,采取有效措施吸引人才、储备人才、留住人才,真正发挥人才的价值和作用,为公司持续稳健快速发展奠定坚实的基础。要进一步扩宽全球化视野,加强对外交流与合作,认真学习和借鉴成熟市场机构投资者的投资理念、投资经验和投资技能,总结国内外机构投资者的经验教训,建立科学清晰的投资决策流程和投资管理制度,培育价值投资、稳健投资、长期投资和理性投资的基本理念,形成成熟的、稳定的投资风格,不断提高核心竞争力。

(三)积极稳妥开展创新工作,促进行业又好又快发展

要深入分析自身的特点和市场需求,在风险可控的前提下,继续加大创新产品的研发力度,不断深化产品的市场细分,实现产品的差异化,推出符合我国市场需求和投资者需求的创新产品。要根据基金行业的特点和自身实际情况,积极探索建立长效激励约束机制,保持行业制度优势,促进行业持续发展。要根据业务发展的需要,积极探索公司的组织创新,实现专业化基础上的特色化、个性化发展。

(四)进一步强化服务和监管,创造有利行业发展的市场环境

要及时根据市场发展的新环境新情况,推动《证券投资基金法》等相关法律法规的修订,促进充分而有效的市场化竞争,拓宽基金投资运作和产品创新的空间,加大对违法和背信行为的惩处力度。要建立健全更加有效的监管体系,强化现场检查和非现场检查,完善基金监管的快速反应机制,严肃查处各类违法违规案件。在此,我想进一步强调,任何机构和个人,都不能触犯“老鼠仓”、非公平交易和各种形式的利益输送这三条底线,否则,将受到严厉的查处。2003年,证券公司座谈会上,我曾对券商提出遵守“三条铁律”的要求,但一些公司置若罔闻,继续我行我素,结果长期积累的问题最终酿成了行业风险,我们不得不用3年时间进行综合治理。基金业能否严守“三条底线”,我们将拭目以待。要推动相关部门出台有利于各类机构投资者发展的改革政策和制度安排,促进社保基金、保险资金、企业年金等机构投资者稳步提高入市规模和比例。要结合基金行业特点和发展

需要，进一步加强和改进行业自律组织建设。坚持多年的基金业联席会就是一种有效的形式，要把这个联席会作为一项制度和工作机制固定下来，并进一步研究充实其内涵，以更好地发挥自律组织在保护投资者合法权益、推动行业规范发展等方面的积极作用。

同志们！大力发展多元化的机构投资者，是党中央、国务院关于深入推进我国资本市场改革发展的一项重要战略部署。只要我们上下一心，共同努力，与时俱进，开拓进取，机构投资者的发展必将再上一个新台阶，为资本市场的稳定健康发展作出新的更大的贡献。

# 桂敏杰副主席在上交所新一代交易系统切换上线市场动员会上的讲话

（2009年11月11日）

本次会议邀请了包括各会员单位领导在内的400多人参加，表明了这次会议的重要性。重要性之一，上交所新一代系统较之老系统变动大、创新多，对会员要求高，各会员单位必须同步提高自身信息系统运维能力，才能顺利实现新系统上线；重要性之二，两套交易系统更替，是一个高度复杂和涉及面广的系统工程，不仅交易所要精心组织、周密实施，也需要近200家会员单位和非会员单位同时与新交易系统对接，实现在新系统环境下交易。在必须保持市场交易连续不间断运行的情况下，200多个机构、数千人参加，其难度和不确定性可想而知。换句话说，在上线过程中，任何一家会员单位出现问题，都会危及到新系统上线的整体运行。为此，各机构必须予以高度重视；重要性之三，随着我国资本市场的快速发展，对信息系统安全运行的要求和期望愈来愈高。党中央、国务院重视，媒体舆论关注，投资者相关利益等都使得维护信息系统安全、高效、稳定运行成为资本市场核心工作之一，这也是为什么我们必须以万分谨慎的态度、扎实仔细的组织工作认真对待此次新交易系统上线。为了顺利完成新旧系统切换，上交所做了长时间准备，进行了数次测试和模拟运行，具备了新系统上线的基础和条件。为了确保此次新系统顺利上线，证监会给予了高度关注，专门召开主席办公会听取汇报，在此再提出明确要求，交易所和各会员单位、非会员单位必须高度重视此次上线工作，加强领导，精心组织，认真操作，做好预案，绝不容忍人为事故，绝不容忍管理漏洞，绝不容忍不负责任的事件发生，最大限度地降低新一代系统上线风险。

针对资本市场的信息化建设和信息安全工作，我谈几点认识和意见。

**一、信息技术是证券期货行业各机构的生存基础和核心竞争力**

近几十年来，计算机技术的广泛应用和快速发展，使信息技术渗透到了人们日常生活的各个方面，给人们的生活方式、工作方式甚至思维方式都带来了重大变化。当今世界，一个国家的信息化水平，既标志着她的文明进步和发展程度，也意味着她在新世纪全球经济格局下的竞争能力。在《第三次浪潮》中,托夫勒曾经说过:“未来所有社会都将依靠信息领域、技术领域、社会领域的结合,组成社会的基本结构,协调社会生产和个人活动。”从今天科技进步和创新的趋势和变化中,可以预见,未来一个时期信息技术会更加突飞猛进地发展,也会更加深刻地影响我们的经济社会生活。

我国证券期货行业的发展历程,典型地反映了信息技术对行业发展的重要意义和促进作用。十几年来,证券期货业从我国的国情出发,借鉴他国的发展经验,充分利用后发优势,走出了一条具有中国特色的发展道路。我们在很短的时间内完成了从有纸化交易向无纸化的转变,从人工报单到电子化处理的飞跃,实现了委托、撮合、清算、交收等全交易过程的电子化信息处理,大大提高了市场的运转效率,降低了运行成本,适应了几千万投资者参与市场的客观需要,为中国资本市场的快速发展提供了强有力的技术支撑。

在这样的市场环境下,信息技术对于行业各机构自身的发展也起到了至关重要的推动作用。首先,信息系统已经成为各机构日常业务运行的工作平台,大量的业务、管理数据完全依赖信息系统进行处理,关键的业务活动依靠现代化的通信手段得以实现。信息技术已成为行业各机构的生存基础。其次,信息技术是发展新业务、推出新产品、开展业务创新的基本条件和前提。我国经济多年保持持续快速增长,居民生活水平快速提高,给我国资本市场创造了巨大的发展潜力和空间。如何把握机遇,占据优势,在竞争中处于主动是对行业每一家机构的重大考验。要想在竞争中脱颖而出、保持优势,就要靠创新,靠核心竞争力,要做到人无我有、人有我优。从当前资本市场业务运行看,业务与技术已经高度重合、混合、复合,你中有我、我中有你,业务离不开技术、技术本身也是业务。因此,高度重视技术人员的作用,加大信息技术投入,发挥技术部门在产品、业务创新方面参与、决策和实施的作用,既是各机构发展的需要,也是各机构核心竞争力的体现。此外,在当今的信息社会里,人们对社会各部门信息化程度的要求越来越高。你的信息系统运行慢,信息量少,故障率高,自然客户投诉多、纠纷多,失去客户多,严重者声誉会受到影响,甚至关乎机构的生存。

所以说,信息技术对于今天的证券期货机构而言,不再是一个辅助手段,它如同经纪业务、投行业务一样,是机构赖以生存和发展的基础,是公司重要的业务资产。信息技术部门和信息技术人员是公司的宝贵财富,是公司核心竞争力的重要组成部分。

## 二、信息安全是信息化建设的首要任务

既然信息系统在机构发展中地位重要,那么如何确保信息系统的安全运行就成了一个关键的问题。所谓信息安全保障,简单说就是通过技术和管理的手段,排除信息系统中存在的隐患,防止和应对由于技术原因、人为原因和自然原因引起的各种系统故障,保证信息系统的可用性和可靠性。

人类进入21世纪以后,信息安全问题变得日益重要和突出,目前已经上升为各国发展的战略问题。美国奥巴马政府上台以后,立即成立了统领全美国信息安全工作的“网络司令部”,把网络空间作为继陆、海、空、太空之后的“第五战略空间”。西方其他国家也纷纷跟进,实质性地开展了网络攻防规划。在我国,对信息安全的重视也提到了前所未有的高度。近几年党中央、国务院作出了一系列重要决策,相当多的财力、物力、人力投入到提升国家信息安全能力方面。作为全国八大重要信息系统之一,资本市场的信息安全备

受瞩目,列为国家信息安全的重点。

同时,我国资本市场运行高度依赖通信、计算机技术和互联网,在提高效率的同时也蕴涵着很大的风险,例如,网上交易和门户网站往往成为敌对势力和不法分子的攻击对象;自然灾害的不断发生要求信息系统建立可靠的灾难备份;技术系统的故障会引发权益纠纷、社会问题和经济赔偿,虚假信息、仿冒网站会严重扰乱市场秩序,等等。

此外,各种新技术、新产品、新创意大量出现,诸如“物联网”、“智慧地球”、“云计算”等新概念相继提出,一方面推动了科技的发展和进步;另一方面也带来了一系列新的挑战。目前我国资本市场的 IT 技术水平还处于发展中市场阶段,自主可控能力还有待进一步提高。如何在充分利用新技术、新产品的同时,避免落入“技术陷阱”,是摆在我们面前的一个重大课题。

因此,我们必须进一步提高对于信息安全工作的重视程度,把信息安全当作信息化工作的首要任务抓紧抓好,根据形势的发展变化,不断开拓思路,提高证券期货业信息安全水平,维护资本市场的持续稳定运行。

**三、强力推进证券期货业信息安全是证监会系统的重要监管职能**

近年来,证监会为了提高资本市场信息安全保障水平,强力推进行业信息化建设,采取了一系列措施,促进了行业信息安全保障工作的进步和发展。

在组织机制建设方面,构建了证监会统一领导下的信息安全组织保障体系,成立了行业信息化工作领导小组及其办公室,组建了专家委员会,在全国各地聘请 430 名技术专家组成事故应急处置队伍;把信息安全纳入资本市场维稳工作范畴,明确了证监会业务部门、派出机构、交易所、行业协会等在信息安全方面的监管职责分工;与工信部、公安部等国家信息安全管理部门建立了紧密型协作配合机制。

在信息技术法规建设方面,本着“统筹规划、急用先行”的原则,根据行业发展的实际状况,先后出台了《证券期货业 IT 治理技术指引》等 12 部技术法规,加快推进《证券期货业信息安全管理办法》等基础性法规的制定工作;组织行业专家,编写了《证券期货业信息安全发展报告(2009 年版)》,对行业信息化建设未来发展做出分析和研判;全面建立了信息安全水平与业务资格、分类监管挂钩的联动机制,将信息安全监管列为证监会各派出机构日常工作之一。

在专项治理工作方面,两年来先后开展了三次大规模的专项行动。一是在国家信息安全有关部门的大力支持下,对 6 家交易所、105 家证券公司、60 家基金公司和 170 家期货公司开展了远程攻击性测试,发现并弥补了 200 多个系统漏洞,提高了各机构加强系统维护的警觉性;二是动员了 700 余名监管人员,组成了 253 个检查小组,对全行业所有机构(包括营业部)进行了市场建立以来规模最大的一次现场检查,有力地促进了行业各机构对信息安全工作的重视程度;三是在国家应急办、工信部的指导下,进行了行业首次应急演练。这次演练共有 7 万多人参加,演练了 500 多个信息安全场景,大大地提升了行业各机构应急处置的能力。

由于提升了行业信息安全保障水平,在“南方冰雪灾害”、“汶川大地震”和“7. 29 行情”等多个极端情况的考验下,行业信息系统运行正常、稳定。在“奥运安保”、“60 周年大庆”等关键时期也没有出现大的问题,顺利完成了维稳的任务要求。总的看,近几年证券期货业信息化建设和安全保障进展势头良好。具体来讲,一是目前行业各机构对信息安全工作的重视有了较大程度的提高,许多机构纷纷加大资金投入、扩大技术人员队伍、加强IT治理,行业上下形成了重视信息安全工作的氛围;二是技术法规体系初步成型,急需的技术法规已陆续发布,并形成了全市场、各相关业务领域、行业协会三个层次分明的体系;三是核心交易系统的可靠性迅速增强,各证券、期货交易所基本上建成了同城灾害备份系统,具备了应对一定规模自然灾害和技术事故的能力;四是行业各机构的数据备份和故障备份建设基本到位,可以保障业务数据的完整性,在发生故障的情况下,也可以在较短时间内恢复系统运行;五是网站和网上交易系统的防护能力有了明显提高,从相关部门反馈的情况看,系统漏洞大幅减少,服务器端的防护水平大大增强;六是应急处置能力更趋于实战,业务部门与技术部门在应急处置工作中的协调性显著改善。

同时也应看到,相对于市场的快速发展,证券期货业信息化建设和安全保障水平还有较大差距,问题和风险不容忽视。例如行业各机构信息安全水平差距大,发展严重不平衡。许多机构对信息系统投入不足,技术人员严重短缺,上千人的机构,技术人员仅有几十人,而且有的技术人员仅能承担操作任务,个别机构信息系统安全风险很大。一些机构运维操作失误频频发生,运维人员素质、运维管理水平亟待提高;网上交易抗重大攻击能力较弱,防护能力需要加固加强;应对重大事件或严重自然灾害的实力不强,异地灾备系统建设尚未普及;对核心技术的掌控能力严重不足,行业的技术发展受到外部因素的严重制约。这些问题和风险应该引起行业各机构的高度重视和认真对待。

## 四、推进提高证券期货业信息安全水平是全行业的共同任务

过去几年,证券期货业在信息化建设和信息安全保障方面有了明显的进步,说明我们工作的方向是正确的,措施是有效的。我们希望,每年扎扎实实地抓几项基础性工作,通过三五年的努力,几年后行业的信息安全水平能够实现实质性的飞跃。这里我想强调的是,今后证监会工作重点之一是加大技术法规的监督执行力度,凡是技术法规明确规定的,行业各机构必须严格执行,认真落实。技术法规规定的标准必须达到,在运行环境、系统备份、人员配备、基础设施等方面必须达标。对于发生技术事故的,要加大力度追究事故相关人员责任。我们将建立淘汰机制,对技术水平达不到最低要求的公司采取严格的监管措施,甚至将其淘汰出局。为此,我们将在前一阶段工作的基础上,不断深化信息安全治理,重点抓好以下几项工作。

一是要继续完善技术法规体系。抓紧制定并出台技术法规、规范和标准,实现技术规则的体系化、连贯性和一致性,使行业的信息安全工作有法可依。同时要加强检查、督促和惩处工作,使各项法规落在实处、见到成效。

二是要加强信息安全的日常监管工作,将信息安全事件通报、应急处置、网上监控、信息资源普查等工作纳入常规性工作,使全行业时刻保持对信息安全工作的高度重视,把落实信息安全各项要求与日常监管工作紧密结合起来,做到警钟长鸣,监督有力。

三是要全力抓好信息安全专项工作。要加快推进证券公司网上交易系统客户端安全防护的试点工作,并在试点基础上向其他证券公司和基金、期货行业推广;要积极开展行业数据中心建设工作,为行业的数据安全提供可靠的技术手段;要在认真总结今年行业应急演练的基础上,开展实战性更强、随机性更大的演练和检查,督促行业充分做好各项应

急准备；要针对运维管理的规范化开展检查，查找运维管理中的突出问题，并加以整改。

四是要认真做好规划研究工作。要针对“三商”存在的深层次问题进行认真研究，提出长期可持续发展方案；解决影响银证、银期之间数据交换效率和安全性的瓶颈问题，研究高效、安全的数据交换模式；要加强与通信行业主管部门的合作，探索将信息安全关口向客户端前移的技术可行性，努力从机制上提高行业的信息安全水平。

以上几项工作是否见到成效，关键还是取决于行业各机构在信息安全工作方面的自身努力和进展。我想再次强调的是，行业各机构一定要认识到：加强信息化建设不是只有投入，没有产出；抓好信息安全工作，就意味着减少损失、降低成本。事实上哪一家机构信息系统出了问题，哪一家机构经济上就要受损失，商誉也会受到影响，会成为监管部门的关注重点，因此这个账一定要算清楚。重视信息安全工作，要有具体的体现。一是按照“谁主管谁负责，一把手负总责”的要求，各机构领导班子要定期专题研究信息安全问题，对本机构信息安全形势、问题做出判断，不能以不懂技术为由推卸领导责任。二是在信息化建设资金、人员的投入上，要看得远一点，站得高一点，心胸宽一点。要把握时机，今年各机构都有很好的收益，要说服股东下决心加大资金投入，另外还要抓准机会招聘技术人才。IT 治理指导意见要求各机构信息化建设要做到两个“百分之六”，就是 IT 投入要占到公司收入的 6%，IT 人员要占到总人数的 6%，这是基于行业实际情况确定的最低标准，现在看来这个要求还是太低了。目前发达国家证券机构的技术人员多数已经达到了 30%，甚至更高，其经验和做法值得我们很好地研究和借鉴。三是要在机构领导班子中配备懂技术的人，要让技术负责人有足够的权力调动公司的各种资源。这一点我们也应学习其他行业的经验，要考虑推动设置首席信息官的岗位，主抓信息系统建设工作。四是要解决业务、技术“两张皮”的问题，在研究业务创新的时候，一定要有技术人员共同参与决策。业务方案定型同时也是技术方案成型，二者一定要同步。以上几点，就是 IT 治理的精髓，希望大家通过不断理解和深化 IT 治理，持续提高公司的信息化水平和信息安全保障能力。

证券行业是一个高度信息化的行业，信息安全是我们行业开展业务的基本保证，上交所新一代系统上线，是对我们行业各机构的一次重大考验。证券行业十几年的发展历程表明，我们行业是能够担负重大历史责任的，我们的技术、业务队伍是一只能吃苦、能战斗的队伍。希望大家高度重视、充分准备、有条不紊，在上交所的统一指挥下，用我们的技术实力和智慧，确保上线工作的顺利完成，为行业的信息化建设再立新功！

# 李小雪书记在中国证监会2009年会计监管工作会议上的讲话

（2009 年 11 月 26 日）

今天我们在这里召开中国证监会 2009 年会计监管工作会议，会议的主要内容是，以党的十七大和十七届四中全会精神为指导，总结一年来的资本市场审计和会计监管工作，分析资本市场审计和会计监管工作面临的形势，安排部署下一阶段的工作。下面，我讲几点意见。

## 一、充分肯定成绩

在国家扩大内需、促进经济平稳较快增长一揽子计划的带动下,今年以来我国经济形势总体呈现企稳向好势头,资本市场内外部环境趋于好转,各项改革和监管措施的正面效应逐步显现,市场运行中的积极因素不断增多,稳定健康发展的态势日趋明显。我国资本市场不仅经受住了国际金融危机的考验,而且有效支撑了金融体系的稳定运行,促进了宏观经济企稳回升,成为应对国际金融危机挑战过程中的一大亮点,为经济和社会发展做出了重大贡献。

资本市场稳定健康发展,是党中央、国务院正确领导的结果,是资本市场相关各方共同努力的结果,也与在资本市场执业的注册会计师和资本市场会计监管队伍的努力是分不开的。一年来,我们从服务资本市场改革和发展的大局出发,从切实提高资本市场会计信息质量、"还投资者一个真实的上市公司"入手,开拓进取,勇于创新,扎实工作,为资本市场稳定健康发展做出了积极贡献。

(一)证券期货资格会计师事务所一年来取得的成绩

一年来,具有证券期货业务资格的会计师事务所按照我会2008年会计监管工作会议的总体部署和日常监管中提出的具体要求,强化质量控制,不断提高执业质量,较好地完成了资本市场"打假"的任务。

2009年,具有证券期货业务资格的会计师事务所顺利完成了1622家上市公司、107家证券公司、163家期货公司和61家基金管理公司的年报审计工作,圆满履行了会计师事务所对资本市场主体年报审计的法定职责。从发表的审计意见来看,共有113份上市公司年报被出具了非标意见,出具非标意见的比例比上年略有下降,其中74%的非标意见是针对"ST"公司的;从"ST"公司的角度来看,有51%的"ST"公司被出具了非标意见。这一方面说明,通过会计师事务所的审计严格把关,规范了上市公司行为,上市公司的会计信息质量提高了;另一方面也说明,会计师事务所严把质量关,敢于对存在问题的公司客观、公正地发表意见。在重启新股发行、启动创业板的过程中,注册会计师严格按照法律规定和我会的要求,为企业改制发行上市申报报表出具审计意见,对企业盈利预测和内部控制有效性发表专业意见,比较好地配合了新股发行的重启和创业板的启动,为多层次资本市场体系建设做出了积极贡献。此外,注册会计师还通过为并购重组提供专业意见,保护市场参与各方的利益,维护了资本市场的三公原则,促进了资本市场的健康运行。

在为资本市场提供服务的过程中,会计师事务所从自身发展的需要出发,按照监管机构的要求,日益重视健全内部治理机制,完善质量控制制度,不断提升执业质量。对我会现场检查中发现和指出的问题,事务所高度重视,认真制定整改方案,落实整改措施。通过整改,事务所的质量控制意识不断增强,质量控制水平稳步提高。一些事务所已经将提高执业质量的外在约束力变成了自身"做优做强"的内在动力。

2009年具有证券期货业务资格的会计师事务所(以下简称证券资格所)的发展还有一个特点,就是通过各种形式做大做强。为了适应资本市场改革和对外开放的要求,有的事务所通过合并,有的事务所通过加入国际成员所,还有的事务所通过在境外设立分所或合并境外当地事务所等方式,做大规模。经过整合,证券资格所的数量有所减少,单个所的规模越来越大，行业集中趋势明显。目前，证券资格所的数量已经减少至58家，并且还继续呈现家数减少、集中度上升的趋势。行业集中度的上升，有利于事务所利用规模经济建立人才、网络优势，增强抗风险能力，有利于事务所更好地为集团或跨国经营的上市公司提供审计服务，有利于增强国内会计师事务所的国际竞争力。

（二）一年来的资本市场会计监管工作

在我会开展学习实践科学发展观的活动中，我们围绕会计监管工作，提出了“监督、撑腰、引路”的工作方针。按照这一工作方针，我们以提升资本市场会计信息质量为出发点，从“帮助事务所提高执业质量”和“为事务所提供良好的执业环境”入手，为事务所“撑腰、引路”。

一年来，我们通过“会计问题答复函”的形式，对准则没有明确或者难以判断和处理的会计问题做出监管指引，明确监管口径，规范上市公司会计行为，一方面为会计师事务所做出准确判断提供了依据；另一方面也有利于减少事务所与审计客户之间的意见分歧，对事务所既起到“撑腰”作用，也起到“引路”的作用。通过推进上市公司治理和内部控制建设，要求上市公司加强会计基础工作，提高会计信息质量，从源头上降低了会计师事务所的审计风险。通过推行会计师事务所与上市公司治理层、管理层尤其是上市公司审计委员会的沟通机制，强化了上市公司审计委员会的责任，在一定程度上改善了事务所执业环境。通过建立健全会计师事务所与证监局的沟通协调机制，证监局将日常监管中关注的问题交给事务所，事务所将审计中发现的重大风险向证监局反映，及时发现问题，及时化解风险，大大促进了审计质量的提高。此外，我们根据资本市场发展的新形势，要求事务所建立签字会计师选拔、委派和考核制度。这是在取消会计师证券资格行政许可后采取的一项重要举措，目的在于从事务所自身制度层面保证签字会计师的胜任能力，从而提高执业质量。

今年我们原计划对24家事务所进行现场检查，由于下半年集中精力开展应对PCAOB检查试点的准备工作，到目前为止完成了12家，剩下的12家放到明年检查。今年的现场检查与前年、去年相比，检查的工作流程更加规范，检查的标准更加统一，检查的内容更加全面，同时在检查过程中加强了与被检查对象的沟通。现场检查对事务所健全质量控制制度、提高执业质量的促进作用进一步增强。今年我们还采取措施，进一步健全会计辖区监管责任制，明确派出机构的职责和分工，解决会计师事务所跨地区执业面临的重复检查、重复报备问题。

在加强日常监管的同时，我们还强化了事后监管和稽查处罚的力度。通过开展年报审计监管工作，一方面继续深入查找年报披露和审计过程中未发现的问题，进一步采取补救的措施；另一方面总结年报审计的经验和问题，有针对性地提出进一步提高资本市场审计质量的措施。通过加大对事务所及从业人员违规行为的处罚力度，达到正确引导市场、规范审计执业的目的。今年以来，我会对3家会计师事务所和5名注册会计师进行了行政处罚，规范市场秩序，形成“良币驱逐劣币”的良好市场风气，促进审计市场的健康发展。

针对去年会计监管工作会议上会计师事务所反映的重复报备、重复检查以及事务所轮换等问题，我们积极研究对策，主动上门与财政部、国资委、银监会、中注协等相关部门和机构沟通协调，力争为事务所营造一个良好的执业环境，但为了取得更明显的成效，还要做出更大的努力。在国际会计监管合作方面，我们积极与美国PCAOB和欧盟等国外监管机构开展交流与合作,提高国际市场的影响力,争取国际市场监管话语权。近两年来,我们一直在与PCAOB谈判磋商,探索双方都能接受的合作监管途径,通过谈判,PCAOB承诺在双方商谈过程中,不对在美注册的中国事务所采取任何处罚措施。在重点与PCAOB谈判的同时,我们还启动了与欧盟及日韩建立监管合作机制的谈判。我们希望,通过加强与境外监管机构的交流与合作,为我国事务所通过资本市场走出去创造良好的国际环境。

## 二、正确认识形势

当前我国经济形势总体上继续呈现企稳向好势头,资本市场处于难得的发展机遇期。随着我国资本市场的发展壮大,多层次资本市场体系的逐步建立和完善,资本市场活跃度的逐渐增强,资本市场在国民经济体系中的地位越来越重要。另一方面,随着全球经济一体化和我国资本市场的进一步对外开放,各国资本市场之间的融合交流与相互影响日益加深。事务所应当深刻认识当前国内、国际资本市场发展的新形势,做好充分的准备,抓住机遇并在竞争中赢得机遇,迎接挑战。

分析当前和今后一个时期资本市场发展的形势,我们认为多层次资本市场体系的建设、资本市场的进一步对外开放和企业内部控制规范的实施,对在资本市场执业的会计师事务所来说,既是十分重要的机遇,也提出了新的更高的要求。

### (一)多层次资本市场体系的建设

受国际金融危机的影响,去年年初以来,国内宏观经济形势出现调整变化,经过前两年的股指快速大幅上涨后,市场发生深度调整。市场的调整波动给资本市场改革发展带来了挑战。今年以来,随着宏观经济企稳向好,资本市场进入了一个新的发展阶段。债券市场平稳发展,期货交易品种日益丰富,主板和中小板新股发行工作平稳重启,特别是随着创业板的顺利启动,多层次市场体系建设取得了重大突破。今后,随着各项改革措施的逐步实施,一个功能齐全的具有中国特色的多层次市场体系将逐步建立健全。多层次市场在拓宽资本市场深度与广度的同时,将为会计师行业提供更加多元的业务平台,给事务所发展带来新的机遇。

机遇与挑战并存。随着多层次资本市场的建立与发展,新的金融产品不断涌现,金融创新不断增多,创业板带来的新经济模式、交易模式、盈利模式层出不穷,公允价值运用越来越广泛,对专业判断的要求越来越高,从而对会计师事务所执业人员提出了越来越高的要求;另一方面,创业板对企业盈利模式及退市的新要求,无形中赋予了会计师事务所更大的责任。事务所应当树立强烈的市场与机遇意识,竞争与风险意识,抓住机遇、搭建平台、合理竞争、开拓业务,在执业过程中加大风险意识,进一步提高执业质量,赢得市场的信赖。今后,无论是对非公开发行市场的逐步规范,还是场外市场的建设,都会给事务所带来更为广阔的发展空间,事务所应当尽早着手,研究新情况、新问题,制订发展战略与规划,为迎接多层次资本市场体系建设所带来的新的机遇做好各项准备。

### (二)资本市场的进一步对外开放

经过近20年的发展,我国资本市场规模不断扩大,制度、规则不断完善,对外开放循序渐进,已经成为全球关注的最重要的新兴市场。在经济全球化和国际资本流动日趋频繁的形势下,我国资本市场的进一步对外开放是一种必然趋势。资本市场的进一步对外开放，将为国内会计师事务所走向国际带来新的发展机遇。

会计准则、审计准则的国际趋同及有效实施为我国会计师事务所走向国际创造了基本条件。从两年多的实施情况看，我国实现了新旧会计、审计准则的平稳过渡。2007 年 12 月，内地和香港签署了两地会计准则、审计准则等效的联合声明。2008 年国际会计准则理事会对中国上市公司执行新会计准则情况进行了实地考察，作出了中国企业会计准则体系平稳有效实施的结论；世界银行通过考察，对中国企业会计准则有效实施情况给予了高度评价；2008 年 12 月，欧盟委员会就第三国会计准则等效问题发布规则，决定自 2009 年起至 2011 年底的过渡期内，允许中国企业进入欧盟境内市场时采用中国企业会计准则编制财务报告。

为了在执行层面落实内地和香港两地会计、审计准则等效声明，降低内地企业赴港上市成本，实现两地资本市场的共同发展，财政部会同我会与香港特别行政区有关方面就内地会计师事务所从事 H 股企业审计业务进行了充分协商，启动了内地会计师事务所从事 H 股企业审计业务试点工作，发布了《会计师事务所从事 H 股企业审计业务试点工作方案》，确定从 2010 年 1 月 1 日起实施。之所以对从事 H 股企业审计业务的内地会计师事务所坚持高标准、严要求，是希望从 50 多家国内证券资格事务所中好中选优，以较高的执业质量为开端赢得香港市场的信赖。

随着资本市场对外开放步伐的逐渐加大，一些国内企业希望通过国际资本市场实现"走出去"的发展战略。尤其是今年以来，一些有实力的国内企业利用金融危机对国外企业的影响，抓住有利时机，利用较低成本参与国际市场的并购重组，以实现企业的全球化战略。另一方面，随着我国资本市场影响力和吸引力的增强，不少境外公司希望在中国上市，目前我会也正在积极研究推进国际板市场的建设。国际板市场的建设，将提高我国资本市场的国际化程度，提升我国资本市场的国际竞争力和"资产话语权"。无论是国内企业参与国际市场竞争，还是外国企业到中国上市，都为国内会计师事务所走向国际带来重要的发展契机。

跨境资本市场服务业务的增加，对会计师事务所执业能力和执业水平提出了更高的要求，会计师事务所的执业质量面临新的考验。事务所将进一步接受国际市场的检验，以高质量的执业水平获得国际市场的认可和信任。

在国内会计师事务所走向国际的过程中，一定会面临与国际同行的竞争。由于我国注册会计师行业发展时间相对较短，在资本市场执业的时间更短。国外会计师行业发展相对成熟，在质量控制等方面有一定的优势。国内会计师事务所要想在竞争中赢得优势，就必须加强内部治理，完善质量控制制度，不断提高执业水平。只有这样，才能在激烈的国际竞争中取得一席之地。

（三）企业内部控制规范的实施

2008 年 6 月，证监会和财政部等五部委联合印发了《企业内部控制基本规范》，年底还将发布相关配套实施文件。根据上市公司的规模及特点，我会与财政部商定，有计划、分步骤地在上市公司实施。在实施内部控制规范的同时，上市公司应聘请会计师事务所对与财务报告相关内部控制的有效性进行审计，并出具审计报告。

企业内部控制作为企业治理的关键环节和经营管理的重要手段，在企业发展过程中具有举足轻重的作用。特别是作为公众公司的上市公司，内部控制不仅关系到上市公司的质量和自身发展，更重要的是关系到广大投资者的利益，关系到资本市场的健康发展。健全有效的内部控制对资本市场的稳定健康发展具有重要的意义。

上市公司内部控制规范的实施以及审计鉴证的要求，拓宽了会计师事务所的业务领域，也给会计师事务所带来了审计环境的变化。作为一项新的业务，事务所一方面要认真组织学习培训，掌握内部控制规范及审计的要求；另一方面要学习借鉴国际资本市场内部控制审计的经验，不断完善内部控制审计的程序和方法，以适应新形势下资本市场内部控制审计的要求。

**三、努力做好工作**

当前和今后一个时期资本市场的发展给注册会计师行业带来前所未有的发展机遇。在机遇面前，我们一定要统一思想，提高认识，积极行动，努力做好各项工作。

在去年的会计监管工作会议上，我们对事务所提出了“增强三个意识，加强四项基础建设”的要求。增强三个意识，就是要增强诚信意识、风险意识和危机意识；加强四项基础建设，就是要加强治理机制建设、加强内部控制建设、加强人才队伍建设和加强专业基础建设。这些要求是事务所在资本市场执业过程中任何时候都必须努力做到的。根据当前资本市场改革发展和对外开放的形势，我在这里想重点强调几个问题。

一是要进一步提高独立性。“独立”不仅是注册会计师审计的灵魂，也是法律要求，《证券法》、《中国注册会计师职业道德规范》都做了明确的规定。只有“独立”，才能做到“客观、公正”，提高会计师行业的公信力。但是，由于历史脱钩改制等原因，加上对大客户审计收入的依赖等现实的利益选择，事务所往往难以做到真正的独立。注册会计师跳槽到上市公司做财务总监后，事务所还继续从事这家公司的审计业务；注册会计师违规买卖审计客户的股票等，这些行为也都损害了会计师的独立性，影响了执业质量，也损害了投资者利益。“独立性”问题不解决，将严重影响事务所的健康发展。我们出台的合伙人强制轮换的规定，目的就是在于从制度规范上保证合伙人的独立性。针对不断出现的影响“独立性”的新问题、新情况，事务所应当在制度层面进行规范，并通过采取培训、检查及违规处罚等切实可行的措施，进一步提高事务所和注册会计师的独立性。

二是要做好事务所合并后的整合管理。事务所合并，做大规模，有利于增强事务所的竞争力，但是合并以后事务所如何融合，如何管人，如何管业务，利益如何分配，标准如何统一，分所如何管理，是合并事务所需要认真研究的大问题。我们在检查中发现，有些事务所合并后整合不到位，有的分所可以独立从事证券期货相关业务，有的分所以挂靠并向总部交纳管理费的形式存在，严重影响了事务所的执业质量，加大了事务所的执业风险。合并后的事务所要加强治理机制建设，完善统一的质量控制制度，理顺合伙人的管理体制，打破分所独立的管理模式，建立合理的薪酬分配和激励机制，建立统一的合伙人委派制度，构建和谐的企业文化，打造事务所的核心竞争力。

三是要在执业中切实改进风险导向审计。风险导向审计强调风险评估，并将这些程序与控制测试、实质性程序有效衔接。在检查中我们发现有些事务所仅仅是为了完成程序而进行风险评估，而没有将风险评估的结果用于指导实质测试工作，出现风险评估和实质性程序“两张皮”的现象。当前，大量中小企业和创业型企业改制发行上市，这些企业在发展初期运作往往不规范，加上这些企业很大程度上属于新经济模式，涉及大量特殊、复杂的经济业务、经济事项和经济交易，给事务所执业带来了更高的风险。事务所要强化风险导向审计，将风险评估落到实处，通过识别行业风险，评估企业风险，提高专业胜任能力，不断提升执业质量。

四是做好开展跨境业务的各项准备。要根据跨境业务的要求培训现有人员、引进优秀专业人才，以满足参与国际竞争对人才的需要；要规范事务所的内控机制，完善质量控制制度，通过制度约束提高执业质量；要了解境外的法律和监管环境，境外特别是经济发达国家和地区的法律体系复杂，事务所要认真研究，规避法律风险，积极应对可能发生的投资者信任危机。

五是要高度重视维护国家经济信息安全。随着我国资本市场的进一步对外开放和我国企业对外发展战略的进一步实施，国家经济信息安全将成为一个越来越重要的问题。在跨国经济交流与合作中，我们一方面要按照国际通行的规则参与竞争，另一方面也要保证国家经济信息的安全。会计师事务所在为国有大型企业海外上市以及部分涉及国家机密的创新型企业提供专业服务的过程中，不仅接触到大量的商业秘密，还有可能涉及国家秘密，掌握一部分国家经济信息。最近，证监会会同国家保密局、国家档案局发布了《关于加强在境外发行证券与上市相关保密和档案管理工作的规定》。这就要求会计师事务所在跨境执业的过程中，要按照我国的法律要求保守国家经济秘密，维护国家经济信息的安全。这对事务所来说，既是责任，也是义务。

作为监管机构，我们要进一步采取措施，不断提高资本市场会计监管和服务水平。明年，要重点抓好以下几项工作：

第一，加大政策扶持力度，促进事务所"做优、做大、做强"和"走出去"。要研究采取在资本市场进一步扶持注册会计师行业发展的具体措施。要抓紧落实内地事务所从事 H 股公司审计的试点方案，会同财政部尽快遴选一批高质量的事务所，从 2010 年 1 月 1 日起进行 H 股公司的审计试点。

第二，进一步加强监管，不断提高监管水平。要加强对申报材料的现场核查，跟踪了解事务所的有关信息和动态，严把入门关。同时，要建立"有进有出"的机制，及时将不符合条件或者发生重大违法违规行为的事务所从证券市场执业队伍中清除出去，确保符合条件的事务所从事资本市场相关业务。

要开展对《关于建立和完善证券期货相关业务签字注册会计师制度的通知》执行情况的检查，确保具有执业操守和专业胜任能力的专业人员从事相应的业务，加强对签字会计师的监管。

要进一步完善会计辖区监管责任制，加强日常监管，着重开展对会计师事务所的专项核查以及事务所整改的回访工作，对于不配合监管或社会举报和媒体舆论反映存在执业问题的事务所，我会将加大现场检查的力度和频率，促使其完善内部治理结构和内控机制，促进其规范发展。

要进一步健全和完善上市公司监管与事务所现场检查相结合的监管机制，坚持"两手抓"，一方面继续完善具有中国特色的上市公司的检查制度，促进上市公司提高信息披露质量；另一方面继续开展对会计师事务所的辖区监管和现场检查，促进会计师事务所提升资本市场执业质量。

第三，要尽快推出事务所和会计师责任认定指引，对会计师事务所和注册会计师的责任认定进行明确界定。会计师事务所建立了完善的质量控制制度并得到有效执行,未发现其执业人员存在故意或过失行为的,事务所不承担责任,承担责任的应是在不实报告上签字的注册会计师及其他相关人员;如果会计师事务所的质量控制制度存在缺陷,在出现违法违规行为时,会计师事务所则应承担相应的责任。

要进一步加大行政处罚力度,特别是要加大对大案、要案及恶意协同造假行为的处罚力度,形成威慑力,净化市场环境。

第四,提高服务水平,为事务所创造良好的执业环境。要有计划地开展证券期货从业注册会计师的培训工作,着重抓好与证券业务审计相关的最新政策法规等方面的培训,系统开展企业内部控制规范的培训,加大证券业务审计特殊性以及重要风险领域的培训,提高事务所对证券业务风险防范的针对性。

要进一步加强与财政部、审计署、国资委等部门的沟通协调,在各自的职责范围内最大限度地解决重复检查、重复报备问题。

第五,进一步完善与外国监管机构的监管合作。继续开展与PCAOB以及欧盟等监管部门的谈判磋商,坚持对等原则,探索合作监管的途径,争取境外监管机构完全依赖我方的监管,维护国家主权和经济信息安全;同时,力争为国内事务所走向国际创造较好的国际监管环境。

同志们,2009年即将过去,新的一年即将来临。让我们高举中国特色社会主义的伟大旗帜,以党的十七大和十七届四中全会精神为指导,深入贯彻落实科学发展观,以开拓创新的精神、求真务实的态度、迎接挑战的勇气、扎实有效的工作、坚持不懈的努力,不断提高审计执业水平,提升资本市场会计信息质量,为资本市场稳定健康发展做出新的更大的贡献!

## 庄心一副主席在中加证券研讨会上的讲话

(2009年2月12日)

今天,加拿大和中国的同行们相聚在气候宜人的海南博鳌,举行中加证券研讨会,共同探讨证券业务发展和风险管理,这是两国证券界积极应对当前金融危机挑战的一项积极举措,也是两国证券业进一步交流与合作、共谋未来健康发展的一次聚会。在此,我代表中国证监会向会议的主办方、协办单位以及专门发来书面贺函的加拿大财政部长吉姆·费海提先生表示感谢!向前来出席此次证券研讨会的加拿大证券学会会长罗伯塔.威尔顿博士,加拿大驻华使馆公使衔参赞柯马克先生和加拿大金融证券业的各位来宾表示热烈的欢迎。

中加两国在证券领域的交流始于中国证券市场创立初期,之后一直始终保持着友好的合作关系。2003年3月,中国证监会与加拿大证券监管机构参与成员(阿尔伯塔、不列颠哥伦比亚、安大略、魁北克省证券委员会)共同签署了《证券期货监管合作谅解备忘录》,确立了中加两国监管机构在证券领域的合作关系。中国证券业协会与加拿大证券学会也一直保持着密切联系,双方建设性的、富有成效的工作,为推动两国业界的交往和合作发挥了积极作用,近几年双方又在证券专业人员培训方面开辟了新的合作领域。2004 年 9 月,共同举办了证券公司发展与管理高级研修班,2007 年、2008 年,共同设计和提供了证券公司运营及管理高级培训项目,我国证券公司的 150 多名中高级管理人员参加了这些项目。加拿大证券学会根据委托单位和受训学员的特点和要求,精心设计了具有针对性和实用性的培训课程和考察访问,取得了良好效果。本次两会联合举办的中加证券研讨会为两国同行提供了很好的交流平台(与会人员将就共同关心的一些问题在会上进行深入研讨)。我认为,这种务实、专业、坦诚的研讨有助于证券行业的发展,并能够增进双方的了解,促进今后的合作。我衷心祝愿研讨会取得圆满成功!

中国证券市场经过近二十年的改革、探索和发展,市场规模持续扩大,市场体系基本形成,在国民经济发展中发挥着越来越重要的作用。作为证券市场重要的中介机构,中国证券公司也在不懈探索中逐步发展壮大。行业的基础日益坚实,行业的专业素质、业务水准和抵御风险挑战的能力不断增强。长期以来,中国证监会根据中国证券市场的实际情况,并借鉴吸取海外市场的监管经验,不断加强和改进行业监管工作,努力促进证券公司规范发展。近年来,我们在监管规则的制定和实施中关注面有所拓展,着力点更为清晰。比如:合理把握行政监管与公司自我约束的关系,力求监管到位而不越位;探索有效机制,准确处理鼓励创新与加强监管的关系;增强对新情况、新问题的敏感性,提高快速反应能力;完善对外开放政策,支持具备条件的证券公司培育和增强跨境业务能力;广泛听取意见,与业界保持充分的沟通,及时对监管规则进行评估与改进;强化监管协作,充分尊重和支持自律组织的工作;努力改进工作作风和监管方法,维护监管公正性,不断提高监管效率和监管水平,等等。

围绕这次研讨会的主题,下面我再简略谈几点看法及相关情况。

一是要把握好金融创新和风险控制的均衡。2004 年以来,中国证监会明确鼓励证券公司在有效控制风险的前提下开展经营方式、业务产品、组织体系和激励约束机制的创新,积极推动证券公司完善创新机制,提高创新能力,增强核心竞争力。通过几年的实践探索,我国证券公司在开发新业务、新产品方面取得了初步成效。在促进证券公司创新活动的过程中,我们始终没有放松风险管理和相关的监管措施,要求证券公司遵守法律法规,吸收借鉴国内外金融创新的经验教训,从中国证券市场实际、客户实际、公司自身实际出发,在创新活动中做到风险可测、可控、可承受;在公司内部做到管理有制度、操作有流程、过程能监测、风险可承担,在公司外部做到信息真实透明、客户知情适当、监管有效覆盖。现在看来,这种监管要求和安排是恰当的,既维护了证券公司创新的自主性和积极性,又实现了证券公司对业务创新风险进行充分论证和自我防范,还明确了有针对性的外部约束,为今后证券业的进一步创新发展提供了较为合理可行的路径。

二是要把握好证券业的功能定位。证券公司应当坚持基础性主导业务,形成牢固稳健的盈利模式,以此为基础奠定自身的核心竞争力,并以此为依托逐步拓展业务范围和经营空间。证券公司的基本职能就是为证券市场提供优质的中介服务,证券经纪、资产管理、承销保荐等专业中介服务是证券公司的基础业务、核心业务,也是证券公司的优势所在。中国证券市场是个新兴市场,证券公司证券中介服务这一主业的潜力和空间很大,证券公司完全有条件着力做大、做精、做优,拓展其深度和广度,并在这过程中培育客户、增强实力、捕捉商机,稳健持续地拓展新的业务种类和经营范围,实现与市场同发展,与客户共成长。因此,我们提示证券公司要客观分析各自的比较优势和劣势,要充分了解自己的客户,按照自身实际能力和市场发展需要,在证券市场中介服务的广阔领域中,确定市场定位和发展战略,扬己所长,避己所短,实行差异化、特色化经营,形成和增强自己的核心竞争力。

三是要落实证券公司的合规管理制度。合规经营是金融机构生存和发展的前提。只有依法合规经营,才能取信于投资者、取信于市场、取信于社会,才能维护市场秩序、客户权益,避免证券公司和从业人员为此付出重大代价。根据去年颁布的规则,目前我国证券公司正在推行合规管理制度,绝大多数证券公司已经制定了相关内部管理制度和流程,设立了合规部门与合规负责人,在公司经营管理过程中开始发挥作用。下一步要认认真真地下工夫将合规制度的各项要求,全面、持久地落实到位。各证券公司要做到主动防止违规、及时发现违规、迅速纠正违规,并严格实施违规问责制,将违规的概率和损害压缩至最小。证监会将和各证券公司共同维护合规管理制度的严肃性和有效性,并在实践中继续完善制度,健全机制,努力形成公司自律与外部监管有机协动的良好格局,持续提升我国证券公司自我管理、规范发展的能力。

四是继续稳步推进中国证券业的对外开放。中国将坚定不移地实施对外开放的政策。中国证监会将继续坚持"循序渐进、安全可控、竞争合作、互利共赢"的基本原则和现行对外开放政策,支持证券公司与境外金融机构开展务实可行的多形式的合作,提高对外开放的质量,支持具备条件的证券公司探索跨境业务,培育国际业务能力。

在中加证券业的共同努力下,两国在证券领域的交流与合作逐步加深。加拿大金融证券业在合规与风险管理、金融产品设计、投资管理与国际化经营等方面积累了许多成功经验。中国证券市场未来巨大的发展空间和潜力也为中加证券业开展广泛合作提供了机会。中国证监会将一如既往地支持两国的证券业开展交流与合作,相互学习,携手共进,为不断推进中加两国的友好合作关系做出新的贡献。

## 姚刚副主席在基金业第32次联席会议上的讲话

(2009年10月26日)

刚才,尚福林主席深刻分析了当前资本市场改革开放稳定发展面临的形势,总结了近年来机构投资者发展取得的成绩,提出了以科学发展观为指导推动机构投资者又好又快发展的重要思路,为各类机构投资者特别是基金业的下一步发展指明了方向。各基金管理公司、托管机构及其他相关单位一定要认真学习,深刻领会,切实把尚主席的讲话精神落实到基金业的发展实践之中。

在党中央、国务院的领导下,在各有关方面的支持以及大家的共同努力下,经过十余年发展和探索，基金业取得了令人瞩目的成绩，经受住了百年一遇的国际金融危机和其他重大突发事件的冲击和考验。当前基金业正处在发展进程中的关键时期，机遇与挑战共存，动力和压力同在。在此情况下，我们召开基金业联席会，目的是要按照科学发展观的指导思想和总体要求，总结基金业近年来的发展情况，分析面临的形势，梳理下一步发展思路，为基金业又好又快的发展，从而更好地服务于资本市场和国民经济创造条件。下面，我想结合基金业发展的具体情况，谈几点意见。

**一、近年来基金业呈现出持续快速稳定发展的良好态势**

自 1998 年第一只规范运作的基金成立以来，基金业已经走过了 11 年的发展历程，呈现出持续快速稳定发展的良好态势。截至 2009 年 9 月底，基金管理公司 60 家，管理资产 26,416 亿元，其中公募基金 524 只，资产规模 22,428 亿元；社保委托资产 2954 亿元；企业年金 694 亿元；特定客户资产 340 亿元；基金托管银行 17 家，基金销售机构 114 家；基金持股市值 15,435 亿元，占沪深股市流通市值的 15.32%。整体看来，基金业的发展取得了长足进步，法规体系不断完善，监管效率稳步提升，行业结构逐步改善，经营管理能力逐渐增强，风险控制水平明显提高，已经成为我国金融体系的重要组成部分。

（一）建立了较为完善的法规体系和制度框架，为基金业发展奠定了良好基础

2004 年《证券投资基金法》的正式实施，是基金业法制建设的一件大事。配合《基金法》的出台，先后制定了一系列配套法规、规章和规则，明确了基金业运作各个环节的制度安排和运作机制。同时，还结合近年来行业监管实践，推动了《刑法修正案（七）》的出台，为打击违法交易行为、保护基金持有人利益提供了有力保障。目前形成了以《证券投资基金法》为核心，以《证券投资基金运作管理办法》等 9 个部门规章为主体，近百个规范性文件为补充的较为完善的基金监管法规体系。

依托这一法规体系，以保护持有人合法权益为核心，基金业确立了比较健全的运作模式。通过建立资产托管制度，保证了资金的安全，强化了对基金管理人的监督与制约；通过强化基金管理人专业独立运作，提升了基金资产的投资效益；通过建立严格的信息披露制度，促进了基金运作的公开和透明；通过建立较为严格的市场准入制度，保持了基金业较高的人员素质和经营管理的专业水准；通过实施严格的专业监管，维护了行业的规范和信誉。实践证明，较完善的法规体系和较严密的制度安排为基金业的发展奠定了良好的基础。

（二）及时防范化解风险，维护了基金业平稳运行

近年来，面对突如其来的特大自然灾害和百年一遇的国际金融危机，整个基金行业齐心协力，不畏艰难，实施了一系列强有力的措施，全力维护了资本市场的健康平稳运行。一是认真落实证监会关于维护市场稳定运行的部署，建立健全维稳方案和应急机制，为基金业的平稳运行提供制度保障。二是初步建立了风险准备金制度和赔偿机制，为保护持有人合法权益提供经济保障。三是开展信息安全大演练和大检查，加强信息安全防护能力建设，强化了基金业平稳运行的技术保障。四是及时妥善处理突发事件，平稳化解了由雷曼公司破产引起的突发风险。以上措施的实施，进一步增强了基金业的风险防范意识和能力，有效维护了基金业平稳运行。

（三）积极推动行业创新，促进了基金业快速发展

近年来，基金业始终坚持在探索中谋发展，在发展中求创新。在监管机构积极推动和

业界不懈努力下,基金业的创新,无论在深度还是广度上,都有了很大的突破,促进了行业的快速发展,提升了行业的整体竞争力。

在业务创新方面,在稳步做好公募业务的基础上,积极探索特定客户资产管理业务,逐步拓宽了基金管理公司业务范围。对单一客户提供资产管理服务的业务模式基本成熟,吸引了社保基金、企业年金、大机构资金等长期稳定资金进入资本市场;一对多资产管理业务已经平稳起步,初步形成了特定资产管理业务与公募业务协调发展的资产管理格局。

在产品创新方面,在风险可控的前提下,推出了一系列创新产品。在基金运作方式方面,从单一的封闭式基金发展为以开放式基金为主,封闭式基金为辅,多种形式并存的运作方式;在产品种类方面,从早期的股票型、混合型基金等高风险品种发展为包括债券型基金、货币市场基金、保本基金等在内的较为完善的产品体系;在交易方式方面,从传统的场外申购赎回发展为包括 ETF、LOF、结构性产品在内的多样化交易模式。此外,成功进行了 QDII 基金试点工作,投资领域和投资工具不断拓展。这一系列创新产品的推出,既丰富了基金品种,为投资人提供了多样化选择,也推动了公司多元化个性化发展,提升了行业整体竞争力。

在销售渠道建设方面,已经初步形成包括商业银行、证券公司、基金管理公司及其他销售机构在内的多元销售体系。先后开发了柜台与网上、直销与代销并存的多种销售方式,构建了多层次的基金销售网络,大大提高了基金交易的便捷性和有效性。此外,商业银行监督下的基金网上交易第三方支付业务近期有了新的进展,为专业销售机构开展业务创造了条件。

(四)稳步扩大对外开放,提升了基金业综合竞争能力

近年来,按照我国资本市场的对外开放战略,基金业本着“以我为主、循序渐进、安全可控、竞争合作、互利共赢”的原则,积极稳妥实施对外开放。截至 2009 年 9 月底,已有 33 家合资基金管理公司,管理资产 11,988 亿元,占行业总资产的 45.38%;已有 17 家基金管理公司为 QFII 提供投资咨询服务;已有 31 家基金管理公司获得 QDII 业务资格,10 只公开募集的 QDII 基金资产规模 717 亿元,运作情况总体保持平稳态势。基金管理公司通过与境外资产管理公司的合作,为 QFII 提供投资咨询服务,以及在境内募集资金投资境外证券市场、设立境外子公司等方式,学习借鉴了境外资产管理经验,增强了风险管理意识和能力,提高了产品开发和客户服务水平,增进了对境外市场和法律制度的了解,行业资产管理能力有了新的提升。

(五)初步构建综合监管体系,增强了监管的有效性

基金业十余年的发展经验表明,专业、务实、有效的监管是推动行业安全高效运行,促进行业持续健康发展的重要保障。本着完善程序、公开透明、强化约束、注重服务的基本原则,监管部门着力健全和优化职责清晰、分工明确、决策科学、反应快速、协调有序、监督有力的基金监管体系,完善监管协作机制,整合监管资源,明确了证监会基金部、派出机构、证券交易所、登记结算公司及证券业协会在基金监管各个环节中的职责和分工,监管的有效性显著增强。

为顺应市场发展变化的新情况、新特点,监管部门适时调整了监管思路,在监管理念、监管方式、监管手段等方面作出了一系列改进和完善。一是顺应市场化发展的潮流,实施

渐进式市场化改革，取消了部分行政许可事项，简化了审核程序，提高了审核效率，有力促进了基金管理公司增强市场竞争意识和自我约束意识，降低了监管成本。二是提出了审核与监管联动的工作思路，在业务资格和产品审核过程中充分考虑日常监管的情况，加大了对合规状况、诚信水平、公司治理、内控制度、风险管理等相关因素的关注程度，形成了审核与监管紧密结合、互相推动的工作机制。三是不断加大现场检查力度，进一步完善非现场检查方式。规范现场检查程序，细化检查内容，增强现场检查的计划性和针对性，提高了检查的有效性。建立基金监管业务信息系统和风险预警机制，提高了监管效率。率先实现 XBRL 的全行业运用，使我国基金业在此方面处于领先地位，大大提高了基金信息披露的质量。四是加大对违法违规行为的打击力度，及时查处了唐建、王黎敏和张野等"老鼠仓"典型案件，严肃了市场法纪，维护了市场秩序，对违法行为起到了很好的震慑作用。

**二、充分认识当前基金业发展面临的形势**

尚主席在讲话中指出，我国资本市场正处于进一步发展的重要战略机遇期。基金行业作为资本市场的重要组成部分，同样处在发展的战略机遇期，同时整个行业也处在重大的结构转型期。我们必须正确、充分、全面认识当前基金业发展面临的机遇和挑战，努力抓住机遇，积极应对挑战，推动行业发展再上一个台阶。

（一）国民经济持续快速发展为基金业带来巨大的发展空间

经过三十年的改革开放，我国国民经济快速发展，综合国力显著增强，经济总量指标均进入世界前 3 位。党的十七大报告提出了 2020 年实现我国人均 GDP 比 2000 年翻两番的目标，国民财富将在现有基础上大幅增加，理财需求将大幅提升，巨大的财富管理市场奠定了基金业快速发展的现实基础。据统计，截至 2008 年底，美国的基金资产占 GDP 的比重达 67%，欧盟约为 51%，日本约为 12%，而我国仅为 6.38%；美国有 700 多家资产管理公司，管理 8000 多只基金、10 万亿美元的资产，而我国只有 60 家基金管理公司，管理 500 多只基金、3000 多亿美元的资产。简单相比可以看出，我国基金业还有很大的发展空间。同时，随着我国居民传统理财观念和理财方式的改变，基金提供的专业化的理财服务和安全透明的制度安排越来越受到社会公众的认可，持有基金的居民比例不断上升，基金业在管理国民财富方面大有可为。

（二）提高直接融资比重，促进储蓄向投资的转化，需要基金业发挥更大的作用

提高直接融资比重是党中央、国务院提出的发展资本市场的一项重要战略任务。近几年，我们在这方面作了很大努力，取得了一定成效，但企业融资过度依赖间接融资方式的问题并未得到改善。我国是高储蓄率国家。2008 年底国内居民储蓄存款余额超过 21 万亿元，各项存款余额超过 46 万亿元，金融机构各项贷款余额 30 万亿元，今年 1—9 月份新增贷款将近 9.3 万亿元。今年 1—9 月境内证券市场上市公司 IPO 和再融资总额仅 3947 亿元，仅相当于今年同期新增贷款的 4% 左右。一方面，大量的社会资金需要进行更为有效的配置，以减轻银行系统的经营压力，降低间接融资过大带来的风险。另一方面，我国还处于经济高速增长和工业化时期，大量企业需要到资本市场融资，企业的资本金需求在相当长的一段时期内都会十分旺盛。基金作为我国资本市场中最为重要的机构投资者，是将储蓄转化为投资、促进直接融资比重提高的重要渠道。据统计，目前基金管理资

产规模仅相当于各项存款余额的5%左右,银行储蓄客户投资基金的比例大约为20%左右,随着基金管理公司专业投资能力的提高和基金销售机构服务水平的提升,基金业在促进储蓄向投资转化、扩大直接融资规模、提高资源配置效率等方面将发挥越来越重要的作用。

(三)资本市场自身的改革深化为基金业的发展提供了新的有利条件

股权分置改革的顺利完成,破除了影响市场发展的重大制度障碍,资本市场投资价值初步显现,可供投资的金融资本也大幅增加。资本市场法制的不断完善,为市场主体的健康发展提供了有力保障。上市公司整体质量的提升,夯实了资本市场健康发展的基础。证券公司规范经营水平和抗风险能力的不断提高,净化了市场环境,推动了市场秩序的完善。创业板的推出满足了多层次的投融资需求,提高了资源配置效率。随着融资融券、股指期货、跨境产品、REITs和国际板等新业务和新产品的逐步推出,两个债券市场互联互通进程的进一步推进,将使我国的资本市场层次更加饱满,产品种类和交易形式更加丰富,为基金业提供更大的发展空间。

(四)资本市场的对外开放为基金业国际化运作搭建了更为广阔的平台

随着资本市场对外开放的进一步深化,基金业以多种形式参与国际资本市场的深度和广度将不断得到拓展。首先,我国外汇储备不断增加,境外大量资金通过各种渠道涌入境内,迫切需要有效的外汇管理工具。实践证明,QDII是一种比较有效的管理工具。在这种形势下,近期国家相应增加了QDII外汇额度。基金管理公司以QDII基金的形式投资境外市场,在为外汇管理提供新渠道的同时,自身投资管理能力将得到全面提升。其次,基金管理公司还可以实施"走出去"战略,在境外设立分支机构,开展境外资产管理业务,同时还可以发挥自身的优势,到境外募集资金投资境内市场。此外,目前基金持股市值仅占A股流通股的15%左右,下一步资产管理规模进一步扩大以后,基金资产配置需要在全球范围内进行。随着基金海外投资运作经验的积累和成熟,国际化人才的不断培养,我国基金业必将在国际资产管理的舞台上扮演越来越重要的角色。

(五)社会保障和金融体制改革为基金业发展起到重要的推动作用

随着社会保障体制改革的不断深化,我国的社会保障覆盖面将逐步扩大,社会保障资金将大幅增加,这是资本市场最主要的长期资金来源。根据人力资源和社会保障部的一份研究报告预测,今后很长一段时间企业年金将以每年400亿至1000亿元的规模增加。这些资金的增加,客观上需要以基金管理公司为代表的专业、诚信、合规的资产管理机构参与投资与运作,以实现社会保障资金的保值与增值。同时,商业银行经营模式和经营理念的转变,服务水平的进一步提高,以及汇率、利率制度的改革,将为资本市场注入更多商机,有利于推动基金业进一步发展。

在看到发展机遇的同时,我们也应该清醒地认识到,基金业作为一个仅有十余年发展历史的新行业,当前仍处于发展的初期阶段,面临可持续发展和行业结构转型的严峻挑战。基金业能否继续保持良好的发展势头,与国民经济和资本市场的发展相适应,需要集中全行业的智慧并为之付出艰辛的努力。以下几个方面的问题是值得我们认真研究并加以积极应对的。

(一)行业发展面临前所未有的竞争局面,但不少公司并没有做好应对竞争的心理准备、组织准备和战略准备

一是目前从事资产管理业务的机构越来越多,私募基金、保险资产管理公司、证券公

司代客理财业务等机构都在参与理财业务，各类理财产品也呈现多元化的发展趋势，过去基金公司采取的一系列给基金行业带来良好信誉的制度，如托管制度等，现在其他机构也已照搬。基金公司不再是唯一的代客理财机构，基金业在理财市场的优势地位正在受到挑战。这些机构和这些产品不但蚕食着资产管理业务的份额，还在与基金公司进行着激烈的人才争夺。二是在国际市场上，基金管理公司正在走出国门，在尚不熟悉的市场和法律环境中与海外强大的对手展开竞争。三是面临新建基金公司的潜在竞争。我国目前只有60家基金公司，随着行业的发展，管理资产规模的增长，基金公司的数量还会增加，新公司参与到竞争中是必然的趋势。四是基金业内部的竞争加剧，行业分化日趋明显。基金业这些年来，总体上发展比较顺利、平稳，但随着行业竞争的加剧，基金公司之间已经出现两极分化的趋势。面对基金行业竞争环境的变化，一些公司的管理层并没有做好应对竞争的思想准备，也没有一套清晰的、符合自身实际的发展战略，思想上还停留在只要发新基金就能发展的认识阶段，对于新的竞争格局，发牢骚多，怨天尤人，而不去认真反思自己。作为一个经营性机构，长此以往，竞争力必然下降。大家必须正视新的竞争格局，制定迎接挑战的发展战略，做好制度上和人才方面的准备，培育新的核心竞争力，才能在竞争中取胜。

（二）基金业管理资产规模增长较快，但整体上重规模扩张轻质量提升、重新基金发行轻持续营销的问题比较突出，核心竞争力不强，面临着较大的转型压力

基金业管理资产规模增长较快，特别是近几年取得了跳跃式的发展，基金管理的资产比六年前翻了14倍，基金投资者的有效账户比六年前增长了43倍。但是，一些基金公司的核心竞争力并未实现同步提升，公司管理中重前台轻中后台的现象较为普遍，股东对管理层的考核过于强调短期内资产规模的增长、市场份额的扩大、基金业绩排名的提升，对公司基础建设投入不足，重短期回报轻长期发展的现象依然存在。基金管理公司内部控制水平和风险管理能力还有待进一步提高，低级错误在不同公司重复发生，公司发展缺乏可持续性。

行业重新基金发行轻持续营销的问题比较突出。截至今年10月20日，共有89只基金募集资金2769亿元。但持续营销情况不容乐观，同期基金净赎回超过3300亿元，资金处于净流出状态。这是自有基金行业以来第一次出现资金净流出的情况，应当引起大家的重视，深入思考这个问题，要在如何做好持续营销问题上动脑筋，下工夫。

部分基金托管和销售机构同样存在单纯以规模扩张为导向的问题。托管银行重托管数量，轻后续服务，托管职责履行不够。销售渠道高度集中，销售机构也同样重新基金发行，轻持续营销，销售人员素质参差不齐，不能有效贯彻销售适用性原则，风险揭示不充分，存在一定的风险隐患。

（三）基金业合规意识与诚信文化在业内得到了认同，但市场主体合规管理水平和诚信经营水平有待进一步提高

随着市场法规体系的完善和监管力度的加强，基金管理公司在合规管理和内控水平方面有了很大程度的提高。但是，部分公司对合规及监察稽核工作的重视程度还不够，从业人员特别是高管人员和投研人员的合规意识还有待进一步强化。近两年出现的“老鼠仓”案件，以及在基金运作过程中发生的其他违规事件，都表明行业合规经营意识还不够牢固，公司在合规控制、员工培训等很多环节上都需要加强。基金业是信托义务体现最为

明显的行业,合规、专业、诚信是基金业的立业之本,如果公司不能在规范运作、诚信经营方面下足工夫,持有人利益的保护将是一句空话,公司乃至行业的信用将受到严重损害,行业的发展也就无从谈起。对此各公司、基金托管部负责人必须予以高度重视。

(四)基金业风险意识有所增强,但风险管理能力还有待进一步提高

国际金融危机的蔓延,雪灾、地震等自然灾害的发生为基金业的风险管理和平稳运作敲响了警钟。虽然从整体上看,基金业经受住了考验,没有发生大的风险,但是并不能说明基金业已经具备很高的风险管理水平。目前,基金管理公司的风险意识和风险管理能力还需要进一步增强,风险管理人员配备不足,风控职能不够独立,风险管理对投资行为的制约有限,为追求收益而违反合同的现象时有发生,公司在信息系统安全、后台运营操作等方面也存在风险隐患。

(五)基金业产品创新成效显著,但整个行业的创新能力仍有待提高

近几年来,基金管理公司在基金产品创新方面做了很多努力,也取得了比较好的效果,得到了市场的认可,但在组织形式、经营模式、销售渠道等方面的创新还显不足。总体来看,基金产品还显得比较粗放,风格比较雷同,不够精细。运作过程中投资风格时有漂移。偏股型基金比重过大。部分公司还局限于简单业务的低水平竞争,缺乏开拓创新的视野、鼓励创新的机制和善于创新的人才。就产品创新而言,有的公司不顾我国资本市场发展现实情况或自身的投资管理能力,存在盲目创新的问题;有的公司照搬照抄他人模式或为了创新而创新,存在盲目攀比的问题;有的公司片面迎合少数人的过度投机心理,而忽视客户的真实需求,忽视创新过程中可能存在的各种风险。

(六)基金业培养了一支专业精干的队伍,但人才供给还不能适应行业快速发展的需要

截至2009年9月底,基金管理公司员工人数已超过7900人,其中投研人员约有2200人。这支队伍专业强、素质高、有活力,但是总体规模较小,且平均从业年限较短,经验不够丰富;受各种因素的影响,基金业人才流失的现象也比较严重,后备人才明显不足;从业人员心态比较浮躁,跳槽和挖人现象比较普遍。这种局面的形成,有行业发展比较快的因素,但主要是基金业对于人才培养和教育问题还有改进的空间,整个行业尚未建立起长期的人才培养和相应的激励约束机制。这个问题处理不好,必将成为制约行业进一步发展的瓶颈。

基金业要上一个台阶,不深刻认识竞争环境的改变,不解决好上述问题,很可能就会丧失难得的发展机遇。如何解决这些问题,需要监管部门和行业共同努力,采取有效应对措施。

## 三、坚定不移地推进我国基金业又好又快发展

在新的形势下,基金业要坚持以科学发展观为指导,振奋精神,开拓创新,树立长远发展理念,大力弘扬诚信文化,稳健经营,规范运作,切实保护好基金持有人的合法权益,不仅要重视量的扩张,更要注重质的提升,坚持“好”字当头,实现基金业又好又快的发展。

(一)推动基金业又好又快发展需要处理好的几个关系

总结过去经验,面对机遇和挑战,为提高我国基金业整体竞争力,实现又好又快的发

展目标，全行业必须深刻学习领会尚主席在讲话中提出的四项原则，在实践中把握好以下几个关系。

1. 持有人利益与其他当事人利益的关系

基金是以信托关系为基础的理财产品，基金持有人作为基金财产的委托人和受益人，其合法权益的保障构成了基金业存在与发展的基础。基金管理公司这种法人组织和上市公司不同的地方在于，上市公司要维护股东权益特别是中小股东的权益，监管部门对上市公司的所有监管活动都是围绕这个中心展开的。基金管理公司发行的产品涉及公众利益，基金公司维护股东利益是应当的，符合《公司法》的要求，但必须把维护持有人的利益放在首要位置。持有人利益得不到充分保护，基金管理人、托管人利益的实现就无从谈起，因此，必须妥善处理好持有人、管理人、托管人以及其他当事人之间的关系，只有始终把保护持有人合法权益放在首位，基金行业才有存在的价值和成长的基础。如何进一步完善基金管理公司的治理结构、形成一套有效的制度和机制，处理好股东、管理层、持有人之间的关系，通过切实维护持有人的利益实现股东和经营班子的长远利益，这是关系到基金业长治久安的大问题，希望行业和监管部门一起来认真研究和探索。

2. 短期利益与长远发展的关系

实现基金业又好又快发展，需要统筹考虑，处理好短期利益与长远发展之间的关系。管理人、托管人都有短期考核目标和任务，不同程度地存在着追求快速发展的冲动。但规模的扩张要与自身的投资管理、合规检查、风险控制、客户服务、运营保障等能力相适应。如果没有这些能力的提升作保证，即使暂时扩大了资产管理规模、取得了短期收益，也难以为基金持有人取得满意的投资回报和提供良好的客户服务，最终将损害公司的声誉和长远发展的基础，甚至可能陷入危机。

3. 积极创新与稳健经营的关系

创新是公司持续发展的动力，也是更好地满足客户多样化需求的重要途径，而行业创新的活力和力度在一定意义上决定了行业发展的进程和质量。创新可以促进行业更充分的竞争，形成多元化个性化的发展模式，提升行业整体竞争力。但创新也要承担一定风险，要统筹考虑自身的风险控制能力、投资者的接受水平、基础市场的发展状况以及监管资源与能力的配合程度，量力而行，扎实推进，做到管理有制度、操作有流程、过程能监控、风险可承受。要认真吸取国际金融危机的教训，在风险可控的前提下持续推动创新。

4. 市场化改革与强化监管的关系

基金业内外部环境的深刻变化，对市场体制机制建设提出了更高的要求，也对我们的监管理念、监管方式、监管能力提出了更大的挑战，要正确处理好市场化改革与强化监管的关系。实行市场化改革，充分发挥市场机制的约束作用，是资本市场发展的内在要求，也是监管部门长期坚持的一项基本原则。只有坚持市场化的改革方向，适应基金市场发展的内在要求，基金业才能获取源源不竭的动力和活力。但实行市场化改革并不意味着放松监管，特别是要强化对市场参与主体行为的监管，加大对违法违规行为的查处力度，防范化解系统性风险，努力创造一个公平有序的市场环境，为更好地推行市场化改革创造条件。

（二）增强核心竞争力，推动基金业又好又快发展

为实现尚主席提出的把基金业建设成为“专业精良、治理完善、诚信合规、运作稳健”

的现代资产管理行业的目标,我们必须进一步深化对行业面临机遇和挑战的认识,正视存在的问题和不足,坚定做优做强的信心,增强改革发展的紧迫感和使命感。为此,下一步要着重做好以下几项工作:

1. 加强监管,守住底线

一是要坚决贯彻尚主席在讲话当中提到的关于守住底线的要求。希望大家能够正确认识、正确对待监管部门对"老鼠仓"、利益输送等违法违规行为的查处工作。通过现场检查,及时发现问题,及时解决问题,对行业来说是一件好事。有问题视而不见,甚至文过饰非,容易酿成大祸,后患无穷。希望大家重视这个问题。本次会议结束以后,各个公司要开展一次自查和教育活动,形成人人遵纪守法、公司依法合规经营的良好局面。要把守法观念、合规意识铭刻在每一位员工的脑海里,运用到基金运作的各个业务环节中。要进一步完善合规与风险管理制度,加强风险控制和监察稽核部门的力量,健全内部责任追究机制,有效预防、及时发现并纠正经营管理中的违规问题。需要强调的是,关于合规问题,首先是领导要重视,领导不重视,员工就会认为无所谓。因此,这次教育活动中最重要的一项工作就是公司董事长、总经理、督察长要把你们绝不容忍违法违规行为的态度旗帜鲜明、明白无误地向员工交代清楚。如果你们态度的含混不清,甚至为违法违规者鸣冤、加以袒护,结果必然是灾难性的。要让大家认识到,谁干违法违规的事,谁就是在砸大家的饭碗。基金部要组织力量对公司自查的情况进行抽查。

二是基金托管机构也要完善内部控制,强化对基金管理人的监督与制约,切实履行受托责任。销售机构要严格贯彻销售适用性原则,充分提示风险,不得误导投资者或违规承诺收益。

三是做好《证券投资基金评价业务管理暂行办法》和《开放式证券投资基金销售费用管理规定》两个文件的贯彻执行工作。这两个文件都是针对舆论和业界反映的问题而做的制度安排,对行业规范发展有利,很多建议都是业内提出来的。这两个文件目前还在公开征求意见,还没有正式发布,请大家再认真研究,尽快提出你们的意见和建议,我们将认真梳理,吸收合理的建议。这两个文件一旦公布,请大家认真遵照执行,不能打折扣。请基金部、派出机构、证券交易所认真检查这两个文件的执行情况。

2. 推动基金行业的结构转型

一是推动行业从重视增量、轻视存量向增量、存量并重转变。当量达到一定规模后,必须做精、做深,才能再上一个台阶。基金行业的规模扩张主要靠净现金流流入的阶段已经暂告一段落,必须要像重视新基金发行一样,重视存量基金的业绩提升和持续营销工作,做到精耕细作,只有这样,才能迎来下一轮基金行业管理资产规模的扩张。

二是要推动全行业产品的结构转型。第一是要推动从偏股型、高风险型基金产品为主向均衡发展转变。根据统计,截至2009年8月底,股票型基金、混合型基金、债券型基金和货币型基金所占的比重,美国的数字分别是43%、5%、19%和33%,欧盟的情况基本相同,偏股型基金和债券、货币型基金约各占一半,相对比较均衡。而我国目前偏股型基金加在一起占比接近90%,产品结构失衡现象比较突出。因此推动基金产品结构转型,需要做大量工作。第二是推动以公募产品为主向公募、私募、专户均衡发展的转变。今年推出一对多资产管理业务,总体情况是好的,有了一个好的开始。怎样把这项工作做好,关键在于处理好同时管理公募和私募产品可能面临的利益冲突问题。第三是推动以境内产品为主向境内、境外投资兼顾的转变,比如 QDII 基金、在境外设分支机构、从境外募集资金投资境内市场等,进一步实施走出去战略。

三是支持和引导基金公司进行差异化竞争。总体上看,处在发展初期的我国基金管理公司均在忙于建立自己比较完备的产品线,偏股型产品是这条产品线上的重点。由于绝大多数公司都采取了几乎相同的发展战略,所以到目前为止,我国基金公司的产品线并没有形成显著的差异化特征。在成熟市场上差异化竞争是十分显著的。例如美国的富达、先锋、美洲三大资产管理公司管理的资产都超过 1 万亿美元,但是这三家公司的竞争模式都有自己的特点,并不雷同。麦肯锡的一份研究报告也表明,竞争模式有显著特点的公司的平均税前利润几乎是无特点公司的两倍。我国基金管理公司的差异化竞争还不明显,到目前为止公募基金还没有出现产品募集不成立的情况,也未出现存量基金因为低于法定标准而遭清盘的情况。但是从今年的情况看,不同基金公司募集同类基金产品的募集规模已经出现比较明显的两极分化情况,单只基金产品的平均募集规模较 2007 年也有较大幅度降低。产品募集不成立、存量基金遭清盘的情况今后都有可能发生。各公司必须在这种竞争格局下通过差异化竞争,确定自身在行业发展中的定位和竞争优势。

四是为开展产品创新创造条件。目前,我国 60 家基金管理公司一共管理着 500 多只基金,在大类产品方面已经比较丰富,成熟市场的主要类型产品均已引进。但还需在精细化、风格化方面进一步拓展空间,还需加大创新力度。证监会近几年来加大了市场基础制度建设的力度,在市场层次、交易机制、产品等方面进行了一系列改革,今后还将进一步扩大对外开放,陆续推出融资融券、股指期货等新的交易机制和新的产品,进一步发展公司债券市场等。希望大家关注这些市场制度建设的工作,每一项制度建设都可能为基金公司在产品设计、营销方式、业务模式等方面开拓更大的创新空间,发现并抓住了机会就掌握了主动权。

3. 坚持市场化改革方向,进一步优化基金产品核准工作

近年来,中国证监会始终坚持市场化导向的监管体制改革,推动市场自我约束机制的建立,在基金产品审核方面,也在根据市场的变化不断优化审核工作。随着基金行业的持续发展,产品设计、产品审核和产品销售工作不断积累经验,行业竞争也出现了新的局面,与此相适应,基金产品的审核工作今后也要不断完善,进一步明确标准,进一步优化程序,进一步提高效率。今后可以考虑允许基金公司按照权益类产品与固定收益类产品、境内产品与境外产品、公募产品与私募产品、成熟产品与创新产品的分类,同时申报不同类型基金产品的发行申请,监管部门按分类排队的原则进行审核。此外,还要根据不同产品的种类,进一步优化专家评审会、境外专家评审等审核程序,提高产品审核效率。总之,希望通过推动行业的市场化进程,为结构化转型做制度上的安排。

4. 实施人才战略,提高专业化投资管理能力

基金业是人力资本密集型行业,人才是公司最核心的资产。各公司要深刻认识实施人才战略的重要性和紧迫性,制定人才培养规划,制定科学的考核体系和激励约束机制,采取有效措施吸引人才、储备人才、留住人才。要运用多种方式加强法规和专业知识培训,不断提升投资、研究、合规、运营、销售等各类人员的素质,真正发挥人才的价值和作用,为公司持续稳健快速发展奠定坚实的基础。

要重视研究工作,建立一套科学系统的研究方法,加大研究对投资的支持力度,不能

不做分析判断而完全依赖外部的研究报告,更不能靠小道消息、盲目跟风。要苦练内功,根据公司的特点和实际情况,建立科学清晰的投资决策流程和投资管理制度,培育价值投资、稳健投资、长期投资和理性投资的基本理念,形成成熟的、稳定的投资风格。

5. 稳步推进对外开放,支持具备条件的基金管理公司培育和增强国际投资管理能力

要根据我国对外开放的总体部署,以提高基金业核心竞争力为目标,稳步推进基金业的对外开放;要继续完善相关政策,引导基金管理公司采取务实可行的方式,与境外机构开展多种形式的有效合作,着重提高对外开放的质量;要督促基金管理公司练好内功,增强实力,提高水平,为行业的进一步对外开放打好基础。要总结经验、完善规则、加强指导,支持实力较强、运作规范的优质公司,进一步实施"走出去"战略,充分发挥熟悉国内市场情况、了解国内客户需求的优势,开展跨境业务,形成境内外业务协同效应,在实践中逐步培育和增强国际投资管理能力。

6. 完善综合监管体系,发挥自律监管的作用

一是要发挥派出机构的作用,同时要加强交易所一线监管作用;二是证券业协会要结合基金行业特点和发展需要,进一步加强自律管理。协会为大家提供服务是一方面,基金公司自身如何积极参与自律管理是另一方面。刚才,尚主席在讲话中说基金业联席会是一个很好的形式,应该制度化、常规化。会后请基金部和证券业协会研究如何在证券业协会的框架下进一步发挥行业自律组织的作用,这也需要大家的积极参与,多提建设性的意见。

同志们,基金业经过十余年的发展取得了令人瞩目的成绩。但行业发展时间毕竟较短,进一步发展还需要大家的共同努力。我们要以科学发展观为指导,坚定信心,抓住机遇,强基固本,锐意进取,推进基金业又好又快发展。我们坚信,在大家的共同努力下,我国基金业必将迎来更加光辉灿烂的发展前景!

# 刘新华副主席在2009年中国金融发展论坛上的演讲

(2009年9月2日)

新中国成立60年来,我国金融业发展取得了举世瞩目的成就,服务经济社会全局的能力显著提升。本次论坛以"新中国成立60周年金融经济发展成就与展望"为主题,对于全面、系统地反映新中国成立以来金融业的发展状况,不断深化我国金融业的改革开放与稳定发展具有重要意义。下面我讲三点意见,供大家参考。

**一、我国资本市场的产生和发展,深化和促进了社会主义市场经济体制改革**

1990年,上海和深圳两个证券交易所相继建立,标志着全国性证券市场开始形成。近20年来,在党中央国务院的坚强领导下,我们从社会主义市场经济体制建立和完善的内在需要出发,从资本市场的发展规律和我国资本市场"新兴加转轨"的阶段性特征出

发，逐步破除了影响发展的思想和理论误区，解决了制约市场发展的制度性障碍，形成了推动市场稳定健康发展的共识与合力，开创了一条在中国特色社会主义条件下建立和发展资本市场的道路。

——在加强市场基础建设方面，20 年来，市场制度和体系建设不断完善，证券定价、发行、交易、结算制度逐步健全，我国资本市场逐步成长成为一个在法律制度、交易规则、监管体系等各方面与国际公认规则基本相符的市场。近几年来，通过稳步推进股权分置改革、促进上市公司规范运作、证券公司综合治理等一系列综合改革，我国资本市场正步入稳定健康发展的轨道。

——在完善市场运行机制方面，20 年来，证券发行体制从行政审批制转变为核准制，发审委制度和保荐人制度深入推行，新股价格形成机制逐步完善；大力推动上市公司市场化并购重组，资本市场成为我国企业重组和产业整合的主要场所；充分发挥市场力量和中介机构在市场筛选、定价、调节供求等方面的作用，以市场为导向的市场创新机制初步形成。

——在提升市场监管效能方面，20 年来，市场法规和监管制度建设取得了长足进步，截至目前，现行有效的资本市场法律文件达到 469 件，形成了多层次、全方位、比较系统的证券期货法规体系。与此同时，加大监管执法力度，2003 年至 2009 年 8 月底，共立案查处各类违法违规案件 668 件，做出行政处罚决定 390 件，涉嫌犯罪移送公安机关侦查 350 件。

——在稳步推进市场开放方面，坚持"循序渐进、安全可控、竞争合作、互利共赢"的原则，截至 2009 年 8 月底，已有 154 家境内企业到境外上市，筹资总额 1138. 8 亿美元。批准 87 家境外机构 QFII 资格，39 家境内机构 QDII 资格。设立 9 家合资证券公司、33 家合资基金管理公司。我国资本市场对外开放步伐基本适应市场现阶段发展水平，有力地维护了市场和行业安全。

总体来看，经过近 20 年发展，我国资本市场规模不断扩大，结构逐步完善，品种体系不断健全，影响力日益增强，已经成为全球市值排名第三位的重要市场，在完善社会主义市场经济体系，促进经济发展和社会进步方面发挥了不可替代的作用。截至今年 8 月底，股市总市值已经从 1990 年的 103 亿元发展到 18. 7 万亿元，上市公司家数从 1990 年的 13 家发展 1638 家。股票投资者开户数约 1. 35 亿户，为 1992 年的 63 倍。

**二、积极应对金融危机，不断加强市场基础性制度建设**

今年以来，贯彻落实党中央国务院应对国际金融危机、促进经济平稳较快发展的一揽子计划，中国证监会在巩固和发展前几年综合改革成果的基础上，及时出台了一系列促进市场稳定健康发展的政策措施。一是稳步推进新股发行体制改革。分步实施、逐步完善，有序推进新股发行市场化改革，平稳重启新股发行。二是推进创业板市场建设。基本完成创业板主要制度规则的发布，组建创业板发行审核委员会。三是积极推动交易所债券市场创新发展。完善交易所债券市场规则，推动上市商业银行参与交易所债券交易。四是健全完善上市公司并购重组机制。提高上市公司并购重组工作透明度。五是继续大力发展机构投资者。今年以来共有 73 只基金完成募集，募集总规模为 2358. 3 亿元，另有 11 只基金正在募集。六是稳步发展期货市场。陆续上市螺纹钢、线材、早籼稻和聚氯乙烯等

4个期货新品种。七是进一步加强和改善市场监管。推动《刑法修正案(七)》增加对“老鼠仓”行为的刑事处罚,依法严惩操纵市场、内幕交易行为,今年上半年新立案调查44起案件,完成案件调查171起。

随着国际经济金融形势有所缓和、国内经济企稳回升,我国资本市场改革监管工作的累积效应逐步显现。一是市场化运行机制不断优化。市场化的资源配置、价格发现、资本约束机制正逐步形成,市场自我调节能力有所增强。二是市场主体风险管理逐步改进。今年以来,上市公司等市场主体经营状况逐步好转,一、二季度上市公司业绩环比明显提高。证券期货经营机构保持稳健经营,经受住了国际金融危机的影响和冲击。三是市场改革创新的基础更加扎实。坚持改革的力度、发展的速度和市场可承受程度相平衡、相协调,创业板建设、新股发行等重要改革举措稳步推进,获得市场广泛认同。

当然,我们也清醒地认识到,目前世界经济走势仍不明朗,国内经济回升向好的态势还不稳定、不平衡,国内外经济金融存在的不确定因素仍可能直接或者间接影响我国资本市场。证监会将继续深化资本市场改革,完善相关措施,促进市场持续稳定健康发展。

## 三、深化改革创新,推进资本市场稳定健康发展

当前及今后一段时间,我们将紧紧围绕中央“保增长、扩内需、调结构、惠民生”的主线,积极稳妥推进改革创新,坚持不懈地抓好市场监管,不断提高市场整体运行效率,稳步拓展资本市场集聚各类要素的功能,更好地服务于经济社会发展全局。

第一,着力强化基础制度建设,积极培育市场机制。坚持远近结合、统筹兼顾,以保护投资者合法权益为出发点,充分发挥市场机制作用,不断完善市场主体自我约束和相互制衡机制。强化资本约束和价格约束,提高上市公司规范运作水平。健全市场优胜劣汰机制,引导社会资源向优质企业集中。

第二,着力完善市场体系,不断提高市场运行效率。做好创业板推出前的各项准备工作,完善配套制度,认真做好审核和监管工作,确保创业板顺利推出、平稳运行。进一步完善中关村代办股份转让系统试点,择机扩大试点范围。积极扩大公司债券市场规模,促进交易所和银行间债券市场统一互联。

第三,着力推进改革创新,充分发挥市场功能。进一步完善上市公司并购重组制度规则,支持符合国家产业政策的并购重组。在风险可测、可控、可承受的前提下,支持证券期货经营机构有序创新。稳步推进期货市场监管机制建设,深化期货品种创新,有效满足实体经济发展需求。

第四,着力加强市场监管,切实防范化解市场风险。继续加强对国际金融危机的监测、预警和应对处置,完善监管协调。强化对上市公司、证券公司、基金公司、期货公司的常规监管,保持对市场违法违规行为的高压态势,坚决遏制各类非法证券活动蔓延势头,积极营造稳定和谐的资本市场发展环境。

我国经济体制改革发展的实践证明,资本市场的孕育、发展和壮大,是我国经济从计划体制向社会主义市场经济体制转轨过程中的重要成就。我们将继续坚定不移地贯彻中央大力发展资本市场的决策部署,积极稳妥地推进市场改革创新,坚持不懈地抓好市场监管,全力维护市场稳定健康发展,为促进经济社会又好又快发展做出新贡献!

# 姜洋主席助理在第四届国际油脂油料大会上的讲话

（2009年11月7日）

过去的一年来，世界各国和社会各方在国际金融危机的阵痛中反思和总结衍生品市场，其中，有两个现象值得我们关注：一是这次引发金融危机的衍生品是场外的复杂的信用衍生品，场内衍生品则没有出问题，场内衍生品在这次危机后反而受到了肯定，大力发展期货等场内衍生品市场、引导场外衍生品进行集中清算成为了国际衍生品市场发展的新动向。二是尽管在这次国际金融危机中，衍生品受到了普遍的质疑，但这并不意味着美、英等经济体就抛弃了衍生品，相反他们仍然把发展衍生品市场作为重要金融工具继续运用，正积极总结经验教训，更好地发展和利用衍生品市场。

我国的衍生品市场既有以期货市场为代表的场内市场，也有以银行间衍生品市场和银行柜台衍生品市场为代表的场外市场。虽然这两个市场起步都比较晚，但成长比较快。从场内的期货市场看，经过近20年的艰苦努力，在经济改革开放的大背景下，在国家“稳步发展期货市场”战略的指引下，我国期货市场呈现出稳定健康发展的良好势头，已经具备了为国民经济发展提供更好服务的良好基础。

一是品种创新有序推进，产业服务的载体初成体系。2004年《国务院关于推进资本市场改革开放和稳定发展的若干意见》发布以来，在过去只有7个品种的基础上，先后上市了15个关系国计民生的大宗商品期货品种，特别是今年以来上市的钢材期货、稻谷期货和聚氯乙烯期货，标志着期货市场服务产业经济发展进入了一个新的阶段。至此，国际上除原油期货外的大宗商品期货品种在我国基本都已上市，覆盖农产品、金属、能源和化工等领域的商品期货品种体系初步形成，更多产业领域的企业越来越多地利用期货的载体进行套期保值和管理风险。

二是市场规模稳步扩大，产业服务的市场基础已经具备。今年前10个月，我国期货市场的成交量为16.5亿手，成交金额为99.7万亿元，同比分别增长53.4%、65.8%，继续保持较快增长势头。截至10月底，期货市场投资者开户数约为86.5万户，客户保证金约近1000亿元。应当讲，以这样一个市场规模和市场容量，期货市场能够也应该为国民经济提供更好服务的时机已经成熟。与此同时，期货交易所在保障市场平稳运行的同时，在市场培育和服务产业等方面积累了一些有益的经验；期货公司依法合规水平逐步提高，资本实力、抗风险能力和盈利能力不断提升，服务产业的意识和专业能力正日益增强。

三是基础制度不断健全，产业服务的法制保障得以强化。目前，以国务院《期货交易管理条例》为核心的、符合中国实际的期货市场法规制度体系已基本形成。同时，期货市场基础制度建设有序推进：逐步建立并完善了期货开户实名制、期货市场统一开户制度、期货公司净资本风险监管制度、期货公司分类监管制度、期货保证金安全存管监控制度、期货投资者保障基金制度，以及正在着力推进建设的“期货市场运行监测监控系统”、股指期货跨市场监管制度及投资者适当性制度等。这些基础性制度建设,使市场的规范化程度大大提高,为期货市场服务产业发展提供了坚强保障。

各位嘉宾,当前,我国期货市场正处在从规模扩张向质量提升转变的关键时期。我们必须抓住这一历史机遇,着力解决期货市场服务产业及经济发展的机制性问题,延伸市场服务功能,稳步推进期货市场的创新与发展。下一步,我们将继续按照国家“稳步发展期货市场”的指导思想,坚持以科学发展观为指导,紧密围绕服务国民经济又好又快发展的根本目标,一方面进一步强化市场监管,把打击市场操纵、防范和化解风险以及促进市场功能发挥作为市场监管的重点,对违法违规行为及时发现、及时制止、及时查处,切实维护公平、公开、公正的市场秩序,保障期货市场平稳运行;另一方面,继续支持上市符合国民经济需要、市场条件具备的期货新品种,同时开展已上市期货品种功能发挥情况的评估工作,进一步深化市场培育和投资者教育工作,做深做精做细期货产品,更好地服务于现货企业、现货产业,不断增强期货市场服务实体经济的能力。

油脂油料期货是我国农产品期货的重要组成部分,也是期货市场服务“三农”的重要载体。这些年来,我国油脂油料期货市场保持了稳定健康发展的良好势头。目前,已初步形成了包括大连商品交易所的大豆、豆粕、豆油及棕榈油期货和郑州商品交易所的菜籽油期货等5个品种的产品系列,是我国商品期货中品种较为齐全的期货类别之一。今年前10个月,这5个品种的成交量合计达5.5亿手,成交金额合计达24.8万亿元,分别占全国期货市场成交总量和成交总额的33.2%和24.8%。油脂油料期货的价格也已经成为国内外关注中国农产品市场供需形势的重要窗口,并成为相关行业领域的主要参考价格。油脂油料产业链上下游的企业正逐步积极地参与期货交易来管理价格风险、稳定经营收益、巩固订单农业模式,取得了较好的效果。特别是在去年的国际金融危机中,国际油脂油料价格出现了历史罕见的剧烈波动,给产业链上的企业带来了巨大风险,但国内很多油脂油料企业积极利用期货市场套期保值,取得了较好的效果。

大连商品交易所和大马交易所联合主办的国际油脂油料大会已经连续成功地举办了三届,为全球油脂油料期货和现货领域的交流与合作提供了一个很好的平台,对我国期货市场的健康发展具有积极的意义。衷心希望,这个平台,能够促进相关期货品种做深做精,促进期货市场与现货企业、现货产业的良性互动,促进国民经济健康平稳运行,更好更快地发展。

# 朱丛玖主席助理在第一届创业板发审委成立大会预备会议上的讲话

(2009年8月13日)

## 一、建设创业板是一个新使命

对中国证监会和市场各方参与者来说,包括在座各位,创业板都是新的使命。我们有主板的发审委，但没有创业板的发审委。中国证监会为推出创业板准备了十年，市场方方面面的参与者也酝酿、准备、研究、讨论了十年，社会各个方面也期盼了十年。应该说，这十年之中，我们的收获是很大的。今天我们就要推出创业板了，回过头来看，我们研究讨论的这些时间是值得的，特别是在应对国际金融危机的大背景下，我们推出创业板，意义尤其深远。

之所以说建设创业板是个新使命，是因为我们不知道创业板在中国会是什么样子。从国际上看，国际上的创业板参差不齐，有的已经关掉了，我们说得比较多的如纳斯达克，但纳斯达克自己并不承认是创业板，只说自己是个高科技、高成长的市场。对中国来说，在当前的环境下，我们的创业板市场会是什么样子，我们现在不能给出答案。在过去的十年中，我们作过各种各样的预期、期望，每一个参与者都有一幅关于创业板的图画，但创业板出来后是个什么样子，我们现在恐怕只有期望，没有答案。

经过这么多年的准备，明天创业板发审委就要正式成立了，应该说是万事俱备，创业板即将亮相。创业板的顺利推出，要依靠各方面的努力，包括我们证监会的发行监管工作、市场发展工作等，也包括市场参与者的积极参与，特别是创业板发审委委员们辛勤的工作。我们的社会，我们的经济，我们的国家，对创业板有很多的希冀，我们应该抓住这个时机，在过去工作的基础上，迎接挑战，把创业板的各项工作做好。

**二、成为创业板发审委委员是一个新角色**

刚才我说了，证监会有主板的发审委，但成立创业板发审委是第一次。证监会正式成立是1992年底，1993年开始审核股票发行，第一个发行的股票是青岛啤酒，时间是在1993年7月。证监会从事审核和监管工作之初，就成立了发行审核委员会，因此发行审核委员会已经有十六七年的历史，第一支发行的股票，就是由发行审核委员会审核的。

我们知道，我国经济改革的重要目标是建立社会主义市场经济，这是一项前无古人的事业，我们从传统计划经济向市场经济转轨，是非常有挑战、风险非常大的工作，探索性非常强，这种探索性，有相当的不确定性。这种转型，不是简单的几句话、几个文件，实际上是整个社会的转型。其中一个重要的特征就是社会财富会出现一些新的格局、新的分配，这对社会的冲击是非常巨大的。在这个转型过程中，资本市场成为整个社会高度关注的场所。资本市场对财富的形成、分配所带来的巨大的影响，这一点大家都能关注到。

证监会承担着监管这个市场的职责，如何履行好这个监管职责，不是一个容易和轻松的事情，也可以说风险比较大、挑战比较大。这么多年来，在这样一个巨大的利益重新调整的过程中，我们的市场能够比较平稳地运行，比较有序地解决问题，比较平稳地推动市场从小变大、从功能比较单薄到功能比较丰富、从区域性市场到全国性市场乃至国际性市场，经历的这个过程中有很多东西值得总结，其中很重要的一个经验就是我们建立了发行审核委员会这个制度，建立这个制度是我们十几年市场发展和发行监管工作的一个重要经验，一个重要的保障。

这十几年间，发审委制度也在不断的完善之中。发审委的各种制度机制、人员遴选、工作程序等都越来越清晰。发审委制度之所以能够发挥这么重要的作用，是与其三个重要特征分不开的。

一是专业性。每次挑选发审委委员，包括这次成立创业板发审委委员，都特别强调专业性。到这里的都是专家。二是公信力。发审委这套机制的主要人员并不来自证监会,而是来自于社会的各个方面,所以发行审核委员会做出的判断,具有公信力,这是资本市场的生命线。即使有时外界对发审委的决定有争议,但对于发审委的独立性和公信力,是很难驳倒的,正是发审委的整个机制保证了这种公信力的形成。三是透明性。发行审核的整个程序都是公开的,拟上市企业的资料是公开的,参与发审会的委员是公开的,接受全社会的监督,结果是公开的,因此企业通过发审委的审核发行上市后,完全是公开透明的公司,要定期披露其各种信息。

所以说,专业性、公信力和透明度,是发审委机制能够保障我们市场平稳有序进行的基础性因素。如何能达到专业性、公信力、透明度?这就与大家的新角色有关系。大家来自方方面面,有的来自会计师事务所、律师事务所,有的来自政府部门、研究院所,有的来自基金公司、交易所,但到了发行审核委员会后,大家就都是以专家身份参与的发行审核委员会的委员。证监会对发行审核委员会委员是有专门要求的,有一整套办法,要求发行审核委员会委员应当担负什么样的职责,应当承担什么样的工作,有什么纪律上的约束等等。因此大家在履行这个职责的时候,不再是事务所的合伙人,不是在以合伙人的身份履行职责,也不是以某个研究员的身份履行职责,也不是以基金公司的高级管理人员的身份履行职责,原来的背景、专业只是工作的基础,大家将以一个发审委委员的身份来履行职责。这对大家是个新的角色,角度上不一样,这个角色不能混淆,混淆了就可能出毛病、容易出问题。从某种意义上讲,大家是在行使公权力。我刚才说了,十几年来,没有一个公开发行的股票是不经过发行审核委员会审核的,没有一个被发行审核委员会否决的企业可以上市,尽管最后的批文是以证监会名义发的,行政许可的权力在证监会,但发行审核委员会这个机制是非常有效和有力的。因此,发审委委员这个角色对大家是新的,需要大家深刻地理解,有效地行使这个角色赋予大家的职责,这对创业板建设是至关重要的。

**三、新角色带来的新要求**

新角色带来的新要求很多,因为发行审核委员会作出的决定很重要,特别是对利益相关者、参与人影响甚大,相应的,对发行审核委员会有比较严格的要求。当然,这个要求是建立在可行的基础上。因为大家都是专家、社会的精英,都具备很丰富的从业经验,在社会中也拥有比较高的信誉度和威望,所以这是有基础的,对大家来说并不难,关键是怎么做到。这些要求在发行审核委员会办法里也有比较细致具体的规定,我在这里稍微点一下。

第一要审慎。委员对每一个申请企业,每一个案例,其实并不是很熟悉,因为一年要审核很多企业,也不可能对企业非常熟悉,这就要求大家对每一个被审企业都要很投入,很关注。利用我们的专业经验,对每一个案例,都要非常认真的对待,对每个信息都要审慎的研判,不能武断。对一个企业来说,准备了那么多年申请上市,不容易。但同样,因为这是一个利益场,各种各样的动机都会有,对那些有瑕疵的企业,对不符合条件的企业,有虚假信息的,有欺诈的,一定要以审慎的态度找出来,把好这个关。不要武断地冤枉和毙掉一些企业,也不要轻易地漏过一些有问题的企业,这就要求我们有一个审慎的态度对待每一个申请。

第二是独立。我们作出判断的时候不要受其他利益的影响,比如说,有谁找过我们了，这个公司是我们未来的客户等，这些因素有可能对我们的判断产生影响，大家不能受这些因素的影响，要以我们的专家身份，做独立的判断。

第三是客观。就是不要有感情色彩，要客观，就是要对企业的情况如实地反映，尽量减少一些先入为主的主观看法。因为企业确实很复杂，在我们不占有很多资料、不了解很多信息的情况下，一些先入为主的成见，有可能使我们不客观，而这个不客观可能对市场是有害的，对企业也是不公平的，最后也会损害我们的专业性。

第四是公正。这个不用多说了，市场的“三公”原则大家都是耳熟能详的。

最后要强调的是廉洁。发行审核委员会职责重大，你们的决定会影响很多人的利益，所以难免就会有各种各样的人来找你们公关，会通过各种各样的渠道和你们拉关系，大家千万要记住，社会是高度关注你们的，包括我们的主板发审委委员在内，将引起社会的高度关注，有无数双眼睛在监督我们。廉洁这个防线如果守不住，一旦被攻破，我们整个发行审核委员会这个机制就不会起作用。

# 吴利军主席助理在证监会迎国庆暨海外引进人才工作座谈会上的讲话

## ——证监会海外人才引进工作情况报告

（2009 年 9 月 23 日）

根据中央的统一部署和会党委的具体要求，我会自去年 10 月底开始集中开展海外招聘工作。半年多来，在会党委的重视下和会内有关部门的共同努力下，此次集中招聘工作顺利完成，先后从 160 余名应聘人员中，按照近 1∶9 的比例遴选出 19 名正式引进人选，除 1 名 10 月份报到外，其余 18 名已全部到会工作。此次招聘工作完成后，我会仍继续接受优秀人才的举荐，从中挑选符合条件的对象按程序进行选拔，并根据实际需要引进一些专业人才。下面我把这次海外集中招聘工作情况作一简要介绍。

**一、开展海外集中招聘工作，既是落实中央“千人计划”的工作部署，也是加强我会人才队伍建设的客观需要**

去年美国次贷危机发生后，会党委根据一些海外人员要求回国工作的愿望和监管队伍建设的实际需要，及时做出了“集中开展一次海外人员招聘工作”的工作部署。与此同时，党中央、国务院领导同志也就吸引海外人才工作作出重要批示，中央人才工作协调小组、中组部也对引才工作作出了专门部署，相继颁发了《引进海外高层次金融人才暂行办法》和八个配套文件，并将金融系统引进的海外高层次金融人才纳入国家千人引进计划，在待遇、创业环境等方面提供保障。

为贯彻落实好中央“千人计划”的工作部署,我会一方面认真落实中央人才工作协调小组办公室的相关要求,另一方面认真组织好本次的海外集中招聘工作。在落实人才工作协调小组的工作部署中,我们协助“一行三会”联合组建的金融平台,完成了海外高层次金融人才标准制定,《引进海外高层次金融人才评审遴选工作细则》的修订,海外优秀人才信息采集和证监系统人才引进需求的统计,以及金融平台“千人计划”申报人选资格评审等工作。同时,依据中央《引进海外高层次金融人才暂行办法》和八个配套文件,制定了我会《海外人才引进工作实施方案》,明确了工作的指导思想、实施步骤和基本对策;依据各部门提供的用人需求,对我会人才引进标准进行了分类细化,确定了高级、中高、中等和一般四类人才引进标准;召开党委会、人才工作协调小组会议和系统人才工作联席会,对我会海外人才引进工作进行研究部署;根据工作进展,先后制定了评审面试、“规划委”平台建设、引进人员培训、对口帮带指导、生活服务保障等多项配套方案。中央的引才工作部署和相关政策,为我会引才工作提供了非常有力的支持,我会配套方案的制订,为具体引进工作提供了有效的保障。

近年来,资本市场的快速发展对我会专业人才队伍建设提出了更高的要求,我会监管队伍现状总体上能适应市场发展的需要。但在专业人员的数量、结构、专业素养等方面还有较大的差距。近年来,会党委高度重视专业人才队伍建设,把专业人才队伍建设作为一项战略任务来抓。在人才队伍建设上,坚持市场化、专业化、国际化的培养方向;在制度安排上,强调专业工作的特殊性,提出了建立专业职务序列、让专业人才更好地发挥作用的工作思路;在人员配备上,大力向法律、会计、财经、计算机等重点专业倾斜。目前,会机关有法律、会计、财经、计算机专业背景的人员已占到87.2%。此外,会党委一直重视从国内、国际两个市场吸引所需要的人才。仅从2002年以来,我会就面向海外组织了三次集中招聘工作,累计引进了39名不同层次的归国人员。前期引进的人员中,尽管有个别同志出于个人考虑离开了监管队伍,但最终保留下来的仍占多数,整体表现也得到了会机关的广泛认同。目前,会机关具有一年以上海外留学、工作经历的干部达到了94名,占会机关干部总数的13%。总体上看,我会已基本建立了一支具有国际视野和较高专业素养的人才队伍。

## 二、此次集中招聘工作中的一些新的作法

为保证此次集中招聘工作的质量,会党委对引进对象的特点,对整个招聘程序和制度设计都做了认真研究,与以往海外招聘工作相比,此次形成了一些新的作法。

一是完善了原有“规划委”的职能。为了给选聘双方提供增进了解和双向选择的机会,我会进一步完善了原有“规划委”的职能。因为涉及人财物的支持和系统上下的协调,所以短期内“规划委”只是作为引进人员过渡缓冲的平台,长期准备建设成面向全系统的人才创新创业基地。目前,“规划委”的组织领导机构是“规划委”管理委员会,管委会主任委员由尚主席亲自担任,副主任委员分别由相关会领导和有关交易所领导担任,会内有关部门负责人担任管委会成员;“规划委”办公室职能由人教部承担,课题方面的技术支持由研究中心提供协助,其他相关部门主要负责做好与“规划委”人员的工作对接。按照设计目标,“规划委”计划储备两方面的人才:一是从海外引进的中等层次以上人才,工作初期统一在“规划委”从事资本市场发展战略分析研究和决策咨询等工作;二是从会

机关选拔部分符合条件的处以上专业人员，担任规划委兼职委员并协助做好引进人员的帮带工作。按照统分结合的管理模式，“规划委”人员平时根据管委会的安排，针对市场发展中的热点难点问题开展课题研究，经过一段时间以后逐步参与对口部门的业务工作。对这次“规划委”引进的人员，我会统一组织签订一年的聘用合同，职务上突出专业性的特点，分别确定为高级顾问委员、专家顾问委员和专业顾问委员，薪酬待遇采用合同制的标准，一年后根据个人意愿、组织考察和岗位需求情况，可以继续采用合同制的聘用方式，也可以转入会内参公管理体制，享受与会内人员同样的待遇。

二是制定了比较人性化的选聘程序。此次招聘工作主要面向海外，与应聘人员接触很不方便，所以我们在组织程序上尽可能做到人性化一些。比如，在资格审查上，我们主要请会机关有海外留学和工作经历的部门领导，对每名应聘人员简历进行逐一审核。在面试环节上，采取了到会面试和视频面试两种方式，对主动要求到会参加面试的人员，分别安排与部门领导进行单独面谈；对因工作原因不能回国的人员，通过租用专门视频设备进行远程面试。在人选确定后，不是要求对方尽快签订聘用合同，而是给每个人一段考虑的时间。在人选报到前，会机关专门召开了保障工作会议，对引进人员办公场地、配套设施、临时住所、子女入学等一系列问题进行了研究，指定了具体负责落实的部门。此外，整个过程中不论是参与面试的部门领导，还是负责组织协调和对外联络的同志，都是尽心尽力地投入工作，最终尽管多数人未能入选，但普遍都对我会的周到安排和热情服务表示了感谢。

三是针对引进对象特点制定了培养帮带措施。为帮助引进人员顺利度过适应期和磨合期，我们针对引进人员的特点，制定了详细的培养帮带计划。首先是做好过渡期培训。借春季党校班开班之机，安排第一批引进人员与会党校班学员一道，赴井冈山接受了国情教育。同时邀请业务部门领导和处室业务骨干，为他们讲授国内资本市场情况和监管业务知识，帮助他们尽快熟悉国内情况和市场情况。其次是安排课题研究。先由各业务部门提出相关课题，供引进人员自由选择，之后在研究中心的支持下完成论文起草工作，最后再参加相关部门组织的课题评审。通过这种方式，进一步了解了引进人员的专业素养和优势专长。再次是做好与部门的对接。课题完成后，一般性人员直接分配到业务部门，进入参公管理体制；“规划委”人员分别落实对口部门，参与部门的具体工作。按照统一要求，各相关部门都指定了帮带人员、明确了帮带措施，结合日常监管工作对引进人员进行循序渐进地帮带指导。此外，我们还邀请了相关会领导和会内有关部门的负责人，与引进人员进行了不同范围的座谈交流，帮助他们明确发展目标、坚定回国信心。通过这种互动的方式，也增强了引进人员的归属感和会内人员对他们的认同感。

## 三、开展这次海外招聘工作的收获和体会

通过组织这次海外招聘，也进一步增强了我们对人才工作特点规律的认识。总体感到，人才工作作为一项基础性、系统性和创新性的工作，只有在集中智慧、增强合力、形成氛围的基础上，通过不断加大政策机制创新的力度，才能实现人才工作的与时俱进。就工作体会来说，我们认为主要得益于以下几个方面：

一是得益于中央政策的支持和会党委的高度重视。这些年来，尽管我国资本市场发展取得了较大成就，但与西方发达国家市场某些方面相比仍存在一定的差距，积极吸引优

秀人才投身我国资本市场建设也是会党委始终坚持的工作方针。这次党中央、国务院从推进金融行业领域创新发展的高度,审时度势做出引进海外高层次金融人才的决定,为我们抓住历史机遇、抢占人才先机提供了非常有力的政策支持和环境支持。会党委认真贯彻中央的决策部署,对这次引才工作给予了高度重视,几次召开党委会审定工作方案,听取工作进展情况汇报。尚主席就这次招聘工作几次做出批示,并以个人名义发出19封邀请函,请我会国际顾问委员会委员和证监会原领导为我会推荐人才。桂主席、姚主席分别与引进人员进行座谈,对引进人员提出具体希望和要求。小雪书记主持召开人才工作协调小组会议和系统人才工作联席会,对有关工作进行研究部署。其他会领导也从不同方面对这次海外招聘工作给予了密切关注。从会党委对这项工作的重视程度和支持力度来看,对我们迅速启动招聘程序,形成机关工作合力,以及营造良好的引才环境,都起到了积极的推动作用。

二是得益于机关各部门的密切配合和积极参与。在组织这次海外招聘过程中,会内有关部门也投入了很多的人力,花费了很多的时间和精力。童道驰、祁斌、杨秋梅、王欧、华一飒5名有海外留学和工作经历的局级干部,协助人教部对170余名应聘人员简历进行了资格审查。23名部门领导直接参与了60余名入围人选的面试,王林、谢庚、季向宇、刘洪涛、黄炜、孙树明、祁斌、张野,以及杨秋梅、胡宝海、于文强、罗凯等有关同志,每人面试人数6人以上,累计时间超过了7个小时。引进人员报到后,又有24名部门领导和相关处室的业务骨干主动承担了对引进人员的培训授课任务。在课题研究和对口锻炼阶段,研究中心和相关业务部门给予了积极的配合。办公厅、信息中心、行政中心对引进人员的薪酬、办公场地和设施保障提供了有力支持。上交所、深交所等单位也承担了其中的有关工作。

三是得益于我们注重政策机制的创新。在组织这次海外招聘过程中,我们立足现有条件,积极探索出了一些创新性的对策举措。比如,针对应聘人员多、远距离无法有效甄别的问题,我们发挥现有归国人员的优势,通过他们对应聘人员信息进行初审;针对入选人员往来不便、可能影响个人工作的问题,我们采取了现场面试和视频面试两种方式;为了给选聘双方提供增进了解、双向选择的机会,我们设计了引进人员一年期合同制管理方式;针对引进人员适用期和磨合期的特点,我们建立了先是课题研究、之后对口帮带的培养模式;着眼建立面向全系统的引才长效机制,我们进一步完善了"规划委"职能,明确了未来发展的目标等。这些制度上的安排、设计和考虑,帮助我们在招聘工作中提高了效率,同时也保证了招聘工作的质量。

此外,全体引进人员珍惜这次回国机会,在招聘过程中积极配合我会工作,也是这次工作顺利实施的一个重要因素。从这些同志入会以来的综合表现看,他们已基本适应了证监会的环境,通过前期开展课题研究和对口锻炼,他们对国内市场的情况也有了一定程度的了解,并且在适应和融入的过程中已经开始逐步发挥作用。

**四、下一步我会对外引才工作的思路和打算**

目前,我国资本市场已经进入了重要的发展时期,我会人才工作所面临的形势任务也尤为紧迫。下一步,我们将继续认真贯彻中央的工作部署,严格按照会党委的指示要求,始终着眼国内国际两个市场,持之以恒地抓好高素质人才的引进培养工作,为我国资本市场的创新发展提供更有力的人才和智力支持。

一是积极营造有利于人才优势发挥的良好环境。目前，我会对外引才的渠道比较顺畅，相关配套措施也正逐步落实，今后面向海外招聘将成为一项常态化的工作。前期我们围绕如何引好人才问题上考虑得比较多，下一步工作重心要逐步向促进人才优势发挥上转移。对目前已经引进的人员，除了扶上马、送上路，还要继续持之以恒地抓好跟踪考察和定向培养。此外，不仅在会机关，也要在全系统营造重视人才、人人都可以成才的浓厚氛围，让大家共同关注和参与到人才工作中来，不仅为新入会人员创造更好的工作环境，同时也要为现有人员提供更多的发展空间。

二是探索建立符合我会特点的引才长效机制。根据中央的引才部署和援朝同志的讲话精神，今后海外人才引进的力度还要加大。而且随着我国资本市场的发展，也需要我们进一步解放思想、拓宽视野、加大力度，树立人才投资的新理念，把对外引才工作不断引向深入。除了抓好会机关的引才工作，也要指导和督促系统各单位把引才工作提上重要日程，作为“一把手”工程来推进落实。同时，始终坚持面向国内国际两个市场、坚持五湖四海选人用人的工作原则，把现有人才、引进人才的培养使用放在同等重要的位置，逐步形成各类人才同步建设、同步推进的良好局面。

三是加快推进我会人才创新创业基地建设。人才创新创业基地是落实中央千人引进计划，吸引和凝聚海外高层次人才的重要载体，用好人才创新创业基地，有利于缓解引才政策和现有政策之间的一些矛盾。所以我们推进“规划委”平台建设的目的，是想集中系统资源优势、创新政策机制，将“规划委”打造成资本市场的“人才特区”，增强对高素质人才的吸引力和凝聚力。从目前来看，“规划委”平台设计的目标思路都有了，但配套措施还没有完全跟上，待遇问题也未得到妥善解决，与人才创新创业基地的目标还有一定差距。所以我们要继续加大工作力度，进一步完善“规划委”的配套保障措施，配齐配强平台的支撑力量，使“规划委”真正成为人才集聚的中心和创新创业的平台。

四是进一步加大人才政策机制创新力度。通过组织这次海外招聘，我们积累了一些有益的经验，但按照资源整合、优势明显、关系顺畅、便捷高效的目标，我们在制度创新设计上还有很大的发挥空间。比如说，关于建立引才长效机制的问题，推进“规划委”平台建设的问题，按照合同制方式对引进人员实施管理的问题，建设更加适宜的引才环境的问题，等等。对于这些问题，一方面我们要围绕落实中央引才工作的“一个意见、八个办法”，结合我会人才工作实际加以再创新、再细化；另一方面也需要系统各单位共同关心和支持人才工作，通过动员和集中全系统的力量，把我会人才引进、培养工作做得更加深入和富有成效。

# 第三部分　法律法规

## 一、立 法 工 作

### 2009年证券期货市场法律制度建设综述

2009年中国证监会结合证券期货市场发展新形势和新要求，坚持立法的科学性、民主性和有效性，严格遵守立法程序，进一步完善了证券期货法律体系。全年证监会单独或者联合国务院其他部委发布规章8件，规范性文件33件。截至2009年底，现行有效的专门规范证券期货市场的法律文件共计449件。其中，法律3部，行政法规、法规性文件17件，规章63件，规范性文件366件。证券期货市场立法协调工作机制更加有效，重点领域立法获得新突破，各项监管制度建设取得新进展，市场法治化水平进一步提高。

一是证券期货基础法律制度建设取得新成果。证券投资基金管理公司、证券公司等金融机构从业人员的"老鼠仓"行为严重破坏金融管理秩序，损害公众投资者利益，违背社会诚信和资本市场运行规则，社会影响恶劣。为加大对"老鼠仓"的刑事打击力度，新颁布实施的《刑法修正案(七)》，增加了"利用未公开信息交易罪"，修改"内幕交易、泄露内幕信息罪"的部分规定，确立了"老鼠仓"和利益输送行为的刑事责任，极大地提高了对违法行为的威慑力。配合全国人大财经委开展《证券投资基金法》修改调研工作，梳理出主要问题，基本形成了修改思路。《上市公司监督管理条例》在控股股东特别是国有控股股东监管等重大问题上取得了实质性进展，为下一步工作顺利开展奠定了良好基础。

二是创业板市场法规体系初步形成。中国证监会总结我国主板市场首次公开发行股票并上市工作实践，借鉴海外创业板市场经验教训，结合创业企业特点和风险管理要求，制定、修订7件相关规则，初步构建了创业板发行上市规则体系。公布《首次公开发行股票并在创业板上市管理暂行办法》，并配套制定了创业板公司招股说明书、首次公开发行股票并在创业板上市申请文件、年度报告内容与格式等信息披露文件；及时修改《中国证券监督管理委员会发行审核委员会办法》、《证券发行上市保荐业务管理办法》，组建创业板发行审核委员会，设计符合创业板特点的保荐业务制度；针对创业板市场高风险特点，出台了《创业板市场投资者适当性管理暂行规定》，对创业板投资者准入、教育和风险揭示作出了特别规定。

三是新股发行市场约束机制更加有效。为了适应市场发展的要求，在立足市场实际、广泛听取意见、认真参考境外制度的基础上，出台了《关于进一步改革和完善新股发行体制的指导意见》。进一步完善了询价与申购的报价约束，淡化了新股定价的行政指导色彩，提高了价格形成的市场化程度；增加承销与配售的灵活性，优化网上发行机制，逐渐形成向中小投资者倾斜的股份配售制度；增强揭示风险的力度，强化一级市场风险意识。继续完善保荐业务配套规则，公布了《证券发行上市保荐业务工作底稿指引》、《发行保荐书和发行保荐工作报告》，进一步落实保荐制度的各项要求，提高保荐机构及其保荐代表人执业的规范化程度。制定了《〈上市公司证券发行管理办法〉第三十九条"违规对外提供担保且尚未解除"的理解和适用——证券期货法律适用意见第5号》，明确上市公司及其附属公司违规对外提供担保且尚未解除的界定，为保荐机构及相关证券服务机构提供了合理、审慎的判断标准。

四是证券登记结算和市场统计制度进一步完善。修订《证券登记结算管理办法》，完善证券账户开立、查询等相关市场基础制度。规定合伙企业、中外合作非法人创投企业作为新增类型可以开立证券账户，适应了新型企业组织形式的客观需求，有利于建立多元化机构投资者队伍，也为社会投资资金提供了合理的退出渠道；明确中国金融期货交易所可以向证券登记结算机构查询相关资料，在双方之间建立信息交换渠道，为跨市场监管机制发挥作用奠定基础，为打击操纵市场等违法违规行为、保护投资者的合法权益提供制度保障。出台《证券期货市场统计管理办法》，确立集中统一领导的分业务、分级负责的统计管理机制，明确各主体责任，整合统计资源，为市场发布全面、准确、权威的统计数据，提高统计资源使用效率。

五是上市公司并购重组制度不断健全。出台《〈上市公司收购管理办法〉第六十二条及〈上市公司重大资产重组管理办法〉第四十三条有关限制股份转让的适用意见——证券期货法律适用意见第4号》，明确同一实际控制人之下不同主体之间转让上市公司股份相关事宜，规范了并购重组后上市公司股东转让所持上市公司股份行为。稳步推进《上市公司重大资产重组管理办法》、《上市公司收购管理办法》等规章修订工作，有序开展上市公司分立、吸收合并、回购股份等重大制度的立法研究。

六是证券期货业务规则和监管规范体系日益完善。制定《证券公司分类监管规定》和《期货公司分类监管规定(试行)》，公布了配套的《关于期货公司设立营业部与分类评价结果衔接工作有关问题的规定》，以证券、期货公司风险管理能力为基础，结合机构的市场竞争力和持续合规状况，对证券、期货公司进行合规监管，促进证券、期货公司做优做强和持续规范发展。颁布《关于基金管理公司开展特定多个客户资产管理业务有关问题的规定》和《基金管理公司特定多个客户资产管理合同内容与格式准则》，规定了基金管理公司开展一对多特定资产管理业务的原则、基本条件、推介方式等内容以及具体的操作细节。出台《期货市场客户开户管理规定》，明确统一开户制度，严格落实开户实名制，提高了期货市场开户环节的透明度和运行效率。修改了《关于进一步规范证券营业网点的规定》，发布了《证券经纪人管理暂行规定》、《证券投资基金评价业务管理暂行办法》和《期货公司信息公示管理规定》等规则，全方位健全证券期货行业规则体系。

七是证券期货监管行政程序进一步规范。总结近年来行政许可工作实践经验，修改《中国证券监督管理委员会行政许可实施程序规定》,规范一次反馈回复和审查沟通机制,规定中止审查和终止审查程序,简化行政审批流程,提高审批效率,完善内部监督制衡机制,进一步提高证券期货行政许可工作规范性。专门出台《证券期货规章草案公开征求意见试行规则》,进一步细化规章制定过程中公开征求意见程序,明确征求意见的各项规范要求,建立未采纳意见专门说明制度,切实保障公众参与立法权利,提高立法的民主性。

八是资本市场法治环境不断优化。推动最高法院发布《关于依法审理和执行被风险处置证券公司相关案件的通知》,明确国家是否对个人债权或者客户交易结算资金收购的甄别确认不属于法院受案范围,规定证券公司权利人要求托管机构和证券类资产买受人承担责任的法院不予受理或者不予支持,规范证券公司进入破产程序后相关事宜,证券公司风险处置相关工作得到司法确认。研究形成加大打击证券期货犯罪工作思路,组织召开打击证券期货犯罪部际联席会议,推动成立全国人大、法制办及公检法机关参加的专项工作小组,分别负责案件移送、司法解释、证据规则和指定管辖四个方面的专项工作,取得了重要的阶段性成果。

**2009年证券期货立法工作成果一览表**

(全年发布规章8件,规范性文件33件)

| 序号 | 名称 | 完成情况 |
|---|---|---|
| 一、规章(8件) | | |
| 1 | 证券期货市场统计管理办法 | 证监会令第60号,2009年1月8日公布。 |
| 2 | 首次公开发行股票并在创业板上市管理暂行办法 | 证监会令第61号,2009年3月31日公布。 |
| 3 | 关于修改《中国证券监督管理委员会发行审核委员会办法》的决定 | 证监会令第62号,2009年5月13日公布。 |
| 4 | 关于修改《证券发行上市保荐业务管理办法》的决定 | 证监会令第63号,2009年5月13日公布。 |
| 5 | 证券投资基金评价业务管理暂行办法 | 证监会令第64号,2009年11月6日公布。 |
| 6 | 关于修改《证券登记结算管理办法》的决定 | 证监会令第65号,2009年11月20日公布。 |
| 7 | 中国证券监督管理委员会行政许可实施程序规定 | 证监会令第66号,2009年12月16日公布。 |
| 8 | 金融业经营者集中申报营业额计算办法 | 中华人民共和国商务部 中国人民银行 中国银行业监督管理委员会 中国证券监督管理委员会 中国保险监督管理委员会,商务部令2009年第10号,2009年7月15日公布。 |
| 二、规范性文件(33件) | | |
| 1 | 关于开展上市商业银行在证券交易所参与债券交易试点有关问题的通知 | 证监发〔2009〕12号,2009年1月19日公布。 |
| 2 | 证券经纪人管理暂行规定 | 证监会公告〔2009〕2号,2009年3月13日公布。 |
| 3 | 基金管理公司投资管理人员管理指导意见 | 证监会公告〔2009〕3号,2009年3月17日公布。 |
| 4 | 发行证券的公司信息披露内容与格式准则第27号——发行保荐书和发行保荐工作报告 | 证监会公告〔2009〕4号,2009年3月27日公布。 |
| 5 | 证券发行上市保荐业务工作底稿指引 | 证监会公告〔2009〕5号,2009年3月27日公布。 |
| 6 | 关于加强上市证券公司监管的规定 | 证监会公告〔2009〕6号,2009年4月3日公布。 |
| 7 | 证券期货规章草案公开征求意见试行规则 | 证监会公告〔2009〕7号,2009年4月20日公布。 |

续表

| 序号 | 名　　称 | 完成情况 |
|---|---|---|
| 8 | 关于基金管理公司开展特定多个客户资产管理业务有关问题的规定 | 证监会公告〔2009〕10号,2009年5月5日公布。 |
| 9 | 《上市公司收购管理办法》第六十二条及《上市公司重大资产重组管理办法》第四十三条有关限制股份转让的适用意见——证券期货法律适用意见第4号 | 证监会公告〔2009〕11号,2009年5月19日公布。 |
| 10 | 证券公司分类监管规定 | 证监会公告〔2009〕12号,2009年5月26日公布。 |
| 11 | 关于进一步改革和完善新股发行体制的指导意见 | 证监会公告〔2009〕13号,2009年6月10日公布。 |
| 12 | 创业板市场投资者适当性管理暂行规定 | 证监会公告〔2009〕14号,2009年6月30日公布。 |
| 13 | 关于进一步加强期货公司信息技术管理工作的指导意见 | 证监会公告〔2009〕15号,2009年7月3日公布。 |
| 14 | 《上市公司证券发行管理办法》第三十九条"违规对外提供担保且尚未解除"的理解和适用——证券期货法律适用意见第5号 | 证监会公告〔2009〕16号,2009年7月9日公布。 |
| 15 | 公开发行证券的公司信息披露内容与格式准则第28号——创业板公司招股说明书 | 证监会公告〔2009〕17号,2009年7月20日公布。 |
| 16 | 公开发行证券的公司信息披露内容与格式准则第29号——首次公开发行股票并在创业板上市申请文件 | 证监会公告〔2009〕18号,2009年7月20日公布。 |
| 17 | 证监会公告(关于创业板发行申请受理工作的规定) | 证监会公告〔2009〕19号,2009年7月20日公布。 |
| 18 | 基金管理公司特定多个客户资产管理合同内容与格式准则 | 证监会公告〔2009〕20号,2009年8月7日公布。 |
| 19 | 期货公司分类监管规定(试行) | 证监会公告〔2009〕22号,2009年8月17日公布。 |
| 20 | 期货市场客户开户管理规定 | 证监会公告〔2009〕24号,2009年8月27日公布。 |
| 21 | 关于证券公司缴纳证券投资者保护基金有关事项的补充规定 | 证监会公告〔2009〕25号,2009年9月9日公布。 |
| 22 | 关于修改《关于进一步规范证券营业网点的规定》的决定 | 证监会公告〔2009〕27号,2009年10月15日公布。 |
| 23 | 期货公司信息公示管理规定 | 证监会公告〔2009〕28号,2009年10月22日公布。 |
| 24 | 关于加强在境外发行证券与上市相关保密和档案管理工作的规定 | 中国证券监督管理委员会、国家保密局、国家档案局　证监会公告〔2009〕29号,2009年10月20日公布。 |
| 25 | 关于期货公司设立营业部与分类评价结果衔接工作有关问题的规定 | 证监会公告〔2009〕31号,2009年11月26日公布。 |
| 26 | 开放式证券投资基金销售费用管理规定 | 证监会公告〔2009〕32号,2009年12月14日公布。 |
| 27 | 创业板上市公司年度报告的内容与格式 | 证监会公告〔2009〕33号,2009年12月24日公布。 |
| 28 | 关于发布《证券期货业与银行间业务数据交换消息体结构和设计规则》行业标准的通知 | 人民银行、证监会　银发〔2009〕89号,2009年3月11日公布。 |
| 29 | 关于印发《境内证券市场转持部分国有股权充实全国社会保障基金实施办法》的通知 | 财政部、国资委、证监会、社保基金会　财企〔2009〕94号,2009年6月19日公布。 |
| 30 | 中国人民银行　商务部　银监会　证监会　保监会　外汇局关于金融支持服务外包产业发展的若干意见 | 银发〔2009〕284号,2009年9月7日公布。 |
| 31 | 关于加强证券评估机构后续管理有关问题的通知 | 财政部、证监会　财企〔2009〕235号,2009年11月6日公布。 |
| 32 | 中国人民银行、银监会、证监会、保监会关于进一步做好金融服务支持重点产业调整振兴和抑制部分行业产能过剩的指导意见 | 银发〔2009〕386号,2009年12月22日公布。 |
| 33 | 财政部、国家税务总局、证监会关于个人转让上市公司限售股所得征收个人所得税有关问题的通知 | 财税〔2009〕167号,2009年12月31日公布。 |

# 二、法律文件

## (一)法　律

### 中华人民共和国刑法修正案(七)

(2009年2月28日第十一届全国人民代表大会常务委员会第七次会议通过　2009年2月28日中华人民共和国主席令第10号公布)

一、将刑法第一百五十一条第三款修改为:“走私珍稀植物及其制品等国家禁止进出口的其他货物、物品的,处五年以下有期徒刑或者拘役,并处或者单处罚金;情节严重的,处五年以上有期徒刑,并处罚金。”

二、将刑法第一百八十条第一款修改为:“证券、期货交易内幕信息的知情人员或者非法获取证券、期货交易内幕信息的人员,在涉及证券的发行,证券、期货交易或者其他对证券、期货交易价格有重大影响的信息尚未公开前,买入或者卖出该证券,或者从事与该内幕信息有关的期货交易,或者泄露该信息,或者明示、暗示他人从事上述交易活动,情节严重的,处五年以下有期徒刑或者拘役,并处或者单处违法所得一倍以上五倍以下罚金;情节特别严重的,处五年以上十年以下有期徒刑,并处违法所得一倍以上五倍以下罚金。”

增加一款作为第四款:“证券交易所、期货交易所、证券公司、期货经纪公司、基金管理公司、商业银行、保险公司等金融机构的从业人员以及有关监管部门或者行业协会的工作人员,利用因职务便利获取的内幕信息以外的其他未公开的信息,违反规定,从事与该信息相关的证券、期货交易活动,或者明示、暗示他人从事相关交易活动,情节严重的,依照第一款的规定处罚。”

三、将刑法第二百零一条修改为:“纳税人采取欺骗、隐瞒手段进行虚假纳税申报或者不申报,逃避缴纳税款数额较大并且占应纳税额百分之十以上的,处三年以下有期徒刑或者拘役,并处罚金;数额巨大并且占应纳税额百分之三十以上的,处三年以上七年以下有期徒刑,并处罚金。

“扣缴义务人采取前款所列手段,不缴或者少缴已扣、已收税款,数额较大的,依照前款的规定处罚。

“对多次实施前两款行为,未经处理的,按照累计数额计算。

“有第一款行为,经税务机关依法下达追缴通知后,补缴应纳税款,缴纳滞纳金,已受行政处罚的,不予追究刑事责任;但是,五年内因逃避缴纳税款受过刑事处罚或者被税务机关给予二次以上行政处罚的除外。”

四、在刑法第二百二十四条后增加一

条，作为第二百二十四条之一：“组织、领导以推销商品、提供服务等经营活动为名，要求参加者以缴纳费用或者购买商品、服务等方式获得加入资格，并按照一定顺序组成层级，直接或者间接以发展人员的数量作为计酬或者返利依据，引诱、胁迫参加者继续发展他人参加，骗取财物，扰乱经济社会秩序的传销活动的，处五年以下有期徒刑或者拘役，并处罚金；情节严重的，处五年以上有期徒刑，并处罚金。”

五、将刑法第二百二十五条第三项修改为：“未经国家有关主管部门批准非法经营证券、期货、保险业务的，或者非法从事资金支付结算业务的；”

六、将刑法第二百三十九条修改为：“以勒索财物为目的绑架他人的，或者绑架他人作为人质的，处十年以上有期徒刑或者无期徒刑，并处罚金或者没收财产；情节较轻的，处五年以上十年以下有期徒刑，并处罚金。

“犯前款罪，致使被绑架人死亡或者杀害被绑架人的，处死刑，并处没收财产。

“以勒索财物为目的偷盗婴幼儿的，依照前两款的规定处罚。”

七、在刑法第二百五十三条后增加一条，作为第二百五十三条之一：“国家机关或者金融、电信、交通、教育、医疗等单位的工作人员，违反国家规定，将本单位在履行职责或者提供服务过程中获得的公民个人信息，出售或者非法提供给他人，情节严重的，处三年以下有期徒刑或者拘役，并处或者单处罚金。

“窃取或者以其他方法非法获取上述信息，情节严重的，依照前款的规定处罚。

“单位犯前两款罪的，对单位判处罚金，并对其直接负责的主管人员和其他直接责任人员，依照各该款的规定处罚。”

八、在刑法第二百六十二条之一后增加一条，作为第二百六十二条之二：“组织未成年人进行盗窃、诈骗、抢夺、敲诈勒索等违反治安管理活动的，处三年以下有期徒刑或者拘役，并处罚金；情节严重的，处三年以上七年以下有期徒刑，并处罚金。”

九、在刑法第二百八十五条中增加两款作为第二款、第三款：“违反国家规定，侵入前款规定以外的计算机信息系统或者采用其他技术手段，获取该计算机信息系统中存储、处理或者传输的数据，或者对该计算机信息系统实施非法控制，情节严重的，处三年以下有期徒刑或者拘役，并处或者单处罚金；情节特别严重的，处三年以上七年以下有期徒刑，并处罚金。

“提供专门用于侵入、非法控制计算机信息系统的程序、工具，或者明知他人实施侵入、非法控制计算机信息系统的违法犯罪行为而为其提供程序、工具，情节严重的，依照前款的规定处罚。”

十、在刑法第三百一十二条中增加一款作为第二款：“单位犯前款罪的，对单位判处罚金，并对其直接负责的主管人员和其他直接责任人员，依照前款的规定处罚。”

十一、将刑法第三百三十七条第一款修改为：“违反有关动植物防疫、检疫的国家规定，引起重大动植物疫情的，或者有引起重大动植物疫情危险，情节严重的，处三年以下有期徒刑或者拘役，并处或者单处罚金。”

十二、将刑法第三百七十五条第二款修改为：“非法生产、买卖武装部队制式服装，情节严重的，处三年以下有期徒刑、拘役或者管制，并处或者单处罚金。”

增加一款作为第三款：“伪造、盗窃、买卖或者非法提供、使用武装部队车辆号牌等专用标志，情节严重的，处三年以下有期徒刑、拘役或者管制，并处或者单处罚金；情节特别严重的，处三年以上七年以下有期徒刑，并处罚金。”

原第三款作为第四款,修改为:“单位犯第二款、第三款罪的,对单位判处罚金,并对其直接负责的主管人员和其他直接责任人员,依照各该款的规定处罚。”

十三、在刑法第三百八十八条后增加一条作为第三百八十八条之一:“国家工作人员的近亲属或者其他与该国家工作人员关系密切的人,通过该国家工作人员职务上的行为,或者利用该国家工作人员职权或者地位形成的便利条件,通过其他国家工作人员职务上的行为,为请托人谋取不正当利益,索取请托人财物或者收受请托人财物,数额较大或者有其他较重情节的,处三年以下有期徒刑或者拘役,并处罚金;数额巨大或者有其他严重情节的,处三年以上七年以下有期徒刑,并处罚金;数额特别巨大或者有其他特别严重情节的,处七年以上有期徒刑,并处罚金或者没收财产。

“离职的国家工作人员或者其近亲属以及其他与其关系密切的人,利用该离职的国家工作人员原职权或者地位形成的便利条件实施前款行为的,依照前款的规定定罪处罚。”

十四、将刑法第三百九十五条第一款修改为:“国家工作人员的财产、支出明显超过合法收入,差额巨大的,可以责令该国家工作人员说明来源,不能说明来源的,差额部分以非法所得论,处五年以下有期徒刑或者拘役;差额特别巨大的,处五年以上十年以下有期徒刑。财产的差额部分予以追缴。”

十五、本修正案自公布之日起施行。

# 中华人民共和国保险法(修订)

(1995 年 6 月 30 日第八届全国人民代表大会常务委员会第十四次会议通过
根据 2002 年 10 月 28 日第九届全国人民代表大会常务委员会第三十次会议
《关于修改〈中华人民共和国保险法〉的决定》修正　2009 年 2 月 28 日
第十一届全国人民代表大会常务委员会第七次会议修订
2009 年 2 月 28 日中华人民共和国主席令第 11 号公布)

## 目　录



## 第一章　总　　则

**第一条**　为了规范保险活动,保护保险活动当事人的合法权益,加强对保险业的监督管理,维护社会经济秩序和社会公共利益,促进保险事业的健康发展,制定本法。

**第二条**　本法所称保险，是指投保人根据合同约定，向保险人支付保险费，保险人对于合同约定的可能发生的事故因其发生所造成的财产损失承担赔偿保险金责任，或者当被保险人死亡、伤残、疾病或者达到合同约定的年龄、期限等条件时承担给付保险金责任的商业保险行为。

**第三条**　在中华人民共和国境内从事保险活动，适用本法。

**第四条**　从事保险活动必须遵守法律、行政法规，尊重社会公德，不得损害社会公共利益。

**第五条**　保险活动当事人行使权利、履行义务应当遵循诚实信用原则。

**第六条**　保险业务由依照本法设立的保险公司以及法律、行政法规规定的其他保险组织经营，其他单位和个人不得经营保险业务。

**第七条**　在中华人民共和国境内的法人和其他组织需要办理境内保险的，应当向中华人民共和国境内的保险公司投保。

**第八条**　保险业和银行业、证券业、信托业实行分业经营、分业管理，保险公司与银行、证券、信托业务机构分别设立。国家另有规定的除外。

**第九条**　国务院保险监督管理机构依法对保险业实施监督管理。

国务院保险监督管理机构根据履行职责的需要设立派出机构。派出机构按照国务院保险监督管理机构的授权履行监督管理职责。

## 第二章　保险合同

### 第一节　一般规定

**第十条**　保险合同是投保人与保险人约定保险权利义务关系的协议。

投保人是指与保险人订立保险合同，并按照合同约定负有支付保险费义务的人。

保险人是指与投保人订立保险合同，并按照合同约定承担赔偿或者给付保险金责任的保险公司。

**第十一条**　订立保险合同，应当协商一致，遵循公平原则确定各方的权利和义务。

除法律、行政法规规定必须保险的外，保险合同自愿订立。

**第十二条**　人身保险的投保人在保险合同订立时，对被保险人应当具有保险利益。

财产保险的被保险人在保险事故发生时，对保险标的应当具有保险利益。

人身保险是以人的寿命和身体为保险标的的保险。

财产保险是以财产及其有关利益为保险标的的保险。

被保险人是指其财产或者人身受保险合同保障，享有保险金请求权的人。投保人可以为被保险人。

保险利益是指投保人或者被保险人对保险标的具有的法律上承认的利益。

**第十三条**　投保人提出保险要求，经保险人同意承保，保险合同成立。保险人应当及时向投保人签发保险单或者其他保险凭证。

保险单或者其他保险凭证应当载明当事人双方约定的合同内容。当事人也可以约定采用其他书面形式载明合同内容。

依法成立的保险合同，自成立时生效。投保人和保险人可以对合同的效力约定附条件或者附期限。

**第十四条**　保险合同成立后，投保人按照约定交付保险费，保险人按照约定的时间开始承担保险责任。

**第十五条**　除本法另有规定或者保险合同另有约定外，保险合同成立后，投保人可以解除合同,保险人不得解除合同。

**第十六条** 订立保险合同,保险人就保险标的或者被保险人的有关情况提出询问的,投保人应当如实告知。

投保人故意或者因重大过失未履行前款规定的如实告知义务,足以影响保险人决定是否同意承保或者提高保险费率的,保险人有权解除合同。

前款规定的合同解除权,自保险人知道有解除事由之日起,超过三十日不行使而消灭。自合同成立之日起超过二年的,保险人不得解除合同;发生保险事故的,保险人应当承担赔偿或者给付保险金的责任。

投保人故意不履行如实告知义务的,保险人对于合同解除前发生的保险事故,不承担赔偿或者给付保险金的责任,并不退还保险费。

投保人因重大过失未履行如实告知义务,对保险事故的发生有严重影响的,保险人对于合同解除前发生的保险事故,不承担赔偿或者给付保险金的责任,但应当退还保险费。

保险人在合同订立时已经知道投保人未如实告知的情况的,保险人不得解除合同;发生保险事故的,保险人应当承担赔偿或者给付保险金的责任。

保险事故是指保险合同约定的保险责任范围内的事故。

**第十七条** 订立保险合同,采用保险人提供的格式条款的,保险人向投保人提供的投保单应当附格式条款,保险人应当向投保人说明合同的内容。

对保险合同中免除保险人责任的条款,保险人在订立合同时应当在投保单、保险单或者其他保险凭证上作出足以引起投保人注意的提示,并对该条款的内容以书面或者口头形式向投保人作出明确说明;未作提示或者明确说明的,该条款不产生效力。

**第十八条** 保险合同应当包括下列事项:

(一)保险人的名称和住所;

(二)投保人、被保险人的姓名或者名称、住所,以及人身保险的受益人的姓名或者名称、住所;

(三)保险标的;

(四)保险责任和责任免除;

(五)保险期间和保险责任开始时间;

(六)保险金额;

(七)保险费以及支付办法;

(八)保险金赔偿或者给付办法;

(九)违约责任和争议处理;

(十)订立合同的年、月、日。

投保人和保险人可以约定与保险有关的其他事项。

受益人是指人身保险合同中由被保险人或者投保人指定的享有保险金请求权的人。投保人、被保险人可以为受益人。

保险金额是指保险人承担赔偿或者给付保险金责任的最高限额。

**第十九条** 采用保险人提供的格式条款订立的保险合同中的下列条款无效:

(一)免除保险人依法应承担的义务或者加重投保人、被保险人责任的;

(二)排除投保人、被保险人或者受益人依法享有的权利的。

**第二十条** 投保人和保险人可以协商变更合同内容。

变更保险合同的,应当由保险人在保险单或者其他保险凭证上批注或者附贴批单,或者由投保人和保险人订立变更的书面协议。

**第二十一条** 投保人、被保险人或者受益人知道保险事故发生后,应当及时通知保险人。故意或者因重大过失未及时通知,致使保险事故的性质、原因、损失程度等难以确定的,保险人对无法确定的部分,不承担赔偿或者给付保险金的责任，但保险人通过其他途径已经及时知道或者应当及时知道保险事故发生的除外。

**第二十二条**　保险事故发生后，按照保险合同请求保险人赔偿或者给付保险金时，投保人、被保险人或者受益人应当向保险人提供其所能提供的与确认保险事故的性质、原因、损失程度等有关的证明和资料。

保险人按照合同的约定，认为有关的证明和资料不完整的，应当及时一次性通知投保人、被保险人或者受益人补充提供。

**第二十三条**　保险人收到被保险人或者受益人的赔偿或者给付保险金的请求后，应当及时作出核定；情形复杂的，应当在三十日内作出核定，但合同另有约定的除外。保险人应当将核定结果通知被保险人或者受益人；对属于保险责任的，在与被保险人或者受益人达成赔偿或者给付保险金的协议后十日内，履行赔偿或者给付保险金义务。保险合同对赔偿或者给付保险金的期限有约定的，保险人应当按照约定履行赔偿或者给付保险金义务。

保险人未及时履行前款规定义务的，除支付保险金外，应当赔偿被保险人或者受益人因此受到的损失。

任何单位和个人不得非法干预保险人履行赔偿或者给付保险金的义务，也不得限制被保险人或者受益人取得保险金的权利。

**第二十四条**　保险人依照本法第二十三条的规定作出核定后，对不属于保险责任的，应当自作出核定之日起三日内向被保险人或者受益人发出拒绝赔偿或者拒绝给付保险金通知书，并说明理由。

**第二十五条**　保险人自收到赔偿或者给付保险金的请求和有关证明、资料之日起六十日内，对其赔偿或者给付保险金的数额不能确定的，应当根据已有证明和资料可以确定的数额先予支付；保险人最终确定赔偿或者给付保险金的数额后，应当支付相应的差额。

**第二十六条**　人寿保险以外的其他保险的被保险人或者受益人，向保险人请求赔偿或者给付保险金的诉讼时效期间为二年，自其知道或者应当知道保险事故发生之日起计算。

人寿保险的被保险人或者受益人向保险人请求给付保险金的诉讼时效期间为五年，自其知道或者应当知道保险事故发生之日起计算。

**第二十七条**　未发生保险事故，被保险人或者受益人谎称发生了保险事故，向保险人提出赔偿或者给付保险金请求的，保险人有权解除合同，并不退还保险费。

投保人、被保险人故意制造保险事故的，保险人有权解除合同，不承担赔偿或者给付保险金的责任；除本法第四十三条规定外，不退还保险费。

保险事故发生后，投保人、被保险人或者受益人以伪造、变造的有关证明、资料或者其他证据，编造虚假的事故原因或者夸大损失程度的，保险人对其虚报的部分不承担赔偿或者给付保险金的责任。

投保人、被保险人或者受益人有前三款规定行为之一，致使保险人支付保险金或者支出费用的，应当退回或者赔偿。

**第二十八条**　保险人将其承担的保险业务，以分保形式部分转移给其他保险人的，为再保险。

应再保险接受人的要求，再保险分出人应当将其自负责任及原保险的有关情况书面告知再保险接受人。

**第二十九条**　再保险接受人不得向原保险的投保人要求支付保险费。

原保险的被保险人或者受益人不得向再保险接受人提出赔偿或者给付保险金的请求。

再保险分出人不得以再保险接受人未履行再保险责任为由,拒绝履行或者迟延履行其原保险责任。

**第三十条** 采用保险人提供的格式条款订立的保险合同,保险人与投保人、被保险人或者受益人对合同条款有争议的,应当按照通常理解予以解释。对合同条款有两种以上解释的,人民法院或者仲裁机构应当作出有利于被保险人和受益人的解释。

### 第二节 人身保险合同

**第三十一条** 投保人对下列人员具有保险利益:

(一)本人;

(二)配偶、子女、父母;

(三)前项以外与投保人有抚养、赡养或者扶养关系的家庭其他成员、近亲属;

(四)与投保人有劳动关系的劳动者。

除前款规定外,被保险人同意投保人为其订立合同的,视为投保人对被保险人具有保险利益。

订立合同时,投保人对被保险人不具有保险利益的,合同无效。

**第三十二条** 投保人申报的被保险人年龄不真实,并且其真实年龄不符合合同约定的年龄限制的,保险人可以解除合同,并按照合同约定退还保险单的现金价值。保险人行使合同解除权,适用本法第十六条第三款、第六款的规定。

投保人申报的被保险人年龄不真实,致使投保人支付的保险费少于应付保险费的,保险人有权更正并要求投保人补交保险费,或者在给付保险金时按照实付保险费与应付保险费的比例支付。

投保人申报的被保险人年龄不真实,致使投保人支付的保险费多于应付保险费的,保险人应当将多收的保险费退还投保人。

**第三十三条** 投保人不得为无民事行为能力人投保以死亡为给付保险金条件的人身保险,保险人也不得承保。

父母为其未成年子女投保的人身保险,不受前款规定限制。但是,因被保险人死亡给付的保险金总和不得超过国务院保险监督管理机构规定的限额。

**第三十四条** 以死亡为给付保险金条件的合同,未经被保险人同意并认可保险金额的,合同无效。

按照以死亡为给付保险金条件的合同所签发的保险单,未经被保险人书面同意,不得转让或者质押。

父母为其未成年子女投保的人身保险,不受本条第一款规定限制。

**第三十五条** 投保人可以按照合同约定向保险人一次支付全部保险费或者分期支付保险费。

**第三十六条** 合同约定分期支付保险费,投保人支付首期保险费后,除合同另有约定外,投保人自保险人催告之日起超过三十日未支付当期保险费,或者超过约定的期限六十日未支付当期保险费的,合同效力中止,或者由保险人按照合同约定的条件减少保险金额。

被保险人在前款规定期限内发生保险事故的,保险人应当按照合同约定给付保险金,但可以扣减欠交的保险费。

**第三十七条** 合同效力依照本法第三十六条规定中止的,经保险人与投保人协商并达成协议,在投保人补交保险费后,合同效力恢复。但是,自合同效力中止之日起满二年双方未达成协议的,保险人有权解除合同。

保险人依照前款规定解除合同的,应当按照合同约定退还保险单的现金价值。

**第三十八条** 保险人对人寿保险的保险费,不得用诉讼方式要求投保人支付。

**第三十九条** 人身保险的受益人由被保险人或者投保人指定。

投保人指定受益人时须经被保险人同意。投保人为与其有劳动关系的劳动者投保人身保险，不得指定被保险人及其近亲属以外的人为受益人。

被保险人为无民事行为能力人或者限制民事行为能力人的，可以由其监护人指定受益人。

**第四十条** 被保险人或者投保人可以指定一人或者数人为受益人。

受益人为数人的，被保险人或者投保人可以确定受益顺序和受益份额；未确定受益份额的，受益人按照相等份额享有受益权。

**第四十一条** 被保险人或者投保人可以变更受益人并书面通知保险人。保险人收到变更受益人的书面通知后，应当在保险单或者其他保险凭证上批注或者附贴批单。

投保人变更受益人时须经被保险人同意。

**第四十二条** 被保险人死亡后，有下列情形之一的，保险金作为被保险人的遗产，由保险人依照《中华人民共和国继承法》的规定履行给付保险金的义务：

（一）没有指定受益人，或者受益人指定不明无法确定的；

（二）受益人先于被保险人死亡，没有其他受益人的；

（三）受益人依法丧失受益权或者放弃受益权，没有其他受益人的。

受益人与被保险人在同一事件中死亡，且不能确定死亡先后顺序的，推定受益人死亡在先。

**第四十三条** 投保人故意造成被保险人死亡、伤残或者疾病的，保险人不承担给付保险金的责任。投保人已交足二年以上保险费的，保险人应当按照合同约定向其他权利人退还保险单的现金价值。

受益人故意造成被保险人死亡、伤残、疾病的，或者故意杀害被保险人未遂的，该受益人丧失受益权。

**第四十四条** 以被保险人死亡为给付保险金条件的合同，自合同成立或者合同效力恢复之日起二年内，被保险人自杀的，保险人不承担给付保险金的责任，但被保险人自杀时为无民事行为能力人的除外。

保险人依照前款规定不承担给付保险金责任的，应当按照合同约定退还保险单的现金价值。

**第四十五条** 因被保险人故意犯罪或者抗拒依法采取的刑事强制措施导致其伤残或者死亡的，保险人不承担给付保险金的责任。投保人已交足二年以上保险费的，保险人应当按照合同约定退还保险单的现金价值。

**第四十六条** 被保险人因第三者的行为而发生死亡、伤残或者疾病等保险事故的，保险人向被保险人或者受益人给付保险金后，不享有向第三者追偿的权利，但被保险人或者受益人仍有权向第三者请求赔偿。

**第四十七条** 投保人解除合同的，保险人应当自收到解除合同通知之日起三十日内，按照合同约定退还保险单的现金价值。

### 第三节 财产保险合同

**第四十八条** 保险事故发生时，被保险人对保险标的不具有保险利益的，不得向保险人请求赔偿保险金。

**第四十九条** 保险标的转让的，保险标的的受让人承继被保险人的权利和义务。

保险标的转让的，被保险人或者受让人应当及时通知保险人，但货物运输保险合同和另有约定的合同除外。

因保险标的转让导致危险程度显著增加的,保险人自收到前款规定的通知之日起三十日内,可以按照合同约定增加保险费或者解除合同。保险人解除合同的,应当将已收取的保险费,按照合同约定扣除自保险责任开始之日起至合同解除之日止应收的部分后,退还投保人。

被保险人、受让人未履行本条第二款规定的通知义务的,因转让导致保险标的危险程度显著增加而发生的保险事故,保险人不承担赔偿保险金的责任。

**第五十条** 货物运输保险合同和运输工具航程保险合同,保险责任开始后,合同当事人不得解除合同。

**第五十一条** 被保险人应当遵守国家有关消防、安全、生产操作、劳动保护等方面的规定,维护保险标的的安全。

保险人可以按照合同约定对保险标的的安全状况进行检查,及时向投保人、被保险人提出消除不安全因素和隐患的书面建议。

投保人、被保险人未按照约定履行其对保险标的的安全应尽责任的,保险人有权要求增加保险费或者解除合同。

保险人为维护保险标的的安全,经被保险人同意,可以采取安全预防措施。

**第五十二条** 在合同有效期内,保险标的的危险程度显著增加的,被保险人应当按照合同约定及时通知保险人,保险人可以按照合同约定增加保险费或者解除合同。保险人解除合同的,应当将已收取的保险费,按照合同约定扣除自保险责任开始之日起至合同解除之日止应收的部分后,退还投保人。

被保险人未履行前款规定的通知义务的,因保险标的的危险程度显著增加而发生的保险事故,保险人不承担赔偿保险金的责任。

**第五十三条** 有下列情形之一的,除合同另有约定外,保险人应当降低保险费,并按日计算退还相应的保险费:

(一)据以确定保险费率的有关情况发生变化,保险标的的危险程度明显减少的;

(二)保险标的的保险价值明显减少的。

**第五十四条** 保险责任开始前,投保人要求解除合同的,应当按照合同约定向保险人支付手续费,保险人应当退还保险费。保险责任开始后,投保人要求解除合同的,保险人应当将已收取的保险费,按照合同约定扣除自保险责任开始之日起至合同解除之日止应收的部分后,退还投保人。

**第五十五条** 投保人和保险人约定保险标的的保险价值并在合同中载明的,保险标的发生损失时,以约定的保险价值为赔偿计算标准。

投保人和保险人未约定保险标的的保险价值的,保险标的发生损失时,以保险事故发生时保险标的的实际价值为赔偿计算标准。

保险金额不得超过保险价值。超过保险价值的,超过部分无效,保险人应当退还相应的保险费。

保险金额低于保险价值的,除合同另有约定外,保险人按照保险金额与保险价值的比例承担赔偿保险金的责任。

**第五十六条** 重复保险的投保人应当将重复保险的有关情况通知各保险人。

重复保险的各保险人赔偿保险金的总和不得超过保险价值。除合同另有约定外,各保险人按照其保险金额与保险金额总和的比例承担赔偿保险金的责任。

重复保险的投保人可以就保险金额总和超过保险价值的部分,请求各保险人按比例返还保险费。

重复保险是指投保人对同一保险标

的、同一保险利益、同一保险事故分别与两个以上保险人订立保险合同，且保险金额总和超过保险价值的保险。

**第五十七条**　保险事故发生时，被保险人应当尽力采取必要的措施，防止或者减少损失。

保险事故发生后，被保险人为防止或者减少保险标的的损失所支付的必要的、合理的费用，由保险人承担；保险人所承担的费用数额在保险标的损失赔偿金额以外另行计算，最高不超过保险金额的数额。

**第五十八条**　保险标的发生部分损失的，自保险人赔偿之日起三十日内，投保人可以解除合同；除合同另有约定外，保险人也可以解除合同，但应当提前十五日通知投保人。

合同解除的，保险人应当将保险标的未受损失部分的保险费，按照合同约定扣除自保险责任开始之日起至合同解除之日止应收的部分后，退还投保人。

**第五十九条**　保险事故发生后，保险人已支付了全部保险金额，并且保险金额等于保险价值的，受损保险标的的全部权利归于保险人；保险金额低于保险价值的，保险人按照保险金额与保险价值的比例取得受损保险标的的部分权利。

**第六十条**　因第三者对保险标的的损害而造成保险事故的，保险人自向被保险人赔偿保险金之日起，在赔偿金额范围内代位行使被保险人对第三者请求赔偿的权利。

前款规定的保险事故发生后，被保险人已经从第三者取得损害赔偿的，保险人赔偿保险金时，可以相应扣减被保险人从第三者已取得的赔偿金额。

保险人依照本条第一款规定行使代位请求赔偿的权利，不影响被保险人就未取得赔偿的部分向第三者请求赔偿的权利。

**第六十一条**　保险事故发生后，保险人未赔偿保险金之前，被保险人放弃对第三者请求赔偿的权利的，保险人不承担赔偿保险金的责任。

保险人向被保险人赔偿保险金后，被保险人未经保险人同意放弃对第三者请求赔偿的权利的，该行为无效。

被保险人故意或者因重大过失致使保险人不能行使代位请求赔偿的权利的，保险人可以扣减或者要求返还相应的保险金。

**第六十二条**　除被保险人的家庭成员或者其组成人员故意造成本法第六十条第一款规定的保险事故外，保险人不得对被保险人的家庭成员或者其组成人员行使代位请求赔偿的权利。

**第六十三条**　保险人向第三者行使代位请求赔偿的权利时，被保险人应当向保险人提供必要的文件和所知道的有关情况。

**第六十四条**　保险人、被保险人为查明和确定保险事故的性质、原因和保险标的的损失程度所支付的必要的、合理的费用，由保险人承担。

**第六十五条**　保险人对责任保险的被保险人给第三者造成的损害，可以依照法律的规定或者合同的约定，直接向该第三者赔偿保险金。

责任保险的被保险人给第三者造成损害，被保险人对第三者应负的赔偿责任确定的，根据被保险人的请求，保险人应当直接向该第三者赔偿保险金。被保险人怠于请求的，第三者有权就其应获赔偿部分直接向保险人请求赔偿保险金。

责任保险的被保险人给第三者造成损害，被保险人未向该第三者赔偿的，保险人不得向被保险人赔偿保险金。

责任保险是指以被保险人对第三者依法应负的赔偿责任为保险标的的保险。

**第六十六条**　责任保险的被保险人因

给第三者造成损害的保险事故而被提起仲裁或者诉讼的,被保险人支付的仲裁或者诉讼费用以及其他必要的、合理的费用,除合同另有约定外,由保险人承担。

## 第三章 保险公司

**第六十七条** 设立保险公司应当经国务院保险监督管理机构批准。

国务院保险监督管理机构审查保险公司的设立申请时,应当考虑保险业的发展和公平竞争的需要。

**第六十八条** 设立保险公司应当具备下列条件:

(一)主要股东具有持续盈利能力,信誉良好,最近三年内无重大违法违规记录,净资产不低于人民币二亿元;

(二)有符合本法和《中华人民共和国公司法》规定的章程;

(三)有符合本法规定的注册资本;

(四)有具备任职专业知识和业务工作经验的董事、监事和高级管理人员;

(五)有健全的组织机构和管理制度;

(六)有符合要求的营业场所和与经营业务有关的其他设施;

(七)法律、行政法规和国务院保险监督管理机构规定的其他条件。

**第六十九条** 设立保险公司,其注册资本的最低限额为人民币二亿元。

国务院保险监督管理机构根据保险公司的业务范围、经营规模,可以调整其注册资本的最低限额,但不得低于本条第一款规定的限额。

保险公司的注册资本必须为实缴货币资本。

**第七十条** 申请设立保险公司,应当向国务院保险监督管理机构提出书面申请,并提交下列材料:

(一)设立申请书,申请书应当载明拟设立的保险公司的名称、注册资本、业务范围等;

(二)可行性研究报告;

(三)筹建方案;

(四)投资人的营业执照或者其他背景资料,经会计师事务所审计的上一年度财务会计报告;

(五)投资人认可的筹备组负责人和拟任董事长、经理名单及本人认可证明;

(六)国务院保险监督管理机构规定的其他材料。

**第七十一条** 国务院保险监督管理机构应当对设立保险公司的申请进行审查,自受理之日起六个月内作出批准或者不批准筹建的决定,并书面通知申请人。决定不批准的,应当书面说明理由。

**第七十二条** 申请人应当自收到批准筹建通知之日起一年内完成筹建工作;筹建期间不得从事保险经营活动。

**第七十三条** 筹建工作完成后,申请人具备本法第六十八条规定的设立条件的,可以向国务院保险监督管理机构提出开业申请。

国务院保险监督管理机构应当自受理开业申请之日起六十日内,作出批准或者不批准开业的决定。决定批准的,颁发经营保险业务许可证;决定不批准的,应当书面通知申请人并说明理由。

**第七十四条** 保险公司在中华人民共和国境内设立分支机构,应当经保险监督管理机构批准。

保险公司分支机构不具有法人资格,其民事责任由保险公司承担。

**第七十五条** 保险公司申请设立分支机构,应当向保险监督管理机构提出书面申请,并提交下列材料:

(一)设立申请书;

(二)拟设机构三年业务发展规划和市场分析材料;

（三）拟任高级管理人员的简历及相关证明材料；

（四）国务院保险监督管理机构规定的其他材料。

**第七十六条**　保险监督管理机构应当对保险公司设立分支机构的申请进行审查，自受理之日起六十日内作出批准或者不批准的决定。决定批准的，颁发分支机构经营保险业务许可证；决定不批准的，应当书面通知申请人并说明理由。

**第七十七条**　经批准设立的保险公司及其分支机构，凭经营保险业务许可证向工商行政管理机关办理登记，领取营业执照。

**第七十八条**　保险公司及其分支机构自取得经营保险业务许可证之日起六个月内，无正当理由未向工商行政管理机关办理登记的，其经营保险业务许可证失效。

**第七十九条**　保险公司在中华人民共和国境外设立子公司、分支机构、代表机构，应当经国务院保险监督管理机构批准。

**第八十条**　外国保险机构在中华人民共和国境内设立代表机构，应当经国务院保险监督管理机构批准。代表机构不得从事保险经营活动。

**第八十一条**　保险公司的董事、监事和高级管理人员，应当品行良好，熟悉与保险相关的法律、行政法规，具有履行职责所需的经营管理能力，并在任职前取得保险监督管理机构核准的任职资格。

保险公司高级管理人员的范围由国务院保险监督管理机构规定。

**第八十二条**　有《中华人民共和国公司法》第一百四十七条规定的情形或者下列情形之一的，不得担任保险公司的董事、监事、高级管理人员：

（一）因违法行为或者违纪行为被金融监督管理机构取消任职资格的金融机构的董事、监事、高级管理人员，自被取消任职资格之日起未逾五年的；

（二）因违法行为或者违纪行为被吊销执业资格的律师、注册会计师或者资产评估机构、验证机构等机构的专业人员，自被吊销执业资格之日起未逾五年的。

**第八十三条**　保险公司的董事、监事、高级管理人员执行公司职务时违反法律、行政法规或者公司章程的规定，给公司造成损失的，应当承担赔偿责任。

**第八十四条**　保险公司有下列情形之一的，应当经保险监督管理机构批准：

（一）变更名称；

（二）变更注册资本；

（三）变更公司或者分支机构的营业场所；

（四）撤销分支机构；

（五）公司分立或者合并；

（六）修改公司章程；

（七）变更出资额占有限责任公司资本总额百分之五以上的股东，或者变更持有股份有限公司股份百分之五以上的股东；

（八）国务院保险监督管理机构规定的其他情形。

**第八十五条**　保险公司应当聘用经国务院保险监督管理机构认可的精算专业人员，建立精算报告制度。

保险公司应当聘用专业人员，建立合规报告制度。

**第八十六条**　保险公司应当按照保险监督管理机构的规定，报送有关报告、报表、文件和资料。

保险公司的偿付能力报告、财务会计报告、精算报告、合规报告及其他有关报告、报表、文件和资料必须如实记录保险业务事项，不得有虚假记载、误导性陈述和重大遗漏。

**第八十七条**　保险公司应当按照国务院保险监督管理机构的规定妥善保管业务

经营活动的完整账簿、原始凭证和有关资料。

前款规定的账簿、原始凭证和有关资料的保管期限,自保险合同终止之日起计算,保险期间在一年以下的不得少于五年,保险期间超过一年的不得少于十年。

**第八十八条** 保险公司聘请或者解聘会计师事务所、资产评估机构、资信评级机构等中介服务机构,应当向保险监督管理机构报告;解聘会计师事务所、资产评估机构、资信评级机构等中介服务机构,应当说明理由。

**第八十九条** 保险公司因分立、合并需要解散,或者股东会、股东大会决议解散,或者公司章程规定的解散事由出现,经国务院保险监督管理机构批准后解散。

经营有人寿保险业务的保险公司,除因分立、合并或者被依法撤销外,不得解散。

保险公司解散,应当依法成立清算组进行清算。

**第九十条** 保险公司有《中华人民共和国企业破产法》第二条规定情形的,经国务院保险监督管理机构同意,保险公司或者其债权人可以依法向人民法院申请重整、和解或者破产清算;国务院保险监督管理机构也可以依法向人民法院申请对该保险公司进行重整或者破产清算。

**第九十一条** 破产财产在优先清偿破产费用和共益债务后,按照下列顺序清偿:

(一)所欠职工工资和医疗、伤残补助、抚恤费用,所欠应当划入职工个人账户的基本养老保险、基本医疗保险费用,以及法律、行政法规规定应当支付给职工的补偿金;

(二)赔偿或者给付保险金;

(三)保险公司欠缴的除第(一)项规定以外的社会保险费用和所欠税款;

(四)普通破产债权。

破产财产不足以清偿同一顺序的清偿要求的,按照比例分配。

破产保险公司的董事、监事和高级管理人员的工资,按照该公司职工的平均工资计算。

**第九十二条** 经营有人寿保险业务的保险公司被依法撤销或者被依法宣告破产的,其持有的人寿保险合同及责任准备金,必须转让给其他经营有人寿保险业务的保险公司;不能同其他保险公司达成转让协议的,由国务院保险监督管理机构指定经营有人寿保险业务的保险公司接受转让。

转让或者由国务院保险监督管理机构指定接受转让前款规定的人寿保险合同及责任准备金的,应当维护被保险人、受益人的合法权益。

**第九十三条** 保险公司依法终止其业务活动,应当注销其经营保险业务许可证。

**第九十四条** 保险公司,除本法另有规定外,适用《中华人民共和国公司法》的规定。

## 第四章 保险经营规则

**第九十五条** 保险公司的业务范围:

(一)人身保险业务,包括人寿保险、健康保险、意外伤害保险等保险业务;

(二)财产保险业务,包括财产损失保险、责任保险、信用保险、保证保险等保险业务;

(三)国务院保险监督管理机构批准的与保险有关的其他业务。

保险人不得兼营人身保险业务和财产保险业务。但是,经营财产保险业务的保险公司经国务院保险监督管理机构批准,可以经营短期健康保险业务和意外伤害保险业务。

保险公司应当在国务院保险监督管理机构依法批准的业务范围内从事保险经营

活动。

**第九十六条**　经国务院保险监督管理机构批准,保险公司可以经营本法第九十五条规定的保险业务的下列再保险业务:

(一)分出保险;

(二)分入保险。

**第九十七条**　保险公司应当按照其注册资本总额的百分之二十提取保证金,存入国务院保险监督管理机构指定的银行,除公司清算时用于清偿债务外,不得动用。

**第九十八条**　保险公司应当根据保障被保险人利益、保证偿付能力的原则,提取各项责任准备金。

保险公司提取和结转责任准备金的具体办法,由国务院保险监督管理机构制定。

**第九十九条**　保险公司应当依法提取公积金。

**第一百条**　保险公司应当缴纳保险保障基金。

保险保障基金应当集中管理,并在下列情形下统筹使用:

(一)在保险公司被撤销或者被宣告破产时,向投保人、被保险人或者受益人提供救济;

(二)在保险公司被撤销或者被宣告破产时,向依法接受其人寿保险合同的保险公司提供救济;

(三)国务院规定的其他情形。

保险保障基金筹集、管理和使用的具体办法,由国务院制定。

**第一百零一条**　保险公司应当具有与其业务规模和风险程度相适应的最低偿付能力。保险公司的认可资产减去认可负债的差额不得低于国务院保险监督管理机构规定的数额;低于规定数额的,应当按照国务院保险监督管理机构的要求采取相应措施达到规定的数额。

**第一百零二条**　经营财产保险业务的保险公司当年自留保险费,不得超过其实有资本金加公积金总和的四倍。

**第一百零三条**　保险公司对每一危险单位,即对一次保险事故可能造成的最大损失范围所承担的责任,不得超过其实有资本金加公积金总和的百分之十;超过的部分应当办理再保险。

保险公司对危险单位的划分应当符合国务院保险监督管理机构的规定。

**第一百零四条**　保险公司对危险单位的划分方法和巨灾风险安排方案,应当报国务院保险监督管理机构备案。

**第一百零五条**　保险公司应当按照国务院保险监督管理机构的规定办理再保险,并审慎选择再保险接受人。

**第一百零六条**　保险公司的资金运用必须稳健,遵循安全性原则。

保险公司的资金运用限于下列形式:

(一)银行存款;

(二)买卖债券、股票、证券投资基金份额等有价证券;

(三)投资不动产;

(四)国务院规定的其他资金运用形式。

保险公司资金运用的具体管理办法,由国务院保险监督管理机构依照前两款的规定制定。

**第一百零七条**　经国务院保险监督管理机构会同国务院证券监督管理机构批准,保险公司可以设立保险资产管理公司。

保险资产管理公司从事证券投资活动,应当遵守《中华人民共和国证券法》等法律、行政法规的规定。

保险资产管理公司的管理办法,由国务院保险监督管理机构会同国务院有关部门制定。

**第一百零八条**　保险公司应当按照国务院保险监督管理机构的规定,建立对关联交易的管理和信息披露制度。

**第一百零九条**　保险公司的控股股

东、实际控制人、董事、监事、高级管理人员不得利用关联交易损害公司的利益。

**第一百一十条**　保险公司应当按照国务院保险监督管理机构的规定,真实、准确、完整地披露财务会计报告、风险管理状况、保险产品经营情况等重大事项。

**第一百一十一条**　保险公司从事保险销售的人员应当符合国务院保险监督管理机构规定的资格条件,取得保险监督管理机构颁发的资格证书。

前款规定的保险销售人员的范围和管理办法,由国务院保险监督管理机构规定。

**第一百一十二条**　保险公司应当建立保险代理人登记管理制度,加强对保险代理人的培训和管理,不得唆使、诱导保险代理人进行违背诚信义务的活动。

**第一百一十三条**　保险公司及其分支机构应当依法使用经营保险业务许可证,不得转让、出租、出借经营保险业务许可证。

**第一百一十四条**　保险公司应当按照国务院保险监督管理机构的规定,公平、合理拟订保险条款和保险费率,不得损害投保人、被保险人和受益人的合法权益。

保险公司应当按照合同约定和本法规定,及时履行赔偿或者给付保险金义务。

**第一百一十五条**　保险公司开展业务,应当遵循公平竞争的原则,不得从事不正当竞争。

**第一百一十六条**　保险公司及其工作人员在保险业务活动中不得有下列行为:

(一)欺骗投保人、被保险人或者受益人;

(二)对投保人隐瞒与保险合同有关的重要情况;

(三)阻碍投保人履行本法规定的如实告知义务,或者诱导其不履行本法规定的如实告知义务;

(四)给予或者承诺给予投保人、被保险人、受益人保险合同约定以外的保险费回扣或者其他利益;

(五)拒不依法履行保险合同约定的赔偿或者给付保险金义务;

(六)故意编造未曾发生的保险事故、虚构保险合同或者故意夸大已经发生的保险事故的损失程度进行虚假理赔,骗取保险金或者牟取其他不正当利益;

(七)挪用、截留、侵占保险费;

(八)委托未取得合法资格的机构或者个人从事保险销售活动;

(九)利用开展保险业务为其他机构或者个人牟取不正当利益;

(十)利用保险代理人、保险经纪人或者保险评估机构,从事以虚构保险中介业务或者编造退保等方式套取费用等违法活动;

(十一)以捏造、散布虚假事实等方式损害竞争对手的商业信誉,或者以其他不正当竞争行为扰乱保险市场秩序;

(十二)泄露在业务活动中知悉的投保人、被保险人的商业秘密;

(十三)违反法律、行政法规和国务院保险监督管理机构规定的其他行为。

## 第五章　保险代理人和保险经纪人

**第一百一十七条**　保险代理人是根据保险人的委托,向保险人收取佣金,并在保险人授权的范围内代为办理保险业务的机构或者个人。

保险代理机构包括专门从事保险代理业务的保险专业代理机构和兼营保险代理业务的保险兼业代理机构。

**第一百一十八条**　保险经纪人是基于投保人的利益,为投保人与保险人订立保险合同提供中介服务,并依法收取佣金的机构。

**第一百一十九条**　保险代理机构、保险经纪人应当具备国务院保险监督管理机构规定的条件，取得保险监督管理机构颁发的经营保险代理业务许可证、保险经纪业务许可证。

保险专业代理机构、保险经纪人凭保险监督管理机构颁发的许可证向工商行政管理机关办理登记，领取营业执照。

保险兼业代理机构凭保险监督管理机构颁发的许可证，向工商行政管理机关办理变更登记。

**第一百二十条**　以公司形式设立保险专业代理机构、保险经纪人，其注册资本最低限额适用《中华人民共和国公司法》的规定。

国务院保险监督管理机构根据保险专业代理机构、保险经纪人的业务范围和经营规模，可以调整其注册资本的最低限额，但不得低于《中华人民共和国公司法》规定的限额。

保险专业代理机构、保险经纪人的注册资本或者出资额必须为实缴货币资本。

**第一百二十一条**　保险专业代理机构、保险经纪人的高级管理人员，应当品行良好，熟悉保险法律、行政法规，具有履行职责所需的经营管理能力，并在任职前取得保险监督管理机构核准的任职资格。

**第一百二十二条**　个人保险代理人、保险代理机构的代理从业人员、保险经纪人的经纪从业人员，应当具备国务院保险监督管理机构规定的资格条件，取得保险监督管理机构颁发的资格证书。

**第一百二十三条**　保险代理机构、保险经纪人应当有自己的经营场所，设立专门账簿记载保险代理业务、经纪业务的收支情况。

**第一百二十四条**　保险代理机构、保险经纪人应当按照国务院保险监督管理机构的规定缴存保证金或者投保职业责任保险。未经保险监督管理机构批准，保险代理机构、保险经纪人不得动用保证金。

**第一百二十五条**　个人保险代理人在代为办理人寿保险业务时，不得同时接受两个以上保险人的委托。

**第一百二十六条**　保险人委托保险代理人代为办理保险业务，应当与保险代理人签订委托代理协议，依法约定双方的权利和义务。

**第一百二十七条**　保险代理人根据保险人的授权代为办理保险业务的行为，由保险人承担责任。

保险代理人没有代理权、超越代理权或者代理权终止后以保险人名义订立合同，使投保人有理由相信其有代理权的，该代理行为有效。保险人可以依法追究越权的保险代理人的责任。

**第一百二十八条**　保险经纪人因过错给投保人、被保险人造成损失的，依法承担赔偿责任。

**第一百二十九条**　保险活动当事人可以委托保险公估机构等依法设立的独立评估机构或者具有相关专业知识的人员，对保险事故进行评估和鉴定。

接受委托对保险事故进行评估和鉴定的机构和人员，应当依法、独立、客观、公正地进行评估和鉴定，任何单位和个人不得干涉。

前款规定的机构和人员，因故意或者过失给保险人或者被保险人造成损失的，依法承担赔偿责任。

**第一百三十条**　保险佣金只限于向具有合法资格的保险代理人、保险经纪人支付，不得向其他人支付。

**第一百三十一条**　保险代理人、保险经纪人及其从业人员在办理保险业务活动中不得有下列行为：

（一）欺骗保险人、投保人、被保险人或者受益人；

（二）隐瞒与保险合同有关的重要

情况;

(三)阻碍投保人履行本法规定的如实告知义务,或者诱导其不履行本法规定的如实告知义务;

(四)给予或者承诺给予投保人、被保险人或者受益人保险合同约定以外的利益;

(五)利用行政权力、职务或者职业便利以及其他不正当手段强迫、引诱或者限制投保人订立保险合同;

(六)伪造、擅自变更保险合同,或者为保险合同当事人提供虚假证明材料;

(七)挪用、截留、侵占保险费或者保险金;

(八)利用业务便利为其他机构或者个人牟取不正当利益;

(九)串通投保人、被保险人或者受益人,骗取保险金;

(十)泄露在业务活动中知悉的保险人、投保人、被保险人的商业秘密。

**第一百三十二条**　保险专业代理机构、保险经纪人分立、合并、变更组织形式、设立分支机构或者解散的,应当经保险监督管理机构批准。

**第一百三十三条**　本法第八十六条第一款、第一百一十三条的规定,适用于保险代理机构和保险经纪人。

## 第六章　保险业监督管理

**第一百三十四条**　保险监督管理机构依照本法和国务院规定的职责,遵循依法、公开、公正的原则,对保险业实施监督管理,维护保险市场秩序,保护投保人、被保险人和受益人的合法权益。

**第一百三十五条**　国务院保险监督管理机构依照法律、行政法规制定并发布有关保险业监督管理的规章。

**第一百三十六条**　关系社会公众利益的保险险种、依法实行强制保险的险种和新开发的人寿保险险种等的保险条款和保险费率,应当报国务院保险监督管理机构批准。国务院保险监督管理机构审批时,应当遵循保护社会公众利益和防止不正当竞争的原则。其他保险险种的保险条款和保险费率,应当报保险监督管理机构备案。

保险条款和保险费率审批、备案的具体办法,由国务院保险监督管理机构依照前款规定制定。

**第一百三十七条**　保险公司使用的保险条款和保险费率违反法律、行政法规或者国务院保险监督管理机构的有关规定的,由保险监督管理机构责令停止使用,限期修改;情节严重的,可以在一定期限内禁止申报新的保险条款和保险费率。

**第一百三十八条**　国务院保险监督管理机构应当建立健全保险公司偿付能力监管体系,对保险公司的偿付能力实施监控。

**第一百三十九条**　对偿付能力不足的保险公司,国务院保险监督管理机构应当将其列为重点监管对象,并可以根据具体情况采取下列措施:

(一)责令增加资本金、办理再保险;

(二)限制业务范围;

(三)限制向股东分红;

(四)限制固定资产购置或者经营费用规模;

(五)限制资金运用的形式、比例;

(六)限制增设分支机构;

(七)责令拍卖不良资产、转让保险业务;

(八)限制董事、监事、高级管理人员的薪酬水平;

(九)限制商业性广告;

(十)责令停止接受新业务。

**第一百四十条**　保险公司未依照本法规定提取或者结转各项责任准备金,或者未依照本法规定办理再保险,或者严重违反本法关于资金运用的规定的，由保险监督管理机构责令限期改正，并可以责令调整负责人及有关管理人员。

**第一百四十一条**　保险监督管理机构依照本法第一百四十条的规定作出限期改正的决定后，保险公司逾期未改正的，国务院保险监督管理机构可以决定选派保险专业人员和指定该保险公司的有关人员组成整顿组，对公司进行整顿。

整顿决定应当载明被整顿公司的名称、整顿理由、整顿组成员和整顿期限，并予以公告。

**第一百四十二条**　整顿组有权监督被整顿保险公司的日常业务。被整顿公司的负责人及有关管理人员应当在整顿组的监督下行使职权。

**第一百四十三条**　整顿过程中，被整顿保险公司的原有业务继续进行。但是，国务院保险监督管理机构可以责令被整顿公司停止部分原有业务、停止接受新业务，调整资金运用。

**第一百四十四条**　被整顿保险公司经整顿已纠正其违反本法规定的行为，恢复正常经营状况的，由整顿组提出报告，经国务院保险监督管理机构批准，结束整顿，并由国务院保险监督管理机构予以公告。

**第一百四十五条**　保险公司有下列情形之一的，国务院保险监督管理机构可以对其实行接管：

（一）公司的偿付能力严重不足的；

（二）违反本法规定，损害社会公共利益，可能严重危及或者已经严重危及公司的偿付能力的。

被接管的保险公司的债权债务关系不因接管而变化。

**第一百四十六条**　接管组的组成和接管的实施办法，由国务院保险监督管理机构决定，并予以公告。

**第一百四十七条**　接管期限届满，国务院保险监督管理机构可以决定延长接管期限，但接管期限最长不得超过二年。

**第一百四十八条**　接管期限届满，被接管的保险公司已恢复正常经营能力的，由国务院保险监督管理机构决定终止接管，并予以公告。

**第一百四十九条**　被整顿、被接管的保险公司有《中华人民共和国企业破产法》第二条规定情形的，国务院保险监督管理机构可以依法向人民法院申请对该保险公司进行重整或者破产清算。

**第一百五十条**　保险公司因违法经营被依法吊销经营保险业务许可证的，或者偿付能力低于国务院保险监督管理机构规定标准，不予撤销将严重危害保险市场秩序、损害公共利益的，由国务院保险监督管理机构予以撤销并公告，依法及时组织清算组进行清算。

**第一百五十一条**　国务院保险监督管理机构有权要求保险公司股东、实际控制人在指定的期限内提供有关信息和资料。

**第一百五十二条**　保险公司的股东利用关联交易严重损害公司利益，危及公司偿付能力的，由国务院保险监督管理机构责令改正。在按照要求改正前，国务院保险监督管理机构可以限制其股东权利；拒不改正的，可以责令其转让所持的保险公司股权。

**第一百五十三条**　保险监督管理机构根据履行监督管理职责的需要，可以与保险公司董事、监事和高级管理人员进行监督管理谈话，要求其就公司的业务活动和风险管理的重大事项作出说明。

**第一百五十四条**　保险公司在整顿、接管、撤销清算期间，或者出现重大风险时，国务院保险监督管理机构可以对该公司直接负责的董事、监事、高级管理人员和其他直接责任人员采取以下措施：

（一）通知出境管理机关依法阻止其

出境;

(二)申请司法机关禁止其转移、转让或者以其他方式处分财产,或者在财产上设定其他权利。

**第一百五十五条**　保险监督管理机构依法履行职责,可以采取下列措施:

(一)对保险公司、保险代理人、保险经纪人、保险资产管理公司、外国保险机构的代表机构进行现场检查;

(二)进入涉嫌违法行为发生场所调查取证;

(三)询问当事人及与被调查事件有关的单位和个人,要求其对与被调查事件有关的事项作出说明;

(四)查阅、复制与被调查事件有关的财产权登记等资料;

(五)查阅、复制保险公司、保险代理人、保险经纪人、保险资产管理公司、外国保险机构的代表机构以及与被调查事件有关的单位和个人的财务会计资料及其他相关文件和资料;对可能被转移、隐匿或者毁损的文件和资料予以封存;

(六)查询涉嫌违法经营的保险公司、保险代理人、保险经纪人、保险资产管理公司、外国保险机构的代表机构以及与涉嫌违法事项有关的单位和个人的银行账户;

(七)对有证据证明已经或者可能转移、隐匿违法资金等涉案财产或者隐匿、伪造、毁损重要证据的,经保险监督管理机构主要负责人批准,申请人民法院予以冻结或者查封。

保险监督管理机构采取前款第(一)项、第(二)项、第(五)项措施的,应当经保险监督管理机构负责人批准;采取第(六)项措施的,应当经国务院保险监督管理机构负责人批准。

保险监督管理机构依法进行监督检查或者调查,其监督检查、调查的人员不得少于二人,并应当出示合法证件和监督检查、调查通知书;监督检查、调查的人员少于二人或者未出示合法证件和监督检查、调查通知书的,被检查、调查的单位和个人有权拒绝。

**第一百五十六条**　保险监督管理机构依法履行职责,被检查、调查的单位和个人应当配合。

**第一百五十七条**　保险监督管理机构工作人员应当忠于职守,依法办事,公正廉洁,不得利用职务便利牟取不正当利益,不得泄露所知悉的有关单位和个人的商业秘密。

**第一百五十八条**　国务院保险监督管理机构应当与中国人民银行、国务院其他金融监督管理机构建立监督管理信息共享机制。

保险监督管理机构依法履行职责,进行监督检查、调查时,有关部门应当予以配合。

## 第七章　法 律 责 任

**第一百五十九条**　违反本法规定,擅自设立保险公司、保险资产管理公司或者非法经营商业保险业务的,由保险监督管理机构予以取缔,没收违法所得,并处违法所得一倍以上五倍以下的罚款;没有违法所得或者违法所得不足二十万元的,处二十万元以上一百万元以下的罚款。

**第一百六十条**　违反本法规定,擅自设立保险专业代理机构、保险经纪人,或者未取得经营保险代理业务许可证、保险经纪业务许可证从事保险代理业务、保险经纪业务的,由保险监督管理机构予以取缔,没收违法所得,并处违法所得一倍以上五倍以下的罚款;没有违法所得或者违法所得不足五万元的,处五万元以上三十万元以下的罚款。

**第一百六十一条**　保险公司违反本法规定,超出批准的业务范围经营的,由保险监督管理机构责令限期改正，没收违法所得，并处违法所得一倍以上五倍以下的罚款；没有违法所得或者违法所得不足十万元的，处十万元以上五十万元以下的罚款。逾期不改正或者造成严重后果的，责令停业整顿或者吊销业务许可证。

**第一百六十二条**　保险公司有本法第一百一十六条规定行为之一的，由保险监督管理机构责令改正，处五万元以上三十万元以下的罚款；情节严重的，限制其业务范围、责令停止接受新业务或者吊销业务许可证。

**第一百六十三条**　保险公司违反本法第八十四条规定的，由保险监督管理机构责令改正，处一万元以上十万元以下的罚款。

**第一百六十四条**　保险公司违反本法规定，有下列行为之一的，由保险监督管理机构责令改正，处五万元以上三十万元以下的罚款：

（一）超额承保，情节严重的；

（二）为无民事行为能力人承保以死亡为给付保险金条件的保险的。

**第一百六十五条**　违反本法规定，有下列行为之一的，由保险监督管理机构责令改正，处五万元以上三十万元以下的罚款；情节严重的，可以限制其业务范围、责令停止接受新业务或者吊销业务许可证：

（一）未按照规定提存保证金或者违反规定动用保证金的；

（二）未按照规定提取或者结转各项责任准备金的；

（三）未按照规定缴纳保险保障基金或者提取公积金的；

（四）未按照规定办理再保险的；

（五）未按照规定运用保险公司资金的；

（六）未经批准设立分支机构或者代表机构的；

（七）未按照规定申请批准保险条款、保险费率的。

**第一百六十六条**　保险代理机构、保险经纪人有本法第一百三十一条规定行为之一的，由保险监督管理机构责令改正，处五万元以上三十万元以下的罚款；情节严重的，吊销业务许可证。

**第一百六十七条**　保险代理机构、保险经纪人违反本法规定，有下列行为之一的，由保险监督管理机构责令改正，处二万元以上十万元以下的罚款；情节严重的，责令停业整顿或者吊销业务许可证：

（一）未按照规定缴存保证金或者投保职业责任保险的；

（二）未按照规定设立专门账簿记载业务收支情况的。

**第一百六十八条**　保险专业代理机构、保险经纪人违反本法规定，未经批准设立分支机构或者变更组织形式的，由保险监督管理机构责令改正，处一万元以上五万元以下的罚款。

**第一百六十九条**　违反本法规定，聘任不具有任职资格、从业资格的人员的，由保险监督管理机构责令改正，处二万元以上十万元以下的罚款。

**第一百七十条**　违反本法规定，转让、出租、出借业务许可证的，由保险监督管理机构处一万元以上十万元以下的罚款；情节严重的，责令停业整顿或者吊销业务许可证。

**第一百七十一条**　违反本法规定，有下列行为之一的，由保险监督管理机构责令限期改正；逾期不改正的，处一万元以上十万元以下的罚款：

（一）未按照规定报送或者保管报告、报表、文件、资料的，或者未按照规定提供有关信息、资料的；

（二）未按照规定报送保险条款、保险费率备案的；

（三）未按照规定披露信息的。

**第一百七十二条**　违反本法规定，有下列行为之一的,由保险监督管理机构责令改正,处十万元以上五十万元以下的罚款;情节严重的,可以限制其业务范围、责令停止接受新业务或者吊销业务许可证:

(一)编制或者提供虚假的报告、报表、文件、资料的;

(二)拒绝或者妨碍依法监督检查的;

(三)未按照规定使用经批准或者备案的保险条款、保险费率的。

**第一百七十三条**　保险公司、保险资产管理公司、保险专业代理机构、保险经纪人违反本法规定的,保险监督管理机构除分别依照本法第一百六十一条至第一百七十二条的规定对该单位给予处罚外,对其直接负责的主管人员和其他直接责任人员给予警告,并处一万元以上十万元以下的罚款;情节严重的,撤销任职资格或者从业资格。

**第一百七十四条**　个人保险代理人违反本法规定的,由保险监督管理机构给予警告,可以并处二万元以下的罚款;情节严重的,处二万元以上十万元以下的罚款,并可以吊销其资格证书。

未取得合法资格的人员从事个人保险代理活动的,由保险监督管理机构给予警告,可以并处二万元以下的罚款;情节严重的,处二万元以上十万元以下的罚款。

**第一百七十五条**　外国保险机构未经国务院保险监督管理机构批准,擅自在中华人民共和国境内设立代表机构的,由国务院保险监督管理机构予以取缔,处五万元以上三十万元以下的罚款。

外国保险机构在中华人民共和国境内设立的代表机构从事保险经营活动的,由保险监督管理机构责令改正,没收违法所得,并处违法所得一倍以上五倍以下的罚款;没有违法所得或者违法所得不足二十万元的,处二十万元以上一百万元以下的罚款;对其首席代表可以责令撤换;情节严重的,撤销其代表机构。

**第一百七十六条**　投保人、被保险人或者受益人有下列行为之一,进行保险诈骗活动,尚不构成犯罪的,依法给予行政处罚:

(一)投保人故意虚构保险标的,骗取保险金的;

(二)编造未曾发生的保险事故,或者编造虚假的事故原因或者夸大损失程度,骗取保险金的;

(三)故意造成保险事故,骗取保险金的。

保险事故的鉴定人、评估人、证明人故意提供虚假的证明文件,为投保人、被保险人或者受益人进行保险诈骗提供条件的,依照前款规定给予处罚。

**第一百七十七条**　违反本法规定,给他人造成损害的,依法承担民事责任。

**第一百七十八条**　拒绝、阻碍保险监督管理机构及其工作人员依法行使监督检查、调查职权,未使用暴力、威胁方法的,依法给予治安管理处罚。

**第一百七十九条**　违反法律、行政法规的规定,情节严重的,国务院保险监督管理机构可以禁止有关责任人员一定期限直至终身进入保险业。

**第一百八十条**　保险监督管理机构从事监督管理工作的人员有下列情形之一的,依法给予处分:

(一)违反规定批准机构的设立的;

(二)违反规定进行保险条款、保险费率审批的;

(三)违反规定进行现场检查的;

(四)违反规定查询账户或者冻结资金的;

(五)泄露其知悉的有关单位和个人的商业秘密的;

(六)违反规定实施行政处罚的;

(七)滥用职权、玩忽职守的其他行为。

**第一百八十一条**　违反本法规定,构成犯罪的，依法追究刑事责任。

## 第八章　附　　则

**第一百八十二条**　保险公司应当加入保险行业协会。保险代理人、保险经纪人、保险公估机构可以加入保险行业协会。

保险行业协会是保险业的自律性组织，是社会团体法人。

**第一百八十三条**　保险公司以外的其他依法设立的保险组织经营的商业保险业务，适用本法。

**第一百八十四条**　海上保险适用《中华人民共和国海商法》的有关规定；《中华人民共和国海商法》未规定的，适用本法的有关规定。

**第一百八十五条**　中外合资保险公司、外资独资保险公司、外国保险公司分公司适用本法规定；法律、行政法规另有规定的，适用其规定。

**第一百八十六条**　国家支持发展为农业生产服务的保险事业。农业保险由法律、行政法规另行规定。

强制保险，法律、行政法规另有规定的，适用其规定。

**第一百八十七条**　本法自2009年10月1日起施行。

# 中华人民共和国统计法（修订）

（1983年12月8日第六届全国人民代表大会常务委员会第三次会议通过　根据1996年5月15日第八届全国人民代表大会常务委员会第十九次会议《关于修改〈中华人民共和国统计法〉的决定》修正　根据2009年6月27日第十一届全国人民代表大会常务委员会第九次会议修订）

目　　录



## 第一章　总　　则

**第一条**　为了科学、有效地组织统计工作，保障统计资料的真实性、准确性、完整性和及时性，发挥统计在了解国情国力、服务经济社会发展中的重要作用，促进社会主义现代化建设事业发展，制定本法。

**第二条**　本法适用于各级人民政府、县级以上人民政府统计机构和有关部门组织实施的统计活动。

统计的基本任务是对经济社会发展情况进行统计调查、统计分析，提供统计资料和统计咨询意见，实行统计监督。

**第三条**　国家建立集中统一的统计系统，实行统一领导、分级负责的统计管理体制。

**第四条** 国务院和地方各级人民政府、各有关部门应当加强对统计工作的组织领导,为统计工作提供必要的保障。

**第五条** 国家加强统计科学研究,健全科学的统计指标体系,不断改进统计调查方法,提高统计的科学性。

国家有计划地加强统计信息化建设,推进统计信息搜集、处理、传输、共享、存储技术和统计数据库体系的现代化。

**第六条** 统计机构和统计人员依照本法规定独立行使统计调查、统计报告、统计监督的职权,不受侵犯。

地方各级人民政府、政府统计机构和有关部门以及各单位的负责人,不得自行修改统计机构和统计人员依法搜集、整理的统计资料,不得以任何方式要求统计机构、统计人员及其他机构、人员伪造、篡改统计资料,不得对依法履行职责或者拒绝、抵制统计违法行为的统计人员打击报复。

**第七条** 国家机关、企业事业单位和其他组织以及个体工商户和个人等统计调查对象,必须依照本法和国家有关规定,真实、准确、完整、及时地提供统计调查所需的资料,不得提供不真实或者不完整的统计资料,不得迟报、拒报统计资料。

**第八条** 统计工作应当接受社会公众的监督。任何单位和个人有权检举统计中弄虚作假等违法行为。对检举有功的单位和个人应当给予表彰和奖励。

**第九条** 统计机构和统计人员对在统计工作中知悉的国家秘密、商业秘密和个人信息,应当予以保密。

**第十条** 任何单位和个人不得利用虚假统计资料骗取荣誉称号、物质利益或者职务晋升。

## 第二章 统计调查管理

**第十一条** 统计调查项目包括国家统计调查项目、部门统计调查项目和地方统计调查项目。

国家统计调查项目是指全国性基本情况的统计调查项目。部门统计调查项目是指国务院有关部门的专业性统计调查项目。地方统计调查项目是指县级以上地方人民政府及其部门的地方性统计调查项目。

国家统计调查项目、部门统计调查项目、地方统计调查项目应当明确分工,互相衔接,不得重复。

**第十二条** 国家统计调查项目由国家统计局制定,或者由国家统计局和国务院有关部门共同制定,报国务院备案;重大的国家统计调查项目报国务院审批。

部门统计调查项目由国务院有关部门制定。统计调查对象属于本部门管辖系统的,报国家统计局备案;统计调查对象超出本部门管辖系统的,报国家统计局审批。

地方统计调查项目由县级以上地方人民政府统计机构和有关部门分别制定或者共同制定。其中,由省级人民政府统计机构单独制定或者和有关部门共同制定的,报国家统计局审批;由省级以下人民政府统计机构单独制定或者和有关部门共同制定的,报省级人民政府统计机构审批;由县级以上地方人民政府有关部门制定的,报本级人民政府统计机构审批。

**第十三条** 统计调查项目的审批机关应当对调查项目的必要性、可行性、科学性进行审查,对符合法定条件的,作出予以批准的书面决定,并公布;对不符合法定条件的,作出不予批准的书面决定,并说明理由。

**第十四条** 制定统计调查项目,应当同时制定该项目的统计调查制度,并依照本法第十二条的规定一并报经审批或者备案。

统计调查制度应当对调查目的、调查

内容、调查方法、调查对象、调查组织方式、调查表式、统计资料的报送和公布等作出规定。

统计调查应当按照统计调查制度组织实施。变更统计调查制度的内容，应当报经原审批机关批准或者原备案机关备案。

**第十五条**　统计调查表应当标明表号、制定机关、批准或者备案文号、有效期限等标志。

对未标明前款规定的标志或者超过有效期限的统计调查表，统计调查对象有权拒绝填报；县级以上人民政府统计机构应当依法责令停止有关统计调查活动。

**第十六条**　搜集、整理统计资料，应当以周期性普查为基础，以经常性抽样调查为主体，综合运用全面调查、重点调查等方法，并充分利用行政记录等资料。

重大国情国力普查由国务院统一领导，国务院和地方人民政府组织统计机构和有关部门共同实施。

**第十七条**　国家制定统一的统计标准，保障统计调查采用的指标涵义、计算方法、分类目录、调查表式和统计编码等的标准化。

国家统计标准由国家统计局制定，或者由国家统计局和国务院标准化主管部门共同制定。

国务院有关部门可以制定补充性的部门统计标准，报国家统计局审批。部门统计标准不得与国家统计标准相抵触。

**第十八条**　县级以上人民政府统计机构根据统计任务的需要，可以在统计调查对象中推广使用计算机网络报送统计资料。

**第十九条**　县级以上人民政府应当将统计工作所需经费列入财政预算。

重大国情国力普查所需经费，由国务院和地方人民政府共同负担，列入相应年度的财政预算，按时拨付，确保到位。

## 第三章　统计资料的管理和公布

**第二十条**　县级以上人民政府统计机构和有关部门以及乡、镇人民政府，应当按照国家有关规定建立统计资料的保存、管理制度，建立健全统计信息共享机制。

**第二十一条**　国家机关、企业事业单位和其他组织等统计调查对象，应当按照国家有关规定设置原始记录、统计台账，建立健全统计资料的审核、签署、交接、归档等管理制度。

统计资料的审核、签署人员应当对其审核、签署的统计资料的真实性、准确性和完整性负责。

**第二十二条**　县级以上人民政府有关部门应当及时向本级人民政府统计机构提供统计所需的行政记录资料和国民经济核算所需的财务资料、财政资料及其他资料，并按照统计调查制度的规定及时向本级人民政府统计机构报送其组织实施统计调查取得的有关资料。

县级以上人民政府统计机构应当及时向本级人民政府有关部门提供有关统计资料。

**第二十三条**　县级以上人民政府统计机构按照国家有关规定，定期公布统计资料。

国家统计数据以国家统计局公布的数据为准。

**第二十四条**　县级以上人民政府有关部门统计调查取得的统计资料，由本部门按照国家有关规定公布。

**第二十五条**　统计调查中获得的能够识别或者推断单个统计调查对象身份的资料，任何单位和个人不得对外提供、泄露，不得用于统计以外的目的。

**第二十六条**　县级以上人民政府统计机构和有关部门统计调查取得的统计资

料,除依法应当保密的外,应当及时公开,供社会公众查询。

## 第四章　统计机构和统计人员

**第二十七条**　国务院设立国家统计局,依法组织领导和协调全国的统计工作。

国家统计局根据工作需要设立的派出调查机构,承担国家统计局布置的统计调查等任务。

县级以上地方人民政府设立独立的统计机构,乡、镇人民政府设置统计工作岗位,配备专职或者兼职统计人员,依法管理、开展统计工作,实施统计调查。

**第二十八条**　县级以上人民政府有关部门根据统计任务的需要设立统计机构,或者在有关机构中设置统计人员,并指定统计负责人,依法组织、管理本部门职责范围内的统计工作,实施统计调查,在统计业务上受本级人民政府统计机构的指导。

**第二十九条**　统计机构、统计人员应当依法履行职责,如实搜集、报送统计资料,不得伪造、篡改统计资料,不得以任何方式要求任何单位和个人提供不真实的统计资料,不得有其他违反本法规定的行为。

统计人员应当坚持实事求是,恪守职业道德,对其负责搜集、审核、录入的统计资料与统计调查对象报送的统计资料的一致性负责。

**第三十条**　统计人员进行统计调查时,有权就与统计有关的问题询问有关人员,要求其如实提供有关情况、资料并改正不真实、不准确的资料。

统计人员进行统计调查时,应当出示县级以上人民政府统计机构或者有关部门颁发的工作证件;未出示的,统计调查对象有权拒绝调查。

**第三十一条**　国家实行统计专业技术职务资格考试、评聘制度,提高统计人员的专业素质,保障统计队伍的稳定性。

统计人员应当具备与其从事的统计工作相适应的专业知识和业务能力。

县级以上人民政府统计机构和有关部门应当加强对统计人员的专业培训和职业道德教育。

## 第五章　监 督 检 查

**第三十二条**　县级以上人民政府及其监察机关对下级人民政府、本级人民政府统计机构和有关部门执行本法的情况,实施监督。

**第三十三条**　国家统计局组织管理全国统计工作的监督检查,查处重大统计违法行为。

县级以上地方人民政府统计机构依法查处本行政区域内发生的统计违法行为。但是,国家统计局派出的调查机构组织实施的统计调查活动中发生的统计违法行为,由组织实施该项统计调查的调查机构负责查处。

法律、行政法规对有关部门查处统计违法行为另有规定的,从其规定。

**第三十四条**　县级以上人民政府有关部门应当积极协助本级人民政府统计机构查处统计违法行为,及时向本级人民政府统计机构移送有关统计违法案件材料。

**第三十五条**　县级以上人民政府统计机构在调查统计违法行为或者核查统计数据时,有权采取下列措施:

(一)发出统计检查查询书,向检查对象查询有关事项;

(二)要求检查对象提供有关原始记录和凭证、统计台账、统计调查表、会计资料及其他相关证明和资料;

(三)就与检查有关的事项询问有关人员;

（四）进入检查对象的业务场所和统计数据处理信息系统进行检查、核对；

（五）经本机构负责人批准，登记保存检查对象的有关原始记录和凭证、统计台账、统计调查表、会计资料及其他相关证明和资料；

（六）对与检查事项有关的情况和资料进行记录、录音、录像、照相和复制。

县级以上人民政府统计机构进行监督检查时，监督检查人员不得少于二人，并应当出示执法证件；未出示的，有关单位和个人有权拒绝检查。

**第三十六条** 县级以上人民政府统计机构履行监督检查职责时，有关单位和个人应当如实反映情况，提供相关证明和资料，不得拒绝、阻碍检查，不得转移、隐匿、篡改、毁弃原始记录和凭证、统计台账、统计调查表、会计资料及其他相关证明和资料。

## 第六章 法律责任

**第三十七条** 地方人民政府、政府统计机构或者有关部门、单位的负责人有下列行为之一的，由任免机关或者监察机关依法给予处分，并由县级以上人民政府统计机构予以通报：

（一）自行修改统计资料、编造虚假统计数据的；

（二）要求统计机构、统计人员或者其他机构、人员伪造、篡改统计资料的；

（三）对依法履行职责或者拒绝、抵制统计违法行为的统计人员打击报复的；

（四）对本地方、本部门、本单位发生的严重统计违法行为失察的。

**第三十八条** 县级以上人民政府统计机构或者有关部门在组织实施统计调查活动中有下列行为之一的，由本级人民政府、上级人民政府统计机构或者本级人民政府统计机构责令改正，予以通报；对直接负责的主管人员和其他直接责任人员，由任免机关或者监察机关依法给予处分：

（一）未经批准擅自组织实施统计调查的；

（二）未经批准擅自变更统计调查制度的内容的；

（三）伪造、篡改统计资料的；

（四）要求统计调查对象或者其他机构、人员提供不真实的统计资料的；

（五）未按照统计调查制度的规定报送有关资料的。

统计人员有前款第三项至第五项所列行为之一的，责令改正，依法给予处分。

**第三十九条** 县级以上人民政府统计机构或者有关部门有下列行为之一的，对直接负责的主管人员和其他直接责任人员由任免机关或者监察机关依法给予处分：

（一）违法公布统计资料的；

（二）泄露统计调查对象的商业秘密、个人信息或者提供、泄露在统计调查中获得的能够识别或者推断单个统计调查对象身份的资料的；

（三）违反国家有关规定，造成统计资料毁损、灭失的。

统计人员有前款所列行为之一的，依法给予处分。

**第四十条** 统计机构、统计人员泄露国家秘密的，依法追究法律责任。

**第四十一条** 作为统计调查对象的国家机关、企业事业单位或者其他组织有下列行为之一的，由县级以上人民政府统计机构责令改正，给予警告，可以予以通报；其直接负责的主管人员和其他直接责任人员属于国家工作人员的，由任免机关或者监察机关依法给予处分：

（一）拒绝提供统计资料或者经催报后仍未按时提供统计资料的；

(二)提供不真实或者不完整的统计资料的;

(三)拒绝答复或者不如实答复统计检查查询书的;

(四)拒绝、阻碍统计调查、统计检查的;

(五)转移、隐匿、篡改、毁弃或者拒绝提供原始记录和凭证、统计台账、统计调查表及其他相关证明和资料的。

企业事业单位或者其他组织有前款所列行为之一的,可以并处五万元以下的罚款;情节严重的,并处五万元以上二十万元以下的罚款。

个体工商户有本条第一款所列行为之一的,由县级以上人民政府统计机构责令改正,给予警告,可以并处一万元以下的罚款。

**第四十二条** 作为统计调查对象的国家机关、企业事业单位或者其他组织迟报统计资料,或者未按照国家有关规定设置原始记录、统计台账的,由县级以上人民政府统计机构责令改正,给予警告。

企业事业单位或者其他组织有前款所列行为之一的,可以并处一万元以下的罚款。

个体工商户迟报统计资料的,由县级以上人民政府统计机构责令改正,给予警告,可以并处一千元以下的罚款。

**第四十三条** 县级以上人民政府统计机构查处统计违法行为时,认为对有关国家工作人员依法应当给予处分的,应当提出给予处分的建议;该国家工作人员的任免机关或者监察机关应当依法及时作出决定,并将结果书面通知县级以上人民政府统计机构。

**第四十四条** 作为统计调查对象的个人在重大国情国力普查活动中拒绝、阻碍统计调查,或者提供不真实或者不完整的普查资料的,由县级以上人民政府统计机构责令改正,予以批评教育。

**第四十五条** 违反本法规定,利用虚假统计资料骗取荣誉称号、物质利益或者职务晋升的,除对其编造虚假统计资料或者要求他人编造虚假统计资料的行为依法追究法律责任外,由作出有关决定的单位或者其上级单位、监察机关取消其荣誉称号,追缴获得的物质利益,撤销晋升的职务。

**第四十六条** 当事人对县级以上人民政府统计机构作出的行政处罚决定不服的,可以依法申请行政复议或者提起行政诉讼。其中,对国家统计局在省、自治区、直辖市派出的调查机构作出的行政处罚决定不服的,向国家统计局申请行政复议;对国家统计局派出的其他调查机构作出的行政处罚决定不服的,向国家统计局在该派出机构所在的省、自治区、直辖市派出的调查机构申请行政复议。

**第四十七条** 违反本法规定,构成犯罪的,依法追究刑事责任。

## 第七章　附　　则

**第四十八条** 本法所称县级以上人民政府统计机构,是指国家统计局及其派出的调查机构、县级以上地方人民政府统计机构。

**第四十九条** 民间统计调查活动的管理办法,由国务院制定。

中华人民共和国境外的组织、个人需要在中华人民共和国境内进行统计调查活动的,应当按照国务院的规定报请审批。

利用统计调查危害国家安全、损害社会公共利益或者进行欺诈活动的,依法追究法律责任。

**第五十条** 本法自2010年1月1日起施行。

# 中华人民共和国侵权责任法

（2009年12月26日第十一届全国人民代表大会常务委员会第十二次会议通过　2009年12月26日中华人民共和国主席令第21号公布）

## 目　　录



## 第一章　一般规定

**第一条**　为保护民事主体的合法权益，明确侵权责任，预防并制裁侵权行为，促进社会和谐稳定，制定本法。

**第二条**　侵害民事权益，应当依照本法承担侵权责任。

本法所称民事权益，包括生命权、健康权、姓名权、名誉权、荣誉权、肖像权、隐私权、婚姻自主权、监护权、所有权、用益物权、担保物权、著作权、专利权、商标专用权、发现权、股权、继承权等人身、财产权益。

**第三条**　被侵权人有权请求侵权人承担侵权责任。

**第四条**　侵权人因同一行为应当承担行政责任或者刑事责任的，不影响依法承担侵权责任。

因同一行为应当承担侵权责任和行政责任、刑事责任，侵权人的财产不足以支付的，先承担侵权责任。

**第五条**　其他法律对侵权责任另有特别规定的，依照其规定。

## 第二章　责任构成和责任方式

**第六条**　行为人因过错侵害他人民事权益，应当承担侵权责任。

根据法律规定推定行为人有过错，行为人不能证明自己没有过错的，应当承担侵权责任。

**第七条**　行为人损害他人民事权益，不论行为人有无过错，法律规定应当承担侵权责任的，依照其规定。

**第八条**　二人以上共同实施侵权行为，造成他人损害的，应当承担连带责任。

**第九条**　教唆、帮助他人实施侵权行为的，应当与行为人承担连带责任。

教唆、帮助无民事行为能力人、限制民事行为能力人实施侵权行为的，应当承担侵权责任；该无民事行为能力人、限制民事行为能力人的监护人未尽到监护责任的，应当承担相应的责任。

**第十条**　二人以上实施危及他人人身、财产安全的行为，其中一人或者数人的行为造成他人损害，能够确定具体侵权人的,由侵权人承担责任;不能确定具体侵权人的,行为人承担连带责任。

**第十一条** 二人以上分别实施侵权行为造成同一损害,每个人的侵权行为都足以造成全部损害的,行为人承担连带责任。

**第十二条** 二人以上分别实施侵权行为造成同一损害,能够确定责任大小的,各自承担相应的责任;难以确定责任大小的,平均承担赔偿责任。

**第十三条** 法律规定承担连带责任的,被侵权人有权请求部分或者全部连带责任人承担责任。

**第十四条** 连带责任人根据各自责任大小确定相应的赔偿数额;难以确定责任大小的,平均承担赔偿责任。

支付超出自己赔偿数额的连带责任人,有权向其他连带责任人追偿。

**第十五条** 承担侵权责任的方式主要有:

(一)停止侵害;

(二)排除妨碍;

(三)消除危险;

(四)返还财产;

(五)恢复原状;

(六)赔偿损失;

(七)赔礼道歉;

(八)消除影响、恢复名誉。

以上承担侵权责任的方式,可以单独适用,也可以合并适用。

**第十六条** 侵害他人造成人身损害的,应当赔偿医疗费、护理费、交通费等为治疗和康复支出的合理费用,以及因误工减少的收入。造成残疾的,还应当赔偿残疾生活辅助具费和残疾赔偿金。造成死亡的,还应当赔偿丧葬费和死亡赔偿金。

**第十七条** 因同一侵权行为造成多人死亡的,可以以相同数额确定死亡赔偿金。

**第十八条** 被侵权人死亡的,其近亲属有权请求侵权人承担侵权责任。被侵权人为单位,该单位分立、合并的,承继权利的单位有权请求侵权人承担侵权责任。

被侵权人死亡的,支付被侵权人医疗费、丧葬费等合理费用的人有权请求侵权人赔偿费用,但侵权人已支付该费用的除外。

**第十九条** 侵害他人财产的,财产损失按照损失发生时的市场价格或者其他方式计算。

**第二十条** 侵害他人人身权益造成财产损失的,按照被侵权人因此受到的损失赔偿;被侵权人的损失难以确定,侵权人因此获得利益的,按照其获得的利益赔偿;侵权人因此获得的利益难以确定,被侵权人和侵权人就赔偿数额协商不一致,向人民法院提起诉讼的,由人民法院根据实际情况确定赔偿数额。

**第二十一条** 侵权行为危及他人人身、财产安全的,被侵权人可以请求侵权人承担停止侵害、排除妨碍、消除危险等侵权责任。

**第二十二条** 侵害他人人身权益,造成他人严重精神损害的,被侵权人可以请求精神损害赔偿。

**第二十三条** 因防止、制止他人民事权益被侵害而使自己受到损害的,由侵权人承担责任。侵权人逃逸或者无力承担责任,被侵权人请求补偿的,受益人应当给予适当补偿。

**第二十四条** 受害人和行为人对损害的发生都没有过错的,可以根据实际情况,由双方分担损失。

**第二十五条** 损害发生后,当事人可以协商赔偿费用的支付方式。协商不一致的,赔偿费用应当一次性支付;一次性支付确有困难的,可以分期支付,但应当提供相应的担保。

## 第三章 不承担责任和减轻责任的情形

**第二十六条** 被侵权人对损害的发生也有过错的，可以减轻侵权人的责任。

**第二十七条** 损害是因受害人故意造成的，行为人不承担责任。

**第二十八条** 损害是因第三人造成的，第三人应当承担侵权责任。

**第二十九条** 因不可抗力造成他人损害的，不承担责任。法律另有规定的，依照其规定。

**第三十条** 因正当防卫造成损害的，不承担责任。正当防卫超过必要的限度，造成不应有的损害的，正当防卫人应当承担适当的责任。

**第三十一条** 因紧急避险造成损害的，由引起险情发生的人承担责任。如果危险是由自然原因引起的，紧急避险人不承担责任或者给予适当补偿。紧急避险采取措施不当或者超过必要的限度，造成不应有的损害的，紧急避险人应当承担适当的责任

## 第四章 关于责任主体的特殊规定

**第三十二条** 无民事行为能力人、限制民事行为能力人造成他人损害的，由监护人承担侵权责任。监护人尽到监护责任的，可以减轻其侵权责任。

有财产的无民事行为能力人、限制民事行为能力人造成他人损害的，从本人财产中支付赔偿费用。不足部分，由监护人赔偿。

**第三十三条** 完全民事行为能力人对自己的行为暂时没有意识或者失去控制造成他人损害有过错的，应当承担侵权责任；没有过错的，根据行为人的经济状况对受害人适当补偿。

完全民事行为能力人因醉酒、滥用麻醉药品或者精神药品对自己的行为暂时没有意识或者失去控制造成他人损害的，应当承担侵权责任。

**第三十四条** 用人单位的工作人员因执行工作任务造成他人损害的，由用人单位承担侵权责任。

劳务派遣期间，被派遣的工作人员因执行工作任务造成他人损害的，由接受劳务派遣的用工单位承担侵权责任；劳务派遣单位有过错的，承担相应的补充责任。

**第三十五条** 个人之间形成劳务关系，提供劳务一方因劳务造成他人损害的，由接受劳务一方承担侵权责任。提供劳务一方因劳务自己受到损害的，根据双方各自的过错承担相应的责任。

**第三十六条** 网络用户、网络服务提供者利用网络侵害他人民事权益的，应当承担侵权责任。

网络用户利用网络服务实施侵权行为的，被侵权人有权通知网络服务提供者采取删除、屏蔽、断开链接等必要措施。网络服务提供者接到通知后未及时采取必要措施的，对损害的扩大部分与该网络用户承担连带责任。

网络服务提供者知道网络用户利用其网络服务侵害他人民事权益，未采取必要措施的，与该网络用户承担连带责任。

**第三十七条** 宾馆、商场、银行、车站、娱乐场所等公共场所的管理人或者群众性活动的组织者，未尽到安全保障义务，造成他人损害的，应当承担侵权责任。

因第三人的行为造成他人损害的，由第三人承担侵权责任；管理人或者组织者未尽到安全保障义务的，承担相应的补充责任。

**第三十八条** 无民事行为能力人在幼儿园、学校或者其他教育机构学习、生活期间受到人身损害的，幼儿园、学校或者其他教育机构应当承担责任，但能够证明尽到

教育、管理职责的,不承担责任。

**第三十九条**　限制民事行为能力人在学校或者其他教育机构学习、生活期间受到人身损害,学校或者其他教育机构未尽到教育、管理职责的,应当承担责任。

**第四十条**　无民事行为能力人或者限制民事行为能力人在幼儿园、学校或者其他教育机构学习、生活期间,受到幼儿园、学校或者其他教育机构以外的人员人身损害的,由侵权人承担侵权责任;幼儿园、学校或者其他教育机构未尽到管理职责的,承担相应的补充责任。

## 第五章　产 品 责 任

**第四十一条**　因产品存在缺陷造成他人损害的,生产者应当承担侵权责任。

**第四十二条**　因销售者的过错使产品存在缺陷,造成他人损害的,销售者应当承担侵权责任。

销售者不能指明缺陷产品的生产者也不能指明缺陷产品的供货者的,销售者应当承担侵权责任。

**第四十三条**　因产品存在缺陷造成损害的,被侵权人可以向产品的生产者请求赔偿,也可以向产品的销售者请求赔偿。

产品缺陷由生产者造成的,销售者赔偿后,有权向生产者追偿。

因销售者的过错使产品存在缺陷的,生产者赔偿后,有权向销售者追偿。

**第四十四条**　因运输者、仓储者等第三人的过错使产品存在缺陷,造成他人损害的,产品的生产者、销售者赔偿后,有权向第三人追偿。

**第四十五条**　因产品缺陷危及他人人身、财产安全的,被侵权人有权请求生产者、销售者承担排除妨碍、消除危险等侵权责任。

**第四十六条**　产品投入流通后发现存在缺陷的,生产者、销售者应当及时采取警示、召回等补救措施。未及时采取补救措施或者补救措施不力造成损害的,应当承担侵权责任。

**第四十七条**　明知产品存在缺陷仍然生产、销售,造成他人死亡或者健康严重损害的,被侵权人有权请求相应的惩罚性赔偿。

## 第六章　机动车交通事故责任

**第四十八条**　机动车发生交通事故造成损害的,依照道路交通安全法的有关规定承担赔偿责任。

**第四十九条**　因租赁、借用等情形机动车所有人与使用人不是同一人时,发生交通事故后属于该机动车一方责任的,由保险公司在机动车强制保险责任限额范围内予以赔偿。不足部分,由机动车使用人承担赔偿责任;机动车所有人对损害的发生有过错的,承担相应的赔偿责任。

**第五十条**　当事人之间已经以买卖等方式转让并交付机动车但未办理所有权转移登记,发生交通事故后属于该机动车一方责任的,由保险公司在机动车强制保险责任限额范围内予以赔偿。不足部分,由受让人承担赔偿责任。

**第五十一条**　以买卖等方式转让拼装或者已达到报废标准的机动车,发生交通事故造成损害的,由转让人和受让人承担连带责任。

**第五十二条**　盗窃、抢劫或者抢夺的机动车发生交通事故造成损害的,由盗窃人、抢劫人或者抢夺人承担赔偿责任。保险公司在机动车强制保险责任限额范围内垫付抢救费用的,有权向交通事故责任人追偿。

**第五十三条**　机动车驾驶人发生交通事故后逃逸,该机动车参加强制保险的,由保险公司在机动车强制保险责任限额范围内予以赔偿;机动车不明或者该机动车未参加强制保险,需要支付被侵权人人身伤亡的抢救、丧葬等费用的,由道路交通事故社会救助基金垫付。道路交通事故社会救助基金垫付后,其管理机构有权向交通事故责任人追偿。

## 第七章　医疗损害责任

**第五十四条**　患者在诊疗活动中受到损害,医疗机构及其医务人员有过错的,由医疗机构承担赔偿责任。

**第五十五条**　医务人员在诊疗活动中应当向患者说明病情和医疗措施。需要实施手术、特殊检查、特殊治疗的,医务人员应当及时向患者说明医疗风险、替代医疗方案等情况,并取得其书面同意;不宜向患者说明的,应当向患者的近亲属说明,并取得其书面同意。

医务人员未尽到前款义务,造成患者损害的,医疗机构应当承担赔偿责任。

**第五十六条**　因抢救生命垂危的患者等紧急情况,不能取得患者或者其近亲属意见的,经医疗机构负责人或者授权的负责人批准,可以立即实施相应的医疗措施。

**第五十七条**　医务人员在诊疗活动中未尽到与当时的医疗水平相应的诊疗义务,造成患者损害的,医疗机构应当承担赔偿责任。

**第五十八条**　患者有损害,因下列情形之一的,推定医疗机构有过错:

(一)违反法律、行政法规、规章以及其他有关诊疗规范的规定;

(二)隐匿或者拒绝提供与纠纷有关的病历资料;

(三)伪造、篡改或者销毁病历资料。

**第五十九条**　因药品、消毒药剂、医疗器械的缺陷,或者输入不合格的血液造成患者损害的,患者可以向生产者或者血液提供机构请求赔偿,也可以向医疗机构请求赔偿。患者向医疗机构请求赔偿的,医疗机构赔偿后,有权向负有责任的生产者或者血液提供机构追偿。

**第六十条**　患者有损害,因下列情形之一的,医疗机构不承担赔偿责任:

(一)患者或者其近亲属不配合医疗机构进行符合诊疗规范的诊疗;

(二)医务人员在抢救生命垂危的患者等紧急情况下已经尽到合理诊疗义务;

(三)限于当时的医疗水平难以诊疗。

前款第一项情形中,医疗机构及其医务人员也有过错的,应当承担相应的赔偿责任。

**第六十一条**　医疗机构及其医务人员应当按照规定填写并妥善保管住院志、医嘱单、检验报告、手术及麻醉记录、病理资料、护理记录、医疗费用等病历资料。

患者要求查阅、复制前款规定的病历资料的,医疗机构应当提供。

**第六十二条**　医疗机构及其医务人员应当对患者的隐私保密。泄露患者隐私或者未经患者同意公开其病历资料,造成患者损害的,应当承担侵权责任。

**第六十三条**　医疗机构及其医务人员不得违反诊疗规范实施不必要的检查。

**第六十四条**　医疗机构及其医务人员的合法权益受法律保护。干扰医疗秩序,妨害医务人员工作、生活的,应当依法承担法律责任。

## 第八章　环境污染责任

**第六十五条**　因污染环境造成损害的,污染者应当承担侵权责任。

**第六十六条**　因污染环境发生纠纷,污染者应当就法律规定的不承担责任或者减轻责任的情形及其行为与损害之间不存在因果关系承担举证责任。

**第六十七条** 两个以上污染者污染环境,污染者承担责任的大小,根据污染物的种类、排放量等因素确定。

**第六十八条** 因第三人的过错污染环境造成损害的,被侵权人可以向污染者请求赔偿,也可以向第三人请求赔偿。污染者赔偿后,有权向第三人追偿。

## 第九章 高度危险责任

**第六十九条** 从事高度危险作业造成他人损害的,应当承担侵权责任。

**第七十条** 民用核设施发生核事故造成他人损害的,民用核设施的经营者应当承担侵权责任,但能够证明损害是因战争等情形或者受害人故意造成的,不承担责任。

**第七十一条** 民用航空器造成他人损害的,民用航空器的经营者应当承担侵权责任,但能够证明损害是因受害人故意造成的,不承担责任。

**第七十二条** 占有或者使用易燃、易爆、剧毒、放射性等高度危险物造成他人损害的,占有人或者使用人应当承担侵权责任,但能够证明损害是因受害人故意或者不可抗力造成的,不承担责任。被侵权人对损害的发生有重大过失的,可以减轻占有人或者使用人的责任。

**第七十三条** 从事高空、高压、地下挖掘活动或者使用高速轨道运输工具造成他人损害的,经营者应当承担侵权责任,但能够证明损害是因受害人故意或者不可抗力造成的,不承担责任。被侵权人对损害的发生有过失的,可以减轻经营者的责任。

**第七十四条** 遗失、抛弃高度危险物造成他人损害的,由所有人承担侵权责任。所有人将高度危险物交由他人管理的,由管理人承担侵权责任;所有人有过错的,与管理人承担连带责任。

**第七十五条** 非法占有高度危险物造成他人损害的,由非法占有人承担侵权责任。所有人、管理人不能证明对防止他人非法占有尽到高度注意义务的,与非法占有人承担连带责任。

**第七十六条** 未经许可进入高度危险活动区域或者高度危险物存放区域受到损害,管理人已经采取安全措施并尽到警示义务的,可以减轻或者不承担责任。

**第七十七条** 承担高度危险责任,法律规定赔偿限额的,依照其规定。

## 第十章 饲养动物损害责任

**第七十八条** 饲养的动物造成他人损害的,动物饲养人或者管理人应当承担侵权责任,但能够证明损害是因被侵权人故意或者重大过失造成的,可以不承担或者减轻责任。

**第七十九条** 违反管理规定,未对动物采取安全措施造成他人损害的,动物饲养人或者管理人应当承担侵权责任。

**第八十条** 禁止饲养的烈性犬等危险动物造成他人损害的,动物饲养人或者管理人应当承担侵权责任。

**第八十一条** 动物园的动物造成他人损害的,动物园应当承担侵权责任,但能够证明尽到管理职责的,不承担责任。

**第八十二条** 遗弃、逃逸的动物在遗弃、逃逸期间造成他人损害的,由原动物饲养人或者管理人承担侵权责任。

**第八十三条** 因第三人的过错致使动物造成他人损害的,被侵权人可以向动物饲养人或者管理人请求赔偿,也可以向第三人请求赔偿。动物饲养人或者管理人赔偿后,有权向第三人追偿。

**第八十四条** 饲养动物应当遵守法律,尊重社会公德,不得妨害他人生活。

## 第十一章　物件损害责任

**第八十五条**　建筑物、构筑物或者其他设施及其搁置物、悬挂物发生脱落、坠落造成他人损害，所有人、管理人或者使用人不能证明自己没有过错的，应当承担侵权责任。所有人、管理人或者使用人赔偿后，有其他责任人的，有权向其他责任人追偿。

**第八十六条**　建筑物、构筑物或者其他设施倒塌造成他人损害的，由建设单位与施工单位承担连带责任。建设单位、施工单位赔偿后，有其他责任人的，有权向其他责任人追偿。

因其他责任人的原因，建筑物、构筑物或者其他设施倒塌造成他人损害的，由其他责任人承担侵权责任。

**第八十七条**　从建筑物中抛掷物品或者从建筑物上坠落的物品造成他人损害，难以确定具体侵权人的，除能够证明自己不是侵权人的外，由可能加害的建筑物使用人给予补偿。

**第八十八条**　堆放物倒塌造成他人损害，堆放人不能证明自己没有过错的，应当承担侵权责任。

**第八十九条**　在公共道路上堆放、倾倒、遗撒妨碍通行的物品造成他人损害的，有关单位或者个人应当承担侵权责任。

**第九十条**　因林木折断造成他人损害，林木的所有人或者管理人不能证明自己没有过错的，应当承担侵权责任。

**第九十一条**　在公共场所或者道路上挖坑、修缮安装地下设施等，没有设置明显标志和采取安全措施造成他人损害的，施工人应当承担侵权责任。

窨井等地下设施造成他人损害，管理人不能证明尽到管理职责的，应当承担侵权责任。

## 第十二章　附　　则

**第九十二条**　本法自 2010 年 7 月 1 日起施行。

# （二）行政法规、法规性文件

# 中共中央办公厅　国务院办公厅印发《关于实行党政领导干部问责的暂行规定》的通知

（2009 年 6 月 30 日　中办发〔2009〕25 号）

各省、自治区、直辖市党委和人民政府，中央和国家机关各部委，解放军各总部、各大单位，各人民团体：

《关于实行党政领导干部问责的暂行

规定》(以下简称《暂行规定》)已经党中央、国务院同意,现印发给你们,请认真贯彻执行。

《暂行规定》的颁布实施,是加强反腐倡廉法规制度建设、完善领导干部行为规范的重要举措,对于加强党政领导干部的管理和监督,增强党政领导干部的责任意识,更好地贯彻落实科学发展观,不断提高党的执政能力和执政水平,具有重要意义。

各级党政领导干部要认真践行全心全意为人民服务的宗旨,以对党和国家高度负责、对人民群众高度负责的精神,切实履行党和人民赋予的职责,兢兢业业完成好各项工作任务。各级党委和政府要依照《暂行规定》严肃问责,充分发挥问责在党风廉政建设中的积极作用。

各地区各部门在执行《暂行规定》过程中的情况和建议,要及时报告中央。

# 关于实行党政领导干部问责的暂行规定

## 第一章　总　　则

**第一条**　为加强对党政领导干部的管理和监督,增强党政领导干部的责任意识和大局意识,促进深入贯彻落实科学发展观,提高党的执政能力和执政水平,根据《中国共产党章程》、《党政领导干部选拔任用工作条例》等党内法规和《中华人民共和国行政监察法》、《中华人民共和国公务员法》等国家法律法规,制定本规定。

**第二条**　本规定适用于中共中央、国务院的工作部门及其内设机构的领导成员;县级以上地方各级党委、政府及其工作部门的领导成员,上列工作部门内设机构的领导成员。

**第三条**　对党政领导干部实行问责,坚持严格要求、实事求是,权责一致、惩教结合,依靠群众、依法有序的原则。

**第四条**　党政领导干部受到问责,同时需要追究纪律责任的,依照有关规定给予党纪政纪处分;涉嫌犯罪的,移送司法机关依法处理。

## 第二章　问责的情形、方式及适用

**第五条**　有下列情形之一的,对党政领导干部实行问责:

(一)决策严重失误,造成重大损失或者恶劣影响的;

(二)因工作失职,致使本地区、本部门、本系统或者本单位发生特别重大事故、事件、案件,或者在较短时间内连续发生重大事故、事件、案件,造成重大损失或者恶劣影响的;

(三)政府职能部门管理、监督不力,在其职责范围内发生特别重大事故、事件、案件,或者在较短时间内连续发生重大事故、事件、案件,造成重大损失或者恶劣影响的;

(四)在行政活动中滥用职权,强令、授意实施违法行政行为,或者不作为,引发群体性事件或者其他重大事件的;

(五)对群体性、突发性事件处置失当,导致事态恶化,造成恶劣影响的;

(六)违反干部选拔任用工作有关规定,导致用人失察、失误,造成恶劣影响的;

（七）其他给国家利益、人民生命财产、公共财产造成重大损失或者恶劣影响等失职行为的。

**第六条**　本地区、本部门、本系统或者本单位在贯彻落实党风廉政建设责任制方面出现问题的，按照《关于实行党风廉政建设责任制的规定》，追究党政领导干部的责任。

**第七条**　对党政领导干部实行问责的方式分为：责令公开道歉、停职检查、引咎辞职、责令辞职、免职。

**第八条**　党政领导干部具有本规定第五条所列情形，并且具有下列情节之一的，应当从重问责：

（一）干扰、阻碍问责调查的；

（二）弄虚作假、隐瞒事实真相的；

（三）对检举人、控告人打击、报复、陷害的；

（四）党内法规和国家法律法规规定的其他从重情节。

**第九条**　党政领导干部具有本规定第五条所列情形，并且具有下列情节之一的，可以从轻问责：

（一）主动采取措施，有效避免损失或者挽回影响的；

（二）积极配合问责调查，并且主动承担责任的。

**第十条**　受到问责的党政领导干部，取消当年年度考核评优和评选各类先进的资格。

引咎辞职、责令辞职、免职的党政领导干部，一年内不得重新担任与其原任职务相当的领导职务。

对引咎辞职、责令辞职、免职的党政领导干部，可以根据工作需要以及本人一贯表现、特长等情况，由党委（党组）、政府按照干部管理权限酌情安排适当岗位或者相应工作任务。

引咎辞职、责令辞职、免职的党政领导干部，一年后如果重新担任与其原任职务相当的领导职务，除应当按照干部管理权限履行审批手续外，还应当征求上一级党委组织部门的意见。

## 第三章　实行问责的程序

**第十一条**　对党政领导干部实行问责，按照干部管理权限进行。纪检监察机关、组织人事部门按照管理权限履行本规定中的有关职责。

**第十二条**　对党政领导干部实行问责，依照下列程序进行：

（一）对因检举、控告、处理重大事故事件、查办案件、审计或者其他方式发现的党政领导干部应当问责的线索，纪检监察机关按照权限和程序进行调查后，对需要实行问责的，按照干部管理权限向问责决定机关提出问责建议；

（二）对在干部监督工作中发现的党政领导干部应当问责的线索，组织人事部门按照权限和程序进行调查后，对需要实行问责的，按照干部管理权限向问责决定机关提出问责建议；

（三）问责决定机关可以根据纪检监察机关或者组织人事部门提出的问责建议作出问责决定；

（四）问责决定机关作出问责决定后，由组织人事部门办理相关事宜，或者由问责决定机关责成有关部门办理相关事宜。

**第十三条**　纪检监察机关、组织人事部门提出问责建议，应当同时向问责决定机关提供有关事实材料和情况说明，以及需要提供的其他材料。

**第十四条**　作出问责决定前，应当听取被问责的党政领导干部的陈述和申辩，并且记录在案；对其合理意见，应当予以采纳。

**第十五条** 对于事实清楚、不需要进行问责调查的,问责决定机关可以直接作出问责决定。

**第十六条** 问责决定机关按照干部管理权限对党政领导干部作出的问责决定,应当经领导班子集体讨论决定。

**第十七条** 对党政领导干部实行问责,应当制作《党政领导干部问责决定书》。《党政领导干部问责决定书》由负责调查的纪检监察机关或者组织人事部门代问责决定机关草拟。

《党政领导干部问责决定书》应当写明问责事实、问责依据、问责方式、批准机关、生效时间、当事人的申诉期限及受理机关等。作出责令公开道歉决定的,还应当写明公开道歉的方式、范围等。

**第十八条** 《党政领导干部问责决定书》应当送达被问责的党政领导干部本人及其所在单位。

问责决定机关作出问责决定后,应当派专人与被问责的党政领导干部谈话,做好其思想工作,督促其做好工作交接等后续工作。

**第十九条** 组织人事部门应当及时将被问责的党政领导干部的有关问责材料归入其个人档案,并且将执行情况报告问责决定机关,回复问责建议机关。

党政领导干部问责情况应当报上一级组织人事部门备案。

**第二十条** 问责决定一般应当向社会公开。

**第二十一条** 对经各级人民代表大会及其常务委员会选举或者决定任命的人员实行问责,按照有关法律规定的程序办理。

**第二十二条** 被问责的党政领导干部对问责决定不服的,可以自接到《党政领导干部问责决定书》之日起15日内,向问责决定机关提出书面申诉。问责决定机关接到书面申诉后,应当在30日内作出申诉处理决定。申诉处理决定应当以书面形式告知申诉人及其所在单位。

**第二十三条** 被问责的党政领导干部申诉期间,不停止问责决定的执行。

## 第四章 附 则

**第二十四条** 对乡(镇、街道)党政领导成员实行问责,适用本规定。

对县级以上党委、政府直属事业单位以及国有企业、国有金融企业领导人员实行问责,参照本规定执行。

**第二十五条** 本规定由中央纪委、中央组织部负责解释。

**第二十六条** 本规定自发布之日起施行。

附件:党政领导干部问责决定书

## 党政领导干部问责决定书

(  ) 决字第  号

---

### 关于×××××××的决定

第一部分:被问责的党政领导干部的基本情况。

第二部分:问责事实、问责依据、问责方式和生效时间。

第三部分:当事人不服问责决定的申诉期限及受理机关。

批 准 机 关

年 月 日

本问责决定书一式(  )份。

# 国务院关于进一步促进中小企业发展的若干意见

（2009 年 9 月 19 日　国发〔2009〕36 号）

各省、自治区、直辖市人民政府，国务院各部委、各直属机构：

中小企业是我国国民经济和社会发展的重要力量，促进中小企业发展，是保持国民经济平稳较快发展的重要基础，是关系民生和社会稳定的重大战略任务。受国际金融危机冲击，去年下半年以来，我国中小企业生产经营困难。中央及时出台相关政策措施，加大财税、信贷等扶持力度，改善中小企业经营环境，中小企业生产经营出现了积极变化，但发展形势依然严峻。主要表现在：融资难、担保难问题依然突出，部分扶持政策尚未落实到位，企业负担重，市场需求不足，产能过剩，经济效益大幅下降，亏损加大等。必须采取更加积极有效的政策措施，帮助中小企业克服困难，转变发展方式，实现又好又快发展。现就进一步促进中小企业发展提出以下意见：

**一、进一步营造有利于中小企业发展的良好环境**

（一）完善中小企业政策法律体系。落实扶持中小企业发展的政策措施，清理不利于中小企业发展的法律法规和规章制度。深化垄断行业改革，扩大市场准入范围，降低准入门槛，进一步营造公开、公平的市场环境。加快制定融资性担保管理办法，修订《贷款通则》，修订中小企业划型标准，明确对小型企业的扶持政策。

（二）完善政府采购支持中小企业的有关制度。制定政府采购扶持中小企业发展的具体办法，提高采购中小企业货物、工程和服务的比例。进一步提高政府采购信息发布透明度，完善政府公共服务外包制度，为中小企业创造更多的参与机会。

（三）加强对中小企业的权益保护。组织开展对中小企业相关法律和政策特别是金融、财税政策贯彻落实情况的监督检查，发挥新闻舆论和社会监督的作用，加强政策效果评价。坚持依法行政，保护中小企业及其职工的合法权益。

（四）构建和谐劳动关系。采取切实有效措施，加大对劳动密集型中小企业的支持，鼓励中小企业不裁员、少裁员，稳定和增加就业岗位。对中小企业吸纳困难人员就业、签订劳动合同并缴纳社会保险费的，在相应期限内给予基本养老保险补贴、基本医疗保险补贴、失业保险补贴。对受金融危机影响较大的困难中小企业，将阶段性缓缴社会保险费或降低费率政策执行期延长至 2010 年底，并按规定给予一定期限的社会保险补贴或岗位补贴、在岗培训补贴等。中小企业可与职工就工资、工时、劳动定额进行协商，符合条件的，可向当地人力资源社会保障部门申请实行综合计算工时和不定时工作制。

**二、切实缓解中小企业融资困难**

（五）全面落实支持小企业发展的金融政策。完善小企业信贷考核体系，提高小企业贷款呆账核销效率，建立完善信贷人员尽职免责机制。鼓励建立小企业贷款风险补偿基金,对金融机构发放小企业贷款按增量给予适度补助,对小企业不良贷款损失给予适度风险补偿。

(六)加强和改善对中小企业的金融服务。国有商业银行和股份制银行都要建立小企业金融服务专营机构,完善中小企业授信业务制度,逐步提高中小企业中长期贷款的规模和比重。提高贷款审批效率,创新金融产品和服务方式。完善财产抵押制度和贷款抵押物认定办法,采取动产、应收账款、仓单、股权和知识产权质押等方式,缓解中小企业贷款抵质押不足的矛盾。对商业银行开展中小企业信贷业务实行差异化的监管政策。建立和完善中小企业金融服务体系。加快研究鼓励民间资本参与发起设立村镇银行、贷款公司等股份制金融机构的办法;积极支持民间资本以投资入股的方式,参与农村信用社改制为农村商业(合作)银行、城市信用社改制为城市商业银行以及城市商业银行的增资扩股。支持、规范发展小额贷款公司,鼓励有条件的小额贷款公司转为村镇银行。

(七)进一步拓宽中小企业融资渠道。加快创业板市场建设,完善中小企业上市育成机制,扩大中小企业上市规模,增加直接融资。完善创业投资和融资租赁政策,大力发展创业投资和融资租赁企业。鼓励有关部门和地方政府设立创业投资引导基金,引导社会资金设立主要支持中小企业的创业投资企业,积极发展股权投资基金。发挥融资租赁、典当、信托等融资方式在中小企业融资中的作用。稳步扩大中小企业集合债券和短期融资券的发行规模,积极培育和规范发展产权交易市场,为中小企业产权和股权交易提供服务。

(八)完善中小企业信用担保体系。设立包括中央、地方财政出资和企业联合组建的多层次中小企业融资担保基金和担保机构。各级财政要加大支持力度,综合运用资本注入、风险补偿和奖励补助等多种方式,提高担保机构对中小企业的融资担保能力。落实好对符合条件的中小企业信用担保机构免征营业税、准备金提取和代偿损失税前扣除的政策。国土资源、住房城乡建设、金融、工商等部门要为中小企业和担保机构开展抵押物和出质的登记、确权、转让等提供优质服务。加强对融资性担保机构的监管,引导其规范发展。鼓励保险机构积极开发为中小企业服务的保险产品。

(九)发挥信用信息服务在中小企业融资中的作用。推进中小企业信用制度建设,建立和完善中小企业信用信息征集机制和评价体系,提高中小企业的融资信用等级。完善个人和企业征信系统,为中小企业融资提供方便快速的查询服务。构建守信受益、失信惩戒的信用约束机制,增强中小企业信用意识。

**三、加大对中小企业的财税扶持力度**

(十)加大财政资金支持力度。逐步扩大中央财政预算扶持中小企业发展的专项资金规模,重点支持中小企业技术创新、结构调整、节能减排、开拓市场、扩大就业,以及改善对中小企业的公共服务。加快设立国家中小企业发展基金,发挥财政资金的引导作用,带动社会资金支持中小企业发展。地方财政也要加大对中小企业的支持力度。

(十一)落实和完善税收优惠政策。国家运用税收政策促进中小企业发展,具体政策由财政部、税务总局会同有关部门研究制定。为有效应对国际金融危机,扶持中小企业发展,自2010年1月1日至2010年12月31日,对年应纳税所得额低于3万元(含3万元)的小型微利企业,其所得减按50%计入应纳税所得额,按20%的税率缴纳企业所得税。中小企业投资国家鼓励类项目,除《国内投资项目不予免税的进口商品目录》所列商品外,所需的进口自用设备以及按照合同随设备进口的技术及配套件、备件,免征进口关税。中小企业缴纳城镇土地使用税确有困难的,可按有关规定向省级财税部门或省级人民政府提出减免税申请。中小企业因有特殊困难不能按期纳税的,可依法申请在三个月内延期缴纳。

(十二)进一步减轻中小企业社会负担。凡未按规定权限和程序批准的行政事业性收费项目和政府性基金项目,均一律取消。全面清理整顿涉及中小企业的收费,重点是行政许可和强制准入的中介服务收费、具有垄断性的经营服务收费,能免则免,能减则减,能缓则缓。严格执行收费项目公示制度,公开前置性审批项目、程序和收费标准,严禁地方和部门越权设立行政事业性收费项目,不得擅自将行政事业性收费转为经营服务性收费。进一步规范执收行为,全面实行中小企业缴费登记卡制度,设立各级政府中小企业负担举报电话。健全各级政府中小企业负担监督制度,严肃查处乱收费、乱罚款及各种摊派行为。任何部门和单位不得通过强制中小企业购买产品、接受指定服务等手段牟利。严格执行税收征收管理法律法规,不得违规向中小企业提前征税或者摊派税款。

**四、加快中小企业技术进步和结构调整**

(十三)支持中小企业提高技术创新能力和产品质量。支持中小企业加大研发投入,开发先进适用的技术、工艺和设备,研制适销对路的新产品,提高产品质量。加强产学研联合和资源整合,加强知识产权保护,重点在轻工、纺织、电子等行业推进品牌建设,引导和支持中小企业创建自主品牌。支持中华老字号等传统优势中小企业申请商标注册,保护商标专用权,鼓励挖掘、保护、改造民间特色传统工艺,提升特色产业。

(十四)支持中小企业加快技术改造。按照重点产业调整和振兴规划要求,支持中小企业采用新技术、新工艺、新设备、新材料进行技术改造。中央预算内技术改造专项投资中,要安排中小企业技术改造资金,地方政府也要安排中小企业技术改造专项资金。中小企业的固定资产由于技术进步原因需加速折旧的,可按规定缩短折旧年限或者采取加速折旧的方法。

(十五)推进中小企业节能减排和清洁生产。促进重点节能减排技术和高效节能环保产品、设备在中小企业的推广应用。按照发展循环经济的要求,鼓励中小企业间资源循环利用。鼓励专业服务机构为中小企业提供合同能源管理、节能设备租赁等服务。充分发挥市场机制作用,综合运用金融、环保、土地、产业政策等手段,依法淘汰中小企业中的落后技术、工艺、设备和产品,防止落后产能异地转移。严格控制过剩产能和"两高一资"行业盲目发展。对纳入环境保护、节能节水企业所得税优惠目录的投资项目,按规定给予企业所得税优惠。

(十六)提高企业协作配套水平。鼓励中小企业与大型企业开展多种形式的经济技术合作,建立稳定的供应、生产、销售等协作关系。鼓励大型企业通过专业分工、服务外包、订单生产等方式,加强与中小企业的协作配套,积极向中小企业提供技术、人才、设备、资金支持,及时支付货款和服务费用。

(十七)引导中小企业集聚发展。按照布局合理、特色鲜明、用地集约、生态环保的原则,支持培育一批重点示范产业集群。加强产业集群环境建设,改善产业集聚条件,完善服务功能,壮大龙头骨干企业,延长产业链,提高专业化协作水平。鼓励东部地区先进的中小企业通过收购、兼并、重组、联营等多种形式,加强与中西部地区中小企业的合作,实现产业有序转移。

(十八)加快发展生产性服务业。鼓励支持中小企业在科技研发、工业设计、技术咨询、信息服务、现代物流等生产性服务业领域发展。积极促进中小企业在软件开发、服务外包、网络动漫、广告创意、电子商务等新兴领域拓展,扩大就业渠道,培育新的经济增长点。

## 五、支持中小企业开拓市场

(十九)支持引导中小企业积极开拓国内市场。支持符合条件的中小企业参与家电、农机、汽车摩托车下乡和家电、汽车"以旧换新"等业务。中小企业专项资金、技术改造资金等要重点支持销售渠道稳定、市场占有率高的中小企业。采取财政补助、降低展费标准等方式,支持中小企业参加各类展览展销活动。支持建立各类中小企业产品技术展示中心,办好中国国际中小企业博览会等展览展销活动。鼓励电信、网络运营企业以及新闻媒体积极发布市场信息,帮助中小企业宣传产品,开拓市场。

(二十)支持中小企业开拓国际市场。进一步落实出口退税等支持政策,研究完善稳定外需、促进外贸发展的相关政策措施,稳定和开拓国际市场。充分发挥中小企业国际市场开拓资金和出口信用保险的作用,加大优惠出口信贷对中小企业的支持力度。鼓励支持有条件的中小企业到境外开展并购等投资业务,收购技术和品牌,带动产品和服务出口。

(二十一)支持中小企业提高自身市场开拓能力。引导中小企业加强市场分析预测,把握市场机遇,增强质量、品牌和营销意识,改善售后服务,提高市场竞争力。提升和改造商贸流通业,推广连锁经营、特许经营等现代经营方式和新型业态,帮助和鼓励中小企业采用电子商务,降低市场开拓成本。支持餐饮、旅游、休闲、家政、物业、社区服务等行业拓展服务领域,创新服务方式,促进扩大消费。

## 六、努力改进对中小企业的服务

(二十二)加快推进中小企业服务体系建设。加强统筹规划,完善服务网络和服务设施,积极培育各级中小企业综合服务机构。通过资格认定、业务委托、奖励等方式,发挥工商联以及行业协会(商会)和综合服务机构的作用,引导和带动专业服务机构的发展。建立和完善财政补助机制,支持服务机构开展信息、培训、技术、创业、质量检验、企业管理等服务。

(二十三)加快中小企业公共服务基础设施建设。通过引导社会投资、财政资金支持等多种方式,重点支持在轻工、纺织、电子信息等领域建设一批产品研发、检验检测、技术推广等公共服务平台。支持小企业创业基地建设,改善创业和发展环境。鼓励高等院校、科研院所、企业技术中心开放科技资源,开展共性关键技术研究,提高服务中小企业的水平。完善中小企业信息服务网络,加快发展政策解读、技术推广、人才交流、业务培训和市场营销等重点信息服务。

(二十四)完善政府对中小企业的服务。深化行政审批制度改革,全面清理并进一步减少、合并行政审批事项,实现审批内容、标准和程序的公开化、规范化。投资、工商、税务、质检、环保等部门要简化程序、缩短时限、提高效率,为中小企业设立、生产经营等提供便捷服务。地方各级政府在制定和实施土地利用总体规划和年度计划时,要统筹考虑中小企业投资项目用地需求,合理安排用地指标。

## 七、提高中小企业经营管理水平

（二十五）引导和支持中小企业加强管理。支持培育中小企业管理咨询机构，开展管理咨询活动。引导中小企业加强基础管理，强化营销和风险管理，完善治理结构，推进管理创新，提高经营管理水平。督促中小企业苦练内功、降本增效，严格遵守安全、环保、质量、卫生、劳动保障等法律法规，诚实守信经营，履行社会责任。

（二十六）大力开展对中小企业各类人员的培训。实施中小企业银河培训工程，加大财政支持力度，充分发挥行业协会（商会）、中小企业培训机构的作用，广泛采用网络技术等手段，开展政策法规、企业管理、市场营销、专业技能、客户服务等各类培训。高度重视对企业经营管理者的培训，在3年内选择100万家成长型中小企业，对其经营管理者实施全面培训。

（二十七）加快推进中小企业信息化。继续实施中小企业信息化推进工程，加快推进重点区域中小企业信息化试点，引导中小企业利用信息技术提高研发、管理、制造和服务水平，提高市场营销和售后服务能力。鼓励信息技术企业开发和搭建行业应用平台，为中小企业信息化提供软硬件工具、项目外包、工业设计等社会化服务。

## 八、加强对中小企业工作的领导

（二十八）加强指导协调。成立国务院促进中小企业发展工作领导小组，加强对中小企业工作的统筹规划、组织领导和政策协调，领导小组办公室设在工业和信息化部。各地可根据工作需要，建立相应的组织机构和工作机制。

（二十九）建立中小企业统计监测制度。统计部门要建立和完善对中小企业的分类统计、监测、分析和发布制度，加强对规模以下企业的统计分析工作。有关部门要及时向社会公开发布发展规划、产业政策、行业动态等信息，逐步建立中小企业市场监测、风险防范和预警机制。

促进中小企业健康发展既是一项长期战略任务，也是当前保增长、扩内需、调结构、促发展、惠民生的紧迫任务。各地区、各有关部门要进一步提高认识，统一思想，结合实际，尽快制定贯彻本意见的具体办法，并切实抓好落实。

附件：有关部门工作分工安排表

# 有关部门工作分工安排表

| 序号 | 工作任务 | 牵头部门 | 参加部门 |
|---|---|---|---|
| 1 | 研究制定融资性担保管理办法，修订《贷款通则》 | 银监会、人民银行、法制办 | 工业和信息化部、财政部、发展改革委 |
| 2 | 修订中小企业划型标准 | 工业和信息化部、统计局 | 发展改革委、财政部 |
| 3 | 研究制定政府采购扶持中小企业发展的政策 | 财政部 | 发展改革委、工业和信息化部 |
| 4 | 落实阶段性缓缴社会保险或降低社会保险费率等具体措施 | 人力资源社会保障部 | 财政部、工业和信息化部 |

续表

| 序号 | 工作任务 | 牵头部门 | 参加部门 |
|---|---|---|---|
| 5 | 落实支持中小企业金融政策,完善中小企业金融服务体系 | 银监会、财政部、工业和信息化部 | 人民银行、税务总局、发展改革委、证监会 |
| 6 | 推动设立多层次中小企业融资担保基金和机构,完善中小企业信用担保体系 | 工业和信息化部、银监会 | 财政部、人民银行、税务总局 |
| 7 | 扩大中央财政预算扶持中小企业专项资金规模,加快设立国家中小企业发展基金 | 财政部、工业和信息化部 | 法制办 |
| 8 | 制定和落实促进中小企业发展的税收优惠具体政策 | 财政部、税务总局 | 工业和信息化部 |
| 9 | 减轻中小企业负担,清理收费项目,严格收费公示,实行企业缴费登记卡制度 | 发展改革委、财政部、工业和信息化部 | 监察部、审计署、工商总局、质检总局 |
| 10 | 中央预算内企业技术改造投资安排中小企业技术改造 | 工业和信息化部、发展改革委 | 财政部 |
| 11 | 支持培育一批重点示范产业集群,引导中小企业集聚发展 | 工业和信息化部、财政部 | 发展改革委 |
| 12 | 支持中小企业参加各类展览展销活动,办好中国国际中小企业博览会 | 工业和信息化部、商务部 | 财政部、发展改革委、工商总局、质检总局、银监会 |
| 13 | 完善中小企业服务体系,支持建设一批公共服务平台和小企业创业基地 | 工业和信息化部、财政部 | 发展改革委、科技部、质检总局 |
| 14 | 推进中小企业信息化工程,建立和完善中小企业信息网络 | 工业和信息化部 | 财政部、发展改革委 |
| 15 | 加强培训,实施中小企业银河培训工程,提高中小企业经营管理水平 | 工业和信息化部、财政部 | 人力资源社会保障部、农业部 |
| 16 | 建立完善中小企业分类统计、监测、分析和发布制度,加强规模以下企业的统计分析工作 | 统计局、工业和信息化部 | 工商总局 |

# 外国企业或者个人在中国境内设立合伙企业管理办法

(2009年11月25日 国务院令第567号)

《外国企业或者个人在中国境内设立合伙企业管理办法》已经2009年8月19日国务院第77次常务会议通过,现予公布,自2010年3月1日起施行。

**第一条** 为了规范外国企业或者个人在中国境内设立合伙企业的行为,便于外国企业或者个人以设立合伙企业的方式在中国境内投资,扩大对外经济合作和技术交流,根据《中华人民共和国合伙企业法》(以下称《合伙企业法》),制定本办法。

**第二条**　本办法所称外国企业或者个人在中国境内设立合伙企业，是指2个以上外国企业或者个人在中国境内设立合伙企业，以及外国企业或者个人与中国的自然人、法人和其他组织在中国境内设立合伙企业。

**第三条**　外国企业或者个人在中国境内设立合伙企业，应当遵守《合伙企业法》以及其他有关法律、行政法规、规章的规定，符合有关外商投资的产业政策。

外国企业或者个人在中国境内设立合伙企业，其合法权益受法律保护。

国家鼓励具有先进技术和管理经验的外国企业或者个人在中国境内设立合伙企业，促进现代服务业等产业的发展。

**第四条**　外国企业或者个人用于出资的货币应当是可自由兑换的外币，也可以是依法获得的人民币。

**第五条**　外国企业或者个人在中国境内设立合伙企业，应当由全体合伙人指定的代表或者共同委托的代理人向国务院工商行政管理部门授权的地方工商行政管理部门（以下称企业登记机关）申请设立登记。

申请设立登记，应当向企业登记机关提交《中华人民共和国合伙企业登记管理办法》规定的文件以及符合外商投资产业政策的说明。

企业登记机关予以登记的，应当同时将有关登记信息向同级商务主管部门通报。

**第六条**　外国企业或者个人在中国境内设立的合伙企业（以下称外商投资合伙企业）的登记事项发生变更的，应当依法向企业登记机关申请变更登记。

**第七条**　外商投资合伙企业解散的，应当依照《合伙企业法》的规定进行清算。清算人应当自清算结束之日起15日内，依法向企业登记机关办理注销登记。

**第八条**　外商投资合伙企业的外国合伙人全部退伙，该合伙企业继续存续的，应当依法向企业登记机关申请变更登记。

**第九条**　外商投资合伙企业变更登记或者注销登记的，企业登记机关应当同时将有关变更登记或者注销登记的信息向同级商务主管部门通报。

**第十条**　外商投资合伙企业的登记管理事宜，本办法未作规定的，依照《中华人民共和国合伙企业登记管理办法》和国家有关规定执行。

**第十一条**　外国企业或者个人在中国境内设立合伙企业涉及的财务会计、税务、外汇以及海关、人员出入境等事宜，依照有关法律、行政法规和国家有关规定办理。

**第十二条**　中国的自然人、法人和其他组织在中国境内设立的合伙企业，外国企业或者个人入伙的，应当符合本办法的有关规定，并依法向企业登记机关申请变更登记。

**第十三条**　外国企业或者个人在中国境内设立合伙企业涉及须经政府核准的投资项目的，依照国家有关规定办理投资项目核准手续。

**第十四条**　国家对外国企业或者个人在中国境内设立以投资为主要业务的合伙企业另有规定的，依照其规定。

**第十五条**　香港特别行政区、澳门特别行政区和台湾地区的企业或者个人在内地设立合伙企业，参照本办法的规定执行。

**第十六条**　本办法自2010年3月1日起施行。

## (三)中国证监会规章

# 证券期货市场统计管理办法

(2009年1月8日 证监会令第60号)

《证券期货市场统计管理办法》已经2008年10月28日中国证券监督管理委员会第243次主席办公会议审议通过,现予公布,自2009年3月1日起施行。

### 第一章 总 则

**第一条** 为了规范证券期货市场统计行为,发挥统计在反映证券期货市场基础信息和动态状况、加强证券期货市场监管中的作用,根据《中华人民共和国统计法》、《中华人民共和国证券法》、《中华人民共和国证券投资基金法》、《期货交易管理条例》、《证券公司监督管理条例》和《中华人民共和国统计法实施细则》等法律、行政法规,制定本办法。

**第二条** 证券期货市场统计的基本任务是对证券期货市场发展情况进行统计调查、统计分析,提供证券期货市场统计资料和统计咨询意见,实行统计监督。

**第三条** 证券期货市场统计调查对象(以下简称统计调查对象)应当如实提供证券期货统计资料,不得虚报、瞒报、拒报、迟报,不得伪造、篡改。

本办法所称的统计调查对象,包括证券公司、证券投资基金管理公司、期货公司及其分支机构,基金托管银行、基金销售机构、合格境外机构投资者托管银行,从事证券期货服务业务的投资咨询机构、财务顾问机构、资信评级机构、资产评估机构、会计师事务所、律师事务所,上市公司、非上市公众公司,证券期货交易所、证券登记结算机构、证券业协会、期货业协会、证券投资者保护基金公司、期货保证金监控中心等市场主体。

**第四条** 中国证券监督管理委员会(以下简称中国证监会)建立集中统一领导,分业务、分级负责的统计管理体制。

中国证监会负责全国证券期货市场(以下简称证券期货市场)的统计工作,中国证监会派出机构负责辖区内的证券期货统计工作。

**第五条** 中国证监会制定证券期货市场统计标准,发布证券期货市场统计资料或者可能影响证券期货市场稳定运行的其他统计资料。

**第六条** 统计资料的管理、使用和公布,应当遵守国家档案管理制度、保密制度和证券期货监督管理信息公开制度、证券期货市场诚信档案管理制度,保守统计调查对象的商业秘密,维护证券期货市场公开、公平、公正的原则。

## 第二章　统计机构和统计人员

**第七条**　中国证监会统计部门履行以下职责：

（一）组织证券期货市场统计调查工作，搜集、整理证券期货统计资料，管理、公布、汇编、对外提供证券期货市场统计资料；

（二）对证券期货市场运行、发展、风险等情况进行统计分析，编制证券期货市场统计报表，出具统计报告，提出有关的政策建议；

（三）建立健全证券期货统计制度，制定证券期货市场统计标准，完善证券期货统计指标体系，对统计法律、行政法规、本办法及中国证监会制定的统计制度的执行情况进行指导和检查监督，对中国证监会派出机构、统计调查对象的统计工作进行考核评估；

（四）建设并管理证券期货统计信息自动化系统和统计数据库体系；

（五）负责办理与会外单位之间的统计协调工作；

（六）办理中国证监会派出机构统计调查项目和证券期货市场统计调查项目补充内容的备案；

（七）组织开展证券期货市场统计人员的业务培训。

**第八条**　中国证监会履行监管职责的其他部门（以下简称中国证监会其他部门）对其职责范围内的统计调查对象进行统计调查，搜集、整理证券期货统计资料。

中国证监会其他部门应当配合中国证监会统计部门的工作。

**第九条**　中国证监会统计部门建立证券期货市场统计工作联席会议机制，其成员单位包括中国证监会统计部门、中国证监会其他部门、证券期货交易所、证券登记结算机构等。

除中国证监会统计部门之外的其他成员单位按照约定的格式与内容，定期或者不定期地向中国证监会统计部门报送本单位搜集、整理、管理的证券期货统计资料。证券期货市场统计工作联席会议机制确保成员之间实现信息互联共享，并承担以下职能：

（一）分析评价证券期货统计标准，提出补充、修改的建议；

（二）研究统计工作中遇到的新问题、新情况，加强各单位间的协调、配合；

（三）讨论其他与证券期货统计工作有关的重大事项。

**第十条**　中国证监会派出机构应当指定或者设立专门处室履行统计职责，其统计职责包括：

（一）配合中国证监会统计部门完成证券期货市场统计调查任务，搜集、整理、提供辖区内证券期货统计资料；

（二）组织辖区内的证券期货统计调查工作，搜集、整理、管理、公布、对外提供证券期货统计资料；

（三）对辖区内证券期货发展情况进行统计分析，出具统计报告，提出有关政策建议；

（四）对辖区内统计调查对象执行统计法律、行政法规、本办法及中国证监会制定统计制度的情况进行检查监督。

**第十一条**　统计调查对象应当设立统计部门或者指定部门、人员负责统计工作。

**第十二条**　中国证监会其他部门、派出机构配置专职的统计人员。统计调查对象应当配备专职或者兼职的统计人员。

统计人员应当具备良好的职业道德，具备必要的证券期货市场基础知识、统计专业基础知识和必备的计算机操作技能。

**第十三条**　统计人员应当依法如实搜

集、报送统计资料。

统计人员应当对其负责搜集、审核、录入的统计资料和调查对象报送的统计资料的真实性负责,不得伪造、篡改统计资料,不得以任何方式要求统计调查对象提供不真实的统计资料。

**第十四条** 统计人员依法履行统计职责,不受任何单位和个人非法干预。

**第十五条** 中国证监会统计部门组织对统计人员的专业培训,加强职业道德教育,提高统计工作水平。

## 第三章 统计调查和统计分析

**第十六条** 中国证监会统计部门负责制定证券期货市场统计调查项目。中国证监会派出机构在执行前述统计调查项目时,可以根据本辖区的实际情况和监管工作需要,对统计调查内容作出补充,并报中国证监会统计部门备案。

中国证监会派出机构负责制定辖区内证券期货统计调查项目,并报中国证监会统计部门备案。

**第十七条** 中国证监会统计部门制定证券期货市场统计标准,以保障统计调查中采用的指标涵义、计算方法、分类目录、调查表式等方面的标准化。

中国证监会其他部门、中国证监会派出机构开展统计调查的,应当适用中国证监会统计部门制定的统计标准。

**第十八条** 中国证监会及其派出机构在组织统计调查时,应当对统计调查内容、调查对象、统计资料的报送时间、格式及方式等内容作出明确规定。

中国证监会及其派出机构可以采用公文、传真、电话、电子邮件以及网络等统计调查方式。涉及保密内容的统计调查,应当遵循保密管理的相关规定。

**第十九条** 统计调查对象应当在规定时限内,按照规定的统计调查内容与格式,向中国证监会及其派出机构报送统计资料。统计资料还应当符合中国证监会统计部门制定的统计标准。

**第二十条** 统计调查对象应当做好基层统计报表的收集、审核和汇总工作,保证统计资料的真实、准确和完整。

统计调查对象应当向中国证监会及其派出机构报送经单位负责人审核、签署的统计数据,并在填报说明中,对基层数据的上报情况及本期数据的异常变动等情况作出说明。

**第二十一条** 统计调查对象发现报送的统计资料有误的,应当立即报告中国证监会及其派出机构,组织本单位的统计部门或者人员予以核实订正后,及时向中国证监会及其派出机构作出书面更正与说明。必要时,还应当依法及时公开披露。

**第二十二条** 统计调查应当以定期调查为基础,以抽样调查为补充,综合运用全面调查、重点调查、行政业务记录等方法,搜集、整理证券期货基本统计资料。

**第二十三条** 中国证监会统计部门应当定期分析、研究证券期货市场和宏观经济发展情况,并就其对证券期货业发展的影响等情况进行调查研究。

中国证监会统计部门可以根据证券期货监管工作的需要,对一些市场高度关注、关系证券期货市场发展大局的情况进行分析、研究。

**第二十四条** 地方各级人民政府或者国务院其他部门派出机构组织证券期货统计调查的,统计调查对象应当及时向中国证监会派出机构报告。

中国证监会派出机构应当及时了解统计调查内容及其进展情况;必要时,应当及时就统计资料的一致性等问题,与地方各级人民政府或者国务院其他部门派出机构协商。

统计调查属于证券期货市场统计调查一部分的，中国证监会派出机构应当及时报告中国证监会统计部门。中国证监会统计部门应当及时就统计资料的一致性等问题，与国务院其他部门协商。

## 第四章 统计资料管理和公布

**第二十五条** 中国证监会统计部门统一管理证券期货市场统计资料。

中国证监会其他部门、派出机构负责本部门或者单位统计资料的管理工作。

统计调查对象应当按照法律、行政法规的要求，加强统计资料的管理工作。

统计资料档案的保管、调用和移交，应当遵守国家有关档案管理的规定。

**第二十六条** 中国证监会及其派出机构应当建立健全统计资料的审核、整理、交接和存档等管理制度。

中国证监会统计部门应当建设统一的证券期货统计信息自动化系统，实现与中国证监会其他部门、中国证监会派出机构、证券期货交易所、证券登记结算机构等单位统计资料电子化管理系统、证券期货市场诚信档案系统的对接。

**第二十七条** 中国证监会及其派出机构应当建立健全统计资料提供和公布制度。

证券期货市场统计资料或者可能影响证券期货市场稳定运行的统计资料应当由中国证监会统计部门对外提供或者公布。

中国证监会派出机构可以对外提供或者公布本辖区证券期货统计资料。

**第二十八条** 统计调查对象或者其他单位公布统计资料应当遵守法律、行政法规和中国证监会的规定，不得编造、伪造统计资料，扰乱证券期货市场秩序。

## 第五章 监督管理与法律责任

**第二十九条** 中国证监会统计部门、中国证监会派出机构可以对统计调查对象的以下情况，实施定期或者不定期检查：

（一）统计部门或者指定负责统计工作的部门、人员的配置情况；

（二）统计工作的独立性；

（三）基层统计报表的收集、审核和汇总工作及其真实、准确、完整程度；

（四）有关统计法律、行政法规、中国证监会规定的其他要求的执行情况。

**第三十条** 检查分为现场检查与非现场检查。

现场检查时，检查人员不得少于两人，并应当出示合法证件和检查通知书。检查人员有权采取下列措施：

（一）询问统计调查对象的有关人员，要求其对检查事项作出说明；

（二）查阅、复制统计调查对象与检查事项有关的文件、资料、凭证等；

（三）要求统计调查对象及其有关人员提交与检查事项有关的自查报告。

非现场检查时，中国证监会统计部门、中国证监会派出机构可以要求统计调查对象提供备查资料及其说明或者自查报告。

**第三十一条** 统计调查对象应当配合中国证监会统计部门、中国证监会派出机构的检查工作。任何单位、个人不得干扰和妨碍检查工作。

**第三十二条** 对于违反本办法规定的统计调查对象，中国证监会可以对其采取以下监督管理措施：

（一）责令改正；

（二）监管谈话；

（三）出具警示函；

（四）责令参加培训。

**第三十三条** 统计调查对象有下列行

为之一的,中国证监会可以给予警告,单处或者并处罚款:

(一)虚报、瞒报、漏报统计资料;

(二)伪造、篡改统计资料;

(三)拒报或者无故迟报统计资料;

(四)拒绝或者妨碍统计检查。

对前款行为负有直接责任的管理人员和其他直接责任人员,中国证监会可以给予警告,单处或者并处罚款。

**第三十四条** 统计调查对象或者其他单位违反本办法第二十八条规定,作出虚假陈述或者信息误导,扰乱证券期货市场的,中国证监会按照《证券法》第二百零七条、《期货交易管理条例》第七十一条的规定予以处罚。

**第三十五条** 统计调查对象报送的监管信息包含统计资料,其报送或者信息披露行为违反法律、行政法规、中国证监会规定的,按照相关规定处理。

**第三十六条** 中国证监会统计部门、中国证监会其他部门和中国证监会派出机构的工作人员违反国家有关保密规定,擅自公开证券期货统计资料的,中国证监会依照有关规定给予行政处分。

## 第六章 附 则

**第三十七条** 证券期货交易所、证券期货业协会、证券登记结算机构等自律组织组织统计调查的,应当适用中国证监会统计部门规定的统一的统计标准。

前款所称的自律组织可以制定本单位统计工作制度,并报中国证监会统计部门备案。

**第三十八条** 本办法自2009年3月1日起施行。

# 首次公开发行股票并在创业板上市管理暂行办法

(2009年3月31日 证监会令第61号)

《首次公开发行股票并在创业板上市管理暂行办法》已经2009年1月21日中国证券监督管理委员会第249次主席办公会议审议通过,现予公布,自2009年5月1日起施行。

## 第一章 总 则

**第一条** 为了规范首次公开发行股票并在创业板上市的行为,促进自主创新企业及其他成长型创业企业的发展,保护投资者的合法权益,维护社会公共利益,根据《证券法》、《公司法》,制定本办法。

**第二条** 在中华人民共和国境内首次公开发行股票并在创业板上市,适用本办法。

**第三条** 发行人申请首次公开发行股票并在创业板上市,应当符合《证券法》、《公司法》和本办法规定的发行条件。

**第四条** 发行人依法披露的信息,必须真实、准确、完整,不得有虚假记载、误导性陈述或者重大遗漏。

**第五条** 保荐人及其保荐代表人应当勤勉尽责,诚实守信,认真履行审慎核查和辅导义务,并对其所出具文件的真实性、准确性和完整性负责。

**第六条** 为证券发行出具文件的证券服务机构和人员,应当按照本行业公认的业务标准和道德规范,严格履行法定职责,并对其所出具文件的真实性、准确性和完整性负责。

**第七条** 创业板市场应当建立与投资者风险承受能力相适应的投资者准入制度,向投资者充分提示投资风险。

**第八条** 中国证券监督管理委员会(以下简称"中国证监会")依法核准发行人的首次公开发行股票申请,对发行人股票发行进行监督管理。

证券交易所依法制定业务规则,创造公开、公平、公正的市场环境,保障创业板市场的正常运行。

**第九条** 中国证监会依据发行人提供的申请文件对发行人首次公开发行股票的核准,不表明其对该股票的投资价值或者对投资者的收益作出实质性判断或者保证。股票依法发行后,因发行人经营与收益的变化引致的投资风险,由投资者自行负责。

## 第二章 发行条件

**第十条** 发行人申请首次公开发行股票应当符合下列条件:

(一)发行人是依法设立且持续经营三年以上的股份有限公司。

有限责任公司按原账面净资产值折股整体变更为股份有限公司的,持续经营时间可以从有限责任公司成立之日起计算。

(二)最近两年连续盈利,最近两年净利润累计不少于一千万元,且持续增长;或者最近一年盈利,且净利润不少于五百万元,最近一年营业收入不少于五千万元,最近两年营业收入增长率均不低于百分之三十。净利润以扣除非经常性损益前后孰低者为计算依据。

(三)最近一期末净资产不少于两千万元,且不存在未弥补亏损。

(四)发行后股本总额不少于三千万元。

**第十一条** 发行人的注册资本已足额缴纳,发起人或者股东用作出资的资产的财产权转移手续已办理完毕。发行人的主要资产不存在重大权属纠纷。

**第十二条** 发行人应当主要经营一种业务,其生产经营活动符合法律、行政法规和公司章程的规定,符合国家产业政策及环境保护政策。

**第十三条** 发行人最近两年内主营业务和董事、高级管理人员均没有发生重大变化,实际控制人没有发生变更。

**第十四条** 发行人应当具有持续盈利能力,不存在下列情形:

(一)发行人的经营模式、产品或服务的品种结构已经或者将发生重大变化,并对发行人的持续盈利能力构成重大不利影响;

(二)发行人的行业地位或发行人所处行业的经营环境已经或者将发生重大变化,并对发行人的持续盈利能力构成重大不利影响;

(三)发行人在用的商标、专利、专有技术、特许经营权等重要资产或者技术的取得或者使用存在重大不利变化的风险;

(四)发行人最近一年的营业收入或净利润对关联方或者有重大不确定性的客户存在重大依赖;

(五)发行人最近一年的净利润主要来自合并财务报表范围以外的投资收益;

(六)其他可能对发行人持续盈利能力构成重大不利影响的情形。

**第十五条** 发行人依法纳税,享受的各项税收优惠符合相关法律法规的规定。发行人的经营成果对税收优惠不存在严重依赖。

**第十六条**　发行人不存在重大偿债风险,不存在影响持续经营的担保、诉讼以及仲裁等重大或有事项。

**第十七条**　发行人的股权清晰,控股股东和受控股股东、实际控制人支配的股东所持发行人的股份不存在重大权属纠纷。

**第十八条**　发行人资产完整,业务及人员、财务、机构独立,具有完整的业务体系和直接面向市场独立经营的能力。与控股股东、实际控制人及其控制的其他企业间不存在同业竞争,以及严重影响公司独立性或者显失公允的关联交易。

**第十九条**　发行人具有完善的公司治理结构,依法建立健全股东大会、董事会、监事会以及独立董事、董事会秘书、审计委员会制度,相关机构和人员能够依法履行职责。

**第二十条**　发行人会计基础工作规范,财务报表的编制符合企业会计准则和相关会计制度的规定,在所有重大方面公允地反映了发行人的财务状况、经营成果和现金流量,并由注册会计师出具无保留意见的审计报告。

**第二十一条**　发行人内部控制制度健全且被有效执行,能够合理保证公司财务报告的可靠性、生产经营的合法性、营运的效率与效果,并由注册会计师出具无保留结论的内部控制鉴证报告。

**第二十二条**　发行人具有严格的资金管理制度,不存在资金被控股股东、实际控制人及其控制的其他企业以借款、代偿债务、代垫款项或者其他方式占用的情形。

**第二十三条**　发行人的公司章程已明确对外担保的审批权限和审议程序,不存在为控股股东、实际控制人及其控制的其他企业进行违规担保的情形。

**第二十四条**　发行人的董事、监事和高级管理人员了解股票发行上市相关法律法规,知悉上市公司及其董事、监事和高级管理人员的法定义务和责任。

**第二十五条**　发行人的董事、监事和高级管理人员应当忠实、勤勉,具备法律、行政法规和规章规定的资格,且不存在下列情形:

(一)被中国证监会采取证券市场禁入措施尚在禁入期的;

(二)最近三年内受到中国证监会行政处罚,或者最近一年内受到证券交易所公开谴责的;

(三)因涉嫌犯罪被司法机关立案侦查或者涉嫌违法违规被中国证监会立案调查,尚未有明确结论意见的。

**第二十六条**　发行人及其控股股东、实际控制人最近三年内不存在损害投资者合法权益和社会公共利益的重大违法行为。

发行人及其控股股东、实际控制人最近三年内不存在未经法定机关核准,擅自公开或者变相公开发行证券,或者有关违法行为虽然发生在三年前,但目前仍处于持续状态的情形。

**第二十七条**　发行人募集资金应当用于主营业务,并有明确的用途。募集资金数额和投资项目应当与发行人现有生产经营规模、财务状况、技术水平和管理能力等相适应。

**第二十八条**　发行人应当建立募集资金专项存储制度,募集资金应当存放于董事会决定的专项账户。

## 第三章　发行程序

**第二十九条**　发行人董事会应当依法就本次股票发行的具体方案、本次募集资金使用的可行性及其他必须明确的事项作出决议,并提请股东大会批准。

**第三十条**　发行人股东大会应当就本次发行股票作出决议,决议至少应当包括下列事项:

(一)股票的种类和数量;

(二)发行对象;

(三)价格区间或者定价方式;

(四)募集资金用途;

(五)发行前滚存利润的分配方案;

(六)决议的有效期;

(七)对董事会办理本次发行具体事宜的授权;

(八)其他必须明确的事项。

**第三十一条**　发行人应当按照中国证监会有关规定制作申请文件,由保荐人保荐并向中国证监会申报。

**第三十二条**　保荐人保荐发行人发行股票并在创业板上市,应当对发行人的成长性进行尽职调查和审慎判断并出具专项意见。发行人为自主创新企业的,还应当在专项意见中说明发行人的自主创新能力。

**第三十三条**　中国证监会收到申请文件后,在五个工作日内作出是否受理的决定。

**第三十四条**　中国证监会受理申请文件后,由相关职能部门对发行人的申请文件进行初审,并由创业板发行审核委员会审核。

**第三十五条**　中国证监会依法对发行人的发行申请作出予以核准或者不予核准的决定,并出具相关文件。

发行人应当自中国证监会核准之日起六个月内发行股票;超过六个月未发行的,核准文件失效,须重新经中国证监会核准后方可发行。

**第三十六条**　发行申请核准后至股票发行结束前发生重大事项的,发行人应当暂缓或者暂停发行,并及时报告中国证监会,同时履行信息披露义务。出现不符合发行条件事项的,中国证监会撤回核准决定。

**第三十七条**　股票发行申请未获核准的,发行人可自中国证监会作出不予核准决定之日起六个月后再次提出股票发行申请。

## 第四章　信息披露

**第三十八条**　发行人应当按照中国证监会的有关规定编制和披露招股说明书。

**第三十九条**　中国证监会制定的创业板招股说明书内容与格式准则是信息披露的最低要求。不论准则是否有明确规定,凡是对投资者作出投资决策有重大影响的信息,均应当予以披露。

**第四十条**　发行人应当在招股说明书显要位置作如下提示:"本次股票发行后拟在创业板市场上市,该市场具有较高的投资风险。创业板公司具有业绩不稳定、经营风险高、退市风险大等特点,投资者面临较大的市场风险。投资者应充分了解创业板市场的投资风险及本公司所披露的风险因素,审慎作出投资决定。"

**第四十一条**　发行人及其全体董事、监事和高级管理人员应当在招股说明书上签名、盖章,保证招股说明书内容真实、准确、完整。保荐人及其保荐代表人应当对招股说明书的真实性、准确性、完整性进行核查,并在核查意见上签名、盖章。

发行人的控股股东、实际控制人应当对招股说明书出具确认意见,并签名、盖章。

**第四十二条**　招股说明书引用的财务报表在其最近一期截止日后六个月内有效。特别情况下发行人可申请适当延长,但至多不超过一个月。财务报表应当以年度末、半年度末或者季度末为截止日。

**第四十三条** 招股说明书的有效期为六个月,自中国证监会核准前招股说明书最后一次签署之日起计算。

**第四十四条** 申请文件受理后、发行审核委员会审核前,发行人应当在中国证监会网站预先披露招股说明书(申报稿)。发行人可在公司网站刊登招股说明书(申报稿),所披露的内容应当一致,且不得早于在中国证监会网站披露的时间。

**第四十五条** 预先披露的招股说明书(申报稿)不能含有股票发行价格信息。

发行人应当在预先披露的招股说明书(申报稿)的显要位置声明:"本公司的发行申请尚未得到中国证监会核准。本招股说明书(申报稿)不具有据以发行股票的法律效力,仅供预先披露之用。投资者应当以正式公告的招股说明书作为投资决定的依据。"

**第四十六条** 发行人及其全体董事、监事和高级管理人员应当保证预先披露的招股说明书(申报稿)的内容真实、准确、完整。

**第四十七条** 发行人股票发行前应当在中国证监会指定网站全文刊登招股说明书,同时在中国证监会指定报刊刊登提示性公告,告知投资者网上刊登的地址及获取文件的途径。

发行人应当将招股说明书披露于公司网站,时间不得早于前款规定的刊登时间。

**第四十八条** 保荐人出具的发行保荐书、证券服务机构出具的文件及其他与发行有关的重要文件应当作为招股说明书备查文件,在中国证监会指定网站和公司网站披露。

**第四十九条** 发行人应当将招股说明书及备查文件置备于发行人、拟上市证券交易所、保荐人、主承销商和其他承销机构的住所,以备公众查阅。

**第五十条** 申请文件受理后至发行人发行申请经中国证监会核准、依法刊登招股说明书前,发行人及与本次发行有关的当事人不得以广告、说明会等方式为公开发行股票进行宣传。

## 第五章 监督管理和法律责任

**第五十一条** 证券交易所应当建立适合创业板特点的上市、交易、退市等制度,督促保荐人履行持续督导义务,对违反有关法律、法规以及交易所业务规则的行为,采取相应的监管措施。

**第五十二条** 证券交易所应当建立适合创业板特点的市场风险警示及投资者持续教育的制度,督促发行人建立健全维护投资者权益的制度以及防范和纠正违法违规行为的内部控制体系。

**第五十三条** 发行人向中国证监会报送的发行申请文件有虚假记载、误导性陈述或者重大遗漏的,发行人不符合发行条件以欺骗手段骗取发行核准的,发行人以不正当手段干扰中国证监会及其发行审核委员会审核工作的,发行人或其董事、监事、高级管理人员、控股股东、实际控制人的签名、盖章系伪造或者变造的,发行人及与本次发行有关的当事人违反本办法规定为公开发行股票进行宣传的,中国证监会将采取终止审核并在三十六个月内不受理发行人的股票发行申请的监管措施,并依照《证券法》的有关规定进行处罚。

**第五十四条** 保荐人出具有虚假记载、误导性陈述或者重大遗漏的发行保荐书的,保荐人以不正当手段干扰中国证监会及其发行审核委员会审核工作的,保荐人或其相关签名人员的签名、盖章系伪造或变造的，或者不履行其他法定职责的，依照《证券法》和保荐制度的有关规定处理。

**第五十五条**　证券服务机构未勤勉尽责，所制作、出具的文件有虚假记载、误导性陈述或者重大遗漏的，中国证监会将采取十二个月内不接受相关机构出具的证券发行专项文件，三十六个月内不接受相关签名人员出具的证券发行专项文件的监管措施，并依照《证券法》及其他相关法律、行政法规和规章的规定进行处罚。

**第五十六条**　发行人、保荐人或证券服务机构制作或者出具文件不符合要求，擅自改动已提交文件的，或者拒绝答复中国证监会审核提出的相关问题的，中国证监会将视情节轻重，对相关机构和责任人员采取监管谈话、责令改正等监管措施，记入诚信档案并公布；情节特别严重的，给予警告。

**第五十七条**　发行人披露盈利预测的，利润实现数如未达到盈利预测的百分之八十，除因不可抗力外，其法定代表人、盈利预测审核报告签名注册会计师应当在股东大会及中国证监会指定网站、报刊上公开作出解释并道歉；中国证监会可以对法定代表人处以警告。

利润实现数未达到盈利预测的百分之五十的，除因不可抗力外，中国证监会在三十六个月内不受理该公司的公开发行证券申请。

## 第六章　附　　则

**第五十八条**　本办法自2009年5月1日起施行。

# 关于修改《中国证券监督管理委员会发行审核委员会办法》的决定

（2009年5月13日　证监会令第62号）

《关于修改〈中国证券监督管理委员会发行审核委员会办法〉的决定》已经2009年4月14日中国证券监督管理委员会第254次主席办公会议审议通过，现予公布，自2009年6月14日起施行。

一、第二条修改为："中国证券监督管理委员会（以下简称中国证监会）设立主板市场发行审核委员会（以下简称主板发审委）、创业板市场发行审核委员会（以下简称创业板发审委）和上市公司并购重组审核委员会（以下简称并购重组委）。

"主板发审委、创业板发审委（以下统称发审委）审核发行人股票发行申请和可转换公司债券等中国证监会认可的其他证券的发行申请（以下统称股票发行申请），适用本办法。

"并购重组委的组成、职责、工作规程等另行规定。"

二、第六条修改为："发审委委员由中国证监会的专业人员和中国证监会外的有关专家组成,由中国证监会聘任。

"主板发审委委员为25名,部分发审委委员可以为专职。其中中国证监会的人员5名,中国证监会以外的人员20名。

"创业板发审委委员为35名,部分发审委委员可以为专职。其中中国证监会的人员5名,中国证监会以外的人员30名。

"发审委设会议召集人。"

三、第七条增加一款,作为第二款:"主板发审委委员、创业板发审委委员和并购重组委委员不得相互兼任。"

本决定自2009年6月14日起施行。《中国证券监督管理委员会发行审核委员会办法》根据本决定作相应修改,重新公布。

# 中国证券监督管理委员会发行审核委员会办法

(2006年5月8日中国证券监督管理委员会第179次主席办公会议审议通过 根据2009年5月13日中国证券监督管理委员会《关于修改〈中国证券监督管理委员会发行审核委员会办法〉的决定》修订)

## 第一章 总 则

**第一条** 为了保证在股票发行审核工作中贯彻公开、公平、公正的原则,提高股票发行审核工作的质量和透明度,根据《中华人民共和国证券法》的有关规定,制定本办法。

**第二条** 中国证券监督管理委员会(以下简称中国证监会)设立主板市场发行审核委员会(以下简称主板发审委)、创业板市场发行审核委员会(以下简称创业板发审委)和上市公司并购重组审核委员会(以下简称并购重组委)。

主板发审委、创业板发审委(以下统称发审委)审核发行人股票发行申请和可转换公司债券等中国证监会认可的其他证券的发行申请(以下统称股票发行申请),适用本办法。

并购重组委的组成、职责、工作规程等另行制定。

**第三条** 发审委依照《中华人民共和国证券法》、《中华人民共和国公司法》等法律、行政法规和中国证监会的规定,对发行人的股票发行申请文件和中国证监会有关职能部门的初审报告进行审核。

发审委以投票方式对股票发行申请进行表决,提出审核意见。

中国证监会依照法定条件和法定程序作出予以核准或者不予核准股票发行申请的决定。

**第四条** 发审委通过发审委工作会议(以下简称发审委会议)履行职责。

**第五条** 中国证监会负责对发审委事务的日常管理以及对发审委委员的考核和监督。

## 第二章 发审委的组成

**第六条** 发审委委员由中国证监会的专业人员和中国证监会外的有关专家组成,由中国证监会聘任。

主板发审委委员为25名,部分发审委委员可以为专职。其中中国证监会的人员5名,中国证监会以外的人员20名。

创业板发审委委员为35名,部分发

审委委员可以为专职。其中中国证监会的人员5名，中国证监会以外的人员30名。

发审委设会议召集人。

**第七条**　发审委委员每届任期一年，可以连任，但连续任期最长不超过3届。

主板发审委委员、创业板发审委委员和并购重组委委员不得相互兼任。

**第八条**　发审委委员应当符合下列条件：

（一）坚持原则，公正廉洁，忠于职守，严格遵守国家法律、行政法规和规章；

（二）熟悉证券、会计业务及有关的法律、行政法规和规章；

（三）精通所从事行业的专业知识，在所从事的领域内有较高声誉；

（四）没有违法、违纪记录；

（五）中国证监会认为需要符合的其他条件。

**第九条**　发审委委员有下列情形之一的，中国证监会应当予以解聘：

（一）违反法律、行政法规、规章和发行审核工作纪律的；

（二）未按照中国证监会的有关规定勤勉尽职的；

（三）本人提出辞职申请的；

（四）2次以上无故不出席发审委会议的；

（五）经中国证监会考核认为不适合担任发审委委员的其他情形。

发审委委员的解聘不受任期是否届满的限制。发审委委员解聘后，中国证监会应及时选聘新的发审委委员。

## 第三章　发审委的职责

**第十条**　发审委的职责是：根据有关法律、行政法规和中国证监会的规定，审核股票发行申请是否符合相关条件；审核保荐人、会计师事务所、律师事务所、资产评估机构等证券服务机构及相关人员为股票发行所出具的有关材料及意见书；审核中国证监会有关职能部门出具的初审报告；依法对股票发行申请提出审核意见。

**第十一条**　发审委委员以个人身份出席发审委会议，依法履行职责，独立发表审核意见并行使表决权。

**第十二条**　发审委委员可以通过中国证监会有关职能部门调阅履行职责所必需的与发行人有关的资料。

**第十三条**　发审委委员应当遵守下列规定：

（一）按要求出席发审委会议，并在审核工作中勤勉尽职；

（二）保守国家秘密和发行人的商业秘密；

（三）不得泄露发审委会议讨论内容、表决情况以及其他有关情况；

（四）不得利用发审委委员身份或者在履行职责上所得到的非公开信息，为本人或者他人直接或者间接谋取利益；

（五）不得与发行申请人有利害关系，不得直接或间接接受发行申请人及相关单位或个人提供的资金、物品等馈赠和其他利益，不得持有所核准的发行申请的股票，不得私下与发行申请人及其他相关单位或个人进行接触；

（六）不得有与其他发审委委员串通表决或者诱导其他发审委委员表决的行为；

（七）中国证监会的其他有关规定。

**第十四条**　发审委委员有义务向中国证监会举报任何以不正当手段对其施加影响的发行人及其他相关单位或者个人。

**第十五条**　发审委委员审核股票发行申请文件时，有下列情形之一的，应及时提出回避：

(一)发审委委员或者其亲属担任发行人或者保荐人的董事(含独立董事,下同)、监事、经理或者其他高级管理人员的;

(二)发审委委员或者其亲属、发审委委员所在工作单位持有发行人的股票,可能影响其公正履行职责的;

(三)发审委委员或者其所在工作单位近两年来为发行人提供保荐、承销、审计、评估、法律、咨询等服务,可能妨碍其公正履行职责的;

(四)发审委委员或者其亲属担任董事、监事、经理或者其他高级管理人员的公司与发行人或者保荐人有行业竞争关系,经认定可能影响其公正履行职责的;

(五)发审委会议召开前,与本次所审核发行人及其他相关单位或者个人进行过接触,可能影响其公正履行职责的;

(六)中国证监会认定的可能产生利害冲突或者发审委委员认为可能影响其公正履行职责的其他情形。

前款所称亲属,是指发审委委员的配偶、父母、子女、兄弟姐妹、配偶的父母、子女的配偶、兄弟姐妹的配偶。

**第十六条** 发行人及其他相关单位和个人如果认为发审委委员与其存在利害冲突或者潜在的利害冲突,可能影响发审委委员公正履行职责的,可以在报送发审委会议审核的股票发行申请文件时,向中国证监会提出要求有关发审委委员予以回避的书面申请,并说明理由。

中国证监会根据发行人及其他相关单位和个人提出的书面申请,决定相关发审委委员是否回避。

**第十七条** 发审委委员接受聘任后,应当承诺遵守中国证监会有关对发审委委员的规定和纪律要求,认真履行职责,接受中国证监会的考核和监督。

## 第四章 发审委会议

### 第一节 一般规定

**第十八条** 发审委通过召开发审委会议进行审核工作。

**第十九条** 发审委会议表决采取记名投票方式。表决票设同意票和反对票,发审委委员不得弃权。发审委委员在投票时应当在表决票上说明理由。

**第二十条** 发审委委员应依据法律、行政法规和中国证监会的规定,结合自身的专业知识,独立、客观、公正地对股票发行申请进行审核。

发审委委员应当以审慎、负责的态度,全面审阅发行人的股票发行申请文件和中国证监会有关职能部门出具的初审报告。在审核时,发审委委员应当在工作底稿上填写个人审核意见:

(一)发审委委员对初审报告中提请发审委委员关注的问题和审核意见有异议的,应当在工作底稿上对相关内容提出有依据、明确的审核意见;

(二)发审委委员认为发行人存在初审报告提请关注问题以外的其他问题的,应当在工作底稿上提出有依据、明确的审核意见;

(三)发审委委员认为发行人存在尚待调查核实并影响明确判断的重大问题的,应当在工作底稿上提出有依据、明确的审核意见。

发审委委员在发审委会议上应当根据自己的工作底稿发表个人审核意见,同时应当根据会议讨论情况,完善个人审核意见并在工作底稿上予以记录。

发审委会议在充分讨论的基础上,形成会议对发行人股票发行申请的审核意见,并对发行人的股票发行申请是否符合相关条件进行表决。

**第二十一条** 发审委会议召集人按照中国证监会的有关规定负责召集发审委会议，组织发审委委员发表意见、讨论，总结发审委会议审核意见和组织投票等事项。

发审委会议结束后，参会发审委委员应当在会议记录、审核意见、表决结果等会议资料上签名确认，同时提交工作底稿。

**第二十二条** 发审委会议对发行人的股票发行申请形成审核意见之前，可以请发行人代表和保荐代表人到会陈述和接受发审委委员的询问。

**第二十三条** 发审委会议对发行人的股票发行申请只进行一次审核。

出现发审委会议审核意见与表决结果有明显差异或者发审委会议表决结果显失公正情况的，中国证监会可以进行调查，并依法做出核准或者不予核准的决定。

**第二十四条** 中国证监会有关职能部门负责安排发审委会议、送达有关审核材料、对发审委会议讨论情况进行记录、起草发审委会议纪要、保管档案等具体工作。

**第二十五条** 发审委会议根据审核工作需要，可以邀请发审委委员以外的行业专家到会提供专业咨询意见。发审委委员以外的行业专家没有表决权。

**第二十六条** 发审委每年应当至少召开一次全体会议，对审核工作进行总结。

### 第二节 普通程序

**第二十七条** 发审委会议审核发行人公开发行股票申请和可转换公司债券等中国证监会认可的其他公开发行证券申请，适用本节规定。

**第二十八条** 中国证监会有关职能部门应当在发审委会议召开5日前，将会议通知、股票发行申请文件及中国证监会有关职能部门的初审报告送达参会发审委委员，并将发审委会议审核的发行人名单、会议时间、发行人承诺函和参会发审委委员名单在中国证监会网站上公布。

**第二十九条** 每次参加发审委会议的发审委委员为7名。表决投票时同意票数达到5票为通过，同意票数未达到5票为未通过。

**第三十条** 发审委委员发现存在尚待调查核实并影响明确判断的重大问题，应当在发审委会议前以书面方式提议暂缓表决。发审委会议首先对该股票发行申请是否需要暂缓表决进行投票，同意票数达到5票的，可以对该股票发行申请暂缓表决；同意票数未达到5票的，发审委会议按正常程序对该股票发行申请进行审核。

暂缓表决的发行申请再次提交发审委会议审核时，原则上仍由原发审委委员审核。

发审委会议对发行人的股票发行申请只能暂缓表决一次。

**第三十一条** 发审委会议对发行人的股票发行申请投票表决后，中国证监会在网站上公布表决结果。

发审委会议对发行人股票发行申请作出的表决结果及提出的审核意见，中国证监会有关职能部门应当向发行人聘请的保荐人进行书面反馈。

**第三十二条** 在发审委会议对发行人的股票发行申请表决通过后至中国证监会核准前，发行人发生了与所报送的股票发行申请文件不一致的重大事项，中国证监会有关职能部门可以提请发审委召开会后事项发审委会议，对该发行人的股票发行申请文件重新进行审核。会后事项发审委会议的参会发审委委员不受是否审核过该发行人的股票发行申请的限制。

### 第三节 特别程序

**第三十三条** 发审委会议审核上市公司非公开发行股票申请和中国证监会认可的其他非公开发行证券申请,适用本节规定。

**第三十四条** 中国证监会有关职能部门应当在发审委会议召开前,将会议通知、股票发行申请文件及中国证监会有关职能部门的初审报告送达参会发审委委员。

**第三十五条** 每次参加发审委会议的委员为5名。表决投票时同意票数达到3票为通过,同意票数未达到3票为未通过。

**第三十六条** 发审委委员在审核上市公司非公开发行股票申请和中国证监会认可的其他非公开发行证券申请时,不得提议暂缓表决。

**第三十七条** 中国证监会不公布发审委会议审核的发行人名单、会议时间、发行人承诺函、参会发审委委员名单和表决结果。

## 第五章 对发审委审核工作的监督

**第三十八条** 中国证监会对发审委实行问责制度。出现发审委会议审核意见与表决结果有明显差异的,中国证监会可以要求所有参会发审委委员分别作出解释和说明。

**第三十九条** 发审委委员存在违反本办法第十三条规定的行为,或者存在对所参加发审委会议应当回避而未提出回避等其他违反发审委工作纪律的行为的,中国证监会应当根据情节轻重对有关发审委委员分别予以谈话提醒、批评、解聘等处理。

**第四十条** 中国证监会建立对发审委委员违法、违纪行为的举报监督机制。

对有线索举报发审委委员存在违法、违纪行为的,中国证监会应当进行调查,根据调查结果对有关发审委委员分别予以谈话提醒、批评、解聘等处理;涉嫌犯罪的,依法移交司法机关处理。

**第四十一条** 中国证监会对发审委委员的批评可以在新闻媒体上公开。

**第四十二条** 在发审委会议召开前,有证据表明发行人、其他相关单位或者个人直接或者间接以不正当手段影响发审委委员对发行人股票发行申请的判断,或者以其他方式干扰发审委委员审核的,中国证监会可以暂停对有关发行人的发审委会议审核。

发行人股票发行申请通过发审委会议后,有证据表明发行人、其他相关单位或者个人直接或者间接以不正当手段影响发审委委员对发行人股票发行申请的判断的,或者以其他方式干扰发审委委员审核的,中国证监会可以暂停核准;情节严重的,中国证监会不予核准。

**第四十三条** 发行人聘请的保荐人有义务督促发行人遵守本办法的有关规定。保荐人唆使、协助或者参与干扰发审委工作的,中国证监会按照有关规定在3个月内不受理该保荐人的推荐。

## 第六章 附 则

**第四十四条** 本办法自2006年5月9日起施行。《中国证券监督管理委员会股票发行审核委员会暂行办法》(证监会令第16号)同时废止。

# 关于修改《证券发行上市保荐业务管理办法》的决定

（2009年5月13日 证监会令第63号）

《关于修改〈证券发行上市保荐业务管理办法〉的决定》已经2009年4月14日中国证券监督管理委员会第254次主席办公会议审议通过，现予公布，自2009年6月14日起施行。

一、第三十六条第一款修改为："首次公开发行股票并在主板上市的，持续督导的期间为证券上市当年剩余时间及其后2个完整会计年度；主板上市公司发行新股、可转换公司债券的，持续督导的期间为证券上市当年剩余时间及其后1个完整会计年度。"

增加一款，作为第二款："首次公开发行股票并在创业板上市的，持续督导的期间为证券上市当年剩余时间及其后3个完整会计年度；创业板上市公司发行新股、可转换公司债券的，持续督导的期间为证券上市当年剩余时间及其后2个完整会计年度。"

增加一款，作为第三款："首次公开发行股票并在创业板上市的，持续督导期内保荐机构应当自发行人披露年度报告、中期报告之日起15个工作日内在中国证监会指定网站披露跟踪报告，对本办法第三十五条所涉及的事项，进行分析并发表独立意见。发行人临时报告披露的信息涉及募集资金、关联交易、委托理财、为他人提供担保等重大事项的，保荐机构应当自临时报告披露之日起10个工作日内进行分析并在中国证监会指定网站发表独立意见。"

二、第七十二条第（二）项修改为："公开发行证券并在主板上市当年营业利润比上年下滑50%以上。"

本决定自2009年6月14日起施行。

《证券发行上市保荐业务管理办法》根据本决定作相应修改，重新公布。

# 证券发行上市保荐业务管理办法

（2008年8月14日中国证券监督管理委员会第235次主席办公会议审议通过
根据2009年5月13日中国证券监督管理委员会《关于修改〈证券发行上市保荐业务管理办法〉的决定》修订）

## 第一章 总 则

**第一条** 为了规范证券发行上市保荐业务，提高上市公司质量和证券公司执业水平，保护投资者的合法权益，促进证券市场健康发展，根据《证券法》、《国务院对确需保留的行政审批项目设定行政许可的决定》(国务院令第412号)等有关法律、行政法规,制定本办法。

**第二条**　发行人应当就下列事项聘请具有保荐机构资格的证券公司履行保荐职责:

(一)首次公开发行股票并上市;

(二)上市公司发行新股、可转换公司债券;

(三)中国证券监督管理委员会(以下简称"中国证监会")认定的其他情形。

**第三条**　证券公司从事证券发行上市保荐业务,应依照本办法规定向中国证监会申请保荐机构资格。

保荐机构履行保荐职责,应当指定依照本办法规定取得保荐代表人资格的个人具体负责保荐工作。

未经中国证监会核准,任何机构和个人不得从事保荐业务。

**第四条**　保荐机构及其保荐代表人应当遵守法律、行政法规和中国证监会的相关规定,恪守业务规则和行业规范,诚实守信,勤勉尽责,尽职推荐发行人证券发行上市,持续督导发行人履行规范运作、信守承诺、信息披露等义务。

保荐机构及其保荐代表人不得通过从事保荐业务谋取任何不正当利益。

**第五条**　保荐代表人应当遵守职业道德准则,珍视和维护保荐代表人职业声誉,保持应有的职业谨慎,保持和提高专业胜任能力。

保荐代表人应当维护发行人的合法利益,对从事保荐业务过程中获知的发行人信息保密。保荐代表人应当恪守独立履行职责的原则,不因迎合发行人或者满足发行人的不当要求而丧失客观、公正的立场,不得唆使、协助或者参与发行人及证券服务机构实施非法的或者具有欺诈性的行为。

保荐代表人及其配偶不得以任何名义或者方式持有发行人的股份。

**第六条**　同次发行的证券,其发行保荐和上市保荐应当由同一保荐机构承担。保荐机构依法对发行人申请文件、证券发行募集文件进行核查,向中国证监会、证券交易所出具保荐意见。保荐机构应当保证所出具的文件真实、准确、完整。

证券发行规模达到一定数量的,可以采用联合保荐,但参与联合保荐的保荐机构不得超过2家。

证券发行的主承销商可以由该保荐机构担任,也可以由其他具有保荐机构资格的证券公司与该保荐机构共同担任。

**第七条**　发行人及其董事、监事、高级管理人员,为证券发行上市制作、出具有关文件的律师事务所、会计师事务所、资产评估机构等证券服务机构及其签字人员,应当依照法律、行政法规和中国证监会的规定,配合保荐机构及其保荐代表人履行保荐职责,并承担相应的责任。

保荐机构及其保荐代表人履行保荐职责,不能减轻或者免除发行人及其董事、监事、高级管理人员、证券服务机构及其签字人员的责任。

**第八条**　中国证监会依法对保荐机构及其保荐代表人进行监督管理。

中国证券业协会对保荐机构及其保荐代表人进行自律管理。

## 第二章　保荐机构和保荐代表人的资格管理

**第九条**　证券公司申请保荐机构资格,应当具备下列条件:

(一)注册资本不低于人民币1亿元,净资本不低于人民币5000万元;

(二)具有完善的公司治理和内部控制制度,风险控制指标符合相关规定;

(三)保荐业务部门具有健全的业务

规程、内部风险评估和控制系统，内部机构设置合理，具备相应的研究能力、销售能力等后台支持；

（四）具有良好的保荐业务团队且专业结构合理，从业人员不少于35人，其中最近3年从事保荐相关业务的人员不少于20人；

（五）符合保荐代表人资格条件的从业人员不少于4人；

（六）最近3年内未因重大违法违规行为受到行政处罚；

（七）中国证监会规定的其他条件。

**第十条**　证券公司申请保荐机构资格，应当向中国证监会提交下列材料：

（一）申请报告；

（二）股东（大）会和董事会关于申请保荐机构资格的决议；

（三）公司设立批准文件；

（四）营业执照复印件；

（五）公司治理和公司内部控制制度及执行情况的说明；

（六）董事、监事、高级管理人员和主要股东情况的说明；

（七）内部风险评估和控制系统及执行情况的说明；

（八）保荐业务尽职调查制度、辅导制度、内部核查制度、持续督导制度、持续培训制度和保荐工作底稿制度的建立情况；

（九）经具有证券期货相关业务资格的会计师事务所审计的最近1年度净资本计算表、风险资本准备计算表和风险控制指标监管报表；

（十）保荐业务部门机构设置、分工及人员配置情况的说明；

（十一）研究、销售等后台支持部门的情况说明；

（十二）保荐业务负责人、内核负责人、保荐业务部门负责人和内核小组成员名单及其简历；

（十三）证券公司指定联络人的说明；

（十四）证券公司对申请文件真实性、准确性、完整性承担责任的承诺函，并应由其全体董事签字；

（十五）中国证监会要求的其他材料。

**第十一条**　个人申请保荐代表人资格，应当具备下列条件：

（一）具备3年以上保荐相关业务经历；

（二）最近3年内在本办法第二条规定的境内证券发行项目中担任过项目协办人；

（三）参加中国证监会认可的保荐代表人胜任能力考试且成绩合格有效；

（四）诚实守信，品行良好，无不良诚信记录，最近3年未受到中国证监会的行政处罚；

（五）未负有数额较大到期未清偿的债务；

（六）中国证监会规定的其他条件。

**第十二条**　个人申请保荐代表人资格，应当通过所任职的保荐机构向中国证监会提交下列材料：

（一）申请报告；

（二）个人简历、身份证明文件和学历学位证书；

（三）证券业从业人员资格考试、保荐代表人胜任能力考试成绩合格的证明；

（四）证券业执业证书；

（五）从事保荐相关业务的详细情况说明，以及最近3年内担任本办法第二条规定的境内证券发行项目协办人的工作情况说明；

（六）保荐机构出具的推荐函，其中应当说明申请人遵纪守法、业务水平、组织能力等情况；

（七）保荐机构对申请文件真实性、准确性、完整性承担责任的承诺函，并应由其董事长或者总经理签字；

(八)中国证监会要求的其他材料。

**第十三条** 证券公司和个人应当保证申请文件真实、准确、完整。申请期间，申请文件内容发生重大变化的，应当自变化之日起2个工作日内向中国证监会提交更新资料。

**第十四条** 中国证监会依法受理、审查申请文件。对保荐机构资格的申请，自受理之日起45个工作日内做出核准或者不予核准的书面决定；对保荐代表人资格的申请，自受理之日起20个工作日内做出核准或者不予核准的书面决定。

**第十五条** 证券公司取得保荐机构资格后，应当持续符合本办法第九条规定的条件。保荐机构因重大违法违规行为受到行政处罚的，中国证监会撤销其保荐机构资格；不再具备第九条规定其他条件的，中国证监会可责令其限期整改，逾期仍然不符合要求的，中国证监会撤销其保荐机构资格。

**第十六条** 个人取得保荐代表人资格后，应当持续符合本办法第十一条第(四)项、第(五)项和第(六)项规定的条件。保荐代表人被吊销、注销证券业执业证书，或者受到中国证监会行政处罚的，中国证监会撤销其保荐代表人资格；不再符合其他条件的，中国证监会责令其限期整改，逾期仍然不符合要求的，中国证监会撤销其保荐代表人资格。

个人通过中国证监会认可的保荐代表人胜任能力考试或者取得保荐代表人资格后，应当定期参加中国证券业协会或者中国证监会认可的其他机构组织的保荐代表人年度业务培训。保荐代表人未按要求参加保荐代表人年度业务培训的，中国证监会撤销其保荐代表人资格；通过保荐代表人胜任能力考试而未取得保荐代表人资格的个人，未按要求参加保荐代表人年度业务培训的，其保荐代表人胜任能力考试成绩不再有效。

**第十七条** 中国证监会依法对保荐机构、保荐代表人进行注册登记管理。

**第十八条** 保荐机构的注册登记事项包括：

(一)保荐机构名称、成立时间、注册资本、注册地址、主要办公地址和法定代表人；

(二)保荐机构的主要股东情况；

(三)保荐机构的董事、监事和高级管理人员情况；

(四)保荐机构的保荐业务负责人、内核负责人情况；

(五)保荐机构的保荐业务部门负责人情况；

(六)保荐机构的保荐业务部门机构设置、分工及人员配置情况；

(七)保荐机构的执业情况；

(八)中国证监会要求的其他事项。

**第十九条** 保荐代表人的注册登记事项包括：

(一)保荐代表人的姓名、性别、出生日期、身份证号码；

(二)保荐代表人的联系电话、通讯地址；

(三)保荐代表人的任职机构、职务；

(四)保荐代表人的学习和工作经历；

(五)保荐代表人的执业情况；

(六)中国证监会要求的其他事项。

**第二十条** 保荐机构、保荐代表人注册登记事项发生变化的，保荐机构应当自变化之日起5个工作日内向中国证监会书面报告，由中国证监会予以变更登记。

**第二十一条** 保荐代表人从原保荐机构离职，调入其他保荐机构的，应通过新任职机构向中国证监会申请变更登记，并提交下列材料：

(一)变更登记申请报告；

(二)证券业执业证书；

（三）保荐代表人出具的其在原保荐机构保荐业务交接情况的说明；

（四）新任职机构出具的接收函；

（五）新任职机构对申请文件真实性、准确性、完整性承担责任的承诺函，并应由其董事长或者总经理签字；

（六）中国证监会要求的其他材料。

**第二十二条**　保荐机构应当于每年4月份向中国证监会报送年度执业报告。年度执业报告应当包括以下内容：

（一）保荐机构、保荐代表人年度执业情况的说明；

（二）保荐机构对保荐代表人尽职调查工作日志检查情况的说明；

（三）保荐机构对保荐代表人的年度考核、评定情况；

（四）保荐机构、保荐代表人其他重大事项的说明；

（五）保荐机构对年度执业报告真实性、准确性、完整性承担责任的承诺函，并应由其法定代表人签字；

（六）中国证监会要求的其他事项。

## 第三章　保荐职责

**第二十三条**　保荐机构应当尽职推荐发行人证券发行上市。

发行人证券上市后，保荐机构应当持续督导发行人履行规范运作、信守承诺、信息披露等义务。

**第二十四条**　保荐机构推荐发行人证券发行上市，应当遵循诚实守信、勤勉尽责的原则，按照中国证监会对保荐机构尽职调查工作的要求，对发行人进行全面调查，充分了解发行人的经营状况及其面临的风险和问题。

**第二十五条**　保荐机构在推荐发行人首次公开发行股票并上市前，应当对发行人进行辅导，对发行人的董事、监事和高级管理人员、持有5%以上股份的股东和实际控制人（或者其法定代表人）进行系统的法规知识、证券市场知识培训，使其全面掌握发行上市、规范运作等方面的有关法律法规和规则，知悉信息披露和履行承诺等方面的责任和义务，树立进入证券市场的诚信意识、自律意识和法制意识。

**第二十六条**　保荐机构辅导工作完成后，应由发行人所在地的中国证监会派出机构进行辅导验收。

**第二十七条**　保荐机构应当与发行人签订保荐协议，明确双方的权利和义务，按照行业规范协商确定履行保荐职责的相关费用。

保荐协议签订后，保荐机构应在5个工作日内报发行人所在地的中国证监会派出机构备案。

**第二十八条**　保荐机构应当确信发行人符合法律、行政法规和中国证监会的有关规定，方可推荐其证券发行上市。

保荐机构决定推荐发行人证券发行上市的，可以根据发行人的委托，组织编制申请文件并出具推荐文件。

**第二十九条**　对发行人申请文件、证券发行募集文件中有证券服务机构及其签字人员出具专业意见的内容，保荐机构应当结合尽职调查过程中获得的信息对其进行审慎核查，对发行人提供的资料和披露的内容进行独立判断。

保荐机构所作的判断与证券服务机构的专业意见存在重大差异的，应当对有关事项进行调查、复核，并可聘请其他证券服务机构提供专业服务。

**第三十条**　对发行人申请文件、证券发行募集文件中无证券服务机构及其签字人员专业意见支持的内容，保荐机构应当获得充分的尽职调查证据，在对各种证据进行综合分析的基础上对发行人提供的资料和披露的内容进行独立判断，并有充分理由确信所作的判断与发行人申请文件、证券发行募集文件的内容不存在实质性差异。

**第三十一条** 保荐机构推荐发行人发行证券,应当向中国证监会提交发行保荐书、保荐代表人专项授权书以及中国证监会要求的其他与保荐业务有关的文件。发行保荐书应当包括下列内容:

(一)逐项说明本次发行是否符合《公司法》、《证券法》规定的发行条件和程序;

(二)逐项说明本次发行是否符合中国证监会的有关规定,并载明得出每项结论的查证过程及事实依据;

(三)发行人存在的主要风险;

(四)对发行人发展前景的评价;

(五)保荐机构内部审核程序简介及内核意见;

(六)保荐机构与发行人的关联关系;

(七)相关承诺事项;

(八)中国证监会要求的其他事项。

**第三十二条** 保荐机构推荐发行人证券上市,应当向证券交易所提交上市保荐书以及证券交易所要求的其他与保荐业务有关的文件,并报中国证监会备案。上市保荐书应当包括下列内容:

(一)逐项说明本次证券上市是否符合《公司法》、《证券法》及证券交易所规定的上市条件;

(二)对发行人证券上市后持续督导工作的具体安排;

(三)保荐机构与发行人的关联关系;

(四)相关承诺事项;

(五)中国证监会或者证券交易所要求的其他事项。

**第三十三条** 在发行保荐书和上市保荐书中,保荐机构应当就下列事项做出承诺:

(一)有充分理由确信发行人符合法律法规及中国证监会有关证券发行上市的相关规定;

(二)有充分理由确信发行人申请文件和信息披露资料不存在虚假记载、误导性陈述或者重大遗漏;

(三)有充分理由确信发行人及其董事在申请文件和信息披露资料中表达意见的依据充分合理;

(四)有充分理由确信申请文件和信息披露资料与证券服务机构发表的意见不存在实质性差异;

(五)保证所指定的保荐代表人及本保荐机构的相关人员已勤勉尽责,对发行人申请文件和信息披露资料进行了尽职调查、审慎核查;

(六)保证保荐书、与履行保荐职责有关的其他文件不存在虚假记载、误导性陈述或者重大遗漏;

(七)保证对发行人提供的专业服务和出具的专业意见符合法律、行政法规、中国证监会的规定和行业规范;

(八)自愿接受中国证监会依照本办法采取的监管措施;

(九)中国证监会规定的其他事项。

**第三十四条** 保荐机构提交发行保荐书后,应当配合中国证监会的审核,并承担下列工作:

(一)组织发行人及证券服务机构对中国证监会的意见进行答复;

(二)按照中国证监会的要求对涉及本次证券发行上市的特定事项进行尽职调查或者核查;

(三)指定保荐代表人与中国证监会职能部门进行专业沟通,保荐代表人在发行审核委员会会议上接受委员质询;

(四)中国证监会规定的其他工作。

**第三十五条** 保荐机构应当针对发行人的具体情况,确定证券发行上市后持续督导的内容,督导发行人履行有关上市公司规范运作、信守承诺和信息披露等义务,审阅信息披露文件及向中国证监会、证券交易所提交的其他文件，并承担下列工作：

（一）督导发行人有效执行并完善防止控股股东、实际控制人、其他关联方违规占用发行人资源的制度；

（二）督导发行人有效执行并完善防止其董事、监事、高级管理人员利用职务之便损害发行人利益的内控制度；

（三）督导发行人有效执行并完善保障关联交易公允性和合规性的制度，并对关联交易发表意见；

（四）持续关注发行人募集资金的专户存储、投资项目的实施等承诺事项；

（五）持续关注发行人为他人提供担保等事项，并发表意见；

（六）中国证监会、证券交易所规定及保荐协议约定的其他工作。

**第三十六条**　首次公开发行股票并在主板上市的，持续督导的期间为证券上市当年剩余时间及其后2个完整会计年度；主板上市公司发行新股、可转换公司债券的，持续督导的期间为证券上市当年剩余时间及其后1个完整会计年度。

首次公开发行股票并在创业板上市的，持续督导的期间为证券上市当年剩余时间及其后3个完整会计年度；创业板上市公司发行新股、可转换公司债券的，持续督导的期间为证券上市当年剩余时间及其后2个完整会计年度。

首次公开发行股票并在创业板上市的，持续督导期内保荐机构应当自发行人披露年度报告、中期报告之日起15个工作日内在中国证监会指定网站披露跟踪报告，对本办法第三十五条所涉及的事项，进行分析并发表独立意见。发行人临时报告披露的信息涉及募集资金、关联交易、委托理财、为他人提供担保等重大事项的，保荐机构应当自临时报告披露之日起10个工作日内进行分析并在中国证监会指定网站发表独立意见。

持续督导的期间自证券上市之日起计算。

**第三十七条**　持续督导期届满，如有尚未完结的保荐工作，保荐机构应当继续完成。

保荐机构在履行保荐职责期间未勤勉尽责的，其责任不因持续督导期届满而免除或者终止。

## 第四章　保荐业务规程

**第三十八条**　保荐机构应当建立健全保荐工作的内部控制体系，切实保证保荐业务负责人、内核负责人、保荐业务部门负责人、保荐代表人、项目协办人及其他保荐业务相关人员勤勉尽责，严格控制风险，提高保荐业务整体质量。

**第三十九条**　保荐机构应当建立健全证券发行上市的尽职调查制度、辅导制度、对发行上市申请文件的内部核查制度、对发行人证券上市后的持续督导制度。

**第四十条**　保荐机构应当建立健全对保荐代表人及其他保荐业务相关人员的持续培训制度。

**第四十一条**　保荐机构应当建立健全工作底稿制度，为每一项目建立独立的保荐工作底稿。

保荐代表人必须为其具体负责的每一项目建立尽职调查工作日志，作为保荐工作底稿的一部分存档备查；保荐机构应当定期对尽职调查工作日志进行检查。

保荐工作底稿应当真实、准确、完整地反映整个保荐工作的全过程，保存期不少于10年。

**第四十二条**　保荐机构的保荐业务负责人、内核负责人负责监督、执行保荐业务各项制度并承担相应的责任。

**第四十三条**　保荐机构及其控股股

东、实际控制人、重要关联方持有发行人的股份合计超过7%，或者发行人持有、控制保荐机构的股份超过7%的，保荐机构在推荐发行人证券发行上市时，应联合1家无关联保荐机构共同履行保荐职责，且该无关联保荐机构为第一保荐机构。

**第四十四条**　刊登证券发行募集文件前终止保荐协议的，保荐机构和发行人应当自终止之日起5个工作日内分别向中国证监会报告，说明原因。

**第四十五条**　刊登证券发行募集文件以后直至持续督导工作结束，保荐机构和发行人不得终止保荐协议，但存在合理理由的情形除外。发行人因再次申请发行证券另行聘请保荐机构、保荐机构被中国证监会撤销保荐机构资格的，应当终止保荐协议。

终止保荐协议的，保荐机构和发行人应当自终止之日起5个工作日内向中国证监会、证券交易所报告，说明原因。

**第四十六条**　持续督导期间，保荐机构被撤销保荐机构资格的，发行人应当在1个月内另行聘请保荐机构，未在规定期限内另行聘请的，中国证监会可以为其指定保荐机构。

**第四十七条**　另行聘请的保荐机构应当完成原保荐机构未完成的持续督导工作。

因原保荐机构被撤销保荐机构资格而另行聘请保荐机构的，另行聘请的保荐机构持续督导的时间不得少于1个完整的会计年度。

另行聘请的保荐机构应当自保荐协议签订之日起开展保荐工作并承担相应的责任。原保荐机构在履行保荐职责期间未勤勉尽责的，其责任不因保荐机构的更换而免除或者终止。

**第四十八条**　保荐机构应当指定2名保荐代表人具体负责1家发行人的保荐工作，出具由法定代表人签字的专项授权书，并确保保荐机构有关部门和人员有效分工协作。保荐机构可以指定1名项目协办人。

**第四十九条**　证券发行后，保荐机构不得更换保荐代表人，但因保荐代表人离职或者被撤销保荐代表人资格的，应当更换保荐代表人。

保荐机构更换保荐代表人的，应当通知发行人，并在5个工作日内向中国证监会、证券交易所报告，说明原因。原保荐代表人在具体负责保荐工作期间未勤勉尽责的，其责任不因保荐代表人的更换而免除或者终止。

**第五十条**　保荐机构法定代表人、保荐业务负责人、内核负责人、保荐代表人和项目协办人应当在发行保荐书上签字，保荐机构法定代表人、保荐代表人应同时在证券发行募集文件上签字。

**第五十一条**　保荐机构应将履行保荐职责时发表的意见及时告知发行人，同时在保荐工作底稿中保存，并可依照本办法规定公开发表声明、向中国证监会或者证券交易所报告。

**第五十二条**　持续督导工作结束后，保荐机构应当在发行人公告年度报告之日起的10个工作日内向中国证监会、证券交易所报送保荐总结报告书。保荐机构法定代表人和保荐代表人应当在保荐总结报告书上签字。保荐总结报告书应当包括下列内容：

（一）发行人的基本情况；

（二）保荐工作概述；

（三）履行保荐职责期间发生的重大事项及处理情况；

（四）对发行人配合保荐工作情况的说明及评价；

（五）对证券服务机构参与证券发行上市相关工作情况的说明及评价；

（六）中国证监会要求的其他事项。

**第五十三条** 保荐代表人及其他保荐业务相关人员属于内幕信息的知情人员，应当遵守法律、行政法规和中国证监会的规定，不得利用内幕信息直接或者间接为保荐机构、本人或者他人谋取不正当利益。

## 第五章 保荐业务协调

**第五十四条** 保荐机构及其保荐代表人履行保荐职责可对发行人行使下列权利：

（一）要求发行人按照本办法规定和保荐协议约定的方式，及时通报信息；

（二）定期或者不定期对发行人进行回访，查阅保荐工作需要的发行人材料；

（三）列席发行人的股东大会、董事会和监事会；

（四）对发行人的信息披露文件及向中国证监会、证券交易所提交的其他文件进行事前审阅；

（五）对有关部门关注的发行人相关事项进行核查，必要时可聘请相关证券服务机构配合；

（六）按照中国证监会、证券交易所信息披露规定，对发行人违法违规的事项发表公开声明；

（七）中国证监会规定或者保荐协议约定的其他权利。

**第五十五条** 发行人有下列情形之一的，应当及时通知或者咨询保荐机构，并将相关文件送交保荐机构：

（一）变更募集资金及投资项目等承诺事项；

（二）发生关联交易、为他人提供担保等事项；

（三）履行信息披露义务或者向中国证监会、证券交易所报告有关事项；

（四）发生违法违规行为或者其他重大事项；

（五）中国证监会规定或者保荐协议约定的其他事项。

**第五十六条** 证券发行前，发行人不配合保荐机构履行保荐职责的，保荐机构应当发表保留意见，并在发行保荐书中予以说明；情节严重的，应当不予保荐，已保荐的应当撤销保荐。

**第五十七条** 证券发行后，保荐机构有充分理由确信发行人可能存在违法违规行为以及其他不当行为的，应当督促发行人做出说明并限期纠正；情节严重的，应当向中国证监会、证券交易所报告。

**第五十八条** 保荐机构应当组织协调证券服务机构及其签字人员参与证券发行上市的相关工作。

发行人为证券发行上市聘用的会计师事务所、律师事务所、资产评估机构以及其他证券服务机构，保荐机构有充分理由认为其专业能力存在明显缺陷的，可以向发行人建议更换。

**第五十九条** 保荐机构对证券服务机构及其签字人员出具的专业意见存有疑义的，应当主动与证券服务机构进行协商，并可要求其做出解释或者出具依据。

**第六十条** 保荐机构有充分理由确信证券服务机构及其签字人员出具的专业意见可能存在虚假记载、误导性陈述或重大遗漏等违法违规情形或者其他不当情形的，应当及时发表意见；情节严重的，应当向中国证监会、证券交易所报告。

**第六十一条** 证券服务机构及其签字人员应当保持专业独立性，对保荐机构提出的疑义或者意见进行审慎的复核判断，并向保荐机构、发行人及时发表意见。

## 第六章 监管措施和法律责任

**第六十二条** 中国证监会可以对保荐机构及其保荐代表人从事保荐业务的情况进行定期或者不定期现场检查，保荐机构及其保荐代表人应当积极配合检查,如实提供有关资料,不得拒绝、阻挠、逃避检查,不得谎报、隐匿、销毁相关证据材料。

**第六十三条** 中国证监会建立保荐信用监管系统,对保荐机构和保荐代表人进行持续动态的注册登记管理,记录其执业情况、违法违规行为、其他不良行为以及对其采取的监管措施等,必要时可以将记录予以公布。

**第六十四条** 自保荐机构向中国证监会提交保荐文件之日起,保荐机构及其保荐代表人承担相应的责任。

**第六十五条** 保荐机构资格申请文件存在虚假记载、误导性陈述或者重大遗漏的,中国证监会不予核准;已核准的,撤销其保荐机构资格。

保荐代表人资格申请文件存在虚假记载、误导性陈述或者重大遗漏的,中国证监会不予核准;已核准的,撤销其保荐代表人资格。对提交该申请文件的保荐机构,中国证监会自撤销之日起6个月内不再受理该保荐机构推荐的保荐代表人资格申请。

**第六十六条** 保荐机构、保荐代表人、保荐业务负责人和内核负责人违反本办法,未诚实守信、勤勉尽责地履行相关义务的,中国证监会责令改正,并对其采取监管谈话、重点关注、责令进行业务学习、出具警示函、责令公开说明、认定为不适当人选等监管措施;依法应给予行政处罚的,依照有关规定进行处罚;情节严重涉嫌犯罪的,依法移送司法机关,追究其刑事责任。

**第六十七条** 保荐机构出现下列情形之一的,中国证监会自确认之日起暂停其保荐机构资格3个月;情节严重的,暂停其保荐机构资格6个月,并可以责令保荐机构更换保荐业务负责人、内核负责人;情节特别严重的,撤销其保荐机构资格:

(一)向中国证监会、证券交易所提交的与保荐工作相关的文件存在虚假记载、误导性陈述或者重大遗漏;

(二)内部控制制度未有效执行;

(三)尽职调查制度、内部核查制度、持续督导制度、保荐工作底稿制度未有效执行;

(四)保荐工作底稿存在虚假记载、误导性陈述或者重大遗漏;

(五)唆使、协助或者参与发行人及证券服务机构提供存在虚假记载、误导性陈述或者重大遗漏的文件;

(六)唆使、协助或者参与发行人干扰中国证监会及其发行审核委员会的审核工作;

(七)通过从事保荐业务谋取不正当利益;

(八)严重违反诚实守信、勤勉尽责义务的其他情形。

**第六十八条** 保荐代表人出现下列情形之一的,中国证监会可根据情节轻重,自确认之日起3个月到12个月内不受理相关保荐代表人具体负责的推荐;情节特别严重的,撤销其保荐代表人资格:

(一)尽职调查工作日志缺失或者遗漏、隐瞒重要问题;

(二)未完成或者未参加辅导工作;

(三)未参加持续督导工作,或者持续督导工作未勤勉尽责;

(四)因保荐业务或其具体负责保荐工作的发行人在保荐期间内受到证券交易所、中国证券业协会公开谴责;

(五)唆使、协助或者参与发行人干扰中国证监会及其发行审核委员会的审核工作;

(六)严重违反诚实守信、勤勉尽责义务的其他情形。

**第六十九条** 保荐代表人出现下列情形之一的,中国证监会撤销其保荐代表人资格;情节严重的,对其采取证券市场禁入的措施:

（一）在与保荐工作相关文件上签字推荐发行人证券发行上市，但未参加尽职调查工作，或者尽职调查工作不彻底、不充分，明显不符合业务规则和行业规范；

（二）通过从事保荐业务谋取不正当利益；

（三）本人及其配偶持有发行人的股份；

（四）唆使、协助或者参与发行人及证券服务机构提供存在虚假记载、误导性陈述或者重大遗漏的文件；

（五）参与组织编制的与保荐工作相关文件存在虚假记载、误导性陈述或者重大遗漏。

**第七十条** 保荐机构、保荐代表人因保荐业务涉嫌违法违规处于立案调查期间的，中国证监会暂不受理该保荐机构的推荐；暂不受理相关保荐代表人具体负责的推荐。

**第七十一条** 发行人出现下列情形之一的，中国证监会自确认之日起暂停保荐机构的保荐机构资格 3 个月，撤销相关人员的保荐代表人资格：

（一）证券发行募集文件等申请文件存在虚假记载、误导性陈述或者重大遗漏；

（二）公开发行证券上市当年即亏损；

（三）持续督导期间信息披露文件存在虚假记载、误导性陈述或者重大遗漏。

**第七十二条** 发行人在持续督导期间出现下列情形之一的，中国证监会可根据情节轻重，自确认之日起 3 个月到 12 个月内不受理相关保荐代表人具体负责的推荐；情节特别严重的，撤销相关人员的保荐代表人资格：

（一）证券上市当年累计 50% 以上募集资金的用途与承诺不符；

（二）公开发行证券并在主板上市当年营业利润比上年下滑 50% 以上；

（三）首次公开发行股票并上市之日起 12 个月内控股股东或者实际控制人发生变更；

（四）首次公开发行股票并上市之日起 12 个月内累计 50% 以上资产或者主营业务发生重组；

（五）上市公司公开发行新股、可转换公司债券之日起 12 个月内累计 50% 以上资产或者主营业务发生重组，且未在证券发行募集文件中披露；

（六）实际盈利低于盈利预测达 20% 以上；

（七）关联交易显失公允或者程序违规，涉及金额较大；

（八）控股股东、实际控制人或其他关联方违规占用发行人资源，涉及金额较大；

（九）违规为他人提供担保，涉及金额较大；

（十）违规购买或出售资产、借款、委托资产管理等，涉及金额较大；

（十一）董事、监事、高级管理人员侵占发行人利益受到行政处罚或者被追究刑事责任；

（十二）违反上市公司规范运作和信息披露等有关法律法规，情节严重的；

（十三）中国证监会规定的其他情形。

**第七十三条** 保荐代表人被暂不受理具体负责的推荐或者被撤销保荐代表人资格的，保荐业务负责人、内核负责人应承担相应的责任，对已受理的该保荐代表人具体负责推荐的项目，保荐机构应当撤回推荐；情节严重的，责令保荐机构就各项保荐业务制度限期整改，责令保荐机构更换保荐业务负责人、内核负责人，逾期仍然不符合要求的，撤销其保荐机构资格。

**第七十四条** 保荐机构、保荐业务负责人或者内核负责人在 1 个自然年度内被采取本办法第六十六条规定监管措施累计 5 次以上，中国证监会可暂停保荐机构的保荐机构资格 3 个月，责令保荐机构更换保荐业务负责人、内核负责人。

保荐代表人在2个自然年度内被采取本办法第六十六条规定监管措施累计2次以上,中国证监会可6个月内不受理相关保荐代表人具体负责的推荐。

**第七十五条** 对中国证监会采取的监管措施,保荐机构及其保荐代表人提出申辩的,如有充分证据证明下列事实且理由成立,中国证监会予以采纳:

(一)发行人或其董事、监事、高级管理人员故意隐瞒重大事实,保荐机构和保荐代表人已履行勤勉尽责义务;

(二)发行人已在证券发行募集文件中做出特别提示,保荐机构和保荐代表人已履行勤勉尽责义务;

(三)发行人因不可抗力致使业绩、募集资金运用等出现异常或者未能履行承诺;

(四)发行人及其董事、监事、高级管理人员在持续督导期间故意违法违规,保荐机构和保荐代表人主动予以揭示,已履行勤勉尽责义务;

(五)保荐机构、保荐代表人已履行勤勉尽责义务的其他情形。

**第七十六条** 发行人及其董事、监事、高级管理人员违反本办法规定,变更保荐机构后未另行聘请保荐机构,持续督导期间违法违规且拒不纠正,发生重大事项未及时通知保荐机构,或者发生其他严重不配合保荐工作情形的,中国证监会可以责令改正,予以公布并可根据情节轻重采取下列监管措施:

(一)要求发行人每月向中国证监会报告接受保荐机构督导的情况;

(二)要求发行人披露月度财务报告、相关资料;

(三)指定证券服务机构进行核查;

(四)要求证券交易所对发行人证券的交易实行特别提示;

(五)36个月内不受理其发行证券申请;

(六)将直接负责的主管人员和其他责任人员认定为不适当人选。

**第七十七条** 证券服务机构及其签字人员违反本办法规定的,中国证监会责令改正,并对相关机构和责任人员采取监管谈话、重点关注、出具警示函、责令公开说明、认定为不适当人选等监管措施。

**第七十八条** 证券服务机构及其签字人员出具的专业意见存在虚假记载、误导性陈述或重大遗漏,或者因不配合保荐工作而导致严重后果的,中国证监会自确认之日起6个月到36个月内不受理其文件,并将处理结果予以公布。

**第七十九条** 发行人及其董事、监事、高级管理人员、证券服务机构及其签字人员违反法律、行政法规,依法应予行政处罚的,依照有关规定进行处罚;涉嫌犯罪的,依法移送司法机关,追究其刑事责任。

## 第七章 附 则

**第八十条** 本办法所称"保荐机构",是指《证券法》第十一条所指"保荐人"。

**第八十一条** 中国证券业协会或者经中国证监会认可的其他机构,可以组织保荐代表人胜任能力考试。

**第八十二条** 本办法实施前从事证券发行上市保荐业务的保荐机构,不完全符合本办法规定的,应当在本办法实施之日起3个月内达到本办法规定的要求,并由中国证监会组织验收。逾期仍然不符合要求的,中国证监会撤销其保荐机构资格。

**第八十三条** 本办法自2008年12月1日起施行,《证券发行上市保荐制度暂行办法》(证监会令第18号)、《首次公开发行股票辅导工作办法》(证监发〔2001〕125号)同时废止。

# 证券投资基金评价业务管理暂行办法

（2009年11月6日　证监会令第64号）

《证券投资基金评价业务管理暂行办法》已经中国证券监督管理委员会第250次主席办公会议审议通过，现予公布，自2010年1月1日起施行。

## 第一章　总　则

**第一条**　为了规范证券投资基金评价业务，引导证券投资基金的长期投资理念，保障基金投资人和相关当事人的合法权益，根据《证券法》、《证券投资基金法》等法律法规，制定本办法。

**第二条**　在中华人民共和国境内，基金评价机构对证券投资基金（以下简称基金）进行评价并通过公开形式发布基金评价结果，适用本办法。

基金评价机构仅通过非公开形式发布基金评价结果的，不适用本办法。但该机构应当与使用基金评价结果的对象签订协议，禁止对方对结果进行公开引用。

**第三条**　本办法所称基金评价业务，包括基金评价机构及其评价人员对基金的投资收益和风险或基金管理人的管理能力开展评级、评奖、单一指标排名或中国证监会认定的其他评价活动。

评级是指基金评价机构及其评价人员运用特定的方法对基金的投资收益和风险或基金管理人的管理能力进行综合性分析，并使用具有特定含义的符号、数字或文字展示分析结果的活动。

公开形式指通过报刊、电台、电视台、互联网等公众传播媒体形式或讲座、报告会、分析会、电脑终端、电话、传真、电子邮件、短信等形式，向非特定对象发布基金评价结果。

**第四条**　从事基金评价业务，应当遵循下列原则：

（一）长期性原则，即注重对基金的长期评价，培育和引导投资人的长期投资理念，不得以短期、频繁的基金评价结果误导投资人；

（二）公正性原则，即保持中立地位，公平对待所有评价对象，不得歪曲、诋毁评价对象，防范可能发生的利益冲突；

（三）全面性原则，即全面综合评价基金的投资收益和风险或基金管理人的管理能力，不得将单一指标作为基金评级的唯一标准；

（四）客观性原则，即基金评价过程和结果客观准确，不得使用虚假信息作为基金评价的依据，不得发布虚假的基金评价结果；

（五）一致性原则，即基金评价标准、方法和程序保持一致，不得使用未经公开披露的评价标准、方法和程序；

（六）公开性原则，即使用市场公开披露的信息，不得使用公开披露信息以外的数据。

**第五条**　中国证监会及其派出机构依法对基金评价业务活动进行监督管理。中国证券业协会依法对基金评价业务活动进行自律管理。

## 第二章　基金评价机构和评价人员

**第六条**　基金评价机构应当加入中国证券业协会。

中国证券业协会应当制定严格的基金评价机构自律规则、执业规范、入会标准和入会程序。基金评价机构应当在本办法施行后30个工作日内或开始从事基金评价业务后30个工作日内按照协会公示的要求向协会提请办理入会手续。

**第七条**　基金评价机构应当在加入中国证券业协会后15个工作日内向中国证监会报送书面材料进行备案,材料应当包括下列文件:

(一)基金评价机构基本情况;

(二)企业法人营业执照复印件;

(三)从事基金评价业务人员和业务主要负责人的名单、简历、身份证件及基金从业资格证明复印件;

(四)完整的基金评价理论基础、标准、方法的说明;

(五)内部控制制度和业务流程;

(六)诚信承诺书;

(七)中国证监会要求提供的其他文件。

**第八条**　基金评价机构应当具有健全的组织架构和完善的内部控制制度;有足够熟悉基金及其评价业务的专业人员;有完善、系统的评价标准、方法以及严谨的业务规范。

**第九条**　基金评价机构的内部控制应当促进基金评价业务的有效开展和规范运作:

(一)具有可靠的基金信息采集制度,并对信息数据库进行严格的管理,保证信息数据的安全、真实和完整;

(二)具有确定的基金评价标准、方法和作业程序,并据此建立和维护信息分析处理系统;

(三)建立和执行严格的校正和复核程序,保证评价结果的客观准确;

(四)建立基金评价标准、方法和程序的公开披露制度,并真实、准确、完整、及时地进行披露;

(五)建立和执行严格规范的文档制度,妥善保留业务数据、工作底稿和相关文件;

(六)建立基金评价标准、方法和作业程序的检讨评估制度,保证基金评价业务的一致性;

(七)建立基金评价结果发布制度和程序,保证发布的基金评价结果符合相关业务规范的要求。

**第十条**　基金评价人员应当具备基金从业资格。

基金评价人员是指从事基金评价业务的人员。基金评价人员只有被一家基金评价机构聘用后,方可从事基金评价业务,且基金评价人员不得同时在两个以上的基金评价机构执业。

基金评价机构不得聘用有违法、违规记录的人员从事基金评价业务。

## 第三章　基金评价业务

**第十一条**　从事基金评价业务应当有完善、系统的理论基础、标准和方法。基金评价方法应当基于机构自己的研究成果,不得侵犯其他基金评价机构的有关知识产权。

对基金进行评价应当至少考虑下列内容:

(一)基金招募说明书和基金合同约定的投资方向、投资范围、投资方法和业绩比较基准等;

(二)基金的风险收益特征;

(三)基金投资决策系统及交易系统的有效性和一贯性。

对基金管理人进行评价应当至少考虑下列内容:

(一)基金管理公司及其人员的合规性;

(二)基金管理公司的治理结构;

(三)股东、高级管理人员、基金经理的稳定性;

(四)投资管理和研究能力;

(五)信息披露和风险控制能力。

**第十二条** 对基金的分类应当以相关法律、行政法规和中国证监会的规定为标准,可以在法律、行政法规和中国证监会对基金分类规定的基础上进行细分;对法律、行政法规和中国证监会未做规定的分类方法,应当明确标注并说明理由。

**第十三条** 基金评价机构应当将基金评价标准、评价方法和程序报中国证监会、中国证券业协会备案,并通过中国证券业协会网站、本机构网站及至少一家中国证监会指定信息披露媒体向社会公告。基金评价机构修改上述内容时,应当及时备案、公告。

**第十四条** 任何机构从事基金评价业务并以公开形式发布评价结果的,不得有下列行为:

(一)对不同分类的基金进行合并评价;

(二)对同一分类中包含基金少于10只的基金进行评级或单一指标排名;

(三)对基金合同生效不足6个月的基金(货币市场基金除外)进行评奖或单一指标排名;

(四)对基金(货币市场基金除外)、基金管理人评级的评级期间少于36个月;

(五)对基金、基金管理人评级的更新间隔少于3个月;

(六)对基金、基金管理人评奖的评奖期间少于12个月;

(七)对基金、基金管理人单一指标排名(包括具有点击排序功能的网站或咨询系统数据列示)的排名期间少于3个月;

(八)对基金、基金管理人单一指标排名的更新间隔少于1个月;

(九)对特定客户资产管理计划进行评价。

**第十五条** 基金评价机构与评价对象存在当前或潜在利益冲突时,应当在评级报告、评价报告中声明该机构与评价对象之间的关系,同时说明该机构在评价过程中为规避利益冲突影响而采取的措施。

**第十六条** 基金评价机构应当避免使用与评价对象存在当前或潜在利益冲突的人员对该对象进行评价。

**第十七条** 基金评价报告等文件应当声明评价结果并不是对未来表现的预测,也不应视作投资基金的建议。

**第十八条** 基金评价结果应当以基金评价机构的名义而并非基金评价人员的个人名义发布。

**第十九条** 基金评价机构应当将其向基金投资人或者社会公众提供的基金评价数据和资料,自提供之日起保存15年。

## 第四章 基金评价结果的引用

**第二十条** 基金管理人、基金销售机构及中国证监会指定信息披露媒体不得引用不具备中国证券业协会会员资格的机构提供的基金评价结果。

**第二十一条** 基金管理人、基金销售机构及中国证监会指定信息披露媒体决定与基金评价机构合作并引用基金评价结果的,应当事先根据本办法第九条的要求对拟合作的基金评价机构进行审慎调查,核查其内部控制是否能够保障基金评价业务的有效开展和规范运作。

基金管理人、基金销售机构及中国证监会指定信息披露媒体应当避免引用违反本办法第九条内部控制规范要求的基金评价机构提供的基金评价结果。

**第二十二条** 基金管理人、基金销售机构及中国证监会指定信息披露媒体决定引用基金评价结果的,应当事先根据本办法第十四条要求的业务规范对基金评价结果做出审查,发现有违反业务规范情形的,应当提请基金评价机构做出调整或拒绝进行引用。

## 第五章 监督管理与法律责任

**第二十三条** 基金评价机构及其评价人员违反本办法规定从事基金评价活动的,中国证监会依法采取责令改正、监管谈话、出具警示函等监管措施;情节严重的,依法进行行政处罚;涉嫌犯罪的,依法移送司法机关,追究其刑事责任。

**第二十四条** 中国证券业协会应当对违反自律准则和执业规范的行为给予纪律处分;情节严重的,取消会员资格。

**第二十五条** 基金评价机构应当按照中国证券业协会的规定向其提交相关备案文件和年度报告。

**第二十六条** 中国证券业协会应当建立基金评价机构及其评价人员从事基金评价业务的资料库和诚信档案,通过适当方式公布基金评价机构会员情况,并建立对基金评价行为的跟踪机制。

**第二十七条** 中国证券业协会可以对基金评价机构及其评价人员的业务活动进行检查,被检查的基金评价机构应当予以配合,不得干扰和阻碍。中国证券业协会应当将检查过程中发现的问题及时向中国证监会报告。

**第二十八条** 基金评价机构加入中国证券业协会后,未按照本办法第七条的规定向中国证监会备案,擅自从事基金评价业务的,责令改正,单处或者并处警告、罚款;对直接负责的主管人员和其他直接责任人员单处或者并处警告、罚款。

**第二十九条** 基金管理人、基金销售机构及中国证监会指定信息披露媒体引用或发布不具备中国证券业协会会员资格的基金评价机构提供的基金评价结果的,中国证监会采取责令改正、出具警示函等监管措施,单处或者并处警告、罚款;对直接负责的主管人员和其他直接责任人员单处或者并处警告、罚款。

**第三十条** 基金评价机构违反本办法规定,聘任不具备基金从业资格的人员的,中国证监会采取责令改正等监管措施,单处或者并处警告、罚款;对直接负责的主管人员和其他直接责任人员单处或者并处警告、罚款。

**第三十一条** 基金评价机构未按照本办法规定保存有关文件和资料的,责令改正,单处或者并处警告、罚款。

**第三十二条** 基金评价机构有下列行为之一的,中国证监会采取责令改正、监管谈话、出具警示函等监管措施,单处或者并处警告、罚款:

(一)内部控制制度不符合本办法第九条的规定;

(二)基金评价标准和方法不符合本办法第十一条、第十二条的规定;

(三)未按照本办法第十三条规定公开披露基金评价标准、方法和程序,或未按照公开披露的基金评价标准、方法和程序从事基金评价业务;

(四)违反本办法第十四条的规定进行基金评价或发布基金评价结果;

(五)违反本办法第十五条和第十六条规定的利益冲突防范制度;

(六)不公平对待评价对象,或贬低、诋毁其他基金评价机构、评价人员等不正当竞争行为。

## 第六章 附 则

**第三十三条** 本办法自2010年1月1日起施行。

# 关于修改《证券登记结算管理办法》的决定

（2009年11月20日　证监会令第65号）

《关于修改〈证券登记结算管理办法〉的决定》已经2009年3月11日中国证券监督管理委员会第253次主席办公会审议通过。现予公布，自2009年12月21日起施行。

一、第十四条第二款第三项修改为："证券交易所、中国金融期货交易所依法履行职责要求证券登记结算机构提供相关数据和资料"。

二、第十九条增加一款，作为第二款："前款所称投资者包括中国公民、中国法人、中国合伙企业及法律、行政法规、中国证监会规章规定的其他投资者。"

三、本决定自2009年12月21日起施行。

《证券登记结算管理办法》根据本决定作相应的修改，重新公布。

# 证券登记结算管理办法

（2006年4月7日中国证券监督管理委员会令第29号公布　根据2009年11月20日中国证券监督管理委员会《关于修改〈证券登记结算管理办法〉的决定》修订）

## 第一章　总　　则

**第一条**　为了规范证券登记结算行为，保护投资者的合法权益，维护证券登记结算秩序，防范证券登记结算风险，保障证券市场安全高效运行，根据《证券法》、《公司法》等法律、行政法规的规定，制定本办法。

**第二条**　在证券交易所上市的股票、债券、证券投资基金份额等证券及证券衍生品种（以下统称证券）的登记结算，适用本办法。

非上市证券的登记结算业务，参照本办法执行。

境内上市外资股的登记结算业务，法律、行政法规、中国证券监督管理委员会（以下简称中国证监会）另有规定的，从其规定。

**第三条**　证券登记结算活动必须实行公开、公平、公正、安全、高效的原则。

**第四条**　证券登记结算机构是为证券交易提供集中登记、存管与结算服务，不以营利为目的的法人。

证券登记结算业务采取全国集中统一的运营方式，由证券登记结算机构依法集中统一办理。

证券登记结算机构实行行业自律管理。

**第五条**　证券登记结算活动必须遵

守法律、行政法规、中国证监会的规定以及证券登记结算机构依法制定的业务规则。

**第六条**　中国证监会依法对证券登记结算机构及证券登记结算活动进行监督管理。

## 第二章　证券登记结算机构

**第七条**　证券登记结算机构的设立和解散,必须经中国证监会批准。

**第八条**　证券登记结算机构履行下列职能:

(一)证券账户、结算账户的设立和管理;

(二)证券的存管和过户;

(三)证券持有人名册登记及权益登记;

(四)证券和资金的清算交收及相关管理;

(五)受发行人的委托派发证券权益;

(六)依法提供与证券登记结算业务有关的查询、信息、咨询和培训服务;

(七)中国证监会批准的其他业务。

**第九条**　证券登记结算机构不得从事下列活动:

(一)与证券登记结算业务无关的投资;

(二)购置非自用不动产;

(三)在本办法第六十五条、第六十六条规定之外买卖证券;

(四)法律、行政法规和中国证监会禁止的其他行为。

**第十条**　证券登记结算机构的下列事项,应当报中国证监会批准:

(一)章程、业务规则的制定和修改;

(二)重大国际合作与交流活动、涉港澳台重大事务;

(三)与证券登记结算有关的主要收费项目和标准的制定或调整;

(四)董事长、副董事长、总经理和副总经理的任免;

(五)依法应当报中国证监会批准的其他事项。

前款第(一)项中所称的业务规则,是指证券登记结算机构的证券账户管理、证券登记、证券托管与存管、证券结算、结算参与人管理等与证券登记结算业务有关的业务规则。

**第十一条**　证券登记结算机构的下列事项和文件,应当向中国证监会报告:

(一)业务实施细则;

(二)制定或修改业务管理制度、业务复原计划、紧急应对程序;

(三)办理新的证券品种的登记结算业务,变更登记结算业务模式;

(四)结算参与人和结算银行资格的取得和丧失等变动情况;

(五)发现重大业务风险和技术风险,发现重大违法违规行为,或涉及重大诉讼;

(六)任免分公司总经理、公司总经理助理、公司部门负责人;

(七)有关经营情况和国家有关规定执行情况的年度工作报告;

(八)经会计师事务所审计的年度财务报告,财务预决算方案和重大开支项目,聘请或更换会计师事务所;

(九)与证券交易所签订的主要业务合作协议,与证券发行人、结算参与人和结算银行签订的各项业务协议的样本格式;

(十)中国证监会要求报告的其他事项和文件。

**第十二条**　证券登记结算机构应当妥善保存登记、存管和结算的原始凭证及有关文件和资料。其保存期限不得少于20年。

**第十三条**　证券登记结算机构对其所

编制的与证券登记结算业务有关的数据和资料进行专属管理；未经证券登记结算机构同意，任何组织和个人不得将其专属管理的数据和资料用于商业目的。

**第十四条**　证券登记结算机构及其工作人员依法对与证券登记结算业务有关的数据和资料负有保密义务。

对与证券登记结算业务有关的数据和资料，证券登记结算机构应当拒绝查询，但有下列情形之一的，证券登记结算机构应当依法办理：

（一）证券持有人查询其本人的有关证券资料；

（二）证券发行人查询其证券持有人名册及有关资料；

（三）证券交易所、中国金融期货交易所依法履行职责要求证券登记结算机构提供相关数据和资料；

（四）人民法院、人民检察院、公安机关和中国证监会依照法定的条件和程序进行查询和取证。

证券登记结算机构应当采取有效措施，方便证券持有人查询其本人证券的持有记录。

**第十五条**　证券登记结算机构应当公开业务规则、与证券登记结算业务有关的主要收费项目和标准。

证券登记结算机构制定或者变更业务规则、调整证券登记结算主要收费项目和标准等，应当征求相关市场参与人的意见。

**第十六条**　证券登记结算机构工作人员必须忠于职守、依法办事、不得利用职务便利谋取不正当利益，不得泄露所知悉的有关单位和个人的商业秘密。

证券登记结算机构违反《证券法》及本办法规定的，中国证监会依法予以行政处罚；对直接负责的主管人员和其他直接责任人员，依法给予行政处分。

## 第三章　证券账户的管理

**第十七条**　投资者通过证券账户持有证券，证券账户用于记录投资者持有证券的余额及其变动情况。

**第十八条**　证券应当记录在证券持有人本人的证券账户内，但依据法律、行政法规和中国证监会的规定，证券记录在名义持有人证券账户内的，从其规定。

证券登记结算机构为依法履行职责，可以要求名义持有人提供其名下证券权益拥有人的相关资料。

**第十九条**　投资者开立证券账户应当向证券登记结算机构提出申请。

前款所称投资者包括中国公民、中国法人、中国合伙企业及法律、行政法规、中国证监会规章规定的其他投资者。

投资者申请开立证券账户应当保证其提交的开户资料真实、准确、完整。

**第二十条**　证券登记结算机构可以直接为投资者开立证券账户，也可以委托证券公司代为办理。

证券登记结算机构为投资者开立证券账户，应当遵循方便投资者和优化配置账户资源的原则。

**第二十一条**　证券公司代理开立证券账户，应当向证券登记结算机构申请取得开户代理资格。

证券公司代理开立证券账户，应当根据证券登记结算机构的业务规则，对投资者提供的有效身份证明文件原件及其他开户资料的真实性、准确性、完整性进行审核，并应当妥善保管相关开户资料，保管期限不得少于20年。

**第二十二条**　投资者不得将本人的证券账户提供给他人使用。

**第二十三条**　证券登记结算机构应当根据业务规则，对开户代理机构开立证券账户的活动进行监督。开户代理机构违反业务规则的,证券登记结算机构可以根据业务规则暂停、取消其开户代理资格,并提请中国证监会按照相关规定采取暂停或撤销其相关证券业务许可;对直接负责的主管人员和其他直接责任人员,单处或并处警告、罚款、撤销任职资格或证券从业资格等处罚措施。

**第二十四条** 证券公司应当掌握其客户的资料及资信状况,并对其客户证券账户的使用情况进行监督。证券公司发现其客户在证券账户使用过程中存在违规行为的,应当按照证券登记结算机构的业务规则处理,并及时向证券登记结算机构和证券交易所报告。涉及法人以他人名义设立证券账户或者利用他人证券账户买卖证券的,还应当向中国证监会报告,由中国证监会依法予以处罚。

**第二十五条** 投资者在证券账户开立和使用过程中存在违规行为的,证券登记结算机构应当依法对违规证券账户采取限制使用、注销等处置措施。

## 第四章 证券的登记

**第二十六条** 上市证券的发行人,应当委托证券登记结算机构办理其所发行证券的登记业务。

证券登记结算机构应当与委托其办理证券登记业务的证券发行人签订证券登记及服务协议,明确双方的权利义务。

证券登记结算机构应当制定并公布证券登记及服务协议的范本。

证券登记结算机构可以根据政府债券主管部门的要求办理上市政府债券的登记业务。

**第二十七条** 证券登记结算机构根据证券账户的记录,确认证券持有人持有证券的事实,办理证券持有人名册的登记。

**第二十八条** 证券公开发行后,证券发行人应当向证券登记结算机构提交已发行证券的证券持有人名册及其他相关资料。证券登记结算机构据此办理证券持有人名册的初始登记。

证券发行人应当保证其所提交资料的合法、真实、准确、完整。证券登记结算机构不承担由于证券发行人原因导致证券持有人名册及其他相关资料有误而产生的损失和法律后果。

**第二十九条** 证券在证券交易所上市交易的,证券登记结算机构应当根据证券交易的交收结果办理证券持有人名册的变更登记。

证券以协议转让、继承、捐赠、强制执行、行政划拨等方式转让的,证券登记结算机构根据业务规则变更相关证券账户的余额,并相应办理证券持有人名册的变更登记。

证券因质押、锁定、冻结等原因导致其持有人权利受到限制的,证券登记结算机构应当在证券持有人名册上加以标记。

**第三十条** 证券登记结算机构应当保证证券持有人名册和登记过户记录真实、准确、完整,不得隐匿、伪造或者毁损。

**第三十一条** 证券登记结算机构应当按照业务规则和协议定期向证券发行人发送其证券持有人名册及有关资料。

**第三十二条** 证券发行人申请办理权益分派等代理服务的,应当按照业务规则和协议向证券登记结算机构提交有关资料并支付款项。

证券发行人未及时履行上述义务的,证券登记结算机构有权推迟或不予办理,证券发行人应当及时发布公告说明有关情况。

**第三十三条** 证券发行人或者其清算组等终止证券登记及相关服务协议的,证券登记结算机构应当依法向其交付证券持有人名册及其他登记资料。

## 第五章　证券的托管和存管

**第三十四条**　投资者应当委托证券公司托管其持有的证券，证券公司应当将其自有证券和所托管的客户证券交由证券登记结算机构存管，但法律、行政法规和中国证监会另有规定的除外。

**第三十五条**　证券登记结算机构为证券公司设立客户证券总账和自有证券总账，用以统计证券公司交存的客户证券和自有证券。

证券公司应当委托证券登记结算机构维护其客户及自有证券账户，但法律、行政法规和中国证监会另有规定的除外。

**第三十六条**　投资者买卖证券，应当与证券公司签订证券交易、托管与结算协议。

证券登记结算机构应当制定和公布证券交易、托管与结算协议中与证券登记结算业务有关的必备条款。必备条款应当包括但不限于以下内容：

（一）证券公司根据客户的委托，按照证券交易规则提出交易申报，根据成交结果完成其与客户的证券和资金的交收，并承担相应的交收责任；客户应当同意集中交易结束后，由证券公司委托证券登记结算机构办理其证券账户与证券公司证券交收账户之间的证券划付；

（二）实行质押式回购交易的，投资者和证券公司应当按照业务规则的规定向证券登记结算机构提交用于回购的质押券。投资者和证券公司之间债权债务关系不影响证券登记结算机构按照业务规则对证券公司提交的质押券行使质押权；

（三）客户出现资金交收违约时，证券公司可以委托证券登记结算机构将客户净买入证券划付到其证券处置账户内，并要求客户在约定期限内补足资金。客户出现证券交收违约时，证券公司可以将相当于证券交收违约金额的资金暂不划付给该客户。

**第三十七条**　证券公司应当将其与客户之间建立、变更和终止证券托管关系的事项报送证券登记结算机构。

证券登记结算机构应当对上述事项加以记录。

**第三十八条**　客户要求证券公司将其持有证券转由其他证券公司托管的，相关证券公司应当依据证券交易所及证券登记结算机构有关业务规则予以办理，不得拒绝，但有关法律、行政法规和中国证监会另有规定的除外。

**第三十九条**　证券公司应当采取有效措施，保证其托管的证券的安全，禁止挪用、盗卖。

证券登记结算机构应当采取有效措施，保证其存管的证券的安全，禁止挪用、盗卖。

**第四十条**　证券的质押、锁定、冻结或扣划，由托管证券的证券公司和证券登记结算机构按照证券登记结算机构的相关规定办理。

## 第六章　证券和资金的清算交收

**第四十一条**　证券公司参与证券和资金的集中清算交收，应当向证券登记结算机构申请取得结算参与人资格，与证券登记结算机构签订结算协议，明确双方的权利义务。

没有取得结算参与人资格的证券公司，应当与结算参与人签订委托结算协议，委托结算参与人代其进行证券和资金的集中清算交收。

证券登记结算机构应当制定并公布结算协议和委托结算协议范本。

**第四十二条**　证券登记结算机构应当选择符合条件的商业银行作为结算银行，

办理资金划付业务。

结算银行的条件,由证券登记结算机构制定。

**第四十三条** 证券和资金结算实行分级结算原则。证券登记结算机构负责办理证券登记结算机构与结算参与人之间的集中清算交收;结算参与人负责办理结算参与人与客户之间的清算交收。

**第四十四条** 证券登记结算机构应当设立证券集中交收账户和资金集中交收账户,用以办理与结算参与人的证券和资金的集中清算交收。

结算参与人应当根据证券登记结算机构的规定,申请开立证券交收账户和资金交收账户用以办理证券和资金的交收。同时经营证券自营业务和经纪业务的结算参与人,应当申请开立自营证券、资金交收账户和客户证券、资金交收账户分别用以办理自营业务的证券、资金交收和经纪业务的证券、资金交收。

**第四十五条** 证券登记结算机构采取多边净额结算方式的,应当根据业务规则作为结算参与人的共同对手方,按照货银对付的原则,以结算参与人为结算单位办理清算交收。

**第四十六条** 证券登记结算机构与参与多边净额结算的结算参与人签订的结算协议应当包括下列内容:

(一)对于结算参与人负责结算的证券交易合同,该合同双方结算参与人向对手方结算参与人收取证券或资金的权利,以及向对手方结算参与人支付资金或证券的义务一并转让给证券登记结算机构;

(二)受让前项权利和义务后,证券登记结算机构享有原合同双方结算参与人对其对手方结算参与人的权利,并应履行原合同双方结算参与人对其对手方结算参与人的义务。

**第四十七条** 证券登记结算机构进行多边净额清算时,应当将结算参与人的证券和资金轧差计算出应收应付净额,并在清算结束后将清算结果及时通知结算参与人。

证券登记结算机构采取其他结算方式的,应当按照相关业务规则进行清算。

**第四十八条** 集中交收前,结算参与人应当向客户收取其应付的证券和资金,并在结算参与人证券交收账户、结算参与人资金交收账户留存足额证券和资金。

结算参与人与客户之间的证券划付,应当委托证券登记结算机构代为办理。

**第四十九条** 集中交收过程中,证券登记结算机构应当在交收时点,向结算参与人收取其应付的资金和证券,同时交付其应收的证券和资金。交收完成后不可撤销。

结算参与人未能足额履行应付证券或资金交收义务的,不能取得相应的资金或证券。

对于同时经营自营业务以及经纪业务或资产管理业务的结算参与人,如果其客户资金交收账户资金不足的,证券登记结算机构可以动用该结算参与人自营资金交收账户内的资金完成交收。

**第五十条** 集中交收后,结算参与人应当向客户交付其应收的证券和资金。

结算参与人与客户之间的证券划付,应当委托证券登记结算机构代为办理。

**第五十一条** 证券登记结算机构应当在结算业务规则中对结算参与人与证券登记结算机构之间的证券和资金的集中交收以及结算参与人与客户之间的证券和资金的交收期限分别做出规定。

结算参与人应当在规定的交收期限内完成证券和资金的交收。

**第五十二条** 因证券登记结算机构的原因导致清算结果有误的,结算参与人在履行交收责任后可以要求证券登记结算机构予以纠正，并承担结算参与人遭受的直接损失。

## 第七章　风险防范和交收违约处理

### 第一节　风险防范和控制措施

**第五十三条**　证券登记结算机构应当采取下列措施，加强证券登记结算业务的风险防范和控制：

（一）制定完善的风险防范制度和内部控制制度；

（二）建立完善的技术系统，制定由结算参与人共同遵守的技术标准和规范；

（三）建立完善的结算参与人和结算银行准入标准和风险评估体系；

（四）对结算数据和技术系统进行备份，制定业务紧急应变程序和操作流程。

**第五十四条**　证券登记结算机构应当与证券交易所相互配合，建立证券市场系统性风险的防范制度。

证券登记结算机构应当与证券交易所签订业务合作协议，明确双方的权利义务。

**第五十五条**　证券登记结算机构应当按照结算风险共担的原则，组织结算参与人建立证券结算互保金，用于在结算参与人交收违约时保障交收的连续进行。

证券结算互保金的筹集、使用、管理和补缴办法，由证券登记结算机构在业务规则中规定。

**第五十六条**　证券登记结算机构可以视结算参与人的风险状况，采取要求结算参与人提供交收担保等风险控制措施。

结算参与人提供交收担保的具体标准，由证券登记结算机构根据结算参与人的风险程度确定和调整。

证券登记结算机构应当将结算参与人提交的交收担保物与其自有资产隔离，严格按结算参与人分户管理，不得挪用。

**第五十七条**　结算参与人可以在其资金交收账户内，存放证券结算备付金用于完成交收。

证券登记结算机构应当将结算参与人存放的结算备付金与其自有资金隔离，严格按结算参与人分户管理，不得挪用。

**第五十八条**　证券登记结算机构应当对质押式回购实行质押品保管库制度，将结算参与人提交的用于融资回购担保的质押券转移到质押品保管库。

**第五十九条**　证券登记结算机构收取的下列资金和证券，只能按业务规则用于已成交的证券交易的清算交收，不得被强制执行：

（一）证券登记结算机构收取的证券结算风险基金、证券结算互保金，以及交收担保物、回购质押券等用于担保交收的资金和证券；

（二）证券登记结算机构根据本办法设立的证券集中交收账户、资金集中交收账户、专用清偿账户内的证券和资金以及根据业务规则设立的其他专用交收账户内的证券和资金；

（三）结算参与人证券交收账户、结算参与人证券处置账户等结算账户内的证券以及结算参与人资金交收账户内根据成交结果确定的应付资金；

（四）根据成交结果确定的投资者进入交收程序的应付证券和资金；

（五）证券登记结算机构在银行开设的结算备付金等专用存款账户、新股发行验资专户内的资金，以及发行人拟向投资者派发的债息、股息和红利等。

**第六十条**　证券登记结算机构可以根据组织管理证券登记结算业务的需要，按照有关规定申请授信额度，或将专用清偿账户中的证券用于申请质押贷款，以保障证券登记结算活动的持续正常进行。

## 第二节　集中交收的违约处理

**第六十一条**　证券登记结算机构应当设立专用清偿账户,用于在结算参与人发生违约时存放暂不交付或扣划的证券和资金。

**第六十二条**　结算参与人发生资金交收违约时,应当按照以下程序办理:

(一)违约结算参与人应当向证券登记结算机构发送证券交收划付指令,在该结算参与人当日全部应收证券中指定相当于已交付资金等额的证券种类、数量及对应的证券账户,由证券登记结算机构交付结算参与人;并指定相当于不足金额的证券种类和数量,由证券登记结算机构暂不交付给结算参与人。

(二)证券登记结算机构在规定期限内收到有效证券交收划付指令的,应当依据结算业务规则将相应证券交付结算参与人,将暂不交付的证券划入专用清偿账户,并通知该结算参与人在规定的期限内补足资金或提交交收担保。

证券登记结算机构在规定期限内未收到有效证券交收划付指令的,属于结算参与人重大交收违约情形,证券登记结算机构应当将拟交付给结算参与人的全部证券划入专用清偿账户,暂不交付结算参与人,并通知结算参与人在规定的期限内补足资金或提交交收担保。

暂不交付的证券、补充资金或交收担保不足以弥补违约金额的,证券登记结算机构可以扣划该结算参与人的自营证券,并在转入专用清偿账户后通知结算参与人。

**第六十三条**　结算参与人发生资金交收违约的,证券登记结算机构应当按照下列顺序动用资金,完成与对手方结算参与人的资金交收:

(一)违约结算参与人的担保物中的现金部分;

(二)证券结算互保金中违约结算参与人交纳的部分;

(三)证券结算互保金中其他结算参与人交纳的部分;

(四)证券结算风险基金;

(五)其他资金。

**第六十四条**　结算参与人发生证券交收违约时,证券登记结算机构有权暂不交付相当于违约金额的应收资金。

证券登记结算机构应当将暂不划付的资金划入专用清偿账户,并通知该结算参与人。结算参与人应当在规定的期限内补足证券,或者提供证券登记结算机构认可的担保。

**第六十五条**　结算参与人发生证券交收违约的,证券登记结算机构可以动用下列证券,完成与对手方结算参与人的证券交收:

(一)违约结算参与人提交的用以冲抵的相同证券;

(二)委托证券公司以专用清偿账户中的资金买入的相同证券;

(三)其他来源的相同证券。

**第六十六条**　违约结算参与人未在规定的期间内补足资金、证券的,证券登记结算机构可以处分违约结算参与人所提供的担保物、质押品保管库中的回购质押券、卖出专用清偿账户内的证券。

前款处置所得,用于补足违约结算参与人欠付的资金、证券和支付相关费用;有剩余的,应当归还该相关违约结算参与人;不足偿付的,证券登记结算机构应当向相关违约结算参与人追偿。

在规定期限内无法追偿的证券或资金,证券登记结算机构可以依法动用证券结算互保金和证券结算风险基金予以弥补。依法动用证券结算互保金和证券结算风险基金弥补损失后，证券登记结算机构应当继续向违约结算参与人追偿。

**第六十七条**　结算参与人发生资金交收违约或证券交收违约的，证券登记结算机构可以按照有关规定收取违约金。证券登记结算机构收取的违约金应当计入证券结算风险基金。

**第六十八条**　结算参与人发生重大交收违约情形的，证券登记结算机构可以按照以下程序办理：

（一）暂停、终止办理其部分、全部结算业务，以及中止、撤销结算参与人资格，并提请证券交易所采取停止交易措施。

（二）提请中国证监会按照相关规定采取暂停或撤销其相关证券业务许可；对直接负责的主管人员和其他直接责任人员，单处或并处警告、罚款、撤销任职资格或证券从业资格的处罚措施。

证券登记结算机构提请证券交易所采取停止交易措施的具体办法由证券登记结算机构商证券交易所制订，报中国证监会批准。

**第六十九条**　证券登记结算机构依法动用证券结算互保金和证券结算风险基金，以及对违约结算参与人采取前条规定的处置措施的，应当在证券登记结算机构年度报告中列示。

### 第三节　结算参与人与客户交收的违约处理

**第七十条**　结算参与人可以根据证券登记结算机构的规定，向证券登记结算机构申请开立证券处置账户，用以存放暂不交付给客户的证券。

**第七十一条**　结算参与人可以视客户的风险状况，采取包括要求客户提供交收担保在内的风险控制措施。

客户提供交收担保的具体标准，由结算参与人与客户在证券交易、托管与结算协议中明确。

**第七十二条**　客户出现资金交收违约时，结算参与人可以发出指令，委托证券登记结算机构将客户净买入证券划付到其证券处置账户内，并要求客户在约定期限内补足资金。

**第七十三条**　客户出现证券交收违约时，结算参与人可以将相当于证券交收违约金额的资金暂不划付给该客户。

**第七十四条**　违约客户未在规定的期间内补足资金、证券的，结算参与人可以将证券处置账户内的相应证券卖出，或用暂不交付的资金补购相应证券。

前款处置所得，用于补足违约客户欠付的资金、证券和支付相关费用；有剩余的，应当归还该客户；尚有不足的，结算参与人有权继续向客户追偿。

**第七十五条**　结算参与人未及时将客户应收资金支付给客户或未及时委托证券登记结算机构将客户应收证券从其证券交收账户划付到客户证券账户的，结算参与人应当对客户承担违约责任，给客户造成损失的，结算参与人应当承担对客户的赔偿责任。

**第七十六条**　客户对结算参与人交收违约的，结算参与人不能因此拒绝履行对证券登记结算机构的交收义务，也不得影响已经完成和正在进行的证券和资金的集中交收及证券登记结算机构代为办理的证券划付。

**第七十七条**　没有取得结算参与人资格的证券公司与其客户之间的结算权利义务关系，参照本办法执行。

## 第八章　附　　则

**第七十八条**　本办法下列用语的含义是：

登记,是指证券登记结算机构接受证券发行人的委托,通过设立和维护证券持有人名册确认证券持有人持有证券事实的行为。

托管,是指证券公司接受客户委托,代其保管证券并提供代收红利等权益维护服务的行为。

存管,是指证券登记结算机构接受证券公司委托,集中保管证券公司的客户证券和自有证券,并提供代收红利等权益维护服务的行为。

结算,是指清算和交收。

清算,是指按照确定的规则计算证券和资金的应收应付数额的行为。

交收,是指根据确定的清算结果,通过转移证券和资金履行相关债权债务的行为。

名义持有人,是指受他人指定并代表他人持有证券的机构。

结算参与人,是指经证券登记结算机构核准,有资格参与集中清算交收的证券公司或其他机构。

共同对手方,是指在结算过程中,同时作为所有买方和卖方的交收对手并保证交收顺利完成的主体。

货银对付,是指证券登记结算机构与结算参与人在交收过程中,当且仅当资金交付时给付证券、证券交付时给付资金。

多边净额结算,是指证券登记结算机构将每个结算参与人所有达成交易的应收应付证券或资金予以冲抵轧差,计算出相对每个结算参与人的应收应付证券或资金的净额,再按照应收应付证券或资金的净额与每个结算参与人进行交收。

证券集中交收账户,是指证券登记结算机构为办理多边交收业务开立的结算账户,用于办理结算参与人与证券登记结算机构之间的证券划付。

资金集中交收账户,是指证券登记结算机构为办理多边交收业务开立的结算账户,用于办理结算参与人与证券登记结算机构之间的资金划付。

结算参与人证券交收账户,是指结算参与人向证券登记结算机构申请开立的用于证券交收的结算账户。对于同时经营自营业务以及经纪业务或资产管理业务的结算参与人,其证券交收账户包括自营证券交收账户和客户证券交收账户。

结算参与人资金交收账户,是指结算参与人向证券登记结算机构申请开立的用于资金交收的结算账户。对于同时经营自营业务以及经纪业务或资产管理业务的结算参与人,其资金交收账户包括自营资金交收账户和客户资金交收账户。

专用清偿账户,是指证券登记结算机构开立的结算账户,用于存放结算参与人交收违约时证券登记结算机构暂未交付、扣划的证券和资金。

证券处置账户,是指结算参与人向证券登记结算机构申请开立的结算账户,用于存放客户交收违约时证券公司暂不交付给客户的证券。

质押品保管库,是指证券登记结算机构开立的质押品保管专用账户,用于存放结算参与人提交的用于回购的质押券等质押品。

证券结算备付金,是指结算参与人在其资金交收账户内存放的用于完成资金交收的资金。

证券结算互保金,是指全体结算参与人缴纳的用以在发生交收违约时弥补流动性不足以及交收违约损失的资金。

**第七十九条** 证券公司以外的机构经中国证监会批准,可以接受证券登记结算机构委托为投资者开立证券账户、可以接受投资者委托托管其证券,或者申请成为结算参与人为客户办理证券和资金的清算交收,有关证券登记结算业务处理参照本办法执行。

**第八十条** 本办法由中国证监会负责解释、修订。

**第八十一条** 本办法自2006年7月1日起施行。

# 中国证券监督管理委员会行政许可实施程序规定

（2009年12月16日 证监会令第66号）

《中国证券监督管理委员会行政许可实施程序规定》已经2009年12月16日中国证券监督管理委员会第265次主席办公会议审议通过，现予公布，自2010年2月1日起施行。

## 第一章 总 则

**第一条** 为了规范中国证券监督管理委员会（以下简称中国证监会）实施行政许可行为，完善证券期货行政许可实施程序制度，根据《行政许可法》、《证券法》、《证券投资基金法》、《期货交易管理条例》等法律、行政法规，制定本规定。

**第二条** 本规定所称行政许可，是指中国证监会根据自然人、法人或者其他组织（以下称申请人）的申请，经依法审查，准予其从事证券期货市场特定活动的行为。

**第三条** 中国证监会实施行政许可，其程序适用本规定。

申请人依法取得行政许可后，申请变更行政许可、延续行政许可有效期的，适用本规定。

**第四条** 中国证监会依照法定的权限、范围、条件和程序实施行政许可，遵循公开、公平、公正和便民的原则，提高办事效率，提供优质服务。

法律、行政法规规定实施行政许可应当遵循审慎监管原则的，从其规定。

**第五条** 中国证监会可以依法授权派出机构实施行政许可。授权实施的行政许可，以派出机构的名义作出行政许可决定。

**第六条** 中国证监会实施行政许可实行统一受理、统一送达、一次告知补正、说明理由、公示等制度。

## 第二章 一般程序

### 第一节 受 理

**第七条** 中国证监会实施行政许可，由专门的机构（以下称受理部门）办理行政许可申请受理事项。

**第八条** 申请人提交申请材料，受理部门应当要求申请人出示单位介绍信、身份证等身份证明文件，并予以核对。申请人委托他人提交申请材料的，受理部门还应当要求受托人提交申请人的授权委托书，出示受托人的身份证明文件。受理部门应当留存申请人、申请人的受托人的身份证明文件复印件。

申请人提交申请材料，应当填写《申请材料情况登记表》。

**第九条** 受理部门发现申请事项依法不需要取得行政许可或者不属于中国证监会职权范围的，应当即时告知申请人不予受理,并出具不予受理通知。申请事项依法不属于中国证监会职权范围的,还应当同时告知申请人向有关行政机关申请。

**第十条**　受理部门接收申请材料,应当及时办理登记手续,并向申请人开具申请材料接收凭证。

**第十一条**　负责审查申请材料的部门(以下称审查部门)对申请材料进行形式审查,需要申请人补正申请材料的,应当自出具接收凭证之日起5个工作日内一次性提出全部补正要求。审查部门不得多次要求申请人补正申请材料。

**第十二条**　需要申请人补正申请材料的,受理部门应当出具补正通知;申请人补正申请材料需要使用已提交申请材料的,应当将申请材料退回申请人并予以登记。

申请人应当自补正通知发出之日起30个工作日内提交补正申请材料。

受理部门负责接收、登记申请人按照要求提交的补正申请材料。

**第十三条**　申请人在作出受理申请决定之前要求撤回申请的,受理部门应当检查并留存申请人或者其受托人的身份证明文件(或复印件)、授权委托书、撤回申请的报告,收回申请材料接收凭证,经登记后将申请材料退回申请人。

将申请材料退回申请人,应当留存一份申请材料(或复印件)。

**第十四条**　申请事项属于中国证监会职权范围,申请材料齐全、符合法定形式的,由受理部门出具受理通知。

决定受理的申请,按照法律、行政法规的规定,申请人应当交纳有关费用的,受理部门应当通知申请人先行交费,凭交费凭证领取受理通知。

**第十五条**　申请人有下列情形之一的,作出不予受理申请决定:

(一)通知申请人补正申请材料,申请人在30个工作日内未能提交全部补正申请材料;

(二)申请人在30个工作日内提交的补正申请材料仍不齐全或者不符合法定形式;

(三)法律、行政法规及中国证监会规定的其他情形。

决定不予受理申请的,受理部门出具不予受理通知,告知申请人或者其受托人取回申请材料。申请人或者其受托人取回申请材料的,受理部门应当检查并留存申请人或者其受托人的身份证明文件(或复印件)、授权委托书,经登记后将申请材料退回申请人。

**第十六条**　受理或者不予受理申请决定,应当自出具申请材料接收凭证之日起5个工作日内或者接收全部补正申请材料之日起两个工作日内作出,逾期不作出决定或者不告知申请人补正申请材料的,自出具申请材料接收凭证之日起即为受理。

## 第二节　审　　查

**第十七条**　审查部门在审查申请材料过程中,认为需要申请人作出书面说明、解释的,原则上应当将问题一次汇总成书面反馈意见。申请人应当在审查部门规定的期限内提交书面回复意见;确有困难的,可以提交延期回复的书面报告,并说明理由。

确需由申请人作出进一步说明、解释的,审查部门可以提出第二次书面反馈意见,并要求申请人在书面反馈意见发出之日起30个工作日内提交书面回复意见。

申请人的书面回复意见不明确,情况复杂,审查部门难以作出准确判断的,经中国证监会负责人批准,可以增加书面反馈的次数,并要求申请人在书面反馈意见发出之日起30个工作日内提交书面回复意见。

书面反馈意见由受理部门告知、送达申请人。申请人提交的书面回复意见，由受理部门负责接收、登记。

审查部门负责审查申请材料的工作人员在首次书面反馈意见告知、送达申请人之前，不得就申请事项主动与申请人或者其受托人进行接触。

**第十八条**　需要申请人当面就其提交的书面回复意见作出说明、解释的，审查部门应当指派两名以上工作人员在办公场所与申请人、申请人聘请的中介机构或者申请人的受托人进行会谈。涉及重大事项的，审查部门应当制作会谈记录，并由审查部门工作人员、参与会谈的申请人、申请人聘请的中介机构或者申请人的受托人签字确认。

需要申请人就其提交的书面回复意见作出说明、解释，事项简单的，审查部门工作人员可以通过电话、传真、电子邮件等方式办理，并制作、留存有关电话记录、传真件或者电子邮件。

**第十九条**　审查部门在审查申请材料过程中，依据法定条件和程序，可以直接或者委托派出机构对申请材料的有关内容进行实地核查。

对有关举报材料，中国证监会及其派出机构可以通过下列方式进行核查：

（一）要求申请人作出书面说明；

（二）要求负有法定职责的有关中介机构作出书面说明；

（三）委托有关中介机构进行实地核查；

（四）直接进行实地核查；

（五）法律、行政法规以及中国证监会规定的其他核查方式。

需要实地核查的，中国证监会及其派出机构应当指派两名以上工作人员进行核查。

## 第三节　决　　定

**第二十条**　在审查申请材料过程中，申请人有下列情形之一的，应当作出终止审查的决定，通知申请人：

（一）申请人主动要求撤回申请；

（二）申请人是自然人，该自然人死亡或者丧失行为能力；

（三）申请人是法人或者其他组织，该法人或者其他组织依法终止；

（四）申请人未在规定的期限内提交书面回复意见，且未提交延期回复的报告，或者虽提交延期回复的报告，但未说明理由或理由不充分；

（五）申请人未在本规定第十七条第二款、第三款规定的30个工作日内提交书面回复意见。

**第二十一条**　申请人主动要求撤回申请的，应当向受理部门提交书面报告，受理部门应当出具终止审查通知，经检查并留存申请人或者其受托人的身份证明文件（或复印件）、授权委托书，留存一份申请材料（或复印件），登记后将申请材料退回申请人。

**第二十二条**　在审查申请材料过程中，有下列情形之一的，应当作出中止审查的决定，通知申请人：

（一）申请人因涉嫌违法违规被行政机关调查，或者被司法机关侦查，尚未结案，对其行政许可事项影响重大；

（二）申请人被中国证监会依法采取限制业务活动、责令停业整顿、指定其他机构托管、接管等监管措施，尚未解除；

（三）对有关法律、行政法规、规章的规定，需要进一步明确具体含义，请求有关机关作出解释；

（四）申请人主动要求中止审查，理由正当。

法律、行政法规、规章对前款情形另有规定的,从其规定。

**第二十三条** 因本规定第二十二条第一款第(一)项至第(三)项规定情形中止审查的,该情形消失后,中国证监会恢复审查,通知申请人。

申请人主动要求中止审查的,应当向受理部门提交书面申请。同意中止审查的,受理部门应当出具中止审查通知。申请人申请恢复审查的,应当向受理部门提交书面申请。同意恢复审查的,受理部门应当出具恢复审查通知。

**第二十四条** 中国证监会根据申请人的申请是否符合法定条件、标准,作出准予或者不予行政许可的决定。

作出不予行政许可决定的,应当在不予行政许可决定中说明理由,并告知申请人享有依法申请行政复议或者提起行政诉讼的权利。

**第二十五条** 作出准予行政许可的决定,需要颁发行政许可证件的,应当向申请人颁发下列行政许可证件:

(一)中国证监会的批准文件;

(二)资格证、资质证或者其他合格证书;

(三)许可证、执照或者其他许可证书;

(四)法律、行政法规规定的其他行政许可证件。

## 第三章 简易程序

**第二十六条** 事项简单、审查标准明确、申请材料采用格式文本的行政许可,其实施程序适用本章规定。

适用简易程序的行政许可事项,由中国证监会予以公布。

**第二十七条** 适用简易程序的行政许可,受理部门当场进行形式审查,并直接作出是否受理的决定或者提出补正申请材料的要求。申请材料存在可以当场更正的错误的,受理部门应当允许申请人当场更正。

**第二十八条** 审查部门在审查适用简易程序的行政许可申请过程中,可以向申请人口头提出申请材料中存在的问题,要求申请人进行说明、解释,并应当制作相关记录后签字保存。确需书面反馈意见的,依照本规定第十七条的规定办理。

**第二十九条** 适用简易程序的行政许可,由审查部门根据中国证监会负责人的授权,作出准予或者不予行政许可决定,并加盖中国证监会印章。

## 第四章 特殊程序

**第三十条** 派出机构进行初步审查、中国证监会进行复审并作出决定的行政许可,由派出机构依照本规定第二章第一节的规定接收、登记申请材料,作出是否受理的决定并送达申请人。

中国证监会根据审查情况和派出机构的初步审查意见,作出准予或者不予行政许可的决定。

**第三十一条** 中国证监会审查、派出机构出具书面意见的行政许可,其受理事项依照本规定第二章第一节的规定办理。

中国证监会根据审查情况和派出机构的意见,作出准予或者不予行政许可的决定。

**第三十二条** 依法由中国证监会和其他行政机关共同作出决定的行政许可,中国证监会主办的,其受理事项依照本规定第二章第一节的规定办理。

中国证监会提出审查意见,将申请材料移送有关行政机关审查会签。有关行政机关审查会签完毕,中国证监会根据会签情况作出准予或者不予行政许可决定。

**第三十三条** 依法由中国证监会和其他行政机关共同作出决定的行政许可，其他行政机关主办的，由受理部门接收、登记申请材料。

中国证监会审查会签后，退回主办行政机关或者转送其他需要会签的行政机关。

## 第五章 期限与送达

**第三十四条** 除本规定第四章规定的由派出机构进行初步审查的行政许可、中国证监会和其他行政机关共同作出决定的行政许可外，中国证监会实施行政许可应当自受理申请之日起20个工作日内作出行政许可决定。20个工作日内不能作出行政许可决定的，经中国证监会负责人批准，可以延长10个工作日，并由受理部门将延长期限的理由告知申请人。但是，法律、行政法规另有规定的，从其规定。

**第三十五条** 派出机构进行初步审查，中国证监会进行复审并作出决定的行政许可，派出机构应当自其受理行政许可申请之日起20个工作日内审查完毕并向中国证监会报送初步审查意见和全部申请材料。中国证监会应当自接收前述材料之日起20个工作日内作出行政许可决定。但是，法律、行政法规另有规定的，从其规定。

**第三十六条** 需要申请人对申请材料中存在的问题进行说明、解释的，自书面反馈意见发出之日起到接收申请人书面回复意见的时间，不计算在本章规定的期限内。

**第三十七条** 需要对行政许可申请进行实地核查或者对有关举报材料进行核查的，自作出核查决定之日起到核查结束的时间，不计算在本章规定的期限内。

**第三十八条** 依法需要专家评审的行政许可，自书面通知专家参加评审会议之日起到评审会议结束所需的时间，不计算在本章规定的期限内。受理部门应当将专家评审会议所需时间在受理通知书中注明。

**第三十九条** 依照本规定中止审查行政许可申请的，自书面通知中止审查之日起至书面通知恢复审查之日止的时间，不计算在本章规定的期限内。

**第四十条** 作出准予或者不予行政许可的决定，应当自作出决定之日起10个工作日内向申请人送达本规定第二十五条规定的行政许可证件或者不予行政许可的书面决定。

**第四十一条** 在行政许可受理、审查环节出具的申请材料接收凭证，送达的补正通知、受理通知、不予受理通知、书面反馈意见等行政许可文件，应当加盖中国证监会行政许可专用章。

由派出机构进行初步审查的行政许可，派出机构在受理环节出具的有关行政许可文件应使用加盖中国证监会行政许可专用章的函件。

在行政许可决定环节送达的中止审查通知、恢复审查通知、终止审查通知、本规定第二十五条规定的行政许可证件以及不予行政许可书面决定等，应当加盖中国证监会印章。

**第四十二条** 补正通知、受理通知、不予受理通知、书面反馈意见、中止审查通知、恢复审查通知、终止审查通知、本规定第二十五条规定的行政许可证件、不予行政许可书面决定等行政许可文件，由受理部门按照申请人选定的联系方式和送达方式统一告知、送达申请人，受理部门应当对送达的情况进行记录并存档。

依据本规定第三十条、第三十一条作出的行政许可书面决定，还应当同时抄送有关派出机构。

**第四十三条**　行政许可文件可以通过邮寄、申请人自行领取、申请人委托他人领取、公告等方式送达申请人。

**第四十四条**　申请人要求邮寄送达行政许可文件的,受理部门应当采用挂号信或者特快专递的方式送达,并应当附送达回证,在挂号信或者特快专递的封面写明行政许可文件的名称。受理部门应当及时向邮政部门索要证明申请人签收的邮政部门回执。

**第四十五条**　申请人自行领取行政许可文件的,受理部门应当要求申请人出示单位介绍信、身份证等身份证明文件并予以签收。申请人委托他人领取的,受理部门应当要求受托人出示申请人的授权委托书、受托人的身份证明文件并予以签收。受理部门应当留存申请人、申请人的受托人的身份证明文件复印件。

**第四十六条**　申请人在接到领取通知5个工作日内不领取行政许可文件且受理部门无法通过邮寄等方式送达的,可以公告送达。自公告之日起,经过60日,即视为送达。

## 第六章　公　示

**第四十七条**　行政许可的事项、依据、条件、数量、程序、期限以及需要申请人提交的全部申请材料的目录和申请书示范文本等应当进行公示,以方便申请人查阅。

依法应当举行国家考试,赋予公民从事有关证券期货业务特定资格的,应当事先公示资格考试的报名条件、报考办法、考试科目以及考试大纲。

**第四十八条**　中国证监会采取下列方式进行公示:

(一)在中国证监会互联网站上公布;

(二)印制行政许可手册,并放置在办公场所;

(三)在办公场所张贴;

(四)其他有效便捷的公示方式。

**第四十九条**　申请人要求对公示内容予以说明、解释的,审查部门予以说明、解释。

**第五十条**　作出准予或者不予行政许可决定的,应当自作出决定之日起20个工作日内在中国证监会互联网站上予以公布;但涉及国家秘密、商业秘密、个人隐私的除外。

中国证监会定期出版公告,收录中国证监会及其派出机构作出的准予或者不予行政许可决定。

## 第七章　附　则

**第五十一条**　法律、行政法规对有关行政许可实施程序另有规定的,从其规定。

本规定有原则规定,中国证监会规章及规范性文件有具体程序规定的,依照具体程序规定执行。

本规定第三章、第四章未作出规定的其他程序,适用第二章的规定。

**第五十二条**　中国证监会受理部门、审查部门、派出机构及其工作人员在实施行政许可活动中违反本规定的,依照有关行政许可执法监督的规定进行处理。

**第五十三条**　本规定自2010年2月1日起施行。《中国证券监督管理委员会行政许可实施程序规定(试行)》(证监发〔2004〕62号)同时废止。

## （四）证券期货法律适用意见

# 《上市公司收购管理办法》第六十二条及《上市公司重大资产重组管理办法》第四十三条有关限制股份转让的适用意见——证券期货法律适用意见第4号

（2009年5月19日　证监会公告〔2009〕11号）

为进一步支持上市公司并购重组，规范并购重组后上市公司股东转让所持上市公司股份行为，我会制定了《〈上市公司收购管理办法〉第六十二条及〈上市公司重大资产重组管理办法〉第四十三条有关限制股份转让的适用意见——证券期货法律适用意见第4号》，现予公布，请遵照执行。

《上市公司收购管理办法》（证监会令第35号，以下简称《收购办法》）第六十二条第一款第（二）项规定："上市公司面临严重财务困难，收购人提出的挽救公司的重组方案取得该公司股东大会批准，且收购人承诺3年内不转让其在该公司中所拥有的权益"的，收购人可以向我会申请免于履行要约收购义务；《收购办法》第六十二条第一款第（三）项规定："经上市公司股东大会非关联股东批准，收购人取得上市公司向其发行的新股，导致其在该公司拥有权益的股份超过该公司已发行股份的30%，收购人承诺3年内不转让其拥有权益的股份，且公司股东大会同意收购人免于发出要约"的，收购人可以向我会申请免于履行要约收购义务。《上市公司重大资产重组管理办法》（证监会令第53号，以下简称《重组办法》）第四十三条规定："特定对象以资产认购而取得的上市公司股份，自股份发行结束之日起12个月内不得转让；属于下列情形之一的，36个月内不得转让：（一）特定对象为上市公司控股股东、实际控制人或者其控制的关联人；（二）特定对象通过认购本次发行的股份取得上市公司的实际控制权；（三）特定对象取得本次发行的股份时，对其用于认购股份的资产持续拥有权益的时间不足12个月"。近来，一些上市公司股东咨询在同一实际控制人控制之下不同主体之间转让上市公司股份是否符合《收购办法》和《重组办法》的上述要求。我会认为，《收购办法》、《重组办法》的上述要求，旨在保证上市公司控制权相对稳定，以利于公司的长远发展，同时保障投资者可基于控制权归属的明确预期作出投资决策。实践中，同一实际控制人之下不同主体之间转让上市公司股份的案例，反映了部分上市公司基于资源整合及长远规划发展的考虑

进行集团内持股结构调整的合理需求。经研究,我会认为:

一、适用《收购办法》第六十二条第一款第(二)项、第(三)项及《重组办法》第四十三条规定时,在控制关系清晰明确,易于判断的情况下,同一实际控制人控制之下不同主体之间转让上市公司股份,不属于上述规定限制转让的范围。

二、上市公司的实际控制人、控股股东及相关市场主体不得通过持股结构调整进行利益输送等损害上市公司及投资者利益的行为。

三、前述在同一实际控制人控制之下不同主体之间转让上市公司股份行为完成后,受让方或实际控制人仍应当按照诚实信用原则忠实履行相关承诺义务,不得擅自变更、解除承诺义务。

四、律师和律师事务所应当就上市公司的股份转让是否属于同一实际控制人之下不同主体之间的转让出具法律意见书。律师和律师事务所应当确保法律意见书的结论明确,依据适当、充分,法律分析清晰、合理,违反相关规定的,除依法采取相应的监管措施外,监管部门还将对法律意见书的签字律师和签字的律师事务所负责人此后出具的法律意见书给予重点关注。律师和律师事务所存在违法违规行为的,将依法追究其法律责任。

五、上述股份转让中,涉及股份过户登记的,应按照有关流通股协议转让规则办理。

## 《上市公司证券发行管理办法》第三十九条“违规对外提供担保且尚未解除”的理解和适用——证券期货法律适用意见第5号

(2009年7月9日　证监会公告第16号)

为正确理解和适用《上市公司证券发行管理办法》第三十九条关于上市公司及其附属公司违规对外提供担保且尚未解除不得非公开发行股票的规定,并为保荐机构及相关证券服务机构提供合理、审慎的判断标准,我会制定了《〈上市公司证券发行管理办法〉第三十九条“违规对外提供担保且尚未解除”的理解和适用——证券期货法律适用意见第5号》,现予公布,自2009年7月13日起施行。

《上市公司证券发行管理办法》(证监会令第30号,以下简称《管理办法》)第三十九条第(三)项规定,上市公司申请非公开发行股票,不得存在“上市公司及其附属公司违规对外提供担保且尚未解除”的情形。在非公开发行股票的行政许可审核实践中,部分上市公司及其附属公司通常采取一些纠正或补救措施,以解除违规担保或消除违规担保对公司的不利影响。由于实践中违规担保的情形多种多样,公司采取的纠正和补救措施各不相同,经过重大资产重组的上市公司历史遗留的违规担保情况则更加复杂,由此造成对于《管理办法》第三十九条“违规对外提供担保且尚未解除”规定的不同理解和认识。经研究，我会认为：

一、非公开发行股票的上市公司应当具有规范的公司治理结构和相应的内控制度，并应严格控制对外担保风险，避免给上市公司、附属公司及其股东产生重大不利影响和造成经济损失。

二、《管理办法》所规定的“上市公司及其附属公司”是指上市公司及其合并报表的控股子公司。

三、《管理办法》所规定的“违规对外提供担保”（以下简称违规担保），是指上市公司及其附属公司违反相关法律、行政法规、规章、中国证监会发布的规范性文件、公司章程的规定（以下简称相关法律规定）对外提供担保。以下情形属于《管理办法》所规定的违规担保：

（一）未按照相关法律规定履行董事会或股东大会表决程序；

（二）董事会或股东大会作出对外担保事项决议时，关联董事或股东未按照相关法律规定回避表决；

（三）董事会或股东大会批准的公司对外担保总额或单项担保的数额超过中国证监会或者公司章程规定的限额；

（四）董事会或股东大会批准对外担保事项后，未按照中国证监会规定的内容在指定媒体及时披露信息；

（五）独立董事未按规定在年度报告中对对外担保事项进行专项说明，并发表独立意见；

（六）其他违反相关法律规定的对外担保行为。

四、《管理办法》所规定的“尚未解除”，是指上市公司递交非公开发行股票申请文件时，上市公司及其附属公司违规担保尚未解除或其风险隐患尚未消除，上市公司及其股东的利益安全存在重大不确定性，而不局限于《合同法》中“合同解除”的概念。担保责任解除主要指上市公司及其附属公司违规担保状态的停止、担保责任的消灭，或者上市公司及其附属公司已经采取有效措施消除了违规担保对上市公司及股东带来的重大风险隐患等。

递交非公开发行股票申请文件前，保荐机构和发行人律师经核查存在下列情形之一的，可以出具意见认定违规担保已经解除或其对上市公司的风险隐患已经消除：

（一）上市公司及其附属公司已经采取相应纠正措施，自律组织、行政监管部门或司法机关已依法追究违规单位及相关人员的法律责任（包括立案调查或立案侦查），相关信息已及时披露；

（二）上市公司及其附属公司已按企业会计准则的要求对因违规担保而承担的付款义务确认预计负债或者已经承担担保责任，自律组织、行政监管部门或司法机关已依法追究违规单位及相关人员的法律责任（包括立案调查或立案侦查），相关信息已及时披露；

（三）担保合同未成立、未生效或已经被宣告无效、解除或撤销，上市公司及其附属公司不再继续承担担保责任以及其他相关赔偿责任；

（四）由于债务人已经全额偿还债务，或债权人未依法要求上市公司及其附属公司承担责任等原因，导致担保责任已经解除；

（五）因其他事由导致担保事项不再继续对上市公司及其社会公众股东利益产生重大不利影响。

前款第（二）项赋予上市公司及其附属公司一定选择权，但不鼓励其通过提前承担担保责任而直接给上市公司及其股东带来经济损失。上市公司及其附属公司选择确认预计负债方式可以给予投资者明确预期，同时，应努力通过法定途径避免或减少损失。

五、实施重大资产重组的上市公司,对于重组前遗留的违规担保,除适用前条规定外,保荐机构和发行人律师经核查存在下列情形之一的,可出具意见认定违规担保对上市公司的风险隐患已经消除:

(一)实施重大资产重组前,重组方已经知晓违规担保的事实,虽然递交非公开发行股票申请文件前违规担保尚未解除,但上市公司及其附属公司已按企业会计准则的要求对因违规担保而承担的付款义务确认预计负债,且自律组织、行政监管部门或司法机关已依法追究违规单位及相关人员的法律责任(包括立案调查或立案侦查),相关信息已及时披露;

(二)相关当事方已签署有效的法律文件,约定控股股东、实际控制人或重组方全部承担上市公司及其附属公司因违规担保可能产生的债务本息,且控股股东、实际控制人或重组方切实具备履约能力。

六、相关会计师事务所可以就上述第四条第二款第(二)项、第五条第(一)项关于上市公司及其附属公司对违规担保而承担的付款义务是否确认预计负债出具专项审核意见。

七、保荐机构和相关证券服务机构就上市公司及其附属公司违规担保是否已经解除出具的专业意见是监管部门作出判断的重要依据。保荐机构、相关证券服务机构及其人员应当确保专业意见的结论明确,依据适当、充分,分析清晰、合理。违反相关规定的,除依法采取相应的监管措施外,监管部门还将对相关机构和人员此后出具的专业意见给予重点关注。保荐机构、相关证券服务机构及其人员存在违法违规行为的,将依法追究其法律责任。

## (五)其他部委发布的与资本市场相关的部门规章

### 股权出资登记管理办法

(2009年1月14日 国家工商行政管理总局令第39号)

《股权出资登记管理办法》已经中华人民共和国国家工商行政管理总局局务会议审议通过,现予公布,自2009年3月1日起施行。

**第一条** 为规范股权出资登记,根据《公司法》、《公司登记管理条例》等法律法规的规定,制定本办法。

**第二条** 投资人以其持有的在中国境内设立的有限责任公司或者股份有限公司(以下统称股权公司)的股权作为出资,投资于境内其他有限责任公司或者股份有限公司(以下统称被投资公司)的登记管理,适用本办法。

**第三条** 用作出资的股权应当权属清楚、权能完整、依法可以转让。

具有下列情形的股权不得用作出资:

（一）股权公司的注册资本尚未缴足；

（二）已被设立质权；

（三）已被依法冻结；

（四）股权公司章程约定不得转让；

（五）法律、行政法规或者国务院决定规定，股权公司股东转让股权应当报经批准而未经批准；

（六）法律、行政法规或者国务院决定规定不得转让的其他情形。

**第四条**　全体股东以股权作价出资金额和其他非货币财产作价出资金额之和不得高于被投资公司注册资本的百分之七十。

**第五条**　用作出资的股权应当经依法设立的评估机构评估。

**第六条**　公司设立时，投资人以股权出资的，自被投资公司成立之日起一年内，投资人应当实际缴纳，被投资公司应当办理实收资本变更登记。

公司增加注册资本时，投资人以股权出资的，应当在被投资公司申请办理增加注册资本变更登记前实际缴纳。

**第七条**　投资人以持有的有限责任公司股权实际缴纳出资的，股权公司应当向公司登记机关申请办理将该股权的持有人变更为被投资公司的变更登记。

投资人以持有的股份有限公司股权实际缴纳出资，出资股权在证券登记结算机构登记的，应当按照规定经证券交易所和证券登记结算机构办理股份转让和过户登记手续；其他股权依照法定方式转让给被投资公司。

法律、行政法规或者国务院决定规定股权公司股东转让股权必须报经批准的，还应当依法经过批准。

**第八条**　股权出资实际缴纳后，应当经依法设立的验资机构验资并出具验资证明。

验资证明应当包括下列内容：

（一）以有限责任公司股权出资的，相关股权依照本办法第七条规定办理股东变更登记情况；

（二）以股份有限公司股权出资的，相关股权依照本办法第七条规定转让给被投资公司情况；

（三）股权的评估情况，包括评估机构的名称、评估报告的文号、评估基准日、评估值等；

（四）股权出资依法须经批准的，其批准情况。

**第九条**　投资人在公司设立时，依法以股权出资的，被投资公司应当在申请办理设立登记时办理股权认缴出资的出资人姓名或者名称，以及出资额、出资方式和出资时间登记。投资人实际缴纳股权出资后，被投资公司应当申请办理实收资本变更登记，被投资公司属于有限责任公司或者以发起设立方式设立的股份有限公司的，还应当申请办理有关投资人实际缴纳出资额、出资时间等的变更登记。

投资人在公司增加注册资本时，以股权实际缴纳出资的，被投资公司应当申请办理注册资本和实收资本变更登记。被投资公司属于有限责任公司的，还应当申请办理有关投资人姓名或者名称，以及认缴和实际缴纳的出资额、出资时间等的变更登记。

**第十条**　股权公司依照本办法第七条规定申请办理有关登记提交的材料，按照《公司登记管理条例》和国家工商行政管理总局有关企业登记提交材料的规定执行。

**第十一条**　被投资公司依照本办法第九条规定申请办理有关登记手续，除按照《公司登记管理条例》和国家工商行政管理总局有关企业登记提交材料的规定执行外，还应当提交以下材料：

（一）以股权出资的投资人签署的股

权认缴出资承诺书。有关投资人应当对所认缴出资的股权符合本办法第三条第一款规定,且不具有该条第二款规定情形等作出承诺;

(二)股权公司营业执照复印件(需加盖股权公司印章)。

**第十二条** 投资人、被投资公司的股权出资行为违反《公司法》、《公司登记管理条例》以及本办法规定的,验资机构、资产评估机构出具虚假证明文件或者因过失提供有重大遗漏的报告的,公司登记机关依照《公司法》、《公司登记管理条例》等有关规定予以查处。

**第十三条** 本办法规定事项,法律、行政法规或者国务院决定另有规定的,从其规定。

**第十四条** 本办法自2009年3月1日起实施。

# 境外投资管理办法

(2009年3月16日 商务部令2009年第5号)

《境外投资管理办法》已经2009年3月4日商务部第十九次部务会议审议通过,现予公布,自2009年5月1日起施行。

## 第一章 总 则

**第一条** 为促进和规范境外投资,根据《国务院对确需保留的行政审批项目设定行政许可的决定》,制定本办法。

**第二条** 本办法所称境外投资,是指在我国依法设立的企业(以下简称企业)通过新设、并购等方式在境外设立非金融企业或取得既有非金融企业的所有权、控制权、经营管理权等权益的行为。

**第三条** 企业开展境外投资应当认真了解并遵守境内外相关法律法规、规章和政策,遵循"互利共赢"原则。

**第四条** 商务部负责对境外投资实施管理和监督,省、自治区、直辖市、计划单列市及新疆生产建设兵团商务主管部门(以下简称省级商务主管部门)负责对本行政区域内境外投资实施管理和监督。

## 第二章 核 准

**第五条** 商务部和省级商务主管部门对企业境外投资实行核准。商务部建立"境外投资管理系统"(以下简称"系统")。对予以核准的企业,颁发《企业境外投资证书》(以下简称《证书》,样式见附件一)。《证书》由商务部统一印制,实行统一编码管理。

**第六条** 企业开展以下情形境外投资应当按本办法第十二条的规定提交申请材料,并按本办法第十三条的规定报商务部核准:

(一)在与我国未建交国家的境外投资;

(二)特定国家或地区的境外投资(具体名单由商务部会同外交部等有关部门确定);

(三)中方投资额1亿美元及以上的

境外投资；

（四）涉及多国（地区）利益的境外投资；

（五）设立境外特殊目的公司。

**第七条**　地方企业开展以下情形的境外投资应当按照本办法第十二条要求提交申请材料，并按第十四条的规定报省级商务主管部门核准：

（一）中方投资额 1000 万美元及以上、1 亿美元以下的境外投资；

（二）能源、矿产类境外投资；

（三）需在国内招商的境外投资。

**第八条**　企业开展本办法第六条、第七条规定情形以外的境外投资，须提交《境外投资申请表》（以下简称申请表，样式见附件二），并按第十六条规定办理核准。

**第九条**　企业境外投资有以下情形之一的，商务部和省级商务主管部门不予核准：

（一）危害我国国家主权、安全和社会公共利益，或违反我国法律法规；

（二）损害我与有关国家（地区）关系；

（三）可能违反我国对外缔结的国际条约；

（四）涉及我国禁止出口的技术和货物。

境外投资经济技术可行性由企业自行负责。

**第十条**　商务部核准第六条规定的境外投资应当征求我驻外使（领）馆（经商处室）意见。涉及中央企业的，由商务部征求意见；涉及地方企业的，由省级商务主管部门征求意见。

省级商务主管部门核准第七条第二款规定的境外投资应当征求驻外使（领）馆（经商处室）意见；其他情形的境外投资核准，省级商务主管部门可视情征求驻外使（领）馆（经商处室）意见。

**第十一条**　商务部和省级商务主管部门征求意见时应当向驻外使（领）馆（经商处室）提供投资事项基本情况等相关信息。

驻外使（领）馆（经商处室）主要从东道国安全状况、对双边政治和经贸关系影响等方面提出意见，并自收到征求意见函之日起 10 个工作日内予以回复。

**第十二条**　企业开展本办法第六条、第七条规定情形的境外投资须提交以下材料：

（一）申请书，主要内容包括境外企业的名称、注册资本、投资金额、经营范围、经营期限、投资资金来源情况的说明、投资的具体内容、股权结构、投资环境分析评价以及对不涉及本办法第九条所列情形的说明等；

（二）企业营业执照复印件；

（三）境外企业章程及相关协议或者合同；

（四）国家有关部门的核准或备案文件；

（五）并购类境外投资须提交《境外并购事项前期报告表》（样式见附件三）；

（六）主管部门要求的其他文件。

**第十三条**　企业开展第六条规定的境外投资，中央企业向商务部提出申请，地方企业通过所在地省级商务主管部门向商务部提出申请。

收到申请后，省级商务主管部门应当于 10 个工作日内（不含征求驻外使（领）馆（经商处室）的时间）对企业申报材料真实性及是否涉及本办法第九条所列情形进行初审，同意后将初审意见和全部申请材料报送商务部。

商务部收到省级商务主管部门或中央企业的申请后，于 5 个工作日内决定是否受理。申请材料不齐全或者不符合法定形式的，应当在 5 个工作日内一次告知申请人;受理后,应当于 15 个工作日内(不含征求驻外使(领)馆(经商处室)的时间)做出是否予以核准的决定。

**第十四条** 企业开展第七条规定的境外投资,向省级商务主管部门提出申请。

收到申请后,省级商务主管部门应当于5个工作日内决定是否受理。申请材料不齐全或者不符合法定形式的,应当在5个工作日内一次告知申请人;受理后,应当于15个工作日内(不含征求驻外使(领)馆(经商处室)意见的时间)做出是否予以核准的决定。

**第十五条** 对予以核准的第六条、第七条规定的境外投资,商务部和省级商务主管部门应当出具书面核准决定并颁发《证书》;不予核准的,应当书面通知申请企业并说明理由,告知其享有依法申请行政复议或者提起行政诉讼的权利。

**第十六条** 企业开展第八条规定的境外投资按以下程序办理核准:

中央企业总部通过"系统"按要求填写打印申请表,报商务部核准。地方企业通过"系统"按要求填写打印申请表,报省级商务主管部门核准。

商务部和省级商务主管部门收到申请表后,于3个工作日内进行审查,申请表填写完整且符合法定形式的即予颁发《证书》。

**第十七条** 两个以上企业共同投资设立境外企业,应当由相对最大股东在征求其他投资方书面同意后负责办理核准手续。商务部或相对最大股东所在地省级商务主管部门应将相关核准文件抄送其他投资方所在地省级商务主管部门。

**第十八条** 商务部或省级商务主管部门核准矿产资源勘查开发类境外投资应当征求国内有关商会、协会的意见,以作为核准时的参考。

## 第三章 变更和终止

**第十九条** 核准后,原境外投资申请事项发生变更,企业应参照第二章的规定向原核准机关申请办理变更核准手续。企业之间转让境外企业股份,由受让方负责申请办理变更手续,商务部或受让方所在地省级商务主管部门应当把相关核准文件抄送其他股东所在地省级商务主管部门。

**第二十条** 企业终止经核准的境外投资应向原核准机关备案,交回《证书》。原核准机关出具备案函,企业据此向外汇管理等部门办理相关手续。企业及其所属境外企业应当按当地法律办理注销手续。

终止是指原经核准的境外企业不再存续或我国企业均不再拥有原经核准的境外企业的股权等任何权益。

## 第四章 境外投资行为规范

**第二十一条** 企业应当客观评估自身条件、能力和东道国(地区)投资环境,积极稳妥开展境外投资。境内外法律法规和规章对资格资质有要求的,应当取得相关证明文件。

**第二十二条** 企业对其投资设立的境外企业冠名应当符合境内外法律法规和政策规定。未按国家有关规定获得批准的企业,其境外企业名称不得冠以"中国"、"中华"、"国家"等字样。境外企业外文名称可在申请核准前在东道国(地区)进行预先注册。

**第二十三条** 企业应当落实各项人员和财产安全防范措施,建立突发事件预警机制和应急预案,并接受驻外使(领)馆在突发事件防范、人员安全保护等方面的指导。

在境外发生突发事件时，企业应当及时、妥善处理，并立即向驻外使(领)馆和国内有关主管部门报告。

**第二十四条**　企业应当要求境外企业中方负责人当面或以信函、传真、电子邮件等书面方式及时向驻外使(领)馆(经商处室)报到登记。

**第二十五条**　企业应向原核准机关报告境外投资业务情况和统计资料，确保报送情况和数据真实准确。

**第二十六条**　企业应当在其对外签署的与境外投资相关的合同或协议生效前，取得有关政府主管部门的核准。

## 第五章　管理和服务

**第二十七条**　商务部负责对省级商务主管部门及中央企业总部的境外投资管理情况进行检查和指导。

**第二十八条**　商务部会同有关部门建立健全境外投资引导、促进和服务体系，强化公共服务。

商务部发布《对外投资合作国别(地区)指南》，帮助企业了解东道国(地区)投资环境。

商务部会同有关部门发布《对外投资国别产业导向目录》，引导企业有针对性地到东道国(地区)开展境外投资。

商务部通过政府间多双边经贸或投资合作机制等协助企业解决困难和问题。

商务部建立对外投资与合作信息服务系统，为企业开展境外投资提供统计、投资机会、投资障碍、预警等信息服务。

**第二十九条**　企业境外投资获得核准后，持《证书》办理外汇、银行、海关、外事等相关手续，并享受国家有关政策支持。

**第三十条**　企业自领取《证书》之日起2年内，未在东道国(地区)完成有关法律手续或未办理本办法第二十九条所列境内有关部门手续，原核准文件和《证书》自动失效，《证书》应交回原核准机关。如需再开展境外投资，须按本办法规定重新办理核准。

**第三十一条**《证书》不得伪造、涂改、出租、转借或以任何形式转让。已变更、失效或注销的《证书》应当交回发证机关。

## 第六章　罚　　则

**第三十二条**　企业提供虚假申请材料或不如实填报申请表的，商务部和省级商务主管部门不予受理或不予核准，并给予警告，且可在一年内不受理该企业任何境外投资核准申请；企业以提供虚假材料等不正当手段取得境外投资核准的，商务部及省级商务主管部门应当撤销相关文件，并可在三年内不受理该企业任何境外投资核准申请。

**第三十三条**　违反本办法规定的企业三年内不得享受国家有关境外投资政策支持。

**第三十四条**　省级商务主管部门未按本办法规定进行核准和履行管理监督职责的，商务部责令改正并提出批评。

**第三十五条**　商务主管部门有关工作人员不依本办法规定履行职责，或者滥用职权的，依法给予行政处分。

## 第七章　附　　则

**第三十六条**　省级商务主管部门可依照本规定制定相应的管理办法。

**第三十七条**　本办法所称特殊目的公司系指企业为实现其实际拥有的境内公司权益在境外上市而直接或间接控制的境外公司。

**第三十八条**　事业单位法人开展境外投资、企业在境外设立非企业法人适用本办法。企业赴香港、澳门及台湾地区投资参照本办法执行。

**第三十九条** 企业控股的境外企业的境外再投资,在完成法律手续后一个月内,应当由企业报商务主管部门备案。企业为地方企业的,须通过"系统"填报相关信息,打印备案表(样式见附件四)并加盖本企业公章后向省级商务主管部门备案;企业为中央企业的,中央企业总部通过"系统"填报相关信息,打印备案表并加盖公章后向商务部备案。企业递交备案表后即完成备案。

**第四十条** 本办法由商务部负责解释。

**第四十一条** 本办法自2009年5月1日起施行。《关于境外投资开办企业核准事项的规定》(商务部2004年16号令)和《商务部、国务院港澳办关于印发〈关于内地企业赴香港、澳门特别行政区投资开办企业核准事项的规定〉的通知》(商合发〔2004〕452号)同时废止。此前有关规定与本办法不符的,以本办法为准。

附件:1.《企业境外投资证书》样式
2.《境外投资申请表》样式
3.《境外并购事项前期报告表》样式
4.《境外中资企业境外投资备案表》样式

附件 1：

## 证　书

[　]商合境外投资证字第　号

××公司右页所列境外投资符合《境外投资管理办法》（商务部令××号）有关规定，现予以颁发《企业境外投资证书》。

公司持本证书办理外汇、海关、外事等相关手续。公司自领取本证书之日起 2 年内，未从事右页所列境外投资，证书自动失效。

公司开展境外投资业务应认真遵守境内外相关的法律法规和政策。

年　月　日

| | | | | | |
|---|---|---|---|---|---|
| 境外企业名称 | 中文 | | | | |
| | 外文 | | | | |
| 国家/地区（中文） | | 国家/地区（英文） | | | |
| 设立方式 | □新设□并购□其他 | | | | |
| 投资方 | 中方 | | | | |
| | 其他方 | | | | |
| 注册资本 | 中方 | % | 其他方 | % | |
| 投资总额 | 万美元 | 其他资金 | 万美元 | | |
| 实际投资 | 中方 | 万美元 | 现　汇 | 万美元 | |
| | | | 实　物 | 万美元 | |
| | 其他方 | 万美元 | 现　汇 | 万美元 | |
| | | | 实　物 | 万美元 | |
| 经营年限 | 年 | 雇员数 | 人 | | |
| 经营范围 | | | | | |
| 备　注 | | | | | |

# 附件2:

系统统一编号【　　】

## 境外投资申请表样式

单位:万美元

<table>
<tr><td>基本事由</td><td colspan="3"></td></tr>
<tr><td rowspan="2">境内企业</td><td colspan="2">名称:</td><td>法定代表人:</td></tr>
<tr><td colspan="2">地址:</td><td>联系人及联系方式:</td></tr>
<tr><td>拟投资境外企业名称</td><td colspan="3">中文:<br>外文:</td></tr>
<tr><td>注册资本</td><td colspan="3">______美元,中方占　　%股份,外方占　　%股份</td></tr>
<tr><td rowspan="2">股权结构</td><td colspan="3">中方股东名称及股比:</td></tr>
<tr><td colspan="3">外方股东名称及股比:</td></tr>
<tr><td>注册地</td><td colspan="3">国家:　　　省(州):　　　城市:</td></tr>
<tr><td>设立方式</td><td colspan="3">新设○　并购○　补办○　其他○(下拉框选择)</td></tr>
<tr><td>经营范围</td><td colspan="3"></td></tr>
<tr><td>所属行业</td><td colspan="3">下拉框选择</td></tr>
<tr><td>投资规模</td><td colspan="3">投资总额______<br>中方投资额______,其中自有资金______,境内银行贷款______。</td></tr>
<tr><td>投资资金结构(中方)</td><td colspan="3">现汇出资______,<br>其中自有外汇______、人民币购汇______、外汇贷款______、境外自筹______,<br>实物出资______,<br>其中设备______、原材料______,<br>知识产权______,<br>其中专利______,商标______,商誉______,专有技术______,</td></tr>
<tr><td rowspan="2">拟投资具体项目简况</td><td>内容</td><td colspan="2"></td></tr>
<tr><td>意义</td><td colspan="2"></td></tr>
<tr><td>国家有关部门核准或备案文件号(如有相关规定)</td><td></td><td>资格资质文件名称及编号(如有要求)</td><td></td></tr>
<tr><td colspan="4">本单位保证以上填报事项及材料的真实性,承诺按照国家相关法律法规及《境外投资管理办法》(商务部令第　号)的规定开展境外投资。<br>企业法人营业执照注册号:<br>法定代表人签字:　　　　填表单位联系人:<br>填表单位盖章:<br>年　月　日</td></tr>
</table>

# 附件3：

## 境外并购事项前期报告表

<table>
<tr><td rowspan="2">境内投资主体</td><td>名称</td><td colspan="4"></td></tr>
<tr><td>注册资本</td><td colspan="2"></td><td>行业</td><td></td></tr>
<tr><td rowspan="2">实施具体并购行为的子公司</td><td>名称</td><td colspan="4"></td></tr>
<tr><td>注册地点</td><td colspan="2"></td><td>注册资本</td><td></td></tr>
<tr><td rowspan="3">境外并购目标企业</td><td rowspan="2">名称</td><td>外文</td><td colspan="3"></td></tr>
<tr><td>中文</td><td colspan="3"></td></tr>
<tr><td>注册地点</td><td colspan="2"></td><td>行业</td><td></td></tr>
<tr><td colspan="2">并购背景</td><td colspan="4"></td></tr>
<tr><td colspan="2">拟并购的股权、资产或业务情况</td><td colspan="4"></td></tr>
<tr><td colspan="2">预计投资总额</td><td colspan="2"></td><td>交易方式（现金、股票及混合方式）</td><td></td></tr>
<tr><td colspan="2">资金筹措方案</td><td colspan="4"></td></tr>
<tr><td colspan="2">初步时间安排</td><td colspan="4"></td></tr>
<tr><td colspan="2">潜在风险及应对方案</td><td colspan="4"></td></tr>
<tr><td colspan="2">需政府提供的服务</td><td colspan="4"></td></tr>
<tr><td colspan="2">联系人</td><td colspan="2"></td><td>电话</td><td></td></tr>
</table>

（注：此表填不下的内容，可另加附页）

商务部对外投资和经济合作司制

（企业公章）

年　月　日

# 附件4：

系统统一编号【　　】

## 境外中资企业境外投资备案表样式

单位：万美元

<table>
<tr><td>基本事由</td><td colspan="3"></td></tr>
<tr><td rowspan="2">境外中资企业名称</td><td>中文：</td><td rowspan="2">注册地</td><td rowspan="2">下拉框选择</td></tr>
<tr><td>外文：</td></tr>
<tr><td>再投资规模</td><td colspan="3">投资总额______<br>境外中资企业投资额______，其中利润再投资______，境外中资企业获取境外银行贷款______，境外中资企业获取境内银行贷款______.</td></tr>
<tr><td rowspan="2">境外中资企业投资设立企业名称</td><td>中文</td><td rowspan="2">注册地</td><td rowspan="2">国家：<br>省（州）：</td></tr>
<tr><td>英文</td></tr>
<tr><td>注册资本</td><td colspan="3">______</td></tr>
<tr><td>股权结构</td><td colspan="3">境外中资企业占股比：<br>其他方股东名称及股比：</td></tr>
<tr><td>设立方式</td><td colspan="3">新设○　　并购○</td></tr>
<tr><td>经营范围</td><td colspan="3"></td></tr>
<tr><td>所属行业</td><td colspan="3">下拉框选择</td></tr>
<tr><td colspan="4">附件：<br>《中国企业境外投资证书》</td></tr>
<tr><td colspan="4">本单位保证以上填报事项及材料的真实性，承诺按照国家相关法律法规及《境外投资管理办法》（商务部令第　号）的规定开展境外投资。</td></tr>
<tr><td colspan="4">法定代表人签字：　　　　填表单位盖章<br>年　月　日</td></tr>
</table>

# 财政部关于贯彻落实《金融企业国有资产转让管理办法》有关事项的通知

（2009年12月27日　财金〔2009〕178号）

为进一步贯彻落实《金融企业国有资产转让管理办法》（财政部令第54号，以下简称《办法》），规范金融企业国有资产转让行为，促进金融国有资产有序流转，加强财政部门对转让行为的监督管理，现将有关事项通知如下：

**一、明确职责，做好各项规定的贯彻落实工作**

《办法》规定了金融企业国有资产转让的程序，明确了财政部门、国有及国有控股金融企业、产权交易机构和社会中介机构的职责。各相关单位要按照“职责明确、运作规范、把关严格、监管有力”的原则，认真做好《办法》的贯彻落实工作。

（一）地方财政部门要加强金融国有资产转让管理。各省、自治区、直辖市、计划单列市的财政厅（局）（以下简称省级财政部门）要根据《办法》，结合本地区实际情况，制定所管理金融企业及其子公司国有资产转让管理实施办法，并报我部备案。

（二）中央管理的金融企业要严格贯彻落实《办法》。各中央管理的国有及国有控股金融企业要研究制定本集团（控股）企业的国有资产转让管理实施办法和工作程序，并报我部备案；要落实企业内部负责国有资产转让监管的职能部门和人员，明确工作责任；要加强对各级子公司国有资产转让行为的管理和审核，并对进入产权交易机构和证券交易系统的各个工作环节实施跟踪监管，切实维护所有者权益，防止国有资产流失。

（三）产权交易机构要认真履行职责。各承办金融企业国有资产产权转让业务的产权交易机构，要积极配合财政部门做好培训宣传和交易信息采集汇总工作；认真做好产权交易主体资格审查、信息披露、意向受让方登记、公开竞价组织实施、交易结算、出具产权交易凭证、产权交易档案保管和交易信息收集汇总等工作；在产权转让公告中提出的受让条件不得出现具有明确指向性或违反公平竞争的内容；加强机构间的沟通协调，探索制定统一的金融企业国有资产产权交易操作规则。

**二、提高认识，严格执行国有资产转让进场交易制度**

各级财政部门和各中央管理的国有及国有控股金融企业要充分认识金融国有资产进场交易的重要意义，严格控制直接协议转让的范围，切实执行进场交易制度，充分利用产权交易机构和证券交易系统，缩短投资管理链条，促进国有金融资产的有序流转，确保金融企业国有资产转让公平、公正、公开。

（一）产权交易机构的选择和监管。

各省级财政部门要高度重视和扎实做好承办金融企业国有资产交易业务的产权交易机构的选择工作。根据《办法》,尽快确定本地区承办金融企业国有资产交易业务的省级产权交易机构名单,并推荐1家产权交易机构承担中央管理金融企业国有资产转让业务。选择和推荐工作结束后,各省级财政部门应将所选择和推荐交易机构的基本情况,以适当方式向社会公告,并在2010年3月底之前报我部备案;加强对承办交易业务,特别是中央管理金融企业国有资产转让业务的产权交易机构的日常监督管理。对不符合《办法》所规定从事金融企业国有产权交易活动基本条件,或在交易活动中出现弄虚作假、玩忽职守、损害国家利益或交易双方合法权益的产权交易机构,应立即停止其从事金融企业国有资产交易业务的资格,并向社会公告。

(二)中央管理金融企业选择产权交易机构的范围。各中央管理的国有及国有控股金融企业转让非上市企业国有产权,应当按照收益最大化和便利交易的原则,在北京产权交易所、天津产权交易中心、上海联合产权交易所、重庆联合产权交易所和各省级财政部门推荐确定的省级产权交易机构中进行,不受地区、行业、出资或者隶属关系的限制。

(三)非上市企业国有产权转让的若干特殊规定。《办法》所称重要行业是指金融、军工、电网电力、石油石化、电信、煤炭、民航、航运8大行业。重点子公司是指国有及国有控股金融企业对涉及上述行业的公司拥有控股权,以及对上市公司拥有控股权。根据《办法》,涉及重点子公司的国有产权转让行为应当报财政部门审批;国有及国有控股金融企业拟转让在境内外设立的特殊目的公司所持有的重点子公司产权,应当报财政部门审批;国有控股金融企业拟转让境外非上市子公司产权的,原则上应在《办法》规定的产权交易机构中进行。确因受制于客观条件,无法征集意向受让方的,经充分询价,报经主管财政部门审核批准后,可采取直接协议转让的方式进行。

## 三、完善程序,规范金融企业国有资产转让行为

各级财政部门和各中央管理的国有及国有控股金融企业,在推进国有金融资产布局和结构调整、促进国有金融资本合理流转的过程中,要按照《办法》规定,严格规范金融企业国有资产转让行为。

(一)加强对金融企业国有资产转让的全过程管理。国有及国有控股金融企业要严格履行内部决策程序和审批程序;按规定做好财务审计和资产评估工作,并以评估值作为转让价格的参考依据;要坚持资产转让进入公开市场,保证转让信息披露完全,杜绝暗箱操作;及时做好转让价款收取、转让鉴证和产权登记工作。涉及上市公司国有股份转让的,还应遵守证券监管部门的相关规定。

(二)加强金融国有资产管理各项基础工作的有机结合。各级财政部门要做好资产转让过程中,涉及的金融企业国有资产产权登记管理和资产评估工作,加强金融国有资产管理各项基础工作的配合力度。

(三)加强对金融国有资产转让活动的监督检查。财政部负责对各省和各中央管理的国有及国有控股金融企业的资产转让行为进行监督检查,发现违法违规行为,将按照有关规定严肃处理。各中央管理的国有及国有控股金融企业要通过对各级子企业国有资产转让事前、事中和事后等环节的审核把关和监督检查,切实履行好相关监管职责。

四、强化信息管理，建立健全金融企业国有资产转让情况报告制度

为做好金融企业国有资产转让信息的统计分析工作，各省级财政部门和各中央管理的国有及国有控股金融企业要充分利用信息化技术，探索建立金融国有资产转让基础信息库，全面掌握所管理企业国有资产转让的有关情况。

（一）做好信息定期报送工作。每年3月底之前，各省级财政部门和各中央管理的国有及国有控股金融企业要将上一年度金融企业国有资产转让情况统计汇总后报我部。

（二）做好研究报告工作。各级财政部门和国有金融企业要注意了解和总结在国有资产转让活动中出现的新情况、新问题，对有关重要情况和重大问题要及时向我部报告。

# 银行间债券市场债券登记托管结算管理办法

（2009年3月26日　中国人民银行令〔2009〕第1号）

为规范银行间债券市场的债券登记、托管和结算行为，保护投资者合法权益，促进债券市场健康发展，中国人民银行制定了《银行间债券市场债券登记托管结算管理办法》，经2008年12月16日第37次行长办公会议通过，现予公布，自2009年5月4日起施行。

## 第一章　总　　则

**第一条**　为规范债券登记、托管和结算行为，保护投资者合法权益，维护债券登记、托管和结算秩序，促进债券市场健康发展，依据《中华人民共和国中国人民银行法》等有关法律法规，制定本办法。

**第二条**　固定收益类有价证券（以下简称债券）在银行间债券市场的登记、托管和结算适用本办法。

商业银行柜台记账式国债的登记、托管和结算适用《商业银行柜台记账式国债交易管理办法》。

**第三条**　债券登记、托管和结算业务遵循安全、高效的原则，采取全国统一的运营管理模式。

**第四条**　中国人民银行依法对银行间债券市场债券登记托管结算机构和债券登记、托管和结算业务进行监督管理。

## 第二章　债券登记托管结算机构

**第五条**　本办法所称债券登记托管结算机构是指在银行间债券市场专门办理债券登记、托管和结算业务的法人。

中央国债登记结算有限责任公司是中国人民银行指定的债券登记托管结算机构。

**第六条**　债券登记托管结算机构承担债券中央登记、一级托管及结算职能；经中国人民银行批准的柜台交易承办银行承担商业银行柜台记账式国债的二级托管职能。

**第七条**　债券登记托管结算机构在债券登记、托管和结算业务中履行下列职能:

(一)设立和管理债券账户;

(二)债券登记;

(三)债券托管;

(四)债券结算;

(五)代理拨付债券兑付本息和相关收益资金;

(六)跨市场交易流通债券的总托管;

(七)提供债券等质押物的管理服务;

(八)代理债券持有人向债券发行人依法行使债券权利;

(九)依法提供与债券登记、托管和结算相关的信息、查询、咨询、培训服务;

(十)监督柜台交易承办银行的二级托管业务;

(十一)中国人民银行规定的其他职能。

**第八条**　债券登记托管结算机构应当采取下列措施保证业务的正常开展:

(一)具有专用的债券登记、托管、结算系统和设备,强化技术手段以保障数据安全;

(二)建立系统故障应急处理机制和灾难备份机制;

(三)完善公司治理,建立健全内部控制机制和风险管理制度,定期对登记、托管和结算情况进行内部稽核和检查;

(四)制定债券登记、托管和结算相关业务规则与操作规程,加强对关键岗位的管理。

**第九条**　下列事项,债券登记托管结算机构应当报中国人民银行批准:

(一)章程的制定和修改,并购、合并、重组、分立等重大事项;

(二)内部控制制度、风险管理制度、业务规则以及应急预案的制定和修改;

(三)开展新业务,变更登记、托管和结算业务模式;

(四)与境内外其他市场中介机构有关债券登记、托管和结算的业务合作;

(五)中国人民银行要求的其他事项。

**第十条**　下列事项,债券登记托管结算机构应当报中国人民银行备案:

(一)制定和修改中长期业务发展规划;

(二)高级管理人员变动;

(三)中国人民银行要求的其他事项。

**第十一条**　债券登记托管结算机构应当妥善保存债券登记、托管和结算的原始凭证及债券账务数据等有关文件和资料,其保存时间至少为债券到期后20年。

**第十二条**　债券登记托管结算机构根据业务发展需要,可以编制并定期发布债券登记、托管和结算业务相关信息。债券登记托管结算机构向其他组织和个人提供上述信息须符合中国人民银行有关规定。

**第十三条**　债券登记托管结算机构对债券持有人有关债券登记、托管和结算的数据和资料负有保密义务,但有下列情形的,应当依法予以办理:

(一)债券持有人查询本人的债券账务资料;

(二)受托人持债券持有人的书面委托查询有关债券账务资料;

(三)人民法院、人民检察院、公安机关等依照法定的程序和条件进行查询和取证;

(四)法律法规规定的其他情形。

债券登记托管结算机构应当方便债券持有人及时获得其债券账户记录。

**第十四条**　债券登记托管结算机构应当公开与债券登记、托管和结算业务相关的收费项目和标准。

债券登记托管结算机构制定或者调整收费项目和标准时,应当充分征求中国银行间市场交易商协会(以下简称交易商协会)、债券发行人和债券持有人的意见,并将征求意见的情况向中国人民银行报告。

**第十五条** 债券登记托管结算机构应当与债券发行人和债券持有人分别签订相关服务协议,明确双方的权利义务。

债券登记托管结算机构应当在充分征求交易商协会、债券发行人和债券持有人意见的基础上制定相关服务协议的文本,并将征求意见的情况向中国人民银行报告。

**第十六条** 债券登记托管结算机构应当对债券登记、托管和结算活动进行日常监测,发现异常情况、重大业务风险和技术风险以及重大违法违规行为的,应当及时向中国人民银行报告并进行相应处理,同时抄送交易商协会。

债券登记托管结算机构应当与全国银行间同业拆借中心相互配合,建立债券市场一线监控制度。

**第十七条** 债券登记托管结算机构应当于每月前5个工作日内向中国人民银行报送上月债券发行、登记、托管、结算等有关数据和统计信息,并于每年度结束后20个工作日内向中国人民银行报送债券登记、托管和结算业务的年度工作报告。

交易商协会、债券登记托管结算机构和全国银行间同业拆借中心应当按照中国人民银行有关规定建立信息和数据交流机制。

**第十八条** 债券登记托管结算机构应当按有关规定及时公布债券登记、托管和结算业务有关统计信息,但不得泄露非公开信息。

## 第三章 债券账户

**第十九条** 债券账户是指在债券登记托管结算机构开立的用以记载债券持有人所持有债券的品种、数量及其变动等情况的电子簿记账户。

**第二十条** 债券持有人通过债券账户持有债券。债券持有人持有债券以其债券账户内记载的债券托管余额为准。债券持有人对债券账户记载内容有异议的,债券登记托管结算机构应当及时复查并予以答复;因债券登记托管结算机构工作失误造成数据差错并给债券持有人带来损失的,债券登记托管结算机构应当承担相应法律责任。

**第二十一条** 债券登记托管结算机构应当根据分类设置、集中管理的原则制定债券账户管理制度。

**第二十二条** 债券持有人开立债券账户应当按照中国人民银行的规定向债券登记托管结算机构提出申请,且应当保证所提交的开户资料真实、准确、完整。

债券账户采用实名制,不得出租、出借或转让。

**第二十三条** 债券账户分为自营账户和代理总账户。

**第二十四条** 一个投资者只能开立一个自营账户,中国人民银行另有规定的除外。

具有法人资格的投资者应当以法人名义开立自营账户;经法人授权的商业银行分支机构可以分支机构的名义开立自营账户;证券投资基金等非法人机构投资者可按中国人民银行规定单独开立自营账户。

**第二十五条** 柜台交易承办银行和其他交易场所证券登记托管结算机构等可以在债券登记托管结算机构开立代理总账户,用于记载其二级托管的全部债券余额。

柜台交易承办银行和其他交易场所证券登记托管结算机构等为二级托管账户持有人确认的托管债券总额应当与其代理总账户记载的债券余额相等,且代理总账户内的债券应当与其自营的债券严格分开。

**第二十六条** 债券持有人可申请注销其账户。申请注销时,债券登记托管结算机构应当在确定该账户已无债券托管,且无未到期的回购等未了结的债权债务、质押以及冻结等情形时方可予以办理。

## 第四章 债券登记

**第二十七条** 债券登记是指债券登记托管结算机构以簿记方式依法确认债券持有人持有债券事实的行为。

**第二十八条** 债券发行结束后,债券发行人应当向债券登记托管结算机构提供相关机构和组织出具的债券发行审批、核准、注册等文件复印件、有关发行文件及相关资料。债券登记托管结算机构应当根据债券发行募集资金收讫确认及时办理债券登记。涉及二级托管账户的,柜台交易承办银行和其他交易场所证券登记托管结算机构等为二级托管账户持有人办理债券登记。

**第二十九条** 债券存续期内,因债券发行人预先约定或债券持有人合法要求而派生的债券,债券登记托管结算机构应当根据发行文件和债券持有人的委托,办理派生债券的登记。

**第三十条** 债券因交易结算、非交易过户、选择权行使等原因引起债券账户余额变化的,债券登记托管结算机构应当办理变更登记。涉及二级托管账户的,柜台交易承办银行和其他交易场所证券登记托管结算机构等应当为二级托管账户持有人办理变更登记。

因分立、合并或解散等原因导致债券发行人变更的,债务承继人应当及时向债券登记托管结算机构提交相关证明材料,债券登记托管结算机构应当依法及时办理变更登记。

**第三十一条** 债券登记托管结算机构可依法为债券持有人提供债券质押登记服务,对相应债券进行冻结;或依照法律法规对债券进行冻结。债券被冻结时,债券登记托管结算机构应当在相应债券账户内加以明确标记,以表明债券权利受到限制。

**第三十二条** 因到期兑付、提前兑付、选择权行使等原因导致债权债务终止的,债券登记托管结算机构应当办理债券注销登记;涉及二级托管账户的,柜台交易承办银行和其他交易场所证券登记托管结算机构等应当及时办理托管债券余额注销。

仍处于冻结状态的债券到期兑付时,债券登记托管结算机构应当提存其本息,待相关当事人出具有效法律文件后,按有关规定办理。

## 第五章 债券托管

**第三十三条** 债券托管是指债券登记托管结算机构对债券持有人持有的债券进行集中保管,并对其持有债券的相关权益进行管理和维护的行为。

**第三十四条** 债券持有人应当委托债券登记托管结算机构托管其持有的债券。

债券托管关系自债券登记托管结算机构为债券持有人开立债券账户后成立,至债券账户注销终止。

**第三十五条** 债券登记托管结算机构应当对债券持有人托管的债券采取安全有效的管理措施,保证其托管账务的真实、准确、完整和安全。债券登记托管结算机构对所托管的债券不享有任何性质的所有权,不得挪用所托管的债券。

债券登记托管结算机构出现破产、解散、分立、合并及撤销等情况时,债券持有人在该机构所托管的债券和其他资产不参与资产清算。

**第三十六条**　跨市场交易的债券持有人可将其持有的跨市场交易流通债券进行转托管。债券登记托管结算机构应当及时为其提供转托管服务。

**第三十七条**　债券发行人委托债券登记托管结算机构办理债券兑付本息或相关收益资金分配时,债券发行人应当及时、足额向债券登记托管结算机构支付相关款项,债券登记托管结算机构收到相关款项后应当及时办理;债券发行人未履行上述支付义务的,债券登记托管结算机构有权推迟办理,债券发行人应当及时向市场说明有关情况。

## 第六章　债券结算

**第三十八条**　债券结算是指在确认结算指令的基础上进行的债券过户。

**第三十九条**　投资者或其代理人应当根据债券交易合同的约定及时发送债券结算指令,其相应的债券账户应当有足够余额用于结算。

**第四十条**　债券登记托管结算机构应当明确结算指令的形式和传递方式,并对其采取有效的识别措施。

债券登记托管结算机构应当根据有效结算指令及时为投资者或其代理人办理债券结算,债券结算一旦完成不可撤销。

**第四十一条**　银行间债券市场债券结算机制包括全额和净额两种。净额业务有关规定由中国人民银行另行规定。

**第四十二条**　债券结算和资金结算可采用券款对付、见券付款、见款付券和纯券过户等结算方式。

券款对付是指结算双方同步办理债券过户和资金支付并互为条件的结算方式。

见券付款是指收券方以付券方应付债券足额为资金支付条件的结算方式。

见款付券是指付券方以收到收券方支付的足额资金为债券过户条件的结算方式。

纯券过户是指结算双方的债券过户与资金支付相互独立的结算方式。

债券结算和资金结算的风险由结算双方自行承担。

**第四十三条**　已进入债券结算过程处于待付状态的资金和债券,以及该笔结算涉及的担保物只能用于该笔结算,不能被强制执行。

**第四十四条**　债券登记托管结算机构可为投资者的债券借贷提供便利,以保证债券结算的顺利进行,有关办法由中国人民银行另行规定。

**第四十五条**　交易流通受到限制的债券办理转让过户,应当符合相关法律、法规和有关主管部门的规定。

**第四十六条**　办理扣划、继承、抵债、赠与等非交易过户的,债券登记托管结算机构应当要求当事人提交合法有效的法律文件。

## 第七章　法律责任

**第四十七条**　债券登记托管结算机构及相关工作人员有下列情形之一的,由中国人民银行按照《中华人民共和国中国人民银行法》第四十六条的规定进行处罚:

(一)工作失职,给债券发行人和债券持有人造成严重损失;

(二)挪用债券持有人托管债券和资金;

(三)篡改债券账户有关账务数据;

(四)泄露债券持有人账户信息;

(五)其他违反本办法的行为。

违反本办法,构成犯罪的,依法追究刑事责任。

**第四十八条** 债券发行人和债券持有人违反本办法,由中国人民银行按照《中华人民共和国中国人民银行法》第四十六条的规定进行处罚,构成犯罪的,依法追究刑事责任。

## 第八章 附 则

**第四十九条** 本办法由中国人民银行负责解释。

**第五十条** 本办法自 2009 年 5 月 4 日起施行。

# 外国机构在中国境内提供金融信息服务管理规定

(2009 年 4 月 30 日 国务院新闻办公室、商务部、国家工商行政管理总局令第 7 号)

《外国机构在中国境内提供金融信息服务管理规定》现予公布,自 2009 年 6 月 1 日起施行。

## 目 录



## 第一章 总 则

**第一条** 为便于外国机构在中国境内依法提供金融信息服务,满足国内用户对金融信息的需求,促进金融信息服务业健康、有序发展,根据《国务院关于修改〈国务院对确需保留的行政审批项目设定行政许可的决定〉的决定》(国务院第 548 号令),制定本规定。

**第二条** 外国机构在中国境内提供金融信息服务,适用本规定。

本规定所称外国机构,是指外国金融信息服务提供者。

本规定所称金融信息服务,是指向从事金融分析、金融交易、金融决策或者其他金融活动的用户提供可能影响金融市场的信息和/或者金融数据的服务。该服务不同于通讯社服务。

**第三条** 中国依法保障外国机构在中国境内提供金融信息服务的合法权益,为其依法提供金融信息服务提供便利。

外国机构在中国境内提供金融信息服务,应当遵守中国法律、法规和规章。

## 第二章 审 批

**第四条** 国务院新闻办公室为外国机构在中国境内提供金融信息服务的监督管理机关。外国机构在中国境内提供金融信息服务,必须经国务院新闻办公室批准。

未经国务院新闻办公室批准的外国机构,不得在中国境内提供金融信息服务。

**第五条** 外国机构申请在中国境内提供金融信息服务,应当具备以下条件:

(一)在所在国家(地区)有相应的合法资质;

(二)在金融信息服务领域有良好信誉;

（三）有确定的金融信息服务业务；

（四）有良好的传播手段和技术服务；

（五）中国法律、法规规定的其他条件。

**第六条**　外国机构在中国境内提供金融信息服务，需向国务院新闻办公室申请，提交下列材料：

（一）该机构主要负责人签署的书面申请；

（二）该机构情况介绍；

（三）该机构在所在国家（地区）设立的证明文本副本；

（四）拟提供金融信息服务的产品、栏目、说明、信息来源和样品的概述；

（五）传播手段及技术服务说明材料。

**第七条**　国务院新闻办公室应当自受理申请之日起20个工作日内作出批准或者不批准决定。予以批准的，发给批准文件；不予批准的，书面通知申请人并说明理由。

**第八条**　外国机构在中国境内提供金融信息服务，应当与用户签订书面合同。

外国机构应当在首次收到本规定第七条所述批准文件后30日内，就获得批准文件前与国内用户签订的任何合同，向国务院新闻办公室备案。获得批准的外国机构与国内用户签订、终止任何合同，应当在该合同签订、终止后30日内，向国务院新闻办公室备案。备案内容包括：合同所涉信息产品、提供方式、用户相关身份信息、合同期限等。已备案内容发生变更的，外国机构应当在变更后30日内向国务院新闻办公室变更备案。

**第九条**　外国机构在中国境内提供金融信息服务，拟变更机构名称、产品种类或者传播手段的，应当至少提前30日向国务院新闻办公室办理变更手续。

**第十条**　外国机构拟终止在中国境内提供金融信息服务的，应当在终止业务前书面告知国务院新闻办公室，并自终止业务之日起7日内到国务院新闻办公室办理注销手续。

**第十一条**　外国机构在中国境内提供金融信息服务批准文件有效期为2年。批准文件到期并拟继续提供服务的，应当在批准文件到期前至少30日，持原批准文件和本规定第六条所述材料向国务院新闻办公室申请更新批准文件。国务院新闻办公室将依照本规定第七条的规定办理。

**第十二条**　国务院新闻办公室依法保护外国机构依照本规定提交材料中包含的具有商业价值的信息，上述信息将仅用于监管。

## 第三章　投资设立企业

**第十三条**　外国机构在中国境内投资设立金融信息服务企业，应当依照中国有关法律向国务院商务主管部门提出申请，并提交下列材料：

（一）国务院新闻办公室的批准文件；

（二）该机构主要负责人签署的在中国境内投资设立金融信息服务企业的书面申请；

（三）由各方投资者法定代表人或者其授权的代表签署的金融信息服务企业的合同、章程；

（四）拟投资设立金融信息服务企业的董事会成员名单及证明文件；

（五）工商行政管理部门出具的企业名称预先核准通知书；

（六）中国法律、法规规定的其他文件。

**第十四条**　国务院商务主管部门应当自受理申请之日起30个工作日内作出批准或者不批准决定。予以批准的，发给《外商投资企业批准证书》；不予批准的，书面通知申请人并说明理由。

**第十五条**　获得批准投资设立金融信

息服务企业的外国机构应当自收到《外商投资企业批准证书》之日起30日内,依法向工商行政管理部门申请设立登记。

外商投资的金融信息服务企业变更登记事项或者终止的,应当依法办理变更登记或者注销登记。

## 第四章　监督管理

**第十六条**　外国机构应当严格按照批准的经营范围提供金融信息服务。国务院新闻办公室对外国机构提供金融信息服务进行监督检查,外国机构应当予以配合。

**第十七条**　外国机构在中国境内向用户提供的金融信息,不得含有下列内容:

(一)违反中华人民共和国宪法基本原则的;

(二)破坏中国国家统一、主权和领土完整的;

(三)危害中国国家安全和损害国家利益的;

(四)违反中国的民族、宗教政策,破坏民族团结,宣扬邪教的;

(五)散布虚假金融信息,扰乱经济秩序,破坏经济、金融、资本市场和社会稳定的;

(六)宣扬淫秽、色情、暴力、恐怖或者教唆犯罪的;

(七)侮辱或者诽谤他人,侵害他人合法权益的;

(八)中国法律、法规和规章禁止的其他内容。

**第十八条**　国务院新闻办公室对外国机构在中国境内提供的金融信息进行同步审视,发现含有本规定第十七条所列内容的,予以调查、处理。外国机构应当向国务院新闻办公室无偿提供同步审视其所提供金融信息的必要条件。

**第十九条**　在中国境内设立的外商投资金融信息服务企业应当严格按照登记注册的经营范围从事业务活动,不得开展新闻采集业务,不得从事通讯社业务。

**第二十条**　国内金融信息用户发现外国机构提供的金融信息中含有本规定第十七条所列内容的,应当向国务院新闻办公室举报,并不得使用和传播。

## 第五章　法律责任

**第二十一条**　外国机构在中国境内提供金融信息服务违反本规定的,由国务院新闻办公室和有关部门责令改正,给予警告,并处罚款。违反其他法律法规的,由相关行政、司法机关依法处理。

**第二十二条**　国内金融信息用户向社会传播外国机构提供的金融信息中含有本规定第十七条所列内容的,由国务院新闻办公室和有关部门依法处罚。

**第二十三条**　国务院新闻办公室工作人员,因玩忽职守、滥用职权、徇私舞弊或者收受贿赂,造成严重后果并构成犯罪的,依法追究刑事责任;尚不构成犯罪的,依法给予处分。

## 第六章　附　则

**第二十四条**　香港特别行政区、澳门特别行政区、台湾地区有关机构,在内地提供金融信息服务,参照适用本规定。

**第二十五条**　本规定自2009年6月1日起施行。本规定发布前,有关部门发布的关于金融信息服务的规定与本规定不一致的,以本规定为准。

本规定施行前已获得批准在中国境内提供金融信息服务的外国机构,拟继续在中国境内提供金融信息服务的,应当在本规定施行之日起30日内持本规定第六条所述材料向国务院新闻办公室提出申请。在国务院新闻办公室根据本规定第七条做出决定之日前,允许其继续提供该服务。

# 经营者集中申报办法

（2009年11月21日　商务部令第11号）

《经营者集中申报办法》已经2009年7月15日商务部第26次部务会议审议通过,现予公布,自2010年1月1日起施行。

**第一条**　为规范经营者集中申报和反垄断执法机构受理申报,根据《中华人民共和国反垄断法》(以下简称《反垄断法》)和《国务院关于经营者集中申报标准的规定》(以下简称《规定》),制定本办法。

**第二条**　商务部是经营者集中反垄断审查执法机构,承担受理和审查经营者集中申报的具体执法工作。

**第三条**　本办法所称经营者集中,系指《反垄断法》第二十条所规定的下列情形:

(一)经营者合并;

(二)经营者通过取得股权或者资产的方式取得对其他经营者的控制权;

(三)经营者通过合同等方式取得对其他经营者的控制权或者能够对其他经营者施加决定性影响。

**第四条**　营业额包括相关经营者上一会计年度内销售产品和提供服务所获得的收入,扣除相关税金及其附加。

《规定》第三条所称"在中国境内"是指经营者提供产品或服务的买方所在地在中国境内。

**第五条**　参与集中的单个经营者的营业额应当为下述经营者的营业额总和:

(一)该单个经营者;

(二)第(一)项所指经营者直接或间接控制的其他经营者;

(三)直接或间接控制第(一)项所指经营者的其他经营者;

(四)第(三)项所指经营者直接或间接控制的其他经营者;

(五)第(一)至(四)项所指经营者中两个或两个以上经营者共同控制的其他经营者。

参与集中的单个经营者的营业额不包括上述(一)至(五)项所列经营者之间发生的营业额。

如果参与集中的单个经营者之间或者参与集中的单个经营者和未参与集中的经营者之间有共同控制的其他经营者,参与集中的单个经营者的营业额应当包括被共同控制的经营者与第三方经营者之间的营业额,且此营业额只计算一次。

**第六条**　如果参与集中的单个经营者之间有共同控制的其他经营者,则参与集中的所有经营者的合计营业额不应包括被共同控制的经营者与任何一个共同控制他的参与集中的经营者,或与后者有控制关系的经营者之间发生的营业额。

**第七条**　在一项经营者集中包括收购一个或多个经营者的一部分时:

(一)对于卖方而言,只计算集中涉及部分的营业额;

（二）相同经营者之间在两年内多次实施的未达到《规定》第三条规定的申报标准的经营者集中，应当视为一次集中交易，集中发生时间从最后一次交易算起，该经营者集中的营业额应当将多次交易合并计算。经营者通过与其有控制关系的其他经营者实施的上述行为，依照本项规定处理。

前款第（二）项所称"两年内"是指从第一次集中交易完成之日起至最后一次集中交易签订协议之日止的期间。

**第八条**　在正式申报前，参与集中的经营者可以就集中申报的相关问题向商务部申请商谈。商谈申请应当以书面方式提出。

**第九条**　通过合并方式实施的经营者集中，由参与合并的各方经营者申报；其他方式的经营者集中，由取得控制权或能够施加决定性影响的经营者申报，其他经营者予以配合。

申报义务人未进行集中申报的，其他参与集中的经营者可以提出申报。

申报义务人可以自行申报，也可以依法委托他人代理申报。

**第十条**　申报文件、材料应当包括如下内容：

（一）申报书。申报书应当载明参与集中的经营者的名称、住所、经营范围、预定实施集中的日期。申报人的身份证明或注册登记证明，境外申报人还须提交当地公证机关的公证文件和相关的认证文件。委托代理人申报的，应当提交经申报人签字的授权委托书。

（二）集中对相关市场竞争状况影响的说明。具体包括：集中交易概况；相关市场界定；参与集中的经营者在相关市场的市场份额及其对市场的控制力；主要竞争者及其市场份额；市场集中度；市场进入；行业发展现状；集中对市场竞争结构、行业发展、技术进步、国民经济发展、消费者以及其他经营者的影响；集中对相关市场竞争影响的效果评估及依据。

（三）集中协议及相关文件。具体包括：各种形式的集中协议文件，如协议书、合同以及相应的补充文件等。

（四）参与集中的经营者经会计师事务所审计的上一会计年度财务会计报告。

（五）商务部要求提交的其他文件、资料。

**第十一条**　除本规定第十条要求提供的文件、资料外，申报人可以自愿提供有助于商务部对该集中进行审查和做出决定的其他文件、资料，如地方人民政府和主管部门等有关方面的意见，支持集中协议的各类报告等。

**第十二条**　申报人提交纸质申报文件、资料的同时，应当提交内容相同的光盘电子文档。申报文件、资料应当合理编排以方便查阅。

申报人应当提交中文撰写的文件、资料。文件、资料的原件是外文书写的，应当提交中文翻译件并附外文原件。文件、资料为副本、复印件或传真件的，应当根据商务部的要求出示原件供验证。

申报人应当同时提交申报文件、资料的公开版本和保密版本。申报人应当对申报文件、资料中的商业秘密和其他需要保密的信息进行标注。

**第十三条**　申报人应当提交完备的文件、资料，商务部应对申报人提交的文件、资料进行核查。商务部发现申报的文件、资料不完备的，可以要求申报人在规定期限内补交。申报人逾期未补交的，视为未申报。

**第十四条**　商务部经核查认为申报文件、资料符合法定要求的，应当自收到完备的申报文件、资料之日予以立案并书面通知申报人。

**第十五条**　申报人故意隐瞒重要情况或者提供虚假信息的，商务部不予立案。

**第十六条**　经营者集中未达到《规

定》第三条规定的申报标准，参与集中的经营者自愿提出经营者集中申报，商务部收到申报文件、资料后经审查认为有必要立案的，应当按照《反垄断法》的规定进行立案审查并作出决定。

在前款所述申报和立案审查期间，参与集中的经营者可以自行决定是否暂停实施其集中交易，并承担相应的后果。

**第十七条**　商务部和申报人对在经营者集中申报前商谈和申报审查工作中知悉的商业秘密和其他需要保密的信息承担保密义务。

**第十八条**　本办法自2010年1月1日起施行。

# 经营者集中审查办法

（2009年11月24日　商务部令第12号）

《经营者集中审查办法》已经2009年7月15日商务部第26次部务会议审议通过，现予公布，自2010年1月1日起施行。

**第一条**　为规范经营者集中反垄断审查工作，明确经营者集中反垄断审查程序，根据《中华人民共和国反垄断法》（以下简称《反垄断法》），制定本办法。

**第二条**　商务部是经营者集中反垄断审查执法机构，承担受理和审查经营者集中申报的具体执法工作。

**第三条**　在商务部立案之后、做出审查决定之前，申报人要求撤回经营者集中申报的，应当提交书面申请并说明理由。除放弃集中交易的情形外，申报的撤回应当经商务部同意。

撤回经营者集中申报的，审查程序终止。商务部同意撤回申报不视为对集中的批准。

**第四条**　在审查过程中，商务部鼓励申报人尽早主动提供有助于对经营者集中进行审查和做出决定的有关文件、资料。

**第五条**　在审查过程中，参与集中的经营者可以通过信函、传真等方式向商务部就有关申报事项进行书面陈述、申辩，商务部应当听取当事人的陈述和申辩。

**第六条**　在审查过程中，商务部可以根据需要征求有关政府部门、行业协会、经营者、消费者等单位或个人的意见。

**第七条**　在审查过程中，商务部可以主动或应有关方面的请求决定召开听证会，调查取证，听取有关各方的意见。商务部召开听证会，应当提前书面通知听证会参加方。听证会参加方提出书面意见的，应当在听证会举办前向商务部提交。

商务部举行听证会，可以通知参与集中的经营者及其竞争者、上下游企业及其他相关企业的代表参加，并可以酌情邀请有关专家、行业协会代表、有关政府部门的代表以及消费者代表参加。

听证会参加方应当按时出席听证会，遵守听证会程序，服从听证会主持人安排。

听证会参加方出于商业秘密等保密因素考虑，希望单独陈述的，可以安排单独听证；安排单独听证的，听证内容应当按有关保密规定处理。

**第八条**　听证会按照以下程序进行：

（一）听证会主持人宣布听证会开始，

宣读听证会纪律；

（二）核对听证会参加方；

（三）参加方就听证内容进行陈述；

（四）听证会主持人就听证内容询问有关参加方；

（五）听证会主持人宣布听证会结束。

**第九条**　在初步审查阶段，商务部应当在《反垄断法》第二十五条规定的期限内做出是否实施进一步审查的决定。商务部做出不实施进一步审查决定的，应当书面通知申报人；认为有必要实施进一步审查的，应当做出实施进一步审查的决定，并书面通知申报人。

商务部做出不实施进一步审查的决定或者逾期未做出决定的，参与集中的经营者可以实施集中。

**第十条**　在进一步审查阶段，商务部认为经营者集中具有或者可能具有排除、限制竞争效果的，应当将其反对意见告知参与集中的经营者，并设定一个允许参与集中的经营者提交书面抗辩意见的合理期限。

参与集中的经营者的书面抗辩意见应当包括相关的事实和理由，并提供相应的证据。参与集中的经营者逾期未提交书面抗辩意见的，视为对反对意见无异议。

**第十一条**　在审查过程中，为消除或减少经营者集中具有或者可能具有的排除、限制竞争的效果，参与集中的经营者可以提出对集中交易方案进行调整的限制性条件。

根据经营者集中交易具体情况，限制性条件可以包括如下种类：

（一）剥离参与集中的经营者的部分资产或业务等结构性条件；

（二）参与集中的经营者开放其网络或平台等基础设施、许可关键技术（包括专利、专有技术或其他知识产权）、终止排他性协议等行为性条件；

（三）结构性条件和行为性条件相结合的综合性条件。

**第十二条**　参与集中的经营者提出的限制性条件应当能够消除或减少经营者集中具有或者可能具有的排除、限制竞争效果，并具有现实的可操作性。限制性条件的书面文本应当清晰明确，以便于能够充分评价其有效性和可行性。

**第十三条**　在审查过程中，为消除或减少经营者集中具有或者可能具有的排除、限制竞争效果，商务部和参与集中的经营者均可以提出对限制性条件进行修改的意见和建议。

**第十四条**　商务部应当在《反垄断法》第二十六条规定的期限内做出禁止或不予禁止经营者集中的决定，并书面通知申报人。对不予禁止的经营者集中，商务部可以决定附加减少集中对竞争产生不利影响的限制性条件。商务部做出进一步审查决定前，参与集中的经营者不得实施集中。

商务部做出对经营者集中不予禁止的决定或逾期未做出决定的，参与集中的经营者可以实施集中。

**第十五条**　对于附加限制性条件批准的经营者集中，商务部应当对参与集中的经营者履行限制性条件的行为进行监督检查，参与集中的经营者应当按指定期限向商务部报告限制性条件的执行情况。

参与集中的经营者未依限制性条件履行规定义务的，商务部可以责令其限期改正；参与集中的经营者在规定期限内未改正的，商务部可以依照《反垄断法》相关规定予以处理。

**第十六条**　商务部、申报人以及其他单位和个人对于在经营者集中审查中知悉的商业秘密和其他需要保密的信息承担保密义务。

**第十七条**　本办法自2010年1月1日起施行。

## (六)司 法 解 释

# 最高人民法院关于适用《中华人民共和国合同法》若干问题的解释(二)

(2009年4月24日　法释〔2009〕5号)

《最高人民法院关于适用〈中华人民共和国合同法〉若干问题的解释(二)》已于2009年2月9日由最高人民法院审判委员会第1462次会议通过,现予公布,自2009年5月13日起施行。

为了正确审理合同纠纷案件,根据《中华人民共和国合同法》的规定,对人民法院适用合同法的有关问题作出如下解释:

**一、合同的订立**

**第一条**　当事人对合同是否成立存在争议,人民法院能够确定当事人名称或者姓名、标的和数量的,一般应当认定合同成立。但法律另有规定或者当事人另有约定的除外。

对合同欠缺的前款规定以外的其他内容,当事人达不成协议的,人民法院依照合同法第六十一条、第六十二条、第一百二十五条等有关规定予以确定。

**第二条**　当事人未以书面形式或者口头形式订立合同,但从双方从事的民事行为能够推定双方有订立合同意愿的,人民法院可以认定是以合同法第十条第一款中的"其他形式"订立的合同。但法律另有规定的除外。

**第三条**　悬赏人以公开方式声明对完成一定行为的人支付报酬,完成特定行为的人请求悬赏人支付报酬的,人民法院依法予以支持。但悬赏有合同法第五十二条规定情形的除外。

**第四条**　采用书面形式订立合同,合同约定的签订地与实际签字或者盖章地点不符的,人民法院应当认定约定的签订地为合同签订地;合同没有约定签订地,双方当事人签字或者盖章不在同一地点的,人民法院应当认定最后签字或者盖章的地点为合同签订地。

**第五条**　当事人采用合同书形式订立合同的,应当签字或者盖章。当事人在合同书上摁手印的,人民法院应当认定其具有与签字或者盖章同等的法律效力。

**第六条**　提供格式条款的一方对格式条款中免除或者限制其责任的内容,在合同订立时采用足以引起对方注意的文字、符号、字体等特别标识,并按照对方的要求对该格式条款予以说明的,人民法院应当认定符合合同法第三十九条所称"采取合理的方式"。

提供格式条款一方对已尽合理提示及说明义务承担举证责任。

**第七条** 下列情形,不违反法律、行政法规强制性规定的,人民法院可以认定为合同法所称“交易习惯”:

(一)在交易行为当地或者某一领域、某一行业通常采用并为交易对方订立合同时所知道或者应当知道的做法;

(二)当事人双方经常使用的习惯做法。

对于交易习惯,由提出主张的一方当事人承担举证责任。

**第八条** 依照法律、行政法规的规定经批准或者登记才能生效的合同成立后,有义务办理申请批准或者申请登记等手续的一方当事人未按照法律规定或者合同约定办理申请批准或者未申请登记的,属于合同法第四十二条第(三)项规定的“其他违背诚实信用原则的行为”,人民法院可以根据案件的具体情况和相对人的请求,判决相对人自己办理有关手续;对方当事人对由此产生的费用和给相对人造成的实际损失,应当承担损害赔偿责任。

## 二、合同的效力

**第九条** 提供格式条款的一方当事人违反合同法第三十九条第一款关于提示和说明义务的规定,导致对方没有注意免除或者限制其责任的条款,对方当事人申请撤销该格式条款的,人民法院应当支持。

**第十条** 提供格式条款的一方当事人违反合同法第三十九条第一款的规定,并具有合同法第四十条规定的情形之一的,人民法院应当认定该格式条款无效。

**第十一条** 根据合同法第四十七条、第四十八条的规定,追认的意思表示自到达相对人时生效,合同自订立时起生效。

**第十二条** 无权代理人以被代理人的名义订立合同,被代理人已经开始履行合同义务的,视为对合同的追认。

**第十三条** 被代理人依照合同法第四十九条的规定承担有效代理行为所产生的责任后,可以向无权代理人追偿因代理行为而遭受的损失。

**第十四条** 合同法第五十二条第(五)项规定的“强制性规定”,是指效力性强制性规定。

**第十五条** 出卖人就同一标的物订立多重买卖合同,合同均不具有合同法第五十二条规定的无效情形,买受人因不能按照合同约定取得标的物所有权,请求追究出卖人违约责任的,人民法院应予支持。

## 三、合同的履行

**第十六条** 人民法院根据具体案情可以将合同法第六十四条、第六十五条规定的第三人列为无独立请求权的第三人,但不得依职权将其列为该合同诉讼案件的被告或者有独立请求权的第三人。

**第十七条** 债权人以境外当事人为被告提起的代位权诉讼,人民法院根据《中华人民共和国民事诉讼法》第二百四十一条的规定确定管辖。

**第十八条** 债务人放弃其未到期的债权或者放弃债权担保,或者恶意延长到期债权的履行期,对债权人造成损害,债权人依照合同法第七十四条的规定提起撤销权诉讼的,人民法院应当支持。

**第十九条** 对于合同法第七十四条规定的“明显不合理的低价”,人民法院应当以交易当地一般经营者的判断,并参考交易当时交易地的物价部门指导价或者市场交易价,结合其他相关因素综合考虑予以确认。

转让价格达不到交易时交易地的指导价或者市场交易价百分之七十的,一般可以视为明显不合理的低价;对转让价格高于当地指导价或者市场交易价百分之三十的,一般可以视为明显不合理的高价。

债务人以明显不合理的高价收购他人财产,人民法院可以根据债权人的申请,参照合同法第七十四条的规定予以撤销。

**第二十条** 债务人的给付不足以清偿其对同一债权人所负的数笔相同种类的全部债务,应当优先抵充已到期的债务;几项债务均到期的,优先抵充对债权人缺乏担保或者担保数额最少的债务;担保数额相同的,优先抵充债务负担较重的债务;负担相同的,按照债务到期的先后顺序抵充;到期时间相同的,按比例抵充。但是,债权人与债务人对清偿的债务或者清偿抵充顺序有约定的除外。

**第二十一条** 债务人除主债务之外还应当支付利息和费用,当其给付不足以清偿全部债务时,并且当事人没有约定的,人民法院应当按照下列顺序抵充:

(一)实现债权的有关费用;

(二)利息;

(三)主债务。

## 四、合同的权利义务终止

**第二十二条** 当事人一方违反合同法第九十二条规定的义务,给对方当事人造成损失,对方当事人请求赔偿实际损失的,人民法院应当支持。

**第二十三条** 对于依照合同法第九十九条的规定可以抵销的到期债权,当事人约定不得抵销的,人民法院可以认定该约定有效。

**第二十四条** 当事人对合同法第九十六条、第九十九条规定的合同解除或者债务抵销虽有异议,但在约定的异议期限届满后才提出异议并向人民法院起诉的,人民法院不予支持;当事人没有约定异议期间,在解除合同或者债务抵销通知到达之日起三个月以后才向人民法院起诉的,人民法院不予支持。

**第二十五条** 依照合同法第一百零一条的规定,债务人将合同标的物或者标的物拍卖、变卖所得价款交付提存部门时,人民法院应当认定提存成立。

提存成立的,视为债务人在其提存范围内已经履行债务。

**第二十六条** 合同成立以后客观情况发生了当事人在订立合同时无法预见的、非不可抗力造成的不属于商业风险的重大变化,继续履行合同对于一方当事人明显不公平或者不能实现合同目的,当事人请求人民法院变更或者解除合同的,人民法院应当根据公平原则,并结合案件的实际情况确定是否变更或者解除。

## 五、违约责任

**第二十七条** 当事人通过反诉或者抗辩的方式,请求人民法院依照合同法第一百一十四条第二款的规定调整违约金的,人民法院应予支持。

**第二十八条** 当事人依照合同法第一百一十四条第二款的规定,请求人民法院增加违约金的,增加后的违约金数额以不超过实际损失额为限。增加违约金以后,当事人又请求对方赔偿损失的,人民法院不予支持。

**第二十九条** 当事人主张约定的违约金过高请求予以适当减少的,人民法院应当以实际损失为基础,兼顾合同的履行情况、当事人的过错程度以及预期利益等综合因素,根据公平原则和诚实信用原则予以衡量,并作出裁决。

当事人约定的违约金超过造成损失的百分之三十的,一般可以认定为合同法第一百一十四条第二款规定的"过分高于造成的损失"。

## 六、附　则

**第三十条** 合同法施行后成立的合同

发生纠纷的案件,本解释施行后尚未终审的,适用本解释;本解释施行前已经终审,当事人申请再审或者按照审判监督程序决定再审的,不适用本解释。

# 最高人民法院关于应对国际金融危机做好当前执行工作的若干意见

(2009 年 5 月 25 日　法发〔2009〕34 号)

当前,国际金融危机影响日益加深,世界经济出现衰退迹象,我国经济增速明显放缓,保持经济持续稳定发展的难度明显加大。金融危机的影响已经逐渐反映到司法领域,给人民法院的执行工作带来新的压力和挑战,被执行人履行能力降低,执行和解难度加大,金融纠纷、投资纠纷、劳资纠纷等新类型案件增加,收案大幅上升,资产处置难度加大。在金融危机冲击下,为企业和市场提供司法服务,积极应对宏观经济环境变化引发的新情况、新问题,为保增长、保民生、保稳定"三保"方针的贯彻落实提供司法保障,是当前和今后一段时期人民法院工作的重中之重。现就应对金融危机形势,稳妥执行各类案件,进一步做好执行工作,提出以下意见:

## 一、指导思想和基本原则

1. 坚持科学发展观,坚持"三个至上"的指导思想,切实增强政治意识、大局意识、责任意识,不断适应"三保"对执行工作提出的新要求,不断解决"三保"面临的新问题,将落实"三保"的方针作为执行工作的重要目标,将有利于实现"三保"的目标作为评价执行工作的重要标准。

2. 坚持依法执行与贯彻国家宏观政策相结合。既要在法律的框架内正确适用法律,又要在国家宏观政策出现新变化,对司法工作提出新需求时,将国家宏观政策精神和要求切实贯彻落实到执行工作中,以顺应社会和国家对司法的总体需求。

3. 坚持区别对待。区别被执行人是故意消极执行、规避执行和抗拒执行还是因经济形势影响造成临时无力履行债务的情况;区别债务是因历史原因造成还是正常市场交易下造成的情况。

4. 坚持和谐执行。既要加大执行力度,切实提高执行效率,尽快实现申请执行人债权,又要讲究执行艺术和方式方法,防止激化矛盾,始终坚持执行工作政治效果、法律效果和社会效果的有机统一。

5. 坚持统筹兼顾。既要依法、充分、及时地保护和实现申请执行人的合法权益,也要妥善平衡各方当事人和相关利害关系人的利益关系,兼顾对被执行人、其他利害关系人的合法权利的保护。

## 二、服务经济平稳较快发展

6. 对于因资金暂时短缺但仍处于正常生产经营状态、有发展前景的被执行人企业,慎用查封、扣押、冻结等执行措施和罚款、拘留等强制措施,多做执行和解工作,争取申请执行人同意延缓被执行企业的履行期限,以维持企业正常运转,帮助困难企业渡过难关。

7. 对于被执行企业正在使用的厂房、机器设备等主要生产设施,慎用扣押、拍卖和变卖等执行措施。要及时组织当事人协商,争取使申请执行人同意通过生产设施抵押方式给被执行人企业以缓冲时间。确需查封相关生产设施的,可以采取查封措施,但应当允许被执行人使用,并加强对查封资产的监管。

8. 对于被执行人的企业资产进行处置时,综合平衡分割处置和整体处置企业资产的效果,最大限度地减少对企业整体生产经营的影响或者财产价值的贬损。

9. 对于已经控制的被执行企业资产,要选择适当的处置时机和处置方式,最大程度地实现执行财产的价值,避免因仓促、草率执行导致财产处置变现价值与实际价值产生重大悬殊,从而加重被执行人的负担,甚至损害其合法利益。

10. 对于被执行人为国有大中型企业、金融机构、上市公司或国有控股上市公司,对其资产采取强制执行措施可能导致其破产或影响社会稳定的,可主动与其国有资产管理部门、监管部门进行沟通协调,争取其通盘考虑,帮助企业解决债务问题,防止影响企业的平稳和长远发展。

## 三、服务社会民生持续改善

11. 高度关注中央和地方有关改善民生的决策部署,积极稳妥地处理好重大基础设施建设工程、旧区改造、市政动迁、违章拆除等涉及民生改善和社会发展的执行案件。

12. 对于公司清算、企业破产、裁员欠薪等引发的职工安置保障、劳动争议、讨要工资报酬以及追索赡养费、抚育费、扶养费等案件,进一步完善"绿色通道",建立快速执行机制,优先执行。

13. 对于职工人数较多的企业,执行时尽量不要影响被执行人企业职工工资的发放以及社保、医保费用的交纳。因此而影响申请执行人职工工资发放和相关费用交纳的,要优先保障申请执行人企业职工利益。

14. 对于农村土地承包经营权纠纷、农村土地承包经营权流转纠纷等执行案件,要及时采取有效措施,依法维护农民权益,保护农业、农村发展。

## 四、维护社会和谐稳定

15. 建立重点案件排查机制。定期对可能影响社会稳定的案件进行排查,对矛盾有可能激化的案件,做到及时掌握,及时向当地党委、人大报告,及时与政府沟通情况,争取重视和支持,寻求有效的解决措施。

16. 建立异地执行预案机制。对于被执行人跨辖区的案件,必须认真做好执行预案,事先与当地法院取得联系。对于可能发生暴力抗法事件的,要及时发现苗头,妥善处理,把抗拒执行事件消灭在萌芽状态。

17. 建立群体性事件预警机制。对于短期内涉及同一企业的执行案件数量骤增现象及具有示范效应、可能引起批量案件的情况应当引起重视,及时发现"群访"苗头并梳理汇总,向党委政府报送预警信息。

18. 建立汇报沟通协调机制。对于执行工作中发现的影响区域经济发展的突出问题,及时向当地党委、人大报告,及时与政府沟通情况,积极争取党委的领导和政府的支持;对案件执行中需要相关部门做好配合工作的,要主动利用执行联动机制或执行联席会议制度,进行沟通协调,努力为案件执行创造有利条件。

19. 完善执行和解机制。通过多做双方当事人的执行和解与协调工作,既维护申请执行人的合法权益,也妥善关照、处理好被执行人的实际困难,提高执行工作的社会效果;既满足申请执行人的实现债权的执行诉求,又保障被执行人正常经营发展或者正常生活。

**五、加大管理力度,强化监督指导**

20. 建立业务指导制度。对直接涉及社会稳定、有影响的执行案件,要通过建立业务交流平台、召开业务交流会、发布典型案例等多种形式加强业务指导。

21. 建立系列案件执行统一协调机制。对于众多债权人集中向同一债务企业启动的系列执行案件,受理案件的不同地区、不同审级法院之间以及同一法院的不同部门之间要加强信息沟通,在上级法院的统一协调下执行。

22. 建立专项案件报告制度。下级法院在执行工作中对因金融危机引发的各类涉外、涉港澳台及其他敏感性、重大案件,要及时向上级法院报告。必要时,由上级法院提级执行或集中指定执行。

**六、认真开展调查研究,积极做好法律服务**

23. 加强对辖区企业状况的调研。通过召开企业及相关部门座谈会、走访企业等多种形式加强对辖区企业经营状况的调研,与基层社区管理部门保持密切联系,形成共同应对经济危机的联动机制。

24. 加强法律知识的宣传。采取剖析典型案例、提供法律咨询、开展业务培训等多种形式,广泛宣传法律知识,教育和引导各类市场主体增强风险防范意识,努力营造公平有序的社会主义市场经济秩序。

25. 加强法律适用疑难问题的研究。对因金融危机引发的各类执行问题,深入开展前瞻性研究,及时总结经验,提出相应的对策。

26. 加强司法建议工作。及时收集执行实践中遇到的法律适用疑难问题及与金融危机密切相关的新类型、疑难及敏感案件,及时向有关部门提出应对措施和建议,帮助有关部门和企业堵塞管理漏洞。

# 最高人民法院关于依法审理和执行被风险处置证券公司相关案件的通知

(2009年5月26日　法发〔2009〕35号)

各省、自治区、直辖市高级人民法院,解放军军事法院,新疆维吾尔自治区高级人民法院生产建设兵团分院:

为维护证券市场和社会的稳定,依法审理和执行被风险处置证券公司的相关案件,现就有关问题通知如下:

一、为统一、规范证券公司风险处置中个人债权的处理,保持证券市场运行的连续性和稳定性,中国人民银行、财政部、中国银行业监督管理委员会、中国证券监督管理委员会联合制定发布了《个人债权及客户证券交易结算资金收购意见》。国家对个人债权和客户交易结算资金的收购，是国家有关行政部门和金融监管机构采取的特殊行政手段。相关债权是否属于应当收购的个人债权或者客户交易结算资金范畴，系由中国人民银行、金融监管机构以及依据《个人债权及客户证券交易结算资金收购意见》成立的甄别确认小组予以确认的，不属人民法院审理的范畴。因此，有关当事人因上述执行机关在风险处置过程中甄别确认其债权不属于国家收购范围的个人债权或者客户证券交易结算资金，向人民法院提起诉讼，请求确认其债权应纳入国家收购范围的，人民法院不予受理。国家收购范围之外的债权，有关权利人可以在相关证券公司进入破产程序后向人民法院申报。

二、托管是相关监管部门对高风险证券公司的证券经纪业务等涉及公众客户的业务采取的行政措施，托管机构仅对被托管证券公司的经纪业务行使经营管理权，不因托管而承继被托管证券公司的债务。因此，有关权利人仅以托管为由向人民法院提起诉讼，请求判令托管机构承担被托管证券公司债务的，人民法院不予受理。

三、处置证券类资产是行政处置过程中的一个重要环节，行政清算组依照法律、行政法规及国家相关政策，对证券类资产采取市场交易方式予以处置，在合理估价的基础上转让证券类资产，受让人支付相应的对价。因此，证券公司的债权人向人民法院提起诉讼，请求判令买受人承担证券公司债务偿还责任的，人民法院对其诉讼请求不予支持。

四、破产程序作为司法权介入的特殊偿债程序，是在债务人财产不足以清偿债务的情况下，以法定的程序和方法，为所有债权人创造获得公平受偿的条件和机会，以使所有债权人共同享有利益、共同分担损失。鉴此，根据企业破产法第十九条的规定，人民法院受理证券公司的破产申请后，有关证券公司财产的保全措施应当解除，执行程序应当中止。具体如下：

1. 人民法院受理破产申请后，已对证券公司有关财产采取了保全措施，包括执行程序中的查封、冻结、扣押措施的人民法院应当解除相应措施。人民法院解除有关证券公司财产的保全措施时，应当及时通知破产案件管理人并将有关财产移交管理人接管，管理人可以向受理破产案件的人民法院申请保全。

2. 人民法院受理破产申请后，已经受理有关证券公司执行案件的人民法院，对证券公司财产尚未执行或者尚未执行完毕的程序应当中止执行。当事人在破产申请受理后向有关法院申请对证券公司财产强制执行的，有关法院对其申请不予受理，并告知其依法向破产案件管理人申报债权。破产申请受理后人民法院未中止执行的，对于已经执行了的证券公司财产，执行法院应当依法执行回转，并交由管理人作为破产财产统一分配。

3. 管理人接管证券公司财产、调查证券公司财产状况后，发现有关法院仍然对证券公司财产进行保全或者继续执行，向采取保全措施或执行措施的人民法院提出申请的，有关人民法院应当依法及时解除保全或中止执行。

4. 受理破产申请的人民法院在破产宣告前裁定驳回申请人的破产申请，并终结证券公司破产程序的，应当在作出终结破产程序的裁定前，告知管理人通知原对证券公司财产采取保全措施的人民法院恢复原有的保全措施，有轮候保全的，以原采取保全措施的时间确定轮候顺位。对恢复受理证券公司为被执行人的执行案件,适用申请执行时效中断的规定。

五、证券公司进入破产程序后,人民法院作出的刑事附带民事赔偿或者涉及追缴赃款赃物的判决应当中止执行,由相关权利人在破产程序中以申报债权等方式行使权利;刑事判决中罚金、没收财产等处罚,应当在破产程序债权人获得全额清偿后的剩余财产中执行。

六、要进一步严格贯彻最高人民法院、最高人民检察院、公安部、中国证监会《关于查询、冻结、扣划证券和证券交易结算资金有关问题的通知》(法发〔2008〕4号),依法执行有关证券和证券交易结算资金。

各高级人民法院要及时组织辖区内法院有关部门认真学习和贯彻落实本通知精神,并依法监督下级法院严格执行,对未按照上述规定审理和执行有关案件的,上级人民法院应当依法予以纠正并追究相关人员的责任。

# 最高人民法院关于正确审理企业破产案件为维护市场经济秩序提供司法保障若干问题的意见

(2009年6月12日　法发〔2009〕36号)

各省、自治区、直辖市高级人民法院,解放军军事法院,新疆维吾尔自治区高级人民法院生产建设兵团分院:

当前,由于国际金融危机的不断发展和蔓延,我国经济发展仍然面临着严峻的考验。阻碍经济良性运行的负面因素和潜在风险明显增多,许多企业因资金链断裂引发的系统风险不断显现,严重影响了我国经济发展秩序良性运转和社会稳定。在当前经济形势下,充分发挥人民法院商事审判的职能作用,正确审理企业破产案件,防范和化解企业债务风险,挽救危困企业,规范市场主体退出机制,维护市场运行秩序,对于有效应对国际金融危机冲击,保障经济平稳较快发展,具有重要意义。现就人民法院做好企业破产案件审判工作,提出以下意见:

**一、依法受理企业破产案件,为建立我国社会主义市场经济良性运行机制提供司法保障**

1. 人民法院要正确认识企业破产法保障债权公平有序受偿、完善优胜劣汰的竞争机制、优化社会资源配置、调整社会产业结构、拯救危困企业的作用,依法受理审理企业破产清算、重整、和解案件,综合利用企业破产法的多种程序,充分发挥其对市场经济的调整作用,建立企业法人规范退出市场的良性运行机制,努力推动经济社会又好又快发展。

2. 为保障国家产业结构调整政策的落实,对于已经出现破产原因的企业,人民法院要依法受理符合条件的破产清算申请,通过破产清算程序使其从市场中有序退出。对于虽有借破产逃废债务可能但符合破产清算申请受理条件的非诚信企业，也要将其纳入到法定的破产清算程序中，通过撤销和否定其不当处置财产行为，以及追究出资人等相关主体责任的方式，使其借破产逃废债务的目的落空，剥夺其市场主体资格。对债权人申请债务人破产清算的，人民法院审查的重点是债务人是否不能清偿到期债务，而不能以债权人无法提交债务人财产状况说明等为由，不受理债权人的申请。

3. 对于虽然已经出现破产原因或者有明显丧失清偿能力可能，但符合国家产业结构调整政策、仍具发展前景的企业，人民法院要充分发挥破产重整和破产和解程序的作用，对其进行积极有效的挽救。破产重整和和解制度，为尚有挽救希望的危困企业提供了避免破产清算死亡、获得再生的机会，有利于债务人及其债权人、出资人、职工、关联企业等各方主体实现共赢，有利于社会资源的充分利用。努力推动企业重整和和解成功，促进就业、优化资源配置、减少企业破产给社会带来的不利影响，是人民法院审理企业破产案件的重要目标之一，也是人民法院商事审判工作服务于保增长、保民生、保稳定大局的必然要求。

**二、坚持在当地党委的领导下，努力配合政府做好企业破产案件中的维稳工作，为构建和谐社会提供司法保障**

4. 债务人进入破产程序后，因涉及债权人、债务人、出资人、企业职工等众多当事人的利益，各方矛盾极为集中和突出，处理不当，极易引发群体性、突发性事件，影响社会稳定。人民法院审理企业破产案件，一定要坚持在当地党委的领导下，充分发挥地方政府建立的风险预警机制、联动机制、资金保障机制等协调机制的作用，努力配合政府做好企业破产案件中的维稳工作。

5. 对于职工欠薪和就业问题突出、债权人矛盾激化、债务人弃企逃债等敏感类破产案件，要及时向当地党委汇报，争取政府的支持。在政府协调下，加强与相关部门的沟通、配合，及时采取有力措施，积极疏导并化解各种矛盾纠纷，避免哄抢企业财产、职工集体上访的情况发生，将不稳定因素消除在萌芽状态。有条件的地方，可通过政府设立的维稳基金或鼓励第三方垫款等方式，优先解决破产企业职工的安置问题，政府或第三方就劳动债权的垫款，可以在破产程序中按照职工债权的受偿顺序优先获得清偿。

**三、充分发挥破产重整和和解程序挽救危困企业、实现企业持续经营的作用，保障社会资源有效利用**

6. 人民法院要充分发挥司法能动作用，注重做好当事人的释明和协调工作，合理适用破产重整和和解程序。对于当事人同时申请债务人清算、重整、和解的，人民法院要根据债务人的实际情况和各方当事人的意愿，在组织各方当事人充分论证的基础上，对于有重整或者和解可能的，应当依法受理重整或者和解申请。当事人申请重整，但因企业经营规模较小、虽有挽救必要但重整成本明显高于重整收益的困难企业，有关权利人不同意重整的，人民法院可引导当事人通过和解方式挽救企业。人民法院要加强破产程序中的调解工作，在法律允许的框架下，积极支持债务人、管理人和新出资人等为挽救企业所做的各项工作，为挽救困难企业创造良好的法律环境。

7. 人民法院适用强制批准裁量权挽救危困企业时，要保证反对重整计划草案的债权人或者出资人在重整中至少可以获得在破产清算中本可获得的清偿。对于重整计划草案被提请批准时依照破产清算程序所能获得的清偿比例的确定，应充分考虑其计算方法是否科学、客观、准确，是否充分保护了利害关系人的应有利益。人民法院要严格审查重整计划草案，综合考虑社会公共利益，积极审慎适用裁量权。对不符合强制批准条件的，不能借挽救企业之名违法审批。上级人民法院要肩负起监督职责，对利害关系人就重整程序中反映的问题要进行认真审查，问题属实的，要及时予以纠正。

## 四、在破产程序中要注重保障民生，切实维护职工合法权益

8. 依法优先保护劳动者权益，是破产法律制度的重要价值取向。人民法院在审理企业破产案件中，要切实维护职工的合法权益，严格依法保护职工利益。召开债权人会议要有债务人的职工和工会代表参加，保障职工对破产程序的参与权。职工对管理人确认的工资等债权有异议的，管理人要认真审查核对，发现错误要及时纠正；因管理人未予纠正，职工据此提起诉讼的，人民法院要严格依法审理，及时作出判决。

9. 表决重整计划草案时，要充分尊重职工的意愿，并就债务人所欠职工工资等债权设定专门表决组进行表决；职工债权人表决组未通过重整计划草案的，人民法院强制批准必须以应当优先清偿的职工债权全额清偿为前提。企业继续保持原经营范围的，人民法院要引导债务人或管理人在制作企业重整计划草案时，尽可能保证企业原有职工的工作岗位。

10. 保障职工合法权益需要社会各方面的共同努力。人民法院要加强与国家社会保障部门、劳动部门、工商行政管理部门、组织人事等部门的沟通和协调，积极提出司法建议，推动适合中国特色的社会保障体制的建立和完善。

## 五、妥善指定适格管理人，充分发挥管理人在企业破产程序中的积极作用

11. 人民法院要根据企业破产法和有关司法解释的规定，采用适当方式指定管理人，对于重大疑难案件，可以通过竞争的方式择优确定管理人。要注意处理好审理破产案件的审判庭和司法技术辅助工作部门的关系，在指定管理人时，应由审理破产案件的审判庭根据案件实际情况决定采用哪类管理人以及采用哪种产生方式，在决定通过随机方式或者竞争方式产生管理人或其成员时，再由司法技术辅助工作部门根据规定产生管理人或其成员。

12. 企业重整中，因涉及重大资产重组、经营模式选择、引入新出资人等商业运作内容，重整中管理人的职责不仅是管理和处分债务人财产，更要管理债务人的经营业务，特别是制定和执行重整计划。因此，在我国目前管理人队伍尚未成熟的情况下，人民法院指定管理人时，应当注意吸收相关部门和人才，根据实际情况选择指定的形式和方式，以便产生适格管理人。

13. 管理人的工作能力和敬业精神直接决定着企业破产案件能否依法有效进行，以及破产法律制度能否充分发挥其应有的作用。人民法院要特别注意加强对管理人业务知识和各种能力的培养，建立管理人考核机制，通过业绩考核，形成激励和淘汰机制，逐步实现管理人队伍的专业化。

## 六、正确适用企业破产法的各项制度，充分保护债权人合法权益

14. 人民法院在审理企业破产案件中，要充分调动管理人的积极性，促使其利用法律手段，努力查找和追收债务人财产，

最大限度保护债权人利益。对出资不实、抽逃出资的，要依法追回；对于不当处置公司财产的行为，要依法撤销或者认定无效，并追回有关财产；对于违反法律、行政法规等规定，给公司或债权人造成损失的，要依法追究行为人的民事责任；对于发现妨碍清算行为的犯罪线索，要及时向侦查机关通报情况。

15. 要充分发挥债权人会议和债权人委员会的职能作用，切实保障债权人对破产程序的参与权，坚决防止地方保护主义，即使在以挽救债务人为主要目的的破产重整和和解程序中，仍然要以充分保障债权人利益为前提，重整计划和和解协议的通过与否，要严格按照法定的程序确定表决权并依法表决。

16. 人民法院在审理债务人人员下落不明或财产状况不清的破产案件时，要从充分保障债权人合法利益的角度出发，在对债务人的法定代表人、财务管理人员、其他经营管理人员，以及出资人等进行释明，或者采取相应罚款、训诫、拘留等强制措施后，债务人仍不向人民法院提交有关材料或者不提交全部材料，影响清算顺利进行的，人民法院就现有财产对已知债权进行公平清偿并裁定终结清算程序后，应当告知债权人可以另行提起诉讼要求有责任的有限责任公司股东、股份有限公司董事、控股股东，以及实际控制人等清算义务人对债务人的债务承担清偿责任。

## 七、正确认识破产程序与执行程序的功能定位，做好两个程序的有效衔接

17. 人民法院要充分认识破产程序和执行程序的不同功能定位，充分发挥企业破产法公平保护全体债权人的作用。破产程序是对债务人全部财产进行的概括执行，注重对所有债权的公平受偿，具有对一般债务清偿程序的排他性。因此，人民法院受理破产申请后，对债务人财产所采取的所有保全措施和执行程序都应解除和中止，相关债务在破产清算程序中一并公平清偿。

18. 人民法院要注重做好破产程序和执行程序的衔接工作，确保破产财产妥善处置。涉及到人民法院内部破产程序和执行程序的操作的，应注意不同法院、不同审判部门、不同程序的协调与配合。涉及债务人财产被其他国家行政机关采取保全措施或执行程序的，人民法院应积极与上述机关进行协调和沟通，取得有关机关的配合，依法解除有关保全措施，中止有关执行程序。

19. 人民法院受理破产申请后，在宣告债务人破产前裁定驳回申请人的破产申请，并终结破产程序的，应当在作出终结破产程序的裁定前，告知管理人通知原对债务人财产采取保全措施或执行程序的法院恢复原有的保全措施或执行程序，有轮候保全的，以原采取保全措施的时间确定轮候顺位。对恢复受理债务人为被执行人的执行案件，应当适用申请执行时效中断的有关规定。

## 八、加强审理破产案件法官专业化队伍建设，充分发挥商事审判职能作用

20. 随着我国经济市场化、国际化程度越来越高，企业破产案件将呈逐步增长趋势，这对人民法院审判工作提出了更高的要求。一方面，企业破产案件审理周期长、难度大、事务性工作繁重，人民法院长期以来案多人少的矛盾更加突出。另一方面，由于破产案件审理的复杂性和特殊性，客观上需要一支不仅具备较为扎实的法学理论功底，而且还要有解决社会矛盾、处理应急事务、协调各方利益等多方面工作能力的专业化法官队伍。因此，人民法院要加强法官专业化队伍建设，在人财物方面

给予支持和保障。有条件的法院可以根据企业破产案件的数量,成立专门的破产案件审判庭,或指定专门的合议庭负责审理破产案件。

21. 人民法院要积极调动法官审理企业破产案件的积极性,在考核法官工作业绩时,要充分考虑企业破产案件审理的特殊性,以及法官办理企业破产案件所付出的辛勤劳动和承担的各种压力,积极探索能够客观反映审理破产案件工作量的科学考评标准,不断提高破产案件的审理质量。

22. 审理企业破产案件的法官,要大力加强对党的路线方针政策的学习,增强大局意识和责任意识。在当前经济形势下,更要正确处理好保护金融债权与挽救危困企业之间的关系,实现债权人与债务人的共赢,共渡难关。正确处理好保护投资者利益与维护职工合法权益之间的关系,保障社会和谐稳定。正确处理好企业破产清算与企业再生之间的关系,实现社会资源的充分利用以及法律效果和社会效果的有机统一。广大法官要大力加强廉政建设,严格执行最高人民法院"五个严禁"等审判纪律和规章制度,无论是在指定管理人还是在委托拍卖财产等敏感环节,都要坚持以制度管人,坚决杜绝人情案、关系案、金钱案,确保以公正高效的审判业绩,为我国国民经济平稳较快发展创造条件。

# 最高人民法院印发《关于当前形势下做好行政审判工作的若干意见》的通知

(2009年6月26日 法发〔2009〕38号)

各省、自治区、直辖市高级人民法院,解放军军事法院,新疆维吾尔自治区高级人民法院生产建设兵团分院:

现将《最高人民法院关于当前形势下做好行政审判工作的若干意见》印发给你们,请结合工作实际,认真贯彻落实。

国际金融危机发生以来,中央采取了一系列正确有效的应对方针和一揽子计划,经济运行出现积极变化,有利条件和积极因素增多,总体形势趋稳向好。同时也必须看到,巩固和发展趋稳向好的形势,需要做好在较长时间内应对各种困难和复杂局面的准备。在此期间产生的一些矛盾和问题,有些已经转化成行政纠纷,有的还呈现出突发性、群体性、极端性的特点。积极应对经济社会形势变化引发的新情况、新问题,引导群众以理性合法的方式表达利益诉求,及时妥善化解行政纠纷,为"保增长、保民生、保稳定"方针的贯彻落实提供司法保障,已成为当前和今后一个时期人民法院行政审判工作的重点。现就当前形势下人民法院做好行政审判工作的若干问题,提出如下意见:

## 一、统一思想,提高认识,自觉服从、服务于"三保"大局

在金融危机冲击下的特殊困难时期,人民法院的行政审判工作要更加坚持科学发展观,更加坚持"三个至上"的指导思想,积极主动地为党和国家的首要任务提

供司法保障和服务。要准确把握金融危机冲击下经济社会形势的新发展、新变化，认真研究特殊困难时期政府行为的特点和方式，深入了解当前形势下人民群众的困难和需求，密切关注新类型行政纠纷的动向和态势，积极探索为"三保"大局服务的思路和办法。要把落实"三保"方针作为行政审判工作的重要目标，把有利于实现"三保"目标作为评价行政审判工作的重要标准。

要妥善处理好"保增长、保民生、保稳定"三者之间的辩证统一关系，既要保证各项应对措施落实到位，又要保证人民群众的合法权益不因权力违法滥用而受损，更要着力避免由此引发群体性事件，影响社会稳定。

**二、充分发挥司法保障作用，依法支持行政机关为应对金融危机而采取的各项政策、措施**

各级人民法院要切实增强为大局服务的意识，认真审理好因金融危机应对措施引发的行政诉讼案件。要深刻领会党和政府的各项大政方针、决策部署，全面了解相关政策、措施的出台背景，密切跟踪分析形势，及时调整行政审判为大局服务的思路和方法，注意克服就案办案、孤立办案的倾向。

要着眼于科学发展，本着有利于实现"三保"目标的原则，充分尊重行政机关的选择和判断。对于行政机关在拉动内需、促进企业发展、实行积极的财政政策和适度宽松的货币政策、压缩行政许可和行政审批事项、防范金融风险等方面实施的各项行政行为，在坚持合法性审查的基础上依法维护和支持。

对于因行政指导或政策调整而引发的案件，既要注意保护各类企业的信赖利益、公平竞争，促进政府诚实守信，也要考虑因金融危机而导致的情势变更因素，充分考虑特殊时期行政权的运行特点，妥善处理好国家利益、公共利益和个人利益的关系。

要依法慎重受理和审理政府信息公开行政案件，正确处理公开与例外的关系。既要保障公民、法人和其他组织的知情权、参与权、表达权、监督权，促进政务公开和服务型政府建设，又要注意把握信息披露的时间、对象和范围，保证政府信息公开不危及国家安全、经济安全、公共安全和社会稳定。

**三、正确处理适用法律与执行政策的关系，努力实现法律效果与社会效果的有机统一**

要坚持法制的原则性和灵活性相结合，法律标准与政策考量相结合。在对规范性文件选择适用和对具体行政行为进行审查时，充分考虑行政机关为应对紧急情况而在法律框架内适当采取灵活措施的必要性，既要遵循法律的具体规定，又要善于运用法律的原则和精神解决个案的法律适用问题。对于没有明确法律依据但并不与上位法和法律原则相抵触的应对举措，一般不应作出违法认定。

要始终坚持法制统一原则，不能以牺牲法律为代价迁就明显违反法律强制性规定、侵犯当事人合法权益的行为。对于那些以应对危机为借口擅自突破法律规定，形成新的地方保护和行业垄断，侵犯公民、法人和其他组织合法权益的违法行为，要依法予以纠正。

**四、主动建言献策，促进依法行政，不断强化行政审判的服务功能**

要高度重视法律服务工作。积极参与党委、政府为"保增长、保民生、保稳定"出台重大政策、重大项目的研究论证，主动提供司法意见和法律咨询，积极为党委和政府建言献策,协助行政机关完善各项制度措施,从源头上预防和减少争议。

要高度重视司法建议工作。对于个案审理中发现的行政执法方面存在的问题,及时向有关行政机关提出改进意见和建议。对于政府决策和行政管理活动中出现的共性问题,书面报送当地党委、人大和政府,为领导决策和改进工作提供参考。

要高度重视立法建议工作。在审判活动中发现现行法律、法规或者规章确实不适应经济社会发展要求、无法满足应对金融危机需要的,应当通过法定程序及时向有关机关提出修改或者废止的建议。

**五、改进和加强非诉行政案件审查执行,确保各项应对措施落到实处**

高度重视与“保增长、保民生、保稳定”密切相关的行政行为的非诉执行工作,对于行政机关和权利人依法提出的非诉执行申请,人民法院要尽可能缩短审查期间,及时审查,及时执行。情况紧急需要先予执行的,可以依法先予执行。确有必要采取保全措施的,一般应当准许。在掌握非诉执行的审查标准时,要充分考虑应对金融危机和服务“三保”的特殊需要,不过多纠缠细枝末节,切实保证行政效率和人民群众合法权益的及时救济。

**六、畅通行政案件受理渠道,积极引导群众通过理性、合法的方式表达诉求**

进一步增强为党委和政府分忧、为群众解难的主动性和自觉性,依法及时受理行政案件,积极引导群众通过理性、合法的方式表达诉求。各级人民法院要高度重视行政诉讼立案工作,不得随意限缩行政诉讼受案范围,不得额外增加受理条件。上级人民法院要加强行政诉讼立案监督,对于符合立案条件不予受理的,及时予以纠正,防止因当事人告状无门而到处上访,激化社会矛盾。

**七、高度重视民生类案件的审理,切实维护公民、法人和其他组织的合法权益**

要积极参加“人民法官为人民”主题实践活动,高度重视涉及民生的各类行政案件的审理,大力提高审判质量和审判效率,通过公正、快捷的审判,实现好、维护好、发展好人民群众的根本利益。

依法审理好因政府大规模公共投资振兴经济政策引起的农村土地征收、城市房屋拆迁等案件。在确保国家重点项目推进的同时,始终注意保护相对人的实体权益。对土地征收和房屋拆迁补偿标准明显偏低或者因立法滞后造成相对人合法权益不能得到充分保护的,要综合运用多种方式进行合理补偿。

依法审理好农民工返乡后因土地、林地、草原等承包经营权而引发的行政案件。既要注意维持承包经营法律关系的稳定,也要依法保护返乡农民合法的承包经营权益。

依法审理好行政给付类案件。用好用足现行法律规定,最大限度地维护相对人合法权益,保障弱势群体利益。对起诉行政机关依法发放抚恤金、社会保险金、基本生活保障费等案件,可以根据原告的申请依法先予执行。

依法审理好因企业经营状况恶化而引发的劳动和社会保障类行政案件。正确把握法律规范的原则性和灵活性,注重维护劳动者实体权益。在涉及养老、失业、医疗、工伤和生育保险等社会保险费用和工人工资的金额认定方面,合理分配举证责任,准确把握证明标准。行政机关认定的基本事实成立,但在相关金额计算上存在错误的,人民法院可以依法确定相应数额。

依法审理好劳动执法案件。对于劳动

部门申请先予执行对恶意欠薪逃匿企业责令发放工资等处理决定的，要及时立案审查，尽快采取先予执行等措施，保证劳动部门处理决定的及时执行，维护劳动者的合法权益。

**八、注重行政审判协调，建立健全司法与行政的良性互动机制**

要善于运用协调手段有效化解行政纠纷，促进社会和谐。在不违反法律规定的前提下，将协调、和解机制贯穿行政审判的庭前、庭中和庭后全过程。协调过程既可以由法官主持，也可以委托其他机关和个人主持。下级法院协调处理案件存在困难的，可以请求上级法院予以协助。要通过推动行政机关法定代表人出庭应诉制度，为协调、和解提供有效的沟通平台。要关注撤诉和解协议的执行情况，防止裁定撤诉后和解协议得不到及时有效执行而引起新的争议。

要探索建立制度化的沟通协调平台，形成司法与行政良性互动机制。通过制度化的良性互动机制，积极争取当地党委和政府的支持，形成协调、和解的合力，有效化解行政争议，维护社会和谐。

**九、丰富和创新行政诉讼裁判方式，快速有效化解纠纷**

各级人民法院要通过法律规范释明、诉前风险提示等措施，加强诉讼指导，避免连环诉讼、重复诉讼，使行政法律关系尽快稳定，使各项应对举措发挥实效。

充分发挥行政诉讼附带解决民事争议的功能，在受理行政机关对平等主体之间的民事争议所作的行政裁决、行政确权、行政处理、颁发权属证书等案件时，可以基于当事人申请一并解决相关民事争议。要正确处理行政诉讼与民事诉讼交叉问题，防止出现相互矛盾或相互推诿。

要注意争议的实质性解决，促进案结事了。对于行政裁决和行政确认案件，可以在查清事实的基础上直接就行政主体对原民事性质的事项所作出的裁决或确认依法作出判决，以减少当事人的诉累。撤销具体行政行为责令重新作出具体行政行为的判决以及责令行政机关履行法定职责的判决，要尽可能明确具体，具有可执行性；不宜在判决书或判决主文表述的内容，可以通过司法建议加以明确。

**十、更加自觉地依靠党的领导，接受人大的监督，切实加强对下指导**

行政审判工作的顺利开展，离不开党的领导和人大的监督。审理与应对金融危机和“保增长、保民生、保稳定”有关的行政案件，与全局和大局的关系更加紧密，政治性和政策性更为突出。各级人民法院更要自觉地依靠党的领导，接受人大的监督。

要坚持大要案报告制度，特别是涉及国家重点项目建设、重要政策，或者可能导致矛盾激化和事态扩大的案件，要及时报告当地党委和上级法院，上级法院要及时给予工作指导和业务监督。

# 最高人民法院关于适用《中华人民共和国保险法》若干问题的解释(一)

(2009 年 9 月 21 日　法释〔2009〕12 号)

《最高人民法院关于适用〈中华人民共和国保险法〉若干问题的解释(一)》已于 2009 年 9 月 14 日由最高人民法院审判委员会第 1473 次会议通过,现予公布,自 2009 年 10 月 1 日起施行。

为正确审理保险合同纠纷案件,切实维护当事人的合法权益,现就人民法院适用 2009 年 2 月 28 日第十一届全国人大常委会第七次会议修订的《中华人民共和国保险法》(以下简称保险法)的有关问题规定如下:

**第一条**　保险法施行后成立的保险合同发生的纠纷,适用于保险法的规定。保险法施行前成立的保险合同发生的纠纷,除本解释另有规定外,适用当时的法律规定;当时的法律没有规定的,参照适用保险法的有关规定。

认定保险合同的是否成立,适用合同订立时的法律。

**第二条**　对于保险法施行前成立的保险合同,适用当时的法律认定无效而适用保险法认定有效的,适用保险法的规定。

**第三条**　保险合同成立于保险法施行前而保险标的转让、保险事故、理赔、代位求偿等行为或事件,发生于保险法施行后的,适用保险法的规定。

**第四条**　保险合同成立于保险法施行前,保险法施行后,保险人以投保人未履行如实告知义务或者申报被保险人年龄不真实为由,主张解除合同的,适用保险法的规定。

**第五条**　保险法施行前成立的保险合同,下列情形下的期间自 2009 年 10 月 1 日起计算:

(一)保险法施行前,保险人收到赔偿或者给付保险金的请求,保险法施行后,适用保险法第二十三条规定的三十日的;

(二)保险法施行前,保险人知道解除事由,保险法施行后,按照保险法第十六条、第三十二条的规定行使解除权,适用保险法第十六条规定的三十日的;

(三)保险法施行后,保险人按照保险法第十六条第二款的规定请求解除合同,适用保险法第十六条规定的二年的;

(四)保险法施行前,保险人收到保险标的转让通知,保险法施行后,以保险标的转让导致危险程度显著增加为由请求按照合同约定增加保险费或者解除合同,适用保险法第四十九条规定的三十日的。

**第六条**　保险法施行前已经终审的案件,当事人申请再审或者按照审判监督程序提起再审的案件,不适用保险法的规定。

# 最高人民法院、最高人民检察院关于执行《中华人民共和国刑法》确定罪名的补充规定(四)

(2009年10月14日　法释〔2009〕13号)

《最高人民法院、最高人民检察院关于执行〈中华人民共和国刑法〉确定罪名的补充规定(四)》已于2009年9月21日由最高人民法院审判委员会第1474次会议、2009年9月28日由最高人民检察院第十一届检察委员会第20次会议通过,现予公布,自2009年10月16日起施行。

根据《中华人民共和国刑法修正案(七)》(以下简称《刑法修正案(七)》)的规定,现对最高人民法院《关于执行〈中华人民共和国刑法〉确定罪名的规定》、最高人民检察院《关于适用刑法分则规定的犯罪的罪名的意见》作如下补充、修改:

| 刑法条文 | 罪　名 |
|---|---|
| 第151条第3款<br>(《刑法修正案(七)》第1条) | 走私国家禁止进出口的货物、物品罪(取消走私珍稀植物、珍稀植物制品罪罪名) |
| 第180条第4款<br>(《刑法修正案(七)》第2条第2款) | 利用未公开信息交易罪 |
| 第201条<br>(《刑法修正案(七)》第3条) | 逃税罪(取消偷税罪罪名) |
| 第224条之一<br>(《刑法修正案(七)》第4条) | 组织、领导传销活动罪 |
| 第253条之一第1款<br>(《刑法修正案(七)》第7条第1款) | 出售、非法提供公民个人信息罪 |
| 第253条之一第2款<br>(《刑法修正案(七)》第7条第2款) | 非法获取公民个人信息罪 |
| 第262条之二<br>(《刑法修正案(七)》第8条) | 组织未成年人进行违反治安管理活动罪 |
| 第285条第2款<br>(《刑法修正案(七)》第9条第1款) | 非法获取计算机信息系统数据、非法控制计算机信息系统罪 |
| 第285条第3款<br>(《刑法修正案(七)》第9条第2款) | 提供侵入、非法控制计算机信息系统程序、工具罪 |
| 第337条第1款<br>(《刑法修正案(七)》第11条) | 妨害动植物防疫、检疫罪(取消逃避动植物检疫罪罪名) |
| 第375条第2款<br>(《刑法修正案(七)》第12条第1款) | 非法生产、买卖武装部队制式服装罪(取消非法生产、买卖军用标志罪罪名) |
| 第375条第3款<br>(《刑法修正案(七)》第12条第2款) | 伪造、盗窃、买卖、非法提供、非法使用武装部队专用标志罪 |
| 第388条之一<br>(《刑法修正案(七)》第13条) | 利用影响力受贿罪 |

# 最高人民法院关于裁判文书引用法律、法规等规范性法律文件的规定

(2009年10月26日 法释〔2009〕14号)

《最高人民法院关于裁判文书引用法律、法规等规范性法律文件的规定》已于2009年7月13日由最高人民法院审判委员会第1470次会议通过,现予公布,自2009年11月4日起施行。

为进一步规范裁判文书引用法律、法规等规范性法律文件的工作,提高裁判质量,确保司法统一,维护法律权威,根据《中华人民共和国立法法》等法律规定,制定本规定。

**第一条** 人民法院的裁判文书应当依法引用相关法律、法规等规范性法律文件作为裁判依据。引用时应当准确完整写明规范性法律文件的名称、条款序号,需要引用具体条文的,应当整条引用。

**第二条** 并列引用多个规范性法律文件的,引用顺序如下:法律及法律解释、行政法规、地方性法规、自治条例或者单行条例、司法解释。同时引用两部以上法律的,应当先引用基本法律,后引用其他法律。引用包括实体法和程序法的,先引用实体法,后引用程序法。

**第三条** 刑事裁判文书应当引用法律、法律解释或者司法解释。刑事附带民事诉讼裁判文书引用规范性法律文件,同时适用本规定第四条规定。

**第四条** 民事裁判文书应当引用法律、法律解释或者司法解释。对于应当适用的行政法规、地方性法规或者自治条例和单行条例,可以直接引用。

**第五条** 行政裁判文书应当引用法律、法律解释、行政法规或者司法解释。对于应当适用的地方性法规、自治条例和单行条例、国务院或者国务院授权的部门公布的行政法规解释或者行政规章,可以直接引用。

**第六条** 对于本规定第三条、第四条、第五条规定之外的规范性文件,根据审理案件的需要,经审查认定为合法有效的,可以作为裁判说理的依据。

**第七条** 人民法院制作裁判文书确需引用的规范性法律文件之间存在冲突,根据立法法等有关法律规定无法选择适用的,应当依法提请有决定权的机关做出裁决,不得自行在裁判文书中认定相关规范性法律文件的效力。

**第八条** 本院以前发布的司法解释与本规定不一致的,以本规定为准。

# 最高人民法院印发《关于审理公司强制清算案件工作座谈会纪要》的通知

（2009年11月4日　法发〔2009〕52号）

当前，因受国际金融危机和世界经济衰退影响，公司经营困难引发的公司强制清算案件大幅度增加。《中华人民共和国公司法》和《最高人民法院关于适用〈中华人民共和国公司法〉若干问题的规定（二）》（以下简称公司法司法解释二）对于公司强制清算案件审理中的有关问题已作出规定，但鉴于该类案件非讼程序的特点和目前清算程序规范的不完善，有必要进一步明确该类案件审理原则，细化有关程序和实体规定，更好地规范公司退出市场行为，维护市场运行秩序，依法妥善审理公司强制清算案件，维护和促进经济社会和谐稳定。为此，最高人民法院在广泛调研的基础上，于2009年9月15日至16日在浙江省绍兴市召开了全国部分法院审理公司强制清算案件工作座谈会。与会同志通过认真讨论，就有关审理公司强制清算案件中涉及的主要问题达成了共识。现纪要如下：

**一、关于审理公司强制清算案件应当遵循的原则**

1. 会议认为，公司作为现代企业的主要类型，在参与市场竞争时，不仅要严格遵循市场准入规则，也要严格遵循市场退出规则。公司强制清算作为公司退出市场机制的重要途径之一，是公司法律制度的重要组成部分。人民法院在审理此类案件时，应坚持以下原则：

第一，坚持清算程序公正原则。公司强制清算的目的在于有序结束公司存续期间的各种商事关系，合理调整众多法律主体的利益，维护正常的经济秩序。人民法院审理公司强制清算案件，应当严格依照法定程序进行，坚持在程序正义的基础上实现清算结果的公正。

第二，坚持清算效率原则。提高社会经济的整体效率，是公司强制清算制度追求的目标之一，要严格而不失快捷地使已经出现解散事由的公司退出市场，将其可能给各方利益主体造成的损失降至最低。人民法院审理强制清算案件，要严格按照法律规定及时有效地完成清算，保障债权人、股东等利害关系人的利益及时得到实现，避免因长期拖延清算给相关利害关系人造成不必要的损失，保障社会资源的有效利用。

第三，坚持利益均衡保护原则。公司强制清算中应当以维护公司各方主体利益平衡为原则，实现公司退出环节中的公平公正。人民法院在审理公司强制清算案件时，既要充分保护债权人利益，又要兼顾职工利益、股东利益和社会利益，妥善处理各方利益冲突，实现法律效果和社会效果的有机统一。

**二、关于强制清算案件的管辖**

2. 对于公司强制清算案件的管辖应当分别从地域管辖和级别管辖两个角度确

定。地域管辖法院应为公司住所地的人民法院,即公司主要办事机构所在地法院;公司主要办事机构所在地不明确、存在争议的,由公司注册登记地人民法院管辖。级别管辖应当按照公司登记机关的级别予以确定,即基层人民法院管辖县、县级市或者区的公司登记机关核准登记公司的公司强制清算案件;中级人民法院管辖地区、地级市以上的公司登记机关核准登记公司的公司强制清算案件。存在特殊原因的,也可参照适用《中华人民共和国企业破产法》第四条、《中华人民共和国民事诉讼法》第三十七条和第三十九条的规定,确定公司强制清算案件的审理法院。

## 三、关于强制清算案件的案号管理

3. 人民法院立案庭收到申请人提交的对公司进行强制清算的申请后,应当及时以"(××××)××法×清(预)字第×号"立案。立案庭立案后,应当将申请人提交的申请等有关材料移交审理强制清算案件的审判庭审查,并由审判庭依法作出是否受理强制清算申请的裁定。

4. 审判庭裁定不予受理强制清算申请的,裁定生效后,公司强制清算案件应当以"(××××)××法×清(预)字第×号"结案。审判庭裁定受理强制清算申请的,立案庭应当以"(××××)××法×清(算)字第×号"立案。

5. 审判庭裁定受理强制清算申请后,在审理强制清算案件中制作的民事裁定书、决定书等,应当在"(××××)××法×清(算)字第×号"后依次编号,如"(××××)××法×清(算)字第×-1号民事裁定书"、"(××××)××法×清(算)字第×-2号民事裁定书"等,或者"(××××)××法×清(算)字第×-1号决定书"、"(××××)××法×清(算)字第×-2号决定书"等。

## 四、关于强制清算案件的审判组织

6. 因公司强制清算案件在案件性质上类似于企业破产案件,因此强制清算案件应当由负责审理企业破产案件的审判庭审理。有条件的人民法院,可由专门的审判庭或者指定专门的合议庭审理公司强制清算案件和企业破产案件。公司强制清算案件应当组成合议庭进行审理。

## 五、关于强制清算的申请

7. 公司债权人或者股东向人民法院申请强制清算应当提交清算申请书。申请书应当载明申请人、被申请人的基本情况和申请的事实和理由。同时,申请人应当向人民法院提交被申请人已经发生解散事由以及申请人对被申请人享有债权或者股权的有关证据。公司解散后已经自行成立清算组进行清算,但债权人或者股东以其故意拖延清算,或者存在其他违法清算可能严重损害债权人或者股东利益为由,申请人民法院强制清算的,申请人还应当向人民法院提交公司故意拖延清算,或者存在其他违法清算行为可能严重损害其利益的相应证据材料。

8. 申请人提交的材料需要更正、补充的,人民法院应当责令申请人于七日内予以更正、补充。申请人由于客观原因无法按时更正、补充的,应当向人民法院予以书面说明并提出延期申请,由人民法院决定是否延长期限。

## 六、关于对强制清算申请的审查

9. 审理强制清算案件的审判庭审查决定是否受理强制清算申请时,一般应当召开听证会。对于事实清楚、法律关系明确、证据确实充分的案件,经书面通知被申请人,其对书面审查方式无异议的,也可决定不召开听证会,而采用书面方式进行审查。

10. 人民法院决定召开听证会的，应当于听证会召开五日前通知申请人、被申请人，并送达相关申请材料。公司股东、实际控制人等利害关系人申请参加听证的，人民法院应予准许。听证会中，人民法院应当组织有关利害关系人对申请人是否具备申请资格、被申请人是否已经发生解散事由、强制清算申请是否符合法律规定等内容进行听证。因补充证据等原因需要再次召开听证会的，应在补充期限届满后十日内进行。

11. 人民法院决定不召开听证会的，应当及时通知申请人和被申请人，并向被申请人送达有关申请材料，同时告知被申请人若对申请人的申请有异议，应当自收到人民法院通知之日起七日内向人民法院书面提出。

## 七、关于对强制清算申请的受理

12. 人民法院应当在听证会召开之日或者自异议期满之日起十日内，依法作出是否受理强制清算申请的裁定。

13. 被申请人就申请人对其是否享有债权或者股权，或者对被申请人是否发生解散事由提出异议的，人民法院对申请人提出的强制清算申请应不予受理。申请人可就有关争议单独提起诉讼或者仲裁予以确认后，另行向人民法院提起强制清算申请。但对上述异议事项已有生效法律文书予以确认，以及发生被吊销企业法人营业执照、责令关闭或者被撤销等解散事由有明确、充分证据的除外。

14. 申请人提供被申请人自行清算中故意拖延清算，或者存在其他违法清算可能严重损害债权人或者股东利益的相应证据材料后，被申请人未能举出相反证据的，人民法院对申请人提出的强制清算申请应予受理。债权人申请强制清算，被申请人的主要财产、账册、重要文件等灭失，或者被申请人人员下落不明，导致无法清算的，人民法院不得以此为由不予受理。

15. 人民法院受理强制清算申请后，经审查发现强制清算申请不符合法律规定的，可以裁定驳回强制清算申请。

16. 人民法院裁定不予受理或者驳回受理申请，申请人不服的，可以向上一级人民法院提起上诉。

## 八、关于强制清算申请的撤回

17. 人民法院裁定受理公司强制清算申请前，申请人请求撤回其申请的，人民法院应予准许。

18. 公司因公司章程规定的营业期限届满或者公司章程规定的其他解散事由出现，或者股东会、股东大会决议自愿解散的，人民法院受理强制清算申请后，清算组对股东进行剩余财产分配前，申请人以公司修改章程，或者股东会、股东大会决议公司继续存续为由，请求撤回强制清算申请的，人民法院应予准许。

19. 公司因依法被吊销营业执照、责令关闭或者被撤销，或者被人民法院判决强制解散的，人民法院受理强制清算申请后，清算组对股东进行剩余财产分配前，申请人向人民法院申请撤回强制清算申请的，人民法院应不予准许。但申请人有证据证明相关行政决定被撤销，或者人民法院作出解散公司判决后当事人又达成公司存续和解协议的除外。

## 九、关于强制清算案件的申请费

20. 参照《诉讼费用交纳办法》第十条、第十四条、第二十条和第四十二条关于企业破产案件申请费的有关规定，公司强制清算案件的申请费以强制清算财产总额为基数，按照财产案件受理费标准减半计算,人民法院受理强制清算申请后从被申请人财产中优先拨付。因财产不足以清偿全部债务,强制清算程序依法转入破产清算程序的,不再另行计收破产案件申请费;按照上述标准计收的强制清算案件申请费超过30万元的,超过部分不再收取,已经收取的,应予退还。

21. 人民法院裁定受理强制清算申请前,申请人请求撤回申请,人民法院准许的,强制清算案件的申请费不再从被申请人财产中予以拨付;人民法院受理强制清算申请后,申请人请求撤回申请,人民法院准许的,已经从被申请人财产中优先拨付的强制清算案件申请费不予退回。

## 十、关于强制清算清算组的指定

22. 人民法院受理强制清算案件后,应当及时指定清算组成员。公司股东、董事、监事、高级管理人员能够而且愿意参加清算的,人民法院可优先考虑指定上述人员组成清算组;上述人员不能、不愿进行清算,或者由其负责清算不利于清算依法进行的,人民法院可以指定《人民法院中介机构管理人名册》和《人民法院个人管理人名册》中的中介机构或者个人组成清算组;人民法院也可根据实际需要,指定公司股东、董事、监事、高级管理人员,与管理人名册中的中介机构或者个人共同组成清算组。人民法院指定管理人名册中的中介机构或者个人组成清算组,或者担任清算组成员的,应当参照适用《最高人民法院关于审理企业破产案件指定管理人的规定》。

23. 强制清算清算组成员的人数应当为单数。人民法院指定清算组成员的同时,应当根据清算组成员的推选,或者依职权,指定清算组负责人。清算组负责人代行清算中公司诉讼代表人职权。清算组成员未依法履行职责的,人民法院应当依据利害关系人的申请,或者依职权及时予以更换。

## 十一、关于强制清算清算组成员的报酬

24. 公司股东、实际控制人或者股份有限公司的董事担任清算组成员的,不计付报酬。上述人员以外的有限责任公司的董事、监事、高级管理人员,股份有限公司的监事、高级管理人员担任清算组成员的,可以按照其上一年度的平均工资标准计付报酬。

25. 中介机构或者个人担任清算组成员的,其报酬由中介机构或者个人与公司协商确定;协商不成的,由人民法院参照《最高人民法院关于审理企业破产案件确定管理人报酬的规定》确定。

## 十二、关于强制清算清算组的议事机制

26. 公司强制清算中的清算组因清算事务发生争议的,应当参照公司法第一百一十二条的规定,经全体清算组成员过半数决议通过。与争议事项有直接利害关系的清算组成员可以发表意见,但不得参与投票;因利害关系人回避表决无法形成多数意见的,清算组可以请求人民法院作出决定。与争议事项有直接利害关系的清算组成员未回避表决形成决定的,债权人或者清算组其他成员可以参照公司法第二十二条的规定,自决定作出之日起六十日内,请求人民法院予以撤销。

## 十三、关于强制清算中的财产保全

27. 人民法院受理强制清算申请后,公司财产存在被隐匿、转移、毁损等可能影响依法清算情形的,人民法院可依清算组或者申请人的申请,对公司财产采取相应的保全措施。

## 十四、关于无法清算案件的审理

28. 对于被申请人主要财产、账册、重要文件等灭失,或者被申请人人员下落不明的强制清算案件,经向被申请人的股东、董事等直接责任人员释明或采取罚款等民事制裁措施后,仍然无法清算或者无法全面清算,对于尚有部分财产,且依据现有账册、重要文件等,可以进行部分清偿的,应当参照企业破产法的规定,对现有财产进行公平清偿后,以无法全面清算为由终结强制清算程序;对于没有任何财产、账册、重要文件,被申请人人员下落不明的,应当以无法清算为由终结强制清算程序。

29. 债权人申请强制清算,人民法院以无法清算或者无法全面清算为由裁定终结强制清算程序的,应当在终结裁定中载明,债权人可以另行依据公司法司法解释二第十八条的规定,要求被申请人的股东、董事、实际控制人等清算义务人对其债务承担偿还责任。股东申请强制清算,人民法院以无法清算或者无法全面清算为由作出终结强制清算程序的,应当在终结裁定中载明,股东可以向控股股东等实际控制公司的主体主张有关权利。

## 十五、关于强制清算案件衍生诉讼的审理

30. 人民法院受理强制清算申请前已经开始,人民法院受理强制清算申请时尚未审结的有关被强制清算公司的民事诉讼,由原受理法院继续审理,但应依法将原法定代表人变更为清算组负责人。

31. 人民法院受理强制清算申请后,就强制清算公司的权利义务产生争议的,应当向受理强制清算申请的人民法院提起诉讼,并由清算组负责人代表清算中公司参加诉讼活动。受理强制清算申请的人民法院对此类案件,可以适用民事诉讼法第三十七条和第三十九条的规定确定审理法院。上述案件在受理法院内部各审判庭之间按照业务分工进行审理。人民法院受理强制清算申请后,就强制清算公司的权利义务产生争议,当事人双方就产生争议约定有明确有效的仲裁条款的,应当按照约定通过仲裁方式解决。

## 十六、关于强制清算和破产清算的衔接

32. 公司强制清算中,清算组在清理公司财产、编制资产负债表和财产清单时,发现公司财产不足清偿债务的,除依据公司法司法解释二第十七条的规定,通过与债权人协商制作有关债务清偿方案并清偿债务的外,应依据公司法第一百八十八条和企业破产法第七条第三款的规定向人民法院申请宣告破产。

33. 公司强制清算中,有关权利人依据企业破产法第二条和第七条的规定向人民法院另行提起破产申请的,人民法院应当依法进行审查。权利人的破产申请符合企业破产法规定的,人民法院应当依法裁定予以受理。人民法院裁定受理破产申请后,应当裁定终结强制清算程序。

34. 公司强制清算转入破产清算后,原强制清算中的清算组由《人民法院中介机构管理人名册》和《人民法院个人管理人名册》中的中介机构或者个人组成或者参加的,除该中介机构或者个人存在与本案有利害关系等不宜担任管理人或者管理人成员的情形外,人民法院可根据企业破产法及其司法解释的规定,指定该中介机构或者个人作为破产案件的管理人,或者吸收该中介机构作为新成立的清算组管理人的成员。上述中介机构或者个人在公司强制清算和破产清算中取得的报酬总额,不应超过按照企业破产计付的管理人或者

管理人成员的报酬。

35. 上述中介机构或者个人不宜担任破产清算中的管理人或者管理人的成员的,人民法院应当根据企业破产法和有关司法解释的规定,及时指定管理人。原强制清算中的清算组应当及时将清算事务及有关材料等移交给管理人。公司强制清算中已经完成的清算事项,如无违反企业破产法或者有关司法解释的情形的,在破产清算程序中应承认其效力。

## 十七、关于强制清算程序的终结

36. 公司依法清算结束,清算组制作清算报告并报人民法院确认后,人民法院应当裁定终结清算程序。公司登记机关依清算组的申请注销公司登记后,公司终止。

37. 公司因公司章程规定的营业期限届满或者公司章程规定的其他解散事由出现,或者股东会、股东大会决议自愿解散的,人民法院受理债权人提出的强制清算申请后,对股东进行剩余财产分配前,公司修改章程、或者股东会、股东大会决议公司继续存续,申请人在其个人债权及他人债权均得到全额清偿后,未撤回申请的,人民法院可以根据被申请人的请求裁定终结强制清算程序,强制清算程序终结后,公司可以继续存续。

## 十八、关于强制清算案件中的法律文书

38. 审理强制清算的审判庭审理该类案件时,对于受理、不受理强制清算申请、驳回申请人的申请、允许或者驳回申请人撤回申请、采取保全措施、确认清算方案、确认清算终结报告、终结强制清算程序的,应当制作民事裁定书。对于指定或者变更清算组成员、确定清算组成员报酬、延长清算期限、制裁妨碍清算行为的,应当制作决定书。对于其他所涉有关法律文书的制作,可参照企业破产清算中人民法院的法律文书样式。

## 十九、关于强制清算程序中对破产清算程序的准用

39. 鉴于公司强制清算与破产清算在具体程序操作上的相似性,就公司法、公司法司法解释二,以及本会议纪要未予涉及的情形,如清算中公司的有关人员未依法妥善保管其占有和管理的财产、印章和账簿、文书资料,清算组未及时接管清算中公司的财产、印章和账簿、文书,清算中公司拒不向人民法院提交或者提交不真实的财产状况说明、债务清册、债权清册、有关财务会计报告以及职工工资的支付情况和社会保险费用的缴纳情况,清算中公司拒不向清算组移交财产、印章和账簿、文书等资料,或者伪造、销毁有关财产证据材料而使财产状况不明,股东未缴足出资、抽逃出资,以及公司董事、监事、高级管理人员非法侵占公司财产等,可参照企业破产法及其司法解释的有关规定处理。

## 二十、关于审理公司强制清算案件中应当注意的问题

40. 鉴于此类案件属于新类型案件,且涉及的法律关系复杂、利益主体众多,人民法院在审理难度大、涉及面广、牵涉社会稳定的重大疑难清算案件时,要在严格依法的前提下,紧紧依靠党委领导和政府支持,充分发挥地方政府建立的各项机制,有效做好维护社会稳定的工作。同时,对于审判实践中发现的新情况、新问题,要及时逐级上报。上级人民法院要加强对此类案件的监督指导,注重深入调查研究,及时总结审判经验,确保依法妥善审理好此类案件。

# 最高人民法院关于审理洗钱等刑事案件具体应用法律若干问题的解释

(2009年11月4日　法释〔2009〕15号)

《最高人民法院关于审理洗钱等刑事案件具体应用法律若干问题的解释》已于2009年9月21日由最高人民法院审判委员会第1474次会议通过，现予公布，自2009年11月11日起施行。

为依法惩治洗钱，掩饰、隐瞒犯罪所得、犯罪所得收益，资助恐怖活动等犯罪活动，根据刑法有关规定，现就审理此类刑事案件具体应用法律的若干问题解释如下：

**第一条**　刑法第一百九十一条、第三百一十二条规定的"明知"，应当结合被告人的认知能力，接触他人犯罪所得及其收益的情况，犯罪所得及其收益的种类、数额，犯罪所得及其收益的转换、转移方式以及被告人的供述等主、客观因素进行认定。

具有下列情形之一的，可以认定被告人明知系犯罪所得及其收益，但有证据证明确实不知道的除外：

(一)知道他人从事犯罪活动，协助转换或者转移财物的；

(二)没有正当理由，通过非法途径协助转换或者转移财物的；

(三)没有正当理由，以明显低于市场的价格收购财物的；

(四)没有正当理由，协助转换或者转移财物，收取明显高于市场的"手续费"的；

(五)没有正当理由，协助他人将巨额现金散存于多个银行账户或者在不同银行账户之间频繁划转的；

(六)协助近亲属或者其他关系密切的人转换或者转移与其职业或者财产状况明显不符的财物的；

(七)其他可以认定行为人明知的情形。

被告人将刑法第一百九十一条规定的某一上游犯罪的犯罪所得及其收益误认为刑法第一百九十一条规定的上游犯罪范围内的其他犯罪所得及其收益的，不影响刑法第一百九十一条规定的"明知"的认定。

**第二条**　具有下列情形之一的，可以认定为刑法第一百九十一条第一款第(五)项规定的"以其他方法掩饰、隐瞒犯罪所得及其收益的来源和性质"：

(一)通过典当、租赁、买卖、投资等方式，协助转移、转换犯罪所得及其收益的；

(二)通过与商场、饭店、娱乐场所等现金密集型场所的经营收入相混合的方式，协助转移、转换犯罪所得及其收益的；

(三)通过虚构交易、虚设债权债务、虚假担保、虚报收入等方式，协助将犯罪所得及其收益转换为"合法"财物的；

(四)通过买卖彩票、奖券等方式，协助转换犯罪所得及其收益的；

(五)通过赌博方式，协助将犯罪所得及其收益转换为赌博收益的；

(六)协助将犯罪所得及其收益携带、

运输或者邮寄出入境的;

(七)通过前述规定以外的方式协助转移、转换犯罪所得及其收益的。

**第三条** 明知是犯罪所得及其产生的收益而予以掩饰、隐瞒,构成刑法第三百一十二条规定的犯罪,同时又构成刑法第一百九十一条或者第三百四十九条规定的犯罪的,依照处罚较重的规定定罪处罚。

**第四条** 刑法第一百九十一条、第三百一十二条、第三百四十九条规定的犯罪,应当以上游犯罪事实成立为认定前提。上游犯罪尚未依法裁判,但查证属实的,不影响刑法第一百九十一条、第三百一十二条、第三百四十九条规定的犯罪的审判。

上游犯罪事实可以确认,因行为人死亡等原因依法不予追究刑事责任的,不影响刑法第一百九十一条、第三百一十二条、第三百四十九条规定的犯罪的认定。

上游犯罪事实可以确认,依法以其他罪名定罪处罚的,不影响刑法第一百九十一条、第三百一十二条、第三百四十九条规定的犯罪的认定。

本条所称"上游犯罪",是指产生刑法第一百九十一条、第三百一十二条、第三百四十九条规定的犯罪所得及其收益的各种犯罪行为。

**第五条** 刑法第一百二十条之一规定的"资助",是指为恐怖活动组织或者实施恐怖活动的个人筹集、提供经费、物资或者提供场所以及其他物质便利的行为。

刑法第一百二十条之一规定的"实施恐怖活动的个人",包括预谋实施、准备实施和实际实施恐怖活动的个人。

# 最高人民法院印发《关于依法保护行政诉讼当事人诉权的意见》的通知

(2009年11月9日 法发〔2009〕54号)

行政诉讼法施行以来,人民法院依法受理和审理了大量行政案件,有效化解了行政争议,维护了人民群众合法权益,促进了行政机关依法行政,行政审判的特殊职能作用日益彰显。但是,行政诉讼"告状难"现象依然存在,已经成为人民群众反映强烈的突出问题之一。为不断满足人民群众日益增长的司法需求,切实解决行政诉讼有案不收、有诉不理的问题,现就进一步重视和加强行政案件受理,依法保护当事人诉讼权利,切实解决行政诉讼"告状难"问题,提出如下意见:

## 一、切实提高对行政案件受理工作重要性的认识

行政诉讼制度是保障最广大人民群众利益最有效、最直接的法律制度之一,是新形势下解决人民内部矛盾的一种有效方式,是维护社会和谐稳定的重要手段。行政诉讼受理渠道是否畅通,是这一优良司法制度能否有效发挥功能和作用的前提。诉权保障不力,公民的合法权益就难以有效救济,人民群众日益增长的司法需求就不可能得到满足。随着社会利益格局日益

多元化和复杂化，特别是受国际金融危机的影响，行政纠纷日益增多，日趋复杂多样化，有的还呈现出突发性、群体性、极端性的特点。只有畅通行政诉讼渠道，才能引导人民群众以理性合法的方式表达利益诉求，最大限度地减少社会不和谐因素，增进人民群众与政府之间的理解与信任。诉讼渠道不畅，必然导致上访增多，非理性行为加剧，必将严重影响社会和谐稳定，削弱人民法院行政审判“为大局服务，为人民司法”的职能作用。各级人民法院必须充分理解司法权源于人民、属于人民、服务人民、受人民监督的根本属性，从贯彻落实党的十七届四中全会精神和实现司法的人民性的高度，充分认识行政案件受理工作的重要性，认真抓好行政案件受理工作，切实解决行政诉讼“告状难”问题。

## 二、不得随意限缩受案范围、违法增设受理条件

行政诉讼法和相关司法解释根据我国国情和现阶段的法治发展程度，设计了符合实际的行政案件受案范围，这是人民法院受理行政诉讼案件的法定依据。各级人民法院要全面准确理解和适用，不得以任何借口随意限制受案范围。凡是行政诉讼法明确规定的可诉性事项，不得擅自加以排除；行政诉讼法没有明确规定但有单行法律、法规授权的，也要严格遵循；法律和司法解释没有明确排除的具体行政行为，应当属于人民法院行政诉讼受案范围。不仅要保护公民、法人和其他组织的人身权和财产权，也要顺应权利保障的需要，依法保护法律、法规规定可以提起诉讼的与人身权、财产权密切相关的其他经济、社会权利。要坚决清除限制行政诉讼受理的各种“土政策”，严禁以服务地方中心工作、应对金融危机等为借口，拒绝受理某类依法应当受理的行政案件。要准确理解、严格执行行政诉讼法和相关司法解释关于起诉条件、诉讼主体资格、起诉期限的规定，不得在法律规定之外另行规定限制当事人起诉的其他条件。要正确处理起诉权和胜诉权的关系，不能以当事人的诉讼请求明显不成立而限制或者剥夺当事人的诉讼权利。要正确处理诉前协调和立案审理的关系，既要充分发挥诉前协调的作用，又不能使之成为妨碍当事人行使诉权的附加条件。要全面正确审查起诉期限，对不属于起诉人自身原因超过起诉期限的，应当根据案件具体情况依法提供有效救济。

## 三、依法积极受理新类型行政案件

随着形势的发展和法治的进步，行政行为的方式不断丰富，行政管理的领域不断拓展，人民群众的司法需求不断增长，行政争议的特点不断变化。各级人民法院要深入了解各阶层人民群众的生活现状和思想动向，了解人民群众对行政审判工作的期待，依法受理由此引发的各种新类型案件，积极回应人民群众的现实司法需求。要依法积极受理行政给付、行政监管、行政允诺、行政不作为等新类型案件；依法积极受理教育、劳动、医疗、社会保障等事关民生的案件；依法积极受理政府信息公开等涉及公民其他社会权利的案件；积极探讨研究公益诉讼案件的受理条件和裁判方式。对新类型案件拿不准的，应当在法定期间先予立案，必要时请示上级人民法院，不得随意作出不予受理决定。

## 四、完善工作机制，改进工作作风

行政案件立案专业性较强。各级人民法院的立案庭和行政庭要在行政案件受理环节加强协调、沟通与配合。要严格执行行政诉讼法和司法解释有关受理案件的程

序制度,对于当事人的起诉要在法定期限内立案或者作出裁定;不能决定是否受理的,应当先予受理,经审查确实不符合法定立案条件的,裁定驳回起诉。要认真执行《关于行政案件管辖若干问题的规定》,对于起诉人向上一级人民法院起诉的,上一级人民法院应当依法及时作出处理,符合受理条件的,督促有管辖权的人民法院立案受理,也可以直接立案后由自己审理或者指定辖区其他人民法院审理。要改进工作作风,强化便民措施,简化立案环节,丰富立案方式,方便群众诉讼。对于情况紧急且涉及人民群众切身利益或公共利益符合立案条件的案件,要及时立案,尽快审理。要大力推行诉讼引导和指导、权利告知、风险提示等措施,由于起诉人法律知识不足导致起诉状内容欠缺、错列被告等情形的,应当给予必要的指导和释明,不得未经指导和释明即以起诉不符合条件为由予以驳回。要增强司法公开和透明,对依法不予受理或驳回起诉的,必须依法出具法律文书,并在法律文书中给出令人信服的理由。

## 五、加强对行政案件受理工作的监督

上级人民法院要通过审理上诉和申诉案件、受理举报、案件评查、专项检查、通报排名等各种措施,进一步加强对下级人民法院行政案件立案受理工作的指导和监督,切实防止因当事人告状无门而引发到处上访、激化社会矛盾的事件发生。要健全完善行政审判绩效考核办法,加大因违法不受理案件导致申诉信访的考核权重。要严格执行《人民法院审判人员违法审判责任追究办法(试行)》的规定,对于违反法律规定,擅自对应当受理的案件不予受理,或者因违法失职造成严重后果的责任人员,要依法依纪严肃处理。要坚决抵制非法干预行政案件受理的各种违法行为,彻底废除各种违法限制行政案件受理的"土政策"。对于干预、阻碍人民法院受理行政案件造成恶劣影响的,应当及时向当地党委、纪检监察机关和上级人民法院反映,上级人民法院要协助党委和纪检监察机关作出严肃处理。

## 六、努力营造行政案件立案受理的良好外部环境

要通过典型案例、普法宣传、诉讼指导等多种途径,加大行政诉讼法的宣传力度,提高当事人参与行政诉讼的能力和水平,引导人民群众通过理性合法的方式主张权利;要切实提高行政案件的办案质量,千方百计降低诉讼成本,缩短诉讼周期,加大执行力度,增强行政审判的公信力;要进一步改进工作作风,增强服务意识,提高服务水平,为人民群众提供更加便捷的救济;要采取强有力的法律保护手段,严厉查处打击报复当事人的行为,使人民群众敢于运用法律手段维护自己的合法权益。要建议政府和有关部门正确理解和评价行政诉讼败诉现象,修改和完善相关考评制度,防止和消除由此产生的负面影响。要更加主动自觉地争取党委的领导和人大的监督,取得政府机关及社会各界的支持。通过不懈努力,使行政案件受理难、审理难、执行难问题得到根本解决,使行政诉讼制度在保护合法权益,促进依法行政,化解行政争议,维护和谐稳定中发挥更加积极的作用。

# 最高人民法院关于审理行政许可案件若干问题的规定

（2009年12月14日　法释〔2009〕20号）

《最高人民法院关于审理行政许可案件若干问题的规定》已于2009年11月9日由最高人民法院审判委员会第1476次会议通过，现予公布，自2010年1月4日起施行。

为规范行政许可案件的审理，根据《中华人民共和国行政许可法》（以下简称行政许可法）、《中华人民共和国行政诉讼法》及其他有关法律规定，结合行政审判实际，对有关问题作如下规定：

**第一条**　公民、法人或者其他组织认为行政机关作出的行政许可决定以及相应的不作为，或者行政机关就行政许可的变更、延续、撤回、注销、撤销等事项作出的有关具体行政行为及其相应的不作为侵犯其合法权益，提起行政诉讼的，人民法院应当依法受理。

**第二条**　公民、法人或者其他组织认为行政机关未公开行政许可决定或者未提供行政许可监督检查记录侵犯其合法权益，提起行政诉讼的，人民法院应当依法受理。

**第三条**　公民、法人或者其他组织仅就行政许可过程中的告知补正申请材料、听证等通知行为提起行政诉讼的，人民法院不予受理，但导致许可程序对上述主体事实上终止的除外。

**第四条**　当事人不服行政许可决定提起诉讼的，以作出行政许可决定的机关为被告；行政许可依法须经上级行政机关批准，当事人对批准或者不批准行为不服一并提起诉讼的，以上级行政机关为共同被告；行政许可依法须经下级行政机关或者管理公共事务的组织初步审查并上报，当事人对不予初步审查或者不予上报不服提起诉讼的，以下级行政机关或者管理公共事务的组织为被告。

**第五条**　行政机关依据行政许可法第二十六条第二款规定统一办理行政许可的，当事人对行政许可行为不服提起诉讼，以对当事人作出具有实质影响的不利行为的机关为被告。

**第六条**　行政机关受理行政许可申请后，在法定期限内不予答复，公民、法人或者其他组织向人民法院起诉的，人民法院应当依法受理。

前款“法定期限”自行政许可申请受理之日起计算；以数据电文方式受理的，自数据电文进入行政机关指定的特定系统之日起计算；数据电文需要确认收讫的，自申请人收到行政机关的收讫确认之日起计算。

**第七条**　作为被诉行政许可行为基础的其他行政决定或者文书存在以下情形之一的，人民法院不予认可：

（一）明显缺乏事实根据；

（二）明显缺乏法律依据；

（三）超越职权；

（四）其他重大明显违法情形。

**第八条**　被告不提供或者无正当理由逾期提供证据的,与被诉行政许可行为有利害关系的第三人可以向人民法院提供;第三人对无法提供的证据,可以申请人民法院调取;人民法院在当事人无争议,但涉及国家利益、公共利益或者他人合法权益的情况下,也可以依职权调取证据。

第三人提供或者人民法院调取的证据能够证明行政许可行为合法的,人民法院应当判决驳回原告的诉讼请求。

**第九条**　人民法院审理行政许可案件,应当以申请人提出行政许可申请后实施的新的法律规范为依据;行政机关在旧的法律规范实施期间,无正当理由拖延审查行政许可申请至新的法律规范实施,适用新的法律规范不利于申请人的,以旧的法律规范为依据。

**第十条**　被诉准予行政许可决定违反当时的法律规范但符合新的法律规范的,判决确认该决定违法;准予行政许可决定不损害公共利益和利害关系人合法权益的,判决驳回原告的诉讼请求。

**第十一条**　人民法院审理不予行政许可决定案件,认为原告请求准予许可的理由成立,且被告没有裁量余地的,可以在判决理由写明,并判决撤销不予许可决定,责令被告重新作出决定。

**第十二条**　被告无正当理由拒绝原告查阅行政许可决定及有关档案材料或者监督检查记录的,人民法院可以判决被告在法定或者合理期限内准予原告查阅。

**第十三条**　被告在实施行政许可过程中,与他人恶意串通共同违法侵犯原告合法权益的,应当承担连带赔偿责任;被告与他人违法侵犯原告合法权益的,应当根据其违法行为在损害发生过程和结果中所起作用等因素,确定被告的行政赔偿责任;被告已经依照法定程序履行审慎合理的审查职责,因他人行为导致行政许可决定违法的,不承担赔偿责任。

在行政许可案件中,当事人请求一并解决有关民事赔偿问题的,人民法院可以合并审理。

**第十四条**　行政机关依据行政许可法第八条第二款规定变更或者撤回已经生效的行政许可,公民、法人或者其他组织仅主张行政补偿的,应当先向行政机关提出申请;行政机关在法定期限或者合理期限内不予答复或者对行政机关作出的补偿决定不服的,可以依法提起行政诉讼。

**第十五条**　法律、法规、规章或者规范性文件对变更或者撤回行政许可的补偿标准未作规定的,一般在实际损失范围内确定补偿数额;行政许可属于行政许可法第十二条第(二)项规定情形的,一般按照实际投入的损失确定补偿数额。

**第十六条**　行政许可补偿案件的调解,参照最高人民法院《关于审理行政赔偿案件若干问题的规定》的有关规定办理。

**第十七条**　最高人民法院以前所作的司法解释凡与本规定不一致的,按本规定执行。

# 附件一：中国证监会规范性文件目录

**综合**

关于发布《证券期货业与银行间业务数据交换消息体结构和设计规则》行业标准的通知

（2009年3月11日　人民银行、证监会　银发〔2009〕89号）

证券期货规章草案公开征求意见试行规则

（2009年3月30日　证监会公告〔2009〕7号）

关于废止部分证券期货规章的决定（第八批）

（2009年4月10日　证监会公告〔2009〕8号）

金融业经营者集中申报营业额计算办法

（2009年7月15日　商务部　人民银行　银监会　证监会　保监会　商务部令2009年第10号）

中国人民银行、商务部、银监会、证监会、保监会、外汇局关于金融支持服务外包产业发展的若干意见

（2009年9月7日　银发〔2009〕284号）

关于加强在境外发行证券与上市相关保密和档案管理工作的规定

（2009年10月20日　证监会　国家保密局　国家档案局　证监会公告〔2009〕29号）

财政部、证监会关于加强证券评估机构后续管理有关问题的通知

（2009年11月6日　财企〔2009〕235号）

中国人民银行、银监会、证监会、保监会关于进一步做好金融服务支持重点产业调整振兴和抑制部分行业产能过剩的指导意见

（2009年12月22日　银发〔2009〕386号）

**发行类**

证券发行上市保荐业务工作底稿指引

（2009年3月27日　证监会公告〔2009〕5号）

关于进一步改革和完善新股发行体制的指导意见

（2009年6月10日　证监会公告〔2009〕13号）

《上市公司证券发行管理办法》第三十九条“违规对外提供担保且尚未解除”的理解和适用——证券期货法律适用意见第5号

（2009年7月9日　证监会公告〔2009〕16号）

证监会公告①

（2009年7月20日　证监会公告〔2009〕19号）

**市场类**

关于开展上市商业银行在证券交易所参与债券交易试点有关问题的通知

（2009年1月19日　证监发〔2009〕12号）

创业板市场投资者适当性管理暂行规定

（2009年6月30日　证监会公告

① 该公告是关于创业板发行申请受理工作的规定。

〔2009〕14号)

**机构类**

证券经纪人管理暂行规定

(2009年3月13日 证监会公告〔2009〕2号)

关于加强上市证券公司监管的规定

(2009年3月24日 证监会公告〔2009〕6号)

证券公司分类监管规定

(2009年5月26日 证监会公告〔2009〕12号)

关于证券经纪人工商登记注册有关问题的通知

(2009年8月21日 国家工商总局、证监会 工商市字〔2009〕169号)

关于证券公司缴纳证券投资者保护基金有关事项的补充规定

(2009年9月9日 证监会公告〔2009〕25号)

关于修改《关于进一步规范证券营业网点的规定》的决定

(2009年10月15日 证监会公告〔2009〕27号)

**上市公司类**

《上市公司收购管理办法》第六十二条及《上市公司重大资产重组管理办法》第四十三条有关限制股份转让的适用意见——证券期货法律适用意见第4号

(2009年5月19日 证监会公告〔2009〕11号)

关于印发《境内证券市场转持部分国有股充实全国社会保障基金实施办法》的通知

(2009年6月19日 财政部、国资委、证监会、社保基金会 财企〔2009〕94号)

财政部、国资委、证监会、全国社保基金理事会公告

(2009年6月19日 2009年第63号)

财政部、国家税务总局、证监会关于个人转让上市公司限售股所得征收个人所得税有关问题的通知

(2009年12月31日 财税〔2009〕167号)

**信息披露规范类**

**内容与格式准则**

发行证券的公司信息披露内容与格式准则第27号——发行保荐书和发行保荐工作报告()

(2009年3月27日 证监会公告〔2009〕4号)

公开发行证券的公司信息披露内容与格式准则第28号——创业板公司招股说明书

(2009年7月20日 证监会公告〔2009〕17号)

公开发行证券的公司信息披露内容与格式准则第29号——首次公开发行股票并在创业板上市申请文件

(2009年7月20日 证监会公告〔2009〕18号)

公开发行证券的公司信息披露内容与格式准则第30号——创业板上市公司年度报告的内容与格式

(2009年12月24日 证监会公告〔2009〕33号)

**基金类**

基金管理公司投资管理人员管理指导意见

(2009年3月17日 证监会公告〔2009〕3号)

关于基金管理公司开展特定多个客户资产管理业务有关问题的规定

(2009年5月5日 证监会公告〔2009〕10号)

基金管理公司特定多个客户资产管理合同内容与格式准则

(2009 年 8 月 4 日　证监会公告〔2009〕20 号)

开放式证券投资基金销售费用管理规定

(2009 年 12 月 14 日　证监会公告〔2009〕32 号)

**期货类**

关于进一步加强期货公司信息技术管理工作的指导意见

(2009 年 7 月 3 日　证监会公告〔2009〕15 号)

期货公司分类监管规定(试行)

(2009 年 8 月 17 日　证监会公告〔2009〕22 号)

期货市场客户开户管理规定

(2009 年 8 月 27 日　证监会公告〔2009〕24 号)

期货公司信息公示管理规定

(2009 年 10 月 22 日　证监会公告〔2009〕28 号)

关于期货公司设立营业部与分类评价结果衔接工作有关问题的规定

(2009 年 11 月 26 日　证监会公告〔2009〕31 号)

## 附录二:其他部委发布与资本市场相关的规范性文件目录

债券交易流通审核政策调整有关事项

(2009 年 1 月 7 日　中国人民银行公告〔2009〕第 1 号)

关于股票增值权所得和限制性股票所得征收个人所得税有关问题的通知

(2009 年 1 月 7 日　财政部、国家税务总局　财税〔2009〕5 号)

关于印发《金融类国有及国有控股企业绩效评价暂行办法》的通知

(2009 年 1 月 13 日　财金〔2009〕3 号)

关于印发《企业主辅分离辅业改制资产处置核销操作指引》的通知

(2009 年 1 月 20 日　国资发产权〔2009〕7 号)

关于中国居民企业向 QFII 支付股息、红利、利息代扣代缴企业所得税有关问题的通知

(2009 年 1 月 23 日　国税函〔2009〕47 号)

关于进一步做好证券资格会计师事务所行政监督工作的通知

(2009 年 2 月 3 日　财监〔2009〕6 号)

关于进一步加强中央企业金融衍生业务监管的通知

(2009 年 2 月 3 日　国资发评价〔2009〕19 号)

关于印发《企业国有产权无偿划转工作指引》的通知

(2009 年 2 月 16 日　国资发产权〔2009〕25 号)

关于外商投资创业投资企业、创业投资管理企业审批事项的通知

(2009 年 3 月 5 日　商资函〔2009〕9 号)

关于进一步改进外商投资审批工作的通知

(2009年3月5日　商资函〔2009〕7号)

关于下放外商投资举办投资性公司审批权限的通知

(2009年3月6日　商资函〔2009〕8号)

中国银行间市场金融衍生产品交易主协议

(2009年3月11日　中国人民银行公告〔2009〕第4号)

关于基金管理公司在全国银行间债券市场开立债券帐户的有关事项的公告()

(2009年3月18日　中国人民银行公告〔2009〕第5号)

关于规范保险机构股票投资业务的通知

(2009年3月18日　保监发〔2009〕45号)

关于增加保险机构债券投资品种的通知

(2009年3月19日　保监发〔2009〕42号)

关于实施《关于规范国有企业职工持股、投资的意见》有关问题的通知

(2009年3月24日　国资发改革〔2009〕49号)

关于印发《董事会试点中央企业职工董事履行职责管理办法》的通知

(2009年3月30日　国资发群工〔2009〕53号)

关于证券行业准备金支出企业所得税税前扣除有关问题的通知

(2009年4月9日　财政部、国家税务总局　财税〔2009〕33号)

中国人民银行公告〔2009〕第7号

(2009年4月16日)

关于金融类国有及国有控股企业绩效评价相关事项的通知

(2009年4月16日　财金〔2009〕27号)

关于实施高新技术企业所得税优惠有关问题的通知

(2009年4月22日　国税函〔2009〕203号)

关于境外注册中资控股企业依据实际管理机构标准认定为居民企业有关问题的通知

(2009年4月22日　国税发〔2009〕82号)

关于执行企业所得税优惠政策若干问题的通知

(2009年4月24日　财税〔2009〕69号)

关于企业改制重组契税政策若干执行问题的通知

(2009年4月28日　国税发〔2009〕89号)

关于跨地区经营汇总纳税企业所得税征收管理若干问题的通知

(2009年4月29日　国税函〔2009〕221号)

关于实施创业投资企业所得税优惠问题的通知

(2009年4月30日　国税发〔2009〕87号)

关于企业清算业务企业所得税处理若干问题的通知

(2009年4月30日　财政部、国家税务总局　财税〔2009〕60号)

关于企业重组业务企业所得税处理若干问题的通知

(2009年4月30日　财政部、国家税务总局　财税〔2009〕59号)

关于上市公司高管人员股票期权所得缴纳个人所得税有关问题的通知

(2009年5月4日　财政部、国家税务总局　财税〔2009〕40号)

关于印发《大企业税务风险管理指引

(试行)》的通知

(2009年5月5日　国税发〔2009〕90号)

关于企业所得税税收优惠管理问题的补充通知

(2009年5月15日　国税函〔2009〕255号)

国务院反垄断委员会关于印发《关于相关市场界定的指南》的通知

(2009年7月6日　国反垄发〔2009〕3号)

关于当前应对金融危机加强银行业金融机构财务和风险管理的意见

(2009年5月26日　财政部、银监会财金〔2009〕40号)

关于加强股权转让所得征收个人所得税管理的通知

(2009年5月28日　国税函〔2009〕285号)

关于印发《关于规范上市公司国有股东行为的若干意见》的通知

(2006年6月16日　国资发产权〔2009〕123号)

关于规范国有股东与上市公司进行资产重组有关事项的通知

(2009年6月24日　国资发产权〔2009〕124号)

关于规范上市公司国有股东发行可交换公司债券及国有控股上市公司发行证券有关事项的通知

(2009年6月24日　国资发产权〔2009〕125号)

中国银监会关于进一步规范商业银行个人理财业务投资管理有关问题的通知

(2009年7月6日　银监发〔2009〕65号)

国家发展和改革委关于加强创业投资企业备案管理，严格规范创业投资企业募资行为的通知

(2009年7月10日　发改财金〔2009〕1827号)

国家税务总局关于企业所得税核定征收若干问题的通知

(2009年7月14日　国税函〔2009〕377号)

中国人民银行公告①

(2009年7月16日　人民银行公告〔2009〕第11号)

中国银监会关于进一步加强银行金融机构与机构客户交易衍生产品风险管理的通知

(2009年7月31日　银监发〔2009〕74号

国家税务总局关于股权激励有关个人所得税问题的通知

(2009年8月24日　国税函〔2009〕461号)

关于加强保险机构债券回购业务管理的通知

(2009年8月28日　保监发〔2009〕106号)

财政部、国家税务总局关于期货投资者保障基金有关税收问题的通知

(2009年8月31日　财税〔2009〕68号)

关于债券投资有关事项的通知

(2009年9月22日　保监发〔2009〕105号)

财政部、国家税务总局关于个人金融商品买卖等营业税若干免税政策的通知

(2009年9月27日　财税〔2009〕111号)

国家外汇管理局关于基金管理公司和证券公司境外投资外汇管理有关问题的通知

---

① 该公告是关于证券公司为开展证券资产管理业务在全国银行间债券市场开立债券账户有关事项的规定。

(2009年9月29日 汇发〔2009〕47号)

合格境外机构投资者境内证券投资外汇管理规定

(2009年9月29日 国家外汇管理局公告〔2009〕第1号)

中国银监会关于印发《商业银行投资保险公司股权试点管理办法》的通知

(2009年11月5日 银监发〔2009〕98号)

国家税务总局关于加强非居民企业股权转让所得企业所得税管理的通知

(2009年12月10日 国税函〔2009〕698号)

国家发展改革委关于加快国家高技术产业基地发展的指导意见

(2009年12月16日 发改高技〔2009〕3211号)

财政部关于贯彻落实《金融企业国有资产转让管理办法》有关事项的通知

(2009年12月27日 财金〔2009〕178号)

关于印发《金融类国有及国有控股企业绩效评价实施细则》的通知

(2009年12月25日 财金〔2009〕169号)

关于保险机构投资无担保企业债券有关事宜的通知

(2009年12月29日 保监发〔2009〕132号)

## 三、重要法律说明

### 全国人大常委会就刑法修正案(七)的有关问题答记者问

(2009年2月28日)

在全国人大常委会办公厅2月28日上午举行的新闻发布会上,全国人大常委会法制工作委员会副主任郎胜就《刑法修正案(七)》的相关问题回答了记者的提问。

**[《检察日报》记者]**您好,我是《检察日报》的记者,请问郎主任,这次《刑法修正案(七)》在讨论过程中很多网友关心对于“人肉搜索”是不是要入罪,但是我们看通过的修正案里面没有这一条,主要说的是非法出售公民个人信息,定的犯罪主体是单位的工作人员,包括电信、交通等单位,请问这一点在修正过程中是怎么考虑的。

**[郎胜]**你提了一个社会很关注的问题。应当说,公民的信息安全涉及公民的切身利益。维护公民的信息安全,也是国家机关和所有提供公共服务的机构义不容辞的责任。这次《刑法修正案(七)》里面对维护公民的信息安全作了一些修改和补充,主要是要保障公民的信息安全。同时,对擅自侵入计算机信息网络,从中获取信息的也都入罪了。对于“人肉搜索”,这是一个挺形象的说法,前一阵社会上曾经对

此非常关注，这个问题很复杂，涉及方方面面。“人肉搜索”的概念涉及它的界限如何确定，这些都还是研究和讨论过程中的问题。谢谢。

**[《中国青年报》记者]**谢谢主持人。我是《中国青年报》社的记者。刚刚通过的《刑法修正案（七）》扩大了索贿受贿罪的主体范围，领导的身边人，包括关系密切人搞腐败，甚至包括离职的高官利用领导的影响力搞腐败，也会受到刑法的追究。这样的规定是基于什么样的现实考虑？对这样的犯罪主体又是如何具体认定？谢谢。

**[郎胜]**这次《刑法修正案（七）》中增加了与国家工作人员关系密切的人，或者是离职的国家工作人员，利用原来的地位、工作便利和影响力索取和收受贿赂的行为，这次的补充是我们完善我们国家惩治腐败的法律规定的重要举措。应该说，我们国家一贯重视对腐败犯罪的惩处。同时，我们国家也参加了反腐败公约。针对当前出现的新情况，比如说有些国家工作人员近亲属，或者是与他关系非常密切的人，利用国家工作人员的身份、地位和影响力谋取不正当利益，这种行为实际上也是一种腐败现象，也必须予以制止和惩处。这次针对这种情况，刑法专门做了规定。关于这些人的范围怎么界定，因为在现实中，这类案件的情况非常复杂。有的是近亲属，近亲属的含义是清楚的。其他关系密切的人，有的是他身边的工作人员，或者是与他有特殊的关系。有的司法解释提出了特定关系人的概念，如不正当的或者是情人关系，或者一些共同的利益关系等。但是关系非常密切的人，有些源自于曾经是同学、曾经是老乡、曾经过从甚密等。这些人在社会上利用与国家公务人员的某些特定关系为他人谋取不正当利益，收受索取贿赂，这也是一种腐败现象，也是对公共权利的侵蚀，所以这次在刑法中作了补充。至于如何界定，还是要根据司法机关和具体情况界定，或者是过了一段时间以后，对认识比较一致的行为司法解释予以规定。

**[《北京商报》记者]**我是《北京商报》的记者。这次《刑法修正案（七）》中提到在第253条后面增加一条，有一款是“单位犯泄漏信息罪”。我想问一下，单位犯泄漏信息罪，其中提到出售或者非法向他人提供是如何认定的？

**[郎胜]**我们知道，国家机关在履行职权的时候，或者是一些公共服务机构在向社会提供公共服务的时候，依照法律和法规的规定需要收集一些公民的信息，包括公民的收入信息、家庭住址信息、联系方式等，这些法律和行政法规同时也规定，国家机关和公共服务机构必须承担对这些信息予以保密的义务，非有法律规定不得泄露。在现实生活中，有些单位或者个人在履行职责过程中取得了这些信息以后，违反法律的规定提供给他人，损害了公民的权利，也危害了信息的安全。对这种情况，这次刑法作出规定，应该说是十分必要的，从社会各界反应看，也都认为这样的修订很有必要。至于你所说的单位如何界定，刑法总则第30条中对此有明确的规定，包括单位是指什么，至于这个范围，关键是看这个单位是不是赋有依法取得和依法保密的权利义务，如果有，他们违反了，那就有可能构成犯罪。谢谢。

**[美联社记者]**我是美联社记者。请问《刑法修正案（七）》第14条有关超过合法收入的规定。请问设立这个草案考虑到了哪些方面？过去有些突出的案件会不会被查，要查的这些案件是当前发生的，还是过去的案件也要查？谢谢。

**[郎胜]**《刑法修正案（七）》第14条修改了原来关于巨额财产来源不明罪的规定，这并不是新增加的规定，它的修改主要表现在提高了这个罪的法定刑，因此无论

是过去的案件,过去就有这样的规定,只不过在刑上不同而已。我讲的过去的案件是原来刑法有规定的时候,还是今后的案件,都会适用这一条,但是在量刑上要根据刑法的原则去办,就是要从旧兼从轻。如果是过去案件,适用当时的法律来量刑。

**[中国广播网记者]**谢谢主持人。我是中国广播网的记者。我想提问郎主任,我的问题是,在老百姓的日常生活中常常会遇到的情况就是在医院里,比如从病历到化验单,很多环节病人都留下了个人信息,同时也为个人信息的泄漏留了一些机会。在这次的《刑法修正案(七)》关于单位非法提供公民个人信息的处罚规定通过之后,在法律的执行环节当中,应该如何认定侵权行为的具体环节和主体?谢谢。

**[郎胜]**这是一个新的法律规定,这个规定以后执行起来有一个熟悉和适应的过程的。至于你刚才提出的问题,一个是如何适用这个法律规定,一个是如何确定侵权。侵权的事应该是属于民事范畴里面的事,今天就不回答你这个问题了。关于刚才你说的案件,公民不仅在医疗过程中,从挂号到化验单,还有在享受其他一些公共社会服务的过程中,都需要按照法律的规定留下一些个人信息。比如到银行存钱,法定的实名制,那就要提供如实信息,到电信部门办理移动通信业务,也需要提供公民的个人信息。凡是收取这些信息的都要有法律依据,有法律依据同时享有法律依据权利的时候就要承担义务。至于你说如何把握这个界限,如何来执行,这也需要根据具体的案件,也需要经过一段时间的实践以后,有可能由最高人民法院作出具体的司法解释,进一步加以明确。谢谢。

**[《中国税务报》记者]**谢谢主持人。我问一条关于《刑法》第201条的问题给郎主任。我们发现,新的法律规定中不再延用原刑法中"逃税"的表述,而是用"逃避缴纳税款"的表述来代替,请问这体现出了立法机关的什么考虑?谢谢。

**[郎胜]**新的修正案中对《刑法》第201条作了修改,除了在犯罪构成的条件上作了调整,在追究刑事责任的方式上也作了调整,在文字的表述上也作了一些调整,原来习惯用"偷税"这个概念,实际上逃避纳税义务是这种犯罪的最本质的特征,在表述上更准确一些。

# 四、法律文件说明

## 关于《证券期货市场统计管理办法》的起草说明

(2009年1月8日)

《证券期货市场统计管理办法》(以下简称《统计管理办法》),已由我会制定完毕,现将《统计管理办法》的起草背景、指导思想及主要内容说明如下:

### 一、起草背景

近年来,随着我国证券期货市场的迅速

发展，市场规模不断扩大，资本市场在经济社会发展中的重要性和战略地位日益突出，证券期货市场统计工作面临更大挑战。为适应快速发展变化的证券期货市场，提高我国证券期货市场统计工作质量和水平，更好地服务证券期货监管工作，根据我国证券期货市场统计工作经验、现状和面临的问题，依据《中华人民共和国统计法》，参考银行业、保险业行业统计管理规定，形成了《证券期货市场统计管理办法》。

**二、《统计管理办法》的指导思想**

一是整合统计资源。目前证券期货统计的基础工作分散在各相关单位，出台《统计管理办法》，目的就在于通过制度将多方面分散的力量有效整合起来，从而保证统计数据报送渠道的畅通，统计标准的进一步规范，以及统计数据的广泛共享。从而使统计工作经常化、制度化，真正做到证券期货统计资源的全面整合。

二是统一统计系统。目前，资本市场的监管是以证监会为主导的统一集中的监管模式，各方面对于统计数据的报送时间和准确性要求也越来越高，为提高证券期货统计数据的权威性和效率，增强证券监管决策的科学性，建立全国统一的统计分析系统非常必要。

三是加强归口管理。目前大多数部委在进行数据统计、数据发布时，都有相关单位进行数据的核定并统一发布，如财政部公布的有关数据要由综合司统计处核定，但是证券期货业没有数据的统一出口，出了问题也难以找到相关解决办法。《统计管理办法》旨在整合统计力量和资源的前提下，进一步将统计工作进行归口管理，确保统计工作的顺利有效开展。

四是完善指标体系。随着证券期货市场的快速发展变化，原有的市场指标体系远远不能满足现有的统计工作，只有不断完善统计指标体系，才能更好地服务于证券期货市场的监管工作。制定《统计管理办法》的一个重要目的，就是在我国证券期货市场发生了重大转折性变化之后，为包括日常统计指标、部分结构性指标等在内的统计指标体系进行动态完善提供制度保障。

五是加强资料使用。统计资料的共享是统计工作走向规范的重要标志。统计工作的最终目标是服务于证券期货市场的监管工作。《统计管理办法》在统计资料和统计数据的共享、使用方面也提出了相关规定。

六是明确统计责任。证券期货统计工作的有序开展离不开权责相应的管理体系。《统计管理办法》在确立全国统一的统计系统，加强统计力量整合的同时，第一次在证券期货法规体系中明确提出了统计的法律责任。《统计管理办法》构建的统计责任体系是多层次的，既包括统计调查对象也包括统计机构及统计人员的义务及法律责任，既有单位责任也有人员责任，既有行政监管措施也有行政处罚和行政处分措施。

**三、《统计管理办法》的主要内容**

《统计管理办法》包括总则、统计机构和统计人员、统计调查和统计分析、统计资料管理和公布、监督管理与法律责任、附则等六章三十八条。

（一）关于证券期货统计工作机制的安排

根据目前证券期货统计基础工作较为分散的现状，《统计管理办法》致力于统计力量的整合，经过多次统稿会的讨论，《统计管理办法》最终确立了由中国证监会集中统一领导的分业务、分级负责的统计管理体制，并建立统计体系内的联席机制。而享有一定自律监管职能的证券期货交易所等则与证券公司、基金管理公司、期货公司等在内的所有市场参与主体共同构成了证券期货市场统计调查对象。

(二)关于统计人员管理

一是注重人员管理的灵活性。《统计管理办法》基于证券期货统计工作涉及面广、人员分散的特点,在统计人员的管理中依循了统计人员依附于所在单位的管理模式,同时根据各单位现状,要求统计人员或专职或兼职加以配备。其中,中国证监会业务部门和派出机构应当配备专职的统计人员,统计调查对象应当配备专职或者兼职的统计人员。二是人员管理的统一性。《统计管理办法》规定了统计人员应当具备基本的任职条件,并参加专业培训,使得灵活分散的人员管理有机协调统一起来。

(三)关于统计调查和统计分析

关于统计调查和统计分析的规定是《统计管理办法》的重点内容,是统计机构行使统计职权的两大基本手段方式,同时也直接关系到证券期货市场统计工作的开展水平和成效。《统计管理办法》规定的统计调查项目主要有两大类:全国性的证券期货统计调查项目、地方性的证券期货统计调查项目。《统计管理办法》在统计调查之外,另行规定了统计分析工作。另外,为切实落实统计调查和分析工作,《统计管理办法》规定,中国证监会其他部门、派出机构应积极配合,支持中国证监会统计分析工作。

(四)关于统计系统建立完善和统计资料的管理使用

《统计管理办法》规定,中国证监会建立全国统一的证券期货统计分析系统,实现与各有关单位系统的对接。争取两年内基本建成大系统,做到大系统集合各单位小系统,各单位通过系统不同权限分享大系统成果。按照证券期货统计工作的管理体制,统计资料实行统一管理、分级负责的原则。同时,统计资料的公布和使用应当有严格的制度规定,体现资源共享、有序公开、严格保密的基本原则。

(五)关于监督管理和法律责任的规定

《统计管理办法》规定,中国证监会统计部门可以实施定期或者不定期的统计检查,统计调查对象应当配合。同时,《统计管理办法》构建了多层次的统计责任体系,既包括统计调查对象也包括统计机构及统计人员的义务及法律责任,既有单位责任也有人员责任,既有行政监管措施也有行政处罚和行政处分措施。

# 关于《首次公开发行股票并在创业板上市管理暂行办法》的起草说明

(2009 年 3 月 31 日)

为贯彻党的十七大提出的“提高自主创新能力,建设创新型国家”的精神,落实国务院《关于推进资本市场改革开放和稳定发展的若干意见》关于建立多层次资本市场体系、优化资本市场结构的要求,根据《公司法》、《证券法》有关规定,在总结我国主板市场首次公开发行股票并上市工作实践的基础上,借鉴海外创业板市场经验教训，中国证监会制定了《首次公开发行股票并在创业板上市管理暂行办法》（以下简称《管理办法》）。现就《管理办法》说明如下：

**一、起草《管理办法》的指导思想**

设立创业板市场，是落实自主创新国家战略和多渠道提高直接融资比重的重要举措。在中小板之外建立独立的创业板，有利于突出对高成长型创业企业的吸引力，实行更加适应创业企业投融资需求和风险管理要求的制度安排，形成创业板市场特色。

创业板定位于服务自主创新企业和其他成长型创业企业。针对创业型公司自主创新能力强、业务模式新、规模较小、业绩不确定性大、经营风险高等特点，《管理办法》遵循以下原则：

一是立足我国实际情况，借鉴境外市场经验。一方面要借鉴境外市场经验教训，吸引成长型创业企业充分利用创业板市场；另一方面要充分考虑国内诚信法制环境、市场约束机制的现状，设计合适的发行监管制度。

二是遵循现有法律规定，适度降低准入门槛。在现有《公司法》和《证券法》的框架之内设计有关制度，保持法规的一致性和连续性；适应不同类型创业企业的需求，在整体风险基本可控的前提下，适度降低准入门槛，促进高成长型特别是具备自主创新能力创业企业的发展。

三是强调市场化运作，同时突出风险控制。建立投资者风险自担、充分发挥保荐人等中介机构作用的市场化运作机制，并通过改进发行审核制度、单独设立创业板发审委、实施网上信息披露等方式，突出创业板市场特色。同时通过加强信息披露，强化市场各方责任，防范市场风险。

**二、《管理办法》的主要内容及特点**

《管理办法》对首次公开发行股票并在创业板上市的行为作出有关规定，共计六章五十八条，具体包括总则、发行条件、发行程序、信息披露、监管与处罚、附则等内容。

《管理办法》有以下特点：一是在发行条件方面针对创业企业实际情况制定相应的定量标准与定性规范要求；二是强化保荐人责任，要求保荐人对公司成长性、自主创新能力作尽职调查和审慎判断，并出具专项意见；三是设立单独的创业板发审委；四是实行网站为主的信息披露方式，增加创业板市场风险特别提示；五是在公司治理方面从严要求，强化控股股东责任；六是加强交易所监管职能，充分发挥一线监管作用。主要内容如下：

（一）发行人应当具备一定的盈利能力

为使在创业板上市的公司具有相对固定的盈利模式，降低市场整体风险，《管理办法》要求企业具有一定的盈利能力。考虑到不同类型创业企业的需求，设计了两套标准。具体规定为要求发行人最近两年连续盈利，最近两年净利润累计不少于一千万元，且持续增长；或者最近一年盈利，且净利润不少于五百万元，最近一年营业收入不少于五千万元，最近两年营业收入增长率均不低于百分之三十。

《证券法》第十三条规定公司公开发行新股应当“具有持续盈利能力”。《管理办法》规定了发行人不得有影响持续盈利能力的若干种情形。

（二）发行人应当具有一定规模和存续时间

根据《证券法》第五十条关于申请股票上市的公司股本总额应不少于三千万元的规定，同时为使在创业板上市的公司具有一定的发展规模，从而控制市场风险，《管理办法》要求发行人具备一定的资产规模，具体规定发行前净资产不少于二千万元,发行后股本不少于三千万元。

《管理办法》规定发行人应具有一定的持续经营记录,具体要求发行人应当是依法设立且持续经营三年以上的股份有限公司,有限责任公司按原账面净资产值折股整体变更为股份有限公司的,持续经营时间可以从有限责任公司成立之日起计算。

(三)发行人应当主营业务突出

创业企业规模小,且处于成长发展阶段,如果盲目多元化经营,业务范围过于分散,缺乏核心业务,既不利于有效控制风险,也不利于形成核心竞争力。因此,《管理办法》要求发行人集中有限的资源主要经营一种业务,并强调符合国家产业政策和环境保护政策。同时,要求募集资金应当用于发展主营业务。

(四)对发行人的公司治理从严要求

根据创业板公司特点,在公司治理方面参照主板上市公司从严要求,要求董事会下设审计委员会,并强化独立董事和控股股东责任。

发行人应当保持业务、管理层和实际控制人的持续稳定,规定发行人最近两年内主营业务和董事、高级管理人员均没有发生重大变化,实际控制人没有发生变更,加强对发行人控股股东、实际控制人的监管要求。

发行人应当资产完整,业务及人员、财务、机构独立,具有完整的业务体系和直接面向市场独立经营的能力。发行人与控股股东、实际控制人及其控制的其他企业间不存在同业竞争,以及严重影响公司独立性或者显失公允的关联交易。

发行人及其股东最近三年内不存在未经法定机关核准,擅自公开或者变相公开发行证券,或者有关违法行为虽然发生在三年前,但目前仍处于持续状态的情形。

此外,要求发行人的控股股东、实际控制人对招股说明书签署确认意见。

(五)改进发行信息披露制度,增加创业企业透明度

按照实质重于形式的原则,在招股说明书内容上突出创业企业特点。《管理办法》要求发行人在申请文件受理后、发行审核委员会审核前,在中国证监会指定网站预先披露招股说明书申报稿;同时明确规定申请文件受理后至发行申请经中国证监会核准、依法刊登招股说明书前,发行人及其与本次发行有关的当事人不得以广告、说明会等方式为公开发行股票进行宣传。

在披露形式上,为降低发行成本,要求发行人在中国证监会指定网站、公司网站披露招股说明书全文,同时在中国证监会指定报刊刊登提示性公告,告知投资者刊登网址及获取文件的途径,不要求发行人编制招股说明书摘要,即网站披露全文、报刊公告网址。

(六)建立创业板投资者准入制度,增强风险警示与投资者教育

为强化风险控制,创业板市场充分考虑各类投资者的风险偏好、风险承受能力。借鉴境外成熟市场根据不同投资者提供差异化的市场、产品和服务的通行做法,《管理办法》规定"创业板市场应当建立与投资者风险承受能力相适应的投资者准入制度,向投资者充分提示投资风险"。为建立创业板投资者准入制度提出原则性要求,并将在相关配套规则中予以细化。

创业企业经营风险相对较高,创业板市场整体的投资风险也要高于主板。为此,创业板加强对投资者尤其是个人投资者的风险警示和教育,建立投资者风险自担的市场约束机制。《管理办法》要求发行人在招股说明书显要位置提示创业板特有的市场风险,采用统一文字格式,其内容

为"本次股票发行后拟在创业板市场上市,该市场具有较高的投资风险。创业板公司具有业绩不稳定、经营风险高等特点,投资者面临较大的市场波动风险,投资者应充分了解创业板市场的投资风险及本公司所披露的风险因素,审慎作出投资决定"。

同时,《管理办法》规定交易所应当建立符合创业板特点的市场风险警示及投资者持续教育制度,督促发行人建立健全维护投资者权益的制度以及防止和纠正违法违规行为的内部控制体系。

**三、需要说明的问题**

(一)关于发行审核委员会

考虑到创业企业规模小、风险大、创新特点强,在发行审核委员会中专门设置创业板发行审核委员会,审议公司公开发行股票的申请。创业板发审委委员人数较主板发审委适当增加,加大行业专家比重,委员与主板发审委委员互不兼任。相关内容将在修订后的《中国证券监督管理委员会发行审核委员会办法》中规定。

(二)关于发行上市保荐制度

创业板进一步突出保荐人的作用,加大市场约束。强化保荐人的尽职调查和审慎推荐责任,在企业成长性、自主创新方面,要求保荐人出具专项意见;在持续督导方面,要求保荐人督促企业合规运作,真实、准确、完整、及时地披露信息,督导发行人持续履行各项承诺,并要求保荐人对发行人发布的定期公告撰写跟踪报告。对于创业板企业的保荐期限,要求保荐人在发行人上市后三个会计年度内履行持续督导责任。适当调整对保荐代表人的个别监管措施。相关要求将纳入修订后的证券发行上市保荐业务管理办法及交易所对创业板保荐人的相关管理规则。

(三)关于创业板上市公司的退市

创业板在制度设计上规定了严格的退市制度,限制创业板上市公司的借壳重组,强化市场的优胜劣汰机制。《管理办法》在"信息披露"与"监督管理和法律责任"等章节中,规定应有退市风险提示、交易所应制定相关退市规则。同时,在配套的创业板上市规则中,进一步对退市问题作出具体规定。

# 关于修改《中国证券监督管理委员会发行审核委员会办法》的说明

(2009年5月13日)

**一、修改背景**

根据《证券法》第二十二条的规定,我国股票发行审核实行发行审核委员会制度,中国证监会于2006年出台了《中国证券监督管理委员会发行审核委员会办法》(证监会令第31号)(以下简称《发审委办法》)。鉴于当时只存在主板市场,《发审委办法》主要针对主板市场。

根据党中央国务院关于建立多层次资本市场体系的战略部署,经国务院批准,中国证监会于今年3月31日发布《首次公开发行股票并在创业板上市管理暂行办法》,这是创业板市场建设的重要步伐,对于优化资本市场结构、支持中小企业融资、实施创新型国家战略具有重大意义。拟在创业板上市的企业与主板的上市公司相比,一般具有规模小、成长性强、业务模式新、业绩不够稳定等特点,为提高创业板上市公司质量,控制审核风险,应对创业板发审委作出适当规定。考虑到创业板与主板市场发行审核在大多数方面的一致性,因此根据创业板的特点对原有《发审委办法》进行了相应的修改。

**二、公开征求意见情况**

4 月 14 日,中国证监会第 254 次主席办公会会议原则通过修改后的《发审委办法》,并于 4 月 17 日就《关于修改〈中国证券监督管理委员会发行审核委员会办法〉的决定(征求意见稿)》(以下简称《决定》)公开征求意见。中国证监会还于 4 月 21 日召开了座谈会,征求专家学者及业内人士的意见。

截至 4 月 24 日(意见反馈截止日),共收到三份书面意见。征集的主要意见有:一是建议考虑行业专家委员的覆盖范围。优先考虑 IT、生物技术健康、清洁技术、服务业等行业技术和管理方面的行家学者担任专家委员。二是建议完善对发审委委员的选拔方式。建立行业专家自荐制度,在更大范围内选择合格的行业专家委员。三是建议避免有关委员过分集中于某一机构或者公司,减少形成业务上"垄断"以及"寻租"行为的发生等。四是建议重视律师等个人的从业经历,并加强对律师事务所等申报业绩的实质审核,以确保律师事务所业绩排名的真实性和客观性。此外,在座谈会上,有意见认为行业专家作用有限,监管难度大,建议适当减少行业专家委员的数量,增加保荐机构的委员人数。经研究,我们认为,上述意见主要涉及发审委的具体组建,在实际操作中可以予以考虑,不涉及《发审委办法》的具体修改。

**三、主要修改内容**

1. 设立单独的创业板发行审核委员会。创业板主要服务对象是自主创新企业及其他成长型企业,根据《首次公开发行股票并在创业板上市管理暂行办法》的规定,拟在创业板上市企业在发行条件、信息披露、持续监管等方面较之主板存在差异,按照独立审核的要求,需要设立单独的创业板发审委。为此,拟将原《发审委办法》第二条修改为"中国证券监督管理委员会(以下简称中国证监会)设立主板市场发行审核委员会(以下简称主板发审委)、创业板市场发行审核委员会(以下简称创业板发审委)和上市公司并购重组审核委员会(以下简称并购重组委)。主板发审委、创业板发审委(以下统称发审委)审核发行人股票发行申请和可转换公司债券等中国证监会认可的其他证券的发行申请(以下统称股票发行申请),适用本办法。并购重组委的组成、职责、工作规程等另行规定。"

上述修改,主要考虑在统一的发审委制度之下,根据不同层次市场和不同证券品种的特点设立单独的发审委,体现审核专业化、规范化的要求。

2. 适当增加创业板发行审核委员会人数,并适当加大行业专家委员的比例。创业板发审委委员数量较主板有所增加。主要考虑创业板上市公司规模较小,数量较多,同时从审核工作出发,考虑将创业板发审委按 5 组划分和沿承每组 7 人的惯例。发审委委员组成结构方面,由于拟在创业板上市企业往往具有较新的技术或模式,发审委委员在会计、法律等专业人士基础上,适当吸收熟悉行业技术和管理的专家,以体现创业企业审核要求。为此,拟将原《发审委办法》第六条修改为:"发审委委员由中国证监会的专业人员和中国证监会外的有关专家组成，由中国证监会聘任。主板发审委委员为25名，部分发审委委员可以为专职。其中中国证监会的人员5名，中国证监会以外的人员20名。创业板发审委委员为35名，部分发审委委员可以为专职。其中中国证监会的人员5名，中国证监会以外的人员30名。发审委设会议召集人。"

3. 强调创业板发审委委员的独立性。创业板审核工作与主板相比具有自身的特点，拟将原《发审委办法》第七条增加一款，作为第二款："主板发审委委员、创业板发审委委员和并购重组委委员不得相互兼任。"主要目的在于保持创业板发审委较强的独立性，提升专业水准。

此外，充分发挥专家讨论与审议的作用，是控制风险、改进信息披露质量的一项制度建设。按照主板的经验，创业板发审委要加强监督，健全工作规程，将发审委委员名单与上会企业名单公开，对委员实行必要的回避、承诺等制度，以确保形成高效、公正、廉洁的创业板发审委工作机制。

# 关于修改《证券发行上市保荐业务管理办法》的说明

（2009年5月13日）

## 一、证券市场实施保荐制度的情况

保荐制度是为适应核准制的变化要求，对证券发行上市建立市场约束机制的重要制度安排，自2004年2月实施以来取得了积极成效。

2006年1月1日起施行的《证券法》第11条规定："保荐人的资格及其管理办法由国务院证券监督管理机构规定"。中国证监会根据《证券法》要求实施了对保荐人的资格管理，并不断因应市场需要完善保荐制度。2008年10月17日发布了《证券发行上市保荐业务管理办法》（以下简称《保荐办法》），《保荐办法》共七章83条。《保荐办法》的实施对促进上市公司规范运作和可持续发展，提高上市公司信息披露质量发挥了积极作用，有利于形成市场主体各司其职、各负其责、各担风险的局面。

## 二、创业板实施保荐制度的安排

根据创业板市场建设总体安排，考虑到创业板保荐机构和保荐代表人的资格管理、业务组织和协调等方面与主板总体一致，保荐的原则、理念和内容也与主板没有明显差异，创业板执行现行的保荐制度。但考虑到创业企业的特点，为更好地发挥保荐制度的作用，强化市场约束和风险控制，对《保荐办法》进行了适当修改，一方面加强保荐人对创业板发行上市的责任，另一方面，对创业板不适用的个别条款做适当调整。

4月14日第254次主席办公会会议原则通过修改后的《保荐办法》，4月17日中国证监会就《关于修改〈证券发行上市保荐业务管理办法〉的决定（征求意见稿）》（以下简称《决定》）公开征求意见。与此同时，中国证监会于4月21日召开了座谈会，征求专家学者及业内人士的意见。

截至4月24日（意见反馈截止日），

共收到涉及《决定》修改建议的反馈意见3份。我们对收集到的反馈意见进行了整理、归纳,主要包括:一是有意见认为创业板不应延长持续督导期。经研究,我们认为创业板公司规模小、风险高,通过适当延长持续督导期间,可有效提高创业板公司规范运作水平,降低创业板公司违规风险,促进创业板公司持续发展,因此维持《决定》对第36条的修改;二是有意见认为《保荐办法》第71条第(二)项对发行人公开发行证券上市当年即亏损的将采取相应监管措施的规定应仅适用于主板,不适用于创业板。经研究,我们认为,尽管创业板公司业绩波动风险较大,但公开发行证券上市当年即亏损市场影响极坏,不宜放松对保荐人的责任追究。因此,对该条不作修改;三是有意见认为应放松对保荐人签单的数量限制,经研究,我们认为该问题不涉及对《决定》的修改,可在《保荐办法》正式发布之后出台的相应实施方案中做进一步明确。

**三、主要修改内容**

1. 考虑到创业板公司规模小、风险高,通过适当延长持续督导期间以提高创业板公司规范运作水平,促进创业板公司持续发展。第三十六条中增加一款,作为第二款:"首次公开发行股票并在创业板上市的,持续督导的期间为证券上市当年剩余时间及其后3个完整会计年度;创业板上市公司发行新股、可转换公司债券的,持续督导的期间为证券上市当年剩余时间及其后2个完整会计年度。"这样的规定较之主板,分别延长了1个会计年度。

同时,为了与第二款保持衔接,相应将第三十六条第一款修改为:"首次公开发行股票并在主板上市的,持续督导的期间为证券上市当年剩余时间及其后2个完整会计年度;主板上市公司发行新股、可转换公司债券的,持续督导的期间为证券上市当年剩余时间及其后1个完整会计年度。"

2. 为进一步发挥保荐机构持续督导作用,提升创业板公司信息披露质量,实行保荐机构对发行人信息披露跟踪报告制度。第三十六条中增加一款,作为第三款:"首次公开发行股票并在创业板上市的,持续督导期内保荐机构应当自发行人披露年度报告、中期报告之日起15个工作日内在中国证监会指定网站披露跟踪报告,对本办法第三十五条所涉及的事项,进行分析并发表独立意见。发行人临时报告披露的信息涉及募集资金、关联交易、委托理财、为他人提供担保等重大事项的,保荐机构应当自临时报告披露之日起10个工作日内进行分析并在中国证监会指定网站发表独立意见。"

3. 适当调整对保荐代表人的个别监管措施。《保荐办法》中规定的监管措施和法律责任既适用于主板市场,也适用于创业板市场。《首次公开发行股票并在创业板上市管理暂行办法》要求保荐人对发行人的成长性出具专项意见,履行尽职调查义务,保障发行人的质量。但考虑创业板公司处于成长期,业绩波动大较为常见,对原《保荐办法》第七十二条的规定略作调整,即发行人上市当年营业利润比上年下滑50%以上的,将对相关保荐代表人采取相应监管措施。此规定只适用于主板,不适用于创业板。这是基于创业板企业业绩不稳定的特性作出的调整。

# 中国证监会有关负责人就《关于修改〈证券登记结算管理办法〉第十四条和第十九条的决定(征求意见稿)》答记者问

(2009 年 10 月 13 日)

为适应资本市场发展的需要,近日中国证监会就修改《证券登记结算管理办法》第十四条和第十九条向社会公开征求意见。中国证监会有关部门负责人就相关问题回答了记者的提问。

**一、能否介绍一下此次修改《证券登记结算管理办法》相关条款的背景和主要情况?**

《证券登记结算管理办法》是 2006 年 7 月 1 日实施的,主要目的是维护证券登记结算秩序,保障证券市场安全高效运行。为进一步完善资本市场相关基础制度,适应企业组织形式的创新需求,为创新融资方式、拓宽企业融资渠道服务,《证券登记结算管理办法》相关的内容有必要及时调整或补充。具体说主要有两个方面:

一是除现有的中国自然人、中国法人之外,允许中国合伙企业及法律、行政法规、中国证监会规章规定的其他投资者开立证券账户。随着《合伙企业法》的修订、《创业投资企业管理暂行办法》的出台,合伙企业以及其他一些组织形式的企业开立证券账户的需求日益强烈,但法律依据不足成为制约这些组织形式开户的主要障碍。为此,通过修改《证券登记结算管理办法》,将能够解决这些组织形式开户的依据问题。同时,考虑到《证券登记结算管理办法》是调整证券登记结算业务的基本规章,此次修改还兼顾了与法律、法规及证监会其他相关规章涉及投资者开户问题衔接。

二是根据跨市场监管机制的建设需要,为证券、期货市场之间建立必要的数据交换渠道提供依据。证券登记结算机构在履行职能时产生的数据和资料具有市场敏感性,《证券登记结算管理办法》第十四条规定证券登记结算机构及其工作人员依法对与证券登记结算业务有关的数据和资料负有保密义务,并严格限定了可以查询证券登记结算资料的主体。中国金融期货交易所成立后,一直在稳步推进股指期货的筹备工作。考虑到股指期货与现货市场品种的天然联系,我会建立了跨市场协调监管机制,其中,证券登记结算机构与中国金融期货交易所之间建立快速、高效的信息交换渠道,是提高协调效率的必要基础条件。适应这一需求,经研究,我会拟通过修改《证券登记结算管理办法》,增加中金所为证券登记结算资料的查询主体,为跨市场监管机制发挥作用提供条件。

**二、此次修改的主要条款具体包括哪些?解决了什么问题?**

《证券登记结算管理办法》将修改两个条款。

第一,将第十四条第二款第(三)项修改为"证券交易所、中国金融期货交易所依法履行职责要求证券登记结算机构提供相关数据和资料。"修改后,将为中国金融期货交易所和中国证券登记结算公司之间建立必要的数据交换渠道,实现信息高效、快速共享,保护投资者的合法权益。

第二,在第十九条增加一款:"前款所称投资者,包括中国公民、中国法人、中国合伙企业及法律、行政法规、中国证监会规章规定的其他投资者"。修改后,进一步明确了证券市场上的开户主体,即包括中国自然人、中国法人、中国合伙企业,合格境外机构投资者、外国战略投资者,投资B股市场的外国和港澳台自然人、法人和其他组织,以及《创业投资企业管理暂行办法》规定的创投企业(包括采用中外合作非法人形式的创投企业)。

**三、合伙企业等可以开立证券账户的意义何在?此次修改是否属于促进创业板的建设的配套措施?**

合伙企业等开立证券账户具有多方面的积极意义。一是适应了我国经济生活出现的新型企业组织形式的客观需求。二是有利于建立多元化机构投资者队伍,拓展多层次资本市场的发展。三是为社会投资资金提供了合理的退出渠道之一,有利于我国股权投资基金行业、创业投资行业的发展,有利于引导更多的资金为国家经济建设服务。

从客观实践看,一些创投企业采用了有限合伙等组织形式,允许这些组织形式开户为创投企业利用资本市场退出提供了条件,对于创新融资方式、拓宽企业融资渠道将发挥积极作用。从制度安排上看,此次修改《证券登记结算管理办法》并不局限于满足创业板发展的需要,而是适应市场需求的资本市场基础制度的完善。

**四、合伙企业等组织形式入市会不会有负面影响?对于合伙企业入市有什么监管安排?**

允许合伙企业等组织形式依法开立证券账户不会产生新的类别的市场风险。同时,证监会也要求沪深证券交易所、中国证券登记结算公司梳理现有规则,修改、出台相关的规定,并密切关注和跟踪分析新情况、新问题,在加强服务的同时进一步强化风险防范。

**五、合伙企业等组织形式什么时候可以申请开立证券账户?能否透露一下开户申请的具体要求和方式?**

《证券登记结算管理办法》相关条款的修改决定将根据公开征求意见的情况做进一步的完善,并正式发布。接下来,中国证券登记结算公司将出台具体的开户指引。届时,合伙企业以及符合规定的中外合作非法人创投企业等其他组织形式,可以根据登记公司的具体规定提出开户申请。

**六、此次修改将中国金融期货交易所纳入了查询证券登记结算资料的主体范围,其意义何在?**

中国金融期货交易所已经正式成立,并一直在稳步推进股指期货的筹备工作。由于股指期货市场与股票现货市场具有天然的联系,需要我们提前做好各项相关方面的准备工作。此次将中国金融期货交易所纳入证券登记结算资料查询主体范围的有关修改,就是着眼于未来现货市场和期货市场跨市场监管的需要,在中国金融期货交易所和中国证券登记结算公司之间建立必要的信息数据交换渠道,为双方实现信息数据共享,更好地发挥跨市场监管协作机制创造条件。

# 关于《证券投资基金评价业务管理暂行办法》的起草说明

（2009 年 11 月 6 日）

目前，证券投资基金已成为城市居民普遍投资的金融产品，随着基金规模的扩大，对基金产品的评价服务渐成规模，其对基金管理人和基金投资人行为的影响也日渐加深。基金评价业务在方便投资人了解基金产品、促进行业竞争等方面发挥了一定积极作用，但也暴露出一些不规范的问题。为促进基金评价业务健康发展，引导基金树立长期投资理念，保障基金相关当事人的合法权益，有必要对基金评价业务实施规范和管理。

## 一、基金评价业务的现状及存在的主要问题

基金评价服务是在基金业发展到一定阶段之后近几年才兴起的业务。目前，国内基金市场有外资基金评价机构和内资基金评价机构。此外各大财经网站也从事或参与基金评价方面的业务，表现为基金评级、回报率排名等多种形式，其评价结果也被基金管理人、基金销售机构和各媒体、网站广泛引用。

目前基金评价业务存在的主要问题是：

1. 开展该类业务的机构既有专业的基金评价机构和证券投资咨询机构，也有各类媒体和网站，缺乏统一的规范。

2. 各机构基金评价业务名目繁多，其基金分类方法、评价方法各不相同，有些评价方法和结果不全面、不完整，甚至具有误导性。

3. 基金评价考虑的因素比较片面，通常只考虑基金业绩和波动风险等外在因素，基金评价的期间和更新间隔过短。

上述问题的存在，一方面导致基金管理人片面关注基金净值增长，忽略资产配置的长期效益，不利于基金公司建立科学的投资方法；另一方面由于基金销售机构依据短期评价结果推荐基金，可能对投资人产生误导，不利于投资人树立长期投资理念。

## 二、对基金评价业务加强监管的基本安排

针对基金评价服务业务存在的问题，我会将采取以下监管安排：

（一）监管方法上，加强自律管理，强化业务规范

鉴于基金评价业务属于基金业的外部服务，其主要利润来自于对大客户提供服务并收取费用，空间较小，不适合大量机构进入，因此我们确定的思路是，由我会制定规定，证券业协会实施自律管理，对基金评价机构的评价方法、信息采集、发布方式及行为进行规范，严重违规行为由证监会查处。

（二）允许外资机构从事基金评价业务

我国在加入 WTO 时未对外资机构参与基金评价业务事项做出相关承诺，因此我们可择机自主决定是否允许外资机构参与此业务。从此次国际金融危机的情况看，金融产品评价机构的行为对金融市场的发展具有“双刃剑”的作用，因此加强对此类机构的监管是金融市场监管的国际趋势。在我会采取前述监管方法后，外资机构在中国境内从事基金评价业务也应按照

我会的规定加入证券业协会,接受我会和协会的监管。今后如遇我国对外开放相应政策调整,证券业协会将视情况对会员资格要求予以调整。为避免外资机构通过对基金管理公司的深入调查获取国内基金管理公司的商业秘密,维护我国资本市场的安全,我会拟规定基金评价机构应采用市场公开信息开展评价业务。

(三)适时颁布《证券投资基金评价业务管理暂行办法》

根据以上监管思路,我们起草了《证券投资基金评价业务管理暂行办法》(以下简称《暂行办法》),共分六章,三十三条,主要内容如下:

第一章是总则,主要确定了我们监管的目标、范围和基本原则,要求机构在从事基金评价业务时,使用公开披露的信息、注重对基金的长期评价、综合评价基金的收益和风险、公平对待所有评价对象、保证基金评价方法的一致性和评价结果的客观准确。

第二章是对基金评价机构和人员的规范,主要规定了对基金评价机构内部控制、人员、评价方法等方面的基本要求,并要求评价机构注册成为中国证券业协会会员,接受协会的自律管理,同时向我会备案基金评价方法和内控制度等相关文件。

第三章具体规定了基金评价业务应当遵循的业务规则。其中,第十一条要求从事基金评价业务应当有完善、系统的理论基础、标准和方法,并且具体列示了进行基金产品评价和基金管理人评价应当考虑的因素,要求评价机构不仅对基金的收益和风险进行分析,而且要对基金业绩形成的原因,即基金的投资决策和投资交易系统的有效性和一贯性进行分析,同时要求基金评价方法应当基于自身的研究成果,不得侵犯其他机构的知识产权。第十三条要求基金评价机构将基金评价标准、评价方法和程序报我会及机构主要办公场所所在地派出机构、中国证券业协会备案,并通过中国证券业协会网站、本机构网站及至少一家中国证监会指定信息披露媒体向社会公告。第十四条规定了从事基金评价业务的禁止行为,重点对基金评级和排名覆盖期间以及更新间隔做了限制性规定,同时禁止对同一分类中包含基金少于10只的基金进行评级,其主要目的在于引导基金长期投资理念,避免短期评级和排名结果对投资人的误导。

第四章对基金评价结果的引用做了具体规范。要求基金管理公司、基金销售机构、指定信息披露报刊应当有选择地与符合内控要求及业务规范的基金评价机构合作并使用其基金评价结果,目的在于通过对引用基金评价结果行为的约束,间接规范基金评价机构的行为。

第五章明确了证监会对基金评价业务的监管措施和中国证券业协会的自律监管职能,并规定了基金评价机构和评价人员违反本规定应承担的法律责任。

最后一章是附则。

**三、《暂行办法》的起草过程**

2006年8月,我们开始研究和起草基金评价业务的监管规则,因为缺乏国外市场对基金评价业务的成文规定,我部在起草前期,主要借鉴了行业人士提供的意见和相关资料,并在相关场合向业内专业人士征求了意见。2006年10月我部召开办公会进行了详细的讨论,讨论意见由五处一并斟酌形成初稿。2006年11月、2007年2月我部两次向法律部征求意见,都因法律部对机构管理方式(第一次为事前备案方式,第二次为中国证券业协会会员监管方式)存在异议而搁置。2007年9月,我部与法律部、机构部经讨论达成一致意见:由机构部修改《证券、期货投资咨询管理暂行办法》,争取将基金评价业务纳入证券、期货投资咨询业务范围后再出台基金评价业务的监管规则。

由于监管需求迫切，我部于 2008 年 4 月再次召开部务会对基金评价业务的监管进行了研究。之后通过与法律部的多次协商，形成了《证券投资基金评价业务管理暂行办法》，并由机构部、法律部、国际部及证券业协会进行了会签。2008 年 9 月桂敏杰副主席召集各有关部门，就基金评价业务监管的相关问题进行了讨论。讨论决定对基金评价业务暂不实施业务许可，先由证监会发文对基金评价机构、人员和业务规范做出原则性要求，明确行政监管措施，然后由协会发布自律规则，对基金评价业务实施自律管理。

根据 2009 年 2 月第 250 次主席办公会对基金评价监管事项的讨论精神，我会就《证券投资基金评价业务管理暂行办法（草案）》征求了国务院法制办意见。6 月我会吸收采纳了国务院法制办相关建议后重新上报国务院。7 月国务院同意了我会对基金评价机构监管的报告。8 月我会就《证券投资基金评价业务管理暂行办法（征求意见稿）》向全社会公开征求意见。

**四、关于《证券投资基金评价业务管理暂行办法（征求意见稿）》的修改说明**

我会于 2009 年 8 月 14 日至 28 日就《证券投资基金评价业务管理暂行办法（征求意见稿）》向社会公开征求意见。征求意见期间我会共收到 25 家机构的 88 条反馈意见，剔除重复意见后归纳为 20 条意见（见附表）。现将修改情况说明如下：

（一）反馈意见的总体情况

总体上看，社会各界对《暂行办法》给予了较高评价，普遍认为该办法的出台是规范证券投资基金评价业务，推动基金管理公司建立科学的投资管理体系，引导投资人树立长期投资理念，保障相关当事人合法权益的重要举措。

同时，社会各界也提出了一些具体的意见和建议，我们对所有反馈意见进行了梳理和汇总，简要归纳为以下方面：

一是建议明确基金评价的业务范围，即《暂行办法》规定的基金评价业务是针对社会公众投资者还是针对特定客户的基金评价服务。

二是建议在总则中基金评价内容部分，增加对基金管理人的评价。

三是建议在基金评价机构准入和监督管理方面，明确对基金评价人员的资质要求，明确年度报告的具体要求。

四是建议在评价基金产品时，将货币市场基金与其他基金区分开来。

五是建议对基金评价机构利益冲突的内涵和外延作出说明。

六是其他建议，包括可以在基金建仓期对基金管理人和基金经理过往业绩作客观展示，缩短被评价基金的成立期限、评级期间和更新间隔，评价结果由基金评价人员署名发布，可以使用未公开批露的信息进行评价等。

（二）《暂行办法》的修改情况

根据反馈意见，我们对《暂行办法》的部分内容进行了调整，具体情况如下：

1. 明确了基金评价业务的对象和范围

第二条明确了“基金评价机构对证券投资基金进行评价并通过公开形式发布基金评价结果，适用本办法。

基金评价机构仅通过非公开形式发布基金评价结果的，不适用本办法。但该机构应当与使用基金评价结果的对象签订协议，禁止对方对结果进行公开引用。”

第三条基金评价业务的定义调整为“本办法所称基金评价业务，包括基金评价机构及其评价人员对基金的投资收益和风险或基金管理人的管理能力开展评级、评奖、单一指标排名或中国证监会认定的其他评价活动。”进一步明确了公开形式的定义为"通过报刊、电台、电视台、互联网等公众传播媒体形式或讲座、报告会、分析会、电脑终端、电话、传真、电子邮件、短信等形式,向非特定对象发布基金评价结果"。

2. 完善了基金评价业务规范的相关规定

第十一条第三款第一、四项改为"基金管理公司及其人员的合规性"和"投资管理和研究能力"。第十四条第三、四项规定的禁止性行为中将"货币市场基金除外"。第十四条第七、八项"单一收益指标排名"改为"单一指标排名"。第二十二条将原来的"本办法第三章要求的业务规范"改为"本办法第十四条要求的业务规范"等。

3. 部分内容转入协会自律规则

出于淡化基金经理个人色彩,突出投资管理团队整体的考虑,《暂行办法》没有涉及基金经理评价的内容。协会将来可以从行业自律的角度加以规范,参照对基金的评价要求,做出对基金经理评价的具体规定。

对于要求明确基金评价机构的人员资质、利益冲突防范措施和年度报告内容的反馈建议,协会将出台相关自律规则对上述问题予以明确。

(三)未采纳意见的说明

部分机构建议缩短基金评价区间和更新间隔,我们未予采纳,主要基于以下考虑:保留36个月的基金评级期间可以更好地评价基金经理在完整经济周期中的业绩表现,促使基金管理人和基金经理珍惜老基金品牌,进一步加强老基金的持续营销,更好地保护长期基金持有人的利益。《暂行办法》在起草过程中对上述问题已经作了充分的调研,办法中设定的基金评价区间和更新间隔等指标暂时不作调整。

(基金监管部 供稿)

**附件:反馈意见汇总表**

| 反馈意见 | 采纳的意见及修改 | 未采纳意见的说明 |
| --- | --- | --- |
| 1. 建议增加基金管理人的管理能力评价。 | 第三条增加"基金管理人的评价内容" | |
| 2. 对基金管理人的管理能力进行评价建议增加"基金管理人的研究能力"。 | 第十一条第二款第三项改为"投资管理和研究能力" | |
| 3. 建议不得对不同分类的基金合并进行评级。 | 第十四条第一项改为"对不同分类的基金进行合并评价" | |
| 4. 建议把货币市场基金与其他类型的基金区分开来。 | 第十四条第三、四项增加"货币市场基金除外" | |
| 5. 各章的名称中均无"规范"二字,建议去掉"规范"。 | 第四章题目改为"基金评价结果的引用" | |
| 6. 建议删去第二十二条。 | 第二十二条将原来的"根据本办法第三章要求"改为"应根据本办法第十四条要求" | |
| 7. 针对(七)、(八)1. 单一指标包含的内容应该更多,例如风险指标等。 | 第十四条第七、八项已改为"对基金、基金管理人单一指标排名" | |
| 8. 对基金评价机构的界定不清晰。在证券公司内的基金研究部是否属于基金评价机构?是否包括针对特定投资人的基金评价服务? | 总则第二条明确是针对社会公众投资者的基金评价服务 | |

续表

| 反馈意见 | 采纳的意见及修改 | 未采纳意见的说明 |
| --- | --- | --- |
| 9. 建议对未在市场公开披露的信息使用，应当明确标注并说明理由。建议增加对于“基金实际投资组合”的考察。评价可能会需要一些非公开信息作为部分依据。 | | 基金行业完善的信息披露制度可以保证基金评价机构获取足够的信息。 |
| 10. 建议规定基金评价业务的主要负责人应具有证券从业资格。 | | 协会将出台相关配套措施对上述问题予以明确。 |
| 11. 基金评价基本方法大同小异，界定“自己的研究成果”和“抄袭”比较困难。 | | 鼓励方法创新，通过不同视角对基金进行评价。 |
| 12. 建议对股票型、混合型基金的评级期间将36个月改为24个月，如果需要对债券型和指数型基金评级，评级期间可为12个月。 | | 36个月的评级期间可以更好地评价基金经理在完整经济周期中的业绩表现，鼓励基金管理人加强老基金持续营销，更好地保护长期基金持有人的利益。 |
| 13. 建议评价机构可以对建仓期基金的其基金管理人和基金经理过往业绩做客观展示。 | | 不利于基金管理人和基金经理更好地择时投资。 |
| 14. 建议对公开发布的评级可以进行月度更新。 | | 应与基金公开的信息披露频率保持一致。 |
| 15. 建议对“潜在利益”的内涵和外延要做一定说明。 | | 协会将出台相关配套措施对上述问题予以明确 |
| 16. 建议“以基金评价人员的个人＋公司名义发布或由研究人员署名发布”。 | | 不同于证券研究报告，基金评价报告应以公司为发布主体，否则容易引起混乱。 |
| 17. 三个月以上指标排名的更新间隔周期可适当缩短。 | | 应与基金公开的信息披露频率保持一致。 |
| 18. 建议在第五章增加法律责任。 | | 协会将制定具体的自律管理规则。 |
| 19. 建议年度报告列示相关披露标准和事项。 | | 协会将出台相关配套措施对上述问题予以明确。 |
| 20. 具备基金从业资格的要求是针对基金评价机构的所有部门和职能人员，还是限于从事基金评价相关业务的职能人员，应予以明确。 | | 协会将出台相关配套措施对上述问题予以明确。 |

# 关于修改《证券登记结算管理办法》的说明

(2009 年 11 月 20 日)

## 一、修改背景

《证券登记结算管理办法》于 2006 年 7 月 1 日实施,主要规范证券市场登记结算业务活动。随着证券期货市场的发展,市场参与主体不断增加,现货市场与期货市场的联系也日益紧密,对证券市场基础制度建设提出了进一步要求。登记结算作为基础制度的重要组成部分,有必要根据市场发展的需要进行适当调整,从而保障市场的健康稳定运行。因此拟对《证券登记结算管理办法》的部分条款进行修改。

## 二、主要修改内容

1. 增加证券登记结算资料查询主体。2006 年 9 月,中国金融期货交易所成立,几年来一直在有序推进股指期货的准备工作。考虑到股指期货与现货市场品种的天然联系,为维护“三公”原则,保护投资者的合法权益,打击操纵市场等违法违规行为,我会建立了跨市场协调监管机制。其中,证券登记结算机构与中国金融期货交易所之间建立快速、高效的信息交换渠道,是提高协调效率的必要基础条件。为适应监管需求,同时严格履行保密义务,拟仅增加中金所为证券登记结算资料的查询主体,即将《证券登记结算管理办法》第十四条第二款第(三)项修改为“证券交易所、中国金融期货交易所依法履行职责要求证券登记结算机构提供相关数据和资料。”

2. 扩大证券账户开立主体范围。证券账户是投资者持有和买卖证券的载体,开立证券账户是投资者参与我国证券市场的必备条件。我国《证券法》第 166 条规定,“投资者申请开立账户,必须持有证明中国公民身份或者中国法人资格的合法证件。国家另有规定的除外。”因此中国自然人、法人依法可以开户。此后,根据市场发展需求,又以规章的形式增加了合格境外机构投资者等开户主体。但目前合伙企业尚没有明确的开户依据。

《合伙企业法》修订后,合伙企业迅速发展起来,特别是有限合伙成为国内一些创业投资企业可选的组织形式,并提出了开立证券账户的需求。为适应这一需求,引导企业依法、合规投资,促进社会资金参与科技创新,培育多元化的机构投资者,拟增加合伙企业作为开立证券账户的主体;同时,为有效衔接目前各个涉及投资者开立证券账户的规章,拟在《证券登记结算管理办法》第十九条增加一款:“前款所称投资者,包括中国公民、中国法人、中国合伙企业及法律、行政法规、中国证监会规章规定的其他投资者”。“其他投资者”目前即包括了《合格境外机构投资者境内证券投资管理办法》规定的 QFII、《外国投资者对上市公司战略投资管理办法》规定的外国战略投资者、《关于股份有限公司境内上市外资股的规定》规定的外国和港澳台自然人、法人和其他组织,《创业投资企业管理暂行办法》规定的创投企业。

# 关于《中国证券监督管理委员会行政许可实施程序规定(试行)》的修订说明

(2009年12月16日)

按照年度立法工作计划,我们对《中国证券监督管理委员会行政许可实施程序规定(试行)》(证监发〔2004〕62号,以下简称《规定》)进行了修订,形成了《中国证券监督管理委员会行政许可实施程序规定(草案)》(送审稿),现就有关事项说明如下:

## 一、修订的背景和过程

为贯彻实施《行政许可法》,我会于2004年7月1日发布了《规定》,从各部门的反映来看,《规定》执行情况良好,对规范我会实施行政许可、防范行政许可环节的诉讼风险、提高行政许可的效率起到了非常重要的作用,保障了责任到位、高效便民。但是,三年半以来,证券期货市场取得了巨大发展,证券期货行政许可的法律依据和外部环境也发生了重大变化。例如,2005年修订后的《公司法》、《证券法》取消了我会对证券交易所核准股票上市的授权规定,改由证券交易所直接作出决定,不纳入我会的行政许可事项范围;2007年国务院第四批行政审批清理取消了对封闭式基金的上市核准事项,改由证券交易所实施自律管理。

同时,由于当初制定的《规定》具有探索、试点的阶段性特征,对统一受理、统一送达等制度的设计尚待完善。总结三年多试行以来的经验,有必要修改《规定》,巩固四批行政审批项目清理的成果,针对个别新情况、解决新问题,进一步完善程序制度,以证监会规章形式发布、施行。为了使其更加符合我会行政许可工作的需要,在保证规范的前提下进一步提高效率,按照会里部署的重点工作要求,2005年我会启动对《规定》的修改程序,先后多次征求会内有关部门和有关证监局的意见,并于2006年底由会领导主持召开全系统的行政许可工作座谈会,听取有关各方对《规定》的修改意见。2007年初,法律部就该《规定》的修改委托上海证监局进行专题研究,上海证监局于2007年7月提出修改建议稿。今年的证券期货监管工作会议上,尚福林主席的讲话进一步指出,要“不断完善行政许可受理制度”。法律部在修改建议稿的基础上,经反复与办公厅受理处协商、研究,修改形成征求意见稿,于2008年3月再次征求各证监局、交易所的意见。根据反馈的意见,再次对规定草案进行了修改,形成了草案送审稿。

## 二、修订的原则和思路

本次修订,全面总结《规定》试行的经验,完善其内容,继续坚持统一受理、统一送达、一次告知补正等有关基本制度,对原有的章节、框架不作改变。修订的思路是:细化了《行政许可法》关于实施程序方面的内容,全面落实法律关于各项制度的安排,兼顾便民、效能要求,注意把握落实法律原则与切实履行监管职责之间的平衡，清晰确定责任界限，既规范到位又合理可行。

**三、修订的主要内容**

（一）删除授权证券、期货交易所实施行政许可的规定

《规定》第7条规定，我会可以依法授权派出机构、证券、期货交易所实施行政许可；第62条第2款规定，被授权的证券、期货交易所实施行政许可，应根据本单位的实际情况，参照本规定制定具体实施程序并予以公布报我会备案。修订后的《证券法》删除了原《证券法》第43条、第57条规定的我会可以授权证券交易所核准股票上市、暂停或终止股票、公司债券上市的规定，改由证券交易所直接核准或决定；《国务院关于第四批取消和调整行政审批项目的决定》(国发〔2007〕33号)决定取消"封闭式基金份额上市交易核准"，实际调整了《基金法》第47条我会可以授权交易所核准的规定。我会授权证券、期货交易所实施行政许可，已无法律依据，为此，删除了原《规定》第7条、第62条第2款的"证券、期货交易所"。(草案第5条、第64条)

（二）规范授权派出机构实施行政许可

根据《证券法》第7条、《期货交易管理条例》第5条，我会可以授权派出机构实施行政许可。为了规范授权行为，确保授权的严肃性，提高授权行为的效力等级，参考《行政许可法》第24条关于可以通过规章委托其他行政机关实施行政许可的规定，明确授权应以规章形式做出。(草案第5条)

（三）进一步完善审核程序，提高审核效率

1. 规范第一次反馈意见的回复。《规定》对第一次反馈意见的回复期限没有要求，仅是要求第二次反馈意见必须在30日内回复。2004年制定该规定时，主要考虑到第一次反馈(特别是IPO)中存在的问题相对复杂，有的需要申请人补办有关手续后才能作出说明、解释，难以在较短期限内完成。实践中，回复拖而不决，使申请长期未办结状态，占用较多的审核资源。受理处和有关部门建议规定第一次反馈意见的回复期限。为此，采取了折中的方案予以兼顾，由审查部门根据问题的难易繁简程度，在反馈时提出期限要求，申请人确有困难的，可以书面提出延期报告，说明理由(草案第22条第1款)。并且，申请人逾期未回复且未提交延期报告，或者虽提交延期报告，但未说明理由或理由不充分的，终止审查(草案第27条第(四)项)。

2. 增加审查人员与申请人的沟通途径。2004年制定规定时，考虑到严格控制审核风险，规定审查人员与申请人就有关事项进行沟通的，或者必须采取书面反馈意见的形式，或者必须当面进行会谈(见面会)，且有关次数、要求限制较严，虽能防范审核风险，却也难以满足审核需求，在一定程度上降低了审核效率。为了平衡审核工作需要和规范许可行为要求两方面因素，增加规定，简单的事项，可以在留存有关证据，即"管得住、说得清"的基础上，通过电话、传真、电子邮件方式等沟通。(草案第23条第2款)

3. 简化终止审查的程序。机构部曾在2006年10月向会领导呈报《关于简化行政许可终止审查程序的请示》中提出，可适当简化终止审查的处理程序，为提高审核工作效率，建议试点比照行政许可简易程序的后续处理方式，简化对终止审查材料的处理，即由审查部门提出终止审查的建议，经办公厅核稿后，即可发出终止审查的通知。

我们认为,在当事人主动撤回申请的情形下,比照适用简易程序,可以有效防范诉讼风险;对于其他情形,需要审查部门提出证据予以证明,诉讼风险相对较大,还是有必要由会领导审核把关。实践中,终止的情形大多数是申请人主动撤回,做出上述修改,有利于满足审查部门的需求,提高审核效率。(草案第28条)

(四)贯彻政务信息公开,进一步落实为民、便民的原则,增强决策的民主性和科学性

1. 规范简易程序事项的确定,提高审核效率,明确我会行政许可事项中的简易程序事项,应当由审查部门会同受理部门提出,经会领导批准,并对社会公开。(草案第33条第2款)

2. 明确应当由两名以上工作人员审核行政许可,与申请人的见面会必须由两人以上参与,相互配合、制约,提高审核质量,控制审核风险。(草案第21条、第23条)

**四、需要说明的事项**

(一)关于增加规定中止审查制度

机构部曾在2006年10月向会领导呈报《关于简化行政许可终止审查程序的请示》中建议试点,申请人因涉嫌违法违规被行政机关调查,或者被司法机关侦查,尚未结案,被中国证监会依法采取限制业务活动、责令停业整顿、指定其他机构托管、接管等监管措施,尚未解除的,终止审查有关申请。并试点了一年多。

实践中,对申请人因违法违规行为正被有关机关调查,或者被责令整改、尚未解除或验收通过的情形,我会有关规章有两种立法例:

一是作为行政许可的消极条件,申请人有上述情形则不予许可。例如《首次公开发行股票并上市管理办法》第23条规定,“发行人的董事、监事和高级管理人员符合法律、行政法规和规章规定的任职资格,且不得有下列情形……(三)因涉嫌犯罪被司法机关立案侦查或者涉嫌违法违规被中国证监会立案调查,尚未有明确结论意见”;又如《证券投资基金运作管理办法》第6条规定,“申请募集基金,拟任基金管理人、基金托管人应当具备下列条件:……(五)没有因违法违规行为正在被监管机构调查,或者正处于整改期间”。《上市公司证券发行管理办法》第11条、第39条和《证券投资基金销售管理办法》第10条也有类似规定。

二是作为中止审查程序的程序条件,不作为不予许可的实体条件。例如,《证券公司客户资产管理业务试行办法》第57条规定,“证券公司因涉嫌违法违规被中国证监会调查的,中国证监会暂不受理其客户资产管理业务资格申请、集合资产管理计划设立备案或者申请;已经受理的,暂缓进行审核”。

将上述情形作为行政许可的消极实体条件或者终止、中止审查的程序条件,在《行政许可法》上并无充分的直接法律依据。但在有其他法律依据的情形下,规章可以将其规定为消极实体条件。例如,根据《证券投资基金法》,募集基金须经我会核准,其第39条授权我会规定核准条件;根据修订后的《证券法》第13条,经国务院批准我会可以规定公开发行股票的条件。因此,在有充分法律授权的情形下,我会规章可以将上述情形规定为不予许可的消极条件。但是,《行政许可法》第16条规定,“法规、规章……对行政许可条件作出的具体规定,不得增设违反上位法的其他条件”,并不是所有的行政许可事项都可以将上述情形列为消极条件。

《行政许可法》未设定中止或终止审查的程序制度。将上述情形列为中止或终

止审查的程序条件,有不同的意见:一是认为中止或终止审查影响当事人的权利义务,且法律依据不充分,存在较大的法律风险;二是认为法律未作规定,行政机关可以规章的形式作为补充,并不与法律规定相抵触。2004 年试行的《许可规定》采纳了后一种意见。

在征求意见过程中,上海、深圳证券交易所和山东、安徽证监局提出,上述情形并非终局性的,实践中申请人存在被调查的情形时,调查的时间和结果存在不确定性,建议将其作为中止审查的程序条件,在调查结案和监管措施被解除后,应当继续审查。我们赞成上述意见。考虑到《首次公开发行股票并上市管理办法》等规章有一些其他处理,安排"法律、行政法规、规章另有规定的,从其规定"的但书条款。(草案第 29 条、第 30 条)

(二)关于行政许可听证

《行政许可法》第 36 条规定,实施行政许可应当听取利害关系人的意见;第 46 条规定,法律、法规、规章规定实施行政许可应当听证的事项,或者行政机关认为需要听证的其他涉及公共利益的重大行政许可事项,行政机关应当向社会公告,并举行听证;第 47 条规定,行政许可直接涉及申请人与他人之间重大利益关系的,行政机关在作出行政许可决定前,应当告知申请人、利害关系人享有要求听证的权利;第 48 条规定了听证的基本程序。

原规定对此未有规范,本次修改增加一条,重申《行政许可法》的原则要求,表明我会坚持科学、民主决策的态度,但鉴于有关程序复杂,建议在试点的基础上,另行制定具体规则。(草案第 42 条)

(三)关于调整范围

在修改过程中,一种观点认为,鉴于原规定有大量规范审查部门、受理部门工作流程、职责、时限等行政机关内部事项,作为规章应当做到"内外有别",仅规范行政机关与当事人(申请人)关系。经研究,我们认为:一是这些事项对当事人的影响较大,应当由当事人知晓;二是这些事项是界定审查部门与受理部门职权与责任的重要依据,应当予以明确,防止互相推诿、扯皮,防范诉讼风险;三是删除这些事项,原规定所剩内容无几,没有必要制定规章。并且,《证券法》第 184 条第 1 款规定"国务院证券监督管理机构依法制定的规章、规则和监督管理工作制度应当公开",去年 4 月 5 日公布的《政府信息公开条例》对信息公开也作了较为明确的要求。为树立我会严格贯彻落实"三公"原则的正面形象,体现政务公开的原则,经商受理处,本次修改保留原规定有关内容,不作调整。

(四)关于"静默期"

有部门建议在受理阶段允许初步沟通,建立反馈意见见面会制度,以便其在材料补正和反馈意见时当面向申请人解释所提出的问题和监管要求。

我们认为,反馈意见见面会应属必要,但在受理前是否可以就补正材料面谈则要谨慎。受理前静默期是我会行政许可工作的一项基本制度,在行政许可执法责任追究中也是一项必须要遵守的原则,不宜轻易改动。此外对于受理前的补正要求申请人只要符合形式要件就可以,实体内容的问题可以在受理后再解决,不宜规定补正材料反馈意见见面会。考虑到有的行政许可事项不止一次书面反馈意见,为此明确首次书面反馈意见之前不得主动与申请人接触(草案第 22 条第 4 款)。

# 第四部分　执法实践

## 一、行 政 许 可

### (一)2009 年行政许可受理工作综述

2009 年,证监会深入学习实践科学发展观,坚持依法行政,努力提高服务意识,按照《行政许可法》、《中国证券监督管理委员会行政许可实施程序规定(试行)》等的要求,平稳推进行政许可工作。

**一、有序开展行政许可受理工作**

2009 年,证监会共接待行政许可材料申请、咨询等各类人员 12,900 余人次;接收各类行政许可申请 2078 件;正式受理 1736 件,发出补正通知 687 件,一次反馈通知 851 件,二次反馈通知 44 件;送达行政许可决定 1503 件,终止审查决定 207 件,不予受理决定 15 件,办理受理前撤回行政许可申请 42 件。

**二、修订完善行政许可程序规定**

2004 年发布的《中国证券监督管理委员会行政许可实施程序规定(试行)》实施五年来,规范了证监会行政许可工作,提高了许可工作的规范化水平。随着资本市场的快速发展,原试行规定部分内容已不适应当前需要,证监会适时启动了修订工作。会内各部门密切配合,全面总结了行政许可工作实践经验,经过反复论证、修改和公开征求意见,2009 年 12 月 16 日,证监会令第 66 号公布了《中国证券监督管理委员会行政许可实施程序规定》,自 2010 年 2 月 1 日起施行,原试行规定同时废止。新规定从行政许可的一般程序、简易程序、特殊程序、期限与送达、公示等方面对证监会行政许可工作作了全面规定。同时,还发布实施《中国证监会行政许可操作规程》,对会内各部门、派出机构实施行政许可的具体程序和要求作了细化规定。上述文件的制定和实施有助于进一步提高证监会行政许可工作的规范化水平,推进依法行政,增强服务意识,提高工作效率。

**三、完善行政许可管理系统**

为进一步规范行政许可工作,提高审核效率,便于受理及审核人员跟踪许可项目,证监会对旧的行政许可管理系统进行了改进和升级,新系统于 2009 年 1 月 1 日正式投入使用。经过一年的使用,新系统日益成熟,方便了信息统计、行政审批适时监控等。同时,依托新系统,进一步完善了行政许可受理工作月报制度,对每个月的行政许可情况进行准确、及时的跟踪反馈,使会领导能够全面了解行政许可受理工作,为科学决策提供依据,同时也对各部门按时审批起到了督促作用。2009 年以来,会内各部门行政许可办理情况登录的及时性、完整性有了明显上升,依法行政意识和行政审批效率都有了明显提高。

## 四、完善行政许可办事指南及档案管理

为方便行政许可申请人、提高办事效率,证监会重新编写了行政许可办事指南,同时绘制办事流程图,将其在证监会互联网站予以公示。新的办事指南及受理流程进一步规范了行政许可受理工作,增强了工作透明度。

行政许可受理材料是证监会行政许可档案的重要组成部分,对还原事实、明确责任以及统计分析等都起着重要作用。为进一步加强行政许可档案管理,规范档案的查询和调阅程序,证监会对从 2004 年积累至今的大量行政许可纸面档案材料进行了整理,重新制定了档案管理办法,使档案存放更加有序,查询更加方便。

## 五、继续推进行政许可项目清理工作

证监会贯彻落实中纪委十七届二次全会精神和国务院廉政工作会议部署,按照国务院的要求继续深化行政审批制度改革。适应进一步对行政许可项目进行清理的工作需要,2009 年证监会重新组建了行政审批制度改革工作领导小组。在国务院行政审批制度改革工作部际联席会议办公室的指导下,证监会继续对现有的行政许可事项进行清理,对行政许可项目的设立依据和必要性进行充分研究论证,能合并的尽量合并,能简化的尽量简化,并多次向审改办报告了清理情况。

# (二)2009 年证监会作出的行政许可决定书目录

| 序号 | 发文字号 | 标题 | 部门 | 项目 | 发文日期 |
|---|---|---|---|---|---|
| 1 | 证监许可〔2009〕2 号 | 关于核准一德期货经纪有限公司变更注册资本和股权的批复 | 期货部 | | 2009－1－6 |
| 2 | 证监许可〔2009〕18 号 | 关于核准华西期货有限责任公司变更注册资本的批复 | 期货部 | | 2009－1－7 |
| 3 | 证监许可〔2009〕20 号 | 关于核准马良期货公司首席风险官任职资格的批复 | 期货部 | | 2009－1－8 |
| 4 | 证监许可〔2009〕21 号 | 关于核准张旭升期货公司首席风险官任职资格的批复 | 期货部 | | 2009－1－8 |
| 5 | 证监许可〔2009〕22 号 | 关于核准甘肃陇达期货经纪有限公司变更注册资本和股权的批复 | 期货部 | | 2009－1－8 |
| 6 | 证监许可〔2009〕24 号 | 关于核准王芳期货公司首席风险官任职资格的批复 | 期货部 | | 2009－1－9 |
| 7 | 证监许可〔2009〕25 号 | 关于核准赵晋仙期货公司首席风险官任职资格的批复 | 期货部 | | 2009－1－9 |
| 8 | 证监许可〔2009〕26 号 | 关于核准封欣期货公司首席风险官任职资格的批复 | 期货部 | | 2009－1－9 |

续表

| 序号 | 发文字号 | 标题 | 部门 | 项目 | 发文日期 |
|---|---|---|---|---|---|
| 9 | 证监许可〔2009〕27 号 | 关于核准田冰期货公司首席风险官任职资格的批复 | 期货部 | | 2009－1－9 |
| 10 | 证监许可〔2009〕28 号 | 关于核准许波期货公司首席风险官任职资格的批复 | 期货部 | | 2009－1－9 |
| 11 | 证监许可〔2009〕32 号 | 关于核准伍善民期货公司首席风险官任职资格的批复 | 期货部 | | 2009－1－15 |
| 12 | 证监许可〔2009〕33 号 | 关于核准胡红霞期货公司首席风险官任职资格的批复 | 期货部 | | 2009－1－15 |
| 13 | 证监许可〔2009〕34 号 | 关于核准王颖期货公司首席风险官任职资格的批复 | 期货部 | | 2009－1－15 |
| 14 | 证监许可〔2009〕35 号 | 关于核准余晓青期货公司首席风险官任职资格的批复 | 期货部 | | 2009－1－15 |
| 15 | 证监许可〔2009〕51 号 | 关于核准董庆标期货公司首席风险官任职资格的批复 | 期货部 | | 2009－1－16 |
| 16 | 证监许可〔2009〕61 号 | 关于核准上海东亚期货经纪有限公司变更股权的批复 | 期货部 | | 2009－1－20 |
| 17 | 证监许可〔2009〕66 号 | 关于核准林绚期货公司首席风险官任职资格的批复 | 期货部 | | 2009－1－21 |
| 18 | 证监许可〔2009〕67 号 | 关于核准张立伟期货公司首席风险官任职资格的批复 | 期货部 | | 2009－1－21 |
| 19 | 证监许可〔2009〕68 号 | 关于核准马红菊期货公司首席风险官任职资格的批复 | 期货部 | | 2009－1－21 |
| 20 | 证监许可〔2009〕69 号 | 关于核准姜丕臻期货公司首席风险官任职资格的批复 | 期货部 | | 2009－1－21 |
| 21 | 证监许可〔2009〕70 号 | 关于核准王世军期货公司首席风险官任职资格的批复 | 期货部 | | 2009－1－21 |
| 22 | 证监许可〔2009〕104 号 | 关于核准王永泉的期货公司首席风险官任职资格的批复 | 期货部 | | 2009－2－6 |
| 23 | 证监许可〔2009〕111 号 | 关于核准杨飞期货公司首席风险官任职资格的批复 | 期货部 | | 2009－2－9 |
| 24 | 证监许可〔2009〕118 号 | 关于核准闫伟期货公司首席风险官任职资格的批复 | 期货部 | | 2009－2－11 |
| 25 | 证监许可〔2009〕119 号 | 关于核准丁陆夷期货公司首席风险官任职资格的批复 | 期货部 | | 2009－2－11 |
| 26 | 证监许可〔2009〕134 号 | 关于核准戎萍期货公司首席风险官任职资格的批复 | 期货部 | | 2009－2－18 |
| 27 | 证监许可〔2009〕137 号 | 关于核准何之寅期货公司首席风险官任职资格的批复 | 期货部 | | 2009－2－18 |
| 28 | 证监许可〔2009〕138 号 | 关于核准邹莹期货公司首席风险官任职资格的批复 | 期货部 | | 2009－2－18 |
| 29 | 证监许可〔2009〕139 号 | 关于核准肖静期货公司首席风险官任职资格的批复 | 期货部 | | 2009－2－18 |

续表

| 序号 | 发文字号 | 标题 | 部门 | 项目 | 发文日期 |
|---|---|---|---|---|---|
| 30 | 证监许可〔2009〕148 号 | 关于核准王树峰期货公司首席风险官任职资格的批复 | 期货部 | | 2009－2－19 |
| 31 | 证监许可〔2009〕156 号 | 关于核准程小笛期货公司首席风险官任职资格的批复 | 期货部 | | 2009－2－23 |
| 32 | 证监许可〔2009〕157 号 | 关于核准段绍宁期货公司首席风险官任职资格的批复 | 期货部 | | 2009－2－23 |
| 33 | 证监许可〔2009〕158 号 | 关于核准吴征期货公司首席风险官任职资格的批复 | 期货部 | | 2009－2－23 |
| 34 | 证监许可〔2009〕159 号 | 关于核准叶欣期货公司首席风险官任职资格的批复 | 期货部 | | 2009－2－23 |
| 35 | 证监许可〔2009〕160 号 | 关于核准谢水林的期货公司首席风险官任职资格的批复 | 期货部 | | 2009－2－23 |
| 36 | 证监许可〔2009〕174 号 | 关于核准贾国荣期货公司首席风险官任职资格的批复 | 期货部 | | 2009－2－25 |
| 37 | 证监许可〔2009〕175 号 | 关于核准曹溪生期货公司首席风险官任职资格的批复 | 期货部 | | 2009－2－25 |
| 38 | 证监许可〔2009〕176 号 | 关于核准梁红漫期货公司首席风险官任职资格的批复 | 期货部 | | 2009－2－25 |
| 39 | 证监许可〔2009〕183 号 | 关于核准京都期货经纪有限公司变更股权的批复 | 期货部 | | 2009－2－27 |
| 40 | 证监许可〔2009〕184 号 | 关于核准长城伟业期货有限公司变更注册资本的批复 | 期货部 | | 2009－3－2 |
| 41 | 证监许可〔2009〕192 号 | 关于核准湖南大有期货经纪有限责任公司变更注册资本的批复 | 期货部 | | 2009－3－4 |
| 42 | 证监许可〔2009〕193 号 | 关于核准上海大陆期货有限公司变更股权的批复 | 期货部 | | 2009－3－4 |
| 43 | 证监许可〔2009〕194 号 | 关于核准上海浙石期货经纪有限公司变更股权的批复 | 期货部 | | 2009－3－4 |
| 44 | 证监许可〔2009〕195 号 | 关于核准北方期货经纪有限责任公司金融期货经纪业务资格的批复 | 期货部 | | 2009－3－4 |
| 45 | 证监许可〔2009〕196 号 | 关于核准浙江新世纪期货经纪有限公司变更股权的批复 | 期货部 | | 2009－3－4 |
| 46 | 证监许可〔2009〕197 号 | 关于核准华海期货经纪有限公司变更股权的批复 | 期货部 | | 2009－3－4 |
| 47 | 证监许可〔2009〕199 号 | 关于核准韩玉敏期货公司首席风险官任职资格的批复 | 期货部 | | 2009－3－4 |
| 48 | 证监许可〔2009〕200 号 | 关于核准张士波期货公司首席风险官任职资格的批复 | 期货部 | | 2009－3－4 |
| 49 | 证监许可〔2009〕212 号 | 关于核准曾琦琨期货公司首席风险官任职资格的批复 | 期货部 | | 2009－3－6 |
| 50 | 证监许可〔2009〕213 号 | 关于核准王建国期货公司首席风险官任职资格的批复 | 期货部 | | 2009－3－6 |

续表

| 序号 | 发文字号 | 标题 | 部门 | 项目 | 发文日期 |
|---|---|---|---|---|---|
| 51 | 证监许可〔2009〕220 号 | 关于核准杨静期货公司首席风险官任职资格的批复 | 期货部 | | 2009-3-10 |
| 52 | 证监许可〔2009〕221 号 | 关于核准姜海鹰期货公司首席风险官任职资格的批复 | 期货部 | | 2009-3-10 |
| 53 | 证监许可〔2009〕222 号 | 关于核准中国国际期货经纪有限公司变更股权的批复 | 期货部 | | 2009-3-10 |
| 54 | 证监许可〔2009〕232 号 | 关于核准王平期货公司首席风险官任职资格的批复 | 期货部 | | 2009-3-16 |
| 55 | 证监许可〔2009〕243 号 | 关于核准郭新春期货公司首席风险官任职资格的批复 | 期货部 | | 2009-3-19 |
| 56 | 证监许可〔2009〕244 号 | 关于核准郭海容期货公司首席风险官任职资格的批复 | 期货部 | | 2009-3-19 |
| 57 | 证监许可〔2009〕249 号 | 关于核准史建章期货公司首席风险官任职资格的批复 | 期货部 | | 2009-3-23 |
| 58 | 证监许可〔2009〕250 号 | 关于核准李克彬期货公司首席风险官任职资格的批复 | 期货部 | | 2009-3-23 |
| 59 | 证监许可〔2009〕251 号 | 关于核准张立新期货公司首席风险官任职资格的批复 | 期货部 | | 2009-3-23 |
| 60 | 证监许可〔2009〕253 号 | 关于核准张利芬期货公司首席风险官任职资格的批复 | 期货部 | | 2009-3-23 |
| 61 | 证监许可〔2009〕256 号 | 关于核准郑勇期货公司首席风险官任职资格的批复 | 期货部 | | 2009-3-30 |
| 62 | 证监许可〔2009〕257 号 | 关于核准龙毅期货公司首席风险官任职资格的批复 | 期货部 | | 2009-3-30 |
| 63 | 证监许可〔2009〕270 号 | 关于核准陈云期货公司首席风险官任职资格的批复 | 期货部 | | 2009-3-31 |
| 64 | 证监许可〔2009〕272 号 | 关于核准广晟期货有限公司金融期货交易结算业务资格的批复 | 期货部 | | 2009-4-2 |
| 65 | 证监许可〔2009〕273 号 | 关于核准中诚期货经纪有限责任公司变更注册资本的批复 | 期货部 | | 2009-4-2 |
| 66 | 证监许可〔2009〕274 号 | 关于核准华西期货有限责任公司金融期货经纪业务资格的批复 | 期货部 | | 2009-4-2 |
| 67 | 证监许可〔2009〕275 号 | 关于核准鑫国联期货经纪有限公司变更注册资本和股权的批复 | 期货部 | | 2009-4-2 |
| 68 | 证监许可〔2009〕276 号 | 关于核准新湖期货有限公司变更注册资本和股权的批复 | 期货部 | | 2009-4-2 |
| 69 | 证监许可〔2009〕277 号 | 关于核准杨明东期货公司首席风险官任职资格的批复 | 期货部 | | 2009-4-2 |
| 70 | 证监许可〔2009〕285 号 | 关于核准中信建投证券有限责任公司为期货公司提供中间介绍业务资格的批复 | 期货部 | | 2009-4-8 |
| 71 | 证监许可〔2009〕292 号 | 关于核准傅丽峰期货公司首席风险官任职资格的批复 | 期货部 | | 2009-4-9 |

续表

| 序号 | 发文字号 | 标题 | 部门 | 项目 | 发文日期 |
|---|---|---|---|---|---|
| 72 | 证监许可〔2009〕293 号 | 关于核准朱峰期货公司首席风险官任职资格的批复 | 期货部 | | 2009－4－9 |
| 73 | 证监许可〔2009〕294 号 | 关于核准佟强期货公司首席风险官任职资格的批复 | 期货部 | | 2009－4－9 |
| 74 | 证监许可〔2009〕298 号 | 关于核准蓬达期货经纪有限公司变更注册资本和股权的批复 | 期货部 | | 2009－4－10 |
| 75 | 证监许可〔2009〕305 号 | 关于核准东莞证券有限公司为期货公司提供中间介绍业务资格的批复 | 期货部 | | 2009－4－13 |
| 76 | 证监许可〔2009〕316 号 | 关于核准南华期货经纪有限公司变更注册资本和股权的批复 | 期货部 | | 2009－4－17 |
| 77 | 证监许可〔2009〕321 号 | 关于核准株洲冶炼集团股份有限公司外汇风险敞口的批复 | 期货部 | | 2009－4－21 |
| 78 | 证监许可〔2009〕327 号 | 关于核准深圳市中金岭南有色金属股份有限公司外汇风险敞口的批复. | 期货部 | | 2009－4－21 |
| 79 | 证监许可〔2009〕328 号 | 关于核准山西煤炭进出口集团有限公司公告中油吉林化建工程股份有限公司要约收购报告书的批复 | 期货部 | | 2009－4－23 |
| 80 | 证监许可〔2009〕353 号 | 关于核准陈秀美期货公司首席风险官任职资格的批复 | 期货部 | | 2009－5－3 |
| 81 | 证监许可〔2009〕355 号 | 关于核准杨志华期货公司首席风险官任职资格的批复 | 期货部 | | 2009－5－3 |
| 82 | 证监许可〔2009〕356 号 | 关于核准张天骄期货公司首席风险官任职资格的批复 | 期货部 | | 2009－5－3 |
| 83 | 证监许可〔2009〕357 号 | 关于核准王延宏期货公司首席风险官任职资格的批复 | 期货部 | | 2009－5－3 |
| 84 | 证监许可〔2009〕358 号 | 关于核准毛瑞期货公司首席风险官任职资格的批复 | 期货部 | | 2009－5－3 |
| 85 | 证监许可〔2009〕377 号 | 关于核准陈敏期货公司首席风险官任职资格的批复 | 期货部 | | 2009－5－8 |
| 86 | 证监许可〔2009〕378 号 | 关于核准五矿有色金属股份有限公司外汇风险敞口的批复 | 期货部 | | 2009－5－11 |
| 87 | 证监许可〔2009〕379 号 | 关于核准铜陵有色金属集团控股有限公司外汇风险敞口的批复 | 期货部 | | 2009－5－11 |
| 88 | 证监许可〔2009〕380 号 | 关于核准云南驰宏锌锗股份有限公司外汇风险敞口的批复 | 期货部 | | 2009－5－11 |
| 89 | 证监许可〔2009〕381 号 | 关于核准吉林粮食集团进出口有限公司外汇风险敞口的批复 | 期货部 | | 2009－5－11 |
| 90 | 证监许可〔2009〕387 号 | 关于核准天鸿期货经纪有限公司变更股权的批复 | 期货部 | | 2009－5－5 |
| 91 | 证监许可〔2009〕390 号 | 关于核准殷秋红期货公司首席风险官任职资格的批复 | 期货部 | | 2009－5－13 |
| 92 | 证监许可〔2009〕391 号 | 关于核准陆建平期货公司首席风险官任职资格的批复 | 期货部 | | 2009－5－13 |

续表

| 序号 | 发文字号 | 标题 | 部门 | 项目 | 发文日期 |
|---|---|---|---|---|---|
| 93 | 证监许可〔2009〕398号 | 关于核准山西三立期货经纪有限公司变更注册资本和股权的批复 | 期货部 | | 2009-5-19 |
| 94 | 证监许可〔2009〕399号 | 关于核准上海中期期货经纪有限公司金融期货经纪业务资格的批复 | 期货部 | | 2009-5-19 |
| 95 | 证监许可〔2009〕400号 | 关于核准程江波期货公司首席风险官任职资格的批复 | 期货部 | | 2009-5-19 |
| 96 | 证监许可〔2009〕401号 | 关于核准陈笃盛期货公司首席风险官任职资格的批复 | 期货部 | | 2009-5-19 |
| 97 | 证监许可〔2009〕423号 | 关于核准上海永大期货经纪有限公司变更股权的批复 | 期货部 | | 2009-5-22 |
| 98 | 证监许可〔2009〕424号 | 关于核准中银国际期货有限责任公司变更注册资本的批复 | 期货部 | | 2009-5-22 |
| 99 | 证监许可〔2009〕465号 | 关于核准神华期货经纪有限公司变更注册资本和股权的批复 | 期货部 | | 2009-6-4 |
| 100 | 证监许可〔2009〕466号 | 关于核准辽粮期货经纪有限公司变更股权的批复 | 期货部 | | 2009-6-4 |
| 101 | 证监许可〔2009〕467号 | 关于核准黄常春期货公司首席风险官任职资格的批复 | 期货部 | | 2009-6-4 |
| 102 | 证监许可〔2009〕479号 | 关于核准上海中期期货经纪有限公司变更注册资本和股权的批复 | 期货部 | | 2009-6-5 |
| 103 | 证监许可〔2009〕495号 | 关于核准朱秋滨期货公司首席风险官任职资格的批复 | 期货部 | | 2009-6-8 |
| 104 | 证监许可〔2009〕496号 | 关于核准中谷粮油集团公司外汇风险敞口的批复 | 期货部 | | 2009-6-8 |
| 105 | 证监许可〔2009〕497号 | 关于核准中国国际石油化工联合有限责任公司外汇风险敞口的批复 | 期货部 | | 2009-6-8 |
| 106 | 证监许可〔2009〕525号 | 关于核准中晟期货经纪有限公司变更注册资本和股权的批复 | 期货部 | | 2009-6-17 |
| 107 | 证监许可〔2009〕546号 | 关于核准陈逢锐期货公司首席风险官任职资格的批复 | 期货部 | | 2009-6-18 |
| 108 | 证监许可〔2009〕547号 | 关于核准王永福期货公司首席风险官任职资格的批复 | 期货部 | | 2009-6-18 |
| 109 | 证监许可〔2009〕558号 | 关于核准鲍海松期货公司首席风险官任职资格的批复 | 期货部 | | 2009-6-23 |
| 110 | 证监许可〔2009〕561号 | 关于核准何彦期货公司首席风险官任职资格的批复 | 期货部 | | 2009-6-24 |
| 111 | 证监许可〔2009〕562号 | 关于核准张世根期货公司首席风险官任职资格的批复 | 期货部 | | 2009-6-24 |
| 112 | 证监许可〔2009〕570号 | 关于核准贾丽娜期货公司首席风险官任职资格的批复 | 期货部 | | 2009-6-26 |
| 113 | 证监许可〔2009〕572号 | 关于核准郭恒军期货公司首席风险官任职资格的批复 | 期货部 | | 2009-6-26 |

续表

| 序号 | 发文字号 | 标题 | 部门 | 项目 | 发文日期 |
| --- | --- | --- | --- | --- | --- |
| 114 | 证监许可〔2009〕589 号 | 关于核准云南铝业股份有限公司外汇风险敞口的批复 | 期货部 | | 2009-7-1 |
| 115 | 证监许可〔2009〕590 号 | 关于核准金川集团有限公司外汇风险敞口的批复 | 期货部 | | 2009-7-1 |
| 116 | 证监许可〔2009〕593 号 | 关于核准唐宁期货公司首席风险官任职资格的批复 | 期货部 | | 2009-7-3 |
| 117 | 证监许可〔2009〕596 号 | 关于核准信达证券股份有限公司为期货公司提供中间介绍业务资格的批复 | 期货部 | | 2009-7-3 |
| 118 | 证监许可〔2009〕597 号 | 关于核准西部证券股份有限公司为期货公司提供中间介绍业务资格的批复 | 期货部 | | 2009-7-3 |
| 119 | 证监许可〔2009〕611 号 | 关于核准徐兵期货公司首席风险官任职资格的批复 | 期货部 | | 2009-7-7 |
| 120 | 证监许可〔2009〕613 号 | 关于核准华安期货有限责任公司变更注册资本和股权的批复 | 期货部 | | 2009-7-8 |
| 121 | 证监许可〔2009〕618 号 | 关于核准银建期货经纪有限责任公司变更股权的批复 | 期货部 | | 2009-7-9 |
| 122 | 证监许可〔2009〕619 号 | 关于核准安信期货有限责任公司变更股权和注册资本的批复 | 期货部 | | 2009-7-9 |
| 123 | 证监许可〔2009〕626 号 | 关于核准胡俊罡期货公司首席风险官任职资格的批复 | 期货部 | | 2009-7-10 |
| 124 | 证监许可〔2009〕638 号 | 关于核准广发期货有限公司变更注册资本的批复 | 期货部 | | 2009-7-13 |
| 125 | 证监许可〔2009〕649 号 | 关于核准牟存期货公司首席风险官任职资格的批复 | 期货部 | | 2009-7-17 |
| 126 | 证监许可〔2009〕667 号 | 关于核准中天期货经纪有限公司金融期货经纪业务资格的批复 | 期货部 | | 2009-7-21 |
| 127 | 证监许可〔2009〕689 号 | 关于核准朱建国期货公司首席风险官任职资格的批复 | 期货部 | | 2009-7-27 |
| 128 | 证监许可〔2009〕690 号 | 关于核准季新华期货公司首席风险官任职资格的批复 | 期货部 | | 2009-7-27 |
| 129 | 证监许可〔2009〕699 号 | 关于核准天津金谷期货经纪有限公司变更股权的批复 | 期货部 | | 2009-7-29 |
| 130 | 证监许可〔2009〕700 号 | 关于核准宋禹和期货公司首席风险官任职资格的批复 | 期货部 | | 2009-7-29 |
| 131 | 证监许可〔2009〕701 号 | 关于核准梁晓期货公司首席风险官任职资格的批复 | 期货部 | | 2009-7-29 |
| 132 | 证监许可〔2009〕702 号 | 关于核准孙明期货公司首席风险官任职资格的批复 | 期货部 | | 2009-7-29 |
| 133 | 证监许可〔2009〕703 号 | 关于核准陈志中期货公司首席风险官任职资格的批复 | 期货部 | | 2009-7-29 |
| 134 | 证监许可〔2009〕728 号 | 关于核准中期嘉合期货经纪有限公司变更股权的批复 | 期货部 | | 2009-8-3 |

续表

| 序号 | 发文字号 | 标题 | 部门 | 项目 | 发文日期 |
|---|---|---|---|---|---|
| 135 | 证监许可〔2009〕733号 | 关于核准中国国际期货经纪有限责任公司变更股权和注册资本的批复 | 期货部 | | 2009-8-3 |
| 136 | 证监许可〔2009〕766号 | 关于核准杨昕期货公司首席风险官任职资格的批复 | 期货部 | | 2009-8-7 |
| 137 | 证监许可〔2009〕767号 | 关于核准侯金涛期货公司首席风险官任职资格的批复 | 期货部 | | 2009-8-7 |
| 138 | 证监许可〔2009〕769号 | 关于核准蔡英军期货公司首席风险官任职资格的批复 | 期货部 | | 2009-8-9 |
| 139 | 证监许可〔2009〕823号 | 关于核准吴磊期货公司首席风险官任职资格的批复 | 期货部 | | 2009-8-21 |
| 140 | 证监许可〔2009〕824号 | 关于核准吴育娜期货公司首席风险官任职资格的批复 | 期货部 | | 2009-8-21 |
| 141 | 证监许可〔2009〕825号 | 关于核准郭寒冰期货公司首席风险官任职资格的批复 | 期货部 | | 2009-8-21 |
| 142 | 证监许可〔2009〕826号 | 关于核准张敏容期货公司首席风险官任职资格的批复 | 期货部 | | 2009-8-21 |
| 143 | 证监许可〔2009〕827号 | 关于核准杨毓期货公司首席风险官任职资格的批复 | 期货部 | | 2009-8-21 |
| 144 | 证监许可〔2009〕828号 | 关于核准赵炎期货公司首席风险官任职资格的批复 | 期货部 | | 2009-8-21 |
| 145 | 证监许可〔2009〕829号 | 关于核准李英英期货公司首席风险官任职资格的批复 | 期货部 | | 2009-8-21 |
| 146 | 证监许可〔2009〕830号 | 关于核准尤心期货公司首席风险官任职资格的批复 | 期货部 | | 2009-8-21 |
| 147 | 证监许可〔2009〕831号 | 关于核准于怀宇期货公司首席风险官任职资格的批复 | 期货部 | | 2009-8-21 |
| 148 | 证监许可〔2009〕832号 | 关于核准黄步一期货公司首席风险官任职资格的批复 | 期货部 | | 2009-8-21 |
| 149 | 证监许可〔2009〕833号 | 关于核准李妍期货公司首席风险官任职资格的批复 | 期货部 | | 2009-8-21 |
| 150 | 证监许可〔2009〕834号 | 关于核准陈安桂期货公司首席风险官任职资格的批复 | 期货部 | | 2009-8-21 |
| 151 | 证监许可〔2009〕835号 | 关于核准汪一青期货公司首席风险官任职资格的批复 | 期货部 | | 2009-8-21 |
| 152 | 证监许可〔2009〕836号 | 关于核准邓茗俸期货公司首席风险官任职资格的批复 | 期货部 | | 2009-8-21 |
| 153 | 证监许可〔2009〕837号 | 关于核准孟晖期货公司首席风险官任职资格的批复 | 期货部 | | 2009-8-21 |
| 154 | 证监许可〔2009〕844号 | 关于核准科信期货经纪有限公司变更注册资本和股权的批复 | 期货部 | | 2009-8-24 |
| 155 | 证监许可〔2009〕846号 | 关于核准海通期货有限公司变更注册资本和股权的批复 | 期货部 | | 2009-8-26 |

续表

| 序号 | 发文字号 | 标题 | 部门 | 项目 | 发文日期 |
|---|---|---|---|---|---|
| 156 | 证监许可〔2009〕866 号 | 关于核准乾坤期货有限公司变更股权的批复 | 期货部 | | 2009－8－28 |
| 157 | 证监许可〔2009〕868 号 | 关于核准江苏苏物期货经纪有限公司变更股权的批复 | 期货部 | | 2009－8－28 |
| 158 | 证监许可〔2009〕869 号 | 关于核准云南铜业集团有限公司外汇风险敞口的批复 | 期货部 | | 2009－8－28 |
| 159 | 证监许可〔2009〕870 号 | 关于核准中国中化集团公司外汇风险敞口的批复 | 期货部 | | 2009－8－28 |
| 160 | 证监许可〔2009〕871 号 | 关于核准河南豫光金铅股份有限公司外汇风险敞口的批复 | 期货部 | | 2009－8－27 |
| 161 | 证监许可〔2009〕872 号 | 关于核准中国中纺集团公司外汇风险敞口的批复 | 期货部 | | 2009－8－27 |
| 162 | 证监许可〔2009〕873 号 | 关于核准中铝国际贸易有限公司外汇风险敞口的批复 | 期货部 | | 2009－8－27 |
| 163 | 证监许可〔2009〕874 号 | 关于核准中国联合石油有限责任公司外汇风险敞口的批复 | 期货部 | | 2009－8－27 |
| 164 | 证监许可〔2009〕876 号 | 关于核准大通证券股份有限公司为期货公司提供中间介绍业务资格的批复 | 期货部 | | 2009－8－31 |
| 165 | 证监许可〔2009〕891 号 | 关于核准第一创业期货有限责任公司金融期货经纪业务资格的批复 | 期货部 | | 2009－9－2 |
| 166 | 证监许可〔2009〕902 号 | 关于核准东兴期货有限责任公司变更注册资本的批复 | 期货部 | | 2009－9－7 |
| 167 | 证监许可〔2009〕903 号 | 关于核准上海金城期货经纪有限公司变更股权和注册资本的批复 | 期货部 | | 2009－9－7 |
| 168 | 证监许可〔2009〕904 号 | 关于核准第一创业期货有限责任公司变更股权的批复 | 期货部 | | 2009－9－7 |
| 169 | 证监许可〔2009〕906 号 | 关于核准赵珣期货公司首席风险官任职资格的批复 | 期货部 | | 2009－9－3 |
| 170 | 证监许可〔2009〕931 号 | 关于核准张崇立期货公司首席风险官任职资格的批复 | 期货部 | | 2009－9－8 |
| 171 | 证监许可〔2009〕999 号 | 关于核准潘敏期货公司首席风险官任职资格的批复 | 期货部 | | 2009－9－24 |
| 172 | 证监许可〔2009〕1056 号 | 关于核准金菁期货公司首席风险官任职资格的批复 | 期货部 | | 2009－10－9 |
| 173 | 证监许可〔2009〕1057 号 | 关于核准李挺期货公司首席风险官任职资格的批复 | 期货部 | | 2009－10－9 |
| 174 | 证监许可〔2009〕1058 号 | 关于核准水口山有色金属有限责任公司外汇风险敞口的批复 | 期货部 | | 2009－10－9 |
| 175 | 证监许可〔2009〕1059 号 | 关于核准云南锡业股份有限公司外汇风险敞口的批复 | 期货部 | | 2009－10－9 |
| 176 | 证监许可〔2009〕1060 号 | 关于核准中粮集团有限公司外汇风险敞口的批复 | 期货部 | | 2009－10－9 |

续表

| 序号 | 发文字号 | 标题 | 部门 | 项目 | 发文日期 |
|---|---|---|---|---|---|
| 177 | 证监许可〔2009〕1061号 | 关于核准西部矿业股份有限公司外汇风险敞口的批复 | 期货部 | | 2009-10-9 |
| 178 | 证监许可〔2009〕1062号 | 关于核准袁晓宁期货公司首席风险官任职资格的批复 | 期货部 | | 2009-10-9 |
| 179 | 证监许可〔2009〕1165号 | 关于核准胡宇清期货公司首席风险官任职资格的批复 | 期货部 | | 2009-11-9 |
| 180 | 证监许可〔2009〕1166号 | 关于核准金充泽期货公司首席风险官任职资格的批复 | 期货部 | | 2009-11-9 |
| 181 | 证监许可〔2009〕1167号 | 关于核准关艺娟期货公司首席风险官任职资格的批复 | 期货部 | | 2009-11-9 |
| 182 | 证监许可〔2009〕1232号 | 关于核准浙江省永安期货经纪有限公司变更股权的批复 | 期货部 | | 2009-11-24 |
| 183 | 证监许可〔2009〕1233号 | 关于核准浙江新世纪期货经纪有限公司变更股权的批复 | 期货部 | | 2009-11-24 |
| 184 | 证监许可〔2009〕1236号 | 关于核准上海东证期货有限公司变更注册资本的批复 | 期货部 | | 2009-11-24 |
| 185 | 证监许可〔2009〕1237号 | 关于核准重庆先融期货经纪有限公司变更股权的批复 | 期货部 | | 2009-11-24 |
| 186 | 证监许可〔2009〕1238号 | 关于核准晟鑫期货经纪有限公司变更注册资本和股权的批复 | 期货部 | | 2009-11-24 |
| 187 | 证监许可〔2009〕1239号 | 关于核准万达期货有限公司变更注册资本和股权的批复 | 期货部 | | 2009-11-24 |
| 188 | 证监许可〔2009〕1241号 | 关于核准大华期货变更注册资本及股权的批复 | 期货部 | | 2009-11-24 |
| 189 | 证监许可〔2009〕1242号 | 关于核准象屿期货有限责任公司金融期货经济业务资格的批复 | 期货部 | | 2009-11-24 |
| 190 | 证监许可〔2009〕1243号 | 关于核准象屿期货有限责任公司变更注册资本和股权的批复 | 期货部 | | 2009-11-24 |
| 191 | 证监许可〔2009〕1244号 | 关于核准天津金谷期货经纪有限公司变更注册资本和股权的批复 | 期货部 | | 2009-11-24 |
| 192 | 证监许可〔2009〕1245号 | 关于核准摩根大通期货有限公司变更注册资本的批复 | 期货部 | | 2009-11-24 |
| 193 | 证监许可〔2009〕1247号 | 关于核准中银国际证券有限责任公司为期货公司提供中间介绍业务资格的批复 | 期货部 | | 2009-11-25 |
| 194 | 证监许可〔2009〕1283号 | 关于核准中天期货经纪有限公司变更股权的批复 | 期货部 | | 2009-11-30 |
| 195 | 证监许可〔2009〕1284号 | 关于核准曾华冬期货公司首席风险官任职资格的批复 | 期货部 | | 2009-11-30 |
| 196 | 证监许可〔2009〕1325号 | 关于核准南华期货有限公司变更注册资本和股权的批复 | 期货部 | | 2009-12-7 |
| 197 | 证监许可〔2009〕1327号 | 关于核准北京中期期货经纪有限公司变更注册资本和股权的批复 | 期货部 | | 2009-12-9 |

续表

| 序号 | 发文字号 | 标题 | 部门 | 项目 | 发文日期 |
|---|---|---|---|---|---|
| 198 | 证监许可〔2009〕1347 号 | 关于核准海通期货有限公司变更注册资本和股权的批复 | 期货部 | | 2009－12－11 |
| 199 | 证监许可〔2009〕1348 号 | 关于核准冠华期货经济有限公司变更股权的批复 | 期货部 | | 2009－12－11 |
| 200 | 证监许可〔2009〕1391 号 | 关于核准杨伟坚期货公司首席风险官任职资格的批复 | 期货部 | | 2009－11－15 |
| 201 | 证监许可〔2009〕1438 号 | 关于核准杨艳霞期货公司首次风险官的批复 | 期货部 | | 2009－12－24 |
| 202 | 证监许可〔2009〕1440 号 | 关于核准汤鼎汉斯期货公司首次风险官的批复 | 期货部 | | 2009－12－25 |
| 203 | 证监许可〔2009〕1494 号 | 期货公司首席风险官任职资格核准 | 期货部 | | 2009－12－30 |
| 204 | 证监许可〔2009〕1503 号 | 关于核准中期期货合并国际期货、中期嘉禾基金公司的批复 | 期货部 | | 2009－12－31 |

# 二、信息公开

## (一)信息公开工作综述

2009 年,证监会按照《政府信息公开条例》、《中国证券监督管理委员会证券期货监督管理信息公开办法(试行)》等的要求,坚持规范、透明的工作原则,依法有序推进监管信息公开工作。

**一、切实履行监管信息公开职责**

2009 年,证监会主动公开监管信息 7131 条,其中会机关公开 1509 条,派出机构公开 5622 条。会机关受理监管信息公开申请 6 件,回复 5 件,申请人主动申请撤回 1 件。

**二、编写并公布 2008 年监管信息公开年度报告**

证监会按照《政府信息公开条例》和《中国证券监督管理委员会证券期货监督管理信息公开办法(试行)》的有关要求,根据 2008 年监管信息公开工作情况,编写了《中国证监会 2008 年监管信息公开年度报告》,内容包括信息公开制度建设情况、主动公开监管信息情况、依申请公开监管信息情况、信息公开收费情况、因信息公开引起的行政诉讼、行政复议情况等,并按照规定于 2009 年 3 月 31 日前对外公布。监管信息公开年度报告的编写和公布,有利于总结证监会信息公开工作经验,提高监管工作透明度,也为社会公众了解证监会监管信息公开工作提供了新的途径。

三、逐步完善信息公开目录

为使主动公开监管信息的分类更加准确，查询更加方便，2009年下半年，证监会对监管信息公开目录进行了修订，对部分目录的名称进行了修改，增加了更加详细的二级目录和三级目录，对部分信息进行了重新归类，使内容更加明确细致，同时还增加了高级查询功能。证监会主动公开监管信息的分类更加科学完善，使用人对信息的定位更加准确和便捷。

四、对主动信息公开情况进行清理

为严格依法行政，提高监管工作透明度，督促各部门及时进行信息公开，证监会对2008年5月以来的主动公开信息情况进行了清理，对应公开而未公开或者迟延公开的情况进行了统计，并指派专人督促相关部门及时公开。通过清理工作，提高了各部门对信息公开重要性的认识，有利于建立监管信息公开的长效工作机制。

五、信息公开工作进行自查和整改

按照国务院办公厅的统一部署，证监会于2009年8月对监管信息公开工作进行了为期1个月的自查和整改。在自查过程中，要求系统各单位、会内各部门按照自查整改的各项要求，及时完成主动公开监管信息工作，并针对工作中存在的问题，提出整改报告，逐步扩大主动信息公开的范围。通过自查，及时发现了工作中存在的问题，并针对问题及时进行了整改。

## （二）中国证监会2009年监管信息公开年度报告

根据《政府信息公开条例》（以下简称《条例》）第三十一、三十二条和《中国证券监督管理委员会证券期货监督管理信息公开办法（试行）》（以下简称《办法》）第十七条的有关规定，现将中国证券监督管理委员会2009年度监管信息公开有关情况公布如下：

一、监管信息公开规章制度建设情况

2009年，证监会继续贯彻落实《条例》和《办法》的各项规定，并按照《中国证监会监管信息依申请公开工作指引》、《中国证监会监管信息公开保密审查工作指引》等文件的要求，扎实推进监管信息公开工作。为进一步做好主动公开和依申请公开工作，证监会抓紧制定各项工作的具体流程和工作制度，并对具体操作人员进行培训，将制度和流程真正贯彻到具体工作中。此外，结合本年度实施的监管信息公开自查整改工作，证监会督促各单位、各部门对照《条例》和《办法》的规定，对本单位监管信息公开工作进行梳理、总结和自查，并对相关工作指引进行了进一步完善和修改，对监管信息公开工作制度也进行了进一步优化和改进。

二、监管信息主动公开情况

（一）主动公开的主要内容及数量

证监会主动公开的监管信息范围包括中国证监会及其派出机构的机构设置和工作职责、证券期货规章和规范性文件、证券期货市场发展规划和发展报告、纳入国家统计指标体系的证券期货市场统计信息、行政许可事项核准结果、交易所上市品种的批准结果、监管对象名录、市场禁入和行政处罚决定及其他监管信息等九大类。从2009年1月1日到2009年12月31日,证监会共主动公开监管信息7916条,其中会机关公开1927条,派出机构公开5989条。

(二)新闻发布情况

证监会2009年共组织新闻通气会、媒体座谈会60余次,接待记者2000余人次。

(三)《证监会公告》发布情况

证监会2009年共发布《证监会公告》12期。

(四)政策法规主动征求公众意见情况

2009年中国证监会出台部门规章8件。在规章制定过程中均征求社会公众意见,并根据反馈意见对规章进行了修改。同时,意见的采纳情况也及时向媒体进行了披露。

## 三、依申请公开监管信息情况

2009年,证监会共受理监管信息公开申请11件,其中回复10件,申请人主动申请撤回1件。回复的10件申请中,公开监管信息的7件,因保密原因公开部分监管信息的2件,监管信息不存在的1件,没有不予公开监管信息的情况。具体情况见下表:

| 依申请公开回复情况 | 数量 |
|---|---|
| 全部公开 | 7 |
| 部分公开 | 2 |
| 监管信息不存在 | 1 |
| 不予公开 | 0 |
| 总计 | 10 |

## 四、依申请公开收费情况

按照《条例》的有关规定,证监会目前暂未对信息公开申请人进行收费,待相关部门出台依申请公开收费标准后,再研究制定相关收费项目及金额。

## 五、申请行政复议、提起行政诉讼情况

2009年证监会未收到因申请监管信息公开提起的行政复议或行政诉讼。

## 六、监管信息公开工作存在的主要问题及整改措施

(一)存在的问题

一是存在主动公开信息不及时的现象。在自查整改的过程中,发现个别单位和部门采取了定期公开的方式,由于间隔时间较长,致使少数监管信息的公开时间超过了20个工作日的法定要求。

二是有关工作制度需要完善。《中国证监会监管信息依申请公开工作指引(试行)》实施以来,在规范证监会依申请信息公开办理方面发挥了重要作用。按照《国务院办公厅关于做好政府信息依申请公开工作的意见》(国办发〔2010〕5号)有关精神,相关条款需要进行修订完善。

(二)整改措施

一是加强监督检查。在督促各单位、各部门定期开展信息公开自查工作的同时,适时对其落实情况进行抽查,推动信息公开各责任单位、部门严格按照法定时限公开监管信息,对违反信息公开有关规定的,要严格追究责任。

二是完善相关制度。按照国务院有关文件的精神,及时修订《中国证监会监管信息依申请公开工作指引(试行)》,清晰界定监管信息内涵、明确"一事一申请"的工作原则,完善相关工作流程,不断增强信息公开工作的规范化和适用性程度。

# 三、打击非法证券活动工作

## (一)2009年打击非法证券活动工作综述

2009年,在2007年、2008年有效遏制全国各地非法证券活动蔓延之势的基础上,打击非法证券活动工作取得积极进展。据初步统计,在过去两年逐年下降的基础上,今年前10个月证监系统共收到涉及非法发行股票和非法经营未上市公司股票的信访投诉281件,比去年同期下降了近70%。在调查基础上,将其中54件投诉作为犯罪线索移送公安机关侦查办理,其中已判决16起非法证券活动类案件,共33名犯罪分子获刑。

1. 打击非法证券活动长效机制得以巩固,成效逐渐显现。过去几年在中央和地方层面建立起来的整治非法证券活动的组织架构和监管网络,不仅是打击非法发行股票类违法犯罪活动的重要平台,而且也成为证监系统与相关行政执法和司法机关共同查处证券类违法犯罪活动的工作平台,协调小组各成员单位之间、中央机关与地方政府之间反应快速、密切配合、应对有力的工作机制已基本形成。

2. 以培训为抓手,积极推动打非工作。作为2008年工作的延续,今年证监会先后在湖南、广西、重庆等9省(市、自治区、计划单列市)召开了打非案件研讨分析会,从而完成了在36个证监局所在地区进行此类培训的目标,共计培训公检法打非一线办案人员近4000人。从各地反馈的情况看,参会者普遍反映此类培训针对性强,培训面广,解决了很多打非实践中遇到的难题,效果非常明显。在完成外部培训工作后,证监会还于下半年组织了两次系统内打非工作人员的培训工作,各证监局近两百人参加了培训。

3. 加强指导协调,继续推动重点地区重点案件的办理工作。鉴于陕西一些涉案金额大、涉及人员多、影响面广的案件久拖不决,有的甚至可能出现反复,最高人民法院、最高人民检察院、公安部和证监会四部门联络员组成工作小组,专程到陕西现场督办"交大保赛案"、"益尔高科案"、"重阳生物案"三起案件,切实履行了国务院赋予协调小组的工作职责,取得了积极成效。

4. 及时总结工作,组织编写打非案例。作为打非工作成果的直接体现,过去几年各地司法机关先后宣判了71起与非法发行股票相关的刑事案件,判处了171名犯罪当事人,其中5人因犯集资诈骗罪被判处无期徒刑,10人被判处十年以上有期徒刑,涉案金额达数十亿元。在方方面面的支持、配合下,证监会对这71个案例进行了收集、汇总、整理,辅助以相关理论分析和专业介绍,编写成《打击非法证券活动案例汇编》,计划分发到各地一线办案人员手中,这也是一种事半功倍的宣传培训方式。

5. 加强宣传教育,增强社会公众的识别和防范能力。为加强投资者教育,证监会于年初选择了“第一联邦案”、“美联投案”等5个典型案例,联合新华社、中国证券报、二十一世纪经济报道等十家主要财经媒体,进行广泛宣传,社会反响良好。各证监局结合各自实际,在本辖区内开展了丰富多样的宣传教育活动。

6. 加强交流,建立健全系统内外打非信息共享与交流机制。为加强整治非法证券活动协调小组各成员单位、地方政府、派出机构之间的信息共享和情况交流,在过去几年成功经验的基础上,2009年我们以整治非法证券活动协调小组工作简报为平台,共编写简报20期,及时通报打非动态,交流打非工作经验。

## (二)2009年整治利用网络等媒体开展非法证券投资咨询、非法证券委托理财工作综述

对于利用网络等媒体开展非法证券活动损害投资者利益和证券市场秩序问题,国务院高度重视,要求重视苗头,严厉查处。2008年12月,证监会组织召开整治非法证券活动协调小组联络员工作会议,对整治利用媒体(包括网络、广播、电视、报刊等各类媒体)开展非法证券活动相关事项进行专题研究与部署,进一步明确协作机制及相关工作安排,将打击利用媒体开展非法证券投资咨询、非法证券委托理财活动作为下一步工作重点。2009年维稳工作会上,证监会决定加大整治利用网络等媒体开展非法证券活动力度,维护投资者利益和证券市场秩序。

2009年,中国证监会依靠整治非法证券活动协调小组各成员单位和地方人民政府,围绕“前端监控、媒体净化、案件查处、宣传教育、拓展正道、维护稳定”六个环节,迎难而上,深入开展整治非法证券投资咨询、非法证券委托理财活动,取得了显著成效,为维护市场稳定和社会稳定做出了重要贡献。据不完全统计,截至目前,证监系统各证监局共协调关闭非法证券网站900余个,清理网络非法证券活动信息2600余条,叫停涉及非法机构和人员的广播电视违规证券节目82个,叫停报刊违规证券广告栏目28个;累计开展非法证券活动现场摸查1100多次,向公安部门通报或移送非法证券活动案件或线索785件,配合公安机关立案侦破案件91起,抓捕犯罪嫌疑人300余人,协调工商部门取缔非法机构25个;开展投资者教育活动120余场,组织动员证券公司开展正面宣传和投资者教育10,000余次,发送防范非法证券活动短信2400多万条,通过媒体公示非法网站和非法机构黑名单868个;妥善处理投资者维权投诉1521件,处理案件线索举报2165件。随着宣传和整治力度的加强,非法证券活动的蔓延势头得到了有效遏制,投资者自我保护意识正逐步增强。

### 一、加大媒体监控,形成监控网络

在前端监控方面,一是证监会、证券业协会对新浪、搜狐、网易、和讯、百度等主要网站集中监控,发现锁定非法网站广告链接,收集非法证券活动广告招揽信息。二是各地证监局分别对IP地址注册在本辖

区的网站持续监控，形成持续监控机制，建立辖区主要财经网站监控台账。三是动员证券公司营业网点收集非法网站和非法证券活动信息，扩大监控范围，形成监控网络。四是各地证监局安排专人对辖区电视、广播、报刊等媒体持续监控，清理无资格人员参与证券节目及非法证券广告。

## 二、加强媒体净化，创新方式方法

在媒体净化方面，一是切断主要网站非法证券活动信息传播渠道。在国新办支持下，我会召集新浪、搜狐、网易、和讯、金融界5家网站，讲政策，明责任，要求主动清理非法证券活动信息，持续加强资质审查，拒绝为非法证券活动提供传播渠道和便利。二是各地证监局依照《广告法》、《广播电视广告播出管理办法》等有关法律、法规，协调地方宣传、公安、广电、网监、通信管理等部门，关闭非法网站，清理网络非法证券活动信息，叫停涉及非法机构和人员的广播电视违规证券节目和报刊违规证券广告栏目。三是配合广电总局制定《关于加强互联网证券期货讯息、广告宣传等专业性视听节目服务管理的通知》，加强网络视听证券节目管理。四是证券公司、证券投资咨询机构对本公司网站自查自纠，杜绝为非法证券活动提供便利。

## 三、抓紧案件查处，破获典型案件

在案件查处方面，系统各单位配合地方政府、公安机关、工商部门联合行动，密切协作，查处了一批典型案件，摸索形成了有效的工作方法。一是强化与地方各级公安经侦及网监部门尤其是基层经侦部门的沟通交流，加强整非执法协作，建立联合执法机制。二是及时向公安机关移送非法经营证券业务案件及线索，建立了分级分类向公安机关移送非法证券犯罪线索的机制。三是为公安经侦部门查办非法经营证券业务案件提供专业支持，及时依法出具有关认定意见，并就如何查办有关案件提出有益建议。四是专门从法制、稽查、机构监管、信息调研等处室抽调业务骨干，与公安机关开展重点案件现场联合执法行动。

## 四、加强宣传教育，提高防范意识

在宣传教育方面，一是通过新华社、中央电视台、证券类报纸等媒体召开三次新闻通气会，明确整治要求，警示投资者不要上当受骗。二是在中国证监会官方网站、证券业协会和投资者保护基金网站持续公示证券公司、证券投资咨询机构名称、地址、网址及业务范围等基本信息，提醒投资者在获取证券服务时注意核实业务资质。三是各地证监局、证券业协会通过报纸、电视、手机短信等渠道，采取开辟网站专栏、编印案例手册、专题培训、报告会、街头宣讲、“打非宣传周”等多种形式，开展投资者教育活动专场。四是组织动员证券公司采取张贴风险提示布告、接受媒体采访、编印宣传手册等形式，开展正面宣传。五是通过报纸、门户网站、财经网站等媒体公示非法网站和非法机构“黑名单”。六是通过开展“整治非法证券活动宣传月”、编发非法证券活动典型案例等方式，提高投资者风险防范意识。

## 五、努力拓展正道，压缩非法空间

针对当前证券投资咨询业务定位不清、难以满足投资者需求和市场发展需要等问题，组织行业力量，借鉴境外市场和立法经验，以服务投资者为核心，以市场需求为导向，明确证券投资咨询业务定位、功能和边界，拟出台《投资顾问业务规则》和《发布研究报告业务规则》，完善基础制度建设。逐步还原媒体证券节目信息传播的本来面目，引导证券经营机构快速从“媒体股评”向专业化证券研究和投资顾问服务转变,严控媒体证券广告及揽客行为。要求证券公司、证券投资咨询机构全面提升服务水平,提高证券投资咨询服务和证券资产管理业务的适当性和覆盖率,满足投资者专业服务和理财需求,压缩非法证券活动生存空间。

**六、重视信访投诉,维护市场稳定**

维护社会稳定,始终贯穿证券监管和整治非法证券活动工作各个方面。从维护稳定出发,整治工作采取先宣传教育、再媒体净化、逐步展开打击行动,平稳有序推进。将信访投诉作为案件线索来源、投资者教育和化解社会矛盾的重要渠道,完善信访工作机制,明确信访答复口径,定期统计分析信访情况,及时发现苗头性、倾向性问题和不稳定因素。妥善处理投资者维权投诉和案件线索举报,答复投资者来电查询机构业务资质。各地证监局密切关注媒体净化和案件查处中的不稳定因素,配合地方政府,摸清风险状况,周密制定风险预案,妥善处理案件查处善后事宜。

在国务院正确领导下,依靠地方政府、公安机关、司法机关和国务院有关部门的支持配合,整治工作取得初步成效。各地协作机制已经发挥作用。宣传教育工作产生积极影响,投资者防范风险意识有所增强。主要门户网站、财经网站、地方网站上的非法证券活动信息大幅减少,媒体净化效果明显。典型案件查处震慑了一批不法分子。

# 四、案 件 稽 查

## 2009年稽查执法工作综述

2009年,稽查局(首席稽查办公室)面对市场发展的新情况,以科学发展观为统领,认真分析研究执法工作面临的新形势、新问题,进一步提高做好稽查执法工作对资本市场创新发展、保护投资者合法权益的重要作用。围绕会党委中心工作,以“抓要案、重协调、强基础、促创新、炼队伍”为工作主线,以提高执法质量、效率和效果为目标,认真履行组织、指挥、协调、督导的职责,在压力大、任务重、人员少的情况下,按计划稳步推进各项工作,同时结合市场形势和变化,把握工作节奏,突出工作重点,圆满完成年初确定的重点工作,取得了明显成效。

### 一、稽查执法工作情况及成果

(一)加大执法力度,执法成果显著

面对违法违规案件逐年增长,手段更加复杂、多样和隐蔽的严峻形势,稽查局积极采取应对措施,加大执法力度:

第一,拓宽和完善情报渠道,提高线索发现能力。一是健全信息情报沟通机制,加大发现力度。1. 进一步完善“三方联席”会议制度,稽查局、沪深交易所通过定期会商的形式,分析违法违规的新趋势、新特点,明确打击重点,提出有效的应对措施，提高了执法的针对性。2. 建立跨交易所异常交易监管信息通报机制，以稽查局为枢纽，互相通报证券、期货异常交易监管信息，实现监管联动。二是探索异常交易线索的定期反馈机制。为了提高线索处理的及时性和准确性，稽查局与交易所初步建立了异常交易监管信息联络员制度和线索处理情况定期反馈制度，起草了异常交易监管信息通报指引。三是加强对舆情的监控。密切关注市场中的热点问题，进一步加强对媒体信息的分析和判断，对涉嫌违法违规的线索及时展开调查。

第二，开展专项执法，遏制违法行为的蔓延。今年以来，开展多项针对苗头性、趋势性违法行为的专项执法行动，取得了突出效果：一是在年报披露前后，集中对上市公司股东、高管涉嫌内幕交易、短线交易、信息敏感期违规等行为进行专项查处；二是通过总结经验，提高了对股评"黑嘴"抢帽子操纵类案件的发现能力，集中进行专项打击，及时对"国贸盛乾"等十多起同类行为立案，有效打击了此类新型违法行为；三是配合IPO重启、创业板推出工作，针对新股上市过程中出现的操纵股价、扰乱市场秩序行为，对一批涉嫌短线操纵的账户及时实施调查，遏制恶炒新股的风气。

第三，抓好大要案的查办，提升执法威慑力。今年以来，稽查局组织查办了大股东挪用上市公司资金的天目药业等案件，通过公布查处的案件向市场传递证监会打击大股东背信侵占上市公司利益行为的态度和决心；集中力量快速查处了市场高度关注的张野"老鼠仓"案、"高淳陶瓷"内幕交易案、"华夏建通"虚假陈述案；积极配合公安机关快速侦破了利用木马病毒盗卖他人账户证券的"熊冬冬"案，有效维护了市场秩序，市场反响良好。

第四，加大处罚执行力度，体现执法效果。稽查局认真借鉴其他行政机关的执行工作经验，加强对派出机构的组织协调，根据证券市场特点，结合具体案件情况，不断创新执法工作方式，加大催缴力度。截至2009年12月31日，新增罚没款5078.04万元，罚没款收缴到账25866.45万元，特别是成功将"汪建中"案的1.8亿元罚没款执行完毕，对违法违规行为起到极大的震慑作用。同时，稽查局与深交所综合研究所联合，开展了《证券市场行政处罚执行问题》课题研究，对我会执行工作中存在的问题及改进措施进行了深入的探讨和研究，并将相关研究成果应用到具体案件执行中。

在全系统稽查干部的共同努力下，今年1－12月底，共受理案件线索222件，新增各类调查案件206起（其中非正式调查121起）；新增立案案件中，信息披露违法违规案20起，内幕交易案20起，市场操纵案16起，基金"老鼠仓"案4起，其他类型案件25起。派出机构完成案件调查56起，其中移交行政处罚委员会45起，移送公安机关11起；完成非正式调查154起，其中42起正式立案调查。

（二）加强组织协调，增强稽查执法合力

为了充分发挥稽查体制的优势，增强执法合力，年初我会下发了《关于稽查工作分工协作的指导意见》，从制度层面明确了各稽查部门的职责分工，提前介入、非正式调查和立案稽查的程序，同时，对案件督导、案情发布、稽查考评等工作做出明确要求。稽查局认真贯彻落实《指导意见》的要求：一是牢固树立"围绕中心，服务全局"的思想。紧紧围绕全会中心工作，配合不同时期我会推出的重要改革举措，确定执法重点，为资本市场改革发展保驾护航。二是牢固树立服务意识，尽最大努力为调查工作提供各种支持和支援。三是改进督导方式，加强沟通协调，探索分层次的督导模式,加大重点案件的督导力度,帮助调查组解决疑难问题,提高案件协调的有效性。四是注意调动稽查系统各单位的积极性,提高执法整体效力。在调查任务分配上,充分考虑派出机构和总队各自优势;统筹考虑派出机构之间案件均衡问题。五是加强与处罚委、法律部、日常监管部门等会内相关部门的沟通协作,及时通报、反馈执法情况与监管建议,分工合作,提升打击和防范证券期货违法违规行为的合力。

(三)加强基础制度建设,夯实执法工作基础

第一,结合执法实践,积极推动立法,完善证券市场法制环境。一是结合"唐建"、"王黎敏"等基金经理"老鼠仓"案件的查处情况,积极协助相关法律的修改。今年,《刑法修正案(七)》新增了"金融从业人员背信交易罪",对基金经理"老鼠仓"行为立法定罪。二是通过专题研究、召开案例研讨会等方式,针对当前操纵市场、内幕交易行为出现的手法多、变化快、隐蔽性强等新特点,对适用《证券市场操纵行为认定指引(试行)》、《证券市场内幕交易行为认定指引(试行)》及异常交易行为的监控、调查、认定进行研讨,为完善指引做了基础性探讨工作,同时积极协助相关司法解释出台。三是结合办案过程中反映出的问题,积极向法律部提出完善法律法规的建议,如建议完善大股东占用资金的行政责任追究制度,明确破产上市公司的信息披露义务主体,将利用内幕信息以外的其他非公开信息进行证券交易的行为纳入行政监管范围等。四是总结近两年查封、冻结工作的经验和问题,提出进一步完善相关制度的建议。

第二,总结办案经验,编写调查指引、案例分析,形成基础性工作成果。一是分类制定案件的调查取证指引,更好地指导案件调查工作。二是组织派出机构对以前年度典型案例进行分析总结,2002－2004年典型案例分析已完成编写即将分册出版,2005年案例分析基本完成编写,正在统稿阶段。三是总结案件调查中发现的问题,及时向相关部门反馈有关监管建议。

第三,加强诚信档案基础建设工作。一方面,完善《稽查局诚信档案工作制度》,明确职责分工,细化各类诚信信息的录入要求和操作细节。另一方面,为适应诚信建设需要,结合自身工作实践,建议并增加了执行信息的录入内容,将罚没款不及时上交的公司与个人记入诚信档案。截至12月31日,稽查局共录入诚信档案信息1343条,其中立案信息1056条,涉嫌犯罪案件移送信息126条,执行信息66条,其他信息95条。这些执法信息,已成为考量市场主体诚信的重要依据,对提高我会整体监管水平发挥重要作用。

(四)加大执法宣传力度,强化对市场的预防教育

处罚与预防相结合是执法工作的根本原则,严厉的打击惩处与有力的执法宣传相互配合,才能更好地起到警示违法违规行为,教育广大投资者的目的。今年,稽查局进一步加强执法信息披露,扩大披露范围、深度,提高披露时效,收到了较好效果。一是继续加大案情发布力度,配合办公厅召开了5次案情发布会,向媒体及时通报了张野案、五粮液案等23起案件的查处情况。同时,积极探索案件的及时披露问题。二是通报重点打击违法违规行为的情况,对媒体介绍了中国证监会近年来对内幕交易、操纵市场案件的整体查处情况,向市场传递了中国证监会严厉查处内幕交易、操纵市场等各类违法违规行为的态度与决心。三是对重点案件进行深度报道,配合相关媒体就杭萧钢构等已获司法判决的重大案件进行系统宣传。四是发布综合执法信息,通报了2008年以来证券违法案件移

送公安机关加强刑事打击的有关情况和2009年上半年执法综合数据。五是配合相关证监局对上市公司、证券公司、基金公司及其他中介机构的高管人员进行以案说法培训，通过案例讲解，强化了市场主体的守法意识。

（五）加强与公安、司法机关的沟通与协作，加大刑事追责力度

一是加强了与公安、检察院、法院等司法机关的沟通，通过举办联合培训、案件研讨会等形式，共同加强对证券期货违法违规趋势、特点的掌握，在打击证券期货犯罪方面形成更多的共识。二是与公安机关开展对证券期货犯罪案件刑事移送程序和移送证据标准的研究。三是通过个案探索公安提前介入或联合办案模式。

（六）加强专业培训与激励，提高执法能力和水平

第一，加强培训，提高干部素质。今年，共组织各类稽查培训13期，参训人员达到1900余人次，培训工作主要有以下方面特点：一是起草《2010－2014年中国证监会稽查干部培训规划》，制定《交易所学习考察培训管理规定》，建立稽查干部培训工作的长效机制。二是组织编写《证券期货违法案件的调查与审理》教材，固化培训成果，实现资源共享。三是结合稽查执法工作实际，提高培训针对性，突出培训重点，侧重办案技巧培训，组织了“行政调查询问笔录”、“我会胜诉行政诉讼案件”、“创业板监管与执法”、“初任稽查干部”等各类专题培训。四是召开专题研讨会，讨论工作中遇到的认定、法律适用等问题，进一步统一认识，提高案件办理质量。五是开展跨部门、跨领域的执法培训合作，与公安、检察部门联合举办培训，邀请香港证监会、中国人民银行的业内专家授课，与美国证监会联合举办证券执法专题培训，进一步拓宽了稽查干部的知识面。六是培训方式更加多样，引入案例研讨、以干代训、现场考察、视频培训等多种方式。

第二，开展评功评奖活动，调动稽查干部的积极性。我们对前两届稽查评奖工作进行深入分析总结，结合派出机构和有关部门的意见和建议，研究提出了进一步完善稽查评奖工作，在新的稽查体制下充分调动稽查干部积极性的相关建议。目前，2009年度评功评奖工作正在有序地组织中。

第三，创办《稽查工作动态》，搭建稽查系统沟通交流的平台。《稽查工作动态》为稽查干部提供一个交流办案经验、展现理论研究成果的平台，目前《稽查工作动态》已印发了4期，受到各方关注，反映很好，起到了增进相互了解和信息交流，加强执法理论研究与执法实践相结合的作用。

（七）深入推进证券期货行业反洗钱工作

一是开展广泛的调研工作，全面摸清行业反洗钱工作底数，并积极与人民银行沟通解决行业反洗钱工作遇到的突出问题。二是推动建立一行三会反洗钱信息定期通报制度。三是牵头建立了证监会反洗钱工作内部联席会议机制，加强沟通和协调，发挥各自监管优势，及时解决突出问题。四是建立健全反洗钱规则。起草了《证券期货行业反洗钱工作实施办法》，规范行业反洗钱工作；指导证券期货业协会制定了反洗钱客户风险等级划分标准指引；推动将反洗钱的要求纳入日常监管制度。五是建立反洗钱培训、宣传和激励机制，以举办反洗钱培班、知识竞赛、专题讲座、开设网站专栏等多种形式，广泛、生动地开展反洗钱宣传，推动全行业反洗钱工作。

（八）完善跨境执法合作模式，有序推进涉外执法工作开展

随着境内外资本市场联系的日益紧密,跨境执法协作事项的数量迅速增加,境外监管机构请求协助调查的内容也更加复杂和敏感,为此,稽查局认真总结这些年跨境执法合作的经验和问题,进一步完善涉外执法协作的模式,建立分类处理机制,有序、妥善地处理协查案件,维护了中国证监会在执法协作中的国际形象。截至12月31日,今年稽查局共办理跨境执法协作事项58件,办结33件。此外,积极配合会内相关部门,完成国际证监会组织(IOSCO)有关执法工作情况的评估。

(九)加强机关自身建设,创建学习型机关,提高全员综合素质

一是加强廉政建设,确保公正执法。不断加强廉政制度建设,认真落实廉政责任制,注重持续的廉政教育和警示。二是加强能力建设,形成学习氛围。积极开展"学习型机关"建设,成立法律、会计和办案实务等学习小组,组织各种形式的交流研讨,并通过在《稽查工作动态》上发表等方式,固化研讨成果。三是加强作风建设,增强执法凝聚力。建立健全集体领导、分工负责的民主集中制,进一步增强执法协作意识和服务意识。四是加强保密工作,增强保密意识和做好保密工作的自觉性。五是巩固"学习实践科学发展观"活动成果,重视体制、机制的创新,重视建立长效机制,坚定地以科学发展观指导稽查执法工作。

## 二、稽查执法中的经验和体会

回顾2009年的工作,有以下突出特点和体会:

(一)注重突出执法重点,提高执法有效性

这些年来,资本市场在市场规模、市场层次、产品结构和市场主体等方面均发生重大变化,交易产品和业务的创新使交易的复杂程度不断加大,违法违规行为正在发生新的变化,案件逐年增加。面对新形势、新情况,我们跳出就案子看案子的思维模式,从稽查办案根本目的、市场监管对稽查执法要求、违法违规发展趋势等方面多视角思考稽查工作,将工作重点放在两头:即打早打小打苗头,打大打恶打重点。在重点抓大要案、恶性案件的同时,注重遏制与打击苗头性、新类型案件,以防蔓延。在打击方法上,除了及时对具有代表性的个案启动调查外,还根据违法行为蔓延态势,开展专项执法,提高执法威慑力。同时积极回应市场热点,增强投资者信心,如:对于媒体关注的四川金顶、五粮液、张野、高淳陶瓷等涉嫌违法的行为,稽查局及时启动调查程序,相关派出机构快速查清违法事实,这些案件均为当年立案、当年查结的案件。

(二)注重执法创新,提高执法效能

为了顺应资本市场发展的需要,适应违法违规行为不断变化的形势,我们在执法工作中积极探索新模式、新方法。在线索处理方面,由个股的异动分析调整为同一主体多只股票的综合分析,由单个市场的线索发现与分析发展为沪深两个交易所的联动,并加强预研预判,使打击更有针对性、更主动。在协调办案方面,积极探索派出机构之间联合、总队与派出机构联合等办案模式,合理利用稽查资源,提高执法效率,同时充分肯定前期非正式调查单位的工作。在执行工作方面,针对不同案件、不同当事人进行具体分析,采取不同的方法进行催缴。例如,在"武汉新兰德"案件的执行中,我们创设了由证监会解冻相关资金及股票、全程跟踪督导执行过程,力争当事人主动配合、上缴全部罚没款的新型执行方式,节约了执行成本,提高了执行效率。在案件刑事移送方面,探索靠前移送,加大案件刑事追责力度。在执法宣传方面,我们合理把握公开尺度,进行了多层

次、多角度、多类型的执法宣传，探索行政案件阶段性、刑事案件靠前披露，执法的社会认可度明显提升。

（三）注重预研预判，提高执法针对性

今年以来，稽查局积极对市场运行规律、违法违规趋势、新产品新业务的风险等问题进行分析研判，料敌先机，做好预案。针对短线操纵频繁的问题，多次召开案例研讨会，分析总结短线操纵行为的特点，对短线操纵行为的监控、调查、认定进行专题研究；针对新开通的创业板市场以及即将推出的股指期货、融资融券等新业务，加强与交易所和日常监管部门的沟通，预判可能出现的违法违规，提前制定措施，强化协作机制，做好应对风险的准备。同时，加强对违法违规发展变化、稽查工作规律的研究和把握，从政策制定、制度建设方面着手推动执法合力的提升。

（四）注重提高办案质量和效率，提升执法效果

保证案件办理的高质量和高效率，是行政执法的根本要求，也是我们工作不断追求的目标。稽查局在以下方面下大工夫，办案质量和效率明显提高。一是不断提高立案的针对性和准确性；二是优化案件交办方式，完善协调督导模式，改进调查取证方法；三是加强复核环节和复核会审议的质量把关，严格从证据充分性、关联性、逻辑性和针对性等方面进行审核，把好案件出口关；四是复杂案件加强与处罚委、法律部等相关部门的沟通，将常见问题的处理原则形成复核备忘录，供调查工作参考；五是通过审理、复议及诉讼中发现的问题审视案件调查取证工作。

（五）注重实现稽查执法由被动向主动的转变

一是稽查执法的主动性大大增强，服务监管全局的作用进一步显现。“熊冬冬”盗卖账户案，曝露了证券期货经营机构计算机交易系统网络安全问题；张野等基金经理“老鼠仓”案件，反映了行业内突出存在的从业人员背信交易行为。通过快速查处此类案件，促进日常监管部门完善监管，执法联动效果明显。二是积极回应市场热点问题的能力大大增强。过去，稽查执法工作更多的是充当“救火队员”的角色，哪里风险暴发我们就扑向哪里，被动办案，疲于应付。去年以来，我们完成了历史积案的清理，甩掉了沉重的包袱，从而使我们反应更迅速、行动更果断、回应市场热点问题更及时和有效，执法形象不断提升。

（稽查局供稿）

# 五、行 政 处 罚

## （一）2009年行政处罚工作综述

2009年，行政处罚委员会在会党委的正确领导下，深入贯彻落实科学发展观，紧紧围绕证券监管的中心工作，提高案件处理的质量和效率，创新体制机制，有效推进

制度建设,增强案件查处的社会效果,有力保障并支持了证券市场的稳定运行和创新发展。行政处罚委员会共收案89件,结案68件。下发49项行政处罚决定书和14项市场禁入决定书。其中涉及被处罚13家上市公司、3家会计师事务所,3家期货经纪公司,涉及当事人200人。对165人给予警告,对151人给予罚款,吊销了6人的证券从业资格,取消了2人证券投资咨询业务资格,取消了1人基金从业资格;对51人实施了市场禁入,其中16人被实施了终身市场禁入,还首次对在从事上市公司审计业务中未勤勉尽责的注册会计人员实施市场禁入。没收违法所得总计1994.24万元,罚款总计2682.76万元。

## 一、案件审理工作全面提高

2009年,处罚委加大案件审理工作力度,继续提高案件审理的质量和效率。

(一)应对案件量持续增多态势,加大工作力度,结案数量和结案率显著提高

2009年,处罚委面对收案量持续增多的态势,在人员没有增加的情况下,加大工作力度,实现了结案量和结案率的大幅提升。截至2009年12月10日,行政处罚委员会共收案89件,比上年增长了21.9%;已经审结案件68件,结案率为78%,;比上年提高10%。截至12月10日,处罚委2009年共下发49项行政处罚决定书和14项市场禁入决定书。没收违法所得总计1994.24万元,罚款总计2682.76万元。

(二)围绕证监会监管工作重心,快速处理典型案件,保持了较高的审理效率

为配合创业板顺利推出,防范短线炒作之风顺势蔓延,处罚委启动快速审理机制,快速处理了莫建军短线操纵案。整个案件从接收到作出处罚仅用时38天。之后,在《上海证券报》、《二十一世纪经济报道》等5家媒体上进行了深入报道,教育和警示的社会效果明显。

针对融通基金基金经理张野案被媒体曝光,社会关注度较高的特点,审理中又面对适用法律存在难点问题,处罚委通过大量的协调和沟通工作,使得案件在短短37天内就得以审结,让市场及时了解了案件性质和处理方式,加强了证监会执法权威和良好的执法形象。

(三)案件复议率保持平稳,复议维持率上升

2009年行政处罚案件复议人数14人,涉及9个行政处罚案件,当事人复议率6%(200人复议12人)。案件复议率12%,比2008年下降0.5%。截至目前,14起复议案件中行政处罚决定全部得到维持,仅有1起案件中市场禁入部分因政策考虑变更处理,案件复议维持率持续提高。

## 二、行政处罚体制机制改革取得突破

(一)授权部分派出机构行使行政处罚权试点准备工作正式启动

今年,第264次主席办公会会议决定启动派出机构行政处罚试点工作。为了顺利落实这一完善和加强证券行政执法体制的重大举措,2009年11月3日我委组织召开会议,确定了开展试点工作的具体任务和实施步骤,并指出试点工作必须坚持的原则。按照既定安排,11月27日,处罚委在上海召集试点单位召开制度协调会,听取三家试点单位对各个环节的意见和建议,对试点单位起草的行政处罚试点工作的相关制度规章进行了协调,对如何进一步统一制度、优化程序提出了具体建议。

(二)进一步完善处罚委体制机制的思路得到认可

处罚委2009年深入研究了进一步完

善行政处罚体制的思路和方案。10月28日，处罚委向有关会领导和人教部汇报了处罚权下放试点工作涉及的处罚委职能调整和机构设置的问题和建议。随着案件数量逐年增加，处罚委工作量趋于饱和，人手出现严重短缺，特别是明年将增加对实施处罚权试点单位进行备案审查，培训指导和监督协调的工作职责，工作任务将更加繁重。会议指出，按照会领导提出的深化行政处罚体制改革，适应监管形势变化，将在处罚委机构设置和人员配备上给予进一步支持。会议明确，将结合专业职务序列改革试点工作，积极尝试引进专业法官担任行政处罚委专职委员，提高处罚委的权威性和公信力。此外，处罚委还与上海、深圳证券交易所正式建立了沟通合作机制。

## 三、制度建设深度推进，解决长期困扰我会稽查执法的关键性问题取得重要进展

（一）推动最高人民法院行政庭制定证券行政处罚案件证据规则有关司法解释

2009年，处罚委明确了借助司法力量推动确立行政执法证据规则的工作方向和思路，积极协调最高人民法院制订专门的司法解释。2009年5月13日至15日，证监会处罚委、最高人民法院行政庭在杭州联合召开了证券行政执法和行政许可证据问题座谈会，就证券行政案件的举证责任证明标准等提出了看法和建议。在此次会议的基础之上，处罚委起草了《关于证券行政案件证据若干问题的指导意见》（简称《指导意见》）。目前，《指导意见》草案已经递交最高人民法院行政庭征求意见。

（二）继续推进两个《指引》的制定工作

起草《信息披露违法案责任认定指引》和《会计师责任认定指引》是年初证券监管工作会议定下的处罚委重点工作。处罚委在2009年工作中继续组织力量，对该两个《指引》进一步修订完善。目前两个《指引》已经递交最高人民法院征求意见，并计划在经专家论证后正式定稿，有望于明年上半年正式上报批准。

（三）推动最高人民法院制订证券犯罪司法解释

为推动司法力量支持资本市场的稳定和发展，按照统一部署，10月初我会和最高人民法院、最高人民检察院、国务院法制办等共同成立打击证券期货犯罪司法解释专题工作组。我委由副主任带头组织专业人员参加了工作组。经多次会议研究讨论，我委已经形成了内幕交易犯罪、操纵证券期货市场犯罪司法解释的初稿。之后，我委与最高人民法院刑二庭就司法解释初稿进行了沟通，并安排了下一步深入调研和专家论证等重要工作内容。

## 四、多管齐下加大案件宣传，扩大执法效果方面取得积极成效

（一）增强处罚决定的说理性，突出处罚的教育和引导功能

一直以来，处罚委致力于在案件的处罚决定中加强说理性，特别是针对当事人提出的陈述、申辩，一一予以回应，用事实说话，以理服人，降低当事人进行行政复议、诉讼的风险，发挥释明法理、警示教育功能，效果突出。

（二）及时反馈，发挥行政处罚后端优势促进日常监管

在今年工作中，处罚委充分发挥事后监督作用，将发现的监管问题通过签报、专报、专函等形式反馈给前端监管部门，包括案件违法行为的成因、监管中的死角以及法律法规的漏洞等等。

在审理若干上市公司高管非法买卖股票案件中，处罚委发现上海证券交易所没有对上市公司高管在禁售期或限售期的股票进行锁定，也没有采取技术手段防止高

管进行短线交易。处罚委向上海证券交易所发出了《监管建议函》,建议研究上市公司有关人员持有股份及其变动事项的管理与监控问题,采取有效的技术或制度措施,防范相关人员类似违法行为的发生。根据上交所反馈,目前已经采取必要技术手段对高管买卖股票问题进行了规范和限制。

(三)扩大宣传途径,增强行政处罚社会效果

为建立法制宣传长效机制,自2009年2月17日起我委与《上海证券报》联合开辟行政处罚案件宣传专栏"拍案说法",对我委已经处罚完毕的典型案例进行及时宣传。在上证报专栏的基础上,处罚委还探索了立体化宣传模式,扩大宣传范围,将报纸宣传的范围扩大至四家,增加《中国证券报》、《二十一世纪经济报道》和《北京青年报》,并邀请中央电视台对案件的调查、处理以及带来的警示进行深入报道。此外,处罚委委员还为证监会系统、部门、派出机构及交易所培训讲课10余次。

(四)加强案例指导,《证券行政处罚案例判解(第1辑)》正式出版

经过一年多的努力,我委编写的《证券行政处罚案例判解(第1辑)》正式出版。《证券时报》、《上海证券报》等媒体都对该书给予了高度评价。法律出版社反映读者征订也较为踊跃,反响良好。该书在系统内进行发放后,普遍认为该书对执法工作具有很强的现实指导意义,很多派出机构在各种培训中指定为教材。我委将把《判解》作为深度执法宣传的重要阵地继续编写下去,促进证券执法不断规范统一,执法效果和执法权威不断加强。

## 五、加强学习型部门建设,促进执法能力提升

(一)积极推动行政处罚新体制研究

结合我会执法体制和处罚委运行机制进一步完善的发展方向,2009年处罚委继续推进与国家行政学院共同承办的《行政管理体制改革视野下的金融执法(处罚)体制创新》课题研究工作,并召开研讨会,对课题研究成果进行了分析、研究和论证,充分肯定了课题组提出的下一步建立和完善有中国特色的行政执法处罚体制的构想,并就如何进行制度安排和实际操作面临的问题提出相关建议。其后,课题组成员再次召集会议对相关问题进行深入研究,布置了完善课题研究内容的工作。课题报告将在2010年正式完成。

(二)发挥专家优势,深入执法重点领域进行研究

1. 短线操纵监管和处罚问题研究

为迅速有效办理短线操纵案件,针对短线操纵在处罚法律适用以及监管政策上的具体问题,处罚委与上海、深圳证券交易所等加强沟通,由委员带队深入实地进行调研,在青海、深圳等地多次召开专门会议进行研究。在对短线操纵在市场中的现状、发展趋势和监管动态有了较为清晰全面的了解的基础上,对短线操纵行为的界定、法律适用、证据认定和处理方式,以及如何有效监管提出了意见和建议,并以情况专报的方式呈会领导和相关部门,为一线监管部门和调查部门提供了有力的专业支持。

2. 内幕交易认定和处罚问题研究

内幕交易的认定和处理一直以来是执法难点,尤其是其中涉及的证据和事实认定问题。处罚委今年在处理多个内幕交易案件的同时着力进行了规则研究和制定,开创性地提出运用事实推定规则证明当事人"利用"内幕信息,并且通过环境证据获得推定内幕交易成立所需要的"证明优势",当事人则需要提出相反的证据才能阻却对其行为违法性认定。之后,处罚委推动最高人民法院行政庭制定有关证券执

法证据规则司法解释，其中包括了确立上述推定规则。

3. 对“老鼠仓”法律适用问题进行研究

针对市场关注较高的基金从业人员“老鼠仓”行为的违法性质认定和追诉标准问题，处罚委和清华大学于2009年4月共同召开研讨会，邀请政府、高校和司法部门的知名学者共同研究讨论如何认定《刑法修正案（七）》规定的“利用未公开信息交易罪”，研究“未公开信息”的范畴，建议尽快制定追诉标准，以利于后续在《刑（七）》追诉时效内的“老鼠仓”案件有效追究刑事责任。

## （二）2009年作出的行政处罚决定书

# 关于德恒证券有限责任公司有关责任人员张亚光、郭建伟、王维刚违反证券法规的行政处罚决定书

（证监罚字〔2009〕1号）

当事人：张业光，男，1963年出生，时任德恒证券有限责任公司（以下简称德恒证券）董事长。

郭建伟，男，1970年出生，时任德恒证券副总裁。

王维刚，男，1964年出生，时任德恒证券投资管理部总经理。

依据原《中华人民共和国证券法》（以下简称原《证券法》）的有关规定，我会对德恒证券违反证券法律法规一案（责任人部分）进行了立案调查、审理，并依法向当事人告知了作出行政处罚的事实、理由、依据及当事人依法享有的权利，现已调查、审理终结。

经查明，德恒证券存在如下违法违规行为：

**一、挪用客户交易结算资金**

（一）直接挪用客户交易结算资金

截至2004年5月31日，德恒证券各营业部共挪用客户交易结算资金73,721.71万元，德恒证券上海总部挪用客户交易结算资金8410.14万元。

上述违法事实，有德恒证券情况说明、开户资料、资金余额对账单、挪用情况统计表、有关公司的工商登记资料、当事人谈话笔录等证据证明，足以认定。

对此负有领导责任的是张业光、时任德恒证券总裁韩新林、郭建伟、时任德恒证券副总会计师李普选、王维刚、时任德恒证券副总裁邵义政、时任上海友联管理研究中心有限公司（以下简称友联公司）投资管理总部负责人杨力和王恩奎；负有经办责任的是时任德恒证券营业部经理韩镔、余树林、柳丹、吴玉华、辛豪和陶敏。对德恒证券上海总部挪用客户交易结算资金负有领导责任的是德恒证券委托理财、国债回购业务的实际控制人，时任德隆国际战

略投资有限公司法定代表人唐万新、时任友联公司法定代表人唐万川和张业光。

(二)透支挪用客户交易结算资金

截至2004年5月31日,德恒证券沈阳中山路营业部通过透支挪用客户交易结算资金2270.21万元;天津白堤路营业部通过透支挪用客户交易结算资金1918.14万元。

上述违法事实,有德恒证券情况说明、有关营业部透支户的开户资料、对账单、交易资料、有关公司的工商登记资料、有关会议记录、有关人员的情况说明、谈话笔录等证据证明,足以认定。

对此负有领导责任的是郭建伟、李普选和王维刚,负有经办责任的是时任德恒证券营业部经理秦为民和杨海斌。

**二、挪用客户证券**

德恒证券营业部存在挪用委托理财客户国债进行跨账户回购融资的行为。在到期未偿还或未到期的委托理财合同期限内,德恒证券挪用客户国债累计回购融资1,603,656.98万元。截至2004年5月31日,被挪用的委托理财客户国债未到期回购融资余额为239,327.16万元。

上述违法事实,有德恒证券情况说明、开户资料、有关营业部国债回购资料、委托理财资料、三方监管资料、有关公司的工商登记资料、有关会议记录、有关人员的情况说明、谈话笔录等证据证明,足以认定。

对此负有领导责任的是唐万新、唐万川和张业光,负有直接责任的是杨力、王恩奎和王维刚以及时任德恒证券营业部经理韩镔、秦为民、赖孝辉、余树林、柳丹、杨海斌和陶敏。

**三、制作虚假交易记录**

2003年7月至2004年4月间,德恒证券上海华山路营业部根据德恒证券资产管理部的授权,为沈阳合金股份有限责任公司的下属子公司上海星特浩企业有限公司、苏州太湖企业有限公司提供了虚假的国债买卖交割单、对账单及经营情况证明书等文件。

以上违法事实,有德恒证券情况说明、开户资料、对账单、交易资料、有关公司的工商登记资料、有关会议记录、有关人员的情况说明、谈话笔录等证据证明,足以认定。

对此负有领导责任的是杨力、韩新林和郭建伟,对此负有直接责任的是韩镔。

德恒证券挪用客户交易结算资金、国债的行为违反了原《证券法》第七十三条有关禁止挪用客户交易结算资金和证券的规定,构成了原《证券法》第一百九十三条所述挪用客户资金和证券的行为。德恒证券制作虚假交易记录的行为违反了原《证券法》第一百三十八条有关证券公司在经纪业务中应当如实进行交易记录,不得作虚假记载的规定。

鉴于德恒证券违法违规行为性质恶劣,情节十分严重,根据原《证券法》第二百零一条规定,我会于2005年取消了德恒证券公司的证券业务许可并责令其关闭。根据当事人的违法事实、性质、情节与社会危害程度,依据原《证券法》第一百九十三条之规定,我会决定:吊销张业光、郭建伟和王维刚的证券从业资格证书。

我会将对唐万新、唐万川、杨力、王恩奎、韩新林、邵义政、李普选、秦为民、余树林、陶敏、柳丹、韩镔、赖孝辉、杨海斌、吴玉华和辛豪的违法行为另行处理。

当事人如对本处罚决定不服,可在收到本处罚决定书之日起60日内向中国证券监督管理委员会申请行政复议;也可以在收到本处罚决定书之日起3个月内直接向有管辖权的人民法院提起诉讼。复议和诉讼期间,上述决定不停止执行。

# 关于郭凯霞违反证券法规的行政处罚决定书

（证监罚字〔2009〕2 号）

当事人：郭凯霞，女，时任中富证券有限责任公司（以下简称中富证券）代总经理。

依据原《中华人民共和国证券法》（以下简称《证券法》）的有关规定，我会对中富证券违反证券法律法规一案（责任人部分）进行了立案调查、审理，并依法向当事人告知了作出行政处罚的事实、理由、依据及当事人依法享有的权利。应当事人申请，我会举行了听证会，听取并复核了当事人的陈述与申辩意见，现已调查、审理终结。

经查明，中富证券存在如下违法违规行为：

## 一、挪用客户交易结算资金

（一）直接挪用客户交易结算资金

2004 年 3 月 10 日、16 日，中富证券将 19,100 万元资金从客户交易结算资金存款账户转入中国登记结算公司上海分公司，3 月 11 日、16 日、25 日分四次将 16,600万元划回自有资金存款户，之后将 16,500 万元分别转入上海华岳投资管理有限公司、上海西域实业投资有限公司、上海万浦精细设备经销有限公司和上海创索投资管理有限公司。事后，中富证券与金新信托投资股份有限公司（以下简称金新信托）补签了三份《短期资金拆借协议》，协议约定将 16,500 万元拆借给金新信托，年利率为 1.89%，期限为两个月。同时，金新信托提供了四份划款通知书，金新信托指定将 16,500 万元划至上海华岳投资管理有限公司等上述四家公司。

以上违法事实，有中富证券情况说明、有关账户的对账单、资金存取表、原始凭证、开户资料、有关资金划转凭证、协议、相关会议记录、有关公司的工商登记资料、有关人员的情况说明、谈话笔录等证据证明，足以认定。

对上述挪用客户交易结算资金行为直接负责的是时任中富证券计划部经理马建成。

（二）透支挪用客户交易结算资金

中富证券通过透支挪用客户交易结算资金合计 6513.40 万元。其中，截至 2004 年 7 月 23 日，虚拟资金自营透支挪用客户交易结算资金 138 万元；国债回购到期无资金购回造成部分账户透支导致挪用客户交易结算资金 6138 万元；历史遗留透支挪用客户交易结算资金 237.40 万元。

以上违法事实，有中富证券情况说明、有关账户的对账单、资金存取表、原始凭证、开户资料、有关资金划转凭证、协议、相关会议记录、有关公司的工商登记资料、有关人员的情况说明、谈话笔录等证据证明，足以认定。

对上述行为直接负责的是时任中富证券证券投资部经理王永东和王佩。

## 二、挪用委托理财客户的资金、证券

中富证券未经客户授权，挪用委托理财客户的资金、股票和国债，包括挪用委托理财客户购买国债款 29,699 万元,直接买卖“老三股”;挪用委托理财客户证券和资金 14,258.37 万元;将北京通用燃气公司托管在中富证券北京营业部价值 1 亿元的国债进行回购,将回购得款 9785.10 万元挪至中富证券上海营业部王玉荣资金账户,随后通过本票取款的方式从该账户取走 9,700 万元。

此外,2004 年 6 月 28 日,中富证券挪用谭惠轩、何丽明账户内已被司法机关冻结的 25,800 万元资金,买入国债后转指定至金元证券北京新外大街营业部邓水平、张凤歧账户,并于 2004 年 6 月 29 日在金元证券北京新外大街营业部抛出 1.5 亿元国债。

以上违法事实,有中富证券情况说明、有关账户的对账单、资金存取表、原始凭证、开户资料等、有关资金划转凭证、协议、相关会议记录、有关公司的营业执照、有关人员的情况说明、谈话笔录等证据证明,足以认定。

对上述行为直接负责的是郭凯霞、时任中富证券董事长刘昌贵、时任中富证券财务清算部经理孙永亮、时任中富证券稽核部经理刘浩洋、时任中富证券财务清算部负责人韦伟、王永东和王佩。

中富证券挪用客户交易结算资金、证券的行为违反了原《证券法》第七十三条的规定,构成了原《证券法》第一百九十三条所述违法行为。

鉴于中富证券存在严重的违法违规经营,根据《证券法》第一百五十条、第一百五十三条的规定,我会于 2007 年撤销了中富证券公司。根据当事人的违法事实、性质、情节与社会危害程度,依据原《证券法》第一百九十三条的规定,我会决定:吊销郭凯霞的证券从业资格证书。

我会将对刘昌贵、王永东、王佩、韦伟、孙永亮和刘浩洋的违法行为另行处理。

当事人如对本处罚决定不服,可在收到本处罚决定书之日起 60 日内向中国证券监督管理委员会申请行政复议,也可以在收到本处罚决定书之日起 3 个月内直接向有管辖权的人民法院提起诉讼。复议和诉讼期间,上述决定不停止执行。

# 关于宁夏圣雪绒股份有限公司侯羽乾等 4 名责任人员违反证券法规的行政处罚决定书

(证监罚字〔2009〕3 号)

当事人:侯羽乾,男,1957 年出生,时任宁夏圣雪绒股份有限公司(以下简称圣雪绒)董事长、总经理。

霍继红:女,1954 年出生,时任宁夏圣雪绒国际企业集团公司(以下简称圣雪绒集团)董事长、圣雪绒监事会主席。

房进贤:男,1948 年出生,时任圣雪绒副总经理,董事会秘书。

张航:女,1961 年出生,时任圣雪绒董事、财务总监。

依据 1999 年 7 月 1 日起施行的《中华人民共和国证券法》(以下简称原《证券

法》)的有关规定,我会对圣雪绒大股东占用上市公司资金信息披露违法一案进行立案调查、审理,并依法向当事人告知了作出行政处罚的事实、理由、依据及当事人依法享有的权利。本案现已调查、审理终结。

经查明,圣雪绒自2001年至2005年一直存在向控股股东圣雪绒集团提供资金的行为,且金额巨大,圣雪绒与圣雪绒集团关联方交易未按规定进行披露。

(一)2001年,圣雪绒向圣雪绒集团累计支付款项共计212笔,合计金额60,042.35万元,圣雪绒集团向圣雪绒累计还款共122笔,合计金额59,666.70万元。其中,圣雪绒向圣雪绒集团单笔支付款项300万元以上的共23笔,未按规定及时披露。

(二)2002年,圣雪绒向圣雪绒集团累计支付款项共计165笔,合计金额39,721.48万元,圣雪绒集团向圣雪绒累计还款共111笔,合计金额38,486.18万元。其中,圣雪绒向圣雪绒集团单笔支付款项300万元以上的共28笔,未按规定及时披露。

(三)2003年,圣雪绒向圣雪绒集团累计支付款项共计137笔,合计金额34,796.45万元,圣雪绒集团向圣雪绒累计还款共85笔,合计金额25,038.63万元。其中,圣雪绒向圣雪绒集团单笔支付款项300万元以上的共28笔,未按规定及时披露。

(四)2004年,圣雪绒向圣雪绒集团累计支付款项共计107笔,合计金额25,551.76万元,圣雪绒集团向圣雪绒累计还款共57笔,合计金额14,178.19万元。其中,圣雪绒向圣雪绒集团单笔支付款项300万元以上的共17笔,未按规定及时披露。

(五)2005年,圣雪绒向圣雪绒集团累计支付款项共计41笔,合计金额2472.24万元,圣雪绒集团向圣雪绒累计还款共34笔,合计金额3328.76万元。其中,圣雪绒向圣雪绒集团单笔支付款项300万元以上的共1笔,未按规定及时披露。

以上违法事实有历年年报、相关临时公告、有关公司工商登记资料、相关股东会、董事会和监事会决议及公告、有关公司和单位出具的说明、银行提供的有关单据、圣雪绒和圣雪绒集团的往来账簿和财务凭证、相关人员的询问笔录等证据证明。上述行为事实清楚,证据确凿、充分,足以认定。

我会认为,2001年至2005年圣雪绒未按规定披露关联方交易的行为违反了原《证券法》第六十二条“发生可能对上市公司股票交易价格产生较大影响、而投资者尚未得知的重大事件时,上市公司应当立即将有关该重大事件的情况向国务院证券监督管理机构和证券交易所提交临时报告,并予公告,说明事件的实质”的规定,构成了原《证券法》第一百七十七条规定所述之行为。对此,直接负责的主管人员为时任圣雪绒董事长兼总经理侯羽乾,其他直接责任人员为时任圣雪绒监事会主席霍继红,时任圣雪绒董事、副总经理兼董事会秘书房进贤和时任圣雪绒董事兼财务总监张航。

根据当事人违法行为的事实、性质、情节与社会危害程度,依据原《证券法》第一百七十七条规定,我会决定如下:

一、对侯羽乾给予警告,并处以3万元罚款;

二、对霍继红、房进贤、张航给予警告。

上述当事人应自收到本处罚决定书之日起15日内,将罚款汇交中国证券监督管理委员会(开户银行:中信银行总行营业部,账号:7111010189800000162,由该行直接上缴国库),并将注有当事人名称的付款凭证复印件送中国证券监督管理委员会稽查局备案。当事人如果对本处罚决定不服,可在收到本处罚决定之日起60日内向中国证券监督管理委员会申请行政复议,也可以在收到本处罚决定之日起3个月内向有管辖权的人民法院提起行政诉讼。复议和诉讼期间,上述决定不停止执行。

# 关于金峰、余梅违反证券法规的行政处罚决定书

(证监罚字〔2009〕4号)

当事人:金峰,男,1963年出生,时任渤海证券有限责任公司总裁助理。

余梅,女,1969年出生,金峰配偶。

依据2006年1月1日起实施的《中华人民共和国证券法》(以下简称《证券法》)的有关规定,我会对金峰和余梅内幕交易行为进行了立案调查、审理,并依法向金峰和余梅告知了作出行政处罚的事实、理由、依据及当事人依法享有的权利,金峰和余梅提出陈述、申辩意见,并要求听证。我会应金峰和余梅的要求举行了听证会,听取金峰和余梅的陈述和申辩。本案现已调查、审理终结。

现查明,金峰和余梅存在以下违法事实:

天津泰达投资控股有限公司(以下简称泰达控股)收购四环药业股份有限公司(以下简称四环药业)的有关信息为《证券法》规定的内幕信息,该信息的价格敏感期为2007年1月18日至22日。金峰知悉泰达控股收购四环药业的有关信息,为内幕信息知情人。

"任淑兰"股票账户2007年1月19日买入四环药业股票50,000股,1月22日卖出四环药业股票50,000股,获利22,506.99元。

"任淑兰"股票账户为金峰用其岳母的名义开立,"任淑兰"股票账户资金主要来源于金峰配偶余梅。2007年1月19日,"任淑兰"股票账户买入四环药业的IP地址为北京地区;2007年1月22日,"任淑兰"股票账户卖出四环药业的IP地址为金峰工作单位渤海证券的IP地址。

上述违法事实,有相关临时公告、相关人员谈话笔录、相关证券账户开立情况、相关资金划转情况、相关证券交易情况等证据证明,足以认定。

金峰和余梅的行为违反《证券法》第七十三条"禁止证券交易内幕信息的知情人和非法获取内幕信息的人利用内幕信息从事证券交易活动"的规定,构成了《证券法》第二百零二条所述的内幕交易行为。

金峰和余梅的代理人在我会举行的听证会上陈述,由于泰达控股收购四环药业的有关信息从来没有公开过,该信息不具有任何确定性,该信息对股票价格没有产生影响;因此,泰达控股收购四环药业的有关信息不是内幕信息。经查,2007年1月18日下午,泰达控股的工作人员给金峰打电话,告诉金峰泰达控股准备重组四环药业,方式是由渤海证券有限责任公司(以下简称渤海证券)借壳四环药业上市,请金峰帮忙约渤海证券负责人与四环药业负责人见面。2007年1月22日,四环药业向深圳证券交易所申请停牌交易。2007年1月23日,四环药业发布重大事项正在沟通中的公告。2007年1月23日至3月13日,四环药业停牌交易。2007年3月12日,四环药业公告泰达控股有意向其注入资产。《证券法》第七十五条规定,上市公司收购的有关方案属内幕信息。根据上述事实和《证券法》的规定,中国证监会认定泰达控股收购四环药业的有关信息为内

幕信息，金峰在2007年1月18日知悉上述内幕信息，为内幕信息知情人。

金峰和余梅的代理人在我会举行的听证会上陈述，由于余梅买卖四环药业股票的证券账户是余梅母亲所有，余梅买卖四环药业股票的资金不属金峰和余梅所有，金峰没有操作“任淑兰”证券账户买卖四环药业股票，中国证监会没有证据证明金峰将泰达控股收购四环药业的有关信息告诉余梅。因此，余梅没有利用内幕信息买卖四环药业的股票，金峰和余梅内幕交易行为不存在。我会认定，金峰和余梅为夫妻，有共同的财产和利益。经查，2000年9月27日，金峰在国泰君安证券北京知春路营业部办理其岳母任淑兰的开户手续，开立“任淑兰”资金账户，编号为10060466，下挂号码为0032558472的“任淑兰”股票账户，“任淑兰”资金账户的资金来自余梅银行账户，余梅承认“任淑兰”资金账户和股票账户由其操作。根据我会对“任淑兰”股票账户委托电话号码及网络交易IP地址的调查，“任淑兰”股票账户于2005年前采用电话委托方式进行交易；其中，2002年4月8日的委托交易电话为金峰办公室电话号码。2005年后采用网络委托方式交易，14笔委托交易IP地址中，除2007年1月19日1笔外，其余13笔均为金峰工作的渤海证券IP地址。2007年1月18日，金峰知悉泰达控股收购四环药业的内幕信息；2007年1月19日，“任淑兰”股票账户买入四环药业股票50,000股；2007年1月22日，“任淑兰”股票账户卖出四环药业股票50,000股；2007年1月23日，四环药业停牌交易，直至2007年3月13日。我会认定，证明金峰和余梅利用内幕信息进行了内幕交易的相关证据清楚而有说服力。

因此，我会对金峰和余梅的申辩意见不予采纳。

根据当事人违法行为的事实、性质、情节与社会危害程度，依据《证券法》第二百零二条的规定，我会决定：没收金峰和余梅违法所得22,506.99元，并处以罚款22,506.99元。

上述当事人应自收到本处罚决定书之日起15日内，将罚款汇交中国证券监督管理委员会（开户银行：中信银行总行营业部，账号：7111010189800000162，由该行直接上缴国库），并将注有当事人名称的付款凭证复印件送中国证券监督管理委员会稽查局备案。当事人如果对本处罚决定不服，可在收到本处罚决定书之日起60日内向中国证券监督管理委员会申请行政复议，也可在收到本处罚决定书之日起3个月内直接向有管辖权的人民法院提起行政诉讼。复议和诉讼期间，上述决定不停止执行。

# 关于杭州天目山药业股份有限公司及有关个人违反证券法规的行政处罚决定书

（证监罚字〔2009〕5号）

当事人：杭州天目山药业股份有限公司（以下简称天目药业，股票代码

600671),住址:浙江省临安市苕溪南路78号,法定代表人:章鹏飞。

章鹏飞,男,1963年出生,时任天目药业董事长。

郑智强,男,1954年出生,时任天目药业副董事长、总经理。

依据《中华人民共和国证券法》(以下简称《证券法》)的有关规定,我会对天目药业信息披露违法事项进行了立案调查、审理,并依法向当事人告知了作出行政处罚的事实、理由、依据及当事人依法享有的权利,并应当事人的要求举行了听证会。本案现已调查、审理终结。

经查明,天目药业存在以下信息披露违法行为:

一、通过浙江天目保健品有限公司(以下简称天目保健品)向控股股东关联方浙江现代汽车维修有限公司(以下简称现代汽修)提供资金资助累计4000万元,未按规定予以披露。

2006年11月30日和12月1日,天目药业开具汇票两张各1000万元给子公司天目保健品,天目保健品当日背书给现代汽修;2006年12月1日,天目药业开具两张汇票共计2000万元给本公司,后背书给天目保健品,天目保健品再背书给现代汽修。2006年12月11日、2006年12月18日,现代汽修将前述款项通过天目保健品归还了全部占用资金。前述事项,由章鹏飞批准,天目药业未对上述事项进行临时公告。

二、通过民生银行萧山支行银行账户直接向控股股东关联方现代汽修提供资金资助2850万元,未按规定予以披露。

2006年12月13日,天目药业与民生银行杭州萧山支行签订质押借款合同,取得银行贷款950万元,随即分两笔150万元和800万元开具汇票给天目药业自己,当日背书给现代汽修;2006年12月29日,天目药业与民生银行杭州萧山支行签订质押借款合同,取得银行贷款950万元,当日天目药业从民生银行杭州萧山支行汇入现代汽修1000万元;2006年12月31日,天目药业从民生银行杭州萧山支行活期账户汇入现代汽修深圳发展银行黄龙支行账户900万元。2007年3月22日和3月26日,现代汽修分别从广东发展银行(以下简称广发行)账户汇入天目药业民生银行萧山支行账户1000万元和900万元;2007年3月29日,现代联合控股集团有限公司(以下简称联合控股)从民生银行武林支行账户汇入天目药业民生银行萧山支行账户950万元。前述事项,由章鹏飞批准,天目药业未对上述事项进行临时公告。

三、向控股股东关联方山东现代物流中心发展有限公司(以下简称现代物流)提供资金资助1100万元,未按规定予以披露。

2006年12月28日,天目药业从中国银行临安支行账户电汇200万元至现代物流工商银行济南经十一路支行账户,同日,天目药业从交通银行临安支行电汇900万元至现代物流工商银行济南经十一路支行账户。2007年4月17日,现代物流从建设银行济南经七路支行匡山分理处电汇1100万元至天目药业交通银行西湖支行账户。前述事项,由章鹏飞批准,郑智强知情,天目药业未对上述事项进行临时公告。

四、向控股股东关联方杭州富鼎投资有限公司(以下简称富鼎投资)拆借资金2000万元,未按规定予以披露。

2007年4月16日和4月17日,天目药业从交通银行杭州西湖支行账户汇出两笔合计2000万元至富鼎投资广发行德胜支行账户。2007年5月8日,富鼎投资从广发行德胜支行账户汇入1150万元至天目药业工商银行临安支行账户;2007年5月9日,富鼎投资从广发行德胜支行账户汇入850万元至天目药业在工商银行临安支行的账户。前述事项,由章鹏飞在天目药业财务的领(付)款凭证上签字,天目药业未对上述事项进行临时公告。

五、通过杭州品上广告有限公司(以下简称杭州品上)向控股股东关联方现代汽修提供资金资助,未按规定予以披露。

2006年9月1日,天目药业与杭州品上签订广告代理合同,广告发布期间为2006年8月1日至2007年12月31日。2006年9月4日,天目药业电汇汇入杭州品上480万元,同日杭州品上将款项转入现代汽修480万元;2006年9月7日,天目药业先后分两笔420万元与40万元电汇汇入杭州品上,杭州品上于当天分两笔420万元与40万元电汇汇入现代汽修460万元。2006年11月30日,天目药业取得杭州品上开具的广告费发票,金额326,245元,财务入账冲抵上述预付款;2007年4月16日,现代汽修电汇570万元至杭州品上,同日杭州品上汇入天目药业;2007年4月28日现代汽修电汇3,373,755元至杭州品上,同日杭州品上汇入天目药业。董事长章鹏飞和总经理郑智强在有关领(付)款凭证上签字,天目药业未对上述事项进行临时公告。

六、通过杭州骁日新特材料技术有限公司(以下简称杭州骁日)向控股股东关联方现代汽修提供资金资助,未按规定予以披露。

2006年12月28日,天目药业与杭州骁日签订购买包装原材料的合同,合同总价1875万元,结算方式:先由天目药业预付80%的货款。2007年1月12日,天目药业分别开具60万元、290万元和150万元汇票给杭州骁日,当日杭州骁日将三张汇票背书给现代汽修;2007年1月23日,天目药业开具汇票1000万元给本公司,当日此汇票背书给杭州骁日,杭州骁日又背书给关联企业浙江四通汽车有限公司(以下简称四通汽车),上述资金合计1500万元。2007年4月16日,杭州骁日转入天目药业账户430万元;2007年4月27日,四通汽车电汇汇入杭州骁日1000万元,同日转入天目药业;2007年4月29日,现代汽修汇入杭州骁日70万元,同日,转入天目药业账户。以上归还资金合计1500万元。董事长章鹏飞在有关的用款申请单上签字,天目药业未对上述事项进行临时公告。

上述事实,有询问涉案人员的谈话记录、资金往来凭证、工商登记资料、审计机构的专项审计说明等证据在案证明。

我会认为,天目药业未按规定履行信息披露义务的行为,违反了《证券法》第六十三条和第六十七条的规定,构成了《证券法》第一百九十三条所述"发行人、上市公司或者其他信息披露义务人未按照规定披露信息,或者所披露的信息有虚假记载、误导性陈述或者重大遗漏"的行为。

章鹏飞作为上市公司天目药业的董事长和实际控制人,同时也是多个涉案关联法人的法定代表人和实际控制人,直接授意、指挥、经手了本案涉及的提供资金的行为,负有依照规定及时披露相关信息的主要责任。章鹏飞在较短时间内,频繁操纵天目药业向其本人控制的关联企业提供资金资助,累计发生金额比较巨大,均未按照临时报告与披露要求及时披露相关信息。因此,认定章鹏飞是本案直接负责的主管人员。郑智强作为天目药业副董事长、总经理,知悉天目药业向关联公司提供资金资助的一些情况,负有提醒、督促天目药业及时履行信息披露义务的责任。因此,认定郑智强是本案中的其他直接责任人员。

对于天目药业向现代物流提供资金资助1100万元这一事实,章鹏飞、郑智强辩称,这一款项系天目药业与关联方现代物流共同设立天目物流的第一期出资,该投资事项已经由董事会和股东大会批准并作了公告,但是由于其财务人员工作失误,错误地直接汇到了现代物流账上。后来现代物流将该款项还给了天目药业,因此不需要披露了。

审理认为,天目药业所称在长达四个半月的时间内,未发现因财务人员失误将款项汇错的情况,其真实性无证据支持,且不影响对控股股东关联方占用上市公司资金这一事实的定性。而且,对投资计划的披露不能代替其后发生的对关联交易事项的披露,不能免除不按规定披露该事项所产生的法律责任。

章鹏飞在陈述和申辩中提出,其本人在上市公司规范治理上是一位新入门者,学习法律法规和证监会规章不够,因此在主观上没有明知故犯的动机;其已针对违法行为健全了内部控制制度;其违法行为尚未达到情节严重的程度,资金占用时间短且已悉数收回,并未给上市公司造成较大损失。

审理认为,天目药业被占用的资金确已归还,没有对公司造成较大损失,且章鹏飞配合调查,有悔改之意。这些情节,在审理时都已经在量罚上给予了充分考虑。

郑智强在申辩中提出了与章鹏飞上述三项理由相同的理由,并称有关天目药业与控股股东关联公司资金往来的情况为事后知悉。

审理认为,郑智强作为上市公司副董事长、总经理,在知悉控股股东关联方占用事项后不督促公司及时披露,应当承担法律责任。同时,在审理时,已考虑到其参与违法行为的次数较少,以及天目药业作为自然人控制的上市公司,大额项目如资金调拨、银行贷款等由董事长直接负责的公司治理实际情况,对其给予了法定处罚幅度内的最低处罚。

基于上述事实和理由,依据《证券法》第一百九十三条“发行人、上市公司或者其他信息披露义务人未按照规定披露信息,或者所披露的信息有虚假记载、误导性陈述或者重大遗漏的,责令改正,给予警告,并处以三十万元以上六十万元以下的罚款。对直接负责的主管人员和其他直接责任人员给予警告,并处以三万元以上三十万元以下的罚款”的规定,我会决定:

一、对天目药业给予警告,并处以 40 万元的罚款;

二、对章鹏飞给予警告,并处以 30 万元的罚款;

三、对郑智强给予警告,并处以 3 万元的罚款。

上述当事人应自收到本处罚决定书之日起 15 日内,将罚款汇交中国证券监督管理委员会(开户银行:中信银行总行营业部,账号:7111010189800000162,由该行直接上缴国库),并将注有当事人名称的付款凭证复印件送中国证券监督管理委员会稽查局备案。当事人如果对本处罚决定不服,可在收到本处罚决定书之日起 60 日内向中国证券监督管理委员会申请行政复议,也可在收到本处罚决定书之日起 3 个月内直接向有管辖权的人民法院提起行政诉讼。复议和诉讼期间,上述决定不停止执行。

## 关于齐鲁期货经纪有限公司有关责任人员石建军、毕杰善、沈斌违反证券法规的行政处罚决定书

(证监罚字〔2009〕6 号)

当事人:石建军,男,1952 年出生,时任齐鲁期货经纪有限公司(以下简称齐鲁

期货)董事长兼总经理。

毕杰善,男,1960 年出生,时任齐鲁期货代总经理。

沈斌,男,1972 年出生,时任齐鲁期货财务部经理。

日前,齐鲁期货挪用客户保证金一案已由我会调查、审理完毕。我会依法向当事人告知了作出行政处罚的事实、理由、依据及当事人依法享有的权利,当事人石建军进行了陈述和申辩,当事人毕杰善、沈斌放弃陈述、申辩和要求听证的权利。其中,由于当事人毕杰善在规定期限内拒绝领取《行政处罚事先告知书》,我会依法予以了公告送达。

经查明,齐鲁期货存在以下挪用客户保证金的行为:

2006 年 1 月 9 日,齐鲁期货客户王林枝从其在上海浦东发展银行郑州东明支行开立的账户内,将 300 万元资金汇入齐鲁期货在工商银行郑州市未来支行的保证金账户,齐鲁期货将该 300 万元资金存入王林枝的账户。同日,在王林枝不知情的情况下,齐鲁期货将王林枝汇入的 300 万元从其账户中划出,存入齐鲁期货另一客户的账户内供他人使用。

上述事实,有相关客户开户资料、银行单据、收据、授权书、请示、转款原始单据及当事人询问笔录等证据证明,足以认定。

齐鲁期货挪用客户王林枝账户中资金的行为,违反了《期货交易管理暂行条例》第三十六条的规定,构成了《期货交易管理暂行条例》第六十条第一款第(六)项所述"挪用客户保证金"的行为,且情节严重。

对齐鲁期货挪用客户保证金的行为,时任齐鲁期货代总经理毕杰善、董事长兼总经理石建军是直接负责的主管人员,时任齐鲁期货财务部经理沈斌是其他直接责任人员。

石建军在其申辩材料中提出:其一,在挪用客户保证金行为发生时,其个人因身体健康原因在家休养,对该事件不知情;其二,事件发生后积极配合中国证监会有关部门的处理善后工作;其三,其个人已于 2007 年正式退休,收入有限,无力缴纳罚款。

我会认为,根据中国证监会的任职资格批复(证监期货字〔2002〕67 号),石建军系齐鲁期货董事长兼总经理。齐鲁期货的《公司章程》规定,公司设经理,其职权包括主持公司的生产经营管理工作等。因此,石建军负有保证使公司的生产经营做到依法、合规的职责,并对由此引发的违法违规行为负责。石建军于 2004 年 1 月授权不具有期货公司高管任职资格的毕杰善代行总经理职务,由毕杰善全面主持公司日常经营管理工作。石建军的授权行为已违反期货公司高管人员管理的规定,因此其违规授权毕杰善行使总经理职务的行为,在法律上并不能免除其作为齐鲁期货总经理所应承担的法定职责。同时,该案中挪用客户保证金是齐鲁期货的行为,并非毕杰善等人的个人行为,石建军作为齐鲁期货时任董事长兼总经理,理应对公司的违法行为负责。此外,对于石建军在案发后配合我会相关部门善后工作等情节,我会已依据《中华人民共和国行政处罚法》第二十七条的规定予以了充分考虑,在量罚幅度上已区别于主要责任人毕杰善,属从轻处罚。石建军提出免予处罚的请求没有法律依据。

根据当事人违法行为的事实、性质、情节与社会危害程度,依据《期货交易管理暂行条例》第六十条的规定,我会决定:

一、对毕杰善处以 5 万元罚款;

二、对石建军处以 2 万元罚款;

三、对沈斌处以 1 万元罚款。

鉴于齐鲁期货已于 2007 年 11 月 29

日被我会注销《期货经纪业务许可证》,我会不再对齐鲁期货予以行政处罚。

上述当事人应自收到本处罚决定书之日起15日内,将罚款汇交中国证券监督管理委员会(开户银行:中信银行总行营业部,账号:7111010189800000162,由该行直接上缴国库),并将注有当事人名称的付款凭证复印件送中国证券监督管理委员会稽查局备案。当事人如果对本处罚决定不服,可在收到本处罚决定书之日起60日内向中国证券监督管理委员会申请行政复议,也可在收到本处罚决定书之日起3个月内直接向有管辖权的人民法院提起行政诉讼。复议和诉讼期间,上述决定不停止执行。

# 关于酒鬼酒股份有限公司刘虹等9名责任人员违反证券法规的行政处罚决定书

(证监罚字〔2009〕7号)

当事人:刘虹,男,1967年出生,2003年6月至2005年9月任酒鬼酒股份有限公司(以下简称酒鬼酒)董事长兼总经理。

樊耀传,男,1952年出生,2003年5月至2005年9月任酒鬼酒副董事长,2005年9月起兼任酒鬼酒总经理。

杨建军,男,1967年出生,2001年7月至2006年6月任酒鬼酒财务总监,2003年5月至2006年6月任酒鬼酒董事。

杨波,男,1957年出生,2003年5月至2005年9月任酒鬼酒董事,2005年9月至2006年6月任酒鬼酒董事长。

付光明,男,1964年出生,2003年5月至2006年6月任酒鬼酒董事。

马军,男,1959年出生,2003年5月到2005年7月28日任酒鬼酒董事。

柳思维,男,1946年出生,2003年5月至2006年6月任酒鬼酒独立董事。

王锡谷,男,1970年出生,2003年5月至2004年10月任酒鬼酒独立董事。

张亚斌,男,1965年出生,2004年7月至2006年6月任酒鬼酒独立董事。

依据1999年7月1日起施行的《中华人民共和国证券法》(以下简称原《证券法》)的有关规定,我会对酒鬼酒的违法行为进行了立案调查、审理,并依法向当事人告知了作出行政处罚的事实、理由、依据及当事人依法享有的权利,并应有听证权利的相关当事人的要求举行了听证会,听取了其陈述和申辩。其他当事人进行了陈述和申辩。本案现已调查、审理终结。

经查明,酒鬼酒存在以下违法事实:

一、酒鬼酒在定期报告中未如实披露第一大股东湖南成功控股集团有限公司(以下简称成功集团)及其他关联方占用酒鬼酒资金的事项。

(一)2003年年度报告未披露占用金额302,230,000元。

(二)2004年中期报告未披露占用金额226,082,800元。

(三)2004年年度报告未披露占用金额421,232,800元。

（四）2005年中期报告未披露占用金额425,920,300元。

二、酒鬼酒在定期报告中虚假陈述货币资金数额。

（一）酒鬼酒2003年年度报告披露货币资金330,683,747.99元，虚假陈述货币资金299,013,150.54元，实有货币资金31,670,597.45元。

（二）酒鬼酒2004年中期报告披露货币资金448,944,107.15元，虚假陈述货币资金374,816,429.22元，实有货币资金74,127,677.93元。

（三）酒鬼酒2004年度报告披露货币资金411,968,167.70元，虚假陈述货币资金374,388,882.91元，实有货币资金37,579,284.79元。

（四）酒鬼酒2005年中期报告披露货币资金436,158,202.98元，虚假陈述货币资金数额420,030,281.55元，实有货币资金16,127,921.43元。

上述违法事实，有相关定期报告、财务记录、单据、协议书、法院《民事调解书》、相关人员的谈话笔录等证据证明，足以认定。

酒鬼酒在2003年年度报告、2004年中期报告、2004年年度报告和2005年中期报告未如实披露第一大股东及其他关联方占用其资金和虚假陈述货币资金数额的行为违反了原《证券法》第六十条、第六十一条的规定，构成原《证券法》第一百七十七条所述"依照本法规定，经核准上市交易的证券，其发行人未按照有关规定披露信息，或者所披露的信息有虚假记载、误导性陈述或者有重大遗漏的"行为。

酒鬼酒2005年年度报告披露了第一大股东及其他关联方占用其资金的情况。2006年7月14日，被占用的资金已归还。

2004年4月28日，酒鬼酒第三届董事会第三次会议，签字同意2003年年度报告的董事有刘虹、马军、樊耀传、杨波（樊耀传代）、杨建军、柳思维、王锡谷、付光明（杨建军代）等。

2004年8月10日，酒鬼酒第三届董事会第六次会议，签字同意酒鬼酒2004年中期报告的董事有刘虹、马军、樊耀传、杨波、杨建军、张亚斌、柳思维（张亚斌代）、王锡谷、付光明等。

2005年1月27日，酒鬼酒第三届董事会第八次会议，签字同意酒鬼酒2004年年度报告的董事有刘虹、马军、樊耀传、杨波、杨建军、张亚斌、柳思维、付光明等。

2005年7月28日，酒鬼酒第三届董事会第十一次会议，签字同意酒鬼酒2005年中期报告的董事有刘虹、马军、樊耀传、杨波、杨建军、柳思维（曾尚梅代）、付光明（杨波代）等。

根据有关任职及勤勉尽责的事实和情节，对上述虚假陈述行为直接负责的主管人员是酒鬼酒时任董事长兼总经理刘虹，其他直接责任人员是酒鬼酒时任董事樊耀传、杨波、杨建军、马军、付光明，时任独立董事柳思维、张亚斌、王锡谷。

刘虹的代理人在听证会上陈述，成功集团占用酒鬼酒资金的原因是原酒鬼酒第一大股东在与成功集团的股权交易中有违约行为。我会认为，成功集团与原酒鬼酒第一大股东在股权交易中的纠纷不应成为成功集团占用酒鬼酒资金的理由。

樊耀传、杨建军、杨波、付光明、马军、柳思维、王锡谷、张亚斌等八位董事、独立董事进行了如下陈述、申辩：违法行为系刘虹所为，因此，董事、独立董事主观上没有过错，客观上无法了解事实真相。付光明指出，其所代表的股东与成功集团签有协议，其股东的表决权委托给成功集团，其董事职责已被其代表的股东委托给成功集团行使。我会认为，按照《中华人民共和国公司法》、《上市公司治理准则》的相关规定,上市公司的董事应当根据公司和全体股东的最大利益,忠实、勤勉地履行职责,应当遵守有关法律、法规、中国证监会规定及公司章程的规定,应当保证公开披露的文件内容没有虚假、误导性陈述或重大遗漏。上市公司董事应对上市公司定期报告的真实、完整负有责任。上市公司董事会决议的表决,实行董事一人一票,董事应当对董事会的决议承担责任。

根据当事人违法行为的事实、性质、情节与社会危害程度,依据原《证券法》第一百七十七条的规定,我会决定给予刘虹警告并处以罚款20万元,决定分别给予樊耀传、杨波、杨建军、马军、付光明、柳思维、张亚斌、王锡谷警告并处以罚款3万元。

上述当事人应自收到本处罚决定书之日起15日内,将罚款汇交中国证券监督管理委员会(开户银行:中信银行总行营业部,账号:7111010189800000162,由该行直接上缴国库),并将注有当事人名称的付款凭证复印件送中国证券监督管理委员会稽查局备案。当事人如果对本处罚决定不服,可在收到本处罚决定书之日起60日内向中国证券监督管理委员会申请行政复议,也可在收到本处罚决定书之日起3个月内直接向有管辖权的人民法院提起行政诉讼。复议和诉讼期间,上述决定不停止执行。

## 关于中国科技证券有限责任公司张钢等4名责任人员违反证券法规的行政处罚决定书

(证监罚字〔2009〕8号)

当事人:张钢,男,1950年出生,时任中国科技证券有限责任公司(以下简称中科证券)法定代表人、董事长、总裁。

王邦志,男,1965年出生,时任中科证券副总裁。

吴洪伟,男,1968年出生,时任中科证券重庆营业部总经理(以下简称重庆营业部)。

罗剑渝,男,1973年出生,时任中科证券重庆营业部副总经理。

依据原《中华人民共和国证券法》(以下简称《证券法》)的有关规定,我会对中科证券违反证券法律法规行为进行了立案调查、审理,并依法向当事人告知了作出行政处罚的事实、理由、依据及当事人依法享有的权利,并应当事人的要求举行了听证会。本案现已调查、审理终结。

经查明,中科证券及其重庆营业部存在以下违法事实:

### 一、中科证券违法行为

(一)挪用客户交易结算资金

中科证券在成立前已经存在挪用客户交易结算资金的违法行为,在成立时通过临时拆借资金将挪用的客户交易结算资金填平,在成立后又通过报送虚假财务报表加以掩盖。中科证券挪用的主要方式是将大量资金从其清算中心客户交易结算资金账户中划出,并在清算中心"内部银行"科目核算。在2002年6月24日至2006年2月24日期间,中科证券挪用客户交易结算资金累计27笔,共计6,319,808,833元。截至2006年2月24日被托管清算日,客户交易结算资金缺口数为1,321,282,372.78元。

(二)挪用客户债券

截至2006年2月24日,中科证券挪用个人正常经纪类账户持有债券折合标准券金额共计36,936,120元。

(三)承诺保底收益的违规委托理财

截至2006年2月24日,中科证券及其相关营业部在开展委托理财业务中违规承诺保底收益,共计109笔,涉及金额999,178,000元,累计支付承诺保底收益64,431,133.45元。其中,已结清84笔,涉及金额603,251,000元,支付收益33,155,417.45元;未结清25笔,涉及金额395,927,000元,支付收益31,276,716元。

**二、重庆营业部融资交易**

(一)为解决融配资资金来源问题,自2004年以来,重庆营业部与王文芝、张自立等10个自然人,重庆富勤管理策划有限责任公司、重庆野生动物管理世界有限公司等3个法人签订金额共计41,790,000元、保底利率分别为8%、9%、7%以及10%的委托理财协议。

(二)自1999年开始,重庆营业部通过融入资金或国债的方式为客户提供融资从事证券交易业务。在此期间,重庆营业部分别与郭瑞刚、高友元等人签订了共11笔总额达112,150,000元的融资业务,收益3,484,538元,亏损本金29,730,718.05元、利息9,988,200元。

上述违法事实,有相应的银行对账单、银行存款余额调节表、财务凭证、客户保证金银行存款账户当地派出机构报备账户、相关电脑交易流水记录、客户结算资金存款账户清单、中科证券清算部财务报表数据、银行日记账、交易保证金明细表以及有关挪用资金的内部呈批件、划款凭证等证据证明,足以认定。

时任中科证券董事长、总裁张钢是对中科证券前述违法行为直接负责的主管人员;时任中科证券副总裁王邦志是对中科证券前述违法行为负责的其他直接责任人员。时任重庆营业部总经理吴洪伟、副总经理罗剑渝是对该营业部为客户提供融资交易行为直接负责的主管人员。

张钢、王邦志在听证及陈述申辩材料中提出了申辩意见。经审理,张钢、王邦志虽然对中科证券违法行为的历史形成负有责任,但在问题被我会发现后,没有新增违法行为,并且能够协助控制风险,认真反映情况,积极整改,配合案件调查。

中科证券挪用客户交易结算资金的行为,违反了原《证券法》第七十三条和第一百三十二条的规定,构成了原《证券法》第一百九十三条规定的"挪用客户账户上的资金"的行为;中科证券挪用客户债券的行为,违反了新《证券法》第七十九条和第一百三十九条的规定,构成了新《证券法》第二百一十一条规定的"挪用客户的资金或者证券"的行为;中科证券承诺保底收益的违规理财行为,违反了原《证券法》第一百四十三条的规定,构成了原《证券法》第一百九十四条规定的"对客户买卖证券的收益或者赔偿证券买卖的损失作出承诺"的行为;重庆营业部融资交易的行为,违反了原《证券法》第一百四十一条的规定,构成了原《证券法》第一百八十六条规定的"为客户融资买入证券"的行为。

根据当事人违法行为的事实、性质、情节与社会危害程度,依据原《证券法》第一百九十三条、第一百九十四条、第一百八十六条、新《证券法》第二百一十一条,以及《中华人民共和国行政处罚法》第二十七条的规定,我会决定:

一、鉴于中科证券已经被我会撤销证

券业务许可,进入破产程序,我会不再给予责令关闭的行政处罚;

二、对张钢、王邦志分别给予警告,撤销任职资格或者证券从业资格,并各处以10万元的罚款;

三、对吴洪伟、罗剑渝分别给予警告,并各处以8万元的罚款。

上述当事人应自收到本处罚决定书之日起15日内,将罚款汇交中国证券监督管理委员会(开户银行:中信银行总行营业部,账号:7111010189800000162,由该行直接上缴国库),并将注有当事人名称的付款凭证复印件送中国证券监督管理委员会稽查局备案。当事人如果对本处罚决定不服,可在收到本处罚决定书之日起60日内向中国证券监督管理委员会申请行政复议,也可在收到本处罚决定书之日起3个月内直接向有管辖权的人民法院提起行政诉讼。复议和诉讼期间,上述决定不停止执行。

# 关于中电广通股份有限公司及有关个人违反证券法规的行政处罚决定书

(证监罚字〔2009〕9号)

当事人:中电广通股份有限公司(以下简称中电广通,股票代码600764),住所:北京市海淀区中关村南大街17号3号楼(韦伯时代中心C21层2104—2108室),法定代表人苏振明。

单昶,男,1959年出生。2002年9月至2006年4月,任中电广通董事长、法定代表人;2006年4月至2007年1月31日我会调查结束时,任中电广通董事;2000年至我会调查结束时,任中翔(天津)海河发展有限公司(以下简称中翔海河)董事长;2001年至2003年12月8日,任北京埃迪恩电信系统有限公司(中电广通关联公司,以下简称北京埃迪恩)董事长;2004年11月9日,任中国有线电视网络有限公司(当时名称中广影视传输网络公司,以下简称中国有线)董事。

苏振明,男,1952年出生。2006年4月至我会调查结束时,任中电广通董事长、法定代表人。时任中国电子信息产业集团公司(中电广通控股股东,以下简称中国电子)副总经理。

倪剑云,男,1956年出生。2002年9月至我会调查结束时,任中电广通总经理;2004年3月至我会调查结束时,任北京融创经纬科技有限公司(中电广通控股子公司,以下简称融创经纬)法定代表人、董事长;2006年至我会调查结束时,任中国电子财务有限责任公司(中国电子持有其50.19%股权,中电广通持有其39%股权,以下简称电子财务)董事。

郭伟,男,1968年出生。2000年至2002年8月,任北京埃迪恩总会计师;2002年9月至我会调查结束时,任中电广通副总经理兼财务总监(财务负责人);2004年,任融创经纬董事;2003年12月,任电子财务董事。

马雅琳,女,1963年出生。2002年9月至2006年4月，任中电广通董事；2004年3月至我会调查结束时，任融创经纬的董事兼财务总监；2003年12月至我会调查结束时，任电子财务董事；2005年3月至我会调查结束时，任北京中电广通科技有限公司（以下简称中电科技）法定代表人。

钱锋，男，1963年出生。2002年9月至2005年10月，任中电广通董事。

熊克力，男，1967年出生。2002年9月至2005年6月，任中电广通董事。

徐华，男，1966年出生。2005年10月至我会调查结束时，任中电广通董事。

范卿午，男，1963年出生。2005年10月至我会调查结束时，任中电广通董事。

郁洪良，男，1954年出生。2002年9月至我会调查结束时，任中电广通独立董事。

贾利民，男，1963年出生。2002年9月至我会调查结束时，任中电广通独立董事。

依据1999年7月1日起实施的《中华人民共和国证券法》（以下简称原《证券法》）和2006年1月1日起实施的《中华人民共和国证券法》（以下简称《证券法》）的有关规定，我会对中电广通虚假陈述行为进行了立案调查、审理，并依法向当事人告知了作出行政处罚的事实、理由、依据及当事人依法享有的权利，并应中电广通、单昶、倪剑云、郭伟的要求举行了听证会，听取了中电广通、单昶、倪剑云、郭伟的陈述和申辩。苏振明、贾利民、郁洪良、马雅琳、钱锋、熊克力、范卿午、徐华提出陈述、申辩意见。本案现已调查、审理终结。

经查明，中电广通存在以下违法事实：

**一、中电广通2003年年度报告、2004年中期报告、2004年年度报告、2005年中期报告、2005年年度报告、2006年中期报告信息披露存在虚假记载、重大遗漏**

（一）中电广通2003年年度报告信息披露存在虚假记载、重大遗漏

2003年12月19日，中电广通（当时名称甘肃三星石化（集团）股份有限公司）与中国有线签订了《供货合同》，合同约定：中电广通向中国有线提供智能光交换网络设备。2003年12月26日，中国有线向北京埃迪恩开出了委托其“先行接受三星石化公司供货设备”的《委托函》。北京埃迪恩向中电广通出具了“验货清单”，验货清单标注日期为2003年12月30日（根据北京埃迪恩提供资料，该验收清单的出具日期为2004年1月7日）。2003年12月22日，中国有线向中电广通签发了三个月到期的商业承兑汇票，金额150,000,000元。2003年12月30日，中电广通向中国有线开具增值税专用发票，含税金额为202,437,371.04元，中电广通针对该笔销售，确认了2003年主营业务收入173,023,394.07元，主营业务成本71,510,197.89元，利润101,513,196.18元（占当期利润的105.41%）。2003年12月31日，中电广通对电子财务出具了内容为“我公司将存入贵公司的148,869,000元，作为我公司在贵公司资金代理户的定期存款，存款利率为1.98%，存款期限最少为三个月”的“承诺函”，据此将中国有线签发的150,000,000元商业承兑汇票在电子财务办理贴现，取得贴现款148,869,000元，2004年3月18日，商业承兑汇票到期后，中国有线未支付货款，该事项发生在2004年4月22日中电广通董事会审议通过2003年年度报告之前，属于《企业会计准则——资产负债表日后事项》中规定的“资产负债表日后至财务报告批准报出日之间发生的，为

资产负债表日已经存在情况提供了新的或进一步证据,有助于对资产负债表日存在情况有关的金额做出重新估计的事项”,即属于重大期后调整事项,但对上述事项,中电广通未计入2003年年度会计报表,也未在2003年年度报告中予以披露,造成中电广通2003年年度报告虚减应收账款(中国有线)150,000,000元,虚减短期借款(电子财务)150,000,000元(中电广通当期资产、负债披露数额分别为770,132,705.59元、254,948,202.12元,虚减数分别占当期披露数额的19.47%、58.83%)。

签字同意2003年年度报告的中电广通时任董事长单昶为2003年年度报告信息披露虚假记载、重大遗漏直接负责的主管人员。签字同意2003年年度报告的中电广通时任董事贾利民、郁洪良、马雅琳、钱锋、熊克力为2003年年度报告信息披露虚假记载、重大遗漏的其他直接责任人员,时任总经理倪剑云、时任财务总监(财务负责人)郭伟为2003年年度报告信息披露存在虚假记载、重大遗漏的其他直接责任人员。

(二)中电广通2004年中期报告信息披露存在虚假记载、重大遗漏

2004年4月21日,中翔海河划给电子财务150,000,000元,用以支付中电广通的票据贴现款。对上述事项,中电广通未计入2004年中期报告会计报表,也未在2004年中期报告中予以披露。同时,中电广通对2003年确认收入形成的应收中国有线款项亦未做账务处理。造成2004年中期报告少计应收账款(中国有线)150,000,000元,少计其他应付款(中翔海河)150,000,000元。中电广通当期资产、负债披露数额分别为693,469,349.83元、165,447,722.60元,虚减数分别占当期披露数额的21.63%、90.66%。

签字同意2004年中期报告的中电广通时任董事长单昶为2004年中期报告信息披露虚假记载、重大遗漏直接负责的主管人员。签字同意2004年年报的中电广通时任董事贾利民、郁洪良、马雅琳、钱锋、熊克力为2004年中期报告信息披露虚假记载、重大遗漏的其他直接责任人员,时任总经理倪剑云、时任财务总监(财务负责人)郭伟为2004年度中期报告信息披露虚假记载、重大遗漏的其他直接责任人员。

(三)2004年年度报告信息披露存在虚假记载、重大遗漏

中电广通编制2004年年度会计报表时,对上述应收中国有线款及应付中翔海河款仍未做账务处理,造成虚减应收账款(中国有线)150,000,000元,虚减其他应付款(中翔海河)150,000,000元。同时,少计提减值准备7,200,000元(根据中电广通2004年年度报告披露,按账龄分析法计提坏账准备,1-2年计提比例10%。由于2005年3月24日中国有线支付中电广通78,000,000元,该事项发生在2005年3月28日中电广通召开董事会审议通过2004年年报之前,因此少计提坏账准备的基数为150,000,000元扣除78,000,000元后的数额)。中电广通当期资产、负债披露数额分别为812,538,241.23元、259,245,955.01元,虚减资产、负债数额分别占当期披露数额的18.46%、57.86%,中电广通当期利润披露数额为38,598,778.08元,虚增利润数占当期披露数额的18.65%。另外,中电广通对关联单位中翔海河为其垫付贴现款事项未在2004年年度报告中披露。

签字同意2004年年报的中电广通时任董事长单昶为2004年年度报告信息披露虚假记载、重大遗漏直接负责的主管人员。签字同意2004年年报的中电广通时任董事贾利民、郁洪良、马雅琳、钱锋为2004年年度报告信息披露虚假记载、重大

遗漏的其他直接责任人员,时任总经理倪剑云、时任财务总监(财务负责人)郭伟为2004年年度报告信息披露虚假记载、重大遗漏的其他直接责任人员。

(四)中电广通2005年中期报告信息披露存在虚假记载、重大遗漏

2005年3月24日,中国有线向中电广通支付78,000,000元。2005年3月31日,中电广通将78,000,000元转划给中翔海河。2005-2006年,融创经纬和中电科技向中翔海河先后共计支付59,985,000元,用以归还中翔海河为中电广通垫付的贴现款(其中:融创经纬2005年5月、2006年1月分别支付10,000,000元、40,000,000元,2006年7月,中电科技支付中翔海河9,985,000元)。

中电广通对其因2003年确认收入而应收中国有线余款72,000,000元仍未入账,导致中电广通2005年中期报告少计应收账款(中国有线)72,000,000元,其他应付款(中翔海河)72,000,000元,少计累计坏账准备7,200,000元,多计期初未分配利润7,200,000元。中电广通当期资产、负债披露数额分别为993,830,763.69元、397,492,612.04元,虚减资产、负债数额分别占当期披露数额的7.24%、18.11%,中电广通当期利润披露数额为19,332,719.19元,虚增利润数占当期披露数额的37.24%。另外,中电广通对其由控股子公司归还中翔海河票据贴现款事项(2005年5月融创经纬支付中翔海河10,000,000元)未在2005年中期报告中予以披露。

签字同意2005年中期报告的中电广通时任董事长单昶为2005年中期报告信息披露虚假记载、重大遗漏直接负责的主管人员。签字同意2005年中期报告的中电广通时任董事贾利民、郁洪良、马雅琳、钱锋为2005年中期报告信息披露虚假记载、重大遗漏的其他直接责任人员,时任总经理倪剑云、时任财务总监(财务负责人)郭伟为2005年中期报告信息披露虚假记载、重大遗漏的其他直接责任人员。

(五)中电广通2005年年度报告信息披露存在虚假记载、重大遗漏

中电广通编制2005年年报时,对其因2003年确认收入而应收中国有线余款72,000,000元仍未入账,导致2005年年报少计应收账款(中国有线)72,000,000元,少计其他应付款(中翔海河)72,000,000元。少计提坏账准备7,200,000元,累计少计坏账准备14,400,000元,虚增当期利润7,200,000元,多计期初未分配利润7,200,000元。中电广通当期资产、负债披露数额分别为1,380,477,001.58元、744,678,395.36元,虚减资产、负债数额分别占当期披露数额的5.21%、9.66%,中电广通当期利润披露数额为58,553,747.16元,虚增利润数占当期披露数额的12.29%。另外,中电广通对前述由其控股子公司归还中翔海河代垫票据贴现款事项(2005年5月融创经纬支付10,000,000元)未在2005年年度报告中予以披露。

签字同意2005年年度报告的中电广通时任董事长单昶2005年年度报告信息披露虚假记载、重大遗漏直接负责的主管人员。签字同意2005年年度报告的中电广通时任董事贾利民、郁洪良、马雅琳、范卿午、徐华为2005年年度报告信息披露虚假记载、重大遗漏的其他直接责任人员,时任总经理倪剑云、时任财务总监(财务负责人)郭伟为2005年年度报告信息披露虚假记载、重大遗漏的其他直接责任人员。

(六)中电广通2006年中期报告信息披露存在虚假记载、重大遗漏

中电广通编制2006年中期报告时仍未对其因2003年确认收入而应收中国有线余款作账务处理,导致2006年中期报告

少计应收账款(中国有线)72,000,000 元,少计其他应付款(中翔海河)72,000,000 元。少计累计坏账准备 14,400,000 元,多计期初未分配利润 14,400,000 元。中电广通当期资产、负债披露数额分别为 1,395,235,781.89元、746,796,497.94 元,虚减资产、负债数额分别占当期披露数额的5.16%、9.64%。另外,中电广通由其控股子公司归还中翔海河代垫票据贴现款事项(2006 年 1 月融创经纬支付 40,000,000元)亦未披露。

签字同意2006 年中期报告的中电广通时任董事长苏振明为2006 年中期报告信息披露虚假记载、重大遗漏直接负责的主管人员。签字同意2006 年中期报告的中电广通时任董事长单昶、贾利民、郁洪良、范卿午、徐华为2006 年中期报告信息披露虚假记载、重大遗漏的其他直接负责人员,时任总经理倪剑云、时任财务总监(财务负责人)郭伟为2006 年中期报告信息披露虚假记载、重大遗漏的其他直接责任人员。

**二、中电广通未及时履行临时信息披露义务**

中电广通于2006 年3 月31 日被中国电子拟定为一个项目投资主体,4 月 12 日已就此达成了初步的意向,此重大事件对中电广通股票交易价格产生了较大影响,尤其是股价在5 月 11 日至15 日连续3 个交易日达涨幅限制,中电广通却发布公告称无应披露而未披露的信息。上海证券交易所上市公司部在监控到市场传播的消息后,多次进行询问,但中电广通一直以不知情或未达成协议为由拒绝进行相关信息披露,致使股票价格波动异常。中电广通最迟应于 2006 年 5 月 19 日披露该信息,但 2006 年 5 月 30 日才发布公告披露该信息。因此,中电广通未及时披露可能对股票交易价格产生较大影响的重大事件。

中电广通时任董事长苏振明、总经理倪剑云为未及时公告和披露对上市公司股票交易价格产生较大影响的重大事件的直接负责的主管人员。

中电广通在 2003 年年度报告、2004 年中期报告、2004 年年度报告、2005 年中期报告信息披露虚假记载、重大遗漏的行为违反了原《证券法》第六十条、第六十一条的规定。

中电广通在 2005 年年度报告、2006 年中期报告信息披露虚假记载、重大遗漏的行为违反了《证券法》第六十三条的规定。

中电广通临时信息未及时披露的行为违反《证券法》第六十七条的规定。

上述违法事实,有 2003 年年度报告、2004 年中期报告、2004 年年度报告、2005 年中期报告、2005 年年度报告、2006 年中期报告、临时报告、相关会计记录、供货合同、业务流程记录、相关董事会决议、相关人员谈话笔录等证据证明,足以认定。

根据当事人违法行为的事实、性质、情节与社会危害程度,依据原《证券法》第一百七十七条及《证券法》第一百九十三条的规定,我会决定:

一、责令中电广通改正,给予中电广通警告,并处以 40 万元的罚款。

二、分别给予单昶、倪剑云警告,并处以 8 万元的罚款;给予郭伟警告,并处以 5 万元的罚款;分别给予贾利民、郁洪良、马雅琳、钱锋、熊克力警告,并处以 3 万元的罚款;分别给予苏振明、范卿午、徐华警告。

上述当事人应自收到本处罚决定书之日起 15 日内,将罚款汇交中国证券监督管理委员会(开户银行:中信银行总行营业部,账号:7111010189800000162,由该行直接上缴国库),并将注有当事人名称的付款凭证复印件送中国证券监督管理委员会稽查局备案。当事人如果对本处罚决定不服,可在收到本处罚决定书之日起60 日内向中国证券监督管理委员会申请行政复议，也可在收到本处罚决定书之日起3个月内直接向有管辖权的人民法院提起行政诉讼。复议和诉讼期间，上述决定不停止执行。

# 关于北亚实业（集团）股份有限公司刘贵亭等7名责任人员违反证券法规的行政处罚决定书

（证监罚字〔2009〕10号）

当事人：刘贵亭，男，1955年出生，时任北亚实业（集团）股份有限公司（以下简称北亚实业）董事、董事长等职。

刘桦，男，1962年出生，时任北亚实业董事。

段善文，男，1961年出生，时任北亚实业董事。

熊官云，男，1961年出生，时任北亚实业董事。

郝坤，男，1940年出生，时任北亚实业独立董事。

赵玉娟，女，1952年出生，时任北亚实业独立董事。

刘彦，女，1962年出生，时任北亚实业独立董事。

根据《中华人民共和国证券法》（以下简称《证券法》）有关规定，我会依法对北亚实业信息披露违法案进行了立案调查、审理，并向当事人告知了作出行政处罚决定的事实、理由、依据及当事人依法享有的权利。对当事人提出的陈述和申辩意见进行复核、研究，并应当事人何洪达、赵玉娟、刘彦、郝坤和刘申的申请，行政处罚委员会于2009年1月12日举行听证会。本案现已调查、审理终结。

经查明，当事人存在如下违法行为：

**一、北亚实业在1998年至2003年年度报告虚增收入**

（一）北亚实业1998年年度报告披露的运输业务收入为1991.84万元，通过虚构未实际发生的业务虚增收入1912.46万元；

（二）北亚实业1999年年度报告披露的运输业务收入约为1.4亿元，通过虚构未实际发生的业务虚增收入13,212.8万元；

（三）北亚实业2000年年度报告披露的运输业务收入为12,958万元，通过虚构未实际发生的业务虚增收入11,067万元；

（四）北亚实业2001年年度报告披露的运输业务收入为14,803.17万元，通过虚构未实际发生的业务虚增收入12,680万元；

（五）北亚实业2002年年度报告披露的运输业务收入为22,210万元，通过虚构未实际发生的业务虚增收入21,145.3万元；

（六）北亚实业2003年年度报告披露的运输业务收入为7981.90万元，通过虚构未实际发生的业务虚增收入7200万元；同时虚构向双鸭山煤矿有限责任公司转让资产取得收入18,208万元，从而虚增非经常性损益4773.76万元。

**二、北亚实业在 2002 年至 2005 年年度报告虚增固定资产**

北亚实业在 2002 年年度报告中披露固定资产——运输设备原值期末数为 1,318,728,394.47元,其中包含计入固定资产——发电车、行李车、餐车、硬座车、硬卧车、软卧车明细账 876,782,845 元的 25G 型客车,但实际上列为固定资产的客车的购车合同未有效履行完毕,并于 2004 年解除,相关车辆未实际交付,因此 2002 年年度报告中北亚实业虚列固定资产原值为 876,782,845 元,累计折旧为 31,096,344.03 元,净值为 845,686,500.97元;2003 年年度报告披露固定资产——运输设备原值期末数为 793,145,743.52元,其中虚列固定资产原值为 568,810,345 元,累计折旧为 51,899,730.78 元,净值为 516,910,614.22 元;2004 年年度报告披露固定资产——运输设备原值期末数为794,189,115.57元,其中虚列固定资产原值为 568,810,345 元,累计折旧为85,672,845.01 元,净值为 483,137,499.99 元;2005 年年度报告披露固定资产——运输设备原值期末数为 788,182,504.68 元,其中虚列固定资产原值为 568,810,345 元,累计折旧为 119,445,959.29元,净值为 449,364,385.71 元。

**三、北亚实业 1999 年以虚假的应收账款进行资产置换,对相关信息披露进行虚假记载**

北亚实业 1999 年 6 月 19 日董事会公告及 1999 年年度报告披露北亚实业用货币资金 79,000,000 元、长期投资 36,431,300 元、短期投资 7,069,055.42 元、应收债权 133,226,904.58 元(合计 255,727,260元)与黑龙江虹通运输服务有限公司(以下简称虹通公司)经评估后的固定资产——铁路运输自备货车 2107 辆(评估重置值 255,727,260 元)进行置换;北亚实业置换出的债权应收账款——哈铁运输总站,金额 53,817,087.20 元系虚增收入形成,无真实资产。因此上述董事会公告和年度报告中相关信息披露为虚假记载。

**四、北亚实业隐瞒长期股权投资并虚构资产置换,导致 2002 年至 2005 年年度报告中对长期投资信息披露存在重大遗漏或虚假记载**

(一)2001 年和 2002 年刘贵亭代表北亚实业分别签订了《长春客车股份发起人协议书》及《南车四方股份发起人决议》,所认缴出资 1.5 亿元和 5000 万元已分别于 2001 年 12 月及 2002 年 3 月投入,完成了工商登记,北亚实业成为长春轨道客车股份有限公司(以下简称长春客车股份)和南车四方机车车辆股份有限公司(以下简称南车四方股份)两公司发起人股东。对上述重大股权投资事项,北亚实业未及时履行信息披露义务且在 2002 年年度报告中未进行披露。

(二)北亚实业在 2003 年 6 月 21 日董事会会议决议公告和年度报告中披露北亚实业将账面原值 22,006.65 万元的铁路客车与北京中铁长龙机车车辆设备有限公司(以下简称中铁长龙)所持有的长春客车股份 9839.8372 万股股权进行置换。因北亚实业实际上已经是长春客车股份的股东,该资产置换系北亚实业虚构,实际没有发生,上述信息披露为虚假记载。

(三)北亚实业在 2003 年年度报告中还披露北亚实业当年与中铁长龙进行资产置换,置入南车四方股份 3250 万股股权,换出资产账面价值 85,731,242.19 元,公允价值 85,731,242.19 元。因北亚实业实际上已经是南车四方股份的股东,该资产置换系北亚实业虚构,实际没有发生,上述信息披露为虚假记载。

(四)北亚实业2004年和2005年年度报告均在其他长期股权投资中记载:长春客车股份投资金额209,271,530.26元;南车四方股份投资金额84,099,742.19元。上述信息披露为虚假记载。

**五、2001年增发股票相关信息披露违法**

(一)北亚实业增发申请文件信息披露存在虚假记载

北亚实业向中国证监会提交的增发申请文件第一章"北亚实业(集团)股份有限公司本次增发的招股文件"《招股意向书》第一部分"概览"载明,1998年北亚实业主营业务收入为20,394万元;1999年北亚实业主营业务收入为32,534万元;2000年北亚实业主营业务收入为31,400万元。

《招股意向书》第五部分"发行人业务和技术"载明,1998年公司铁路货物运输收入1992万元;1999年公司铁路客货运输收入1.4亿元;2000年公司铁路客货运输收入12,958万元。

《招股意向书》第九部分"财务会计信息"中"发行人最近三个会计年度及2001年中期合并利润表"载明,1998年合并主营业务收入为20,394.27万元;1999年合并主营业务收入为32,534.21万元;2000年合并主营业务收入为31,400.25万元。

由于北亚实业在1998年至2000年连续虚构运输业务收入,上述财务数据均为虚假,导致《招股意向书》存在重大虚假记载。

(二)北亚实业2001年公募增发A股募集资金用途改变未经股东大会批准,其在年度报告中相关信息披露存在虚假记载

北亚实业在2001年度报告中披露2001年公募增发A股的实收募集资金已经于2001年12月12日全部到位,截至报告期末,北亚实业已将上述资金投入增发招股说明书所述的项目。经查实际募集的资金没有用于招股说明书中列示的用途,其改变募集资金的用途没有经过北亚实业股东大会的审议,上述信息披露为虚假记载。

**六、北亚实业2001年和2002年签订重大合同未按规定披露,2004年解除重大合同也未按规定披露**

北亚实业与长春客车股份在2001年12月签订合同购买200辆25G型客车,总金额41,429万元,构成重大合同。北亚实业在2002年9月又先后与长春客车股份签订了三份合同,共计购买200辆25G型客车,累计总金额达76,692.82万元,构成重大合同。2004年7月,北亚实业与长春客车股份签订了《关于解除200辆25G型车购销合同的协议》。北亚实业与南车四方股份在2002年10月签订合同购买25G型客车210辆,总价为45,028.37万元,构成重大合同。2004年6月,北亚实业与南车四方股份签订了解除购车合同的《备忘录》。对于上述重大合同的签订和解除,北亚实业未及时进行公告。

上述事实,有北亚实业历年年度报告、相关临时报告、相关董事会会议决议及其公告、有关公司工商登记资料、有关公司和单位出具的说明、银行提供的有关单据、有关协议、北亚实业和有关公司财务资料、相关人员的询问笔录、说明材料等证据在案证实,证据确实、充分,足以认定。

我会认定,刘贵亭为2002、2003、2004、2005年年度报告信息披露违法行为以及2003年置换长春客车股份股权董事会决议公告虚假记载直接负责的主管人员;同时也是1999年北亚实业与虹通公司

资产置换董事会决议公告虚假记载,2001、2002、2004 年未就客车购买合同的订立和解除及时履行临时信息披露义务、2001 年增发申请和信息披露文件虚假记载,1998、1999、2000、2001 年年度报告信息披露违法行为的其他直接责任人员。赵玉娟、刘彦和郝坤均为 2002、2003、2004、2005 年年度报告以及 2003 年置换长春客车股份股权董事会决议公告信息披露违法行为的其他直接责任人员。刘申为 2004、2005 年年度报告信息披露违法行为的其他直接责任人员。刘桦、熊官云和段善文均为 2005 年年度报告信息披露违法行为的其他直接责任人员。

鉴于刘贵亭涉嫌犯罪并已经移交司法部门,本案中不再作行政处罚,另案依法对其实施永久性市场禁入措施。刘申在听证中提交了其履行董事职责勤勉尽责的证据材料,经核查属实。刘申在 2004 年 3 月至 2007 年 7 月受鞍山钢铁集团公司(以下简称鞍钢集团)委派担任北亚实业董事期间,按照《鞍山钢铁集团公司对外投资项目管理的有关规定》,其在以北亚实业董事身份作出各类决议前已向鞍钢集团汇报,在借助集团的计划财务部、法律事务部进行审核的情况下,仍不能发现和阻止北亚实业财务造假和信息披露虚假记载,存在勤勉尽责的事实,依法不予处罚。本案中除上述责任人员之外的其他责任人员均已过行政处罚时效,不再予以处罚。

北亚实业 1998 年年度报告信息披露的上述违法行为违反了《股票发行与交易管理暂行条例》(以下简称《股票条例》)第五十七条“中期报告和年度报告应当符合国家的会计制度和证监会的有关规定”的规定,构成《股票条例》第七十四条第一款第(二)项所述“在股票发行、交易过程中,作出虚假、严重误导性陈述或者遗漏重大信息的”行为。北亚实业在 1999 年至 2005 年年度报告信息披露中的上述行为违反了 1999 年 7 月 1 日起施行的《中华人民共和国证券法》(以下简称原《证券法》)第六十一条和 2005 年 10 月 27 日修订,2006 年 1 月 1 日起施行的《证券法》第六十六条关于年度报告的规定;北亚实业 2001、2002、2004 年签购车合同和解除合同事宜及 2002 年股权投资事项未履行信息披露义务,违反了原《证券法》第六十二条“发生可能对上市公司股票交易价格产生较大影响、而投资者尚未得知的重大事件时,上市公司应当立即将有关该重大事件的情况向国务院证券监督管理机构和证券交易所提交临时报告,并予公告,说明事件的实质”的规定;北亚实业虚增 1998、1999、2000 年度运输收入,致使 2001 年增发申请和信息披露文件含有重大虚假内容,违反了原《证券法》第十三条“发行人向国务院证券监督管理机构或者国务院授权的部门提交的证券发行申请文件,必须真实、准确、完整”和第五十九条规定,构成原《证券法》第一百七十七条所述“所披露的信息有虚假陈述、误导性陈述或者有重大遗漏的”行为。

根据当事人违法行为的事实、性质、情节与社会危害程度,按照《股票条例》第七十四条和原《证券法》第一百七十七条规定,我会决定对刘桦、熊官云、段善文、赵玉娟、刘彦和郝坤分别给予警告。

当事人如果对本处罚决定不服,可在收到本处罚决定之日起 60 日内向中国证券监督管理委员会申请行政复议,也可以在收到本处罚决定之日起 3 个月内直接向有管辖权的人民法院提起行政诉讼。复议和诉讼期间,上述决定不停止执行。

# 关于利安达信隆会计师事务所有限责任公司及有关个人违反证券法规的行政处罚决定书

（证监罚字〔2009〕11号）

当事人：利安达信隆会计师事务所有限责任公司（以下简称利安达信隆），住所：北京市朝阳区八里庄西里100号1号楼东区20层2008室，法定代表人黄锦辉。

王日宇，男，1946年出生。

王颖，女，1972年出生。

曹如鹏，男，1965年出生。

根据《中华人民共和国证券法》（以下简称《证券法》）有关规定，我会依法对北亚实业（集团）股份有限公司（以下简称北亚实业）信息披露违法案中审计机构涉及的违法行为进行了立案调查、审理，并向当事人告知了作出行政处罚决定的事实、理由、依据及当事人依法享有的权利。应当事人的申请，行政处罚委员会于2009年1月12日举行听证会，听取了当事人的陈述和申辩。听证会后，行政处罚委员会进行了复核。本案现已调查、审理终结。

经查，发现利安达信隆违法行为如下：

一、北亚实业2002年度虚列固定资产原值为876,782,845元，占当期资产总额的23.7%。利安达信隆未能按照《中国注册会计师执业规范指南第1号——年度会计报表审计》第3.332条固定资产及累计折旧中第（2）部分审计程序中第3条“实地抽查部分新增固定资产，确定其是否实际存在”的规定，对本年度新增运输工具进行实地抽查。利安达信隆获取郑州铁路局、哈尔滨铁路局的说明作为替代程序。在两个铁路局出具的说明不能有效、充分证明上述固定资产的存在的情况下，利安达信隆也未能就说明中的车辆与北亚实业当期新增的运输工具是否一致获得进一步的审计证据，未能发现上述固定资产存在虚假的情况。

二、北亚实业2003年度、2004年度和2005年度虚列固定资产原值均为568,810,345元。在此三年年报审计中，利安达信隆对北亚实业固定资产进行审计时，只对当年新增加的固定资产、部分房屋和办公用品进行抽盘，未对期末固定资产中运输工具执行盘点或抽盘程序。虽然在2003年审计中取得了关于上述运输工具固定资产一定的审计证据，但审计程序不充分、不到位，未能发现上述固定资产存在虚假的情况。

以上违法事实有利安达信隆出具的审计报告、审计工作底稿及取得的审计证据、相关人员的谈话笔录和有关说明材料等证据证明，证据确实、充分，足以认定。

我会认定，利安达信隆在北亚实业2002、2003、2004、2005年年度报告审计中对固定资产科目进行审计时未能按照《独立审计具体准则第1号——会计报表审计》第十六条“注册会计师在实施审计过程中，应当采用恰当的方法，包括检查、监盘、观察、查询及函证、计算、分析性复核等，以获取充分、适当的审计证据”，《独立审计具体准则第5号——审计证据》第十条“通过实质性测试获取审计证据时，注册会计师应当考虑以下主要事项:(一)资产、负债在某一特定时日是否存在",以及《中国注册会计师执业规范指南第1号——年度会计报表审计》第3.332条"确定固定资产是否存在"和"确定固定资产是否归被审计单位所有"等规定,履行必要的审计程序,取得充分的审计证据。因此,利安达信隆及其注册会计师违反了1999年7月1日起施行的《中华人民共和国证券法》(以下简称原《证券法》)第一百六十一条"为证券的发行、上市或者证券交易活动出具审计报告、资产评估报告或者法律意见书等文件的专业机构和人员,必须按照执业规则规定的工作程序出具报告,对其所出具报告内容的真实性、准确性和完整性进行核查和验证"的规定,同时违反了《股票发行与交易管理暂行条例》(以下简称《股票条例》)第三十五条"按照本行业公认的业务标准和道德规范,对其出具文件内容的真实性、准确性和完整性进行核查和验证"之规定,构成《股票条例》第七十三条"会计师事务所、资产评估机构和律师事务所违反本条例规定,出具的文件有虚假、严重误导性内容或者有重大遗漏的"行为。

王日宇为在北亚实业2003、2005年审计报告上签字的注册会计师;王策为在北亚实业2002年审计报告上签字的注册会计师;王颖为在北亚实业2003、2004年审计报告上签字的注册会计师;曹如鹏为在北亚实业2004、2005年审计报告上签字的注册会计师。因此,以上会计师是上述违法行为直接负责的主管人员。其中,王策因违法行为已超过行政处罚时效,不予处罚。经查,利安达信隆2002年对北亚实业进行年报审计共取得收入60万元。

根据当事人违法行为的事实、性质、情节与社会危害程度,依据《股票条例》第七十三条之规定,我会决定:

一、没收利安达信隆2002年审计北亚实业年度报告非法所得60万元,并对其因2003年至2005年审计出具文件存在虚假的违法行为处以罚款50万元;

二、对王日宇、王颖和曹如鹏分别处以5万元罚款。

上述当事人应自收到本处罚决定书之日起15日内,将罚款汇交中国证券监督管理委员会(开户银行:中信银行总行营业部,账号:7111010189800000162,由该行直接上缴国库),并将注有当事人名称的付款凭证复印件送中国证券监督管理委员会稽查局备案。当事人如果对本处罚决定不服,可在收到本处罚决定书之日起60日内向中国证券监督管理委员会申请行政复议,也可在收到本处罚决定书之日起3个月内直接向有管辖权的人民法院提起行政诉讼。复议和诉讼期间,上述决定不停止执行。

## 关于华南期货经纪有限公司及有关个人违反证券法规的行政处罚决定书

(证监罚字〔2009〕12号)

当事人:华南期货经纪有限公司(以下简称华南期货),住所:广东省广州市天河区体育西路111号,法定代表人姜雪。

姜雪,女,1966年出生,时任华南期货

董事长。

张海涛,男,1969 年出生,时任华南期货总经理。

日前,华南期货挪用客户保证金一案已由我会调查、审理完毕。我会依法向当事人告知了作出行政处罚的事实、理由、依据及当事人依法享有的权利,当事人华南期货进行了陈述和申辩,应当事人姜雪、张海涛的要求举行了听证会,听取了姜雪及其代理人、张海涛的陈述和申辩。

经查明,华南期货存在以下挪用客户保证金的行为:

2005 年 1 月 11 日,华南期货通过网上银行从中国工商银行广州市第一支行保证金账户(账号:3602000109000090759)划款 400 万元至中国建设银行广州天河支行自有资金账户(账号:44001581301050304233,以下简称 4233 账户)。次日,华南期货将该 400 万元从 4233 账户划至深圳市林木贸易有限公司(以下简称深圳林木公司)在深圳市商业银行深圳湾支行的账户。华南期货在划款之时,并无可供划转的 400 万元自有资金,上述行为构成了挪用客户保证金。之后,华南期货又多次在保证金存在缺口的情况下从保证金账户向外划款。直至 2005 年 10 月,在监管部门的监管压力下,华南期货的保证金缺口问题才得以解决。

上述事实,有相关情况说明、授权书、交易所对账单、银行存款明细账、银行对账单、结算资料及当事人询问笔录等证据在案证明,足以认定。

华南期货的上述行为,违反了《期货交易管理暂行条例》(以下简称《期货暂行条例》)第三十六条"期货经纪公司向客户收取的保证金,属于客户所有;期货经纪公司除按照中国证监会的规定为客户向期货交易所交存保证金、进行交易结算外,严禁挪作他用"的规定,构成了《期货暂行条例》第六十条所述"挪用客户保证金"的行为。

对华南期货上述挪用客户保证金的违法行为,时任华南期货董事长姜雪和总经理张海涛是直接负责的主管人员。

华南期货和姜雪在申辩材料中称:(一)2005 年 1 月 11 日华南期货的 400 万元划款属于上海期货交易所、大连商品交易所、郑州商品交易所三家期货交易所给深圳林木公司的交易手续费返还,不属于挪用客户保证金;(二)2005 年 1 月 11 日华南期货可从保证金账户划出资金余额为 5,093,541.27 元,没有超过当时公司可从保证金账户划出资金余额,该笔划款不属于挪用客户保证金。

经查,(一)深圳林木公司 2004 年实际支付手续费 1,946,193 元,截至 2005 年 1 月 10 日,深圳林木公司已收到手续费返还 1,035,646 元,保证金余额只有315,326 元,不可能再有 400 万元的手续费返还。三家期货交易所的统计显示,2004 年 1 月至 2005 年 1 月 10 日,三家期货交易所共向华南期货返还手续费2,126,710.94元。因此,当事人称 400 万元划款属于期货交易所给深圳林木公司的交易手续费返还没有事实依据;(二)华南期货报送的监管报表显示,截至 2004 年 12 月 31 日,华南期货在保证金账户中的自有资金为 877,961.14元。但根据三家期货交易所关于期货公司必须以自有资金在交易所交存 50 万元最低结算准备金的规定,扣除必须交存三家期货交易所的 150 万元最低结算准备金,华南期货实际可划转的自有资金为 -622,038.86 元。加上 2005 年 1 月 1 日至 10 日期货交易所返还的手续费 28,127.70元,2005 年 1 月 11 日华南期货可从保证金账户中划转金额为 -593,911.16元。因此,华南期货所谓没有超出当时公司可从保证金账户划出资金余额的申辩理由不能成立。

张海涛在申辩材料中称:对华南期货2005年1月11日的400万元划款,不知当时是什么人、为什么划转,并称将尽快向有关人员了解当时的实际情况及划款用途后予以说明。张海涛后又称虽然没有找到调款指令单,但经了解,该笔划款应属于手续费收入的划转。基于前述查明的情况,张海涛的申辩理由也不能成立。

根据当事人违法行为的事实、性质、情节与社会危害程度,依据《期货暂行条例》第六十条的规定,我会决定:

一、对华南期货给予警告,并处以10万元的罚款;

二、对姜雪给予警告,并处以5万元的罚款;

三、对张海涛给予警告,并处以3万元的罚款。

上述当事人应自收到本处罚决定书之日起15日内,将罚款汇交中国证券监督管理委员会(开户银行:中信银行总行营业部,账号:7111010189800000162,由该行直接上缴国库),并将注有当事人名称的付款凭证复印件送中国证券监督管理委员会稽查局备案。当事人如果对本处罚决定不服,可在收到本处罚决定书之日起60日内向中国证券监督管理委员会申请行政复议,也可在收到本处罚决定书之日起3个月内直接向有管辖权的人民法院提起行政诉讼。复议和诉讼期间,上述决定不停止执行。

# 关于程文水、刘延泽违反证券法规的行政处罚决定书

(证监罚字〔2009〕13号)

当事人:程文水,男,1953年出生。

刘延泽,男,1969年出生。

根据《中华人民共和国证券法》(以下简称《证券法》)有关规定,我会依法对中核华原钛白股份有限公司(以下简称中核钛白)股票操纵一案进行了立案调查、审理,并向当事人告知了作出行政处罚决定的事实、理由、依据及当事人依法享有的权利。应当事人的申请,行政处罚委员会于2009年2月17日举行听证会。对当事人提出的陈述和申辩意见进行研究复核后,我会补充了有关证据。本案现已调查、审理终结。

经查明,当事人存在如下违法行为:

程文水和刘延泽等实际控制北京嘉利九龙商城有限公司(以下简称北京嘉利)、天津联盛伟业科技开发有限公司(以下简称天津联盛)、西安浩拓商贸有限公司(以下简称西安浩拓)、甘肃新秦陇投资管理有限公司(以下简称甘肃新秦陇)、海南太昊贸易有限公司(以下简称海南太昊)等公司,并通过上述公司设立的股票账户进行了本案涉及的股票交易。河北夏成龙拉链有限公司(以下简称河北夏成龙)将其营业执照出借给本案当事人办理证券账户,并由当事人指使的个人进行本案涉及的股票交易活动。

北京嘉利原持有的“中核钛白”限售股3920.8万股于2008年8月8日解禁后

上市流通。北京嘉利以大宗交易方式分别在2008年8月14日向天津联盛出售“中核钛白”900万股，8月20日向河北夏成龙出售“中核钛白”870万股，8月20日向西安浩拓出售“中核钛白”872万股，共占“中核钛白”总股本的13.91%。

2008年9月10日至9月12日期间，天津联盛合计卖出“中核钛白”900万股，河北夏成龙合计卖出“中核钛白”870万股；西安浩拓合计买入“中核钛白”260万股，合计卖出“中核钛白”1132万股；甘肃新秦陇合计买入“中核钛白”4,503,766股，合计卖出“中核钛白”2,998,466股。截至2008年10月9日，甘肃新秦陇账户持有“中核钛白”0股。2008年8月7日开户至9月19日，海南太昊合计买入“中核钛白”5,832,311股，合计卖出“中核钛白”5,832,311股。

2008年9月10日，“中核钛白”开盘后走势平稳，成交清淡，自10:01起至11:17，天津联盛、河北夏成龙、西安浩拓、甘肃新秦陇及海南太昊五家机构账户（以下简称账户组）连续大笔委托买入，账户组共申报买入委托7,165,000股，占期间买入委托申报总量的80.37%，委托价格从7.39元至8.26元，直接推动股价上升至涨停。该期间买入成交3,910,267股，占期间买入成交总量的76.47%。与此同时，西安浩拓连续大笔卖出，账户组申报卖出委托3,627,500股，占期间卖出委托申报总量的57.64%，卖出成交3,304,367股，占期间卖出成交总量的64.62%。该期间内账户组互为对手方交易2,581,967股，占期间成交数量的50.49%。此后，在11:17至收盘期间，账户组共申报买入委托11,891,999股，占期间买入委托申报总量的93.09%，买入成交1,349,833股，占期间买入成交总量的79.39%，使“中核钛白”一直维持涨停状态，同时在该期间内账户组申报卖出委托284,133股，占期间卖出委托申报总量的7.32%，卖出成交284,133股，占期间卖出成交总量的16.71%。该期间内账户组互为对手方交易265,033股，占该期间成交数量的15.59%。全日，账户组共买入“中核钛白”5,260,150股，共卖出“中核钛白”3,588,500股，账户组成交量占当日总成交量的64.77%。账户组互为对手方交易2,847,000股，占该股当日总成交量的41.678%。

2008年9月11日，“中核钛白”开盘即跌停。在开盘集合竞价阶段，账户组共申报买入委托700,000股，占期间买入委托申报总量的80.36%，买入成交700,000股，占期间买入成交总量的83.53%。该期间账户组以跌停价申报卖出委托5,000,000股，占期间卖出委托申报总量的96.42%，卖出成交838,000股，占期间卖出成交总量的100%。该期间内账户组互为对手方交易700,000股，占期间成交数量的83.53%，直接导致该股开盘即跌停。此后，在9:25至9:55的连续竞价期间，账户组共申报买入委托4,270,000股，占期间买入委托申报总量的17.02%，买入成交4,270,000股，占期间买入成交总量的18.67%。申报卖出委托22,493,500股，占期间卖出委托申报总量的94.19%，卖出成交22,393,500股，占期间卖出成交总量的97.89%。该期间内账户组互为对手方交易4,252,500股，占该期间成交数量的18.59%，“中核钛白”打开跌停。此后至收盘期间，账户组转向单向卖出，账户组共申报卖出委托2,394,000股，占期间卖出委托申报总量的29.49%，卖出成交2,293,600股，占期间卖出成交总量的39.36%。全日，账户组共买入“中核钛白”4,970,000股，共卖出“中核钛白”25,525,100股，账户组成交量占当日总成交量的51.614%。账户组互为对手方交易成交股数达 4,952,500 万股,占该股当日总成交量的 16.764%。

2008 年 9 月 12 日,“中核钛白”开盘即跌停,在开盘集合竞价阶段,账户组共申报买入委托 0 股,以跌停价申报卖出数量为 2,847,311 股,占期间卖出委托申报总量的 70.74%,卖出成交 1,296,200 股,占期间卖出成交总量的 93.50%,直接导致“中核钛白”以跌停价开盘。此后,在 9:25 至收盘的连续竞价期间,账户组共申报买入委托 0 股,申报卖出数量 6,264,977 股,占期间卖出委托申报总量的 24.67%,卖出成交 6,195,977 股,占期间卖出成交总量的 54.48%。全日,账户组共买入“中核钛白”0 股,共卖出“中核钛白”7,492,177 股,账户组成交量占当日总成交量的 29.36%。

因此,2008 年 9 月 10 日至 9 月 12 日期间,程文水和刘延泽利用持股优势、资金优势以连续买卖和在自己实际控制的账户组中买卖“中核钛白”股票的方式,操纵和影响“中核钛白”交易价格和交易数量。根据统计,账户组在 2008 年 9 月 10 日至 9 月 12 日交易“中核钛白”的账面收益为 -5,806,527.67元。

上述事实,有相关合同、相关公司资金划转银行单据、相关公司工商登记资料、相关开户资料、相关统计资料以及相关人员谈话笔录等证据在案证实,证据确实、充分,足以认定。

我会认定,程文水和刘延泽的上述行为违反了《证券法》第七十七条“禁止任何人以下列手段操纵证券市场:(一)单独或者通过合谋,集中资金优势、持股优势或者利用信息优势联合或连续买卖,操纵证券交易价格或者证券交易量……(三)在自己实际控制的账户之间进行证券交易,影响证券交易价格或者证券交易量”的规定,构成《证券法》第二百零三条所述“操纵证券市场”的违法行为。

根据当事人违法行为的事实、性质、情节与社会危害程度,按照《证券法》第二百零三条之规定,我会决定:

一、对程文水处以 300 万元的罚款;

二、对刘延泽处以 200 万元的罚款。

当事人应自收到本处罚决定书之日起 15 日内,将罚款汇交中国证券监督管理委员会(开户银行:中信银行总行营业部,账号:7111010189800000162,由该行直接上缴国库),并将注有当事人名称的付款凭证复印件送中国证券监督管理委员会稽查局备案。当事人如果对本处罚决定不服,可在收到本处罚决定书之日起 60 日内向中国证券监督管理委员会申请行政复议,也可以在收到本处罚决定书之日起 3 个月内直接向有管辖权的人民法院提起行政诉讼。复议和诉讼期间,上述决定不停止执行。

## 关于三隆期货经纪有限公司有关责任人员邹乐平、邹海英、鲁新违反证券法规的行政处罚决定书

(证监罚字〔2009〕14 号)

当事人:邹乐平,男,1957 年出生,时任山东三隆实业集团有限公司(以下简称

三隆集团)董事长、三隆期货经纪有限公司(以下简称三隆期货)董事长、山东北方渔市股份有限公司(以下简称北方渔市)董事长。

邹海英,女,1969年出生,时任三隆期货副总经理。

鲁新,男,1969年出生,时任三隆期货总经理。

日前,三隆期货违规挪用客户保证金及从事期货自营业务一案已由我会调查、审理完毕。我会依法向当事人告知了作出行政处罚的事实、理由、依据及当事人依法享有的权利,并应当事人的要求举行了听证会。本案现已调查、审理终结。

经查明,三隆期货存在以下违法行为:

**一、挪用客户保证金**

2003年10月至2006年7月,三隆期货每月均调整客户权益,先后共调整了668个客户出入金。截至2006年7月底,尚有295个客户的账面保证金金额与实际资金不一致。根据三隆期货提供的相关数据,客户保证金缺口由2003年10月底的20,850,717.10元增加至2006年9月30日的48,499,590.87元。其中,三隆集团占用资金19,859,309.76元。2003年11月至2006年9月,三隆期货先后通过报备的工商银行26407户、01729户、06394户、农业银行2313户和交通银行1466户等5个保证金账户,以直接或间接划款的方式,挪用客户保证金供三隆集团周转使用,累计发生额达276,700,367.26元。

2006年12月31日,三隆期货通过北方渔市股权融资取得的资金和自有资金将保证金缺口全部弥补,并在2007年1月26日至2月12日期间将全部客户转移至鲁证期货经纪有限公司。

**二、从事期货自营业务**

2004年至2005年期间,三隆期货利用公司控制的两个期货账户进行铜、大豆、豆粕等品种的期货交易,构成期货自营行为,自营亏损9,985,500.00元,产生手续费111,420.00元,共亏损10,096,920.00元。

上述事实,有询问涉案人员的谈话记录,三隆期货相关时点财务数据、银行对账单、银行存款余额调节表,三隆期货关于自营情况的说明,交易、交割、结算流水等证据在案证明,足以认定。

我会认为,三隆期货挪用客户保证金的行为,违反了《期货交易管理暂行条例》第三十六条的规定,构成了《期货交易管理暂行条例》第六十条"挪用客户保证金"的行为;三隆期货从事期货自营的行为违反了《期货交易管理暂行条例》第二十五条"期货经纪公司不得从事或者变相从事期货自营业务"的规定,构成了《期货交易管理暂行条例》第五十九条"从事期货自营业务或者违反本条例规定的其他业务"的行为。

邹乐平既是三隆期货、三隆集团的实际控制人,又是这两个公司的董事长,是对三隆期货该两项违法行为直接负责的主管人员;邹海英作为三隆期货副总经理,连续多次在有关资金调拨令上签字,直接操作了公司的挪用客户保证金行为,知悉并参与了三隆期货违法从事的期货自营业务,是三隆期货该两项违法行为的其他直接责任人员;鲁新作为三隆期货总经理,负责操作了三隆期货违法从事的期货自营业务,是该项违法行为的其他直接责任人员。

我会认为,三隆期货及上述有关责任人,对期货监管法规的禁止性规定熟视无睹,在较长时间内,通过多个账户、多次以直接或间接划款的方式挪用客户保证金,涉案金额比较巨大,同时还违法从事期货自营业务,情节比较严重。

同时,我会也已经注意到,三隆期货及有关责任人员在案发后能主动交代保证金存在缺口的情况,在监管部门要求下最终采取措施弥补了保证金缺口且已将全部客户转移至鲁证期货经纪有限公司,以及在稽查过程中能够比较好地与监管部门配合,违规自营业务亏损等情况。

综合上述情况,依据《期货交易管理暂行条例》第六十条"对直接负责的主管人员和其他直接责任人员给予纪律处分,并处1万元以上10万元以下的罚款"的规定,第五十九条"对直接负责的主管人员和其他直接责任人员给予纪律处分,并处1万元以上5万元以下的罚款"的规定,我会决定:

一、对邹乐平处以10万元的罚款;

二、对邹海英处以5万元的罚款;

三、对鲁新处以2万元的罚款。

鉴于三隆期货已被我会依法吊销期货经纪业务许可证,对其不再处罚。

上述当事人应自收到本处罚决定书之日起15日内,将罚款汇交中国证券监督管理委员会(开户银行:中信银行总行营业部,账号:7111010189800000162,由该行直接上缴国库),并将注有当事人名称的付款凭证复印件送中国证券监督管理委员会稽查局备案。当事人如果对本处罚决定不服,可在收到本处罚决定书之日起60日内向中国证券监督管理委员会申请行政复议,也可在收到本处罚决定书之日起3个月内直接向有管辖权的人民法院提起行政诉讼。复议和诉讼期间,上述决定不停止执行。

# 关于张健雄违反证券法规的行政处罚决定书

(证监罚字〔2009〕15号)

当事人:张建雄,男,1971年出生。

依据2006年1月1日起实施的《中华人民共和国证券法》(以下简称《证券法》)的有关规定,我会对张建雄操纵"ST源药"(股票代码600656)股票价格案立案调查、审理,并依法向当事人告知了作出行政处罚的事实、理由、依据及当事人依法享有的权利,当事人提出陈述、申辩意见,并要求听证。我会应当事人的要求举行了听证会,听取当事人的陈述和申辩。本案现已调查、审理终结。

经查明,2008年7月3日至2008年7月4日,张建雄利用"张振春"证券账户,在交易"ST源药"股票过程中,为了能以较高价格卖出,而进行频繁买入申报和撤销申报。张建雄在交易"ST源药"股票过程中,以逐笔升高的价格大量申报买单,造成"ST源药"股票买入申报量很大、价格逐渐上升的假象,然后迅速撤单,最短的买入申报驻留时间仅有21秒钟,其频繁大量买入申报并不是以实际买入成交为目的,而是影响其他投资者对相应股票供求和价格走势的判断,诱导其跟进买入,推高股价,随后再以相对较高的价格卖出其持有的股票。张建雄于2008年7月3日通过并不是以实际买入成交为目的频繁大量买入申报和撤销申报，使“ST源药”股票价格从当日跌停价4.91元上涨至当日涨停价5.43元。2008年7月4日，在开盘前集合竞价时，张建雄又以涨停价5.70元买入申报“ST源药”并迅速撤销买入申报。之后，张建雄将2008年7月3日以跌停价4.91元购买的1,800,000股“ST源药”股票以5.68元卖出。具体情况为：

（一）7月3日11时07分22秒至11时07分32秒，张建雄以跌停价4.91元买入“ST源药”1,800,000股。

（二）7月3日11时15分33秒，张建雄以4.99元买委托申报“ST源药”690,000万股，申报档位为第3档，委托申报前一秒市场平均成交价格为5.03元，该笔委托申报前的市场未成交买单为2,131,443股。11时17分51秒，张建雄撤销委托申报。

（三）7月3日11时18分10秒，张建雄以5.10元买委托申报“ST源药”360,000股，申报档位为第4档，委托申报前一秒市场平均成交价格为5.13元，该笔委托申报前的市场未成交买单为2,252,986股。11时22分45秒，张建雄撤销委托申报。

（四）7月3日11时19分16秒，张建雄以5.14元买委托申报“ST源药”600,000股，申报档位为第3档，委托申报前一秒市场平均成交价格为5.17元，该笔委托申报前的市场未成交买单为2,705,176股。11时22分39秒，张建雄撤销委托申报。

（五）7月3日13时01分50秒，张建雄以5.34元买委托申报“ST源药”600,000股，申报档位为第3档，委托申报前一秒市场平均成交价格为5.36元，该笔委托申报前的市场未成交买单为3,455,323股。13时02分11秒，张建雄撤销委托申报。

（六）7月3日13时02分50秒，张建雄以5.38元买委托申报“ST源药”900,000股，申报档位为第4档，委托申报前一秒市场平均成交价格为5.43元，该笔委托申报前的市场未成交买单为4,683,531股。13时03分24秒，张建雄撤销委托申报。

（七）7月3日13时03分48秒，张建雄以涨停价5.43元买委托申报“ST源药”990,000股，委托申报前一秒市场平均成交价格为涨停价5.43元，该笔委托申报前的市场未成交买单为5,911,231股。13时04分11秒，张建雄撤销委托申报。

（八）7月3日13时07分15秒，张建雄以涨停价5.43元买委托申报“ST源药”990,000股，委托申报前一秒市场平均成交价格为5.43元，该笔委托申报前的市场未成交买单为5,534,610股。张建雄没有撤销此笔委托申报。

（九）7月3日13时07分37秒，张建雄以涨停价5.43元买委托申报“ST源药”990,000股，委托申报前一秒市场平均成交价格为5.43元，该笔委托申报前的市场未成交买单为5,769,364股。张建雄没有撤销此笔委托申报。

（十）7月3日13时08分29秒，张建雄以涨停价5.43元买委托申报“ST源药”990,000股，委托申报前一秒市场平均成交价格为5.43元，该笔委托申报前的市场未成交买单为7,191,675股。张建雄没有撤销此笔委托申报。

（十一）7月3日13时11分59秒，张建雄以涨停价5.43元买委托申报“ST源药”960,000股，委托申报前一秒市场平均成交价格为5.43元，该笔委托申报前的市场未成交买单为9,275,845股。张建雄没有撤销此笔委托申报。

（十二）7月3日13时13分40秒，张建雄以涨停价5.43元买委托申报“ST源药”930,000股，委托申报前一秒市场平均成交价格为5.43元，该笔委托申报前的市场未成交买单为9,893,981股。张建雄没有撤销此笔委托申报。

(十三)7月3日13时19分55秒,张建雄以涨停价5.43元买委托申报"ST源药"630,000股,委托申报前一秒市场平均成交价格为5.43元,该笔委托申报前的市场未成交买单为10,667,981股。张建雄没有撤销此笔委托申报。

(十四)7月3日13时24分43秒,张建雄以涨停价5.43元买委托申报"ST源药"900,000股,委托申报前一秒市场平均成交价格为5.43元,该笔委托申报前的市场未成交买单为11,064,851股。张建雄没有撤销此笔委托申报。

(十五)7月3日13时33分02秒,张建雄以涨停价5.43元买委托申报"ST源药"600,000股,委托申报前一秒市场平均成交价格为5.43元,该笔委托申报前的市场未成交买单为11,769,090股。张建雄没有撤销此笔委托申报。

(十六)7月3日13时58分08秒,张建雄以涨停价5.43元买委托申报"ST源药"990,000股,委托申报前一秒市场平均成交价格为5.43元,该笔委托申报前的市场未成交买单为10,815,333股。张建雄没有撤销此笔委托申报。

(十七)7月4日9时18分22秒,张建雄以涨停价5.70元买委托申报"ST源药"990,000股,该买委托申报量是该买委托申报量前一秒市场成交量571,127股的1.73倍。9时19分02秒,张建雄撤销委托申报,委托申报驻留时间40秒。

(十八)7月4日9时24分53秒,张建雄将"ST源药"1,800,000股以5.68元卖出。

经计算,张建雄利用频繁申报和撤销申报手段操纵"ST源药"股票价格的非法所得为1,342,008元。

上述违法事实,有在证券营业部调取的张建雄交易"ST源药"股票的股东账户、资金划转凭证、上海证券交易所提供的张建雄交易"ST源药"股票的计算数据、相关人员的谈话笔录等证据证明,足以认定。

我会认为,张建雄的上述行为违反了《证券法》第七十七条第一款第(四)项的规定,构成了操纵证券市场的行为。

张建雄在我会举行的听证会上陈述了三点意见,其一是,我会认定其频繁虚假买入申报不正确。经查,张建雄从2008年7月3日11时15分33秒至13时03分48秒,6次买委托申报并随后迅速撤销委托申报。因此,我会认为,张建雄的行为构成频繁虚假买入申报和撤销申报。其二是,我会认定其申报大量买单诱导其他人跟进买入不正确。经查,7月3日11时14分55秒至13时03分48秒,张建雄6笔合计买委托申报4,140,000股,是该时段第一笔买委托申报前市场待成交买量1,018,203股的406.59%,13时03分48秒,买委托申报市场待成交买量增加到4,921,231股。因此,我会认为,张建雄申报大量买单诱导了其他人跟进买入。其三是,我会认定其委托买单不以成交为目的不正确。经查,张建雄在本案的询问笔录中称:"委托的时候,我都会以稍低于揭示价的委托价去委托申报,这样就不会被成交,自己就可以根据盘面量价的变化有时间来撤单,而不会被成交。"结合其他客观证据材料,我会认为,张建雄在7月3日11时07分22秒至11时07分32秒买入"ST源药"1,800,000股后的委托买单不是以成交为目的。

根据当事人违法行为的事实、性质、情节与社会危害程度,依据《证券法》第二百零三条的规定,我会决定:没收张建雄违法所得1,342,008元,并处以罚款1,342,008元。

上述当事人应自收到本处罚决定书之日起15日内,将罚款汇交中国证券监督管理委员会(开户银行:中信银行总行营业部,账号:7111010189800000162,由该行直接上缴国库），并将注有当事人名称的付款凭证复印件送中国证券监督管理委员会稽查局备案。当事人如果对本处罚决定不服，可在收到本处罚决定书之日起60日内向中国证券监督管理委员会申请行政复议，也可在收到本处罚决定书之日起3个月内直接向有管辖权的人民法院提起行政诉讼。复议和诉讼期间，上述决定不停止执行。

# 关于四环药业股份有限公司及有关个人违反证券法规的行政处罚决定书

（证监罚字〔2009〕16号）

当事人：四环药业股份有限公司（以下简称四环药业，股票代码000605），住所：北京市西城区阜外大街3号东润时代大厦6层，法定代表人刘惠文。

陈军，男，1969年出生，时任四环药业董事长。

张德鸿，男，1939年出生，时任四环药业董事、财务总监。

陈国强，男，1966年出生，时任四环药业董事兼副总经理。

苑学梅，女，1973年出生，时任四环药业董事。

何平虹，女，1965年出生，时任四环药业独立董事。

杨国成，男，1949年出生，时任四环药业独立董事。

邓万凰，女，1940年出生，时任四环药业独立董事。

杨涛，男，1968年出生，时任四环药业董事。

姚丽萍，女，1958年出生，时任四环药业董事、常务副总经理、总经理。

邱铜，男，1957年出生，时任四环药业董事。

姜伟民，男，1961年出生，时任四环药业董事。

袁世明，男，1955年出生，时任四环药业董事。

依据1999年7月1日起实施的《中华人民共和国证券法》（以下简称原《证券法》）和2006年1月1日起实施的《中华人民共和国证券法》（以下简称《证券法》）的有关规定，我会对四环药业虚假陈述行为进行了立案调查、审理，并依法向当事人告知了作出行政处罚的事实、理由、依据及当事人依法享有的权利，当事人提出陈述、申辩意见。我会依法对相关意见进行了复核。本案现已调查、审理终结。

经查明，四环药业存在以下违法事实：

**一、四环药业2001年未及时披露相关信息**

（一）2001年6月28日，四环药业为光大中南国际经济技术合作有限公司（以下简称光大中南）的银行贷款提供担保，担保额度为3155万元。

（二）2001年8月9日，四环药业为上海数缘科技有限公司（以下简称上海数缘）的银行贷款提供担保，担保额度为1000万元，担保期限自2001年8月31日至2002年4月20日。

(三)2001年11月19日,四环药业为北京武华缆经贸发展有限公司(以下简称武华缆)的银行贷款提供担保,担保额度为4000万元。

四环药业未按《深圳证券交易所股票上市规则》(以下简称《上市规则》)(2001年修订本)第七章7.3.9的规定对上述信息及时进行披露,违反了原《证券法》第六十二条第三款的规定。

对上述行为直接负责的主管人员为四环药业时任董事长陈军。

## 二、四环药业2001年年度报告虚假陈述

(一)2001年6月28日,四环药业为光大中南的银行贷款提供担保,担保额度为3155万元。

(二)2001年8月9日,四环药业为上海数缘的银行贷款提供担保,担保额度为1000万元,担保期限自2001年8月31日至2002年4月20日。

(三)2001年11月19日,四环药业为武华缆的银行贷款提供担保,担保额度为4000万元。

四环药业未在2001年年度报告中披露上述信息。

四环药业2001年年度报告存在遗漏的行为违反了《公开发行证券的公司披露内容与格式准则第2号〈年度报告的内容与格式〉》(以下简称《年报准则》)(2001年修订本)第四十六条第二款和原《证券法》第六十一条的规定。

对上述行为直接负责的主管人员为在通过2001年年度报告的董事会决议上签字同意的时任董事长陈军,其他直接责任人员为在通过2001年年度报告的董事会决议上签字同意的时任董事张德鸿。

## 三、四环药业2002年未及时披露相关信息

(一)2002年1月14日,四环药业为融华实业有限公司(以下简称融华实业)的银行贷款提供担保,担保额度为2000万元,合同号:2002年房山(保)字第0001号,担保期限自2002年1月15日至2003年1月13日。

(二)2002年1月14日,四环药业为融华实业的银行贷款提供担保,担保额度为1000万元,合同号:2002年房山(保)字第0002号,担保期限自2002年1月15日至2003年1月13日。

(三)2002年1月14日,四环药业为融华实业的银行贷款提供担保,担保额度为2000万元,合同号:2002年房山(保)字第0003号,担保期限自2002年1月15日至2003年1月13日。

(四)2002年4月11日,四环药业为武汉海特生物制药股份有限公司(以下简称海特生物)的技术转让费提供付款担保,担保额度为2800万元。上述事项2004年10月20日变更为2400万元,2004年11月7日变更为600万元。

(五)2002年4月15日,四环药业为上海数缘的银行贷款提供担保,担保额度为1000万元,担保期限自2002年4月23日至2003年4月10日。

(六)2002年11月16日,四环药业为海特生物的银行贷款提供担保,担保额度为4000万元。

四环药业对上述担保事项于2006年8月15日作临时公告,并在2006年8月16日的2006年中期报告中披露,但四环药业披露其与海特生物无关联关系。

我会经调查认定,因四环药业时任董事长陈军、时任董事李三鸿在海特生物任职,以及海特生物时任董事长、董事、总经

理陈亚与陈军的兄弟关系,根据《企业会计准则——关联方关系及其交易的披露》和《上市规则》的规定,2000 年 12 月至 2006 年 8 月 31 日我会调查结束时,四环药业与海特生物之间构成关联方关系。

(七)2002 年 11 月 18 日,四环药业为武华缆的银行贷款提供担保,担保额度为 4000 万元。

(八)2002 年 12 月 4 日,四环药业为北京东润时代置业有限公司(以下简称东润时代)的银行贷款提供担保,担保额度为 980 万元。该担保责任至 2003 年 7 月 9 日。

四环药业未按《上市规则》(2001 年修订本)第七章 7.3.9 和《上市规则》(2002 年修订本)第七章 7.3.9 的规定对上述信息及时进行披露,违反了原《证券法》第六十二条第三款的规定。

对上述行为直接负责的主管人员为四环药业时任董事长陈军。

**四、四环药业 2002 年年度报告虚假陈述**

(一)2001 年 6 月 28 日,四环药业为光大中南的银行贷款提供担保,担保额度为 3155 万元。

(二)2001 年 11 月 19 日,四环药业为武华缆的银行贷款提供担保,担保额度为 4000 万元。

(三)2002 年 1 月 14 日,四环药业为融华实业的银行贷款提供担保,担保额度为 2000 万元,合同号:2002 年房山(保)字第 0001 号,担保期限自 2002 年 1 月 15 日至 2003 年 1 月 13 日。

(四)2002 年 1 月 14 日,四环药业为融华实业的银行贷款提供担保,担保额度为 1000 万元,合同号:2002 年房山(保)字第 0002 号,担保期限自 2002 年 1 月 15 日至 2003 年 1 月 13 日。

(五)2002 年 1 月 14 日,四环药业为融华实业的银行贷款提供担保,担保额度为 2000 万元,合同号:2002 年房山(保)字第 0003 号,担保期限自 2002 年 1 月 15 日至 2003 年 1 月 13 日。

(六)2002 年 4 月 11 日,四环药业为海特生物的技术转让费提供付款担保,担保额度为 2800 万元。

(七)2002 年 4 月 15 日,四环药业为上海数缘的银行贷款提供担保,担保额度为 1000 万元,担保期限自 2002 年 4 月 23 日至 2003 年 4 月 10 日。

(八)2002 年 11 月 16 日,四环药业为海特生物的银行贷款提供担保,担保额度为 4000 万元。

(九)2002 年 11 月 18 日,四环药业为武华缆的银行贷款提供担保,担保额度为 4000 万元。

(十)2002 年 12 月 4 日,四环药业为东润时代的银行贷款提供担保,担保额度为 980 万元。

四环药业未在 2002 年年度报告中披露上述信息。

四环药业 2002 年年度报告存在遗漏的行为违反了《年报准则》)(2002 年修订本)第四十七条第二款和原《证券法》第六十一条的规定。

对上述行为直接负责的主管人员为在通过 2002 年年度报告的董事会决议上签字同意的四环药业时任董事长陈军,其他直接责任人员为在通过 2002 年年度报告的董事会决议上签字同意的时任董事邓万凰、张德鸿、何平虹。

**五、四环药业 2003 年未及时披露相关信息**

(一)2003 年 1 月 6 日,四环药业为融华实业的银行贷款提供担保,担保额度为 2000 万元,合同号:2003 年房山(保)字第

0001号,担保期限自2003年1月13日至2004年1月12日。

(二)2003年1月6日,四环药业为融华实业的银行贷款提供担保,担保额度为500万元,合同号:2003年房山(保)字第0002号,担保期限自2003年1月13日至2004年1月12日。

(三)2003年1月6日,四环药业为融华实业的贷款提供担保,合同号:2003年房山(保)字第0003号,被担保的贷款期限为2003年1月13日至2004年1月12日,担保额度为2000万元。

(四)2003年5月14日,四环药业为上海数缘的银行贷款提供担保,担保额度为1000万元,担保期限自2003年5月14日至2004年4月5日。

(五)2003年6月26日,四环药业为融华实业的银行贷款提供担保,担保额度为300万元,合同号:2003年保字第0085号,担保期限自2003年6月30日至2004年6月29日。

(六)2003年7月9日,四环药业为东润时代的银行贷款提供担保,担保额度为880万元。

(七)2003年7月11日,四环药业为光大中南的银行贷款提供担保,担保额度为3000万元。

(八)2003年8月20日,四环药业为海特生物的银行贷款提供担保,担保额度为1000万元。

(九)2003年11月17日,四环药业为武华缆的银行贷款提供担保,担保额度为4000万元。

四环药业未按《上市规则》(2002年修订本)第七章7.3.9的规定对上述信息及时进行披露,违反了原《证券法》第六十二条第三款的规定。

对上述行为直接负责的主管人员为四环药业时任董事长陈军。

## 六、四环药业2003年年度报告虚假陈述

(一)2001年6月28日,四环药业为光大中南的银行贷款提供担保,担保额度为3155万元。

(二)2002年1月14日,四环药业为融华实业的银行贷款提供担保,担保额度为2000万元,担保期限自2002年1月15日至2003年1月13日。

(三)2002年1月14日,四环药业为融华实业的银行贷款提供担保,担保额度为1000万元,担保期限自2002年1月15日至2003年1月13日。

(四)2002年1月14日,四环药业为融华实业的银行贷款提供担保,担保额度为2000万元,担保期限自2002年1月15日至2003年1月13日。

(五)2002年4月11日,四环药业为海特生物的技术转让费提供付款担保,担保额度为2800万元。

(六)2002年4月15日,四环药业为上海数缘的银行贷款提供担保,担保额度为1000万元,担保期限自2002年4月23日至2003年4月10日。

(七)2002年11月16日,四环药业为海特生物的银行贷款提供担保,担保额度为4000万元。

(八)2002年11月18日,四环药业为武华缆的银行贷款提供担保,担保额度为4000万元。

(九)2002年12月4日,四环药业为东润时代的银行贷款提供担保,担保额度为980万元。

(十)2003年1月6日,四环药业为融华实业的银行贷款提供担保,担保额度为2000万元,合同号:2003年房山(保)字第0001号,担保期限自2003年1月13日至2004年1月12日。

(十一)2003年1月6日,四环药业为融华实业的银行贷款提供担保,担保额度为500万元,合同号:2003年房山(保)字第0002号,担保期限自2003年1月13日至2004年1月12日。

(十二)2003年1月6日,四环药业为融华实业的贷款提供担保,担保额度为2000万元,合同号:2003年房山(保)字第0003号,担保期限自2003年1月13日至2004年1月12日。

(十三)2003年5月14日,四环药业为上海数缘的银行贷款提供担保,担保额度为1000万元,担保期限自2003年5月14日至2004年4月5日。

(十四)2003年6月26日,四环药业为融华实业的银行贷款提供担保,担保额度为300万元,担保期限自2003年6月30日至2004年6月29日。

(十五)2003年7月9日,四环药业为东润时代的银行贷款提供担保,担保额度为880万元。

(十六)2003年7月11日,四环药业为光大中南的银行贷款提供担保,担保额度为3000万元。

四环药业于2006年4月15日披露的2005年年度报告和2006年8月16日披露的2006年中期报告中披露了上述担保事项,但披露其与光大中南无关联关系。

(十七)2003年8月20日,四环药业为海特生物的银行贷款提供担保,担保额度为1000万元。

(十八)2003年11月17日,四环药业为武华缆的银行贷款提供担保,担保额度为4000万元。

四环药业未在2003年年度报告中披露上述信息。

四环药业2003年年度报告存在遗漏的行为违反了《年报准则》(2003年修订本)第四十七条第二款和原《证券法》第六十一条的规定。

对上述行为直接负责的主管人员为在通过2003年年度报告的董事会决议上签字同意的四环药业时任董事长陈军,其他直接责任人员为在通过2003年年度报告的董事会决议上签字同意的时任董事邓万凰、张德鸿、何平虹、杨国成。

## 七、四环药业2004年未及时披露相关信息

(一)2004年1月2日,四环药业为融华实业的贷款提供担保,合同号:2004年保字第0001号,担保期限自2004年1月12日至2004年7月9日,担保额度为2000万元。

(二)2004年1月2日,四环药业为融华实业的贷款提供担保,合同号:2004年保字第0002号,担保期限自2004年1月12日至2004年7月9日,担保额度为2000万元。

(三)2004年2月6日,四环药业为北京环球世纪软件公司(后改名为北京环球世纪生物科技有限公司,以下简称环球生物)的银行贷款提供担保,担保额度为2000万元。

(四)2004年3月11日,四环药业为东润时代的银行贷款提供担保,担保额度为780万元。

(五)2004年5月17日,四环药业为武华缆的银行贷款提供担保,担保额度为3950万元。

(六)2004年6月28日,四环药业为融华实业的贷款提供担保,合同号:2004年保字第0043号,担保期限自2004年9月22日至2005年3月25日,担保额度为2000万元。

(七)2004年6月28日,四环药业为融华实业的贷款提供担保,合同号:2004年保字第0044号,担保期限自2004年9

月 22 日至 2005 年 3 月 25 日，担保额度为 1600 万元。

(八)2004 年 7 月 6 日，四环药业为上海数缘的银行贷款提供担保，担保额度为 800 万元。

(九)2004 年 9 月 24 日，四环药业子公司湖北四环制药有限公司(以下简称湖北四环制药)为海特生物在民生银行武汉分行的贷款的提供担保。被担保的贷款期限为 2004 年 9 月 27 日至 2005 年 3 月 27 日，担保额度为 800 万元。

(十)2004 年 9 月 27 日，四环药业为海特生物的银行贷款提供担保，担保额度为 800 万元。

四环药业在 2006 年 4 月 15 日公布的 2005 年年度报告和 2006 年 8 月 16 日公布的 2006 年中期报告中披露了上述担保事项，但披露其与海特生物无关联关系。

(十一)2004 年 10 月 29 日，四环药业为武华缆的银行贷款提供担保，担保额度为 3900 万元。

四环药业在 2006 年 8 月 15 日的临时公告和 2006 年 8 月 16 日发布的 2006 年中期报告中披露了上述担保事项，但披露其与武华缆无关联关系。

我会经调查认定，因武华缆受陈军控制，根据《企业会计准则——关联方关系及其交易的披露》和《上市规则》的规定，2000 年 12 月至我会调查结束时，四环药业与武华缆构成关联方关系。

(十二)2004 年 12 月 10 日，四环药业为东润时代的银行贷款提供担保，担保额度为 700 万元。

四环药业在 2006 年 4 月 15 日公布的 2005 年年度报告和 2006 年 8 月 16 日公布的 2006 年中期报告中披露了上述担保事项，但披露其与东润时代无关联关系。

我会经调查认定，因四环药业时任监事倪高平在 2003 年 5 月至我会调查结束时担任东润时代的董事长、董事兼总经理，并且东润时代受陈军控制，根据《企业会计准则——关联方关系及其交易的披露》和《上市规则》的规定，在 2003 年 5 月至我会调查结束时四环药业与东润时代构成关联方关系。

(十三)2004 年 9 月 10 日，四环药业在临时公告中对四环药业与海特生物关联交易陈述为非关联交易。

湖北四环制药与海特生物发生了3550 万元的交易，四环药业在 2004 年 9 月 10 日的公告中披露此项交易不构成关联交易。

(十四)四环药业与北京橄榄树医药有限公司(以下简称北京橄榄树)存在关联关系，其资金往来构成关联交易。2004 年 10 月 26 日，北京橄榄树与四环药业签订借款协议，借款金额为 3500 万元，借款期限至 2006 年 6 月 30 日。资金于 2005 年 5 月拨出。2004 年 10 月 26 日，北京橄榄树与四环药业签订借款协议，借款金额为 1789.42 万元，借款期限为 2004 年 10 月 29 日至 2005 年 4 月 29 日。资金于 2004 年 10 月拨出。

我会经调查认定，因北京橄榄树与四环药业受共同股东控制，以及四环药业时任监事吴志强在北京橄榄树任职，根据《企业会计准则——关联方关系及其交易的披露》和《上市规则》的规定，2004 年 4 月至 2005 年 9 月期间，四环药业与北京橄榄树构成关联方关系。

(十五)四环药业与湖北新航线生物工程有限公司(以下简称湖北新航线)存在关联方关系，其资金往来构成关联交易。2004 年 11 月 2 日，湖北新航线与湖北四环医药签订借款协议，借款金额为 1383 万元，借款期限为 2004 年 11 月 3 日至 2005 年 3 月 31 日。资金于 2004 年 11月拨出。

我会经调查认定,因四环药业时任董事长陈军、四环药业时任董事张合斌和李三鸿在湖北新航线任职,以及湖北新航线董事吴洪新在四环药业的股东四环生物产业集团有限公司(以下简称四环集团,原四环生物医药投资有限公司)任职,根据《企业会计准则——关联方关系及其交易的披露》和《上市规则》的规定,2003 年 2 月至我会调查结束时,四环药业与湖北新航线构成关联方关系。

(十六)四环药业与上海四环医疗产业发展有限公司(以下简称上海四环)存在关联方关系,其资金往来构成关联交易。2004 年 4 月,四环药业向上海四环划出 2700万元,当月收回。2004 年 8 月,向上海四环划出 500 万元,2004 年 12 月收回。

我会经调查认定,因上海四环的控股股东为四环集团,根据《企业会计准则——关联方关系及其交易的披露》和《上市规则》的规定,2003 年 9 月至我会调查结束时,四环药业与上海四环构成关联方关系。

(十七)四环药业与环球生物存在关联方关系,其资金往来构成关联交易。四环药业未临时公告。2004 年 11 月 18 日至 22 日,四环药业分 6 笔向环球生物划出总计 1869.42 万元,2004 年 12 月底收回。

我会经调查认定,因四环药业与环球生物同受四环集团控制,四环药业时任监事倪高平在环球生物任职,四环药业时任董事长陈军之弟陈亚在环球生物持有股份,根据《企业会计准则——关联方关系及其交易的披露》和《上市规则》的规定,2000 年 6 月至我会调查结束时,四环药业与环球生物构成关联方关系。

四环药业未按《上市规则》(2002 年修订本)第七章 7.3.9 和《上市规则》(2004 年修订)第十章 10.2.4 的规定对上述信息及时进行披露,违反了原《证券法》第六十二条第三款的规定。

对上述行为直接负责的主管人员为四环药业时任董事长陈军。

**八、四环药业 2004 年年度报告虚假陈述**

(一)2002 年 11 月 16 日,四环药业为海特生物的银行贷款提供担保,担保额度为 4000 万元。

(二)2002 年 4 月 11 日,四环药业为海特生物的技术转让费提供付款担保,经 2004 年 11 月 7 日变更,担保额度为 600 万元。

(三)2003 年 1 月 6 日,四环药业为融华实业的银行贷款提供担保,担保额度为 500 万元,合同号:2003 年房山(保)字第 0002 号,担保期限自 2003 年 1 月 13 日至 2004 年 1 月 12 日。

(四)2003 年 1 月 6 日,四环药业为融华实业的贷款提供担保,担保额度为2000 万元,合同号:2003 年房山(保)字第 0003 号,担保期限自 2003 年 1 月 13 日至 2004 年 1 月 12 日。

(五)2003 年 5 月 14 日,四环药业为上海数缘的银行贷款提供担保,担保额度为 1000 万元,担保期限自 2003 年 5 月 14 日至 2004 年 4 月 5 日。

(六)2003 年 6 月 26 日,四环药业为融华实业的银行贷款提供担保,担保额度为 300 万元,担保期限自 2003 年 6 月 30 日至 2004 年 6 月 29 日。

(七)2003 年 7 月 9 日,四环药业为东润时代的银行贷款提供担保,担保额度为 880 万元。

(八)2003 年 7 月 11 日,四环药业为光大中南的银行贷款提供担保,担保额度为 3000 万元。

(九)2003 年 8 月 20 日,四环药业为海特生物的银行贷款提供担保,担保额度为1000万元。

(十)2003年11月17日,四环药业为武华缆的银行贷款提供担保,担保额度为4000万元。

(十一)2004年1月2日,四环药业为融华实业的贷款提供担保,合同号:2004年保字第0001号,担保期限自2004年1月12日至2004年7月9日,担保额度为2000万元。

(十二)2004年1月2日,四环药业为融华实业的贷款提供担保,合同号:2004年保字第0002号,担保期限自2004年1月12日至2004年7月9日,担保额度为2000万元。

(十三)2004年2月6日,四环药业为环球生物的银行贷款提供担保,担保额度为2000万元。

(十四)2004年3月11日,四环药业为东润时代的银行贷款提供担保,担保额度为780万元。

(十五)2004年5月17日,四环药业为武华缆的银行贷款提供担保,担保额度为3950万元。

(十六)2004年6月28日,四环药业为融华实业的贷款提供担保,合同号:2004年保字第0043号,担保期限自2004年9月22日至2005年3月25日,担保额度为2000万元。

(十七)2004年6月28日,四环药业为融华实业的贷款提供担保,合同号:2004年保字第0044号,担保期限自2004年9月22日至2005年3月25日,担保额度为1600万元。

(十八)2004年7月6日,四环药业为上海数缘的银行贷款提供担保,担保额度为800万元。

(十九)2004年9月24日,湖北四环制药为海特生物在民生银行武汉分行的贷款提供担保。担保期限自2004年9月27日至2005年3月27日,担保额度为800万元。

(二十)2004年9月26日,四环药业为海特生物的银行贷款提供担保,担保额度为800万元。

(二十一)2004年10月29日,四环药业为武华缆的银行贷款提供担保,担保额度为3900万元。

(二十二)2004年12月10日,四环药业为东润时代的银行贷款提供担保,担保额度为700万元。

(二十三)四环药业未将四环药业与海特生物的3550万元交易披露为关联交易。

(二十四)四环药业与北京橄榄树存在关联关系,其资金往来构成关联交易。2004年10月26日,北京橄榄树与四环药业签订借款协议,借款金额为3500万元,借款期限至2006年6月30日。资金于2005年5月拨出。2004年10月26日,北京橄榄树与四环药业签订借款协议,借款金额为1789.42万元,借款期限为2004年10月29日至2005年4月29日。资金于2004年10月拨出。

(二十五)四环药业与湖北新航线存在关联方关系,其资金往来构成关联交易。2004年11月2日,湖北新航线与湖北四环医药签订借款协议,借款金额为1383万元,借款期限为2004年11月3日至2005年3月31日。资金于2004年11月拨出。

(二十六)四环药业与上海四环存在关联方关系,其资金往来构成关联交易。2004年4月,四环药业向上海四环划出2700万元,于当月收回。2004年8月,向上海四环划出500万元,于2004年12月收回。

(二十七)四环药业与环球生物存在关联方关系,其资金往来构成关联交易。2004年11月18日至11月22日,四环药业分6笔向环球生物划出总计1869.42万元。2004年12月底收回。

四环药业未在2004年年度报告中披露上述信息。

四环药业2004年年报存在遗漏的行为违反了《年报准则》(2004年修订本)第四十七条第二款和原《证券法》第六十一条的规定。

对上述行为直接负责的主管人员为在通过2004年年度报告的董事会决议上签字同意的四环药业时任董事长陈军,其他直接责任人员为在通过2004年年度报告的董事会决议上签字同意的时任董事邱铜、张德鸿、杨涛、陈国强、何平虹、杨国成、邓万凰、苑学梅。

**九、四环药业2005年未及时披露相关信息**

(一)2005年3月16日,四环药业为融华实业的贷款提供担保,担保额度为2000万元,合同号:2005年保字第0010号,担保期限自2005年3月30日至2005年12月27日。

四环药业在2006年4月15日披露的2005年年度报告和2006年8月16日披露的2006年半年度报告中披露了上述担保事项,但披露其与融华实业不存在关联关系。

我会经调查认定,因郭建子持有北京罗倍基因工程技术有限公司(以下简称罗倍基因,四环集团的控股股东)的股权比例为80%,以及郭建子在四环集团、融华实业任职,根据《企业会计准则——关联方关系及其交易的披露》和《上市规则》的规定,2002年4月至2006年5月,四环药业与融华实业构成关联方关系。

(二)2005年3月16日,四环药业为融华实业的贷款提供担保,担保额度为1400万元,合同号:2005年保字第0011号。担保期限自2005年3月30日至2005年12月27日,担保责任截至我会调查结束时未解除。

四环药业在2006年4月15日披露的2005年年度报告和2006年8月16日披露的2006年中期报告中披露了上述担保事项,但披露其与融华实业不存在关联关系。

(三)2005年5月27日,四环药业为上海数缘的银行贷款提供担保,担保额度为640万元。

四环药业在2006年8月15日的临时公告和2006年8月16日发布的2006年半年度报告中披露了上述担保事项,但披露其与上海数缘无关联关系。

我会经调查认定,因四环药业时任独立董事何平虹在上海数缘任职,以及上海数缘受四环集团控制,根据《企业会计准则——关联方关系及其交易的披露》和《上市规则》的规定,2000年12月至我会调查结束时,四环药业与上海数缘构成关联方关系。

(四)2005年7月28日,四环药业为海特生物的银行贷款提供担保,担保额度为2000万元,合同号:兴银鄂(流贷)字0508第A001号。担保期限自2005年7月28日至2007年7月28日。

(五)2005年7月28日,湖北四环制药为海特生物在兴业银行的贷款提供担保,担保额度为2000万元,合同号:兴银鄂(流贷)字0508第A003号。担保期限自2005年7月28日至2007年7月28日。

截至我会调查结束时,四环药业未披露上述担保责任。

(六)四环药业因为东润时代提供担保引起诉讼。2005年7月25日,法院受理此项诉讼。2005年8月2日,四环药业知悉了上述诉讼。2005年9月20日,法院对此案作出判决,涉诉金额674.64万元。2005 年 10 月 8 日,四环药业收到判决书。因上述诉讼,四环药业的京房权证顺股字第 00531 号房产被冻结,法院向中国建设银行北京花园路支行发出冻结四环药业 675 万元的通知。

截至我会调查结束时,四环药业未披露过上述诉讼和银行账户、资产被冻结查封事项。

(七)四环药业因为海特生物提供担保引起诉讼,涉诉金额 703.11 万元。2005 年 4 月 15 日,法院受理此案。2005 年 4 月 25 日,四环药业收到应诉通知。2005 年 5 月 18 日,法院出具民事调解书。2005 年 5 月 27 日,四环药业收到民事调解书。

(八)四环药业因为光大中南提供担保引起诉讼。2005 年 11 月 28 日,法院受理此案。2006 年 2 月 17 日,法院作出判决。涉诉金额 2700 万元。四环药业的京房权证顺股字 00127 号房产被查封,四环药业的京顺国用(2003 出)字第 0016 号土地、京顺国用(2003 出)字第 0296 号土地、京顺国用(2001 出)字第 0191 号土地被查封。

(九)四环药业因为海特生物提供付款担保引起诉讼。2006 年 1 月 19 日,法院出具民事调解书。涉诉金额 400 万元。

(十)四环药业子公司湖北四环医药因在农业银行的贷款逾期未还引起诉讼。2005 年 11 月 14 日,四环药业收到诉讼通知。2005 年 11 月 22 日,武汉市经济技术开发区法院出具了民事调解书。2005 年 12 月 5 日,四环药业收到民事调解书。涉诉金额 960 万元。四环药业的京顺国用(2003 出)字第 0016 号土地、京顺国用(2003 出)字第 0296 号土地被查封。

(十一)四环药业与北京橄榄树存在关联关系,其资金往来构成关联交易。2005 年 4 月 28 日,北京橄榄树与四环药业签订借款协议,借款金额为 1030.58 万元,借款期限为两个月。

(十二)四环药业与湖北新航线存在关联方关系,其资金往来构成关联交易。2005 年 1 月 3 日,湖北新航线与湖北四环制药签订借款协议,借款金额为 1398.8 万元,借款期限至 2006 年 7 月 1 日。资金于 2005 年 7 月拨出。2005 年 1 月 3 日,湖北新航线与湖北四环制药签订技术开发合作合同,约定湖北四环制药预付款项2000万元,余款待履约完毕支付,资金于 2005 年 7 月支付。

(十三)四环药业与武汉科技创新有限公司(以下简称武汉科技创新)存在关联方关系,其资金往来构成关联交易。2005 年 5 月,四环药业分 2 笔向武汉科技创新合计划出 1289 万元,资金已归还。2005 年 9 月,湖北四环医药向武汉科技创新划出 315 万元,对方提供借据,没有借款期限。

我会经调查认定,因四环药业时任董事陈光全和杨国成在武汉科技创新任职,根据《企业会计准则——关联方关系及其交易的披露》和《上市规则》的规定,2002 年 6 月至我会调查结束时,四环药业与武汉科技创新构成关联方关系。

四环药业没有按照《上市规则》(2004 年修订)第十章 10.2.4、第十一章 11.1.1 的规定对上述信息及时进行披露,违反了原《证券法》第六十二条第三款、第十款的规定。

对上述行为直接负责的主管人员为四环药业时任董事长陈军。

## 十、四环药业 2005 年年度报告虚假陈述

(一)2002 年 4 月 11 日,四环药业为海特生物的技术转让费提供付款担保,担保额度为 2800 万元,后变更为 600 万元。

（二）2002年11月16日，四环药业为海特生物的银行贷款提供担保，担保额度为4000万元。

（三）2004年6月28日，四环药业为融华实业的银行贷款提供担保，担保额度为2000万元。

（四）2004年6月28日，四环药业为融华实业的银行贷款提供担保，担保额度为1600万元。

（五）2004年7月6日，四环药业为上海数缘的银行贷款提供担保，担保额度为800万元。

（六）2004年10月29日，四环药业为武华缆的银行贷款提供担保，担保额度为3900万元。

（七）2005年5月27日，四环药业为上海数缘的银行贷款提供担保，担保额度为640万元。

（八）四环药业及其子公司湖北四环制药分别为海特生物的银行贷款各提供担保额度为2000万元的担保，总计担保额度4000万元。2005年7月28日，四环药业为海特生物在兴业银行武汉分行的贷款的提供担保。2005年7月28日，湖北四环制药为海特生物在兴业银行的贷款提供担保。

（九）2005年，四环药业因向东润时代提供担保引起诉讼。法院的受理时间为2005年7月25日。2005年9月20日法院作出判决。四环药业的京顺国用（2003出）字第0016号土地、四环药业的京房权证顺股字第00531号房产被查封、冻结，法院向中国建设银行北京花园路支行发出冻结四环药业675万元的通知。

（十）2005年，四环药业因为海特生物提供担保引起诉讼。2005年4月15日，法院受理此案。2005年5月18日，武汉市中级人民法院出具了（2005）武民商初字第90号法院民事调解书。涉诉金额703.11万元。

（十一）四环药业因为光大中南提供担保引起诉讼。2005年11月28日，法院受理此案。2005年12月6日，法院向四环药业送达了应诉通知书。2006年2月17日，法院作出判决，涉诉金额2700万元。四环药业的京顺国用（2003出）字第0016号土地、京顺国用（2003出）字第0296号土地、京顺国用（2001出）字第0191号土地，四环药业的京房权证顺股字00127号房产被查封。

（十二）四环药业因向海特生物提供付款担保引起诉讼。2006年1月19日，法院出具民事调解书。涉诉金额400万元。

（十三）湖北四环医药因在农业银行的贷款逾期未还引起诉讼。2005年11月22日，法院出具了民事调解书。涉诉金额960万元。四环药业的京顺国用（2003出）字第0016号土地、京顺国用（2003出）字第0296号土地被查封。

（十四）四环药业未将四环药业与海特生物的3550万元交易披露为关联交易。

（十五）四环药业与北京橄榄树存在关联关系，其资金往来构成关联交易。2005年4月28日，北京橄榄树与四环药业签订借款协议，借款金额为1030.58万元，借款期限为两个月。

（十六）四环药业与湖北新航线存在关联方关系，2005年1月3日，湖北新航线与湖北四环制药签订借款协议，借款金额为1398.8万元，借款期限至2006年7月1日。资金于2005年7月拨出。2005年1月3日，湖北新航线与湖北四环制药签订技术开发合作合同，约定湖北四环制药预付款项2000万元，余款待履约完毕支付，资金于2005年7月拨出。

（十七）四环药业与武汉科技创新存在关联方关系，2005年5月，四环药业分

2 笔向武汉科技创新合计划出 1289 万元,资金已归还。2005 年 9 月,湖北四环医药向武汉科技创新划出 315 万元,对方提供借据,没有借款期限。

四环药业未在 2005 年年度报告中披露上述信息。

四环药业 2005 年年度报告存在遗漏的行为违反了《年报准则》(2005 年修订本)第四十条、第四十二条和《证券法》第六十六条的规定。

对上述行为直接负责的主管人员为在通过 2005 年年度报告的董事会决议上签字同意的四环药业时任董事长陈军,其他直接责任人员为在通过 2005 年年度报告的董事会决议上签字同意的时任董事邓万凰(何平虹代签)、何平虹、姜伟民、陈国强、张德鸿、姚丽萍。

**十一、四环药业 2006 年未及时披露相关信息**

(一)2006 年,四环药业因向融华实业提供担保引起诉讼。2006 年 3 月 1 日,法院受理此案。2006 年 4 月 6 日,四环药业知悉上述诉讼事项。2006 年 5 月 16 日,法院作出判决。涉诉金额 3400 万元。四环药业位于北京顺义区的京房权证顺股字第 00531 号房产,四环药业的京顺国用(2003 出)字第 0016 号土地、京顺国用(2003 出)字第 0296 号土地被查封。

截至我会调查结束时,四环药业未披露上述诉讼和资产被查封事项。

(二)2006 年,四环药业因向海特生物提供担保引起诉讼。兴业银行武汉分行于 2006 年 1 月 4 日起诉,法院于 2006 年 3 月 20 日出具民事调解书。涉诉金额 1500 万元。

截至我会调查结束时,四环药业未披露上述诉讼事项。

(三)2006 年,四环药业因向光大中南提供担保引起诉讼。2005 年 11 月 28 日,法院受理此案。2005 年 12 月 6 日,四环药业收到诉讼通知。2006 年 2 月 17 日,法院判决。涉诉金额 2700 万元。四环药业的京房权证顺股字 00127 号房产,四环药业的京顺国用(2003 出)字第 0016 号土地、京顺国用(2003 出)字第 0296 号土地、京顺国用(2001 出)字第 0191 号土地被查封。

截至我会调查结束时,四环药业未披露上述诉讼和资产被查封事项。

(四)四环药业因向海特生物提供付款担保引起诉讼。2006 年 1 月 19 日,法院出具民事调解书。涉诉金额 400 万元。

截至我会调查结束时,四环药业未披露上述诉讼事项。

(五)四环药业因在华夏银行的贷款逾期未还引起诉讼。2006 年 7 月 1 日,四环药业收到应诉通知,截至 2006 年 8 月 31 日,法院尚未判决。涉诉金额 5190 万元。四环药业的京房权证顺股字第 00531 号房产,四环药业的京顺国用(2003 出)字第 0016 号土地、京顺国用(2003 出)字第 0296 号土地被查封冻结,法院向华夏银行北京知春支行发出冻结四环药业 930 万元的通知。

截至我会调查结束时,四环药业未披露上述诉讼和资产被冻结查封情况。

(六)四环药业因在广东发展银行的贷款未能按期履行还款计划引起诉讼。2006 年 8 月 1 日法院作出判决。涉诉金额分别为 2850 万元和 2900 万元。四环药业的京房权证顺股字第 00127 号、第 00531 号房产被查封冻结,法院向中国银行北京西城支行发出冻结四环药业 5750 万元的通知。

截至我会调查结束时,四环药业未披露上述诉讼和资产被冻结查封事项。

(七)四环药业因在上海浦东发展银

行的贷款逾期未还引起诉讼。2006 年 6 月 19 日，法院作出判决。涉诉金额 660 万元。四环药业的京房权证顺股字第 00127 号、第 00531 号房产，四环药业位于北京顺义区的京顺国用(2003 出)字第 0016 号土地、京顺国用(2003 出)字第 0296 号土地、京顺国用(2001 出)字第 0191 号土地被查封。

截至我会调查结束时，四环药业未披露过上述诉讼和资产被查封事项。

(八)四环药业因与远东国际租赁有限公司(以下简称远东国际)的融资租赁合同引起诉讼。2006 年 8 月 21 日，法院受理此案。2006 年 9 月 21 日，法院出具了民事调解书。涉诉金额 114.67 万元。法院向中国银行北京西城支行发出冻结四环药业 115.40 万元的通知。

截至我会调查结束时，四环药业未披露上述诉讼和银行账户被冻结事项。

(九)2006 年，四环药业因向上海数缘提供担保引起诉讼。2006 年 6 月 12 日，因上海数缘到期未能偿还贷款，上海银行提起诉讼。法院向中国银行北京市西城支行、建设银行北京花园路支行发出冻结四环药业银行账户的通知，冻结金额各为 640 万元。

截至调查结束时，此案尚未审结。

四环药业在 2006 年 8 月 15 日披露的 2006－027 公告以及 2006 年 8 月 16 日披露的 2006 年半年度报告中公告了为上海数缘提供担保所引起的诉讼情况，但未披露其银行账户被冻结的事实。

(十)四环药业与湖北新航线存在关联方关系，其资金往来构成关联交易。2006 年 2 月 26 日，湖北新航线与湖北四环制药签订借款协议，借款金额为 2580 万元，借款期限至 2007 年 7 月 1 日。资金分三笔于 2006 年 3 月支付。

(十一)四环药业与光大中南存在关联方关系，其资金往来构成关联交易。2006 年 3 月，湖北四环医药向光大中南划出 192.82 万元。截至 2006 年 8 月 31 日，湖北四环医药应收光大中南余额为 192.82 万元。

(十二)四环药业与武汉科技创新存在关联方关系，其资金往来构成关联交易。2006 年 3 月 9 日，湖北四环医药向武汉科技创新划出 427.17 万元。2006 年 3 月 14 日，湖北四环医药向武汉科技创新划出 524.42 万元。

四环药业没有按照《上市规则》(2004 年修订)第十章 10.2.4、第十一章 11.1.1，《上市规则》(2006 年修订)第十一章 11.1.1 的规定对上述信息及时进行披露，违反了《证券法》第六十七条第三款、第十款的规定。

对上述行为直接负责的主管人员为四环药业时任董事长陈军。

**十二、四环药业 2006 年半年度报告虚假陈述**

(一)2002 年 4 月 11 日，四环药业为海特生物的技术转让费提供付款担保。2004 年 11 月 7 日，担保额度变更为 600 万元。

(二)2006 年，四环药业因向融华实业提供担保引起诉讼。2006 年 3 月 1 日，法院受理此案。2006 年 5 月 16 日，法院作出判决。涉诉金额 3400 万元。四环药业位于北京顺义区的京房权证顺股字第 00531 号房产，四环药业的京顺国用(2003 出)字第 0016 号土地、京顺国用(2003 出)字第 0296 号土地被查封。

(三)2006 年，四环药业因向海特生物提供担保引起诉讼。兴业银行武汉分行于 2006 年 1 月 4 日起诉，法院于 2006 年 3 月 20 日出具民事调解书。涉诉金额 1500 万元。

(四)2006年,四环药业因向光大中南提供担保引起诉讼。2005年11月28日,法院受理此案。2006年2月17日,法院判决。涉诉金额2700万元。四环药业的京房权证顺股字00127号房产,四环药业的京顺国用(2003出)字第0016号土地、京顺国用(2003出)字第0296号土地、京顺国用(2001出)字第0191号土地被查封。

(五)四环药业因向海特生物提供付款担保引起诉讼。2006年1月19日,法院出具民事调解书。涉诉金额400万元。

(六)四环药业子公司湖北四环医药因在农业银行的贷款逾期未还引起诉讼,涉诉金额960万元。2005年11月22日,法院出具了民事调解书。

(七)四环药业因在华夏银行的贷款逾期未还引起诉讼。2006年7月1日,四环药业收到应诉通知,截至2006年8月31日,法院尚未判决。涉诉金额5190万元。四环药业的京房权证顺股字第00531号房产,四环药业的京顺国用(2003出)字第0016号土地、京顺国用(2003出)字第0296号土地被查封冻结,法院向华夏银行北京知春支行发出冻结四环药业930万元的通知。

(八)四环药业因在广东发展银行的贷款未能按期履行还款计划引起诉讼。2006年8月1日法院作出判决。涉诉金额分别2850万元和2900万元。四环药业的京房权证顺股字第00127号、第00531号房产被查封冻结,法院向中国银行北京西城支行发出冻结四环药业5750万元的通知。

(九)四环药业因在上海浦东发展银行的贷款逾期未还引起诉讼。2006年6月19日,法院作出判决。涉诉金额660万元。四环药业的京房权证顺股字第00127号、第00531号房产,京顺国用(2003出)字第0016号土地、京顺国用(2003出)字第0296号土地、京顺国用(2001出)字第0191号土地被查封。

(十)四环药业因与远东国际的融资租赁合同引起诉讼。2006年8月21日,法院受理此案。2006年9月21日,法院出具了民事调解书。涉诉金额114.67万元。四环药业在中国银行北京西城支行115.40万元被冻结。

(十一)2006年,四环药业因向上海数缘提供担保引起诉讼。2006年6月12日,上海银行提起诉讼,涉诉金额640万元。四环药业在中国银行北京市西城支行的银行账户、建设银行北京花园路支行的银行账户被冻结,冻结金额各为640万元。截至我会调查结束时,此案尚未审结。

(十二)四环药业与湖北新航线存在关联方关系,2006年2月26日,湖北新航线与湖北四环制药签订借款协议,借款金额为2580万元,借款期限至2007年7月1日。资金分三笔于2006年3月拨出。

(十三)四环药业与武汉科技创新存在关联方关系,2006年3月9日,湖北四环医药向武汉科技创新划出427.17万元。2006年3月15日,湖北四环医药向武汉科技创新划出524.42万元。

(十四)四环药业与光大中南存在关联方关系。2006年3月,湖北四环医药向光大中南划出192.82万元。截至2006年8月31日,湖北四环医药应收光大中南余额为192.82万元。

我会经调查认定,因四环药业时任董事张合斌任光大中南时任董事长,四环药业时任监事倪高平任光大中南董事,光大中南与四环药业同受四环集团控制,根据根据《企业会计准则——关联方关系及其交易的披露》和《上市规则》的规定,从2001年5月至我会调查结束时,四环药业与光大中南构成关联方关系。

四环药业未在2006年半年度报告中

披露上述信息。

四环药业2006年半年度报告存在遗漏，违反了《公开发行证券的公司信息披露内容与格式准则第3号〈半年度报告的内容与格式〉》(2003年修订本)第四十条和《证券法》第六十五条的规定。

对上述行为直接负责的主管人员为在通过2006年半年度报告的董事会决议上签字同意的四环药业时任董事长陈军，其他直接责任人员为在通过2006年半年度报告的董事会决议上签字同意的时任董事邱铜、陈国强、姚丽萍、张德鸿、袁世明、邓万凰、杨国成。

以上违法事实有2001年年度报告、2002年年度报告、2003年年度报告、2004年年度报告、2005年年度报告、2006年半年度报告，相关临时公告、会计记录、担保文件、诉讼文件、法律文件、合同、协议、董事会决议以及相关人员谈话笔录等证据证明，足以认定。

四环药业在陈述、申辩意见中提出，我会认定的部分事实与实际情况有出入，其一，部分被法院冻结的银行账户中的实际存款数额没有达到法院冻结存款数额。对此，我会认为，即使银行账户中的实际存款数额没有达到法院冻结存款数额，四环药业也应披露法院冻结存款数额。其二，部分担保事项是担保到期后的续保。对此，我会认为，担保到期后的续保也要披露，我会对四环药业担保问题信息披露违法的认定在时间和数额方面没有重复计算的问题。时任董事姚丽萍在陈述、申辩意见中提出，四环药业在发现部分违法行为后主动进行了纠正。对此，我会已充分关注，在处罚幅度上依照《中华人民共和国行政处罚法》的相关规定对四环药业及其相关责任人从轻和减轻了处罚。其他相关责任人在陈述、申辩意见中提出，四环药业未向其提供担保、诉讼及关联关系、关联交易等相关材料和信息，相关责任人无法发现四环药业定期报告中的异常情况，无法对定期报告提出异议。经查，现有证据没有证明相关责任人忠实、勤勉地履行了职责，相关责任人在陈述、申辩中也没有提出其忠实、勤勉地履行职责的证据。按照《中华人民共和国公司法》及我会的相关规定，上市公司董事应当根据公司和全体股东的最大利益，忠实、勤勉地履行职责，应当遵守有关法律、法规、中国证监会规定及公司章程的规定，应当保证公开披露的文件内容没有虚假、误导性陈述或重大遗漏。上市公司董事应当对董事会的决议承担责任，上市公司董事应当对上市公司定期报告的真实、完整负有责任。

根据当事人违法行为的事实、性质、情节与社会危害程度，依据原《证券法》第一百七十七条和《证券法》第一百九十三条的规定，我会决定：

一、对四环药业2001年至2006年半年度未及时披露信息，2001年至2005年年度报告虚假陈述，2006年半年度报告虚假陈述行为，责令四环药业改正其行为，并处以40万元罚款。

二、对四环药业2001年至2006年半年度未及时披露信息，2001年至2005年年度报告虚假陈述，2006年半年度报告虚假陈述行为直接负责的主管人员陈军，给予警告，并处以10万元罚款。

三、对四环药业2001年至2005年年度报告虚假陈述，2006年半年度报告虚假陈述行为其他直接责任人员张德鸿，给予警告，并处以3万元罚款。

四、对四环药业2002年至2005年年度报告虚假陈述，2006年半年度报告虚假陈述行为其他直接责任人员邓万凰，给予警告，并处以3万元罚款。

五、对四环药业2002年至2005年年度报告虚假陈述行为其他直接责任人员何平虹,给予警告,并处以3万元罚款。

六、对四环药业2003年至2004年年度报告虚假陈述,2006年半年度报告虚假陈述行为其他直接责任人员杨国成,给予警告,并处以3万元罚款。

七、对四环药业2004年年度报告虚假陈述,2006年半年度报告虚假陈述行为其他直接责任人员邱铜,给予警告,并处以3万元罚款。

八、对四环药业2004年年度报告虚假陈述行为其他直接责任人员杨涛,给予警告,并处以3万元罚款。

九、对四环药业2004年至2005年年度报告虚假陈述,2006年半年度报告虚假陈述行为其他直接责任人员陈国强,给予警告,并处以3万元罚款。

十、对四环药业2004年年度报告虚假陈述行为其他直接责任人员苑学梅,给予警告,并处以3万元罚款。

十一、对四环药业2005年年度报告虚假陈述,2006年半年度报告虚假陈述行为其他直接责任人员姚丽萍,给予警告,并处以3万元罚款。

十二、对四环药业2005年年度报告虚假陈述行为其他直接责任人员姜伟民,给予警告。

十三、对四环药业2006年半年度报告虚假陈述行为其他直接责任人员袁世明,给予警告。

另外,四环药业2001年至2003年年度报告虚假陈述行为部分其他直接责任人员,鉴于其行为已超过行政处罚时效,不再处罚。

上述当事人应自收到本处罚决定书之日起15日内,将罚款汇交中国证券监督管理委员会(开户银行:中信银行总行营业部,账号:7111010189800000162,由该行直接上缴国库),并将注有当事人名称的付款凭证复印件送中国证券监督管理委员会稽查局备案。当事人如果对本处罚决定不服,可在收到本处罚决定书之日起60日内向中国证券监督管理委员会申请行政复议,也可在收到本处罚决定书之日起3个月内直接向有管辖权的人民法院提起行政诉讼。复议和诉讼期间,上述决定不停止执行。

# 关于赵建广违反证券法规的行政处罚决定书

(证监罚字〔2009〕17号)

当事人:赵建广,男,1952年出生,时任青岛黄海橡胶股份有限公司(以下简称ST黄海或者公司)董事、总经理。

依据《中华人民共和国证券法》(以下简称《证券法》)的有关规定,我会对赵建广涉嫌内幕交易事项进行了立案调查、审理,并依法向当事人告知了作出行政处罚的事实、理由、依据及当事人依法享有的权利,当事人未提出陈述、申辩意见,也未要求听证。本案现已调查、审理终结。

经查明,赵建广违法行为的事实如下:

**一、内幕信息的形成与公开过程**

2005年2月,中国化工集团公司(以下

简称中化集团)在重组ST黄海时,与青岛市政府签订了一份战略合作协议书,约定在ST黄海划入中化集团后,青岛市政府继续支持ST黄海的改革和发展。此后,ST黄海2005年度和2006年度连续亏损。为避免公司因2007年度再报亏损从而导致股票被摘牌,ST黄海2007年5、6月份开始向青岛市政府提出要解决一些历史包袱问题,其中包括亚洲开发银行青岛轮胎开发项目1241.7万美元贷款中青岛市财政局代公司偿还的10,177万元人民币债务。青岛市政府提出以中化集团名义打报告。

2007年7月10日,ST黄海董事长召集公司董事、总经理赵建广、总会计师、董秘召开专题会议,决定起草申请免除的相关报告。7月13日,中化集团在ST黄海报告草稿基础上稍作修改后,以中化集团名义致信青岛市政府主要负责同志,申请豁免已由青岛市财政局替ST黄海垫付的亚洲开发银行贷款本息和剩余的贷款本息。11月5日,青岛市财政局发文,同意免除ST黄海亚洲开发银行贷款中由财政局代为偿还的10,177万元债务。

11月6日,公司发表公告称:接青财企一(2007)52号文,青岛市政府为支持黄海股份做大做强,经研究,青岛市财政局报经市政府批准,决定免除公司亚洲开发银行青岛轮胎开发项目1241.7万美元贷款中青岛市财政局代为偿还的10,177万元人民币债务。该部分债务重组收益记入2007年度当期损益。

## 二、赵建广知悉内幕信息的情况

2007年7月10日,赵建广作为公司董事、总经理,参加了公司召开的申请免除青岛市财政局代为偿还的10,177万元人民币债务的专题会议,并在其后参与了公司就该事项与财政局、国资委之间的多次沟通,参加了青岛市政府组织的财政局、国资委等有关部门召开的协调会。

## 三、赵建广交易"ST黄海"股票的情况

华泰证券青岛宁夏路营业部A443019068户,姓名王纹,开户时间2003年1月28日,2005年12月9日开通第三方存管,经办人为王纹本人。该账户在2007年8月10日至10月11日分次买入319,200股"ST黄海"股票,累计成交额(含费用)为2,860,358.34元。2008年1月24日至5月30日,该账户中的319,200股"ST黄海"股票被全部卖出,累计亏损359,059.01元。根据相关银行提供的资金来源情况、相关证券营业部提供的交易记录和王纹、赵建广两人的询问笔录,在上述期间,王纹账户由赵建广所控制并实际使用,上述买卖行为由赵建广操作完成。

此外,赵建广能够积极地配合我会的调查工作。

我会认为,ST黄海申请免除亚洲开发银行青岛轮胎开发项目贷款中青岛市财政局代公司偿还的人民币债务,并获得批准的情况,属于《证券法》第七十五条规定的内幕信息;赵建广作为公司董事、总经理,通过参加专题会议、参与相关沟通协调工作,知悉免除债务申请的提出、进展和最终获批的整个情况,属于《证券法》第七十四条规定的证券交易内幕信息的知情人;赵建广在知悉内幕信息后,内幕信息公开前,通过由其实际控制和使用的他人账户,分次买入"ST黄海"股票,构成了《证券法》第二百零二条"证券交易内幕信息的知情人或者非法获取内幕信息的人,在涉及证券的发行、交易或者其他对证券的价格有重大影响的信息公开前,买卖该证券"的行为,因此,认定其内幕交易行为成立。

我会认为,证券交易对相关信息具有高度依赖性,而上市公司则是证券交易信息的最主要来源。保障众多的市场参与者

依法公平地获取和使用相关信息、公平交易，是实现上市公司规范运作、证券交易平稳运行的基本要求，也是维护证券市场公信力与竞争力、增强投资者信心的重要环节。上市公司董事、监事和高级管理人员，履行着上市公司重大事项的决策、监督和执行职能，对有关本公司的重大非公开信息有着最直接、准确、全面、快速的了解。这些因职责而居于信息优势地位的人员，如果在知悉公司内幕信息后、内幕信息公开前买卖本公司股票，既违背了对公司和股东所承担的信义义务，更践踏了证券市场的公平原则，扰乱了证券交易的正常秩序；既贬损了本公司在投资者心目中的形象，更严重挫伤了社会公众的投资意愿和市场信心。本案中，赵建广自 1999 年 11 月 ST 黄海成立时至 2008 年 5 月，长期任职公司董事、总经理，既是公司治理层的重要成员，又是公司管理层的核心，在知悉公司内幕信息后，利用他人账户，直接操作，大量买入公司股票，影响比较恶劣，情节比较严重，应当予以处罚。同时，我会也已经考虑到赵建广能积极配合调查、交易结果为亏损等情况。

根据当事人违法行为的事实、性质、情节与社会危害程度，根据《证券法》第二百零二条的规定，我会决定：对赵建广处以 10 万元的罚款。

上述当事人应自收到本处罚决定书之日起 15 日内，将罚款汇交中国证券监督管理委员会（开户银行：中信银行总行营业部，账号：7111010189800000162，由该行直接上缴国库），并将注有当事人名称的付款凭证复印件送中国证券监督管理委员会稽查局备案。当事人如果对本处罚决定不服，可在收到本处罚决定书之日起 60 日内向中国证券监督管理委员会申请行政复议，也可在收到本处罚决定书之日起 3 个月内直接向有管辖权的人民法院提起行政诉讼。复议和诉讼期间，上述决定不停止执行。

## 关于山东德棉股份有限公司及有关个人违反证券法规的行政处罚决定书

（证监罚字〔2009〕18 号）

当事人：山东德棉股份有限公司（以下简称德棉股份，股票代码 002072），住所：山东省德州市顺河西路 18 号，法定代表人尉华。

李会江，男，1962 年出生，2001 年 7 月至 2008 年 6 月我会调查结束时担任德棉股份董事、总经理，2007 年 7 月至 2008 年 6 月兼任山东德棉集团有限公司（以下简称德棉集团）董事长。

周庆春，男，1948 年出生，2003 年 5 月至 2008 年 6 月担任德棉股份董事长、法定代表人。

王加毅，男，1963 年出生，2000 年至 2007 年 10 月担任德棉股份董事，2004 年 10 月至 2007 年 7 月兼任德棉集团董事长、总经理。

姚兴友，男，1963 年出生，2006 年 5 月至 2008 年 6 月担任德棉股份董事，2007

年1月1日至2007年11月19日期间兼任德棉集团副总经理。

徐刚，男，1958年出生，2006年5月至2008年6月担任德棉股份董事，2007年1月至2007年4月10日兼任德棉集团副总经理。

孙德荣，男，1953年出生，2006年5月至2008年6月担任德棉股份董事，2007年1月至2008年6月兼任德棉集团副总经理。

张启民，男，1955年出生，2006年5月至2008年6月担任德棉股份董事，2007年1月至2008年6月兼任德棉集团副总经理。

赵全胜，男，1956年出生，2007年7月至2008年6月担任德棉集团党委书记，2007年10月至2008年6月兼任德棉股份董事。

邓辉，男，1943年出生，2006年5月至2008年6月担任德棉股份独立董事。

林洪志，男，1940年出生，2006年5月至2008年6月担任德棉股份独立董事。

于涛，男，1956年出生，2006年5月至2008年6月担任德棉股份独立董事。

石万林，男，1950年出生，2006年5月至2008年6月担任德棉股份独立董事。

袁绍恕，男，1955年出生，2006年5月至2008年6月担任德棉股份监事，2007年11月至2008年6月兼任德棉集团总会计师。

段守江，男，1966年出生，1998年11月至2008年6月担任德棉股份副总经理。

依据2006年1月1日起实施的《中华人民共和国证券法》（以下简称《证券法》）的有关规定，我会对德棉股份虚假陈述行为进行了立案调查、审理，并依法向当事人告知了作出行政处罚的事实、理由、依据及当事人依法享有的权利，当事人未提出陈述、申辩意见，也未要求听证。本案现已调查、审理终结。

经查明，德棉股份存在以下违法事实：

**一、未及时履行临时信息披露义务**

2007年3月16日至2008年5月13日，德棉股份向其控股股东德棉集团累计提供资金434,615,900元。

德棉股份在上述行为发生后没有按照关联交易的要求及时进行临时信息披露。

2008年6月5日，德棉股份发布《关于山东德棉集团有限公司违规占用资金的公告》，披露了德棉集团违规占用德棉股份资金的情况。

截至2008年5月28日，德棉集团占用德棉股份资金全部归还。

对上述行为直接负责的主管人员为德棉股份时任董事长周庆春，时任总经理李会江。其他直接责任人员为时任董事王加毅、姚兴友。

**二、2007年中期报告和年度报告虚假陈述**

（一）2007年中期报告虚假陈述

2007年3月16日至2007年6月30日，德棉股份向德棉集团提供资金54,200,000元，截至2007年6月30日未收回资金余额54,200,000元。为避免信息披露，德棉股份采取不将上述提供资金的情况记入会计记录的行为，造成德棉股份2007年中期报告中的财务会计报告虚假陈述，德棉股份也没有在2007年中期报告中对上述关联交易予以披露。

对德棉股份2007年中期报告虚假陈述直接负责的主管人员为时任董事长周庆春，其他直接责任人员为时任董事李会江、姚兴友、孙德荣、张启民、徐刚，时任独立董事邓辉、林洪志、石万林。

（二）2007年年度报告虚假陈述

2007年3月16日至2007年12月31

日,德棉股份向德棉集团累计提供资金316,700,000元,累计收回资金281,770,000元,截至2007年12月31日未收回资金余额34,930,000元。为避免信息披露,德棉股份采取不将上述提供资金的情况记入会计记录,以及假借与其他机构发生交易的行为,造成德棉股份2007年年度报告中的财务会计报告虚假陈述,德棉股份也没有在2007年年度报告中对上述关联交易予以披露。

对德棉股份2007年年度报告虚假陈述直接负责的主管人员为时任董事长周庆春,其他直接责任人员为时任董事李会江、姚兴友、孙德荣、张启民、徐刚、赵全胜,时任独立董事邓辉、林洪志、于涛、石万林,时任监事袁绍恕,时任副总经理段守江。

以上违法事实和改正情况有2007年中期报告、年度报告,相关临时公告、会计记录、合同、协议、董事会决议,相关人员谈话笔录等证据证明,足以认定。

德棉股份临时信息未及时披露的行为违反了《证券法》第六十七条的规定,德棉股份2007年中期报告、年度报告虚假陈述的行为违反了《证券法》第六十三条的规定。

根据当事人违法行为的事实、性质、情节与社会危害程度,依据《证券法》第一百九十三条,并考虑德棉股份主动纠正其违法行为的情况,按照《行政处罚法》第二十七条从轻及减轻处罚的相关规定,我会决定:

一、给予德棉股份警告,并处以30万元罚款;

二、分别给予李会江、周庆春警告,并处以5万元罚款;

三、分别给予王加毅、姚兴友、徐刚、孙德荣、张启民、赵全胜、邓辉、林洪志、于涛、石万林、袁绍恕、段守江警告。

上述当事人应自收到本处罚决定书之日起15日内,将罚款汇交中国证券监督管理委员会(开户银行:中信银行总行营业部,账号:7111010189800000162,由该行直接上缴国库),并将注有当事人名称的付款凭证复印件送中国证券监督管理委员会稽查局备案。当事人如果对本处罚决定不服,可在收到本处罚决定书之日起60日内向中国证券监督管理委员会申请行政复议,也可在收到本处罚决定书之日起3个月内直接向有管辖权的人民法院提起行政诉讼。复议和诉讼期间,上述决定不停止执行。

## 关于山东正源和信有限责任会计师事务所及有关个人违反证券法规的行政处罚决定书

(证监罚字〔2009〕19号)

当事人:山东正源和信有限责任会计师事务所(以下简称正源和信),法定代表人毕建华。

毕建华,男,1960年出生,山东德棉股份有限公司(以下简称德棉股份)2007年财务报表审计报告签字注册会计师。

刘彦顺,男,1980年出生,德棉股份2007年财务报表审计报告签字注册会计师。

依据2006年1月1日起实施的《中华人民共和国证券法》(以下简称《证券法》)的有关规定,我会对正源和信在德棉股份2007年财务报表审计中未勤勉尽责的行为进行了立案调查、审理,并依法向当事人告知了作出行政处罚的事实、理由、依据及当事人依法享有的权利,当事人未提出陈述、申辩意见。本案现已调查、审理终结。

经查明,正源和信存在以下违法事实:

正源和信对德棉股份2007年年度财务报表审计时未勤勉尽责。

2007年3月16日至2007年12月31日,德棉股份向其控股股东山东德棉集团有限公司(以下简称德棉集团)累计提供资金316,700,000元,累计收回资金281,770,000元,截至2007年12月31日未收回资金余额34,930,000元。为避免信息披露,德棉股份采取不将上述提供资金的情况记入会计记录的行为,以及假借与其他机构发生交易的行为,造成德棉股份2007年年度财务报表虚假陈述。德棉股份也没有在2007年年度财务报表中对上述关联交易予以披露。

正源和信对德棉股份2007年年度财务报表进行审计,出具审计报告(鲁正信审字(2008)第11004号),发表标准无保留审计意见。审计报告的签字注册会计师为毕建华、刘彦顺。

正源和信在对德棉股份审计时,未按照审计准则的要求选择函证样本,对询证函的发出、收回没有保持控制,在对部分往来账项没有发函或没有收到回函的情况下未实施有效的替代程序。正源和信的上述行为违反了《中国注册会计师审计准则第1312号——函证》第十条、第十八条和第二十一条以及《中国注册会计师审计准则第1301号——审计证据》第六条的规定。

德棉股份与德棉集团的全资子公司德州瑞杰置业有限公司(以下简称瑞杰置业)没有经营往来,2007年却频繁发生资金往来,正源和信对德棉股份与瑞杰置业的资金往来应当予以关注但没有关注,在审计时没有实施有效的审计程序。正源和信的上述行为违反了《中国注册会计师审计准则第1323号——关联方》第十一条的规定。

对正源和信在德棉股份2007年年度财务报表审计时未勤勉尽责直接负责的主管人员为毕建华、刘彦顺。

以上违法事实有德棉股份2007年年度财务报表,正源和信的相关审计报告、审计工作底稿,相关会计记录、合同、协议,相关人员谈话笔录等证据证明,足以认定。

正源和信的上述行为违反了《证券法》第一百七十三条的规定。

根据当事人违法行为的事实、性质、情节与社会危害程度,依据《证券法》第二百二十六条和第二百二十三条的规定,我会决定:

一、责令正源和信改正,并处以10万元罚款;

二、分别给予毕建华、刘彦顺警告,并处以3万元罚款。

上述当事人应自收到本处罚决定书之日起15日内,将罚款汇交中国证券监督管理委员会(开户银行:中信银行总行营业部,账号:7111010189800000162,由该行直接上缴国库),并将注有当事人名称的付款凭证复印件送中国证券监督管理委员会稽查局备案。当事人如果对本处罚决定不服,可在收到本处罚决定书之日起60日内向中国证券监督管理委员会申请行政复议,也可在收到本处罚决定书之日起3个月内直接向有管辖权的人民法院提起行政诉讼。复议和诉讼期间,上述决定不停止执行。

# 关于马勇、刘博威违反证券法规的行政处罚决定书

(证监罚字〔2009〕20号)

当事人:马勇,男,1971年出生。

刘博威,男,1969年出生。

依据2006年1月1日起施行的《中华人民共和国证券法》(以下简称《证券法》)的有关规定,我会对深圳市金股之王科技有限公司(以下简称金股之王)非法从事证券投资咨询业务行为进行了立案调查、审理,并依法向当事人告知了作出行政处罚的事实、理由、依据及当事人依法享有的权利,当事人未提出陈述、申辩意见,也未要求听证。本案现已调查、审理终结。

经查明,金股之王存在以下违法事实:

2007年8月底,金股之王开始经营股票软件销售业务,代理销售"股王先锋"、"金股王Ⅰ"、"金股王Ⅱ"、"金股王Ⅲ"、"股王至尊"等股票软件产品。自2007年8月27日起,金股之王通过将公司广告录制成财经评论节目的形式进行广告宣传。节目主持人由公司员工扮演,马勇、刘博威作为证券分析师轮流主讲。当事人对大盘、个股进行点评,公开发表证券投资咨询建议,夸大公司的研究水平,宣称将给拨打免费热线电话的前若干名观众免费提供即将大幅上涨的股票,为观众免费诊断手中的个股。此外,金股之王还通过有关公司与网络媒体签订协议,约定在网络媒体上投放广告。金股之王通过上述方式吸引电视和网络观众拨打公司热线电话。对拨打热线电话的观众,由业务员按照公司培训的方式予以回复,着力宣扬公司推荐股票的惊人回报率,打击客户自己买卖股票的自信心,诱使客户购买公司软件和服务并签订《产品订购确认书》。在观众出资购买公司软件和服务成为公司客户后,金股之王便通过电话和短信向其提供证券投资咨询服务,指导其买卖股票。

上述违法事实,有相关电视广告代理合同、电视视频、业务员业务录音、司法鉴定检验报告、产品订购确认书、短信记录、客户投诉及当事人询问笔录等证据证明,足以认定。

金股之王不具有证券投资咨询业务资格,金股之王的上述行为违反了《证券法》第一百二十二条有关"未经国务院证券监督管理机构批准,任何单位和个人不得经营证券业务"的规定,构成了《证券法》第一百九十七条所述非法经营证券业务的行为,且情节严重。鉴于金股之王的行为已涉嫌犯罪,该案已依照《行政执法机关移送涉嫌犯罪案件的规定》(国务院令第310号)的规定移送公安机关。

马勇、刘博威具有证券投资咨询业务资格,两人参与金股之王的非法证券投资咨询活动的行为,违反了《证券、期货投资咨询管理暂行办法》第十二条和第十九条的规定,且情节严重。

根据当事人违法行为的事实、性质、情节与社会危害程度,依据《证券、期货投资咨询管理暂行办法》第三十六条的规定,我会决定:

撤销马勇、刘博威的证券投资咨询业务资格。

当事人如果对本处罚决定不服,可在收到本处罚决定书之日起60日内向中国证券监督管理委员会申请行政复议,也可在收到本处罚决定书之日起3个月内直接向有管辖权的人民法院提起行政诉讼。复议和诉讼期间,上述决定不停止执行。

# 关于张野违反证券法规的行政处罚决定书

（证监罚字〔2009〕21号）

当事人:张野,男,1962年出生,融通基金管理有限公司(以下简称融通公司)原基金经理。

依据《中华人民共和国证券投资基金法》(以下简称《证券投资基金法》)、《中华人民共和国证券法》(以下简称《证券法》)的有关规定,我会对张野违法违规一案进行了立案调查、审理,并依法向当事人告知了作出行政处罚的事实、理由、依据及当事人依法享有的权利。当事人陈述了有关意见,未提出申辩意见,也未要求听证。本案现已调查、审理终结。

经查明,张野存在以下违法违规行为:

**一、利用职务便利获取非公开基金投资与推荐信息,从事股票交易**

2007年至2009年2月,张野利用任职融通公司基金经理职务上的便利,在参加融通公司投资决策委员会会议、基金晨会、投研例会、研究月度会、外部券商推介会及与融通公司基金经理、研究员交流的过程中,获取了融通公司旗下基金投资及推荐相关个股的非公开信息,通过网络下单的方式,为朱小民操作朱小民实际控制的红塔证券北京板井路营业部"周蔷"账户从事股票交易,先于张野管理的融通巨潮100指数基金等融通公司基金买入并卖出或先于融通公司有关基金卖出相关个股,为"周蔷"账户实现盈利9,398,362元,收取朱小民感谢费200万元。其中:

1. 东方电气

2008年4月28日至5月22日,"周蔷"账户交易该股,买入、卖出合计98,000股。2008年4月30日,融通领先成长基金买入该股;6月10日至11日,融通动力先锋基金买入该股。

2. 重庆啤酒

2007年2月9日,融通巨潮100基金买入该股;2月12日,"周蔷"账户买入该股,3月12日卖出;3月27日,"周蔷"账户再次买入该股,4月5日卖出;4月3日至6日,融通新蓝筹基金买入该股;5月17日、25日,融通巨潮100基金全部卖出该股;6月28日、29日,融通新蓝筹基金全部卖出该股。

上述期间,"周蔷"账户交易该股,买入、卖出合计787,724股。

3. 华仪电气

2007年3月7日,融通通乾基金买入该股;4月5日、6日,"周蔷"账户买入该股,4月11日再次买入;4月12日,融通巨潮100基金买入该股;4月13日、24日,融通巨潮100基金继续买入该股;5月11日至28日,"周蔷"账户卖出该股;5月25日、29日,融通巨潮100基金全部卖出该股。

上述期间,"周蔷"账户交易该股,买

入、卖出合计903,760股。

4. 江淮动力

2009年1月20日,融通通乾基金买入该股,1月21日和2月2日继续买入;1月21日、22日,“周蔷”账户买入该股;2月11日,“周蔷”账户卖出该股。

上述期间,“周蔷”账户交易该股,买入、卖出合计1,150,000股。

5. 中信证券

2007年3月,融通巨潮100基金累计买入该股达376万股,累计卖出3,484,804股。2007年3月13日至6月21日,“周蔷”账户买卖该股。

上述期间,“周蔷”账户交易该股,买入、卖出合计562,919股。

6. 海南海药

2008年2月19日,融通通乾基金买入该股;2月20日,融通新蓝筹基金买入该股;2月20日、26日,“周蔷”账户买卖该股;其后,融通通乾基金和融通新蓝筹基金多次交易该股;3月21日、4月1日,“周蔷”账户买卖该股;9月17日至12月9日,“周蔷”账户多次交易该股。

上述期间,“周蔷”账户交易该股,买入、卖出合计2,365,169股。

7. 招商银行

2007年7月4日,融通巨潮100基金买入该股;7月20日,“周蔷”账户买入该股;7月26日,融通巨潮100基金继续买入;7月30日,“周蔷”账户卖出该股;8月2日,融通巨潮100基金继续买入该股。

上述期间,“周蔷”账户交易该股,买入、卖出合计429,896股。

8. 江西水泥

2009年2月2日,融通领先成长基金、融通行业景气基金买入该股;2月5日,融通行业景气基金再次买入;2月6日,“周蔷”账户买入该股;2月10日,融通行业景气基金继续买入;2月11日,“周蔷”账户卖出该股;2月12日,融通行业景气基金全部卖出该股;3月9日,融通领先成长基金全部卖出该股。

上述期间,“周蔷”账户交易该股,买入、卖出合计950,000股。

9. 川化股份

2008年12月17日,融通通乾基金、融通新蓝筹基金买入该股;12月19日、23日,“周蔷”账户买入该股;12月23日、25日,融通新蓝筹基金继续买入该股;12月23日、2009年1月8日,“周蔷”账户卖出该股;2009年2月6日,融通新蓝筹基金全部卖出该股。

上述期间,“周蔷”账户交易该股,买入、卖出合计1,445,000股。

以上违法事实,有融通公司及其员工提供的相关情况说明,当事人谈话笔录以及“周蔷”账户交易记录、下单IP地址等证据在案证明,足以认定。

张野的上述行为违反了《证券投资基金法》第十八条“基金管理人的董事、监事、经理和其他从业人员,不得担任基金托管人或者其他基金管理人的任何职务,不得从事损害基金财产和基金份额持有人利益的证券交易及其他活动”的规定,构成了《证券投资基金法》第九十七条所述违法行为。

## 二、违规买卖股票

2006年12月至2007年7月,张野通过网络下单方式,操作其妻孙致娟的同名账户进行交易,涉及广宇发展、湖南投资、华东医药、莱钢股份、南玻A、武钢股份、新中基、新湖创业、渝三峡A、中创信测、中粮地产、中青旅和重庆啤酒等股票,为该账户盈利2,294,791.90元。

以上违法事实,有当事人谈话笔录以及“孙致娟”账户交易记录、下单IP地址等证据在案证明,足以认定。

张野操作其妻账户从事股票交易的行为是一种以他人名义持有、买卖股票的行为,违反了《证券法》第四十三条有关禁止相关人员违规买卖股票的规定,构成了《证券法》第一百九十九条所述违法行为。

张野在个人陈述材料中提出,朱小民给他的200万元是其妻孙致娟向朱小民的借款,并非感谢费。2009年5月29日,上述借款已归还朱小民。经复核,张野、朱小民在谈话笔录中均称朱小民划到"孙致娟"账户的200万元是对张野操作"周蔷"账户表示的感谢费,同时并无借据等证据证明该200万元属借款性质,因此,张野所称借款一事缺乏依据,不予采信。

我会认为,基金从业人员背信从事"老鼠仓"交易是一种严重的违法违规行为。基金从业人员的"老鼠仓"行为是将自身利益置于基金财产和基金份额持有人的利益之上,在执行职务或办理业务过程中利用所处地位或优势谋取私利。这种行为违背了防止利益冲突的原则,违背了基金从业人员所负有的受托义务,是损害基金财产和基金份额持有人利益的行为,而且也会危害到投资者对于基金行业的信赖基础。张野于2001年开始从事基金业务,2003年成为基金经理,2007年开始至2009年2月持续从事"老鼠仓"交易。张野的从业经历长达7年多,本应坚守基金从业人员应有的法律底线和执业操守,恪守职业道德。但是,张野却背弃了自己作为基金从业人员而对基金财产和基金份额持有人所应负的忠实和诚实信用义务,从事损害基金财产和基金份额持有人利益的背信行为,情形十分恶劣,性质严重,必须依法予以严惩。

根据上述违法违规行为及当事人的违法事实、性质、情节与社会危害程度,依据《证券投资基金法》第九十七条,《证券法》第一百九十九条,我会决定:

一、取消张野的基金从业资格;

二、没收张野违法所得2,294,791.90元并处以400万元罚款。

当事人应自收到本处罚决定书之日起15日内,将罚、没款汇交中国证券监督管理委员会(开户银行:中信银行总行营业部,账号:7111010189800000162,由该行直接上缴国库),并将注有当事人名称的付款凭证复印件送中国证券监督管理委员会稽查局备案。如对本处罚决定不服,可在收到本处罚决定书之日起60日内向中国证券监督管理委员会申请行政复议;也可以在收到本处罚决定书之日起3个月内直接向有管辖权的人民法院提起诉讼。复议和诉讼期间,上述决定不停止执行。

# 关于河南万国咨询开发有限公司违反证券法规的行政处罚决定书

(证监罚字〔2009〕22号)

当事人:河南万国咨询开发有限公司(以下简称万国公司),住所:河南省郑州市金水区金水路24号润华商务花园,法定代表人许四海。

依据《中华人民共和国证券法》(以下简称《证券法》)的有关规定,我会对万国公司违反证券法律法规一案进行了立案调查、审理,并依法向当事人告知了作出行政处罚的事实、理由、依据及当事人依法享有的权利。当事人未提出陈述、申辩意见。本案现已调查、审理终结。

经查明,万国公司存在以下违法违规行为:

2007年6月,万国公司开展会员制证券投资咨询业务(以下简称会员制咨询业务),招收会员97人,收取会费1,171,800元。扣除退费的20名会员后,实际招收会员77人,收取会费912,200元。2007年7月,河南证监局责令万国公司停止招收新会员并对其存量业务进行清理。其间,万国公司向河南证监局提供了会员制咨询业务客户退费申请单。此外,2007年11月2日、11月19日,万国公司在向河南证监局报送的情况说明中称,其已于当年7月完成了对会员制咨询业务的清退工作。2008年4月10日,万国公司在向河南证监局报送的情况说明中称,其已于2007年7月27日前向全部77名会员退还了剩余会费702,940元。经调查发现,有客户并未收到万国公司退还的会费。万国公司提交的上述有关会员制咨询业务清退工作进展的报告及退费材料与事实不符,存在虚假。

以上违法事实,有万国公司的情况说明、万国公司工作人员与部分客户的询问笔录等证据在案证明,足以认定。

万国公司向监管部门报送含有虚假内容的文件、资料的行为构成了《证券期货投资咨询管理暂行办法》(以下简称《暂行办法》)第三十三条第(一)项所述"向证券监管部门报送的文件、资料有虚假陈述或者重大遗漏的"违法行为。同时,该行为还违反了《证券法》第一百七十一条第一款第(五)项的规定,构成了《证券法》第二百二十六条第三款所述"证券服务机构违反本法规定或者依法制定的业务规则的"行为。

根据当事人的违法事实、性质、情节与社会危害程度,依据《证券法》第二百二十六条第三款的规定,我会决定:对万国公司处以10万元罚款。

上述当事人应自收到本处罚决定书之日起15日内,将罚款汇交中国证券监督管理委员会(开户银行:中信银行总行营业部,账号:7111010189800000162,由该行直接上缴国库),并将注有当事人名称的付款凭证复印件送中国证券监督管理委员会稽查局备案。当事人如果对本处罚决定不服,可在收到本处罚决定书之日起60日内向中国证券监督管理委员会申请行政复议,也可在收到本处罚决定书之日起3个月内直接向有管辖权的人民法院提起行政诉讼。复议和诉讼期间,上述决定不停止执行。

## 关于万汇期货经纪有限公司及有关个人违反证券法规的行政处罚决定书

(证监罚字〔2009〕23号)

当事人:万汇期货经纪有限公司(以下简称万汇期货),住所:海南省海口市大同路38号海口国际商业大厦1106室，法定代表人严芳。

冯茵：女，1965年出生，时任万汇期货副总经理。

李刚：男，1977年出生，时任万汇期货网络运营部经理。

麦玲：女，1980年出生，时任万汇期货结算部职员。

日前，万汇期货违法违规一案已由我会调查、审理完毕。我会依法向当事人告知了作出行政处罚的事实、理由、依据及当事人依法享有的权利，当事人冯茵进行了陈述和申辩。

经查明，万汇期货存在以下违法事实：

**一、挪用客户保证金**

自1999年以来，时任万汇期货董事长兼总经理严芳、副总经理卞明夫妻二人一直操纵机构账户"嘉富新"和自然人账户"陈爱玲"。"嘉富新"以202（曾使用过203、208、210、218）等账户、"陈爱玲"以204账户进行期货交易。这两个账户的出入金划拨一直由卞明经办，卞明以"bian"的交易员代码操作202、204账户的期货交易。卞明曾多次命令电脑部经理李刚为202、204、208账户设置（虚增）信用额度（期限为1个月左右），由李刚电话通知结算部麦玲复核，没有任何书面手续。截至2005年1月24日，严芳、卞明操纵"嘉富新"账户、"陈爱玲"账户，累计挪用客户保证金29,545,659.6元，违法所得为4,097,594.1元。

**二、与客户约定分享利益，从事或者变相从事其他业务和期货自营业务**

2003年2月6日，万汇期货与李刚、卞明、冯茵签订协议：万汇期货以李刚等3人的名义注册投资公司，李刚等3人不出资、不承担该公司的债权债务，不参与该公司的经营活动，同时也不享受该公司的利益。其后，卞明要求李刚挂名海南金汇兴业投资有限责任公司（以下简称金汇兴业）的法定代表人，李刚即将身份证等资料交予卞明办理公司登记的有关手续。万汇期货最初为满足客户进行海南橡胶中心批发市场交易的需要，成立了金汇兴业，后又发展了代客理财业务。2003年12月5日，为了降低电脑等设备的购货成本，以同行价购进设备，金汇兴业又成立了电脑经营部。该营业部的管理费用由万汇期货支付，日常以2000元的备用金周转。金汇兴业的营业执照、所有印鉴由冯茵和财务部保管。

2003年6月30日，金汇兴业在万汇期货申请开户并填写法人客户开户登记表，随后分别用409、198、300等3个账户开展期货业务，违法所得为67,074.4元。

（一）409账户的业务情况

2004年12月3日，金汇兴业与海南椰岛洋浦物流公司（以下简称洋浦物流）签订《委托投资协议书》。协议书约定：洋浦物流出资1000万元委托金汇兴业进行期货交易，若交易发生亏损，由金汇兴业全部承担；若交易产生利润，则利润的百分之五十划归金汇兴业作为投资回报。2004年12月6日至2005年1月10日期间，金汇兴业开设409账户为洋浦物流提供的200万元现金和700吨天胶质押仓单进行期货交易。截至2005年2月18日，409账户的客户权益为-1,670,258元。

（二）198账户的业务情况

2003年7月16日，金汇兴业与中国粮油饲料有限公司（以下简称中粮油）签订《委托协议》。协议约定：金汇兴业提供空白的期货交易账户，中粮油委托金汇兴业并以金汇兴业的名义在大连商品期货交易所进行大豆期货相关交易、交割业务。2003年7月17日至2003年8月25日期间，中粮油借用198账户以自有资金独立进行相关期货交易计划的制定和交易指令的下达,其交易和交易盈亏由中粮油独自承担。截至2005年2月18日,该账户的客户权益为零。

(三)300账户的业务情况

300账户为万汇期货的自营户,其账户资金全部属于万汇期货所有。2003年8月13日至2005年2月18日,该账户共入金1,427,062元,出金359,238元。截至2005年2月18日,该账户的客户权益为342,960元。

## 三、不按照规定保存期货交易资料

万汇期货在2004年发现由严芳、卞明操纵的"嘉富新"、"陈爱玲"等账户没有书面的开户资料后,没有及时要求其履行必要的补办手续,健全客户资料;万汇期货和金汇兴业之间账务往来的凭证不齐全;万汇期货在开展期货经纪业务中对电脑交易数据系统的维护与管理存在重大漏洞,导致公司2001年3月16日之前的期货交易数据系统损坏,硬盘备份数据无法恢复,没有保证期货交易资料的完整安全。

上述事实,有万汇期货客户保证金凭据、资金对账单、相关合同、公司董事会文件、会计师事务所审计资料、相关人员询问笔录及情况说明等证据证明,足以认定。

万汇期货挪用客户保证金29,545,659.6元的行为,违反了《期货交易管理暂行条例》(以下简称《期货暂行条例》)第三十六条的规定,构成了《期货暂行条例》第六十条第一款第(六)项所述"挪用客户保证金"的行为。

万汇期货与客户约定分享利益,从事或者变相从事其他业务和期货自营业务的行为,违反了《期货暂行条例》第二十五条和第二十九条的规定,构成《期货暂行条例》第五十九条第一款第(五)项所述"从事期货自营业务或者违反本条例规定的其他业务"的行为和第六十条第一款第(一)项所述"不按照规定向客户出示风险说明书,向客户作获利保证或者与客户约定分享利益、共担风险"的行为。

万汇期货不按照规定保存期货交易资料的行为,违反了《期货暂行条例》第四十五条的规定,构成了《期货暂行条例》第五十九条第一款第(八)项所述"不按照规定保存期货交易、结算、交割资料"的行为。

对万汇期货的上述违法行为,时任万汇期货董事长兼总经理严芳、副总经理卞明是直接负责的主管人员(二人因涉嫌犯罪已另案处理);时任万汇期货副总经理冯茵、网络运营部经理李刚、结算部职员麦玲,分别参与或协助了相应违法行为,是其他直接责任人员。

冯茵在其申辩材料中提出:其一,万汇期货实际由严芳、卞明夫妻二人掌控,她个人曾多次反对和劝阻万汇期货的违法行为。在卞明操纵的"嘉富新"、"陈爱玲"等账户客户权益出现负数后,她已尽力阻止出金,因心存侥幸,故未及时向监管部门报告;其二,万汇期货成立金汇兴业的初衷是满足客户需求,金汇兴业由卞明具体管理,她并不参与金汇兴业的经营管理活动,她对金汇兴业的代客理财、与客户约定分享利益和期货自营等行为,事先不知情;其三,除严芳、卞明操纵的"嘉富新"、"陈爱玲"等账户外,万汇期货对其他客户账户均能按照规定管理。对严芳、卞明操纵"嘉富新"、"陈爱玲"等账户的行为,她个人确无能力阻止,也无权力管理。因此请求从轻处罚。

我会认为,就我会认定的违法事实,当事人冯茵未能提供新的证据。冯茵作为万汇期货主管财务部、结算部和综合部的副总经理,在明知万汇期货存在诸多问题的情况下,并未采取有效措施予以防范和制止,客观上导致了万汇期货有关违法行为发生或继续。冯茵提出她处于从属地位等情节,我会在审理时已依据《行政处罚法》

第二十七条的规定予以了充分考虑。

根据当事人违法行为的事实、性质、情节与社会危害程度，依据《期货暂行条例》第五十九条和第六十条的规定，我会决定：一、吊销万汇期货的期货经纪业务许可证；

二、对冯茵处以5万元罚款；

三、对李刚处以4万元罚款；

四、对麦玲处以1万元罚款。

上述当事人应自收到本处罚决定书之日起15日内，将罚款汇交中国证券监督管理委员会（开户银行：中信银行总行营业部，账号：7111010189800000162，由该行直接上缴国库），并将注有当事人名称的付款凭证复印件送中国证券监督管理委员会稽查局备案。当事人如果对本处罚决定不服，可在收到本处罚决定书之日起60日内向中国证券监督管理委员会申请行政复议，也可在收到本处罚决定书之日起3个月内直接向有管辖权的人民法院提起行政诉讼。复议和诉讼期间，上述决定不停止执行。

# 关于吕道斌、薛东兵、张瑜婷、刘晓杨、段跃钢违反证券法规的行政处罚决定书

（证监罚字〔2009〕24号）

当事人：吕道斌，男，1957年出生，时任四川省电力公司（以下简称四川电力）副总经济师兼四川岷江水利电力股份有限公司（以下简称岷江水电）董事长。

薛东兵，男，1965年出生，时任四川省投资集团有限责任公司（以下简称川投集团）计划部经理。

张瑜婷，女，1982年出生，时任四川省新光硅业科技有限公司（以下简称新光硅业）董事会办公室秘书。

刘晓杨，女，1962年出生，时任川投集团副总经理。

段跃钢，男，1958年出生，时任川投集团工业部副经理。

根据《中华人民共和国证券法》（以下简称《证券法》）有关规定，我会依法对上述当事人内幕交易案进行了立案调查、审理，并向当事人告知了作出行政处罚决定的事实、理由、依据及当事人依法享有的权利。应当事人的申请，我会召开听证会，并对当事人提出的陈述和申辩意见进行了研究复核。本案现已调查、审理终结。

经查明，当事人存在如下违法行为：

2007年11月20日上午，新光硅业召开第十四次股东会会议，审议通过乐山和新津新建两个年产3000吨多晶硅项目（以下简称多晶硅项目）投资的议案。其中乐山项目分别由乐山电力股份有限公司（以下简称乐山电力）出资并持股51%和保定天威保变电器股份有限公司（以下简称天威保变）出资并持股49%；新津项目分别由天威保变出资并持股51%，四川川投能源股份有限公司（以下简称川投能源）出资并持股35%，岷江水电出资并持股14%。乐山电力、天威保变和岷江水电都

于2007年11月21日停牌,11月28日在《中国证券报》、《上海证券报》和《证券日报》以及上海证券交易所网站上披露了投资多晶硅项目的意向性公告。

## 一、吕道斌内幕交易违法事实

经查,吕道斌于2007年夏天(7、8、9月份)知悉乐山电力将能够参与投资多晶硅项目:

(一)乐山电力与岷江水电公司的实际控制人同为四川电力,吕道斌在四川电力任副总经济师兼任岷江水电董事长,分管岷江水电的工作,代表四川电力对岷江水电的事务负责。吕道斌是四川电力副总经济师,经常和四川电力的法定代表人朱长林、副总经理何源森会面,因此熟悉他们对乐山电力投资多晶硅项目的想法和意见。

(二)2007年6、7月份,吕道斌就知道并很看好多晶硅项目。吕道斌向朱长林、何源森表示希望岷江水电能参与甚至控股多晶硅项目。朱长林与何源森表示支持乐山电力和岷江水电参与。2007年夏天何源森就有了让乐山电力和岷江水电参与多晶硅项目的想法。何源森的意见代表四川电力的态度。

(三)四川电力下属的乐山电力和四川启明星控股有限责任公司是新光硅业的股东,对川投集团转让给川投能源的新光硅业38.9%股份享有优先购买权。作为乐山电力的实际控制人,四川电力在多晶硅项目上的态度至关重要,并最终形成了只占新光硅业0.8%股份的乐山电力控股乐山多晶硅项目,非新光硅业股东的岷江水电参股新津多晶硅项目的决议。

经查,吕道斌在其自己的账户中买卖"乐山电力"股票:2007年9月14日至11月8日累计买入185,000股,2008年1月14日至2月1日累计卖出35,000股,截至2008年8月22日持股市值为560,800元,通过买卖该股亏损661,984.08元。吕道斌在其配偶账户中买卖"乐山电力"股票:2007年9月26日买入25,000股,10月15日卖出25,000股,10月24日买入38,000股,2008年2月20日卖出,盈利103,974.66元。吕道斌还在其女儿账户中买卖"乐山电力"股票:2007年9月14日至11月8日累计买入174,000股,截至2008年8月22日全部卖出并盈利285,907.12元。

## 二、薛东兵内幕交易违法事实

经查,薛东兵作为川投集团计划部经理参加了新光硅业第十四次股东会会议,知悉上述信息,属于内幕信息知情人员。经查,薛东兵2007年11月20日10:50－10:55买入"乐山电力"股票10,300股,12月7日、12月14日共计买入6100股;2007年12月14日、2008年1月10日全部卖出,截至2008年8月22日全部卖出该股,2007年11月20日买入的"乐山电力"股票盈利25,715.46元。

## 三、张瑜婷内幕交易违法事实

经查,张瑜婷作为新光硅业办公室秘书参加了新光硅业第十四次股东会会议并负责会议记录、拟定会议纪要,知悉上述信息,属于内幕信息知情人员。经查,张瑜婷2007年11月21日上午买入"乐山电力"股票4300股,于2008年1月25日至3月18日全部卖出,盈利11,181.02元;2007年11月21日上午买入"天威保变"股票800股,于2008年2月19日至3月17日全部卖出并盈利2442.45元。

## 四、刘晓杨内幕交易违法事实

经查,刘晓杨系川投集团副总经理。2007年11月21日上午川投集团召开第18次总经理办公会和临时董事会,审议通过了川投集团将持有的新光硅业38.9%的股权协议转让给川投能源的议案，并通报了新光硅业第十四次股东会结果，即乐山和新津两个多晶硅项目的各方出资比例。刘晓杨承认在2007年11月21早上9点上班集团通知开会时就知道会议的内容。

经查，刘晓杨2007年11月21日上午9:26买入“乐山电力”股票2600股，每股成交价格11.47元，12月20日卖出2600股，每股成交价格14.09元，盈利6612.63元。

## 五、段跃钢内幕交易违法事实

经查，段跃钢系川投集团工业部副经理，其所在部门对口管理新光硅业，段跃钢具体负责沟通、联系联络和协调多晶硅项目。段跃钢在11月19日前了解到乐山电力有可能参与多晶硅项目，并且乐山电力的实际控制人四川电力的领导对乐山电力参与此项目持支持态度。

经查，段跃钢2007年11月19日13:32买入“乐山电力”股票300股，每股成交价格10.5元，12月7日卖出300股，每股成交价格14.45元，盈利1165.53元。

上述违法事实有相关人员谈话笔录、有关会议决议、纪要和会议记录、相关账户交易记录和统计数据等证据在案证实，证据确实、充分，足以认定。

我会认定，上述当事人的行为违反了《证券法》第七十三条“禁止证券交易内幕信息的知情人和非法获取内幕信息的人利用内幕信息从事证券交易活动”以及第七十六条“证券交易内幕信息的知情人和非法获取内幕信息的人，在内幕信息公开前，不得买卖该公司的证券，或者泄露该信息，或者建议他人买卖该证券”之规定，构成《证券法》第二百零二条所述“证券交易内幕信息的知情人或者非法获取内幕信息的人，在涉及证券发行、交易或者其他对证券的价格有重大影响的信息公开前，买卖该证券”的违法行为。

根据当事人违法行为的事实、性质、情节与社会危害程度，按照《证券法》第二百零二条之规定，我会决定：

一、责令吕道斌依法处理非法持有的“乐山电力”股票，并处以3万元罚款；

二、没收薛东兵买卖“乐山电力”股票的违法所得25,715.46元，并处以3万元罚款；

三、没收张瑜婷买卖“乐山电力”股票、“天威保变”股票的违法所得13,623.47元，并处以3万元罚款；

四、没收刘晓杨买卖“乐山电力”股票的违法所得6612.63元，并处以3万元罚款；

五、没收段跃钢买卖“乐山电力”股票的违法所得1165.54元，并处以3万元罚款。

上述当事人应自收到本处罚决定书之日起15日内，将罚款汇交中国证券监督管理委员会（开户银行：中信银行总行营业部，账号：7111010189800000162，由该行直接上缴国库），并将注有当事人名称的付款凭证复印件送中国证券监督管理委员会稽查局备案。当事人如果对本处罚决定不服，可在收到本处罚决定之日起60日内向中国证券监督管理委员会申请行政复议，也可以在收到本处罚决定书之日起3个月内直接向有管辖权的人民法院提起行政诉讼。复议和诉讼期间，上述决定不停止执行。

# 关于国元安泰期货经纪有限公司违反证券法规定的行政处罚决定

(证监罚字〔2009〕25 号)

当事人:国元安泰期货经纪有限公司(现更名为国元期货有限责任公司,以下简称安泰期货),住所:安徽省合肥市芜湖路 168 号同济大厦 11 层,时任法定代表人汤益民。

依据 2006 年 1 月 1 日起施行的《中华人民共和国证券法》(以下简称《证券法》)的有关规定,我会对安泰期货非法利用他人账户交易股票行为进行了立案调查、审理,并依法向当事人告知了作出行政处罚的事实、理由、依据及当事人依法享有的权利。应当事人的要求,我会于 2008 年 12 月 17 日举行听证会,听取了当事人及其代理人的陈述和申辩。本案现已调查、审理终结。

经查明,安泰期货存在以下违法事实:

2005 年 2 月 1 日,安泰期货在国元证券合肥长江路证券营业部开立资金账户 21011538,户名“安泰期货”,之后分别于 2005 年 2 月 2 日、2005 年 7 月 1 日、2006 年 1 月 23 日将资金 1000 万元、700 万元、1000 万元存入资金账户。2005 年 2 月 16 日、2006 年 3 月 22 日、2006 年 6 月 19 日,安泰期货三次向国元证券合肥长江路证券营业部出具《挂户申请承诺书》,申请在资金账户 21011538 下下挂共计 18 个上海股东账户、25 个深圳股东账户。至 2006 年 12 月 21 日,安泰期货资金账户 21011538 及下挂股东账户销户,安泰期货获得直接收益 1,276,959.06 元。

上述事实,有相关董事会决议、挂户申请承诺书、营业部资料、情况说明及当事人询问笔录等证据在案证明,足以认定。

安泰期货的上述行为,违反了《证券法》第八十条的规定,构成了《证券法》第二百零八条所述“法人以他人名义设立账户或者利用他人账户买卖证券”的行为。

在听证过程中,安泰期货提供了其与成都新阳实业投资有限公司(以下简称新阳实业)签订的《委托理财协议书》、用印登记表、证券营业部经办人证明材料等,辩称公司仅是根据理财协议履行相应的手续,并未利用他人账户实施证券买卖行为。我会认为,安泰期货在听证中提供的证据材料,能够证明安泰期货与新阳实业之间存在委托理财协议,虽然资金账户 21011538 下挂自然人股东账户进行股票交易的主要责任人不是安泰期货,但是,安泰期货向营业部出具《挂户申请承诺书》的行为,为他人实施违法行为提供了便利条件,安泰期货应当承担相应的法律责任。

根据当事人违法行为的事实、性质、情节与社会危害程度,依据《证券法》第二百零八条的规定,我会决定:责令安泰期货改正违法行为,没收其违法所得 1,276,959.06 元。

新阳实业的违法行为因涉及其他违规账户,我会将另案处理。

上述当事人应自收到本处罚决定书之日起 15 日内,将罚款汇交中国证券监督管理委员会(开户银行:中信银行总行营业部,账号:7111010189800000162,由该行直接上缴国库),并将注有当事人名称的付款凭证复印件送中国证券监督管理委员会稽查局备案。当事人如果对本处罚决定不服,可在收到本处罚决定书之日起60日内向中国证券监督管理委员会申请行政复议,也可在收到本处罚决定书之日起3个月内直接向有管辖权的人民法院提起行政诉讼。复议和诉讼期间,上述决定不停止执行。

## 关于夏雄伟违反证券法规定的行政处罚决定书

(证监罚字〔2009〕26号)

当事人:夏雄伟,男,1965年出生,时任《证券时报》浙江站站长。

依据《中华人民共和国证券法》(以下简称《证券法》)的有关规定,我会对夏雄伟内幕交易行为进行了立案调查、审理,并依法向当事人告知了作出行政处罚的事实、理由、依据及当事人依法享有的权利,当事人提交了书面申辩意见,但未要求听证。本案现已调查、审理终结。

经查明,夏雄伟存在如下违法行为:

浙江精工科技股份有限公司(以下简称精工科技)是一家在深交所中小板上市的公司。2006年,其控股子公司绍兴县精工机电研究所有限公司(以下简称机电研究所)决定开发太阳能多晶硅结晶炉(以下简称结晶炉)。当年7月,完成主要部件的设计任务,12月底,完成总体安装和初步测试。2007年1月,完成了样机的安装。经过测试和空车试运转,2007年3月成功进行了投料试车,结晶炉的各项指标全部达到了设计要求。2007年6月测试工作结束,开发工作完成。精工科技和机电研究所的有关说明确认,结晶炉于2007年6月15日研制成功。同时,2007年6月开始启动结晶炉的对外销售工作,至2007年7月已经有多家客户与机电研究所联系,有两家客户经过多次考察,表达了明确的购买意向,还有多家客户准备来考察。

2007年8月9日上午9点多,《证券时报》浙江站站长夏雄伟在接听精工科技证券事务代表邀请其采访公司新产品研发情况的电话时,了解到结晶炉研制成功。夏雄伟随即在网上查阅了"精工科技"股票的有关情况,觉得股票价格比较低,认为在结晶炉研制成功的情况下,精工科技股票价格下跌的概率较小,还可能会上涨。当天上午,夏雄伟通过其本人在西南证券杭州庆春东路证券营业部开立的账户,网上委托买入"精工科技"股票9100股。

2007年8月11日,精工科技公告《2007年半年度报告》,关于结晶炉的内容如下:"……特别是浙江省十一五重大科技攻关项目——太阳能多晶硅结晶炉的研制成功和推广应用,有效保障了公司的盈利能力。""……实现了太阳能多晶硅结晶炉等高新技术产品跨行业销售。""其他类产品中包括公司最新研制成功的高新技术产品——太阳能多晶硅结晶炉,其毛利率相对较高,也是本期其他类产品和关联交易毛利率较大增长的原因之一。"

2007年8月22日,夏雄伟卖出"精工科技"股票9100股,获利34,046.4元。

我会认为,精工科技研制成功结晶炉一事,是对其股票交易价格有显著影响的重要信息,属于《证券法》第七十五条第二款第(八)项规定的内幕信息。该信息于2007年6月15日结晶炉研制成功时形成,至2007年8月11日精工科技公告《2007年半年度报告》时公开。2007年8月9日上午,夏雄伟通过接听精工科技证券事务代表的电话知悉了这一内幕信息,属于《证券法》第七十四条第(七)项规定的内幕信息知情人。夏雄伟在知悉内幕信息后、内幕信息公开前,买入"精工科技"股票,违反了《证券法》第七十六条第一款的规定,构成《证券法》第二百零二条所述情形。

夏雄伟在书面申辩意见中提出:(1)他获知的精工科技研制成功结晶炉的信息,"只有几句话,完全是语焉不详"。(2)他决定买入精工科技股票,并不是受知悉这一信息的影响,而是根据自己的"分析判断",认为"从历史趋势看,股价偏低","应该有一个补涨过程"。

针对第一项辩解理由,我会认为,内幕信息具有重要性与非公开性两个特征,判断有关信息的重要性,依据的是信息内容而非信息的外在表现形式。从实践看,内幕信息的传递与获知,经常会是寥寥数语,并不需要长篇大论,也不需要条分缕析。从本案看,基于太阳能概念是当时证券市场上的热门题材、精工科技后来以重大事项作了公告等情况,当事人获知的信息虽然"只有几句话",但从重要性看,应当依据《证券法》第七十五条第二款第(八)项认定为内幕信息。

针对第二项辩解理由,我会认为,在内幕交易案件中,当事人交易决策的形成和实施动因往往比较复杂,受多种因素的综合影响;有时既受内幕信息的影响,也同时受内幕信息之外的其他一些认知因素的影响。在有些情况下,当事人事先基于市场传言、个人分析等因素,已经关注相关证券,并产生了交易念头,然后通过种种渠道刺探、获知内幕信息,经验证后实施交易,案发后以"根据市场传言买卖"、"早就有了交易计划"等借口推卸责任;在另一些情况下,当事人先获知了内幕信息,但没有马上交易,而是又对相关证券的基本面与技术面作了一些研究分析,然后实施交易,案发后以"根据自己的研究分析和独立判断买卖"为由,否认内幕交易。根据《证券法》防范与打击内幕交易的立法宗旨和有关规定,只要有证据证明知悉内幕信息是影响当事人交易行为的因素之一,就可以认定内幕交易行为成立;当事人要想排除自己行为的违法性,应当有证据证明即使在完全不知道内幕信息的情况下,也会进行同样的交易行为;如果没有证据完全切断知悉内幕信息与其后的交易行为之间的联系,就不足以阻却行为的违法性。具体到本案,虽然不排除当事人的"分析判断"可能会对其交易行为有一定的影响,但由于该行为本身已经符合《证券法》第二百零二条内幕交易违法行为的构成要件,当事人的辩解无足够证据、也无足够力量排除对其内幕交易行为的认定。

我会认为,随着上市公司在我国经济领域中的地位日益重要,上市公司新闻越来越成为财经媒体关注的重点。长期以来,各财经媒体在宣传我国上市公司发展成就、监督上市公司规范运作等方面发挥了重要作用。财经媒体从业人员的职业本能和职业特性,决定他们会主动探询、采集有关上市公司的重大信息,而其职业地位又为其了解上市公司情况提供了优于一般投资者的便利条件,客观上增加了知悉上市公司内幕信息的机会。因此,有关财经媒体从业人员,应当遵守相应的职业道德,保持高度的职业谨慎,对于在工作过程中知悉的内幕信息,要坚持"三不"原则,即不买卖相关证券、不建议他人买卖相关证券、不泄露相关内幕信息。否则，极可能会犯本案当事人那样的错误，既违背了证券交易的公平原则，又损害了自身以及所属媒体在投资者心目中的公信度和影响力。

根据当事人违法行为的事实，同时考虑到当事人能够积极配合我会的调查工作、违法所得金额较小等情况，依据《证券法》第二百零二条规定，我会决定：没收违法所得34,046.4元，并处以罚款34,046.4元。

上述当事人应自收到本处罚决定书之日起15日内，将罚款汇交中国证券监督管理委员会（开户银行：中信银行总行营业部，账号：7111010189800000162，由该行直接上缴国库），并将注有当事人名称的付款凭证复印件送中国证券监督管理委员会稽查局备案。当事人如果对本处罚决定不服，可在收到本处罚决定之日起60日内向中国证券监督管理委员会申请行政复议，也可以在收到本处罚决定之日起3个月内直接向有管辖权的人民法院提起行政诉讼。复议和诉讼期间，上述决定不停止执行。

# 关于四川迪康科技药业股份有限公司及有关个人违反证券法规的行政处罚决定书

（证监罚字〔2009〕27号）

当事人：四川迪康科技药业股份有限公司（以下简称迪康药业），注册地址：四川省成都市高新西区迪康大道1号，法定代表人陈敏。

曾雁鸣，男，1964年出生，迪康药业原实际控制人，时任迪康药业董事长。

孙继林，男，1963年出生，时任迪康药业董事、董事长。

根据2006年1月1日起施行的《中华人民共和国证券法》（以下简称《证券法》）有关规定，我会依法对迪康药业信息披露违法案进行了立案调查、审理，并向当事人告知了作出行政处罚决定的事实、理由、依据及当事人依法享有的权利。本案现已调查、审理终结。

经查明，当事人存在如下违法行为：

**一、迪康药业为关联方6000万元贷款提供担保未依法披露**

2004年4月14日，迪康药业从其招商银行成都红照壁支行（以下简称招行红照壁支行）活期存款账户分4笔转入招行红照壁支行6个月定期存款账户资金共计4000万元，转入3个月定期存款账户资金共计2000万元。

2004年4月15日，迪康药业向招行红照壁支行出具《委托书》一份，将公司于2004年4月14日在招行红照壁支行存入的5000万元的定期存单委托招行红照壁支行保管。同日，迪康药业向招行红照壁支行出具《授权书》一份，约定四川和平医药有限责任公司（以下简称和平医药）于2004年4月15日向招行红照壁支行借款人民币5000万元，若和平医药不能按期归还该笔贷款或和平医药向招行红照壁支行申请提前还款时，授权招行红照壁支行直接办理上述存款及续存存款的提前支取及转账手续，以偿还和平医药在招行红照壁支行的贷款本息及一切相关费用。同日，和平医药与招行红照壁支行签订了《借款合同》，招行红照壁支行向和平医药发放流动资金贷款5000万元。

2004年4月19日，迪康药业向招行红照壁支行出具《委托书》一份，将公司于2004年4月14日在招行红照壁支行存入的1000万元的定期存单委托招行红照壁支行保管。2004年4月21日，迪康药业向招行红照壁支行出具《授权书》，约定四川迪康科技投资有限公司（以下简称迪康投资）于2004年4月21日向招行借款人民币1000万元，若迪康投资不能按期归还该笔贷款或迪康投资向招行红照壁支行申请提前还款时，授权招行红照壁支行直接办理上述存款及续存存款的提前支取及转账手续，以偿还迪康投资在招行红照壁支行的贷款本息及一切相关费用。同日，迪康投资与招行红照壁支行签订了《借款合同》，招行红照壁支行向迪康投资发放流动资金贷款1000万元。

上述向迪康投资和和平药业用定期存单提供贷款担保的关联交易行为，迪康药业未履行临时报告义务，也未在2004年至2006年中期报告和年度报告中予以披露。

## 二、迪康药业控股子公司关联交易未披露、迪康药业权益被迪大股东侵占重大事项在定期报告披露中虚假记载

2002年9月19日，成都医药物流中心建设指挥部办公室与迪康药业子公司和平医药、四川和平药房连锁有限公司（以下简称和平连锁）签订《供地协议》，规定由成都医药物流中心建设指挥部办公室供地，地块位于成都市商贸大道和平路一号，净地面积约127亩，其中60亩计3000万元；另67亩计3685万元，合计净地总价款6685万元。2002年9月26日，迪康药业转出3000万元到成都医药物流中心建设指挥部办公室。该款项系和平连锁委托迪康药业代其支付。2003年6月4日，和平连锁向成都医药物流中心建设指挥部办公室转出1000万元。和平连锁和和平医药与成都医药物流中心建设指挥部办公室签订《供地协议》的行为属于联合投资的关联交易，迪康药业在2002年年报中没有如实披露为关联交易。

2005年4月11日，四川迪康产业控股集团股份有限公司（以下简称迪康集团）与成都市国土资源局签署《国有土地使用权出让合同》，迪康集团受让位于金牛区商贸大道和平路1号宗地，该土地属于上述成都医药物流中心建设指挥部办公室所供土地的一部分（约合65亩）。2005年4月22日，迪康集团取得成都市国土资源局颁发的上述地块土地使用权证（成国用(2005)第438号）。迪康集团未支付相关土地的转让款。迪康药业未真实披露上述土地权属登记的情况，而是在2005年和2006年中期报告和年度报告中披露为“相应的土地出让手续尚未办理”，披露存在虚假记载。

## 三、迪康药业与关联方中药服务中心关联交易未依法披露

2004年1月5日，迪康药业向国家中药材现代化科技产业园（成都）服务中心（以下简称中药服务中心）账户支付2000万元。2004年1月10日，迪康药业与中药服务中心签订了《技术转让意向协议》，约定迪康药业支付2000万元的履约保证金，协议有效期2年。2004年7月20日至2004年8月9日期间，迪康药业与中药服务中心之间发生多次资金往来，相互抵消后迪康药业总共支付1300万元。2006

年1月15日，迪康药业与中药服务中心签订《技术转让意向协议之补充协议》，约定迪康药业应支付1300万元履约保证金，协议有效期为签订之日起一年。

2004年12月13日，迪康药业与中药服务中心签订《四川中药现代化科技园投资有限公司股权转让协议》。协议约定迪康药业向中药服务中心转让其持有的四川中药现代化科技园投资有限公司37.5%的股权，转让价格3300万元。上述股权过户手续已于2005年6月办理完毕，中药服务中心向迪康药业累计支付1800万元股权转让款。

截至2007年4月26日，中药服务中心未向迪康药业完成上述协议中所述的相关技术转让，也未将1300万元履约保证金归还迪康药业；中药服务中心尚余1500万元股权转让款也未向迪康药业支付。

中药服务中心的出资人为迪康集团，上述迪康药业和中药服务中心之间签署的协议和资金往来属于关联交易。迪康药业对上述重大关联交易事项未履行临时报告义务，在2004年和2005年中期报告、年度报告以及2006年中期报告中均未披露。

**四、迪康集团占用迪康药业借款事项未依法披露**

2004年8月9日，迪康药业与成都高新区投资有限公司（以下简称高新投资）签订《借款协议》，约定迪康药业向高新投资借款2000万元。2004年8月9日，迪康药业向高新投资出具一份《指定账户说明》，要求高新投资将2000万元借款划入迪康集团账户。同日，高新投资按协议约定将2000万元划入迪康集团账户。迪康药业上述变相将资金拆借给大股东的行为属关联交易，迪康药业未进行临时公告，在2004年年度报告、2005年中期报告和2005年年度报告中均未予以披露。

迪康集团于2004年9月6日至2005年12月31日归还共计1100万元给高新投资。2006年9月19日，高新投资向成都市中级人民法院起诉迪康药业，要求归还欠款本金及利息1006万元。2006年10月11日，成都市中级人民法院向迪康药业开出传票，要求迪康药业于2006年11月28日出庭。对上述重大诉讼，迪康药业未进行临时公告，也未在2006年年度报告中予以披露。

**五、迪康药业关于清欠情况临时公告虚假记载**

迪康药业在2006年12月29日的《关于非经营性资金占用清欠完成情况的公告》中称“公司的非经营性资金占用问题已全部清理完成。”经调查，截至2006年12月29日，迪康药业仍然存在非经营性资金被迪康集团占用的情况，上述临时公告存在虚假记载。

上述事实，有相关定期报告、有关公告、相关银行单据和凭证、相关协议、相关董事会决议、相关工商登记资料、相关人员谈话笔录等证据在案证实，证据确实、充分，足以认定。

我会认定，上述行为违反了1999年7月1日起施行的《中华人民共和国证券法》（以下简称原《证券法》）第六十二条和《证券法》第六十七条关于临时报告的规定，原《证券法》第六十条和《证券法》第六十五条关于中期报告的规定，以及原《证券法》第六十一条和《证券法》第六十六条关于年度报告的规定，构成了原《证券法》第一百七十七条和《证券法》第一百九十三条所述的行为。曾雁鸣和孙继林为上述事项直接负责的主管人员。

根据当事人违法行为的事实、性质、情节与社会危害程度，按照原《证券法》第一百七十七条和《证券法》第一百九十三条的规定，我会决定：

一、对迪康药业给予警告；

二、对曾雁鸣给予警告,并处以10万元的罚款;

三、对孙继林给予警告,并处以5万元的罚款。

上述当事人应自收到本处罚决定书之日起15日内,将罚款汇交中国证券监督管理委员会(开户银行:中信银行总行营业部,账号:7111010189800000162,由该行直接上缴国库),并将注有当事人名称的付款凭证复印件送中国证券监督管理委员会稽查局备案。当事人如果对本处罚决定不服,可在收到本处罚决定书之日起60日内向中国证券监督管理委员会申请行政复议,也可以在收到本处罚决定书之日起3个月内直接向有管辖权的人民法院提起行政诉讼。复议和诉讼期间,上述决定不停止执行。

## 关于沈昌宇违反证券法规的行政处罚决定书

(证监罚字〔2009〕28号)

当事人:沈昌宇,男,1972年出生。

依据《中华人民共和国证券法》(以下简称《证券法》)有关规定,我会依法对沈昌宇涉嫌违反证券法规行为进行了立案调查、审理,并向当事人告知了作出行政处罚的事实、理由、依据及当事人依法享有的权利。当事人未申请听证,也未提交陈述和申辩意见。本案现已调查、审理终结。

经查明,沈昌宇存在以下违法事实:

**一、未按规定报告、披露信息**

2008年5月30日,沈昌宇利用其控制的"金顺法"、"沈浩平"、"徐菊仙"账户陆续买入"中兵光电"股票,10时46分11秒上述账户持有"中兵光电"达7,200,000股,持股比例占该公司总股本的5.00%,当日收盘时,上述账户持有"中兵光电"达12,048,966股,持股比例占该公司总股本的8.37%,沈昌宇未按规定向中国证券监督管理委员会或派出机构、上海证券交易所作出书面报告,未通知中兵光电科技股份有限公司,并予公告。沈昌宇是上述未按规定报告、披露信息的责任人。上述事实有证券营业部交易流水、开户资料、资金流水等证据证明,足以认定。

我会认定,沈昌宇未按规定报告、披露信息的行为,违反了《证券法》第八十六条"通过证券交易所的证券交易,投资者持有或者通过协议、其他安排与他人共同持有一个上市公司已发行的股份达到百分之五时,应当在该事实发生之日起三日内,向国务院证券监督管理机构、证券交易所作出书面报告,通知该上市公司,并予公告"的规定,构成《证券法》第一百九十三条"发行人、上市公司或者其他信息披露义务人未按照规定披露信息,或所披露的信息有虚假记载、误导性陈述或者重大遗漏的"的行为。

**二、违规买卖股票**

2008年6月2日至6月3日限制转让期内,沈昌宇利用其控制的"金顺法"、"沈浩平"、"徐菊仙"等账户买入"中兵光电"560,935股,卖出90,150股,交易证券相应等值成交金额达14,736,808.56元。沈昌宇是上述违规交易股票的责任人。上述事实有证券营业部交易流水、开户资料、资金流水等证据证明，足以认定。

我会认定，沈昌宇违规买卖股票的行为，违反了《证券法》第三十八条“依法公开发行的股票、公司债券及其他证券，法律对其转让期有限制性规定的，在限定的期限内不得买卖”和第八十六条“通过证券交易所的证券交易，投资者持有或者通过协议、其他安排与他人共同持有一个上市公司已发行的股份达到百分之五时，应当在该事实发生之日起三日内，向国务院证券监督管理机构、证券交易所作出书面报告，通知该上市公司，并予公告；在上述期限内，不得再行买卖该上市公司的股票”的规定，构成《证券法》第二百零四条“违反法律规定，在限制转让期限内买卖证券的”的行为。

对于沈昌宇未按规定报告、披露信息的行为，按照《证券法》第一百九十三条“发行人、上市公司或者其他信息披露义务人未按照规定披露信息，或者所披露的信息有虚假记载、误导性陈述或者重大遗漏的，责令改正，给予警告，并处三十万元以上六十万元以下的罚款”的规定，给予沈昌宇警告，并处40万元罚款。

对于沈昌宇违规买卖股票的行为，按照《证券法》第二百零四条“违反法律规定，在限制转让期限内买卖证券的，责令改正，给予警告，并处以买卖证券等值以下的罚款”的规定，给予沈昌宇警告，并处60万元罚款。

综上，我会决定：对沈昌宇给予警告，并处100万元罚款。

上述当事人应自收到本处罚决定书之日起15日内，将罚款汇交中国证券监督管理委员会（开户银行：中信银行总行营业部，账号：7111010189800000162，由该行直接上缴国库），并将注有当事人名称的付款凭证复印件送中国证券监督管理委员会稽查局备案。当事人如果对本处罚决定不服，可在收到本处罚决定书之日起60日内向中国证券监督管理委员会申请行政复议，也可以在收到本处罚决定书之日起3个月内向有管辖权的人民法院提起行政诉讼。复议和诉讼期间，上述决定不停止执行。

# 关于信邦投资有限公司违反证券法规的行政处罚决定书

（证监罚字〔2009〕29号）

当事人：信邦投资有限公司（以下简称信邦投资），住所：北京市海淀区北洼路4号华澳中心二期嘉慧苑2212号，法定代表人方建一。

依据《中华人民共和国证券法》（以下简称《证券法》）的有关规定，我会对信邦投资非法利用他人账户交易股票行为进行了立案调查、审理，并依法向当事人告知了作出行政处罚的事实、理由、依据及当事人依法享有的权利。应当事人的要求，我会于2009年6月11日举行听证会，听取了当事人及其代理人的陈述和申辩。本案现已调查、审理终结。

经查明，信邦投资存在以下违法事实：

自2001年10月开始，信邦投资先后在财通证券杭州青春坊营业部、浙商证券北京朝阳门北大街营业部、国联证券上海漕宝路营业部、湘财证券上海金杨路营业部、招商证券北京东四十条营业部、湘财证券上海枣阳路营业部、首创证券天津世纪大道营业部、东方证券北京安苑路营业部、首创证券北京和平街营业部、财通证券杭州环城西路营业部、中信建投证券宁波曙光路营业部、东海证券北京安立路营业部等12家证券营业部开立户名为“信邦投资”的资金账户，并在这些资金账户下下挂若干个人证券账户进行股票交易，最终获利－55,311,600.52元。

上述事实，有相关账户资料、资金往来凭证、授权委托书、证券营业部情况说明、交易所数据及当事人询问笔录等证据在案证明，足以认定。

信邦投资的上述行为，违反了《证券法》第八十条的规定，构成了《证券法》第二百零八条所述“法人以他人名义设立账户或者利用他人账户买卖证券”的行为。

在听证过程中，信邦投资及其代理人提出了如下申辩意见：其一，信邦投资的行为虽然违反了相关规定，但并无破坏证券市场的故意或恶意；其二，账户亏损，没有对市场造成严重的损害；其三，信邦投资在了解到行为的违法性后予以了纠正和清理；其四，信邦投资利用他人账户进行证券交易的行为主要发生在2005年以前，不应按照2006年1月1日起施行的《证券法》对信邦投资进行处罚。

我会认为，就我会认定的违法事实，信邦投资及其代理人未能提供新的相反的证据。当事人主观上是否具有破坏证券市场的故意或恶意，并不影响对法人利用他人账户交易股票违法行为的认定。信邦投资在2006年1月1日起施行的《证券法》生效以后，仍有利用他人账户交易股票的违法行为，我会依据新《证券法》对其予以处罚并无不当。对于信邦投资提出的清理违规账户及亏损等情节，我会在审理时已依据《中华人民共和国行政处罚法》第二十七条的规定予以了考虑。

根据当事人违法行为的事实、性质、情节与社会危害程度，依据《证券法》第二百零八条的规定，我会决定：责令信邦投资改正违法行为，并处以30万元的罚款。

上述当事人应自收到本处罚决定书之日起15日内，将罚款汇交中国证券监督管理委员会(开户银行：中信银行总行营业部，账号：7111010189800000162，由该行直接上缴国库)，并将注有当事人名称的付款凭证复印件送中国证券监督管理委员会稽查局备案。当事人如果对本处罚决定不服，可在收到本处罚决定书之日起60日内向中国证券监督管理委员会申请行政复议，也可在收到本处罚决定书之日起3个月内直接向有管辖权的人民法院提起行政诉讼。复议和诉讼期间，上述决定不停止执行。

# 关于陈军违反证券法规的行政处罚决定书

(证监罚字〔2009〕30号)

当事人：陈军，男，1955年出生。

依据《中华人民共和国证券法》(以下简称《证券法》)有关规定，我会依法对陈军买卖“江苏三友”股票涉嫌违反证券法规行为进行了立案调查、审理,并向当事人告知了作出行政处罚的事实、理由、依据及当事人依法享有的权利。当事人未申请听证,也未提交陈述和申辩意见。本案现已调查、审理终结。

经查明,陈军存在以下违法事实:

2007年,陈军通过其控制的“陈军”、“陈迁”、“汤华”、“上海沪淮”账户买卖“江苏三友”股票。2007年9月18日,上述账户持有的“江苏三友”股票达6,410,800股,持股比例占该公司总股本的5.13%。陈军没有按规定向中国证券监督管理委员会、深圳证券交易所作出书面报告,也未通知江苏三友集团股份有限公司并予以公告。陈军是上述账户的实际控制人,是上述未按规定报告、披露信息的责任人。截至2007年12月31日(调查终止日),陈军仍未履行报告、披露义务。

上述事实有营业部交易流水、开户资料、资金流水等证据证明,足以认定。

我会认定,陈军的上述行为,违反了《证券法》第八十六条“通过证券交易所的证券交易,投资者持有或者通过协议、其他安排与他人共同持有一个上市公司已发行的股份达到百分之五时,应当在该事实发生之日起三日内,向国务院证券监督管理机构、证券交易所作出书面报告,通知该上市公司,并予公告”的规定,构成了《证券法》第一百九十三条所述的行为。

根据当事人违法行为的事实、性质、情节、社会危害程度,依照《证券法》第一百九十三条的规定,我会决定:对陈军给予警告,并处40万元的罚款。

上述当事人应自收到本处罚决定书之日起15日内,将罚款汇交中国证券监督管理委员会(开户银行:中信银行总行营业部,账号:7111010189800000162,由该行直接上缴国库),并将注有当事人名称的付款凭证复印件送中国证券监督管理委员会稽查局备案。当事人如果对本处罚决定不服,可在收到本处罚决定书之日起60日内向中国证券监督管理委员会申请行政复议,也可以在收到本处罚决定书之日起3个月内向有管辖权的人民法院提起行政诉讼。复议和诉讼期间,上述决定不停止执行。

## 关于上海岑峰纺织实业有限公司及有关个人违反证券法规的行政处罚决定书

(证监罚字〔2009〕31号)

当事人:上海岑峰纺织实业有限公司(以下简称岑峰纺织),住所:上海市松江区小昆山镇山西路10号A区5号,法定代表人陆会忠。

陆会忠,男,1971年出生,时任岑峰纺织执行董事、法定代表人。

依据《中华人民共和国证券法》(以下简称《证券法》)的有关规定,我会对岑峰纺织非法利用他人账户交易股票行为进行了立案调查、审理,并依法向当事人告知了作出行政处罚的事实、理由、依据及当事人依法享有的权利。应当事人岑峰纺织和陆会忠的要求,我会于2009年6月25日举行听证会,听取了当事人代理人提出的申辩意见。本案现已调查、审理终结。

经查明,岑峰纺织存在以下违法事实:

2007年1月26日至2007年3月9日期间,岑峰纺织利用其控制的吴群英(0105085906)、叶建飞(0105086254)两个自然人证券账户交易"＊ST吉炭"股票,共获利2,324,626.71元。岑峰纺织法定代表人陆会忠实施了上述买卖"＊ST吉炭"股票的行为。

以上事实,有相关账户资料、资金往来凭证、授权委托书、情况说明及当事人询问笔录等证据在案证明,足以认定。

岑峰纺织的上述行为,违反了《证券法》第八十条的规定,构成了《证券法》第二百零八条所述"法人以他人名义设立账户或者利用他人账户买卖证券"的行为。岑峰纺织法定代表人陆会忠是对上述行为直接负责的主管人员。

在听证过程中,代理人提供了一份岑峰纺织两位股东同意公司借款2000万元给陆会忠的《股东会决议》。代理人据此辩称,本案系岑峰纺织将资金借予陆会忠,实施股票交易的主体是陆会忠个人而非岑峰纺织。我会认为,该《股东会决议》内容有悖常理,与已经认定的事实难以建立起合理的逻辑关系,同时,当事人也未能证明该决议所称2000万元借款与本案当事人实际使用资金的同一性。因此,对该证据不予采信。当事人的申辩理由不能成立。

根据当事人违法行为的事实、性质、情节与社会危害程度,依据《证券法》第二百零八条的规定,我会决定:

一、责令岑峰纺织改正违法行为,没收其违法所得2,324,626.71元,并处以2,324,626.71元的罚款;

二、对陆会忠给予警告,并处以7万元的罚款。

上述当事人应自收到本处罚决定书之日起15日内,将罚款汇交中国证券监督管理委员会(开户银行:中信银行总行营业部,账号:7111010189800000162,由该行直接上缴国库),并将注有当事人名称的付款凭证复印件送中国证券监督管理委员会稽查局备案。当事人如果对本处罚决定不服,可在收到本处罚决定书之日起60日内向中国证券监督管理委员会申请行政复议,也可在收到本处罚决定书之日起3个月内直接向有管辖权的人民法院提起行政诉讼。复议和诉讼期间,上述决定不停止执行。

# 关于青海数码网络投资(集团)股份有限公司及有关责任人员违反证券法规的行政处罚决定书

(证监罚字〔2009〕32号)

当事人:青海数码网络投资(集团)股份有限公司(现更名为青海盐湖工业集团股份有限公司,以下简称数码网络),住所:青海省西宁市城西区五四大街39号,时任法定代表人钟小剑。

钟小剑,男,1967年7月出生,时任数码网络董事长、深圳信诚科技发展有限公司(数码网络子公司,以下简称信诚科技)董事。

张德雷,男,1950年出生,时任数码网络董事、青海水泥股份有限公司(数码网络子公司,以下简称青海水泥)董事。

柴平非,男,1951年出生,时任数码网络、青海水泥董事。

沈丹,男,1964年出生,时任数码网络、信诚科技董事。

孙荣芳,女,1958年出生,时任数码网络董事。

闫自军,男,1964年出生,时任数码网络董事。

依据1999年7月1日起施行的《中华人民共和国证券法》(以下简称原《证券法》)的有关规定,我会对数码网络违反证券法律法规一案进行了立案调查、审理,并依法向当事人告知了作出行政处罚的事实、理由、依据及当事人依法享有的权利。当事人未提出陈述、申辩意见,未要求举行听证会。本案现已调查、审理终结。

经查明,数码网络存在以下违法事实:

**一、未按规定披露对外担保事项**

(一)2003年、2004年未按规定披露对外担保事项

1.2003年8月25日,数码网络出具《最高额担保函》,为深圳市友缘控股有限公司(数码网络控股股东,以下简称深圳友缘)在农行深圳华侨城支行办理约定的各类业务所实际形成的债务的最高余额折合人民币2亿元提供担保。数码网络、时任董事长钟小剑分别在该《最高额担保函》上盖章、签字。上述担保事项,数码网络未及时予以披露,也未在2003年年报中予以披露。

2.2004年8月20日,数码网络出具《最高额担保函》,为控股股东深圳友缘在农行深圳华侨城支行办理约定的各类业务所实际形成的债务的最高余额折合人民币2亿元提供担保。数码网络、时任董事长钟小剑分别在该《最高额担保函》上盖章、签字。上述担保事项,数码网络未及时予以披露,也未在2004年年报中予以披露。

上述违法事实,有数码网络情况说明、对外担保合同、相关定期报告、当事人询问笔录等证据在案证明,足以认定。

时任数码网络董事长钟小剑在相关《最高额担保函》和通过2003年、2004年年报的董事会决议上签字,是对该项违法行为直接负责的主管人员。

(二)2005年未及时披露对外担保事项

1.2005年11月8日,数码网络出具《最高额担保函》,为控股股东深圳友缘在农行深圳华侨城支行办理约定的各类业务所实际形成的债务的最高余额折合人民币3.5亿元提供担保。数码网络、时任董事长钟小剑在该《最高额担保函》上盖章、签字。同时,数码网络董事会同意以其持有的8392.61万股青海水泥股权为上述贷款额度提供质押担保,时任董事张德雷、柴平非、沈丹、闫自军、孙荣芳在通过担保的决议上签字。

2.2005年8月20日,青海水泥董事会同意为富林集团有限公司向兴业银行深圳罗湖支行申请综合授信额度人民币2700万元提供担保。时任数码网络和青海水泥两家公司的董事钟小剑、张德雷、柴平非在通过担保的决议上签字。

上述对外担保事项,数码网络未按规定及时予以披露,直至2006年3月21日才进行了补充披露。

上述违法事实,有数码网络情况说明、相关董事会决议、对外担保合同、相关定期报告、当事人询问笔录等证据在案证明,足以认定。

时任数码网络董事长钟小剑是对该项违法行为直接负责的主管人员;时任董事

张德雷、柴平非、沈丹、闫自军、孙荣芳是其他直接责任人。

数码网络未按规定披露对外担保事项的行为违反了原《证券法》第五十九条、第六十一条、第六十二条的有关规定,构成了原《证券法》第一百七十七条所述上市公司未按规定履行信息披露义务的行为。

**二、未按规定披露控股股东占用上市公司资金事项**

2005年3月至11月,信诚科技分别向农行深圳华侨支行、兴业银行深圳罗湖支行以及深圳市商业银行贷款3000万元、1800万元和7000万元。上述三笔共计1.18亿元的贷款由深圳友缘统一调配、使用并承担还本付息责任。上述资金占用事项,数码网络未按规定及时予以披露。2006年3月21日,数码网络对深圳友缘占用上市公司1.18亿元的有关情况进行了补充披露。

上述违法事实,有数码网络情况说明、相关定期报告、当事人询问笔录等证据在案证明,足以认定。

时任数码网络和信诚科技两家公司董事的钟小剑、沈丹在信诚科技通过对外借款董事会决议上签字;沈丹对资金占用事项知情。时任数码网络董事长钟小剑、时任董事沈丹是对该项违法行为直接负责的主管人员。

数码网络未按规定披露大股东占用上市公司资金事项的行为违反了原《证券法》第五十九条、第六十二条的规定,构成了原《证券法》第一百七十七条所述上市公司未按规定履行信息披露义务的行为。

根据当事人的违法事实、性质、情节与社会危害程度,依据原《证券法》第一百七十七条的规定,我会决定:

一、对数码网络处以30万元罚款;

二、对钟小剑给予警告并处以20万元罚款;

三、对沈丹、张德雷、柴平非分别给予警告,并处以3万元罚款;

四、对闫自军、孙荣芳分别给予警告。

鉴于钟小剑已在昆仑证券违法违规一案中被我会实施永久性市场禁入,本案不再对其实施证券市场禁入的措施。

当事人应自收到本处罚决定书之日起15日内,将罚款汇交中国证券监督管理委员会(开户银行:中信银行总行营业部,账号:7111010189800000162,由该行直接上缴国库),并将注有当事人名称的付款凭证复印件送中国证券监督管理委员会稽查局备案。当事人如果对本处罚决定不服,可在收到本处罚决定书之日起60日内向中国证券监督管理委员会申请行政复议;也可以在收到本处罚决定书之日起3个月内直接向有管辖权的人民法院提起诉讼。复议和诉讼期间,上述决定不停止执行。

## 关于卢宪斌违反证券法规的行政处罚决定书

(证监罚字〔2009〕33号)

当事人:卢宪斌,男,1956年出生,时任甘肃祁连山水泥集团股份有限公司(以下简称祁连山公司)监事。

依据《中华人民共和国证券法》(以下简称《证券法》)的有关规定,我会对卢宪斌违反证券法律法规一案进行了立案调查、审理,并依法向当事人告知了作出行政处罚的事实、理由、依据及当事人依法享有的权利。当事人未提出陈述、申辩意见,也未要求举行听证会。本案现已调查、审理终结。

经查明,卢宪斌存在如下违法违规行为:

2008年8月6日至2009年2月12日,卢宪斌任祁连山公司第五届监事会监事。2008年11月6日,卢宪斌采用网上交易方式分两次买入“祁连山”股票13,900股、20,500股。2008年11月11日,卢宪斌采用网上交易委托方式卖出“祁连山”100股;11月12日,卢宪斌采用网上交易委托方式卖出“祁连山”100股;11月13日,卢宪斌采用网上交易委托方式卖出“祁连山”34,200股。

以上违法事实,有当事人谈话笔录、交易记录等证据在案证明,足以认定。

上述行为,违反了《证券法》第四十七条有关禁止上市公司董事、监事和高管人员从事短线交易的规定,构成了《证券法》第一百九十五条所述“上市公司的董事、监事、高级管理人员、持有上市公司股份百分之五以上的股东,违反本法第四十七条的规定买卖本公司股票的”违法行为。

根据上述违法违规行为及相关当事人的违法事实、性质、情节与社会危害程度,依据《证券法》第一百九十五条的规定,我会决定:对卢宪斌给予警告并处以5万元罚款。

当事人应自收到本处罚决定书之日起15日内,将罚款汇交中国证券监督管理委员会(开户银行:中信银行总行营业部,账号:7111010189800000162,由该行直接上缴国库),并将注有当事人名称的付款凭证复印件送中国证券监督管理委员会稽查局备案。如对本处罚决定不服,可在收到本处罚决定书之日起60日内向中国证券监督管理委员会申请行政复议;也可以在收到本处罚决定书之日起3个月内直接向有管辖权的人民法院提起诉讼。复议和诉讼期间,上述决定不停止执行。

# 关于王建超违反证券法规的行政处罚决定书

(证监罚字〔2009〕34号)

当事人:王建超,男,1964年出生,时任安徽海螺水泥股份有限公司(以下简称海螺水泥公司)副总经理。

依据《中华人民共和国证券法》(以下简称《证券法》)的有关规定,我会对王建超违反证券法律法规一案进行了立案调查、审理,并依法向当事人告知了作出行政处罚的事实、理由、依据及当事人依法享有的权利。当事人未提出陈述、申辩意见,也未要求举行听证会。本案现已调查、审理终结。

经查明,王建超存在如下违法违规行为:

2007年4月12日至2009年4月3日,

王建超任海螺水泥公司副总经理。2007 年 8 月至 2008 年 11 月，王建超个人证券账户有 16 个交易日交易过“海螺水泥”股票，累计买入 109,600 股，卖出48,477股。其中，2007 年 8 月 20 日，卖出该股 10,000 股；2008 年 1 月 25 日，买入5000股；5 月 6 日，卖出 3000 股；5 月 15 日，卖出 7000 股；6 月 30 日，买入 3100 股；7 月 11 日，卖出 2100 股；7 月 15 日，买入 7500 股；7 月 16 日，买入 22,000 股；7 月 17 日，买入 7000 股；7 月 22 日，买入 30,000 股；7 月 24 日，卖出 4500 股；7 月 29 日，买入 22,500 股；7 月 31 日，买入12,500股；11 月 18 日，卖出 20,000 股；11 月 24 日，卖出 877 股；11 月 27 日，卖出 1000 股。

以上违法事实，有当事人谈话笔录、交易记录等证据在案证明，足以认定。

上述行为，违反了《证券法》第四十七条有关禁止上市公司董事、监事和高管人员从事短线交易的规定，构成了《证券法》第一百九十五条所述“上市公司的董事、监事、高级管理人员、持有上市公司股份百分之五以上的股东，违反本法第四十七条的规定买卖本公司股票的”违法行为。

根据上述违法违规行为及相关当事人的违法事实、性质、情节与社会危害程度，依据《证券法》第一百九十五条的规定，我会决定：对王建超给予警告并处以 5 万元罚款。

当事人应自收到本处罚决定书之日起 15 日内，将罚款汇交中国证券监督管理委员会(开户银行：中信银行总行营业部，账号：7111010189800000162，由该行直接上缴国库)，并将注有当事人名称的付款凭证复印件送中国证券监督管理委员会稽查局备案。如对本处罚决定不服，可在收到本处罚决定书之日起 60 日内向中国证券监督管理委员会申请行政复议；也可以在收到本处罚决定书之日起 3 个月内直接向有管辖权的人民法院提起诉讼。复议和诉讼期间，上述决定不停止执行。

# 关于夏世勇、李建军违反证券法规的行政处罚决定书

(证监罚字〔2009〕35 号)

当事人：夏世勇，男，1965 年出生，时任金发科技股份有限公司(以下简称金发科技)副董事长。

李建军，男，1963 年出生，时任金发科技董事、总经理。

依据《中华人民共和国证券法》(以下简称《证券法》)的有关规定，我会对夏世勇、李建军违反证券法律法规一案进行了立案调查、审理，并依法向当事人告知了作出行政处罚的事实、理由、依据及当事人依法享有的权利，复核了当事人夏世勇的陈述、申辩意见，当事人李建军未提出陈述、申辩意见。本案现已调查、审理终结。

经查明，夏世勇、李建军存在如下违法违规行为：

2007 年 11 月 12 日至 2009 年 1 月 21 日，夏世勇任金发科技副董事长。2008 年 12 月 29 日，夏世勇通过妻子委托熊玲瑶

代为卖出夏世勇证券账户中的“金发科技”股票791,200股。当日,该账户又买入“金发科技”18,400股。

2007年11月12日至2009年1月21日,李建军任金发科技董事、总经理。2008年12月26日,李建军委托方卉代为卖出李建军证券账户中的“金发科技”股票693,000股;12月29日卖出230,000股,当日又买入100,000股;12月30日,卖出580,000股。

以上违法事实,有当事人、账户操作代理人的谈话笔录,交易记录等证据在案证明,足以认定。

夏世勇在陈述、申辩中提出,其卖出股票是为了缴纳巨额个人所得税需要,相关交易量较小,其行为在主观上没有获取不当得利和违规的故意,情节轻微;未对上市公司和社会公众的利益产生不良影响和危害。请求对其免予处罚。经复核,当事人违法行为的情节、性质,在审理过程中已作充分考虑。对其提出警告的处理建议是适当的。鉴于此,由于当事人未就事先告知涉及的违法行为提出新的事实及证据,有关申辩理由已作充分考虑,当事人陈述、申辩意见不予采纳。

夏世勇、李建军的上述行为,违反了《证券法》第四十七条有关禁止上市公司董事、监事和高管人员从事短线交易的规定,构成了《证券法》第一百九十五条所述“上市公司的董事、监事、高级管理人员、持有上市公司股份百分之五以上的股东,违反本法第四十七条的规定买卖本公司股票的”违法行为。

根据上述违法违规行为及相关当事人的违法事实、性质、情节与社会危害程度,依据《证券法》第一百九十五条的规定,我会决定:对夏世勇、李建军分别给予警告。

当事人如对本处罚决定不服,可在收到本处罚决定书之日起60日内向中国证券监督管理委员会申请行政复议;也可以在收到本处罚决定书之日起3个月内直接向有管辖权的人民法院提起诉讼。复议和诉讼期间,上述决定不停止执行。

# 关于甘肃荣华实业(集团)股份有限公司及有关责任人员违反证券法规的行政处罚决定书

(证监罚字〔2009〕36号)

当事人:甘肃荣华实业(集团)股份有限公司(以下简称荣华实业),住所:甘肃省武威市东关街荣华路1号,法定代表人张严德。

张严德,男,1962年出生,是荣华实业的自然人实际控制人,时任荣华实业董事长。

刘永,男,1967年出生,时任荣华实业总经理、副董事长。

程浩,男,1974年出生,时任荣华实业董事兼董事会秘书。

严新林,男,1958年出生,时任荣华实业副董事长。

孙效东,男,1956年出生,时任荣华实业董事。

卢万发,男,1945年出生,时任荣华实业董事。

严其林,男,1950年出生,时任荣华实业董事。

张百生,男,1952年出生,时任荣华实业董事。

杜建萍,女,1967年出生,时任荣华实业董事。

王森,男,1963年出生,时任荣华实业独立董事。

何鹏举,男,1966年出生,时任荣华实业独立董事。

李生玉,男,1964年出生,时任荣华实业独立董事。

杨天保,男,1950年出生,时任荣华实业监事会主席。

杨智,男,1953年出生,时任荣华实业监事。

查金堂,男,1959年出生,时任荣华实业监事。

杜彦山,男,1960年出生,时任荣华实业副总经理、监事。

李清华,男,1971年出生,时任荣华实业副总经理兼财务总监。

卢俊,男,1969年出生,时任荣华实业副总经理。

李明,男,1965年出生,时任荣华实业副总经理。

贺明山,男,1957年出生,时任荣华实业副总经理。

依据《中华人民共和国证券法》(以下简称《证券法》)的有关规定,我会对荣华实业违反证券法律法规行为进行了立案调查、审理,并依法向当事人告知了作出行政处罚的事实、理由、依据及当事人依法享有的权利。当事人提出了陈述和申辩意见,但未要求听证。本案现已调查、审理终结。

经查明,荣华实业存在以下违法事实:

**一、擅自改变募集资金用途,未按规定予以披露**

《甘肃荣华实业(集团)股份有限公司招股说明书》(以下简称《招股说明书》)披露,荣华实业2001年5月首次公开发行股票所募集资金的用途包括:"……扩建10万吨玉米淀粉生产线;年产3万吨谷氨酸生产线项目;年产1万吨赖氨酸生产线项目;年产1万吨L-乳酸生产线项目……"2003年9月,经临时股东大会审议通过,荣华实业将原拟用于"年产1万吨L-乳酸生产线项目"的募集资金调整用于"年产4万吨赖氨酸生产线项目"。

(一)擅自将5万吨赖氨酸项目改扩建年产12万吨谷氨酸项目,未按规定对变更情况予以披露

2006年8月,荣华实业编制了《五万吨赖氨酸项目改扩建年产十二万吨谷氨酸项目工程概算》,计划将原筹建的年产5万吨赖氨酸项目(包括《招股说明书》中的年产1万吨赖氨酸生产线项目和由1万吨L-乳酸生产线项目变更而成的4万吨赖氨酸生产线项目)改扩建为年产12万吨谷氨酸项目,建设期1年,即自2006年8月至2007年8月。之后,在未经股东大会审议通过的情况下,荣华实业于2006年10月开始拆除赖氨酸项目设备,并于2007年3月正式开始改建。直至2007年5月12日,荣华实业临时股东大会方才审议通过了《关于调整募集资金投向改建年产12万吨谷氨酸生产线项目的议案》。荣华实业的上述行为属于擅自改变募集资金用途的行为。

同时,对于上述5万吨赖氨酸项目改扩建年产12万吨谷氨酸项目的事实,荣华实业既未按规定及时披露募集资金投向变更,也未在2006年年度报告中如实披露已变更的情况。直至2007年4月8日,荣华实业才发布了《变更募集资金用途公告》。

（二）擅自处置年产10万吨玉米淀粉生产线项目，未按规定予以披露

2006年7月，在未经股东大会审议通过的情况下，荣华实业擅自处置公开发行股票所募集资金项目——年产10万吨玉米淀粉生产线项目，改变募集资金用途。2006年7月6日，荣华实业与温州市兰新不锈钢材料有限公司（以下简称兰新公司）签订《协议书》，以年产10万吨玉米淀粉生产线项目的部分淀粉设备计价825.704万元，置换兰新公司不锈钢管材266.35吨。荣华实业法定代表人张严德在协议上签字。2006年7月27日，荣华实业与中粮粮油进出口公司（以下简称中粮油公司）签订《执行和解协议书》，以被法院查封的玉米淀粉生产线部分设备作价2200万元抵偿对中粮油公司的部分债务。荣华实业总经理刘永在和解协议上签字。直至2006年12月28日，荣华实业股东大会方才审议通过了《关于处置募集资金在建项目"年产10万吨淀粉生产线"的议案》，并予以公告。

同时，对于上述处置年产10万吨玉米淀粉生产线项目的事实，荣华实业没有按照规定及时予以披露。

## 二、未如实披露股东关联关系

荣华实业在2005年中期报告、2005年年度报告、2006年中期报告、2006年年度报告中称：公司未知前十大股东之间、前十大流通股股东之间、前十大流通股股东和前十大股东之间是否存在关联关系或是否属于《上市公司股东持股变动信息披露管理办法》规定的一致行动人。同时，荣华实业在2006年9月29日、2007年3月2日发布的澄清公告中称："在荣华工贸（注：指荣华实业第一大股东武威荣华工贸有限公司）收购甘肃省武威淀粉厂的过程中，荣华工贸与武威市融达饲料有限责任公司和武威市华信食品供销有限责任公司分别出具了承诺，承诺彼此之间不存在关联关系，也不属于一致行动人。各股东相互独立，彼此之间不存在股权控制关系。"

经查，荣华实业第一大股东荣华工贸与并列第三大股东的武威市华信食品供销有限责任公司（以下简称华信食品）和武威市融达饲料有限责任公司（以下简称融达饲料）存在关联关系。实际情况为：华信食品和融达饲料是以荣华集团下属企业职工的名义设立的两家公司，2003年4月15日，为避免荣华工贸以要约方式收购上市公司荣华实业，华信食品、融达饲料分别受让了荣华工贸持有的荣华实业股权1100万股，均未付款。两公司每年年检均由荣华集团副总裁、荣华实业副董事长严新林指定专人负责。程钟书将持有融达饲料的股权转让给王三宗，张文景将持有华信食品的股权转让给杨秉超，受让方均未向出让方支付股权转让款，而是由实际控制人张严德决定股权转让事宜。荣华工贸的实际控制人张严德系融达饲料、华信食品的实际控制人，荣华工贸与融达饲料和华信食品之间存在关联关系。

以上事实，有相关工商登记资料、招股说明书、定期报告、合同、董事会决议、股东会决议、公告及当事人询问笔录等证据证明，足以认定。

荣华实业擅自改变募集资金用途的行为，违反了《证券法》第十五条有关"公司对公开发行股票所募集资金，必须按照招股说明书所列资金用途使用。改变招股说明书所列资金用途，必须经股东大会作出决议"的规定，构成了《证券法》第一百九十四条所述"发行人、上市公司擅自改变公开发行证券所募集资金的用途"的行为。对此直接负责的主管人员为荣华实业时任董事长张严德、总经理刘永。

荣华实业未及时披露募集资金用途改

变的行为,违反了《证券法》第六十七条有关临时报告的规定,构成了《证券法》第一百九十三条所述"未按照规定披露信息,或者所披露的信息有虚假记载、误导性陈述或者重大遗漏"的行为。对此直接负责的主管人员为荣华实业时任董事长张严德、总经理刘永和董事会秘书程浩。

荣华实业在相关定期报告中未如实披露股东关联关系和募集资金用途改变的行为,违反了原《证券法》第五十九条和《证券法》第六十三条有关上市公司信息披露的规定,构成了原《证券法》第一百七十七条和《证券法》第一百九十三条所述"未按照规定披露信息,或者所披露的信息有虚假记载、误导性陈述或者重大遗漏"的行为。对此直接负责的主管人员是时任董事长张严德,其他直接责任人员包括在相应定期报告期内负有信息披露义务的荣华实业时任董事严新林、刘永(兼总经理)、孙效东、卢万发、严其林、张百生、杜建萍、程浩(兼董事会秘书)、王森、何鹏举、李生玉,监事杨天保、杨智、查金堂、杜彦山(2006 年 12 月 28 日以前任副总经理),副总经理李清华(兼财务总监)、卢俊、李明、贺明山。

荣华实业及其董事、监事和高级管理人员在申辩材料中提出:其一,将 5 万吨赖氨酸项目改扩建年产 12 万吨谷氨酸项目,并非擅自改变募集资金用途,而是公司根据市场变化所作的调整,已经履行了必要的审议和公告程序。公司在 2006 年下半年进行了改建项目的可行性研究,于同年 8 月编制了改扩建项目工程概算,并在 2006 年底拆除了部分赖氨酸设备,但上述工作并未改变项目的性质,只是在进行变更前的研究和筹备工作。直至 2007 年 3 月,公司才决定对项目进行彻底的改扩建,决定后公司即开始进行召开董事会的工作,并在尽可能短的时间内通知召开了股东大会进行审议。其二,从工商登记资料上看,荣华工贸、华信食品和融达饲料都是依据《公司法》成立的公司,股东相互独立,各按持股比例享有相应的权利,承担相应的义务,不存在由荣华工贸实际控制人一人控制的问题。华信食品、融达饲料股东之间股权转让未付款,只是股东间的账务问题。华信食品、融达饲料两家公司的年检问题和法定代表人的任职经历,并不影响其独立性。荣华工贸向华信食品、融达饲料转让股权得到了相关部门审核批准,符合法律的要求。

此外,荣华实业的董事还提出,由于公司治理方面的原因,在召开董事会之前,大部分董事并不知道相关募集资金项目的变更状况,希望酌情考虑公司的发展状况,给予其纠正的机会。荣华实业的监事和高级管理人员提出,他们没有参与具体的决策,不了解相关情况,没有从事过任何损害公司和股东利益的行为,请求免予对其个人的行政处罚。

我会认为,荣华实业及其董事、监事和高级管理人员的申辩理由不能成立,理由如下:

其一,根据《证券法》第十五条有关"公司对公开发行股票所募集资金,必须按照招股说明书所列资金用途使用。改变招股说明书所列资金用途,必须经股东大会作出决议"的规定,荣华实业将 5 万吨赖氨酸项目改扩建年产 12 万吨谷氨酸项目,必须先经股东大会作出决议。但实际情况是,在 2007 年 5 月 12 日股东大会审议之前,荣华实业于 2006 年下半年便开始拆除赖氨酸项目设备,并于 2007 年 3 月正式开始改建。这些行为已经构成对募集资金用途的改变,并非募集资金用途改变之前的研究和筹备。

其二,判断上市公司股东之间是否具有关联关系,不应单纯以工商登记资料为依据,而应当以实质重于形式的原则进行认定。就融达饲料而言,单从工商登记资料看,融达饲料由程钟书等 8 人出资设立,其中程钟书出资60万元,2002年5月,程钟书将持有的股权转让给王三宗。但实际情况是,程钟书等人均为荣华集团下属企业职工,在设立融达饲料时并没有出资,程钟书将持有的股权转让给王三宗也没有收取转让款,此次股权划转实际上是由荣华工贸实际控制人张严德个人决定的。另外,为了避免荣华工贸要约收购,融达饲料2003年4月15日受让了荣华工贸持有的荣华实业股权1100万股,没有付款。此外,融达饲料年检情况、涉案人员的询问笔录等,也都清楚地说明融达饲料是受张严德控制的公司。华信食品的情况同融达饲料类似。荣华工贸、华信食品和融达饲料存在关联关系。

对于荣华实业董事、监事和高级管理人员责任的认定,我会已经根据当事人的不同情况进行了区分,在量罚时已经综合考虑了当事人的违法事实、性质、情节及社会危害程度。擅自改变募集资金用途的责任人是董事长张严德和总经理刘永。未及时披露临时报告的责任人是董事长张严德、总经理刘永、董事会秘书程浩(兼董事)。对于定期报告的信息披露责任,根据《证券法》第六十八条有关"上市公司董事、监事、高级管理人员应当保证上市公司所披露的信息真实、准确、完整"的规定,对于上市公司披露的信息,上市公司的董事、监事和高级管理人员都负有保证其真实、准确、完整的义务。没有证据证明相关当事人履行了勤勉尽责的义务,仅以未参与具体决策或者不知情为由,并不能免除其在信息披露上应当承担的法律责任。

根据当事人的违法事实、性质、情节与社会危害程度,依据原《证券法》第一百七十七条、《证券法》第一百九十三条和第一百九十四条的规定,我会决定:

一、责令荣华实业改正违法行为,给予警告,并处以30万元罚款;

二、对张严德给予警告,并处以20万元罚款;

三、对刘永、程浩给予警告,并处以5万元罚款;

四、对严新林、孙效东、卢万发、严其林、张百生、杜建萍、王森、何鹏举、李生玉、杨天保、杨智、查金堂、杜彦山、李清华、卢俊、李明、贺明山给予警告,并处以3万元罚款。

上述当事人应自收到本处罚决定书之日起15日内,将罚款汇交中国证券监督管理委员会(开户银行:中信银行总行营业部,账号:7111010189800000162,由该行直接上缴国库),并将注有当事人名称的付款凭证复印件送中国证券监督管理委员会稽查局备案。当事人如果对本处罚决定不服,可在收到本处罚决定书之日起60日内向中国证券监督管理委员会申请行政复议,也可在收到本处罚决定书之日起3个月内直接向有管辖权的人民法院提起行政诉讼。复议和诉讼期间,上述决定不停止执行。

## 关于卢道军违反证券法规的行政处罚决定书

(证监罚字〔2009〕37号)

当事人:卢道军,男,1971年出生。

依据《中华人民共和国证券法》(以下

简称《证券法》)有关规定,我会依法对卢道军利用“张春梅”、“李丽虹”账户组操纵股价行为进行了立案调查、审理,并依法向当事人告知了作出行政处罚的事实、理由、依据及当事人依法享有的权利。当事人未提出陈述、申辩意见,也未要求听证。本案现已调查、审理终结。

经查明,卢道军存在利用“张春梅”、“李丽虹”账户组操纵“四维控股”(股票代码600145)股价的违法事实:

2008年1月22日,卢道军利用“张春梅”、“李丽虹”账户组(以下简称账户组)申买“四维控股”14,220,000股,撤单10,880,000股,成交1,673,193股。

2008年1月23日,卢道军利用账户组多次申买申卖,具体如下:

1. 9:39:24至9:42:27期间,账户组以9.23元、9.25元、9.29元、9.33元、9.34元、9.40元、9.44元、9.49元连续8笔申买共计2,100,000股,委托集中在第3档、第5档,申报前一秒市场平均成交价分别为9.29元、9.30元、9.34元、9.38元、9.40元、9.47元、9.47元、9.54元,每笔申买委托数量占申报前一秒订单簿上前5档委托总数量比重为125.47%、154.05%、84.36%、54.8%、51.19%、239.07%、63.19%、60.98%,随后,9:40:11至9:42:57期间,将上述8笔申买委托共计2,100,000股全部撤单,平均每单驻留时间不到1分钟,最短驻留时间18秒。

2. 9:43:07账户组以9.48元申卖350,000股,全部成交,委托集中在第1档;在9:43:22账户组以9.44元申卖350,000股,成交233,100股,9:44:13将未成交部分撤单。

3. 9:46:02至9:46:25期间,账户组分4笔以9.50元、9.51元、9.49元、9.48元价格申卖共计229,199股,全部成交。

4. 9:54:34和9:55:21的2个时点,账户组分别以9.52元、9.58元价格各申买350,000股,委托分别集中在第5、6档,申报前一秒市场平均成交价分别为9.57元、9.65元,每笔申买委托数量占申报前一秒订单簿上前5档委托总数量比重分别为71.2%、36.49%,9:55:24、9:57:04的2个时点,将上述2笔申买委托共计700,000股全部撤单,平均每单驻留时间不到2分钟。

5. 9:56:44至9:57:00期间,账户组分4笔以9.72元、9.72元、9.68元、9.66元价格申卖共计600,000股,成交555,013股。

6. 10:03:25和10:03:50的2个时点,账户组分别以9.68元、9.69元价格申买各250,000股,委托集中在第5档,申报前一秒市场平均成交价分别为9.73元、9.74元,每笔申买委托数量占申报前一秒订单簿上前5档委托总数量比重分别为45.54%、41.96%,随后,10:04:30和10:04:32的2个时点,申买的50万股委托全部撤单,平均每单驻留时间不到1分钟。

7. 10:04:36至10:07:12期间,账户组分4笔以9.74元、9.73元、9.75元、9.68元价格申卖共计231,362股,成交215,681股。

卢道军利用账户组在1月23日9:39:24至9:42:27、9:54:34至9:55:21、10:03:25至10:03:50等期间内交易“四维控股”股票过程中,为了能以较高价格卖出,通过逐笔升高申买价格,短时间内进行频繁虚假买入申报,造成“四维控股”股票申买委托量在短期内迅速放大,制造买盘汹涌的假象,申买价格始终低于申报前一秒的市场平均成交价,委托主要集中在第3档和第5档,随后迅速撤单,最短买入申报驻留时间仅18秒。其频繁大量买入申报和撤销申报行为不以实际成交为目的,影响了其他投资者对该股票供求和价格走势的判断，诱导其跟进买入，逐步推高股价。在推高股价和不断申撤过程中，趁机挂出卖单陆续卖出所持股票。上述期间，账户组申买委托共计 12 笔，撤单 12 笔，撤单笔数占申买笔数的 100%，申买总量 3,300,000 股，撤单量 3,300,000 股，撤单量占申买总量 100%。卢道军通过不以实际成交为目的的频繁大量买入申报和撤销申报行为，影响了“四维控股”的股票价格和交易量，股价由 9.29 元上涨至 9.74 元，实现卖出收益 34.96 万元。

上述事实有营业部交易流水、开户资料、资金流水等证据证明，足以认定。

我会认定，卢道军的上述行为违反了《证券法》第七十七条第一款第（四）项关于禁止“以其他手段操纵证券市场”的规定，构成了《证券法》第二百零三条规定的“操纵证券市场”的行为。

根据当事人违法行为的事实、性质、情节、社会危害程度，依据《中华人民共和国证券法》第二百零三条的规定，我会决定：对卢道军没收违法所得 34.96 万元，并处以 34.96 万元的罚款。

上述当事人应自收到本处罚决定书之日起 15 日内，将罚款汇交中国证券监督管理委员会（开户银行：中信银行总行营业部，账号：7111010189800000162，由该行直接上缴国库），并将注有当事人名称的付款凭证复印件送中国证券监督管理委员会稽查局备案。当事人如果对本处罚决定不服，可在收到本处罚决定书之日起 60 日内向中国证券监督管理委员会申请行政复议，也可以在收到本处罚决定书之日起 3 个月内直接向有管辖权的人民法院提起行政诉讼。复议和诉讼期间，上述决定不停止执行。

# 关于珠海经济特区西海集团有限公司及有关个人违反证券法规的行政处罚决定书

（证监罚字〔2009〕38 号）

当事人：珠海经济特区西海集团有限公司（以下简称西海集团），住所：广东省珠海市香洲区人民东路 221 号西海大厦 13 楼 A 座 13－10 号房，法定代表人许德来。

许德来，男，1965 年出生，时任西海集团董事长。

陈贤，男，1963 年出生，时任西海集团总裁。

陈旭，男，1964 年出生，时任西海集团副总裁。

依据《中华人民共和国证券法》（以下简称《证券法》）的有关规定，我会对西海集团违法买卖“威尔科技”股票行为进行了立案调查、审理，并依法向当事人告知了作出行政处罚的事实、理由、依据及当事人依法享有的权利。当事人许德来、陈贤、陈旭进行了陈述和申辩。应当事人西海集团的要求，我会于 2009 年 9 月 17 日举行听证会，听取了西海集团的申辩意见。本案现已调查、审理终结。

经查明，西海集团存在以下违法事实：

2007 年 4 月 27 日，经西海集团办公会议讨论,西海集团决定采用公司可控制的账户,使用自有资金投资证券市场,投资额度在4000万元左右。参加此次办公会议的人员包括董事长许德来、总裁陈贤、副总裁陈旭等。2007年4月29日、4月30日、5月8日、5月9日,西海集团总裁陈贤代表公司分别与曾芹、珠海市天水机电有限公司(以下简称天水机电)、珠海新木标装饰设计工程有限公司、珠海真功夫建筑装饰设计工程有限公司等4人签订《委托买卖股票协议书》。协议约定,由西海集团提供资金,以曾芹等4人名义开立证券账户买卖股票,证券账户由西海集团全权操作,账户资金及买卖股票所得盈利均归西海集团所有,西海集团按买卖股票投资额的0.2%向曾芹等4人支付手续费。按照上述协议,在2007年4月29日至2007年5月16日期间,西海集团提供资金4772.6万元,利用曾芹等4个证券账户累计买入"威尔科技"股票3,561,981股。在西海集团提供的4772.6万元资金中,除172.6万元为西海集团向曾芹的借款,由西海集团董事长许德来在该借据上签字外,其余划款单据均由西海集团副总裁陈旭签字审批。西海集团购买"威尔科技"股票的具体事宜主要由陈旭负责。

截至2007年12月20日,西海集团已将曾芹等4个证券账户中的"威尔科技"股票全部卖出,实际获利10,083,720.77元。

上述事实,有相关办公会议纪要、委托买卖股票协议书、付款通知单、银行进账单、公司记账凭证、借款借据、股票明细对账单、交易所统计数据及当事人询问笔录等证据证明,足以认定。

西海集团的上述行为,违反了《证券法》第八十条关于"禁止法人非法利用他人账户从事证券交易"的规定,构成了《证券法》第二百零八条所述"法人以他人名义设立账户或者利用他人账户买卖证券"的违法行为。对于西海集团的上述违法行为,西海集团时任董事长许德来、总裁陈贤、副总裁陈旭是直接负责的主管人员。

听证过程中,西海集团提出了如下申辩意见:其一,西海集团利用关联公司天水机电的账户交易"威尔科技"股票不属于"非法利用他人账户从事证券交易";其二,交易"威尔科技"股票的收益源于股票锁定期间股价的不断上涨,与西海集团利用他人账户没有关联,该部分收益不属于违法所得;其三,西海集团的此次违法行为系初犯,主观上没有逃避监管的恶意,客观上没有造成重大社会危害,且案发后积极配合监管部门调查处理。因此请求中国证监会酌情减轻处罚。

西海集团违法行为责任人许德来、陈贤、陈旭在书面申辩材料中除了提出与西海集团基本相同的申辩意见外,还提出3人不直接管理西海集团的证券事务,公司的股票买卖等具体事务主要由投资总监负责,3人对后续操作既不知晓亦未参与,不是本案直接责任人,因此请求中国证监会免予处罚。

我会认为,当事人的申辩理由不能成立:其一,西海集团和天水机电虽为关联公司,同受许德来的实际控制,但二者是不同的法人主体,各具独立的法人地位。西海集团利用天水机电的账户交易"威尔科技"股票属于"非法利用他人账户从事证券交易";其二,西海集团交易"威尔科技"股票的收益虽与锁定期内股价的上涨有关,但该收益产生的根源在于西海集团"利用他人账户买卖证券"的违法行为,市场因素不能作为否定该收益属于违法所得的理由;其三,西海集团提出的系初犯、积极配合调查等情节,我会已依据《中华人民共和国行政处罚法》(以下简称《行政处罚法》)第二十七条的规定给予充分考虑,对其予以减轻处罚;其四,在责任人的认定上,许德来、陈贤、陈旭3人分别作为西海集团的董事长、总裁和副总裁，参与了决定采用可控账户投资证券市场的办公会议，是西海集团违法行为的直接决策者。许德来在向曾芹借款172.6万元的借据上签字，陈贤代表西海集团与曾芹等4人签订《委托买卖股票协议书》，陈旭在提供资金的划款单据上签字等行为，都清楚地表明3人实际参与了西海集团的违法行为。3人作为西海集团违法行为的决策者、参与者，应当对西海集团的违法行为承担责任，在我会已充分考虑其积极配合调查等情节的情况下，3人提出免予处罚的请求没有法律依据。

根据当事人的违法事实、性质、情节与社会危害程度，结合当事人积极配合调查等情况，依据《证券法》第二百零八条和《行政处罚法》第二十七条的规定，我会决定：

一、责令西海集团改正违法行为，没收其违法所得10,083,720.77元；

二、对许德来、陈贤、陈旭分别给予警告，并分别处以3万元罚款。

上述当事人应自收到本处罚决定书之日起15日内，将罚款汇交中国证券监督管理委员会（开户银行：中信银行总行营业部，账号：7111010189800000162，由该行直接上缴国库），并将注有当事人名称的付款凭证复印件送中国证券监督管理委员会稽查局备案。当事人如果对本处罚决定不服，可在收到本处罚决定书之日起60日内向中国证券监督管理委员会申请行政复议，也可在收到本处罚决定书之日起3个月内直接向有管辖权的人民法院提起行政诉讼。复议和诉讼期间，上述决定不停止执行。

# 关于龙泉实业发展有限公司、龙泉国际大酒店、龙泉房地产开发有限公司及有关个人违反证券法规的行政处罚决定书

（证监罚字〔2009〕39号）

当事人：东莞市龙泉实业发展有限公司，住所：广东省东莞市虎门镇人民路，法定代表人张佛恩。

东莞市龙泉国际大酒店，住所：广东省东莞市虎门镇莲升路，法定代表人张佛恩。

东莞市龙泉房地产开发有限公司，住所：广东省东莞市虎门镇连升路金州段，法定代表人张佛恩。

张佛恩，男，1953年出生。

依据《中华人民共和国证券法》（以下简称《证券法》）有关规定，我会依法对东莞市龙泉实业发展有限公司（以下简称龙泉实业）及其一致行动人涉嫌违反证券法律法规行为进行了立案调查、审理，并向当事人告知了作出行政处罚的事实、理由、依据及当事人依法享有的权利。当事人未提出陈述、申辩意见，也未申请听证。本案现已调查、审理终结。

经查明，龙泉实业等存在如下违法事实：

2008年7月2日，龙泉实业账户、龙泉国际大酒店账户、龙泉房地产账户开始陆续买入长城信息产业股份有限公司（以下简称长城信息）股票。2008年11月19

日三账户合计持有长城信息18,832,751股,占长城信息总股本的5.015%。龙泉实业账户、龙泉国际大酒店账户、龙泉房地产账户持有长城信息股票合计超过5%时,未向中国证券监督管理委员会、深圳证券交易所作出书面报告,未通知长城信息公司,并未予以公告。

龙泉实业、东莞市龙泉国际大酒店(以下简称龙泉国际大酒店)、东莞市龙泉房地产开发有限公司(以下简称龙泉房地产)的法定代表人或企业负责人均为张佛恩,买卖长城信息股票符合《上市公司收购管理办法》(证监会令第56号)第八十三条第二款第(二)项关于"投资者受同一主体控制"为一致行动人的规定,龙泉实业、龙泉国际大酒店、龙泉房地产都应对上述未按规定报告、披露信息的行为承担责任;三个账户买卖长城信息股票的决定都由张佛恩个人作出,授意邓全高具体操作。因此,张佛恩是上述违法行为责任人。

上述事实有开户证明、交易流水、资金流水、谈话笔录等证据证明,证据充分,足以认定。

我会认定,龙泉实业等机构和张佛恩的上述行为违反了《证券法》第八十六条关于"通过证券交易所的证券交易,投资者持有或通过协议、其他安排与他人共同持有一个上市公司已发行的股份达到百分之五时,应当在该事实发生之日起三日内,向国务院证券监督管理机构、证券交易所作出书面报告,通知该上市公司,并予公告"的规定,构成了《证券法》第一百九十三条所述"发行人、上市公司或者其他信息披露义务人未按照规定披露信息,或者所披露的信息有虚假记载、误导性陈述或者重大遗漏"的行为。

根据当事人违法行为的事实、性质、情节与社会危害程度,依据《证券法》第一百九十三条的规定,我会决定:

一、对龙泉实业、龙泉国际大酒店、龙泉房地产分别给予警告;

二、对张佛恩给予警告,并处以30万元罚款。

上述当事人应自收到本处罚决定书之日起15日内,将罚款汇交中国证券监督管理委员会(开户银行:中信银行总行营业部,账号:7111010189800000162,由该行直接上缴国库),并将注有当事人名称的付款凭证复印件送中国证券监督管理委员会稽查局备案。当事人如果对本处罚决定不服,可在收到本处罚决定书之日起60日内向中国证券监督管理委员会申请行政复议,也可以在收到本处罚决定书之日起3个月内直接向有管辖权的人民法院提起行政诉讼。复议和诉讼期间,上述决定不停止执行。

## 关于夏新电子股份有限公司及有关责任人员违反证券法规的行政处罚决定书

(证监罚字〔2009〕40号)

当事人:夏新电子股份有限公司,住所:厦门市开元区体育路45号,法定代表人苏振明。

苏振明,男,1952年出生,时任夏新电子董事长。

李晓忠,男,1965年出生,时任夏新电子总裁。

黄智辉,男,1964年出生,时任夏新电子常务副总裁。

张丰年,男,1946年出生,时任夏新电子董事。

苏端,男,1952年出生,时任夏新电子董事。

朱以明,男,1962年出生,时任夏新电子董事。

王建军,男,1954年出生,时任夏新电子副董事长。

林国良,男,出生年月不详,时任夏新电子副董事长。

刘瑞林,男,1968年出生,时任夏新电子董事。

依据《中华人民共和国证券法》(以下简称《证券法》)有关规定,我会依法对夏新电子股份有限公司(以下简称夏新电子)违反证券法律法规行为进行了立案调查、审理,并依法向当事人告知了作出行政处罚的事实、理由、依据及当事人依法享有的权利。当事人未申请听证,部分当事人提交了书面陈述申辩意见。本案现已调查、审理终结。

经查明,夏新电子存在以下违法事实:

**一、商业承兑汇票披露存在误导性陈述**

夏新电子在2006年年度会计报表附注中披露,2006年12月31日应收票据明细项目中:银行承兑汇票699,833,498.04元、商业承兑汇票10,682,440.00元,合计710,515,938.04元。除上述已披露的商业承兑汇票外,夏新电子2006年12月31日的银行承兑汇票中实际上有280,878,100元为商业承兑汇票。

**二、未如实披露销售退回**

夏新电子未根据资产负债表日后调整事项的要求,将2006年度销售,2007年1-3月份退回的产品,冲减2006年度的主营业务收入31,424,138.89元和主营业务成本18,212,444.77元,导致虚增利润13,211,694.12元。

**三、未足额计提返利价保**

夏新电子除2006年年报已预提的返利价保金额外,还存在已与客户确认、应归属于2006年度的部分返利价保27,561,924.77元,未予以计提,导致虚增利润27,561,924.77元。

对夏新电子上述行为,直接负责的主管人员为时任董事长苏振明、时任总裁李晓忠、时任副总裁黄智辉;其他直接责任人员为时任副董事长王建军、林国良,时任董事张丰年、苏端、朱以明、刘瑞林。

上述事实,有相关情况说明、董事会决议、2006年年报等证据证明,足以认定。

夏新电子申辩称,商业承兑汇票在会计报表附注归类不当,处理不准确,是公司和会计师审核疏漏,我会认为,上市公司依法披露的信息,必须真实、准确、完整,不得有虚假记载、误导性陈述或者重大遗漏;王建军、林国良、刘瑞林申辩称,三人均是外部董事,对公司违法行为不知情,也无法知情,我会在量罚时已考虑其申辩意见;苏端、朱以明申辩称,没有主观恶意、中介机构没有任何提醒、不介入生产经营活动、很难发现年报中问题,我会认为,不足以证明其已勤勉尽责。

我会认定,夏新电子的上述行为违反了《证券法》第六十三条“发行人、上市公司依法披露的信息,必须真实、准确、完整,不得有虚假记载、误导性陈述或者重大遗漏"的规定,构成《证券法》第一百九十三条所述"发行人、上市公司或者其他信息披露义务人未按照规定披露信息,或者所披露的信息有虚假记载、误导性陈述或者重大遗漏"的行为。

根据当事人违法行为的事实、性质、情节与社会危害程度,依据《证券法》第一百九十三条的规定,我会决定:

一、对夏新电子给予警告,并处以60万元罚款;

二、对苏振明、李晓忠、黄智辉给予警告,并分别处以10万元罚款;

三、对张丰年、苏端、朱以明给予警告,并分别处以3万元罚款;

四、对王建军、林国良、刘瑞林给予警告。

上述当事人应自收到本处罚决定书之日起15日内,将罚款汇交中国证券监督管理委员会(开户银行:中信银行总行营业部,账号:7111010189800000162,由该行直接上缴国库),并将注有当事人名称的付款凭证复印件送中国证券监督管理委员会稽查局备案。当事人如果对本处罚决定不服,可在收到本处罚决定之日起60日内向中国证券监督管理委员会申请行政复议,也可以在收到本处罚决定之日起3个月内直接向有管辖权的人民法院提起行政诉讼。复议和诉讼期间,上述决定不停止执行。

## 关于天健华证中洲(北京)会计师事务所有限公司及有关个人违反证券法规的行政处罚决定书

(证监罚字〔2009〕41号)

当事人:天健华证中洲(北京)会计师事务所有限公司(现更名为天健光华(北京)会计师事务所有限公司),住所:北京市东城区北三环东路36号环球贸易中心A座12层,法定代表人陈箭深。

姚立中,男,1941年出生。

周俊超,男,1971年出生。

依据《中华人民共和国证券法》(以下简称《证券法》)有关规定,我会依法对夏新电子股份有限公司(以下简称夏新电子)违反证券法律法规案中审计机构涉及的违法行为进行了立案调查、审理,并向当事人告知了作出行政处罚的事实、理由、依据及当事人依法享有的权利。应当事人的要求,我会依法举行了听证会,听取了当事人及其代理人的陈述和申辩。本案现已调查、审理终结。

经查明,天健华证中洲(北京)会计师事务所有限公司(以下简称天健所)为夏新电子2006年年度报告出具了无保留意见审计报告。天健所在对夏新电子年报审计过程中,未实施必要的审计程序,收集充分的审计证据,导致出具了含有虚假内容的审计报告。夏新电子2006年度审计报告签字会计师为姚立中、周俊超。具体违法事实如下:

一、天健所未按照《中国注册会计师审计准则第1101号——财务报表审计的目标和一般原则》第十一条“在计划和实施审计工作时，注册会计师应当保持职业怀疑态度，充分考虑可能存在导致财务报表发生重大错报的情形”的规定，对夏新电子“应收票据”科目未区分“银行承兑汇票”、“商业承兑汇票”保持应有的关注。在对应收票据进行审计时，所抽查的凭证号为5000045266、5000045095、5000045083的记账凭证所附的票据号为03151018、05939918、06422551的应收票据均为商业承兑汇票，但抽查结论仍为“未见异常”、“可以确认”，从而未发现夏新电子商业承兑汇票披露存在误导性陈述。

二、天健所未按照《中国注册会计师审计准则第1332号——期后事项》第五条“注册会计师应当实施必要的审计程序，获取充分、适当的审计证据，以确定截至审计报告日发生的、需要在财务报表中调整或披露的事项是否均已得到识别”的规定，对夏新电子资产负债表日后销售退回事项予以关注。在对资产负债表日后销售退回进行审计时，未对期后退回事项进行充分的内控程序测试；在“主营业务收入”底稿中，针对审计程序“检查决算日后所有在决算日前销售的退回记录”，天健所标注“N/A”，即不适用；抽查“主营业务收入”项目凭证中，天健所仅抽查了2006年3、4、5月的退货凭证，未对2007年1－3月的退货进行抽查；在资产负债表日前后进行截止性测试时，仅抽查了夏新电子2006年度凭证，未对2007年1－3月凭证进行抽查；在其他相关审计底稿中，也未见天健所针对期后销售退回所实施的相应审计程序，导致天健所未发现夏新电子未在2006年财务报表中对资产负债表日后销售退回进行恰当的会计处理。

三、天健所未按照《中国注册会计师审计准则第1101号——财务报表审计的目标和一般原则》第二十二条“注册会计师应当获取认定层次充分、适当的审计证据，以便在完成审计工作时，能够以可接受的低审计风险对财务报表整体发表审计意见”的规定，对夏新电子2006年度预提的返利价保的完整性获取充分、适当的审计证据，并实施充分的审计程序。在对2006年度返利价保预提事项审计时，未进一步采取其他替代性程序，去关注期后进维护核算系统的相关记录。

上述事实，有相关情况说明、2006年年度报告、审计报告、审计工作底稿等证据证明，证据确凿充分，足以认定。

天健所的上述行为违反了《证券法》第一百七十三条关于“证券服务机构为证券的发行、上市、交易等证券业务活动制作、出具审计报告、资产评估报告、财务顾问报告、资信评级报告或者法律意见文书等文件，应当勤勉尽责，对所依据的文件资料内容的真实性、准确性、完整性进行核查和验证”的规定，构成了《证券法》第二百二十三条所述“证券服务机构未勤勉尽责，所制作、出具的文件有虚假记载、误导性陈述或者重大遗漏”的违法行为。天健所上述行为责任人为姚立中、周俊超。

在听证过程中，天健所提供了应收票据执行程序表、管理当局声明书、库存商品－退货科目审计底稿、与回函相符并追溯调整的代理商清单、询证函等，并提出了申辩意见。

天健所申辩称，夏新电子在财务报表附注中对应收票据的分类没有做出恰当的披露，是夏新电子的会计责任问题；对应收票据审核时已执行了监盘、函证等审计程序；应收票据未适当分类不足以影响或改变财务报表使用者的相关决策，不影响注册会计师对审计报告意见类型确定，并不属于重大错报。我会认为，商业承兑汇票与银行承兑汇票的信用、风险等级、可回收性都存在很大差异。夏新电子2006年年报将 2.8 亿商业承兑汇票披露为银行承兑汇票,占全部应收票据余额的 40%,且在到期日均未变现,全部转为公司应收账款。天健所在对应收票据实施监盘的过程中,已抽查到 3 张金额分别为 5000 万元、4000 万元、2000 万元商业承兑汇票但未给予合理关注,错误得出“盘点未见异常”和“期末应收票据均为银行承兑汇票,无商业承兑汇票”的盘点结论,因此,可以认定天健所未保持应有的职业谨慎态度,导致未发现夏新电子商业承兑汇票披露存在误导性陈述。

天健所申辩称,天健所对夏新电子期后销售退回事项已按照《期后事项》准则的要求履行了必要的程序,函证、检查 2007 年 1 – 2 月的存货科目等,已针对期后销售退回事项执行了相关程序,审计程序是充分、适当的。我会认为,天健所实施的审计程序不足以发现期后销售退回事项。首先,天健所审计的“存货——退货”科目并非通常意义上所认为的销售退回,该科目主要核算的是分公司、子公司退货及小部分暂无退货证明的退货,远未涵盖全部退货。因此,检查该科目对于发现期后销售退回事项的作用不大。天健所仅对该科目实施了资产负债表日后事项的审计,并以此作为其在期后销售退回事项上勤勉尽责的证据是不充分的。其次,天健所实施的函证程序,也并不能发现期后事项。应收账款函证的金额为 2006 年 12 月 31 日的金额,在询证函未作特别设计的情况下,客户一般仅核对年末余额,并非天健所所述的“报表日前发生的销售如在日后发生退货,回函客户都会在回函中予以明确说明”。第三,天健所对杭州分公司期后销售退回的审计并不能替代本部及其他多家分公司的审计,天健所发现杭州分公司存在销售退回后,也未扩大审计范围,采取进一步的审计程序。此外,天健所实施的其他审计程序也都是只针对 2006 年度会计记录,不足以发现期后销售退回事项。

天健所申辩称,天健所已针对返利价保计提的真实性和完整性实施了函证获取外部证据和从原始单据到记账凭证的检查两个程序,审计程序充分,获取了充分、适当的审计证据,无须执行其他替代性程序,进一步关注期后事项。我会认为,第一,天健所函证的是 2006 年 12 月 31 日已录入夏新电子 SAP 系统已计提的返利价保。对于资产负债表日后维护进入 SAP 系统,应归属于 2006 年度的返利价保,天健所依赖函证程序是难以发现的。第二,天健所实施的将账面数与系统维护数进行核对、选取 2006 年 12 月主要调价型号追查返利价保计提依据等程序都是针对返利价保“存在和发生”认定的检查,并非针对返利价保计提“完整性”的检查;天健所实施的将 2006 年 12 月的调价补差通知单与系统维护数进行核对的程序,虽然是针对“完整性”认定的检查,但从审计底稿和天健所提交的证据材料中,未见其索引号标注所对应的内容。此外,天健所申辩,由于夏新电子 2006 年返利价保存在有意推迟及人为删除返利价保系统数据的情况,导致其未能发现返利价保事项存在重大错报,根据夏新电子核算系统自动生成的“计算单号”显示,应归属于 2006 年度的 2043 万元返利价保已于 2007 年 1 至 3 月维护进核算系统。

另外,天健所还提出夏新电子财务报表的会计责任不能连带推定注册会计师一定要承担相应的审计责任;应根据全部工作底稿判断审计工作质量,不应当根据某个项目的工作底稿或某个程序执行与否,来评价审计结论的适当性及总体的审计工作质量;认定审计责任必须充分考虑公司管理层舞弊及对审计的重要影响。我会认为,会计责任和审计责任是两种性质完全不同的责任，二者不可替代和混淆，公司会计责任并不能消除会计师审计责任；审计工作的整体质量是建立在对每一个会计科目审计程序的规范执行上，整体审计质量离不开勤勉尽责的项目审计；审计工作的计划和实施过程中，注册会计师都应当保持职业怀疑态度，充分考虑可能存在导致财务报表发生重大错报的情形；注册会计师应当在整个审计过程中保持职业怀疑态度，考虑管理层凌驾于控制之上的可能性，并应当意识到，可以有效发现错误的审计程序未必适用于发现舞弊导致的重大错报。因此，天健所针对夏新电子2006年年报未保持应有的职业怀疑态度，未勤勉尽责，应承担相应的审计责任。

根据当事人违法行为的事实、性质、情节与社会危害程度，依据《证券法》第二百二十三条的规定，我会决定：

一、没收天健所业务收入75万元，并处以25万元罚款；

二、对姚立中、周俊超给予警告，并分别处以5万元罚款。

上述当事人应自收到本处罚决定书之日起15日内，将罚款汇交中国证券监督管理委员会（开户银行：中信银行总行营业部，账号：7111010189800000162，由该行直接上缴国库），并将注有当事人名称的付款凭证复印件送中国证券监督管理委员会稽查局备案。当事人如果对本处罚决定不服，可在收到本处罚决定之日起60日内向中国证券监督管理委员会申请行政复议，也可以在收到本处罚决定之日起3个月内直接向有管辖权的人民法院提起行政诉讼。复议和诉讼期间，上述决定不停止执行。

## 关于创智信息科技股份有限公司及有关责任人员违反证券法规的行政处罚决定书

（证监罚字〔2009〕42号）

当事人：创智信息科技股份有限公司（以下简称创智科技或上市公司），住所：广东省深圳市南山区高新技术工业村管理楼207号，法定代表人贾鹏。

丁亮，男，1962年出生，时任创智科技董事长、董事、总经理。

龙白浪，女，1956年出生，时任创智科技董事、财务总监。

邓奎欢，男，1972年出生，时任创智科技董事、总会计师。

黄家建，男，1953年出生，时任创智科技董事。

林惠春，男，1961年出生，时任创智科技董事、总经理。

唐南军，男，1965年出生，时任创智科技董事长。

柳林，男，1970年出生，时任创智科技董事。

汤秀庭，男，1943年出生，时任创智科技独立董事。

邓颖俊，男，1972年出生，时任创智科技独立董事。

张介福,男,1946年出生,时任创智科技独立董事。

依据1999年7月1日起施行的《中华人民共和国证券法》(以下简称原《证券法》)以及2006年1月1日起施行的《中华人民共和国证券法》(以下简称新《证券法》)的有关规定,我会对创智科技违反证券法律法规一案进行了立案调查、审理,并依法向当事人告知了作出行政处罚的事实、理由、依据及当事人依法享有的权利。应当事人林惠春的要求,我会举行了听证会,听取了林惠春的陈述和申辩;当事人创智科技、邓奎欢、唐南军、柳林、汤秀庭、邓颖俊提出了书面陈述、申辩意见;当事人丁亮、龙白浪、黄家建、张介福未提出陈述、申辩意见,也未要求举行听证会。本案现已调查、审理终结。

经查明,创智科技存在以下违法违规行为:

**一、未按规定披露股东的关联关系**

创智科技在2004年、2005年、2006年年报中披露:“公司前十名股东中,湖南创智实业有限公司系创智集团的控股子公司,该两公司为一致行动人;前十名流通股股东中,未获知是否存在关联关系。”但是,调查发现,创智科技股东湖南华创实业有限公司(以下简称华创实业)法定代表人黄家建系由创智科技大股东湖南创智集团有限公司(以下简称创智集团)委派出任;华创实业的设立资本及其受让创智科技法人股所支付的部分资金系由创智集团提供;华创实业与创智集团的实际控制人均为丁亮,华创实业与创智集团是一致行动人。创智科技2004年、2005年、2006年年报未如实披露股东创智集团与华创实业之间的关联关系。

以上违法事实,有创智科技、华创实业以及创智集团提供的情况说明等证据在案证明,足以认定。

对创智科技2004年年报未如实披露股东创智集团与华创实业之间关联关系事项负责的是在通过2004年年报董事会决议上签字同意的时任董事丁亮、龙白浪、林惠春以及时任董事兼华创实业董事长黄家建。其中,丁亮是对该项行为直接负责的主管人员。对创智科技2005年、2006年年报未如实披露股东创智集团与华创实业之间关联关系事项负责的是时任创智科技总经理的丁亮。

上述行为,违反了原《证券法》第五十九条、第六十一条和新《证券法》第六十三条、第六十六条的规定,构成了原《证券法》第一百七十七条和新《证券法》第一百九十三条所述违法行为。

**二、未按规定披露大股东及其关联方占用上市公司资金**

2002年5月至2006年12月,创智科技大股东创智集团及其关联方占用上市公司资金,主要形式包括:由创智科技及其子公司创智软件园有限公司(以下简称创智软件园)、深圳市创智信息系统有限公司(以下简称创智信息,后更名为深圳市慧瑞信息系统有限公司)等通过转账支票向第三方付款,第三方再向创智集团及其关联方华创实业、深圳市诚茂实业有限公司(以下简称深圳诚茂)、深圳市智信投资有限公司(以下简称智信公司)、长沙北斗星商厦有限公司(以下简称北斗星)等付款;由创智科技开立银行汇票、转账支票并背书以及开出银行承兑汇票贴现给创智集团及其关联方深圳诚茂等公司;创智科技及其子公司创智软件园为创智集团及其关联方深圳智信或其指定的第三方的银行借款提供担保。

据统计,2004年度,创智集团及其关联方占用上市公司及偿还的资金累计发生4

笔,金额合计20,280万元。截至2004年12月31日,创智集团及其关联方深圳诚茂、智信公司、华创实业、北斗星等公司占用上市公司的资金余额为211,400,473.40元。以上情况,创智科技未在2004年年报中予以披露。

2005年度,创智集团及其关联方占用上市公司及偿还的资金累计发生72笔,金额合计499,371,864,81元。截至2005年12月31日,创智集团及其关联方占用上市公司资金的余额为467,713,286.83元。创智科技2005年年报披露,截至2005年12月31日,创智集团及其关联方占用上市公司资金余额为3.48亿元(包括为创智集团及其他关联方担保、被划走的资金2.2亿元)。与实际占用资金的情况相比,创智科技2005年年报披露的事项存在重大遗漏。

2006年度,创智集团及其关联方占用上市公司及偿还的资金累计发生22笔,金额合计492,857,604.07元。截至2006年12月31日,创智集团及其关联方占用上市公司资金的余额为11,735,682.76元。但创智科技2006年年报披露,该公司已解决大股东占用上市公司资金的问题。与实际占用资金的情况相比,创智科技2006年年报披露的事项与事实不符,存在虚假陈述。

此外,创智科技在2004年至2005年,对达到临时披露要求的资金占用事项未履行临时披露义务。其中,2004年度有4笔,金额合计20,280万元;2005年度有22笔,金额合计226,393,623.93元。

以上违法事实,有创智科技2004年、2005年、2006年年报,创智科技及其子公司创智软件园与创智集团及其关联方的往来记账凭证与附件,创智科技与创智软件园对外担保合同以及相关当事人的询问笔录在案证明,足以认定。

对创智科技2004年年报未披露创智集团及其关联方占用上市公司资金事项负责的是在通过2004年年报董事会决议上签字同意的时任董事丁亮、龙白浪、邓奎欢、黄家建、林惠春,时任独立董事张介福。其中,丁亮、龙白浪、邓奎欢是直接负责的主管人员。

对创智科技2004年度未及时披露创智集团及其关联方占用上市公司资金事项负责的是在创智科技付款通知单等书面凭证上签字的时任董事丁亮、龙白浪。

对创智科技2005年年报披露创智集团及其关联方占用上市公司资金事项存在重大遗漏负责的是在通过2005年年报董事会决议上签字同意的时任董事唐南军、柳林,时任独立董事汤秀庭以及在2005年年报书面确认文件上签字同意的时任总经理丁亮。其中,丁亮是直接负责的主管人员。

对创智科技2005年度未及时披露创智集团及其关联方占用上市公司资金事项负责的是在创智科技付款通知单等书面凭证上签字的时任董事丁亮、龙白浪。

对创智科技2006年年报虚假披露创智集团及其关联方占用上市公司资金事项负责的是在通过2006年年报董事会决议上签字同意的时任董事唐南军、柳林,时任独立董事邓颖俊、汤秀庭以及在2006年年报书面确认文件上签字的时任总经理丁亮。其中,丁亮是直接负责的主管人员。

上述行为,违反了原《证券法》第五十九条、第六十一条、第六十二条和新《证券法》第六十三条、第六十六条的规定,构成了原《证券法》第一百七十七条和新《证券法》第一百九十三条所述违法行为。

**三、虚假披露公司资产与主营业务收入等**

在创智集团及其关联方占用上市公司

资金的过程中,创智科技进行账务处理,将占用资金列为资产 192,441,573.40 元,列为主营业务收入 1461 万元。其中,2002 年度列为资产 59,607,873.40 元,包括列为存货 426 万元,固定资产51,847,873.40元,在建工程 350 万元,列为主营业务收入 1461 万元;2003 年度,列为资产88,503,700.00 元,包括列为存货 1968 万元,固定资产 49,123,003.00元,在建工程 1650 万元,长期待摊费用3,200,697.00 元;2004 年度,列为在建工程3623 万元;2005 年度,列为在建工程 810 万元。

以上违法事实,有创智科技的资产负债表及利润表、创智科技及其子公司创智软件园与关联方的往来账页与附件、当事人的询问笔录在案证明,足以认定。

对创智科技 2004 年年报虚假披露公司资产与主营业务收入等事项负责的是在通过 2004 年年报董事会决议上签字同意的时任董事丁亮、龙白浪、邓奎欢、黄家建、林惠春,时任独立董事张介福。其中,丁亮、龙白浪、邓奎欢是直接负责的主管人员。

对创智科技 2005 年年报虚假披露公司资产与主营业务收入等事项负责的是在通过 2005 年年报董事会决议上签字同意的时任董事唐南军、柳林,时任独立董事汤秀庭以及在 2005 年年报书面确认文件上签字同意的时任总经理丁亮。其中,丁亮是直接负责的主管人员。

上述行为,违反了原《证券法》第五十九条、第六十一条和新《证券法》第六十三条、第六十六条的规定,构成了原《证券法》第一百七十七条和新《证券法》第一百九十三条所述违法行为。

**四、未按规定披露对外担保事项**

2004 年度,创智科技子公司创智软件园发生 10 笔总金额为 32,728 万元的对外担保事项,创智科技未履行临时披露义务,也未在 2004 年年报中进行披露。2005 年度,创智科技及其子公司创智软件园有 12 笔总金额为 55,893 万元的对外担保事项,创智科技未履行临时披露义务(包含从 2004 年度延续下来的未解除担保责任的三笔金额合计 13,960 万元的担保)。

以上违法事实,有创智科技、创智软件园对外签订的担保合同以及创智科技相关年报在案证明,足以认定。

时任董事丁亮、龙白浪在创智科技、创智软件园通过对外担保的董事会决议上签字,知晓对外担保相关事项,是对该项事实直接负责的主管人员。

上述行为,违反了原《证券法》第五十九条、第六十一条、第六十二条的规定,构成了原《证券法》第一百七十七条所述违法行为。

当事人创智科技在陈述、申辩材料中提出,2007 年 12 月以来,该公司大股东发生变更,公司进入重组,期间选举产生了新的董事会、监事会,聘任高管人员,完善内控制度,健全治理结构,未发生新的违法行为。为顺利完成重组工作,尽早恢复上市,请求对其免予处罚。经复核,创智科技在陈述、申辩材料中对事先告知涉及违法事实均予认可。鉴于当事人未就本案提出新的事实及其证据,有关陈述、申辩意见不予采纳。

当事人林惠春在陈述、申辩及听证会上对事先告知涉及违法事实予以认可,但申辩提出,其作为总经理,主要负责创智科技的海外市场与外包业务,从未参与丁亮等人策划、实施的大股东占用上市公司资金的行为,对定期报告信息披露违规亦不知情;其不清楚创智集团与华创实业的关联关系,没有主观违法的故意。请求对其减轻处罚。经复核,林惠春承认自己未尽到作为公司董事的勤勉义务；根据林惠春的询问笔录，其对创智集团与华创实业之间的关联关系应当知情。鉴此，当事人有关陈述、申辩意见不予采纳。

当事人唐南军、柳林、汤秀庭均申辩称，创智科技第五届董事会成立后，公司仍由以丁亮为首的原管理层控制，所有印鉴及财务均由三方（丁亮为首的原管理层、创智科技股东财富证券有限责任公司的代表及监管部门）共同监控，其对创智科技没有任何控制权及资产处置权；2005年、2006年年报是由原公司管理层与审计事务所共同完成的，且征得了监管部门同意。第五届董事会成员仅是履行了签字职责，对于相关年报财务数据的真实性无从考证。请求对其免于处罚。经复核，当事人的相关陈述、申辩内容与事实不符。根据新《证券法》第六十八条等规定，上市公司董事只要在定期报告上签署同意意见，其对该报告财务数据的真实、准确与完整即负有法律意义上的保证责任，除非其证明在报告签署当时具有勤勉尽责的情形，或已经尽到了合理的注意义务。鉴于当事人未提出勤勉尽责的事实及其证据，且其有关仅履行了签字职责的说法显示当事人并未勤勉履行董事职责，因此，对其陈述、申辩意见不予采纳。

当事人邓颖俊申辩称，因客观原因导致难以发现创智科技的违法事实；公司没有为其履行独立董事职责提供便利，致使无从发现财务问题；其在2006年年报确认文件上签署同意的真实含义是同意会计师事务所出具的保留审计意见，并非同意该年报。请求对其免予处罚。经复核，当事人未就事先告知涉及的违法行为提出新的事实及其证据；其在创智信息科技股份有限公司2006年年报的书面确认文件上签字即表示同意该年报，有关辩解理由不能成立，因此，对其申辩意见不予采纳。

当事人邓奎欢对事先告知涉及违法事实予以认可，但申辩称，其接受财务总监龙白浪的领导，不直接参与上市公司及其子公司的账务核算及日常财务管理，无法全面了解创智集团与上市公司之间的资金往来情况；曾就创智集团与上市公司之间的资金异动提出疑义，但被明令不得了解和接触上市公司资金营运情况；龙白浪等人实际控制资金流向，自己无法真正履行总会计师的职责，也无法规范会计核算管理；积极配合调查工作。请求对其减轻处罚。

经复核，创智集团于2002年6月6日任命邓奎欢全权负责创智集团对各业务部门的财务管理工作，包括对各业务部门财务的账务管理、预算管理、资金管理、审计管理以及经营业绩指标考核等。根据有关当事人的询问笔录及其提供的电子邮件，邓奎欢在2002年6月后主要负责创智科技的财务管理与账务处理；其向丁亮报告过1999－2001年账务及拟调整账目、集团财务组织架构等工作事项；向各体系财务人员发出资金支付、费用报销等具体指示。以上情况表明，邓奎欢实际履行了对创智集团所属单位，特别是对创智科技的财务管理工作。邓奎欢有关其不直接参与上市公司账务核算及日常财务管理的说法与事实不符，不予采信。

经复核，根据有关当事人的询问笔录与其他证据，龙白浪主要负责创智集团的财务管理及创智科技的融资，并操作创智集团与上市公司的资金往来调配；邓奎欢曾在创智科技及其子公司付款通知单等书面凭证上签字。以上情况表明，创智集团实施的资金占用主要是由丁亮、龙白浪组织并实施，邓奎欢曾经参与过部分资金的划转。

经复核，邓奎欢没有配合调查工作的情节。

综上，邓奎欢作为董事兼总会计师，对

于公司的财务问题比丁亮、龙白浪负有更为直接、重要的责任。因此,邓奎欢对于创智科技相关年报信息披露违法的行为负有主要责任。同时,复核也注意到,当事人在本案中并不起核心决策或全面组织实施作用,因此,当事人的陈述、申辩意见有一定的合理性,部分予以采纳。

根据上述违法违规行为及相关当事人的违法事实、性质、情节与社会危害程度,依据原《证券法》第一百七十七条、新《证券法》第一百九十三条的规定,我会决定:

一、对创智科技给予警告并处以40万元罚款;

二、对丁亮给予警告并处以30万元罚款,对龙白浪给予警告并处以10万元罚款,对邓奎欢给予警告并处以8万元罚款;

三、对黄家建、林惠春分别给予警告并处以5万元罚款,对唐南军、柳林、汤秀庭分别给予警告并处以3万元罚款;

四、对张介福、邓颖俊分别给予警告。

当事人应自收到本处罚决定书之日起15日内,将罚款汇交中国证券监督管理委员会(开户银行:中信银行总行营业部,账号:7111010189800000162,由该行直接上缴国库),并将注有当事人名称的付款凭证复印件送中国证券监督管理委员会稽查局备案。如对本处罚决定不服,可在收到本处罚决定书之日起60日内向中国证券监督管理委员会申请行政复议;也可以在收到本处罚决定书之日起3个月内直接向有管辖权的人民法院提起诉讼。复议和诉讼期间,上述决定不停止执行。

# 关于莫建军违反证券法规的行政处罚决定书

(证监罚字〔2009〕43号)

当事人:莫建军,男,1971年出生。

依据《中华人民共和国证券法》(以下简称《证券法》)的有关规定,我会对莫建军操纵市场行为进行了立案调查、审理,依法向当事人告知了作出行政处罚的事实、理由、依据及当事人依法享有的权利,并应当事人莫建军的要求举行了听证会,听取了当事人的陈述和申辩意见。本案现已调查、审理终结。

经查,2006年7月4日,莫建军开立15017198资金账户,下挂上海股东账号A117661216,深圳股东账号0034432480,开户手续由莫建军本人办理,账户操作、业务开通及相关资金存取均为莫建军本人。

莫建军存在如下违法行为:

**一、“南方汇通”股票申报和交易情况**

2007年2月16日,该账户申报买入“南方汇通”股票16笔,共计11,732,600股,申报撤单15笔,共计11,688,000股,全部撤单成功,成交44,600股,成交数量占申报量的0.38%。买入申报撤单量占该股票当日市场买入总申报量的32.7%。

(一)当日连续竞价阶段,该账户在11:11:13至11:22:29连续4笔申报买入,共计3,068,000股,申报价格从第1笔的6.07元逐笔提高到第4笔的6.18元,申报前前5档未成交买单总计985,326股,上述买入申报全部撤单,撤单时间距申报时间平均1分10秒(最短31秒),此时段买入申报撤单量占市场买入总申报量的61.79%,该股票市场成交价格从申报前的6.12元上升到申报后的6.22元。

(二)从11:20:58至11:27:40,该账户以均价6.21元卖出4笔,共计153,700股。

(三)从13:08:30至13:25:30,该账户连续6笔申报买入,共计5,140,000股,申报价格从第1笔的6.12元逐笔提高到第6笔的6.20元,申报前前5档未成交买单总计688,897股,上述买入申报全部撤单,撤单时间距申报时间平均2分25秒(最短12秒),此时段买入申报撤单量占市场买入总申报量的74.15%,该股票市场成交价格从申报前的6.18元上升到申报后的6.23元。

(四)从13:09:08至13:25:58,该账户以均价6.21元卖出6笔,共计250,000股。

(五)从13:38:41至13:52:29,该账户连续5笔申报买入,共计3,480,000股,申报价格从第1笔的6.17元逐笔提高到第5笔的6.19元,申报前前5档未成交买单总计2,098,119股,上述买入申报全部撤单,撤单时间距申报时间平均5分15秒(最短1分19秒),此时段买入申报撤单量占市场买入总申报量的55.01%,该股票市场成交价格在申报前和申报后维持6.22元不变。

(六)从13:39:57至13:56:59,该账户以均价6.22元卖出9笔,共计350,000股。

## 二、"综艺股份"股票申报和交易情况

2007年3月9日,该账户申报买入"综艺股份"股票29笔,共计10,730,100股,全部申报撤单,并成功撤单,成交0股,成交数量占申报量的0%。买入申报撤单量占该股票当日市场买入总申报量的57.07%。

(一)当日集合竞价阶段,该账户在9:15:12分两笔以17.15元(该股票当日涨停板价格)申报买入共117,300股,分别在9:18:43和9:18:31撤单,成交0股;9:23:55以15.50元申报买入129,800股,9:31:10全部撤单,成交0股;该账户在9:24:21以15.65元卖出31,200股。集合竞价阶段该股票市场买入总申报379,000股、总撤单137,100股,该账户买入申报量占市场总申报量的65.20%;买入申报撤单量占市场总撤单量的85.56%。

(二)连续竞价阶段,从9:37:29至9:59:48,该账户连续8笔申报买入,共计1,552,000股,申报价格从第1笔的15.50元提高到第8笔的15.96元,申报前前5档未成交买单总计298,549股,上述买入申报全部撤单,撤单时间距申报时间平均1分03秒(最短10秒),此时段买入申报撤单量占市场买入总申报量的48.27%,该股票市场成交价格从申报前的15.57元上升到申报后的16.02元。

(三)从9:41:18至10:16:43,该账户以均价15.96元卖出10笔,共计145,889股。

(四)从10:17:54至10:43:56,该账户连续5笔申报买入,共计1,766,000股,申报价格从15.70元至15.95元不等,申报前前5档未成交买单总计156,873股,上述买入申报全部撤单,撤单时间距申报时间平均2分53秒(最短1分37秒),此时段买入申报撤单量占市场买入总申报量的65.02%,该股票市场成交价格从申报前的15.95元下降到申报后的15.83元。

(五)从10:22:31至10:46:59,该账户以均价15.92元卖出15笔,共计158,050股。

(六)从10:50:54至11:20:44,该账户

连续10笔申报买入,共计5,210,000股,申报价格从15.62元至15.85元不等,申报前前5档未成交买单总计348,301股,上述买入申报全部撤单,撤单时间距申报时间平均2分59秒(最短1分06秒),此时段买入申报撤单量占市场买入总申报量的83.49%,该股票市场成交价格从申报前的15.68元上升到申报后的15.83元。

(七)从10:56:51至11:20:19,该账户以均价15.86元卖出16笔,共计154,900股。

(八)从13:02:38至13:08:02,该账户连续3笔申报买入,共计1,955,000股,申报价格从15.82元至16.00元不等,申报前前5档未成交买单总计70,600股,上述买入申报全部撤单,撤单时间距申报时间平均1分15秒(最短26秒),此时段买入申报撤单量占市场买入总申报量的96.41%,该股票市场成交价格从申报前的16.05元下降到申报后的15.90元。

### 三、"中钨高新"股票申报和交易情况

2007年3月26日,该账户申报买入"中钨高新"股票34笔,共计14,489,300股,全部申报撤单,撤单成功数量14,458,114股,成交31,186股,成交数量占申报量的0.22%。买入申报撤单量占该股票当日市场买入总申报量的52.68%。

(一)当日连续竞价阶段,从11:02:02至13:02:16,该账户连续6笔申报买入,共计799,100股,申报价格从14.80元至15.20元不等,申报前前5档未成交买单总计528,615股,上述买入申报全部撤单,撤单时间距申报时间平均1分22秒(最短22秒),此时段买入申报撤单量占市场买入总申报量的17.32%,该股票市场成交价格从申报前的14.83元上升到申报后的15.20元。

(二)从11:11:12至13:07:42,该账户以均价15.19元卖出23笔,共计170,000股。

(三)从13:11:12至13:37:11,该账户连续7笔申报买入,共计2,104,800股,申报价格从15.00元至15.10元不等,申报前前5档未成交买单总计423,640股,上述买入申报全部撤单,撤单时间距申报时间平均2分17秒(最短22秒),此时段买入申报撤单量占市场买入总申报量的67.04%,该股票市场成交价格从申报前的15.09元上升到申报后的15.10元。

(四)从13:13:16至13:39:22,该账户以均价15.04元卖出16笔,共计190,000股。

(五)从13:43:23至14:09:24,该账户连续10笔申报买入,共计4,432,500股,申报价格从14.95元至15.12元不等,申报前前5档未成交买单总计979,880股,上述买入申报全部撤单,撤单时间距申报时间平均1分31秒(最短17秒),撤单时已实际成交31,186股,此时段买入申报撤单量占市场买入总申报量的82.29%,该股票市场成交价格从申报前的15.00元上升到申报后的15.06元。

(六)从13:49:27至14:14:37,该账户以均价14.96元卖出7笔,共计156,600股。

(七)从14:16:27至14:53:25,该账户连续11笔申报买入,共计7,152,900股,申报价格从14.90元至15.08元不等,申报前前5档未成交买单总计1,683,997股,上述买入申报全部撤单,撤单时间距申报时间平均2分29秒(最短39秒),此时段买入申报撤单量占市场买入总申报量的79.14%,该股票市场成交价格从申报前的14.93元上升到申报后的15.12元。

(八)从14:24:50至14:54:51,该账户以均价15.08元卖出10笔,共计243,400股。

## 四、“泰豪科技”股票申报和交易情况

2007 年 4 月 9 日，该账户申报买入“泰豪科技”股票 26 笔，共计 10,007,600 股，全部申报撤单，并成功撤单，成交 0 股，成交数量占申报量的 0%。买入申报撤单量占该股票当日市场买入总申报量的 54%。

（一）当日集合竞价阶段，该账户在 9:15:12 以 17.35 元（该股票当日涨停板价格）申报买入 37,900 股，9:18:45 以 16.48 元申报买入 39,900 股，以上 2 笔交易分别在 9:18:27 和 9:19:05 撤单，成交 0 股。集合竞价阶段该股票市场买入总申报 213,500 股、总撤单 78,800 股，该账户买入申报量占市场总申报量的 36.44%；买入申报撤单量占市场总撤单量的 98.73%。

（二）连续竞价阶段，9:41:28 至 10:04:00，该账户连续 3 笔申报买入，申报价格从 15.60 元至 15.80 元不等，共计 187,600 股，申报前前 5 档未成交买单总计 99,850 股，上述买入申报全部撤单，撤单时间距申报时间平均 26 秒（最短 5 秒），此时段买入申报撤单量占市场买入总申报量的 20.07%，该股票市场成交价格从申报前的 15.84 元下降到申报后的 15.70 元。

（三）从 9:43:44 至 10:07:35，该账户以均价 15.75 元卖出 9 笔，共计 62,700 股。

（四）从 10:12:17 至 10:41:07，该账户连续 4 笔申报买入，共计 754,500 股，申报价格从第 1 笔的 15.54 元逐笔提高到第 4 笔的 15.68 元，申报前前 5 档未成交买单总计 232,156 股，上述买入申报全部撤单，撤单时间距申报时间平均 26 秒（最短 14 秒），此时段买入申报撤单量占市场买入总申报量的 31.33%，该股票市场成交价格从申报前的 15.58 元上升到申报后的 15.72 元。

（五）从 10:13:16 至 10:47:55，该账户以均价 15.65 元卖出 21 笔，共计245,000 股。

（六）从 10:52:53 至 11:17:42，该账户连续 5 笔申报买入，共计 1,815,300 股，申报价格从第 1 笔的 15.60 元逐笔提高到第 5 笔的 15.80 元，申报前前 5 档未成交买单总计 430,907 股，上述买入申报全部撤单，撤单时间距申报时间平均 1 分 14 秒（最短 20 秒），此时段买入申报撤单量占市场买入总申报量的 76.22%，该股票市场成交价格从申报前的 15.68 元上升到申报后的 15.83 元。

（七）从 10:55:15 至 11:29:17，该账户以均价 15.81 元卖出 13 笔，共计 90,000 股。

（八）从 13:05:05 至 13:42:41，该账户连续 8 笔申报买入，共计 4,252,400 股，申报价格从 15.68 元至 15.77 元不等，申报前 5 档未成交买单总计 261,970 股，上述买入申报全部撤单，撤单时间距申报时间平均 35 秒（最短 9 秒），此时段买入申报撤单量占市场买入总申报量的 86.72%，该股票市场成交价格从申报前的 15.79 元下降到申报后的 15.77 元。

（九）从 13:06:42 至 14:07:25，该账户以均价 15.75 元卖出 21 笔，共计170,405 股。

（十）从 14:07:33 至 14:18:55，该账户连续 4 笔申报买入，共计 2,920,000 股，申报价格从 15.54 元至 15.61 元不等，申报前前 5 档未成交买单总计 293,790 股，上述买入申报全部撤单，撤单时间距申报时间平均 57 秒（最短 33 秒），此时段买入申报撤单量占市场买入总申报量的 89.35%，该股票市场成交价格从申报前的 15.66 元下降到申报后的 15.65 元。

（十一）从 14:09:40 至 14:26:01，该账

户以均价 15.60 元卖出 8 笔,共计191,895股。

## 五、“高鸿股份”股票申报和交易情况

2007 年 5 月 9 日,该账户申报买入“高鸿股份”股票 25 笔,共计 14,874,500 股,申报撤单 23 笔,共计 13,813,800 股,撤单成功数量 13,550,047 股,成交 334,453股,成交数量占申报量的 2.25%。买入申报撤单量占该股票当日市场买入总申报量的 32.01%。

(一)当日集合竞价阶段,该账户在 9:15:07 以 15.79 元(该股票当日涨停板价格)申报买入 63,100 股;在 9:18:30 以 15.00 元申报买入 66,500 股,上述两笔申报分别在 9:18:08 和 9:19:06 撤单,成交 0 股;在 9:23:45 以 14.10 元申报买入70,700 股,并以委托价格全部成交。集合竞价阶段该股票市场买入总申报 513,000 股、总撤单 190,300 股,该账户买入申报量占市场总申报量的 39.04%;买入申报撤单量占市场总撤单量的 68.10%。

(二)连续竞价阶段,从 10:20:34 至 10:43:06,该账户连续申报 4 笔买单,共计 2,244,700 股,申报价格从第 1 笔的 14.20 元逐笔提高到第 4 笔的 14.58 元,申报前前 5 档未成交买单总计 229,794 股,上述买入申报全部撤单,撤单时间距申报时间平均 1 分 58 秒(最短 35 秒),撤单时已实际成交 92,418 股,此时段买入申报撤单量占市场买入总申报量的 32.88%,该股票市场成交价格从申报前的 14.23 元上升到申报后的 14.62 元。

(三)从 10:40:52 至 10:41:24,该账户以均价 14.53 元卖出 2 笔,共计 37,795 股。

(四)从 13:01:06 至 13:19:23,该账户连续申报 6 笔买单,共计 3,085,800 股,申报价格从第 1 笔的 14.06 元逐笔提高到第 6 笔的 14.35 元,申报前前 5 档未成交买单总计 381,628 股,上述买入申报全部撤单,撤单时间距申报时间平均 53 秒(最短 28 秒),撤单时已实际成交 94,540 股,此时段买入申报撤单量占市场买入总申报量的 57.17%,该股票市场成交价格从申报前的 14.08 元上升到申报后的 14.44 元。

(五)从 13:08:32 至 13:30:27,该账户以均价 14.57 元卖出 13 笔,共计240,000 股。

(六)从 13:41:05 至 13:56:17,该账户连续申报 4 笔买单,共计 2,785,800 股,申报价格从第 1 笔的 14.35 元逐笔提高到第 4 笔的 14.70 元,申报前前 5 档未成交买单总计 354,741 股,上述买入申报全部撤单,撤单时间距申报时间平均 1 分 05 秒(最短 40 秒),此时段买入申报撤单量占市场买入总申报量的 56.42%,该股票市场成交价格从申报前的 14.41 元上升到申报后的 14.75 元。

(七)从 14:15:03 至 14:18:09,该账户以均价 14.85 元卖出 6 笔,共计 62,700 股。

(八)从 14:31:11 至 14:40:55,该账户连续申报 4 笔买单,共计 3,003,500 股,申报价格从 14.62 元到 14.70 元不等,申报前前 5 档未成交买单总计 172,647 股,上述买入申报全部撤单,撤单时间距申报时间平均 1 分 02 秒(最短 4 秒),撤单时已实际成交 76,795 股,此时段买入申报撤单量占市场买入总申报量的 69.45%,该股票市场成交价格从申报前的 14.69 元上升到申报后的 14.72 元。

(九)从 14:35:02 至 14:43:44,该账户以均价 14.75 元卖出 5 笔,共计 104,402 股。

(十)从 14:44:27 至 14:59:21,该账户连续申报 4 笔买单,共计 3,554,400 股,

申报价格从第1笔的14.36元逐笔提高到第4笔的14.44元，申报前前5档未成交买单总计312,546股，前3笔买入申报全部撤单，撤单时间距申报时间平均2分01秒（最短15秒），第4笔为深市收盘集合竞价阶段，无法撤单，此时段买入申报撤单量占市场买入总申报量的60.41%，该股票市场成交价格从申报前的14.67元下降到申报后的14.46元。

（十一）从14:45:21至14:58:19，该账户以均价14.5元卖出13笔，共计311,598股。

## 六、“长城电工”股票申报和交易情况

（一）2007年6月8日，莫建军账户申报买入“长城电工”股票14笔，共计11,380,700股，全部申报撤单，撤单成功数量10,903,552股，成交477,148股，成交数量占申报量的4.19%。

买入申报撤单量占该股票当日市场买入总申报量的40.86%。

1. 当日连续竞价阶段，从14:12:52至14:16:29，该账户连续4笔申报买入，共计3,662,700股，申报价格从第1笔的14.00元逐笔提高到第4笔的14.15元，申报前前5档未成交买单总计1,157,315股，上述买入申报全部撤单，撤单时间距申报时间平均1分01秒（最短16秒），撤单时已实际成交188,185股，此时段买入申报撤单量占市场买入总申报量的83.59%，该股票市场成交价格从申报前的14.00元上升到申报后的14.20元。

2. 从14:27:21至14:32:01，该账户连续7笔申报买入，共计5,338,000股，申报价格从第1笔的13.93元逐笔提高到第7笔的14.15元，申报前前5档未成交买单总计2,986,727股，上述买入申报全部撤单，撤单时间距申报时间平均1分02秒（最短6秒），撤单时已实际成交288,963股，此时段买入申报撤单量占市场买入总申报量的86.35%，该股票市场成交价格从申报前的14.05元上升到申报后的14.18元。

3. 从14:54:20至14:56:35，该账户连续3笔申报买入，共计2,380,000股，申报价格从第1笔的13.95元逐笔提高到第3笔的14.00元，申报前前5档未成交买单总计1,359,577股，上述买入申报全部撤单，撤单时间距申报时间平均1分32秒（最短1分14秒），此时段买入申报撤单量占市场买入总申报量的86.75%，该股票市场成交价格从申报前的13.98元上升到申报后的14.05元。

（二）2007年6月11日，该账户申报买入“长城电工”股票37笔，共计28,519,800股，申报撤单34笔，撤单成功数量26,699,800股，成交360,000股，成交数量占申报量的1.26%。买入申报撤单量占该股票当日市场买入总申报量的65.39%。

1. 当日集合竞价阶段，该账户在9:15:04以15.48元（该股票当日涨停板价格）分两笔共申报买入1,256,800股，分别在9:18:26和9:18:34撤单，成交0股。9:24:23以14.7元申报卖出77,148股，未成交。9:24:35以14.08元申报买入990,000股，在9:30:00撤单。集合竞价阶段该股票市场买入总申报2,631,200股、总撤单1,500,500股，该账户买入申报量占市场总申报量的85.39%；买入申报撤单量占市场总撤单量的83.76%。随后，该账户在9:31:25卖出11,384股，盈利3237.61元。

2. 连续竞价阶段，该账户在9:31:25以14.40元卖出11,384股。

3. 从9:37:17至9:45:01，该账户连续5笔申报买入，共计3,328,000股，申报价格从14.15元到15.18元不等，申报前

前5档未成交买单总计437,162股,除1笔成交外其余申报全部撤单,撤单时间距申报时间平均17秒(最短12秒),实际成交360,000股,此时段买入申报撤单量占市场买入总申报量的62.88%,该股票市场成交价格从申报前的14.25元上升到申报后的14.46元。

4.从9:40:50至9:55:12,该账户以均价14.65元卖出11笔,共计420,799股。

5.从10:01:01至10:11:37,该账户连续4笔申报买入,共计2,950,000股,申报价格从第1笔的14.42元逐笔提高到第4笔的14.46元,申报前前5档未成交买单总计697,350股,上述买入申报全部撤单,撤单时间距申报时间平均50秒(最短22秒),此时段买入申报撤单量占市场买入总申报量的83.63%,该股票市场成交价格从申报前的14.50元上升到申报后的14.54元。

6.在10:03:33,该账户以14.58元卖出44,965股。

7.从10:45:32至11:13:27,该账户连续4笔申报买入,共计3,437,000股,申报价格从第1笔的14.59元逐笔提高到第4笔的14.70元,申报前前5档未成交买单总计768,604股,上述买入申报全部撤单,撤单时间距申报时间平均1分30秒(最短12秒),此时段买入申报撤单量占市场买入总申报量的73.58%,该股票市场成交价格从申报前的14.62元上升到申报后的14.72元。

8.从13:28:15至14:16:14,该账户连续7笔申报买入,共计5,929,000股,申报价格从14.22元到14.30元不等,申报前前5档未成交买单总计2,167,786股,上述买入申报全部撤单,撤单时间距申报时间平均1分38秒(最短22秒),此时段买入申报撤单量占市场买入总申报量的75.44%,该股票市场成交价格从申报前的14.29元上升到申报后的14.37元。

9.从14:28:31至14:43:59,该账户连续10笔申报买入,共计7,700,000股,申报价格从第1笔的14.31元逐笔提高到第10笔的14.60元,申报前前5档未成交买单总计3,847,501股,上述买入申报全部撤单,撤单时间距申报时间平均1分38秒(最短3秒),此时段买入申报撤单量占市场买入总申报量的87.44%,该股票市场成交价格从申报前的14.36元上升到申报后的14.63元。

10.从14:56:14至14:59:58,该账户连续3笔申报买入,共计2,459,000股,申报价格从第1笔的14.38元逐笔提高到第3笔的14.45元,申报前前5档未成交买单总计303,855股,第1笔申报全部撤单,撤单时间距申报时间平均1分25秒(最短9秒),后两笔申报接近收盘时间未撤单,此时段买入申报撤单量占市场买入总申报量的30.34%。

(三)2007年6月12日,该账户申报买入"长城电工"股票5笔,共计2,020,000股,全部申报撤单,成交0股,成交数量占申报量的0%。买入申报撤单量占该股票当日市场买入总申报量的11.32%。

1.当日集合竞价阶段,该账户在9:15:01以15.94元(该股票当日涨停板价格)分两笔共申报买入1,320,000股,分别在9:18:33和9:19:04撤单,成交0股。9:24:16以14.83元申报卖出60,000股,在集合竞价阶段成交。集合竞价阶段该股票市场买入总申报1,531,600股、总撤单1,322,900股,该账户买入申报量占市场总申报量的86.18%;买入申报撤单量占市场总撤单量的99.78%。随后,该账户在9:31:13卖出44,000股,盈利30,043.20元。

2.连续竞价阶段,该账户在9:31:13

以14.80元卖出44,000股。

3.从9:36:47至9:39:19,该账户连续3笔申报买入,共计700,000股,申报价格从第1笔的14.61元逐笔提高到第3笔的14.85元,申报前前5档未成交买单总计164,800股,上述买入申报全部撤单,撤单时间距申报时间平均36秒(最短3秒),此时段买入申报撤单量占市场买入总申报量的59.01%,该股票市场成交价格从申报前的14.72元上升到申报后的14.90元。

4.从9:40:04至9:51:21,该账户以均价14.95元卖出8笔,共计256,000股。

## 七、"巨化股份"股票申报和交易情况

2007年6月19日,该账户申报买入"巨化股份"股票26笔,共计20,022,900股,全部申报撤单,并成功撤单,成交0股,成交数量占申报量的0%。买入申报撤单量占该股票当日市场买入总申报量的42.23%。

(一)集合竞价阶段,该账户在9:15:02以15.20元(该股票当日涨停板价格)申报买入452,000股,9:17:11以14.9元申报买入461,500股,上述两笔交易分别在9:16:57和9:19:08撤单,成交0股。集合竞价阶段该股票市场买入总申报1,236,200股、总撤单915,800股,该账户买入申报量占市场总申报量的73.90%;买入申报撤单量占市场总撤单量的99.75%。

(二)连续竞价阶段,该账户在9:30:45至9:33:42连续3笔申报买入,共计1,509,000股,申报价格从第1笔的13.63元逐笔提高到第3笔的13.70元,申报前前5档未成交买单总计85,572股,上述买入申报全部撤单,撤单时间距申报时间平均1分13秒(最短42秒),此时段买入申报撤单量占市场买入总申报量的82.17%,该股票市场成交价格从申报前的13.75元上升到申报后的13.78元。

(三)从9:37:15至9:47:20,该账户以均价13.97元卖出6笔,共计80,000股。

(四)从10:00:25至10:20:52,该账户连续4笔申报买入,共计2,497,600股,申报价格从13.60元至13.82元不等,申报前前5档未成交买单总计373,107股,上述买入申报全部撤单,撤单时间距申报时间平均16秒(最短8秒),此时段买入申报撤单量占市场买入总申报量的55.62%,该股票市场成交价格从申报前的13.88元下降到申报后的13.72元。

(五)从10:03:20至10:33:49,该账户以均价13.77元卖出16笔,共计444,855股。

(六)从10:41:01至10:55:30,该账户连续5笔申报买入,共计4,977,000股,申报价格从13.72元到13.75元不等,上述买入申报全部撤单,申报前前5档未成交买单总计405,200股,撤单时间距申报时间平均30秒(最短19秒),此时段买入申报撤单量占市场买入总申报量的82.67%,该股票市场成交价格从申报前的13.80元下降到申报后的13.78元。

(七)从10:43:55至11:06:59,该账户以均价13.80元卖出10笔,共计243,465股。

(八)从11:12:54至11:26:08,该账户连续8笔申报买入,共计6,196,800股,申报价格从第1笔的13.64元逐笔提高到第8笔的13.80元,申报前前5档未成交买单总计1,578,117股,上述买入申报全部撤单,撤单时间距申报时间平均1分05秒(最短14秒),此时段买入申报撤单量占市场买入总申报量的85.72%,该股票市场成交价格从申报前的13.69元上升到申报后的13.82元。

(九)从11:14:23至11:29:14,该账户以均价13.89元卖出4笔,共计186,680股。

(十)从13:11:29至13:48:58,该账户连续4笔申报买入,共计3,929,000股,申报价格从13.90元至14.00元不等,申报前前5档未成交买单总计432,300股,上述买入申报全部撤单,撤单时间距申报时间平均37秒(最短28秒),此时段买入申报撤单量占市场买入总申报量的51.71%,该股票市场成交价格从申报前的14.00元下降到申报后的13.96元。

(十一)从13:14:50至13:56:04,该账户以均价14.00元卖出22笔,共计500,000股。

莫建军账户上述9个交易日中通过频繁申报和撤单行为共交易7只股票,其中5只股票盈利,盈利176.24万元;2只股票亏损,亏损98.76万元,上述交易合计盈利77.48万元。

上述事实,有账户开户资料、交易流水、资金流水及相关凭证、询问笔录等证据证明,足以认定。

莫建军的上述行为违反了《证券法》第七十七条第一款第(四)项关于禁止"以其他手段操纵证券市场"的规定,构成了《证券法》第二百零三条规定的"操纵证券市场"的行为。

根据当事人的违法事实、性质、情节与社会危害程度,依据《证券法》第二百零三条的规定,我会决定:对莫建军没收违法所得77.48万元,并处以罚款77.48万元。

当事人应自收到本处罚决定书之日起15日内,将罚、没款汇交中国证券监督管理委员会(开户银行:中信银行总行营业部,账号:7111010189800000162,由该行直接上缴国库),并将付款凭证的复印件送中国证券监督管理委员会稽查局备案。当事人如果对本处罚决定不服,可在收到本处罚决定书之日起60日内向中国证券监督管理委员会申请行政复议;也可以在收到本处罚决定书之日起3个月内直接向有管辖权的人民法院提起诉讼。复议和诉讼期间,上述决定不停止执行。

# 关于林世喜违反证券法规的行政处罚决定书

(证监罚字〔2009〕44号)

当事人:林世喜,男,1968年出生。

依据《中华人民共和国证券法》(以下简称《证券法》)的有关规定,我会依法对林世喜涉嫌违反证券法律法规行为进行了立案调查、审理,并向当事人告知了作出行政处罚的事实、理由、依据及当事人依法享有的权利。当事人未提出陈述、申辩意见,也未申请听证。本案现已调查、审理终结。

经查明,林世喜存在以下违法事实:

2006年10月31日至2006年11月15日、2006年12月8日至2007年4月5日期间,林世喜利用李双林、范明媚、王书、沈茂雄、李育彬、成都银智证券账户交易绵阳高新发展(集团)股份有限公司(＊ST

绵高)股票超过该公司总股本的5%,未向中国证券监督管理委员会或其派出机构、上海证券交易所作出书面报告,也未通知绵阳高新发展(集团)股份有限公司并予以公告。林世喜是李双林等账户的实际控制人,是上述未按规定报告、披露信息的责任人。

上述事实有证券营业部交易流水、开户资料、资金流水等证据证明,证据确实、充分,足以认定。

林世喜未按规定报告、披露的行为,违反了《证券法》第八十六条有关"通过证券交易所的证券交易,投资者持有或者通过协议、其他安排与他人共同持有一个上市公司已发行的股份达到百分之五时,应当在该事实发生之日起三日内,向国务院证券监督管理机构、证券交易所作出书面报告,通知该上市公司,并予公告"的规定,构成了《证券法》第一百九十三条所述"发行人、上市公司或者其他信息披露义务人未按照规定披露信息"的行为。

《证券法》设定大宗持股信息披露制度,即投资者通过证券交易所的证券交易,持有上市公司已发行的股份达到一定比例时,应在规定的期限内履行报告和披露义务,其目的主要是使广大投资者能够在公司的股权结构发生重大变化时,公平、及时地了解相关信息,并基于这种信息作出相应的投资判断。这一制度有利于防止内幕交易和操纵证券市场,保障上市公司稳定和持续经营发展,保护投资者的合法权益。当事人林世喜利用多个账户进行证券交易,持股比例达到5%时,未履行法律规定的报告和披露义务,扰乱了证券市场秩序,损害了投资者的合法权益,应当予以处罚。

根据当事人违法行为的事实、性质、情节与社会危害程度,依据《证券法》第一百九十三条的规定,我会决定:对林世喜给予警告,并处以30万元罚款。

上述当事人应自收到本处罚决定书之日起15日内,将罚款汇交中国证券监督管理委员会(开户银行:中信银行总行营业部,账号:7111010189800000162,由该行直接上缴国库),并将注有当事人名称的付款凭证复印件送中国证券监督管理委员会稽查局备案。当事人如果对本处罚决定不服,可在收到本处罚决定书之日起60日内向中国证券监督管理委员会申请行政复议,也可以在收到本处罚决定书之日起3个月内向有管辖权的人民法院直接提起行政诉讼。复议和诉讼期间,上述决定不停止执行。

## 关于李建兴违反证券法规的行政处罚决定书

(证监罚字〔2009〕45号)

当事人:李建兴,男,1979年出生,时任深圳康佳集团股份有限公司(以下简称深康佳)财务中心总经理助理。

依据《中华人民共和国证券法》(以下简称《证券法》)有关规定,我会依法对李建兴内幕交易案进行了立案调查、审理,并向当事人告知了作出行政处罚决定的事实、理由、依据及当事人依法享有的权利。

当事人提出了书面陈述、申辩意见。本案现已调查、审理终结。

经查明,李建兴存在以下违法事实:

深康佳2007年度业绩预增信息和2007年年度报告信息是《证券法》规定的涉及公司经营、财务或者对公司证券市场价格有重大影响的尚未公开的内幕信息。深康佳2007年度业绩预增信息敏感期为2008年1月23日至2008年1月30日,深康佳2007年年度报告中的财务报告信息敏感期为2008年3月19日至2008年4月7日。当事人李建兴知悉2007年度业绩预增信息和2007年年度报告具体内容,为内幕信息知情人。

2008年1月30日,李建兴通过其本人证券账户买入"深康佳A"2600股,于2008年2月13日全部卖出;2008年3月24日,买入"深康佳A"6600股;2008年4月7日买入"深康佳A"16,900股,卖出6600股;2008年4月11日,卖出"深康佳A"6900股;2008年4月15日卖出"深康佳A"10,000股。以上交易共盈利29,534.09元。

上述事实有相关人员谈话笔录、公司出具的说明、有关会议纪要、相关账户交易记录和统计数据等证据在案证实,证据确实、充分,足以认定。

当事人李建兴在其陈述、申辩材料中提出:对深康佳2007年度业绩预增信息及年度财务报告信息的具体内容不完全清楚,不了解公告的准确数据和内容;2008年4月7日卖出"深康佳A"6600股为亏损卖出,2008年1月31日已发布业绩预增公告,是依据公告的信息买卖股票,亏损卖出股票证明其不知悉内幕信息;如认定其利用内幕信息进行股票交易,应扣除2008年4月7日卖出"深康佳A"6600股亏损金额。此外,当事人提出其认错态度好,积极配合案件调查,恳请给予从轻处罚。

经我会复核,2008年1月23日,李建兴对深康佳2007年度合并财务报表进行了审阅,知悉深康佳2007年度净利润有较大幅度增长的信息;2008年3月19日,李建兴对深康佳2007年年报审计初稿进行了审核,并于4月4－6日知悉深康佳2007年年报审计最终结果。李建兴在内幕信息敏感期内交易"深康佳A"股票,违反了《证券法》第七十三条以及第七十六条的规定。行为人只要实施了内幕交易行为,其违法所得多少、是否有违法所得,均不影响内幕交易行为的构成。李建兴内幕交易实际盈利为29,534.09元,亏损额已扣除。我会在案件审理过程中,已对当事人违法行为的手法、危害后果等情形作了充分考虑。当事人提出的以上陈述、申辩意见,均不能作为减免责任的依据及理由,我会不予采纳。

我会认定,当事人李建兴的上述行为违反了《证券法》第七十三条"禁止证券交易内幕信息的知情人和非法获取内幕信息的人利用内幕信息从事证券交易活动"以及第七十六条"证券交易内幕信息的知情人和非法获取内幕信息的人,在内幕信息公开前,不得买卖该公司的证券"的规定,构成《证券法》第二百零二条所述"证券交易内幕信息的知情人或者非法获取内幕信息的人,在涉及证券的发行、交易或者其他对证券的价格有重大影响的信息公开前,买卖该证券"的违法行为。

根据当事人违法行为的事实、性质、情节与社会危害程度,依据《证券法》第二百零二条的规定,我会决定:没收李建兴违法所得29,534.09元,并处以5万元罚款。

当事人应自收到本处罚决定书之日起15日内,将罚款汇交中国证券监督管理委员会(开户银行:中信银行总行营业部,账号:7111010189800000162,由该行直接上缴国库），并将注有当事人名称的付款凭证复印件送中国证券监督管理委员会稽查局备案。当事人如果对本处罚决定不服，可在收到本处罚决定之日起60日内向中国证券监督管理委员会申请行政复议，也可以在收到本处罚决定书之日起3个月内直接向有管辖权的人民法院提起行政诉讼。复议和诉讼期间，上述决定不停止执行。

# 关于杨雪违反证券法规的行政处罚决定书

（证监罚字〔2009〕46号）

当事人：杨雪，女，1977年出生。

依据《中华人民共和国证券法》（以下简称《证券法》）有关规定，我会依法对杨雪涉嫌违反证券法律法规行为进行了立案调查、审理，并向当事人告知了作出行政处罚的事实、理由、依据及当事人依法享有的权利。当事人未提出陈述、申辩意见，也未申请听证。本案现已调查、审理终结。

经查明，杨雪存在以下违法事实：

2007年4月25日至2007年4月29日、2007年6月26日至2007年8月12日期间，杨雪利用其控制的武金香、刘国芳、邢文艺、张涛、杨卫红、赵灿圣、郭志敏、贾志芳、何宽、杨雪10个账户，使用12,800万元（其中4800万元系自有资金，8000万元系向陈刚借款）持有“汇源通信”股票超过汇源通信公司总股本的5%，未向中国证券监督管理委员会或其派出机构、深圳证券交易所作出书面报告，也未通知汇源通信公司并予以公告。杨雪是武金香等账户的实际控制人，是上述未按规定报告、披露信息的责任人。

上述事实有证券营业部交易流水、开户资料、资金流水等证据证明，证据确实、充分，足以认定。

杨雪的上述行为违反了《证券法》第八十六条关于“通过证券交易所的证券交易，投资者持有或通过协议、其他安排与他人共同持有一个上市公司已发行的股份达到百分之五时，应当在该事实发生之日起三日内，向国务院证券监督管理机构、证券交易所作出书面报告，通知该上市公司，并予公告”的规定，构成了《证券法》第一百九十三条所述“发行人、上市公司或者其他信息披露义务人未按照规定披露信息”的行为。

《证券法》设定大宗持股信息披露制度，即投资者通过证券交易所的证券交易，持有上市公司已发行的股份达到一定比例时，应在规定的期限内履行报告和披露义务，其目的主要是使广大投资者能够在公司的股权结构发生重大变化时，公平、及时地了解相关信息，并基于这种信息作出相应的投资判断。这一制度有利于防止内幕交易和操纵证券市场，保障上市公司稳定和持续经营发展，保护投资者的合法权益。当事人杨雪利用多个账户进行证券交易，持股比例达到5%时，未履行法律规定的报告和披露义务，扰乱了证券市场秩序，损害了投资者的合法权益，应当予以处罚。

根据当事人违法行为的事实、性质、情节、社会危害程度，依据《证券法》第一百九十三条的规定,我会决定:对杨雪给予警告,并处以30万元罚款。

上述当事人应自收到本处罚决定书之日起15日内,将罚款汇交中国证券监督管理委员会(开户银行:中信银行总行营业部,账号:7111010189800000162,由该行直接上缴国库),并将注有当事人名称的付款凭证复印件送中国证券监督管理委员会稽查局备案。当事人如果对本处罚决定不服,可在收到本处罚决定书之日起60日内向中国证券监督管理委员会申请行政复议,也可以在收到本处罚决定书之日起3个月内向有管辖权的人民法院直接提起行政诉讼。复议和诉讼期间,上述决定不停止执行。

## (三)2009年采取的市场禁入措施

### 关于对唐万新等19人实施市场禁入的决定

(证监禁入字〔2009〕1号)

当事人:唐万新,男,时任德隆国际战略投资有限公司(以下简称德隆国际)法定代表人,上海友联管理研究中心有限公司(以下简称友联公司)总裁。

唐万川,男,时任友联公司法定代表人。

杨力,男,时任德隆国际经济研究所股东事务管理部经理,友联公司投资管理总部负责人。

王恩奎,男,时任友联公司投资负责人。

张业光,男,1963年出生,时任德恒证券有限责任公司(以下简称德恒证券)董事长、友联公司常务副总裁。

韩新林,男,1956年出生,时任德恒证券总裁。

郭建伟,男,1970年出生,时任德恒证券副总裁。

邵义政,男,1947年出生,时任德恒证券副总裁。

李普选,男,1954年出生,时任德恒证券副总会计师。

王维刚,男,1964年出生,时任德恒证券投资管理部总经理。

韩镔,男,1975年出生,时任德恒证券上海华山路营业部总经理。

秦为民,男,1967年出生,时任德恒证券沈阳中山路营业部总经理。

杨海斌,男,1969年出生,时任德恒证券天津白堤路营业部总经理。

余树林,男,1953年出生,时任德恒证券重庆中山三路营业部总经理。

柳丹,男,1970年出生,时任德恒证券上海周家嘴路营业部总经理。

辛豪,男,时任德恒证券西安长安中路营业部总经理。

吴玉华,女,1953年出生,时任德恒证券重庆中山支路营业部总经理。

陶敏，男，1970年出生，时任德恒证券深圳营业部总经理。

赖孝辉，男，1965年出生，时任德恒证券成都八宝街营业部总经理。

依据原《中华人民共和国证券法》（以下简称《证券法》）的有关规定，我会对德恒证券违反证券法律法规一案（责任人部分）进行了立案调查、审理，并依法向当事人告知了作出市场禁入的事实、理由、依据及当事人依法享有的权利，现已调查、审理终结。

经查明，德恒证券存在如下违法违规行为：

## 一、挪用客户交易结算资金

（一）直接挪用客户交易结算资金

截至2004年5月31日，德恒证券各营业部共挪用客户交易结算资金73,721.71万元，德恒证券上海总部挪用客户交易结算资金8410.14万元。

上述违法事实，有德恒证券情况说明、开户资料、资金余额对账单、挪用情况统计表、有关公司的工商登记资料、当事人谈话笔录等证据证明，足以认定。

对此负有领导责任的是张业光、韩新林、郭建伟、李普选、王维刚、邵义政、杨力和王恩奎；负有经办责任的是时任德恒证券营业部经理韩镔、余树林、柳丹、吴玉华、辛豪和陶敏。对德恒证券上海总部挪用客户交易结算资金负有领导责任的是唐万新、唐万川和张业光。

（二）透支挪用客户交易结算资金

截至2004年5月31日，德恒证券沈阳中山路营业部通过透支挪用客户交易结算资金2270.21万元；天津白堤路营业部通过透支挪用客户交易结算资金1918.14万元。

上述违法事实，有德恒证券情况说明、有关营业部透支户的开户资料、对账单、交易资料、有关公司的工商登记资料、有关会议记录、有关人员的情况说明、谈话笔录等证据证明，足以认定。

对此负有领导责任的是郭建伟、李普选和王维刚，负有经办责任的是时任德恒证券营业部经理秦为民和杨海斌。

## 二、挪用客户证券

德恒证券营业部存在挪用委托理财客户国债进行跨账户回购融资的行为。在到期未偿还或未到期的委托理财合同期限内，德恒证券挪用客户国债累计回购融资1,603,656.98万元。截至2004年5月31日，被挪用的委托理财客户国债未到期回购融资余额为239,327.16万元。

上述违法事实，有德恒证券情况说明、开户资料、有关营业部国债回购资料、委托理财资料、三方监管资料、有关公司的工商登记资料、有关会议记录、有关人员的情况说明、谈话笔录等证据证明，足以认定。

对此负有领导责任的是唐万新、唐万川和张业光，负有直接责任的是杨力、王恩奎和王维刚以及时任德恒证券营业部经理韩镔、秦为民、赖孝辉、余树林、柳丹、杨海斌和陶敏。

## 三、制作虚假交易记录

2003年7月至2004年4月间，德恒证券上海华山路营业部根据德恒证券资产管理部的授权，为沈阳合金股份有限责任公司的下属子公司上海星特浩企业有限公司、苏州太湖企业有限公司提供了虚假的国债买卖交割单、对账单及经营情况证明书等文件。

以上违法事实，有德恒证券情况说明、开户资料、对账单、交易资料、有关公司的工商登记资料、有关会议记录、有关人员的情况说明、谈话笔录等证据证明，足以认定。

对此负有领导责任的是杨力、韩新林和郭建伟,对此负有直接责任的是韩镔。

德恒证券挪用客户交易结算资金、国债的行为违反了原《证券法》第七十三条有关禁止挪用客户交易结算资金和证券的规定,构成了原《证券法》第一百九十三条所述挪用客户资金和证券的行为。德恒证券制作虚假交易记录的行为违反了原《证券法》第一百三十八条有关证券公司在经纪业务中应当如实进行交易记录,不得作虚假记载的规定。

鉴于德恒证券违法违规行为性质恶劣,情节十分严重,根据原《证券法》第二百零一条规定,我会于2005年取消了德恒证券公司的证券业务许可并责令其关闭。同时,根据原《证券法》第一百九十三条之规定,我会对当事人张业光、郭建伟、王维刚的违法行为作出了行政处罚。此外,根据《证券市场禁入暂行规定》第二条、第六条及第七条的规定,我会决定:

一、认定唐万新、唐万川、张业光、杨力和王恩奎为市场禁入者,自本会宣布决定之日起,永久性不得从事任何证券业务和担任上市公司高级管理人员;

二、认定韩新林、郭建伟、邵义政、李普选和王维刚为市场禁入者,自本会宣布决定之日起,10年内不得从事任何证券业务和担任上市公司高级管理人员;

三、认定柳丹、吴玉华、陶敏、杨海斌、秦为民和赖孝辉为市场禁入者,自本会宣布决定之日起,5年内不得从事任何证券业务和担任上市公司高级管理人员;

四、认定韩镔、余树林和辛豪为市场禁入者,自本会宣布决定之日起,3年内不得从事任何证券业务和担任上市公司高级管理人员。

## 关于对郭凯霞等7人实施市场禁入的决定

(证监禁入字〔2009〕2号)

当事人:郭凯霞,女,时任中富证券有限责任公司(以下简称中富证券)代总经理。

刘昌贵,男,时任中富证券董事长。

马建成,男,时任中富证券计划部经理。

王永东,男,时任中富证券证券投资部经理。

孙永亮,男,时任中富证券财务清算部经理。

刘浩洋,男,时任中富证券稽核部经理。

韦伟,时任中富证券财务清算部负责人。

依据原《中华人民共和国证券法》(以下简称《证券法》)的有关规定,我会对中富证券违反证券法律法规一案(责任人部分)进行了立案调查、审理,并依法向当事人告知了作出市场禁入的事实、理由、依据及当事人依法享有的权利。应当事人申请,我会举行了听证会,听取并复核了当事人的陈述与申辩意见,现已调查、审理终结。

经查明,中富证券存在如下违法违规

行为：

## 一、挪用客户交易结算资金

（一）直接挪用客户交易结算资金

2004年3月10日、3月16日，中富证券将19,100万元资金从客户交易结算资金存款账户转入中国登记结算公司上海分公司，3月11日、16日、25日分四次将16,600万元划回自有资金存款户，之后将16,500万元分别转入上海华岳投资管理有限公司、上海西域实业投资有限公司、上海万浦精细设备经销有限公司和上海创索投资管理有限公司。事后，中富证券与金新信托投资股份有限公司（以下简称金新信托）补签了三份《短期资金拆借协议》，协议约定将16,500万元拆借给金新信托，年利率为1.89%，期限为两个月。同时，金新信托提供了四份划款通知书，金新信托指定将16,500万元划至上海华岳投资管理有限公司等上述四家公司。

以上违法事实，有中富证券情况说明、有关账户的对账单、资金存取表、原始凭证、开户资料、有关资金划转凭证、协议、相关会议记录、有关公司的工商登记资料、有关人员的情况说明、谈话笔录等证据证明，足以认定。

对上述挪用客户交易结算资金行为直接负责的是马建成。

（二）透支挪用客户交易结算资金

中富证券通过透支挪用客户交易结算资金合计6513.40万元。其中，截至2004年7月23日，虚拟资金自营透支挪用客户交易结算资金138万元；国债回购到期无资金购回造成部分账户透支导致挪用客户交易结算资金6138万元；历史遗留透支挪用客户交易结算资金237.40万元。

以上违法事实，有中富证券情况说明、有关账户的对账单、资金存取表、原始凭证、开户资料、有关资金划转凭证、协议、相关会议记录、有关公司的工商登记资料、有关人员的情况说明、谈话笔录等证据证明，足以认定。

对上述行为直接负责的是时任中富证券证券投资部经理王永东和王佩。

## 二、挪用委托理财客户的资金、证券

中富证券未经客户授权，挪用委托理财客户的资金、股票和国债，包括挪用委托理财客户购买国债款29,699万元，直接买卖“老三股”；挪用委托理财客户证券和资金14,258.37万元；将北京通用燃气公司托管在中富证券北京营业部价值1亿元的国债进行回购，将回购得款9785.10万元挪至中富证券上海营业部王玉荣资金账户，随后通过本票取款的方式从该账户取走9700万元。

此外，2004年6月28日，中富证券挪用谭惠轩、何丽明账户内已被司法机关冻结的25,800万元资金，买入国债后转指定至金元证券北京新外大街营业部邓水平、张凤歧账户，并于2004年6月29日在金元证券北京新外大街营业部抛出1.5亿元国债。

以上违法事实，有中富证券情况说明、有关账户的对账单、资金存取表、原始凭证、开户资料等、有关资金划转凭证、协议、相关会议记录、有关公司的营业执照、有关人员的情况说明、谈话笔录等证据证明，足以认定。

对上述行为直接负责的是郭凯霞、刘昌贵、孙永亮、刘浩洋、韦伟、王永东和王佩。

中富证券挪用客户交易结算资金、证券的行为违反了原《证券法》第七十三条的规定，构成了原《证券法》第一百九十三条所述违法行为。

鉴于中富证券存在严重的违法违规经营，根据《证券法》第一百五十条、第一百五十三条的规定,我会于2007年撤销了中富证券公司。同时,依据原《证券法》第一百九十三条的规定,我会对当事人郭凯霞作出了行政处罚。此外,根据《证券市场禁入暂行规定》第二条、第六条及第七条的规定,我会决定:

一、认定郭凯霞、刘昌贵、马建成、王永东和韦伟为市场禁入者,自我会宣布决定之日起,5年内不得从事任何证券业务和担任上市公司高级管理人员;

二、认定孙永亮、刘浩洋为市场禁入者,自我会宣布决定之日起,3年内不得从事任何证券业务和担任上市公司高级管理人员。

我会将对王佩的违法行为另行处理。

# 关于对郑锐、王佩、李强实施市场禁入的决定

(证监禁入字〔2009〕3号)

当事人:郑悦,男,1968年出生,时任恒信证券有限责任公司(以下简称恒信证券)总裁。

王佩,时任恒信证券投资部经理。

李强,男,时任恒信证券董事。

依据原《中华人民共和国证券法》(以下简称《证券法》)的有关规定,我会对恒信证券违反证券法律法规一案(责任人部分)进行了立案调查、审理,并依法向当事人告知了作出市场禁入的事实、理由、依据及当事人依法享有的权利,现已调查、审理终结。

经查明,恒信证券存在如下违法违规行为:

**一、挪用客户账户上的证券**

2002年7月至2004年4月,恒信证券开展国债委托投资管理业务,约定为客户进行国债买卖或者托管。合同签订后,由客户以自己提供的股票账户在恒信证券所属营业部开立资金账户,存入委托资金。相应地,恒信证券投资部在该营业部开立对应的回购账户。此后,恒信证券投资部在客户资金账户买入国债,并在该账户进行回购登记,按交易所回购折算比例将所购国债折算成标准券,再以"证券蓝补"的强制指令方式将客户国债计入其自行开立的对应回购账户,进行国债回购或者卖出。在国债回购或者卖出的资金到账后,恒信证券按照上海友联管理研究中心有限公司(以下简称友联公司)管理中心指令,将资金划拨至"德隆系"企业所属账户,或直接在所属营业部买卖"湘火炬"、"合金投资"、"新疆屯河"股票。

通过上述行为,恒信证券共计将客户账户所持有的36,447,890手国债进行了国债回购或者抛售,挪用金额为356,680万元。时任恒信证券投资部经理王佩按照友联公司管理中心的决定下达"证券蓝补"的强制指令,擅自将客户国债计入自行开立的账户,进行国债回购或者卖出,是直接负责的人员;在按友联公司管理中心指令将国债回购融资或者卖出价款划拨至"德隆系"企业时,时任恒信证券总经理郑悦在资金划拨手续上签字,是直接负责的人员;时任恒信证券董事李强参与友联公

司管理中心对恒信证券资金划拨和使用的决策，是直接负责的人员。

**二、挪用客户交易结算资金**

恒信证券以定期存单质押的方式挪用客户交易结算资金。其中，2002 年挪用客户交易结算资金 22,300 万元；2004 年挪用客户交易结算资金 19,700 万元。

此外，恒信证券还以留存转账支票的方式挪用客户交易结算资金 16,800 万元。

时任恒信证券总经理郑悦办理了担保、融资事项并在相关借款合同、质押合同上签字，为直接责任人员；时任恒信证券董事李强参与友联公司管理中心对恒信证券资金划拨和使用的决策，是直接负责的人员。

以上违法事实，有恒信证券的情况说明、有关账户的对账单、资金存取表、原始凭证、开户资料、有关委托理财合同、有关资金划转凭证、协议、相关会议记录、有关公司的工商登记资料、有关营业部挪用客户资金统计表、资产负债表、科目余额表、有关人员的情况说明、谈话笔录等证据证明，足以认定。

恒信证券挪用客户证券和客户交易结算资金的行为违反了原《证券法》第七十三条有关禁止证券公司挪用客户所委托买卖的证券或者客户账户上的资金的规定，构成了原《证券法》第一百九十三条所述违法行为。

鉴于恒信证券违法违规行为性质恶劣，情节十分严重，根据原《证券法》第二百零一条规定，我会于 2005 年取消了恒信证券的证券业务许可并责令其关闭。同时，根据当事人违法行为的事实、性质、情节与社会危害程度，依据《证券市场禁入暂行规定》第二条、第六条及第七条的规定，我会决定：认定郑悦、王佩、李强为市场禁入者，自本会宣布决定之日起，永久性不得从事任何证券业务和担任上市公司高级管理人员。

# 关于对毕杰善实施市场禁入的决定

（证监禁入字〔2009〕4 号）

当事人：毕杰善，男，1960 年出生，时任齐鲁期货经纪有限公司（以下简称齐鲁期货）代总经理。

日前，齐鲁期货挪用客户保证金一案已由我会调查、审理完毕。由于当事人毕杰善在规定期限内拒绝领取《市场禁入事先告知书》，我会依法予以了公告送达。我会在送达公告中向毕杰善告知了作出市场禁入的事实、理由、依据及其依法享有的权利，毕杰善在公告送达期限内既未提出陈述、申辩意见，也未要求听证。

经查明，齐鲁期货存在以下挪用客户保证金的行为：

2006 年 1 月 9 日，齐鲁期货客户王林枝从其在上海浦东发展银行郑州东明支行开立的账户内，将 300 万元资金汇入齐鲁期货在工商银行郑州市未来支行的保证金账户，齐鲁期货将该 300 万元资金存入王林枝的账户。同日,在王林枝不知情的情况下,齐鲁期货将王林枝汇入的300万元从其账户中划出,存入齐鲁期货另一客户的账户内供他人使用。

上述事实,有相关客户开户资料、银行单据、收据、授权书、请示、转款原始单据及当事人询问笔录等证据证明,足以认定。

齐鲁期货挪用客户王林枝账户中资金的行为,违反了《期货交易管理暂行条例》第三十六条的规定,构成了《期货交易管理暂行条例》第六十条第一款第(六)项所述"挪用客户保证金"的行为,且情节严重。

对齐鲁期货挪用客户保证金的行为,时任齐鲁期货代总经理毕杰善是直接负责的主管人员。

根据当事人违法行为的事实、性质、情节与社会危害程度,依据《期货交易管理暂行条例》第六十七条的规定,我会决定:认定毕杰善为期货市场禁止进入者,期限2年,自我会宣布决定之日起计算。

# 关于对崔峻山实施市场禁入的决定

(证监禁入字〔2009〕5号)

当事人:崔峻山,男,1970年出生。

依据原《中华人民共和国证券法》(以下简称《证券法》)的有关规定,我会对崔峻山涉嫌操纵"金德发展"股票交易价格的行为进行了立案调查、审理,并依法向当事人告知了作出市场禁入的事实、理由、依据及其依法享有的权利,崔峻山未提出陈述、申辩意见,也未要求听证。本案现已调查、审理终结。

经查明,2000年12月4日至2006年7月20日期间(以下简称期间),崔峻山利用其直接或间接控制的"崔峻山"、"李纪龙"等3917个证券账户(以下简称账户组)交易"金德发展"股票,从事了操纵"金德发展"股票交易价格的行为。具体情况如下:

**一、资金优势**

期间,账户组累计买入"金德发展"股票122,140,959股,买入金额合计212,775.46万元。

**二、持股优势**

期间,账户组持仓量超过"金德发展"流通股30%的有1122天,占实际交易日的83.66%;持仓量超过"金德发展"流通股50%的有990天,占实际交易日的73.82%;持仓量超过"金德发展"流通股70%的有724天,占实际交易日的53.98%。账户组的最高持仓比例为81.33%。

**三、连续买卖"金德发展"股票情况**

期间,"金德发展"股票的实际交易天数为1341天,账户组发生过交易的共有1313天,占实际交易天数的97.71%。其中,交易比重超过20%的有1103天,占实际交易天数的82.25%;交易比重超过50%的有770天,占实际交易天数的57.41%;交易比重超过90%的有208天,占实际交易天数的15.51%。账户组单日最大交易比重为99.79%。

**四、自买自卖“金德发展”股票情况**

期间，账户组存在自买自卖“金德发展”股票行为的天数为848天，占实际交易天数的64.58%。其中，自买自卖量占总交易量比重超过30%的有662天，占实际交易日的49.36%；自买自卖量占总交易量比重超过60%的有400天，占实际交易日的29.82%；自买自卖量占总交易量比重超过90%的有138天，占实际交易日的10.29%。账户组单日最大对倒比重为99.59%。

截至2006年7月20日，账面盈利为-23,779.90万元。

上述事实，有相关账户开户资料、资金凭证、转托管凭证、授权委托书、证券公司情况说明、交易所数据、当事人询问笔录等证据证明，足以认定。

崔峻山的上述行为，违反了原《证券法》第七十一条的规定，构成了原《证券法》第一百八十四条所述“操纵证券交易价格”的行为。

根据当事人崔峻山违法行为的事实、性质、情节与社会危害程度，依据《证券市场禁入暂行规定》第二条的规定，我会决定：

认定崔峻山为证券市场禁入者，自我会宣布决定之日起，实施永久性市场禁入。

# 关于对刘虹实施市场禁入的决定

（证监禁入字〔2009〕6号）

当事人：刘虹，男，1967年出生，2003年6月至2005年9月任酒鬼酒股份有限公司（以下简称酒鬼酒）董事长兼总经理。依据1999年7月1日起施行的《中华人民共和国证券法》（以下简称原《证券法》）的有关规定，我会对酒鬼酒的违法行为进行了立案调查、审理，并依法向当事人告知了作出行政处罚的事实、理由、依据及当事人依法享有的权利，并应刘虹的要求举行了听证会，听取了刘虹代理人的陈述和申辩。本案现已调查、审理终结。

经查明，酒鬼酒存在以下违法事实：

一、酒鬼酒在定期报告中未如实披露第一大股东湖南成功控股集团有限公司（以下简称成功集团）及其他关联方占用酒鬼酒资金的事项。

（一）2003年年度报告未披露占用金额302,230,000元。

（二）2004年中期报告未披露占用金额226,082,800元。

（三）2004年年度报告未披露占用金额421,232,800元。

（四）2005年中期报告未披露占用金额425,920,300元。

二、酒鬼酒在定期报告中虚假陈述货币资金数额。

（一）酒鬼酒2003年年度报告披露货币资金330,683,747.99元，虚假陈述货币资金299,013,150.54元，实有货币资金31,670,597.45元。

（二）酒鬼酒2004年中期报告披露货币资金448,944,107.15元，虚假陈述货币资金 374,816,429.22 元,实有货币资金 74,127,677.93 元。

(三)酒鬼酒 2004 年度报告披露货币资金 411,968,167.70 元,虚假陈述货币资金 374,388,882.91 元,实有货币资金 37,579,284.79元。

(四)酒鬼酒 2005 年中期报告披露货币资金 436,158,202.98 元,虚假陈述货币资金数额 420,030,281.55 元,实有货币资金 16,127,921.43 元。

上述违法事实,有相关定期报告、财务记录、单据、协议书、法院《民事调解书》、相关人员的谈话笔录等证据证明,足以认定。

酒鬼酒在 2003 年年度报告、2004 年中期报告、2004 年年度报告和 2005 年中期报告未如实披露第一大股东及其他关联方占用其资金和虚假陈述货币资金数额的行为违反了原《证券法》第六十条、第六十一条的规定,构成原《证券法》第一百七十七条所述"依照本法规定,经核准上市交易的证券,其发行人未按照有关规定披露信息,或者所披露的信息有虚假记载、误导性陈述或者有重大遗漏的"行为。

酒鬼酒 2005 年年度报告披露了关联方占用其资金的情况。2006 年 7 月 14 日,被占用的资金已归还。

2004 年 4 月 28 日,酒鬼酒第三届董事会第三次会议,签字同意 2003 年年度报告的董事有刘虹。

2004 年 8 月 10 日,酒鬼酒第三届董事会第六次会议,签字同意酒鬼酒 2004 年中期报告的董事有刘虹。

2005 年 1 月 27 日,酒鬼酒第三届董事会第八次会议,签字同意酒鬼酒 2004 年年度报告的董事有刘虹。

2005 年 7 月 28 日,酒鬼酒第三届董事会第十一次会议,签字同意酒鬼酒 2005 年中期报告的董事有刘虹。

根据有关任职及勤勉尽责的事实和情节,对上述虚假陈述行为直接负责的主管人员是酒鬼酒时任董事长兼总经理刘虹。

刘虹代理人在听证会陈述,成功集团占用酒鬼酒资金的原因是原酒鬼酒第一大股东在与成功集团的股权交易中有违约行为。我会认为,成功集团与原酒鬼酒第一大股东在股权交易中的纠纷不应成为成功集团占用酒鬼酒资金的理由。

根据当事人违法行为的事实、性质、情节与社会危害程度,依据《证券市场禁入暂行规定》第二条、第四条、第五条之规定,我会决定:认定刘虹为市场禁入者,自我会宣布决定之日起,5 年内不得担任任何上市公司和从事证券业务机构的高级管理人员职务。

# 关于对张钢等 5 人实施市场禁入的决定

(证监禁入字〔2009〕7 号)

当事人:张钢,男,1950 年出生,时任中国科技证券有限责任公司(以下简称中科证券)法定代表人、董事长、总裁。

王邦志,男,1965 年出生,时任中科证券副总裁。

简宁,男,1969年出生,时任中科证券资金清算部总经理。

吴洪伟,男,1968年出生,时任中科证券重庆营业部(以下简称重庆营业部)总经理。

黎智勇,男,1965年出生,时任中科证券内江营业部总经理。

依据原《中华人民共和国证券法》(以下简称《证券法》)的有关规定,我会对中科证券违反证券法律法规行为进行了立案调查、审理,并依法向当事人告知了作出市场禁入的事实、理由、依据及当事人依法享有的权利,并应当事人的要求举行了听证会。本案现已调查、审理终结。

经查明,中科证券及其重庆营业部存在以下违法事实:

## 一、中科证券违法行为

(一)挪用客户交易结算资金。中科证券在成立前已经存在挪用客户交易结算资金的违法行为,在成立时通过临时拆借资金将挪用的客户交易结算资金填平,在成立后又通过报送虚假财务报表加以掩盖。中科证券挪用的主要方式是将大量资金从其清算中心客户交易结算资金账户中划出,并在清算中心"内部银行"科目核算。在2002年6月24日至2006年2月24日期间,中科证券挪用客户交易结算资金累计27笔,共计6,319,808,833元。截至2006年2月24日被托管清算日,客户交易结算资金缺口数为1,321,282,372.78元。

(二)挪用客户债券。截至2006年2月24日,中科证券挪用个人正常经纪类账户持有债券折合标准券金额共计36,936,120元。

(三)承诺保底收益的违规委托理财。截至2006年2月24日,中科证券及其相关营业部在开展委托理财业务中违规承诺保底收益,共计109笔,涉及金领999,178,000元,累计支付承诺保底收益64,431,133.45元。其中,已结清84笔,涉及金额603,251,000元,支付收益33,155,417.45元;未结清25笔,涉及金额395,927,000元,支付收益31,276,716元。

## 二、重庆营业部融资交易

(一)为解决融配资资金来源问题,自2004年以来,重庆营业部与王文芝、张自立等10个自然人,重庆富勤管理策划有限责任公司、重庆野生动物管理世界有限公司等3个法人签订金额共计41,790,000元、保底利率分别为8%、9%、7%以及10%的委托理财协议。

(二)自1999年开始,重庆营业部通过融入资金或国债的方式为客户提供融资从事证券交易业务。在此期间,重庆营业部分别与郭瑞刚、高友元等人签订了共11笔总额达112,150,000元的融资业务,收益3,484,538元,亏损本金29,730,718.05元、利息9,988,200元。

上述违法事实,有相应的银行对账单、银行存款余额调节表、财务凭证、客户保证金银行存款账户当地派出机构报备账户、相关电脑交易流水记录、客户结算资金存款账户清单、中科证券清算部财务报表数据、银行日记账、交易保证金明细表以及有关挪用资金的内部呈批件、划款凭证等证据证明,足以认定。

时任中科证券董事长、总裁张钢是对中科证券前述违法行为直接负责的主管人员;时任中科证券副总裁王邦志、时任中科证券资金清算部总经理简宁是对中科证券前述违法行为负责的其他直接责任人员。时任重庆营业部总经理吴洪伟是对该营业部为客户提供融资交易行为直接负责的主管人员。时任中科证券内江营业部总经理黎智勇参与实施了中科证券承诺保底收益的违规理财活动,且在其中存在其他违法行为,是对该行为负责的其他直接责任人员。

张钢、王邦志在听证及陈述申辩材料中提出了申辩意见。我会认为,张钢、王邦志虽然对中科证券违法行为的历史形成负有责任,但在问题被我会发现后,没有新增违法行为,并且能够协助控制风险,认真反映情况,积极整改,配合案件调查。对此,虽然不能免除责任,但应依法从轻处理。

中科证券挪用客户交易结算资金的行为,违反了原《证券法》第七十三条和第一百三十二条的规定,构成了原《证券法》第一百九十三规定的"挪用客户账户上的资金"的行为;中科证券挪用客户债券的行为,违反了新《证券法》第七十九条和第一百三十九条的规定,构成了新《证券法》第二百一十一条规定的"挪用客户的资金或者证券"的行为;中科证券承诺保底收益的违规理财行为,违反了原《证券法》第一百四十三条的规定,构成了原《证券法》第一百九十四条规定的"对客户买卖证券的收益或者赔偿证券买卖的损失作出承诺"的行为;重庆营业部融资交易的行为,违反了原《证券法》第一百四十一条的规定,构成了原《证券法》第一百八十六条规定的"为客户融资买入证券"的行为。

根据当事人违法行为的事实、性质、情节与社会危害程度,依据《证券市场禁入暂行规定》第二条、第六条、第七条、第十六条的规定,我会决定:

一、认定张钢为市场禁入者,10 年内不得从事任何证券业务和担任上市公司高级管理人员,也不得在其他任何从事证券业务的机构中任职;

二、认定王邦志为市场禁入者,5 年内不得从事任何证券业务和担任上市公司高级管理人员,也不得在其他任何从事证券业务的机构中任职;

三、认定简宁为市场禁入者,3 年内不得从事任何证券业务和担任上市公司高级管理人员,也不得在其他任何从事证券业务的机构中任职;

四、认定吴洪伟为市场禁入者,5 年内不得从事任何证券业务和担任上市公司高级管理人员,也不得在其他任何从事证券业务的机构中任职;

五、认定黎智勇为市场禁入者,3 年内不得从事任何证券业务和担任上市公司高级管理人员,也不得在其他任何从事证券业务的机构中任职。

其他参与实施了中科证券前述违法行为的人员,待司法机关明确认定相关违法事实后,另行处理。

## 关于对刘贵亭、何洪达实施市场禁入的决定

(证监禁入字〔2009〕8 号)

当事人:刘贵亭,男,1955 年出生,时任北亚实业(集团)股份有限公司(以下简称北亚实业)董事、董事长。

何洪达,男,1954 年 2 月出生,时任北

亚实业董事长。

根据《中华人民共和国证券法》(以下简称《证券法》)有关规定,我会依法对北亚实业信息披露违法案为进行了立案调查、审理,并向当事人告知了作出市场禁入决定的事实、理由、依据及当事人依法享有的权利。对当事人提出的陈述和申辩意见进行复核、研究,并应当事人何洪达等的申请,行政处罚委员会于2009年1月12日举行听证会。本案现已调查、审理终结。

经查明,当事人存在如下违法行为:

**一、北亚实业在1998年至2003年年度报告虚增收入**

(一)北亚实业1998年年度报告披露的运输业务收入为1991.84万元,通过虚构未实际发生的业务虚增收入1912.46万元;

(二)北亚实业1999年年度报告披露的运输业务收入约为1.4亿元,通过虚构未实际发生的业务虚增收入13,212.8万元;

(三)北亚实业2000年年度报告披露的运输业务收入为12,958万元,通过虚构未实际发生的业务虚增收入11,067万元;

(四)北亚实业2001年年度报告披露的运输业务收入为14,803.17万元,通过虚构未实际发生的业务虚增收入12,680万元;

(五)北亚实业2002年年度报告披露的运输业务收入为22,210万元,通过虚构未实际发生的业务虚增收入21,145.3万元;

(六)北亚实业2003年年度报告披露的运输业务收入为7981.90万元,通过虚构未实际发生的业务虚增收入7200万元;同时虚构向双鸭山煤矿有限责任公司转让资产取得收入18,208万元,从而虚增非经常性损益4773.76万元。

**二、北亚实业在2002年至2005年年度报告虚增固定资产**

北亚实业在2002年年度报告中披露固定资产——运输设备原值期末数为1,318,728,394.47元,其中包含计入固定资产——发电车、行李车、餐车、硬座车、硬卧车、软卧车明细账876,782,845元的25G型客车,但实际上列为固定资产的客车的购车合同未有效履行完毕,并于2004年解除,相关车辆未实际交付,因此2002年年度报告中北亚实业虚列固定资产原值为876,782,845元,累计折旧为31,096,344.03元,净值为845,686,500.97元;2003年年度报告披露固定资产——运输设备原值期末数为793,145,743.52元,其中虚列固定资产原值为568,810,345元,累计折旧为51,899,730.78元,净值为516,910,614.22元;2004年年度报告披露固定资产——运输设备原值期末数为794,189,115.57元,其中虚列固定资产原值为568,810,345元,累计折旧为85,672,845.01元,净值为483,137,499.99元;2005年年度报告披露固定资产——运输设备原值期末数为788,182,504.68元,其中虚列固定资产原值为568,810,345元,累计折旧为119,445,959.29元,净值为449,364,385.71元。

**三、北亚实业1999年以虚假的应收账款进行资产置换,对相关信息披露进行虚假记载**

北亚实业1999年6月19日董事会公告及1999年年度报告披露北亚实业用货币资金79,000,000元、长期投资36,431,300元、短期投资7,069,055.42元、应收债权133,226,904.58元(合计255,727,260元)与黑龙江虹通运输服务有限公司(以下简称虹通公司)经评估后的固定资产——铁路运输自备货车2107辆(评估重置值255,727,260元)进行置换;北亚实业置换出的债权应收账款——哈铁运输总站,金额53,817,087.20元系虚增收入形成,无真实资产。因此上述董事会公告和年度报告中相关信息披露为虚假记载。

**四、北亚实业隐瞒长期股权投资并虚构资产置换,导致2002年至2005年年度报告中对长期投资信息披露存在重大遗漏或虚假记载**

(一)2001年和2002年刘贵亭代表北亚实业分别签订了《长春客车股份发起人协议书》及《南车四方股份发起人决议》,所认缴出资1.5亿元和5000万元已分别于2001年12月及2002年3月投入,完成了工商登记,北亚实业成为长春轨道客车股份有限公司(以下简称长春客车股份)和南车四方机车车辆股份有限公司(以下简称南车四方股份)两公司发起人股东。对上述重大股权投资事项,北亚实业未及时履行信息披露义务且在2002年年度报告中未进行披露。

(二)北亚实业在2003年6月21日董事会会议决议公告和年度报告中披露北亚实业将账面原值22,006.65万元的铁路客车与北京中铁长龙机车车辆设备有限公司(以下简称中铁长龙)所持有的长春客车股份9839.8372万股股权进行置换。因北亚实业实际上已经是长春客车股份的股东,该资产置换系北亚实业虚构,实际没有发生,上述信息披露为虚假记载。

(三)北亚实业在2003年年度报告中还披露北亚实业当年与中铁长龙进行资产置换,置入南车四方股份3250万股股权,换出资产账面价值85,731,242.19元,公允价值85,731,242.19元。因北亚实业实际上已经是南车四方股份的股东,该资产置换系北亚实业虚构,实际没有发生,上述信息披露为虚假记载。

(四)北亚实业2004年和2005年年度报告均在其他长期股权投资中记载:长春客车股份投资金额209,271,530.26元;南车四方股份投资金额84,099,742.19元。上述信息披露为虚假记载。

**五、2001年增发股票相关信息披露违法**

(一)北亚实业增发申请文件信息披露存在虚假记载

北亚实业向中国证监会提交的增发申请文件第一章"北亚实业(集团)股份有限公司本次增发的招股文件"《招股意向书》第一部分"概览"载明,1998年北亚实业主营业务收入为20,394万元;1999年北亚实业主营业务收入为32,534万元;2000年北亚实业主营业务收入为31,400万元。

《招股意向书》第五部分"发行人业务和技术"载明,1998年公司铁路货物运输收入1992万元;1999年公司铁路客货运输收入1.4亿元;2000年公司铁路客货运输收入12,958万元。

《招股意向书》第九部分"财务会计信息"中"发行人最近三个会计年度及2001年中期合并利润表"载明,1998年合并主营业务收入为20,394.27万元;1999年合并主营业务收入为32,534.21万元;2000年合并主营业务收入为31,400.25万元。

由于北亚实业在1998年至2000年连续虚构运输业务收入,上述财务数据均为虚假,导致《招股意向书》存在重大虚假记载。

(二)北亚实业2001年公募增发A股募集资金用途改变未经股东大会批准,其在年度报告中相关信息披露存在虚假记载

北亚实业在2001年度报告中披露2001年公募增发A股的实收募集资金已

经于2001年12月12日全部到位，截至报告期末，北亚实业已将上述资金投入增发招股说明书所述的项目。经查实际募集的资金没有用于招股说明书中列示的用途，其改变募集资金的用途没有经过北亚实业股东大会的审议，上述信息披露为虚假记载。

**六、北亚实业2001年和2002年签订重大合同未按规定披露，2004年解除重大合同也未按规定披露**

北亚实业与长春客车股份在2001年12月签订合同购买200辆25G型客车，总金额41,429万元，构成重大合同。北亚实业在2002年9月又先后与长春客车股份签订了三份合同，共计购买200辆25G型客车，累计总金额达76,692.82万元，构成重大合同。2004年7月，北亚实业与长春客车股份签订了《关于解除200辆25G型车购销合同的协议》。北亚实业与南车四方股份在2002年10月签订合同购买25G型客车210辆，总价为45,028.37万元，构成重大合同。2004年6月，北亚实业与南车四方股份签订了解除购车合同的《备忘录》。对于上述重大合同的签订和解除，北亚实业未及时进行公告。

上述事实，有北亚实业历年年报、相关临时报告、相关董事会会议决议及其公告、有关公司工商登记资料、有关公司和单位出具的说明、银行提供的有关单据、有关协议、北亚实业和有关公司财务资料、相关人员的询问笔录、说明材料等证据在案证实，证据确实、充分，足以认定。

我会认定，刘贵亭为2002、2003、2004、2005年年报信息披露违法行为以及2003年置换长春客车股份股权董事会决议公告虚假记载直接负责的主管人员；同时也是1999年北亚实业与虹通公司资产置换董事会决议公告虚假记载，2001、2002、2004年未就客车购买合同的订立和解除及时履行临时信息披露义务，2001年增发申请和信息披露文件虚假记载，1998、1999、2000、2001年年报信息披露违法行为的其他直接责任人员。何洪达为2001年增发申请和信息披露文件虚假记载以及2000年、2001年年报信息披露违法行为直接负责的主管人员。

我会认为，刘贵亭和何洪达的上述违法行为，情节特别严重。根据违法行为的事实、性质、情节与社会危害程度，按照《证券市场禁入暂行规定》第四条和第五条的规定，我会决定：认定刘贵亭和何洪达为市场禁入者，永久性不得担任任何上市公司和从事证券业务机构的高级管理人员职务。

# 关于对程文水、刘延泽实施市场禁入的决定

（证监禁入字〔2009〕9号）

当事人：程文水，男，1953年出生。

刘延泽，男，1969年出生。

根据《中华人民共和国证券法》（以下简称《证券法》）有关规定，我会依法对中

核华原钛白股份有限公司(以下简称中核钛白)股票操纵一案进行了立案调查、审理,并向当事人告知了作出市场禁入决定的事实、理由、依据及当事人依法享有的权利。应当事人的申请,行政处罚委员会于2009年2月17日举行听证会。对当事人提出的陈述和申辩意见进行研究复核后,我会补充了有关证据。本案现已调查、审理终结。

经查明,当事人存在如下违法行为:

程文水和刘延泽等实际控制北京嘉利九龙商城有限公司(以下简称北京嘉利)、天津联盛伟业科技开发有限公司(以下简称天津联盛)、西安浩拓商贸有限公司(以下简称西安浩拓)、甘肃新秦陇投资管理有限公司(以下简称甘肃新秦陇)、海南太昊贸易有限公司(以下简称海南太昊)等公司,并通过上述公司设立的股票账户进行了本案涉及的股票交易。河北夏成龙拉链有限公司(以下简称河北夏成龙)将其营业执照出借给本案当事人办理证券账户,并由当事人指使的个人进行本案涉及的股票交易活动。

北京嘉利原持有的"中核钛白"限售股3920.8万股于2008年8月8日解禁后上市流通。北京嘉利以大宗交易方式分别在2008年8月14日向天津联盛出售"中核钛白"900万股,8月20日向河北夏成龙出售"中核钛白"870万股,8月20日向西安浩拓出售"中核钛白"872万股,共占"中核钛白"总股本的13.91%。

2008年9月10日至9月12日期间,天津联盛合计卖出"中核钛白"900万股,河北夏成龙合计卖出"中核钛白"870万股;西安浩拓合计买入"中核钛白"260万股,合计卖出"中核钛白"1132万股;甘肃新秦陇合计买入"中核钛白"4,503,766股,合计卖出"中核钛白"2,998,466股。截至2008年10月9日,甘肃新秦陇账户持有"中核钛白"0股。2008年8月7日开户至9月19日,海南太昊合计买入"中核钛白"5,832,311股,合计卖出"中核钛白"5,832,311股。

2008年9月10日,"中核钛白"开盘后走势平稳,成交清淡,自10:01起至11:17,天津联盛、河北夏成龙、西安浩拓、甘肃新秦陇及海南太昊等五家机构账户(以下简称账户组)连续大笔委托买入,账户组共申报买入委托7,165,000股,占期间买入委托申报总量的80.37%,委托价格从7.39元至8.26元,直接推动股价上升至涨停。该期间买入成交3,910,267股,占期间买入成交总量的76.47%。与此同时,西安浩拓连续大笔卖出,账户组申报卖出委托3,627,500股,占期间卖出委托申报总量的57.64%,卖出成交3,304,367股,占期间卖出成交总量的64.62%。该期间内账户组互为对手方交易2,581,967股,占期间成交数量的50.49%。此后,在11:17至收盘期间,账户组共申报买入委托11,891,999股,占期间买入委托申报总量的93.09%,买入成交1,349,833股,占期间买入成交总量的79.39%,使"中核钛白"一直维持涨停状态,同时在该期间内账户组申报卖出委托284,133股,占期间卖出委托申报总量的7.32%,卖出成交284,133股,占期间卖出成交总量的16.71%。该期间内账户组互为对手方交易265,033股,占该期间成交数量的15.59%。全日,账户组共买入"中核钛白"5,260,150股,共卖出"中核钛白"3,588,500股,账户组成交量占当日总成交量的64.77%。账户组互为对手方交易2,847,000股,占该股当日总成交量的41.678%。

2008年9月11日,"中核钛白"开盘即跌停。在开盘集合竞价阶段,账户组共申报买入委托700,000股,占期间买入委托申报总量的80.36%,买入成交700,000股,占期间买入成交总量的83.53%。该期间账户组以跌停价申报卖出委托5,000,000股,占期间卖出委托申报总量的96.42%,卖出成交838,000股,占期间卖出成交总量的100%。该期间内账户组互为对手方交易700,000股,占期间成交数量的83.53%,直接导致该股开盘即跌停。此后,在9:25至9:55的连续竞价期间,账户组共申报买入委托4,270,000股,占期间买入委托申报总量的17.02%,买入成交4,270,000股,占期间买入成交总量的18.67%。申报卖出委托22,493,500股,占期间卖出委托申报总量的94.19%,卖出成交22,393,500股,占期间卖出成交总量的97.89%。该期间内账户组互为对手方交易4,252,500股,占该期间成交数量的18.59%,“中核钛白”打开跌停。此后至收盘期间,账户组转向单向卖出,账户组共申报卖出委托2,394,000股,占期间卖出委托申报总量的29.49%,卖出成交2,293,600股,占期间卖出成交总量的39.36%。全日,账户组共买入“中核钛白”4,970,000股,共卖出“中核钛白”25,525,100股,账户组成交量占当日总成交量的51.614%。账户组互为对手方交易成交股数达4,952,500万股,占该股当日总成交量的16.764%。

2008年9月12日,“中核钛白”开盘即跌停,在开盘集合竞价阶段,账户组共申报买入委托0股,以跌停价申报卖出数量为2,847,311股,占期间卖出委托申报总量的70.74%,卖出成交1,296,200股,占期间卖出成交总量的93.50%,直接导致“中核钛白”以跌停价开盘。此后,在9:25至收盘的连续竞价期间,账户组共申报买入委托0股,申报卖出数量6,264,977股,占期间卖出委托申报总量的24.67%,卖出成交6,195,977股,占期间卖出成交总量的54.48%。全日,账户组共买入“中核钛白”0股,共卖出“中核钛白”7,492,177股,账户组成交量占当日总成交量的29.36%。

因此,2008年9月10日至9月12日期间,程文水和刘延泽利用持股优势、资金优势以连续买卖和在自己实际控制的账户组中买卖“中核钛白”股票的方式,操纵和影响“中核钛白”交易价格和交易数量。根据统计,账户组在2008年9月10日至9月12日交易“中核钛白”的账面收益为-5,806,527.67元。

上述事实,有相关合同、相关公司资金划转银行单据、相关公司工商登记资料、相关开户资料、相关统计资料以及相关人员谈话笔录等证据在案证实,证据确实、充分,足以认定。

我会认定,程文水和刘延泽的上述行为违反了《证券法》第七十七条“禁止任何人以下列手段操纵证券市场:(一)单独或者通过合谋,集中资金优势、持股优势或者利用信息优势联合或连续买卖,操纵证券交易价格或者证券交易量……(三)在自己实际控制的账户之间进行证券交易,影响证券交易价格或者证券交易量”的规定,构成《证券法》第二百零三条所述“操纵证券市场”的违法行为。

根据违法行为的事实、性质、情节与社会危害程度,按照根据《证券法》第二百零三条、第二百三十三条,《证券市场禁入规定》第三条和第五条之规定,我会决定:

一、认定程文水为市场禁入者,自我会宣布决定之日起,10年内不得从事证券业务或担任上市公司董事、监事、高级管理人员职务;

二、认定刘延泽为市场禁入者,自我会宣布决定之日起,5年内不得从事证券业务或担任上市公司董事、监事、高级管理人员职务。

# 关于对邹乐平、邹海英实施市场禁入的决定

(证监禁入字〔2009〕10号)

当事人:邹乐平,男,1957年出生,时任山东三隆实业集团有限公司(以下简称三隆集团)董事长、三隆期货经纪有限公司(以下简称三隆期货)董事长、山东北方渔市股份有限公司(以下简称北方渔市)董事长。

邹海英,女,1969年出生,时任三隆期货副总经理。

日前,三隆期货违规挪用客户保证金及从事期货自营业务一案已由我会调查、审理完毕。我会依法向当事人告知了作出市场禁入的事实、理由、依据及当事人依法享有的权利,并应当事人的要求举行了听证会。本案现已调查、审理终结。

经查明,三隆期货存在以下违法行为:

**一、挪用客户保证金**

2003年10月至2006年7月,三隆期货每月均调整客户权益,先后共调整了668个客户出入金。截至2006年7月底,尚有295个客户的账面保证金金额与实际资金不一致。根据三隆期货提供的相关数据,客户保证金缺口由2003年10月底的20,850,717.10元增加至2006年9月30日的48,499,590.87元。其中,三隆集团占用资金19,859,309.76元。2003年11月至2006年9月,三隆期货先后通过报备的工商银行26407户、01729户、06394户、农业银行2313户和交通银行1466户等5个保证金账户,以直接或间接划款的方式,挪用客户保证金供三隆集团周转使用,累计发生额达276,700,367.26元。

2006年12月31日,三隆期货通过北方渔市股权融资取得的资金和自有资金将保证金缺口全部弥补,并在2007年1月26日至2月12日期间将全部客户转移至鲁证期货经纪有限公司。

**二、从事期货自营业务**

2004年至2005年期间,三隆期货利用公司控制的两个期货账户进行铜、大豆、豆粕等品种的期货交易,构成期货自营行为,自营亏损9,985,500.00元,产生手续费111,420.00元,共亏损10,096,920.00元。

上述事实,有询问涉案人员的谈话记录,三隆期货相关时点财务数据、银行对账单、银行存款余额调节表,三隆期货关于自营情况的说明,交易、交割、结算流水等证据在案证明,足以认定。

我会认为,三隆期货挪用客户保证金的行为,违反了《期货交易管理暂行条例》第三十六条的规定,构成了《期货交易管理暂行条例》第六十条"挪用客户保证金"的行为;三隆期货从事期货自营的行为违反了《期货交易管理暂行条例》第二十五条"期货经纪公司不得从事或者变相从事期货自营业务"的规定,构成了《期货交易管理暂行条例》第五十九条"从事期货自营业务或者违反本条例规定的其他业务"的行为。

邹乐平既是三隆期货、三隆集团的实

际控制人，又是这两个公司的董事长，是对三隆期货该两项违法行为直接负责的主管人员；邹海英作为三隆期货副总经理，连续多次在有关资金调拨令上签字，直接操作了公司的挪用客户保证金行为，知悉并参与了三隆期货违法从事的期货自营业务，是三隆期货该两项违法行为的其他直接责任人员。

我会认为，三隆期货及上述有关责任人，对期货监管法规的禁止性规定熟视无睹，在较长时间内，通过多个账户、多次以直接或间接划款的方式挪用客户保证金，涉案金额比较巨大，同时还违法从事期货自营业务，情节比较严重。

同时，我会也已经注意到，三隆期货及有关责任人员在案发后能主动交代保证金存在缺口的情况，在监管部门要求下最终采取措施弥补了保证金缺口且已将全部客户转移至鲁证期货经纪有限公司，以及在稽查过程中能够比较好地与监管部门配合，违规自营业务亏损等情况。

综合上述情况，依据《期货交易管理暂行条例》第六十七条的规定，我会决定：

一、认定邹乐平为期货市场禁入者，期限3年，自我会宣布决定之日起计算；

二、认定邹海英为期货市场禁入者，期限3年，自我会宣布决定之日起计算。

当事人如果对本决定不服，可在收到本决定书之日起60日内向中国证券监督管理委员会申请行政复议，也可在收到本决定书之日起3个月内向有管辖权的人民法院提起行政诉讼。复议和诉讼期间，上述决定不停止执行。

## 关于对王忠娟、孙胜、马勇、刘博威实施市场禁入的决定

（证监禁入字〔2009〕11号）

当事人：王忠娟，女，1968年出生，时任深圳市金股之王科技有限公司（以下简称金股之王）执行董事兼总经理、法定代表人。

孙胜，男，1972年出生，时任金股之王监事。

马勇，男，1971年出生，具有证券投资咨询从业资格。

刘博威，男，1969年出生，具有证券投资咨询从业资格。

依据2006年1月1日起施行的《中华人民共和国证券法》（以下简称《证券法》）的有关规定，我会对金股之王非法从事证券投资咨询业务行为进行了立案调查、审理，并依法向当事人告知了作出市场禁入的事实、理由、依据及当事人依法享有的权利。孙胜提出了申辩意见，其他三位当事人均未提出陈述、申辩意见，也未要求听证。本案现已调查、审理终结。

经查明，金股之王存在以下违法事实：

2007年8月底，金股之王开始经营股票软件销售业务，代理销售“股王先锋”、“金股王Ⅰ”、“金股王Ⅱ”、“金股王Ⅲ”、“股王至尊”等股票软件产品。自2007年8月27日起，金股之王通过将公司广告录制成财经评论节目的形式进行广告宣传。

节目主持人由公司员工扮演,马勇、刘博威作为证券分析师轮流主讲。当事人对大盘、个股进行点评,公开发表证券投资咨询建议,夸大公司的研究水平,宣称将给拨打免费热线电话的前若干名观众免费提供即将大幅上涨的股票,为观众免费诊断手中的个股。此外,金股之王还通过有关公司与网络媒体签订协议,约定在网络媒体上投放广告。金股之王通过上述方式吸引电视和网络观众拨打公司热线电话。对拨打热线电话的观众,由业务员按照公司培训的方式予以回复,着力宣扬公司推荐股票的惊人回报率,打击客户自己买卖股票的自信心,诱使客户购买公司软件和服务并签订《产品订购确认书》。在观众出资购买公司软件和服务成为公司客户后,金股之王便通过电话和短信向其提供证券投资咨询服务,指导其买卖股票。

上述违法事实,有相关电视广告代理合同、电视视频、业务员业务录音、司法鉴定检验报告、产品订购确认书、短信记录、客户投诉及当事人询问笔录等证据证明,足以认定。

金股之王不具有证券投资咨询业务资格,金股之王的上述行为违反了《证券法》第一百二十二条有关"未经国务院证券监督管理机构批准,任何单位和个人不得经营证券业务"的规定,构成了《证券法》第一百九十七条所述非法经营证券业务的行为,且情节严重。鉴于金股之王的行为已涉嫌犯罪,该案已依照《行政执法机关移送涉嫌犯罪案件的规定》(国务院令第310号)的规定移送公安机关。对于金股之王的前述违法行为,时任金股之王执行董事兼总经理王忠娟、监事孙胜是直接负责的主管人员。

马勇、刘博威具有证券投资咨询业务资格,两人参与金股之王的非法证券投资咨询活动的行为,违反了《证券、期货投资咨询管理暂行办法》第十二条和第十九条的规定,且情节严重。

孙胜在申辩意见中提出的与本案有关的申辩理由主要包括:其一,本人不知情,不是金股之王的实际监事,没有享受监事的收益;其二,本人担任金股之王业务部经理时间较短。因此,请求从轻处罚。

我会认为,对于我会事先告知书中认定的违法事实,孙胜未能提供新的证据,其申辩理由不能成立:其一,2006年6月27日,金股之王股东会通过了《关于委任监事的决定》,委任孙胜为监事,任期三年。孙胜作为当事人在决定书上签名。因此孙胜所谓不知情的申辩理由不能成立;其二,金股之王未经国务院证券监督管理机构批准擅自从事证券投资咨询业务,构成了非法经营证券业务,该行为违法所得巨大,给受害的投资者造成了巨大的损失,严重扰乱了证券市场秩序,情节严重,已涉嫌犯罪。孙胜以监事、部门经理等身份实际参与了金股之王的违法行为,我会根据其在违法活动中所起的作用,给予其终身市场禁入的决定是适当的。

根据当事人违法行为的事实、性质、情节与社会危害程度,依据《证券法》第二百三十三条和《证券市场禁入规定》第五条、第六条的规定,我会决定:

一、认定王忠娟、孙胜为证券市场禁入者,自我会宣布决定之日起,终身不得从事证券业务或者担任上市公司董事、监事、高级管理人员职务;

二、认定马勇、刘博威为证券市场禁入者,自我会宣布决定之日起,5年内不得从事证券业务或者担任上市公司董事、监事、高级管理人员职务。

当事人如果对本决定不服,可在收到本决定书之日起60日内向中国证券监督管理委员会申请行政复议,也可在收到本决定书之日起3个月内直接向有管辖权的人民法院提起行政诉讼。复议和诉讼期间,上述决定不停止执行。

# 关于对张野实施市场禁入的决定

(证监禁入字〔2009〕12号)

当事人:张野,男,1962年出生,融通基金管理有限公司(以下简称融通公司)原基金经理。

依据《中华人民共和国证券投资基金法》(以下简称《证券投资基金法》)、《中华人民共和国证券法》(以下简称《证券法》)的有关规定,我会对张野违法违规一案进行了立案调查、审理,并依法向当事人告知了作出市场禁入的事实、理由、依据及当事人依法享有的权利。当事人陈述了有关意见,未提出申辩意见,也未要求听证。本案现已调查、审理终结。

经查明,张野存在以下违法违规行为:

**一、利用职务便利获取非公开基金投资与推荐信息,从事股票交易**

2007年至2009年2月,张野利用任职融通公司基金经理职务上的便利,在参加融通公司投资决策委员会会议、基金晨会、投研例会、研究月度会、外部券商推介会及与融通公司基金经理、研究员交流的过程中,获取了融通公司旗下基金投资及推荐相关个股的非公开信息,通过网络下单的方式,为朱小民操作朱小民实际控制的红塔证券北京板井路营业部"周蔷"账户从事股票交易,先于张野管理的融通巨潮100指数基金等融通公司基金买入并卖出或先于融通公司有关基金卖出相关个股,为"周蔷"账户实现盈利9,398,362元,收取朱小民感谢费200万元。其中:

1. 东方电气

2008年4月28日至5月22日,"周蔷"账户交易该股,买入、卖出合计98,000股。2008年4月30日,融通领先成长基金买入该股;6月10日至11日,融通动力先锋基金买入该股。

2. 重庆啤酒

2007年2月9日,融通巨潮100基金买入该股;2月12日,"周蔷"账户买入该股,3月12日卖出;3月27日,"周蔷"账户再次买入该股,4月5日卖出;4月3日至6日,融通新蓝筹基金买入该股;5月17日、25日,融通巨潮100基金全部卖出该股;6月28日、29日,融通新蓝筹基金全部卖出该股。

上述期间,"周蔷"账户交易该股,买入、卖出合计787,724股。

3. 华仪电气

2007年3月7日,融通通乾基金买入该股;4月5日、6日,"周蔷"账户买入该股,4月11日再次买入;4月12日,融通巨潮100基金买入该股;4月13日、24日,融通巨潮100基金继续买入该股;5月11日至28日,"周蔷"账户卖出该股;5月25日、29日,融通巨潮100基金全部卖出该股。

上述期间,"周蔷"账户交易该股,买入、卖出合计903,760股。

4. 江淮动力

2009年1月20日,融通通乾基金买

入该股,1月21日和2月2日继续买入;1月21日、22日,“周蔷”账户买入该股;2月11日,“周蔷”账户卖出该股。

上述期间,“周蔷”账户交易该股,买入、卖出合计1,150,000股。

5. 中信证券

2007年3月,融通巨潮100基金累计买入该股达376万股,累计卖出3,484,804股。2007年3月13日至6月21日,“周蔷”账户买卖该股。

上述期间,“周蔷”账户交易该股,买入、卖出合计562,919股。

6. 海南海药

2008年2月19日,融通通乾基金买入该股;2月20日,融通新蓝筹基金买入该股;2月20日、26日,“周蔷”账户买卖该股;其后,融通通乾基金和融通新蓝筹基金多次交易该股;3月21日、4月1日,“周蔷”账户买卖该股;9月17日至12月9日,“周蔷”账户多次交易该股。

上述期间,“周蔷”账户交易该股,买入、卖出合计2,365,169股。

7. 招商银行

2007年7月4日,融通巨潮100基金买入该股;7月20日,“周蔷”账户买入该股;7月26日,融通巨潮100基金继续买入;7月30日,“周蔷”账户卖出该股;8月2日,融通巨潮100基金继续买入该股。

上述期间,“周蔷”账户交易该股,买入、卖出合计429,896股。

8. 江西水泥

2009年2月2日,融通领先成长基金、融通行业景气基金买入该股;2月5日,融通行业景气基金再次买入;2月6日,“周蔷”账户买入该股;2月10日,融通行业景气基金继续买入;2月11日,“周蔷”账户卖出该股;2月12日,融通行业景气基金全部卖出该股;3月9日,融通领先成长基金全部卖出该股。

上述期间,“周蔷”账户交易该股,买入、卖出合计950,000股。

9. 川化股份

2008年12月17日,融通通乾基金、融通新蓝筹基金买入该股;12月19日、23日,“周蔷”账户买入该股;12月23日、25日,融通新蓝筹基金继续买入该股;12月23日、2009年1月8日,“周蔷”账户卖出该股;2009年2月6日,融通新蓝筹基金全部卖出该股。

上述期间,“周蔷”账户交易该股,买入、卖出合计1,445,000股。

以上违法事实,有融通公司及其员工提供的相关情况说明,当事人谈话笔录以及“周蔷”账户交易记录、下单IP地址等证据在案证明,足以认定。

张野的上述行为违反了《证券投资基金法》第十八条“基金管理人的董事、监事、经理和其他从业人员,不得担任基金托管人或者其他基金管理人的任何职务,不得从事损害基金财产和基金份额持有人利益的证券交易及其他活动”的规定,构成了《证券投资基金法》第九十七条所述违法行为。

## 二、违规买卖股票

2006年12月至2007年7月,张野通过网络下单方式,操作其妻孙致娟的同名账户进行交易,涉及广宇发展、湖南投资、华东医药、莱钢股份、南玻A、武钢股份、新中基、新湖创业、渝三峡A、中创信测、中粮地产、中青旅和重庆啤酒等股票,为该账户盈利2,294,791.90元。

以上违法事实,有当事人谈话笔录以及“孙致娟”账户交易记录、下单IP地址等证据在案证明,足以认定。

张野操作其妻账户从事股票交易的行为是一种以他人名义持有、买卖股票的行为,违反了《证券法》第四十三条有关禁止相关人员违规买卖股票的规定，构成了《证券法》第一百九十九条所述违法行为。

张野在个人陈述材料中提出，朱小民给他的200万元是其妻孙致娟向朱小民的借款，并非感谢费。2009年5月29日，上述借款已归还朱小民。经复核，张野、朱小民在谈话笔录中均称朱小民划到"孙致娟"账户的200万元是对张野操作"周蔷"账户表示的感谢费，同时并无借据等证据证明该200万元属借款性质，因此，张野所称借款一事缺乏依据，不予采信。

根据上述违法违规行为及当事人的违法事实、性质、情节与社会危害程度，依据《证券投资基金法》第九十七条，《证券法》第一百九十九条，我会已对张野作出了行政处罚决定。同时，鉴于张野的违法违规行为性质恶劣，情节严重，依据《证券法》第二百三十三条，《证券市场禁入规定》第三、第四、第五条的规定，我会决定：认定张野为市场禁入者，自我会宣布决定之日起，终身不得从事证券业务或担任上市公司董事、监事、高级管理人员职务。

当事人如对本决定不服，可在收到本决定书之日起60日内向中国证券监督管理委员会申请行政复议；也可以在收到本决定书之日起3个月内向有管辖权的人民法院提起诉讼。复议和诉讼期间，上述决定不停止执行。

# 关于对严芳、卞明实施市场禁入的决定

（证监禁入字〔2009〕13号）

当事人：严芳，女，1974年出生，时任万汇期货经纪有限公司（以下简称万汇期货）董事长兼总经理。

卞明：男，1971年出生，时任万汇期货副总经理。

日前，万汇期货违法违规一案已由我会调查、审理完毕。由于严芳、卞明二人下落不明，我会依法通过公告送达的方式向二人告知了作出市场禁入的事实、理由、依据及二人依法享有的权利。严芳、卞明二人未提出陈述、申辩意见，也未要求听证。

经查明，万汇期货存在以下违法事实：

## 一、挪用客户保证金

自1999年以来，严芳、卞明夫妻二人一直操纵机构账户"嘉富新"和自然人账户"陈爱玲"。"嘉富新"以202（曾使用过203、208、210、218）等账户、"陈爱玲"以204账户进行期货交易。这两个账户的出入金划拨一直由卞明经办，卞明以"bian"的交易员代码操作202、204账户的期货交易。卞明曾多次命令电脑部经理李刚为202、204、208账户设置（虚增）信用额度（期限为1个月左右），由李刚电话通知结算部麦玲复核，没有任何书面手续。截至2005年1月24日，严芳、卞明操纵"嘉富新"账户、"陈爱玲"账户，累计挪用客户保证金29,545,659.6元，违法所得为4,097,594.1元。

## 二、与客户约定分享利益，从事或者变相从事其他业务和期货自营业务

2003年2月6日，万汇期货与李刚、卞明、冯茵签订协议：万汇期货以李刚等3人的名义注册投资公司，李刚等3人不出

资、不承担该公司的债权债务,不参与该公司的经营活动,同时也不享受该公司的利益。其后,卞明要求李刚挂名海南金汇兴业投资有限责任公司(以下简称金汇兴业)的法定代表人,李刚即将身份证等资料交予卞明办理公司登记的有关手续。万汇期货最初为满足客户进行海南橡胶中心批发市场交易的需要,成立了金汇兴业,后又发展了代客理财业务。2003年12月5日,为了降低电脑等设备的购货成本,以同行价购进设备,金汇兴业又成立了电脑经营部。该营业部的管理费用由万汇期货支付,日常以2000元的备用金周转。金汇兴业的营业执照、所有印鉴由冯茵和财务部保管。

2003年6月30日,金汇兴业在万汇期货申请开户并填写法人客户开户登记表,随后分别用409、198、300三个账户开展期货业务,违法所得为67,074.4元。

(一)409账户的业务情况

2004年12月3日,金汇兴业与海南椰岛洋浦物流公司(以下简称洋浦物流)签订《委托投资协议书》。协议书约定:洋浦物流出资1000万元委托金汇兴业进行期货交易,若交易发生亏损,由金汇兴业全部承担;若交易产生利润,则利润的百分之五十划归金汇兴业作为投资回报。2004年12月6日至2005年1月10日期间,金汇兴业开设409账户为洋浦物流提供的200万元现金和700吨天胶质押仓单进行期货交易。截至2005年2月18日,409账户的客户权益为-1,670,258元。

(二)198账户的业务情况

2003年7月16日,金汇兴业与中国粮油饲料有限公司(以下简称中粮油)签订《委托协议》。协议约定:金汇兴业提供空白的期货交易账户,中粮油委托金汇兴业并以金汇兴业的名义在大连商品期货交易所进行大豆期货相关交易、交割业务。2003年7月17日至2003年8月25日期间,中粮油借用198账户以自有资金独立进行相关期货交易计划的制订和交易指令的下达,其交易和交易盈亏由中粮油独自承担。截至2005年2月18日,该账户的客户权益为零。

(三)300账户的业务情况

300账户为万汇期货的自营户,其账户资金全部属于万汇期货所有。2003年8月13日至2005年2月18日,该账户共入金1,427,062元,出金359,238元。截至2005年2月18日,该账户的客户权益为342,960元。

## 三、不按照规定保存期货交易资料

万汇期货在2004年发现由严芳、卞明操纵的“嘉富新”、“陈爱玲”等账户没有书面的开户资料后,没有及时要求其履行必要的补办手续,健全客户资料;万汇期货和金汇兴业之间账务往来的凭证也不齐全;万汇期货在开展期货经纪业务中对电脑交易数据系统的维护与管理存在重大漏洞,导致公司2001年3月16日之前的期货交易数据系统损坏,硬盘备份数据无法恢复,没有保证期货交易资料的完整安全。

上述事实,有万汇期货客户保证金凭据、资金对账单、相关合同、公司董事会文件、会计师事务所审计资料、相关人员询问笔录及情况说明等证据证明,足以认定。

万汇期货挪用客户保证金29,545,659.6元的行为,违反了《期货交易管理暂行条例》(以下简称《期货暂行条例》)第三十六条的规定,构成了《期货暂行条例》第六十条第一款第(六)项所述“挪用客户保证金”的行为。

万汇期货与客户约定分享利益,从事或者变相从事其他业务和期货自营业务的行为,违反了《期货暂行条例》第二十五条和第二十九条的规定，构成《期货暂行条例》第五十九条第一款第（五）项所述“从事期货自营业务或者违反本条例规定的其他业务”的行为和第六十条第一款第（一）项所述“不按照规定向客户出示风险说明书，向客户作获利保证或者与客户约定分享利益、共担风险”的行为。

万汇期货不按照规定保存期货交易资料的行为，违反了《期货暂行条例》第四十五条的规定，构成了《期货暂行条例》第五十九条第一款第（八）项所述“不按照规定保存期货交易、结算、交割资料”的行为。

对万汇期货的上述违法行为，时任万汇期货董事长兼总经理严芳、副总经理卞明是直接负责的主管人员。

根据严芳、卞明违法行为的事实、性质、情节与社会危害程度，依据《期货暂行条例》第六十七条的规定，我会决定：

认定严芳、卞明二人为市场禁入者，终身不得从事任何期货业务。

# 六、行政复议与行政诉讼

## （一）2009年行政复议与行政诉讼工作综述

### 一、2009年中国证监会行政复议案件统计情况

（一）行政复议案件办理情况

2009年，中国证监会共办理行政复议案件23件（包含以往年度结转至2009年度办理的案件3件）。

年度新收的20件行政复议案件，已全部办结，办结率100%。以往年度结转2009度办理的案件3件，因行政复议中止的原因尚未消除，尚未恢复审理。其中，中国证监会最终维持原具体行政行为的占11件受理案件数的81.8%；撤销原具体行政行为的占受理案件数的18.2%。

（二）行政复议申请人、被申请人情况

在2009年度新收的行政复议申请中，申请人为公民的17件，占年度行政复议申请总数的85%；申请人为法人的3件，占年度行政复议申请总数的15%。

被申请人为证监会派出机构的为4件，占年度行政复议申请总数的20%；被申请人为中国证监会的为16件，占年度行政复议申请总数的80%。

（三）申请人行政复议事项情况

在2009年度收到的行政复议申请中，因行政处罚提起行政复议的8件，占年度行政复议申请总数的40%；因市场禁入措施提起行政复议的6件，占年度总数的30%；因其他行政监管措施提起行政复议的1件，占年度总数的5%；因认为证监会及派出机构行政不作为提起行政复议的2件，占年度总数的10%；因信访处理意见、举报信息提起行政复议的3件，占年度总数的15%。

此外，2009年中国证监会办理行政赔偿案件1件。申请人不服中国证监会冻结措施，要求证监会予以行政赔偿。经审查，证监会决定不予行政赔偿。

(四)国务院裁决案件情况

2009年度,共办理国务院行政裁决案件3件。其中,新发生的申请国务院行政裁决的案件1件,目前国务院已作出裁决,予以维持。上年度结转2009年办理的申请国务院裁决案件2件,目前正在办理中。

## 二、2009年中国证监会行政诉讼案件统计情况

2009年度,中国证监会共办理行政诉讼案件9件(包含以往年度结转办理的行政应诉案件5件)。除1件法院不予受理、1件尚在审理之中外,其余7件案件全部判决中国证监会胜诉,其中一审判决中国证监会胜诉5件,二审判决中国证监会胜诉2件。

2009年办理的行政诉讼案件中(含一审、二审),原告是公民的为7人次,占年度办理行政诉讼案件总数的77.8%,原告是法人的为2人次,占行政诉讼案件总数的22.2%。

2009年办理的9件行政诉讼案件中,涉及行政处罚及市场禁入类的6件,涉及注销业务许可证的行政监管措施类的2件,涉及行政不作为类的1件。

## 三、2009年中国证监会行政复议、行政诉讼工作总体情况

2009年中国证监会坚持"依法行政、复议为民"的理念,切实围绕提高行政复议与行政诉讼的办案质量和效率,扎实推进规范监管执法、健全工作制度等各方面的行政复议与应诉工作。

(一)结合纪念《行政复议法》颁布实施十周年总结宣传活动,不断深化对行政复议工作规律性的认识

一是中国证监会党委书记、主席尚福林专门发表了重要署名文章《切实做好行政复议工作　维护资本市场和谐发展》。2009年正值《中华人民共和国行政复议法》颁布实施十周年。为纪念这一重要法律的颁布实施,同时也为了进一步加强资本市场行政复议工作,促进资本市场健康稳定发展,尚福林主席撰文表示,随着资本市场基础性制度的不断完善,特别是资本市场改革、发展的进一步深入,市场开放的进一步扩大,产品和交易方式的不断创新,中国证监会要更加重视法制建设,始终坚持依法行政,正确把握新形势下行政复议工作的思路和方向:(1)行政复议工作要立足于发挥资本市场服务国民经济全局的功能。(2)行政复议工作要立足于全面推进依法行政的总体要求。(3)行政复议工作要立足于保护投资者合法权益的监管重心。同时尚福林主席指出下一步资本市场的行政复议工作要重视依法化解监管矛盾,切实提高复议质量,坚持制度和体制创新,加强监督指导职能。

二是中国证监会全面总结、梳理成立以来300余件行政复议、申请国务院裁决以及行政诉讼案件。相关统计数字显示,2004年国务院《全面推进依法行政实施纲要》和《关于推进资本市场改革开放和稳定发展的若干意见》发布以来,中国证监会坚决贯彻党中央、国务院重要部署、大力加强资本市场法制建设、切实加强保护投资者合法权益,行政复议、诉讼数量与具体行政行为数量相比,呈现逐年下降的趋势。2004年以来,中国证监会共作出具有惩罚性或限权性特征的行政处罚决定、市场禁入决定、行政监管措施、行政强制措施3567项,同期复议案件涉及的相关行政决定52项,复议率1.46%。就同期中国证监会的全部行政决定而言,复议率还不到1%。2009年证监会共作出行政处罚决定结案76件,当事人复议率比2007年下降了一半,为6%。经过行政复议,95%的案件申请人不再提起行政诉讼或者申请国务院裁决。同时,中国证监会着重总结复议

诉讼案件当事人提出的争议理由，从中分析监管执法工作在事实认定、证据运用、法律适用等方面需要进一步改进和完善的问题，专门下发通知要求系统各单位注意规范和改进执法工作，自觉落实全面推进依法行政的工作要求，从源头上防范和化解监管执法争议。

（二）高度重视提高复议办案质量，进一步完善行政复议工作机制

一是顺畅案件办理机制，确保案件审得及时。中国证监会为提高办案效率和质量，明确原承办部门证据案卷提交标准。2009年行政复议案件全部做到原承办部门提交的"复议答复案卷"针对认定事实、执法程序、法律依据等内容单独订卷，基本上达到了行政诉讼答辩的要求，大大加强了复议审查的针对性。同时中国证监会把复议办案效率作为办案质量考评的重要组成部分，一般案件、复杂案件的办案周期均较以前有较大缩减，当年案件办结率达到100%。

二是加强现场调查，确保事实查得清楚。在认真审查申请人书面申请材料以及被申请人答复意见的同时，中国证监会复议工作着重加强与申请人本人的当面沟通和实地核查，有的还约请申请人与被申请人对争议焦点问题进行面对面研讨沟通，通过各种方式还原争议本原，为公平公正判断案情提供重要基础。

三是广泛征求专家、司法机关的意见，确保法律用得准确。资本市场法治化程度较高、专业化程度较强，有些问题涉及不同领域的复杂层面，在解决争议问题时，会出现对法律适用的不同解读。对此，中国证监会坚持"兼听则明"，一方面注意总结以往案例，从中摸索法律适用原意；另一方面广泛征求国务院法制办、法院、专家学者和社会公众的意见。在对中国证监会提起的复议和诉讼案件中，绝大部分都未对法律适用提出异议。

四是加强案后释明，争取申请人能理解。针对既往部分申请人存在的对行政复议法律文书不了解、不明白的情况，中国证监会重视案后释法、说理工作。根据具体案件，由中国证监会复议案件承办人员在送达行政复议法律文书的同时，对申请人就有关案件的事实、法律适用等问题答疑解惑，辩法析理。经过解释说明，一些申请人当场明确表示放弃复议请求或者对复议决定表示理解和认可。

（三）坚持通过复议工作激发监管工作活力，进一步监督和保障依法监管工作

一是完善行政复议对外、对内的不同功能，激发监管工作活力。中国证监会行政复议工作对外着重切实保障复议申请人的权利，细化规定了申请人申请、阅卷、听证以及和解、调解的程序和要求，确保当事人在纠纷处理过程中"有机会参与，有条件说话"。对内则建立了反映执法不当问题的行政复议意见书和建议书制度及抄报监察部门的联动机制，进一步发挥复议监督作用；制定了行政复议表彰奖励制度，对行政复议应诉工作中表现突出的单位和同志予以通报表扬。这些举措已经通过修订《行政复议办法》总结和固定下来，较好地发挥了行政复议监督的重要作用。

二是加强复议监督和案件报告反馈，使执法监督工作落到实处。在2009年中国证监会通过办理行政复议、诉讼案件，推动完善调查、处罚等执法工作制度，同时在继续完善资本市场的重大民事、行政和刑事案件报告制度的基础上，把握资本市场纠纷矛盾的最新情况，为资本市场复议工作和法制工作提供素材和思路。通过加强复议监督，较大地提升了中国证监会复议工作的权威性。

## (二)2009年行政复议决定书

### 关于李廷芳不服行政处罚的行政复议决定书

(证监复决字〔2009〕1号)

申请人:李廷芳,山东九发食用菌股份有限公司(以下简称九发股份)原副董事长

被申请人:中国证券监督管理委员会

申请人不服中国证券监督管理委员会行政处罚决定书〔2008〕34号,向本会提出了行政复议申请。本会受理后,依法对本案进行了审查,现已审查终结。

本会行政处罚决定书〔2008〕34号查明九发股份存在以下信息披露违法行为:

**一、虚假记载**

2005年和2006年,九发股份向山东九发集团控制的关联公司签发银行承兑汇票23笔,金额720,000,000元,商业承兑汇票4笔,金额80,500,000元,共计800,500,000元,上述票据未记账。票据到期付款时亦不及时入账,且补记入账时,错误地冲减了短期借款、应付账款等其他科目,导致相关期间定期报告财务报表虚假记载。

**二、重大遗漏**

(一)未按规定披露其与关联公司的资金往来。山东省烟台市牟平区正大物贸中心(以下简称正大物贸)实际上受九发集团控制,九发股份与其之间的往来属于关联交易。2005年九发股份与正大物贸关联往来发生额合计2,185,053,629.55元。2006年九发股份与正大物贸关联往来发生额合计883,687,344.86元。对上述关联交易,九发股份均未按照规定发布临时公告,也未在2005年和2006年定期报告中按规定披露。

(二)未按规定披露重大担保事项。2005年和2006年,九发股份使用定期存单和土地房产等资产等为控股股东九发集团、关联公司烟台麒润投资有限公司等单位银行贷款提供担保,合计担保金额291,000,000元。上述贷款担保事项为重大担保事项,九发股份均未按照规定发布临时公告,也未在2005年和2006年定期报告中按规定披露。上述事实,有九发股份2005－2006年期间各定期报告、公司内部明细账、会计凭证等会计资料、有关合同、相关公司的工商登记资料、相关银行提供的账户查询回执和说明、相关公司提供的说明材料、董事会决议及会议记录、相关人员的谈话笔录等证据在案证实,证据确实、充分,足以认定。时任董事长蒋绍庆及董事王龙、张本明、袁睁、许爱民、姜海林、宫云科、李廷芳分别对所参加的董事会会议上审议通过的九发股份2005年至2006年相关定期报告的虚假记载和重大遗漏负有不同程度的责任。在调查和审理过程中,未发现上述当事人忠实勤勉履行职务,足以免除责任的事由

和相关证据。对李廷芳提出的在相关定期报告审议中迫于压力才签字同意通过董事会决议、任职期间未领取薪酬等陈述申辩意见,经复核,认为其履行职务时没有保持独立,违反了董事对公司的忠实勤勉义务,因此不能构成减轻或免除处罚的理由,依法不予采纳。根据当事人违法行为的事实、性质、情节与社会危害程度,依据原《证券法》第一百七十七条和《证券法》(2005 年修订)第一百九十三条规定,对李廷芳给予警告,并处以 3 万元罚款。

申请人提出以下行政复议理由:1. 申请人未参与、不知悉九发股份存在信息披露的违法行为。2. 申请人属于外部董事,不参与具体经营活动。3. 申请人已经勤勉尽责,对九发股份的违法行为不应承担法律责任。4. 申请人积极配合调查,没有隐瞒任何调查内容。5. 山东证监局没有如实反映申请人任职履职情况。6. 我会处罚有失公正。复议审查期间,申请人向本会提交了其在任期内勤勉尽责的相关证据材料:1. 中泰信托投资有限责任公司(以下简称中泰信托)的《说明函》。证明中泰信托与山东烟台汇泽基房地产投资策划有限公司(以下简称汇泽基公司)签订《资金信托合同》,汇泽基公司将其合法拥有的资金信托给中泰信托,并指定中泰信托将这些资金用于受让并代为持有九发股份 12.39% 的股份。李廷芳出任九发股份董事系经汇泽基公司确认并指定。汇泽基公司指令受托人就所审议的事项投赞成、反对或弃权票。另据中泰信托主管领导陈乃道证明,申请人在九发股份董事会的表决,系委托人汇泽基公司每次将其表决的意愿以口头形式告知申请人。2. 中泰信托与汇泽基公司签订的《资金信托合同》。申请人主要以该合同第十一条证明,申请人受委托人汇泽基公司指令,就所审议的事项投赞成、反对或弃权票。3. 陈乃道的证言。陈乃道为中泰信托副总裁,其证言显示:申请人在九发股份董事会的表决,系委托人汇泽基公司每次将其表决的意愿以口头形式告知中泰信托,由中泰信托告知申请人。4. 高增欣的证言。高增欣为九发股份证券代表,当时为申请人参加审议定期报告的董事会会议记录人。其证言显示:①申请人为九发股份副董事长,未分管公司事务。②申请人未在公司领取薪金报酬。③申请人未出席 2005 年第一季度、第三季度及 2005 年年度报告的董事会会议,上述会议表决是 2006 年 4 月补签。④2006年4 月公司董事会审议 2005 年年度报告时,申请人提出多次质疑,但未在董事会记录中记录,申请人是同期任职董事中最为勤勉尽责的董事。5. 许爱民证言。九发股份副总裁,时任董秘。其证言显示:①申请人为九发股份副董事长,未分管公司事务。②申请人未在公司领取薪金报酬。③2005 年中报投了弃权票。④2006 年 4 月公司董事会审议 2005 年年度报告时,申请人提出多次质疑,申请人是同期任职董事中最为勤勉尽责的董事。6. 九发股份证明材料。①申请人为九发股份副董事长,未分管公司事务。②申请人未在公司领取薪金报酬。③2005 年中报投了弃权票。④2006 年 4 月公司董事会审议 2005 年年度报告时,申请人提出多次质疑,申请人是同期任职董事中最为勤勉尽责的董事。

经审查查明,申请人于 2004 年 5 月至 2006 年 5 月任九发股份董事、副董事长。申请人为九发股份第二大股东——中泰信托委派的外部董事。中泰信托受汇泽基公司委托代为持有九发股份 12.39% 的股份。申请人任职期间,显示其在审议通过有关董事会决议上签字的有:①2005 年 4 月 28 日,九发股份召开董事会,审议通过 2005 年度第一季度季报。②2005 年 10 月 21 日,九发股份召开董事会,审议通过 2005 年度第三季度季报。③2006 年 4 月

9日,九发股份召开董事会,审议通过2005年年报。④2006年4月25日,九发股份召开董事会,审议通过2006年第一季度季报。九发股份上述定期报告,均存在虚假记载和重大遗漏,申请人对九发股份的违法行为不持异议,表示自己不知悉也未参与上述违法行为事项。经审查,申请人未在九发股份分管具体事务,未发现申请人知悉或参与九发股份信息披露的违法行为。经向证人高增欣、许爱民核实,以及核实九发股份的书面证明材料,可以认定申请人在审议通过2005年年报的董事会决议中提出质疑,在审议通过2005年中报中投了弃权票。

以上事实,有九发股份2005-2006年期间各定期报告、董事会决议及会议记录、相关人员的谈话笔录,以及九法股份的书面材料等证据在案证实。

本会认为,九发股份存在虚假记载和重大遗漏的信息披露违法行为,事实清楚,证据确实充分。申请人在处罚期间提出过申辩意见,但未提交证据材料,因此未认定其勤勉尽责。复议期间,申请人提交的相关证据材料,经调查核实,可以采信。鉴于申请人在审议2005年中报和年报中均提出过质疑,履职期间有勤勉尽责的情节。另外,与其他同期任职董事相比,申请人签字通过的相关定期报告明显较少。以上可以作为减免责任的理由予以考虑。申请人提出的其他个人免责的理由,本会不予采纳。

本会决定:根据《中华人民共和国行政复议法》第二十八条第一款第(三)项之规定,撤销本会行政处罚决定书〔2008〕34号对申请人警告并处3万元罚款的处罚。

申请人如不服本复议决定,可在收到本复议决定书之日起15日内向有管辖权的人民法院提起诉讼或向国务院申请裁决。

## 关于裴福元不服行政处罚的行政复议决定书

(证监复决字〔2009〕2号)

申请人:裴福元,甘肃兰光科技股份有限公司(以下简称兰光科技)原监事

被申请人:中国证券监督管理委员会

申请人不服中国证券监督管理委员会行政处罚决定书〔2008〕50号,向本会提出了行政复议申请。本会受理后,依法对本案进行了审查,现已审查终结。

本会行政处罚决定书〔2008〕50号查明兰光科技存在以下信息披露违法行为:(一)2005年,兰光科技通过第三方账户借款给深圳兰光经济发展公司(以下简称兰光经发),发生额300万元以上的共20笔,合计65,125万元,每笔借款业务均达到了应披露关联交易的金额标准,兰光科技未及时在2005年临时公告中披露。(二)2006年1月1日至6月30日,兰光科技因担保、直接或通过第三方,被兰光经发及其关联方占用资金共发生5笔,发生额合计33,930万元,每笔业务均达到了应披露关联交易的金额标准,兰光科技未及时在2006年临时公告中披露。(三)2005年6月至2006年1月,兰光科技以其控股子公

司的名义直接或通过第三方，为深圳兰光电子集团有限公司（以下简称兰光集团）全资子公司或直接为兰光经发以银行存单质押、保证金质押等方式，提供担保总计9笔，发生额合计50,570万元，均达到了应披露关联交易的标准，兰光科技未及时在临时公告中披露。（四）2005年1月至6月，兰光科技直接或间接通过第三方给兰光经发等关联方单位借款、担保共计14笔，涉及金额47,300万元，未在2005年中期报告中披露。（五）2005年6月至12月，兰光科技给兰光经发等关联方提供担保共计3笔，涉及金额8500万元，未在2005年年度报告中披露。时任兰光科技监事裴福元在向关联单位划款的工作联络单上签字4次，涉及金额10,250万元。上述违法事实，有相关证据证明，事实清楚，证据确实、充分，足以认定。本会认为，兰光科技以及其他涉案人员2006年1月1日前的行为，违反了1999年7月1日起实施的《中华人民共和国证券法》（以下简称原《证券法》）第六十条、第六十一条、第六十二条的规定，构成了原《证券法》第一百七十七条规定的“未按照有关规定披露信息，或者所披露的信息有虚假记载、误导性陈述或者有重大遗漏”的行为，应当按照原《证券法》第一百七十七条的规定“由证券监督管理机构责令改正，对发行人处以三十万元以上六十万元以下的处罚。对直接负责的主管人员和其他直接责任人员给予警告，并处以三万元以上三十万元以下的罚款。”对裴福元给予警告，并处以10万元的罚款。

申请人提出以下行政复议理由：第一，我会〔2008〕50号处罚决定过重，有失公平、公正。第二，申请人在兰光科技未担任行政职务，未参与重大决策活动。第三，申请人在工作联络单上的签字，属退休后补签。第四，申请人担任监事期间未领取过薪金报酬。第五，申请人患病身体状况不好，儿子也因自己在兰光科技会议上提出异议被辞退，家庭生活困难，不能承担罚款。据此，申请人要求免除行政处罚。

经审查查明：

（一）申请人的任职情况。兰光经发是兰光集团的全资子公司，兰光经发同时为兰光科技的控股股东。申请人于2000年8月至2006年5月任兰光经发党委书记，于2001年9月至2007年4月任兰光科技监事。

（二）兰光科技未按规定披露大股东及关联方占款与担保事项，存在以下违法行为：1. 2005年，兰光科技通过第三方账户借款给兰光经发，发生额300万元以上的共20笔，合计65,125万元，每笔借款业务均达到了应披露关联交易的金额标准，兰光科技未及时在2005年临时公告中披露。2. 2006年1月1日至6月30日，兰光科技因担保、直接或通过第三方，被兰光经发及其关联方占用资金共发生5笔，发生额合计33,930万元，每笔业务均达到了应披露关联交易的金额标准，兰光科技未及时在2006年临时公告中披露。3. 2005年6月至2006年1月，兰光科技以其控股子公司的名义直接或通过第三方，为兰光集团全资子公司或直接为兰光经发以银行存单质押、保证金质押等方式，提供担保总计9笔，发生额合计50,570万元，均达到了应披露关联交易的标准，兰光科技未及时在临时公告中披露。4. 2005年1月至6月，兰光科技直接或间接通过第三方给兰光经发等关联方单位借款、担保共计14笔，涉及金额47,300万元，未在2005年中期报告中披露。5. 2005年6月至12月，兰光科技给兰光经发等关联方提供担保共计3笔，涉及金额8500万元，未在2005年年度报告中披露。

申请人时任兰光科技监事，在相关关联

单位划款的工作联络单上签字4次,涉及金额10,250万元。具体事项是:1. 2005年3月25日,兰光科技通过海仕通账户划款3000万元给兰光经发;2. 2005年3月27日,兰光科技通过海仕通账户划款2000万元给兰光经发;3. 2005年5月17日,兰光科技通过海仕通账户划款4500万元给兰光经发;4. 2005年5月25日,兰光科技通过海仕通账户划款750万元给兰光经发。以上事项,兰光科技未及时在2005年临时公告中披露。审查中未发现申请人要求公司及时披露等勤勉履责的证据。

以上违法事实,有申请人在兰光科技的任职情况、借款协议、工作联络单、公司定期报告等证据证明。

本会认为,兰光科技存在虚假陈述和重大遗漏的信息披露违法行为,事实清楚,证据确实、充分。申请人作为兰光科技的监事,应该恪尽职守,不悖信任,不负重托,在遵循法律、行政法规和公司章程的前提下,履行对上市公司的忠实义务和勤勉义务,对董事会和经理人行使监督权,以保障公司规范运作,保障公司根本利益不受损害。本案中,虽然兰光科技的公司治理结构可能存在先天缺陷,但申请人先后多次经手兰光经发与兰光科技的借款事项,明知兰光科技违法未予及时披露的情况下,怠于履行监事职责,不督促公司依法披露信息,公司治理结构的问题不能成为监事(或董事)免责的理由。申请人提出处罚过重,有失公平、公正等问题,本会经审理认为,兰光科技违法行为跨度时间较长,发生金额大,特别是在上市公司集中清欠的背景下仍然发生违法行为,严重影响了上市公司的持续经营。本会在确定责任人的责任轻重和应受的处罚时,既考虑了不同责任人在公司中的地位、职责,也考虑了其经手占用、担保事项的次数和累计金额,已充分考虑了申请人与其他相关当事人的处罚平衡,认定申请人为责任人员,依法做到了处罚幅度与行为性质相适应,不存在处罚过重或不公的问题。申请人提出签字为退休后补签且目前生活困难,经查证,没有证据显示申请人补签的陈述成立,且事后补签和申请人的实际经济承受能力不能成为申请人予以免责的理由,应不予支持。申请人提出的其他个人免责理由,本会不予采纳。

本会决定:根据《中华人民共和国行政复议法》第二十八条第一款第(一)项之规定,维持本会行政处罚决定书〔2008〕50号对申请人警告并处10万元罚款的处罚。

申请人如不服本复议决定,可在收到本复议决定书之日起15日内向有管辖权的人民法院提起诉讼或向国务院申请裁决。

# 关于董铭不服市场禁入决定的行政复议决定书

(证监复决字〔2009〕3号)

申请人:董铭,深圳市聚盛投资管理有限公司(以下简称聚盛投资)股东、董事、经理,成都市方圆投资管理有限责任公司(以下简称方圆投资)深圳分公司总经理,

深圳市聚盛担保投资有限公司(以下简称聚盛担保)法定代表人、股东、经理

被申请人:中国证券监督管理委员会

申请人不服中国证券监督管理委员会市场禁入决定书〔2008〕27号,向本会提出了行政复议申请。本会受理后,依法对本案进行了审查,现已审查终结。

本会市场禁入决定书〔2008〕27号认定,方圆投资、方圆投资深圳分公司、聚盛投资、聚盛担保、深圳市恒运信息咨询有限公司(以下简称恒运信息)在人员、股权等方面存在关联关系,为同一利益主体。2003年4月29日至2004年11月2日,共计362个交易日期间,上述机构利用其控制的296个深圳股东账户交易方向光电股票。方圆投资、聚盛投资、聚盛担保、恒运信息操纵方向光电股票价格的行为违反了1999年7月1日起施行的《中华人民共和国证券法》(以下简称原《证券法》)第七十一条关于禁止操纵证券交易价格的规定,构成原《证券法》第一百八十四条操纵证券交易价格的行为,且情节严重。本案的责任人员为陈建中、董铭。根据当事人违法行为的事实、性质、情节与社会危害程度,依据《证券市场禁入暂行规定》的规定,本会认定陈建中、董铭为市场禁入者,自本会宣布决定之日起,10年内不得从事任何证券业务和担任上市公司高级管理人员。

申请人请求撤销市场禁入决定书〔2008〕27号对其实施的证券市场禁入措施,主要理由如下:第一,申请人不是聚盛投资的实际控制人,其本人和所在单位不是涉案账户的实际持有人、控制人和实际交易者,对市场禁入决定书中所说的操纵股价行为未参与,也不知情,均无操纵股价行为。第二,聚盛担保实施的股票账户监管行为是风险防范手段,而非操纵股价行为。第三,被申请人证明申请人存在操纵股价行为的依据不足。第四,被申请人作出市场禁入决定时未明确告知申请人的有关权利,程序违法。

经审查查明,方圆投资、方圆投资深圳分公司、聚盛投资、聚盛担保、恒运信息在人员、股权等方面存在关联关系,为同一利益主体。上述机构控制的账户于2003年4月29日至2004年11月2日的362个交易日期间,利用其控制的296个深圳股东账户交易方向光电股票。具体情况如下:(一)上述机构控制的账户发生过交易的共有340天,占总交易天数的93.92%。交易比重超过20%的有280天,占总交易天数的77.35%;交易比重超过50%的有113天,占总交易天数的31.22%;交易比重超过70%的有14天,占总交易天数的3.87%。最大交易比重为87.26%(2003年12月24日)。(二)上述机构控制的账户持仓量超过流通股10%的有261天,占总交易天数的72.10%;持仓量超过流通股20%的有231天,占总交易天数的63.81%;持仓量超过流通股30%的有134天,占总交易天数的37.02%。最高持仓比例39.46%(2004年6月15日)。(三)上述机构控制的账户存在自买自卖行为的天数有292天,占总交易天数的80.66%;自买自卖量占总交易量比重超过10%的有178天,占总交易天数的49.17%;自买自卖量占总交易量比重超过30%的有68天,占总交易天数的18.78%;自买自卖量占总交易量比重超过50%的有14天,占总交易天数的3.87%。最大对倒比重为79.72%(2003年12月24日)。(四)上述机构控制的账户累计买入123,518,145股,累计买入金额1,014,660,386元。(五)至2004年11月2日,上述机构控制的账户余股9,799,765股,账面亏损23,619,517.05元。至2006年9月20日,方圆投资、方圆投资深圳分公司、聚盛投

资、聚盛担保、恒运信息等机构控制的账户余股为0股,亏损20,270,284.26元。

上述违法事实,有方圆投资、方圆投资深圳分公司、聚盛投资、聚盛担保、恒运信息在相关证券营业部资金账户、证券账户的开立情况,相关代理授权,委托资产管理协议,资金划转凭证,证券划转情况,相关机构的情况说明,相关文件,深圳证券交易所提供的方圆投资、方圆投资深圳分公司、聚盛投资、聚盛担保、恒运信息交易方向光电股票持仓情况、浮动盈亏、资金投入、在自己实际控制的账户之间进行交易等计算数据,相关人员的谈话笔录等证据证明。

本会认为,调取的证据证明方圆投资深圳分公司、聚盛投资、聚盛担保参与了操纵方向光电股票价格,申请人作为聚盛投资股东、董事、经理和方圆投资深圳分公司总经理及聚盛担保法定代表人、股东、经理,应当承担责任。上述事实有方圆投资深圳分公司、聚盛投资、聚盛担保的工商登记资料,委托资产管理协议,相关证券营业部资金账户、证券账户的开立、代理授权、资金划转凭证、证券划转、交易情况,相关机构的情况说明,相关文件,相关人员的谈话笔录等证据证明,足以认定。申请人提出的其对操纵方向光电股票价格行为不知情、未参与,公司只是派员对账户进行必要的风险监控等证明其不承担责任的事实及理由不充分,申请人关于对其参与操纵股价行为认定证据不足的主张也不能成立。

另外,本会依据原《证券法》的有关规定,对方向光电股票价格操纵案的违法行为进行了立案调查、审理,并依法向申请人告知了作出市场禁入的事实、理由和依据及当事人依法享有的权利,并应申请人的要求举行了听证会,听取了申请人的陈述和申辩,作出市场禁入决定的程序合法、有效。因此,申请人关于作出市场禁入决定时未明确告知申请人的有关权利,程序违法的主张不成立。

本会认为,根据申请人违法行为的事实、性质、情节与社会危害程度,依据《证券市场禁入暂行规定》第二条的规定,对申请人董铭作出的市场禁入决定,事实清楚,证据确凿,适用依据正确,程序合法,内容适当,申请人提出的复议理由不能成立。

本会决定:根据《中华人民共和国行政复议法》第二十八条第一款第(一)项之规定,维持本会市场禁入决定书〔2008〕27号对申请人的处理。

申请人如不服本复议决定,可在收到本复议决定书之日起15日内向有管辖权的人民法院提起诉讼或向国务院申请裁决。

# 关于金峰不服行政处罚的行政复议决定书

(证监复决字〔2009〕4号)

申请人:金峰,时任渤海证券有限责任公司总裁助理

申请人:余梅,金峰配偶

被申请人:中国证券监督管理委员会

申请人不服本会对其作出的行政处罚决定(《中国证券监督管理委员会行政处罚决定书》〔2009〕4号),向本会提出了行政复议申请。本会受理后,依法对本案进行了审查,现已审查终结。

《中国证券监督管理委员会行政处罚决定书》〔2009〕4号认定,天津泰达投资控股有限公司(以下简称泰达控股)收购四环药业股份有限公司(以下简称四环药业)的有关信息为《中华人民共和国证券法》(以下简称《证券法》)规定的内幕信息,该信息的价格敏感期为2007年1月18日至22日。金峰知悉泰达控股收购四环药业的有关信息,为内幕信息知情人。

"任淑兰"股票账户2007年1月19日买入四环药业股票50,000股,1月22日卖出四环药业股票50,000股,获利22,506.99元。

"任淑兰"股票账户为金峰用其岳母的名义开立,"任淑兰"股票账户资金主要来源于金峰配偶余梅。2007年1月19日,"任淑兰"股票账户买入四环药业的IP地址为北京地区;2007年1月22日,"任淑兰"股票账户卖出四环药业的IP地址为金峰工作单位渤海证券有限责任公司(以下简称渤海证券)的IP地址。

金峰和余梅的行为违反《证券法》第七十三条"禁止证券交易内幕信息的知情人和非法获取内幕信息的人利用内幕信息从事证券交易活动"的规定,构成了《证券法》第二百零二条所述的内幕交易行为。

根据当事人违法行为的事实、性质、情节与社会危害程度,依据《证券法》第二百零二条的规定,本会决定:没收金峰和余梅违法所得22,506.99元,并处以罚款22,506.99元。

申请人认为,被申请人认定事实不清、适用法律错误。一是《行政处罚决定书》认定的违法事实不存在。申请人认为2007年1月18日至22日不存在"内幕信息",没有证据证明泰达控股在1月22日以前决定收购或者意向收购上市公司四环药业,没有证据证明2007年1月18日泰达控股工作人员在与金峰的电话交谈中告知泰达控股准备收购四环药业。决定书认定的内幕信息不成立,因此认定内幕交易也不成立。二是在内幕信息不存在、故内幕交易不存在的前提下,决定书适用《证券法》第二百零二条内幕交易的处罚条款进行处罚,属适用法律错误。三是在本案听证程序中,调查人员出示的6份调查笔录均没有调查人员签字,不符合法定形式,不应当作为认定案件事实的证据和依据。

经审查查明,2007年1月18日泰达控股委托的投资顾问公司向泰达控股工作人员提交确定四环药业为比较合适的目标公司的分析报告,后者当天下午给金峰打电话,告诉金峰泰达控股准备重组四环药业,方式是由渤海证券借壳四环药业上市,请金峰帮忙约渤海证券负责人与四环药业负责人见面。2007年1月22日,四环药业向深圳交易所申请停牌交易。2007年3月12日,四环药业公告泰达控股有意向其注入资产。

另查明,申请人金峰和余梅为夫妻关系。2000年9月27日,金峰在国泰君安证券北京知春路营业部办理其岳母任淑兰的开户手续,开立"任淑兰"资金账户,编号为10060466,下挂号码为0032558472的"任淑兰"股票账户,"任淑兰"资金账户的资金来自余梅银行账户,余梅承认"任淑兰"资金账户和股票账户由其操作。根据我会对"任淑兰"股票账户委托电话号码及网络交易IP地址的调查,"任淑兰"股票账户于2005年前采用电话委托方式进行交易;其中,2002年4月8日的委托交易电话为金峰办公室电话号码。2005年后采用网络委托方式交易,14笔委托交易

IP 地址中,除 2007 年 1 月 19 日 1 笔在北京地区外,其余 13 笔均为金峰工作单位渤海证券的 IP 地址。2007 年 1 月 18 日,金峰知悉泰达控股收购四环药业的内幕信息;2007 年 1 月 19 日,“任淑兰”股票账户买入四环药业股票 50,000 股;2007 年 1 月 22 日,“任淑兰”股票账户卖出四环药业股票 50,000 股;2007 年 1 月 23 日,四环药业停牌交易,直至 2007 年 3 月 13 日。其中,2007 年 1 月 19 日至 1 月 22 日,“任淑兰”股票账户买卖四环药业股票,获利 22,506.99 元。

在作出行政处罚决定之前,本会依法履行了告知义务,并应申请人的要求举行了听证会,认真听取了申请人的陈述和申辩意见。在作出行政处罚决定之后,依法履行了送达程序,程序合法。

上述事实有相关临时公告、相关人员谈话笔录、相关证券账户开立情况、相关资金划转情况、相关证券交易情况,以及行政处罚事先告知书、行政处罚决定书、送达回证及回执等证据证明。

本会认为,2007 年 1 月 18 日,泰达控股工作人员确定四环药业为渤海证券借壳上市比较合适的目标公司,并由金峰约请四环药业和渤海证券双方负责人见面,是前期四环药业准备重组、渤海证券准备借壳上市工作的重要进展,也是收购上市公司四环药业的开始环节。2007 年 1 月 22 日,四环药业向深圳证券交易所申请停牌交易。2007 年 3 月 12 日,四环药业公告泰达控股有意向其注入资产,证明泰达控股收购四环药业的有关信息是确定的,属于上市公司收购有关方案的相关重要信息。上述事实清楚、证据确凿,并已经形成了完整的证据链,足以认定。依照《证券法》第七十五条规定,上市公司收购的有关方案属于内幕信息。本会认定泰达控股收购四环药业的有关信息为内幕信息,金峰知悉泰达控股收购四环药业的有关信息,为内幕信息知情人,符合法律规定。

另金峰和余梅为夫妻关系,有共同的财产和收益。相关证据证明“任淑兰”资金账户的资金来自余梅银行账户,且余梅承认“任淑兰”资金账户和股票账户由其操作。从查证的 2005 年以来交易记录和 IP 地址显示余梅绝大部分股票交易,均在金峰办公地点。在 2007 年 1 月 19 日至 1 月 22 日,“任淑兰”股票账户买卖四环药业股票,均在内幕信息敏感期间。金峰和余梅利用内幕信息进行了内幕交易的相关证据清楚而有说服力。依照《证券法》第七十三条的规定,金峰和余梅违反了“禁止证券交易内幕信息的知情人和非法获取内幕信息的人利用内幕信息从事证券交易活动”的规定,应认定为构成《证券法》第二百零二条所述的内幕交易行为。

经查,作为本案证据的相关询问笔录虽没有调查人员签字,但抬头已经记录了调查人员的情况,并已经由被询问人签名确认,本会调查程序符合法律规定,相关证据的真实性和合法性可以确认。

综上,申请人上述理由没有事实和法律依据,本会不予支持。本会上述对金峰、余梅作出的行政处罚决定认定事实清楚,证据确凿,适用依据正确,程序合法,处罚适当。

本会决定:根据《中华人民共和国行政复议法》第二十八条第一款第(一)项之规定,维持《中国证券监督管理委员会行政处罚决定书》〔2009〕4 号对申请人所作的没收违法所得 22,506.99 元,并处以 22,506.99 万元罚款的行政处罚。

申请人如不服本复议决定,可在收到本复议决定书之日起 15 日内向有管辖权的人民法院提起诉讼或向国务院申请裁决。

# 关于张海涛不服行政处罚的行政复议决定书

（证监复决字〔2009〕5 号）

申请人：张海涛，时任华南期货经纪有限公司总经理

被申请人：中国证券监督管理委员会

申请人不服《中国证券监督管理委员会行政处罚决定书》〔2009〕12 号对其作出的行政处罚决定，向本会提出了行政复议申请。本会受理后，依法对本案进行了审查，现已审查终结。

本会《行政处罚决定书》〔2009〕12 号认定，华南期货经纪有限公司（以下简称华南期货）存在以下挪用客户保证金的行为：

2005 年 1 月 11 日，华南期货通过网上银行从中国工商银行广州市第一支行保证金账户（账号：3602000109000090759，以下简称 0759 账户）划款 400 万元至中国建设银行广州天河支行自有资金账户（账号：44001581301050304233，以下简称 4233 账户）。次日，华南期货将该 400 万元从 4233 账户划至深圳市林木贸易有限公司（以下简称深圳林木公司）在深圳市商业银行深圳湾支行的账户。华南期货在划款之时，并无可供划转的 400 万元自有资金，上述行为构成了挪用客户保证金。之后，华南期货又多次在保证金存在缺口的情况下从保证金账户向外划款。华南期货的上述行为，违反了《期货交易管理暂行条例》（以下简称《期货暂行条例》）第三十六条“期货经纪公司向客户收取的保证金，属于客户所有；期货经纪公司除按照中国证监会的规定为客户向期货交易所交存保证金、进行交易结算外，严禁挪作他用”的规定，构成了《期货暂行条例》第六十条所述“挪用客户保证金”的行为。对华南期货上述挪用客户保证金的违法行为，时任华南期货董事长姜雪和总经理张海涛是直接负责的主管人员。根据当事人违法行为的事实、性质、情节与社会危害程度，依据《期货暂行条例》第六十条的规定，我会决定对张海涛给予警告，并处以 3 万元的罚款。

申请人请求撤销本会《行政处罚决定书》〔2009〕12 号对其的行政处罚，主要理由如下：第一，申请人未参与华南期货划转 400 万元的行为，并不知情，不应当承担责任；而且 400 万元款项是往来款调拨，不属于申请人财务授权范围。第二，申请人并非挪用华南期货客户保证金案的直接负责主管人员，处罚决定没有法律依据。第三，申请人积极采取措施改善公司经营，公司在申请人任职期间基本保持平稳运行，未出现交易和兑付风险，离职后没有任何违法违规行为发生。目前申请人已经因为华南期货案遭受损失，并多年没有机会申报高管，责罚不相当。同时申请人也提出银行对账单、特别处理通知、总经理室成员分工等证据佐证。

经审查查明，2005 年 1 月 11 日，华南期货通过网上银行从其中国工商银行保证金 0759 账户划款 400 万元至其中国建设银行自有资金 4233 账户。

华南期货报送的监管报表显示：截至

2004 年 12 月 31 日,华南期货在保证金账户中的自有资金为 877,961.14 元,加上 2005 年 1 月 1 日至 10 日取得交易所返还的手续费 28,127.70 元,华南期货 2005 年 1 月 11 日在保证金账户中的自有资金为 906,088.84 元。但根据三家期货交易所关于期货公司必须以自有资金交存 50 万元最低结算准备金的规定,扣除必须以自有资金交存三家期货交易所的 150 万元,华南期货 2005 年 1 月 11 日实际可从保证金账户中划转的资金为 -593,911.16 元。因此,华南期货 2005 年 1 月 11 日从保证金账户划款时,并无可供划转的 400 万元自有资金,而且银行资金汇划补充凭证明确显示该笔资金的用途是“保证金”。

另查明,申请人于 2004 年 2 月 15 日至 2006 年 4 月 18 日,担任华南期货总经理(总裁)。根据华南期货公司章程、财务管理规定、保证金管理制度等规定,总裁主持公司的生产经营管理工作,提请聘任或解聘公司副总裁、财务负责人。财务部接受部门负责人和公司总裁领导,稽核部门对总裁负责并报告工作。《对张海涛总经理财务审批范围的授权》(华南董授字〔2004〕第 1 号)还明确规定“将部分财务审批权限授权张海涛总经理”,“公司内部的款项划转由结算部、财务部、风险总监、胡培源审核、张海涛审批”等。2005 年 1 月 13 日、1 月 24 日、2 月 3 日、3 月 1 日、3 月 18 日、4 月 5 日、6 月 15 日、7 月 4 日华南期货分别从其保证金账户划款至其自有资金 4233 账户,调款指令批准人为申请人。

上述事实,有相关情况说明、授权书、交易所对账单、银行存款明细账、银行对账单、结算资料及当事人询问笔录等证明。

本会认为,华南期货 2005 年 1 月 11 日从其保证金账户划款时,并无可供划转的自有资金,其所划的 400 万元为保证金,构成挪用客户保证金的行为。该笔挪用客户保证金的行为发生在申请人担任华南期货总经理(总裁)期间,华南期货公司章程、相关制度、公司的授权文件以及相关询问笔录等证据证明申请人主持公司的生产经营管理工作,对华南期货的财务及保证金监控、稽核具有管理的职权和责任,而且有证据证明申请人实际审批华南期货从其保证金账户到自有资金账户的划款。因此可以认定申请人为华南期货挪用客户保证金行为直接负责的主管人员。

挪用客户保证金损害投资者合法权益,扰乱期货市场管理秩序,是法律明文禁止的违法行为。申请人作为期货公司总经理(总裁),应严格按照《期货暂行条例》和《期货经纪公司保证金封闭管理暂行办法》的规定履行职责,保障客户保证金的安全,对于华南期货挪用 400 万元保证金的行为,依照有关规定,无论其签字与否、是否知情均须承担相应的法律责任。对于该笔 400 万元资金的性质,银行资金汇划补充凭证明确显示其用途是“保证金”,申请人以对账单上显示“往来”为由主张是往来款,与前述事实不符,不能成立。申请人提交的华南期货《总经理室成员分管工作一览表》,列明申请人的岗位职责“见公司章程”,即“主持公司的生产经营管理工作”,对于申请人提出的其不分管财务和办公室的申辩理由,与其所应承担的公司章程及其他公司制度、授权中的职责并不相符,本会不予支持。对于申请人所提出的其他履职情况以及认为调查工作已对其利益造成损害的申辩理由,与本案所涉及挪用客户保证金的违法违规行为并没有关系,本会不予支持。

在作出行政处罚决定之前,本会依法履行了告知义务,并应申请人的要求举行了听证会,听取了申请人的陈述和申辩意见。在作出行政处罚决定之后,依法履行了送达程序,程序合法。

综上，申请人提出的复议请求和理由缺乏事实和法律依据，本会不予支持。本会认为，上述对申请人作出的行政处罚决定认定事实清楚，证据确凿，适用依据正确，程序合法，处罚适当。

本会决定：根据《中华人民共和国行政复议法》第二十八条第一款第（一）项之规定，维持本会《行政处罚决定书》〔2009〕12号对申请人所作的行政处罚。

申请人如不服本复议决定，可在收到本复议决定书之日起15日内向有管辖权的人民法院提起诉讼或向国务院申请裁决。

## 关于付光明不服行政处罚的行政复议决定书

（证监复决字〔2009〕6号）

申请人：付光明，2003年5月至2006年6月任酒鬼酒股份有限公司（以下简称酒鬼酒）董事

被申请人：中国证券监督管理委员会

申请人不服《中国证券监督管理委员会行政处罚决定书》〔2009〕7号对其作出的行政处罚决定，向本会提出了行政复议申请。本会受理后，依法对本案进行了审查，现已审查终结。

本会《行政处罚决定书》〔2009〕7号认定，酒鬼酒存在以下违法事实：酒鬼酒在定期报告中未如实披露第一大股东湖南成功控股集团有限公司（以下简称成功集团）及其他关联方占用酒鬼酒资金的事项；酒鬼酒在定期报告中虚假陈述货币资金数额。上述违法事实，有相关定期报告、财务记录、单据、协议书、法院《民事调解书》、相关人员的谈话笔录等证据证明，足以认定。酒鬼酒的上述行为违反了1999年7月1日起施行的《中华人民共和国证券法》（以下简称原《证券法》）第六十条、第六十一条的规定，构成原《证券法》第一百七十七条所述“依照本法规定，经核准上市交易的证券，其发行人未按照有关规定披露信息，或者所披露的信息有虚假记载、误导性陈述或者有重大遗漏的”行为。时任酒鬼酒董事的申请人在审议通过2003年年度报告、2004年中期报告、2004年年度报告、2005年中期报告的董事会决议上签字（或授权他人代签）同意，为酒鬼酒上述违法行为的其他直接责任人员。根据申请人违法行为的事实、性质、情节与社会危害程度，依据原《证券法》第一百七十七条的规定，本会决定给予申请人警告并处以罚款3万元。

申请人请求撤销本会《行政处罚决定书》〔2009〕7号对其的行政处罚，主要理由如下：第一，被申请人不顾及申请人按照《企业国有资产法》、《企业国有资产监督管理暂行条例》等有关规定，遵照国有股东意见和指示行使表决权等客观实际和本人的特殊情况，不顾及不同法律法规之间的矛盾和冲突，仅从本部门角度执法，致使其无辜受罚。第二，被申请人在作处罚决定时不考虑各方董事在本事件中的不同处境和应负责任，按同一标准处罚极不合理。第三，被申请人在此案处理上存在严重违纪违规和不公正行为。第四，申请人在担任酒鬼酒董事期间遵纪守法，恪尽职守，完全尽到了上市公司国有股董事的责任。

经审查查明,酒鬼酒存在以下违法事实:

一、酒鬼酒在定期报告中未如实披露第一大股东成功集团及其他关联方占用酒鬼酒资金的事项。2003 年年度报告未披露占用金额 302,230,000 元;2004 年中期报告未披露占用金额 226,082,800 元;2004 年年度报告未披露占用金额421,232,800元;2005 年中期报告未披露占用金额 425,920,300 元。

二、酒鬼酒在定期报告中虚假陈述货币资金数额。酒鬼酒 2003 年年度报告披露货币资金 330,683,747.99 元,虚假陈述货币资金 299,013,150.54 元,实有货币资金 31,670,597.45元;酒鬼酒 2004 年中期报告披露货币资金 448,944,107.15 元,虚假陈述货币资金 374,816,429.22 元,实有货币资金 74,127,677.93 元;酒鬼酒 2004 年度报告披露货币资金 411,968,167.70 元,虚假陈述货币资金 374,388,882.91 元,实有货币资金 37,579,284.79 元;酒鬼酒 2005 年中期报告披露货币资金436,158,202.98元,虚假陈述货币资金数额 420,030,281.55 元,实有货币资金 16,127,921.43 元。

上述事实,有相关定期报告、董事会决议、财务记录、单据、协议书、法院《民事调解书》、相关人员的谈话笔录等证据证明。

本会认为,酒鬼酒在 2003 年年度报告、2004 年中期报告、2004 年年度报告和 2005 年中期报告未如实披露第一大股东及其他关联方占用其资金和虚假陈述货币资金数额的行为违反了原《证券法》第六十条、第六十一条的规定,构成原《证券法》第一百七十七条所述"依照本法规定,经核准上市交易的证券,其发行人未按照有关规定披露信息,或者所披露的信息有虚假记载、误导性陈述或者有重大遗漏的"行为。

根据《中华人民共和国公司法》、《上市公司治理准则》的相关规定,上市公司的董事应当根据公司和全体股东的最大利益,忠实、勤勉地履行职责,应当遵守有关法律、法规、中国证监会规定及公司章程的规定,应当保证公开披露的文件内容没有虚假、误导性陈述或重大遗漏,对上市公司定期报告的真实、完整负有责任,应当对董事会的决议承担责任。申请人作为时任酒鬼酒董事,在审议通过 2003 年年度报告、2004 年中期报告、2004 年年度报告、2005 年中期报告的董事会决议上签字(或授权他人代签)同意,未能勤勉尽责,为酒鬼酒上述违法行为的其他直接责任人员。本会依据当事人违法行为的事实、性质、情节与社会危害程度,特别是有关任职及勤勉尽责的事实和情节,区分了主要责任人与次要责任人,分别依法予以处罚。申请人提出的复议请求和理由缺乏事实依据与法律依据,本会不予支持。

在作出行政处罚决定之前,本会依法向当事人告知了作出行政处罚的事实、理由、依据及当事人依法享有的权利,并应有听证权利的相关当事人的要求举行了听证会,听取了其陈述和申辩。其他当事人进行了陈述和申辩。在作出行政处罚决定之后,依法履行了送达程序,程序合法。

本会认为,根据申请人违法行为的事实、性质、情节与社会危害程度,依据原《证券法》第一百七十七条的规定,对申请人作出的行政处罚决定,事实清楚,证据确凿,适用依据正确,程序合法,处罚适当。

本会决定:根据《中华人民共和国行政复议法》第二十八条第一款第(一)项之规定,维持本会《行政处罚决定书》〔2009〕7 号对申请人的处罚。

申请人如不服本复议决定,可在收到本复议决定书之日起 15 日内向有管辖权的人民法院提起诉讼或向国务院申请裁决。

# 关于弘信期货经纪有限公司不服行政监管措施决定的行政复议决定书

（证监复决字〔2009〕7号）

申请人：弘信期货经纪有限公司（以下简称弘信期货）

被申请人：中国证券监督管理委员会

申请人不服《中国证券监督管理委员会行政监管措施决定书》〔2009〕6号关于撤销其全部期货业务许可并关闭所有分支机构的决定，向本会提出行政复议。本会受理后，依法对本案进行了审查，现已审查终结。

本会《行政监管措施决定书》〔2009〕6号认定：弘信期货2008年12月31日的净资本为1450.69万元，2009年1月7日，弘信期货被青岛市中级人民法院冻结资金661万元，导致2009年1月31日公司净资本进一步减少，不符合《期货公司风险监管指标管理试行办法》（证监发〔2007〕55号）第十八条“净资本不得低于人民币1500万元”的规定。为此，中国证券监督管理委员会青岛监管局（以下简称青岛证监局）于2009年2月20日对弘信期货下发了《关于对弘信期货经纪有限公司限期整改并限制业务的通知》（青证监发〔2009〕41号），要求弘信期货就净资本不足的问题进行限期整改。2009年3月31日整改期限届满，弘信期货净资本指标仍然不符合《期货公司风险监管指标管理试行办法》的规定，未达到持续性经营规则的要求。

上述行为违反了《期货公司风险监管指标管理试行办法》第十八条“净资本不得低于人民币1500万元”的规定，构成了《期货公司风险监管指标管理试行办法》第三十六条“期货公司逾期未改正或者经过整改风险监管指标仍不符合规定标准”和《期货交易管理条例》第五十九条“经过整改仍未达到持续性经营规则要求，严重影响正常经营”的行为。依据《期货交易管理条例》第五十九条第四款“对经过整改仍未达到持续性经营规则要求，严重影响正常经营的期货公司，国务院期货监督管理机构有权撤销其部分或者全部期货业务许可，关闭其分支机构”的规定，本会决定：撤销弘信期货全部期货业务许可、关闭其所有分支机构。

申请人请求撤销对其作出的监管措施决定，提出以下复议理由：（一）没有证据表明申请人目前无法正常经营，更没有证据表明申请人因净资本低于1500万元而严重影响正常经营，被申请人对《期货交易管理条例》第五十九条第四款适用不当。（二）申请人的自有资金被冻结并不导致净资本的减少。被申请人对申请人处罚的事实依据——财务状况，缺乏中介机构的审计评估。（三）申请人的关联企业（股东）对申请人的健康发展做出过积极贡献，被申请人的行政决定将使申请人再次陷入困境，申请人的关联企业、股东也将遭受重大损失，也将使申请人的再次重组无法实施。

经审查查明:2008 年 12 月 –2009 年 3 月,申请人按月度向被申请人报送的《风险监管指标汇总表》、《经调整净资本计算表》显示,公司净资本总额持续低于《期货公司风险监管指标管理试行办法》规定的 1500 万元最低标准。经审查,导致申请人净资本减少的原因是:2008 年 12 月,申请人股东青岛黄海轮胎厂占用公司自有资金 630 万元,导致公司净资本总额减少至 1450 万元;2009 年 1 月 8 日,青岛市中级人民法院冻结申请人自有资金 660 万元,导致公司净资本进一步下降。

以上事实,有弘信期货报送的风险监管指标汇总表及经调整净资本计算表、有关民事裁定书、公司有关说明等证据证明。

经审查,2008 年 12 月 10 日,青岛证监局发现弘信期货净资本不足后,向弘信期货发出《关于加强资金管理的通知》,要求公司加强资金管理;同日,向青岛黄海轮胎厂发出《整改通知书》,责令其归还占用的弘信期货资金。

2009 年 2 月 20 日,青岛证监局向弘信期货发出《关于对弘信期货经纪有限公司限期整改并限制业务的通知》,责令公司限期整改,促使净资本达标或提出重组方案。2009 年 3 月 31 日,整改期限届满,弘信期货净资本额仍低于 1500 万元,公司未能按期完成整改。

2009 年 6 月 4 日,被申请人向申请人发出《行政监管措施事先告知书》,告知拟对其作出的监管措施,依据的事实、理由和证据,以及申请人享有的权利。2009 年 6 月 12 日,申请人向被申请人提交了申辩意见。2009 年 7 月 9 日,被申请人作出《行政监管措施决定书》,决定撤销弘信期货全部期货业务许可并关闭其所有分支机构。

本会认为,期货公司最低净资本是期货公司防范和抵御期货市场各类风险、保障客户交易安全的最低保障,是期货公司持续正常经营的最低监管要求。申请人的净资本持续低于《期货公司风险监管指标管理试行办法》第十八条规定的 1500 万元最低标准,且在此期间弘信期货客户保证金规模较大,经过监管机关数次提示、给予纠正和整改机会后仍不能达标,将严重影响其正常经营活动。

根据《期货公司风险监管指标管理试行办法》第三十六条规定,“期货公司逾期未改正或者经过整改风险监管指标仍不符合规定标准的,中国证监会及其派出机构可以依据《期货交易管理条例》第五十九条采取监管措施”。《期货交易管理条例》第五十九条第四款规定,“对经过整改仍未达到持续性经营规则要求,严重影响正常经营的期货公司,国务院期货监督管理机构有权撤销其部分或者全部期货业务许可、关闭其分支机构”。被申请人根据申请人净资本持续不达标,不符合持续性经营规则要求,经限期整改仍未达到要求,严重影响其正常经营的事实,撤销其期货业务许可并关闭其分支机构,符合上述法规规定。

根据中国证监会期货监管部 2007 年下发的《关于调整期货公司风险监管报表编报工作的通知》(证监期货字〔2009〕93 号),其中“经调整净资本计算表”要求,计算净资本时应将公司“所有权受限等无法变现的资产(如被冻结)”进行调减,申请人提出的“资金被法院冻结,但仍属于申请人所有,并不导致净资本减少”的说法不能成立。根据《期货公司风险监管指标管理试行办法》第二十四条的规定,期货公司报送的月度风险监管报表不需要具有相关业务资格的中介机构审计评估。申请人提出的复议理由不能成立。

综上所述,本会《行政监管措施决定书》〔2009〕6 号认定的申请人净资本持续不符合持续性经营规则且未能按期整改的事实清楚，证据充分，行政监管措施适用法律正确，程序合法，处理适当。

根据《中华人民共和国行政复议法》第二十八条第一款第（一）项之规定，本会决定：维持本会《行政监管措施决定书》〔2009〕6号对申请人作出的行政监管措施决定。

申请人如不服本复议决定，可在收到本复议决定书之日起15日内向有管辖权的人民法院提起诉讼或向国务院申请裁决。

## 关于王邦志不服市场禁入决定的行政复议决定书

（证监复决字〔2009〕8号）

申请人：王邦志，时任中国科技证券有限责任公司（以下简称中科证券）副总裁

被申请人：中国证券监督管理委员会

申请人不服《中国证券监督管理委员会市场禁入决定书》〔2009〕7号对其作出的市场禁入决定，向本会提出行政复议申请。本会受理后，依法对本案进行了审查，现已审查终结。

本会《市场禁入决定书》〔2009〕7号认定，中科证券存在以下违法事实：

一、挪用客户交易结算资金。中科证券在成立前已经存在挪用客户交易结算资金的违法行为，在成立时通过临时拆借资金将挪用的客户交易结算资金填平，在成立后又通过报送虚假财务报表加以掩盖。中科证券挪用的主要方式是将大量资金从其清算中心客户交易结算资金账户中划出，并在清算中心"内部银行"科目核算。在2002年6月24日至2006年2月24日期间，中科证券挪用客户交易结算资金累计27笔，共计6,319,808,833元。截至2006年2月24日被托管清算日，客户交易结算资金缺口数为1,321,282,372.78元。

二、挪用客户债券。截至2006年2月24日，中科证券挪用个人正常经纪类账户持有债券折合标准券金额共计36,936,120元。

三、承诺保底收益的违规委托理财。截至2006年2月24日，中科证券及其相关营业部在开展委托理财业务中违规承诺保底收益，共计109笔，涉及金额999,178,000元，累计支付承诺保底收益64,431,133.45元。其中，已结清84笔，涉及金额603,251,000元，支付收益33,155,417.45元；未结清25笔，涉及金额395,927,000元，支付收益31,276,716元。

中科证券挪用客户交易结算资金的行为，违反了自1999年7月1日起施行的《证券法》（以下称原《证券法》）第七十三条和第一百三十二条的规定，构成原《证券法》第一百九十三条规定的"挪用客户账户上的资金"的行为；中科证券挪用客户债券的行为，违反了自2006年1月1日起施行的《证券法》（以下称新《证券法》）第七十九条和第一百三十九条的规定，构成新《证券法》第二百一十一条规定的"挪用客户的资金或者证券"的行为；中科证券承诺保底收益的违规理财行为，违反了原《证券法》第一百四十三条的规定，构成原《证券法》第一百九十四条规定的"对客户买卖证券的收益或者赔偿证券买卖的损失作出承诺"行为。时任中科证券副总裁王邦志是对中

科证券前述违法行为负责的其他直接责任人员。根据当事人违法行为的事实、性质、情节与社会危害程度,依据《证券市场禁入暂行规定》第二条、第六条、第七条、第十六条的规定,本会决定:认定王邦志为市场禁入者,5 年内不得从事任何证券业务和担任上市公司高级管理人员,也不得在其他任何从事证券业务的机构中任职。

申请人请求撤销《市场禁入决定书》〔2009〕7 号对其作出的市场禁入决定,主要理由是:(一)认定申请人为其他直接责任人员不够客观,处罚过重;(二)被申请人的决定应当体现当时处理历史问题的有关政策精神,经过自查的历史问题不应列为对其的处罚依据。

经审查,中科证券存在以下违法事实:

一、挪用客户交易结算资金。中科证券成立前,已经存在挪用客户交易结算资金行为。本会《关于同意筹建中国科技证券有限公司的批复》要求中国科技国际信托投资有限公司(以下简称中科信托)必须归位挪用的客户资金,清退违规形成的债务,中科信托通过临时拆借资金的方式将挪用的客户交易结算资金填平。中科证券挪用的主要方式是将资金从其清算中心客户交易结算资金账户中划出,并在清算中心"内部银行"科目核算。自 2002 年 6 月 24 日至 2006 年 2 月 24 日期间,中科证券共挪用客户交易结算资金累计 27 笔。截至 2006 年 2 月 24 日,资金缺口达1,321,282,372.78亿元。

二、挪用客户债券。截至 2006 年 2 月 24 日,中科证券挪用个人正常经纪类账户持有债券折合标准券金额共计 36,936,120 元。

三、承诺保底收益的违规委托理财。截至 2006 年 2 月 24 日,中科证券及其相关营业部在开展委托理财业务中违规承诺保底收益,共计 109 笔,涉及金领999,178,000元,累计支付承诺保底收益 64,431,133.45元。

以上事实,有相应的银行对账单、银行存款余额调节表、财务凭证、有关银行存款账户、交易流水记录、客户结算资金存款账户清单、中科证券财务报表数据、银行日记账、交易保证金明细表以及有关内部呈批件、委托协议、划款凭证等证据证明,足以认定。

经审查,本会《行政处罚及市场禁入事先告知书》认定,申请人是中科证券违法行为直接负责的主管人员,拟对申请人实施永久性市场禁入措施。根据申请,本会于 2009 年 6 月 25 日举行听证会听取了申请人的陈述和申辩。本会在听取申请人申辩意见后认为,申请人虽然对中科证券违法行为的历史形成负有责任,但在问题被发现后,没有增加违法行为,并且能够协助控制风险,认真反映情况,积极整改,配合案件调查,虽然不能免除责任,但应依法从轻处理。因此,本会《市场禁入决定书》〔2009〕7 号认定申请人是对中科证券违法违规行为负责的其他直接责任人员,并对申请人实施 5 年市场禁入措施。

本会认为,根据本案事实、证据,申请人对中科证券违法行为的历史形成负有责任。中科证券成立后,申请人作为主管资金清算、经纪业务的副总裁,应当在其职责范围内以及对其实施的违法行为负责,是对中科证券违法违规行为负责的其他直接责任人员。本会《市场禁入决定书》〔2009〕7 号已对申请人依法应当从轻处理的情节进行了考虑,并依法作了从轻处理。

综上,根据申请人违法行为的事实、性质、情节与社会危害程度,本会《市场禁入决定书》〔2009〕7 号对申请人作出的市场禁入决定事实清楚,证据确凿,适用依据正确,程序合法,处理适当。

本会决定:根据《中华人民共和国行政复议法》第二十八条第一款第(一)项之规定,维持本会《市场禁入决定书》〔2009〕

7号对申请人作出的市场禁入决定。

申请人如不服本复议决定,可在收到本复议决定书之日起15日内向有管辖权的人民法院提起诉讼或向国务院申请裁决。

# 关于中电广通股份有限公司不服行政处罚的行政复议决定书

（证监复决字〔2009〕9号）

申请人:中电广通股份有限公司(以下简称中电广通)

被申请人:中国证券监督管理委员会

申请人不服《中国证券监督管理委员会行政处罚决定书》〔2009〕9号对其作出的行政处罚决定,向本会提出行政复议。本会受理后,依法对本案进行了审查,现已审查终结。

本会《行政处罚决定书》〔2009〕9号认定,中电广通存在以下违法事实:

**一、中电广通2003年年度报告、2004年中期报告、2004年年度报告、2005年中期报告、2005年年度报告、2006年中期报告信息披露存在虚假记载、重大遗漏**

(一)中电广通2003年年度报告信息披露存在虚假记载、重大遗漏。2003年12月19日,中电广通(当时名称甘肃三星石化(集团)股份有限公司,以下简称三星石化)与中国有线电视网络有限责任公司(以下简称中国有线)签订了《供货合同》,合同约定:中电广通向中国有线提供智能光交换网络设备。2003年12月22日,中国有线向中电广通签发了三个月到期的商业承兑汇票,金额150,000,000元。中电广通针对该笔销售,确认了2003年主营业务收入173,023,394.07元,主营业务成本71,510,197.89元,利润101,513,196.18元。2003年12月31日,中电广通将中国有线签发的150,000,000元商业承兑汇票在中国电子财务有限责任公司(以下简称电子财务)办理贴现,取得贴现款148,869,000元。2004年3月18日,商业承兑汇票到期后,中国有线未支付货款,该事项发生在中电广通董事会审议通过2003年年度报告之前,属于《企业会计准则——资产负债表日后事项》中规定的重大期后调整事项,但对上述事项,中电广通未计入2003年年度会计报表,也未在2003年年度报告中予以披露,造成中电广通2003年年度报告虚减应收账款(中国有线)150,000,000元,虚减短期借款(电子财务)150,000,000元。

(二)中电广通2004年中期报告信息披露存在虚假记载、重大遗漏。2004年4月21日,中翔(天津)海河发展有限公司(以下简称中翔海河)划给电子财务150,000,000元,用以支付中电广通的票据贴现款。对上述事项,中电广通未计入2004年中期报告会计报表,也未在2004年中期报告中予以披露。同时,中电广通对2003年确认收入形成的应收中国有线款项亦未做账务处理。造成2004年中期报告少计应收账款(中国有线)150,000,000元,少计其他应付款(中翔海河)150,000,000元。

(三)2004年年度报告信息披露存在虚假记载、重大遗漏。中电广通编制2004年年度会计报表时,对上述应收中国有线款及应付中翔海河款仍未做账务处理,造成虚减应收账款(中国有线) 150,000,000元,虚减其他应付款(中翔海河)150,000,000元。同时,少计提减值准备7,200,000元。另外,中电广通对关联单位中翔海河为其垫付贴现款事项未在2004年年度报告中披露。

(四)中电广通2005年中期报告信息披露存在虚假记载、重大遗漏。2005年3月24日,中国有线向中电广通支付78,000,000元。2005年至2006年,融创经纬和中电科技向中翔海河先后共计支付59,985,000元,用以归还中翔海河为中电广通垫付的贴现款。中电广通对其因2003年确认收入而应收中国有线余款72,000,000元仍未入账,导致中电广通2005年中期报告少计应收账款(中国有线)72,000,000元,其他应付款(中翔海河)72,000,000元,少计累计坏账准备7,200,000元,多计期初未分配利润7,200,000元。中电广通对其由控股子公司归还中翔海河票据贴现款事项未在2005年中期报告中予以披露。

(五)中电广通2005年年度报告信息披露存在虚假记载、重大遗漏。中电广通编制2005年年度报告时,对其因2003年确认收入而应收中国有线余款72,000,000元仍未入账,导致2005年年度报告少计应收账款(中国有线)72,000,000元,少计其他应付款(中翔海河)72,000,000元,少计提坏账准备7,200,000元,累计少计坏账准备14,400,000元,虚增当期利润7,200,000元,多计期初未分配利润7,200,000元。另外,中电广通对由其控股子公司归还中翔海河代垫票据贴现款事项未在2005年年度报告中予以披露。

(六)中电广通2006年中期报告信息披露存在虚假记载、重大遗漏。中电广通编制2006年中期报告时仍未对其因2003年确认收入而应收中国有线余款作账务处理,导致2006年中期报告少计应收账款(中国有线)72,000,000元,少计其他应付款(中翔海河)72,000,000元。少计累计坏账准备14,400,000元,多计期初未分配利润14,400,000元。另外,中电广通由其控股子公司归还中翔海河代垫票据贴现款事项亦未披露。

## 二、中电广通未及时履行临时信息披露义务

中电广通于2006年3月31日被中国电子拟定为一个项目投资主体,4月12日已就此达成了初步的意向,此重大事件对中电广通股票交易价格产生了较大影响,尤其是股价在5月11日至15日连续3个交易日达涨幅限制,中电广通却发布公告称无应披露而未披露的信息。上海证券交易所上市公司部在监控到市场传播的消息后,多次进行询问,但中电广通一直以不知情或未达成协议为由拒绝进行相关信息披露,致使股票价格波动异常。中电广通最迟应于2006年5月19日披露该信息,但2006年5月30日才发布公告披露该信息。因此,中电广通未及时披露可能对股票交易价格产生较大影响的重大事件。

中电广通在2003年年度报告、2004年中期报告、2004年年度报告、2005年中期报告信息披露虚假记载、重大遗漏的行为违反了原《证券法》第六十条、第六十一条的规定。中电广通在2005年年度报告、2006年中期报告信息披露虚假记载、重大遗漏的行为违反了《证券法》第六十三条的规定。中电广通临时信息未及时披露的行为违反《证券法》第六十七条的规定。根据当事人违法行为的事实、性质、情节与社会危害程度,依据原《证券法》第一百七十七条及《证券法》第一百九十三条的规

定,本会决定:责令中电广通改正,给予中电广通警告,并处以40万元的罚款。

申请人申请撤销《行政处罚决定书》〔2009〕9号的处罚决定,主要理由是:(一)《行政处罚事先告知书》只告知了申请人信息披露存在虚假记载,并未说明基于何种事实及理由。(二)《行政处罚决定书》〔2009〕9号处罚申请人所依据的事实和理由与听证会上告知申请人的内容不符。2008年11月12日听证会上告知申请人,认定申请人信息披露存在虚假记载的理由是,中电广通以2003年12月30日北京埃迪恩电信系统有限公司验货单确认的销售收入,系虚增收入、虚增利润。该告知内容与《行政处罚决定书》〔2009〕9号认定的事实、理由不同。(三)《行政处罚事先告知书》认定中电广通2003年年度报告虚增应收账款,而《行政处罚决定书》〔2009〕9号则认定中电广通2003年年度报告虚减应收账款。(四)《行政处罚事先告知书》只告知申请人信息披露存在虚假记载,未告知申请人信息披露存在重大遗漏。

经审查查明,申请人中电广通主要存在以下违法事实:

**一、中电广通2003年年度报告、2004年中期报告、2004年年度报告、2005年中期报告、2005年年度报告、2006年中期报告信息披露存在虚假记载、重大遗漏**

(一)2003年年度报告信息披露存在虚假记载、重大遗漏

2003年12月19日,中电广通(当时名称三星石化)与中广影视传输网络公司(2005年1月19日更名为中国有线,以下简称中广影视)签订了《供货合同》,约定由中电广通向中广影视供应设备。2003年12月22日,中广影视向中电广通开具了三个月期的商业承兑汇票,金额为150,000,000元。2003年12月31日,中电广通将上述汇票在电子财务办理贴现。中电广通根据该笔销售,确认了2003年主营业务收入、主营业务成本和利润。2004年3月18日,商业汇票到期,中广影视未付票据款。中广影视未付事项发生在中电广通董事会审议通过2003年年度报告之前,属于《企业会计准则——资产负债表日后事项》中规定的重大期后调整事项。中电广通未对该项目进行调整并在2003年年度报告中披露,造成2003年年度报告虚减应收账款(中广影视)150,000,000元,虚减短期借款(电子财务)150,000,000元。

(二)2004年中期报告信息披露存在虚假记载、重大遗漏

2004年,中电广通未对2003年确认销售收入形成的应收账款进行账务处理。2004年4月21日,中翔海河划给电子财务150,000,000元,代中电广通垫付票据贴现款。对上述事项,中电广通未计入2004年中期报告会计报表,也未在2004年中期报告中予以披露。以上事实造成2004年中期报告少计应收账款(中广影视)150,000,000元,少计其他应付款(中翔海河)150,000,000元。

(三)2004年年度报告信息披露存在虚假记载、重大遗漏

中广影视变更为中国有线后,于2005年3月24日向中电广通支付了78,000,000元。中电广通编制2004年年度会计报表时,对应收中国有线余款及应付中翔海河账款仍未做账务处理并予以披露,造成虚减应收账款(中国有线)150,000,000元,虚减其他应付款(中翔海河)150,000,000元,少计提坏账准备7,200,000元。另外,中电广通对中翔海河为其垫付贴现款事项未在2004年年度报告中披露。

(四)2005年中期报告信息披露存在虚假记载、重大遗漏

由于未对2003年确认收入而形成的应收中国有线72,000,000元账款进行会计处理,导致中电广通2005年中期报告少计应收账款72,000,000元,其他应付款(中翔海河)72,000,000元,少计提坏账准备7,200,000元,多计提期初未分配利润7,200,000元。中电广通对其由控股子公司归还中翔海河票据贴现款事项未在2005年中期报告中予以披露。

(五)2005年年度报告信息披露存在虚假记载、重大遗漏

中电广通编制2005年年报时,对2003年确认销售收入而应收中国有线余款72,000,000元仍未入账,导致2005年年报少计应收账款(中国有线)72,000,000元,少计其他应付款(中翔海河)72,000,000元。少计提坏账准备7,200,000元,累计少计坏账准备14,400,000元,虚增当期利润7,200,000元,多计期初未分配利润7,200,000元。中电广通对由其控股子公司归还中翔海河代垫票据贴现款事项未在2005年年度报告中予以披露。

(六)2006年中期报告信息披露存在虚假记载、重大遗漏

中电广通编制2006年中期报告时未对其因2003年确认收入而应收中国有线余款作账务处理,导致2006年中期报告少计应收账款(中国有线)72,000,000元,少计其他应付款(中翔海河)72,000,000元,少计累计坏账准备14,400,000元,多计期初未分配利润14,400,000元。中电广通由其控股子公司归还中翔海河代垫票据贴现款事项未在2006年中期报告中予以披露。

**二、中电广通未及时履行临时信息披露义务**

经审查查明,2006年3月,中国电子决定以中电广通作为出资主体,收购重庆某公司股权。2006年4月14日起,各方就拟签订协议内容在北京进行了洽谈。2006年5月11日、12日、15日,中电广通股票连续三个交易日达到涨幅限制。在此期间,上海证券交易所连续三个交易日向中电广通询问股价异常波动的原因。中电广通于5月16日公告称无应披露而未披露的信息。5月25日,中电广通召开了董事会并于26日签署了收购股权的协议书。2006年5月30日,中电广通发布公告披露该信息。中电广通最迟应于2006年5月19日披露该信息,但2006年5月30日才发布公告披露该信息。中电广通没有及时披露上述可能对股票交易价格产生较大影响的重大事件。

以上违法事实,有2003年年度报告、2004年中期报告、2004年年度报告、2005年中期报告、2005年年度报告、2006年中期报告、临时报告、相关会计记录、供货合同、业务流程记录、相关董事会决议、相关人员谈话笔录等证据证明,足以认定。

经审查,本案立案后,被申请人依法进行了调查、审理,并依法向当事人事先告知了作出行政处罚的事实、理由、依据及当事人依法享有的权利,根据申请人的要求举行了听证会,听取了申请人的陈述和申辩意见。经听证复核,被申请人对中电广通2003年年度报告虚增主营业务收入、虚增应收账款、虚增主营业务成本、虚减存货、虚增利润的事实不再认定。对于证据充分的其他违法事实,被申请人依法予以认定。

《行政处罚事先告知书》虽未列举造成上述财务报表不实的部分原因,但告知了认定上述违法事实所依据的全部证据,相关证据所证明的事实为中电广通相关销售业务以及该业务发生的款项支付、票据出具和贴现、款项垫付、借款和还款等具体

事实,以及上述事项形成的财务核算等行为事实。

本会认为,申请人作为上市公司,应当依法披露相关信息,保证披露信息的真实、准确、完整,不得有虚假记载、误导性陈述或者重大遗漏;对于可能发生对上市公司股票交易价格产生较大影响的重大事件,应当及时向国务院证券监督管理机构和证券交易所报送临时报告,并予以公告。中电广通2003年年度报告、2004年中期报告、2004年年度报告、2005年中期报告信息披露虚假记载、重大遗漏的行为违反了自1999年7月1日起实施的《证券法》第六十条、第六十一条的规定,2005年年度报告、2006年中期报告信息披露虚假记载、重大遗漏的行为违反了《证券法》第六十三条的规定,未及时披露临时信息的行为违反了《证券法》第六十七条的规定。

本会认为,在中电广通相关定期报告虚假陈述和重大遗漏的问题上,本案调查、事先告知、听证和处罚,均围绕中电广通相关设备销售业务以及该项业务所形成的公司财务报告的真实性进行的。本案行政处罚事先告知、听证和处罚所依据的事实,均为该项业务以及与该项业务有关的货物交付、款项支付、票据的出具和贴现、款项的垫付、借款和还款等事项。上述事实之间是密不可分的整体行为事实。基于该整体事实及相关证据,事先告知、听证后在行政处罚时对该行为性质的认定上作相应改变和调整,不应认为增加了新的事实和证据。

行政处罚听证程序的目的是通过质证和听取当事人申辩意见,进一步查明事实,正确适用法律。被申请人根据当事人的申辩意见和复核结果,在不加重对当事人处罚幅度的情况下,对于认定事实范围、性质以及处罚幅度的调整,属于行政机关的自由裁量范围。申请人提出复议理由不能成立。

本会认为,根据申请人违法行为的事实、性质、情节与社会危害程度,本会《行政处罚决定书》〔2009〕9号对申请人作出的行政处罚决定事实清楚,证据确凿,适用依据正确,程序合法,处罚适当,申请人提出的复议理由不能成立。

本会决定:根据《中华人民共和国行政复议法》第二十八条第一款第(一)项之规定,维持本会《行政处罚决定书》〔2009〕9号对申请人作出的行政处罚决定。

申请人如不服本复议决定,可在收到本复议决定书之日起15日内向有管辖权的人民法院提起诉讼或向国务院申请裁决。

# 关于郭凯霞不服行政处罚的行政复议决定书

（证监复决字〔2009〕10号）

申请人:郭凯霞时任中富证券有限责任公司(以下简称中富证券)代总经理

被申请人:中国证券监督管理委员会

申请人不服《中国证券监督管理委员会行政处罚决定书》〔2009〕2号对其作出的行政处罚决定,向本会提出行政复议申请。本会受理后,依法对本案进行了审查,现已审查终结。

本会《行政处罚决定书》〔2009〕2 号认定,2004 年 6 月 28 日,中富证券挪用谭惠轩、何丽明账户内已被司法机关冻结的 2.58 亿元资金,买入国债后转指定至金元证券有限责任公司(以下简称金元证券)北京新外大街证券营业部邓水平、张凤歧账户,并于 2004 年 6 月 29 日在金元证券北京新外大街证券营业部抛出 1.50 亿元国债。对上述行为直接负责的是郭凯霞、孙永亮、刘浩洋。中富证券挪用客户交易结算资金、证券的行为违反了自 1999 年 7 月 1 日起施行的《中华人民共和国证券法》(以下简称原《证券法》)第七十三条的规定,构成了原《证券法》第一百九十三条所述违法行为。根据当事人的违法事实、性质、情节与社会危害程度,依据原《证券法》第一百九十三条之规定,本会决定:吊销申请人郭凯霞的证券从业资格证书。

申请人请求撤销《行政处罚决定书》〔2009〕2 号对其作出的行政处罚决定,主要理由是:第一,对申请人所任职务及任职的时间界定不正确。第二,对申请人处罚所依据事实不正确,主要是指《行政处罚决定书》〔2009〕2 号所表述的"上述行为"中,仅有 2004 年 6 月 28 日中富证券挪用 2.58 亿元资金的行为与申请人有关,其余内容与申请人无关。第三,适用法律不正确,涉嫌被挪用的谭惠轩、何丽明账户资金不属于正常客户资金,申请人的行为不能被认定为"挪用"。第四,不应将申请人认定为中富证券违法违规经营及其被撤销的当事人和责任人。

经审查查明,2004 年 6 月 27 日,经申请人签字授权,将中富证券上海营业部所有账户的查询权限赋予稽核部经理刘浩洋。2004 年 6 月 28 日,中富证券对包括谭惠轩、何丽明账户在内的部分账户进行了解冻业务操作,谭惠轩、何丽明账户当日买入国债共计 2.58 亿元。2004 年 6 月 29 日,中富证券将上述 2.58 亿元国债转指定至金元证券北京新外大街证券营业部邓水平、张凤歧账户,并于当日抛售了邓水平账户内的国债 1.50 亿元。

以上违法事实,有相关会议记录、申请人签字的授权书、有关账户的对账单、资金划转凭证、开户资料和协议、有关人员的询问笔录、情况说明等证据证明。

本会《行政处罚决定书》〔2009〕2 号对中富证券挪用客户资金和证券的违法行为使用了概括描述的方法,并对违法行为的责任人进行了列举。其中,申请人应对中富证券擅自挪用谭惠轩、何丽明账户资金购买国债、通过转指定后抛售的行为承担法律责任。

关于申请人的任职情况,《行政处罚决定书》〔2009〕2 号对申请人"时任中富证券代总经理"的表述符合申请人时任中富证券临时负责人的基本事实,不影响对申请人违法违规行为的认定。

本会认为,中富证券在未经客户授权,未向相关部门报告的情况下,擅自解冻上述账户资金并购买国债,通过转指定至其他账户后抛售,违反了原《证券法》第七十三条的规定,构成了原《证券法》第一百九十三条所述的违法行为。申请人是上述违法行为的直接责任人。

本会依据原《证券法》的有关规定,对中富证券上述违法行为进行了立案调查、审理,并依法向申请人事先告知了作出行政处罚决定的事实、理由和依据,以及当事人依法享有的权利,并应申请人申请举行了听证会,听取了申请人的陈述和申辩,作出的行政处罚决定程序合法、有效。

本会认为,根据申请人违法行为的事实、性质、情节与社会危害程度,本会《行政处罚决定书》〔2009〕2 号对申请人作出的行政处罚决定事实清楚，证据确凿，适用依据正确，程序合法，处罚适当。

根据《中华人民共和国行政复议法》第二十八条第一款第（一）项之规定，本会决定：维持本会《行政处罚决定书》〔2009〕2 号对申请人作出的行政处罚决定。

申请人如不服本复议决定，可在收到本复议决定书之日起 15 日内向有管辖权的人民法院提起诉讼或向国务院申请裁决。

# 关于郭凯霞等不服市场禁入决定的行政复议决定书

（证监复决字〔2009〕11 号）

申请人：郭凯霞，时任中富证券有限责任公司（以下简称中富证券）代总经理

申请人：刘浩洋，时任中富证券稽核部经理

申请人：孙永亮，时任中富证券财务清算部经理

被申请人：中国证券监督管理委员会

申请人郭凯霞、刘浩洋、孙永亮不服《中国证券监督管理委员会市场禁入决定书》〔2009〕2 号的对其作出的市场禁入决定，向本会提出行政复议申请。本会受理后，依法对本案进行了审查，现已审查终结。

本会《市场禁入决定书》〔2009〕2 号认定，2004 年 6 月 28 日，中富证券挪用谭惠轩、何丽明账户内已被司法机关冻结的 2.58 亿元资金，买入国债后转指定至金元证券有限责任公司（以下简称金元证券）北京新外大街证券营业部邓水平、张凤歧账户，并于 2004 年 6 月 29 日在金元证券北京新外大街证券营业部抛出 1.50 亿元国债。对上述行为直接负责的是郭凯霞、孙永亮、刘浩洋。中富证券挪用客户交易结算资金、证券的行为违反了自 1999 年 7 月 1 日起施行的《中华人民共和国证券法》（以下简称原《证券法》）第七十三条的规定，构成了原《证券法》第一百九十三条所述的违法行为。根据《证券市场禁入暂行规定》第二条、第六条及第七条的规定，认定郭凯霞为市场禁入者，自本会宣布决定之日起，5 年内不得从事任何证券业务和担任上市公司高级管理人员；认定孙永亮、刘浩洋为市场禁入者，自本会宣布决定之日起，3 年内不得从事任何证券业务和担任上市公司高级管理人员。

申请人郭凯霞请求撤销《市场禁入决定书》〔2009〕2 号对其作出的市场禁入决定，主要理由是：第一，对其所任职务及任职的时间界定不正确。第二，依据的事实不正确，主要是指《市场禁入决定书》〔2009〕2 号所表述的“上述行为”中，仅有 2004 年 6 月 28 日中富证券挪用 2.58 亿元资金的行为与其有关，其余内容与其无关。第三，适用法律不正确，涉嫌被挪用的谭惠轩、何丽明账户资金不属于正常客户资金，申请人的行为不能被认定为“挪用”。第四，不应将其认定为中富证券违法违规经营及其被撤销的当事人和责任人。

申请人刘浩洋请求撤销《市场禁入决定书》〔2009〕2 号对其作出的市场禁入决

定,主要理由是:第一,其到中富证券任职时,中富证券已处于非正常经营状态。第二,所涉及的账户并非个人账户,所实施的行为属于执行司法机关扣款指令,是配合执行相关司法措施的行为,不应认定其对此行为负有责任。第三,事后,上海证监局要求回复原有状态,经中富证券请示协调原司法机关,根据证券监管机关的要求,积极协助恢复原状,未造成任何损失,也未形成不良后果。

申请人孙永亮请求撤销《市场禁入决定书》〔2009〕2 号对其作出的市场禁入决定,主要理由是:第一,对其任职时间界定不正确,《市场禁入决定书》〔2009〕2 号所述的行为中,仅有 2004 年 6 月 28 日挪用谭惠轩、何丽明账户资金的行为与其有关。第二,其工作的出发点和目的与"德隆集团"委派人员不同,社会影响和情节轻重不同。第三,2004 年 6 月 28 日实施的挪用行为是执行司法机关指令、配合执行司法措施的行为,未造成经济损失,也没有造成社会影响。

经审查查明,2004 年 6 月 27 日,经申请人郭凯霞签字授权,将中富证券上海营业部所有账户的查询权限赋予稽核部经理刘浩洋。2004 年 6 月 28 日,北京首都国际机场公安分局向中富证券出具《关于划转冻结国债的函》(内部函件),中富证券未能向本会提供该函原件。2004 年 6 月 28 日,中富证券对包括谭惠轩、何丽明账户在内的部分账户进行了解冻业务操作,谭惠轩、何丽明账户当日买入国债共计 2.58 亿元。2004 年 6 月 29 日,中富证券将上述 2.58 亿元国债转指定至金元证券北京新外大街证券营业部邓水平、张凤歧账户,并于当日抛售了邓水平账户内的国债 1.50 亿元。

以上事实,有相关会议记录、授权书、有关公函(复印件)、有关账户的对账单、资金划转凭证、开户资料和协议、有关人员的询问笔录、情况说明等证据证明。

经核实有关情况,《市场禁入决定书》〔2009〕2 号所述的违法违规行为中,应当由郭凯霞、刘浩洋、孙永亮直接负责的是 2004 年 6 月 28 日中富证券挪用客户资金、证券的行为。

另查明,申请人郭凯霞、刘浩洋、孙永亮在中富证券风险处置前,在维持公司业务正常进行、保全资产、处置突发事件等方面发挥了一定作用,基本上能配合本会相关工作。申请人挪用客户委托理财资金的行为,由于按监管要求较为及时地进行了纠正,未造成直接损失。

本会认为,中富证券在未经客户授权,未向相关部门报告的情况下,擅自解冻上述账户资金并购买国债,通过转指定至其他账户后抛售,违反了原《证券法》第七十三条的规定,构成了原《证券法》第一百九十三条所述的违法行为。

中富证券违法违规行为主要发生在申请人任职之前。申请人郭凯霞、刘浩洋、孙永亮作为中富证券新股东派驻的临时托管小组成员及管理人员,与中富证券主要违法违规行为的责任人员相比,责任较小,情节较轻,在责任认定上应予区别。本会认为,为保证本会行政监管措施适用的适当性,在已对申请人郭凯霞作出行政处罚的情况下,对申请人郭凯霞、刘浩洋、孙永亮可以不适用市场禁入措施。

根据《中华人民共和国行政复议法》第二十八条第三款第(五)项之规定,本会决定:撤销《市场禁入决定书》〔2009〕2 号中有关认定郭凯霞、孙永亮、刘浩洋为市场禁入者的决定。

申请人如不服本复议决定,可在收到本复议决定书之日起 15 日内向有管辖权的人民法院提起诉讼或向国务院申请裁决。

# 七、法律问题评析

## （一）证券公司股东会召开形式问题

1. 法律问题

证券公司对章程重要条款进行修改，根据《公司法》的规定，必须经代表三分之二以上表决权的股东通过。对于股东会召开的形式，是必须采取现场会议还是可以采取现场会议以外的通讯表决、网络投票等其他方式？

2. 法律解析

根据《公司法》第三十八条第一款和第四十四条第二款规定，股东会会议可以就修改公司章程作出决议；股东会会议作出修改公司章程的决议，必须经代表三分之二以上表决权的股东通过。对于公司召开股东会的形式，是必须采取现场会还是可以采取现场会以外的通讯表决、网络投票等其他方式，《公司法》没有具体规定。根据《公司法》第四十四条第一款规定，股东会的议事方式和表决程序，除本法有规定的外，由公司章程规定。鉴此，《公司法》没有禁止公司采取通讯表决方式召开股东会会议。证券公司是否可以采取通讯表决等其他方式召开股东会会议取决于该公司的章程规定。

## （二）指数型集合资产管理计划投资ETF如何遵循投资比例限制问题

1. 法律问题

证券公司设立指数型集合资产管理计划，以跟踪ETF为主要目标，是否必须符合关于“证券公司将其管理的客户资产投资于一家公司发行的证券，按证券面值计算，不得超过该证券发行总量的百分之十。一个集合资产管理计划投资于一家公司发行的证券不得超过该计划资产净值的百分之十”的规定。

2. 法律解析

《证券公司客户资产管理业务试行办法》（以下简称《办法》）第三十七条规定，“证券公司将其所管理的客户资产投资于一家公司发行的证券，按证券面值计算，不得超过该证券发行总量的百分之十。一个集合资产管理计划投资于一家公司发行的证券不得超过该计划资产净值的百分之十。”

根据ETF的运作流程和特点,该计划可能在两个环节涉及投资比例限制的问题:

一、买入或申购的ETF基金份额超过比例。ETF基金份额的取得,既可以通过组合证券申购,也可以通过在二级市场买入。这种情形是否受上述规则的规制,关键在于ETF基金份额是否属于《办法》第三十七条所称"证券"。根据《证券法》第二条规定,通常理解,ETF基金份额可视为"证券"。但是,ETF基金份额与一般的股票、公司债券和封闭式基金不同,其既在二级市场交易又在一级市场申购、赎回,在一、二级市场之间存在因套利产生的价格平衡机制,能有效防止因ETF供求对二级市场交易价格的影响,单个投资者难以利用持有大量ETF操纵ETF交易价格。从《办法》关于投资比例限制的立法本意看,主要是避免投资集中于单一证券,分散投资风险,防止单一证券的二级市场交易价格因集中持有优势受到不当影响。因此,从这个角度看,ETF基金份额不属于《办法》第三十七条所称"证券",集合资产管理计划投资ETF基金份额,可不适用《办法》第三十七条第二款的规定。

二、买入或赎回的成分股(组合证券)超过比例。在买入成分股或以ETF基金份额赎回方式取得成分股的情形下,特别是当证券公司控制或管理多笔证券资产时,极有可能触发《办法》第三十七条的限制。在这种情形,可能导致单一股票持仓比例过大,风险过于集中,计划流动性不足,甚至操纵股价。鉴于ETF的成分股发行规模较大,流通市值较高,这已经为集合资产管理计划的投资运作提供了足够的空间,集合资产管理计划应当设置合理有效的风险控制措施,避免在此场合违反《办法》第三十七条第一款的规定。

## (三)受同一主体控制的QFII持股比例是否合并计算问题

1. 法律问题

A公司经批准获得QFII资格,该公司股东为B公司(持股50%)和C公司(持股50%),其中,C公司已于2005年12月经批准获得QFII资格。根据《上市公司收购管理办法》规定,境外投资者履行信息披露义务时,应当合并计算持股比例,投资者及其一致行动人拥有权益达到规定比例时,应当编制权益变动报告书。A公司表示,该公司的营运和投资过程完全独立于C公司,是否在中国证券市场的投资可以不与C公司所持证券合并计算?

2. 法律解析

《上市公司收购管理办法》(以下简称《收购办法》)第八十三条规定,"本办法所称一致行动,是指投资者通过协议、其他安排,与其他投资者共同扩大其所能够支配的一个上市公司股份表决权数量的行为或者事实。在上市公司的收购及相关股份权益变动活动中有一致行动情形的投资者,互为一致行动人。"在"一致行动人"认定上,《收购办法》采取了推定方式,即投资者符合第八十三条所列举的十二种情形之一的,监管部门推定其为一致行动人,投资者否定相关认定，需要自己提供相反证据并获得监管部门的认可。

在 QFII 监管工作中，受同一主体控制的 QFII 是否需要合并计算其持股比例，关键在于 QFII 提供的相反证据能否获得监管部门认可，或者说 QFII 是否可以获得一致行动人认定上的豁免。

关于相反证据的认定，在目前相关法规和监管制度没有明文规定的情况下，监管部门根据《证券法》和《收购办法》的授权，可以根据相关立法目的和精神结合实际情况进行个案认定。依据《收购办法》第八十三条规定，一致行动的实质要件包括：(1)行为的目的是为了扩大其所能够支配的一个上市公司股份表决权数量；(2)行为人之间存在协议或者其他安排（多为关联关系）；(3)行为人之间存在实现相关目的的合意。其中，是否有共同行为的合意是进行个案认定的关键。

行为人没有行为合意属于消极事实，只能间接证明。因此，在个案认定情况下，需要综合考虑人员、资产、财务、机构设置、经营决策等方面的独立性，彼此有无竞争关系，或者历史渊源、经营理念、企业形象方面有无重大差异等多种因素，并有明确的证据依据。

## （四）指数基金如何豁免执行投资组合法定比例限制的问题

1. 法律问题

A 基金管理公司管理的全部基金持有 B 公司发行的证券，超过了该证券的 10%，违反了《证券投资基金运作管理办法》第三十一条第二款规定。A 基金管理公司认为，该公司管理的两个指数增强型基金持有 B 公司发行的证券达 8.3%，其他基金持有 B 公司发行的证券 9.8%。其中指数型基金持有的 B 公司证券是否可以豁免比例限制？

2. 法律解析

《证券投资基金运作管理办法》第三十一条第二款规定："完全按照有关指数的构成比例进行证券投资的基金品种可以不受前款第（一）项、第（二）项规定的比例限制"。豁免《证券投资基金运作管理办法》第三十一条第一款第（一）项、第（二）项规定的前提条件是同时满足以下两个方面要素：(1)指数基金投资于指数成分股及备选成分股；(2)指数基金投资指数成分股及备选成分股的个股投资比例完全符合该指数成分股或备选成分股在指数基金跟踪的相关指数的构成比例。因此，指数基金投资于指数成分股及备选成分股以外其他证券不应豁免，指数基金投资于指数成分股及备选成分股的个股投资比例超过该指数成分股或备选成分股在相关指数中构成比例的增强部分也不应豁免。

# 八、律 师 监 管

## 2009年度证券法律服务业发展报告

2009年,广大从事证券法律服务业务的律师事务所抓住资本市场改革发展新机遇,各项主要业务保持了持续稳定发展的良好态势。虽然在国际金融危机严重冲击下,我国资本市场上半年一度暂停证券公开发行,但是6月份新股发行制度改革后,证券公开发行重启,主板首发和再融资申请的集中申报,尤其是创业板的成功推出和上市公司并购重组的活跃,证券法律服务行业在下半年呈现快速增长的势头。近200家从业律师事务所及律师严格遵守《律师事务所从事证券法律业务管理办法》(以下简称《管理办法》)等执业规则,抓住市场发展新契机,伴随着资本市场快速发展,迅速拓展业务领域,依法创新交易方式,切实履行"看门人"的职责,积极发挥专业把关、规范功能,为促进市场有序发展和维护广大投资者合法权益发挥了重要作用。2009年证券法律服务业务,主要呈现以下几个特点。

### 一、顺应资本市场的创新发展,证券法律服务业务规模进一步扩大

据统计,2009年我会共接收近200家律师事务所正式出具的法律意见书1060份,比2008年的近900份增加17.8%。证券法律服务行业抓住创业板首次公开发行、上市公司并购重组等新增业务,实现了法律服务业务的持续快速增长。其中,律师事务所出具首次公开发行类法律意见书308份,比2008年的280余份增加了10%;出具上市公司再融资法律意见书225份,比2008年的148份增加了52%;出具境外发行业务类法律意见书24份,比2008年的21份略有增加。

### 二、顺应市场主体的自主选择,证券法律服务业务的集中态势进一步增强

随着资本市场的不断创新与发展,市场主体在融资、经营管理等方面面临的法律问题更加复杂,对证券法律服务的全面性、专业性提出了更高的要求;客观上,更加倾向于选择执业经验丰富、专业能力强、规模较大的律师事务所提供专业服务。因此,2009年国内证券法律服务业优势集中的态势进一步增强。

一方面,主要证券从业律师事务所在传统证券业务领域继续保持优势地位。在2009年首次公开发行股票、上市公司再融资、上市公司并购重组等法律服务业务量排名中位居前10位的律师事务所,共正式出具法律意见书398份,占这三类业务总量的近一半。2008年首次公开发行股票和上市公司再融资法律业务量排名前10名的律师事务所,在2009年同项排名中仍然位居前10名的分别达到8家和7家。

另一方面,主要证券从业律师事务所在创新业务领域中仍然保持领先地位。国

浩律师集团(深圳)事务所、北京金杜律师事务所、北京中伦律师事务所、北京市国枫律师事务所等主要证券从业律师事务所,在创业板律师事务所法律业务排名中均位居前10位。

## 三、准确把握创业板的基本特点,证券法律服务业对创业板的平稳运行起到了促进和保障作用

2009年境内资本市场共有99家企业发行上市,其中创业板企业36家。广大律师事务所及律师深入分析创业板具有的高科技、轻资产、小规模和民营资本控股等主要特点,准确把握创业板与主板相关规则的异同,借鉴丰富的主板首次公开发行执业经验,迅速适应创业板的法律执业要求,共正式出具创业板首次公开发行类法律意见书223份,占全年首次公开发行类法律意见书的72%。针对以民营控股为主的创业板企业的特点,律师事务所负责起草了控股股东和技术骨干关于持股期限限制的协议等重要法律文件。按照创业板发行上市的信息披露要求,律师事务所开展更加广泛、深入的尽职调查工作,确保申请上市的企业披露的控股股东情况、企业所在行业的国内外情况、核心技术来源和所有权情况等信息真实、准确、完整。证券法律服务行业的有力支持,对于创业板首次公开发行的顺利启动、平稳运行起到了积极促进和保障作用。

## 四、深入探索上市公司并购重组模式创新,证券法律服务业有力支持了上市公司并购重组

2009年以来,为了转变经济发展方式、促进经济平稳较快发展,国家着力推进重点产业调整和振兴规划的实施,对大型中央企业整体上市、同业合并、产业升级给予政策上的大力支持。同时,在金融危机影响下,国内资本市场股票价值相对低估,为上市公司并购重组提供了市场机遇。2009年国内资本市场迎来了上市公司并购重组的活跃期,共有56家上市公司实施重大资产重组,交易规模达3693.5亿元,其中分立试点的稳妥推进,以股份认购资产的方式实现整体上市等市场创新,交易金额巨大,交易结构十分复杂,有的还没有先例可循、缺乏经验积累,对法律专业支持提出了迫切的要求。广大律师事务所及律师以扎实的法律功底、丰富的实践经验,全程深入参与上市公司并购重组新模式的方案制定、内部审议、行政审批和具体实施等环节,积极发挥专业参谋和规范把关的作用,共正式出具上市公司并购重组类法律意见书308份。其中,东北高速、长江电力等并购重组的顺利完成,更是运用市场化手段解决现实复杂问题的成功典范,有力支持了资本市场的改革发展和稳定运行。作为东北高速分立试点的法律顾问,国浩律师集团(上海)事务所,出具了分立上市方案、内部决策文件、法律意见书等重要法律文件,正确理解和适用法律,对于尚无法律明确规定的个别问题,主动与相关主管部门沟通协调,力求准确把握立法精神和法律原则,确保方案、意见合法、可行,为稳妥推进分立进程起到了重要的把关、推动作用。作为长江电力重大资产重组的法律顾问,北京市天元律师事务所针对交易金额超过1400亿元,难以采取单一常规方式完成对价支付的实际情况,协助长江电力创新设计了以承接债务、非公开发行股份和支付现金相结合的组合对价支付方式,制定了三峡企业债的转让方案和交易标的资产所涉土地的处置方案,彻底解决了同业竞争问题,为顺利完成交易起到了积极促进作用。长江电力实现整体上市后,资产规模大幅增加,生产经营能力得到提升,成为电力行业中继华能国际、大唐发电、华

电国际之后的第四大上市公司。

随着我国资本市场改革发展的进一步深化,中国资本市场正在进入一个新的历史阶段,证券期货创新业务和创新产品的不断推出,涉及的法律问题日趋复杂,无论是市场主体还是监管部门,从规范运作和防范风险的角度,越来越倚重律师事务所的核查和把关作用。广大从事证券法律业务的律师事务所和律师紧紧围绕"当事人利益服务者"和"市场秩序维护者"的角色定位,全方位、多层面参与资本市场的业务活动,提供专业服务,已经发展成为资本市场健康稳定发展不可或缺的重要力量。但在实践中,有的律师事务所出具的法律意见书中仅描述有关事实,未出具结论性意见;有的法律意见书对于比较复杂的事项,没有充分运用专业能力进行深入分析,作出的结论比较简单;有的法律意见书避重就轻,仅对合规部分做细致描述,而对存在问题部分的描述则不够详尽等。为了进一步规范提高证券法律服务业务的服务质量,各从业律师事务所要严格按照《管理办法》等规则的规定,健全各项内控制度,完善自我约束机制,全程规范包括编制核查验证计划、形成工作底稿、复核确认法律意见书在内的业务流程。广大从业律师要把执业规范的客观要求转变为内在需要,要切实履行勤勉尽责的义务,做好各项具体工作。下一步,行业主管部门、监管机构和自律组织等将逐步健全各项证券法律业务执业规则、完善证券法律业务执业指导和服务机制等,与广大证券从业律师事务所及律师共同努力,推动证券法律服务行业的发展,提升整个行业的竞争力。

**附:**

# 2009年律师事务所从事证券法律业务量排名表

**表一:2009年度律师事务所从事主板首次公开发行股票法律业务排名**

| 序号 | 律师事务所名称 | 法律意见书数量 | 排名 | 序号 | 律师事务所名称 | 法律意见书数量 | 排名 |
|---|---|---|---|---|---|---|---|
| 1 | 北京市金杜律师事务所 | 6 | 1 | 2 | 北京市天银律师事务所 | 5 | 2 |
| 3 | 北京市中伦律师事务所 | 5 | 2 | 4 | 国浩律师集团(上海)事务所 | 5 | 2 |
| 5 | 北京市国枫律师事务所 | 4 | 5 | 6 | 北京市竞天公诚律师事务所 | 4 | 5 |
| 7 | 北京市康达律师事务所 | 4 | 5 | 8 | 北京市天元律师事务所 | 3 | 8 |
| 9 | 江苏世纪同仁律师事务所 | 3 | 8 | 10 | 上海市瑛明律师事务所 | 3 | 8 |
| 11 | 上海市广发律师事务所 | 3 | 8 | 12 | 北京市万商天勤律师事务所 | 2 | 12 |
| 13 | 山东德衡律师事务所 | 2 | 12 | 14 | 广东君言律师事务所 | 2 | 12 |
| 15 | 国浩律师集团(杭州)事务所 | 2 | 12 | 16 | 上海市金茂凯德律师事务所 | 2 | 12 |
| 17 | 上海市锦天城律师事务所 | 2 | 12 | 18 | 浙江天册律师事务所 | 2 | 12 |
| 19 | 安徽承义律师事务所 | 1 | 19 | 20 | 北京市博金律师事务所 | 1 | 19 |
| 21 | 北京市德恒律师事务所 | 1 | 19 | 22 | 北京市观韬律师事务所 | 1 | 19 |
| 23 | 北京市海问律师事务所 | 1 | 19 | 24 | 北京市嘉源律师事务所 | 1 | 19 |
| 25 | 北京市君致律师事务所 | 1 | 19 | 26 | 北京市凯文律师事务所 | 1 | 19 |
| 27 | 北京市乾丰律师事务所 | 1 | 19 | 28 | 北京市时代九和律师事务所 | 1 | 19 |

续表

| 序号 | 律师事务所名称 | 法律意见书数量 | 排名 | 序号 | 律师事务所名称 | 法律意见书数量 | 排名 |
|---|---|---|---|---|---|---|---|
| 29 | 北京市通商律师事务所 | 1 | 19 | 30 | 北京市中咨律师事务所 | 1 | 19 |
| 31 | 北京市众鑫律师事务所 | 1 | 19 | 32 | 广东华商律师事务所 | 1 | 19 |
| 33 | 广东信达律师事务所 | 1 | 19 | 34 | 湖南佳境律师事务所 | 1 | 19 |
| 35 | 江苏金禾律师事务所 | 1 | 19 | 36 | 江苏泰和律师事务所 | 1 | 19 |
| 37 | 江苏永衡昭辉律师事务所 | 1 | 19 | 38 | 内蒙古建中律师事务所 | 1 | 19 |
| 39 | 山东琴岛律师事务所 | 1 | 19 | 40 | 上海市邦信阳律师事务所 | 1 | 19 |
| 41 | 上海市通力律师事务所 | 1 | 19 | 42 | 四川元众律师事务所 | 1 | 19 |
| 43 | 新疆天阳律师事务所 | 1 | 19 | 44 | 浙江六合律师事务所 | 1 | 19 |

注:1. 本项目排名所依据的业务量是根据证监会 2009 年度收到的相关法律意见书的数量进行统计;2. 股票首次公开发行法律业务排名,是指对境内股票主板首次公开发行法律业务量的统计排名。

**表二:2009 年度律师事务所从事创业板首次公开发行股票法律业务排名**

| 序号 | 律师事务所名称 | 法律意见书数量 | 排名 | 序号 | 律师事务所名称 | 法律意见书数量 | 排名 |
|---|---|---|---|---|---|---|---|
| 1 | 国浩律师集团(深圳)事务所 | 27 | 1 | 2 | 北京市金杜律师事务所 | 17 | 2 |
| 3 | 北京市中伦律师事务所 | 15 | 3 | 4 | 北京市天银律师事务所 | 13 | 4 |
| 5 | 北京市国枫律师事务所 | 11 | 5 | 6 | 北京市竞天公诚律师事务所 | 10 | 6 |
| 7 | 上海市锦天城律师事务所 | 9 | 7 | 8 | 北京市康达律师事务所 | 9 | 7 |
| 9 | 北京市德恒律师事务所 | 9 | 7 | 10 | 北京市君泽君律师事务所 | 6 | 10 |
| 11 | 广东信达律师事务所 | 5 | 11 | 12 | 北京市天元律师事务所 | 5 | 11 |
| 13 | 浙江天册律师事务所 | 4 | 13 | 14 | 湖南启元律师事务所 | 4 | 13 |
| 15 | 北京市万商天勤律师事务所 | 4 | 13 | 16 | 上海市瑛明律师事务所 | 3 | 16 |
| 17 | 上海市金茂凯德律师事务所 | 3 | 16 | 18 | 广东信扬律师事务所 | 3 | 16 |
| 19 | 北京市金诚同达律师事务所 | 3 | 16 | 20 | 北京市嘉源律师事务所 | 3 | 16 |
| 21 | 北京市观韬律师事务所 | 3 | 16 | 22 | 北京市大成律师事务所 | 3 | 16 |
| 23 | 上海市通力律师事务所 | 2 | 23 | 24 | 上海市广发律师事务所 | 2 | 23 |
| 25 | 北京市中咨律师事务所 | 2 | 23 | 26 | 北京市信利律师事务所 | 2 | 23 |
| 27 | 北京市凯文律师事务所 | 2 | 23 | 28 | 北京市华堂律师事务所 | 2 | 23 |
| 29 | 北京市东易律师事务所 | 2 | 23 | 30 | 北京市博金律师事务所 | 2 | 23 |
| 31 | 云南上义律师事务所 | 1 | 31 | 32 | 山东文康律师事务所 | 1 | 31 |
| 33 | 四川泰和泰律师事务所 | 1 | 31 | 34 | 上海市方达律师事务所 | 1 | 31 |
| 35 | 上海市邦信阳律师事务所 | 1 | 31 | 36 | 山东琴岛律师事务所 | 1 | 31 |
| 37 | 内蒙古建中律师事务所 | 1 | 31 | 38 | 辽宁同泽律师事务所 | 1 | 31 |
| 39 | 山东康桥律师事务所 | 1 | 31 | 40 | 北京市京衡律师事务所 | 1 | 31 |
| 41 | 江苏苏源律师事务所 | 1 | 31 | 42 | 天津市嘉德恒时律师事务所 | 1 | 31 |
| 43 | 广东深天成律师事务所 | 1 | 31 | 44 | 广东君信律师事务所 | 1 | 31 |
| 45 | 广东金地律师事务所 | 1 | 31 | 46 | 广东华商律师事务所 | 1 | 31 |
| 47 | 广东广信律师事务所 | 1 | 31 | 48 | 甘肃正天合律师事务所 | 1 | 31 |
| 49 | 福建君立律师事务所 | 1 | 31 | 50 | 山东德衡律师事务所 | 1 | 31 |
| 51 | 北京市纵横律师事务所 | 1 | 31 | 52 | 北京市众天律师事务所 | 1 | 31 |

续表

| 序号 | 律师事务所名称 | 法律意见书数量 | 排名 | 序号 | 律师事务所名称 | 法律意见书数量 | 排名 |
|---|---|---|---|---|---|---|---|
| 53 | 北京市中元律师事务所 | 1 | 31 | 54 | 北京市中银律师事务所 | 1 | 31 |
| 55 | 北京市中凯律师事务所 | 1 | 31 | 56 | 北京市星河律师事务所 | 1 | 31 |
| 57 | 北京市通商律师事务所 | 1 | 31 | 58 | 北京市尚公律师事务所 | 1 | 31 |
| 59 | 北京市君致律师事务所 | 1 | 31 | 60 | 北京市君合律师事务所 | 1 | 31 |
| 61 | 北京市经纬律师事务所 | 1 | 31 | 62 | 北京市京都律师事务所 | 1 | 31 |
| 63 | 北京市环球律师事务所 | 1 | 31 | 64 | 北京市衡基律师事务所 | 1 | 31 |
| 65 | 北京市海勤律师事务所 | 1 | 31 | 66 | 北京市国宏律师事务所 | 1 | 31 |
| 67 | 安徽天禾律师事务所 | 1 | 31 | 68 | 安徽承义律师事务所 | 1 | 31 |

注:1. 本项目排名所依据的业务量是根据证监会2009年度收到的相关法律意见书的数量进行统计;2. 股票首次公开发行法律业务排名,是指对境内股票创业板首次公开发行法律业务量的统计排名。

**表三:2009年度律师事务所从事上市公司再融资法律业务排名**

| 序号 | 律师事务所名称 | 法律意见书数量 | 排名 | 序号 | 律师事务所名称 | 法律意见书数量 | 排名 |
|---|---|---|---|---|---|---|---|
| 1 | 国浩律师集团(上海)事务所 | 15 | 1 | 2 | 北京市金杜律师事务所 | 13 | 2 |
| 3 | 北京市天银律师事务所 | 10 | 3 | 4 | 北京市中伦律师事务所 | 9 | 4 |
| 5 | 北京市德恒律师事务所 | 8 | 5 | 6 | 江苏世纪同仁律师事务所 | 7 | 6 |
| 7 | 北京市竞天公诚律师事务所 | 6 | 7 | 8 | 北京市国枫律师事务所 | 6 | 7 |
| 9 | 北京市嘉源律师事务所 | 5 | 9 | 10 | 北京市君合律师事务所 | 5 | 9 |
| 11 | 北京市天元律师事务所 | 5 | 9 | 12 | 上海市通力律师事务所 | 5 | 9 |
| 13 | 浙江天册律师事务所 | 5 | 9 | 14 | 广东信达律师事务所 | 4 | 14 |
| 15 | 广东信扬律师事务所 | 4 | 14 | 16 | 北京市康达律师事务所 | 4 | 14 |
| 17 | 北京市浩天信和律师事务所 | 4 | 14 | 18 | 北京市海问律师事务所 | 3 | 18 |
| 19 | 北京市凯文律师事务所 | 3 | 18 | 20 | 国浩律师集团(深圳)事务所 | 3 | 18 |
| 21 | 湖北正信律师事务所 | 3 | 18 | 22 | 安徽承义律师事务所 | 2 | 21 |
| 23 | 安徽高速律师事务所 | 2 | 21 | 24 | 安徽天禾律师事务所 | 2 | 21 |
| 25 | 北京市君致律师事务所 | 2 | 21 | 26 | 北京市通商律师事务所 | 2 | 21 |
| 27 | 北京市万商天勤律师事务所 | 2 | 21 | 28 | 北京市众天律师事务所 | 2 | 21 |
| 29 | 福建至理律师事务所 | 2 | 21 | 30 | 四川英捷律师事务所 | 2 | 21 |
| 31 | 新疆天阳律师事务所 | 2 | 21 | 32 | 江苏永衡昭辉律师事务所 | 2 | 21 |
| 33 | 云南上义律师事务所 | 2 | 21 | 34 | 上海市邦信阳律师事务所 | 2 | 21 |
| 35 | 上海市东方华银律师事务所 | 2 | 21 | 36 | 上海市锦天城律师事务所 | 2 | 21 |
| 37 | 国浩律师集团(广州)事务所 | 2 | 21 | 38 | 吉林兢诚律师事务所 | 2 | 21 |
| 39 | 北京市昂道律师事务所 | 1 | 39 | 40 | 北京市百瑞律师事务所 | 1 | 39 |
| 41 | 北京市昌久律师事务所 | 1 | 39 | 42 | 北京市长安律师事务所 | 1 | 39 |
| 43 | 北京市鼎石律师事务所 | 1 | 39 | 44 | 北京市共和律师事务所 | 1 | 39 |
| 45 | 北京市海拓律师事务所 | 1 | 39 | 46 | 北京市京都律师事务所 | 1 | 39 |
| 47 | 北京市君泽君律师事务所 | 1 | 39 | 48 | 北京市隆安律师事务所 | 1 | 39 |
| 49 | 北京市时代九和律师事务所 | 1 | 39 | 50 | 北京市星河律师事务所 | 1 | 39 |
| 51 | 北京市颐合律师事务所 | 1 | 39 | 52 | 北京市智正律师事务所 | 1 | 39 |

续表

| 序号 | 律师事务所名称 | 法律意见书数量 | 排名 | 序号 | 律师事务所名称 | 法律意见书数量 | 排名 |
|---|---|---|---|---|---|---|---|
| 53 | 北京市中伦文德律师事务所 | 1 | 39 | 54 | 北京市中勤律师事务所 | 1 | 39 |
| 55 | 北京市中润律师事务所 | 1 | 39 | 56 | 北京市众一律师事务所 | 1 | 39 |
| 57 | 北京市重光律师事务所 | 1 | 39 | 58 | 福建创元律师事务所 | 1 | 39 |
| 59 | 福建天衡律师事务所 | 1 | 39 | 60 | 广东德赛律师事务所 | 1 | 39 |
| 61 | 广东广大律师事务所 | 1 | 39 | 62 | 广东广和律师事务所 | 1 | 39 |
| 63 | 广东广深律师事务所 | 1 | 39 | 64 | 广东恒益律师事务所 | 1 | 39 |
| 65 | 广东君信律师事务所 | 1 | 39 | 66 | 河南亚太人律师事务所 | 1 | 39 |
| 67 | 湖北安格律师事务所 | 1 | 39 | 68 | 湖北松之盛律师事务所 | 1 | 39 |
| 69 | 湖南启元律师事务所 | 1 | 39 | 70 | 江西华邦律师事务所 | 1 | 39 |
| 71 | 江苏金鼎英杰律师事务所 | 1 | 39 | 72 | 江苏平帆律师事务所 | 1 | 39 |
| 73 | 江苏竹辉律师事务所 | 1 | 39 | 74 | 江西求正沃德律师事务所 | 1 | 39 |
| 75 | 北京市金诚同达律师事务所 | 1 | 39 | 76 | 上海市金汇律师事务所 | 1 | 39 |
| 77 | 上海市金茂凯德律师事务所 | 1 | 39 | 78 | 内蒙古经世律师事务所 | 1 | 39 |
| 79 | 山东齐鲁律师事务所 | 1 | 39 | 80 | 山东德文律师事务所 | 1 | 39 |
| 81 | 山东德义君达律师事务所 | 1 | 39 | 82 | 山东国心达律师事务所 | 1 | 39 |
| 83 | 上海市联合律师事务所 | 1 | 39 | 84 | 上海市浦栋律师事务所 | 1 | 39 |
| 85 | 上海市浦瑞律师事务所 | 1 | 39 | 86 | 上海市上正律师事务所 | 1 | 39 |
| 87 | 上海市严义明律师事务所 | 1 | 39 | 88 | 上海市瑛明律师事务所 | 1 | 39 |
| 89 | 四川天澄门律师事务所 | 1 | 39 | 90 | 四川展华律师事务所 | 1 | 39 |
| 91 | 天津市高地律师事务所 | 1 | 39 | 92 | 浙江浙经律师事务所 | 1 | 39 |
| 93 | 北京市中咨律师事务所 | 1 | 39 | 94 | 重庆市百君律师事务所 | 1 | 39 |
| 95 | 重庆市树深律师事务所 | 1 | 39 | 96 | 重庆市天元律师事务所 | 1 | 39 |
| 97 | 云南海合律师事务所 | 1 | 39 | 98 | 上海市方达律师事务所 | 1 | 39 |
| 99 | 上海市金茂律师事务所 | 1 | 39 | 100 | 上海市锦达律师事务所 | 1 | 39 |
| 101 | 广东正平天成律师事务所 | 1 | 39 | 102 | 国浩律师集团(杭州)事务所 | 1 | 39 |

注:1. 本项目排名所依据的业务量是根据证监会2009年收到的相关项目法律意见书数量进行统计;2. 再融资法律业务排名,仅指境内以再融资为目的的证券发行法律业务量的统计排名,不包括资产重组和股份回购。

**表四:2009年度律师事务所从事上市公司并购重组法律业务排名**

| 序号 | 律师事务所名称 | 法律意见书数量 | 排名 | 序号 | 律师事务所名称 | 法律意见书数量 | 排名 |
|---|---|---|---|---|---|---|---|
| 1 | 国浩律师集团(上海)事务所 | 26 | 1 | 2 | 北京市金杜律师事务所 | 20 | 2 |
| 3 | 北京市嘉源律师事务所 | 12 | 3 | 4 | 北京市金诚同达律师事务所 | 12 | 3 |
| 5 | 北京市国枫律师事务所 | 12 | 3 | 6 | 北京市竞天公诚律师事务所 | 12 | 3 |
| 7 | 北京市天元律师事务所 | 12 | 3 | 8 | 北京市通商律师事务所 | 8 | 8 |
| 9 | 北京市德恒律师事务所 | 7 | 9 | 10 | 北京市中伦律师事务所 | 7 | 9 |
| 11 | 江苏世纪同仁律师事务所 | 6 | 11 | 12 | 上海市方达律师事务所 | 6 | 11 |
| 13 | 上海市通力律师事务所 | 6 | 11 | 14 | 北京市君泽君律师事务所 | 4 | 14 |
| 15 | 北京市凯文律师事务所 | 4 | 14 | 16 | 北京市康达律师事务所 | 4 | 14 |

续表

| 序号 | 律师事务所名称 | 法律意见书数量 | 排名 | 序号 | 律师事务所名称 | 法律意见书数量 | 排名 |
|---|---|---|---|---|---|---|---|
| 17 | 北京市中银律师事务所 | 4 | 14 | 18 | 江苏泰和律师事务所 | 4 | 14 |
| 19 | 上海市金茂凯德律师事务所 | 4 | 14 | 20 | 新疆天阳律师事务所 | 4 | 14 |
| 21 | 北京市天银律师事务所 | 4 | 14 | 22 | 安徽承义律师事务所 | 3 | 22 |
| 23 | 北京市大成律师事务所 | 3 | 22 | 24 | 北京市鼎业律师事务所 | 3 | 22 |
| 25 | 北京市高朋律师事务所 | 3 | 22 | 26 | 北京市共和律师事务所 | 3 | 22 |
| 27 | 北京市浩天信和律师事务所 | 3 | 22 | 28 | 北京市君致律师事务所 | 3 | 22 |
| 29 | 北京市万商天勤律师事务所 | 3 | 22 | 30 | 北京市星河律师事务所 | 3 | 22 |
| 31 | 广东广大律师事务所 | 3 | 22 | 32 | 上海市锦天城律师事务所 | 3 | 22 |
| 33 | 国浩律师集团(天津)事务所 | 3 | 22 | 34 | 北京市地平线律师事务所 | 2 | 34 |
| 35 | 北京市奋迅律师事务所 | 2 | 34 | 36 | 北京市海问律师事务所 | 2 | 34 |
| 37 | 北京市纪凯律师事务所 | 2 | 34 | 38 | 北京市君合律师事务所 | 2 | 34 |
| 39 | 北京市天同律师事务所 | 2 | 34 | 40 | 北京市鑫诺律师事务所 | 2 | 34 |
| 41 | 北京市信格律师事务所 | 2 | 34 | 42 | 北京市中咨律师事务所 | 2 | 34 |
| 43 | 福建天衡联合律师事务所 | 2 | 34 | 44 | 广东晟典律师事务所 | 2 | 34 |
| 45 | 广东信扬律师事务所 | 2 | 34 | 46 | 广东正平天成律师事务所 | 2 | 34 |
| 47 | 国浩律师集团(北京)事务所 | 2 | 34 | 48 | 湖南启元律师事务所 | 2 | 34 |
| 49 | 江苏永衡昭辉律师事务所 | 2 | 34 | 50 | 辽宁恒信律师事务所 | 2 | 34 |
| 51 | 辽宁众事达律师事务所 | 2 | 34 | 52 | 内蒙古经世律师事务所 | 2 | 34 |
| 53 | 青海树人律师事务所 | 2 | 34 | 54 | 山东琴岛律师事务所 | 2 | 34 |
| 55 | 上海市上正律师事务所 | 2 | 34 | 56 | 上海市瑛明律师事务所 | 2 | 34 |
| 57 | 四川康维律师事务所 | 2 | 34 | 58 | 四川四方达律师事务所 | 2 | 34 |
| 59 | 浙江天册律师事务所 | 2 | 34 | 60 | 安徽天禾律师事务所 | 1 | 60 |
| 61 | 北京市宝盈律师事务所 | 1 | 60 | 62 | 北京市贝朗律师事务所 | 1 | 60 |
| 63 | 北京市博金律师事务所 | 1 | 60 | 64 | 北京市长安律师事务所 | 1 | 60 |
| 65 | 北京市观韬律师事务所 | 1 | 60 | 66 | 北京市广盛律师事务所 | 1 | 60 |
| 67 | 北京市华堂律师事务所 | 1 | 60 | 68 | 北京市环球律师事务所 | 1 | 60 |
| 69 | 北京市金台律师事务所 | 1 | 60 | 70 | 北京市尚公律师事务所 | 1 | 60 |
| 71 | 北京市时代九和律师事务所 | 1 | 60 | 72 | 北京市天为律师事务所 | 1 | 60 |
| 73 | 北京市雨仁律师事务所 | 1 | 60 | 74 | 北京市众鑫律师事务所 | 1 | 60 |
| 75 | 北京市重光律师事务所 | 1 | 60 | 76 | 福建至理律师事务所 | 1 | 60 |
| 77 | 广东国源岭东律师事务所 | 1 | 60 | 78 | 广东金地律师事务所 | 1 | 60 |
| 79 | 广东圣天平律师事务所北京分所 | 1 | 60 | 80 | 广东天浩律师事务所 | 1 | 60 |
| 81 | 广东信达律师事务所 | 1 | 60 | 82 | 国浩律师集团(杭州)事务所 | 1 | 60 |
| 83 | 河南金学苑律师事务所 | 1 | 60 | 84 | 河南仟问律师事务所 | 1 | 60 |
| 85 | 湖北多能律师事务所 | 1 | 60 | 86 | 湖北瑞通天元律师事务所 | 1 | 60 |
| 87 | 吉林今典律师事务所 | 1 | 60 | 88 | 江苏方本律师事务所 | 1 | 60 |
| 89 | 江苏竹辉律师事务所 | 1 | 60 | 90 | 辽宁乾均律师事务所 | 1 | 60 |
| 91 | 青海佳一律师事务所 | 1 | 60 | 92 | 山东科创律师事务所 | 1 | 60 |
| 93 | 上海市东方华银律师事务所 | 1 | 60 | 94 | 上海市汇业律师事务所 | 1 | 60 |
| 95 | 上海市金汇律师事务所 | 1 | 60 | 96 | 上海市金茂律师事务所 | 1 | 60 |

续表

| 序号 | 律师事务所名称 | 法律意见书数量 | 排名 | 序号 | 律师事务所名称 | 法律意见书数量 | 排名 |
|---|---|---|---|---|---|---|---|
| 97 | 四川道融民舟律师事务所 | 1 | 60 | 98 | 四川嘉世律师事务所 | 1 | 60 |
| 99 | 四川英捷律师事务所 | 1 | 60 | 100 | 天津市嘉德恒时律师事务所 | 1 | 60 |
| 101 | 浙江阳光时代律师事务所 | 1 | 60 | | | | |

注:1. 本项目排名所依据的业务量是根据证监会 2009 年度收到的相关项目法律意见书的数量进行统计;2. 上市公司并购重组法律业务排名,是指对境内上市公司发行股份购买资产、股份回购、重大重组等法律业务量的统计排名。

**表五:2009 年度律师事务所从事境外发行证券法律业务排名**

| 序号 | 律师事务所名称 | 法律意见书数量 | 排名 | 序号 | 律师事务所名称 | 法律意见书数量 | 排名 |
|---|---|---|---|---|---|---|---|
| 1 | 北京市通商律师事务所 | 5 | 1 | 2 | 北京市嘉源律师事务所 | 3 | 2 |
| 3 | 北京市金杜律师事务所 | 3 | 2 | 4 | 北京市君合律师事务所 | 3 | 2 |
| 5 | 上海市瑛明律师事务所 | 2 | 5 | 6 | 北京市大成律师事务所 | 1 | 6 |
| 7 | 北京市海问律师事务所 | 1 | 6 | 8 | 北京市天银律师事务所 | 1 | 6 |
| 9 | 北京市万商天勤律师事务所 | 1 | 6 | 10 | 广东华商律师事务所 | 1 | 6 |
| 11 | 广东正平天成律师事务所 | 1 | 6 | 12. | 国浩律师集团(北京)事务所 | 1 | 6 |
| 13 | 天津市嘉德恒时律师事务所 | 1 | 6 | | | | |

注:1. 本项目排名所依据的业务量是根据证监会 2009 年度收到的相关项目法律意见书的数量进行统计;2. 境外发行业务排名,是指境外首次公开发行和再融资发行业务量的统计排名。

# 九、普 法 工 作

## 2009 年普法工作综述

2009 年是实施证券期货监管系统“五五”普法规划的第四年,通过几年来的不懈努力,监管干部学法用法、投资者法制宣传教育以及促进市场主体合法经营等资本市场各方面的普法工作都取得了显著成效。2009 年也是不平凡的一年,我们受到了国际金融危机的严重冲击,资本市场遭遇了深度调整、融资暂停等困难局面。在此形势下,保持资本市场的健康、稳定发展,防范和稳妥处置突发事件,正确引导社会舆论,做好政策的解疑释惑,提高干部依法行政能力和依法治市水平,做好资本市场知识普及和风险揭示,成为了今年法制宣传教育工作的重点内容。全系统各单位、各部门紧紧围绕监管中心工作,立足进一步提升监管干部依法行政能力,立足于进一步提升广大投资者依法维权意识,立足进一步提升市场主体依法经营理念,立足于确保创业板的平稳推出,统筹安排,全面部署,积极组织开展了形式多样的证券期货法制宣传教育活动,为维护资本市场的健康稳定运行提供了有力保障。

## 一、以提高干部依法监管能力为目标,扎实开展公务员学法用法工作

为贯彻落实中共中央组织部、中共中央宣传部、司法部、人力资源社会保障部、全国普法办公室下发的《关于加强公务员学法用法工作的意见》(司发通〔2008〕156号)精神,中国证监会扎实开展监管干部学法用法工作,将法制教育与证券期货市场发展目标相结合,使学法用法工作服务于证券期货监管工作大局,进一步发挥法律专业机构在监管工作中的作用,监管干部的法制意识和依法行政能力得到进一步提高。

(一)党委中心组法制学习制度化

中国证监会各级党委将法律知识学习作为党委中心组学习的重要课程,把国家基本法律知识、与证券期货相关的法律知识以及依法行政方面的法律知识作为法制学习的重点内容,严格执行中心组学习的各项制度要求,将党委中心组法制学习制度化、常规化。

会党委为了使广大监管干部能够正确认识和妥善处理中国证监会依法行政工作中面临的诸多矛盾,牢固树立依法行政理念,于5月7日召开党委中心组学习(扩大)会议,邀请全国人大常委会委员、全国人大法律委员会委员、全国人大常委会法制工作委员会副主任信春鹰同志为中国证监会系统全体干部作了题为"转型社会的政府职能与依法行政"的专题法制讲座。信春鹰同志基于我国由农业社会向工业社会转型起点低、城乡差距大以及建构型而非自然进化等特征,深刻分析了我国30年来规则拉动社会前进的现实状况,阐释了资本市场自身特点决定了资本市场必须依法监管的道理。尚福林主席在会上作了重要讲话,并印发系统全体干部学习,为正确对待和处理现阶段依法行政工作中面临的各种矛盾和困难提供了解决思路和方向,使得资本市场必须依法监管的观念深入人心。

派出机构各党委也坚持开展中心组法制学习,努力提高监管干部的法律意识和依法行政能力,既学习了证券、公司法律制度,又学习了公务员法、信访条例等依法行政方面的法律法规,还学习了《关于实行党政领导干部问责的暂行规定》、《关于加强新形势下党的建设若干重大问题的决定》等党规党法,不断强化监管干部法律意识和责任意识,牢固树立监管干部清正廉洁的良好作风。

(二)将法制纳入干部培训的必修课程

开展集中培训是监管干部学习法律知识的重要形式,中国证监会坚持在党校培训、领导干部任职培训、各业务培训等干部培训中开设法制课程,将法律知识学习作为各项培训的必修内容,保证干部的全年的法律学习时间不少于30小时。

2009年,中国证监会组织开展了7期稽查干部培训班和5期稽查专题培训。主要针对近期市场出现的违法行为新情况、案件侦查工作与刑事司法工作的衔接以及反洗钱等问题,及时总结稽查工作经验,分析讨论应对措施,开展了"案件侦查工作实际问题和经验教训"、"新型证券期货犯罪行为中行政执法与刑事司法工作衔接机制"、"反洗钱政策与法律法规"等专题培训。针对新进入稽查队伍的干部,开展了"主要证券期货违法违规案件类型和调查方法"、"内幕交易和市场操纵案例研究"等专题培训。同时,注重借鉴境外证券期货违法犯罪案件的稽查经验,开展了"香

港证监会调查权力及执法手段”等专题培训。全年共计培训稽查干部2017人次。在处级干部任职培训班、初任培训班、党校培训班、境外培训班等面向不同监管执法岗位的干部培训中，有针对性地开设法制课程，组织开展了包括证券、公司法律制度和依法行政相关法律制度以及社会主义法学理论等法律知识的学习和培训。此外，为满足研究工作需要，还邀请境内外资本市场相关领域的专家举办了“危机后的世界”、“美国储架发行制度”、“台湾资本市场经济”等专题讲座。通过各项集中法制学习活动，切实提高了证券期货监管干部的法律素养和依法行政水平。2009年秋季，中国证监会派员参加了由美国证券交易委员会举办的国际证券监管执法工作培训，培训就内幕交易、欺诈发行、利益冲突、市场操纵以及券商自营业务和公众基金的稽查等突出问题进行了讲解，加深了我国对美国等国资本市场监管制度的了解和认识，对持续提高中国证监会监管工作水平，不断强化我国保护投资者合法权益的能力起到了重要的借鉴意义。

（三）通过案例分析提升依法行政能力

3月30日，中国证监会召开了“大鹏证券证券违法案”、“深圳深信泰丰虚假陈述案”等案件座谈会，稽查局、法律部、行政处罚委、有关派出机构的公职律师从各自工作角度，对案件调查、审理、应诉不同阶段的经验、成果和教训等内容进行了全面回顾、反思和总结。此次座谈，就同一案件从不同执法环节和视角进行了全面审视、检验和分析，形式新颖，内容充实，使参会干部更加清晰地认识到行政案件的处理要经受调查、审理、行政诉讼等多个环节检验，有利于查找和看清问题，在认识上达成一致，有利于进一步改进和提高办案质量，为今后进一步做好案件调查、审理、应诉等工作打下了良好的基础。

系统各单位通过开展模拟法庭、案例研讨会等方式，锻炼监管干部办理案件的能力。厦门证监局以“深信泰丰”董事丁力业不服证监会行政处罚决定的行政诉讼案和天健会计所关于“夏新电子案”的听证申辩意见为蓝本，举办了2次模拟法庭辩论赛。采取正反双方对抗式辩论的形式，通过深刻剖析“董事签字就罚是否合理”以及“审计机构的责任认定”等难点问题，使参赛者对辩题有了更进一步的认识，锻炼了监管干部应对实战的能力。海南证监局组织开展了8次案例研讨会，通过参与案例研讨、案例分析等形式，促进监管人员加深对相关法律的理解，进一步提高监管干部运用法律解决问题的能力。

（四）发挥行政复议、行政诉讼的前端指导作用，提高依法行政水平

中国证监会在行政复议工作中，注意通过行政复议案件所反映出的普遍性问题以及行政执法工作中的薄弱环节，有针对性地提出弥补缺陷和不足、提高行政执法水平的对策和建议，并就行政执法中好的做法和经验进行推广，促进执法工作水平的提高。一是建议加强执法行为的释法说理工作，加强执法过程的公开透明。相当多的行政争议是由于当事人对法律、法规、规章理解不透，对我会行政执法过程、结果，以及对相关事实、理由不了解、不理解造成的。因此，把释法说理作为增强执法科学性、有效性的要求，执法中不忘普法，才会收到更好的效果。二是建议细化执法标准，不但要做到监管执法行为合法，还应当尽量做到合理、适当。部分行政复议、诉讼案件中，尽管根据法律规定，具体行政行为并不违法，但由于相关归责标准不具体，自由裁量幅度过于宽泛，造成当事人对相关处理结果的合理性、公正性提出质疑。因此，细化执法标准，是保障执法结果公

平、合理,增强执法公信力的重要基础。从近几年的行政复议、诉讼工作情况看,行政复议、诉讼数量总体平稳,而且与具体行政行为数量占比逐年下降,执法质量明显提高,执法水平有效提升。

(五)继续做好法制发展报告和法律汇编等全系统普法读物的编辑工作

法制宣传教育载体是监管干部开展法制交流与学习的重要平台,也是监管干部了解证券市场法制建设动态和成果的重要途径。2009 年中国证监会在以往工作经验的基础上,继续做好法制发展报告和法律汇编等各类普法读物的编辑工作,充实书刊内容,完善编辑制度,为监管干部学法用法提供服务。

进一步改进、完善了各类法制刊物的编辑工作,编印出版了《中国资本市场法制发展报告(2008)》和《中华人民共和国证券期货法规汇编》(2008 年下、2009 年上),印发《证券法制通讯》28 期、《证券法制参考》51 期。为了进一步规范监管执法行为,提高依法行政水平,我会组织编辑了《中国证监会依法行政执法工作手册》,汇总了规范系统监管职责分工、执法协作的内部行政行为性质的文件和少量与执法密切相关的外部行政行为性质的文件,与《中华人民共和国证券期货法规汇编》一起,构成全系统依法行政工具书。

系统各单位积极创刊普法读物,开展学法载体建设。北京证监局开办《法制工作通讯》,年内组织编发了 11 期,开设了"资本市场法制新闻"、"执法经验交流"、"执法探讨"、"案例分析"、"法规速递"、"部委规范"、"域外传真"7 个栏目,为一线监管提供了法学理论的学习途径和研究平台。陕西证监局推出了《证券法制资讯要览》刊物,已编发 6 期,及时介绍了各类证券期货及相关法律立法、修法信息、应知应会的法理知识、立法背景、立法技术等。江苏证监局开办《法制讯息》专刊,及时发布法律资讯,解读新出台的证券期货法规政策,分析监管实务中的典型案例,普及基础法律知识。中国登记结算公司公开出版了《中国证券登记结算服务问答集锦》和《投资者服务一点通》,宣传证券登记结算法律知识,解答投资者相关法律问题。上海证券交易所编辑出版了《证券法苑》(第一卷)论文集,着重研究探讨资本市场发展中的重点、难点、热点问题,为推动促进证券市场健康稳定发展提供了新的理论平台和舆论阵地。

(六)开展国际资本市场重要法律文献翻译工作

我国资本市场法制建设需要吸收和借鉴国外先进的法律制度和文化,为了科学借鉴境外主要资本市场法律制度,系统研究其法治建设成果,进一步提高中国资本市场法治水平,中国证监会精选了境外资本市场的法律法规、司法判例、立法报告、学术文章等重要法律文献,组织在国际金融、法律方面颇有素养的专家、学者进行翻译、审校,着力打造国人了解国际资本市场法律制度的权威平台,为我国资本市场法治建设提供资料和借鉴。目前,首辑《欧盟金融工具市场指令》译校现已完成,即将正式出版。

## 二、以提升投资者法制意识、维权意识和权利保护能力为目标,结合投资者教育和"打非"工作,扎实推进法制宣传教育

加强对投资者法制宣传教育,使广大投资者特别是中小投资者熟悉证券期货市场法律规则,增强其风险意识、法律意识和维权意识,是证券期货监管系统普法工作的重要内容,也是保护投资者合法权益的重要途径。2009 年中国证监会以提升投资者法制意识、维权意识和权利保护能力为目标,结合投资者教育、打击非法证券活动等保护投资者合法权益的工作,组织开展了形式多样、内容丰富、成果显著的法制

宣传教育活动。

（一）成立中国证券投资者呼叫中心，集中受理投资者投诉和咨询

在中国证券投资者保护基金公司设立中国证券投资者呼叫中心，通过受理投资者咨询、意见、建议等工作，建立畅通的呼叫响应机制，对投资者开展普法知识宣传，及时为投资者提供服务。从2008年7月到2009年11月底投资者呼叫12,115条，其中业务、政策咨询类2584条，占21.13%；建议类3044条，占25.13%；批评、投诉、举报类6459条，占53.31%；其他28条，占0.23%。呼叫答复率为99.64%。通过呼叫响应，使得各种损害投资者合法权益的行为问题，能够得到及时、妥善的解决，有效维护投资者的合法权益。

（二）通过行政许可、信访接待和信息公开等窗口做好证券期货法制宣传和政策的解疑释惑

中国证监会主动回应市场热点，对于虚假、误导性言论，在第一时间予以澄清，通过行政许可、信访接待、信息公开等窗口，切实做好证券期货法制宣传和政策的解疑释惑，进一步提升了监管信息的开放度和透明度。2009年，共完成各类专项宣传120多项，召开新闻通气会60余次，接待记者采访2000多人次；接收各类行政许可申请1798件，接待行政许可相关咨询约12,100人次；接待信访来访373批，收到信访信件3350件，答复689件；主动公开监管信息7131条，受理监管信息公开申请11件，申请人主动撤回1件，回复10件。

（三）增强立法工作透明度和参与性，在立法工作中开展资本市场法制宣传

《证券期货规章制定程序规定》（证监会令第59号）规定，对于直接涉及公民、法人和其他组织切身利益或者涉及向社会提供公共服务、直接关系到社会公共利益的规章草案，可以向社会公开征求意见。2009年，中国证监会制定、修改部门规章8件，规范性文件33件。其中，规章全部向社会公开征求了意见，《公开发行证券公司信息披露内容与格式准则第1号——创业板招股说明书》等部分与市场主体关系密切的规范性文件也公开征求了意见。我们对征求来的意见进行了认真研究，对于合理可行的予以吸收，未予吸收的，均公开做出说明。通过公开征求意见，为广大市场主体关注并了解资本市场法律制度的建设情况提供了一个窗口，在增强立法工作透明度、增强民众参与度的同时，实现了大范围的宣传及讨论，起到了良好的法制宣传教育的效果。

（四）制作证券期货投资宣传材料，开辟法制宣传新路径

中国证券投资者保护基金公司组织拍摄了四十集投资者教育系列片《股市故事》，即将在央视播出；编写了《投资者手册》（第一辑），内容包括投资基本法律知识、维护投资者权益等；启动了《投资者手册》（第二辑）的编辑工作，内容包括证券欺诈、维权案例等；开发研制了寓教于乐的投资者教育软件《牛大爷炒股记》，借助动漫和问答形式，以普通百姓的炒股经历，向投资者介绍投资基本知识；印制了典型案例教材——《防范非法证券活动风险》，提示投资者法律风险；启动了第一批五十家营业部投资者教育工程，准备在保护基金公司营业部安装“投资者教育一体机”，使广大投资者，特别是中小投资者熟悉证券市场规则，了解相关法律知识，自觉增强风险意识、法律意识和维权意识。

（五）以“12·4”法制宣传日为契机，积极开展形式多样的法制宣传活动

各派出机构以“12·4”法制宣传日为契机，开展了丰富多彩的证券期货法制宣传活动。上海证监局组织辖区30家基金公司连续三年共同举办了上海基金业投资者教

育活动。利用问卷调查、网络路演、主题沙龙、基金观察团等活动形式,将动漫展示、系列漫画宣传贯穿活动始终,并以东方财富网、《中国证券报》、《证券时报》、《第一财经日报》和第一财经电视为媒体宣传的主阵营,宣传基金公司在履行社会责任方面开展的工作,进一步推动基金行业从业人员全面提升社会责任意识,构筑行业良性发展环境。厦门证监局在厦门电视台的《金融聚焦》栏目中播出投资者教育节目,制作了"解读《刑法修正案(七)》"等12期教育专题节目,收到较好效果;利用公交车载终端系统,连续3周,每天滚动播放投资者法制教育动漫宣传片,向群众介绍常见非法证券投资咨询活动,提高投资者防范意识。天津证监局在媒体发布政策解读、警示教育文章及案例分析40余篇,在电台电视台播放专题宣传片60余次,举办证券期货知识普及讲座等活动近10次,有力引导投资者通过合法途径进行证券投资,进一步促进了辖区投资者增强风险意识。

(六)以"防范非法证券活动风险投资者教育宣传月"为契机,揭示非法证券活动,提高投资者依法维权能力

2009年,中国证监会在全国集中开展了"防范非法证券活动风险投资者教育宣传月活动"。各派出机构纷纷采取多种形式,开展打击非法证券宣传活动。江苏证监局组织辖区各市场主体通过开办专题节目、发放宣传手册、发送手机短信等方式提示投资者注意非法证券活动;上海证监局联合上海人民广播电台和上海第一财经广播电台推出"警钟长鸣——严防网络非法证券活动"系列广播节目,深入浅出地剖析非法证券活动特征,介绍识别防范方法,同时公布投诉热线,介绍"打非"最新成果;福建证监局开展了"建立一个机制、发送一条短信、刊发一篇新闻稿、张贴一份公告、发送一份宣传手册、开辟一个专栏、公布一批黑名单"的"七个一"专项工程,对非法证券活动形成了上下围堵的立体化防范体系,真正形成了"纵向到底、横向到边"的宣传、防范机制。通过对打击非法证券活动的宣传,有效提高了民众的风险防范意识和维权能力,起到了良好法制宣传效果。内蒙古证监局为5名投资者追回被骗损失4.3万元,有力地维护了辖区资本市场的稳定与和谐。

(七)加大典型案件查处的宣传力度,增强投资者自我保护的意识和能力

2009年中国证监会进一步加强执法信息披露,扩大披露范围、深度,提高披露时效,收到良好效果。先后召开了5次案情发布会,及时通报了张野涉嫌违反证券法律案、五粮液涉嫌违法案等23起案件的查处结果或阶段性调查成果;对重点案件进行了深度报道,配合相关媒体就杭萧钢构内幕交易案等已获司法判决的重大案件进行系统宣传;发布综合执法信息,通报了2008年以来证券违法案件移送公安机关加强刑事打击的有关情况和2009年上半年执法综合数据。通过对案件查处情况的宣传,一方面威慑证券期货违法犯罪行为,另一方面使投资者了解证券犯罪的种类和方式,增强其依法维权的意识和能力,以达到保护投资者的合法权益的目的。

## 三、以全面提升市场经营主体法制意识和诚信经营理念为目标,组织开展市场经营主体高管集中培训

为落实司法部、全国普法办《关于"开展加强企业法制宣传教育,积极应对国际金融危机"主题宣传活动的通知》,大力倡导诚信自律、规范经营的文化理念,强化市场主体责任意识,促进形成符合市场化发展要求的证券期货法律文化,中国证监会对各类市场经营主体特别是其高管人员,进行法制强化教育,组织开展了一系列法制集中培训活动。

(一)强化上市公司高管培训,促进上市公司合法经营

上市公司是资本市场的基石,上市公司高管的合规经营理念和法律意识将直接影响到对上市公司经营的决策,进而影响到整个资本市场的持续健康发展。中国证监会围绕"加强企业法制宣传教育,积极应对国际金融危机"主题,大力宣传风险防范、投资运作、并购重组、信息披露以及董事、监事、高级管理人员的权利、义务、责任等资本市场法律制度,积极组织开展上市公司高管人员培训。全年各辖区累计举办培训班99次,培训上市公司董事、监事、高级管理人员共计9950人。其中,山东证监局举办了三期董、监事培训和一期补课补考,培训考试纪律严明,对于个别在培训考试中冒名顶替的行为,对相关公司和高管人员进行了内部批评,并将处理措施在辖区进行通报;四川证监局积极创新培训模式,联合交易所,对部分公司控股股东进行规范运作专题培训;湖南证监局除了定期组织上市公司的董事、监事和高级管理人员的集中培训外,还深入企业现场,对部分上市公司进行现场培训,要求公司董秘定期组织企业内部的法律法规学习,并报告学习情况。

(二)开展证券期货经营机构高管培训,落实合规监管制度

为了加大证券公司、基金公司以及期货公司的合规监管,引导各类机构依法经营,诚信运作,中国证监会及各派出机构举办了多期证券公司经纪业务合规培训班和基金销售业务合规培训班。积极协调中国期货业协会举办了三期《期货公司信息技术管理指引》培训,培训人数达到570人。10月15日,中国证监会组织召开了证券公司合规管理座谈会,各证券公司就合规管理工作的有效做法和经验体会进行了广泛的交流。尚福林主席在会上发表重要讲话,回顾总结了证券行业建立和实施合规管理制度的背景、过程、取得的成效和存在的不足,深入阐述了证券行业实施合规管理的重要性,并就做好合规管理工作提出了明确的方向和要求,有效地宣传了证券公司合规管理制度,督促证券公司依法诚信经营。10月26日,中国证监会组织召开第32次全国基金业联席会议。会议就基金相关法规、执法案例、基金运作与监管等方面,对基金业高管进行了专题培训。尚福林主席在会上强调,推动机构投资者又好又快发展,必须坚持把保护投资者合法权益放在首要位置等四项原则;维护持有人的利益是整个基金行业的生命线,任何机构和个人,都不能触犯"老鼠仓"、非公平交易和各种形式的利益输送这三条底线;要强化公司合规管理,增强行业核心竞争力,努力将我国基金业建设成为"专业精良、治理完善、诚信合规、运作稳健"的现代资产管理行业。

## 四、以创业板的平稳推出为目标,积极开展以投资者适当性制度为中心的宣传教育活动

创业板的推出是2009年我会的一项重点工作,是迎难而上、应对国际金融危机的一大亮点,为了创业板的平稳推出,中国证监会积极开展创业板法律制度宣传教育工作,引导投资者了解创业板法律制度,合理评估风险承受能力,理性进入创业板市场。

(一)深入宣传创业板投资者适当性管理法律制度,增强投资者对创业板特点的认识

针对创业型公司自主创新能力强、业务模式新、规模较小、业绩不确定性大、经营风险高等特点,中国证监会研究制定了一整套区别于主板市场的创业板上市规则,并结合规则制定过程全方位开展了一

系列宣传教育活动。

1. 通过向社会公众征求意见,提醒投资者关注创业板与主板市场的制度差异。为了加强对投资者尤其是个人投资者的创业板法律制度风险警示,引导投资者合理评估风险承受能力,创业板入市实行投资者准入制度,并就《首次公开发行股票并在创业板上市管理暂行办法》和《创业板市场投资者适当性管理暂行规定》等规章、规范性文件向社会公开征求意见。社会各界对此反响积极,提出了较多的意见和建议。公开征求意见,使公众对创业板市场特点以及创业板实行投资者适当性管理制度有了较为细致的了解,对提高投资者基本判断和风险辨识能力起到了积极的作用。

2. 通过制作各类宣传教育产品,全面系统地宣传创业板制度体系。深圳证券交易所组织制作了各类创业板法制宣传资料,其中,编印《创业板投资者系列手册》13.5 万本,内容包括认识创业板、风险与防范、了解创业企业、警惕"炒新"风险、投资者参与、发行制度、信息披露与公司监管、谨防退市风险、投资者适当性管理等;推出创业板投资者教育专题系列电视节目《创业板学堂》,每天一期,每期滚动播出三次,以创业板基础知识、创业板配套规则等为基础素材,贴近个人投资者,以动漫形式,通过深圳证券信息公司跨媒体平台覆盖全国八十多个电视台、各证券营业部。2009 年全年共播出《创业板学堂》150 期,增强了法制宣传的实效性和针对性。

3. 通过模拟股票交易系统,生动展示创业板交易规则与主板的差别。《关于创业板首次公开发行股票上市首日交易监管和风险控制的通知》对创业板交易做出了不同于主板的规定:创业板首盘中成交价格较当日开盘价首次上涨或下跌达到或超过 20% 时,可实施临时停牌 30 分钟,首次上涨或下跌达到或超过 50% 时,可实施临时停牌 30 分钟,首次上涨或下跌达到或超过 80% 时,可实施临时停牌至 14:57。为了使投资者能够切实体验到创业板与主板交易的差异,2009 年 8 月深圳证券交易所推出模拟股票交易系统,并先后开展两次"投资者开放日"活动。该系统模拟股票开户、委托、撮合、成交全过程,生动形象展示交易及相关知识,为投资者提供熟悉交易规则、体验投资过程与风险的学习平台。两次"投资者开放日"活动总计邀请了 50 名个人投资者前来深交所体验模拟交易系统,观看投资者教育相关宣传片,了解深交所投资者服务产品和内容,并与深交所工作人员面对面沟通和交流。

(二)将签订风险揭示书作为开通交易的前置程序,向每一个参与的投资者揭示风险

与《创业板投资者适当性管理暂行规定》相配套,深圳证券交易所和中国证券业协会分别发布了《深圳交易所创业板市场投资者适当性管理实施办法》和《创业板市场投资风险揭示书(必备条款)》,要求在投资者开户时,证券公司与每位投资者签署风险揭示书。目前,创业板 2100 万投资者均与证券公司现场签署了《创业板市场投资风险揭示书》,确保了每一位投资者都能够接受到创业板的投资风险教育,引导投资者合理评估风险承受能力,理性参与市场。

(三)加强对监管人员和证券服务的执业人员的法制培训,保障创业板相关法律法规得到正确理解和严格执行

为加深监管人员和市场中介机构对创业板发审工作的理解,有效发挥辖区一线监管力量,做好创业板发行监管工作,促进各中介机构提高对创业板重要性的认识,做好创业板保荐业务的各项准备,中国证监会组织开展了创业板相关法律法规的培

训工作。首先，从内部培训入手，组织发行审核人员开展集中学习、个案剖析和集中讨论，强化对创业板法规规则的理解和掌握；其次，组织召开保荐机构、证券服务机构及各证监局参加的创业板发行制度培训会议。重点对《首次公开发行股票并在创业板上市管理暂行办法》及已实施的招股说明书准则等创业板法律法规进行解读。证监会各派出机构、保荐机构、会计师事务所及律师事务所等共290家单位、600余人参加了培训，起到了良好的规则培训及宣传效果。

**五、积极参与各项全国普法活动，为做好2010年“五五”普法总结工作营造良好氛围**

2009年，中国证监会贯彻落实司法部、全国普法办的各项普法活动部署，积极组织参与了第七届全国法制动漫作品征集活动、全国法制好新闻、好电视作品征集活动、全国公务员学法用法征文活动、第七届全国法制书画作品征集活动以及百家网站法律知识竞赛活动。其中，在第七届法制动漫作品评选活动中，证券监管系统选送的《基股三人行》、《证券投资者教育软件》和《投资与风险案例系列片》分获三等奖和参与奖，中国证监会法律部获得组织奖；在好新闻活动中，证券监管系统选送的《法院判决首例上市公司董事未尽责须承担法律责任案》获得深度报道类一等奖；在学法用法征文活动中，证券监管系统选送的《依法、规范、有序地实施证券监管信息公开》获得三等奖，《证监工作中“违宪”遭遇的是与非》获得优秀奖，中国证监会法律部获得组织奖。

# 十、诚 信 建 设

## 2009年证券期货市场诚信建设工作综述

加强证券期货市场诚信建设，营造诚实守信的市场氛围，不仅是国家社会信用体系建设对证券期货行业的要求，也是证券期货市场健康发展的需要。2009年，证监会按照国务院的统一部署，以不断健全完善统一的诚信档案、探索实施失信惩戒与守信激励为抓手，切实推进证券期货市场诚信建设。

（一）不断充实完善诚信档案

2009年，证券期货市场诚信档案的信息内容不断丰富，系统运行保持稳定，使用要求得以落实，服务监管的作用初现。全年新增诚信信息约2000条，截至年底，诚信档案共记录违法失信行为信息7940余条，实现了近十年来资本市场各类参与主体违法失信行为信息的电子化、数据库化。目前，证监会正在按照逐步推进的原则，开发建设内容更丰富、拓展空间更广阔的资本市场诚信信息数据库。其中，将既包含负面信息，也包含正面信息，既包括证监会系统产生的信息，也包括来自其他部委或行业的信息，有望为资本市场监管工作发挥更大的作用。

(二)实施诚信监管取得积极效果

证监会系统在市场监管工作中,积极使用诚信档案,强化诚信约束。系统各单位、部门在行政许可审核、市场准入把关、日常监管执法等工作中,都把查询诚信档案、使用诚信信息,作为办公程序的必经阶段。诚信档案逐渐成为监管工作的重要帮手,在严防不诚信者进入市场、损害投资者权益方面发挥了积极的作用。不少单位、部门还结合辖区、行业实际,在诚信约束的新手段、新方法方面进行了不少积极的探索创新。下一步,证监会还将继续研究强化失信惩戒、实施守信激励的措施,努力构建多元化的诚信监管机制,真正实现诚信要求的"硬约束"。

(三)大力推进部际信用信息共享

根据资本市场监管工作的实际需要,证监会着力加大与人民银行等部委的部际信用共享工作的推进力度。2009 年,证监会已与人民银行方面就共同建设金融业统一征信平台建设工作初步达成一致,证监会在监管执法工作中,可以使用征信系统,查询相关企业和个人的信用报告,从而强化证券期货监管环节的诚信约束。同时,还积极推进与公安、环保、工商、银监、保监等相关部门的信用信息共享工作。

(四)创新开展诚信宣传教育工作

诚信文化宣传教育是社会信用体系建设重要的组成部分,也是资本市场改革发展的重要基础工作。证监会立足市场实际,创新工作形式,大力开展"以诚实守信为荣,以见利忘义为耻"为核心的行业诚信宣传教育工作。一是充分利用各级单位监管工作会议机会,向监管对象通报诚信档案相关工作情况,努力营造诚信的市场环境。二是将诚信建设与投资者教育、普法宣传教育、信访接待处理以及日常监督检查等工作相结合,在投资者宣传月、法制宣传周、信访接待及答复、日常检查和巡查等工作中,增加诚信宣传的内容,扩大诚信教育的途径,增强诚信宣传的实效。三是通过电视广播和网站宣传、展览演示等方式,有针对性地加强诚信知识普及、诚信文化宣传。四是结合市场失信违规的典型案例下发文件,要求监管对象认真学习,引以为戒,发挥诚信约束的震慑力。通过宣传教育活动,证券期货市场主体的诚信意识得以增强,崇尚诚信、唾弃失信的文化氛围日益浓厚。

# 第五部分　派出机构法制工作

## 北京证监局2009年法制工作综述

北京证监局(以下简称北京局)一贯注重法制工作,在依法行政、规范监管方面做了大量基础性工作。2009年恰逢建国60周年,北京局紧密围绕各项证券期货监管任务,在中国证监会机关有关部门的指导和支持下,以各业务处、稽查处和法制工作处为平台,进一步夯实法制工作基础,规范执法行为,加强法律服务与支持,提高了依法行政水平,确保北京辖区证券期货经营机构、上市公司、基金公司依法经营、规范运作,为维护首都社会和证券市场的稳定提供了法制保障。

### 一、加强法制工作机构和干部队伍建设

北京局一向注重干部队伍建设。2009年2月,根据中国证监会统一部署和北京局工作实际,北京局成立了法制工作处,负责北京局法律事务。发挥法律专业人才资源作用,调配法律专业人员负责法制工作处相关工作,努力打造高水平的法制工作队伍。

为适应工作需要,北京局法制处主持编写了《法制工作通讯》,其中包括"资本市场法制新闻"、"执法经验交流"、"执法探讨"、"案例分析"、"法规解读"、"部委规范"、"域外传真"七个栏目。以此为载体,通过分析评论证券期货典型性案例、讲解最新立法,搭建北京局人员法律知识的学习途径和研究平台,从而起到信息沟通和普法宣传教育的作用。北京局全年编发《法制工作通讯》12期,得到中国证监会法律部和局内同志的关注和认可。

日常工作中,北京局通过新规研讨会、稽查立案讨论会、编写案例分析报告等方式,组织人员积极讨论交流法律适用中的经验心得,统一认识,提高了干部队伍的整体法律素质和监管业务水平。

### 二、积极参与证监会各项立法事务

北京局高度重视参与各项立法工作的机会,积极献言献策。一年来,针对中国证监会转来的20余件法律、法规、规章、规范性文件、司法解释征求意见稿提出修改建议。具体包括《中华人民共和国评估法(草案)》、《中华人民共和国保守国家秘密法(修订草案)》、《征信管理条例(代拟草案)》、最高人民法院《关于公司法若干问题的意见(三)(草案)》等。在反馈意见过程中,北京局秉承社会责任,组织专业力量,拓展视野,认真研究,提出切实可行的修改建议,为证券期货市场,乃至整个社会的法制建设积极贡献力量。

### 三、进一步夯实本局法制工作基础

北京局一贯坚持职权法定原则,严格按照中国证监会《派出机构工作职责》及

各项授权开展辖区监管工作。在扎实做好各项监管工作的同时,北京局注重制度先行,在中国证监会授权和各项规程、指引范围内,不断进行制度创新,制定了行政许可、信访处理、稽查立案、诚信建设工作制度,以及各项检查工作指引、工作底稿和操作规范,确保执法标准统一、规范有序。2009 年,北京局集中梳理了分散在各业务处的制度规范,汇总为北京局依法监管的数据库。数据库上挂中国证监会内网监管系统并得到证监会法律部的认可。

为保障有效履行监管职责,促进权力规范运行,北京局还根据中国证监会相关规定制定了《北京证监局实施证券期货市场监督管理措施工作规程》和《关于规范我局下发监管文件有关事项的通知》,明确本局证券期货市场监督管理措施的实施工作程序和要求,统一监管措施决定书的内容格式,有效保障行政相对人的合法权益。

## 四、切实做好证券期货监管执法工作

(一)行政许可工作

在行政许可工作方面,北京局根据《行政许可法》、《中国证监会行政许可实施程序规定(试行)》等规定,结合日常监管实际,严格按照北京局制定的《行政许可实施程序规定(试行)》和行政许可工作流程,在坚持依法许可和服务并重原则指导下,利用网站公示期货机构行政许可事项、证券公司营业部同城或异地迁址等办事指南和行政许可结果。通过一系列公示安排,确保行政许可公开透明,接受企业和社会监督。2009 年,北京局继续做好行政许可的受理、送达和公示工作。截至 11 月底,累计受理行政许可事项 278 件,办结本年度许可事项 228 件和上年度已受理未完成事项 34 件。办理行政许可工作中,办事人员态度热情,高效透明,受到机构广泛好评。

(二)证券期货日常监管工作

北京局地处首都,下辖 126 家上市公司、18 家证券公司、20 家期货公司、11 家基金公司、18 家证券投资咨询公司以及 200 余家证券公司营业部、60 余家期货公司营业部,监管任务繁重。2009 年,北京局继续贯彻落实辖区监管责任制,扎实开展各项现场与非现场监管执法工作。按照中国证监会统一部署,现场检查上市公司 30 家次,证券公司 113 家次,证券营业部 164 家次,证券投资咨询机构及资信评级机构 18 家次、基金公司 46 家次、期货公司及营业部 90 余家次,对检查中存在的问题及时纠正,监督整改,促进辖区机构依法经营、规范发展。与此同时,完成 38 家拟上市公司的辅导验收工作,加强对保荐机构辅导工作的监管力度,源头把关上市公司质量。

在证券期货市场中介机构监管方面,北京局认真履行会计师事务所与资产评估机构监管工作职责,以各类监管对象年报监管为抓手,加大审计与评估业务监管力度,全年完成 26 家上市公司、15 家证券公司以及 13 家证券营业部、20 家基金公司的审计现场跟进及审计业务检查,对 2 家资产评估机构的评估报告及工作底稿进行的核查工作。与此同时,北京局积极摸索证券期货律师监管业务,根据中国证监会要求对涉嫌违规的某北京律师事务所律师采取监管谈话,积极与北京市司法局沟通,探讨律师监管合作的可能。

(三)稽查执法工作

在打击各类证券违法违规行为工作中,北京局坚持铁案原则,依法办案,不断提高办案质量,切实保护投资者合法权益。2009 年,北京局累计办理会稽查局交办立案案件 5 起,办理会稽查局交办非正式调查案件 22 起,办理北京局稽查局及兄弟单位协查案件 20 起。各项案件调查做到:充分准备、全面调查、及时办理、认真复核。

案件调查过程中，稽查处注意加强与业务处室沟通合作，阶段性稽查结果及时通报业务处室，使得业务处室在日常监管阶段即可及时利用稽查工作成果，督促公司改正问题，化解风险，发挥了稽查和业务处室的行政执法威慑力。

同时，为适应证券期货市场违法违规行为的新情况、新特点，切实做好稽查办案工作，北京局于2009年适时修订完善了《北京证监局立案工作程序》，进一步明确了立案范围、立案条件、立案途径、立案材料和立案程序，确保稽查立案工作科学分工、密切协作，不断提高工作质量和效率。

此外，北京局与公、检、法等机关通力合作，按照"惩戒一批、教育一批、宣传一批"三原则，扎实开展打击非法证券活动，活动效果明显，得到会领导的肯定。

## 五、切实做好疑难问题的法律研究和服务工作

为发挥法制服务监管，保障依法行政的作用，北京局积极探索研究证券期货市场典型性、规律性、新颖性问题，提出解决建议，供局领导参考。研究内容涉及短线交易认定及监管职责、创业板发行审核制度研究、证券投资咨询的执法监管、非法证券活动性质认定等题目。同时，北京局积极参与会法律部组织的各项调研活动，包括短线交易案例研究、基金托管人制度研究等。

在各类疑难复杂事项的监管执法过程中，北京局法制工作处与各业务处紧密合作，认真研究案件事实，准确提供法律咨询意见，帮助各业务处妥善采取监管措施，努力为本局行政行为的合法性、规范性把关，避免出现行政复议或诉讼风险。

## 六、深入推进诚信建设工作

北京局一贯重视证券期货市场诚信建设工作，及时落实中国证监会各项工作安排，精心组织，健全制度，严格审核，及时录入，服务监管。在2008年年初，北京局即按照中国证监会统一部署制定了《中国证监会北京监管局证券期货市场诚信档案工作管理办法》，规定了诚信档案工作的主体范围、录入内容、审批程序、查阅规则、保密要求和挂钩考核等一整套工作制度，为开展诚信档案相关工作奠定了制度基础。日常工作中，北京局实行《记入诚信档案审批表》分级审核的工作制度，确保事实清楚、证据确凿、程序规范。截至2009年年底，北京局共上挂诚信信息227条，其中2009年录入诚信信息36条。

诚信档案，贵在使用。北京局在日常监管中积极宣传诚信档案作为证券期货市场监管"信息仓库"的作用，持续关注失信事实整改情况，促进辖区机构规范运作。诚信建设在增强市场软性约束、提高监管有效性、优化首都证券期货市场诚信环境方面发挥了一定作用。

## 七、普法宣传教育

在做好日常监管执法工作的同时，北京局还积极探索柔性执法，以监管与服务并重原则，通过组织对证券期货经营机构和上市公司高管人员的培训和交流，培训内容紧密结合证券市场环境的新变化，介绍全年监管概述，讲解公司治理、内部控制、风险控制要求，通报违法违规典型案例等方式，统一和提高了高管人员对证券市场的认识，增强了辖区机构规范运作意识，有效地巩固了执法成果。

上市公司董事、监事常规培训是中国证监会部署的重点工作，北京局几年来一直坚持认真贯彻落实。2009年，上市处共举办四期董事、监事培训班，辖区1100余名董事、监事参加了培训学习并获得培训证书。根据本年上市公司监管工作重点及

发展方向,结合北京辖区上市公司具体特点和监管要求,确定了以推进企业内部控制体系建设为主导,明确上市公司监管重点工作、推动上市公司通过并购重组做大做强为重点的课程设置方向,结合上市公司讲台和经济形势分析,年报信息披露问题讲解等专题,构成了本年度的重点培训内容。由于培训内容紧密结合证券市场环境的新变化和董事、监事的履职要求,针对性和时效性强,统一和提高了董事、监事对证券市场的认识,对提高履职能力和水平有很大的帮助,为提高辖区上市公司质量发挥积极作用。

同时,结合北京地区行业发展特点及市场情况,北京局通过指导北京证券业协会、上市公司协会、期货商会积极探索、勇于创新,创造性开展工作,充分发挥自律组织的监管助手作用。通过协会向辖区机构转发系列法律法规,通过协会网站公示辖区合法证券公司及投资咨询名单,下发最新监管通知,指导协会出版投资者教育专刊,开展投资者教育系列活动,实现了监管对象、自律组织与监管部门的良性互动,在维护辖区市场秩序、加强服务、引导舆论、反映呼声、开展多渠道的投资者教育、打击非法证券活动等方面均取得了显著的效果。

在2009年12月,北京局还面向辖区机构开展了"12·4"普法宣传证券期货法律知识竞赛活动,通过下发试题方式组织辖区机构答题。此次竞赛活动在辖区机构引起充分重视,各机构广泛参与,积极组织人员参与答题。

## 八、沟通协调

在做好各项监管执法工作的同时,北京局积极加强与司法、政府法制部门的联系,参加相关交流、讨论和联合执法活动,妥善做好司法机关来访接待和复函工作,扩展执法合作资源,为北京局执法活动创造良好外围环境。

(北京证监局供稿)

# 天津证监局2009年法制工作综述

2009年,在会党委的正确领导下,在会机关有关部门的精心指导和系统内有关单位的支持配合下,天津证监局(以下简称天津局)紧紧围绕证券期货监管的中心任务,积极开展法律事务工作,不断提高依法行政水平,法制建设工作上了一个新台阶。

## 一、固本强基,推动局内基础性制度建设

局党委历年来高度重视辖区基础性制度建设,始终将推进局内监管制度和管理制度建设,完善运行机制,规范行政行为作为监管工作的重要抓手。2009年,为贯彻落实证监会下发的《证券期货市场监督管理措施实行办法(试行)》,结合监管实践,制定了《天津证监局实施行政监管措施工作规程》,研究制作了行政监管措施的格式文书,经局长办公会议审议发布施行。按照证监会的要求,为加强对辖区新闻媒体的引导和监督,规范天津局对外信息发

布行为，制定了《天津证监局舆论引导与媒体信息监管工作规程》，收到较好的效果。为推进办公行政法制化水平，制定了《天津证监局职工医药费报销管理办法》、《计算机房改造监理服务协议》等专项制度。上述基础性制度的制定和实施，有力地推动了监管工作的规范化和法制化。

**二、做好法律内核，促进依法行政**

在履行监管职责过程中，局领导高度重视依法行政，充分发挥法律内核机制的作用。今年以来，根据局领导的批示，对26 项监管业务事项进行了审核、会签，其中出具《法律意见书》4 份。审核会签对天津海运等 4 家公司采取行政监管措施 5 项；法律内核和会签投资者投诉国恒铁路等公司信访答复意见 8 项；有关证券公司董事、营业部负责人任职资格的行政许可 2 项；审核案件调查终结报告 2 项；审核会签《关于拟公开 2004 年 7 月—2008 年期间监管信息的请示》、《关于健全辖区信息安全工作机制的意见》、《某上市公司诚信信息记录》、《关于与天津高级法院建立涉诉信息沟通机制》等涉及监管信息公开、信息系统安全、资本市场诚信记录、外部监管协作的事项 4 项；审核会签涉及证券机构风险处置、上市公司及中介机构巡检的事项 5 项。法律内核和会签的工作机制，较好地促进了依法行政，最大限度地防范了行政诉讼风险。

**三、开展普法活动，多渠道增强监管干部和市场主体法律意识**

（一）着力提高监管者的依法行政能力

为提高天津局干部职工依法行政意识，通过举办普法讲座、专题座谈会等多种形式，提高依法行政、依法监管的能力和水平，有效防范行政诉讼风险。

一是以实施行政监管措施为契机，全面梳理行政监管的各项措施，完善行政执法程序，做到以天津局作出的行政监管决定事实清楚，法律依据充分。为全面贯彻证监会实施行政监管措施的通知精神，法制处组织各业务处室就实施证券期货市场监督管理措施的有关问题进行专题培训，努力使监管人员做到不滥用监管措施，同时避免行政不作为。

二是积极开展各种类型的培训活动，创新性地开展“学习周”活动，举办了办公行政、法律、会计、保密等专业培训 10 余次，努力提升监管干部的综合行政能力。

（二）开展对市场主体的普法宣传教育

为强化市场主体的法律意识，引导市场主体守法诚信、合法经营，营造良好的市场环境，促进证券期货市场健康稳定发展，多渠道开展对市场主体的普法宣传教育工作。

一是探索对证券市场违法违规行为的预防办法。在会稽查局的支持下，针对一些董监高人员对违法行为法律责任认识不足的情况，举办了“内幕交易和信息披露法律讲座”。辖区上市公司、证券公司、基金公司以及市国资委、市金融办等有关部门负责人，共约 90 余人参加了培训，收到良好效果。

二是努力提升培训的层次和水平。在辖区创业板培训会上，邀请证监会、深交所的有关专家就创业板市场定位、发行条件、上市规则等企业普遍关心的问题进行了讲解；在辖区上市公司高管人员培训会上，将培训范围扩展到大股东和子公司，邀请来自证监会 5 个部门的 7 位专家，解读再融资、并购重组政策，警示规范运作底线，收到了良好的培训效果。

**四、建立长效机制,全方位、多角度推动辖区投资者教育活动**

2009 年,天津局多年摸索建立的“监管部门主动开展、推动协会及机构开展、联合地方各部门开展”三个层面的投资者教育工作长效机制日趋成熟,多方主体共同推动投资者教育活动,有效净化了辖区市场环境,促进广大投资者增强风险意识,提升了证券期货机构的服务水平和社会形象。

一是天津局积极主动开展教育活动。结合非法证券活动网络化、非法发行股票和非法集资相互交织等新的特点,主动采取多种形式开展投资者教育活动。一年来在媒体发布政策解读、警示教育文章及案例分析 40 余篇,在电台、电视台播放专题宣传节目 60 余次,举办证券期货知识普及讲座等活动近 10 次,编印并发放《宣传预防和打击非法证券活动宣传手册》4000 册,内容丰富、形式多样的活动广泛开展,有力引导投资者通过合法途径进行证券投资,进一步促进了辖区投资者增强风险意识。

二是指导督促行业协会及各机构开展教育活动。证券业协会以“3 · 15”为契机,联合上海证券报在天津开展了为期一个月的投资者教育主题宣传月活动;上市公司协会开展“天津地区上市公司投资者网上集体接待日”活动,辖区 13 家上市公司的 50 余名高管在线回答投资者提问 857 个;天津局与大连期货交易所、天津期货业协会共同组织大连期货交易所期货学院天津分院,对期货公司人员进行培训。渤海证券开展了“做明明白白投资者”宣传月活动;长江证券天津营业部走进社区开展理财服务和心理辅导;华泰证券天津营业部建立标准化服务规范,将风险教育贯穿于客户办理业务全过程;申银万国天津营业部推进文明窗口建设,举办投资者教育全国行活动。

三是联合地方各部门开展教育活动。与市网络文化建设和管理工作领导小组办公室联合举办规范网上资本市场信息传播专题培训班,对各有关部门和全市各新闻网站、财经网站负责人进行专题培训;利用市公安局打击和预防经济犯罪宣传周的平台,开展预防和打击非法证券活动宣传。

**五、认真做好行政许可工作,防范行政复议和诉讼风险**

2009 年度,天津证监局共接收行政许可申请材料 62 项,不予受理 2 件,发出补正通知 11 份,发出行政许可公文 54 件。按照中国证监会的授权,认真做好行政许可项目办理工作。对于初审事项,认真进行审核并及时上报初审意见。通过规范受理和办理程序,严格办理时限,确保了行政许可事项的办理效率和质量。

**六、做好案件调查工作,查处证券市场违法违规行为**

2009 年,天津局开展了对天津某上市公司信息披露违规自立案件的调查,承办了会稽查局交办的天津某法人机构涉嫌利用他人账户买卖股票案件和某异地上市公司股价异动非正式调查案件,提交了调查终结报告。此外,完成了会稽查局交办的“格林科尔”等 5 起非正式调查案件的调查取证工作,协助稽查总队和兄弟局进行了有关调查工作。

**七、构建三级网络,严厉打击非法证券活动**

经过多年的探索与实践,辖区打击非法证券活动机制日趋成熟,到 2009 年,辖区已经构筑起打非工作的三级网络,通过抓好合法机构准入关、打非线索排查关、重点案件查处关三个关键关口,实现了“打非”

工作的常规化。

抓好合法机构准入关，使非法证券机构和非法证券业务无法鱼目混珠。督促全市证券营业部在投资者园地公示合法证券机构与证券投资咨询机构名录，要求所有合法机构做到“守土有责”，不得为非法证券活动提供任何便利。与新闻媒体就刊载、传播证券类广告事宜达成共识，强化审查程序，杜绝无证券投资咨询业务资格的机构及个人利用媒体传播虚假或者误导投资者的信息；对证券投资咨询人员参与投资报告会、广播电视节目提出要求，明确公司内部审批责任和向监管部门报备义务。

抓好线索排查关，使非法证券行为无处藏身。争取主动，向市工商局调取2008年以来有关投资管理、投资咨询等共800余家公司的基本信息资料，筛选其中270家公司作为重点进行排查。召集辖区证券营业部负责人座谈，要求证券营业部在客户中进行防范非法证券活动的宣传，在客户开发过程中，留意收集非法发行股票等非法证券的线索，争取早发现、早查处。

抓好重点案件查处关，有效打击非法证券活动。为做好某公司涉嫌非法发行股票案件的查处工作，天津局积极协调市金融办、公安局等单位召开市打击非法证券领导小组会议，由公安部门及时介入，控制嫌疑人和涉案资金，有效推动案件进入刑事立案侦查，制止了危害的扩大。在某犯罪嫌疑人以天津国投金融研究中心名义非法经营证券业务案中，天津局工作人员多次配合公安机关赴河南郑州、漯河、陕西安康等地进行调查取证，并将犯罪嫌疑人抓捕归案。此外，天津局还注重及时制止苗头性的新型非法证券活动，妥善处置了普惠天下（天津）教育信息咨询有限公司通过网络向会员赠配股票的行为。

## 八、苦练内功，积极参与资本市场立法和调研活动

积极参与资本市场及相关领域的立法工作。发挥贴近市场、贴近投资者和法律专业优势，根据会法律部组织召开的“证券期货市场法制工作联席会议第一次会议”的要求和安排，参加了基金管理公司治理结构法律规制的研究，承担并完成了“强化基金管理公司独立董事制度”子课题的研究任务。同时，根据会法律部和有关单位来函要求，对《关于开展行政法规规章立法后评估工作》、《公司法若干问题的规定》、《天津市企业信用信息基础数据库管理办法》等11个征求意见稿，认真进行研究，书面回复会法律部和有关部门。

## 九、依法、审慎做好对外法律事务衔接工作

按照证监会的相关规定和局内工作指南确定的工作程序，多次接待市纪检委、法院、检察院等部门，依法、审慎地做好协助、配合司法机关等国家机关查阅复制证券、期货监管档案材料及相关业务咨询工作，防范行政诉讼风险。为强化对辖区上市公司信息披露的监管，天津局与天津市高级法院商定了上市公司涉诉信息沟通机制，为建立辖区综合监管体系进行有益的探索。应邀参加了天津市第二中级人民法院有关金融创新与商事审判的专题调研活动，撰写了《关于在天津滨海新区尝试设立金融法庭的建议》，得到法院领导的高度重视，目前法院已着手专门金融审判组织的筹备工作。

2009年度，未发生针对天津证监局的行政复议和行政诉讼案件。

（天津证监局供稿）

# 黑龙江证监局2009年法制工作综述

2009年,黑龙江证监局(以下简称黑龙江局)在证监会的正确领导下,按照“五五”普法规划的总体部署,扎实推进依法监管理念,以深化全局人员的法治意识为基础,以加强普法学习为桥梁,以依法行政为核心,以制度建设为保障,狠抓全局法制工作,不断提高全局干部职工学法、守法、用法、护法的能力和水平。

**一、提高素质,建设知法、懂法、守法的干部队伍**

黑龙江局始终将法制建设工作作为一项重要的工作来抓,切实加强监管队伍建设,注重在监管实践中锻炼和提高法制人员工作能力,逐步培养起专业能力较强的法律监管队伍。一是举办法制讲座,提高专业素质。今年7月,黑龙江局邀请黑龙江大学法学院教授、博士生导师董惠江作“证券侵权民事责任”专题报告。董教授通过近年来我国资本市场的大量典型案例,以专业的视角剖析了证券侵权民事责任的特点、构成和类型,重点讲解了证券市场虚假陈述、内幕交易、操纵市场、证券欺诈侵权行为的责任认定及责任承担等问题。黑龙江局全体监管干部认真听课,对《证券法》等规定有了更加深刻的认识,对相应的规范要求理解更加明晰,收到了积极的效果。二是定期召开法制小组会议。法制小组成立以来,坚持每月15日召开一次业务情况汇总及法制工作探讨会议,组织各小组成员介绍监管政策等情况,同时对涉及的相关法律问题进行集中讨论,并及时汇总,形成法制小组会议记录,及时上报局领导。截至11月底,组织召开了9次法制小组定期会议,形成了6期会议专报报送局领导、各位处长和小组成员。三是加强法律自学,提高监管工作质量。黑龙江局要求监管人员结合自身本职工作,开展有针对性的法律学习,使每位监管人员都能够认识、理解法制工作和依法监管的重要性及必要性,知道自己该学什么,该做什么,该怎么做。在各项监管工作中结合遇到的监管具体情况,把涉及的法律问题归类整理,然后根据不同业务专业在不同的处室进行讨论学习,使每一位监管人员加深对法律法规的理解和掌握,为今后的工作奠定更加坚实的基础。正是通过这样有针对性的法律和业务有机结合的学习,使全局监管人员都能够积极、主动、认真地对待每一项监管工作,提高了监管工作质量。

**二、完善制度建设,确保监管工作有法可依**

资本市场的发展离不开法治,监管工作也离不开科学系统、严密规范的制度,制度建设已经成为黑龙江局主要的工作之一。一年来,黑龙江局根据辖区资本市场呈现的新特点和新问题,遵照相关法律法规和会里的文件,先后制定了12个新制度。针对当前首次公开发行股票辅导工作缺乏指导性法规的现状,黑龙江局制定并向辖区各有关保荐机构下发了《黑龙江证监局首次公开发行股票辅导及监管工作规程》,该规程为辖区的辅导工作提供了指导性依据,能有效杜绝辅导工作流于形式,从而提高辅导质量与被辅导公司的规范化运作水平。为提高期货公司相关人员任职资格审核工作效率与质量，黑龙江局修订完善了《期货公司相关人员任职资格审核制度》、《期货公司相关人员任职资格审核规范指导流程》、《黑龙江证监局期货公司信息公示审核规程》，并根据会里《关于印发〈证券期货市场监督管理措施实施办法（试行）〉的通知》的规定制定了《期货监管措施实施工作规程》。根据上市公司监管工作的实际情况，增加了5个新的工作制度，分别是《黑龙江证监局巡回检查工作规程》、《黑龙江证监局上市公司年报监管工作规程》、《上市公司回访检查工作规程》、《上市公司监管事务档案操作规程》、《黑龙江证监局约见上市公司高管集体谈话工作制度》。为了进一步规范证券经营机构的经营行为和从业人员的执业行为，提高客户满意度，黑龙江局向辖区各证券营业部下发了《黑龙江辖区证券营业部客户服务监管指引》。通过制定并颁布监管工作制度，使黑龙江局的依法监管制度得以建立和完善，不但确保了监管工作做到合法合规，而且还大幅度地提高了监管工作质量和效率。

## 三、尽职尽责，做好各项法律事务工作

随着资本市场的发展，黑龙江局越来越认识到法律对于推进资本市场改革发展、提升一线监管的有效性和保护投资者利益有着重要而积极的作用。为了学习各个领域的法律法规，在资本市场法制领域形成统一的认识，法制处始终把会法律部交办的任务作为工作重点，把各项法律事务工作作为监管工作的基础，充分发挥法制工作服务、支持、保障监管工作的作用。

（一）针对新出台的法律法规征求意见稿，提出高质量法律建议

黑龙江局始终高度重视立法建议工作，认真对待每一部法律法规，即使是效力不高的部门规章也同样重视，充分发挥法制处专业特长，把这项工作当成业务素质的提升和把握法律前沿动态的机会。一是集中全体智慧。每当一部新的修订法律法规出台，法制处全处始终采取集体学习集中讨论共同研究的方式，进行智慧的碰撞与观念的交流，逐条分析研究，提出修改意见，最后形成有价值的书面修改建议。二是方式灵活。由于征求意见的法律涉及范围广泛，领域众多，所调整的权利义务关系涵盖各个学科，法制处在集中探讨后，根据不同领域的法律要求，多渠道征求相关专业监管人员的意见，并分别归纳整理，以便所提出的修改建议更加客观和专业。三是紧贴实践。黑龙江局在对研究法律过程中出现的争议，及时与实践部门沟通，反复研究，力争把提出的问题建议紧紧围绕监管工作实际，以便对实践具有更好的指导意义。通过法制处全体人员的不懈努力，工作上取得了一定的成效，所提出的各项法制建议质量高观点新，得到了会法律部的认可，其中部分建议被立法机构所采纳。这不仅是法制处全体人员的思想结晶，更体现了所有一线监管人员的共同智慧和经验。通过这项工作，不仅使全局监管人员加强了专业上的修养，更提高了法律工作意识，提升监管队伍的执法能力。

（二）深入研究，为监管处室提供法律服务

法制工作始终本着服务监管处室、服务资本市场的工作原则，积极与各业务处室联系沟通，主动提供法律服务。一是积极参与案例分析工作。根据证监会关于重大案件上报的要求，法制处与机构处密切配合，积极了解辖区股民于健诉光大证券股份有限公司齐齐哈尔龙华路证券营业部的案情，与相关证券公司和证券营业部充分沟通，对整个案例的诉讼过程和案件的

争议焦点进行了深入分析,完成了《关于于健诉光大证券股份有限公司齐齐哈尔龙华路证券营业部情况的报告》并上报证监会。二是主动参加监管实践工作,提供法律支持。主动参加证券营业部的 IB 业务情况现场检查工作,着重对期货中间介绍业务规则制度情况及合规情况进行审核把关,为期货监管工作提供有力的法律支持。

## 四、加强媒体监测,提高依法监管质量

媒体监测工作是法制处的常务工作,通过媒体监测,可以及时发现监管对象存在的问题,反馈监管工作实施效果,形成良性循环,从而为构建资本市场监管提供有力支撑。所以近年来黑龙江局一直高度重视媒体监测工作,始终把对媒体的监督工作放到辖区资本市场工作的全局中考虑,转变观念,拓宽视野,统筹兼顾,主动自觉地把工作重点转移到"做好监督、做好服务"上来,为辖区资本市场发展服务。媒体监测工作经过法制处全体人员共同努力,取得了良好的成效。一是提供及时了解辖区资本市场舆情的渠道。信息时代,各种报刊杂志数以万计,互联网网站更是近千万。在浩如烟海的资讯中发现针对辖区资本市场的媒体报道耗费时间、精力和人力。通过媒体监测工作,及时搜索、统计了相关媒体信息,便于局领导和业务处室在繁忙的工作中及时了解、掌握有关辖区资本市场的舆情,为下一步决策提供了丰富翔实的材料。二是避免监管缺位。媒体监测工作是在各业务处室针对各自监管业务进行监测的基础上进行的,媒体监测工作不是替代各监管处室,而是发挥业务专长、查缺补漏,避免监管缺位。三是促进相关处室监管工作。媒体监测工作,一方面能够给业务处室查遗补缺;另一方面针对监测中发现的问题,及时督促业务处室妥善处理,促进了相关监管工作。

## 五、依法行政,坚决打击非法证券活动

黑龙江局牢固树立依法监管的理念,坚持依法行政,把法律规定的职责作为监管的责任与义务,按照法定的职责权限和工作程序履行职责、执行公务、依法办事,严格执法、公正行事、规范监管;防止把监管职责作为监管者的权力,滥用职权,以权代法。扎实开展依法监管工作,打击非法证券活动等各项执法工作,严格实行监管工作责任制,监管工作取得了一定的成效。

一是严格审核受理行政许可。在行政许可受理过程中,黑龙江局严格按照证监会行政许可相关规定执行,认真学习相关文件,在吃透政策精神基础上,指导实务工作,同时在工作中积极与证监会行政许可工作人员进行沟通,学习先进经验做法,其中一项无公司推荐的高管申请,经与证监会办公厅及期货部多次沟通后受理,确保行政许可规定能够完善地、行之有效地执行。截至目前,共受理许可 116 项,其中高管 42 项;终止 8 项,其中高管 2 项。

二是加大政务公开力度。今年以来,黑龙江局按照证监会要求,推进政务公开工作,建立严格的政务公开工作流程,确保上网信息不涉密,涉密信息不上网。保证行政许可在批复后第一时间上网公开,同时将纸质文件提供给省档案局现行文件查阅中心,供辖区公众查阅,确保政务公开的及时性和有效性。

三是打非工作成效显著。按照年初黑龙江局党委的分工部署,以"巩固成果,深入开展"为打非工作指导思想,主动出击,迎难而上,取得了实实在在的成果,为维护资本市场稳定和社会稳定做出了贡献。全年处理涉及非法证券活动的各类来信、来访近百次,将其中 8 件信访材料作为犯罪线索移送公安机关,现场打击了 2 起非法证券活动,推动办结 4 起重大案件,全年共

受理11起书面举报投诉,5次实地核实工商登记,暗访2家源头公司,约见10位高管进行谈话。针对非法证券咨询活动多借助网络、广电等媒体的特点,黑龙江局及时调整工作重心,积极协调公安、广电等相关部门,努力促成整非协作机制。今年3月,黑龙江省网宣办、省公安厅、省通信管理局、省广电局和黑龙江局联合下发了《关于进一步开展整治和规范网上资本市场信息传播秩序工作的通知》,对网络整非工作提出明确要求。今年5月,黑龙江局会同黑龙江省委宣传部、省政府办公厅、省财政厅、省公安厅、省工商局、省广电局、省新闻出版局、省金融办、省网宣办以及黑龙江相关媒体共同召开了资本市场新闻舆论引导座谈会,并联合下发了《黑龙江省资本市场新闻舆论宣传引导工作实施方案》。通过黑龙江局不懈努力和有关部门的大力配合,我省整非协作机制基本形成,为下一步整治打击非法证券活动提供了有力支持。

## 六、加强普法宣传,做好投资者教育工作

为了进一步规范辖区资本市场主体的行为,提高风险防范意识,黑龙江局多次组织各类关于市场主体的法制培训。一是加强上市公司董监事培训。今年,黑龙江局与黑龙江省上市公司协会联合组织了两次董监事培训,培训内容由原来单一的讲信息披露,丰富为结合上市公司运行的实际情况和上市公司监管工作的要求,讲解新出台的法律、政策法规,以及其出台的背景等。每季度召开一次董秘例会,进一步加强董监事和高管人员的规范运作意识,为提高上市公司治理水平,增强信息披露透明度夯实基础。二是加强证券经营机构负责人培训。为了加强对辖区证券经营机构的监督管理,提升辖区证券营业部客户服务水平,切实保护投资者合法权益,黑龙江局从促进证券营业部自身发展,增强其核心竞争力,规范其业务行为,有效解决客户投诉等方面入手,联合黑龙江省证券业协会共同举办了辖区证券营业部负责人培训班,并组织了相关测试。

今年以来,黑龙江局一直重视投资者教育工作,通过多种形式使投资者不断增强对市场风险的认识警惕防范和提高自我保护意识。一是发挥证券期货经营机构投资者教育主战场作用。督促证券期货经营机构加强"投资者园地"的建设和维护、注重投资者风险测评和培训投资者等措施,充分发挥证券期货经营直面投资者作用,督促证券期货经营机构将投资者教育贯穿于市场营销、客户服务等各个业务环节。二是充分利用媒体进行正面舆论宣传。结合市场热点情况,利用《新晚报》投资者教育专栏,连续登载6期打击非法证券活动典型案例、10期创业板知识和3期证券经纪人知识等,进行政策法规宣传。三是印制投资者教育宣传册主动宣传。举行"纪念《证券法》实施10周年宣传服务日"活动,发放投资者教育手册200余本,接待咨询30余人次,普及了非法证券活动形式、途径、特征与鉴别方法等知识。

## 七、严格依照程序,防范辖区资本市场风险

黑龙江局始终注意将行政权力纳入法治化轨道,积极推进依法行政,严格按照法定权限和程序行使法律法规赋予的行政职权。在日常监管的各个环节中,着力落实《行政许可法》,使行政许可事项从标准到程序规定上都制度化、透明化,严格执行集体决策、层层把关,对于市场违法违规行为,依法予以严厉打击和查处。为了保证行政监管措施决定正当,程序合理,黑龙江局在采取行政监管措施前,首先由具体监

管责任人结合监管工作中发现的问题,提出拟对行政相对人实施的行政监管措施建议和理由,其他相关监管人员对存在的问题进行探讨、分析,法制工作人员进行把关,最后集体讨论决定,保证了行政处罚的公平合理。

针对辖区资本市场风险隐患较高、维稳形势严峻的特点,黑龙江局进行了有针对性的部署。

一是加大监管力度,努力化解风险。加大了对辖区监管对象的监管力度,对高风险的上市公司实行重点监管和动态监管,加大监管工作的针对性,做到了科学分析风险、准确判断风险、充分揭示风险、有效化解风险。对信访投诉较多的上市公司和证券期货机构,要求监管责任人制定专门的答复口径,就相关问题进行调查,及时回复投诉人。

二是健全联动机制,共同防范风险。进一步健全与地方政府及相关部门的沟通联系制度,积极配合相关部门,做好突发公共事件的处置工作,对高风险公司的情况、存在问题、可能引发的风险进行深入的分析,及时向省政府及相关部门通报相关情况,对公安等司法机关、公司控股股东及新闻媒体提出做好应对突发性群体事件等重大风险的工作建议,请地方政府以及公司控股股东协调解决存在的问题,共同做好辖区上市公司风险防范和化解工作。

三是强化危机管理,制定应急预案。针对部分上市公司退市风险隐患较大的特点,黑龙江局制定了应急预案,为化解风险提前做好准备。对未股改公司制定了专门的应急预案。例如,对SST光明、SST秋林这两家公司制定了风险应急预案,对S*ST北亚、S*ST圣方存在退市风险公司制定了退市风险预案。通过对辖区资本市场的风险情况进行针对性的部署,针对风险及时采取有效的监管措施,维护了市场稳定。

(黑龙江证监局供稿)

# 上海证监局2009年法制工作综述

2009年,上海证监局(以下简称上海局)在中国证监会的正确领导下,在会机关各部门的大力支持下,坚持以科学发展观为指导,认真贯彻2009年全国证券期货监管工作会议精神,以上海国际金融中心法制建设为契机,紧密围绕各项工作重点开展法制工作,不断加强局内法律制度建设,提高依法行政水平,规范证券期货市场秩序,严厉打击证券期货违法违规行为,为辖区资本市场的持续健康发展创造了良好的法制条件,现将有关情况报告如下:

## 一、注重依法行政队伍建设,充分发挥法律人员的专业特长

上海局高度重视依法行政队伍建设,加强法律学习与培训,并形成了一系列学法制度,包括党委中心组学法制度、领导干部任前法律知识考试制度、新进人员岗前法律培训制度及执法资格考试制度等。同时,注重发挥法律专业人员的作用,每次新录用的人员都有一定比例的法律专业人员。法律专业人员按比例配置到各处室,

充分发挥了法律在日常监管中的作用。为了综合处理和协调全局的法律事务，2008年7月，上海局正式设立了法制处，成为证监会系统率先设立法制处的十个派出机构之一。截至2009年年底，上海局共有干部140人，其中法律专业人员39人，占全局人员的27.8%，比2003年年底的11人增加了254%；有律师资格的37人，占法律专业人员的94.8%；其中硕士以上学历人员达28人，比2003年年底的5人增加了460%。法律专业人员在监管实践中也得到了培养和锻炼，一些同志还被提拔到领导岗位。截至2009年年底，具有法律专业背景的处级以上干部共7人，比2003年年底的3人增加了133%。

**二、加强制度建设，规范执法程序**

2009年，根据相关法律、法规、规章及证监会规范性文件，上海局继续制定和不断完善各项行政执法工作规程，如：《上海证监局实施证券期货市场监督管理措施工作规程（试行）》、《上海证监局信访工作规则（试行）》、《上海证监局保密工作暂行规定》、《上海证监局辖区新闻宣传和舆论引导工作暂行规定》等。这些工作规程规范了监管干部的执法行为，以确保执法程序合法正当。同时针对不同业务内容，结合辖区监管责任制，上海局不断完善各项具体工作制度，修订和完善了上市公司、证券公司、期货公司、基金公司监管工作指引和工作底稿，详细规定了每项监管工作的目标、依据、工作内容和工作流程，同时还明确了监管岗位职责，做到"分工明确、内容具体、程序明了、责任到人、时间到点"，有效保障了各项监管工作的依法开展。

**三、充分发挥法律的作用，积极做好监管工作**

（一）积极参与资本市场法制建设

上海局结合一线监管实际，积极参与资本市场基础性制度建设，不断发现和研究新情况、新问题，并积极提出立法建议。在工作程序上，建立并完善了法制处牵头负责、各处室积极参与、局领导审核把关的立法建议形成机制，通过该机制，有效地促进了立法与一线监管实践的结合，从而提出既符合业务实际、便于操作，又符合法律要求的立法建议。2009年，上海局参加了全国人大法工委《基金法》修改调研，参与了18项涉及资本市场的法律、法规、规章和司法解释草案征求意见工作，如《侵权责任法》、《征信管理条例》、《关于适用〈公司法〉若干问题的规定（三）》等，所提出的意见和建议多数被采纳，有力地支持了资本市场和相关领域的立法建设工作。

（二）将法律工作与日常监管有效结合

上海局重视发挥法律在证券监管中的作用，将法律工作与日常监管相互结合：一是对重大行政行为进行法律会签，把好法律关，防范监管法律风险。如对于凡是不予许可的行政许可决定、疑难信访答复、作出重大行政监管措施决定（如撤销任职资格、暂停或限制业务活动等）的情形，必须经法制处会签。全年上海局法制处共会签监管文件45份。截至2009年年底，上海局尚未出现一例行政诉讼或行政复议案件。二是积极参与日常监管工作，对于各业务处室日常监管中遇到的新情况、新问题，提出法律意见与建议，为监管工作提供法律支持与保障。三是及时研究一线监管中出现的重大疑难法律问题，主动提出相关政策建议供领导决策参考。如对于我国资本市场首例已经判决的短线交易证券纠纷案——华夏建通科技开发股份有限公司（上市辖区上市公司）诉其股东违规买卖股票案，上海局始终保持高度关注，并及时将案件情况和相关资料进行汇总和分析，并就相关问题进行研讨，对规范证券短线交易行为提出意见和建议。四是积极推动辖区证券公司(合规总监)、期货公司(首席风险官)建立法律联系机制，汇总分析相关公司合规风险及涉讼情况，提示风险，促进证券期货经营机构加强合规建设。五是完善监管措施，依法履行职权。根据证监会《证券期货市场监督管理措施实施办法(试行)》的要求，上海局及时制定形成了统一的工作规程，采用标准的格式文本，进一步规范了作出实施监督管理措施决定的内容要求及具体程序。同时，上海局通过现场检查、非现场检查等方式，依法采取各项监管措施，加强对证券期货市场主体的日常监管。例如，2009年上海局针对监管发现的规范运作、公司治理、信息披露相关问题，及时采取一定的监管措施，督促有关公司认真整改存在的问题，发挥了监管的作用，促进了公司规范运作。

(三)不断加强资本市场法制环境建设

为不断完善资本市场法制环境，上海局不断加强与公安、检察、法院、仲裁委等司法部门的交流与联系，共同研究解决资本市场出现的新情况、新问题，对如背信损害上市公司利益、利用新媒体从事非法证券经营活动等问题，上海局与公安、检察、法院等相关部门共同研究，明确违法违规界线，分析总结相关案件特点，指导具体工作。同时，上海局还积极配合司法机关的相关工作，及时通报打击非法证券活动情况，及时向公安机关提供涉嫌犯罪的案件线索及案件证据材料。此外，上海局积极还做好司法机关来访来函工作，全年共接待司法机关来访32次，处理司法机关来函14件次，协助认定机构或者个人证券期货行为性质等。

## 四、深入开展律师事务所从事证券法律业务的监管工作

为加强对辖区律师事务所从事证券法律业务的监督管理，规范律师在证券发行、上市和交易活动中的执业行为，完善法律风险防范机制，维护投资者权益，上海局在总结近两年配合证监会法律部对律师事务所进行现场检查经验的基础上，积极探索对辖区从事证券法律业务的律师事务所进行常规监管的方式。一是建章立制，夯实律师事务所检查与监管的制度基础。根据《律师事务所从事证券法律业务管理办法》，建立并完善律师事务所现场检查模板、检查流程、检查底稿、谈话程序等制度，拟定检查工作计划和检查工作纪律。二是充分做好检查前的各项准备工作。事先对辖区律师事务所从事证券期货法律业务活动进行调研，并建立起辖区律师事务所和律师从事证券法律业务的基础档案。三是首次独立开展对律师事务所的现场检查。选取了辖区三家证券法律业务相对集中、代表性强的律师事务所开展检查。检查内容主要涉及五个方面：核查验证义务履行情况；执业利益冲突情况；法律意见书质量情况；内部复核情况；工作底稿质量情况。为增强检查工作的专业性和针对性，邀请了市司法局、本局业务处室的同志共同参与，促进了检查工作的顺利开展。同时，还外聘了其他律师事务所的证券律师作为检查组成员协助检查，为检查工作提供了专业支持。通过检查进一步了解了辖区律师从事证券法律业务的情况，加强了与从事证券法律业务的律师事务所及律师的了解与沟通，促进了律师事务所及律师从事证券法律业务工作的进一步规范。

## 五、提高效率，严厉打击违法违规

(一)不断提高案件调查效率

上海局把握全流通形势下操纵市场、内幕交易等违法违规案件的新特点，开展有针对性的业务培训、探索案件调查组织管理，做好案件调查工作。上海局参与调查的叶志刚案成为国内首例针对知名证券行业分析师的操纵市场案件，受到社会舆论广泛关注。2009 年以来，上海局累计办理稽查案件 21 件，协查案件 42 件，非立案稽查共 342 件，联合调查 3 件，涉外调查 5 件，法律文书送达 26 件，协助执行事项 4 项。

(二)全力做好“打非”和反洗钱工作

上海局继续依托上海打击非法证券活动联席会议平台，进一步与公安、工商、通信管理局等部门加强协作。2009 年，上海局共查处非法证券活动案件 332 起，取缔或协调市通信管理局关闭非法网站 279 家。上海局打击的非法证券活动案件涉及境外机构从事非法证券活动、以投资基金为形式进行诈骗等新类型案件。如：取缔香港天顺证券投资有限公司上海办事处是系统内首例取缔非法外资代表处案件。在打击非法证券活动的同时，上海局还主动通过报刊、广播、电视、网站揭露典型案例及非法证券活动的特点，曝光非法网站，为投资者充分提示风险，加强投资者教育与保护。此外，上海局还深入开展证券期货领域的反洗钱工作，在辖区范围内进行反洗钱调研，范围覆盖辖区所有证券期货经营机构，并为证监会制定反洗钱工作的相关规定提供实践经验和立法建议。

## 六、大力支持上海国际金融中心法制建设工作

一是积极参与上海国际金融中心建设的地方立法工作。上海局对上海地方人大及相关部门的立法征求意见，都认真研究，积极提出建议和意见。在上海制定《上海市推进国际金融中心建设条例》的过程中，上海局自始至终参与该条例的专项研究与讨论完善，提出了多项意见建议，为该条例的出台做出了应有的贡献。

二是积极推动和大力支持用仲裁的方式解决金融纠纷。自 2007 年上海在全国率先设立金融仲裁院以来，积极支持仲裁院的工作，上海局的有关局领导被聘为金融仲裁院仲裁委员会委员，同时共有 3 名同志被聘为仲裁员。2009 年上海局 2 名仲裁员共参与了五起金融仲裁院金融案件的独任审理工作。

三是积极支持上海法院金融审判工作。2008 年，上海在浦东、黄浦两区的基层法院率先设立了专门的金融审判庭。2009 年，上海一中院、二中院及上海市高院也分别成立了金融审判庭，集中行使金融审判职责。上海局的有关领导被上海市高院聘为特邀咨询员，成为高院 18 名特邀咨询员之一，同时有 4 位同志被聘为上海金融审判专家咨询库的专家咨询员，有 2 名同志被聘为浦东新区法院的专家陪审员，为法院提供专业咨询。

四是积极推动张江园区进入代办股份转让系统扩大试点工作。为全面落实《国务院关于推进上海加快发展现代服务业和先进制造业建设国际金融中心和国际航运中心的意见》，推动张江园区的高新技术企业进入代办股份转让系统（以下简称代办系统），扩大试点范围，2009 年上海局对申请进入代办系统有关情况进行了深入调研，了解了当前国内高新技术企业股份转让试点工作情况以及张江园区企业实现挂牌转让交易的可能性与路径，并向上海市政府提出了具体的政策建议，积极推进张江进入新三板试点。该建议受到上海市政府的高度重视，并将此项工作列入上海国际金融中心建设的重点工作之一，重点推进。

## 七、做好诚信建设工作,着力营造市场诚信氛围

2009年,上海局诚信建设工作的特点是完善录入程序、丰富系统内容、探索进一步发挥诚信监管的“硬约束”作用。上海局根据证监会的统一部署和要求,继续强化对辖区证券期货市场各类主体的信用信息记录,配合做好证监会统一的证券期货市场诚信档案和数据库系统建设,积极营造辖区良好的行业信用氛围。严格按照工作程序和时间节点做好诚信信息的梳理、登记、审核与录入工作,确保所录信息依法、准确、完整。按照证监会《关于诚信档案建设有关事项的通知》(证监办发〔2009〕21号)要求,牵头有关处室集中梳理1999年以来需要记入证监会诚信档案的信息。2009年共新增录入诚信档案信息103条。截至2009年年底,上海局共录入诚信信息196条。

与此同时,上海局积极使用诚信档案,以诚信档案服务监管工作。如:在上市公司再融资及并购重组时,上海局主动查询、引用诚信档案信息;在进行证券期货经营机构的机构设立审查及高管任职资格核准时,上海局将机构、人员是否诚信作为审核的重要标准,积极主动使用诚信档案,查询相关档案信息,以防止不诚信的人或行为影响资本市场。同时,上海局还及时总结诚信建设工作的成效和经验,提出相关工作意见和建议,为证券期货诚信建设工作建言献策。

## 八、把法制宣传与投资者教育紧密结合,依法保护投资者合法权益

一直以来上海局十分重视法制宣传教育工作,2009年上海局荣获上海市“学法用法示范机关”荣誉称号,相关人员被中宣部、司法部、上海市有关部门评为全国“五五”普法先进工作者、学法用法模范公务员。

上海局2009年法制工作的重点是结合投资者教育工作,着重强化三方面意识,即证券期货经营机构的社会责任意识、从业人员的守法合规经营意识,以及广大投资者的“适当性”意识。主要做好以下几个方面工作:

一是加强媒体宣传。上海局专门组织召开了媒体工作会议,通过媒体切实做好新闻舆论引导工作。此外,上海局还通过媒体,在广播节目中进行“打非”宣传,将《投资须谨慎》、《硕鼠的结局》等法宣动漫作品在新浪网、东方财富网等网络上进行宣传,以生动形象的方式揭示证券期货市场主要违法违规行为类型和非法证券活动特点,提醒投资者远离非法证券活动,警示市场主体依法合规经营,有力地震慑了不法分子。上述两部法宣动漫作品均荣获全国普法办“第六届全国法制动漫作品征集活动组织奖”。

二是督促辖区机构开展法制宣传与投资者教育系列活动。从提高投资者对期货市场的认识、正确引导投资者规范投资规避风险、维护投资者合法权益等方面入手,深入开展“走进期货”投资者教育活动,将期货投资者教育引向深入,落到实处。同时,指导上海市期货同业公会发布《上海地区期货公司社会责任工作指引》,积极鼓励和大力支持辖区期货公司公开发布社会责任报告,树立社会责任理念。统一指导上海辖区所有30家基金公司举行以“传承责任,共谱未来”为主题的基金业投资者教育活动,组织基金公司社会责任征文大讨论,签署《上海基金业社会责任共同宣言》,发布基金业社会责任问卷调查报告,进一步推动基金行业从业者全面提升对社会责任的认识,督促行业积极践行社会责任、共筑行业良性发展环境。启动

"了解证券经纪人"营销规范宣传周活动，围绕证券经纪人规范营销的五方面主题，开展形式多样的投资者教育活动，将规范要求贯彻到经纪业务第一线，将有关理念传导到广大投资者。同时加强投资者教育的理论研究，与上海证券交易所共同开展"合格投资者制度比较研究"的课题研究，比较分析各国合格投资者制度，分析得失，总结利弊，指导今后工作。

三是面向投资者开展多种形式的法制宣传教育。2009 年，上海局结合推出创业板市场的实际，贯彻落实证监会有关创业板投资者教育工作的要求，拟定上海局创业板投资者教育工作方案，重点做好创业板市场投资者适当性管理工作，充分做好辖区创业板市场推出前的投资者教育工作。在"12·4"全国法宣日和上海市"宪法宣传周"期间，上海局组织辖区市场主体因地制宜，通过多种方式，宣传证券期货法律法规，提示投资风险。如以规范和发展为主题的上市公司专题培训，累计约有 800 人次参加，极大提升了辖区上市公司履职能力及规范运作水平。同时，为顺应现代社会信息化发展趋势，进一步整合各方资源、拓宽宣传渠道、便于投资者参与，在证监会的认可和支持下，上海局搭建了专门的投资者教育网络平台，将其作为辖区投资者教育工作的重要阵地。目前，该平台已正式启用，成为证监会各派出机构中首个针对投资者教育单独设立的网页平台。

（上海证监局供稿）

# 江苏证监局 2009 年法制工作综述

2009 年，江苏证监局（以下简称江苏局）在中国证监会的领导下，按照局党委提出的"两个创建"目标，紧紧围绕监管中心工作，加强制度建设，规范行政执法行为，落实执法责任，强化执法监督，加大法制宣传力度，不断提高依法行政水平，推动全局法制工作上了一个新台阶，为辖区资本市场稳定健康发展创造了良好的法制环境。

## 一、加强制度建设，为依法监管提供保障

（一）制定完善局内工作制度和规程

2009 年，针对辖区监管工作实际情况，江苏局切实推进监管工作制度建设，共制定了《江苏证监局行政执法责任制评议考核工作规程》、《江苏证监局实施证券期货市场监督管理措施工作规程》、《江苏证监局公职律师管理工作规程》、《非法证券活动性质认定工作规程》等五项工作规程，修订和完善了《江苏证监局诚信档案管理工作规程》、《江苏证监局信访工作业务规程》两项工作制度，使相关的业务工作制度更符合监管实际，为进一步强化依法行政，提供了制度保障。

（二）积极参与相关立法工作

2009 年，江苏局共参与 11 项立法项目的征求意见工作，内容涉及民事、刑事、行政、商事等多个领域，共提出立法意见和建议 62 条。该项工作由法制工作处牵头，相关处室积极参与，既发挥了法制部门的专业优势，又充分吸收了各业务处室实际监管工作经验。江苏局所提的部分意

见和建议被采纳,有力地支持了资本市场和相关领域的立法工作。

## 二、加大执法力度,促进市场稳定健康发展

(一)积极查办证券违法违规案件

全年江苏局共办理虚假信息披露、内幕交易、操纵市场等各类证券违法违规案件35件,其中调查案件18件(自立案2件、交办案16件),协查案件14件,补充调查、稽查提前介入、立案前调查各1件,其中包括“高淳陶瓷”、“江苏琼花”、“炎黄在线”等一批社会影响较大的案件。在案件的查办过程中,江苏局按照“办铁案”的原则,坚持“快、准、新、严”的工作理念,主动出击、迎难而上,有效打击了违法违规行为,切实保护广大投资者的合法权益,规范辖区资本市场秩序。

(二)着力遏制非法证券活动的高发态势

针对辖区非法证券投资咨询活动高发的新动向,江苏局采取有效措施,以查处案件为抓手,加大打击力度。全年共查办各类非法证券活动线索42起,办结39件,涉及投资者500人左右,涉案金额达到2512万元,切实保护了辖区投资者的合法权益,有效维护了社会稳定。

(三)协助做好文书送达及执行工作

2009年,接受证监会行政处罚委的委托,协助向行政处罚有关当事人送达《行政处罚及市场禁入事先告知书》、《行政处罚事先告知书》、《听证通知书》等法律文书,涉及机构2家,人员13人次。

## 三、规范监管程序,提高依法行政的水平

(一)依法高效履行行政许可职责

2009年江苏局完善并公示了新设证券营业部、新设基金管理公司分支机构等事项的审核工作流程和办事指南,进一步规范了行政许可的办理程序。同时针对辖区证券期货业发展迅速,行政许可日益增多的趋势,在严格遵守程序的基础上进一步提高办事效率。全年共接收行政许可申请材料277件,受理251件, 批复送达237件,共制作、送达行政许可申请材料接收凭证、补正通知书、受理通知书、反馈意见通知书、延长审查期限通知书和行政许可决定书等各类工作文书近千件。

(二)不断提高信访工作的规范性和时效性

江苏局高度重视信访工作,把依法办理信访案件看成是保护投资者利益的重要手段,规范行政执法行为的重要抓手,发现市场风险隐患的重要窗口。全年接到信访投诉232件,完成189件,办结率超过81%,所有信访案件均能按期办结,依法答复。在处理信访事项时,着力解决信访投诉反映的突出问题,及时化解风险。

(三)建立重大事项法律复核程序

江苏局充分发挥法制部门的专业优势,在办理信访投诉、采取监督管理措施等工作过程中,由法制工作处负责对重大问题提供法律意见。法制工作处还对记入诚信档案的事项进行复核把关。全年法制处共审核诚信档案信息6项,对10多项监管工作进行了复核,并出具了书面法律意见。

## 四、强化执法监督,积极落实行政执法责任制

(一)健全评议考核和责任追究机制

在推行依法行政责任制的过程中,江苏局将行政执法责任制的落实情况纳入干部考核指标体系,把行政执法评议考核结果与干部考核的等次紧密结合,引导全局各处室、广大监管干部积极贯彻行政执法责任制。

(二)以执法检查作为落实行政执法

责任制的重要手段

2009年江苏局开展了《全面推进依法行政实施纲要》落实情况的总结自查工作,自查内容包括政务公开、行政许可、信访处理、诚信建设、普法宣传、立案稽查、执法监督、落实辖区监管责任制以及优化资本市场司法环境九个方面。通过自查,全面掌握全局依法行政和落实执法责任制方面的情况,为深入推进依法行政工作夯实了基础。

(三)注重接受外部监督

江苏局通过召开行政执法考评座谈会,发放行政执法情况调查问卷等方式广泛征求各界对于行政执法工作的意见和建议。从问卷调查的结果来看,监管对象对江苏局的行政执法运行机制以及依法监管工作给予充分肯定,在问卷调查的七项内容当中,监管对象评价的总体满意率达到100%。

## 五、积极应对行政诉讼,及时化解诉讼风险

2009年江苏局共涉及3起行政诉讼,其中两件是信访投诉人员诉江苏局不履行法定职责,一件是监管对象因不服江苏局所发函件而起诉。截至目前,除正在审理的一起案件以外,江苏局已在两起行政诉讼中胜诉,南京市中级人民法院分别以裁定和判决驳回原告诉讼请求。在应对行政诉讼的过程中,江苏局及时向会法律部报告案件的进展情况,在会法律部的指导下,江苏局法制工作处、相关业务处室与代理律师密切配合,不断完善应诉方案,明确答辩策略,严格按照规定履行举证义务,确保案件取得了较好的诉讼结果。

从行政诉讼应诉的经验来看,认真谨慎处理信访、依法规范监管行为是取得胜诉的保证。江苏局慎重地对待信访投诉,并将信访作为重要的监管线索来源,监管人员不仅综合分析被投诉对象的书面材料,而且对其进行现场检查。有些涉及专业问题的信访投诉,江苏局还组织会计小组进行专题讨论,由法制工作处出具法律意见。这些都为行政案件的胜诉奠定了坚实的基础。

## 六、构建学习平台,提高依法行政的能力

(一)定期编发《法制讯息》

为了适应市场发展对监管工作的要求,提高全局监管执法的规范化水平,2009年,江苏局法制工作处创办了《法制讯息》,全年共编发22期。《法制讯息》紧扣证券期货监管的中心工作,积极宣传资本市场重大政策、决策,解读证券期货法律、法规和重要规章,研究资本市场重点、难点和热点法律问题,分析监管实务当中的典型案例,成为全局干部学习法律法规、提高法律素养的重要平台。

(二)建立法律法规数据库

证券期货领域的法律、法规、规章以及规范性文件数量众多,更新速度快,专业性强,为了便于全局干部学习和运用相关政策法规,江苏局着手开展法律、行政法规、规章以及规范性文件的梳理工作,建立法律法规数据库,并在局内网开辟专栏,及时公布新颁布的法律法规和规章。

(三)梳理监督管理措施的依据

为了使我局监管人员熟悉监督管理措施的依据,掌握新的监管执法手段,在《证券期货市场监督管理措施实施办法(试行)》施行之初,江苏局将每个监管措施的依据,即法律、行政法规、规章中的相关条款进行分类整理,下发给各个处室,为依法发挥监督管理措施的规范性作用提供了保障。

## 七、加强执法协作,健全综合监管体系

(一)不断推进执法协作机制建设

2009年,江苏局进一步强化与政府相

关部门的沟通,密切与人行南京分行、银监局、保监局、工商、通信管理、广电、新闻出版、公安、法院、检察院等部门的执法协作。江苏局与江苏省通信管理局共同制定了《江苏省互联网证券期货网站监管协调工作方案》,建立健全了日常工作联系机制、信息查询机制、通报反馈机制以及违法违规网站快速查处机制。同时,还与江苏省通信管理局、江苏省工商行政管理局、江苏省公安厅、江苏省广播电视局等14家单位一起联合印发了《江苏省违法互联网站黑名单管理制度》,建立互联网管理各部门对违法网站的协同联动管理机制。

(二)加强与公安、司法部门的执法协作

江苏局与江苏省公安厅经侦总队建立了快速的信息交流渠道、紧密的协作办案机制,积极配合公安机关对证券期货犯罪案件展开刑事侦查工作,保持畅通的案件移交渠道,为各地市公安机关的办案工作提供专业技术支持。年内配合公安机关开展现场执法10余次,召开专项案件分析会3次,出具非法证券活动性质认定意见函4份,向公安机关移交案件及线索17件。

**八、加大教育宣传力度,深入开展普法工作**

(一)加强对辖区监管对象高级管理人员的培训

为了督促市场主体规范运作,江苏局于今年4月和11月举办了三期上市公司及证券经营机构高级管理人员培训班。1400名上市公司董事、监事、高管人员及证券公司高管人员、从业人员参加了培训。通过培训,引导大家坚持依法合规经营的理念,从公司、行业和市场的实际出发,健全风控体系,提高风险管理能力,有效预防、及时发现并快速纠正经营管理中出现的违规问题。

(二)多渠道开展形式多样的投资者教育活动

2009年江苏局参加投资者教育现场主题活动2次;召开定期新闻媒体通气会2次;通过报刊媒体刊登了法制宣传教育新闻稿件30余篇;通过广播、电视媒体播放投资者教育节目10余次;通过网络媒体发布投资者教育材料10余篇;印制张贴各类投资者法制教育宣传海报500余份;印制发放各类投资者法制教育宣传材料2000余份。广泛深入的投资者教育活动有效提升了投资者风险防范和依法维权的意识。

(三)开展防范非法证券活动风险投资者教育宣传月活动

2009年12月江苏局组织辖区证券经营机构集中开展为期一个月的"防范非法证券活动风险投资者教育宣传月活动",要求辖区各证券经营机构通过开办专题节目、发放宣传手册、开设宣传专栏、张贴宣传海报、发送手机短信等多种方式,提示投资者注意非法证券活动的风险,营造防范非法证券活动的舆论氛围,取得了良好的普法宣传效果。

(江苏证监局供稿)

# 山东证监局2009年法制工作综述

2009年,山东证监局(以下简称山东局)在证监会的正确领导和会机关各部门的大力支持下，以科学发展观为指导，认真贯彻落实全国证券期货监管工作会议精神，不断加强法制机构和法制队伍建设，依法推进证券期货监管工作，紧紧围绕监管中心工作开展法律服务和法制调研，推动全局法制建设各项工作上了一个新台阶，为辖区资本市场稳定健康发展创造了良好的法制环境。

**一、创新思路谋发展，大力构建“大法制”工作格局**

（一）合理调整处室职能，形成协同监管合力

为进一步明晰处室职责，理顺内部工作关系，提高法制工作效率，2009年年初，山东局结合正在开展的学习实践活动，按照“精干、统一、效能”的原则，稳妥实施了处室职能调整：调整上市一、二处职责分工，上市一处主要负责上市公司监管、会计与评估机构证券业务监管等，上市二处负责辖区拟发行公司的辅导改制和上市保荐业务监管；调整稽查一、二处职责分工，稽查一处主要承担案件的查处，稽查二处承办本局法律事务，负责案件的复核；进一步充实信息调研处在综合材料起草、调查研究和信息宣传方面的职能，调配人员力量。处室职能调整进一步将处室间的协调配合转化为处室内的协同监管，更有利于相关处室行使监管职能，更有利于形成上下衔接、条块结合的组织模式，更有利于提高监管水平和工作效率。法律职能处室成立后，及时下发了《关于加强法律工作的通知》，强化执法监督力度和法制服务效能，确定了其对各处室拟定的监管制度、重要合同、监管措施、信访回复等的会签程序，建立健全了法律审查、法律咨询、司法机关来访来函等法制监督和服务机制。

（二）建立快速反应联动机制

山东局建立完善了非现场检查、现场检查、稽查提前介入、非正式调查、立案稽查直至移送司法处理这样一种“步步深入、层层递进”的处理机制，实现了日常监管处室与稽查处室之间的“联动”。这一机制，在处置3家上市公司风险的过程中发挥了威力，确保了风险和问题“早发现、早揭示、早处置”，提高了监管的权威性和威慑力。

（三）运行“平战结合”的稽查工作体制

年初，山东局对现有稽查资源进行重新调配，除正式稽查人员外，另从其他处室选定专业干部作为稽查后备力量，形成了“平战结合”的工作体制。此举旨在解决忙闲不均问题，提高现有监管资源的使用效率，在派出机构中属于首创。

（四）理顺行业协会管理体制，促进协会独立规范运作

一方面，做好人员与行业协会彻底脱钩工作。上半年，在中组部和我会有关要求基础上，山东局决定将原派驻干部调回局机关任职，今后不再向协会派驻干部，此举杜绝了个别同志因交流任职而可能疏于管理的通病，堵塞了漏洞。另一方面，印发《关于加强协会工作的若干意见》，按照“理顺管理体制，强化独立运作，规范日常管理，加强监督指导”的思路，加强协会在人事、财务、机构等方面的管理，理顺局机关与协会的工作关系。2009年，还推动成立了山东省期货业协会。

（五）加强绩效考核，提高执法监督效能

为进一步落实监管责任制，经过前期充分的论证和准备，2009年3月，山东局研究制定了《日常绩效考核办法》及考核指标体系，启动了日常绩效考核工作。考核工作以程序公开、操作公正为原则，以工作数量、工作质量及工作效果为重点，以促进干部队伍建设和提高法制监管工作效能

为目的。考核工作的逐步开展,完善了执法监督机制,促进了工作效率和工作质量的提高。

## 二、集中力量求突破,稳步有序开展专项法制工作

(一)建章立制,规范制定程序,探索监管工作制度"立改废"长效机制

(1)完善监管工作制度,夯实科学监管基础。为切实做到"科学监管,制度先行",山东局从辖区监管实际出发,科学确定监管工作程序,2009年,制定工作制度20余项。例如,办公室为提高发文拟稿的质量和审核送签工作效率,印发了《关于进一步规范发文拟稿审批程序,严格执行发文审核送签制度的通知》;为确保各类档案的完整与安全,修订了《山东证监局档案工作管理办法》,明确各处室存管权限职责,明晰各类档案存管时间。大量工作制度的制定,促使监管工作进一步纳入制度化、规范化轨道,从而有力提高了办事效率和质量。

(2)明确制定原则,提高工作质量。为了规范工作制度制定程序,完善工作制度体系,山东局系统总结以往制度制定经验,积极借鉴会机关规章制定的相关规定,制定了《山东证监局监管工作制度制定程序规定》。针对以往制度制定过程中存在的针对性差、内容简单重复、论证不充分等问题,《规定》明确提出了在制度制定过程中必须坚持科学与民主的原则,使工作制度既充分准确反映监管规律又源于监管实际、归于监管实际;必须坚持上位法不可违的底线,使工作制度既以法律、行政法规、规章和规范性文件为依据又符合合规监管的要求;必须坚持调查研究的制定方法,使工作制度既符合科学监管的需要又兼顾前瞻性和可操作性的基本要求。

(3)把握立法规律,突出制度制定的"三个制度化"。山东局从理顺与规范制定程序入手,在保证制度质量与提高制定效率两方面下工夫,契合了制定程序规范化、制度化的要求:突出了启动机制制度化,规定了各处室起草工作的职责范围,厘清了监管工作制度涉及两个或者两个以上处室职责时的职责关系,确立了重要或者综合性制度的专门起草小组负责机制。同时,建立了起草说明制度,规范制度制定的必要性和法律依据的表述,增强了制度制定的针对性;突出了集体参与制度化,设立了起草处室内部充分讨论、向相关处室征求意见和局长办公会审议"三重把关"程序,正确处理了牵头起草处室与局内相关处室的协作关系,增强了制度制定的科学性、合理性和可行性;突出了法律审查制度化,设立了审查会签必经程序,加大了审查力度,完善了公布与备案环节,力促工作制度从必要性到语言文字的清晰准确,从实体内容到制定程序的合规合理。

(二)规范监管工作制度依据,有序开展监管制度集中清理工作

为更好地适应全面推进依法行政的要求,2009年,山东局开展了监管工作制度集中清理工作。

(1)制定工作方案,摸清工作底数。针对清理工作时间跨度长、制度数量大和涉及处室多的特点,山东局确定了"分类梳理、统一汇总"的工作思路,按照"时间服从质量、严格依法清理"的原则,科学合理地制定了清理工作方案,周密部署了监管工作制度清理工作。

(2)明确清理原则,细化审查内容。清理工作制度,合规是目的。山东局立足辖区监管工作实际,以规范性为着力点,在清理工作中坚持以下原则:工作制度的主要内容与证券期货监管有关的法律、行政法规及规章(含规范性文件)相抵触的,及时予以修改;工作制度适用期已过或者调

整对象已消失,实际上已经失效的,及时宣布废止;工作制度个别条款不合规或规定的监管职责已调整、监管方式已改变或不符合辖区监管工作实际的,适时予以调整。同时,对工作制度的内容进行逐条逐项、逐字逐句的全面审查:厘清制度制定的法律依据,审查与证监期货监管的法律制度是否协调、衔接,做到各项制度与上位法不冲突、局内制度之间“不打架”;规范工作制度的内部结构与外部形式,审查工作制度的内部结构是否符合逻辑、行文是否规范、统一;注重文字表达,做到语言简洁精炼、庄重严肃。

(3)注重处室联动,协调展开工作。监管工作制度源于监管实际,归于监管实际。在清理工作中,山东局充分重视法律审查处室与起草处室的沟通协调,动员各处室积极参与。一是及时将审查清理意见反馈到起草处室,督促起草处室对审查反馈意见及时再回复,做到充分论证、协商互动。二是在向各处室反馈的审查意见中,不仅明确表达予以保留或修订或废止的审查意见,而且解释说明审查的相关法律和事实依据,做到工作制度制定目的明确、法律援引规范科学。三是将清理工作列入法制工作处年度重点完成工作,明确完成时间,并及时向日常工作绩效考核小组提供清理工作的工作底稿等,接受各处室监督。

(4)明确责任,严格把关。针对此次集中清理工作时间紧、任务重的特点,山东局首先从完善工作机制入手,明确一名牵头人,配备两名协办人,指定各处室联系人,切实做到了任务到人、责任到位。其次,每周召开一次清理工作通气会,及时交流情况,及时“会诊”清理过程中遇到的疑难法律问题,对各处室提出的意见和建议进行分类整理、综合分析。在上述工作步骤完成的基础上,牵头人初步确定审查意见。最后,坚持处长负责制,严把法律审查关,真正做到“各处室参与、审查人员论证、处长续后把关”,努力提高审查质量。目前,全局监管工作制度集中清理工作已基本完成。集中清理工作的开展,维护了全局监管工作制度的规范和统一,更好地适应了全面推进依法行政的需要,夯实了科学监管的制度基础。

(三)重规范,防风险,大力加强法律审查工作

为进一步规范执法行为,提高监管有效性,山东局从理顺工作机制、规范执法程序、提高公文合规水平等方面入手,稳步有序开展了法律审查工作。

(1)完善程序,理顺法律审查工作机制。山东局积极协调各处室,确立了法律审查前置程序。这一措施的实行,突出了法律审查的重要性,保证了公文流转的有序进行。同时,对各处室来文审查工作实行归口管理,做到了“审查有人管,质量有保障”。

(2)集思广益,努力提高法律审查工作质量。合理的意见来源于积极讨论,正确的意见来源于充分协商,这是法律审查工作的特点。山东局在法律审查工作中坚持集思广益的原则,对重要监管措施和情况复杂的信访回复等文件实行集体讨论制度。同时,及时与来文处室交流沟通,必要时请文件承办人会商,保证了法律审查立足监管实际、服务监管实际。

(3)严格把关,认真实践审慎监管的工作要求。在对监管措施的审查过程中,以规范性为着力点,将审查工作细化到监管措施的法律依据、行文格式、用语措辞、适用性等方面。

(4)成效明显,审查工作与监管工作有效结合。法律审查工作开展近一年以来,共审查监管措施、重要合同、规程制度等120项。特别值得关注的是,2009年,山东局强化“抓信访、促监管、保稳定”的

工作理念,积极发挥法律审查在信访回复中的作用,努力提高了信访回复的质量与水平:厘清信访事项原委,明确信访人的主要诉求,保证信访回复以事实为依据,与诉求相对应;查找信访事项涉及的主要法律问题,审查信访回复的法律政策依据,规范承办处室信访回复口径,保证回复内容合法有据,表述严谨到位。信访回复与法律审查的有效融合,增强了信访回复的针对性与合规性,完善了处室联动、综合施治的信访工作机制,切实提高了"前、后"台处理信访问题的整体合力。

(四)夯实诚信建设制度基础,探索诚信监管新机制

(1)修订完善工作规程,理顺工作机制,加强诚信档案管理。及时修订了《诚信档案管理工作规程》,突出诚信档案的实用性;充实诚信档案管理工作人员,配备2名局诚信档案管理员;强化信息报送机制,实行经办人、处室负责人、分管局领导三层把关制度,确保诚信信息的真实性、完整性。

(2)加强诚信建设宣传工作,开辟诚信建设网络宣传新途径。积极利用系统网络资源,在局外网、山东上市公司协会和证券业协会网站上开辟诚信建设专栏,并及时向专栏提供信息资源。

(3)将查询诚信档案融入行政许可审核程序,并列入考核指标。组织行政许可受理和审核处室认真研究诚信档案与行政许可的融合途径等问题,改进行政许可办理单,定期对相关处室的行政许可工作单进行检查。同时,将诚信建设列入处室日常考核工作的重要指标,制定《诚信建设工作情况表》,本着"重执行、见成效"的原则,及时向日常绩效考核小组反映各处室落实诚信建设具体措施的实施情况。

(4)制定诚信建设工作方案,探索诚信建设新手段。在调查摸底的基础上,制定了《山东证监局诚信建设工作方案》。方案围绕"诚信建设服务监管工作"展开,分析了辖区诚信建设的现状,从信息公开、行政许可、行业自律、宣传教育等方面入手,确立了"诚信档案,贵在使用"的原则,提出了加强诚信监管的具体措施。细化方案内容,按照"业务处室——监管对象——年度"的分类方法,整理了诚信档案,做好了诚信信息台账管理制度和信息公开的准备工作。

## 三、完善机制防风险,建立权责明确、行为规范、运行有效、监督有力的行政执法运行机制

(一)创新证券期货机构监管模式

一是实施和完善岗位责任制。合理划分工作岗位,变监管责任人制为岗位责任制,岗位分工和责任更加细化,工作要求更加统一明晰,提高了监管的精细化、科学化水平。二是实行监管例会制度。定期到辖区证券、期货公司召开监管例会,宣讲监管法律法规,与公司高管人员、分支机构负责人、股东代表等通报问题,提出整改要求。三是建立全面法人监管工作模式。将证券、期货公司在辖区外设立的分支机构纳入监管范围,动态掌握相关情况,督促总部加强管理。通过公司总部协调解决驻辖区分支机构存在问题的做法,提高了有关整改成效。

(二)细化工作流程,高效、透明地做好行政许可工作

山东局认真贯彻落实《行政许可法》和证监会《行政许可实施程序规定》,并对《山东证监局行政许可程序实施细则》进行修订,对行政许可工作各项流程做出详细规定。机构监管处和期货监管处还设立了行政许可岗,细化了各项许可事项的审核工作标准,做到严格遵守行政许可事项的接收、登记、转办、督办等程序。目前,山东局已建立了责任清晰的内部行政许可工

作制度。“程序规范、审核透明、运行高效、监督有力”审核工作机制的建立和理顺，全力推进了我局行政许可审核工作的“制度化、程序化、标准化、公开化”建设，审核质量和执法水平稳步提高。

（三）健全内部制约机制，提高案件调查质量，成立案件复核委员会

为更好地适应我会“查审分离”的稽查办案模式，降低案件调查法律风险，山东局成立了案件复核委员会，将案件复核列为稽查办案的必要步骤，充实完善我局案件调查的内部程序；配备法律、会计等专业骨干，注重一线监管、稽查办案经验；明确稽查二处为日常办事机构，发布《山东证监局案件复核委员会工作规程》，对案件复核委员会的工作程序和案件复核要求等做出了较为详细的规定。2009年10月，复核委依法审查复核了《山东鲁北化工股份有限公司涉嫌违反证券法律法规行为案》，成效明显。

（四）发挥法律小组专业优势，提升监管工作专业化水平

年初，山东局以修订法律小组工作规程为契机，建立健全了法律小组工作机制，确定了15名小组委员，完善其为监管工作中出现的疑难法律问题提供法律咨询的议事决策规则，先后讨论并解答了“证券欺诈民事赔偿”、“鲁北化工案合成氨项目”、“恒通化工定向增发信访事项”、“证券期货法制调研报告征求意见”、“工作规程汇编目录整理”等疑难问题。

## 四、拓展形式重质量，提高法制工作服务效能

（一）搭建多元信息平台，实现法制工作的透明化

（1）山东局新设立信息调研处，通过合理调配人员、充实信息调研工作职责，进一步强化了全局信息工作。在原有政务公开制度的基础上，2009年，先后制定了《山东证监局新闻宣传工作管理办法》、《山东证监局信息工作管理办法》、《山东证监局证券期货监督管理信息公开实施细则》，依法对有关监管信息进行了公开，制作了监管信息公开处理文书、监管数据统计报表等示范文本，增强了信息公开工作的可操作性。同时，打造新的法制宣传平台，精心准备，做好了局内部刊物——《山东资本市场》的组稿工作，在宣讲监管法规，开展投资者教育的同时，有力宣传了辖区市场发展成果。

（2）做好辖区监管对象的法制教育工作。一是新法出台后，及时跟进，积极做好培训工作。例如，《证券经纪人管理暂行规定》实施后，山东局机构处及时举办了由辖区各证券营业部负责人及营销负责人共300多人参加的培训会议。培训会对具体规定做了详尽的讲解，明确了具体监管要求，对规范证券经纪业务营销活动，切实保护投资者利益起到了很大的促进作用。二是发挥辖区证券业协会、上市公司协会等自律组织的作用，积极拓宽培训平台，对辖区上市公司高管、证券期货从业人员进行证券期货法律知识教育，提高他们的遵规守则意识，规范其参与市场的行为。

（二）开展形式多样的普法宣传活动

一是加大互联网站法制宣传建设力度。山东局积极充实并更新外网“投资者教育”专栏信息，有效引导投资者在合法合规的范围内参与证券、期货业务；在山东省证券业协会网站中设立“打击非法证券活动”专栏，就“打非”方面的法律法规、典型案例及“打非”工作动态等内容展开宣传。二是开展“12·4”全国法制宣传日等主题宣传活动。通过法制宣传教育活动，整理行政监管措施法律制度依据，进一步提高全局干部的法律知识水平，增强科学监管和依法行政能力；通过组织辖区监管对象

“学法用法”征文活动,督促监管对象及时总结学法用法工作经验,增强自律意识,不断提高辖区市场法治建设水平;以全局规程清理和落实《山东证监局诚信建设工作方案》为契机,依据信息公开的相关规定,向辖区监管对象公开相关监管工作制度,建立诚信信息台账管理制度,借助局 OA 办公系统公开诚信档案。三是开展以“防范非法证券投资咨询、非法证券委托理财和非法股票发行活动”为主题的教育宣传月活动,让投资者充分了解参与非法证券活动的危害,自觉远离非法证券活动,从源头上压缩非法证券活动的生存空间。

**五、建设学习型机关,加强法制队伍建设**

(一)科学管理法律专业人才队伍

法律是规范市场经济运行的制度基础。熟悉法律专业知识、依法监管是对每一名监管干部的要求。山东局一直把加强法制队伍建设作为一项重要工作,加强组织领导,健全法律专业人科学管理体制。一是充分利用公开招录人员这一平台,及时根据当前监管工作和法制队伍建设需要制定用人计划,通过公开招聘方式录用法律专业人员,进一步优化了监管队伍的专业构成。二是加强法律专业人才的选拔任用机制,在竞争上岗的笔试和面试中进一步增加对干部掌握证券期货监管法律法规的考察范围和所占比重。目前我局处级干部中,具有法律专业学历和法律知识背景的共 8 人,约占处级干部总数的 30%。

(二)强化激励举措,加快学习型机关建设工作

山东局十分重视法律人才的培养和发展,以鼓励在职学习、加强业务培训、提供必要物质帮助为重点,提倡在工作中学习、利用业余时间学习,把理论学习与监管实践结合起来,实现了在监管岗位培养法律专业人才的效果。截至目前,按最高学历专业统计,全局有法律专业人员 13 人,其中具有法律职业资格的 10 人。为进一步有效缓解监管人才不足的状况,促进干部全面发展和机关整体建设,山东局制定了《关于提高干部素质,建设学习型机关的若干意见》,提出了干部培养的三年目标,并决定采取更大力度的激励措施,鼓励干部参加学历学位教育和考取法律等专业资格,鼓励参加与监管工作相关的法制业务知识等培训项目。

(三)提高法制工作认识,开展“科学监管大讨论”系列活动

2009 年 6 月至 8 月期间,山东局组织开展了“科学监管大讨论”系列活动共 8 次。活动围绕监管理念、思路、方式等内容展开,在系统总结现有监管方式取得的成效和存在的不足基础上,进一步探讨了如何在新的市场形势下及时转变理念、调整思路、创新手段、提高技能,统一并提高了对法制工作的认识。

(山东证监局供稿)

# 湖南证监局 2009 年法制工作综述

2009 年,中国证券期货市场的法制建设成绩斐然。在会党委的正确领导下,在

会机关的悉心指导下，湖南证监局（以下简称湖南局）以打造法制机关为重点，以提高依法行政水平为目标，紧密围绕监管工作的中心任务，积极推进法制建设，为辖区证券期货市场的健康稳定发展创造了良好的法制环境。

**一、着力加强法制学习，提升干部依法行政水平**

湖南局十分重视抓监管干部的证券法律法规学习，始终不放松对全局干部的法律知识培训，将干部培训与贯彻、执行证监会的有关文件紧密结合，与监管工作实务紧密结合，不仅派出干部参加中国证监会组织的各种培训，而且在局内组织大家学习中国证监会出台的部门规章和规范性文件，定期召开法律座谈会，讨论最新证券期货法律法规热点问题。湖南局还整合局内法律专业人员力量，成立了法律工作小组，由其提供法律问题的专业咨询意见。法律工作小组编写了《行政法基本知识问答》和《2009 年中国证券期货市场法制建设情况报告》，举办行政法知识讲座。通过系统、实用的培训和辅导，全局干部依法监管、依法行政的能力大大提升。

**二、积极开展普法宣传，推动辖区市场法制建设**

湖南局抓住各种契机，认真筹划，精心组织，积极开展法制宣传活动：一是抓住"期货市场服务三农、促进农业产业发展论坛"在长沙举行的契机，在全省 14 个地州市开展期货法律与业务知识巡回讲座，极大地普及了期货相关法律法规；二是抓住 IPO 重新启动的契机，组织力量编写了《首次公开发行股票并上市工作指引》，作为辖区企业上市培训与辅导的重要参考书籍，向全省各地企业免费赠送，使湖南拟上市企业对证券市场的法律法规有了入门性了解；三是抓住创业板推出的契机，与辖区内主要证券公司合作，多渠道、多形式地开展了创业板相关法律法规的宣传活动，千方百计使投资者了解创业板的规则与风险；四是抓住"防范非法证券活动风险投资者教育宣传月活动"和"12·4"法制宣传日的契机，围绕"防范非法证券投资咨询和非法投资理财"这一主题，组织了大型的广场活动，制作了宣传展览板，印发了大量的法制宣传资料，并与有关媒体沟通，借助报刊、电视、网络等形式，进行了相关报道，有力宣传了证券期货法律法规。

**三、加大法制培训力度，增强监管对象守法意识**

在依法监管、依法行政的同时，湖南局积极督促监管对象依法运作、依法自律，增强守法意识和诚信意识，积极开展了如下几个方面培训的工作：一是与省科技厅联合成立湖南省高新技术企业创业板上市培训基地，建立培训的常态机制。2009 年，举办培训班 3 期，400 余人接受培训，极大地促进了 IPO 相关法律法规的普及；二是开展拟上市公司、上市公司的法制培训。从正面教育入手，搭建集中培训、现场培训、内部培训三个层次的培训平台，除定期组织对拟上市公司和上市公司的董事、监事、高管人员的集中培训外，还深入企业现场，对部分公司进行现场培训，同时要求公司董秘办定期组织企业内部的法律法规学习和培训，并报告学习、培训情况。这些工作对规范公司治理、增强高管人员守法意识起到了积极作用；三是引导湖南省期货业协会，组织了 4 期居间人法律法规和业务知识培训，900 余人参加，为加快湖南期货市场发展创造了条件。

## 四、热心接待法律咨询,积极解答法律疑难问题

湖南局与辖区内有关部门建立了良好的沟通关系,积极解答他们就企业改制、证券发行、上市公司监管、证券市场监管、打击非法证券期货活动等事项而提出的法律问题,为相关问题的有效解决提供了法律援助。例如:怀化市公安局关于证券投资咨询服务和境外期货交易的法律问题咨询、湖南省高级人民法院合议庭就某股票质押案件的法律咨询、上市公司间的债务(股权)纠纷问题咨询等。湖南局还热情接待辖区内证券投资者的咨询,耐心解答他们在投资活动中遇到的相关法律问题,切实保护投资者的合法权益。

## 五、凝聚整非工作合力,重拳打击非法证券活动

2009 年,湖南局联合公安机关,成功破获了湖南智盈特大网络诈骗案。这是目前全国涉案金额最大(2000 万元以上)、受害群众最多(数千投资者,分布于 20 多个省市)、逮捕人员最多(羁押犯罪嫌疑人 38 名,正式刑拘 27 人)的特大证券诈骗案件。智盈案的查处,有力地打击了犯罪分子的嚣张气焰,走出了一条与公安部门联手打击证券违法犯罪活动的新路。这是 2009 年湖南局打非工作取得的突出成绩,中国证监会为此召开专题工作会议,并编发了一期简报介绍湖南局的经验。湖南局的打非工作之所以能够取得如此显著的成效,主要是因为采取了一系列行之有效的工作措施:一是联合省委网宣办、省新闻办、金融办、公安厅、广电局、工商局、通信管理局等部门,建立了整非工作联席会议制度,并联合下发了《关于开展非法证券期货活动整治工作的通知》,形成了打击非法证券活动的合力;二是采取多种形式,积极开展整非宣传,组织撰写了系列宣传文稿,在相关网站及报刊上予以公布,充分揭露非法证券活动的基本特征和主要形式,提高了广大投资者识别与防范非法证券活动的能力;三是与公安机关密切合作,相互支持,建立定期交叉培训机制,在重大案件中互派人员联合办案,充分发挥各自的专业优势,取得了良好的效果;四是建立辖区内主要媒体的监控管理台账,及时跟踪、收集非法证券期货活动信息,与有关部门合作,关闭了广州金牛等 11 家非法网站;五是向辖区证券经营机构下发《关于加强打击非法证券活动,深化投资者教育工作的通知》,要求各机构积极开展整非宣传,进一步占领舆论阵地,并及时报告非法证券活动的线索。

## 六、保护投资者利益,认真处理信访投诉事项

湖南局对信访工作高度重视,有效保护了投资者的合法权益。2009 年,湖南局共受理投诉 61 起,其中书面投诉 28 起,办结 22 起,电话投诉 33 起,全部办结。为切实做好信访工作,湖南局采取了一系列工作措施:一是公布投诉电话、设置专门机构、安排专职人员、布置专门场地,热情接待信访投诉;二是建立处理信访事项的联合工作机制,由信访办负责接待,并安排、督促相关处室进行处理;三是对突出问题进行专项处理。例如,阻止客户转销户一直是信访投诉中的主要问题。对此,湖南局先后下发了《关于切实规范转销户行为,提高客户服务质量的通知》及《关于对限制转、销户信访投诉问题进行分类处理的通知》,向证券经营机构提出了处理转销户业务的要求,明确了相关的监管措施;四是对投诉较多的机构,进行重点处理,包括约见公司高管人员进行谈话提醒,要求公司加强服务管理,责成其进行内部责任

追究等。

**七、积极探索工作方式,加大行政处罚执行力度**

2009 年,湖南局加大了行政处罚执行力度,取得了显著成效,累计收缴罚没款362 万元(其中收回以前年度欠款 196 万元),执行率为 218%。湖南局在执行工作中,坚持原则,多策并举:一是指定专人负责行政处罚执行工作,避免"案随人走"、"人走茶凉"以及相互推诿情况的发生;二是及时查封、冻结被执行人的财产,防止其隐匿、转移和消耗财产,确保罚没款能够执行到位。如湖南智盈案及时查封、冻结证券资产和房产 800 万元、银行资金近 1000 万元,为补偿受害人损失、收缴行政罚没款提供了必要的保障;三是在湖南诚信网上公布拖欠罚没款的单位和个人,让处罚对象在公众面前曝光,给处罚对象施加强大的社会舆论压力;四是实行冷淡对待制裁,对拖欠罚没款的单位和个人,在其申请行政许可事项时,实行暂缓审核;五是继续限制其出入境,即对未缴纳个人罚款的人员,不解除其出入境限制;六是调查掌握长期催收不缴当事人的财产信息,包括收入情况、存款情况、房产情况、车辆登记情况、证券账户情况等,为申请法院强制执行提供了第一手资料。

(湖南证监局供稿)

# 广东证监局 2009 年法制工作综述

2009 年,广东证监局(以下简称广东局)在证监会党委的正确领导和会机关各部门的大力支持下,坚持以科学发展观为指导,认真贯彻落实全国证券期货监管工作会议精神,按照"抓好法制促监管、用好法律护稳定"的总体思路,积极参与国家和地方立法和法制建设,依法推进证券期货监管执法,深入开展法制宣传教育,扎实做好行政处罚试点准备工作,推动辖区资本市场法制建设再上新台阶。

**一、积极参与立法和法制建设,深入开展法制调研**

(一)积极参与国家、地方立法

2009 年,广东局充分发挥法制工作处的专业优势,积极参与国家和地方的各项立法工作,分别对《评估法》、《侵权责任法》、《征信管理条例》、《专利法实施细则》、《关于适用〈公司法〉若干问题的规定(三)》等 35 项法律法规和规范性文件征求意见稿进行了认真研究,向证监会和地方立法部门提出修改意见和建议。

(二)深入开展法制调研

广东局积极组织监管人员开展法制调研,为改进和加强证券期货监管工作献计献策,2009 年共完成了《证券期货业反洗钱工作面临的问题与对策》、《查处华南期货公司挪用保证金案的几点启示》、《关于规范和引导网上资本市场信息传播的若干思考》等 15 篇调研文章,在局《监管实践与思考》内刊上刊登,其中多篇文章获得会领导的肯定。根据证监会法律部的统一部署,广东局还组织开展了资本市场法制建设专题调研,形成了万余字的调研报告;积极参与证监会法律部和广东省法制办组织的调研座谈会,就证券欺诈民事赔偿诉讼、应对国际金融危机引发的法律问题等课题提供相关情况，提出对策建议；积极参与证监会法律部组织的《基金公司治理结构法律规制研究》课题研究，协调有关单位完成了“基金与基金管理公司利益冲突交易规制研究”子课题的调研报告撰写工作。

## 二、切实推进依法行政，严格依法监管

(一)建立健全规章制度，依法规范监管行为

近年来，广东局一直高度重视制度建设，通过不断完善各项规章制度，为推进依法行政，规范证券期货监管工作提供有效的制度保障。2009 年，广东局制定了《实施证券期货市场监督管理措施工作规程》、《舆论引导与媒体信息监管工作规程》、《新闻评论员工作制度》、《上市公司董事、监事、高级管理人员谈话提醒工作指引》、《证券中介机构持续督导监管工作实施细则》等业务工作制度 17 项，并对已有的各项规章制度进行了全面清理，修订《岗位职责及业务工作流程》、《上市公司分类监管办法》等制度规范 21 项。在此基础上，广东局重新编印了《中国证监会广东监管局规章制度选编》，使各项监管工作有法、有据可依，有理、有章可循。

(二)充分发挥法制工作机构的法律把关和法律服务职能，为监管执法工作提供专业支持

2009 年，广东局法制工作处对广东局制定监管制度、重要合同、实施行政监管措施、信访复函等事项进行审核把关近 100 次，提出相关专业意见，并对近 130 项行政许可申请事项出具了审核意见；牵头对广东局贯彻落实依法行政实施纲要情况进行认真自查，形成总结报告，并接受了证监会法律部的检查。年内，广东局还对局法律事务专家小组成员进行了调整充实，目前该小组由局内 10 位法律专业人员组成。广东局法律事务专家小组 2009 年共召开 5 次会议，对辖区期货公司和上市公司风险处置、“双头”董事会等疑难法律问题进行了专题研究，所发表的专业意见和建议针对性、操作性强，基本被局领导和监管业务处室采纳吸收，有力地推动了广东局依法行政工作，防范了行政诉讼和行政复议风险。

(三)严把市场准入关，依法实施行政许可

广东局遵循公开、公平、公正、高效、便民的原则，不断提高实施行政许可的质量和效率。全年共接受行政许可申请 271 件，发出补正通知 84 件，出具行政许可批复 245 件。广东局严格按照法定条件和程序，依法作出各项行政许可决定，未发生任何因违规实施行政许可而受到监管对象投诉、提出行政诉讼的情形。年内，广东局还专门发出通知，督导辖区各证券经营机构切实做好行政许可及有关审核事项后续工作，防范其获得行政许可后因办理相关手续不及时而导致的违规经营风险。

(四)狠抓日常监管，强化问责机制

2009 年，广东局严格落实辖区监管责任制，综合运用现场监管、分类监管、中介监管、问责监管等手段，切实加强对上市公司、证券期货经营机构、基金公司、审计评估机构等监管对象的日常监管。一是强化对上市公司公告信息、媒体报道和股价异动行为的监控，督促上市公司建立健全高管人员证券账户管理制度、重大信息内部报告制度、内幕信息知情人备案管理制度和违规责任追究机制，严格规范上市公司高管人员的股票交易行为。二是以合规管理为抓手，通过严抓合规负责人选聘、合规机构组建以及合规问责，定期召开合规总

监和督察长座谈会，下发指导意见，加强定期检查等举措，督促辖区证券公司、基金公司健全合规管理机制、净资本动态监控和压力测试机制，将合规要求融入各项管理制度和业务流程，大类培育合规文化；从严、从重、从快查处证券营业部限制或阻挠客户办理转托管和撤销指定业务、不正当竞争等行为，切实规范证券经纪业务市场秩序。三是以分类监管为重点，以现场检查和非现场检查为抓手，扎实开展期货经营机构日常监管工作，强化以净资本为核心的期货公司风险指标监管，督促期货经营机构提高规范运作水平。四是按照“事前沟通计划、审中现场检查、事后分析评价及问责检查”的工作思路，切实做好有关上市公司、证券期货经营机构、基金公司的2008年度年报审计监管工作。全年共完成上市公司现场检查170家次，完成对辖区证券期货经营机构、基金公司和会计师事务所的检查近700家次，对检查中发现的有关问题，及时采取约见谈话、下发监管意见函或关注函、现场检查结果告知书等措施，并作出行政监管措施决定32项，督促相关监管对象及时整改。

（五）加大信访工作力度，维护辖区资本市场稳定

切实加强组织领导，建立处以上领导干部定期接访机制，对重大信访事项继续实行局领导包案制。进一步健全信访工作制度，拟订信访常见问题统一答复口径，提高信访工作的规范化和标准化水平。采取下发通知、召开信访投诉分析会等措施，督促辖区各证券期货经营机构和上市公司完善信访维稳工作机制，推动信访维稳工作关口前移、重心下移。积极开展辖区资本市场矛盾纠纷集中排查活动，及时协调地方政府和有关部门稳妥处置南航权证投资者、粤传媒股东上访等事件。依法办理投资者信访投诉，全年共处理投诉举报及咨询等信访事项2877件次，办结率近100%。辖区未发生一起涉及资本市场的群体性事件。

**三、加强证券期货执法，切实维护辖区证券期货市场秩序**

（一）加大稽查办案力度，严厉打击证券期货违法违规行为

立足“准、快、足、实”，加大稽查办案力度，提高办案质量和办案效率。2009年，广东局共办理自立案件4起，非正式调查案件11起，协查案件41起，联合调查1起，派员参加专案调查组4人次，有力打击了违法违规行为，起到较好的震慑和警示作用。坚持稽查工作与日常监管工作相结合，对日常监管发现的问题积极采取稽查提前介入的方式进行调查处理，年内共办理稽查提前介入案件3起，通过充分运用稽查手段，对有关问题切实做到“早发现、早报告、早处置”，及时纠正各种违法违规行为。同时，对稽查中发现的各种违规行为，由稽查部门牵头，会同日常监管处室对违规公司高管人员实施监管谈话，提出整改要求，努力提高监管工作的协同性和针对性。

（二）持续重拳打击非法证券活动

一是积极推进打击非法证券活动协作机制建设。争取广东省政府主要领导的支持，建立由广东省金融办和广东局牵头，公安、检察、法院、工商、广电、通信管理等11个部门参加的广东省打击非法证券活动联席会议制度；会同广东省委宣传部、公安厅、广电局、通信管理局等部门联合组织在全省范围内开展整治和规范网上资本市场信息传播秩序专项行动，对网络非法证券活动进行重点打击；加强与广东省、市、区三级公安经侦部门及网监部门的沟通协作，积极构建多层次、全方位的打非执法协作机制。二是坚持“露头就打”的方针，对

非法证券活动保持严打高压态势。全年共现场摸查“涉非”机构 224 家次,对 2 家“涉非”机构进行非正式调查,其中 1 家已转为立案稽查;分别向有关地方政府和公安部门移送非法证券活动线索 16 宗、147 宗和案件 1 宗,与公安等部门召开案情分析会、座谈会 6 次,联合公安部门现场执法、办案 6 家次。推动、支持广州、东莞等公安部门共立非法证券活动案件 50 余宗,已破案 21 宗,抓捕犯罪嫌疑人 80 多人,涉案金额超过 4000 万元。三是加强对媒体“涉非”栏目或节目的监控,规范证券投资咨询信息传播行为,力求从源头上切断非法证券投资咨询信息的传播渠道。2009 年以来,先后协调广东省及异地通信管理部门关闭“涉非”网站 82 家,责成广州电视台、鹤山电台等媒体对“涉非”证券节目进行整改。四是加大打非宣传力度。2009 年,广东局共分 6 批在有关媒体和局互联网站公布各类“涉非”机构 257 家、网站 41 家、证券分析师 15 名;组织《中国证券报》等媒体对上海环华广州分公司非法代理发行股票案和叶滔公司、满华易泰公司等非法证券投资咨询业务案进行了深入的采访报道;配合广东省公安厅组织召开“打非”新闻发布会,向 20 多家媒体通报了 2008 年以来非法证券犯罪案件查处情况,并曝光东莞力道等 4 个非法证券案件。广东局还在局互联网站“打击非法证券活动”专栏发布“打非”宣传信息 66 条,其中典型案例 41 篇。

(三)扎实做好行政处罚试点准备工作

根据证监会的统一部署,广东局与证监会处罚委保持密切沟通,研究草拟了《广东证监局行政处罚工作实施细则》和《广东证监局行政处罚听证工作规程》,并根据案件审理流程设计了《行政处罚案件审理工作单》等工作表格和公文范本,拟定了局行政处罚工作机构设立方案,初步完成了行政处罚权下放试点的制度准备、组织和人员准备工作。

(四)协助做好行政处罚文书送达及执行工作,提升执法效果

受证监会处罚委的委托,广东局先后按规定向金发科技违规买卖股票案等有关案件当事人送达行政处罚事先告知书、行政处罚决定书等法律文书 20 份,涉及机构 6 家次,人员 16 人次。按照证监会稽查局的部署,广东局还积极与西海集团违规买卖股票、美雅集团违反证券法规案、民安证券非法委托理财等行政处罚案件的 13 位当事人沟通,催收行政处罚罚没款,截至 2009 年年末罚没款执结到位 610 万元。

## 四、积极构建舆论引导综合监管体系,净化辖区资本市场舆论环境

深入落实舆论引导辖区责任制,坚持引导与处置“两手抓”,不断创新工作手段和方式方法,拓展舆论引导和网络监控的广度和深度。

(一)切实加强舆情监控和媒体管理

积极协调广东省新闻出版局等部门,初步建立了辖区报纸、广播、电视、网站等媒体基本信息档案。在系统内率先开发了“广东证券期货业舆情监控系统”,建立了高效的网络信息监控平台。通过下发通知,督促辖区监管对象建立舆情管理工作机制,落实舆情管理责任制,形成舆情管理的整体合力。

(二)大力规范网上资本市场信息传播秩序

联合广东省委宣传部、省通信管理局先后 2 次召开规范网上资本市场信息传播秩序座谈会,督导辖区门户网站和主要财经网站加大不良信息清理和信息审核力度,积极配合开展公益宣传。

（三）探索建立新闻评论工作机制

制定新闻评论员工作制度，组建由17人组成的辖区新闻评论员队伍，并针对辖区媒体舆情动态和涉及资本市场的热点问题，组织新闻评论员适时开展专题评论活动。

（四）积极开展正面宣传报道并及时处置不良失实信息

围绕资本市场维稳、创业板推出等工作重点和舆论热点发布新闻稿件近30篇，并组织有关媒体进行深入采访，形成新华社内参2篇。推动央视证券资讯频道落地辖区证券营业部。加强监控，快速反应，协调新闻主管部门先后处理了《时代周刊》、《南方都市报》、《广州日报》、《每日经济新闻》等新闻媒体的失实报道、不良信息15起，有效净化了辖区资本市场舆论环境。

## 五、加强诚信档案管理，扎实推进诚信建设

（一）狠抓诚信档案录入、更新工作

为真实反映辖区证券期货市场各类主体信用情况，广东局明确各业务处室为诚信记录录入责任单位，负责在对监管对象实施监督管理措施后及时生成诚信信息并按规定程序报批。法制工作处作为诚信档案归口管理处室，指定专人负责审核各业务处室提交的诚信记录，将其录入证监会诚信档案管理系统，并按月对各业务处室诚信档案录入、更新记录进行统计、督办。2009年，广东局共录入诚信记录50条。截至2009年年末，广东局共记入1999年以来的诚信信息299条，并记入后续更新信息近200条，在各派出机构中居第一位。

（二）用好诚信档案

2009年广东局修改了证券期货经营机构行政许可格式文件，将查询诚信档案作为行政许可审核的必备内容。为严把市场准入关，广东局在审核有异地任职经历的机构高管人员任职资格时还严格执行有关规定，通过证监会法律部查询其诚信记录，据此出具审核意见。

（三）与人民银行广州分行建立企业征信信息共享机制

2009年年初，经与人民银行广州分行充分沟通，广东局法制工作处与人民银行广州分行征信管理处建立了点对点的企业征信信息共享机制，为广东局查询有关监管对象及其关联企业资信状况提供了新的便利渠道。该机制建立后，广东局通过人民银行企业征信信息系统查询了有关监管对象的资信信息，为做好监管工作创造了有利条件。

## 六、积极开展执法协调，与司法机关保持密切沟通协作

（一）落实证券期货重大案件报告制度

及时与有关法院沟通，密切跟踪辖区重大证券期货案件审理进展，取得董正青涉嫌内幕交易、泄露内幕信息案、顾雏军虚报注册资本等刑事案件的二审裁定书，就案件审理情况和审理结果向证监会法律部报告，有关案件审理报告在证监会法律部《证券法制通讯》上刊发。

（二）积极推动司法机关加快审理非法证券犯罪案件

2009年，广东局多次与广州地区检察院、法院沟通交流，推动司法机关对我局2007年以来移送公安机关查处的满华易泰公司、叶滔公司、上海环华广州分公司等机构非法证券案件加快审理进程，并就案件性质、法律适用等问题达成共识。在广东局的推动下，广州市中级人民法院和海珠区人民法院分别对上述案件作出终审有效判决。上述案件成为近年来辖区因非法从事证券投资咨询业务和非法代理发行股

票而获罪定刑的首批案件。

(三)认真做好司法机关来访接待工作

2009 年,广东局共接待司法机关来访 30 批、62 人次,应司法机关请求出具有关专业认定意见等函件 43 份。广东局还密切配合北京市公安局经侦部门开展有关内幕交易案调查工作,协助其调取了辖区 15 家证券营业部 42 个涉案当事人股票账户交易资料。

(四)积极配合人民法院开展的集中清理执行积案活动

2009 年,广东局作为广东省解决执行难联席会议成员单位,多次参加了广东省清理执行积案工作会议,并向辖区监管对象下发《关于积极配合人民法院集中清理执行积案活动的通知》,要求各监管对象认真执行人民法院生效法律文书,积极协助司法机关查询、冻结和扣划客户证券和交易结算资金。

**七、持续深入开展法制宣传教育,努力营造良好的法治环境**

(一)创建普法宣传和交流新平台

为加强证券期货法制宣传,2009 年广东局创建了《证券期货法制工作通讯》、《上市公司监管动态》、《机构监管动态》等内刊,相关刊物年内分别编发了 2 期、5 期和 18 期,向辖区监管对象介绍和解读最新的证券期货法律法规,反映证券期货市场法制建设、执法监管、诚信建设、普法宣传等工作动态,交流辖区各上市公司、证券期货经营服务机构在学法、用法、守法方面的典型经验,并通过以案说法等形式开展法制教育,受到辖区监管对象和有关方面的好评。

(二)积极开展法规政策培训

2009 年,广东局先后组织开展 3 批次的上市公司董事、监事和高级管理人员学习教育活动,邀请会上市部、发行部、证券交易所的专家讲授上市公司治理和监管法律法规知识,辖区上市公司 862 人次参加了相关学习,通过学习培训强化了上市公司董事、监事和高管人员的守法经营意识和诚信意识。广东局还分别举办了辖区证券公司经纪业务合规培训班和基金销售业务合规培训班,近 800 名证券营业部负责人及其营销业务负责人和辖区基金销售机构负责人参加了合规培训,通过培训切实提高对相关法规的理解和合规意识。

(三)建立健全高管人员谈话教育机制

为加强上市公司高管人员入门辅导和持续培训,广东局 2009 年制定了上市公司高管人员谈话提醒制度,对 8 家新上市公司及控制权发生变更的上市公司高管人员进行了超过 100 人次的集体谈话,通过例行谈话帮助上市公司高管人员增强规范运作意识、诚信意识、自律意识和勤勉尽责意识,明确自身的权利、义务,做到勤勉尽责,提高规范经营的自觉性。广东局还制定了基金公司高管和基金经理任职、离职谈话制度,以及期货业务监管"四必谈"的制度,通过任职、离职等谈话,不断增强基金公司、期货公司高管人员和基金经理的合规意识和诚信水平。

(四)精心组织开展辖区"12·4"证券期货普法宣传活动

根据证监会的统一部署,广东局及早谋划,及时制定《2009 年"12·4"证券期货普法宣传活动方案》,并发出通知,组织辖区各上市公司、证券期货经营服务机构等监管对象于 2009 年 11 月下旬至 12 月中旬开展了以"加强法制宣传教育,弘扬法治精神,服务资本市场发展,维护投资者合法权益"为主题的证券期货普法宣传活动。活动期间,广东局联合广东证券期货业协会等单位于12月4日在广州市北京路开展了广州地区“12·4”证券期货现场普法咨询活动，向社会公众和投资者发放打击非法证券活动、创业板投资者教育等宣传资料3000余册，打非公益宣传光碟800余份，接受公众和投资者法律咨询数十次。广东局还会同广东证券期货业协会和广东上市公司协会成立了6个“12·4”普法宣传活动督导检查组，对广州、佛山、东莞、中山、珠海等地上市公司、证券期货经营机构在社区开展的普法宣传活动进行了现场检查和指导。在我局督导下，辖区各上市公司和证券公司、期货公司、基金公司等机构均制订了详细的证券期货法制宣传活动方案，通过在公司网站和营业场所开辟投资者教育专栏、张贴公益宣传广告、开设股民学校、举办投资者讲座、发送手机短信、派发宣传资料、开展社区法制宣传、在媒体刊载法制宣传文章等方式，多渠道开展面向投资者、面向员工、面向社区和社会公众、面向股东的证券期货法制宣传，掀起了普法活动新高潮，取得积极的成效。

（五）持续深入开展防范非法证券活动投资者教育活动

2009年4月，广东局会同广东证券期货业协会组织开展“行动起来，严厉打击网络非法证券活动”公益宣传活动，印发公益广告宣传单2万份，并与21CN网合作开展以“和谐证券，安全投资”为主题的打击网上非法证券公益宣传主题活动，通过开办网络专栏、“在线举报”系统、签署倡议书、在“114号码百事通”开通证券投资咨询业务资格电话查询服务、组织在线访谈等多种形式加强打非宣传教育，向广大投资者揭示了非法证券投资咨询和委托理财活动的“五大特点”和“十大陷阱”，介绍了识别和防范非法证券活动的“九大招数”，受到广大网友和投资者的好评。广东局还组织开展了防范非法证券活动投资者教育宣传月活动，并于2009年4月印发了《关于做好整治非法证券活动有关工作的通知》，督导辖区各证券经营服务机构持续做好投资者教育工作，有效压缩非法证券活动空间。据统计，2009年，辖区各证券经营服务机构共举办以加强非法证券活动风险提示为主题的投资者专题讲座7077次，参加的投资者93.6万余人次，刊发投资者教育园地专栏文章18,601篇，向投资者派发宣传教育手册121万册、打非公益宣传光碟8万份，发送手机短信4982万多条，投放公益广告1145次，以客户电话回访、社区宣传等其他方式进行宣传教育18万余次。

（六）认真组织法制宣传动漫和书画作品征集活动

按照证监会法律部的统一部署，广东局积极组织辖区证券、期货经营机构和基金公司参加第七届全国法制动漫作品征集活动、第七届全国法制宣传书画作品征集活动，以及广东省第三届法制动漫作品征集活动，推荐了广州证券有限责任公司、联讯证券经纪有限责任公司等单位创作的10余件法制动漫作品以及法制宣传书画作品参加上述征集活动，其中联讯证券经纪有限责任公司制作的《慎防网络理财陷阱》获得广东省普法办组织的第三届全省法制动漫作品征集活动二等奖。广东局还向证监会法律部推荐1篇新闻报道稿参加了全国普法办举办的法制好新闻作品评选活动。

（广东证监局供稿）

# 四川证监局2009年法制工作综述

2009年,在会党委的正确领导和会法律部的悉心指导下,四川证监局(以下简称四川局)深入学习实践科学发展观,大力弘扬抗震救灾精神,不断加强法制工作制度建设,扎实推进法律支持、服务和调研工作,认真落实行政执法责任制,积极开展普法宣传活动,全局依法行政、依法监管水平进一步提高,为辖区资本市场平稳运行提供了法制保障。

全年办理证券违法违规案件29件;完成送达执行8件;完成反洗钱工作5件;打击非法证券期货交易活动5件、出具非法证券期货活动性质认定意见函16件;做出监督管理措施决定7项;受理信访48起、办结31起;受理行政许可101项、办结70项;未发生行政诉讼或行政复议案件。

## 一、通过制度建设夯实法制工作基础

坚持以制度建设促依法行政,不断加强法制工作基础性制度建设,修订完善工作规程,提高监管工作的规范化水平。

(一)建立健全法制工作规程

根据监管工作不断发展的需要,年内新制定了《四川证监局引导性措施和监督管理措施实施规程》、《四川证监局行政复议工作预案》、《四川证监局证券期货市场统计暂行办法》等工作规程;根据前期试行情况修订完善了《四川证监局接待司法机关来访、来函工作规程》、《四川证监局行政执法责任制评议考核暂行办法》等;通过反馈意见或参与会签的方式,积极为制定或修改局内工作制度提供法律意见。

(二)规范引导性措施和监督管理措施

作为2009年法制工作制度建设的重要举措,《四川证监局引导性措施和监督管理措施实施规程》是对中国证监会监督管理措施实施办法的具体贯彻落实,也是对四川局以往监管工作经验和有益做法的全面梳理。通过构建由引导性措施和监督管理措施组成的多层次、有针对性的监管手段,并针对不同情况分类适用,提高了行政执法的规范化、专业化水平,有效地防范了行政复议及诉讼风险。

(三)完善局内监管文书法律审查制度

明确监管业务处室和法制工作处的职责分工,由法制工作处对全局对外出具的行政监管措施文书、规范性文件进行法律审查,独立出具专业意见。通过积极发挥法律审查部门的专业优势,强化内核复查机制,保障行政执法的合法合理性,防范法律风险,保障和促进一线监管。

(四)建立疑难复杂信访事项的会商机制

针对疑难案例、缠访闹访、有专业代理人参与的信访事项,在具体承办处室和法制工作处之间建立起提交、会商、反馈的工作机制,对可能出现的法律后果进行预测,评估法律风险,提高行政行为的前瞻性、主动性,有力地保障了辖区证券期货市场平稳运行。

## 二、围绕监管中心工作开展法制服务

立足派出机构工作实际,谋思路、排障

碍，积极开展法制服务，为一线监管提供法律专业建议，不断提高依法行政水平。

（一）加强法律内核服务

把好“法律关”是法制工作为一线监管服务的具体体现。为保障监督管理措施的有效实施，坚持在内审程序中与业务处室充分沟通，确保每一项监管措施证据事实清晰、于法有据，严格做到依法行政；对局内各项监管业务工作制度，从法律角度进行把关，加强内部程序控制，从源头上维护依法行政。

（二）完善辖区诚信档案服务

按时完成历史诚信信息的集中录入工作，全年新产生诚信信息15条；实现辖区诚信档案工作信息化、留痕化，公文流转OA系统中诚信档案相关功能运转良好，并顺利实现了与监督管理措施和引导性措施之间的衔接；贯彻落实证券期货市场诚信建设工作会议精神，积极引导业务处室在行政许可和监管工作中使用和查询诚信档案。

积极配合地方政府相关部门做好诚信建设工作，加强沟通交流，按照职责分工定期更新四川省企业信用信息数据，并就四川省2009年社会信用体系建设工作要点、社会信用体系建设重点工作任务分解、社会信用体系建设厅（局）际联席会议制度等提出反馈意见。

（三）建立证券期货信访法律服务机制

与四川省司法厅正式签署了《关于建立证券期货信访法律服务机制合作备忘录》，举行了四川省证券信访法律服务机制启动仪式，制定了《四川证监局证券期货信访法律服务工作流程（试行）》，使证券期货信访法律服务工作更具备可操作性。信访法律服务机制的建立，迈出了由专业律师介入证券期货信访工作的第一步。

（四）做好其他日常法制服务

持续跟踪、更新内部法律法规数据库，维护好行政执法的法律法规平台；及时修订监管工作规程和对外监管文书范本，提高执法工作标准化、格式化水平；按照相关要求，办理1人次公职律师换证、4人次公职律师申报材料、8人次行政执法证申报材料。

## 三、严厉打击违法违规行为

（一）积极研究新体制下的稽查工作

主动适应“三位一体”的稽查新体制，依托稽查分工协作体制，做好宏观与微观、指挥与一线、指导与执行三个结合，降低稽查工作信息成本，提升全系统稽查资源的能效，实现稽查力量高效分工协作，快速打击了一批市场影响较大的违法违规案件，及时化解市场风险，执法效果显著；开展案例分析，总结办案经验，加强学习培训，提高稽查人员办案水平。

（二）积极应对市场违法违规行为新变化

对新形势下的市场违法违规行为加强风险研判，提出有针对性的应对措施，妥善、高效处置风险。如通过现场检查，及时发现四川金顶大股东涉嫌通过不公允交易侵占公司权益等问题，立即采取约谈高管、下发监管意见书、移交稽查立案等措施控制风险，并与当地政府及时沟通，有效避免了公司因资金链断裂而停产、爆发职工群体性事件等重大风险。

（三）促进证券期货“打非”工作的纵深化

与四川省公安厅网监办深化工作联系，将公安网监部门扩充到“打非”协作机制内，初步形成全方位立体化“打非”新态势。针对年内创业板的推出，与地方各级公安经侦部门共同探讨非法证券活动最新态势，并做好工作预案；将打击非法证券活动协作机制的成果推广于辖区直接办理案件的基层司法机关,促进非法证券活动案件侦办、审理的顺利开展;通过在三大证券报等强势媒体公布辖区83家机构“黑名单”,提高了投资者防骗识骗的能力,达到了事前预防的良好效果。

## 四、创新行政执法责任制法制监督

结合派出机构日常监管工作实际开展行政执法责任制工作,形成了两项机制创新:一是对《行政执法责任制评议考核暂行办法》进行修订,完善了具体评议考核方法,特别是将内部考评与工作考核同步进行,突出了行政执法责任制内部考评的重要性,有利于结合监管工作开展内部考评;二是与党务工作相结合,将外部评议与勤政廉政半年评同步进行,扩大外部评议的覆盖面,既有利于行政执法和纪检工作相互促进,又有利于提高外部评议者对相关工作的认知度和关注度。

今年年初,四川局向会机关上报了《全面推进依法行政实施纲要》自查报告,同时接受了会检查组检查,检查组对四川局行政执法工作给予了充分肯定。

## 五、结合监管实践开展法制调研

(一)认真做好法律反馈意见工作

按照会法律部要求,发挥派出机构贴近一线、贴近市场的优势,就我会制定规章及规范性文件提出修改意见和建议,全年累计向会机关反馈法律意见26件。此外,还先后就《侵权责任法》、《评估法》、《专利法实施细则》等7个法规草案征求意见稿提出书面修改意见。

(二)开展重大课题调研工作

牢固树立大局意识,结合一线监管工作中的热点难点问题,开展法制课题调研。在局领导指导下对我国资本市场监管体系变迁问题进行研究分析,形成调研材料《我国资本市场的监管体系和阶段性特征》;调研报告《我国上市公司大股东掏空行为与公司绩效关系实证分析》、《证券执法合作机制研究》分获证券期货监管系统及四川金融学会评比一等奖;调研报告《浅议维权型信访的处理》被中国证监会《证券法制通讯》收录刊登;形成《资本市场法制工作调研材料》并报会机关;坚持每季度对全国及辖区资本市场运行特点进行分析,形成综合信息季报,为日常监管提供决策参考。这些调研工作大大提高了日常监管工作的前瞻性水平。

(三)向地方政府及相关部门建言献策,创造良好的外部执法环境

全年向地方政府及相关部门、其他金融监管单位提供综合信息、意见建议等62件,内容涉及西部金融中心建设、金融支持灾后重建、“十二五规划”资本市场重点内容、四川省内企业信用信息系统建设、证券期货统计、清理规范性文件、行政执法责任制等多个方面,我局提出的众多意见得到相关部门吸收采纳。通过建言献策,既支持了地方经济发展,又为日常监管工作创造了良好的外部环境。

## 六、深入开展法制宣传工作

高度重视证券期货市场普法工作,将其作为一项基础性工作常抓不懈,在年度《工作任务、职责、进度安排》中明确人员和岗位责任,并将普法宣传融入政务公开、信访、日常监管、辅导培训等各项工作中。多次采取培训、讲座、制作动漫作品、征文比赛、媒体报道等方式,在机关内部、市场主体和广大投资者等多个层面,有针对性地开展普法宣传,并通过组织动员四川省证券期货业协会、四川省上市公司协会积极参与,扩大了宣传影响面。

在内部培训方面,结合监管工作需要,

围绕"行政复议制度及执法中对复议风险的防范"、"我国证券监管和解制度探讨"、"证券期货监管引导性措施和监督管理措施"、"证券公司分类监管政策导向及行业发展趋势分析"四个专题，举办全局法制研讨会，为加强四川局法制工作水平起到了积极推动作用。

（四川证监局供稿）

# 陕西证监局2009年法制工作综述

2009年，在证监会的正确领导和大力支持下，陕西证监局（以下简称陕西局）围绕证券期货监管的中心任务，夯实制度建设基础，不断完善执法机制，严格执法程序，规范执法行为，提高执法效率，确保行政执法行为的合法性和规范性，积极发挥法制工作对一线监管执法的支持、保障和服务作用，有效促进了日常监管执法规范化程度的提高，推动陕西局依法行政工作水平上了一个新台阶，为辖区资本市场创造稳定健康发展的良好法制环境发挥了重要作用。

**一、加强法律制度建设，积极推动各项工作的制度化、规范化**

（一）以局内制度建设为抓手，全面提升陕西局各项工作的规范化水平

为保障相关法律、法规、规章及证监会规范性文件的有效实施，确保全局各项工作的有序、规范开展，今年陕西局先后起草了《陕西证监局实施证券期货市场监督管理措施工作规程》、《陕西证监局接待司法机关来访工作规程》、《陕西证监局法制学习制度》、《关于规范使用监管函件的通知》、《创业板上市公司监管工作指引》、《首次公开发行股票辅导监管工作规程》、《陕西期货机构安全维稳监管工作规程》、《期货营业部监管工作规程》等12项专项工作制度规范。加之前期制定的《陕西证监局诚信档案建设与管理工作规程》、《陕西证监局证券期货监督管理信息公开工作规程》等制度，解决了各项重点工作"有法可依"的问题，基本形成了覆盖各项工作的较为完善的制度规范体系，为增强全局监管干部依法行政意识，提高陕西局各项工作规范化水平夯实了基础。

此外，为落实学习实践科学发展观整改方案，今年陕西局通过分处室征求意见、召开座谈会等方式广泛听取意见。在全面分析各类意见建议并结合工作实践的基础上，陕西局修改完善了《陕西证监局处级干部选拔任用工作（试行）办法》、《陕西证监局廉政监督卡实施办法》等人事纪检监察制度。

（二）根据一线监管工作实际制定相应监管制度，推进辖区资本市场的法制化进程

今年陕西局针对证券业合规管理特点和辖区券商实际情况，经过周密思考、反复修改、多方征求意见，制定了《辖区证券营业部持续合规分类评价监管办法》，对营业部进行量化分类管理，采取差异化监管措施，加强监管的针对性，提高监管效率；为提高高管人员懂法守法意识，依据《上市公司辖区监管责任制工作规定》并参照证监会《上市公司董事长谈话制度实施办

法》,制定了《新任上市公司高管人员谈话规则》,对本年度拟任上市公司高管的人员进行“入门”谈话,对新任高管进行集体“入门”谈话,介绍监管工作,讲清监管要求,强调责任义务,进行履职提醒,力求提高董监高依法管理公司的能力和水平,充分发挥董监高在完善公司治理、提升公司规范运作水平中的关键作用。

## 二、建立参与立法工作机制,提升参与立法工作效能

为适应参与立法工作时间要求紧、质量要求高、内容涉及面广的工作特点,陕西局协调局内各种立法参与资源,既非常重视法制处的法律专业优势,又注重发挥各业务处室贴近证券期货市场的一线监管优势,逐步形成了由法制处协调负责、相关业务处室积极参与、局领导审核把关的参与立法机制。通过这种机制,法制处能够在深入了解一线监管工作中面临的执法矛盾和问题、综合业务处室意见的基础上,积极发挥专业优势,最终形成既符合监管工作实际,又具备立法规范要求的专业立法意见和建议,使参与立法工作做到了优势互补,体现全局智慧,保证了参与立法工作的广泛性和专业性的统一、立法意见数量和质量的统一。

2009 年陕西局共参与立法项目 17 项,内容涉及金融、证券期货、知识产权、民事侵权等各领域,部分意见和建议被采纳,有力地支持了资本市场和相关领域的立法,得到了有关部门的肯定。

## 三、有序开展各项证券期货执法工作

(一)抓住重点,攻克难点,扎实有效开展辖区一线“整非”工作

为切实整治辖区非法证券投资咨询活动,保护广大投资者的合法权益,维护资本市场正常秩序和社会稳定,陕西局针对非法证券咨询活动的成因和特点,不断完善和实施“标本兼治、疏堵并重、打防结合、分类处置、逐层递进”的工作方案,紧紧抓住建立完善整非协作机制和平台、清除整治面向公众的“炒股软件”电视广告、集中力量查处典型案件和投资者教育等四个方面重点工作,取得了良好的工作成效:与广电部门沟通协作,有效清理了“炒股软件”电视广告;与省委宣传部联合下发《关于加强改进资本市场新闻宣传和新闻媒体举办证券期货投资咨询活动的通知》(陕宣发〔2009〕6 号),强化禁止新闻媒体播放炒股广告的约束力;与省市工商管理局加强沟通协作,联合对陕西原点投资公司进行查处,先后向工商部门移交了 2 起涉嫌虚假注册、擅自非法从事证券投资咨询业务的线索;与省通信管理局联合发布通知、签订《网络信息系统安全应急处置管理合作协议》,建立信息共享、优势互补的长效合作机制;与公安部门联合开展非法证券投资咨询专项整治活动,目前已向公安部门移交 1 起涉嫌诈骗线索,2 起非法经营证券业务线索,为整治非法咨询活动建立了行之有效的协作机制和平台。

经过一年的努力,陕西局攻克了相关部门协作难、执法手段有限、取证难、性质认定难、非法机构取缔难等难点,2009 年度共受理非法证券投资咨询活动投诉 11 件,已全部妥善处置,有效遏制了非法证券咨询活动泛滥势头。

(二)集中精力,精心组织,扎实做好稽查案件的案件调查、案件收尾、案件协查及案件执行工作

按照“紧抓重点、合理安排、统筹兼顾”的原则,陕西局做好各类稽查案件的查处工作,严厉打击证券违法违规行为,切实维护辖区资本市场秩序和社会稳定。在案件调查方面,大胆进行稽查工作的创新。与稽查总队联合办案中,充分发挥陕西局

稽查人员熟悉了解案情的优势，向稽查总队办案人员详细介绍案件的调查情况、关键线索及违法事实等，为案件高质高效办结发挥了重要作用。在案件的后续收尾工作中，加强与证监会稽查局及处罚委沟通，使其了解办案思路和提出处罚建议的依据，加快处罚进程，提高执法效率。在案件协查方面，对协查案件的要求等同于自办案件，将协查任务具体分配到人，严格按照办案程序和要求完成协查任务。在案件执行方面，及时完成《行政处罚决定书》等法律文书的送达和罚没款的催缴工作，切实维护行政处罚的严肃性和威慑性。

（三）深入打击非法证券活动，努力净化辖区市场环境

通过近几年来的有效打击，陕西辖区非法证券活动得到了有效遏制，新发案件数量大幅下降。但是今年仍有个别案件发生，特别是一些重点案件未能及时得到司法处理，受害者要求赔偿的诉求难以实现，投诉举报、上访的数量不断增加，善后处理的难度进一步增大。根据这一实际情况，陕西局及时调整工作部署，采取更加有针对性的措施，推进“打非”工作的开展。一是为了防止“打非”联席会议形式化，充分发挥联席会议在协作打非中的作用，陕西局制定了一系列打非工作制度，以保证联席会议的有效运转；启动了联席会议办公室的工作，利用联席会议办公室的工作平台，协调和督促各相关部门开展打非工作。二是根据当前立案多，但侦办、审理和判决案件缓慢这一突出问题，积极促请省政府三次召开联席会议，检查督促案件的办理。局领导亲自带队进京向证监会有关部门汇报，邀请全国部际联席会办公室到陕西检查督导，借助外力推动我省司法部门加快案件办理。三是主动、及时做好相关工作，支持和促进案件侦办。对投诉举报非法证券活动涉嫌犯罪的，及时移交公安机关。今年向地方政府和有关部门移交了18家公司24件投诉案件；对公安机关要求进行性质认定的案件，及时予以认定。今年共对10余起非法证券活动案件进行了性质认定。四是强化预防性措施，加大宣传教育力度。充分利用各种媒体广泛宣传政策、法规和非法证券活动特征，与公安部门联合举办公益宣传活动，用典型案例警示群众。随着打非力度加大，宣传教育的深入，辖区社会公众风险意识进一步增强，参与非法证券活动的人已经大为减少。

（四）深入调研反洗钱工作

为了全面掌握辖区证券期货经营机构反洗钱工作开展情况，进一步推动此项监管工作的有效进行，陕西局组织人员对辖区证券期货经营机构反洗钱工作进行了调研。通过发放调查问卷方式，对辖区3家证券公司总部和25家异地证券营业部、3家期货公司总部和4家异地期货营业部落实反洗钱工作的情况进行了汇总分析。选取个别证券期货经营机构进行了实地调研，就反洗钱工作的组织制度建设、工作协调、业务开展、问题与建议等与证券期货公司相关人员坦诚交流思想，充分交换意见，取得了良好的效果。通过调研，基本摸清了辖区证券期货行业反洗钱工作的真实情况，为下一步结合行业特点做好反洗钱工作奠定了基础。

（五）高度重视信访工作，妥善处理信访投诉，全力做好维稳工作

信访工作是我局对外的一个窗口，也是了解辖区市场情况、化解市场矛盾纠纷、保护投资者合法权益、维护社会稳定的重要途径。针对今年信访、上访数量居高不下，信访处理难度较大的情况，陕西局认真贯彻落实证监会关于信访维稳的各项部署和要求，深入细致地组织信访隐患排查，及时了解掌握信访动态，组织开展信访工作培训，切实做好每一个信访件的办理和回

复工作,做到了“件件有答复,事事有回音”。同时,将信访工作与维稳工作相结合,积极引导信访人合理表述诉求,妥善处理了益尔高科、宝商集团、通源石油、交大博通、海星科技等重点信访事项,防止了群体性上访事件的发生。全年处理信访事项1300余件次,其中来信(含邮件、传真)200余件,来访100余人次,电话1000余个,绝大多数信访事项均得到了妥善解决。

**四、创新律师监管方法,充分发挥中介机构市场约束机制作用**

(一)以法律意见书的审查为突破口,律师从事证券业务监管工作再上新台阶

为贯彻执行证监会41号令,强化律师勤勉尽责意识,规范和提高法律服务质量,保护投资者的合法权益,陕西局组织处室收集、整理了2009年以来律师事务所为辖区上市公司出具的已披露法律意见书,并依据规定对法律意见出具的程序、内容和格式等进行审核。在审核的基础上,总结律师事务所在执业中存在的问题,向各相关律师事务所进行通报,要求各律师事务所对照问题,认真自查、切实整改,认真学习相关法律、行政法规和政策规定,进一步熟知从事证券法律业务的相关规范通过审核,着力提升辖区律师事务所从事证券法律业务的规范化和专业化水平。

(二)建立律师事务所法律意见书报备制度

为及时掌握辖区律师事务所从事证券法律业务情况,陕西局建立了法律意见书审核、报备制度。要求各律师事务所在规定期限内,将法律意见书报送法制处备案,法制处对法律意见的真实性、准确性、完整性进行事后审核。审核中有疑义的,要求律师作出解释、补充,并调阅其工作底稿。通过报备制度,确保及时、完整收集到相关法律意见书,以便及时对法律意见书进行审核。对审核中发现的实质问题可能涉及监管漏洞和监管风险的,法制处及时反馈给相关业务处室,以期形成监管合力,共同做好辖区监管工作。

(三)持续跟踪,继续完善辖区从业律所的基础档案数据库并及时更新数据库

自去年11月以来,陕西局采取与陕西省司法厅联合发文、调取业务处室监管资料等多种形式,调查辖区律师事务所从事证券期货法律业务情况。今年1月份,相关反馈资料已经收齐,初步建立起辖区30家从业律所的基础档案数据库。根据该数据库反映的情况,法制处协助办公室确定了2009年全省证券期货工作会议律师事务所代表,并负责了对口接待工作。

为及时更新已初步建立的基础数据档案库,掌握辖区律师事务所从事证券法律业务情况,陕西局在今年9月份,再次向各律师事务所发送书面通知,要求律师事务所定期填报从事证券法律业务相关信息,以便及时掌握从业信息,有针对性地加强持续监管。

(四)积极发挥律所专业研究机构的作用

陕西局注重发挥律师事务所的专业优势,将资本市场的疑难法律问题、立法征求意见稿、法制建设课题等委托律所进行研究,所提意见在相关工作中借鉴和吸收,开创了与专业机构交流合作的工作模式。

陕西局将继续研究辖区律所从业特点,借鉴证监会法律部的监管经验,努力创新监管方式,进一步做好律所监管工作,促进证券期货法律服务机构对资本市场作用的有效发挥。

**五、认真落实合法性审查和法律会签制度,为依法开展监管工作保驾护航**

为加强对行政执法工作的监督,切实提高陕西局监管工作的法制化水平,陕西

局继续认真贯彻实施合法性审查和法律会签制度。由法制处负责对各处采取的重要监督管理措施、复杂信访答复事项、案件调查终结报告、案件移送报告等从问题的定性、法律程序、法律适用等各个方面严格把关、认真审核。法制处今年共对37项具体监管工作事项进行了合法性审查会签，并及时出具了书面法律意见。此外，陕西局非常注重对工作中遇到的法律疑难问题的深入研究。如今年就"交大保赛"等非法发行证券问题、"原点公司"非法证券投资咨询执法检查、案件移送等问题、英国贝塔国际基金管理有限公司西安代表处主体性质及经营行为认定、陈少勇个人转让股票行为性质认定等问题进行深入研究并提出解决问题的法律建议。法律审查工作为全局监管、稽查等各项工作严把"法律关"，确保了执法行为的合法、规范，及时、有效地防范了法律风险，切实提高了全局依法监管水平。

## 六、监管信息公开和诚信档案管理工作扎实推进

按照"平稳起步、积极稳妥、循序渐进、逐步扩大范围"的原则，在不违反《保密法》、不涉及国家秘密事项的前提下，平稳有序地推进信息公开工作的开展。陕西局认真审核行政许可事项，努力确保信息生成、录入和公开的持续性和及时性，共对68项主动公开监管信息进行了法律审核，其中通知公告9项、行政许可59项。另外，全年共受理依申请公开事项2起，均按照依申请公开事项处理程序及时予以回馈，得到了申请人的认可。

2009年制定出台的《陕西证监局实施证券期货市场监督管理措施工作规程》，不仅有效地规范了各业务处室的监管行为，也使法制处能在第一时间获悉监管措施实施以及后续情况，有利于督促相关处室及时将监管事项记入诚信档案，有力地保障了诚信档案管理工作的合规、及时和有效。陕西局将继续加强诚信档案的更新和后续跟踪工作，督促相关处室对诚信档案充分、有效使用，真正发挥诚信档案对监管工作的积极作用。

## 七、认真做好司法机关来访接待工作，与来访机关建立良好的协作机制

司法机关来访咨询的相关问题多为较复杂的法律难题，部分事项更属尚无法律法规明确规定的新情况、新问题。有的问题属于涉众案件，社会影响较大，事关社会的稳定。因此，陕西局一直高度重视此项工作。一是建立健全了相关工作制度。按照证监会相关规定，结合我局工作实际，制定了《陕西证监局接待司法机关来访工作规程》，建立起规范接待、处理来访事项的工作制度，明确了职责分工、工作程序和工作内容，将该项工作纳入规范化、制度化轨道。二是在处理接访问题时，积极与相关处室沟通和交流，充分发挥监管干部一线监管的业务优势，通过共同深入研究，从案件具体情况出发，依据政策法律法规，充分考虑社会稳定等各种因素，提出较为全面的处理建议。三是以接访工作为窗口，与来访司法机关建立起良好关系，为进一步增强监管协作、建立稳定的沟通协作机制奠定了基础。

2009年陕西局共接待司法机关正式来访(不包括电话咨询)50余批、100余人次，所有来访事项均得到妥善处理。

## 八、在做好日常法制工作的基础上，深入思考，积极开展执法工作调查和研究

在做好日常法制工作的同时，陕西局同样非常重视执法工作的调查和研究。通过调研，总结经验，发现不足，积极改进工作方法，以适应不断发展变化的资本市场

监管需要,促进执法水平不断提升。2009年,陕西局先后完成了《律师事务所在陕从事证券期货法律业务情况调查分析报告》、《我国境内居民投资境外证券市场相关法规政策析要》、《由某短线操纵行为引发的思考》、《陕西上市公司独立董事履行职责存在的问题及对策建议》、《陕西证监局诚信建设总结调研报告》、《非法证券投资咨询活动成因、特点与整治对策研究》等数十篇执法工作调研报告;同时,完成了南方证券操纵"哈飞股份"案、"秦丰农业"、"达尔曼"、"精密股份"、"长丰通信"虚假陈述案、"海星科技"内幕交易案、金园汽车集资诈骗案等案例的编写工作。这些成果不仅是具体工作承办人员工作思路的梳理和经验的总结,也是同志们之间的交流工作、传授经验、相互学习的实用素材。

## 九、持续做好法制宣传教育工作

法律宣传教育工作是一项长期系统的工作,对此应着眼于长期规划、逐步推进,还应不断创新工作方法。2009年,陕西局在该项工作上不断努力和探索。

(一)稳步推进全局工作人员的法制宣传教育工作

根据证监会普法工作规划要求,陕西局以制定《陕西证监局法制学习制度》为抓手,建立起领导干部学法用法经常化、监管干部应知应会法律法规学习和考试常态化长效机制。法制学习制度的建立,为全局干部职工学法用法经常化,提供了重要的制度保障和约束,有利于促进全局领导干部和职工加强法制学习,增强法学素养,提高运用法律分析、解决问题的能力,提升依法决策、依法管理、依法监管的意识和水平。

为拓展监管干部法律视野,探索日常监管工作与监管法制建设"双促进"的有效途径,切实提升依法行政效能,陕西局推出了《证券法制资讯要览》专刊,介绍各类证券期货及相关法律立法、修法信息、应知应会的法理知识、立法背景、立法技术等,通过局内电子公文流转系统供全局领导、监管干部参考和学习,今年针对《刑七》等热点问题共推出五期,并将持续推出。

(二)持续深入开展投资者普法教育工作

2009年,陕西局紧贴市场,持续深入开展投资者法制教育工作。从夯实辖区证券市场长期健康稳定发展基础着眼,高度重视,务实创新做好投资者教育工作。一是将整治非法证券咨询活动和创业板投资教育作为今年证券投资者法制教育的重点,结合市场特点,采取组织编发《关于提醒广大投资者识别和抵制非法证券活动的公告》及创业板投资者问答等宣传教育材料、与证券类媒体协作宣传、协同陕西证券业协会与《上海证券报》共建"上海证券报股民学校陕西分校"、在陕西证券期货协会网站开辟投资者教育专栏、与公安部门联合印制发放"警惕非法咨询欺诈陷阱"的大型海报、组织辖区机构开展规范非法证券活动投资者教育宣传月活动等多种方式推进辖区证券投资者法制教育活动。二是以促进期货机构加强服务产业客户和地方经济为着力点,深化期货投资者法制教育。指导辖区期货经营机构采取以定期现场培训为主、营业场所及网站信息公示教育为辅,不定期组织投资者报告会等方式,对投资者进行法制宣传教育。本年度共组织召开集会性投资者报告会9次,指导各机构召开营业场所定期现场培训396次,得到广大投资者的好评。三是深入分析非法证券活动涉及目标人群的年龄、文化、习惯等特征,开拓多种渠道,找准切入点,选择恰当的传播方式和途径,与西安市公安局、陕西证券期货业协会联合举办了打非宣传活动,并定期更新我局外网“打击非法证券活动”、“投资者教育”专栏,收到了很好的宣传教育效果。

(三)加强对监管对象的法制培训,提高规范运作意识

陕西局严抓监管对象法制培训效果,将监管对象法制培训工作作为日常监管的手段和预治结合、预防为先工作机制的基础,不断完善培训内容、组织方式和实施过程。本年度陕西局将整治非法证券咨询活动、创业板上市、上市公司信息披露制度、公司治理及内部控制等重点工作的相关证券期货法律法规纳入培训内容之中。聘请证监会、沪深证券交易所和中介机构的行业专家,采取举办专项讲座、培训、网络教学等多种形式,对上市公司、证券期货业机构高管及从业人员累计开展了多次法制培训,受到辖区上市公司、证券期货经营机构欢迎和好评,对辖区资本市场的规范运作形成积极推动作用。

**十、热情投入、努力做好其他与法制相关的工作**

随着日常监管执法和机关管理活动对法制工作需求的日益提高,法制工作内容的丰富性和形式的多样性的特点越发凸显,2009 年陕西局顺利完成了配合陕西省政府法制办公室做好了陕西省社会信用体系建设工作,参与全国执行工作的清理积案工作,组织全国法制好新闻评选活动,积极推进企业使用正版软件等相关法制工作。

(陕西证监局供稿)

# 深圳证监局 2009 年法制工作综述

2009 年,在中国证监会的正确领导和会有关部门的支持下,深圳证监局(以下简称深圳局)紧紧围绕监管工作统一部署,稳步开展法制工作,突出工作重点,重视开拓创新,不断提高依法行政工作水平,为辖区证券期货市场的持续健康发展创造了良好的法制环境。

**一、扎实推进法律审查工作,支持和服务一线监管**

2008 年 7 月 1 日,深圳局正式设立法制工作处(以下简称法制处)。一年来,法制处逐渐成长为一线监管可靠的参谋、得力的助手、合格的法律顾问。

为充分发挥法制处的专业优势,切实提高监管工作的法制水平,深圳局规定法制处对行政监管措施、信访、规范性制度、合同等七大类文件从当事人是否适格、事实和证据认定、法律法规适用、措施的有效性等方面进行全面审查,从专业角度提出审查意见。2009 年,法制处共对 100 多项文件进行法律审查会签。在法律审查以及法律咨询过程中,法制处不走过场,认真履行法律审查工作职责。既坚持原则,又从促进、保障日常监管工作取得更好的效果出发,积极建言;既针对个案提出意见建议,又对过程中发现的常见和值得关注的问题及时进行调研,提出切实可行的解决方法,有效保障和促进了一线监管。

## 二、加大稽查打非工作力度,有效维护辖区证券期货市场的安全稳定

(一)重拳出击查处大案要案,净化辖区资本市场环境

2009年,深圳局主动、创新、高效地开展稽查执法工作,共承办案件83件,其中主办案件53件。查办了证券从业人员"抢帽子"交易、基金经理"老鼠仓"交易等新型案件,取得了显著的工作成绩。

从2007年"唐建案"开始,基金经理"老鼠仓"行为屡有发生,严重侵害基金份额持有人利益,令广大投资者和社会舆论深恶痛绝,严重影响行业的健康发展。深圳局以保护基金持有人的资产安全为出发点,坚持主动监管的工作理念,不信邪、不畏难,对背弃信托责任的"老鼠仓"行为严厉打击。2009年4月,在会稽查局的协调指导下,与北京局联合查处了融通基金"张野案",并对融通基金公司高级管理人员问责,记入诚信档案。2009年8月,对突击检查中发现的三起基金经理"老鼠仓"行为立案调查,引起了社会的广泛关注和强烈反响。2009年10月,尚福林主席在深圳局视察时高度评价了打击"老鼠仓"行为的主动监管精神和积极意义。

(二)创新监管模式,集中整治内幕交易

为了加强上市公司未公开信息的管理,防范可能引发的内幕交易等违法违规风险,深圳局从市场实际情况出发,主动出击,建立了内幕信息知情人报备制度。要求上市公司报备向大股东、实际控制人等报送非公开信息涉及的内幕信息知情人名单,将对内幕信息不公平占用的情况暴露在监管机关的面前,对当事人形成威慑,也为查处内幕交易等违法违规行为提供了条件。

2007年以来,深圳局利用报备名单,集中进行了两次内幕交易专项整治活动,发现了多家上市公司及其大股东内幕信息知情人涉嫌内幕交易的线索,相关人员被采取监管措施并在辖区通报,部分人员被证监会立案稽查。继2008年立案查处特发集团瞿湘内幕交易案后,深圳局又于2009年立案查处了深康佳李建兴内幕交易案。瞿湘被中国证监会处以3万元罚款;李建兴被没收违法所得,并处以5万元罚款。

上述违法违规行为的查处,极大地警示教育了辖区上市公司,震慑了内幕交易违法违规人员,获得了公众投资者和媒体的广泛好评。同时,深圳局也在不断推进内幕信息知情人监管,截至2009年年底,辖区104家上市公司已建立了内幕信息及内幕信息知情人管理制度,通过制度约束,形成他管自律齐抓共管的良好局面。

(三)构建整非立体网络,严厉打击非法证券活动

今年以来,随着股市回暖,非法证券活动又有所抬头。深圳局始终以维护辖区资本市场稳定为己任,保持查处非法证券活动的高压态势,推动加大刑事追责力度。

深圳局加强与相关执法部门的情报分析与交流力度,共向公安机关集中移送3批次共252笔非法证券活动线索。在前期移送线索的基础上,与深圳市公安局、市场监督管理局等部门联合执法,现场打击非法证券活动。同时,密切跟进相关案件移送司法机关的后续进展,积极协调司法机关,推动案件审理进程。2009年,深圳市金股之王科技有限公司案,有关被告人以非法经营罪被判处2-3年有期徒刑并处罚金1万-2万元;深圳(香港)中天私募案,有关被告人以诈骗罪被判处3-5年有期徒刑并处罚金0.2万-1万元。上述案件的判决,有效地打击了非法证券活动,发挥了

打非惩恶的威慑警示效应。

## 三、全力开展证券期货日常监管工作，促进辖区市场规范有序运行

一是切实加强和推进证券期货日常监管工作。第一，突出监管工作重点。拓展上市公司内幕信息知情人监管、基金从业人员监管和年报审计监管的深度，进一步强化监管问责力度；创新监管模式，开发证券公司远程实时非现场检查系统。第二，全面推进对上市公司、证券期货经营机构的日常监管。2009年，深圳局共对辖区24家上市公司、25家证券经营机构、13家期货公司和4家基金公司进行了全面现场检查，对监管对象采取监管谈话、责令整改、出具警示函、通报批评等监管措施21次，并记入诚信档案，督促其切实规范运作。

二是依法合规实施行政许可。2009年，深圳局共受理行政许可申请218件，申请人撤回申请10件，最终作出行政许可批复169件。行政许可工作未出现投诉、行政复议或行政诉讼等法律风险。针对某证券公司为申请高管任职资格出具虚假任职文件的情况，深圳局坚决问责，要求公司进行整改，对相关责任人予以监管谈话，并记入诚信档案。

三是扎实做好信访工作，以信访促稳定。全年共办理各类信访件4225件，其中87%的信访件在一线接访中予以办结。通过全面修订《信访工作制度》和制作信访工作手册，完善工作制度和创新工作方法，信访工作的质量和规范程度不断提高。同时，督促监管对象切实履行客户服务和投诉处理工作职责，并对其办理不力进行问责，努力将信访投诉事项解决在源发地。

## 四、结合派出机构实际，做好行政处罚权下放试点工作准备

按照证监会的统一部署和安排，深圳局成为实施行政处罚权下放试点工作的三家派出机构之一。深圳局始终保持与会处罚委的沟通交流，持续关注有关工作的进展状况，确保心中有数，为相关工作做好准备和安排。一是深圳局提出的由法制处负责组织行政处罚工作，同时吸收会计、计算机专业人员成立审理小组的工作模式，得到会处罚委的认可。二是强化相关工作人员的业务学习及能力培训，参加会处罚委组织的以案代训工作，熟悉审理工作流程，了解案件审理特点。三是结合深圳局监管实践，初步拟定深圳证监局行政处罚工作规则、听证规则、法律文书送达等工作制度。

行政处罚权作为证监会一项重要的行政执法权力，首次被授予派出机构行使。深圳局将在会有关部门的指导下，不断健全和细化工作流程，加强与其他兄弟派出机构的沟通交流，学习和借鉴其他行政机关的行政处罚工作经验，积极稳妥推进行政处罚工作。

## 五、大力推进诚信档案工作，探索延伸诚信监管手段

为贯彻落实证监会关于诚信建设工作的部署和要求，深圳局大力推进诚信档案建设工作。截至2009年底，共记入诚信信息199条。

深圳局以诚信档案建设检查和总结为契机，不断优化工作机制。一是通过完善信息审批录入流程并在办公系统中固化，提高工作效率；建立诚信信息管理台账，确保信息及时更新。二是推动监管业务处室在日常监管、行政许可等监管工作中积极查询诚信档案，切实服务一线监管。从目前运用情况来看，诚信档案已成为深圳局监管工作的重要辅助工具和执法参考，对涉密信息的查询使用量居系统前列。三是对诚信建设工作开展情况进行调研，形成

《2009 年深圳证监局诚信建设总结调研工作报告》,对诚信档案建设中的疑难问题,如诚信信息修改和删除条件、诚信信息保存期限等,及时向会法律部反馈工作建议。

为深入开展诚信建设,加强诚信监管的硬约束力,深圳局主动探索延伸诚信监管手段,向证监会报送了《关于适当公开诚信信息进一步发挥其约束作用的建议》,探索在必要时适当地公开诚信信息,有效地发挥失信惩戒的社会效果。

## 六、积极参与法制建设,主动开展法制调研

(一)积极参与法制建设工作

会法律部、深圳市人大等部门来函对《中华人民共和国侵权责任法(草案)》、《关于适用公司法若干问题的规定(三)(征求意见稿)》、《上市公司监督管理条例(修改稿)》、《深圳经济特区企业征信管理条例》等 10 多件法律法规草案征求意见。深圳局积极组织研究,广泛征求意见,及时整理、反馈各种专业建议,为相关立法工作提供参考。

(二)关注一线监管和市场前沿,主动开展法制调研

深圳局坚持"调研助益监管"的原则,主动思考分析日常监管涉及的法律问题,积极建言献策。针对治理国有控股上市公司信息披露非规范问题、加强上市公司从事境内外衍生品交易监管、强化互联网证券期货类信息服务管理、规范实施证券公司监督管理措施等问题进行认真研究,并提出了切合实际的工作建议。

对资本市场的一些前沿热点、重大改革和创新问题,深圳局进行了专项调查研究。完成了《深圳辖区证券公司远程实时非现场检查监管模式的调查与研究》、《关于深圳辖区民营上市公司治理现状的调研报告》、《公司型基金组织形式研究》、《关于对期货套期保值效果的调研报告》、《证券投资咨询机构违法违规行为调研课题》等 30 篇调研报告,积极支持和促进监管工作。

## 七、强化执法协调工作机制,营造良好外部执法环境

一是完善执法协作制度建设。为切实整治非法证券活动,起草了《深圳市整治非法证券活动协调小组工作制度》,进一步明确了公安、工商、证监等部门的职责分工。

二是构建良好的执法协作机制。与公安机关、工商部门建立了情报交流与联合执法工作机制;与公安网监、市委宣传部建立了快速清理网络非法证券信息机制,清理网络非法证券活动信息 183 条;联合通信部门召开互联网站管理工作协调会议,就打击利用网络媒体非法从事证券投资咨询活动进行研讨。2009 年,深圳局配合公安机关、工商部门对 7 家不法机构涉嫌非法从事证券咨询活动进行现场打击,拘留犯罪嫌疑人数十名,初步统计涉案金额达 2000 余万元。

三是妥善做好司法机关来访来函办理工作。2009 年,深圳局共接待司法机关来函来访 10 余次,主要包括业务咨询、查阅复制、出具性质认定意见、移送违法线索等类型,共出具性质认定意见 11 份。

## 八、多渠道开展法制培训和宣传教育

一是采取内外结合的方式,多渠道开展法制培训。以全局法律专业人员联席会议为平台,陆续邀请北京金杜律师事务所、北京君合律师事务所合伙人和安信证券首席经济学家就上市公司并购重组、证券欺诈民事赔偿、宏观经济分析方法等课题,来我局举办讲座;定期不定期编发《法制工作处每周资料汇总》、《一线监管法制参考》作为全局法律宣传和培训的窗口。

二是以案说法，强化对监管对象的法制教育。结合兰光科技案，针对上市公司董事、监事和高级管理人员的勤勉尽责义务，向辖区监管对象下发《关于认真学习典型案例、增强勤勉尽责意识的通知》；结合唐建、王黎敏和张野基金经理“老鼠仓”案，向辖区监管对象下发《关于告诫证券、期货、基金从业人员进一步增强守法观念的通知》。通过生动鲜活的案例开展法制宣传教育，告诫监管对象遵纪守法，提高辖区市场诚信意识和规范运作水平。

三是加强媒体宣传报道，营造严打非法证券经营活动的舆论氛围。利用报纸与网络等媒体渠道，曝光148家不具有证券经营资质的机构和仿冒合法证券经营机构网站的黑名单；注重打非宣传的深度，将华美达、金股之王等数起案件的判决情况，整理成新闻素材，教育广大投资者远离非法咨询，加强自我保护。

（深圳证监局供稿）

# 第六部分　市场自律组织及相关机构法制建设

## 一、上海证券交易所

### （一）2009 年法制建设工作综述

2009 年，上海证券交易所（以下简称上交所）在“依法办所”基本方针的指引下，进一步发挥法制建设在交易所自律管理中的基础性作用，结合本年度的重点工作，以完善规则体系、加强监管力度、优化法制环境等为抓手，夯实自律管理的制度基础，提升自律管理的法制水平。

**一、建立业务规则实施的动态监督和调整机制，持续完善自律管理规则体系**

严谨、完善的业务规则体系是交易所“依法办所”的基础。为此，上交所就业务规则体系的维护和完善形成了一套行之有效的工作机制，并不断探索更为有效的实施方式。

（一）大力清理和精简业务规则

为保持业务规则的有效性和实用性，上交所将业务规则清理作为一项常规工作，于每年年底定期开展。在 2008 年对业务规则进行全面清理的基础上，本年度，上交所按照精简、高效、实用的原则，确定了业务规则数量减少 1/3 的清理目标，再次对业务规则进行了清理。至 2009 年年底，改、并、废业务规则共计 100 余件，较好地完成了年度目标任务。

（二）有效开展业务规则监督检查和评估

为提高业务规则实施的实效，上交所根据《业务规则实施监督检查与评估细则》，每年组织 1－2 次监督检查和评估，在此基础上不断改进业务规则的制定和实施工作。本年度，上交所先后开展了业务规则专项和全面评估：一是上半年通过法律部牵头调研、业务部门自评、召开部分会员和上市公司座谈会等方式，有效开展纪律处分及监管措施相关业务规则实施的专项评估与监督检查，形成改进相关工作的建议并加以落实；二是第四季度开展业务规则全面评估，形成规则实施情况评估报告，并提出规则制定、修改的思路和计划。

（三）按计划制定和修订业务规则

上交所根据业务发展规划和市场实际，于年初统筹确定了业务规则制定、修订计划，并推动该计划按期落实。本年度，共发布基本业务规则 2 件，实施细则 3 件，指引 5 件，通知 10 件，填补了部分制度空白并使业务规则更好地适应市场发展需要，业务规则体系进一步充实和完善。

1. 配合重点业务及时制定、修改相关业务规则。配合新交易系统上线，发布实施《交易异常情况处理实施细则(试行)》,细化了交易异常类型和处理措施,对特殊情况下的停牌、停市制度作了详细规定;配合新股发行制度改革,制定《关于各新股网下发行配售对象报备相关账户信息的通知》,修订《沪市股票上网发行资金申购实施办法》、《上海市场首次公开发行股票网下发行电子化实施细则》等配套规则;配合证监会有关公司债分类管理的举措,修订《公司债券上市规则》和《关于公司债券发行、上市、交易有关事宜的通知》,为公司债市场的发展和上市银行进入交易所债券市场创造条件。

2. 根据市场监管需要,制定与基本业务规则相配套的细则、指引等,不断完善监管规则体系。上市公司监管方面,围绕上市公司治理、社会责任及董监事违规等比较集中的市场问题,发布《上市公司临时公告格式指引》、《上市公司持续督导工作指引》、《上市公司董事选任与行为指引》等一系列工作指引;会员监管方面,针对基金管理公司、保险资产管理公司、上市商业银行等非会员参与人众多,但目前缺乏统一明确监管制度的客观情况,研究、草拟了《非会员交易参与人管理实施细则》,以适应未来对非会员市场参与者的监管需要;市场监察方面,拟订了《市场监察细则》(草案),将通过进一步明确市场监察的调查权、处理权,增加交易所及时制止违规行为可操作手段,提高监管手段的威慑作用。

## 二、加强市场监管力度,提高自律管理的及时性、导向性和威慑力

2009 年,上交所严格依据《股票上市规则》、《会员管理规则》和《交易规则》等业务规则的规定,加大了对各类违规行为的打击力度。自第二季度起,连续开展“监管行动季”活动,强调监管的“严、快、准”,有效提升了自律管理的及时性、导向性和威慑力。

### (一)以高风险上市公司、董监高人员违规交易等为重点,严查上市公司及相关人员违规行为

一是加强对重点上市公司和高风险上市公司的监管。及时排摸、整理日常监管和年报披露中发现的风险问题、违规线索,通过发出监管函件、约见谈话等多重措施,督促公司及时履行信息披露义务并加强整改,提示并及时化解上市公司的潜在风险。

二是继续强化对董监高人员违规买卖股票等违规行为的监管。加强对董监高人员买卖本公司股票相关规定的宣传,并对董监高人员违规交易行为进行了三次全面核查,共查处了 55 人次的违规交易;同时加强对上市公司及相关主体其他违规行为的查处力度,全年共计做出 61 次通报批评、11 次公开谴责,发出 78 份监管关注函。

三是积极引导上市公司完善公司治理。成立推进公司治理委员会,举办“公司治理年度论坛”(第八届),开展年度董事会奖、年度信息披露奖等专项评奖活动;加强对董事、独董、董秘及保荐机构的资质管理,完成沪市首次董事会秘书年度考核;发布上市公司治理的评估报告,制定公司治理三年行动纲要及基本推进路线。

### (二)以持续推动会员加强客户管理工作为抓手,强化日常监管

一是强化会员日常监管。对会员在客户权证违规交易、限售股违规减持、新股炒作、执行报告制度等业务中存在的问题,积极采取监管措施,督促其切实承担客户管理职责。

二是推动会员加强客户管理。就会员落实《会员客户证券交易行为管理实施细则》和《证券异常交易实时监控指引》的情况进行现场检查,起到了积极的督导效果;开展加强会员客户管理工作活动,通过会

员填报情况反馈、组织评议、现场走访、组织交流等形式,了解并深入推进会员客户管理。

三是加强会员技术管理。以新一代交易系统上线为抓手,组织会员按照上线总体要求加强技术管理,并对可能存在上线风险的会员进行重点关注;对于个别会员发生的技术事故,采取了电话提醒、发送监管工作函、约见高管谈话等监管措施,并积极跟踪其处理情况。

(三)及时制止、严厉打击证券交易违法违规行为,保障市场"三公"

一是严厉打击股评"黑嘴"等违法行为。为净化市场环境,大力开展了打击股评"黑嘴"行动,对涉嫌"黑嘴"账户及所在营业部或机构采取了书面警告、监管谈话、向当地证监局通报等措施,并向证监会上报了8宗案件,取得阶段性成果;进一步加大了对债券异常交易行为的监控力度,先后发现了5起账户盗卖事件,均及时转出调查并予以制止。

二是有效遏制短线操纵、权证炒作等违规交易行为。进一步加大了对包括操纵开盘价和收盘价、通过多点布局合谋进行短线操纵等行为的监控力度和及时制止力度;加强对临到期权证的监管,通过实地走访会员、限制账户交易和盘中临时停牌等措施,有效抑制权证投机行为,确保了今年到期的9支权证平稳退市;加大对解除限售存量股份违规减持、新股炒作等行为的监控和处理力度,均收到明显效果。

三是不断完善市场监察机制。加强市场信息主动搜集,增强监察敏锐性和快速反应能力,深化所内外监管联动,及时制止,严厉打击,完善事前防范、事中干预和事后处罚的全程监管模式,有效维护市场秩序。

(四)以纪律处分审核机制为重点,完善自律管理流程和制度

纪律处分委员会承担着上交所所有纪律处分事项的审核工作。2009年,纪律处分委员会共召开审核会议25次,进行通讯表决17次,审核纪律处分事项109件。

为使纪律处分委员会更好地支持日常监管,本年度主要开展了以下几个方面的工作:一是积极配合加强市场监管的要求和"监管行动季"工作安排,加快了纪律处分委员会的运行节奏,积极优化纪律处分审核流程、提高审核效率;二是开发了纪律处分审核的电子化流程方案,实现了纪律处分从纸面审核到电子化审核的重大变革;三是积极总结审核经验,深入分析审核中的焦点、难点问题,形成了纪律处分工作总结和案例分析报告;四是制定了《纪律处分委员会审核工作指引(草案)》,拟作为纪律处分审核工作的内部规则依据,统一审核理念和标准。

从纪律处分审核的情况来看,委员会对自律管理工作的导向作用已经开始显现,逐步引导自律管理向更加规范、公正和高效的方向发展。

## 三、依托规则建设,积极稳妥地推进市场创新和发展

2009年,上交所在证监会领导和部署下,积极把握市场机遇,以规则建设为依托,大力推动国际板、跨境ETF、债券市场等各项业务创新和发展,并取得显著成效。

(一)积极研究和推进境外公司境内上市相关制度建设

为推进多层次资本市场建设,积极开展境外公司境内上市相关制度研究工作,包括:梳理现有法律法规,汇总整理境外公司境内上市的主要法律问题;对境外市场相关制度进行比较研究,学习、借鉴国际经验;探索境外公司境内上市的监管思路,设计相关规则;与境内外相关机构进行交流。

(二)跨市场ETF、跨境ETF产品开发

取得重要进展

以法律关系分析与合法合规性把关为重点，论证、引导完善沪深300ETF及其联接基金产品方案，全力做好沪深300ETF及其联接基金发行上市的相关准备工作；进一步推动跨境ETF产品开发工作，会同基金公司、所外相关机构扎实开展前期研究，经反复研讨论证确定首批上报证监会的多个产品方案；以"全球覆盖、完整布局、尽快合作"原则，完成与纽交所等数十家机构的指数引进谈判和合作协议签署，加紧推进涵盖亚、美欧等地区国际指数ETF产品开发；成功举办国际指数机构合作签约仪式及境外指数ETF产品开发研讨会，启动人民币计价境外指数试点工作。

（三）切实推动债券市场发展

1. 实质启动上市商业银行进入交易所债券市场试点。积极落实证监会、银监会有关通知精神，反复研究完善商业银行参与交易所债券市场方案，制定相关业务规则，目前已有4家上市商业银行获准进入试点。

2. 加强债券市场基础设施建设。制定《债券市场三年发展规划》，明确本所债券市场发展的主要目标和任务，并制定债券交易系统整合方案。

3. 推进公司债券分类管理工作。通过分析、比较、测算，确定本所公司债具体分类标准和交易平台的选择方案，修订相关业务规则。

4. 加大债券市场创新力度。启动债券质押式报价回购和买断式股票回购创新业务试点，完成一对一现券、谈判式回购和债券远期方案设计，并从完善配套支持措施和激励机制等方面研究建立有效的债券市场做市商制度。

（四）积极推动上市公司并购重组、做优做强

加大力度推进落实上市公司并购重组服务行动计划，梳理上市公司并购重组相关政策法规，提出并购重组法律法规的废、改、立建议；编制上市公司基础手册，充实完善重组服务公司数据库。继续深入全国各省市，了解上市公司的实际需求，对具备并购重组意愿和条件的上市公司提供专业辅导、培训和上门服务；开展典型并购重组案例奖评奖，并对不按承诺推进重组的公司出具监管函进行监督；所领导分别带队走访全国27个省区，与广东、重庆等政府机构联合召开资本市场推广会，与7个省区政府机构签订资本市场服务备忘录，完成88家公司重大资产重组预案审核。

## 四、积极参与立法和法制研究，为证券市场发展营造良好的法制环境

证券市场的健康规范发展和自律管理的顺利开展，离不开良好的法制环境支持，也与市场主体的法制观念密切相关。正因如此，上交所积极参与证券市场立法工作，主动开展法制研究和宣传，同时妥善应对与交易所自律管理行为相关的法律纠纷，力求为证券市场发展营造良好的法制环境。

（一）积极参与证券市场相关法律法规制定工作

根据证监会部署和要求，积极配合和参与证券市场相关法律法规、部门规章、司法解释等的调研、制定和修改工作，充分发挥市场一线的信息和经验优势，为证券市场法制建设建言献策。今年以来，先后就《统计法》、《侵权责任法》、《评估法》、《刑法修正案（七）》、《公司法司法解释（三）》等50余部法律法规及部门规章研提意见；根据证监会要求，牵头起草《证券期货交易所信息资源管理办法（代拟稿）》；积极研究《证券交易所管理办法》修改中的重点难点问题，形成工作研究报告和具体条文修改建议稿并上报证监会。

（二）大力开展证券市场相关法制研究

进一步加强了法制研究的力度，并将其与本所相关业务规则的完善、本所自律管理制度建设和司法环境的优化更紧密地联系起来。在原有内部刊物《证券法制视点》的基础上，编辑并公开出版了《证券法苑（第一卷）》，着重研究资本市场发展和本所法制建设中的重点、难点、热点问题，为推动证券市场法制建设提供新的理论平台和舆论阵地。牵头承担“证券期货市场业务规则效力”的课题研究工作，在较短时间内形成了9万余字的课题研究报告，拟定了司法解释建议稿。此外，还参与协调“上市公司破产重整法律问题”专项课题研究，并参与了深交所牵头的“短线交易法律规制”课题研究。

（三）以投资者教育为重点开展法制宣传

1. 切实开展投资者教育。理顺投资者教育的工作机制，牵头建立投资者教育工作例会制度、会员公司投资者教育联系人制度，加强与主流新闻媒体合作，进一步扩大投资者教育影响力，增强把握教育需求和业内动态的主动性、及时性和准确性；精心打造投资者教育的“六个一”工程，即：一个具有一定知名度和影响力的投资者教育网站，一个具有投资者演练功能的证券模拟交易平台，一个具有一定辐射面的投资者教育讲堂，一套内容权威、生动活泼的投资者教育丛书，一批合格投资人，一套与投资者教育相关的规则制度；定期组织对上市公司和会员公司的证券市场法律与业务规则培训，提高相关人员的合规意识。

2. 开展主题法制宣传。在“12·4”全国法制宣传日之际，在主要证券媒体和《法制日报》刊登题为“持续推进法制建设，不断完善自律管理——上交所‘依法办所’迈上新台阶”的新闻稿，介绍了多年来上交所在切实落实“依法办所”原则、完善自律管理制度方面所做的主要工作，增强了市场对上交所法制相关工作的认知度；在“3·15”消费者权益保护日，开展举办“3·15 我与投资者”大型征文活动，获得会员公司的积极响应。

## 五、稳妥处理相关矛盾纠纷，保障证券市场平稳健康发展

上交所通过合法途径，妥善处理市场创新、发展及自律管理中发生的矛盾纠纷，为证券市场平稳健康发展提供了保障。

（一）妥善应对权证相关诉讼

今年以来，个别投资者针对股改权证制度设计及其执行中的有关环节提起诉讼，要求包括交易所在内的相关机构对其权证交易损失进行赔偿。就此，上交所严格依据法律法规、业务规则的规定，就权证制度本身及交易所相关自律管理行为的合法、合理性进行了充分的论证，并在法院已经作出的相关判决中均得到了认可。

法院判决对权证相关诉讼中的焦点问题进行了确认：一是确认了权证本身及其创设制度的合法性，认可了交易所权证管理办法及其创设通知的效力；二是确认了交易所对权证创设申请所做形式审核的合法性；三是确认权证创设与投资者的交易损失之间没有因果关系，投资者应根据“买者自负”的原则自行承担交易风险和损失。上述问题的确认，在一定程度上起到了定分止争的作用，保障了交易所依法履行自律管理职能和证券市场平稳健康发展。

（二）稳妥处理信访投诉

做好信访投诉接待，为投资者反映问题和维护自身权益提供有效渠道：一是严格依照有关规定，认真规范地接待投资者的信访投诉，就信访投诉中所反映的问题，

认真细致地予以核查和答复；二是引导会员妥善解决与客户的相关矛盾纠纷；三是协助监管机构，稳妥处理与交易所自律管理范围相关的信访投诉事项。

（三）维护自身合法权益

上交所在民事活动中积极维护自身知识产权等合法权益，为树立行业规范和强化市场法制观念发挥了积极的作用。如，就境外某资产管理公司拟以未经上交所授权编制的新华富时 A50 指数为标的在境外交易所上市 ETF 的事宜，通过发律师函等方式进行严正交涉，最终使该公司同意更换标的指数，成功维护了交易所的信息权。

## （二）2009 年作出的核准上市决定目录

| 序号 | 文件标题 | 文　　号 | 发文日期 |
|---|---|---|---|
| 1 | 关于四川成渝高速公路股份有限公司人民币普通股股票上市交易的通知 | 上证发字〔2009〕5 号 | 2009－7－23 |
| 2 | 关于中国建筑股份有限公司人民币普通股股票上市交易的通知 | 上证发字〔2009〕6 号 | 2009－7－27 |
| 3 | 关于核准 2009 年四川长虹电器股份有限公司债券上市的通知 | 上证发字〔2009〕9 号 | 2009－8－17 |
| 4 | 关于光大证券股份有限公司人民币普通股股票上市交易的通知 | 上证发字〔2009〕10 号 | 2009－8－14 |
| 5 | 关于厦门厦工机械股份有限公司可转换公司债券上市交易的通知 | 上证发字〔2009〕11 号 | 2009－9－9 |
| 6 | 关于四川大西洋焊接材料股份有限公司可转换公司债券上市交易的通知 | 上证发字〔2009〕12 号 | 2009－9－16 |
| 7 | 关于中国冶金科工股份有限公司人民币普通股股票上市交易的通知 | 上证发字〔2009〕13 号 | 2009－9－17 |
| 8 | 关于浙江龙盛集团股份有限公司可转换公司债券上市交易的通知 | 上证发字〔2009〕14 号 | 2009－9－22 |
| 9 | 关于山东博汇纸业股份有限公司可转换公司债券上市交易的通知 | 上证发字〔2009〕15 号 | 2009－10－12 |
| 10 | 关于中国国旅股份有限公司人民币普通股股票上市交易的通知 | 上证发字〔2009〕16 号 | 2009－10－14 |
| 11 | 关于北京王府井百货（集团）股份有限公司可转换公司债券上市交易的通知 | 上证发字〔2009〕17 号 | 2009－10－27 |
| 12 | 关于招商证券股份有限公司人民币普通股股票上市交易的通知 | 上证发字〔2009〕18 号 | 2009－11－13 |
| 13 | 关于中国船舶重工股份有限公司人民币普通股股票上市交易的通知 | 上证发字〔2009〕20 号 | 2009－12－14 |
| 14 | 关于深圳市燃气集团股份有限公司人民币普通股股票上市交易的通知 | 上证发字〔2009〕21 号 | 2009－12－23 |

续表

| 序号 | 文件标题 | 文　号 | 发文日期 |
|---|---|---|---|
| 15 | 关于中国北车股份有限公司人民币普通股股票上市交易的通知 | 上证发字〔2009〕22 号 | 2009 - 12 - 25 |
| 16 | 关于 2009 年记账式附息(四期)国债上市交易的通知 | 上证债字〔2009〕39 号 | 2009 - 4 - 3 |
| 17 | 关于核准四川长虹电器股份有限公司权证上市交易的通知 | 上证权字〔2009〕6 号 | 2009 - 8 - 17 |

## (三)2009 年作出的暂停上市决定目录

| 序号 | 文件标题 | 文号 | 发文日期 |
|---|---|---|---|
| 1 | 关于对江苏申龙高科集团股份有限公司股票实施暂停上市的决定 | 上证公字〔2009〕16 号 | 2009 - 4 - 2 |
| 2 | 关于对江西昌河汽车股份有限公司股票实施暂停上市的决定 | 上证公字〔2009〕38 号 | 2009 - 5 - 11 |
| 3 | 关于对夏新电子股份有限公司股票实施暂停上市的决定 | 上证公字〔2009〕47 号 | 2009 - 5 - 27 |
| 4 | 关于对厦门华侨电子股份有限公司股票实施暂停上市的决定 | 上证公字〔2009〕48 号 | 2009 - 5 - 27 |
| 5 | 关于对广西北生药业股份有限公司股票实施暂停上市的决定 | 上证公字〔2009〕49 号 | 2009 - 5 - 27 |

## (四)2009 年作出的恢复上市决定目录

| 序号 | 文件标题 | 文　号 | 发文日期 |
|---|---|---|---|
| 1 | 关于同意海南兴业聚酯股份有限公司股票恢复上市申请的通知 | 上证公字〔2008〕1 号 | 2009 - 1 - 19 |
| 2 | 关于同意黑龙江黑龙股份有限公司股票恢复上市申请的通知 | 上证公字〔2009〕29 号 | 2009 - 4 - 17 |
| 3 | 关于同意华通天香集团股份有限公司股票恢复上市申请的通知 | 上证公字〔2009〕100 号 | 2009 - 10 - 28 |
| 4 | 关于同意江苏春兰制冷设备股份有限公司股票恢复上市申请的通知 | 上证公字〔2009〕102 号 | 2009 - 11 - 13 |

## （五）2009 年作出的终止上市决定目录

| 序号 | 文件标题 | 文　号 | 发文日期 |
|---|---|---|---|
| 1 | 关于决定浙江新湖创业投资股份有限公司股票终止上市的通知 | 上证公字〔2009〕94 号 | 2009－8－27 |
| 2 | 关于决定承德新新钒钛股份有限公司股票终止上市的通知 | 上证公字〔2009〕108 号 | 2009－12－29 |
| 3 | 关于决定邯郸钢铁股份有限公司股票终止上市的通知 | 上证公字〔2009〕109 号 | 2009－12－29 |

## （六）2009 年采取的纪律处分及相关监管措施目录

**公开谴责**

| 序号 | 文件标题 | 文　号 | 发文日期 |
|---|---|---|---|
| 1 | 关于给予四川禾嘉股份有限公司和前董事长夏朝嘉、董事长宋浩等公开谴责以及对前董事长夏朝嘉公开认定三年不适合担任上市公司董事的决定 | 上证公字〔2009〕1 号 | 2009/01/19 |
| 2 | 关于给予广西北生药业股份有限公司公开谴责的决定 | 上证公字〔2009〕6 号 | 2009/02/16 |
| 3 | 关于给予西安海星现代科技股份有限公司董事荣海（原董事长）公开谴责的决定 | 上证公字〔2009〕7 号 | 2009/02/16 |
| 4 | 关于对南宁百货大楼股份有限公司股东深圳市中海融担保投资有限公司及原股东广西国力投资担保有限公司公开谴责的决定 | 上证公字〔2009〕13 号 | 2009/03/04 |
| 5 | 关于给予东盛科技股份有限公司原董事长郭家学等公开谴责的决定 | 上证公字〔2009〕23 号 | 2009/04/07 |
| 6 | 关于对南宁化工股份有限公司股东王鸿珍公开谴责和限制账户交易的决定 | 上证公字〔2009〕24 号 | 2009/04/07 |
| 7 | 关于给予四川金顶（集团）股份有限公司股东华伦集团有限公司公开谴责和限制账户交易的决定 | 上证公字〔2009〕37 号 | 2009/04/29 |
| 8 | 关于给予新疆天富热电股份有限公司前任董事长成锋公开谴责的决定 | 上证公字〔2009〕80 号 | 2009/07/22 |
| 9 | 关于给予东莞市方达再生资源产业股份有限公司原董事长麦校勋、原董事许志榕、汤剑平公开谴责的决定 | 上证公字〔2009〕85 号 | 2009/07/29 |

续表

| 序号 | 文件标题 | 文　号 | 发文日期 |
|---|---|---|---|
| 10 | 关于给予四川金顶(集团)股份有限公司前任董事长陈建龙公开谴责并公开认定其三年内不适合担任上市公司董事的决定 | 上证公字〔2009〕88 号 | 2009/08/11 |
| 11 | 关于给予上海华源企业发展股份有限公司控股股东中国华源集团有限公司公开谴责的决定 | 上证公字〔2009〕101 号 | 2009/10/23 |

## 通报批评

| 序号 | 文件标题 | 文　号 | 发文日期 |
|---|---|---|---|
| 1 | 关于对重庆路桥股份有限公司股东重庆国信投资控股有限公司和重庆国际信托有限公司及其证券投资部总经理杨希林通报批评和限制账户交易的决定 | 上证公字〔2009〕4 号 | 2009－2－10 |
| 2 | 关于给予西安海星现代科技股份有限公司原董事会秘书张江通报批评的决定 | 上证公字〔2009〕5 号 | 2009－2－13 |
| 3 | 关于给予湖南郴电国际发展股份有限公司和董事长付国等通报批评的决定 | 上证公字〔2009〕10 号 | 2009－2－25 |
| 4 | 关于给予风帆股份有限公司董事长陈孟礼等人通报批评的决定 | 上证公字〔2009〕11 号 | 2009－3－2 |
| 5 | 关于给予湖北新华光信息材料股份有限公司前监事解涛通报批评的决定 | 上证公字〔2009〕12 号 | 2009－3－4 |
| 6 | 关于对上海界龙实业集团股份有限公司股东上海界龙集团有限公司及其财务部经理胡琴华通报批评和限制账户交易的决定 | 上证公字〔2009〕15 号 | 2009－3－13 |
| 7 | 关于对甘肃祁连山水泥集团股份有限公司监事卢宪斌通报批评的决定 | 上证公字〔2009〕19 号 | 2009－4－2 |
| 8 | 关于对贵州红星发展股份有限公司股东青岛红星化工集团有限责任公司通报批评的决定 | 上证公字〔2009〕20 号 | 2009－4－2 |
| 9 | 关于对广西五洲交通股份有限公司股东广西国宏经济发展集团有限公司通报批评的决定 | 上证公字〔2009〕21 号 | 2009－4－2 |
| 10 | 关于给予东盛科技股份有限公司及董事浩健等通报批评的决定 | 上证公字〔2009〕22 号 | 2009－4－2 |
| 11 | 关于给予深圳市长园集团股份有限公司董事金智勇通报批评的决定 | 上证公字〔2009〕27 号 | 2009－4－8 |
| 12 | 关于给予金发科技股份有限公司董事夏世勇、李建军和原国家级企业技术中心副主任黄险波通报批评的决定 | 上证公字〔2009〕28 号 | 2009－4－8 |
| 13 | 关于给予平安信托投资有限责任公司信托计划部副总经理余海通报批评的决定 | 上证公字〔2009〕31 号 | 2009－4－9 |
| 14 | 关于给予海南筑信投资股份有限公司董事霍峰等通报批评的决定 | 上证公字〔2009〕32 号 | 2009－4－13 |
| 15 | 关于对辽宁时代服装进出口股份有限公司通报批评的决定 | 上证公字〔2009〕34 号 | 2009－4－20 |

续表

| 序号 | 文件标题 | 文　　号 | 发文日期 |
|---|---|---|---|
| 16 | 关于对马鞍山钢铁股份有限公司通报批评的决定 | 上证公字〔2009〕35 号 | 2009－4－27 |
| 17 | 关于给予湖北东方金钰股份有限公司监事杜莉娟通报批评的决定 | 上证公字〔2009〕36 号 | 2009－4－29 |
| 18 | 关于给予河南天方药业股份有限公司和董事长年大明等通报批评的决定 | 上证公字〔2009〕39 号 | 2009－5－7 |
| 19 | 关于给予神马实业股份有限公司董事姚晟通报批评的决定 | 上证公字〔2009〕40 号 | 2009－5－7 |
| 20 | 关于给予神马实业股份有限公司董事闫国元通报批评的决定 | 上证公字〔2009〕41 号 | 2009－5－7 |
| 21 | 关于给予安徽海螺水泥股份有限公司原副总经理王建超通报批评的决定 | 上证公字〔2009〕42 号 | 2009－5－7 |
| 22 | 关于给予龙元建设集团股份有限公司董事长助理兼副总经理孟庆福通报批评的决定 | 上证公字〔2009〕43 号 | 2009－5－8 |
| 23 | 关于给予中油吉林化建工程股份有限公司董事夏秀娣通报批评的决定 | 上证公字〔2009〕51 号 | 2009－6－1 |
| 24 | 关于给予长春百货大楼集团股份有限公司及董事长林大湑等通报批评的决定 | 上证公字〔2009〕52 号 | 2009－6－1 |
| 25 | 关于给予云南城投置业股份有限公司股东杜芳通报批评的决定 | 上证公字〔2009〕53 号 | 2009－6－2 |
| 26 | 关于给予云南景谷林业股份有限公司和董事长马春华、董事管云鸿及董事会秘书邱海涛通报批评的决定 | 上证公字〔2009〕54 号 | 2009－6－2 |
| 27 | 关于给予浙江富润股份有限公司原监事俞可龙通报批评的决定 | 上证公字〔2009〕55 号 | 2009－6－17 |
| 28 | 关于给予浙江钱江生物化学股份有限公司副总经理、总会计师吴慕涛通报批评的决定 | 上证公字〔2009〕56 号 | 2009－6－17 |
| 29 | 关于给予浙江钱江生物化学股份有限公司副总经理黄永友通报批评的决定 | 上证公字〔2009〕57 号 | 2009－6－17 |
| 30 | 关于给予浙江中国轻纺城集团股份有限公司监事虞建妙通报批评的决定 | 上证公字〔2009〕58 号 | 2009－6－17 |
| 31 | 关于给予北京动力源科技股份有限公司董事周卫军通报批评的决定 | 上证公字〔2009〕59 号 | 2009－6－15 |
| 32 | 关于给予江苏高淳陶瓷股份有限公司和董事长孔德双等通报批评的决定 | 上证公字〔2009〕60 号 | 2009－6－15 |
| 33 | 关于给予上海中科合臣股份有限公司和公司前任董事长兼总经理黄山、前任董事会秘书兼财务总监、副总经理冯玉光通报批评的决定 | 上证公字〔2009〕61 号 | 2009－6－15 |
| 34 | 关于给予南宁化工股份有限公司和董事长陈载华等通报批评的决定 | 上证公字〔2009〕62 号 | 2009－6－17 |
| 35 | 关于对福建省南纸股份有限公司监事温天根通报批评的决定 | 上证公字〔2009〕63 号 | 2009－6－24 |

续表

| 序号 | 文件标题 | 文　　号 | 发文日期 |
|---|---|---|---|
| 36 | 关于对厦门钨业股份有限公司监事叶柏树通报批评的决定 | 上证公字〔2009〕64 号 | 2009 - 6 - 24 |
| 37 | 关于对厦门创兴置业股份有限公司原副总经理陆德建通报批评的决定 | 上证公字〔2009〕65 号 | 2009 - 6 - 24 |
| 38 | 关于对厦门创兴置业股份有限公司和原第三届董事会董事陈榕生、郭恒达、蒲晓东、郑玉蕊、现董秘李晓玲通报批评的决定 | 上证公字〔2009〕66 号 | 2009 - 6 - 24 |
| 39 | 关于给予上海华东电脑股份有限公司董事魏真通报批评的决定 | 上证公字〔2009〕68 号 | 2009 - 7 - 1 |
| 40 | 关于给予辽宁百科集团(控股)股份有限公司监事董晓霞通报批评的决定 | 上证公字〔2009〕70 号 | 2009 - 7 - 6 |
| 41 | 关于给予辽宁百科集团(控股)股份有限公司及公司董事长周立明等通报批评的决定 | 上证公字〔2009〕71 号 | 2009 - 7 - 6 |
| 42 | 关于给予哈尔滨投资股份有限公司股东哈尔滨投资集团有限公司通报批评的决定 | 上证公字〔2009〕72 号 | 2009 - 7 - 8 |
| 43 | 关于给予黑龙江黑化股份有限公司及董事长王宏伟等通报批评的决定 | 上证公字〔2009〕73 号 | 2009 - 7 - 8 |
| 44 | 关于给予内蒙古北方重型汽车股份有限公司及董事长陈树清等通报批评的决定 | 上证公字〔2009〕74 号 | 2009 - 7 - 13 |
| 45 | 关于给予新疆天富热电股份有限公司董事兼财务总监张宗珍通报批评的决定 | 上证公字〔2009〕76 号 | 2009 - 7 - 16 |
| 46 | 关于给予河北福成五丰食品股份有限公司股东五丰行有限公司通报批评和限制账户交易的决定 | 上证公字〔2009〕77 号 | 2009 - 7 - 16 |
| 47 | 关于给予东莞市方达再生资源产业股份有限公司及公司原董事李常法等通报批评的决定 | 上证公字〔2009〕78 号 | 2009 - 7 - 17 |
| 48 | 关于给予上海电力股份有限公司通报批评的决定 | 上证公字〔2009〕79 号 | 2009 - 7 - 20 |
| 49 | 关于给予天津市海运股份有限公司和董事长李维艰等通报批评的决定 | 上证公字〔2009〕81 号 | 2009 - 7 - 27 |
| 50 | 关于给予晋亿实业股份有限公司及董事长蔡永龙、总经理蔡晋彰、董事会秘书涂志清通报批评的决定 | 上证公字〔2009〕82 号 | 2009 - 7 - 27 |
| 51 | 关于给予山西杏花村汾酒厂股份有限公司董事总经理韩建书通报批评的决定 | 上证公字〔2009〕83 号 | 2009 - 7 - 27 |
| 52 | 关于给予太原理工天成科技股份有限公司副董事长兰旭通报批评的决定 | 上证公字〔2009〕84 号 | 2009 - 7 - 27 |
| 53 | 关于给予江苏恒顺醋业股份有限公司通报批评的决定 | 上证公字〔2009〕86 号 | 2009 - 8 - 3 |
| 54 | 关于给予江苏恒顺醋业股份有限公司股东江苏恒顺集团有限公司通报批评的决定 | 上证公字〔2009〕87 号 | 2009 - 8 - 3 |
| 55 | 关于给予江苏江南高纤股份有限公司副总经理顾兴男通报批评的决定 | 上证公字〔2009〕89 号 | 2009 - 8 - 21 |

续表

| 序号 | 文件标题 | 文　　号 | 发文日期 |
| --- | --- | --- | --- |
| 56 | 关于给予江苏亨通光电股份有限公司及董事（前董事长）崔根良等通报批评的决定 | 上证公字〔2009〕90 号 | 2009－8－21 |
| 57 | 关于给予苏州新区高新技术产业股份有限公司董事孔丽通报批评的决定 | 上证公字〔2009〕91 号 | 2009－8－21 |
| 58 | 关于给予南通江山农药化工股份有限公司前监事盖希程通报批评的决定 | 上证公字〔2009〕92 号 | 2009－8－21 |
| 59 | 关于给予常林股份有限公司前监事金荣华通报批评的决定 | 上证公字〔2009〕93 号 | 2009－8－21 |
| 60 | 关于给予四川国栋建设股份有限公司董事长王春鸣和董事会秘书曾莉通报批评的决定 | 上证公字〔2009〕96 号 | 2009－9－28 |
| 61 | 关于给予四川西昌电力股份有限公司和董事长何永祥等通报批评的决定 | 上证公字〔2009〕97 号 | 2009－9－28 |

**限制交易**

| 序号 | 文件标题 | 文　　号 | 发文日期 |
| --- | --- | --- | --- |
| 1 | 关于对宜兴市三弦实业集团有限公司违规减持解除限售存量股份的处理决定 | 上证监字〔2009〕1 号 | 2009－3－20 |
| 2 | 关于限制证券账户进行武钢 CWB1 交易的决定 | 上证监字〔2009〕2 号 | 2009－4－9 |
| 3 | 关于限制证券账户进行武钢 CWB1 交易的决定 | 上证监字〔2009〕3 号 | 2009－4－9 |
| 4 | 关于限制证券账户进行武钢 CWB1 交易的决定 | 上证监字〔2009〕4 号 | 2009－4－9 |
| 5 | 关于限制证券账户进行武钢 CWB1 交易的决定 | 上证监字〔2009〕5 号 | 2009－4－9 |
| 6 | 关于对上海久昌实业有限公司违规减持解除限售存量股份的处理决定 | 上证监字〔2009〕6 号 | 2009－4－14 |
| 7 | 关于对北京崇远投资经营公司违规减持解除限售存量股份的处理决定 | 上证监字〔2009〕7 号 | 2009－5－13 |
| 8 | 关于对潘金水违规减持解除限售存量股份的处理决定 | 上证监字〔2009〕8 号 | 2009－5－19 |
| 9 | 关于限制证券账户 A138303938 证券交易的决定 | 上证监字〔2009〕9 号 | 2009－5－27 |
| 10 | 关于限制证券账户 A364065926 证券交易的决定 | 上证监字〔2009〕10 号 | 2009－6－29 |
| 11 | 关于限制证券账户进行中远 CWB1 交易的决定 | 上证监字〔2009〕11 号 | 2009－8－13 |
| 12 | 关于限制证券账户进行中远 CWB1 交易的决定 | 上证监字〔2009〕12 号 | 2009－8－13 |

续表

| 序号 | 文件标题 | 文　号 | 发文日期 |
|---|---|---|---|
| 13 | 关于限制证券账户进行中远 CWB1 交易的决定 | 上证监字〔2009〕13 号 | 2009－8－13 |
| 14 | 关于限制证券账户进行中远 CWB1 交易的决定 | 上证监字〔2009〕14 号 | 2009－8－13 |
| 15 | 关于限制证券账户进行权证交易的决定 | 上证监字〔2009〕68 号 | 2009－9－29 |
| 16 | 关于限制证券账户进行权证交易的决定 | 上证监字〔2009〕69 号 | 2009－9－29 |
| 17 | 关于限制证券账户 A169615295 证券交易的决定 | 上证监字〔2009〕70 号 | 2009－10－29 |
| 18 | 关于限制证券账户进行深高 CWB1 交易的决定 | 上证监字〔2009〕71 号 | 2009－10－22 |
| 19 | 关于限制证券账户进行深高 CWB1 交易的决定 | 上证监字〔2009〕72 号 | 2009－10－22 |
| 20 | 关于限制证券账户进行深高 CWB1 交易的决定 | 上证监字〔2009〕73 号 | 2009－10－22 |
| 21 | 关于限制证券账户进行深高 CWB1 交易的决定 | 上证监字〔2009〕74 号 | 2009－10－22 |
| 22 | 关于对酒泉地区现代农业(控股集团)有限责任公司违规减持解除限售存量股份的处理决定 | 上证监字〔2009〕86 号 | 2009－12－18 |

# 二、深圳证券交易所

## (一)2009 年法制建设工作综述

2009 年是我国多层次资本市场建设取得重要进展的一年。在中国证监会的正确领导下,深圳证券交易所(以下简称深交所)以科学发展观为统领,全面贯彻落实中央经济工作会议、"金融 30 条"和全国证券期货监管工作会议精神,立足全局,抓住机遇,紧紧围绕加快推进多层次市场建设、大力支持中小企业、积极应对金融危机的基本主线,紧密结合市场实际,强化一线监管和投资者风险教育,大力加强资本市场法制建设,积极推进依法治所和依法监管,并取得了较为显著的成效。

**一、大力推进规则体系建设,建立健全与多层次资本市场建设相适应的业务规则体系**

(一)制定业务规则体系规划和计划

根据新两法要求和多层次资本市场建设的需要，深交所制定了适应于新两法和深交所未来发展需要的业务规则体系规划，完成了对业务规则体系的设计，即由章程、规则、细则和其他规定组成的、涵盖深交所市场运作和监管的各个方面和环节的、层次清晰、结构完整的体系，同时依据新两法对业务规则的分类、整合以及近期和中长期新两法配套规则的制定和修订作出了全面详细的、具有前瞻性及操作性的中长期规划。

此外，在上述中长期规则体系规划的基础上，深交所还于2009年年初制定发布了《2009年度制定和修改业务规则工作计划》，明确了2009年业务规则建设基本目标、要求和工作进度。

（二）推进业务规则的废、改、立

1. 积极推动和完善创业板各项制度建设，建立了创业板基本规则体系

（1）推动创业板相关规章制度顺利出台

深交所加强与证监会相关部门的沟通和协调，积极推动创业板IPO管理办法、发审委办法、保荐办法、招股说明书准则和创业板申请文件准则等关键性制度的发布与实施，完善了创业板规则体系。2009年3月31日，创业板IPO管理办法在征求意见一年之后正式发布，标志着创业板市场进入实质性启动阶段；5月13日，证监会正式发布了修改后的《证券发行保荐业务管理办法》和《发行审核委员会办法》，明确了创业板保荐制度和发审委的特殊要求；7月20日，证监会发布了创业板招股说明书准则和创业板上市申请文件准则，同时宣布开始受理创业板首发申请。

（2）制定和发布《创业板股票上市规则》

在充分借鉴主板特别是中小板监管经验的基础上，深交所制定了《创业板股票上市规则（征求意见稿）》，并于2009年5月8日开始向全社会公开征求意见。征求意见结束后，深交所对收集到的所有反馈意见进行了整理、汇总和分类并吸取了部分意见，对《创业板股票上市规则（征求意见稿）》进行修改完善，在报经证监会批准后于6月5日正式发布。《创业板股票上市规则》在创业板公司的信息披露方式、停牌、退市、保荐机构的持续督导责任、股份限售制度等方面进行了一系列的创新。

（3）制定和发布《创业板上市公司规范运作指引》

为不断提高上市公司的质量，保护上市公司和投资者的合法权益，推动创业板市场健康稳定发展，2009年10月15日，深交所制定并发布了《创业板上市公司规范运作指引》。《指引》充分借鉴了目前主板和中小板市场行之有效的监管经验，同时针对创业板上市公司的特点，提出一些有针对性的监管要求，旨在不断提高创业板上市公司规范运作水平。

（4）制定创业板投资者适当性管理相关规则

在深入研究海外成熟市场经验和广泛征求行业意见的基础上，根据证监会发布的《创业板市场投资者适当性管理暂行规定》，深交所制定发布了《创业板市场投资者适当性管理实施办法》，并联合结算公司发布了《创业板投资者适当性管理业务操作指南》，为行业建立与实施创业板投资者适当性管理制度奠定了规则基础。

（5）制定了创业板其他配套规则

此外，深交所还制定了《创业板证券上市协议》标准文本，并与创业板上市公司签署了上述协议；修订了《首次公开发行股票上市公告书内容与格式指引》，增加了创业板的有关内容。

2. 启动并初步完成了对《深圳证券交易所交易规则》的修改工作

针对市场变化,2009年深交所成立了《交易规则》修订工作小组,正式启动《交易规则》修订工作。

(1)重新梳理和有效规划《交易规则》及其相关业务细则,确保交易规则体系的规范化,提高交易规则的法律效力。

(2)根据情况对相关条款进行修改或作出补充,确保交易制度设计与技术实现一致性,防范法律风险。

(3)从减轻交易系统负荷、降低规则复杂度的需求出发,对相关规则内容进行优化,方便投资者理解和掌握,同时减少技术系统运行风险。

(4)针对业务变化需要,解决规则与业务的衔接与协调,同时考虑未来市场发展需要,更好地促进交易制度创新,满足交易所各项业务发展需求,在规则上预留充分的空间。

目前,已初步完成了对《深圳证券交易所交易规则》的修改,待中国证监会批准后发布实施。

3. 结合市场监管需要,进一步完善会员规则体系

(1)依据《证券公司监督管理条例》的要求,结合市场监管形势的变化,在2009年启动了《会员管理规则》的修订工作,经过反复讨论和收集所内、外意见,目前已基本形成了修订初稿。

(2)根据金融危机爆发后遇到的风险问题,及时制定并发布了《境外证券经营机构B股交易风险管理细则》,为加强境外机构风险管理工作提供了依据。

4. 制定或修订了相关配套业务实施细则、指引

为适应股改后全流通市场发展和多层次资本市场建设的新需要,在上述核心业务规则以外,深交所还制定或修订了业务细则、指引、办法及通知共30多项。

(三)积极开展业务规则梳理工作

2009年以来,深交所在2008年第六次规则梳理的基础上,启动并初步完成第七次业务规则梳理工作。本次规则梳理工作要着力于以下三个方面:一是业务规则与技术系统的一致性;二是业务规则与业务规则的一致性;三是业务规则与现行法律、法规、规章和规范性文件的一致性。在梳理完成的基础上,做好相关业务规则的废、改、立工作,要坚决做到全面彻底,不留死角和盲区。

(四)加快三个板块业务规则的简化、整合和归位的力度和速度

在充分借鉴创业板制定单一的《创业板上市公司规范运作指引》的成功经验的基础上,深交所加快了主板和中小板业务规则的简化、整合和归位的力度和速度,组织相关部门初步完成了主板和中小板《上市公司规范运作指引》的起草工作,待进一步修改完善后发布实施,以确保深交所规则体系的科学性、协调性和可操作性,并减少投资者的负担。

## 二、加大自律监管力度,推进依法监管,依法治市

(一)强化对上市公司及其相关当事人的监管

1. 推动和规范上市公司并购重组,促进上市公司做优做强

(1)修订重大资产重组披露相关指引

结合重组审核中发现的问题,修订《业务办理指南10号——重大重组停牌及材料报送》等规则,对上市公司重组的披露进行了进一步规范。

(2)严格审核重大资产重组方案

在重组预案的审核中,重点关注重组估价的确定、参数和方法、近几年标的资产的交易情况和价格、近几年标的资产的利润和收入的波动情况、土地、矿产等资产的权属状况、重组后关联交易、同业竞争的

处理、盈利预测与补偿、重大风险的揭示等关键部分和敏感点，要求公司进行充分披露。

对于审核中发现存在标的资产增值巨大，与历史交易价格差异巨大且不能提供合理解释、大股东存在巨额资金占用没有解决、拟注入资产未完成改制、标的资产存在瑕疵等问题的公司的方案，及时予以劝退，避免误导投资者、引起市场波动，切实保护上市公司和投资者的利益。

(3)防范利用重组题材进行市场炒作

有多家公司试图利用重组题材进行市场炒作，深交所公司管理部门在发现相关传闻后立即予以停牌，并及时提请市场监察部进行调查，发现当地出现关联账户大量买入情形。在深交所联动监管作用下，公司不得不取消所谓的"重组"，股票复牌后价格又回复到正常水平。

(4)强化中介机构的独立监督职能

先后约见了汕电力等公司重组财务顾问、索芙特重大关联交易的评估机构等中介机构。通过约见保荐机构、财务顾问、评估师、审计师等人员，当面沟通，通报交易所关注要点，提示风险，对其中介意见提出具体要求。通过强化中介责任，以市场化的方式推动重组行为的规范。

2. 深化质疑式审核，强化会计监管

(1)密切关注和追踪年报中的会计问题

在年报的披露和审核过程中，深交所密切关注上市公司在执行新准则中的问题，先后就年报中反映出来的资产减值准备计提、业绩承诺公司利润调节嫌疑、部分公司非经常性损益认定、新会计准则下公司股改业绩承诺中业绩计算基准、新大陆股东提供股权激励会计处理；期后转让子公司的超额亏损在合并报表时的会计处理、在不丧失控制权情况下转让子公司部分股权会计处理、破产重整和关联方债务豁免会计处理、涉嫌非公允关联交易收益确认以及会计师事务所未按《中国注册会计师审计准则》出具审计意见等问题进行了专题讨论和研究，上报相关建议，纠正有关公司的不当会计处理和会计师事务所违规出具审计意见的行为。

同时，对定期报告及临时报告审核中发现的重大疑点抓住不放，长期跟踪监管。组织跟踪监管有关公司的年报财务造假行为，与证监局联合采取措施，督促有关审计师审慎发表意见。

(2)纠正违规会计处理

针对关联方债务豁免或捐赠不能确认为利润问题，督促甬成功、*ST方向、S*ST朝华等公司严格执行新会计政策，修正业绩预告。

2009年2月，财政部明确不丧失控股权情况下，处置子公司股权的收益不得确认为利润。深交所通过《上市公司参考(会计专刊)》等方式通知上市公司执行新会计政策，并督促ST金果、皖能电力据此更正2008年度财务报告。

针对部分公司资产处置收益确认不当问题，督促隆平高科更正年度财务报告，调减利润6601万元，由此公司利润增长率未达到股改承诺，并督促其股东履行股改承诺，控股股东放弃当年分红。

(3)密切关注异常的会计行为，督促公司审慎处理相关业务

在年报披露过程中，部分亏损公司拟提出高转增方案。深交所要求公司充分披露高转增的原因、公司业绩增长速度能否跟得上股本扩张速度、独立董事对高转增的意见等，并要求公司提交内幕人士名单，在深交所督促下，该亏损公司放弃了高转增方案。

(4)强化评估信息披露的监管，提高评估相关信息披露质量

督促上市公司严格执行《信息披露业

务备忘录第16号——资产评估相关信息披露》的规定,对评估增值幅度大、采用收益法的要求公司履行相应的程序和披露义务,提高资产评估相关信息披露质量。

3. 对股价异动和信息披露进行联动监管,遏制涉嫌内幕交易和市场操纵行为

(1)建立内幕知情人数据库

建立内幕信息知情人申报制度,并完成相关的系统建设与业务流程实现,使内幕信息知情人申报、交易核查、事后处理、违规处罚全程电子化管理。

在年报披露、重大重组期间,要求上市公司提交重大重组信息知情人名单,逐一核查交易情况,防范和打击涉嫌内幕交易行为。并以此为基础,逐步建立起上市公司内幕信息知情人数据库。内幕信息知情人信息库以在监管中开始发挥出积极作用。

(2)强化股价异动和信息披露联动监管的快速反应机制

2009年以来,股市波动加剧。深交所通过公司管理部、发审监管部、市场监察部、会员管理部、基金债券部等部门联动监管机制,密切关注市场动态。一旦发现出现交易及股价异常情况,立即采取相应的监管行动。针对股价异动和异常交易情况,以电话、发函等方式向上市公司问询达569家次,针对股价出现异常波动情形,向有关公司发出关注函、问询函等100多份,向地方证监局发出提请关注函4份,进一步强化了对股价异动的监管联动机制。

(3)强化对高送配公司监管

在年报披露期间,深交所有20多家公司公布了高比例送股、公积金转增股本(合计大于10送5)方案。一些公司披露高送转方案前后,公司股价波动较大。农产品发出董事会会议通知后市场出现送配传闻,对公司股票停牌。有4家被提前停牌并及时澄清。

同时,深交所及时向相关公司发出关注函,要求公司如实、完整提供相关内幕信息在公开前的报告、传递、编制、审核、披露等各环节所有内幕信息知情人名单,以及知情人知悉内幕信息的时间等相关档案,同时自查有无高管违规买卖股票行为。有关名单提交后深交所进行了核查工作。对于拟提出高送转方案的公司,要求公司董事会应就高比例送转股本的理由,对个别不符合公司利润状况的公司进行劝说引导,公司为此放弃有关高送转的做法。

(4)关注媒体质疑,严查选择性信息披露行为

针对市场盛行的选择性信息披露问题,深交所就媒体反映年报披露前,基金和券商等机构投资者到西飞国际等公司密集调研,专门组织人员从年报审查、二级市场交易、公司基本面变化、调研内容等方面做了充分的核查与分析。

就机构和媒体对公司的业绩分析和预测,深交所督促张裕、苏常柴、宗申动力、沙隆达等公司及时刊登业绩快报,避免由此带来的股价异动,维护市场的公平。

4. 强化大股东和实际控制人监管

(1)严格督促股东和实际控制人履行承诺

在年报披露期间,深交所对主板股改方案中做出业绩增长承诺的公司的履约情况进行了排查。并根据2008年前三季度业绩,预计16家公司可达到业绩承诺。同时,威孚高科、博盈投资等多家公司存在达不到业绩承诺而履行追送义务的风险。深交所及时向相关公司发出关注函予以提醒,并在年报披露同时督促相关公司披露承诺履行情况或追送提示性公告。在深交所的督促下,威孚高科、博盈投资、ST重实、荣丰控股、隆平高科5家公司因业绩未达到股改承诺而将履行股份追送义务,大冶特钢因未能在承诺期限内注入资产而

以货币资金形式追送对价。

针对重大资产重组中大股东所作出的承诺，深交所进一步完善承诺事项电子化监管系统，将相关承诺监管与日常监管紧密结合起来，严格要求相关股东及实际控制人股权收购、重大资产重组和资产购买中的各项承诺，通过各种方式和手段，促使泛海建设、苏宁环球、隆平高科等公司的实际控制人切实履行了承诺，以真金白银弥补了利润差额，维护了上市公司和中小股东的切身利益。

(2)加强对大股东和实际控制人的培训工作

对于实际控制人发生变更或拟发生变更的公司，深交所先后举办了两期实际控制人变更必修培训班，针对实际控制人存在的信息披露不规范、违规买卖股票、内幕交易等问题，结合相关重大违法违规案例，对实际控制人及时进行提醒，打好预防针。共有60家公司130名相关人员接受了培训。深交所同时还要求参加培训上市公司实际控制人和控股股东法人代表向深交所提交了书面《承诺书》，就严格遵守相关法规、规范运作作出郑重承诺。

5. 不断探索创新上市公司监管方式和手段

(1)实行分类监管，提高监管针对性

根据全流通市场环境的变化，在总结原有风险分类办法的基础上，修订《上市公司分类监管指引》。分别从公司治理、财务状况、持续经营能力、信息披露水平、规范运作程度等六个方面设计相关指标，将上市公司分成正常、一般风险、次高风险和高风险四个等级进行分类监管。同时根据公司风险情况，制定有针对性的监管方案，提高监管的有效性。

(2)推动股东大会全面实行网络投票制度

对定价异常的交易、关联交易，督促上市公司提交股东大会审议并要求公司提供网络投票方式，以提高中小股东的决策参与水平。向证监会上市部上报了《关于股东大会全面推行网络投票的实施方案》及相关报告，并与深圳证券信息公司沟通，解决了相关技术问题，为全面推进股东大会网络投票制度创造了条件。

(3)建立中介机构黑名单

针对会计师事务所、保荐机构、财务顾问等中介机构的不良表现和诚信问题，着手建立相关中介机构黑名单，现已初步建立重大重组中相关财务顾问、评估机构、审计机构及其相关负责人名单、2008年年报存在会计问题的审计机构及签字注册会计师名单以及股改承诺存在问题的保荐机构名单，用以作为日后监管的线索和关注点。

6. 落实《保荐工作指引》，强化保荐人监管督促保荐人勤勉尽责，提高上市公司规范运作水平

(1)对中小板50家保荐机构和405名保荐代表人2008年度保荐工作质量进行了考评，向评价结果较差的保荐人发出了监管关注函，督促其认真整改；

(2)督促保荐机构落实《中小板保荐工作指引》的要求，按时报送季度现场检查报告、年度和半年度保荐工作报告书和月度募集资金检查报告，组织对上市公司的培训，对督导工作不尽职的保荐机构发函警示；

(3)在中小板新公司上市后，及时安排对保荐代表人的见面会，对持续督导工作提出具体要求，约150名保荐机构人员参加了见面会。

7. 强化对超募资金的监管

2009年新上市的中小板和创业板公司普遍存在超募资金的情况，募集资金的安全性和使用效益存在风险隐患。针对这种情况，深交所中小板公司管理部和创业板公司管理部及时发布了规范超募资金使

用的备忘录,要求超募资金在未使用之前必须实行专户管理,并优先用于补充募投项目资金缺口、在建项目及新项目、归还银行贷款、补充流动资金等事项,如果用超募资金归还银行贷款、补充流动资金的,还应承诺未来12个月不从事高风险投资。对于超募资金较多的公司,深交所还逐一向相关保荐机构发函,要求保荐机构严格履行监督职责,每月对募集资金使用情况进行检查并向深交所报告。

创业板有关规范超募资金使用的备忘录还规定,对于超募资金用于永久补充流动资金和归还银行贷款的金额,每十二个月内累计不得超过超募资金总额的20%,同时在审议程序上要求该议案取得董事会全体董事的三分之二以上和全体独立董事同意,且保荐机构明确表示同意。

(二)强化对会员的监管

1. 建立会员巡检制度,积极推进试点工作

会员巡检制度是2009年会员监管工作的一项工作创新,旨在通过实地检查,掌握会员执行落实《会员管理规则》情况,了解会员业务运行中的新问题新情况,收集听取会员对深交所工作的建议。通过制定《2009年会员巡检试点工作方案》及《会员现场检查工作程序》、《会员现场检查工作底稿》等,自2009年6月份起,完成对东莞证券、东吴证券和平安证券三家会员的业务巡检工作,以及对国泰君安、银河证券、上海证券等11家会员的创业板业务专项巡检工作,取得了重要的经验,为明年全面开展巡检工作奠定了基础。

2. 严肃处理会员不当行为,强化会员规则落实

对两家证券公司发布的研究报告遭到上市公司澄清、一家证券发布的研究报告涉嫌"抢帽子"交易,约见了相关公司高管及相关人员;对四家证券公司发生客户异常交易行为,约见公司相关高管及人员;对八家证券公司未按规定履行报告"大非"减持义务的不当行为,给予了警示。

3. 强化风险管理措施,提高风险处置能力

(1)发布《交易异常情况处理实施细则(试行)》

为确保交易所能够及时、妥善处理各种交易异常情况,维护市场安全运行,深交所结合对近年来不断发生的风险事件,制定和发布了《交易异常情况处理实施细则(试行)》。一是罗列了可能导致交易异常情况的原因,包括自然灾害、公共卫生事件、社会安全事件及交易及相关系统的软硬件无法正常运行等情况;二是明确了交易异常情况的认定标准;三是完善了交易异常情况的处理措施包括交易所可以根据实际情况,采取技术性停牌、临时停市、暂缓进入交收等措施;四是规范了交易异常情况的处理程序。《细则》的出台对提高交易所风险管理能力,确保市场稳定运行具有重要的作用。

(2)认真分析会员财务、业务与技术系统运行状况,深入排查市场风险

2009年上半年,针对金融危机给市场带来的影响,从会员盈利能力、收入结构、资产质量状况,详细分析了2008年会员财务状况、业务收入等情况,提前防范市场调整对会员的不利影响。根据分析情况,建立了对会员财务压力测试方案,起草并上报《2008年度会员财务状况分析报告》。此外,对会员业务及技术系统可能存在的风险引患作了认真梳理和排查,并形成了相关报告,报总经理室和理事会风险管理委员会。

(3)完善应急处理预案,认真组织应急演练

一是根据中国证监会《证券期货业信息系统重大技术故障特别处置预案》及深

交所风险管理有关规定要求，修该完善了《会员无法交易事件应急预案》；二是进一步优化了会员技术故障申报平台和营业部交易中断监控平台，明确了内部岗位职责分工，建立了有效的预警和事件处理机制；三是组织会员进行了两次故障申报演练和内部应急演练，妥善应对了申银万国等公司的技术故障，为国庆60周年维稳提供了保障。

（三）强化对证券交易的监管

1. 扎实做好创业板市场监察各项准备工作，严防严控初期交易，确保创业板市场平稳推出

（1）在创业板首批公司上市前，扎实做好创业板市场监察各项准备工作

①积极筹备，在系统、技术、人员、场地、配套设施等多方面积极推进，确保各项准备工作提前准备就绪。

②营造创业板推出的理性投资氛围，对IPO重启后的中小板股票上市首日严防严控，全力遏制中小板新股上市首日的过度炒作风险。

③严厉打击蓄意炒作行为，对异常账户进行精确打击，依法实施限制交易。对3个存在重大异常交易的账户实施了限制交易措施，并上报证监会调查，并向其他十余个异动账户的托管会员发出了监管函。

④加强会员客户管理，不断强化对重点会员和重点账户的监管，专门走访和约见相关会员和专业机构投资者。

（2）创业板上市首日，突出重点，严防严控，实施密集的干预和警示措施，全力以赴遏制炒作

①对上市首日股票实施分类监控。按照市场关注度、流通盘和发行价等指标，将上市股票分为“重中之重”、“重点股票”和“一般股票”三类，对前两类实施专人实时盯盘严密监控。

②对重点账户以及买入量较大的投资者按照《交易规则》的规定进行警示，要求会员及时警示和遏制其炒作行为。

③加强对停牌股票的交易监控，全力减少停牌只数和次数。对未达到停牌指标的重点股票，实施密集的警示措施，尽量不停牌或尽可能晚停牌。

④始终保持高压态势，全力防范炒作的反弹。深交所在上市首日始终保持高压态势，对有回翘苗头的股票集中火力，密集防控，全力巩固和维持回调走稳的势头，防止炒作的反弹。

（3）在创业板公司上市首日后，高度重视持续交易中的暴涨暴跌以及持续炒作，对后续交易进行从严监管

①盘中严密监控、密集警示。针对创业板股票的后续交易，集中力量依法实施了严密监控和盘中密集警示，特别是重点股票，及时警示市场风险，全力防范过度炒作。

②进一步强化会员客户管理。通过电话、书面函件等方式不断强化会员对客户交易行为的监督与约束，进一步加强会员对客户风险教育和风险警示的力度，强化会员及营业部配合监管的责任与意识。

③严厉打击蓄意炒作行为。对异常账户进行精确打击，实施限制交易，配发新闻稿，不断强化会员客户管理，进一步打击蓄意炒作行为，有效遏制炒作行为。

④对首日后连续上涨、出现持续炒作的“吉峰农机”、“大禹节水”等股票重点严密监控，实施密集干预和重点盯防，对蓄意炒作的异动账户实施限制交易，同时与公司管理部门密切配合，实施特别停牌，要求上市公司核查是否存在应披露而未披露的影响股价波动的事项。

⑤对“钢研高纳”等创业板第二批上市股票严防严控，按照《交易规则》采取电话警示、书面警示、联合约见会员、特别停牌、限制账户交易等综合监管措施，并专门

对买入量较大的营业部进行了现场走访,严防“吉峰农机”第二的出现和炒作的蔓延。

2. 着力强化新股、题材概念股、无涨跌幅限制股票的交易监控和风险控制,重点防范新股上市首日炒作风险

(1)全力防范中小板新股炒作风险,特别是新股上市首日过度炒作风险

中小板新股上市首日就是创业板上市首日的预演,其走势将直接影响到创业板新股上市首日的走势。有效遏制中小板新股上市首日的过度炒作风险,将为创业板推出营造理性投资氛围。在新股上市首日前,给相关会员发出书面警示,要求切实加强对重点账户的管理与规范,并深入开展客户风险教育和警示工作,引导中小投资者理性投资。在新股上市首日,严密监控、密集干预,按照《交易规则》对重点账户以及买入量较大的投资者进行警示,要求会员及时警示和遏制其炒作行为。

(2)遏制题材概念股的过度炒作

2009年以来题材概念层出不穷,高送转、甲型流感概念、物联网概念等个股炒作日益蔓延,对题材概念股实施密集干预、重点监控,要求会员及营业部充分提示炒作风险,强化对客户尤其是短线大户的管理,严防过度炒作风险。

(3)强化对无涨跌幅限制股票的交易监控和风险控制

对股改完成复牌、恢复上市首日、定向增发上市等无涨跌幅限制股票实施严密监控,并不断完善盘中临时停牌和风险提示机制,对触及标准的股票自动实施临时停牌,并发布风险提示。

3. 着力加强对涉嫌内幕交易、市场操纵行为的及时发现和及时报告,不断强化对涉嫌市场操纵行为的打击和瓦解

(1)建立和完善对重大事项专项核查制度,重点加强对股权转让、重大重组、高送转等重大事项公布前交易情况的分析和调查。

(2)进一步强化所内股价异动与信息披露监管联动机制,加强市场监察部与公司监管、会员监管部门信息共享和监管合作,相互提醒,及时共享监管信息。

(3)关注媒体报道和投资者举报、投诉情况,及时对相关线索进行深入分析,排查异常情况。

(4)从严从重打击涉嫌短线操纵行为,集中上报涉嫌短线操纵账户,提请稽查提前介入,针对过度炒作实施精确打击,对相关异常账户实施限制交易。

(5)加强对多点布局操纵的瓦解和打击。对多点操纵实施重点调查,摸清账户实际背景和关联关系,同时实施综合干预,进行多方瓦解,加强持续监管力度,及时上报证监会查处。

(6)强化大宗交易的市场监控,及时进行跟踪、分析和调查。进一步完善了“大非”大宗交易减持的报告、确认机制,防范超比例减持行为。

4. 继续强化对“大小非”的减持监控,严防违规减持的发生

(1)不断完善减持监控机制和手段,优化大小非减持报警指标,提高监控效率,建立了大小非解禁提前通知会员的预警机制。

(2)实施盘中严密监控和控制,及时提醒、确认控制措施,进一步完善应急反应机制,对可能涉嫌违规减持的“大小非”,要求及时采取应急措施,严防死守。

5. 推进和深化所内外联合监管,提高联合监管的广度和深度

(1)继续深化所内监管部门的联合监管机制,强化股价异动和信息披露的联动监控机制,加强市场监察和公司监管、会员监管部门间的信息共享和监管合作,对重大信息披露前后的交易进行重点监控,及

时互通监管信息。

(2)不断完善与证监会稽查部门和地方派出机构的联合调查、联合现场检查和联合约见的联合执法机制,及时为证监会稽查办案提供数据和资料。进一步加强稽查协作,深沪两所配合稽查局、与深圳、广东、上海证监局联合对“全国炒新第一人”开展调查。

(3)进一步深化与上交所监察部的合作和沟通机制,及时共享短线大户、炒新账户等“重点账户”信息,交流新股上市首日监控经验,并就市场监察动态、典型案例和监管创新等一系列问题进行交流。

(4)与证监会稽查局、各证券、期货交易所探讨建立跨交易所监管信息通报机制,继续落实与中金所签订的跨市场监管协议,进一步细化跨市场监管数据交换方案,做好相关系统和设备的准备工作。今年以来,针对市场交易异动,所内监管部门累计互发协助调查函和关注函144份,联合约见上市公司及大股东高管3次,联合约见会员及营业部负责人5次配合证监会稽查部门和地方派出机构提供涉嫌违规案件的相关统计资料83份。

**三、积极推动《证券交易所管理办法》和深交所《章程》的修改,进一步完善纪律处分机制和限制交易程序,推进依法治所**

1. 积极推动《证券交易所管理办法》和深交所《章程》的修改工作

现行《证券交易所管理办法》为2001年颁布实施,已经不能满足新的市场形势需求与新《证券法》的规定。因此,深交所积极推动《证券交易所管理办法》的修改,为完善交易所内部治理结构奠定更加坚实的法律基础。目前,已经完成了《证券交易所管理办法(2009年修订送审稿)》起草工作,并上报证监会。

此外,深交所还根据《证券交易所管理办法》的修改进程,同步推进作为深交所基础性法律文件的《章程》的修改工作。

2. 进一步完善纪律处分程序和工作流程,健全查审分离的纪律处分机制,并创造性地组织开展纪律处分委员会的有关工作

(1)进一步完善纪律处分程序和工作流程

根据《深圳证券交易所纪律处分程序细则》,完善了纪律处分的相关业务流程、处分标准和格式文本。

(2)组织召开纪律处分委员会审议会议,严惩证券违法违规行为

2009年,深交所组织召开纪律处分委员会审议会议13次,对46家上市公司及其有关人员做出纪律处分决定。其中,主板公司31家,中小板公司15家;给予公开谴责处分的9家,给予通报批评处分的37家;给予公开认定不适合担任董事、监事、高级管理人员处分的1家,给予公司保荐代表人通报批评纪律处分的1家。

(3)探索建立交易所纪律处分与证监会行政处罚之间的协调、沟通机制

2009年7月底,中国证监会行政处罚委员会和深圳、上海证券交易所纪律处分委员会召开首次联席会议。自此,证监会行政处罚与交易所纪律处分之间协调、沟通机制正式建立。三方决定要以联席会议为平台,定期或临时召开工作联席会议,通报证券市场违法违规行为的新情况与新动向,对证券执法过程中遇到的重大、疑难问题进行深入研讨,充分发挥各自的优势,加强协调配合,努力形成对违法违规行为多层次的打击态势,进一步提高证券执法能力和社会效果。

(4)尝试在公布对重大违规行为的纪律处分决定时配发相关文章进行详细的法律分析和说理,强化纪律处分的说服力、威慑力和“惩前毖后,治病救人”的教育作用

例如,2009年11月下旬,纪律处分委员会作出了对严重违背收购承诺的深国商控股股东及相关当事人公开谴责的决定,深交所撰写了《深交所再次重拳出击　严惩收购失信行为》的文章,详细阐明了相关当事人的违规事实、纪律处分的相关程序以及处分的法律依据,并对诚实信用原则进行了法理上的剖析。在公布纪律处分决定的同时,三大证券报和新浪、搜狐等媒体全文刊发了上述文章,收到了较好的社会效果。

3. 完善限制交易程序,组织开展限制交易的有关工作

(1)为防范证券账户限制交易业务的法律风险,完成了证券账户限制交易业务统的开发、测试和上线等相关工作。

(2)2009年里,深交所按照《深圳证券交易所限制交易实施细则》的规定对16家公司所涉的18位从事异常交易的投资者的证券账户采取了限制交易措施,其中个人投资者14名,机构投资者4名。

4. 启动并完成了对深交所审核登记事项的清理和规范工作

2009年,深交所启动并完成了对审核登记事项的清理和规范工作,比照行政许可的标准,按照《证券法》、《证券交易所管理办法》及深交所有关规则的规定,明确深交所审核登记事项的种类、依据、期限等要求。

**四、大力推进投资者教育工作,强化投资者的法律意识和风险意识,切实保护投资者的合法权益**

2009年以来,深交所按照中国证监会的统一部署,重点围绕多层次资本市场建设,特别是围绕创业板市场的筹备和推出,以风险教育和维稳为重点,多管齐下,务求实效,有效保护了投资者的合法权益。

(一)围绕创业板市场的筹备和推出,突出重点,形成合力,建立多层次、多样化的创业板投资者教育体系,全力推进以创业板投资者教育为核心的投资者教育工作

1. 当好内容提供商,为创业板投资者教育提供各项基本素材

(1)推出《创业板投资者系列手册》。该手册共9册,涉及近150个问题,近4万字,内容包括认识创业板、风险与防范、了解创业企业、警惕"炒新"风险、投资者参与、发行制度、信息披露与公司监管、谨防退市风险、投资者适当性管理等,共印制15,000套,135,000本,发送各会员单位及其营业部、派出机构及地方证券业协会。

(2)设计、印刷创业板宣传海报《关注创业板》、《了解创业板风险》及宣传单张《欢迎参与创业板市场》共32,000张,发送各会员单位及其营业部、派出机构及地方证券业协会。

(3)设计制作23,000张创业板投资者教育视频节目和宣传片光盘,发送各会员单位及其营业部、派出机构及地方证券业协会。

(4)印制《创业板知识简明手册》20万册及宣传单张100万张,发送各会员单位及其营业部、派出机构及地方证券业协会。

2. 积极拓展投资者教育新平台、新渠道、新形式,推进投资者教育多样化、多层次和多渠道,提高实效性和针对性

(1)推出创业板投资者教育专题系列电视节目《创业板学堂》。在2008年7月21日推出投资者教育专题系列电视节目《证券教室——深交所提醒您》的基础上,2009年4月1日起推出创业板投资者教育专题系列电视节目《创业板学堂》,每天一期,每期滚动播出三次,以创业板基础知识、创业板配套规则等为基础素材,贴近个人投资者,以动漫形式,通过深圳证券信息

公司跨媒体平台覆盖全国八十多个电视台、各证券营业部,2009年共播出《创业板学堂》150期、《证券教室——深交所提醒您》88期。

(2)推出《投资者热线》系列广播专题节目。该节目由深交所与中央人民广播电台华夏之声《证券大本营》栏目合作,每天就投资者关心的问题、投资者热线接到的典型问题进行解答,覆盖全国、重点覆盖珠三角地区。该节目于2009年1月1日正式开播,全年共播出245期,其中针对创业板相关内容播出168期。

(3)2009年4月上旬起在三大证券报增设《创业板投资者教育专栏》,向社会提供高质量教育文章。先后刊登了《创业板投资中需要特别关注的几个问题》、《警惕"概念炒作"的危害》、《谨防盲目追涨杀跌的投资风险》、《警惕创业板退市风险》、《如何看待创业板投资者适当性管理制度》等12篇创业板风险教育专栏文章。

(4)2009年7月在新浪财经首页开设"创业板学堂"视频专栏;10月在和讯网和讯视点开设"证券教室"视频专栏。

(5)2009年8月推出模拟股票交易系统,并先后开展两次"投资者开放日"活动。配合金融实验室完成并推出模拟股票交易系统(一期),为创业板投资者教育提供新平台。该系统模拟股票开户、委托、撮合、成交全过程,生动、形象地展示交易及相关知识,为投资者提供熟悉交易规则、体验投资过程与风险的学习平台,并可用于检验交易制度、测试产品运行风险。配合模拟股票交易系统的推出,先后开展两次"投资者开放日"活动,总计邀请50名个人投资者前来深交所体验模拟交易系统,观看投资者教育相关宣传片,了解深交所投资者服务产品和内容,并与深交所工作人员面对面沟通和交流。

(6)开展投资者在线交流活动。2009年3月15日,利用深交所投资者在线交流平台,与中国证券登记结算公司深圳分公司、深圳证券信息有限公司联合举办以"普及证券投资知识,保护投资者合法权益"为主题的第七届"3·15投资者维权网上咨询"活动。

(7)与证监会投教办等联合推出创业板知识竞赛活动。2009年9月22日,与证监会投资者教育办公室、证券时报社联合主办"创业板知识竞赛",投资者参与人数近22万人。

(8)推出创业板投资者自测系统。2009年9月24日,在全景网、巨潮网及深交所网站推出创业板投资者自测系统,雅虎、搜狐、网易、腾讯等财经门户网站提供相关链接。截至目前,累计有13,318位投资者使用该系统进行了创业板相关知识测试。

(9)推出"寄语创业板投资者"活动。2009年10月28日,在证券时报推出"77家券商寄语创业板投资者"专版,集中刊发会员单位高管及业内专家对创业板投资者的寄语,以帮助投资者更加全面了解创业板,充分认知创业板的特点和风险。

(10)与辽宁、广州、宁夏等证监局及会员联合举办六场投资者教育现场活动,就创业板投资基础知识、风险特征等进行讲解,并通过和讯等门户网站进行宣传。

3. 做好创业板宣传及舆论引导工作

(1)参与证监会创业板市场宣传与投资者教育相关方案的起草并牵头细化落实。参与起草证监会《创业板市场宣传引导与投资者教育工作方案》、《创业板投资者教育工作方案》及《创业板培训方案》。

(2)建立核心作者群及证券分析师联络库。整合市场资源,建立创业板投资者教育核心作者群(基金公司、证券公司、创投、交易所、结算公司、科研机构及院校等),配合创业板市场宣传与投资者教育工作,分类讲解规则、海外市场、风险及创业企业特点。目前核心作者逾50人,证券分析师联络名单涵盖270人。

(3)协调媒体,做好创业板宣传及舆论引导工作。根据证监会统一要求,做好创业板市场宣传工作;要求研究机构、券商等专业机构加强对首批28家上市公司的价值评估,协调有关媒体刊登有关价值评估文章,合理引导市场预期;协调有关媒体刊登投资者参与创业板应遵守的"三大纪律　八项注意";组织专家学者接受媒体采访,对创业板予以正面舆论引导。

4. 建立会员投资者教育联络人制度,督促会员加强投资者教育工作

通过《创业板市场投资者适当性管理业务操作指南》及有关通知,对会员投资者教育及风险提示工作提出要求并进行指导;检查券商网站创业板投资者教育情况。

(二)加强投资者服务及信访等工作,服务各项中心工作

1. 搭建投资者服务综合接入平台,提升服务效率

2009年9月28日,推出短信平台,搭建起涵盖电话、邮件、信函、短信、在线互动、投资者开放日、投资者调查等多种渠道的深交所投资者综合接入平台。

其中,全年投资者服务热线共接听处理热线电话11,067个,投资者服务信箱共接收处理邮件1481封,短信207条,一般信件82封(其中中国证监会信访办转办信件5封),共计12,837件。

2. 加强热线延伸服务,扩大热线服务面

在《证券时报》刊登"深交所投资者服务热线专栏"21期,计240个问题,逾3万字,并于4月上旬起在三大证券报增设"创业板投资者服务热线专栏",扩大热线服务面。该专栏每周1期,贴近普通投资者,以问答形式解读创业板定位、相关制度设计、规则及风险特征等,全年共计刊登26期。

结合热线情况,起草工作简报《突出热线"窗口、桥梁"作用,服务中心工作》并上报证监会。

3. 高度重视投诉举报工作,及时化解风险

全年处理投资者各类投诉1618件,其中通过投诉举报电子系统处理投资者较为重大的投诉事项5件。全年还接待投资者来访45批次(约80人)。

4. 进一步完善深交所投资者教育网站

增设"视频在线收看"栏目,提供视频节目、广播节目的在线收看、收听和下载服务。强化对网站内容的即时更新,其中"服务热线"栏目每周更新,"理财文摘"栏目更新123篇文章,约18.5万字。

5. 组织编写《深交所证券教室系列丛书》第一批丛书

组织编写《深交所证券教室系列丛书》,完成第一批丛书《创业板投资28讲》、《基金投资20讲》、《投资者维权21讲》的编辑及出版工作。

6. 推出上市公司投资者关系互动平台

为提高上市公司规范运作水平,保护投资者特别是中小投资者合法权益,深交所于2009年12月底推出"上市公司投资者关系互动平台"。该平台的建立,将成为上市公司与投资者之间直接沟通和对话的一个重要渠道,有助于优化公众投资者与上市公司的关系,促进投资者更广泛地参与公司治理,是深交所规范和深化上市公司投资者关系管理的又一重大举措。

该平台具有"主动型"、"互动式"、"集成化"和"及时性"等特点。投资者可通过互动平台查询深交所上市公司的有关信

息,并向上市公司提出咨询、建议、投诉或其他相关问题,查阅其他投资者对上市公司的提问及上市公司答复。同时,深交所通过投资者服务综合介入平台等各类渠道收集到的投资者有关上市公司的问题,亦将及时提交到互动平台供投资者查阅及上市公司答复。

通过整合各类资源,建立统一的“深圳证券交易所上市公司投资者关系互动平台”,免费向投资者和上市公司开放,不仅可以合理利用和配置资源,同时也便于投资者进行集中查找,促使投资者与上市公司之间的信息沟通和互动更加规范、高效、便捷。

**五、加强对资本市场重大法律问题对策性研究,积极参与证券立法工作**

(一)加强对资本市场重大疑难法律问题的对策研究

针对证券监管和业务创新工作中出现的短线交易、合伙企业开户相关监管问题、短线操纵、基金从业人员买卖证券、证券行政执法(处罚)机制、独立董事制度、上市公司破产、证券监管和解制度、A+H股监管协调、董事、监事、高管买卖股份、内幕交易、市场操纵认定标准、发行人控股股东转售证券行为的信息披露要求等疑难问题进行了深入和前瞻性的研究,撰写了相关研究报告,提出了解决对策和建议,为证券市场监管和业务创新提供了法律路径和法律支持。

(二)积极参与相关立法工作

在中国证监会法律部的组织和指导下,积极参与了《刑法修正案(七)》、《侵权责任法(草案)》、《统计法(修订草案)》、《现金管理条例(建议修改稿)》、《评估法》(草案)、《考试法(草案)》、《注册会计师法(修正案)》、《上市公司监管条例》、《上市公司独立董事条例》、《行政许可实施程序规定》、《最高检察院、公安部关于公安机关管辖刑事案件立案追诉标准》等法律、法规、司法解释、规章和规范性文件的起草、修订和释义等工作。

## (二)2009年作出的核准上市决定目录

| 序号 | 发布时间 | 文　号 | 目录名称 |
|---|---|---|---|
| 1 | 2009-7-8 | 深证上〔2009〕55号 | 关于浙江万马电缆股份有限公司人民币普通股股票上市的通知 |
| 2 | 2009-7-8 | 深证上〔2009〕57号 | 关于桂林三金药业股份有限公司人民币普通股股票上市的通知 |
| 3 | 2009-7-15 | 深证上〔2009〕59号 | 关于家润多商业股份有限公司人民币普通股股票上市的通知 |
| 4 | 2009-8-7 | 深证上〔2009〕64号 | 关于上海神开石油化工装备股份有限公司人民币普通股股票上市的通知 |
| 5 | 2009-8-7 | 深证上〔2009〕65号 | 关于北京久其软件股份有限公司人民币普通股股票上市的通知 |

续表

| 序号 | 发布时间 | 文　号 | 目录名称 |
|---|---|---|---|
| 6 | 2009－8－19 | 深证上〔2009〕66号 | 关于杭州新世纪信息技术股份有限公司人民币普通股股票上市的通知 |
| 7 | 2009－8－19 | 深证上〔2009〕67号 | 关于武汉光迅科技股份有限公司人民币普通股股票上市的通知 |
| 8 | 2009－8－19 | 深证上〔2009〕68号 | 关于博深工具股份有限公司人民币普通股股票上市的通知 |
| 9 | 2009－8－19 | 深证上〔2009〕69号 | 关于天润曲轴股份有限公司人民币普通股股票上市的通知 |
| 10 | 2009－8－26 | 深证上〔2009〕70号 | 关于浙江亚太机电股份有限公司人民币普通股股票上市的通知 |
| 11 | 2009－8－26 | 深证上〔2009〕71号 | 关于深圳世联地产顾问股份有限公司人民币普通股股票上市的通知 |
| 12 | 2009－8－26 | 深证上〔2009〕72号 | 关于保龄宝生物股份有限公司人民币普通股股票上市的通知 |
| 13 | 2009－8－26 | 深证上〔2009〕73号 | 关于西藏奇正藏药股份有限公司人民币普通股股票上市的通知 |
| 14 | 2009－9－1 | 深证上〔2009〕80号 | 关于广东超华科技股份有限公司人民币普通股股票上市的通知 |
| 15 | 2009－9－1 | 深证上〔2009〕81号 | 关于深圳市宇顺电子股份有限公司人民币普通股股票上市的通知 |
| 16 | 2009－9－1 | 深证上〔2009〕82号 | 关于苏州禾盛新型材料股份有限公司人民币普通股股票上市的通知 |
| 17 | 2009－9－1 | 深证上〔2009〕83号 | 关于佛山星期六鞋业股份有限公司人民币普通股股票上市的通知 |
| 18 | 2009－9－8 | 深证上〔2009〕84号 | 关于广东奥飞动漫文化股份有限公司人民币普通股股票上市的通知 |
| 19 | 2009－9－8 | 深证上〔2009〕85号 | 关于罗莱家纺股份有限公司人民币普通股股票上市的通知 |
| 20 | 2009－9－8 | 深证上〔2009〕86号 | 关于深圳信立泰药业股份有限公司人民币普通股股票上市的通知 |
| 21 | 2009－9－25 | 深证上〔2009〕96号 | 关于广东精艺金属股份有限公司人民币普通股股票上市的通知 |
| 22 | 2009－9－25 | 深证上〔2009〕97号 | 关于河南辉煌科技股份有限公司人民币普通股股票上市的通知 |
| 23 | 2009－9－25 | 深证上〔2009〕98号 | 关于湖南博云新材料股份有限公司人民币普通股股票上市的通知 |
| 24 | 2009－9－25 | 深证上〔2009〕99号 | 关于安徽鑫龙电器股份有限公司人民币普通股股票上市的通知 |
| 25 | 2009－10－19 | 深证上〔2009〕107号 | 关于福建圣农发展股份有限公司人民币普通股股票上市的通知 |
| 26 | 2009－10－19 | 深证上〔2009〕108号 | 关于福建南平太阳电缆股份有限公司人民币普通股股票上市的通知 |

续表

| 序号 | 发布时间 | 文　号 | 目录名称 |
|---|---|---|---|
| 27 | 2009－10－19 | 深证上〔2009〕109号 | 关于深圳市齐心文具股份有限公司人民币普通股股票上市的通知 |
| 28 | 2009－10－24 | 深证上〔2009〕110号 | 关于青岛特锐德电气股份有限公司人民币普通股股票在创业板上市的通知 |
| 29 | 2009－10－24 | 深证上〔2009〕111号 | 关于北京神州泰岳软件股份有限公司人民币普通股股票在创业板上市的通知 |
| 30 | 2009－10－24 | 深证上〔2009〕112号 | 关于乐普(北京)医疗器械股份有限公司人民币普通股股票在创业板上市的通知 |
| 31 | 2009－10－24 | 深证上〔2009〕113号 | 关于南方风机股份有限公司人民币普通股股票在创业板上市的通知 |
| 32 | 2009－10－24 | 深证上〔2009〕114号 | 关于北京探路者户外用品股份有限公司人民币普通股股票在创业板上市的通知 |
| 33 | 2009－10－24 | 深证上〔2009〕115号 | 关于重庆莱美药业股份有限公司人民币普通股股票在创业板上市的通知 |
| 34 | 2009－10－24 | 深证上〔2009〕116号 | 关于河南汉威电子股份有限公司人民币普通股股票在创业板上市的通知 |
| 35 | 2009－10－24 | 深证上〔2009〕117号 | 关于上海佳豪船舶工程设计股份有限公司人民币普通股股票在创业板上市的通知 |
| 36 | 2009－10－24 | 深证上〔2009〕118号 | 关于安徽安科生物工程(集团)股份有限公司人民币普通股股票在创业板上市的通知 |
| 37 | 2009－10－24 | 深证上〔2009〕119号 | 关于北京立思辰科技股份有限公司人民币普通股股票在创业板上市的通知 |
| 38 | 2009－10－24 | 深证上〔2009〕120号 | 关于北京鼎汉技术股份有限公司人民币普通股股票在创业板上市的通知 |
| 39 | 2009－10－24 | 深证上〔2009〕121号 | 关于深圳市华测检测技术股份有限公司人民币普通股股票在创业板上市的通知 |
| 40 | 2009－10－24 | 深证上〔2009〕122号 | 关于江苏新宁现代物流股份有限公司人民币普通股股票在创业板上市的通知 |
| 41 | 2009－10－24 | 深证上〔2009〕123号 | 关于惠州亿纬锂能股份有限公司人民币普通股股票在创业板上市的通知 |
| 42 | 2009－10－24 | 深证上〔2009〕124号 | 关于爱尔眼科医院集团股份有限公司人民币普通股股票在创业板上市的通知 |
| 43 | 2009－10－24 | 深证上〔2009〕125号 | 关于北京北陆药业股份有限公司人民币普通股股票在创业板上市的通知 |
| 44 | 2009－10－24 | 深证上〔2009〕126号 | 关于上海网宿科技股份有限公司人民币普通股股票在创业板上市的通知 |
| 45 | 2009－10－24 | 深证上〔2009〕127号 | 关于武汉中元华电科技股份有限公司人民币普通股股票在创业板上市的通知 |
| 46 | 2009－10－24 | 深证上〔2009〕128号 | 关于成都硅宝科技股份有限公司人民币普通股股票在创业板上市的通知 |
| 47 | 2009－10－24 | 深证上〔2009〕129号 | 关于浙江银江电子股份有限公司人民币普通股股票在创业板上市的通知 |

续表

| 序号 | 发布时间 | 文　号 | 目录名称 |
| --- | --- | --- | --- |
| 48 | 2009 - 10 - 24 | 深证上〔2009〕130 号 | 关于甘肃大禹节水股份有限公司人民币普通股股票在创业板上市的通知 |
| 49 | 2009 - 10 - 24 | 深证上〔2009〕131 号 | 关于四川吉峰农机连锁股份有限公司人民币普通股股票在创业板上市的通知 |
| 50 | 2009 - 10 - 24 | 深证上〔2009〕132 号 | 关于西安宝德自动化股份有限公司人民币普通股股票在创业板上市的通知 |
| 51 | 2009 - 10 - 24 | 深证上〔2009〕133 号 | 关于沈阳新松机器人自动化股份有限公司人民币普通股股票在创业板上市的通知 |
| 52 | 2009 - 10 - 24 | 深证上〔2009〕134 号 | 关于杭州华星创业通信技术股份有限公司人民币普通股股票在创业板上市的通知 |
| 53 | 2009 - 10 - 24 | 深证上〔2009〕135 号 | 关于天津红日药业股份有限公司人民币普通股股票在创业板上市的通知 |
| 54 | 2009 - 10 - 24 | 深证上〔2009〕136 号 | 关于华谊兄弟传媒股份有限公司人民币普通股股票在创业板上市的通知 |
| 55 | 2009 - 10 - 24 | 深证上〔2009〕137 号 | 关于成都金亚科技股份有限公司人民币普通股股票在创业板上市的通知 |
| 56 | 2009 - 10 - 30 | 深证上〔2009〕140 号 | 关于新疆西部建设股份有限公司人民币普通股股票上市的通知 |
| 57 | 2009 - 10 - 30 | 深证上〔2009〕141 号 | 关于深圳市美盈森环保科技股份有限公司人民币普通股股票上市的通知 |
| 58 | 2009 - 11 - 4 | 深证上〔2009〕145 号 | 关于江苏洋河酒厂股份有限公司人民币普通股股票上市的通知 |
| 59 | 2009 - 11 - 4 | 深证上〔2009〕146 号 | 关于武汉南国置业股份有限公司人民币普通股股票上市的通知 |
| 60 | 2009 - 11 - 9 | 深证上〔2009〕148 号 | 关于北京湘鄂情股份有限公司人民币普通股股票上市的通知 |
| 61 | 2009 - 11 - 9 | 深证上〔2009〕149 号 | 关于新疆北新路桥建设股份有限公司人民币普通股股票上市的通知 |
| 62 | 2009 - 11 - 25 | 深证上〔2009〕158 号 | 关于广东威创视讯科技股份有限公司人民币普通股股票上市的通知 |
| 63 | 2009 - 11 - 25 | 深证上〔2009〕159 号 | 关于中利科技集团股份有限公司人民币普通股股票上市的通知 |
| 64 | 2009 - 11 - 25 | 深证上〔2009〕160 号 | 关于北京东方园林股份有限公司人民币普通股股票上市的通知 |
| 65 | 2009 - 11 - 25 | 深证上〔2009〕161 号 | 关于广东海大集团股份有限公司人民币普通股股票上市的通知 |
| 66 | 2009 - 12 - 1 | 深证上〔2009〕165 号 | 关于成都三泰电子实业股份有限公司人民币普通股股票上市的通知 |

续表

| 序号 | 发布时间 | 文　　号 | 目录名称 |
|---|---|---|---|
| 67 | 2009－12－1 | 深证上〔2009〕166号 | 关于深圳日海通讯技术股份有限公司人民币普通股股票上市的通知 |
| 68 | 2009－12－1 | 深证上〔2009〕167号 | 关于雅致集成房屋股份有限公司人民币普通股股票上市的通知 |
| 69 | 2009－12－7 | 深证上〔2009〕172号 | 关于焦点科技股份有限公司人民币普通股股票上市的通知 |
| 70 | 2009－12－7 | 深证上〔2009〕173号 | 关于深圳键桥通讯技术股份有限公司人民币普通股股票上市的通知 |
| 71 | 2009－12－9 | 深证上〔2009〕175号 | 关于广东众生药业股份有限公司人民币普通股股票上市的通知 |
| 72 | 2009－12－9 | 深证上〔2009〕176号 | 关于浙江久立特材科技股份有限公司人民币普通股股票上市的通知 |
| 73 | 2009－12－9 | 深证上〔2009〕177号 | 关于珠海市乐通化工股份有限公司人民币普通股股票上市的通知 |
| 74 | 2009－12－14 | 深证上〔2009〕178号 | 关于海南海峡航运股份有限公司人民币普通股股票上市的通知 |
| 75 | 2009－12－14 | 深证上〔2009〕179号 | 关于河南华英农业发展股份有限公司人民币普通股股票上市的通知 |
| 76 | 2009－12－16 | 深证上〔2009〕182号 | 关于宁波理工监测科技股份有限公司人民币普通股股票上市的通知 |
| 77 | 2009－12－16 | 深证上〔2009〕183号 | 关于江苏中联电气股份有限公司人民币普通股股票上市的通知 |
| 78 | 2009－12－16 | 深证上〔2009〕184号 | 关于上海普利特复合材料股份有限公司人民币普通股股票上市的通知 |
| 79 | 2009－12－18 | 深证上〔2009〕185号 | 关于深圳市洪涛装饰股份有限公司人民币普通股股票上市的通知 |
| 80 | 2009－12－18 | 深证上〔2009〕186号 | 关于浙江永太科技股份有限公司人民币普通股股票上市的通知 |
| 81 | 2009－12－23 | 深证上〔2009〕189号 | 关于江苏华盛天龙光电设备股份有限公司人民币普通股股票在创业板上市的通知 |
| 82 | 2009－12－23 | 深证上〔2009〕190号 | 关于广州阳普医疗科技股份有限公司人民币普通股股票在创业板上市的通知 |
| 83 | 2009－12－23 | 深证上〔2009〕191号 | 关于无锡宝通带业股份有限公司人民币普通股股票在创业板上市的通知 |
| 84 | 2009－12－23 | 深证上〔2009〕192号 | 关于金龙机电股份有限公司人民币普通股股票在创业板上市的通知 |
| 85 | 2009－12－23 | 深证上〔2009〕193号 | 关于浙江核新同花顺网络信息股份有限公司人民币普通股股票在创业板上市的通知 |
| 86 | 2009－12－23 | 深证上〔2009〕194号 | 关于北京钢研高纳科技股份有限公司人民币普通股股票在创业板上市的通知 |
| 87 | 2009－12－23 | 深证上〔2009〕195号 | 关于湖南中科电气股份有限公司人民币普通股股票在创业板上市的通知 |

续表

| 序号 | 发布时间 | 文　号 | 目录名称 |
|---|---|---|---|
| 88 | 2009 - 12 - 23 | 深证上〔2009〕196 号 | 关于北京超图软件股份有限公司人民币普通股股票在创业板上市的通知 |
| 89 | 2009 - 12 - 28 | 深证上〔2009〕198 号 | 关于深圳市富安娜家居用品股份有限公司人民币普通股股票上市的通知 |
| 90 | 2009 - 12 - 28 | 深证上〔2009〕199 号 | 关于上海新朋实业股份有限公司人民币普通股股票上市的通知 |

## (三)2009 年作出的暂停上市决定目录

| 序号 | 发布时间 | 文　号 | 目录名称 |
|---|---|---|---|
| 1 | 2009 - 2 - 25 | 深证上〔2009〕9 号 | 关于甘肃兰光科技股份有限公司股票暂停上市的决定 |
| 2 | 2009 - 3 - 16 | 深证上〔2009〕13 号 | 关于远东实业股份有限公司股票暂停上市的决定 |
| 3 | 2009 - 9 - 4 | 深证上〔2009〕79 号 | 关于深圳本鲁克斯实业股份有限公司股票暂停上市的决定 |

## (四)2009 年作出的终止上市决定目录

| 序号 | 发布时间 | 文　号 | 目录名称 |
|---|---|---|---|
| 1 | 2009 - 4 - 30 | 深证上〔2009〕30 号 | 关于攀钢集团重庆钛业股份有限公司人民币普通股股票终止上市的决定 |
| 2 | 2009 - 4 - 30 | 深证上〔2009〕31 号 | 关于攀钢集团四川长城特殊钢股份有限公司人民币普通股股票终止上市的决定 |
| 3 | 2009 - 11 - 30 | 深证上〔2009〕164 号 | 关于深圳本鲁克斯实业股份有限公司股票终止上市的决定 |

## (五)2009年作出的恢复上市决定目录

| 序号 | 发布时间 | 文　号 | 目录名称 |
|---|---|---|---|
| 1 | 2009－5－25 | 深证上〔2009〕40号 | 关于同意兰宝科技信息股份有限公司股票恢复上市的决定 |
| 2 | 2009－5－25 | 深证上〔2009〕41号 | 关于同意山东中润投资控股集团股份有限公司股票恢复上市的决定 |
| 3 | 2009－5－25 | 深证上〔2009〕42号 | 关于同意中国辽宁国际合作(集团)股份有限公司股票恢复上市的决定 |
| 4 | 2009－8－31 | 深证上〔2009〕76号 | 关于同意广东广弘控股股份有限公司股票恢复上市的决定 |
| 5 | 2009－8－31 | 深证上〔2009〕77号 | 关于同意荣安地产股份有限公司股票恢复上市的决定 |

## (六)2009年采取的纪律处分措施目录

| 编号 | 印发日期 | 文号 | 文件名称 |
|---|---|---|---|
| 1 | 2009－1－12 | 深证上〔2009〕2号 | 关于对贵州久联企业集团有限责任公司及其董事长周天爵给予处分的决定 |
| 2 | 2009－1－19 | 深证上〔2009〕5号 | 关于对海口农工贸(罗牛山)股份有限公司及相关当事人给予处分的决定 |
| 3 | 2009－1－20 | 深证上〔2009〕4号 | 关于对当事人严明给予处分的决定 |
| 4 | 2009－2－17 | 深证上〔2009〕7号 | 关于对江苏琼花高科技股份有限公司及相关当事人给予处分的决定 |
| 5 | 2009－2－20 | 深证上〔2009〕8号 | 关于对汕头电力发展股份有限公司及相关当事人给予处分的决定 |
| 6 | 2009－2－26 | 深证上〔2009〕10号 | 关于对东莞市龙泉国际大酒店等公司及相关当事人给予处分的决定 |
| 7 | 2009－3－17 | 深证上〔2009〕14号 | 关于对上海立鹏科技投资有限公司及相关当事人给予处分的决定 |
| 8 | 2009－3－18 | 深证上〔2009〕15号 | 关于对景锋企业有限公司及招商局国际(中集)控股有限公司给予通报批评处分的决定 |

续表

| 序号 | 发布时间 | 文　号 | 目录名称 |
|---|---|---|---|
| 9 | 2009－3－18 | 深证上〔2009〕17号 | 关于对海南联合油脂科技发展股份有限公司及相关当事人给予处分的决定 |
| 10 | 2009－3－30 | 深证上〔2009〕21号 | 关于对安徽省科苑(集团)股份有限公司及相关当事人给予处分的决定 |
| 11 | 2009－3－30 | 深证上〔2009〕22号 | 关于对湖北沙隆达股份有限公司及有关当事人给予通报批评处分的决定 |
| 12 | 2009－4－7 | 深证会〔2009〕49号 | 关于对山西证券股份有限公司周炜、毛传武给予处分的决定 |
| 13 | 2009－4－7 | 深证上〔2009〕25号 | 关于对深圳市科陆电子科技股份有限公司及其相关人员给予通报批评处分的决定 |
| 14 | 2009－4－9 | 深证上〔2009〕26号 | 关于对长江证券股份有限公司董事崔少华给予通报批评处分的决定 |
| 15 | 2009－4－10 | 深证上〔2009〕27号 | 关于对吉林制药股份有限公司及相关当事人给予处分的决定 |
| 16 | 2009－5－18 | 深证上〔2009〕34号 | 关于对深圳市特尔佳科技股份有限公司副总经理黄斌给予通报批评处分的决定 |
| 17 | 2009－5－18 | 深证上〔2009〕35号 | 关于对浙江新嘉联电子股份有限公司董事、总经理宋爱萍给予处分的决定 |
| 18 | 2009－5－20 | 深证上〔2009〕37号 | 关于对深圳本鲁克斯实业股份有限公司及相关当事人给予处分的决定 |
| 19 | 2009－5－21 | 深证上〔2009〕39号 | 关于对大连天宝绿色食品股份有限公司董事管学昌给予通报批评处分的决定 |
| 20 | 2009－6－2 | 深证会〔2009〕114号 | 关于对海通证券股份有限公司保荐代表人胡宇、廖卫江给予处分的决定 |
| 21 | 2009－6－2 | 深证上〔2009〕43号 | 关于对浙江大东南包装股份有限公司及相关当事人通报批评的决定 |
| 22 | 2009－6－23 | 深证上〔2009〕51号 | 关于对宁波康强电子股份有限公司刘俊良副董事长给予处分的决定 |
| 23 | 2009－7－27 | 深证上〔2009〕60号 | 关于对吉林光华控股集团股份有限公司及相关当事人给予处分的决定 |
| 24 | 2009－7－27 | 深证上〔2009〕61号 | 关于对新疆中基实业股份有限公司及相关当事人给予处分的决定 |
| 25 | 2009－8－3 | 深证上〔2009〕62号 | 关于对桂林广陆数字测控股份有限公司给予处分的决定 |
| 26 | 2009－8－4 | 深证上〔2009〕63号 | 关于对民生投资管理股份有限公司及相关当事人给予处分的决定 |
| 27 | 2009－8－27 | 深证上〔2009〕74号 | 关于对重庆渝开发股份有限公司及相关当事人给予处分的决定 |
| 28 | 2009－8－31 | 深证上〔2009〕78号 | 关于对浙江银轮机械股份有限公司董事、副总经理王鑫美给予通报批评处分的决定 |
| 29 | 2009－9－14 | 深证上〔2009〕88号 | 关于对数源科技股份有限公司及相关当事人给予处分的决定 |

续表

| 序号 | 发布时间 | 文　　号 | 目录名称 |
| --- | --- | --- | --- |
| 30 | 2009 - 9 - 14 | 深证上〔2009〕89 号 | 关于对深圳市天健(集团)股份有限公司及相关当事人给予通报批评的决定 |
| 31 | 2009 - 9 - 14 | 深证上〔2009〕90 号 | 关于对山东海龙股份有限公司及相关当事人给予处分的决定 |
| 32 | 2009 - 9 - 17 | 深证上〔2009〕93 号 | 关于对江门甘蔗化工(集团)股份有限公司及相关当事人给予处分的决定 |
| 33 | 2009 - 9 - 17 | 深证上〔2009〕94 号 | 关于对甘肃皇台酒业股份有限公司及相关当事人给予处分的决定 |
| 34 | 2009 - 9 - 17 | 深证上〔2009〕95 号 | 关于对北京京西风光旅游开发股份有限公司及相关当事人给予处分的决定 |
| 35 | 2009 - 9 - 28 | 深证上〔2009〕100 号 | 关于对四川汇源光通信股份有限公司相关当事人给予处分的决定 |
| 36 | 2009 - 10 - 31 | 深证上〔2009〕139 号 | 关于对深圳本鲁克斯实业股份有限公司及相关当事人给予处分的决定 |
| 37 | 2009 - 11 - 18 | 深证上〔2009〕154 号 | 关于对湖南山河智能机械股份有限公司董事、副总经理龚进给予处分的决定 |
| 38 | 2009 - 11 - 20 | 深证上〔2009〕155 号 | 关于对深圳市国际企业股份有限公司控股股东百利亚太投资有限公司及相关当事人给予处分的决定 |
| 39 | 2009 - 11 - 26 | 深证上〔2009〕162 号 | 关于对深圳市怡亚通供应链股份有限公司及相关当事人给予通报批评处分的决定 |
| 40 | 2009 - 11 - 30 | 深证上〔2009〕163 号 | 关于对广东万家乐股份有限公司董事长兼总经理李智给予处分的决定 |
| 41 | 2009 - 12 - 4 | 深证上〔2009〕171 号 | 关于对茂名石化实华股份有限公司及相关当事人给予处分的决定 |
| 42 | 2009 - 12 - 15 | 深证上〔2009〕181 号 | 关于对神州学人集团股份有限公司股东王靖、历琦岳给予处分的决定 |
| 43 | 2009 - 12 - 31 | 深证上〔2009〕200 号 | 关于对中山大洋电机股份有限公司相关当事人给予通报批评处分的决定 |
| 44 | 2009 - 12 - 31 | 深证上〔2009〕202 号 | 关于对四川高金食品股份有限公司及相关当事人给予通报批评处分的决定 |
| 45 | 2009 - 12 - 31 | 深证上〔2009〕203 号 | 关于对北京东方雨虹防水技术股份有限公司高级管理人员陈永初给予通报批评处分的决定 |

## (七)深圳证券交易所2009年采取的限制交易措施目录

| 编号 | 印发日期 | 文件编号 | 限制对象 |
|---|---|---|---|
| 1 | 2009-1-9 | 深圳证券交易所限制交易通知书〔2009〕1号 | 广东省科技风险投资有限公司 |
| 2 | 2009-1-19 | 深圳证券交易所限制交易通知书〔2009〕2号 | 王驾宇、王维莉 |
| 3 | 2009-4-21 | 深圳证券交易所限制交易通知书〔2009〕3号 | 北京嘉利九龙商城有限公司 |
| 4 | 2009-4-29 | 深圳证券交易所限制交易通知书〔2009〕4号 | 张兴祥 |
| 5 | 2009-4-30 | 深圳证券交易所限制交易通知书〔2009〕5号 | 上海汽车集团财务有限责任公司、上海汽车工业(集团)总公司 |
| 6 | 2009-7-8 | 深圳证券交易所限制交易通知书〔2009〕6号 | 黄丽娟 |
| 7 | 2009-7-8 | 深圳证券交易所限制交易通知书〔2009〕7号 | 方文艳 |
| 8 | 2009-7-15 | 深圳证券交易所限制交易通知书〔2009〕8号 | 徐柏良 |
| 9 | 2009-7-15 | 深圳证券交易所限制交易通知书〔2009〕9号 | 郭静萍 |
| 10 | 2009-10-27 | 深圳证券交易所限制交易通知书〔2009〕10号 | 华成民 |
| 11 | 2009-10-27 | 深圳证券交易所限制交易通知书〔2009〕11号 | 林维仲 |
| 12 | 2009-10-27 | 深圳证券交易所限制交易通知书〔2009〕12号 | 陈国生 |
| 13 | 2009-11-3 | 深圳证券交易所限制交易通知书〔2009〕13号 | 王靖、历琦岳 |
| 14 | 2009-11-17 | 深圳证券交易所限制交易通知书〔2009〕14号 | 广东健隆达光电科技有限公司 |
| 15 | 2009-12-3 | 深圳证券交易所限制交易通知书〔2009〕15号 | 解风侠 |
| 16 | 2009-12-23 | 深圳证券交易所限制交易通知书〔2009〕16号 | 张时宝 |

# 三、上海期货交易所

## 2009年法制建设工作综述

2009年,在经历了国际金融危机冲击后,我国期货市场发展面临国内外经济形势复杂多变，不确定因素明显增多的情况下，上海期货交易所在证监会的统一部署下，以科学发展观为统领，坚持“稳健运行、稳步发展”的基本方针，稳步推进期货规则等制度建设，促进期货市场功能发挥，取得了显著成效。2009 年全年，上海期货交易累计成交量为 8.69 亿手，累计成交额为 73.75 万亿元，同比分别增长 210.03% 和 155.47%。从 2009 年上海期货交易的法制建设工作来看，所取得的成效主要体现在以下三个方面：

## 一、制度建设

（一）开展 BPR 工程，规范业务流程

在 2009 年初组织机构调整后，上海期货交易围绕逐步建立精准严格的业务流程体系，聘请外部咨询机构，年初启动并逐步推进了覆盖全所所有部门所有岗位的业务流程优化重组 BPR 工程。首先，开展了内、外部信息收集，包括行业专家访谈、会员单位实地调研走访、期货行业研究、中高层领导访谈、部分业务骨干访谈等，制作调研问卷，分析主要问题，形成诊断报告；其次，多次召开协调会议，解决关键跨部门流程难点及职责界定问题；最后，组织各部门目标流程和岗位说明书进行总体梳理。通过 BPR 工程的开展，使得我所逐步建立起一套完备的业务流程体系，各项业务工作的流程化、规范化、精细化水平更上了一个新的台阶。

（二）适应期货市场发展的新形势，全面系统修订业务规则

紧紧围绕我所的五年战略规划，为保证市场的稳健运行、稳定发展和满足市场实际需求，上海期货交易开展了全面修订业务规则和细则工作。该项工作主要分为两大方面：一是对上海期货交易现行的业务规则和细则的框架结构进行梳理、优化和重组，结合国际经验及国内实践，按照科学性、完整性、前瞻性的原则，初步形成了新架构下的上海期货交易所交易实施细则体系。二是根据市场发展的实际情况，对现行的包括《上海期货交易所风险控制管理办法》在内的 9 个实施细则相关条款进行修订。通过修订相关条款，进一步落实了对期货投资者利益保护、进一步强化了交易所一线监管职能、进一步加强了对期货公司等市场参与主体的风险防范。

在对业务规则进行全面修订的同时，2009 年初上海期货交易完成了螺纹钢和线材期货合约及相关业务规则的制定工作，保证了螺纹钢和线材期货的成功上市。此外，为配合铝锭、锌锭、天然橡胶国家标准的调整，阴极铜、铝锭境外交割品牌注册方式的调整，上海期货交易对天然橡胶、铜、铝、锌期货标准合约及交割细则进行了修订，新、旧合约及规则平稳过渡。

## 二、自律监管

（一）不断提升风险管理效能

今年以来，上海期货交易各期货品种交易量持续增加，价格波动频繁，市场风险凸显，监管压力加大。上海期货交易坚持“双稳”方针，不断提升风险管理系统效能。具体来看，主要体现在以下几个方面：一是强化了交易运作委员会职责，在坚持每周市场动态分析例会制度的同时，针对市场行情变化及时组织分析研判，提前做好风险防范预案。二是推进风险控制调节的常态化、精细化，针对长假等行情波动频繁敏感期风险容易集聚的实际情况，及时采取提高交易保证金比例等措施，并向会员进行风险警示。三是加强实时交易动态跟踪监控和出入金管理，根据市场出现的变化，调整风险预警指标，优化风险监控系统。四是充分发挥“五位一体”监管体制

的功能作用,协同处置易诱发或集聚风险的事件,及时发现违规苗头,紧密跟踪异常行为。五是密切跟踪主力合约与交割月合约重点客户的资金变动情况,保持与会员的联系,确保资金到位,保证结算风险可控。

(二)强化市场稽查,加大违规查处力度

在加强会员合规运作日常督察的同时,上海期货交易还结合市场运行情况开展了对指定交割仓库相关业务情况的检查。检查项目包括业务制度是否健全、仓储设施是否达标、实际操作是否规范等,指出存在的不足并要求及时整改,强化了交割环节的管理。同时,开展会员基本情况的普查,摸清了会员公司的股东及股权结构、高管及从业人员、营业部设置及经营业绩等现状,为加强监管提供了基础信息。

今年以来,上海期货交易加大对违规违法交易行为的查处力度。强化市场监控,力争做到"及时发现、及时制止、及时查处",严厉查处市场对敲、虚假报单等各种违规行为。通过违规案件处理、执行,增加了会员、客户的合规意识,提高了市场的规范运作水平,维护了市场的"三公"原则。

**三、法制宣传**

2009 年,上海期货交易不断深化投资者教育,大力提高市场服务水平。围绕"千厂万企"计划和"投资者风险教育"两条主线,不断探索投资者教育的新渠道、新载体,取得了良好的效果。先后在 146 场次活动中,对约 7500 家企业进行了期货知识普及、套期保值实务等相关内容的培训;及时增加和更新品种手册,先后向会员分发 480 批次共计 24 万余册;在投资者教育活动中,始终贯彻把风险讲够、把规则讲透的原则,帮助投资者树立牢固的风险意识。利用交易所网站策划"风险教育"长期专题及栏目,在媒体刊发的有关专栏、专题、系列报道等文章上百篇,"通过舆论引导"等方式强化投资者风险意识;充分借助政府部门和行业协会的资源优势,将中央部委、党校、高校等列为期货宣传的重要阵地,先后走进浙江、广东、湖北、云南省委党校和有关高校,11 月初,还面向全国具备 IB 业务资格的证券公司专门举办期货知识培训活动;进一步充实丰富投资者教育的内容和形式,通过交易所网站、手机短信、统计产品等信息服务方式扩大覆盖面和影响力,利用"网络视频演播室"和多媒体技术等新手段、新渠道开展活动,并在钢材期货相关培训教材的基础上着手编写投资者教育丛书。

此外,配合全国"12·4"普法宣传日系列活动,上海期货交易于 2009 年 12 月 3 日在上海期货大厦组织举办了义务法律咨询活动。在活动现场,上海期货交易工作人员及有关律师为会员及客户就上海期货交易业务规则及相关法律问题进行了答疑解惑,活动现场气氛热烈,取得了很好的法制宣传效果。

通过一系列的法制宣传活动,进一步加深了会员及投资者对产品特性、期货功能、运作规范的认识,促进了风险、法制意识的提高和运作的理性。

(上海期货交易所供稿)

# 四、大连商品交易所

## 2009 年法制建设工作综述

2009 年是我国期货市场在经历国际金融危机冲击后面临全新发展机遇和挑战的一年。在中国证监会的正确领导下，在地方党委、政府的大力支持下，大连商品交易所坚持科学发展观，认真贯彻落实全国证券期货监管工作会议和昆明期货监管工作座谈会的精神，紧紧围绕促进经济增长和服务产业发展这一中心目标，一方面切实防范风险，保持市场安全稳定运行，实现稳步发展；另一方面加大产业拓展和品种、制度、服务创新力度，促进市场功能作用进一步发挥。2009 年，大连商品交易在期货市场法制建设方面主要开展了以下工作：

### 一、继续完善业务规则，为市场发展夯实基础

交易所业务规则是期货市场法律体系的重要补充，是期货市场运行的基础。自新修订的《期货交易管理条例》、《期货交易所管理办法》等期货法规规章施行以来，根据新法规的要求和证监会的统一部署，结合大连期货市场实际情况，大连商品交易对相关业务规则进行了相应的修改。2009 年，大连商品交易先后对《交易细则》、《结算细则》、《交割细则》、《风险管理办法》等相关规则进行修改讨论十余件次，现已经形成规则修改草案，履行法定程序后将适时发布施行；应对新国标的实施，大连商品交易所对黄大豆一号和玉米期货合约进行了修改，并已按照法定程序发布施行。通过这些规则的制定和修改，落实了法规对期货市场的内在要求，增强了可操作性，提高了法规的执行力，进一步完善了期货市场法律规则体系，为期货市场的稳步健康发展打下了坚实基础。

### 二、加强风险管理制度建设和执行，切实防范市场风险

（一）加强风险控制制度和流程建设，强化风险控制组织机构的作用

近年来，大连商品交易所制定了《实时监控工作手册》、《违规处理流程》、《日常检查及稽查工作流程》等日常业务操作规程，建立了较为完整的市场风险管理工作流程体系。由分管领导牵头，所内相关部门组成的风险控制委员会先后召开全体会议 11 次，有力促进了大连商品交易所的风险防范工作。

（二）加强日常监控，及早发现风险隐患并有效化解

目前，大连商品交易所已建立实时信息的短信报送制度，每天分盘前、盘中、盘后三个时段向所领导发送行情及监察信息短信，提高监察信息的及时性及有效性；建立并完善盘后监察日报及专报制度，每交易日盘后，相关职能部门制作监

控日志、盘后分析报告和稽查日报等相关监察报表,对市场风险情况进行跟踪评估分析;定期以周报、月报、定期或不定期对市场运行及风险状况进行综合分析、评估等方式,披露市场情况。在风险处置过程中,灵活采用风险警示制度、谈话提醒、发布风险提示函等措施提醒投资者理性、合规交易。

(三)借助市场力量建立网状风险监测体系

随着首席风险官制度的实行,目前国内期货市场已经初步培养出一支风险敏感度高、风控经验丰富的首席风险官队伍。借鉴企业景气指数分析方法,大连商品交易所组建了由主要期货公司首席风险官组成的风险管理专家队伍,建立了交易所网状风险监测体系。在这一体系中,交易所首先是作为中央枢纽充分利用期货公司的风控人员和信息渠道,将各期货公司的优势资源整合起来,了解市场信息;其次,交易所将自身定量研究成果与专家团队对市场基本面和宏观经济的研判结果,期货公司风险控制情况相结合,对市场风险做出全面分析和评价;最后,交易所将上述风险评估结果与期货公司共享,在主流期货公司中形成风险控制合力,进而在更大范围内推动了风险评估水平的提高。这一体系我们已经开始运作,从运行情况看,受到了广大期货公司的支持和认可。

## 三、继续加强法制宣传,提高相关主体对期货市场相关法律、规则的认知程度

(一)积极开展各项法制宣传活动

尤其是通过“12·4”普法宣传活动,向会员单位和客户介绍、宣传了期货市场的法律、法规和交易所的业务规则,进一步规范了市场,形成了一个依法治市、保护投资者权益的良好氛围,达到了“12·4”普法宣传的预期效果。

(二)广泛深入市场服务,宣传期货市场法律和规则

2009年我们继续以产业大会和“千厂万企”市场服务工程为抓手,积极促进市场功能和作用的发挥。一是持之以恒办好三个产业大会。2009年6月、9月、11月,大连商品交易所分别举办了塑料、玉米、油脂油料三个产业大会,总参会人数为2090人,比去年增加了13%,其中共有826个产业企业的1319名代表参会,占总人数的64%,产业企业参会人员明显增加。二是深化“千厂万企”市场服务工程。在工程制度的引导下,相关品种市场流动性明显增强,投资者结构逐步改善。三是探索推广“基差定价”贸易模式。对油厂、贸易商和重点会员进行了20余次的走访、调研和辅导,搜集和整理了部分豆粕基差定价典型案例,与永安期货、九三油脂、嘉吉公司等行业龙头企业形成密切合作,基差定价推广工作取得初步成果。四是加强与行业主管部门、行业协会和产业龙头企业的合作,通过举办专题培训班、高层论坛、研讨会、合作课题研究等形式,开展多层次的产业培训和推广活动,积极推动产业企业入市,密切了期货市场与现货产业的联系。五是以开展品种功能评估为契机,充分发挥产业拓展部和三个地区总部贴近市场的优势,加强对重点产业客户的走访和调研,全年走访大中型产业企业150多家次,收集相关企业利用期货市场套期保值的成功案例120余个。

(三)切实做好信访和法制工作

全年共接听客户来电100多个,办理询证事务339件,完成合同审核事务169件,办理协助执法事务4件,接待来访人员403人678次,出具书证757页,未接到一例投诉,有力维护了市场的稳定。

通过一系列的措施和活动，提高了市场主体对期货市场及其相关法制规则的认知程度，增强了其合法、合规利用期货市场的意识，取得了良好的社会效果。

**四、严肃查处各类违规行为，维护市场正常秩序**

近年来市场规模不断扩大、新入市投资者增多，市场违规交易行为有所增加，并不断趋于隐性化和复杂化。特别是因部分新入市投资者风险意识不强、防范措施缺失所导致的盗码违规事件有所增加，不法主体通过各种手段盗窃他人账户，并通过期货市场不活跃合约对敲转移资金的情况经常出现。针对这一情况，大连商品交易所制定了相应的工作流程，并采取了相应的监管措施。全年大连商品交易所共对196起该类违规交易进行了调查和处理，涉及金额206万元。其中对敲违规交易158起，自成交违规交易38起，采取过限制客户出金措施127人次，有力维护了正常的市场秩序。

**五、加强管理制度和机制建设，进一步规范内部治理结构**

一是加强内部管理制度建设，制定了《领导干部岗位职责与工作规范》、《内部审计制度》、《信访工作办法》、《档案管理办法》等一批管理制度，推动内部管理进一步规范化。二是强化资产财务管理。建立月度预算实施反馈制度，深化预算管理；加强财务会计核算和内部财务检查；启用资产管理系统，加强了对房产、车辆、办公设备等资产的日常管理、清查、使用、维修的管理；加强合同审核和综合采购工作。三是适应交易所发展的需要，按照市场化、专业化方向进行行政后勤管理体制改革，成立行政服务有限责任公司，增强交易所后勤保障能力。四是加强内部审计工作。充实了审计人员队伍，开展了部门负责人离任审计、IT应用控制审计、产业大会财务收支审计等7个审计项目，促进了内部控制和内部管理的规范化。五是加强纪检监察工作。调整和充实了纪检干部队伍建设，加强了力量配备；组织全体党员和干部签署了《党风廉政建设协议书》；对综合采购以及期货大厦建设招标等重点项目实施过程介入监督，纪检部门参与评标20余次。

通过上述加强法制建设和宣传服务，完善业务规则提高自律监管水平和进一步规范内部治理结构等一系列措施，2009年大连商品交易所在保持市场平稳运行的同时，市场规模不断扩大，客户数量迅速增长，市场结构明显改善。累计成交8.3亿手，同比增长30.59%；成交金额37.64万亿元，同比增长36.96%；12月末持仓量357万手，同比增长191.23%；日均保证金数量103亿元，同比增长30.29%；投资者开户数突破91万户，同比增长48.03%；其中法人开户数由17,923个增加到25,128个，同比增长40.2%。交易量、交易额、持仓量、资金量、参与交易客户数量等指标均创历史新高，并在继续保持全球第二大农产品期货市场地位的同时，成为全球最大的塑料期货市场和最大的油脂期货市场。

（大连商品交易所供稿）

# 五、郑州商品交易所

## 2009 年法制建设工作综述

2009 年,席卷全球的国际金融危机进一步凸显稳步发展期货市场的重要性,中国期货市场步入快速发展阶段,郑州商品交易所(以下简称郑商所)在中国证监会的正确领导下,认真贯彻科学发展观,坚持以打造“三公”、高效、安全的交易平台为工作目标,以积极稳妥推进市场发展和提高市场运行质量为工作重心,创新监管理念,重视风险防范,强化基础建设,深入练好内功,始终坚持依法合规诚信经营,各项工作有序开展并取得了良好效果。2009 年,郑商所累计成交合约 4.54 亿手,成交金额 19.1 万亿元,全年成交合约总量较上年基本持平,成交总金额较上年适度增长,继续保持良好的发展势头。

**一、继续加强制度建设,构建规范化、科学化的制度体系**

2009 年,为适应上市品种不断增加和市场发展的新形势,按照中国证监会统一期货市场规则要求,郑商所对原来的章程、交易规则及有关业务细则进行了修订,相关修订说明及修订明细对照表文件草案已报送中国证监会。

2009 年,郑商所在对现有结算参数进行梳理分析、认真总结多年来参数管理经验教训的基础上,开始制定结算参数管理制度,对参数的设置、修改和检查等提出规范化操作要求,进一步实现了参数管理程序化、制度化和规范化的目标。

2009 年,在梳理以前制度的基础上,郑商所制定了《交割仓库风险防范及监管工作指引》,通过强化监督,规范操作以及对交割仓库的年检、考核和评级一体化管理,有效封堵了影响交割商品数量质量安全及出入库服务质量等方面的漏洞,把交割仓库的规范化管理推上新的台阶。

2009 年,郑商所相继制定、修订《郑州商品交易所财务预算管理办法》、《郑州商品交易所委派财务人员管理办法》、《郑州商品交易所差旅费管理办法》、《郑州商品交易所内部审计制度(试行)》、《郑州商品交易所基本建设管理制度(试行)》、《郑州商品交易所信息系统应急预案》、《郑州商品交易所新闻宣传管理办法》、《郑州商品交易所党委中心组学习制度》等多项内部管理制度,并邀请专业咨询机构对制定的各项工作流程及标准进行评估、梳理与优化,初步确定了 234 个业务工作流程和标准,进一步优化了内部工作流程及工作标准。

**二、积极参与期货市场法制建设,大力提升各项工作的合规程度**

2009 年,郑商所继续全力提升各项工作的合规程度,通过大力加强依法合规运作,保障和促进自身持续、健康、稳步发展。

郑商所的合规审核工作涉及各个方

面，既有交割、结算等常规合同，也有基建搬迁、装修装饰、出版刊物、信息发布、网络传输、电话通讯、物品购置等合同。2009年，郑商所处理合同属性文件358份次，经过严格审核，将本单位所涉法律风险降至最低，进一步深化了全体员工对诚信经营、合规运作重要性的认识。

2009年，郑商所将原合署办公的内审室改为独立的审计室，制定了内部审计制度。内部审计工作扎实、有序推进，发挥了及时发现问题、不断改进工作的积极作用。郑商所通过内部审计促进自身规范发展、合规运作的工作，使得郑商所的依法合规经营工作再次迈上了新的台阶。

2009年，郑商所撰写了《郑州商品交易所2008年法制建设工作综述》及《郑州商品交易所关于进一步开展资本市场法制工作的建议》，并积极参与了中国证监会组织的证券期货相关法律等规范性文件的清理工作，就《中华人民共和国消费者权益保护法》、《证监会系统所提供信息的异议处理流程》、《证监会系统向金融业统一征信平台提供和查询信息管理办法》等文件进行研讨，向上级机关提出了相关书面意见和建议10余份。应中国期货保证金监控中心之邀，郑商所起草并反馈了《关于对〈统一开户期货交易所业务操作指引〉和〈统一开户系统应急处理预案〉的意见与建议》。应中国期货业协会之邀，郑商所对《关于建立期货投资者信用风险信息数据库的方案》等文件提出意见与建议。郑商所通过积极参与国家相关规范性文件的立法起草工作，为期货市场法制建设贡献了力量。

**三、严格控制风险，不断提高风险管理水平，自觉履行自律监管职责，确保市场平稳运行**

2009年，郑商所积极适应市场健康稳定发展新形势、新任务、新要求，不断强化市场风险防范意识，丰富市场风险监控手段，监管效率和效能得到了进一步提升。

2009年，郑商所及时优化完善了交易实时监控系统、风险预警和分析系统，增加了多项风险预警分析新功能。启动了保证金和价幅动态管理模型研究，目前正在运用多品种数据进行检验与完善。积极探索建立了以启用库、备用库、候选库为特点的交割仓库三级管理体系，大力发展交割仓库"一库多用"，完善了备用库与启用库的转换机制，增强了库容调节的机动性和灵活性，有效预防了可能出现的交割仓库库容紧张情况。

2009年，根据市场发展的需要，郑商所先后在广州、北京、沈阳、上海举办了4期首席风险官座谈会。通过面对面的沟通与交流，期货市场参与者相互之间加深了解、增进理解、加强信任、推动合作，提高了防范和化解市场风险工作水平。

郑商所严格按照风险控制管理制度进行自律监管，注重从细节着手，做精、做细、做实日常监管和稽查工作，积极打击违规交易，有效规范交易行为，大力促进市场平稳健康发展。全年共处理对敲、盗码等异常交易38起，要求会员或客户提交大户报告19份，执行自然人交割月持仓强平2次；全年共办理套期保值申请及审批业务84起，审批套期保值额度161,369手。通过以上工作，郑商所进一步完善了兼顾市场风险控制与功能发挥的工作机制。

**四、在创新中求生存，在创新中求发展**

2009年，郑商所继续加大已上市品种培育力度，做精、做细已上市品种，进一步发挥市场功能，不断增强服务实体经济的能力。

2009年，郑商所在比较研究国内外价幅调整方式利弊和分析本单位价幅调整问题的基础上,进行计算机自动价幅调整研究,既确保了交易系统安全性,同时也提高了交易系统运行的自动化水平和效率;在借鉴兄弟单位先进管理经验,分析本单位具体情况的基础上,郑商所优化了新合约挂牌方式,降低新合约挂牌价格偏差,减少操作风险,提高新上市合约基准价的时效性,使新上市合约基准价格更加合理。

2009 年,郑商所完成仓单注册注销无纸化系统的开发、测试、验收和上线运行。仓单注册注销无纸化系统启用后,运行平稳,办理交割手续的效率和质量大大提高;注册注销业务全部由会员自助办理,大大提高了仓单注销的公平性和透明度,获得市场一致好评。

2009 年,郑商所研发了交割仓库电子档案管理系统,全面对历史交割档案进行梳理、归档,初步建立了交割档案管理规范,通过档案系统实现了对仓库分类监管、分级防范,使仓库管理和办公自动化得到了有效结合,进一步提升了交割仓库的科学化管理水平。

2009 年,郑商所组织推行强麦包装物改革,实现了强麦散粮交割方式,有效降低了交割成本,提高了交割效率,也使期货价格更为精确和真实地反映现货价格;郑商所顺应国家棉花质量检验体制改革要求,对一号棉合约进行系统化改造,完成了一号棉实施细则及管理办法的修订工作。

2009 年,郑商所还大力开展"走进产业,贴近行业,服务企业"主题活动。通过完善各区域重点现货企业档案,支持会员针对现货企业举办形式多样的推广活动。结合郑商所品种特点,积极研究探索企业利用期货价格定价的贸易方式并大力加以推广。

总之,2009 年郑商所在全面履行依法合规自律监管工作职责过程中,始终坚持依法合规治市,不断规范自律监管行为,持续强化自律监督检查,着力加大违规违约行为查处力度,积极参与国家法制建设,进一步推进了依法合规治市的工作进程,提升了市场的合规运作水平,为有效发挥期货市场功能、服务国民经济发展做出了新贡献。

## 六、中国金融期货交易所

## 2009 年法制建设工作综述的报告

2009 年是中国金融期货交易所深入推动股指期货各项筹备工作的关键一年,在这一年中,中国金融期货交易所根据中国证监会关于股指期货筹备工作的整体安排,按照"高标准,稳起步、严监管"的原则,对业务规则进行了全面修订和完善,认真落实跨市场监管协作各项要求,审慎做好会员发展和持续监管工作,积极参与资本市场制度创新,稳步推动股指期货投资者适当性制度建设,持续强化投资者教育相关工作,大力推进依法治所和依法监管,法制工作取得显著成效。

## 一、业务规则修订工作

2007年6月27日中国金融期货交易所发布交易规则及其实施细则，完成了股指期货筹备工作的重要一环。在业务规则发布后，中国金融期货交易所密切跟踪国内外金融市场的发展动态，顺应我国资本市场基础性制度建设进展，并结合股指期货仿真交易对规则中的有关机制的验证情况，于2008年启动业务规则修订工作。在2009年，中国金融期货交易所继续将这一工作推向深入，经广泛征求市场参与各方的意见，并组织所内外专家进行深入研讨和反复论证，对业务规则进行了较为全面的梳理、修订和完善，业务规则修订工作基本完成。

第一，为发挥股指期货风险管理、套期保值、价格发现功能，更好服务于现货市场，进一步优化了股指期货相关基础性制度。为适应客户分户管理资产、套期保值和监管要求，优化了交易编码制度；套期保值审批由按照合约审批改为按照品种审批，简化了套期保值申请程序，提高了套期保值审批效率。

第二，为确保市场平稳运行，提高风险管理要求，进一步完善了相关风险管理制度。提高最低交易保证金标准，修订保证金调整的有关规定；收紧大户持仓限额标准；强化大户报告监管要求。

第三，为加强投资者合法权益的保护，强化了交易所的相关自律监管措施。增加会员应当持续满足交易所会员资格条件要求的规定；强化会员及其高级管理人员和从业人员应当接受交易所自律监管的要求；增加会员应对其客户的交易行为加强合法合规性管理的内容；将跨市场操纵和不配合交易所日常检查纳入违规处罚情形；丰富交易所处罚手段，增加暂停受理开立交易编码申请、限制或者暂停业务以及调整会员资格类型的处罚措施。

## 二、跨市场监管协作工作

加强与沪深证券交易所、中国证券登记结算有限责任公司以及中国期货保证金监控中心的沟通及协作，推进《股票市场与股指期货市场跨市场监管备忘录》的各项落实工作。完成跨市场监管协作信息平台的建设、测试和验收工作，实现跨市场监管协作信息交换系统的正式上线运行，进一步夯实了跨市场监管协作的物质基础。规范跨市场监管协作业务操作，制定了《中国金融期货交易所跨市场监管协作工作制度》及相关工作规程，明确了所内相关业务部门在跨市场监管协作中的职责、分工和流程。加强与跨市场监管协作各方的业务交流与学习，分别与证券交易所就证券市场短线交易收益归入制度中的期现交易套利豁免等问题进行充分沟通，形成共识和阶段性研究成果。

## 三、会员发展和监管工作

严格按照相关法规规章和交易所业务规则要求，审慎做好会员发展和持续监管工作。2009年审核通过了22家会员，目前交易所的会员总数达到111家，其中交易会员35家，结算会员76家。加强会员入会后的持续监管，对被证监会采取监管措施的本所有关会员采取暂停本所交易结算业务的措施，合计对20余家期货公司采取了发送监管意见函的措施，并将有关监管信息计入本所会员监管信息档案。积极探索创新监管手段，落实期货公司分类监管相关工作。

## 四、制度创新与立法工作

积极参与资本市场相关制度创新。深入推动股指期货投资者适当性制度的建设，采取书面征求意见和实地调研等方式，广泛征求期货公司和相关证券公司意见，确保制度设计科学合理、切实可行。借鉴创业板投资者适当性制度实施情况,完善股指期货投资者适当性制度规则体系,优化相关制度实施方案,完成投资者适当性测试试题题库设计和投资者仿真交易经历查询系统。

积极参与相关立法工作,在证监会统一领导下,就证监会期货市场统一开户相关制度征求意见稿、《期货公司特定客户资产管理业务试点办法(草案)》和《征信管理条例(代拟草案)》、《中华人民共和国收支统计申报条例(送审稿)》等文件起草回复意见。推动最高人民法院根据期货市场的最新发展,针对期货交易所履行监管职责所涉有关案件的集中管辖和对期货交易所结算担保金免予冻结等问题,起草有关司法指导文件。

**五、法制宣传和法制研究**

采取多种方式推进法制宣传工作,大胆尝试将舆论宣传、投资者教育和普法工作相互结合,实现了普法工作和股指期货筹备工作有机结合。加大普法力度,积极调动各方力量共同推进舆论宣传和投资者教育工作。联合各地证监局、证券业协会和期货业协会,合作开展各类投资者教育活动,建立覆盖全国30个省、自治区、直辖市100多个城市的基础普法网络;联合报纸杂志、广播电视、通讯社、互联网等各种媒体,建立核心媒体圈,营造十多家媒体参与的宣传普法网络;发动证券公司、期货公司等市场主体力量,形成由60多家公司构成的业内普法网络;推动银行、保险公司等相关金融机构参与和了解股指期货,构建涉及30余家金融机构的外延普法网络;带动一批金融机构的研究骨干,在业内首次成立了一支60多名业内骨干组成的写作团作为撰写正面舆论宣传文章的主力军,以及一支由31名国内专家和10多名境外专家组成的讲师团作为投资者教育的中坚力量,培育出一个质量兼备的普法人才网络。制作内容丰富的普法产品,帮助大众主动学习了解股指期货相关法规,2009年,推出包括5本丛书、4本杂志在内的新的投资者教育和普法产品,累计对外发放各类产品近2万册。与多家核心媒体合作制作电视、广播节目,利用大众媒体,让正确的法规和科学的理念普及到尽可能多的民众。

在证监会稽查局的指导下,进行期货市场操纵行为课题研究,形成阶段性研究成果提交证监会;对期货市场信息披露、持仓限额、套期保值等问题展开专题研究;参与证监会法制联席工作会议部署的"资本市场业务规范法律效力研究"和"短线交易法律规制研究",完成相关研究任务。

(中国金融期货交易所供稿)

## 七、中国证券登记结算公司

## 2009年法制工作综述

2009年,中国证券登记结算公司法制工作继续围绕四个重点进行:推动国债回购纠纷案件总体收口、进一步理顺协助执法工作规则和程序、进一步推动证券登记结算有关法律法规和业务规则的完善、进一步提高中国证券登记结算公司运营的合规性审核水平。在中国证券登记结算公司领导正确领导下，在沪、深分公司、总部各部门大力配合下，在证监会等相关单位的大力支持下，本年度法律工作取得较大进展。

## 一、进一步完善证券登记结算法律制度

（一）配合证监会推动无纸化证券法的立项和前期准备工作。组织专门的法案起草小组，起草了《证券电子簿记（无纸化）法建议草案》，对相关疑难问题进行专项研究，汇编整理境外关于电子簿记证券方面立法的资料。

（二）制定发布了《证券质押登记业务实施细则》、《基金管理公司特定客户资产管理登记结算业务指南》，修改发布了《结算银行证券资金结算业务管理办法》及《证券交易结算资金管理业务协议（适用于结算银行）》等业务规则；制定、完善了《结算规则》、《结算参与人管理规则》、《自律管理措施实施细则》、《可交换公司债券登记结算业务细则》、《境外上市公司境内发行股票登记结算业务实施细则》、《境外上市公司非境外上市股份登记存管服务指南》等规则草案，其中，有些正在征求意见，有些已上报证监会审批。

（三）继续参与国际统一私法协会《中介化证券统一实体法公约》的研究工作。对《公约》文件进行分析解读、翻译研究。参加外交大会并表达对公约的立场。分析《公约》对我国证券市场后台法律制度建设的影响，并提出立法建议。

（四）结合中国证券登记结算公司所涉国债回购纠纷案件整体解决的机会，推动最高人民法院在制定审理国债回购纠纷案件的司法性文件中，进一步明确规定证券登记结算业务的相关基本制度，以弥补现有立法的不足。

## 二、切实防范和化解业务运行中的法律风险

（一）推动国债回购纠纷案件处置工作的总体收口。对国债回购案件总体情况进行全面清理和总结，适时提出“大局已定、结果未定”的基本判断和原则、策略，形成中国证券登记结算公司处置国债回购法律纠纷工作的指导意见。

（二）继续配合证监会协调全国人大法工委、国务院法制办、最高人民法院等相关部门，推动中国证券登记结算公司所涉国债回购案件总体收口工作。尤其是推动处理部门认可中国证券登记结算公司对证券公司申报的客户交易指定无审核责任、回购质押担保是证券市场长期存在的一种特殊形式的质押担保。

（三）为尽快推动国债回购案件总体收口，组织中国证券登记结算公司三地三批次走访相关地方法院和原告，宣讲证券登记结算的制度、国家关于证券公司风险处置相关政策、国家关于机构债权的政策，了解地方法院和原告对国债回购案件的认识和心态，推动案件尽快移送、审理和原告撤诉。

（四）继续推动落实《最高人民法院关于对证券登记结算业务相关的诉讼案件管辖与受理问题的通知》。协调数家法院将国债回购案件移送指定管辖法院审理。就《指定管辖通知》的落实问题和《破产法》衔接问题进行全面总结、分析。

## 三、进一步提高中国证券登记结算公司运营合法、合规性审核工作的水平

（一）为使证券登记结算活动具备“健

全”、“清晰”、“透明”、“有效”的法律基础,中国证券登记结算公司开展了登记结算业务规则体系的梳理评估工作,提出了登记结算业务规则体系完善规划方案,拟定了近、中、远三期目标。

(二)为进一步规范中国证券登记结算公司规章制度的起草、审核、审批、公布、修改、废止和解释等工作,促进规章制度依法制定,形成规章制度的整体有效管理,确保规章制度的法律效力。中国证券登记结算公司从各类规章制度的制定程序入手,征求意见,发现问题,着手修订中国证券登记结算公司《规章制度制定办法》,实现规章制度的内容合法和程序合法。

(三)制定发布了《小额风险事件赔付处理办法》、《证券登记结算突发事件应急预案》,完成《风险案例汇编》的编写整理工作,同时制定发布了《反洗钱工作规定》。《公司合同审核流程》、《公司案件管理办法》、《协助执法业务细则》等一批完善公司法律事务管理职能的文件也正在起草过程中。为继续强化中国证券登记结算公司内部管理,对中国证券登记结算公司成立以来的内部管理制度进行了全面清理,并对40多项内部制度进行了重新修订。

(四)根据证监会相关规章和中国证券登记结算公司诚信档案工作制度要求,开展了诚信档案建设日常管理工作,上传、更新结算参与人在证券登记结算业务方面的诚信档案,修订中国证券登记结算公司《诚信档案工作制度》。

**四、开展多种形式的对外法制交流与合作**

(一)推动ACG(亚洲存管组织)成立法律工作组,增强了中国证券登记结算公司在ACG中的影响力。中国证券登记结算公司作为ACG法律工作组的召集人,负责组织工作组的日常工作,组织开展各类研究项目,本年度已经完成成员间的问卷调查和分析工作,为日后专项研究提供了丰富的素材和资料。

(二)为了加强对其他市场登记结算法律制度的学习与交流,深化与境外证券登记结算机构的交流与合作,2009年与香港交易及结算所有限公司(HKEx)、日本证券存管中心(Japan Securities Depository Center,JASDEC)开展了业务交流活动,深入探讨证券登记结算领域的各类基础性法律问题。同时邀请Euroclear公司、台湾集保公司等机构举办“市场制度和法律基础介绍”、“中央结算系统风险管理”、“证券登记法律问题研究”等专题法律讲座,取得良好效果。

(中国证券登记结算公司供稿)

# 八、中国证券投资者保护基金公司

## 2009年度法制工作综述

中国证券投资者保护基金公司(以下简称保护基金公司)一直高度重视法

制工作，坚持用制度管人、管事，并将其作为保护基金公司规范运作和廉政建设的基础。2009年，保护基金公司在前期工作的基础上，继续推进《证券投资者保护基金条例》（以下简称《条例》）立法，促进保护基金筹集、管理、使用等方面的业务规则体系建设，同时进一步规范项目管理、建立项目责任制，有效完善了内部管理制度，提升了科学管理水平。具体情况如下：

## 一、继续推进《条例》立法

《条例》立法一直是保护基金公司的工作重点之一。经过四年的努力，《条例》已连续三年被国务院立法计划列为二档项目。为推进《条例》立法进程，保护基金公司在2009年主要做了以下工作：

（一）开展专项研究，不断提升认识水平

结合立法工作的重点难点和金融危机后境外在投资者保护方面的新进展，立法工作组广泛搜集材料，完成了《关于保护基金的职能定位》、《次贷危机中的美国证券投资者保护》等六篇专项报告，对组织结构、偿付政策、筹集与增值、职能定位、风险监测等重点问题进行系统梳理和研究论证；并结合研究工作进展，形成了4个有较大改动的《条例》草案文本，进一步调整了组织管理架构，细化了风险监测及投资者服务的具体制度构建，并完善了投资管理制度。

（二）坚持科学立法，广泛听取各方意见

为与有关方面尽快达成共识，保护基金公司召开两次条例工作会议：8月7日协调会，与证监会法律部共同研究修改思路，商定工作方向；12月1日研讨会，进一步密切与最高人民法院、国务院法制办、证监会法律部等单位的沟通交流，对《条例》文本和六项专项报告进行研究讨论，充分听取、吸收各方意见。

（三）加强国际交流，借鉴国际经验

为加强国际交流，配合《条例》起草过程中疑难问题的分析、论证和解决，保护基金公司于11月2日召开“金融危机背景下的证券投资者保护”国际研讨会，并与美国证券投资者保护公司签署《证券投资者保护合作谅解备忘录》，建立了长期合作机制。通过充分了解资本市场成熟国家在投资者保护法律制度、风险监测、投资者教育与服务等方面的实践经验，为完善我国证券投资者保护制度提供有益借鉴。

（四）积极协调国务院立法计划立项

2009年10月，保护基金公司配合证监会法律部完成了国务院2010年立法计划建议项目的报送工作，建议将《条例》列入国务院2010年立法计划一档项目，争取尽快出台。

## 二、积极促进保护基金筹集、管理和使用制度体系建设

（一）推进《关于证券公司缴纳证券投资者保护基金有关事项的补充规定》出台

为进一步规范保护基金筹集工作，保护基金公司结合《证券公司缴纳证券投资者保护基金实施办法（试行）》（证监发〔2007〕50号，以下简称《实施办法》）、《企业会计准则（2006）》、《企业会计准则（应用指南）》等有关规定，组织起草并推进《关于证券公司缴纳证券投资者保护基金有关事项的补充规定》（证监会公告〔2009〕25号）的发布，通过《补充规定》进一步明确了证券公司缴纳保护基金的计缴基数计算、申报抵扣办法及审计监督等操作问题。

（二）健全保护基金委托投资管理制度

2009年，保护基金公司继续完善保护基金投资管理制度，制定并发布了《中国证券投资者保护基金公司受偿证券资产处置规则（试行）》，进一步规范了委托投资运作行为，加强对委托投资的管理，防范投资风险。

**三、加强内部控制制度建设**

为防范和控制项目风险、加强内部控制,保护基金公司根据国家有关法律法规并结合工作实际,在2009年制定了《项目管理办法(试行)》及相关《实施细则》和《合同管理办法(试行)》,并整理发布了《项目委托合同范本》,从四个方面进一步完善了内部管理制度:一是明确项目管理范围,把实物资产和服务的采购均纳入项目管理范围之中,全面规范各种项目类型;二是健全资产管理手段,从实物资产管理和价值管理两个方面加强资产核算管理,并在实物资产管理部门和财务管理部门之间建立定期清查盘点和核对制度,切实防止资产流失;三是细化项目管理环节,将项目管理细分为项目立项、合同订立、项目执行监督、项目验收与效果评估、项目档案管理等五个环节,并分别建立管理规范,把好项目质量关,积极推进项目进度;四是建立项目主办部门负责制,明确项目管理责任主体和奖惩措施,增强责任意识,通过将责任意识制度化来带动和促进工作。从实施情况看,《项目管理办法(试行)》及其相关配套规则有效提升了项目管理质量和效率,进一步提高了公司科学管理水平。

(中国证券投资者保护基金公司供稿)

# 九、中国期货保证金监控中心

## 2009年法制建设工作综述

2009年是中国期货保证金监控中心(以下简称监控中心)进一步夯实各项业务基础,锐意进取的一年。在这一年,监控中心在证监会党委的领导下,继续完善期货保证金安全监控、保证期货保证金的安全,在全国范围部署期货市场统一开户系统、实现了期货市场成立以来开户环节统一,顺利启动期货市场运行监测监控、迈开了期货市场风险全面、系统、集中监控新步伐,积极探索从宏观经济和产业经济角度开展分析研究工作、为期货市场健康平稳运行的评判提供新的视角,启动期货投资者保障基金理赔投资者,实现了期货市场保障基金补偿使用“零”突破。这些基础性工作充分发挥了监控中心拥有的信息集中优势,在为监管部门及时、准确提供各类监管信息和深度分析报告的同时,进一步促进了期货市场的标准化、规范化发展,以及期货市场风险研判、化解的科学化、提前化,同时也为监管部门多层面关注期货市场的运行质量、运行效率提供了多维视角和监管信息窗口。监控中心促进期货市场稳步健康的发展的基础性作用也越来越突出。

**一、保证金监控工作再上新台阶,使遵守规则的法制意识深入期货行业**

正常完成了日常监控预警工作,2009年共发出预警152次,较2008年的691次大幅减少了约80%,进一步促进了期货市场的合规、规范运作。显著提高了日常监控预警工作的及时性，将银行数据报送时间提前近1天时间，将预警信息的发出时间由t+2日提前到t+1日。初步完成监控中心查询系统对接期货公司交易系统的全国推广工作，为客户端升级做好技术准备。长假期间保证金安全监控取得进展，解决了长假前最后一日的保证金核对工作的及时性问题。参与并协助完成期货公司分类监管工作。参与《期货公司特定客户资产管理业务试点办法》和《期货公司境外期货经纪业务试点办法》的研究工作。

**二、完成统一开户系统建设及全国推广实施工作，确立了期货公司按新规定办理业务的合规法制意识**

形成了以《期货市场客户开户管理规定》为核心的统一开户业务制度体系。组织完成了统一开户系统联合测试工作，期间首次联网公安系统身份证查询机构和国家质检总局组织机构代码中心，对客户身份进行实时权威认证，使统一开户系统具备了上线条件。从2009年9月《期货市场客户开户管理规定》发布，分五批高效完成了统一开户的全国推广实施工作。2009年11月26日完成推广以来，统一开户系统运行平稳，各交易所和期货公司的开户业务有序进行。统一开户使期货市场客户开户实名制得到了严格彻底的落实，目前已经成功阻止了4100个存在各类问题不合格客户申请，而这些客户在实施统一开户前是可以获得交易编码的，极大地促进了期货公司合规办理业务的法制意识。

**三、扎实推进市场监测监控及相关分析研究工作，促进期货市场运行质量和规范发展取得初步成效**

2009年1月，监控中心上海总部正式成立。一年来，上海总部在监控系统建设以及观察市场、分析市场并为监管部门提供市场监管建议方面发挥了初步作用。

一是市场监控室初步建成。在证监会的推动与交易所的理解支持下，至今年2月份，包括监控中心安全存管系统、4家期货交易所风控系统以及中证登公司的股指期货跨市场监管数据交换平台，共有6组数据全部接入到市场监控室。为保证数据信息的安全，我们对监控室建设与安全运行方案进行了反复论证和改进，制定了严格的信息安全保障措施。

二是监测监控业务全面展开。经过不断的探索和积累，上海总部设计并不断完善了若干项市场统计及风险分析指标。通过这些风险分析指标及交易所风控系统，工作人员对跨市场风险进行持续监测，对各类异常交易进行密切跟踪，并将发现的问题及时报告证监会。

三是分析研究工作有了良好开端。今年，上海总部按照从期货市场数据分析宏观经济和产业经济趋势，以及从经济金融状况分析期货市场运行是否健康的指导思路，对一些热点、制度及结构性问题进行了专题性研究，供监管部门参阅。同时加强了对全球衍生品市场监管动态及运行情况信息的收集整理工作。

**四、妥善处置嘉陵期货公司风险，初步形成期货公司风险处置规则体系**

根据证监会的部署，积极参与和推动嘉陵期货的风险处置工作。目前已分三批完成对嘉陵期货49户投资者保证金权益的补偿收购，累计发放保障基金3890万元。启动期货投资者保障基金的筹集工作。保障基金减免税申请于2009年9月正式获批。根据《期货投资者保障基金管理暂行办法》，我们测算了启动资金及后续资金,协助会里转发财政部、税务总局的减免税通知,并下发《关于缴纳期货投资者保障基金启动资金及后续资金的通知》。同时,注意做好保障基金的日常管理工作。对保障基金相关账目进行日常核算,编制保障基金2008年度财务决算和2009年度财务预算报告,严格按财政部批复执行预算。研究启动北亚期货的风险处置工作。配合期货二部做好北亚期货风险处置工作的前期准备工作,如吊销北亚期货的经营许可证、责成黑龙江证监局制定北亚期货风险处置方案、着手成立现场工作组、选择事务所成立行政清理组等。目前,已编辑完成《期货投资者保障基金风险处置案例及政策法规汇编》。

**五、积极完善内部管理,促进了员工以规范为核心的法制意识**

结合监控中心的工作实际,进一步完善了各项内部管理制度,制定了《监控中心诚信档案工作制度》、《监控中心突发事件应预案》、《监控中心工作人员行为准则》、《监控中心网站管理办法》、《监控中心工作人员辞退规定》(试行);修订了《监控中心信息安全保密管理规定》、《监控中心职务职位序列管理规定》、《监控中心年度考核管理办法》、《监控中心节假日放假及值班制度》。通过这些规章制度的制定、修改和完善,进一步促进了内部管理制度化、规范化。

(中国期货保证金监控中心供稿)

# 十、中国证券业协会

## 2009年法制建设工作综述

2009年,中国证券业协会坚持用科学发展观统领全局,积极应对复杂多变的国内外形势,扎实工作、锐意进取,以"提高证券行业自律管理与服务水平"为核心,在会员单位、从业人员自律管理以及代办股份转让系统建设等方面取得了显著成效。与此同时,中国证券业协会有关的法制建设工作也取得了新的进展。

**一、加强基础性制度建设,夯实行业自律管理与服务的法律基础**

2009年,为加强我国证券业自律管理与服务的制度建设,完善证券业自律规则体系,中国证券业协会根据证券监管部门的要求和行业规范发展的实际需要,共起草、制定、修订并发布自律规则31项,涵盖会员机构自律管理、从业人员自律管理、业务与工作规范及代办股份转让系统等多个层面。

一是起草和制定了8个有关证券公司会员的自律规则。为规范证券公司集合资产管理合同的管理,促进电子签名合同在行业内的推广,在总结会员单位试点经验的基础上,制定并颁布了《证券公司集合资产管理电子签名合同试点指引》。为提高证券公司反洗钱工作的针对性和有效性,建立健全相关客户风险等级划分标准,制定并颁布了《证券公司反洗钱客户风险等级划分标准指引(试行)》。配合监管机关颁布实施的《证券经纪人管理暂行规定》,中国证券业协会制定了《中国证券业协会证券经纪人执业注册登记暂行办法》、《证券经纪人委托合同必备条款》、《中国证券业协会证券经纪人执业规范(试行)》3 项自律规则,从行业自律层面规范了证券经纪人的执业行为。配合监管部门颁布实施《证券公司风险控制指标管理办法》,中国证券业协会制定了《证券公司风险控制指标动态监控系统指引(试行)》,细化了证券公司动态监管指标体系的业务标准。配合发行制度改革,向询价对象发出了《关于做好新股发行体制改革后新股询价工作的通知》,健全了新股询价与申购自律管理制度。

二是颁布实施了《证券投资基金评价业务自律管理工作指引》,进一步细化了证监会颁布的《证券投资基金评价业务管理暂行办法》,将基金评价机构准入、评级标准审核、信息披露、持续检查和自律处分等管理职能纳入了行业自律管理范畴。此外,制定并颁布了《基金经理注册登记规则》、《基金管理公司反洗钱客户风险等级划分标准指引(试行)》,完成了《中国证券业协会开放式证券投资基金销售费用指引》、《基金销售人员自律管理规则》的起草工作。

三是完善中关村股份报价试点制度,代办股份转让系统建设取得重大突破。中国证券业协会发布了修订后的《中关村科技园区非上市股份有限公司股份报价转让试点办法》及配套规则和协议文本共计 11 项,从投资者适当性、公司挂牌条件、转让结算制度、信息披露制度及股份限售制度五个方面对中关村科技园区非上市股份有限公司股份报价转让试点相关制度进行调整与完善。此次试点制度完善,提高了报价系统的市场效率和功能,增强了市场的活力和吸引力,对场外市场的建设与发展具有重要意义。

四是发布了《关于加强证券公司信息安全事故通报工作的通知》、《证券公司网上证券信息系统技术指引》、《证券营业部信息技术指引》、《网上基金销售信息系统技术指引》4 项自律规则,这些规则的起草和制定适应了证券行业信息系统安全的需要,对完善行业信息技术标准、加强信息技术系统风险控制发挥了重要作用。

五是配合创业板市场的规范建设,发布了《创业板市场投资风险揭示书必备条款》,引导投资者理性参与创业板市场交易。发布了《证券公司营业部投资者教育工作规范》,规范了证券公司签约、开户流程,将了解客户、讲解规则、提示风险等投资者教育工作全面融入会员单位经营业务流程中。

六是编辑出版了《证券业从业人员执业行为准则》,公布了《证券业财务与会计人员执业行为规范》,规范证券从业人员行为规范。

此外,中国证券业协会积极参与《中华人民共和国证券投资基金法》的修订工作。多次组织相关部委、监管部门及业界代表召开基金法研讨会,对基金法立法范围、基金的定义、基金管理公司的组织形式、基金从业人员的激励及基金托管人的权利和义务等方面进行了探讨。

## 二、加强各类会员的自律管理与服务,切实履行“自律、服务、传导”职责

### (一)促进证券公司会员合规发展

针对 2009 年新股发行重启,中国证券业协会组织各询价对象对新股询价与申购

业务中的不规范行为进行了自查自纠。向证券监管部门提交《关于 IPO 询价对象备案工作相关问题的函》,反映网下配售对象备案程序缓慢问题。2009 年共受理 24 家申请成为询价对象机构、112 家询价对象就 599 个证券投资产品申请新增网下配售对象资格的申请材料。截至 2009 年 11 月 20 日,在中国证券业协会网站公示的询价对象机构共计 249 家,公示网下配售对象 1443 个。

根据证券公司专业评价申报情况,结合分类监管的要求,对证券公司申报专业评价事项进行了初步评估,拟订完善证券公司主动申请专业评价工作受理和评价标准以及流程。完成融资融券业务试点实施方案专业评价指标与要点、专业评价工作规程等文件的起草工作,并安排证券公司融资融券业务试点实施方案专业评价工作。梳理已完成的证券公司专业评价事项,向监管部门建议对三家会员单位予以 2009 年分类监管评价加分。加强了证券公司信息统计与发布。

配合中国证监会合规管理座谈会的召开,中国证券业协会以召开座谈会、问卷调查、实地走访等多种形式,了解证券公司合规管理的现状,并以《情况反映》的形式向监管部门反映。就证券公司分类监管制度的修改,征集会员单位的意见和建议,形成《关于完善证券公司分类监管制度的意见和建议》,向证券监管部门反映。成立证券公司合规专业委员会,加强对证券公司合规管理专项工作的研究,促进证券公司合规经营、规范发展。

中国证券业协会发布了《关于进一步加强证券交易佣金自律管理工作有关事项的通知》,明确各地方中国证券业协会要根据自身区域特点,采取适合的措施,加强佣金自律管理,进一步改善证券公司会员的经营环境。

(二)深化基金公司会员自律管理和服务

2009 年 4 月开始实施的基金经理注册登记制度,是中国证监会和中国证券业协会加强对基金经理等投资管理人员管理的一项重要措施。中国证券业协会围绕实施基金经理注册登记工作,发布了《关于发布和实施〈基金经理注册登记规则〉有关事项的通知》和《关于基金经理证券投资法律知识考试有关事项的通知》;制定了基金经理注册、变更、注销手续办理流程和审核要点等内部制度,并根据实践逐步简化工作流程;组织专家编制了基金经理证券投资法律知识考试大纲,进行了两次考试命题,建立了计算机考试系统;初步建立了注册信息管理系统并启动了二期系统的规划和建设;组织召开了基金经理注册登记工作座谈会,交流注册登记中相关细节问题;提出了建立投资管理人员培训制度的方案;完成了存量的 461 名已任基金经理和 127 名投资经理登记工作。截至 2009 年 10 月底,进行了 35 次基金经理法规考试,参加考试 143 人次;完成了 111 份新任基金经理注册、131 份基金经理变更和 65 份基金经理注销手续。基金经理频繁变动工作单位和无序流动的现象在一定程度上受到抑制。

2009 年 6 月,中国证券业协会与中证指数公司联合发布中证协基金行业股票估值指数,简称“SAC 行业指数”。新指数分 12 门类和制造业 9 个辅类共 21 项指数,具有三大特点:样本范围覆盖沪深证券交易所市场;统一按照证监会分类标准进行上市公司行业划分;对长期停牌股票做指数撤权处理。新行业指数的推出,有利于基金公司更为准确及时地计算基金净值,满足了市场和基金行业发展的需要。此外,中国证券业协会还加强基金行业间交流与信息服务,积极反映会员诉求。

（三）强化证券资信评级机构自律，打击网络证券非法活动

中国证券业协会组织证券资信评级机构签订了《证券资信评级行业自律公约》。中诚信证券评估有限公司、上海新世纪资信评估投资服务有限公司、鹏元资信评估有限公司、大公国际资信评估有限公司、联合信用评级有限公司5家取得中国证监会证券市场资信评级业务许可并加入中国证券业协会的资信评级机构，在《自律公约》庄重签字，承诺遵守《自律公约》，规范开展证券市场资信评级业务。《自律公约》是证券资信评级行业起步阶段的标志性文件，5家证券资信评级机构签订《自律公约》，有助于证券评级机构树立守法合规、诚信经营的经营理念，加强自我监督和自我约束；有助于提升证券评级行业的整体形象，提高市场认同度和社会责任感；有助于增强社会各界对证券评级行业的认知和了解，使公众更加关注评级行业，增强社会监督，促进其健康发展。而且，完成了对5家证券资信评级机构的现场检查，重点检查了公司《诚信执业承诺书》承诺事项落实、公司管控及员工管理、证券评级业务开展及风险控制情况。

中国证券业协会一直积极协助中国证监会整治非法证券活动。安排有关人员日常监控新浪、搜狐、和讯、网易、东方财富、百度、金融界、腾讯、谷歌、新华网10家网站的非法证券活动信息，并将监控发现的非法网站名单、网址，刊载非法网站信息的网站栏目等情况报送给证券监管部门。在2009年共发现并报送非法网站876个。

同时，中国证券业协会自律监察专业委员会积极维护市场秩序，严格履行自律监察职责。2009年2月，根据《证券发行与承销管理办法》第六条和《中国证券业协会会员管理办法》第二十四条的相关规定，对在2008年首次公开发行股票询价工作中存在违规行为的两家会员公司做出了自律处分。

**三、做好从业人员考试、培训和注册登记工作，培养从业人员守法执业的理念**

（一）做好资格和水平考试，严肃考场纪律

中国证券业协会全年共举办了八大类17次考试，报名总科次175万，再次达到了一个历史高度。同时，中国证券业协会严查考试作弊，增加考试的公信力。在考试合格证打印环节和注册环节显示历次考试现场照片的方式，在执业注册环节为机构的内部审核提供了便利，调动了各个环节参与作弊查处工作的积极性，给作弊考生带来极大震慑，2009年查处了244名作弊考生。

（二）加强从业人员法律知识培训

中国证券业协会不断完善远程课程培训体系，逐步形成较为全面的法规系列课程。制作了基金法规、交易所上市规则、登记结算规则、经纪人法规等课件，同时追踪行业热点，及时制作了金融衍生品市场对证券公司风险的影响、中国证券刑事立法进程及主要罪名等课程。另外，中国证券业协会在全年共举办的34期境内各类培训班和10期境外培训班中，不断强化从业人员法律方面的培训，促使他们知法、懂法、守法、执法。

（三）落实从业人员“持证上岗”制度

做好从业人员资格管理工作，严格“持证上岗”。中国证券业协会要求在2009年7月1日前各类机构专业岗位人员必须申请执业，持证上岗，切实履行中国证券业协会对行业从业人员的自律管理职能。截至2009年12月底，在中国证券业协会执业证书管理系统中注册人数已达134,305人，其中，取得一般证券业务执业证书的有110,602人，取得证券投资咨询

业务执业证书的有10,959人,取得证券经纪业务营销执业证书的有8550人,取得证券经纪人证书的有4194人。

同时,从业人员管理与诚信管理相结合,不断加强诚信体系建设。在原有的从业人员诚信档案基础上,中国证券业协会梳理了近年来被实施市场禁入的从业人员名单,以及经监管部门认可的被证券公司开除人员的名单,按照相关规定,将其录入"黑名单"数据库,将从业人员诚信信息管理与从业人员的注册管理结合起来。

## 四、以制度建设为抓手,不断扩大代办股份转让系统职能

中国证券业协会发布了修订后的《中关村科技园区非上市股份有限公司股份报价转让试点办法》及配套规则和协议文本共计11项,努力做好以下几个方面工作:

一是制定配套规则,确保新制度顺利实施。中国证券业协会制定了《自然人投资者买卖中关村科技园区非上市股份有限公司挂牌股份监控业务指引》、《关于做好账户合并后为投资者开通股份转让业务与股份报价业务有关事项的通知》、《关于做好股份报价转让试点投资者管理有关工作的通知》等系列配套规则和业务指引。同时,密切跟踪各主办券商开展技术准备的进展情况,及时了解技术改造过程中出现的问题,做好相关组织协调工作。这些措施使投资者适当性制度得到有效落实,新制度实施后未发生一起自然人投资者违规买入挂牌公司股份情形。此外,根据新的股东限售制度,对21家挂牌公司的8774万股进行了一次性解除限售,增加了市场中可转让股份数量。组织28家主办券商开展制度完善的宣传工作,共在《中国证券报》等报刊杂志发表宣传文章40余篇。

二是完善定向增资制度,丰富定向增资方式。制定《关于完善定向增资程序的通知》和《关于进一步完善定向增资工作的通知》,对拟定向增资公司的业绩稳定性提出更高要求,要求主办券商对募集资金投向、增资对公司治理结构和规范运作的影响进行尽职调查,增加主办券商对定向增资项目内核程序的要求。报价系统融资功能不断增强,支持科技型中小企业发展的功能日益显现。

三是大力加强信息披露监管制度建设,提高挂牌公司规范运作水平。第一,制定《主办券商信息披露督导工作指引》,强化主办券商督导职责,规范信息发布流程,切实提高信息披露质量。第二,针对个案,建立主办券商专项调查制度,制定《挂牌公司传闻澄清及投诉事项处理规程》,在公共媒体出现对挂牌公司的重大传闻或收到投资者对挂牌公司的投诉事项时,建立相应处理机制,促进市场稳定运行。第三,开展信息披露专项培训,为挂牌及拟挂牌园区公司董事、董秘人员讲解有关公司治理、信息披露的要求,强化其规范履行信息披露义务意识,提高公司规范运作水平。第四,发布《股份解除转让限制公告格式与必备内容》,规范股份解除转让限制公告的格式和内容;起草并发布《挂牌公司变更所聘用会计师事务所事项的通知》,规范股份报价公司会计师事务所变更事项的信息披露工作。

在推出新制度的同时,稳步推进系统各项日常工作。比如,做好备案审查,扩大主办券商队伍,研究场外市场建设相关问题,探索在报价系统引入做市商制度,做好退市公司投资者信访工作,着手扩大试点准备工作等。截至2009年11月底,代办股份转让系统共有挂牌公司110家、挂牌股票114只,其中中关村园区股份报价公司59家,原两网系统遗留问题公司8家,退市公司43家。2009年代办系统累计成交4.19亿股,成交金额5.8亿元,其中报

价系统累计成交0.95亿股，成交金额4.31亿元。

此外，中国证券业协会制作投资者教育宣传品动画片《投资风险案例》，将其在中央电视台证券资讯频道、西藏自治区电视台一台及厦门等地的网络电视播出。同时，中国证券业协会将《投资风险案例》制作成光盘，免费发放到全体会员和全国所有的证券营业部、服务部，提醒投资者牢固树立法制意识和风险防范意识。

（中国证券业协会供稿）

# 十一、中国期货业协会

## 2009年法制建设工作综述

### 一、制定发布自律规则，继续完善自律规则体系

2009年，中国期货协会积极完善自律规则体系，制定了《期货投资者信用风险信息共享管理办法（试行）》、《期货投资者信用风险共享管理办法实施细则（试行）》、《期货公司客户反洗钱风险等级划分标准指引》、《期货公司执行股指期货投资者适当性制度自律公约》，修订了《证券公司为期货公司提供中间介绍业务协议指引》，发布了《期货公司信息技术管理指引》、《期货公司网上期货信息系统技术指引》。截至2009年12月30日，中国期货协会正式实施的自律规则共24件，涵盖会员和期货从业人员管理、会费收支、信息技术、反洗钱、期货经纪合同、纪律惩戒、投资者信用风险信息、中间介绍业务、期货公司会计科目等内容。

### 二、开展行业内专项检查，提高自律水平

今年，中国期货协会先后开展了多项专项检查，包括：（1）旨在跟踪、监督、检查期货公司落实、执行《期货投资者教育工作指引》情况的投资者教育检查；（2）旨在贯彻落实《关于进一步加强期货公司信息技术管理工作的指导意见》（证监会公告〔2009〕15号）精神和《期货公司信息技术管理指引》规定的期货公司信息技术检查；（3）旨在加强对从业人员管理，提升期货公司合规经营理念，规范从业人员执业行为的从业人员资格检查。开展上述三项检查，有助于期货公司提升投资者教育水平、增强信息技术实力，有助于中国期货协会进一步了解期货从业人员结构和现状，实现期货行业规范发展和可持续发展。

### 三、调解纠纷，处理违法违规行为

2009年，中国期货协会加强了纠纷调解工作，积极探索期货行业纠纷调解的有效机制。今年初，中国期货协会召集联系会员召开了全国期货行业纠纷调解经验交流会，年中对联系会员的纠纷调解工作进行了检查，并拟于2010年1月召开2009年期货行业纠纷调解工作会议。处理违法

违规行为是中国期货协会加强行业自律的重要工作之一。2009年,中国期货协会向违规行为比较轻微的39家期货公司发出合规警示函,给予1名从业人员纪律惩戒,给予1家期货公司纪律惩戒,同时拟给予13名从业人员、3家期货公司纪律惩戒。积极开展调解纠纷、处理违法违规行为,有助于提升公司合规水平,维护投资者的正当权益,促进期货市场的健康有序发展。

(中国期货业协会供稿)

**附:**

# 自律组织和相关机构2009年制定或修改的主要自律规则目录

## 上海证券交易所

| 序号 | 文件标题 | 文　　号 | 发文日期 |
|---|---|---|---|
| 1 | 关于交易型开放式指数基金相关交易费用减免的通知 | 上证产字〔2009〕1号 | 2009-1-6 |
| 2 | 关于执行《上市公司收购管理办法》等有关规定具体事项的通知 | 上证公字〔2009〕3号 | 2009-1-23 |
| 3 | 关于2009年地方政府债券发行、上市交易的通知 | 上证债字〔2009〕32号 | 2009-3-25 |
| 4 | 关于延长大宗交易系统专场业务经手费优惠期限的通知 | 上证交字〔2009〕5号 | 2009-4-14 |
| 5 | 关于强化客户解除限售存量股份减持行为管理工作的通知 | 上证会字〔2009〕8号 | 2009-4-28 |
| 6 | 关于发布《上海证券交易所债券质押式报价回购业务指引(试行)》的通知 | 上证交字〔2009〕8号 | 2009-5-14 |
| 7 | 关于各新股网下发行配售对象报备相关账户信息的通知 | 上证发字〔2009〕2号 | 2009-6-11 |
| 8 | 关于修订《沪市股票上网发行资金申购实施办法》的通知 | | 2009-6-18 |
| 9 | 关于修订《上海市场首次公开发行股票网下发行电子化实施细则》的通知 | | 2009-6-18 |
| 10 | 关于发布《上市公司临时公告格式指引》(2009年修订)的通知 | 上证公字〔2009〕69号 | 2009-7-14 |
| 11 | 关于发布《上海证券交易所上市公司持续督导工作指引》的通知 | 上证公字〔2009〕75号 | 2009-7-15 |
| 12 | 关于发布《上海证券交易所证券上市审核暂行规定》(2009年修订)的通知 | 上证发字〔2009〕7号 | 2009-8-6 |
| 13 | 关于修订证券代码分配规则的通知 | 上证交字〔2009〕20号 | 2009-8-10 |

续表

| 序号 | 文件标题 | 文　　号 | 发文日期 |
|---|---|---|---|
| 14 | 关于发布《上海证券交易所上市公司董事选任与行为指引》的通知 | 上证公字〔2009〕95号 | 2009-8-25 |
| 15 | 关于修订《上海证券交易所公司债券上市规则》的通知 | 上证债字〔2009〕186号 | 2009-11-2 |
| 16 | 关于调整公司债券发行、上市、交易有关事宜的通知 | 上证债字〔2009〕187号 | 2009-11-2 |
| 17 | 关于发布《上海证券交易所交易异常情况处理实施细则(试行)》的通知 | 上证交字〔2009〕33号 | 2009-11-2 |

**深圳证券交易所**

| 序号 | 规则名称 | 文　　号 | 制定时间 |
|---|---|---|---|
| 1 | 《深圳证券交易所境外证券经营机构B股交易风险管理细则》 | 深证会〔2009〕27号 | 2009年3月2日 |
| 2 | 《关于公司债券、企业债券、分离交易的可转换公司债券实施净价交易的通知》 | 深证会〔2009〕41号 | 2009年3月25日 |
| 3 | 《深圳证券交易所关于地方政府债券发行和上市交易有关事项的通知》 | 深证会〔2009〕42号 | 2009年3月26日 |
| 4 | 《关于对存在资金占用或违规担保情形的上市公司股票交易实行其他特别处理若干问题的通知》 | | 2009年3月26日 |
| 5 | 《关于记账式国债分类管理有关事项的通知》 | 深证会〔2009〕43号 | 2009年3月27日 |
| 6 | 《深圳证券交易所证券指数管理细则》 | 深证会〔2009〕44号 | 2009年4月1日 |
| 7 | 《深圳证券交易所自律监管措施和纪律处分措施实施细则(试行)》 | 深证上〔2009〕44号 | 2009年6月2日 |
| 8 | 《深圳证券交易所创业板股票上市规则》 | 深证上〔2009〕45号 | 2009年6月5日 |
| 9 | 《关于报送网下发行配售对象A股证券账户的通知》 | 深证会〔2009〕120号 | 2009年6月11日 |
| 10 | 《资金申购上网公开发行股票实施办法》 | 深证上〔2009〕48号 | 2009年6月18日 |
| 11 | 《深圳市场首次公开发行股票网下发行电子化实施细则》 | 深证上〔2009〕49号 | 2009年6月18日 |
| 12 | 《深圳证券交易所创业板市场投资者适当性管理实施办法》 | 深证发〔2009〕17号 | 2009年7月1日 |
| 13 | 《关于完善中小企业板首次公开发行股票上市首日交易监控和风险控制的通知》 | 深证会〔2009〕137号 | 2009年7月2日 |
| 14 | 关于修改《深圳证券交易所上市公司信息披露格式指引》第15号的通知 | 深证上〔2009〕56号 | 2009年7月8日 |
| 15 | 《关于进一步推进创业板市场投资者适当性管理相关工作的通知》 | 深证会〔2009〕179号 | 2009年8月18日 |

续表

| 序号 | 规则名称 | 文　　号 | 制定时间 |
|---|---|---|---|
| 16 | 关于发布《深圳证券交易所上市公司信息披露工作指引第 8 号——衍生品投资》的通知 | 深证上〔2009〕75 号 | 2009 年 8 月 27 日 |
| 17 | 关于发布《中小企业板上市公司限售股份上市流通实施细则(2009 年修订)》的通知 | 深证上〔2009〕92 号 | 2009 年 9 月 15 日 |
| 18 | 《深圳证券交易所股票上市公告书内容与格式指引》 | | 2009 年 9 月 16 日 |
| 19 | 《关于认真做好创业板申报账户信息核查和首次新股发行申购相关工作的通知》 | 深证会〔2009〕210 号 | 2009 年 9 月 21 日 |
| 20 | 《关于创业板首次公开发行股票上市首日交易监控和风险控制的通知》 | 深证会〔2009〕213 号 | 2009 年 9 月 23 日 |
| 21 | 《关于认真做好创业板新股申购规范工作的通知》 | 深证会〔2009〕215 号 | 2009 年 9 月 24 日 |
| 22 | 《关于认真改进创业板账户信息报送及相关工作的通知》 | 深证会〔2009〕219 号 | 2009 年 9 月 30 日 |
| 23 | 《关于发布深交所上市公司信息披露工作指引第 7 号的通知》 | | 2009 年 10 月 9 日 |
| 24 | 《深圳证券交易所创业板上市公司规范运作指引》 | 深证上〔2009〕106 号 | 2009 年 10 月 15 日 |
| 25 | 《关于创业板上市证券交易有关事项的通知》 | 深证会〔2009〕236 号 | 2009 年 10 月 26 日 |
| 26 | 《关于进一步做好投资者适当性管理工作确保创业板股票交易账户规范的通知》 | 深证会〔2009〕237 号 | 2009 年 10 月 27 日 |
| 27 | 《深圳证券交易所交易异常情况处理实施细则(试行)》 | 深证会〔2009〕242 号 | 2009 年 11 月 2 日 |
| 28 | 《深圳证券交易所公司债券上市规则》 | 深证上〔2009〕143 号 | 2009 年 11 月 2 日 |
| 29 | 《深圳证券交易所中小企业板诚信建设指引》 | 深证上〔2009〕156 号 | 2009 年 11 月 23 日 |
| 30 | 《中小企业板上市公司保荐工作评价办法》 | 深证上〔2009〕170 号 | 2009 年 12 月 4 日 |
| 31 | 《关于调整通信网关报盘速率的通知》 | 深证会〔2009〕288 号 | 2009 年 12 月 10 日 |

**上海期货交易所**

| 序号 | 规则名称 | 文　　号 | 日期 | 制定/修订 |
|---|---|---|---|---|
| 1 | 上海期货交易所风险控制管理办法 | 上期交法律字〔2009〕17 号 | 2009－1－13 | 修订 |
| 2 | 上海期货交易所结算细则 | 上期交法律字〔2009〕17 号 | 2009－1－13 | 修订 |
| 3 | 上海期货交易所风险控制管理办法 | 上期交法律字〔2009〕66 号 | 2009－3－17 | 修订 |
| 4 | 上海期货交易所交割细则 | 上期交法律字〔2009〕66 号 | 2009－3－17 | 修订 |
| 5 | 上海期货交易所标准仓单管理办法 | 上期交法律字〔2009〕66 号 | 2009－3－17 | 修订 |

续表

| 序号 | 规则名称 | 文　号 | 日期 | 制定/修订 |
| --- | --- | --- | --- | --- |
| 6 | 上海期货交易所套期保值交易管理办法 | 上期交法律字〔2009〕66 号 | 2009－3－17 | 修订 |
| 7 | 上海期货交易所指定钢材厂库交割办法（试行） | 上期交法律字〔2009〕66 号 | 2009－3－17 | 制定 |
| 8 | 上海期货交易所交割细则 | 上期交法律字〔2009〕196 号 | 2009－5－20 | 修订 |

**大连商品交易所**

| 序号 | 文件题目 | 文　号 | 发布时间 | 制定/修订 |
| --- | --- | --- | --- | --- |
| 1 | 关于公布施行《大连商品交易所黄大豆 1 号期货合约修正案》等合约规则修正案的通知 | 大商所发〔2009〕124 号 | 2009. 8. 28 | 修订 |
| 2 | 关于公布施行《大连商品交易所聚氯乙烯期货合约》和相关实施细则修正案的通知 | 大商所发〔2009〕60 号 | 2009. 5. 19 | 修订 |

**郑州商品交易所**

| 序号 | 文件名称 | 制定/修订 | 发布时间 |
| --- | --- | --- | --- |
| 1 | 郑州商品交易所期货交易细则 | 修订 | 2009 年 3 月 28 日 |
| 2 | 郑州商品交易所期货结算细则 | 修订 | 2009 年 3 月 28 日 |
| 3 | 郑州商品交易所期货交割细则 | 制定 | 2009 年 3 月 28 日 |
| 4 | 郑州商品交易所期货交易风险控制管理办法 | 制定 | 2009 年 3 月 28 日 |
| 5 | 郑州商品交易所违规处理办法 | 修订 | 2009 年 3 月 28 日 |
| 6 | 郑州商品交易所套期保值管理办法 | 修订 | 2009 年 3 月 28 日 |
| 7 | 郑州商品交易所标准仓单管理办法 | 制定 | 2009 年 3 月 28 日 |
| 8 | 郑州商品交易所指定商品交割仓库管理办法 | 修订 | 2009 年 3 月 28 日 |

**中国证券登记结算有限责任公司**

| 序号 | 文件名称 | 发布文号以及批准文号 | 发布日期 |
| --- | --- | --- | --- |
| 1 | 《关于做好开户资料联网核查异常的投资者身份信息复查工作的通知 》 | 中国结算发字〔2009〕222 号 | 2009－11－20 |
| 2 | 《关于建立证券账户管理长效机制、进一步加强账户信息比对的通知》 | 中国结算发字〔2009〕67 号 | 2009－4－27 |
| 3 | 《合伙企业等非法人组织证券账户开立业务操作指引》 | 中国结算发字〔2009〕227 号 | 2009－12－1 |

续表

| 序号 | 文件名称 | 发布文号以及批准文号 | 发布日期 |
|---|---|---|---|
| 4 | 《证券质押登记业务实施细则》 | 中国结算发字〔2009〕187号<br>市场监管部函〔2009〕289号 | 2009-9-30 |
| 5 | 《结算银行证券资金结算业务管理办法》(修订) | 中国结算发字〔2009〕169号 | 2009-9-3 |
| 6 | 《证券交易结算资金管理业务协议(适用于结算银行)》(修订) | 中国结算发字〔2009〕169号 | 2009-9-3 |
| 7 | 《开放式基金全额非担保结算业务指引》 | 中国结算发字〔2009〕109号 | 2009-6-22 |
| 8 | 《证券公司代办股份转让系统中关村科技园区非上市股份有限公司股份报价转让登记结算业务实施细则》 | | 2009-6-12 |
| 9 | 《深圳市场首次公开发行股票网下发行电子化实施细则》(修订) | | 2009-6-18<br>与深圳证券交易所、中国证券业协会共同发布 |
| 10 | 《资金申购上网定价公开发行股票实施办法》(修订) | 经中国证监会证监函〔2009〕166号文批准 | 2009-6-18<br>与深圳证券交易所共同发布 |
| 11 | 《上海市场首次公开发行股票网下发行电子化实施细则》(修订) | | 2009-6-18<br>与上海证券交易所、中国证券业协会共同发布 |
| 12 | 《沪市股票上网发行资金申购实施办法》(修订) | | 2009-6-18<br>与上海证券交易所共同发布 |
| 13 | 《创业板市场投资者适当性管理业务操作指南》 | | 2009-7-2<br>与深圳证券交易所共同发布 |
| 14 | 《基金管理公司特定客户资产管理登记结算业务指南》 | 中国结算发字〔2009〕156号 | 2009-8-11 |
| 15 | 《信息披露义务人持股及股份变更情况查询业务指南》(修订) | 中国结算深业字〔2009〕15号 | 2009-8-19 |
| 16 | 《关于开通企业债跨市场转托管电子申报有关事项的通知》 | 中国结算深业字〔2009〕19号 | 2009-10-27 |
| 17 | 《证券公司代办股份转让系统中关村科技园区非上市公司股份报价转让登记结算业务指南》 | 中国深圳深业字〔2009〕7号 | 2009-6-26 |
| 18 | 《关于股份转让账户与深市主板账户合并的通知》 | 中国结算深业字〔2009〕8号 | 2009-6-16 |
| 19 | 《关于落实证券账户日常管理等有关事项的通知》 | 中国结算深业字〔2009〕9号 | 2009-5-20 |

续表

| 序号 | 文件名称 | 发布文号以及批准文号 | 发布日期 |
|---|---|---|---|
| 20 | 《关于合伙企业等非法人组织开户有关事项及其数据接口的通知》 | 中国结算深业字〔2009〕25 号 | 2009－12－18 |
| 21 | 《关于对部分发行类业务实施非担保结算的通知》 | 中国结算沪业字〔2009〕15 号 | 2009－2－3 |

# 第七部分　监管专题

## 创业板市场建立投资者适当性管理制度

创业板市场的投资风险相对较高，因此中国证监会在推进创业板建设的过程中，始终高度重视投资者教育，将创业板可能存在的风险、与现有主板市场的差异等内容充分、客观地告知投资者，倡导理性投资。其中，建立创业板投资者适当性管理制度就是加强投资者教育的一个重要举措。

2009 年 6 月 30 日，中国证监会发布《创业板市场投资者适当性管理暂行规定》（证监会公告〔2009〕14 号，以下简称《暂行规定》），2009 年 7 月 15 日起施行。这一制度推出以来，在各方共同努力下，相关工作平稳、有序开展，逐步得到了市场参与者的理解和认可。总体看，投资者适当性管理工作切实起到了风险教育的作用，基本达到了预期的效果。

### 一、建立创业板投资者适当性管理制度的背景

随着我国多层次资本市场体系建设的逐步推进，建立以适当性安排为内容的投资者保护制度，使投资者的风险认知和风险承受能力与所投资的产品相适应，日益成为市场发展的迫切要求。

创业板的投资者适当性管理制度，是创业板制度体系的重要组成部分。与主板市场相比，创业板企业普遍具有规模较小、经营业绩不够稳定的特点，投资风险相对较高。如果大量不了解创业板市场风险、不具备风险承受能力的投资者盲目参与，有可能引发一系列问题。2009 年 5 月 1 日实施的《首次公开发行股票并在创业板上市管理暂行办法》（以下简称《管理办法》）规定，“创业板市场应当建立与投资者风险承受能力相适应的投资者准入制度，向投资者充分揭示投资风险。”《证券公司监督管理条例》也对证券公司向客户销售金融产品、提供相关服务提出了适当性的要求。为了保护投资者合法权益，提示投资者审慎做出投资创业板的选择，创业板市场建立了投资者适当性管理制度，适度设置了投资者入市的基本要求。这项制度的目的并不是要限制某一类投资者投资于创业板企业的权利，而是希望通过一定的程序和要求，使投资者能够真正理解创业板市场的风险，客观评价自身的风险认知与风险承担能力，审慎做出投资决策，从而达到保护投资者合法权益的根本目的。

### 二、创业板投资者适当性管理制度体系框架

实施投资者适当性管理在我国证券市场还处于探索阶段，针对我国资本市场处于“新兴加转轨”阶段，投资者众多，特别是个人投资者占大多数等特点，通过多种方

式听取了市场人士对于建立这一制度的看法、建议等，并研究了部分海外市场在“适当的投资者购买适当的产品”方面的做法。经过综合考虑，我们构建的创业板市场投资者适当性管理制度体系主要包括：

一是中国证监会颁布的《暂行规定》。主要内容是根据《管理办法》的有关规定，对创业板投资者适当性管理提出原则要求，同时授权自律机构制定具体实施办法和创业板市场投资风险揭示书必备条款。

二是《深圳证券交易所创业板市场投资者适当性管理实施办法》（以下简称《实施办法》）。主要内容是具体明确投资者适当性管理的基本要求、程序、工作机制以及监管要求等。

三是中国证券业协会制定的《创业板市场投资风险揭示书（必备条款）》（以下简称《必备条款》）。证券公司在其制定的《创业板市场投资风险揭示书》标准文本中必须包括《必备条款》所列示的条款，同时证券公司也可以根据实际需要在其制定的风险揭示书中增加其他有关内容。

## 三、创业板投资者适当性管理的基本要求

根据《实施办法》规定，自然人投资者申请参与创业板市场，原则上应当具有两年以上（含两年）交易经验。交易经验的具体起算时点，为投资者本人名下的账户在上海或深圳证券交易所发生首笔股票交易之日。以交易经验作为基本要求的主要考虑是，具有一定交易经验的投资者，其对市场风险的认知程度总体上会高于新入市的投资者。特别是从2007年以来，证券市场经历了一轮比较完整的市场上涨与下跌，经历过此轮周期的投资者大多数具有或即将具有两年以上投资经验，对市场风险有较为深刻的感受，其相关投资决策会相对审慎。

具备两年以上交易经验的投资者申请开通创业板市场交易时，证券公司需要与其现场书面签署《创业板市场投资风险揭示书》，并要求其抄录一段声明。证券公司经办人员应见证投资者签署并签字确认。

对暂时达不到两年交易经验要求的自然人投资者，鼓励其通过购买与创业板有关的证券投资基金等方式间接参与。如经过慎重考虑，相关投资者仍坚持直接参与创业板市场，《实施办法》也提供了相应的通道，即相关投资者向证券公司提出开通申请后，证券公司需与其现场书面签署《创业板市场投资风险揭示书》，并要求其就自愿承担市场风险抄录一段特别声明。证券公司经办人员应见证投资者签署并签字确认，之后还需要证券公司营业部负责人签字确认。

## 四、相关责任落实

为了保证创业板投资者适当性管理制度落到实处，《暂行规定》要求证券公司具体负责投资者适当性管理的组织实施，了解投资者的身份、财产与收入状况、证券投资经验、风险偏好、投资目标等基本情况，有针对性地进行风险揭示、投资者培训、投资者教育等工作，并应当持续加强对投资者的服务，针对市场变化，及时提醒投资者关注风险，引导投资者理性、规范地开通和参与创业板市场交易。同时，证监会及其派出机构、深圳证券交易所、中国证券业协会也将开展监督检查，对发现的违规行为采取相应的监管措施。

在《暂行规定》等办法的实施过程中，深交所、证监会各派出机构做了大量工作，督促证券公司制订和完善业务制度和操作指引，并进行具体指导；证券公司也充分调动各方资源，调配人员，设置受理和解答问题的专柜，加班加点接受材料，多形式、多

渠道向投资者告知创业板市场投资者适当性管理的具体要求,保证了这项工作的平稳、有序开展。

实施投资者适当性管理在我国还处于探索阶段,我们将根据市场情况解决存在的问题,不断总结经验,进一步推进资本市场各项基础制度的建设,切实保护投资者的合法权益。

(证监会市场部供稿)

# 《中介化证券实体法公约》研究和谈判取得重要进展

## 一、相关背景

随着国际资本跨境流动加速,跨境证券交易、证券担保频繁。由于各国法律体系、市场发展阶段、市场的国际化程度不尽相同,各国关于证券持有、交易、担保的规则体系存在较大差异,彼此之间较难对接,这在一定程度上成为制约国际资本市场跨境交易发展的重要因素。

为降低国际证券交易中的法律风险、系统风险和运作成本,保护投资者及相关主体的利益,促进国际间证券交易的顺畅,提供中介化证券①持有和处置过程中应共同遵守的法律框架,2002年,国际统一私法协会②成立专门小组开始研究起草《中介化证券实体法公约》(以下简称《公约》)。迄今为止,《公约》共举行四次政府专家论证会。2009年10月,《公约》外交大会第二阶段会议③审议确定了最终文本,已开放供各国签署加入。

《公约》共七章四十八条,主要内容包括中介化证券的定义、中介化证券权益的取得和处分、中介人的承担主体及职责权利、中介人破产、投资者的权利保护、证券担保权益的设立、行使及实现等方面。

## 二、开展的主要工作

《公约》是中国参与讨论的第一个专门针对资本市场的国际条约,中国证监会对此高度重视,2007年7月抽调证券监管系统内骨干力量成立专项工作小组④,对《公约》在中国的适用性进行专项研究。在此期间,商务部给予了大力支持。

《公约》由西方发达市场国家推动起

---

① 《公约》所指的证券,主要包括两个要素:一是通过证券账户记载;二是取得和处分依《公约》规定进行。证券范围包括股票、债券、其他金融工具或金融资产,但不包括现金。根据《公约》第一条(b)之定义,中介化证券是指"贷记到证券账户的证券或贷记到证券账户上的证券所产生的权利或利益"("intermediated securities" means securities credited to a securities account or rights or interests in securities resulting from the credit of securities to a securities account)。

② 国际统一私法协会(以下简称协会)是独立的政府间国际组织,宗旨是促进各国私法尤其是商事规则的统一和协调。其成员限于主权国家,目前拥有62个成员国。我国1986年加入该协会,是协会的重要成员国之一。商务部条法司作为国内联系单位,负责与该协会的联络及协调事宜。

③ 外交大会分为两个阶段,分别于2008年9月和2009年10月在日内瓦召开,因此,《公约》又称为《日内瓦证券公约》。中国代表团均派代表参加。

④ 专项工作小组成员单位包括:中国证监会市场部、机构部、基金部、法律部、国际部、中国证券登记结算公司、上海证券交易所、深圳证券交易所。此外,北京大学、清华大学、人民大学、中国政法大学、中央财经大学的部分法学教授,以及证券公司、基金公司、托管银行、QDII、QFII等方面的业内专家,对专项工作小组的研究工作给予了大力支持,并提供了大量专业意见和工作建议。

草，其基本框架以这些国家的资本市场实践和法律制度为蓝本，内容多，条文及相关制度对我们来说比较陌生。因此，除了要对《公约》条文本身进行深入研究外，还要了解其起草的背景，更要熟悉中国的法律制度及市场实践。专项工作小组成立后，经过反复讨论，重点开展了以下几个方面的基础工作：

一是翻译《公约》各阶段文本、条文解释，搜集背景情况和主要发达国家的相关制度等材料，梳理总结我国现有证券持有制度的特点，开展《公约》条文与我国现行法律制度的比较研究等，为深入研究《公约》的适用性奠定坚实的基础。

二是多范围、多层次、多形式组织调研，广泛听取包括全国人大法工委、国务院法制办、最高人民法院、商务部等立法司法机关和相关部委，民商法、国际法等领域的教授学者，上海、深圳证券交易所、中国证券登记结算公司等自律组织，证券公司、基金公司、托管银行、合格境内机构投资者、合格境外机构投资者等各方面的意见，丰富了小组研究的角度、增加了研究的深度和广度。

三是在分析研究基础资料和调研的基础上，小组撰写了大量的研究报告，包括中国证券持有体系的现状、《公约》条文与中国国内法律的对比分析、《公约》对我国资本市场的短期及长期影响、对我国后台制度建设的启示以及相关的立法建议等，为领导的决策提供了参考。

四是派员参加中国政府派出的代表团，参与《公约》政府专家组会议和两阶段外交大会谈判，积极反映我们的意见与呼声，同时与起草委员会和境外专家保持密切沟通，为争取《公约》向有利于我们的方向改进创造良好的环境。

通过上述工作，首先增进了中国与境外发达资本市场之间的相互了解，体现了中国积极融入国际社会的开放态度；其次，在参与制订规则的过程中，通过采取主动维护自身权益的措施，争取《公约》条款向兼容中国资本市场情况的方向改进，为今后中方在完善相关制度的基础上加入《公约》奠定基础；与此同时，《公约》研究过程中的广泛调研，使得相关机构、市场参与者加深了对《公约》的认识，并开始借鉴《公约》中的一些成熟安排，推动中国相关立法建设。

## 三、主要工作成果

在全面研究的基础上，专项小组最终形成了中国应对《公约》的总体研究报告——《关于〈中介化证券实体法公约（草案）〉的总体研究报告》，从理论和实践、法律和业务等多个层面深入分析了《公约》在中国的适用性。报告主要内容如下：

（一）《公约》的适用性及影响

《公约》为了能够兼容不同国家的不同制度，采用了功能性立法语言，不强求统一各国的具体交易方式、结算模式、相关主体间的法律关系。但是，由于《公约》为实体法，而且其适用范围广泛，不仅仅规范跨境证券交易，也会影响到境内交易。

比如，在法律制度方面，《公约》有关名义持有人制度、破产法律制度以及担保法律制度中的让与担保和商事留置权等内容与国内现有规定存在差异；而结算规则优先、中介人职责及义务、证券权益的获得和处分、冲突利益之间的优先性等内容在国内法中属于空白。又如，实务方面，《公约》中所提到的中介人角色，目前在中国由证券登记结算机构和证券公司共同承担，二者的地位、职责分工直接影响到《公约》条款的适用，需要统筹考虑证券行业的发展战略、改革方向等问题，并首先在国内法中进一步明确。

由此可见，如现阶段加入《公约》，势

必会对国内立法及资本市场实务产生较大影响。

(二)中国应对《公约》的态度建议

《公约》是适应全球经济进一步融合的需求产生的,其内容在一定程度上体现了发达资本市场的成熟做法,对中国完善资本市场法律制度建设具有重要参考意义;而且《公约》重在保护投资者参与证券交易的基本权益,有助于丰富和完善国内的投资者保护制度体系建设。因此,从长期来看,中国资本市场要走向国际化,利用国际法律规则为国内的市场建设服务,未来加入《公约》可能是一种趋势。

另外,必须正视《公约》与中国国内法存在的差异,逐步解决好与《证券法》、《物权法》、《担保法》、《企业破产法》等的衔接问题。对国内法空白的,要尽快借鉴《公约》的规定,完善和推进国内相关立法,从而使得加入《公约》为促进中国的法制建设和资本市场健康发展服务。在国内法规尚不配套的情况下,仓促加入《公约》可能会对中国现行法律制度和实践做法造成一定的冲击。

为此,考虑到第二阶段外交大会《公约》文本确定后,即向所有成员国开放,各国可随时加入,专项工作小组建议充分利用加入《公约》程序方面灵活的机制安排,推进各项制度建设,待法律制度和业务技术准备有效衔接后,再根据市场发展的需要择机加入《公约》。

(证监会市场部郑锋、拓小燕撰写)

# 证券公司合规管理工作全面推进

自2007年以来,为实现监管机制从行政监管为主向行政监管、行业自律和公司自我约束有机结合转变,为证券公司规范、持续、稳定发展奠定基础,证监会以科学发展观为指导,紧紧围绕提高证券公司核心竞争力的目标,在总结我国证券公司改革发展的经验教训,并借鉴国际先进做法的基础上,将推动证券公司建立并深入有效实施合规管理制度作为加强证券行业基础性制度建设的一项重点工作,多措并举,大力推进。目前,证券行业已全面实施合规管理制度,工作取得预期成效。

## 一、推进证券公司合规管理工作的背景

在我国证券行业建立和实施合规管理制度,有着深刻的市场和行业背景。2004年前后,一批证券公司多年积累的风险呈现集中爆发态势,全行业面临自产生以来最严重的一次危机,危及资本市场的安全,并波及社会稳定。按照国务院的部署,证监会全面启动了证券公司综合治理工作,积极稳妥地处置高风险公司,并采取综合性措施对证券行业进行全面整顿和规范。在化解风险与实施新制度的实践中,证券公司历史积累的问题集中暴露,以往的管理缺陷充分显现,促使证券公司进行了一番深刻而痛苦的反思,全行业认识到,证券公司及其员工频频发生的违法违规行为是产生行业性危机的重要原因,证券公司要想生存和发展,必须始终坚持合规经营,必须高度重视风险控制。为此,部分证券公司开始探索在公司内部建立防范发生违法违规行为的工作机制。但从全行业来看,

对于如何建立一套系统、专业、有效的防控违法违规行为的内部控制制度尚未形成统一清晰的认识。随着综合治理接近尾声，证券行业开始发生历史性转折，全行业对于健全内部约束机制以保障持续健康发展的需求也变得越来越迫切。

从对以往监管工作的反思中，证监会也认识到，要规范证券公司的经营行为，防止出现持续性、普遍性违法违规行为和重大风险事件，除必须建立并完善动态监管机制，保持外部监管的针对性、有效性外，还必须健全证券公司的内部约束机制，解决证券公司内部约束与外部监管脱节的问题。在这一方面，境外成熟市场的证券行业在实践中形成的一套相对完善的合规管理制度提供了有益的借鉴。境外成熟市场的证券经营机构通过设置专业的部门或岗位，制定和执行专门的内控制度，开展合规审查、合规监测和合规检查等措施，建立并实施了一套系统的合规管理制度，在预防、识别、评估、报告和应对合规风险方面发挥了积极作用，并形成了一些国际普遍认同的原则和做法。

正是在这样的背景下，为了指导并推动我国证券行业尽快健全内部约束的长效机制，保障公司依法合规经营、合规运作，在总结我国证券公司改革发展的经验教训，并借鉴国际先进做法的基础上，证监会于2007年决定推动证券公司建立并有效实施合规管理制度，并将其作为加强证券行业基础性制度建设的一项重点工作。

**二、推进证券公司合规管理工作的进展情况**

为了稳妥推进证券公司合规管理制度，证监会于2007年4月先行启动了证券公司合规管理制度试点工作，选取七家公司进行试点。试点公司在证监局的指导下，借鉴国内外金融行业的有效做法，结合自身在管理模式、业务规模、内部控制等方面的特点，积极探索，认真实践，取得了较好效果并积累了一定经验。

在此基础上，2008年年初证监会要求所有证券公司在当年年底前建立合规管理制度。2008年4月，国务院颁布《证券公司监督管理条例》，以行政法规的形式对建立合规管理制度提出了要求。据此，在总结试点工作经验，并适当借鉴国内外金融行业的做法的基础上，证监会于2008年7月发布《证券公司合规管理试行规定》，对合规管理的基本制度作出了明确规定。大部分公司认真落实监管要求，并根据自身条件，制定出切实可行的实施方案，从制度建设、人员调配、技术保障、资金投入等方面着手，积极探索建立并实施合规管理制度。

2009年，证监会继续将指导、督促证券公司健全合规管理机制、有效实施合规管理作为工作重点之一，部署完成了对全行业合规管理制度的建设和执行情况的专项现场检查工作，组织召开了证券公司合规管理座谈会，促进行业合规管理经验交流，适时提出了合规管理工作的新目标、新要求，积极推动建立全行业合规管理的长效机制。

目前，证券公司合规管理制度建设已经取得初步成效，各公司建立了合规管理的制度体系和组织架构，聘任了符合任职条件的合规总监，合规管理的各项工作循序启动，在这个过程中，全行业合规理念初步树立，合规意识得到明显增强。证券公司合规管理制度已经开始在防范、发现、处理证券公司违法违规行为，提升合规经营水平方面发挥作用，实现了阶段性目标。

**三、推进证券公司合规管理工作的一些有效做法**

（一）先试点、后推开，稳步推进证券

公司合规管理工作

证监会在推进证券公司合规管理工作的过程中遵循了“试点先行,总结经验,制定规则,全面推广”的工作思路:首先制定试点工作方案,在证券公司自愿申请的基础上,选择部分证券公司进行试点;在总结试点工作经验的基础上,再制定规范性文件,在全行业推行。这一工作思路对于合规管理工作在全行业的顺利推进具有积极的意义。

1. 有利于探索适应我国证券行业实际情况的合规管理的工作机制和方法。我国证券市场处于“新兴加转轨”的阶段,具有自身的规律和特点,合规管理的工作机制和方法虽然在境外成熟证券市场行之有效,但能否适用于我国证券行业的实际情况,仍需要通过证券公司的实践效果来检验。为此,证监会在选取试点公司时综合考虑了公司类别、管理基础、行业代表性等因素,选取的证券公司涵盖了创新试点类公司、上市(拟上市)公司、综合治理期间重大重组的公司、合资公司、国有公司、民营公司等不同类型,并总结、评估不同试点公司实施合规管理制度的实际效果,为全行业实施合规管理制度探索机制、措施和办法,积累了宝贵工作经验。

2. 有利于集中监管力量,扎实推进合规管理工作。在试点阶段,由于试点公司数量较少,证监会可以集中监管力量,全程跟踪,在实施方案、规章制度、组织架构、工作机制、合规总监人选等方面对试点公司进行集中专项指导,并指定专人与试点公司保持密切联系,对于试点工作中出现的新情况、新问题,及时研判分析,对于试点公司在建立实施合规管理制度过程中遇到的困难和问题,力争迅速协调、解决,对于试点公司在工作中存在的失误和偏差,及时督导纠正。这对于督促试点公司扎实推进合规管理工作发挥了明显的作用。

3. 有利于科学合理地制定监管政策和监管规则。试点工作的实践经验有助于证监会进一步加深对合规管理工作的认识,为证监会制定符合行业实际情况的《证券公司合规管理试行规定》打下了良好的实践基础。根据试点工作方案的实际效果,《证券公司合规管理试行规定》保留了试点工作方案中经实践证明必要且可行的规定,适当调整了因情况变化需要变更的内容,充实完善了实践证明仍显不足的内容,从而较为有效地增强了有关规定的科学性和合理性。

4. 试点公司合规管理工作的实践对全行业产生了明显的示范和带动效应,发挥了以点促面的作用。试点期间,各试点公司多次接待有关证监局及其他证券公司的来访,介绍试点工作的经验和做法。部分证监局参照试点工作方案的要求,借鉴试点公司的经验,主动开展辖区证券公司合规管理的培训工作。合规管理的概念、理念和实践逐渐为全行业所理解和接受,为全行业全面推行合规管理制度奠定了较好的基础。

(二)尊重证券公司在内部管理方面的自主权和创造性,为证券公司结合自身实际自主管理留下必要的空间

各证券公司在经营范围、业务规模、组织结构等方面存在差异,不可能有一套完整翔实的内部控制制度适用于所有公司,并且证券公司随着业务发展和内外部环境的不断变化,也需要持续改变内部管理的具体内容和形式,过于刚性具体的内部控制要求也无法长期适应行业的实际需要。为此,在推进证券公司合规管理工作的过程中,证监会始终注意保持外部监管的适当性,鼓励支持证券公司不断增强自我管理能力,不断拓展业务创新、差异化经营和自主管理的空间。

在《证券公司合规管理试行规定》的

起草工作中，证监会遵循了明确基本制度，同时为证券公司结合自身实际建立合规管理制度留下必要空间的基本原则。一方面对合规管理所涉及基本制度和重大事项均作出了规定，明确了合规管理的边界和责任主体，建立了合规管理的基本框架；另一方面又未对合规部门及合规岗位的设立、合规总监在公司内部向谁负责、证券公司子公司和境外分支机构的合规管理等问题作过于具体的规定，规定具有较强的弹性和包容性。这充分考虑了各证券公司的差异，有利于证券公司在既定制度框架下，创造性地开展合规管理工作，摸索出符合自身实际需要的合规管理制度。

在推动各证券公司实施合规管理制度的具体工作中，证监会注重发挥证券公司在合规管理方面的自主性和创造性，一方面在全面掌握证券公司合规管理情况的基础上进行必要的指导和督促，督导证券公司纠正工作中的失误和偏差；另一方面又不包办代替，在监管要求上不搞“一刀切”和形式主义，立足于发挥实效，以公司合规运行的实际效果作为检验衡量公司合规管理水平的根本标准。

这一工作思路在推动证券公司从实际出发建立实施合规管理制度方面取得了明显的成效，相当一批公司在内部管理制度与组织体系建设、合规管理的工具和方法创新等方面，摸索出了一些有益的经验，形成了适应公司实际的有效措施和特色做法。

（三）多措并举，通过有效的工作机制持续引导证券公司深化合规管理工作，努力实现外部监管和内部约束的有机互动

作为一项重要的内部控制制度建设工作，证券公司合规管理工作是一项复杂的系统工程，涉及证券公司的员工观念、制度设计、管理流程和组织架构建设等内部管理的各个层面，同时又是一项持久性的长期工作，需要根据市场环境、业务发展和管理水平的变化，适时调整工作对象、手段和方式，不可能一蹴而就、一劳永逸。相应地，外部监管也是一个长期复杂的过程，需要持之以恒，不断探索和完善一整套有效的工作机制，保持外部监管和内部约束的有机互动。

为此，在推进证券公司合规管理工作的过程中，证监会积极跟踪掌握全行业合规管理工作的进展情况，对证券公司建立和实施合规管理制度的情况和存在的困难、问题进行调研、总结，努力协调各方面力量为证券公司有效实施合规管理创造良好的监管环境。同时，积极探索建立证券公司外部监管与内部约束之间的互动机制，保持监管部门与证券公司合规总监之间的联系沟通，以求及时向合规总监通报有关监管政策和典型案例，并对其就证券公司经营管理行为的合规性提出的政策法规咨询进行答复，同时，通过适当形式公开对重大、普遍或新出现问题的答复意见，对行业合规管理工作进行指导。

各证监局也结合辖区证券公司的特点，积极尝试，努力探索全面建立合规管理长效机制、提升合规管理实效的有效途径，形成了一些各具特色的监管方式和工作经验。比如，北京局指导辖区公司开展“合规管理结对互助工程”，由合规管理工作起步较早、合规管理制度运行较为成熟的公司向起步较晚、基础较薄弱的公司传授合规管理经验、提供帮助指导，带动全辖区公司的合规管理工作不断深入。上海局针对辖区部分公司在实践中存在的认识不到位、制度不细化、协调不充分等问题，制定了《关于上海辖区证券公司提高合规管理有效性的指导意见》，以期引导公司建立适合自身发展需要的合规管理模式。深圳局通过建立合规管理联席会议制度，组织辖区公司探讨合规管理工作中面临的共性

问题、突出问题及其解决方案。通过上述做法,较好地实现了监管部门和证券公司的良性互动。

(四)以系统的激励约束机制督促证券公司有效实施合规管理

任何一项监管工作要得到落实、取得时效,都应该有符合实际、顺应规律并且衔接配套的激励约束机制,核心就是充分有效地运用市场参与者"趋利避害"和"两害相权取其轻、两利相权取其大"的本能,促使证券公司在自我权衡利弊得失基础上作出行为选择。为此,在推进证券公司合规管理工作的过程中,证监会大力推进建立有效的激励约束机制,尽最大可能体现合规公司受益、获得更多发展空间,违规公司受损、受限。给证券公司及其董事、高级管理人员、合规总监施加较充分的动力和压力,鼓励、督促其有效实施合规管理。

1. 建立证券公司合规管理的内部激励约束机制。明确要求证券公司将合规管理的有效性和执业行为的合规性,纳入高级管理人员、各部门和分支机构及其工作人员的绩效考核范围,对合规总监和合规管理人员的履职情况进行考核,并根据考核结果决定其薪酬待遇。

2. 对证券公司的违法违规行为,探索区分"自查自纠"、"自查他纠"、"他查自纠"、"他查他纠"等情形,采取轻重不同的处理措施。对公司自己发现、自己纠正并及时报告的问题,根据具体情况从轻或免于处理。对公司对自身或员工的违规行为隐瞒不报或报告不实的行为,力争做到发现一起,严肃处理一起。

3. 尝试进一步完善违法违规行为的查处方式。对于证券公司发生的违法违规行为,除依法进行查处,追究负有直接责任的高管人员和其他直接责任人员的责任外,同时开始检查公司管理制度和业务流程的健全性和有效性,调查了解合规管理工作是否尽责。制度和流程不健全、未能得到有效执行,或者合规管理工作未尽责的,依法责令公司改进、完善和加强,并追究公司及有关人员的管理责任。

4. 将对证券公司合规管理有效性的评价纳入分类监管的范畴,在分类评价工作中不仅反映证券公司是否存在违法违规行为,同时反映合规管理工作制度是否健全有效,以引导证券公司深入开展合规管理工作。

上述一整套内外部结合的激励约束机制体现了合规创造价值的理念,在激发和引导证券公司的自我约束和自觉合规的意识方面发挥了较好的作用,证券公司开始从被动落实监管要求向主动规范自身经营管理行为转变,合规管理工作的主动性和有效性得到了较为明显的提升。

(五)注重培训交流,充分发挥行业自律作用

在推动证券公司实施一项新的内部控制制度的过程中,尤其在实施初期,无论是证券公司还是监管机构,对于该项制度的认识和实践往往都处于初级阶段,需要在实践中不断深化认识、积累经验,此时组织行业开展培训和交流,互相学习借鉴、取长补短就显得尤为重要。

在推进证券公司合规管理工作的过程中,证监会始终将搭建平台开展行业的培训和交流作为一项重点工作予以推动,并且十分重视发挥行业自律组织在这项工作中的作用。中国证券业协会于2007年11月即举办了"证券公司合规管理培训班",邀请境内外金融机构的合规专家对证券公司高级管理人员和证券监管干部进行专题培训,在2009年8月又联合加拿大证券学会举办中加合规负责人培训班及合规研讨会,帮助国内证券公司的合规总监提升合规管理能力。2009年10月,证监会组织召开各证监局和证券公司参加的证券公司

合规管理座谈会,会上邀请合规管理工作具有特色的证券公司代表及境外专家交流实施合规管理的基本做法、经验体会、现存问题和有关对策,推动各证券公司互帮互学,共同提高,进一步深化了证券公司对合规管理的认识。

此外,证券业协会通过及时更新、补充内容,在证券从业人员资格考试和证券公司高管人员资质测试中体现了合规管理相关要求,并先后组织了三次证券公司合规管理人员胜任能力考试,一批同时具备较强的法律和证券知识的人员通过该考试,基本满足了证券公司对符合条件合规总监人选的需求。证券业协会还成立了合规专业委员会,旨在集中行业的智慧和力量,研究探讨合规管理工作中遇到的困难和问题,总结合规管理的经验教训,对全行业改进完善合规管理工作提出意见和建议。

这些多样化的培训和交流平台的搭建,推动了行业内的经验交流,提高了合规管理人员的专业能力与执业水平,对于促进全行业不断提高合规管理水平发挥了重要的作用。

(证监会机构部供稿)

# 期货市场法制建设工作概况

根据期货市场发展和实践需要,围绕会党委中心工作部署,2009 年证监会期货二部在前期对期货监管有关规章和规范性文件进行修订和完善的基础上,努力推进并实施了《期货公司分类监管规定(试行)》和《期货公司信息公示管理规定》等制度规定,进一步完善了期货市场的法规体系。

## 一、期货公司分类监管制度的主要内容及相关工作

期货公司分类监管是我国期货市场基础性制度建设的一项重要内容。随着期货市场近年来的高速发展,期货公司规模日益壮大,期货公司规范化运作水平有了显著提高。因此,借鉴其他金融行业的成功经验对期货公司实施分类监管、合理分配监管资源、进而实现分类发展的条件已经基本成熟。

(一)期货公司分类监管制度的主要内容

1. 评价指标以风险管理能力为核心

拟试行的期货公司分类评价体系总体上贯彻了"以合规经营为主,兼顾市场影响力"的原则,分类评价指标共分为三大类,即风险管理能力指标、市场影响力指标、持续合规状况指标,三大类指标下面又分为若干二级指标。其中,风险管理能力指标包括客户资产保护、资本充足、公司治理、内部控制、信息披露、信息系统安全共 6 类 33 项指标;市场影响力指标包括日均客户权益总额、经纪业务盈利能力、净利润三项;持续合规状况指标主要根据期货公司受到的刑事处罚,中国证监会及其派出机构采取的监管措施和行政处罚,以及期货行业自律组织采取的纪律处分情况进行评价。

2. 各类公司划线问题

在确定类别分数线和各类公司数量时,由证监会期货二部根据行业发展状况,

结合以前年度分类结果动态确定各级别公司的相对比例,并根据所有公司评价计分的分布情况,具体确定各类、各级别公司的数量。

3."一票降级"制度

"一票降级"制度,即如果期货公司评价期内出现某些违规行为,将公司类别下调3个级别;情节严重的,直接评为D类。上述违规行为包括股东虚假出资、股东抽逃出资、挪用客户保证金、超范围经营、信息系统不符合监管要求、日常经营及自评中向中国证监会及期货保证金监控中心报送虚假材料等情形。

4.评审的集体决策制度

为了落实"五位一体"的监管协作机制,保证分类监管工作的公信力和权威性,组建分类监管评审委员会对期货公司进行评审,评审委员会由期货一部、期货二部、期货保证金监控中心、期货业协会和各期货交易所代表组成。同时,在评审委员会下设办事机构,具体负责材料复核和协调工作。

5.分类结果的披露

考虑到分类监管评价结果主要用于监管部门的日常监管,证监会期货二部采取"一对一"的方式向期货公司通知评价结果,并要求各公司不得将分类结果用于商业宣传。

6.申诉机制

为保证期货公司分类评价的公平,允许期货公司在对分类评价结果有异议时,可以通过派出机构向证监会提交申诉材料。申诉材料经评审委员会办公室复核后提交评审委员会审议。原出席分类评价会议的评审委员不参与审议与当年度分类评价结果相关的申诉事项。

(二)期货公司分类监管制度的颁布及首次评价工作

在经过反复论证、公开向社会征求意见并组织试评的基础上,2009年8月17日,证监会以公告形式正式发布了《期货公司分类监管规定(试行)》(〔2009〕22号)。随后,证监会期货二部于8月20日下发了《关于期货公司分类监管首次评价工作有关问题的通知》及有关操作指引,部署了期货公司分类评价的具体工作要求。各派出机构于9月15日完成了辖区期货公司的自评工作,并将初评结果上报证监会期货二部。

为保证分类监管工作的公信力和权威性,证监会期货二部牵头组建了期货公司分类监管评审委员会及审核办公室,负责评审期货公司分类评价结果。审核办公室采取"双人复核、横纵结合"的方式对各派出机构上报的165家参评公司的初评材料进行了认真复核。2009年9月25日、10月12日和10月13日,评审委员会分别召开了三次工作会议,对审核办公室提交的问题进行研究论证,并对165家公司的复核结果及其中13家公司的16个申请豁免事项进行审议,确定了各公司的评分结果。

2009年11月2日,证监会期货二部正式向各派出机构通报2009年期货公司分类评价结果,并要求各派出机构及时将分类结果逐家书面通知各期货公司。根据相关规定,期货公司对分类结果如有异议,可在收到通知1个月之内通过派出机构向评审委员会提出书面申诉,截至12月10日申诉期届满,评审委员会未收到期货公司的申诉申请。

(三)期货公司分类监管评价结果在监管工作中的应用

根据《期货公司分类监管规定(试行)》,分类结果不仅作为日后对不同类别的期货公司采取区别对待的监管政策的依据,还将作为期货公司申请增加业务种类、新设营业网点等事项的审慎性条件,作为确定新业务试点范围和推广顺序等事项的依据。

目前,证监会期货二部已下发《关于期货公司设立营业部与分类评价结果衔接工作有关问题的通知》(期货二部函〔2009〕212 号),明确了对期货公司申请新设营业部的分类评级要求;同时,分类结果与期货公司缴纳期货投资者保障基金比例衔接的规定也正在上报过程中。下一步,证监会期货二部将继续研究制定期货公司分类评价结果与期货公司申请金融期货经纪业务资格、金融期货结算业务资格以及申请创新业务试点的衔接规定。

**二、《期货公司信息公示管理规定》相关工作推进情况**

期货公司信息公示是指期货公司通过中国证监会指定的期货公司信息公示平台,将期货公司的相关信息向社会公开的活动。2009 年,证监会期货二部按照"积极稳妥、循序渐进、分步推进"的原则,根据市场发展需要,依据有关法规规章,经过深入研究,广泛征求市场各方的意见,研究制定了《期货公司信息公示管理规定》。

按照《期货公司信息公示管理规定》要求,中国期货业协会网站(www. cfachina. org)将作为全国统一的期货公司信息公示平台,期货公司应当制定信息公示管理制度并保证公示信息的真实性、准确性和完整性,指定高管和专门人员负责信息公示工作,及时通过公示平台在线公开公司及分支机构、高管及从业人员、公司股东和诚信记录等有关信息及变更情况,同时在公司网站和分支机构等营业场所公开相关内容并做好投资者的通知提示事宜。

2009 年 10 月 22 日,证监会以公告的形式公布了《期货公司信息公示管理规定》(2009〔28〕号),并于 11 月 16 日开始正式实施。截至 2009 年年底,各期货公司已基本完成了公司信息的网上填报工作,证监会期货二部拟在 2010 年年初统一对外公示。

此外,证监会期货二部还以证监会公告的形式公布了《期货市场客户开户管理规定》、《关于进一步加强期货公司信息技术管理工作的指导意见》等期货监管工作的相关规定。

2010 年,证监会期货二部将继续与法律部及其他监管单位加强合作,更好地梳理现行期货法律法规,并指导中国期货业协会健全和完善自律规定,继续积极推进期货行业法制建设工作。

(证监会期货二部供稿)

# 广东证监局依法规范辖区资本市场舆论监管

资本市场是以信息为支撑的公众投资场所,加强舆论引导对维护市场稳定至关重要。近年来,广东证监局(以下简称广东局)在会党委的正确领导和地方党委政府的大力支持下,认真贯彻落实舆论引导辖区监管责任制,不断完善新闻宣传和舆论引导工作机制,积极探索网络舆情监控机制和手段,把握舆论引导主动权,及时处置违法不良信息,为维护辖区证券市场稳定运行营造良好的舆论环境。主要做

法有:

一、高度重视,不断深化对新闻宣传和舆论引导工作的认识

广东局党委历来高度重视辖区证券期货市场新闻宣传和舆论引导工作,把支持新闻报道和舆论监督作为延长监管手臂、构建综合监管体系的一个重要举措来抓。早在2005年,广东局就联合广东省委宣传部、省广电局等相关部门出台了《关于加强和规范我省证券期货信息宣传报道工作的若干意见》,明确了加强和规范辖区证券期货市场宣传报道的指导思想和基本要求,提出了支持新闻宣传和舆论监督的"四大举措"、强化媒体自律和行为规范的"六项准则",以及加强舆论引导和协作监管的"两个机制"。为了提高舆论引导和媒体信息监管的针对性和有效性,广东局组织开展了"网络媒体传播证券信息监管制度建设问题探讨"等专题调研,确立了加强和规范辖区证券期货信息宣传报道的思路和方法。针对网上非法证券信息监管体制不顺、监控打击难度大等问题,广东局注重加强与通信管理等部门的沟通联系和协同监管,实现互联网准入管理与内容管理的有机衔接。此外,广东局还邀请新华社资深记者举办了"如何与新闻媒体打交道"的专题讲座,帮助干部职工加深对新闻宣传工作和媒体运行规则的认识,掌握与新闻媒体打交道的技巧和注意事项。通过加强对外联系沟通、对内宣传教育,使有关方面和局内工作人员加深了对舆论引导工作重要性的认识,为落实舆论引导辖区监管责任制奠定了坚实基础。

二、健全规章制度,不断完善舆论引导和媒体信息协作监管工作机制

经过多年实践,广东局将舆论引导和媒体信息监管工作纳入制度化、常态化轨道,并积极协调地方宣传主管部门和网络主管部门,建立一套沟通便捷、联动高效的协作监管体制。一是建立统一管理、对口承办的新闻宣传工作机制。通过制订《广东证监局舆论引导与媒体信息监管工作规程》,明确了局内各处室的职责分工,将责任落实情况纳入各处室及工作人员年度考核;详细规定了接受新闻采访和发布新闻信息的范围、工作流程和注意事项,提出了不良信息处理和媒体信息监管协作的具体要求,切实做到有章可循、有据可依。二是建立与宣传主管部门和新闻媒体的联系沟通机制。广东局联合广东省委宣传部贯彻落实中宣部、证监会《关于加强和改进资本市场新闻宣传和舆论引导工作的通知》,鼓励省内各新闻媒体进一步加大对资本市场的宣传报道和舆论监督力度。同时,广东局以加入广东省应对金融危机宣传工作领导小组为契机,建立了与省委宣传部、省直有关经济管理部门、中央驻粤金融监管机构和主要新闻媒体之间的日常联络渠道和宣传协调机制。三是建立对互联网证券期货信息的日常监控和监管协作机制。去年以来,按照证监会有关维稳工作的要求,广东局安排专人每天对互联网涉及辖区资本市场信息进行收集和分析,进一步加大对网上不良信息的监控和处理力度。同时,还积极申请加入了"广东省互联网管理工作协调小组",建立与省通信管理局等协调小组成员单位之间的日常工作协调、备案信息查询和联合执法机制。

三、创新工作手段,提高网络舆情监控工作效率

2009年以来,为应对互联网快速发展给监管工作带来的挑战,广东局创新工作方式和手段,大幅提高网络舆情监控工作的效率。一是建立辖区媒体基本信息档案。广东局积极协调省新闻出版局、通信

管理局和广电局等部门提供相关信息，并组织人员对辖区新闻媒体传播资本市场信息的情况进行全面摸查，初步建立了辖区网站、报纸、广播电视等重点媒体的基本信息档案，其中网站36家、报纸33家，广播5家，电视台6家。二是完善网络舆情动态监控机制。上半年，广东局与有关专业技术公司合作开发了“广东证券期货业舆情监控系统”，建立了搜索关键词库和信息分类规则，通过计算机系统海量搜索、分类整理与工作人员筛选甄别相结合，形成了高效的网络信息监控平台，辖区网络舆情监控能力大为提高。从8月份开始每日编发《舆情日报》，截至目前共编发80多期。在此基础上，还制订了《广东证券期货业舆情监控系统管理制度》，进一步完善了网络舆情动态监控机制。三是督促辖区主要网络媒体自觉维护网上资本市场信息传播秩序。今年以来，广东局联合广东省委宣传部、省通信管理局等单位，召开了2次整治和规范网上资本市场信息传播秩序座谈会，及时传达国新办、证监会等部委有关通知精神，通报辖区主要网站传播资本市场信息的清查结果，并对网上资本市场信息传播行为提出明确要求。会后辖区主要门户网站和财经网站认真开展自查自纠，清理非法证券信息和广告链接，并积极完善内部制度，加大信息审核力度，配合监管部门开展舆论引导和公益宣传，有力地压缩了辖区资本市场虚假消息的传播空间。

**四、主动引导舆论，积极营造和谐舆论环境**

为了营造有利于市场稳定健康发展的舆论环境，广东局通过组织新闻评论活动、开展正面宣传报道等方式主动引导市场舆论。一是建立新闻评论工作机制。广东局制订了《广东证监局新闻评论员工作制度》等相关制度，并及时建立了辖区新闻评论员队伍。目前，广东局辖区新闻评论员共有17人，其中特约专家评论员12人，系统内兼职评论员5人。针对辖区媒体舆情动态，广东局及时启动新闻评论工作机制，组织新闻评论员开展了股票发行制度改革与重启IPO的重要意义、创业板的机遇与风险等专题评论活动，充分发挥了稳定市场和引导舆论的积极作用。二是督促辖区监管对象建立舆情管理工作机制。今年4月，广东局向辖区监管对象下发了《关于加强媒体舆情管理和违法不实信息处理的通知》，对各单位建立媒体舆情管理工作机制、处理媒体不实信息、落实舆情管理责任制等提出了明确要求，从而在辖区逐步建立起全方位、多层次的舆论引导工作机制。三是积极开展正面宣传报道。广东局注重发挥主流媒体的舆论导向作用，同时还聘请相关新闻媒体的记者担任联络员，及时主动向这些媒体记者发布有关广东局中心工作和重大活动的新闻稿件。2009年以来，围绕维稳、“打非”、创业板推出等工作重点和舆论热点，发布新闻稿件25篇。广东局还与广东电台、CCTV证券资讯频道、21CN网站、电信114服务台等单位合作，通过开展公益宣传活动、播放公益广告、设置专题网页、开设在线举报系统、签署倡议书、印制“打非”光碟、举办在线访谈等形式，营造多方位、立体化的舆论引导氛围。四是强化媒体不良信息处置。2009年以来，广东局积极协调省委宣传部、省新闻出版局等相关部门，先后处理了《亚太经济时报》、《投资快报》、《南方都市报》、《每日经济新闻》、和讯网、大洋网等新闻及网络媒体的失实报道、不良信息15起，及时消除了对投资者和社会公众的误导，有效地净化了辖区资本市场舆论环境。

（广东局供稿）

# 重拳出击短线操纵行为　上交所一线监管显成效

2009年以来,在全球主要经济体共同救市和我国大规模经济振兴计划的刺激下,资金流动性充裕效果凸显,证券市场成交活跃。与此同时,以往的一些违规手法在市场上又有所抬头,证券市场短线操纵呈扩大化趋势,且手法不断翻新,给市场监管工作带来了新的挑战。

为此,上海证券交易所(以下简称上交所)把握市场形势的新变化和违规交易的新动向,积极开展针对短线操纵的专项监管行动,提高监察敏锐性,增强快速反应能力,强化及时制止,完善事前防范、事中干预和事后处罚的全程监管模式。同时,对短线操纵的违规手法、认定方法、监管措施等问题进行深入研究,进一步完善现有规则制度,不断加强监管工作的有效性和针对性。此外,加大监管宣传力度,及时总结典型案例并做好媒体宣传工作,编写投资者教育材料,积极开展投资者教育,取得了积极的监管效果。

## 一、严惩短线操纵行为,提高监管威慑

本年度,按照"监管务必从严"的工作要求,上交所进一步加大了对包括操纵开盘价和收盘价、多点布局合谋进行短线操纵等行为的监控力度和及时制止力度。通过对吴某、张某和方某等屡次进行短线操纵的账户采取限制交易措施并大力进行新闻宣传,强化了对此类违规行为的警示和监管威慑。同时,对其他涉嫌违规账户,也采取口头或书面方式予以提醒和警示,从而达到及时制止的效果。为更好地发挥监管协同效应,今年还进一步加强了对短线操纵类违法案件线索发现、数据分析整理和协助调查的力度,向证监会上报多起短线操纵案件,配合证监会查处了"张建雄"、"卢道军"等典型案件。

经过集中打击,目前短线操纵行为明显减少,市场反响积极。

## 二、严防新股上市炒作,力促市场稳定

今年下半年以来,随着新股IPO的重启,市场上"炒新"风气又卷土重来,新股上市往往会受到非理性追捧,从而增加了市场运行风险。为此,上交所监管部门进行了专题研究,并制定了监管预案:即事前主动梳理"炒新"重点监控账户,通过集中约谈券商和发提示函等形式,进行风险提示;事中安排专人对新股上市初期交易展开重点监控,并通过口头或书面警示、限制账户交易等措施,联合券商加强相关账户新股交易行为的管理工作;事后则积极总结经验,并将有关新股关注账户设入监控系统。通过这些监管措施的综合运用,新股上市期间交易逐步平稳。

## 三、加强权证监管力度,化解市场风险

本年度,上交所共有"武钢CWB1"、"中远CWB1"和"深高CWB1"等9只权证先后终止交易。为防范权证的过度炒作和"末日轮"现象,上交所相关监管部门在年初就进行了风险排查,并加强临到期权证的所内联合监管。在具体监控过程中,安排专人专岗监控,通过实地走访会员、限制账户交易和盘中临时停牌等措施,抑制权证投机行为,确保了相关权证的平稳退市。

**四、及时制止，抑制游资恶炒题材股行为**

今年以来，各类题材股炒作此起彼伏，建国60周年、迪士尼、甲流等均成为炒作题材，一部分股票短期内出现惊人涨幅，游资积极参与其中并推波助澜。为此，上交所监管部门专门研究并确定了干预标准和采取的措施。同时，针对游资恶炒"双钱股份"等个股的情况，在强化常规干预手段的同时，还依照业务规则果断采取停牌核查等监管手段，收到了较好的效果。通过这些监管手段的应用，题材股炒作得到一定遏制。

**五、积极总结监管经验，完善监管规则**

在强化短线操纵市场监管的基础上，上交所还积极总结监管经验，加强了有关短线操纵案课题攻关，对短线操纵的典型手法、违规特征、认定标准、监管措施等进行深入研究。同时，加大了配套业务规则制度的研推力度，进一步完善现有规则制度。在制定和修订业务规则的过程中，将短线操纵市场监管的经验，进行概括总结并融入其中，为查处短线操纵等违法违规交易行为提供更有力的规则支持，提高了监管工作的有效性和针对性。

**六、加大监管宣传力度，积极开展投资者教育**

今年以来，上交所进一步完善监管对外宣传的手段和机制，及时对典型案例进行总结并做好媒体宣传及投资者教育工作，充分运用舆论力量，在市场上发出一线监管者的声音。一方面，在上交所网站"监管专栏"先后发布了2008年年度和2009年各季度监管白皮书，并及时公布上交所纪律处分信息，通报短线操纵典型案件。另一方面，加大规则宣讲和舆论宣传力度，针对题材股炒作、权证到期、新股炒作等现象，通过新闻媒体提示市场风险，加强舆论引导，努力营造良好的市场监管环境。

在今后工作中，打击和防范证券市场短线操纵行为仍将是市场监察的重点之一。上交所将继续保持对短线操纵等违法违规交易行为的高压态势，进一步增强市场敏感性，积极探索和破解监管难点，充分发挥一线监管优势，不断提高自律监管水平，综合运用各种监察手段及时制止违规行为，上报有关违规线索，切实维护市场秩序，为证券市场健康稳定发展保驾护航。

（执笔人：上交所市场监察部李响玲、张海）

## 多方联动快速出击　打击网上证券盗卖

随着互联网技术和手机等电子终端的发展，网上交易已经成为当前最主要的交易方式。近年来，利用网络"木马"等技术手段盗取他人证券账户及操作密码，然后选择特定交易品种，在盗用账户与其新开设账户之间进行交易，以获取价差收益的案件已多次发生。2009年，上海证券交易所的监控人员就发现多起网上证券盗卖案件，均立即报告证监会并提醒相关会员单位及受害人及时报案，此外，还成功协助公安机关破获相关证券盗卖案件。“熊某”等团伙盗窃他人账户案就是其中比较典型的一例。

## 一、“熊某”等团伙盗窃他人账户案情介绍

4月27日上午,上海证券交易所证券交易实时监控系统预警,一只国债成交价格出现明显异常,短时间内价格大幅上涨。监控人员随即查看交易记录,发现某账户“低买高卖”获利,其交易对手则“高买低卖”发生亏损,前者涉嫌盗用后者账户交易。监控人员立即联想起今年2月份以来发生的两起类似案件,发现作案地点均在湖北,作案手法十分相似:新开设证券账户后一周内,使用盗用账户频繁进行债券“高买低卖”操作,己方账户则作为交易对手方“低买高卖”获利。

上海证券交易所立即召集相关人员紧急开会商议,明确提出该起案件与前两起案件手法十分相似,可能系同一人作案。对此,上海证券交易所随即展开一系列部署,向中国证监会报告相关情况。并在证监会的统一协调下,向湖北证监局和当地公安部门通报案情并建议其立即采取行动。同时上海证券交易所即刻对违规情况展开初步调查,分别通知被盗方账户、涉嫌账户交易所在营业部采取相应措施。短时间内,相关工作部署全部落实到位。按照当地公安部门的要求,上海证券交易所通知营业部暂不惊动作案嫌疑人,对其账户密切监控。同时,上海证券交易所相关人员抓紧时间整理并汇总近期发现的几起债券盗卖案件数据,分析相关资料,及时反馈案情线索。

4月28日上午,该账户进行资金划转企图将获利资金取走,当地公安部门根据存管银行的相关信息和事先的布控安排,在犯罪嫌疑人取款时将其当场抓获。经公安初步审理,嫌疑人供认,此前发现的另两起盗卖案件均为其所为。嫌疑人先后盗用了数家券商的多个客户账户进行操作,获利较大。然而,由于多方快速联动,制止措施及时到位,犯罪嫌疑人还来不及将多数获利资金取出,就被快速抓获。

## 二、打击网上证券盗卖经验启示

由于网上证券盗卖案件犯罪隐蔽性强,证券监管部门发现难度加大,且犯罪嫌疑人多使用虚假开户资料、采用流窜快速作案的手法,给公安部门侦查工作带来了很大难度。从破获的几起证券盗卖案件来看,证监系统与公安部门等密切合作、快速联动是核心;证监系统内会机关、证监局、交易所“三位一体”快速反应是关键;监管人员和办案人员高度的责任心和良好的专业技能是保证。

### (一)密切监控,及时发现

“熊某”等人今年2月份以来的两起作案,上海证券交易所监控人员均及时发现,并采取了相应措施。在前两起案件处理中,犯罪嫌疑人行为表现极其狡猾,采用网吧操作、多地流窜作案,且在作案后或发现账户操作异常后立即撤离,增加了侦破难度。4月27日盗卖行为再次发生后,从实时监控系统预警该国债成交价格异常,到监控人员查看交易记录,并将涉案账户交易情况转出调查及报告,仅在短短的几分钟之内完成。

### (二)周密部署,快速应对

发现可能存在证券盗卖后,上海证券交易所紧急开会商议,总结几起案件的相似点,做出了周密部署并在短时间内落实到位:(1)向证监会、湖北证监局报告案情,并提请证监会协调湖北证监局联系当地公安形成办案联动,向当地公安通报案情并建议其立即采取行动,展开布控;(2)通知被盗卖账户所在营业部立即联

系客户，确认账户被盗用情况，建议其采取修改账户操作密码、暂停账户交易权限、冻结账户资金等措施防止事态进一步扩大，并向当地公安部门报案；(3)通知涉嫌账户所在营业部密切跟踪账户交易动向，着手准备客户开户资料、交易IP、资金账户资料等相关材料，全力配合公安办案。

（三）各方联动，把握战机

在“熊某”案件的处理过程中，上海证券交易所与证监会、湖北证监局和当地公安之间不断总结经验、加强信息沟通与监管联动。2月份第一次盗卖行为发生后，上海证券交易所当日即与被盗账户交易营业部进行了联系，提请其联系客户，立即修改交易密码，向公安机关报案，成功防止了被盗账户再次被盗用。4月14日盗卖行为再次发生后，上海证券交易所除对被盗账户采取上述措施外，迅速协调涉嫌账户所在的券商当晚启动紧急预案，对涉嫌账户交易、转托管、资金存取等实行全面限制，成功制止犯罪嫌疑人将获利资金取出，并提醒公司加强部署，尽可能掌握案件线索报告公安部门，初步掌握了犯罪嫌疑人的操作习惯。4月27日发现盗卖行为后，上海证券交易所第一时间与当地公安进行了联系，为公安部门办案人员掌握线索、展开布控赢得了宝贵时间。

## 三、防范网上证券盗卖相关建议

（一）提高投资者网络交易安全意识

在“熊某”案件告破后，警方在犯罪嫌疑人的电脑里，发现其盗取的各类账号数量惊人，其中不少是证券账户和密码。可以说，部分网民的防范意识较差，给犯罪分子留下了可乘之机。因此，有必要加强网络交易安全教育，提高投资者网络交易安全意识。可以在投资者教育过程中，传授网上交易安全操作方法，比如不要从不明的网站下载东西、不在网吧里进行事关资金交易的操作、经常更改账户密码等。

（二）加强证券公司网上交易系统建设

网上交易系统被侵入、盗买盗卖现象时有发生，也暴露了券商网上交易系统中存在一些安全隐患。相关部门正在研究应对机制，要求券商采取有效措施加强投资者网上交易系统安全建设，维护证券市场交易安全。随着高科技技术的不断应用，不法分子的违法手段也日益高明，对维护网上交易安全提出了新的挑战。今后尚需进一步提高整个行业的安全技术水平，提供安全、可靠、高效的网上证券交易和信息系统，保护投资者的合法权益。

（执笔人：上交所市场监察部李响玲、魏刚）

# 上海证券交易所探索“查审分离”规范自律管理

## ——上海证券交易所纪律处分委员会运作成效明显

证券交易所是证券市场重要的自律管理机构，其自律管理行为涉及上市公司、证券公司及投资者等多种主体,直接关系到有效保护相关市场主体的利益和维护证券交易的正常秩序,因此需要一套规范、健全的制度和程序予以支持和规范。近年来,上海证券交易所始终秉持依法办所的方针,致力于自律管理制度的完善,于2008年7月发布实施《纪律处分实施细则》,确立和实行"查审分离"的纪律处分机制。至今该委员会已经运作一年有余,对上海证券交易所市场监管的规范发展发挥了积极作用,收效明显。

## 一、上海证券交易所纪律处分程序概况

上海证券交易所纪律处分工作的主要规则依据为《纪律处分实施细则》。根据该细则,纪律处分委员会负责审核上海证券交易所监管范围内的所有纪律处分事项,包括对上市公司、会员等主体的公开谴责或通报批评,对会员限制或暂停交易,对投资者证券账户限制交易等。纪律处分委员会委员共20名,由总经理聘任。

一般纪律处分程序包括以下四个阶段:

一是业务部门调查问询。相关业务部门在履行自律管理职责中,如发现相关被监管对象涉嫌违规,需要给予纪律处分的,一般情况下要以部门名义向被监管对象发送纪律处分意向书,说明拟采取的纪律处分措施及简要理由,并要求其在指定期限内作出书面回复。但事实清楚、情况紧急的,业务部门也可以不发意向书而直接提出纪律处分建议。

二是业务部门提交纪律处分建议。被监管对象回复后或回复期限届满后,相关业务部门向纪律处分委员会提交纪律处分建议书、纪律处分意向书、被监管对象的回复及主要证据材料,供委员会审核。其中,建议书应当说明被监管对象涉嫌违规的基本事实、建议采取的纪律处分及其理由等。

三是纪律处分委员会进行审核。纪律处分委员会审核一般采取召开审核会议的方式,但对于违规行为构成简单、拟作处分较轻且被监管对象书面表示接受处分的,或者事实清楚、情况紧急的,可以采取通讯表决方式。对于表决通过的,审核召集人签发纪律处分意见书。

四是上海证券交易所做出纪律处分决定。纪律处分委员会经审核认为需要给予纪律处分的,上海证券交易所根据该意见作出纪律处分决定,由总经理或其授权的副总经理签发。

## 二、上海证券交易所纪律处分制度的主要特点

(一)实行查审分离,保障纪律处分审核的独立性

"查审分离"是上海证券交易所纪律处分制度的核心,即由业务部门和纪律处分委员会分别负责调查违规行为和审定应给予的纪律处分。这一制度设计充分借鉴了境外成熟市场纪律处分制度的经验,也充分体现了分工配合、分权制衡的法治理念。为真正实现"查审分离",上海证券交易所从纪律处分委员会的组织形式和审核程序两个方面入手,着重强调纪律处分审核的独立性:

在组织形式方面,纪律处分委员会独立于各业务部门,委员包括所内专业人员和所外专家,均由总经理聘任并以个人名义独立履行职责,不受任何单位或个人的干涉。

在审核程序方面,一是设立了回避制度,避免了委员因与纪律处分事项存在利害关系而影响公正审理的情况;二是审核结果通过投票多数决的方式形成,委员可以独立、自由地发表自己的意见。

(二)合理配置委员,保证纪律处分审

核的专业性

纪律处分委员会设立的一个重要目的是提高纪律处分审核的专业性，为此，聘任委员时经过认真挑选，在安排具体事项审核时亦充分考虑合理配置。这主要体现在两个方面：

一是委员的专业性较强。目前纪律处分委员会的20名委员均为法律、会计等方面专业人员，具有较强的专业水平和丰富的市场经验，有能力对纪律处分事项做出专业、准确的判断。

二是参审委员配置合理。每次审核时一般仅安排提出纪律处分建议的业务部门1－2名委员参加，并从业务和专业的关联性等角度选择其他参审委员，此外根据规则还须保证有1－2名法律部的委员参审，以充分保证制衡机制的有效性。

（三）顺应监管需要，提高纪律处分审核方式的灵活性

今年以来，上海证券交易所进一步加强监管力度，连续开展“监管行动季”系列活动，这对违规行为查处的效率和准确性提出了更高的要求。顺应监管需要，纪律处分委员会针对不同类型和情节的违规行为灵活采取不同的审核方式，保证了纪律处分的时效性。2009年，上海证券交易所共召开审核会议25次，审核事项81件；进行通讯表决17次，审核事项31件。较为便捷、快速的通讯表决方式在纪律处分中发挥了重要作用。

根据《纪律处分实施细则》的规定，在违规事实清楚、情况紧急的情形下，业务部门可以不向被监管对象发送纪律处分意向书而直接向纪律处分委员会提出纪律处分建议，启动纪律处分程序；同时，纪律处分委员会原则上以召开审核会议的方式进行审核，但在通报批评、限制投资者交易、被监管对象同意接受处分等情形下，可以采取较为便捷的通讯表决方式。例如，2009年包括中远CWB1在内的多支价外权证在最后交易日出现严重投机炒作现象，为及时遏制炒作、保护广大投资者利益，上海证券交易所根据规则未发送纪律处分意向书而快速出击，经纪律处分委员会通讯表决通过后立即对异常交易账户采取限制交易措施，取得了良好效果。

（四）倾听市场声音，保持与被监管对象的互动

上海证券交易所在纪律处分制度设计和实施中，十分注重保护市场主体的合法权益，为其保留了辩解和救济的空间。

在具体的纪律处分事项中，如前所述，业务部门在向纪律处分委员会提出纪律处分建议前，一般需要先向被监管对象发送纪律处分意向书，说明违规行为、拟采取的纪律处分及其简要理由。被监管对象可以就此作出回复，若不同意接受该项纪律处分，可以充分说明理由并附上证据，其回复将作为纪律处分委员会审核时的重要考虑因素。

除此之外，上海证券交易所2009年就纪律处分和监管措施相关规则的实施情况进行专项评估，并召集部分会员公司和上市公司召开座谈会，专门听取市场意见，对纪律处分制度完善发挥了积极的促进作用。

## 三、上海证券交易所纪律处分委员会运作效果明显

上海证券交易所纪律处分委员会成立以来，承担了上海证券交易所所有纪律处分事项的审核工作，并逐步从较为形式化的程序跟进向实质性的审核转变，对监管工作发挥着日益明显的支持和引导作用。

（一）对监管的支持作用

2008年7月至2009年年底，上海证券交易所纪律处分委员会共召开审核会议31次，进行通讯表决21次，审核了126件

纪律处分事项,包括对上市公司及其相关人员、上市公司大股东、投资者等多种主体的处分。在对解除限售存量股份违规减持、投资者异常交易、上市公司相关人员违规买卖股票等多种重点违规行为的审核中,纪律处分委员会均严格依据规则,准确定性、合理量“刑”,对上海证券交易所市场监管工作起到了重要的支持作用。

一是程序支持。根据不同时期的监管重点和目标,纪律处分委员会在审核安排上积极予以配合,包括采取适当的审核方式、合理安排审核时间、不断提高审核效率等。2009年年末,上海证券交易所开发了纪律处分审核电子系统,纪律处分委员会完成了从纸面审核到电子化审核的重大变革,这将有利于提高审核效率、减少资源消耗,使纪律处分更好地为监管服务。

二是业务支持。纪律处分委员会通过到所内相关业务部门进行业务调研和交流的方式,充分听取业务部门对纪律处分审核工作的相关建议,了解市场实际情况和业务部门在监管中的具体做法,在此基础上积极完善纪律处分制度,为监管提供更好的支持;同时,纪律处分委员会还积极加强与证监会行政处罚委员会等类似组织的交流,就纪律处分中的难点问题与证监会进行沟通,并邀请行政处罚委员会专家来所为纪律处分委员会委员和业务部门监管人员开办讲座,为交易所自律管理和证监会行政处罚间的衔接建立了更为顺畅的机制。

(二)对监管的导向作用

在支持和服务监管的同时,以“查审分离”为核心的纪律处分委员会制度及其运作也逐步影响着监管理念,引导监管向更加公正、合理、规范的方向发展。随着纪律处分委员会审核经验的丰富和审核理念的成熟,其对监管的导向作用体现得日益明显。

首先是促进了纪律处分标准的统一。纪律处分委员会在运作过程中,定期汇总整理已经审核完成的纪律处分案例,对审核中考虑的主要因素进行归纳,并对焦点、重点问题作分析研究,形成了汇总材料和研究报告,为此后的审核工作提供参考。纪律处分委员会审核时会充分考虑此前针对类似违规行为所采取的纪律处分,尽量保持对同类违规行为处分标准的一致性,使处分类型与违规程度相适应,避免出现处分畸轻畸重的情形。同时,纪律处分审核中不仅考虑违规行为的外在表现形式,还需要结合行为人的主观恶意、违规行为后果等多种因素综合考虑,以保证处分的适当性,防止对处分标准的机械适用。

其次是强调了纪律处分的适当性。纪律处分是交易所自律管理中较为严厉的手段,对市场主体具有一定的威慑力和影响力。正因如此,纪律处分委员会在纪律处分审核中遵循适当性原则,充分考虑市场监管的重点和目标,区别对待不同时期和背景下的违规行为,使纪律处分与监管目的相适应。例如,对于一段时期内予以重点监管并可能对市场造成恶劣影响的违规行为,应当从严予以惩处;对于即将或已经进行实质性重组的公司,可以根据实际情况适当从轻或者减轻处分,以利于其未来的健康发展等。上述理念在监管工作中产生了积极的影响,提高了监管工作的有效性和适当性。

再次是确立了程序公正理念。交易所监管人员在长期的市场监管工作中可能形成一些惯性思维和行为模式,纪律处分委员会机制为监管人员提供了一个相对独立的立场对其监管思路进行审视,并通过多名委员共同、民主和深入的讨论,保障了程序公正,促进依法监管特别是规范监管程序的理念不断完善。实际上,在许多纪律处分事项的审核中,纪律处分委员会的程序规范和监督制衡作用已经体现。2009年,纪律处分委员会审核的100余件纪律处分事项中,因行为人主观恶意较轻、处分依据不充分、责任人责任认定依据不足等原因,否决或者部分否决了业务部门提出的10余件纪律处分建议,这对业务部门一线监管工作的完善起到了有效的监督和导向作用。

**附:**

## 2009年上海证券交易所纪律处分情况统计

| | 公开谴责 | | 通报批评 | | 限制交易 | | 公开认定不适合担任上市公司董事 |
|---|---|---|---|---|---|---|---|
| | 公司 | 个人 | 公司 | 个人 | 公司 | 个人 | |
| 合计 | 6家次 | 13人次 | 32家次 | 173人次 | 10家次 | 83人次 | 1人次 |

(执笔人:上交所法律部谭婧)

# 第八部分　综述评析

资本市场法制建设是一项系统工程，关系着千百万市场主体的切身利益，始终是公众关注的焦点。许多专家学者认真研究、建言献策，为解决市场改革发展的问题提供了较为专业、客观的意见，成为推动资本市场法制建设的重要力量。本《报告》今年新增“综述评析”栏目，刊登学者对当年资本市场法制建设情况的研究报告。报告是作者本人的研究成果，不代表中国证监会的观点，仅供参考。

## 2009年中国证券市场法制研究报告

胡改蓉[①]

2009年的中国证券市场逐渐走出国际金融危机所造成的阴影，开始平稳发展。上证综指从1820.81点起步，8月初创出年内最高的3478.01点，此后总体上在3000点上方震荡，截至2009年12月28日上证指数年涨幅达到75.13%。[②]对比世界主要资本市场，中国A股的涨幅处于前列。该成绩的取得，一方面得益于明显的经济刺激政策；另一方面，则归功于证券市场法治建设的不断发展。上市公司治理机制的完善、证券公司监管制度的细化、证券发行制度的市场化改革、交易机制的规范、监管方式与理念的更新、司法审判制度的日趋专业都成为2009年证券市场稳步发展的支撑力量。

### 一、2009年中国证券市场法制概况

2009年中国证券市场的法制建设以法律、司法解释、部门规章、规范性文件以及自律性规范为主要渊源，对上市公司、证券公司等市场主体以及发行行为、交易行为等市场活动进行了规范，为净化证券市场环境、促进资本市场发展提供了制度保障。

在法律层面，《中华人民共和国刑法修正案（七）》于2009年2月28日终获通过。修正案在第一百八十条增加了第四款规定，即证券交易所、期货交易所、证券公司、期货经纪公司、基金管理公司、商业银行、保险公司等金融机构的从业人员以及有关监管部门或者行业协会的工作人员，利用因职务便利获取的内幕信息以外的其他未公开的信息，违反规定，从事与该信息

① 胡改蓉：法学博士，华东政法大学经济法学院讲师。

② 肖玉航：“2009年证券市场回顾与2010年行情展望”，载全景网，2009年12月31日访问。

相关的证券、期货交易活动,或者明示、暗示他人从事相关交易活动,情节严重的,依照内幕交易罪论处。由于该罪的犯罪对象是“内幕信息以外的其他未公开的信息”,与内幕交易有本质不同,因此,2009 年 10 月 16 日公布并实施的《最高人民法院、最高人民检察院关于执行〈中华人民共和国刑法〉确定罪名的补充规定(四)》将该罪最终确定为“利用未公开信息交易罪”。该罪的最终确立,明确了金融从业人员背信交易的刑事责任,对于一直以来扰乱证券市场秩序,损害投资者合法权益的“老鼠仓”行为可以起到有力的威慑和惩治作用。

在司法解释方面,最高人民法院出台了《关于依法审理和执行被风险处置证券公司相关案件的通知》,对审理和执行正处于风险处置中的证券公司的案件进行了指导,尤其是对个人债权处理、经纪业务托管、证券类资产处置以及破产程序中的财产保全和执行中止等进行了明确规定,统一了法律适用。

在行政法规层面,证监会制定、修订了《首次公开发行股票并在创业板上市管理暂行办法》等 8 件规章以及《关于进一步改革和完善新股发行体制的指导意见》等 33 件规范性文件,并及时清理、废止了 41 项规定,从发行、交易等各环节完善了资本市场的法制体系。

除此以外,证券业自律机构也纷纷颁布多项规则,强化自律监管的力量。证券业协会制定的《证券业从业人员执业行为准则》、《证券业财务与会计人员执业行为规范》;上海证券交易所、深圳证券交易所分别发布的《交易异常情况处理实施细则(试行)》、《债券上市规则》等自律性规范都成为证券业从业人员以及证券市场交易活动的基本行为准则。

尽管 2009 年的证券市场法制建设有着长足发展,但仍有诸多制度亟待建立或完善,这主要体现在如下几个方面:

首先,应加快相关法律和行政法规的制定或修订工作。目前,修订《证券投资基金法》的工作已列入立法计划,并日益成为资本市场关注的焦点;而制定与出台《上市公司监督管理条例》与《证券投资者保护基金条例》,尽快促使证券市场“两法四规”(即《公司法》、《证券法》、《上市公司监督管理条例》、《证券公司监督管理条例》、《证券公司风险处置条例》以及《证券投资者保护基金条例》)制度体系的形成,也已成为国务院法制工作的重点。

其次,不断完善股指期货及融资融券法律制度,在维护资本市场安全的前提下,使其尽快进入操作层面。目前,以《期货交易管理条例》为核心的期货法律制度体系基本形成,为股指期货的顺利推行提供了制度保障,但有关规范还需细化与完善,尤其是专门针对股指期货的投资者保护制度应尽快出台,以避免投资者盲目入市,真正做到保护投资者的合法权益。融资融券业务自证监会 2006 年发布《证券公司融资融券试点管理办法》以来,相关规定日趋成熟,目前,需要进一步明确的是可开展融资融券业务的证券公司的基本条件、试点推进的原则以及相关的管理措施等。

再次,应加快场外交易市场的法制构建。近年来,为满足资本市场不同企业和投资者的需求,一个相互补充,相互促进,协调发展的多层次资本市场体系正在逐步建立:主板市场日趋成熟、中小企业板市场发展良好、创业板市场业已推出、场外交易市场正在形成。目前,主板、中小企业板及创业板这些场内交易市场的制度建设相对健全,发展相对规范,但场外交易市场却呈现出严重的制度不足。分散、狭小、交投清淡、功能欠缺的场外交易市场,已成为多层次资本市场发展中最为明显的短板。为此,充分借鉴域外场外交易市场的发展经验,从我国非上市公司的实际出发,以代办股份转让系统等场外交易场所为依托,研究和探索适合我国的本土化的场外交易法律制度极为必要。

最后,深化对"国际板"制度的研究。2009年,"国际板"概念逐步为市场所重视。就宏观层面而言,这是基于构建国际金融中心,提升我国资本市场国际竞争力的考虑;就微观层面而言,这既满足了国内红筹股企业回归A股的迫切愿望,又拓宽了境内投资者保值增值、平衡风险的渠道。因而,应当尽快研究有关国际板的上市门槛、会计准则、监管机制等。

## 二、证券新股发行制度的市场化改革

新股发行制度是指首次公开发行股票时的新股定价、承销和发售的一系列制度安排。目前,我国的新股发行体制主要有两个弊端:一是新股发行的定价问题,二是中小投资者的中签问题。为促使新股定价进一步市场化,更加重视中小投资人的参与意愿,证监会于2009年6月9日颁布《关于进一步改革和完善新股发行体制的指导意见》(以下简称《指导意见》),以市场化的理念指导现行发行体制改革。

### (一)询价制度的规范

我国新股发行的定价机制经过了一个市场化的渐进过程。1993年的《公司法》和1998年的《证券法》均规定,新股发行价格须经证券监管部门批准。该制度与价格形成机制的市场化要求相去甚远,股票一级市场的价格发现功能和资源配置功能难以发挥。2004年修订后的《证券法》取消了上述规定,对股票发行方式进行了改革,于2005年年初推出了询价制度。该制度采用了发达市场通行的向合格机构投资者累计投标询价确定新股发行价格的机制,把市场买卖双方的判断和意向引入到发行价格的确定上,向市场化方向迈出了重要的一步。与此同时,为防止发行价格过高,证监会仍有权对部分新股发行最终定价进行必要的窗口指导。

这种定价方式与原制度相比虽有重大进步,但凸显出两个问题:其一,由于法律制度的不健全,询价制度存在诸多问题,主要体现在询价对象的报价不够审慎和严肃,存在"高报不买"和"低报高买"的失真现象。这直接使得新股发行定价与二级市场价格严重脱节,造成新股首日流通价格的暴涨和暴利。同时,这种一二级市场的价格巨差,也对上市公司和整个证券市场造成了危害。新股上市首日普遍暴涨意味着二级市场投资者第一天支付的股票价格就远不是上市公司募集股份的价格。这样上市公司必须用相比市场化定价之下大大缩水的募集资金去实现二级市场投资者的股票价格预期,而拿了价差利益的认购中签者无须负任何责任就可以在上市首日卖股走人。其二,行政性窗口指导制度,仍然体现了浓重的行政管理色彩。监管部门用统一尺度如市盈率标准去裁定不同企业的发行定价,必然偏离市场机制,违背了价值本应由市场决定的规律。

为此,需要从制度层面强化询价和申购的报价约束机制,同时,淡化对新股定价的窗口指导。这对于逐步实现从政策市向市场市的转变,政府主管部门从直接干预每家企业上市的微观事务到从宏观上制定规则、市场监管和例外干预的角色转变都极为关键。

在询价机制中,由于询价对象的每一次报价都直接影响到新股定价是否合理,进而影响到广大投资者的投资意向和经济利益,因而,询价对象负有引导市场逐步趋向理性化的义务和责任。《指导意见》细化了对询价对象的规定，要求机构投资者真实报价、真实申购，参与报价的机构所报的价和量必须真实，前后不得矛盾。为保证询价与申购工作的顺利开展，证券业协会随后向询价对象发出了一份《关于做好新股发行体制改革后新股询价工作的通知》，要求询价对象理性定价，对于在新股询价和申购过程中出现的高报不买等行为，协会将给予纪律处分，甚至暂停或者取消相关询价对象的新股询价业务资格，以此规范询价对象的申报行为。

（二）中小投资者利益的维护

原发行体制下，新股发行的供不应求造成股票配售难题，处于资金弱势的中小投资者的利益难以得到保护。在市场化的询价机制下，证券一级市场的风险增强，在风险明晰的前提下，中小投资者的参与意愿得到重视。这主要体现在两个方面：

1. 强化风险提示

从国际经验看，新股没有绝对利益保障，特别是在经济、股市都不好的情况下，更是如此。但从我国实践看，由于定价机制问题，新股上市后大都有较大收益，这也就造成了业界普遍的“打新”现象。由于定价机制进一步市场化后，新股收益会收窄，而且是否有正收益的不确定性加大，因此，需要加强对投资者的风险提示。《指导意见》要求发行人及其主承销商应当刊登新股投资风险特别公告，充分揭示一级市场风险，提醒投资者判断投资该公司的可行性；与此同时，证券经营机构也应采取措施，向投资者提示新股认购风险，使投资者在充分了解风险的前提下进行投资，增强其投资行为的理性与成熟。

2. 增强中小投资者中签率

提高中小投资者的中签率一直是新股发行制度改革的核心内容之一。“市值配售”、“一人一手”等方式虽有其合理性，但都不适应本土化的制度需求，《指导意见》最终采取了限制账户和限制股数的做法，以此缓解巨额资金对新股的申购，提高中小投资者的申购中签率，实现制度设计的公平。为配合申购机制改革，沪深证券交易所、中国证券登记结算有限公司、证券业协会共同发布了沪深市场《首次公开发行股票网下发行电子化实施细则》（2009 年修订），同时，沪深交易所与中国证券登记结算有限公司又联合发布《资金申购上网公开发行股票实施办法》（2009 年修订），对网下及网上申购程序进行了具体规范，以适应新股发行体制改革的需要。

首先，《指导意见》将网下网上申购参与对象分开，对每一只股票发行，任一股票配售对象只能选择网下或者网上一种方式进行新股申购，所有参与该只股票网下报价、申购、配售的股票配售对象不再参与网上申购。这样规定对于机构投资者、大投资者利用资金优势，网下和网上无限制申购，抢占有限新股认购资源是一个限制，给中小投资者留下一些申购机会和份额，增强中小投资者的中签率。其次，《指导意见》对网上单个申购账户设定上限。发行人及其主承销商应当根据发行规模和市场情况，合理设定单一网上申购账户的申购上限，原则上不超过本次网上发行股数的千分之一。这种按账户并规定申购上限的做法，相对于原来完全按资金量申购的办法无疑是一个进步。因为完全按资金量申购，在中签率很低的情况下，中小投资者很难在一级市场上买到股票。当然，对于这种千分之一的比例有人认为依旧过高，不利于中小投资者。[①]

(三)改革方向的深化

1. 设定首日交易的涨停板制度。新股发行定价市场化的改革启动以后,新股上市首日不宜再采用原放开涨跌幅限制的特殊优惠政策,留下人为的爆炒空间。[②]根据发达市场首日交易溢价率一般不超过15%的情况,立法者可以规定首日涨跌停板界限为发行价的15%。这样可以防止首日的疯狂炒作。即使以后交易此只股票还是上涨,由于有涨跌停板制度,使这只股票的上涨速度减缓,有利于直接从二级市场买进股票的投资者可以以较低的价格买进。[③]

2. 放松锁定期的限制。有学者认为,发起人股和网下配售机构的各种锁定期的过严规定,造成首日上市流通比例不足,助长了新股上市初期的爆炒和股价日后的压力。因此,发起人股东的限售期宜向国际惯例的3-6个月靠拢。同时,该学者认为,只要信息披露制度透明,发起人股东特别是控股股东的限售期满,并不意味着就会或就能够大量抛售股票。在新股上市的存量发售尚不具备条件时,允许网下申购的机构投资者中签股票的一个较小比例不设锁定期,或允许一般发起人股东甚至控股股东所持股份的一个较小比例在首日就可以流通,能够增加新股上市首日流通量,促进供求平衡和股价合理定位,同时也有助于提高我国证券市场的资本流通效率和竞争力。[④]

## 三、多层次资本市场的建设

(一)创业板制度体系的形成

2009年的中国证券市场,最值得记忆的无疑是创业板的推出。为规范创业板运作,证监会专门出台了《首次公开发行股票并在创业板上市管理暂行办法》(以下简称《暂行办法》),修订了《中国证券监督管理委员会发行审核委员会办法》、《证券发行上市保荐业务管理办法》。《暂行办法》对创业板上市企业的发行条件、发行程序、信息披露、监督管理和法律责任等进行了详细规定;修改后的发行审核委员会制度和保荐制度也专门针对创业板市场的特点进行了修订。为配合创业板的规范运作,深交所、证券业协会、证券登记结算公司也先后发布多项规定,对上市规则、交易规则、投资者适当性管理制度等进行了规范。在证监会和自律机构的共同努力下,适合创业板市场的制度体系基本形成。

1. 发行与上市规范

创业板作为多层次资本市场体系的重要组成部分,主要目的是促进自主创新企业及其他成长型创业企业的发展,为具备一定的盈利基础、拥有一定的资产规模的成长型企业创造融资平台。由于创业企业具有规模小、风险大、创新性强等特点,因此在发行条件、审核机制以及保荐制度上,应区别于主板和中小企业板。为规范创业板公司的新股发行行为,证监会专门设立了创业板发行监管部,负责创业板上市公司的股票发行活动。

从《指导意见》的规定来看,创业板上市公司要进行IPO,应当满足下列条件:(1)具备一定的盈利能力。为适应不同类

---

① 曹凤岐:"发行改革重点是保护中小投资者权益——评《关于进一步改革和完善新股发行体制的指导(征求意见稿)》",载http://www.sina.com.cn,2009年5月25日访问。

② 华生:"新股发行体制改革的几个核心问题",载《中国证券报》2009年5月27日;廖理:"专家献计新股发行改革:加强中小股民风险提示",载http://www.sina.com.cn,2009年6月5日访问。

③ 曹凤岐:"发行改革重点是保护中小投资者权益——评《关于进一步改革和完善新股发行体制的指导(征求意见稿)》",载http://www.sina.com.cn,2009年5月25日访问。

④ 华生:"新股发行体制改革的几个核心问题",载《中国证券报》2009年5月27日。

型企业的融资需要，创业板对发行人设置了两项定量业绩指标，以便发行申请人选择：第一项指标要求发行人最近两年连续盈利，最近两年净利润累计不少于一千万元，且持续增长；第二项指标要求最近一年盈利，且净利润不少于五百万元，最近一年营业收入不少于五千万元，最近两年营业收入增长率均不低于百分之三十。（2）具有一定的存续时间和资产规模。发行人应当是依法设立且持续经营三年以上的股份有限公司，有限责任公司按原账面净资产值折股整体变更为股份有限公司的，持续经营时间可以从有限责任公司成立之日起计算；发行人最近一期末净资产不少于两千万元，发行后股本不少于三千万元。（3）主营业务突出。创业企业规模小，且处于成长发展阶段，如果业务范围分散，缺乏核心业务，既不利于有效控制风险，也不利于形成核心竞争力。因此，《暂行办法》要求发行人集中有限的资源主要经营一种业务，并强调符合国家产业政策和环境保护政策。同时，创业板企业所募集资金也只能用于发展主营业务。（4）公司治理规范。根据创业板公司特点，在公司治理方面参照主板上市公司的规定，要求董事会下设审计委员会，强化独立董事职责，并明确控股股东责任。

为体现创业板上市公司规模小、成长性强、业务模式新、经营风险大等特点，提高创业板上市公司质量，降低市场风险，证监会及时修改了保荐制度和发审委制度，以切实发挥保荐人的作用，同时，发挥发审委的专业审核功能。依据修改后的《中国证券监督管理委员会发行审核委员会办法》，证监会专设了创业板发行审核委员会。相对于主板市场而言，创业板发审委的规模适度扩大（人员为 35 名，其中证监会的人员 5 名，证监会以外的人员 30 名），这也符合创业板上市公司规模较小、数量较多的特点。本次修改并未就创业板发审委组成人员的专业性作出明确规定。由于创业板企业行业覆盖面广、技术和管理模式创新性强，为切实提高审核质量和风险控制，对发审委的组成结构，应在强调会计、法律等专业人士基础上，适当吸收相关行业技术和管理的专家，切实把好市场准入关，这一点还需以制度化的方式予以明确。修改后的《证券发行上市保荐业务管理办法》有两个显著特点：其一，延长了保荐人对创业板上市公司的督导期间（一年）；其二，建立了保荐人跟踪报告制度，在发行人披露年度报告、中期报告之日起 15 个工作日内，保荐人应在证监会指定网站披露跟踪报告，对关联交易、内部控制等事项进行分析并发表独立意见；发行人临时报告披露的信息涉及募集资金、关联交易、委托理财、为他人提供担保等重大事项的，保荐机构应当自临时报告披露之日起 10 个工作日内进行分析并在证监会指定网站发表独立意见，以此保障创业板上市公司信息披露的质量。通过这种相对于主板市场更为严格的保荐人制度设计，可以强化保荐人的尽职调查和审慎推荐作用，有利于创业板上市公司的合规运作和投资者权益的保护。

2. 交易规范

为使创业板上市公司的股票交易有序进行，深交所发布了《关于创业板上市证券交易有关事项的通知》以及《关于创业板首次公开发行股票上市首日交易监控和风险控制的通知》，规范创业板交易行为。从总体上看，创业板交易制度与主板区别不大，但为严控上市首日盘中股价的异常波动，创业板公司上市首日的涨幅超过 20% 和 50% 后，各停牌半小时，如果再涨到 80%，则会一直停牌到收市的前 3 分钟，以此防范和控制交易风险。

针对创业板交易中的异常情况，深交

所已就六种行为进行了重点监控:一是通过大笔申报、连续申报、巨额申报、高价或低价申报,造成股价大幅上涨或下跌的;二是通过频繁追涨申报和撤销申报,影响证券交易价格的;三是以涨停价大笔申报、巨额申报,致使股价涨停或封涨停的;四是在开盘集合竞价期间以高价或涨停价申报买入并撤销申报,随后以低于买入申报价格卖出所持股份的;五是单个账户或多个具有关联关系的账户以其资金优势,进行大量且连续交易的;六是被交易所重点监控的异动账户为规避监管更换账户或转托管至其他证券营业部的。[①]

3. 信息披露规范

信息披露质量对于证券市场投资者而言至关重要。目前,在创业板上市的公司除需遵守《上市公司信息披露管理办法》的规定,真实、准确、完整、及时、公平披露公司经营状况、管理状况及财务状况外,还应特别遵守证监会专门发布的《公开发行证券的公司信息披露内容与格式准则第28号——创业板公司招股说明书》、《公开发行证券的公司信息披露内容与格式准则第29号——首次公开发行股票并在创业板上市申请文件》、《公开发行证券的公司信息披露内容与格式准则第30号——创业板上市公司年度报告的内容与格式》以及深交所公布的《创业板股票上市规则》。与一般上市公司不同,由于创业板上市公司的经营模式与营利模式新颖,而且行业发展状态、科技发展前景、公司管理机制等都会对公司的业绩产生直接影响,因此,应当加强上市公司对这些信息的披露力度和准确性,以便投资者对公司的发展做出理性判断。从现有制度来看,创业板上市公司应就公司核心竞争力、科技研发情况、公司成长性、公司无形资产状况等进行详细披露,同时应充分揭示公司风险,就未来可能对公司发展战略和经营目标产生不利影响的各种风险因素,包括核心技术团队或关键技术人员的变动等信息进行披露。

由于公司投资方向以及募集资金的使用状况对投资者权益而言极为重要,强化该类信息的披露也是应然之事。为规范创业板上市公司募集资金尤其是超募资金的使用和管理,提高上市公司募集资金的安全性和使用效率,深交所专门发布了《创业板信息披露业务备忘录第1号——超募资金使用》,强调超募资金应当用于公司主营业务,不得用于开展证券投资、委托理财、衍生品投资、创业投资等高风险投资,以此保护投资者的权益和上市公司的利益。为保证募集资金用途的合法,交易所强化了对募集资金的监管,要求上市公司对募集资金实现专户存储,明确资金用途。

4. 退市机制

为保证创业板上市公司质量,创业板将采用严格的退市制度。除主板规定的退市标准外,创业板新增了如下标准:(1)上市公司财务报告被会计师事务所出具否定意见或无法表示意见的审计报告而在规定时间未能消除的;(2)上市公司净资产为负而在规定时间内未消除的;(3)上市公司股票连续120个交易日累计成交量低于100万股,限期内不能改善的。由于上述情形下,投资者或者无法获得真实有效的财务信息,难以进行投资决策,或者公司本身经营状况、财务状况极差,随时面临停业、倒闭或被清算的风险,或者公司平均股本规模小,可流通股份数量少,存在流动性风险。因此,一旦触发以上任何一项退市标准,上市公司都将面临退出创业板的命运。

在退市方式上,创业板公司退市后不再像主板退市后进入代办股份转让系统,而是采用直接快速退市程序。公司退市后

---

① 张媛媛:"深交所严打创业板六种异常交易行为",载《证券时报》2009年12月24日。

如符合代办股份转让系统条件，可自行委托主办券商向中国证券业协会提出在代办股份转让系统进行股份转让的申请。

为了提高市场运作效率，避免无意义的长时间停牌，创业板将针对三种退市情形启动快速退市程序，加快退市进程：(1)未在法定期限内披露年度报告或中期报告的，最快退市时间从主板的六个月缩短为三个月；(2)净资产为负的或者财务会计报告被出具否定或拒绝表示意见的审计报告的，暂停上市后根据中期报告而不是年度报告的情况来决定是否退市。

《创业板上市规则》所规定的严格的退市制度，一方面可以通过优胜劣汰的充分竞争保证创业板上市公司的质量，为投资者提供更多优质的上市资源；但另一方面，投资者也将会面临更多的公司退市风险。上市公司如果被强制退市，其股票的流动性和价值都将急剧降低。为保护投资者利益，《创业板上市规则》规定了创业板退市风险警示制度。一旦上市公司出现财务状况或者其他状况异常，导致其股票存在终止上市风险，或者投资者难以判断公司前景，深交所将会对该公司股票交易实行风险警示处理，以提示投资者。

5. 投资者适当性管理机制

创业板完善了资本市场的基本功能。它既满足了处于不同阶段的公司的融资需求，又满足了风险偏好不同的投资者对多元化投资产品的需要。然而，这两个功能的实现都要求一个基本前提——对投资者进行分类。没有这个前提，新产品难以推出，即使推出也会面临系统性风险，影响市场的发展，因此投资者适当性管理机制的引入极为必要。

之所以在创业板市场强调该制度，根源于创业板较主板和中小企业板而言有更大的投资风险。这种风险主要由如下因素造成：(1)上市公司的风险。从目前创业板上市资源的情况看，上市公司大量集中在服务业以及新经济、新能源等新兴产业，在技术和商业模式上具有明显的创新特色，而创新在意味着机会的同时，也意味着经营成果的不确定性，即意味着风险。(2)流动性风险。创业板公司规模较小，发行的股份数较少，且经营不稳定，因而，常常面临股价大幅波动的风险，变现难度也相对较大，若想要及时兑现，则往往需要较大幅度的价格让利。这就容易导致投资者交易成本的明显提升，进而影响到整体的投资收益。(3)信息不对称和理解偏差风险。由于创业板上市公司所处的行业特殊，技术含量较高，投资者理解上市公司所披露的信息有相当难度，难以把握企业未来发展的前景。(4)退市风险。正如前文分析，创业板上市公司的退市机制严格，退市情形多、方式直接，如遇退市，投资者手持股票的流动性和价值都将急剧降低，这也是创业板面临的主要风险之一。如果投资者不了解创业板的上述风险，不具备风险承受能力而盲目参与，可能会使其遭受不必要的损失甚至引发种种社会问题。尤其是我国目前资本市场的投资者结构仍是以中小散户为主，风险承受能力偏低，为此，建立投资者适当性管理制度，要求投资者对创业板的风险有一定的识别能力和有一定的风险承受能力，确保其在充分了解风险的情况下参与创业板市场，有利于更好地保护投资者，更利于促进创业板市场的规范发展。

正是在该理念指引下，《首次公开发行股票并在创业板上市管理暂行办法》第七条规定，创业板市场将建立与投资者风险承受能力相适应的投资者准入制度，向投资者充分提示投资风险。同时，证监会、证券业协会、深交所以及中国证券登记结算有限责任公司也相继专门出台了《创业板市场投资者适当性管理暂行规定》、《关于进一步推进创业板市场投资者适当性管理相关工作的通知》、《深圳证券交易所创业板市场投资者适当性管理实施办法》以及《创业板市场投资者适当性管理业务操作指南》等制度,切实实现对投资者的保护。

(二)中小企业板制度的完善

2009年深交所针对中小企业板的规范发展,修改了《中小企业板上市公司保荐工作评价办法》、《中小企业板上市公司限售股份上市流通实施细则》,印发了《深圳证券交易所中小企业板诚信建设指引》,发布了《关于完善中小企业板首次公开发行股票上市首日交易监控和风险控制的通知》,对中小企业板的保荐制度、限售股份上市流通制度、诚信制度以及首次公开发行股票上市首日交易监控和风险控制制度进行了规范。其中与原有相关制度相比,内容变动较大的是诚信制度建设以及首日交易的风险控制。

1. 诚信制度建设

在新颁布的《深圳证券交易所中小企业板诚信建设指引》(以下简称《指引》)中,深交所明确要求上市公司建立完备的信息披露事务管理制度,做好重大信息的保密工作,尤其是要求建立内幕信息知情人登记制度,防止内幕信息知情人和非法获取内幕信息的人从事内幕交易。为促使上市公司积极贯彻《指引》要求,深交所可以委托第三方建立上市公司诚信评价体系,定期对上市公司的诚信状况进行评估,对外公布诚信评价结果。该结果将对上市公司产生重要影响,即深交所在对上市公司实施分类监管,为上市公司再融资、股权激励、并购重组等重大事项出具持续监管意见时,将以诚信档案中记录的有关信息作为重要依据。

2. 首次公开发行股票上市首日交易监控和风险控制

据深交所金融创新实验室对2006年6月19日"新老划断"后至2009年6月前发行的223只中小板股票所作的一项研究显示,新股上市首日交易中,71.5%的投资者是第一次参与上市首日交易,交易经验不足;从成交分布看,多达54.45%的投资者是在发行价涨幅300%以上时追涨买入的,具有典型的"羊群效应"特征;但20个交易日后,上市首日买入的投资者亏损比例过半,其中炒作最为严重的22只股票亏损比例更高,最高的某只股票投资者账户亏损比例高达99%,而且账户市值在10万元以下的投资者亏损程度最为严重,亏损金额高达1.97亿元。① 为防止这种盲目"炒新"给社会投资者带来的巨大损失,深交所于2009年再次进行制度改革,发布《关于完善中小企业板首次公开发行股票上市首日交易监控和风险控制的通知》(以下简称《通知》),再次强化对首次公开发行股票上市首日交易的风险监控。②

《通知》实施了两档停牌制,即当股票上市首日盘中成交价格较当日开盘价首次上涨或下跌达到或超过20%时,深交所可对其实施临时停牌30分钟,首次上涨或下跌达到或超过50%时,深交所可对其实施临时停牌30分钟,凸显了临时停牌措施在警示和控制股票上市首日风险中的核心作用。与原有规则相比,《通知》压缩了停牌时间,但并没有改变对新股上市首日涨幅的"容忍"程度。按照原来的四档停牌制度,如果股价最后触动了全部四档停牌,总

① 宋璇:"警示、防范新股炒作风险 上市首日风控新规发布",载《国际金融报》2009年7月3日。

② 深交所曾于2006年发布了针对"炒新"的第一个监控通知——《关于加强中小企业板股票上市首日交易风险控制的通知》;2007年又发布了《关于进一步加强中小企业板股票上市首日交易监控和风险控制的通知》,再次对上市首日的股票交易行为进行监控。

共的停牌时间达到一个半小时，但是按照新通知的规定，触动了两档停牌，停牌时间也仅为一个小时。"新通知"对于新股涨幅的限制并没有本质变化，虽然以盘中成交价格较开盘价的变动幅度取代盘中涨幅与开盘涨幅之差，作为计算实施临时停牌阀值的依据，但是前后两种计算方法中，对于触动首次停牌的涨幅基本接近，而对于触动最后一次停牌的涨幅，则新规的要求会更高。[①] 这样的制度设计既尊重了股价的市场化形成机制又打击了违规操纵行为，既保障了投资者交易权又警示了股票交易风险。

为更好地实现对上市首日的交易监控，《通知》规定证券公司应加强对投资者的风险教育和交易行为的规范与指导，并积极配合交易所的自律监管工作，否则交易所有权对其进行纪律处分；同时，深交所将密切监控上市首日的委托和交易，可以对通过大笔集中申报、连续申报、高价申报或频繁撤销申报等方式影响证券交易价格或者证券交易量的账户采取限制交易、提请证监会稽查提前介入或立案调查等措施，以规范首日交易行为。

## 四、证券交易法律制度的规范

（一）关于交易主体的扩充

在原《证券登记结算管理办法》中，合伙企业等非企业法人因其法律地位不明，面临着不能开立证券账户的困境。这既不符合非法人企业组织发展的客观需要，也不利于建设多元化的机构投资者队伍。尤其是随着《合伙企业法》的修订、《创业投资企业管理暂行办法》的出台，合伙企业以及其他组织形式的企业开立证券账户的需求日益强烈。修改后的《证券登记结算管理办法》紧随经济发展的需要，扩大了投资者范围，将"中国公民、中国法人、中国合伙企业及法律、行政法规、中国证监会规章规定的其他投资者"均纳入其中。这样一来，我国的自然人、法人、合伙企业、合格境外机构投资者、外国战略投资者、投资 B 股市场的外国和港澳台自然人、法人和其他组织以及《创业投资企业管理暂行办法》规定的创投企业等等组织形式都可以成为证券市场上的开户主体。

（二）关于交易异常的处理

交易异常是指导致或可能导致交易所证券交易全部或者部分不能正常进行的情形，引发原因包括不可抗力、意外事件、技术故障等。在证券市场上，因各种突发事件导致证券交易不能正常进行的情况时有发生，为尽可能减少这些交易异常给市场带来的负面影响，沪深证券交易所于 2009 年 11 月 2 日正式发布了《交易异常情况处理实施细则（试行）》（以下简称《细则》）。

证券交易所身处证券市场一线，具有监管市场稳定运行的信息优势、技术优势以及时间优势，而交易异常情况的发生往往带有偶发性和突然性，如不能采取有效措施进行及时处置，可能会使局部异常情况波及整个证券市场，影响市场正常运行。为此，需要交易所发挥其优势对"异常交易"采取及时措施。在国际上，交易所对异常交易的处理也极为常见。纽约证券交易所自 1888 年至 2001 年期间，因发生各类交易异常情况，共采用过 56 次临时停市措施；香港交易所几乎每年都因台风和暴雨影响交易正常运行，而宣布临时停市。2008 年，国际金融市场大幅波动，为避免由此影响国内证券市场的正常交易秩序，日本、俄罗斯、巴基斯坦、印尼、冰

---

① 简俊东："严防炒新风险　深交所发布上市首日监控新规"，载《21 世纪经济报道》2009 年 7 月 3 日。

岛、泰国等国交易所都采取了临时停市措施。①

正因为该制度存在之必要,我国《证券法》和《证券交易所管理办法》对证券交易所采取技术性停牌和临时停市措施、处理交易异常情况等都作了规定,交易所的《交易规则》也设置了“交易异常情况处理”专章,对此予以规范。但由于立法技术的粗放,上述规定总体上仍比较原则,缺乏足够的操作性,无法完全涵盖实践中各种原因导致的交易异常情况,也难以应对一些突发事件,为此,亟须细化。此次的《细则》可谓是对上述规定的详细阐释。《细则》列出了可能导致交易异常情况的原因,包括自然灾害、公共卫生事件、社会安全事件等,涵盖了《突发事件应对法》规定的主要突发事件和近年来我国证券市场发生或预警过的导致交易异常情况的各种情形;明确了交易异常情况的认定标准;规范了交易异常情况的处理程序,即采取技术性停牌、临时停市、暂缓进入交收等措施,应及时报告中国证监会;对技术性停牌或临时停市的决定,以及技术性停牌或临时停市原因消除后恢复交易的决定,应向市场公告,以此规范交易所对“异常交易”采取特别措施的行为,维护投资者的合法权益。

(三)关于债券发行与上市的管理

1. 公司债的分类管理机制

所谓公司债的分类管理是指对符合交易所上市条件的公司债券,根据具体的资信等级和其他指标的差异情况,对其发行上市交易的投资者范围和交易平台实行差异化管理。之所以对公司债采取差异化的发行和交易机制,目的在于防止信用债风险向一般个人投资者扩散,维护投资者权益以及债券市场的稳定。2009 年沪深交易所同时修改了《公司债上市规则》,将该制度落实于操作层面。公司债实行分类管理后,将在两方面产生明显影响:

其一,发行对象的范围受限。依据上交所新发布的《关于调整公司债券发行、上市、交易有关事宜的通知》,公司债只有满足下列条件时,才可向全市场投资者(包括个人投资者)发行:发行人的债项评级不低于 AA;债券上市前,发行人最近一期末的净资产不低于 15 亿元人民币;债券上市前,发行人最近三个会计年度实现的年均可分配利润不少于债券一年利息的 1.5 倍。如果达不到上述条件,则发行对象只能限于机构投资者,而不包括个人投资者。其二,交易对象的范围受限。依据上交所修订后的《公司债券上市规则》,达不到上述要求的公司债,只能在上交所固定收益平台上的机构投资者之间进行交易;而依深交所修订发布的《公司债券上市规则》,相关债券如只符合基本上市条件的,深交所将仅允许其通过深交所综合协议交易平台挂牌交易;如相关债券拟通过集中竞价系统和综合协议交易平台同时挂牌交易,则相关债券发行人需在满足基本上市条件的同时,还需满足新增设的资信评级、资产负债率、利息保障倍数等条件,具体为:债券评级须达到 AA(含)以上、发行前最近一期末资产负债率不超过 70%、最近三年平均可分配利润能达到本期债券一年利息的 1.5 倍以上。可见,资信状况、营利状况不良的企业,受交易平台的限制,公司债券流动性将受到极大的影响。

总体而言,该制度的实施对于我国债券市场的健康发展较为有益。在无担保纯企业信用债存在于市场的情况下,受投资渠道限制的影响,少数个人投资者在进行

① 敖晓波、马岚:“沪深两所今起出台临时停市措施”,载《京华时报》2009 年 11 月 2 日。

债券投资时，不够理性、往往单纯追求高收益率，而忽略了高收益率背后所掩藏的企业信用风险。通过分类管理机制，可以对投资者起到一定的保护作用。目前，需要进一步解决的问题是，当公司债在发行上市时，符合交易所的分类管理条件，可以对公众发行，并可同时在交易所的多个交易系统同时交易，但在公司经营中，由于债券资信等级或净资产等财务指标发生变化而不再符合分类上市交易标准，那么该如何处理？如果一旦达不到要求，就严格限制交易平台，必然会严重影响到公众投资者的权益实现。因此，如何实现公司债分类管理的动态化是值得深入研究的问题。

2. 地方政府债的发行与交易

为应对国际金融危机，配合积极财政政策的实施，2009年国务院同意地方发行2000亿元债券，并且可同时在银行间市场和证券交易所市场上市流通。这是继1998年之后，中央政府再次通过代地方发债的方式帮助地方解决融资问题。为规范本次地方债券的发行、使用、监督等工作，财政部先后制定了《关于做好发行2009年地方政府债券有关工作的通知》、《财政部代理发行2009年地方政府债券发行兑付办法》、《2009年地方政府债券预算管理办法》、《财政部代理发行地方政府债券财政总预算会计核算办法》等制度文件。与此同时，沪深交易所也分别制定了《上海证券交易所关于2009年地方政府债券发行、上市交易的通知》、《深圳证券交易所关于地方政府债券发行和上市交易有关事项的通知》，对地方债券的场内交易予以了规范。由于我国《预算法》对地方政府发债原则上采取了限制性制度（除非法律和国务院另有规定外，地方政府不得发债），因此，本次地方债的重新开阀是中央政府为应对危机而采取的一种临时性的政策措施。实质上，无论是从弥补地方政府财政资金不足的角度还是从拓宽投资者投资渠道的角度，都应积极制定系统性的地方政府债券发行、交易及管理制度，使其得以规范化和常规化运作。而目前已经发行的地方债券的不断“破发”、“零交易”的尴尬现象，也凸显了从制度层面规范地方债券发行与交易的迫切。

总体而言，地方债的管理应当包括规模控制、审批程序、信用评级、资金运用、风险预警、信息披露、偿还机制等基本制度框架。

（1）在规模控制上，地方政府债券的发行与地方财源和财政收支规模应有恰当的配比，如果地方政府发债规模过大，超过其将来的偿债能力，会使地方政府陷入债务困境，同时，也会给债权人带来巨大风险。（2）在审批程序上，地方债的发行应遵守《预算法》的基本规定。需要说明的是，地方债在发行审批中除需报本级人大批准外，同时，也需报中央政府批准。这是由我国的政治体制所决定的。目前，地方政府的发债行为很可能诱发其道德风险，一旦地方政府发债规模大于其偿债能力，最后很可能导致地方政府债务演变为中央政府债务。1998年中央政府发行交由地方政府使用的“地方建设债券”，最终就因地方无力偿还而由中央补足。（3）在信用评级上，应当建立地方政府信用评级机制。由于地方债与国债不同，国债以国家信用为保证，信用度极高，而地方债则因各地经济发展状况不同、财政收入不同、建设项目不同而不同，因此，地方债的信用非但难与国债相比，而且在不同的地方政府间也会产生巨大差异。从保护投资者的角度出发，应对地方政府进行信用评级。（4）在资金管理上，发行地方债所募集的资金应纳入地方财政预算管理体系，报地方人大审核、监督；资金的使用也必须符合募集办法的规定,不得用于其他支出,尤其是经常性支出;对于募集资金的使用状况,审计部门应定期进行审计,对于非法的使用,还应建立责任追究与处罚机制。(5)在风险预警上,科学合理地制订各项财政风险监控指标,对地方政府债券运行进行全程分析、预测和监控,以此保护投资者权益。(6)在信息披露上,地方债券的投资者有权及时知悉发债主体财务状况的变化,发债主体有告知义务,否则投资人无法判断其资信情况。地方政府在发债之后至偿清债务之前,每年应向人大、投资人公开与偿债能力有关的财务收支变动情况,如遇重大变化,还需履行临时信息披露义务。(7)在偿还机制上,地方财政应建立专门的债务收支预算,并建立专门的债务预算执行管理机构,在预算中,对用债务资金安排的项目预算要实行单独管理,偿债资金不能与其他资金来源的项目随意调剂,每年编制预算时必须安排好地方债的还本付息支出。同时,地方政府还应建立偿债准备金制度。准备金由各级财政部门通过年度预算安排、财政结余调剂、债务投资项目收益的一定比例建立,当地方政府不能偿还到期债务时,可先行从偿债准备金中支付,以减少债务风险对地方正常财政运行的冲击。

## 五、证券公司监管机制的发展

### (一)分类监管制度的确立

2009年5月26日证监会正式发布《证券公司分类监管规定》(以下简称《规定》),建立了"以证券公司风险管理能力为基础,结合公司市场竞争力和持续合规状况"的分类监管制度。从《规定》来看,证监会对证券公司的日常监管将采取分类监管模式,即根据资本充足、公司治理与合规管理、动态风险监控、信息系统安全、客户权益保护、信息披露6大类27个指标,综合考察券商对流动性风险、合规风险、市场风险、信用风险、技术风险及操作风险的管理能力,并依据考核结果评价打分,依分数高低,将证券公司分为A(AAA、AA、A)、B(BBB、BB、B)、C(CCC、CC、C)、D、E5大类11个级别,证监会将根据不同的分类结果,对不同类别的证券公司规定不同的风险控制指标和风险资本准备计算比例,并在监管资源分配、现场检查和非现场检查频率等方面区别对待。由于分类监管以"扶优限劣"为目标,监管结果不但与投资者保护基金缴纳挂钩,而且与券商推出新业务、新产品、新设营业网点、发行上市等市场准入行政许可事项挂钩,因而,极大的增强了券商主动改善风险管理的意识,监管的有效性大为增加。

### (二)上市证券公司监管的强化

上市证券公司具有证券公司与上市公司的双重属性,对上市证券公司的监管既应符合机构监管法律规范,又应符合发行、上市监管法律规范。由于这两类规范之间存在协调与衔接问题,在涉及上市证券公司监管的具体制度适用上就亟须予以明确。在上市证券公司日渐增多的背景下,这种制度需求更显迫切。为此,2009年4月3日,证监会颁布了《关于加强上市证券公司监管的规定》(以下简称《规定》)。《规定》从行政许可、信息披露、治理机制等方面对上市证券公司监管进行了制度设计,并确立了"从严"、"从一般"的原则,即上市证券公司所应遵循的监管制度出现差异时,应从严执行;同时,发行、上市监管法规的一般原则和规定也不因上市证券公司的行业特点而例外豁免。

### (三)证券经纪人制度的完善

证券经纪人制度是券商客户招揽和客户服务活动的新方式。随着证券市场的发展,证券经纪人队伍逐渐壮大。由于对其资质要求不高、管理欠缺,经纪人市场出现了诸多为招揽客户而无序竞争、接受客户全权委托、诱导客户频繁交易等大量扰乱市场秩序、损害投资者合法权益的行为。为此，证监会3月16日公布了《证券经纪人管理暂行规定》（以下简称《规定》），对证券经纪人与证券公司之间的法律关系、证券经纪人的资格条件、执业行为、证券公司的管理责任、证券经纪人合法权益保护、证券经纪人制度的实施安排等内容进行了全面规范。为配合《规定》的实施，中国证券业协会随后发布了《中国证券业协会证券经纪人执业规范（试行）》和《中国证券业协会证券经纪人执业注册登记暂行办法》等自律规则，形成了较为完整的证券经纪人管理制度。

《规定》提高了证券经纪人的执业条件，要求其应当通过证券从业人员资格考试，并有良好的职业道德、近三年未受到刑事处罚、不存在因违法违纪行为被开除的情形等；同时，《规定》还对证券经纪人执业活动范围和禁止性执业行为作出了详细列举，以促使经纪人市场有序发展。为切实强化对证券经纪人的业务管理，《规定》特别对证券公司的管理责任作了明确要求，即证券公司应通过建立培训计划、信息查询系统、客户投诉和纠纷处理机制、绩效考核等制度，规范证券经纪人的从业行为，而这些制度的建设与运行情况也将作为衡量证券公司内部管理能力和客户服务水平的重要指标，纳入分类监管评价体系。

除了上述基本规定外，在立法过程中，有关证券经纪人与证券公司的法律关系、客户资源的归属以及证券经纪人权益的保护一直是争论的焦点。

1. 证券经纪人与证券公司的法律关系

证券经纪人与证券公司之间的法律关系应如何定位，究竟是员工、居间还是代理，在《规定》出台之前并没有明确的界定。而实践中则主要体现为两种模式，即"委托制"与"员工制"。"委托制"因为经营成本较低，被大多数券商所采纳，在这种模式下，证券公司与经纪人签订的是委托代理合同；另有一些券商为了保持营销队伍的稳定性，注重业务的存续发展，将营销人员全部纳入员工体系，证券公司与经纪人签订的是劳动合同。

在新《规定》中，证券经纪人被界定为是接受证券公司的委托，代理其从事客户招揽和客户服务等活动的证券公司以外的自然人。显然，这里采用了委托代理说。在该制度下，经纪人仅是自然人，当证券公司委托公司以外的自然人从事客户招揽和客户服务等活动时，也只能采取证券经纪人的形式。基于代理关系，证券经纪人在证券公司授权范围内的行为，由证券公司依法承担相应的法律责任；超出授权范围的行为，证券经纪人则应自负其责。考虑到券商之间竞争极为激烈，利益冲突明显，为维护委托人利益，证券经纪人只能接受一家证券公司的委托。

在《规定》制定过程中，就客户资源的归属问题引发了较大争论。有人主张，应将客户资源归属于证券经纪人，但最终出台的《规定》并未采纳。实际上，该问题解决的关键仍是对证券经纪人与证券公司之间法律关系的定位。在委托代理关系下，证券经纪人接受证券公司委托，代理其开展客户招揽和客户服务等活动，并从证券公司取得报酬。因而，由经纪人代理证券公司开发客户应属于委托事项，也是其从证券公司取得报酬的对价，客户资源应归属于证券公司。同时，与证券投资者签订证券经纪合同，为其提供交易指令执行、清算交割及投资咨询服务的主体是证券公司，证券经纪人在证券公司授权范围内的行为，也是由证券公司承担责任，而客户在选择券商时,更为关注的也是证券公司而非证券经纪人的实力和服务质量,因此,基于委托代理关系,客户资源应属于证券公司所有。当然,立法应当注意到证券经纪人在为证券公司开发客户时所付出的努力,应从委托代理关系中受托人的角度对其权益进行保护。

2. 证券经纪人的权益保障

在证券公司与证券经纪人之间,后者明显处于弱势地位,因而,强调证券经纪人合法权益的保护尤为必要。这种保护集中的体现在,合理确定证券经纪人报酬的计算与支付方式并在委托合同中予以明确,一旦确定,证券公司不能随意调整;同时,应建立科学合理的证券经纪人绩效考核制度,通过合理的考核机制维护经纪人合法权益。

在《规定》将证券经纪人与证券公司的法律关系界定为是委托代理关系后,关于经纪人的佣金与社会保险问题需要特别关注,而且应从立法上寻求制度化的解决方案。

一旦经纪人与证券公司之间的关系被认定为是委托代理关系,则经纪人所得收益为佣金(在《个人所得税法》中应属于劳务报酬所得)而非工资,二者在缴纳个人所得税时,适用的税率完全不同,对经纪人而言,税赋压力也明显有别:如果是工资,则可按普通企事业单位职工标准缴纳个人所得税,相对来说赋税压力较小;而如果是劳务报酬所得,只要是超过800元的部分,都要按照20%缴纳个人所得税,赋税压力明显增大。在证券经纪人收入不高且不稳定的情况下,如何解决其税负压力,需要考虑。就社会保险而言,《规定》从保护证券经纪人的角度出发,要求证券公司为经纪人缴纳社会保险,但这里存在一个法律冲突问题,即按照社保规定,社会保险费由国家和单位负担一大部分,职工个人承担一小部分,但在《规定》将证券经纪人定位为证券公司的代理人而非员工后,证券公司有何义务来为证券经纪人缴纳社会保险费?在缴纳时,又如何从财务制度上进行反映?这些问题都需要不断深入研究。

## 六、上市公司治理机制的规范

2009年,全国人大、国务院、证监会并未针对上市公司治理问题出台重要法律、行政法规、部门规章或者其他规范性文件。值得一提的应是上海证券交易所于8月25日发布的《上市公司董事选任与行为指引》(以下简称《指引》)。

海外成熟市场的发展经验和我国证券市场的监管实践表明,上市公司董事在督促公司守法经营、维护社会公众股股东合法权益等方面具有至关重要的作用。而我国目前关于董事权责的规定比较分散,评估标准也不明确,因而,有必要制定一个指引性文件,通过细化董事在受聘、审议事项、信息披露和离职等环节的工作要求,完善董事忠实义务和勤勉义务的认定标准,建立对董事不良行为的责任追究机制,并最终促使董事积极有效地履行其责。该《指引》也是继2005年深交所发布《中小企业板块上市公司董事行为指引》以来,自律组织对上市公司董事制度的再次规范。

(一)董事的选任程序

《指引》要求上市公司在确定董事会的人员构成及具体人选时,应全面考虑公司业务经营、财务管理、人力资源和其他规范运作等方面的需要。有资格担任董事的,除需满足《公司法》规定的条件外,还需满足"近三年未受中国证监会行政处罚、近三年未受证券交易所公开谴责或两次以上通报批评、未处于被证券交易所公开认定为不适合担任上市公司董事的期间”等要求。在选任董事时,提名人和候选人均负有接受股东大会质询的义务,以使股东大会能够准确了解候选人的能力以及与公司的利害关系。在两权分离的治理机制下,董事的诚信与能力是公司经营业绩的有效保障,通过对董事任职资格以及接受质询的严格要求,可以有助于股东选出适格的董事。

(二)董事的行为准则

《指引》以《公司法》为基本指导,针对上市公司特点,对董事的忠实义务进行了细化,尤其是专门对董事及其近亲属的持股行为进行了规范,要求董事应根据相关法律法规的规定,谨慎买卖并提示其近亲属亦谨慎买卖其任职公司的股票、债券、权证、股票期权等证券产品。这对于防范“内幕交易”这一资本市场的顽疾具有一定的积极意义。此外,《指引》还对上市公司董事的勤勉义务进行了重点规范,要求董事从公司最佳利益出发,考虑与其同等地位的人在类似情况下可能作出的判断,对上市公司待决事项的商业利益和风险作出审慎决策,不得以对公司业务不熟悉或者对相关事项不了解为由主张免除责任。董事应当以亲自参加董事会会议、主动要求相关工作人员提供详备资料、谨慎考虑相关事项的决策要素、积极关注公司业务、对涉及公司重大事项或者传闻采取积极措施等方式履行自己的职责。否则,上交所会酌情对违反上述义务的董事予以通报批评、公开谴责、公开认定其三年以上不适合担任上市公司董事等惩戒。

为董事确立严格的义务是公司良性运转的关键之一。《指引》的上述规定无疑值得肯定,尤其是对勤勉义务的细化,增强了其操作性。但在看到该《指引》积极意义的同时,立法需要进一步思考的问题是:独立董事的义务与执行董事的义务认定标准是否应当一致。通常情况下,董事行为可分为“职务适当行为”与“职务懈怠行为”。在“职务适当行为”的场合,对独立董事注意义务的要求应当较执行董事轻,因为在信息不对称的前提下,独立董事作为兼职者参与公司战略决策,存在着诸多先天性障碍,故此场合下独立董事的注意义务不能与执行董事相提并论。当然,这一判断仅是一个原则,亦非绝对。对于“职务懈怠行为”,则应区别情况而对待,如果一名独立董事声称具有特殊知识、技能或因具有特殊知识、技能而被任命,他就被视为是专家董事,与其他不具有此种知识、技能的执行董事或独立董事相比,人们对其履行职责的行为理应寄予更多的合理期待。依民法原理,在同一场合下不同职务和技能的人所担负的注意义务是有差别的,因而不同主体所实施的同一行为的过错程度并不相同。[①] 在此意义上,有理由对某一独立董事在履行特定事项的监督职责时要求较高的注意义务。比如,会计人员对公司财务的审查、律师对公司担保行为合法性的审查,等等。如果独立董事的履行职责行为明显背离了其所属领域的通常标准,就应当认定为重大过错,承担相应的法律责任。即使在英美公司法理论上,多数学者也认为,非执行董事的主要职责在于监督而非管理公司事务,并且他们对公司事务的了解不如执行董事,如果负担的义务与报酬更为丰厚的执行董事程度相等,那是不可接受的。[②] 在 Daniels v. Anderson 一案中[③],法庭判决也认为:“不同的董事,诸如执行董事和非执行董事、执行董事的不同类别

① 参见王利明主编:《民法学》,法律出版社2000年版,第48页。

② See L. Mackenzie, A Company Director's Obligation of Care and Skill, The Journal of Business Law, Feb, 1982, p. 461.

③ Daniels v. Anderson(1995)(6 ACSR 60).

以及在不同规模公司中的董事承担的义务是不同的”。因此,“独立董事与执行董事担负的职能不同,享有的职权也有差异,所以二者的注意义务也理应有所区别。”①当然,在具体的义务设定上,需要依靠法律技术进行协调。

## 七、基金法律制度的修订

《证券投资基金法》的修改从2008年起就开始进入人们视野。2009年,该部法律如何修改,修改哪些内容继续成为立法界、学术界与实务界关注的重点。2009年下半年,由全国人大财经委牵头的《证券投资基金法》修订起草小组正式成立,修订起草工作正式启动。

《2008年中国证券市场法制研究报告》已就《证券投资基金法》修改的模式与修改的主要内容进行了宏观上的分析,认为《证券投资基金法》的修改不应是小范围内的拾遗补阙,而应进行制度整合,建立《投资基金法》,使其成为基金法律制度与基金市场的基本法。在此思想指导下,法律应改变目前投资基金类型繁多、监管机构政出多门的现状,建立相对统一的监管体系,解决基金主体缺位与基金内部治理不完善问题,理顺证券投资基金法律关系,明确基金份额持有人的权利救济方式,等等。

纵观2009年各专家、学者对《证券投资基金法》修改的激烈讨论,如下几个问题需要从理论上进一步研究和明确:

### (一)关于私募基金是否应纳入监管的问题

私募基金是相对于受政府主管部门监管、向不特定投资人公开发行受益凭证的证券投资基金而言的。目前,私募基金已成为中国资本市场和实业投资的重要力量之一。截至11月末,2009年就已成立了121只私募产品,明显超过了2008年全年92只的数量,特别值得注意的是,2009年私募产品募集首次超过10亿,让人们看到了中国私募基金的广阔发展前景。②与实践中私募快速发展形成鲜明对比的是立法对私募基金规范的缺失。目前国内相关法律仅对公募的证券投资基金进行法律规范,私募基金则处于“灰色”地带,可谓在法律的夹缝中生存,这也使得很多非法集资的不法之徒混入其中,不仅损害到证券市场上投资者的利益,也限制了私募基金规模的进一步扩大。需要说明的是,对私募基金予以立法,使其逐渐正规化、合法化、阳光化,在各界并无分歧,现在的主要问题是,究竟采取何种立法体例。一种观点认为应将其纳入《投资基金法》,由基金法对其进行统一调整;③另一种观点则认为,应对私募基金单独立法。④

持统一立法模式的专家认为,证券投资基金是投资基金中的一种重要形式,但不是投资基金的全部,通过制定统一的《投资基金法》可以对私募基金进行规范,在具体的监管体制上,采取备案制的方式即可。⑤ 而持单独立法意见的学者则认为,公募投资基金与私募投资基金在风险属性上具有完全不同的特点,因此在立法

---

① 李建伟:《独立董事制度研究——从法学与管理学的双重视角》,中国人民大学出版社2004年版,第263页。

② 杨磊、付建利:“2009年中国基金业十大新闻”,载《证券时报》2009年12月21日。

③ 全国人大常委会委员、财经委副主任委员、《基金法》修订起草小组组长吴晓灵、原全国人大财经委基金法起草小组组长、证券法研究专家王连洲均持该观点。参见“人大财经委研究修改基金法　可能规范私募”,载新华网,2009年7月7日访问;王连洲:“将私募纳入框架是基金法修改重中之重”,载网易财经,2009年7月7日访问。

④ 曹凤岐观点,参见吴建忠:“基金法修订:建议统一立”,载《第一财经日报》2008年12月24日。

⑤ 吴晓灵观点,参见谈佳隆、刘永刚:“《基金法》大修直指万亿资金”,载《中国经济周刊》2010年3月13日。

和监管上应充分考虑其差异性。[①] 此外，部门利益之争或许也是难以进行统一立法的主要原因。有学者就认为，现在中国的金融监管由证监会、银监会、保监会实行分业监管，而私募基金却同时涉及信托公司和证券投资，从而产生了应由谁来监管的问题，这在客观上阻碍了基金的统一立法。[②]

对上述争论，统一立法的观点应更为可取。尽管公募基金与私募基金之间性质不同，存在巨大差异，但它们都是基金，都具有集合投资、专家理财、分散风险的特点，且以投资者、管理人和托管人为主要的法律关系主体，基本的法律规范及其原理应当一致。而部门利益之争仅能说明立法的障碍或者难度，并不能成为分别立法的原因，相反更应该通过统一立法来消除这种部门利益之争，避免在以后实施法律时产生协调困难，增加执法成本。当然，由于公募与私募毕竟有所区别，即使在统一立法模式下，亦应尊重其个性。对于私募的监管，应更多地依靠行业的自律部门，因为一个国家监管的边界应该设在对社会公众特别是小投资人的保护上。私募基金的投资者通常应具有较强的风险识别能力和承受能力，由于其所投资的是未上市的股权，因而它的外部性并不强，在这样的条件下完全可以充分发挥自律监管的作用。总之，在投资者的准入门槛上，应对私募基金建立合格投资人制度，控制私募基金的投资者数量与质量，从而降低其投资风险的社会影响；在信息披露的范围上，应限定于投资者范围，而非社会公众；在产品设计与具体运作上，应更尊重自治，减少政府的过度干预。

（二）关于监管的适度问题

对于基金业的监管问题，证监会在此次修法中反复强调的基本态度是：在进一步规范公募基金投资运作、加强风险控制的前提下，适当给公募基金"松绑"，以增强基金业的活力和竞争力。[③] 这种监管"松绑"，应主要体现在如下两个方面：

1. 产品与业务创新

目前业界普遍认为，我国基金业不是创新过度，而是创新不足。[④] 要解决基金产品创新问题，一方面要在监管层放松对创新型产品的限制，加快审批进程；另一方面需要通过市场机制，激励基金公司进行产品创新。[⑤] 从1998年国务院颁布《证券投资基金管理暂行条例》开始，基金产品的设计就被严格限定在各类法律法规的范围之内，严格限制了基金创新。基金管理公司组织形式和经营模式单一，基金产品与投资风格存在相当程度的同质化现象，多元化的基金营销竞争格局无法形成，与此同时，投资者的多样化投资需求也无法得以满足。2008 年证监会基金部发布的《证券投资基金产品创新的鼓励措施》在基金产品创新上实行了绿色通道审核制度，这有助于提高基金公司进行产品创新的积极性。当然，创新必然伴随着风险，为防范风险发生，应加强对新产品与新业务的信息披露和风险提示，以保护投资者权益，并维护基金业的安全运作。

2. 关联交易

现行《基金法》第 59 条规定，基金财产不得用于买卖其基金管理人、基金托管人发行的股票或者债券，或买卖与其基金管理人、基金托管人有控股关系的股东或

---

① 刘健钧："关于投资基金法修法若干问题的探讨"，载《证券市场导报》2009 年第 12 期。

② 祁和忠："五方博弈《基金法》修改 私募成监管空白"，载《华夏时报》2009 年 10 月 17 日。

③ 李辉："《基金法》修改思路曝光：公募松绑私募被管"，载《中国经营报》2009 年 12 月 12 日。

④ 参见"'绿色审核通道'将至 基金公司厉兵秣马"，载《21 世纪经济报道》2008 年 12 月 17 日。

⑤ 参见马庆圆："修改基金法 加快审批速度"，载《中国证券报》2008 年 12 月 3 日。

者与其基金管理人、基金托管人有其他重大利害关系的公司发行的证券或者承销期内承销的证券。该规定的目的在于防范非法的利益输送,保护基金持有人利益。但是,过于严格的规定,限制了基金投资范围,反而影响了基金的投资收益。尤其是目前有多家上市银行已成为基金托管人,而受制于基金法,基金不能买卖基金托管人、与基金托管人有控股关系的股东或有其他重大利害关系的公司发行的证券或者承销期内承销的证券,大大地限制了基金的投资方向和获利空间。为此,在防范潜在的利益冲突和利益输送的前提下,对基金关联交易适度"松绑",实现基金份额持有人利益的最大化成为了业界的主要呼声。

关联交易本身是一中性词,从保护投资者的角度而言,法律反对的应是非公允性的关联交易。那么,如何既能扩大基金投资空间,适度"松绑"关联交易,又能确保交易公平、公正,不会损及投资者的合法权益?以下几方面的制度设计极为必要:(1)充分披露信息。相对于基金管理人,广大基金持有人处于信息弱势地位,基金管理人应该将基金关联交易的有关信息向基金持有人进行充分披露。"阳光是最好的杀虫剂",充分的信息披露不仅可以满足基金持有人的知情权,而且可以发挥社会监督,特别是媒体和其他专业分析人士的监督作用。基金管理人或其关联人士在进行关联交易时,将不得不考虑自己的行为后果。(2)确立基金托管人的监督责任。因为托管人对投资者负有受托义务,并且对基金管理人有监督职责;由托管人履行对关联交易的监督责任,执行成本相对较小。(3)确立"过错推定原则"。当基金管理人或其关联人士与基金之间的关联交易对基金持有人利益造成损害时,法律推定基金管理人或其关联人士存在过错,负有对基金持有人的赔偿责任,除非其能证明自身无过错。该制度安排减轻了投资者的举证责任,降低了诉讼成本,有利于投资者通过司法程序维护自身的合法权益。

(三)关于基金持有人合法权益的保护问题

1. 严打"老鼠仓"

2009年2月28日通过的《中华人民共和国刑法修正案(七)》将利用未公开信息交易行为入罪,重典惩治基金业"老鼠仓"行为。3月20日,证监会发布修订后的《基金管理公司投资管理人员管理指导意见》,也直指"老鼠仓"等目前基金投资运作中的突出问题。尽管相关规定相继出台,但5月份,融通基金管理有限公司即公告,基金经理张野因"老鼠仓"被证监会调查,随后被行政处罚并被市场禁入;11月,长城、景顺长城基金公司的基金经理刘海、韩刚和涂强又因涉嫌做"老鼠仓"被稽查。一而再的"老鼠仓"案件,在责问基金公司公信力的同时,也严重拷问着我国基金法律制度的有效性。如何才能从根本上解决"老鼠仓"问题,成为基金法修改的难点。在笔者看来,如下三个方面的制度设计或许值得参考:

首先,强化基金管理人的信义义务。基金法的修订应明确基金持有人和基金管理人之间的信托关系——这是基金法的基础。信托关系要求管理人对持有人负有信义义务,即忠实义务和勤勉义务。忠实义务要求受托人忠实于委托人,将委托人的利益放在自己利益之上;勤勉义务则是对受托人谨慎管理的要求,受托人要把委托人的资金当自己的资金来管理,尽到善良管理人的注意义务。除了这种原则性规定外,法律应当针对基金业的特性,增加对基金从业人员行为准则的规范,对忠实义务和勤勉义务作出具体规定。

其次,强化问责机制,严格法律责任。

在查处"老鼠仓"行为的规程中，取证难问题凸显。这一方面是由于基金复杂的信托关系致使基金持有人的信息不对称更为明显，基民自身维权困难重重；而另一方面"老鼠仓"往往是通过私人关系网发展，很难被监管部门发现，如果有关部门要进行监听，往往还面临着与公民隐私权的冲击。对该问题的解决有学者提出了"举证责任倒置"的观点，即一旦违规行为发生，受害人只需证明违规行为的存在而无须证明基金公司从业人员主观上存在过错。① 当然，基金公司从业人员可以通过证明自己没有主观过错而免责，如此既能避免因采取过错责任原则而令受害者承担起举证的重任，有效维护受害人的权益，又能避免因采取无过错责任原则而过分打击基金公司从业人员的后果。对于被查处的"老鼠仓"行为，目前虽有行政责任以及刑事责任予以规制，但是，处罚力度有待加大。以行政责任为例，上投摩根基金经理唐建被没收违法所得 152.72 万元，并处 50 万元罚款；南方基金基金经理王黎敏被没收违法所得 150.94 万元，并处 50 万元罚款。② 相比违法所得，上述罚款比例显然过轻。应提高违法成本，以有效遏制违法行为的再发生。

最后，完善民事责任，赔偿投资者损失。对投资者而言，民事责任的规范是对其受害权益最切身的保护。当基金经理出现"老鼠仓"行为，给投资者造成损失时，投资者有权追究基金管理公司的民事赔偿责任。因为基金投资者是与基金管理公司而不是基金公司的某个员工之间存在有偿信托、营业信托关系。基金公司应当有义务建立严格的内控机制，通过内部督查等方式强化对基金经理的监督。对于基金公司以"老鼠仓"属基金经理个人行为，以逃避责任的说法，法律不应支持。基金公司赔偿投资者后，对基金经理的责任追究则属于内部关系。

2. 厘定基金持有人、基金经理人与上市公司的法律关系

由于基金关系的特殊性，基于信托法产生的基金，投资者不可能按照《公司法》行使对上市公司的股权，诸多权利必定由基金经理代表基金持有人行使。目前，《证券投资基金法》并未就基金经理人、基金持有人和上市公司之间的法律关系、各自相应的权利、义务和责任进行明确，由此，实践中产生了诸多纠纷。在此次修法中，对三者间关系的梳理应当明确，并且应细化基金经理人代表基金持有人行使股东权利的相应条件、范围及参与上市公司股东大会的法律程序，避免发生不必要的争议和误解，切实维护基金持有人利益。

3. 完善基金持有人大会

现有的公募基金均实行契约制，反映持有人利益诉求的主要是持有人大会。通过持有人大会这个制度平台，可以实现基金持有人的集体决策机制，将持有人的意志转化为投资基金的意志，进而形成对受托人的有效约束。为此，法律赋予了基金持有人对基金管理事务的监控权，包括对不合格管理人的解任权，以维护其合法利益。然而，现行的《证券投资基金法》并未很好地实现上述法意，现行的基金持有人大会面临着制度设计不够精细、法律规定流于形式的危险。为此，应从如下几个方面进行制度改进：

(1)降低召集条件

要使基金持有人制度充分发挥作用，就必须合理设定召集条件，若条件过于苛

① 李梦玉："'老鼠仓'的法律规制"，载《法商论丛》2009 年第 6 卷。

② 宋燕华："全国人大财经委会诊《基金法》"，载《金陵晚报》2009 年 7 月 8 日。

刻,受召集条件的制约,持有人大会则往往会形同虚设。《证券投资基金法》一审稿、二审稿曾规定:代表30%以上基金份额的持有人即可开会。但当时有学者认为,若开会比例和表决比例太低,则有可能使少数持有人通过持有人大会决定大多数持有人的权益。2003年最终出台的《证券投资基金法》采纳了该观点,并规定基金份额持有人大会应当有代表50%以上基金份额持有人参加。这一条件大大提高了基金持有人大会的开会门槛。

仔细分析可知,这种提高基金持有比例的做法并非可取。因为假使50%的基金份额参会,按《证券投资基金法》只要参会的三分之二份额表决同意,重大议题即可获通过,也即三分之一的基金份额事实上就可决定全体持有人的权益,还是会出现所谓的"基金少数持有人通过持有人大会决定大多数持有人的权益"的现象。而从多数国家(或地区)的有关立法来看,对基金持有人会议所应代表的比例的规定都是较低的。在我国香港地区,如只审议普通事项,那么基金持有人大会法定人数为已发行单位或股份的10%的持有人;如审议特别决议,法定人数为已发行单位或股份的25%的持有人。如果在指定开会时间过后半个小时内,出席会议的人数仍未达法定人数,必须将会议押后不少于15天后重开。重开后的会议出席人数(包括获委派的代表)即成为法定人数。基于上述分析,有学者提议,我国《证券投资基金法》对基金持有人大会开会人数所设门槛,以降低到25%甚至更低的比例为宜,同时还可借鉴香港的做法,规定若未达这一比例,则基金持有人会议须延期召开,在延期召开时,实际参加会议的人数即为法定人数。①

(2)扩充职权。我国有关基金持有人大会的职权主要限于《证券投资基金法》第71条规定的六项法定审议事项:提前终止基金合同;基金扩募或者延长基金合同期限;转换基金运作方式;提高基金管理人、基金托管人的报酬标准;更换基金管理人、基金托管人;基金合同约定的其他事项。从域外经验来看,我国现行的制度设计基本合理,但仍有扩展的空间,为此建议增加一项:基金的合并及重组。由于基金的合并和重组涉及基金的重大变动,不再是日常经营管理,对基金持有人的利益来说影响重大,所以,合并和重组在英国和美国等国的基金法中都被列入了持有人大会的职权范围。随着我国基金市场的不断完善,基金合并与重组的现象必然增多,亦有将其纳入持有人大会职权范围的必要。

(3)明确提案权。借鉴《公司法》对股东提案权的规定,修订后的基金法应当明确,持有基金份额达到一定比例的基金持有人有提出审议事项的权利,一旦其提案后,即使基金管理人和基金托管人不同意该事项,也必须公告该审议事项,强制该事项必须在大会上讨论。英国法律即规定,投资信托股东大会的议程通常由董事决定,然而代表公司10%以上表决权的股东可以请求董事将某项决议列入公司大会议程。为切实维护基金持有人尤其是小份额基金持有人的权益,我国在修改基金法时可以将该比例亦规定为10%,即10%以上的基金份额持有人有提案权,有权要求大会召集者将某项决议列入大会的议程,召集者必须接受该请求,至于请求的具体内容或方案是否可行则应由基金持有人大会讨论决定。

## 八、国有股法律制度的规范

(一)关于国有股转持

2009年6月19日,财政部、国资委、

① 熊锦秋:"基金份额持有人大会设定门槛过高了",载《上海证券报》2009年12月22日。

证监会以及社保基金会四部门联合下发《境内证券市场转持部分国有股充实全国社会保障基金实施办法》(以下简称《办法》)。《办法》规定:股权分置改革新老划断后,凡在境内证券市场首次公开发行股票并上市的含国有股的股份有限公司,除国务院另有规定的,均须按首次公开发行时实际发行股份数量的10%,将股份有限公司部分国有股转由社保基金会持有。混合所有制的国有股东,由该类国有股东的国有出资人按其持股比例乘以该类国有股东应转持的权益额,履行转持义务。

该规定的出台与2001年6月国务院发布的《减持国有股筹资社会保障资金管理暂行办法》相比,虽仅有"减持"与"转持"的一字之差,但是,实质内涵与影响却大为不同。立法者在设计"转持"方案时,希望可以同时达到三大效果,而这是"减持"方案所无法顾及的:其一,充实社保基金的资金来源。成立于2000年8月的全国社保基金是中央集中的社会保障资金,是国家重要的战略储备,主要用于弥补今后人口老龄化高峰时期的社会保障需要。截至2008年年底,全国社保基金资产总额为5600亿元左右,而社保缺口在万亿元左右。① 单靠现有在职人员缴纳和国家财政补贴无法有效弥补这个缺口。通过将部分国有股转由社保基金会持有,有助于社保基金通过增持的国有股实现资产的保值增值。② 其二,缓解大小非减持压力,稳定二级交易市场。依据《办法》规定,转由社保基金持有的股份,在承继原国有股东禁售期的基础上延长三年禁售期。这将对二级市场起到稳定作用,有利于资本市场发展。其三,将社保基金培养为重要的机构投资者。有数据显示,截至2009年4月30日,社保基金共出现在60家A股上市公司的前十大流通股东中,共持有市值超过40亿元。与2008年年报披露的统计数据相比,社保基金2009年一季度的重仓股数量、持仓市值均有明显增加,增仓迹象非常明显。③ 而"转持"方案的实施,无疑会继续加大社保基金的持股量。据初步统计,截至2009年3月26日,股权分置改革新老划断后首次公开发行股票并上市的含国有股公司共131家,涉及国有股东826家,应转持股份约83.94亿股,发行市值约639.33亿元。④ 如此一来,社保基金基于其重仓持股的实力,必然成为市场重要的机构投资力量。

该《办法》"一箭三雕"的立法初衷无疑是值得肯定的。但从《办法》的具体规定来看,还是过于粗放,有待细化。这主要体现在如下几个方面:

(1)如何协调国资委与社保基金的冲突?国资委在管理国有股权的过程中,不仅仅考虑投资收益,而且关注国资的战略布局和进退上的结构调整,但社保基金则主要是财务投资,关注投资价值的回报,以满足社保资金的需求,二者的立场明显不同。依据《办法》规定,社保基金会转持国有股后,享有转持股份的收益权和处置权,不干预上市公司日常经营管理。该规定或许正是考虑到了上述矛盾。正如实务界人士所提出的,国资监管部门"应该争取今后直接或变相行使社保基金在公司治理方面的部分股东权利,并积极在未来国资战略布局和进退上有所调整,确保国有资产

---

① 曲瑞雪:"国有股转持是多赢之举",载《中国经济时报》2009年6月22日。

② 也有学者认为,国有股转持只是杯水车薪,难以破解社保基金缺额巨大的困局。参见董轼:"国有股转持能否破解社保基金困局?",载《董事会》2009年第8期。

③ "国有股划转三方面利好资本市场",载《证券时报》2009年6月22日。

④ 胡南:"投资者普遍认为国有股转持利好股市",载《证券时报》2009年6月22日。

的战略地位不受影响。”[①]问题是,这样的规定以及实务界这样的思路是否符合《公司法》的基本原理。国有股转持后,社保基金作为持股比例较高的机构投资者,需要尽到大股东的义务,履行大股东的责任。而事实证明,这几年的投资实践中,社保基金出于自身风险管控和实现投资收益的目的,也逐渐对相关企业的公司治理高度关注。2007 年 4 月,全国社保基金理事会向所聘基金管理人发出通知,要求每月定期报送持仓前 10 名上市公司的治理信息。[②]可以想像,社保基金成为上市公司重要的机构投资者后,基于自身利益考虑必然参与公司重大事项决策,而这也是其股权的应有之义。况且,该制度的推出本身就希望能够培养出高质量的机构投资者,而根据美国等国家的经验,机构投资者在上市公司治理中均发挥着重要作用,甚至有不少学者认为,正是因为机构投资者的介入,上市公司的治理又从“董事会中心主义”回向了“股东会中心主义”。那么,在此过程中,国资委与社保基金在公司治理与运作中的权力如何协调必然成为一个急需解决的问题。

(2)如何确定国有股东身份?该办法第 4 条规定,“本办法所称国有股是指国有股东持有的上市公司股份”,但未对“国有股东”的性质或身份进行明确界定,比如国资性质的 PE 是否属于国有股东,是否应遵此规定。而且,目前企业的股权结构空前复杂,相互持股、交叉持股、数层股权关系的子孙公司均大量存在,在此情况下,国有独资、国有控股、国有参股等类型公司,在 IPO 时应由哪一层的国有股东履行义务?具体划转比例如何确定?这些问题都有待细化。尤其是《办法》颁布后,“力合股份转持异议案”的出现向我们证实了该问题绝非仅存在于理论层面的假设。

(3)如何进行转持的账目处理?目前,实务界对此确实存有困惑。如果划转股权是作为资本的减少,那么公司的体量突然变小会降低企业的信用;如果是作为增加的投资成本,则意味着公司业绩明显下滑。这两种方式显然对公司都极为不利。另外,这种强制划转制度,意味着国有股东的偿债能力下降,必然直接影响到债权人的利益。从严格意义上讲,债务公司资产的减少应征求债权人的同意,否则,对债权人而言就显失公平。那么,在强制转持的制度下,如何保护债权人的利益,这也是值得深入研究的问题。

(4)如何确定现金上缴的定价及资金来源。《办法》规定:“对符合直接转持股份条件,但根据国家相关规定需要保持国有控股地位的,经国有资产监督管理机构批准,允许国有股东在确保资金及时、足额上缴中央金库情况下,采取包括但不限于以分红或自有资金等方式履行转持义务。”对于持股分散的国有上市公司来说,其国有大股东为维持其绝对控股地位必然会依据《办法》的此项规定执行,但上缴的现金如何定价,同时现金如何而来都不可而知。这种立法的粗放直接导致了法律适用的困难。

(二)关于上市公司国有股东行为

为推动国有资产的合理配置和有序流转,规范上市公司国有股东行为,保护各类投资者合法权益,国资委于 2009 年 7 月公布了《关于规范上市公司国有股东行为的若干意见》(以下简称《若干意见》)、《关于规范国有股东与上市公司进行资产重组有关事项的通知》(以下简称《资产重组通

① 上海国有资产经营有限公司副总裁徐非持此观点,参见“国有股转持:谁的挑战”,载《上海国资》2009 年第 7 期。

② “社保基金能否有所作为——国有股转持引发公司治理新课题”,载《董事会》2009 年第 8 期。

知》)以及《关于规范上市公司国有股东发行可交换公司债券及国有控股上市公司发行证券有关事项的通知》(以下简称《发行证券通知》,以上三个文件简称为《若干意见》等三个文件)。

《若干意见》对国有股东的社会责任、信息披露、整体上市、股权的转让与质押、持股比例的增减、账户监管以及上市公司的股利分配等进行了原则性规定,为规范上市公司国有股东行为提供了基本制度保障。《资产重组通知》和《发行证券通知》则主要针对国有股东与上市公司进行资产重组、上市国有股东发行可交换公司债券、国有控股上市公司发行证券等行为,从决策程序、材料申报、信息披露等方面进行了具体规定,并对各方责任予以了明确。这对稳定证券市场和保护投资者权益都具有积极意义。

(三)关于企业国有产权交易规则

企业国有产权交易,是指企业国有产权转让主体在履行相关决策和批准程序后,通过产权交易机构发布产权转让信息,公开竞价转让企业国有产权的活动。目前经国资监管部门认可,有国企产权交易资格的机构共有60多家,虽然总的交易规则一致(主要有《企业国有资产法》、《企业国有资产监督管理暂行条例》、《企业国有产权转让管理暂行办法》及之后国资委为该办法准备的多个配套性文件),但各地交易机构在具体操作制度上却各有差异。而国有产权转让经过多年实践,在具体操作层面迫切需要出台统一规则,以此规范国有产权流转,防止国有资产流失。从2008年开始,国务院国资委就组织北京产权交易所、上海联合产权交易所、天津产权交易中心及重庆联合产权交易所四家央企产权交易机构,经过反复研究和讨论,起草了《企业国有产权交易操作规则》(以下简称《操作规则》),经过公开征求意见后,2009年7月1日国资委正式发布了该规则,从国有产权转让申请受理,信息发布,受让意向登记,组织交易签约,结算交易资金和出具交易凭证等各主要环节,对国有产权转让行为进行规范。为使该制度更好地走向操作层面,2009年10月,北京、天津、上海、重庆四地央企产权转让平台又发布了统一的国有产权转让操作细则,对相关制度予以细化。从总体来看,《操作规则》的发布在统一国有产权交易制度、防止国有资产流失以及保障交易双方合法权益方面具有值得肯定的意义。

1. 统一国有产权交易机制

正式出台的《操作规则》与之前的征求意见稿相比,最大的区别之一就在于扩大了规则的适用范围,即从京、沪、津、渝四家产权交易机构扩展到全国省级以上所有的产权交易机构。统一的信息披露制度和一体化的交易流程为降低交易成本、打破国有产权交易的区域限制、促进市场一体化发展创造了条件。这对于产权在不同主体间广泛、公平、有效流动,进而实现资源优化配置极为必要。根据国资委产权局的一项统计,2008年全国产权市场的交易额达698亿元,竞价增值率约38%,2009年一季度进场交易比例已经达约94%,产权市场交易规则的统一将有利于这个庞大市场的健康发展。①

2. 构建国有资产交易安全网

(1)强化信息公开

企业国有产权转让信息应当在产权交易机构网站和省级以上公开发行的经济或者金融类报刊上进行公告,中央企业产权转让信息由相关产权交易机构在其共同选定的报刊以及各自网站联合公告,并在转让标的企业注册地或者转让标的企业重大

---

① 汪时锋:"国有产权交易规则覆盖全国　监管边界待明晰",载《第一财经日报》2009年6月26日。

资产所在地选择发行覆盖面较大的经济、金融类报刊进行公告。公告的内容应是对产权交易有重大影响的相关信息,如审计报告、评估报告等。产权交易所对于涉及转让标的信息披露的准确性和完整性负有审核义务。

(2)规范交易价格

为避免国有产权转让价格低于净资产或转让中出现暗箱操作等现象,《操作规则》规定,企业国有产权转让首次信息公告时的挂牌价不得低于经备案或者核准的转让标的资产评估结果;如在规定的公告期限内未征集到意向受让方,转让方可以在不低于评估结果90%的范围内设定新的挂牌价再次进行公告;如新的挂牌价低于评估结果90%,转让方应在重新获得产权转让批准机构的批准后,方可再次发布产权转让公告。

(3)严格交易程序

企业国有产权交易应当遵循等价有偿原则、竞争原则以及公平、公正、公开原则。转让方应在产权转让公告中披露转让标的基本情况、交易条件、受让方资格条件、对产权交易有重大影响的相关信息、竞价方式的选择、交易保证金的设置等内容。在产权转让信息公告期满后,产生两个以上符合条件的意向受让方的,由产权交易机构按照公告的竞价方式组织实施公开竞价;只产生一个符合条件的意向受让方的,由产权交易机构组织交易双方按挂牌价与买方报价孰高原则直接签约。如果交易涉及主体资格审查、反垄断审查等情形,产权交易合同的生效需经政府相关部门批准。

(4)确保交易公正

《操作规则》特别指出,国有产权转让过程中,因涉嫌侵犯国有资产合法权益的,国有资产监督管理机构可以要求产权交易机构终结产权交易。这种特殊情形下的交易终结机制意在确保交易公正,为国有资产交易的安全提供最后一道制度保障。从保护国有资产的角度出发,该制度设计有其必要。但这里存在一个关于国资委的定位问题。根据《企业国有资产法》规定,国资委应改变既是"监管者"又是"运动员"的双重身份,将自己塑造为"干净的出资人",只代表本级人民政府行使对国家出资企业的出资人职责,而不再行使监督职能。但是,《操作规则》的这一规定,显然又将国资委作为了监管者来看待,是以监管者的视角来监督国有资产转让行为是否侵害了国有资产的合法权益。此外,根据2009年财政部颁布的《金融企业国有资产转让管理办法》,产权交易机构的业务范围将扩大至金融国有资产,而该类国有产权的代表为财政部,转让亦由财政部审批。这样,就出现了产权交易机构与国资委、财政部之间的关系协调。如果出现了金融类国有资产转让中的权益受侵问题,那么应由国资委还是财政部行使终止交易的权力?可见,《企业国有资产法》实施后,如何定位国资委,如何确定产权交易所和国资管理部门、财政部门之间的关系,需要进一步明晰。就该问题的解决,我国有学者所坚持的国资委应作为监管者而非出资者的理念值得肯定。①

3. 严格资金管理

在原有操作规范下,产权交易资金不进入产权交易所,而是由双方私下进行资金划拨,这容易使双方在交割时间、权益过户等方面产生纠纷。由交易所作为统一结算机构能够确保交易不会有交割风险,为此,《操作规则》规定,产权交易机构实行交易资金统一进场结算制度,开设独立的结算账户,组织收付产权交易资金。受让方应在产权交易合同约定的期限内,将产

---

① 顾功耘:"国有资产立法的宗旨及基本制度选择",载《法学》2008年第6期。

权交易价款支付到产权交易机构的结算账户。受让方交纳的交易保证金按照相关约定转为产权交易价款。产权交易合同约定价款支付方式为分期付款的，首付交易价款数额不得低于成交金额的30%。在例外情况下，如果交易双方为同一实际控制人的，经产权交易机构核实后，交易资金可以场外结算。

（四）关于金融企业国有资产转让

金融企业国有资产转让包括非上市公司国有产权转让和上市公司国有股份转让。长期以来，有关上市公司国有股权转让一直是制度规范的重点，但对非上市企业国有产权转让缺乏明确的规定；即使对上市公司国有股权转让，也存在着转让方式、转让价格以及监管机制等方面的制度不足。在2009年，由于受金融企业投资"一参一控"等政策因素影响，金融资产交易剧增，诸多交易数额巨大，社会影响力极强，如招商证券转让博时基金24%股权，国开投转让中银国际12%股权等。[①] 为弥补制度设计之不足，规范金融企业的国有资产转让行为，财政部于2009年3月签发了《金融企业国有资产转让管理办法》（以下简称《办法》），从规范产权转让平台、细化产权转让程序、明确监管机制等方面入手，规范了金融企业的国有资产转让行为。该《办法》与财政部2006年颁布的《金融类企业国有资产产权登记管理暂行办法》以及2007年颁布的《金融企业国有资产评估监督管理暂行办法》相结合，形成了我国金融企业国有资产管理从登记到评估再到转让的完整的制度体系。

《办法》规定非上市企业国有产权转让应在产权交易机构进行，转让时应公开转让信息，征集意向受让方，并根据不同情况采取拍卖或招投标的形式公开竞价产生转让价格；上市公司股份的转让应在证券交易系统进行，转让方可根据转让股份的比例选择交易系统撮合和大宗交易方式，转让价格为市场价格。这两种交易方式均强调信息的公开以及交易中的竞价，对防止"暗箱操作"，保护国有资产安全具有重要意义。为使上述交易方式能实现制度设计之初衷，《办法》还特别强调了会计师事务所、资产评估机构、产权交易机构、律师事务所等中介机构的职责，并明确了各自相应的法律责任。

由于金融业是国家的重点行业，为保证国家对金融业的绝对控制，有时不宜采用公开进场交易的方式转让国有产权，避免国有持股比例下降，基于这种考虑，《办法》规定了特殊情况下的直接协议转让。由于协议转让缺乏公开竞价的过程，转让价格难以达到最大化，因此从保护国有出资人合法权益的角度出发，需要严格控制直接协议转让，转让方启动协议转让程序前，应得到相关监管部门和财政部门的批准。

为进一步强化对金融企业国有资产转让行为的监管，《办法》明确了财政部门为金融企业国有资产转让的监管部门，并确立了"统一政策、分级管理"的原则。对于《办法》规定的转让中需审批的事项，财政有权予以审批，对转让过程中发生的各类违法行为，财政部有权及时纠正和查处，以此保护金融类国有资产的安全。

## 九、监管制度的完善

（一）政府监管机制的发展

1. 工作人员的行为规范

2009年11月，证监会发布《中国证监会工作人员行为准则》（以下简称《准则》），从依法监管、勤勉尽责、公正廉洁、保守秘密、回避五个方面对工作人员的行

① 郑晓波："金融国资转让应进场交易杜绝暗箱操作"，载《证券时报》2010年1月6日。

为进行了约束。这是证监会首次对社会公开发布内部工作人员的行为准则。通过公开,可以更好地规范工作人员行为,提高对其约束力以及社会对其的监督力。

为维护资本市场的交易公平,《准则》特别规定工作人员不得买卖股票和从事期货交易,在公开发表言论和文字材料时,内容应当真实、客观,同时应严守未公开信息的保密义务。针对目前舆论所诟病的证监会离职工作人员"下海"到基金公司、证券公司等被监管机构任职的现象,①《准则》从监管有效性及市场的透明度出发,对任职回避与公务回避进行了详细规定,要求工作人员不得从事与监管职责有利益冲突的行为;在执行公务时,遇有可能影响公正执行公务的情形,应当主动申请回避,不得对应回避事项施加影响;不得在监管对象以及其他营利性组织兼任职务;未经批准,不得在社团等非营利性组织兼任职务,经批准兼任职务的,不得领取兼职报酬;工作人员离职后,在规定期限内应当遵守证监会的回避规定,不得违反规定在监管对象中任职。对于违反规定的离职人员,证监会将把相关信息通报有关部门,并在高管任职资格审核时严格把关。

2. 行政许可程序的完善

为贯彻《行政许可法》,证监会曾于2004年7月发布《中国证券监督管理委员会行政许可实施程序规定(试行)》,对自身的行政许可行为予以规范。但近年来,随着证券法制的不断发展,证券行政许可范围不断进行调整,这不仅影响到有关行政许可的实体性规定,而且直接关涉到相关的程序性规定。正是在这样的背景下,证监会对原有规定进行了修订,并于2009年12月发布了《中国证券监督管理委员会行政许可实施程序规定》。

与原有制度相比,新规定在以下几方面进行了制度调整:(1)删除了授权"证券、期货交易所"实施行政许可的规定。新修订的《证券法》删除了证监会可以授权证券交易所核准股票、公司债券上市、暂停或终止上市的规定;而《国务院关于第四批取消和调整行政审批项目的决定》也取消了证监会对"封闭式基金份额上市交易核准"的权力,为此,新规定删除了原试行规定中关于行政许可授权的规定,以与上述法律法规相衔接。(2)新增了中止审查制度。在行政许可中,当出现申请人涉嫌违法违规被调查尚未结案、申请人被证监会依法采取监管措施尚未解除、对有关法律法规需要进一步明确具体含义待有关机关做出解释、申请人主动要求中止审查等情况,证监会应做出中止审查的决定,在上述情形消失后,即可恢复审查。(3)增强了行政许可的效率。这主要体现在两点:一是增加了第一次反馈意见的回复时限,防止久拖不决的情况发生;二是简化了申请人主动撤回申请时的终止审查程序。(4)增加了审查人员与申请人的沟通途径。

(二)自律监管机制的探索

1. 上交所"查、审分离"制的深化

2008年7月,上交所制定了《纪律处分实施细则》,并成立纪律处分委员会专门负责审核纪律处分事项。由此,上交所纪律处分的"查、审分离"机制得以确立,即违规行为的调查由公司管理部、会员部、市场监察部等业务部门负责,相关纪律处分事项的审核则由纪律处分委员会进行。该制度的实施,加强了交易所的一线监管,同时有利于纪律处分的公正。据资料显

① 据资料显示,已先后有42名证监会工作人员离职后到基金公司任董事、总经理、监事等高管职务,遍布33家基金公司。证券公司高管中有超过7人有在证监会工作的背景。参见"《中国证监会工作人员行为准则》约束证监会领导人",载 http://www.fundtt.com/jijin/gonggao/20091105/63401.html,2010年3月2日访问。

示，实施一年以来，纪律处分委员会共召开审核会议26次、进行通讯表决10次，审核纪律处分事项89件，提出公开谴责、通报批评、限制交易等纪律处分意见书79份，委员会的功能得以较好发挥，积极效应逐渐显现。①

2. 深交所自律监管措施的细化

2009年3月证监会正式实施《证券期货市场监督管理措施实施办法（试行）》，完善了监管执法制度，如信访复议工作协调、行政与刑事执法衔接、司法机关办案专业意见出具、强制措施实施等，推动了依法行政。在该办法的指引下，深交所结合自身多年的实践经验，随后发布了《自律监管措施和纪律处分措施实施细则（试行）》，对自律监管措施的种类和实施程序、纪律处分措施的种类和实施程序等作了明确规范。依据该规定，深交所将依据监管对象不同，适用不同的监管措施：对上市公司及相关信息披露义务人的违规行为，可实施通报批评、公开谴责、公开认定不适合担任上市公司董事、监事、高级管理人员、董秘等措施；对会员及其董事、监事、高级管理人员可进行通报批评、公开谴责；对投资者的监管则可采取口头警示、书面警示、约见谈话、要求提交书面承诺、要求参加培训或考试、限制交易、上报证监会等机制。

3. 证券业协会对证券业从业人员行为监管的强化

为规范证券业从业人员执业行为，维护证券市场秩序，同时，切实发挥自律监管机构功能，证券业协会于2009年颁布了《证券业从业人员执业行为准则》（以下简称《准则》）。《准则》要求：（1）从业人员应确保客户的利益得到公平的对待，禁止证券公司的从业人员将自营买卖的证券推荐给客户，或诱导客户买卖该种证券；禁止基金公司的从业人员私自泄露基金的证券买卖信息，利用基金的相关信息为本人或者他人牟取私利。（2）从业人员在执业过程中应当维护客户和其他相关方的合法利益，在执业过程中遇到自身利益或相关方利益与客户的利益发生冲突或可能发生冲突时，应及时向所在机构报告；当无法避免时，应确保客户的利益得到公平对待。（3）从业人员禁止从事或协同他人从事欺诈、内幕交易、操纵证券交易价格等非法活动；编造、传播虚假信息或者误导投资者的信息；从事与其履行职责有利益冲突的业务；违规向客户作出投资不受损失或保证最低收益的承诺。

此外，为规范证券业财务与会计人员的执业行为，充分发挥其“经济警察”作用，证券业协会还于2009年发布了《证券业财务与会计人员执业行为规范》，要求财务与会计人员应依法进行财务处理和会计核算，杜绝编造虚假会计信息等违法活动，在促进所在机构合规经营的同时，维护资本市场的健康发展。

## 十、执法与司法

（一）执法

在执法方面，证监会作为证券业执法的主要机构，在2009年度参与了20余件重要个案协调工作；办理了33件行政复议案件及应诉案件，审查会签9件冻结申请，使证券法律得以有效实施。从执法效果的整体来看，“打非”与操纵市场的查处效果较为明显，但对内幕交易的调查仍是困难重重。

1. “打非”成果显著

近年来，非法经营证券业务在资本市场频频发生，严重影响了资本市场的稳定发展，也给投资者的合法权益造成极大威

① 周林松：“上交所探索‘查审分离’机制效果明显”，载《中国证券报》2009年7月14日。

胁。自2006年开始,证监会就加大了对该类非法活动的监管力度。目前,以网络为主要载体的非法证券活动成为“打非”的重点。2009年,证监会与公安、工商、网监、通讯等部门加大了联合执法力度,一方面,采取清理非法证券活动信息和广告链接,关闭冒用证券公司名义设立的非法网站,曝光非法证券机构等方式对非法活动予以打击;另一方面,以公示合法证券经营机构信息,揭示网络非法证券活动特征,要求网络媒体加强资质审查为手段,加强管理,提高投资者的鉴别能力,净化网络媒体的证券信息环境。

据资料显示,截至2009年9月1日,各证监局共曝光非法机构和非法网站“黑名单”600余个,开展整非宣传活动110场,各证券经营机构开展投资者教育、风险提示活动2500余次。仅2009年上半年监管部门与有关部门配合,就关闭非法网站400余个,清理非法证券活动信息和广告链接1500余条;侦破非法证券投资咨询、非法证券委托理财案件60余起,可谓成果显著。①

2. 操纵市场予以严控

随着证券市场的不断发展,“操纵市场”的行为也日渐翻新。短线操纵、“抢帽子”等新型的操纵手法开始浮现,引起了监管部门的高度关注。其中,通过频繁申买撤单方式拉抬股价,并借机高位出货的新型股价操纵手法尤为活跃。在证监会以及交易所的严格监管下,证监会先后查处了周建明短线操纵案、张建雄利用虚假申报手段操纵证券市场案、程文水与刘延泽操纵“中核钛白”案等市场典型案件,维护了市场秩序。

3. 内幕交易仍为困扰

内幕交易可谓是证券市场的“顽疾”。尽管每年内幕交易都成为严打的对象,但由于取证难等因素的困扰,效果总是难以令人满意。2009年证券市场的内幕交易传闻更是让投资者愤愤难平,无论是高淳陶瓷中的“经委主任”还是西飞国际中的“股神市长”,疑团重重的精确交易,使内幕交易自然又成为了舆论的焦点。让监管层更觉压力的是,上述案件均折射出在上市公司重组过程中,从相关股东讨论重组方案,到方案上报有关部门审批,由于涉及的环节和知情人员比较多,使得内幕交易往往“群体性”发生,涉案人员越来越多,操作手法也越来越隐秘,监管自然也就越来越困难。如何解决这一难题,内幕信息知情人登记制度、股价20%的异动审查、分阶段披露原则、增加中介机构责任等或许可以成为有效的防范措施。②

(二)司法

1. 相关的司法解释

2009年5月26日最高人民法院公布了《关于依法审理和执行被风险处置证券公司相关案件的通知》(以下简称《通知》),对审理和执行被风险处置证券公司的相关案件予以了指导。《通知》主要对案件的受理与审理规则,尤其是不予受理的情形予以了明确,同时,对法院受理证券公司破产申请后,所涉及的保全措施及中止执行制度进行了规定。

对于不予受理的情形,《通知》明确了两种情形:其一,当事人以在风险处置过程中由中国人民银行、金融监管机构以及依据《个人债权及客户证券交易结算资金收购意见》成立的甄别确认小组甄别确认其债权不属于国家收购范围的个人债权或者客户证券交易结算资金为由,向人民法院提起诉讼,请求确认其债权应纳入国家收购范围的,人民法院不予受理;其二,权利

① 马婧好:“证监会半年端掉非法证券网站400余个”,载《上海证券报》2009年9月1日。

② 于海涛:“证监会拟登记全部内幕知情人 严防并购内幕交易”,载《21世纪经济报道》2009年12月12日。

人仅以托管为由向人民法院提起诉讼，请求判令托管机构承担被托管证券公司债务的，人民法院不予受理。

当证券公司提出破产申请，人民法院受理后，有关证券公司财产的保全措施应当解除，执行程序应当中止；证券公司进入破产程序后，人民法院作出的刑事附带民事赔偿或者涉及追缴赃款赃物的判决应当中止执行，由相关权利人在破产程序中以申报债权等方式行使权利；刑事判决中罚金、没收财产等处罚，应当在破产程序债权人获得全额清偿后的剩余财产中执行，以保护债权人的合法权益。

2. 代表性的典型案件

（1）诸多案件相继审结

在民事赔偿方面，杭萧钢构案历时两年得以调解，受损投资者最终获得82%的、史无前例的高比例现金赔偿；科龙案在开庭后的半年多，也由原被告双方达成和解协议，以广州市中级法院确认的损失额，由公司给予全额赔偿，投资者的权益得以较好的保护。在刑事责任方面，历经5年审理，原中国长城信托投资公司北京证券交易营业部总经理杨彦明被判处死刑，并于12月8日被执行，成为了"证券业死刑第一人"；而有着证券市场"券商内幕交易第一案"之称的董正青等3人涉嫌泄露内幕信息和内幕交易案也于1月9日由广州市天河区法院作出一审判决，董正青泄露内幕信息罪名成立，被判处有期徒刑四年，并处罚金300万元。三被告提起上诉后，3月27日，广州市中级人民法院终审裁定维持原判。司法审判对投资者民事赔偿请求的支持，增大了投资者的维权信心，保障了投资者的合法权益；而刑事责任的严惩，则有助于教育证券市场中的券商及其高管见贤思齐，改恶向善，以净化资本市场的投资环境。

（2）新型案件不断涌现

2009年11月13日，上海某投资者诉永隆银行有限公司损害赔偿纠纷一案为上海浦东新区人民法院立案，在被告提出管辖权异议后，12月14日，上海浦东新区人民法院出具民事裁定书，驳回永隆银行关于该院没有管辖权的诉求。这也是中国法院首次对境外理财维权案作出裁定。该案也成为我国法院受理境外理财纠纷的典型案例代表。本案中，投资者受香港永隆银行某客户主任推荐购买厄瓜多尔国家债券进行投资，购买后，该客户主任既未向其提供准确的投资信息，而且还高买低卖，最后又以可能赔偿为诱饵，诱使投资者以低于厄瓜多尔政府赎回价卖出所有债券，投资者卖出后，却未得到任何赔偿，使其遭受到不应有的多重损失，于是投资者在上海浦东法院提起诉讼。与该案有极大相似之处的是2009年2月26日北京市二中院受理的星展银行诉投资者案。星展银行起诉的原因是，投资者在星展银行香港分行开设的私人银行理财账户，因为投资于银行一种叫做KODA的产品，即一种累计期权（Accumulator）类型的金融衍生产品而发生了巨亏，银行要求其归还损失。[①] 由于境外理财产品在国内还属"新生事物"，尚未被纳入相关的监管中，导致投资者权益保护存在诸多难题，而该案也成为境外银行因金融衍生产品投资起诉内地个人投资者第一案。对于这些境外理财纠纷，如何确定诉讼管辖地、如何适用法律、如何划分投资者与境外理财机构之间的法律责任、如何保护境内的投资者，这一系列问题都考验着我国的司法审判能力。

---

① KODA实质是一种与股票挂钩的期权产品，它设有取消价及行使价，合约期一般为一年。在一年的期限内以低于当前股价的水平为客户提供股票。买入股票的行使价往往比现价低10% -20%；当股价升过现价时，合约自行取消；当股价跌破行使价时，投资者必须双倍吸纳股票；投资者只要有合约金额40%的现金或股票抵押即可购买，因此这一产品往往带有很高的杠杆性。

# 第九部分　案例评析

## 西安浩拓等机构操纵“中核钛白”股票交易案

### 一、案件概要

本案为中国证监会查处的上市公司原限售股股东在解除限售存量股份过程中操纵市场行为的第一案。

中国证监会调查发现：中核华原钛白股份有限公司（以下简称中核钛白公司，股票简称中核钛白）时任董事程某和北京嘉利九龙商城有限公司（以下简称北京嘉利）时任股东刘某等实际控制北京嘉利、天津联盛伟业科技开发有限公司（以下简称天津联盛）、西安浩拓商贸有限公司（以下简称西安浩拓）、甘肃新秦陇投资管理有限公司（以下简称甘肃新秦陇）、海南太昊贸易有限公司（以下简称海南太昊）等公司，并通过上述公司设立的股票账户进行了本案涉及的股票交易。河北夏成龙拉链有限公司（以下简称河北夏成龙）将其营业执照出借给本案当事人办理证券账户，并由当事人指使的个人进行本案涉及的股票交易活动。

2008 年 8 月 8 日，北京嘉利原持有的“中核钛白”限售股 3920.8 万股解禁后上市流通。北京嘉利以大宗交易方式在 2008 年 8 月 14 日向天津联盛出售“中核钛白”900 万股，8 月 20 日分别向河北夏成龙和西安浩拓出售“中核钛白”870 万股、872 万股，累计出售股份 2642 万股，占“中核钛白”总股本的 13.91%。

2008 年 9 月 10 日至 9 月 12 日期间，上述三家大宗交易受让方天津联盛、河北夏成龙和西安浩拓以及海南太昊、甘肃新秦陇共五家机构账户通过相互对倒等方式进行证券交易，直接导致该期间“中核钛白”暴涨或暴跌，对该股的交易量及交易价格产生了重大影响。根据计算，账户组在 2008 年 9 月 10 日至 9 月 12 日交易“中核钛白”的账面收益为 -5,806,527.67 元。

根据当事人违法行为的事实、性质、情节与社会危害程度，按照《证券法》第二百零三条、第二百三十三条和《证券市场禁入规定》第三条和第五条之规定，2009 年 4 月 16 日证监会下发《中国证监会行政处罚决定书〔2009〕13 号》及《中国证监会市场禁入决定书〔2009〕9 号》，作出如下行政处罚决定：对程某处以 300 万元的罚款；对刘某处以 200 万元的罚款；认定程某为市场禁入者，自宣布决定之日起，10 年内不得从事证券业务或担任上市公司董事、监事、高级管理人员职务；认定刘某为市场禁入者，自宣布决定之日起，5 年内不得从事证券业务或担任上市公司董事、监事、高级管理人员职务。

### 二、主要问题分析

（一）关于操纵行为的认定

《证券法》第七十七条规定："禁止任何人以下列手段操纵证券市场:(一)单独或者通过合谋,集中资金优势、持股优势或者利用信息优势联合或连续买卖,操纵证券交易价格或者证券交易量;(二)与他人串通,以事先约定的时间、价格和方式相互进行证券交易,影响证券交易价格或者证券交易量;(三)在自己实际控制的账户之间进行证券交易,影响证券交易价格或者证券交易量;(四)以其他手段操纵证券市场。操纵证券市场行为给投资者造成损失的,行为人应当依法承担赔偿责任。"

中国证监会经调查认定,程某和刘某利用持股优势、资金优势以连续买卖和在自己实际控制的账户组中买卖"中核钛白"股票的方式,违反了《证券法》第七十七条的规定。本案中,对于当事人操纵行为的认定,可以结合此条文从以下几个方面理解:

1. 当事人的操纵行为

"集中资金优势、持股优势",是指投资者利用手中持有的大量资金、股票等优势,进行交易。"资金优势",是指行为人买卖证券所集中的资金相对于市场上一般投资者所能集中的资金具有数量上的优势。持股优势,是指行为人持有的证券相对于市场上一般投资者具有数量上的优势。

2008 年 9 月 10 日,"中核钛白"开盘后走势平稳,成交清淡,自 10:01 起至11:17,天津联盛、河北夏成龙、西安浩拓、甘肃新秦陇及海南太昊等五家机构账户(以下简称账户组)连续大笔委托买入,账户组共申报买入委托 7,165,000 股,占期间买入委托申报总量的 80.37%,委托价格从 7.39 元至 8.26 元,直接推动股价上升至涨停。该期间买入成交 3,910,267 股,占期间买入成交总量的 76.47%。与此同时,西安浩拓连续大笔卖出,账户组申报卖出委托 3,627,500 股,占期间卖出委托申报总量的 57.64%,卖出成交 3,304,367 股,占期间卖出成交总量的 64.62%。该期间内账户组互为对手方交易 2,581,967 股,占期间成交数量的 50.49%。此后,在11:17至收盘期间,账户组共申报买入委托 11,891,999 股,占期间买入委托申报总量的 93.09%,买入成交 1,349,833 股,占期间买入成交总量的 79.39%,使"中核钛白"一直维持涨停状态,同时在该期间内账户组申报卖出委托 284,133股,占期间卖出委托申报总量的 7.32%,卖出成交 284,133 股,占期间卖出成交总量的 16.71%。该期间内账户组互为对手方交易 265,033 股,占该期间成交数量的 15.59%。全日,账户组共买入"中核钛白"5,260,150 股,共卖出"中核钛白"3,588,500股,账户组成交量占当日总成交量的 64.77%。账户组互为对手方交易 2,847,000 股,占该股当日总成交量的 41.678%。

2008 年 9 月 11 日,"中核钛白"开盘即跌停。在开盘集合竞价阶段,账户组共申报买入委托 700,000 股,占期间买入委托申报总量的 80.36%,买入成交 700,000 股,占期间买入成交总量的 83.53%。该期间账户组以跌停价申报卖出委托 5,000,000 股,占期间卖出委托申报总量的 96.42%,卖出成交 838,000 股,占期间卖出成交总量的 100%。该期间内账户组互为对手方交易 700,000 股,占期间成交数量的 83.53%,直接导致该股开盘即跌停。此后,在 9:25 至 9:55 的连续竞价期间,账户组共申报买入委托 4,270,000 股,占期间买入委托申报总量的 17.02%,买入成交 4,270,000 股,占期间买入成交总量的 18.67%。申报卖出委托 22,493,500 股,占期间卖出委托申报总量的 94.19%,卖出成交 22,393,500 股,占期间卖出成交总量的 97.89%。该期间内账户组互为对手方交易 4,252,500 股,占该期间成交数量的 18.59%,"中核钛白"打开跌停。此后至收盘期间,账户组转向单向卖出,账户组共申报卖出委托2,394,000股,占期间卖出委托申报总量的29.49%,卖出成交2,293,600股,占期间卖出成交总量的39.36%。全日,账户组共买入"中核钛白"4,970,000股,共卖出"中核钛白"25,525,100股,账户组成交量占当日总成交量的51.614%。账户组互为对手方交易成交股数达4,952,500万股,占该股当日总成交量的16.764%。

2008年9月12日,"中核钛白"开盘即跌停,在开盘集合竞价阶段,账户组共申报买入委托0股,以跌停价申报卖出数量为2,847,311股,占期间卖出委托申报总量的70.74%,卖出成交1,296,200股,占期间卖出成交总量的93.50%,直接导致"中核钛白"以跌停价开盘。此后,在9:25至收盘的连续竞价期间,账户组共申报买入委托0股,申报卖出数量6,264,977股,占期间卖出委托申报总量的24.67%,卖出成交6,195,977股,占期间卖出成交总量的54.48%。全日,账户组共买入"中核钛白"0股,共卖出"中核钛白"7,492,177股,账户组成交量占当日总成交量的29.36%。

2008年9月10日、11日、12日,"中核钛白"换手率分别是2008年9月10日前二十个交易日平均换手率(剔除大宗交易)的7.65倍、33.06倍、14.28倍。

分析涉案账户组在涉案期间持有"中核钛白"流通股份的总量占比、动用的资金量、同期市场交易的活跃程度、买卖委托申报量占比、买卖成交量占比等因素,可以判断,涉案账户组存在资金优势及持股优势。

2. 涉案账户的实际归属

"在自己实际控制的账户之间进行交易",实际上是自买自卖的行为,其所有权并没有发生转移。"自己实际控制的账户",是指行为人具有管理、使用或处分权力的账户,主要包括:(1)行为人以自己名义开设的账户;(2)行为人以他人名义开设的账户;(3)行为人通过投资关系、协议或者其他安排,能够实际管理、使用或处分的他人账户。

本案中,中核钛白公司原第二大股东北京嘉利自2006年9月持有"中核钛白"限售股至2008年8月限售股解禁,其股票实际所有权经历了一系列的演变,经查,截至2008年8月,程某、刘某对于这部分股票具有所有权和实际控制权;西安浩拓、天津联盛、海南太昊及甘肃新秦陇四家涉案机构为程某及刘某专为交易"中核钛白"而设立的壳公司;河北夏成龙将其营业执照借给程某办理证券账户。另外,上述涉案机构资金账户开户时间集中,资金划转的时间和流向衔接紧密,存在资金关系,经查,上述涉案机构资金账户开户系程某、刘某安排,并指示相关人员参与了上述账户"中核钛白"的交易,相关账户资金系根据程某指令进行划转。由此可见,以上涉案账户属于前述的第二、第三种情形,为当事人程某、刘某以他人名义开设的账户以及通过投资关系、协议或其他安排,能够实际管理、使用或处分的他人账户。2008年9月10日至12日期间,天津联盛、河北夏成龙、西安浩拓、海南太昊以及甘肃新秦陇共五家机构账户通过连续买卖、相互对倒等方式进行证券交易,属于当事人"在自己实际控制的账户之间进行交易"的行为,该行为直接导致该期间"中核钛白"暴涨或暴跌,对该股的交易量及交易价格产生了重大影响。

(二)责任人如何认定

本案在调查中涉及众多人员和机构,如何区分当事人的责任,应根据其在案件中起的作用来确定。初步调查发现,涉案账户的开户系程某、刘某安排,相关账户资金系根据程某指令进行划转,赵某、张某作为开户代理人、股票交易代理人等身份,其名字多次出现在相关证据中,但由于当事人回避调查,调查组一直未能与赵某、张某取得联系。

在《行政处罚事先告知书》中,程某、刘某、赵某及张某均被认定为责任人。听证会上当事人张某举证,称自己受刘某指示参与了涉案账户交易"中核钛白"的部分工作,但对整个事件不知情。听证会后,中国证监会对当事人提出的陈述和申辩意见进行研究复核,补充了有关证据,认为赵某、张某受刘某等指示参与了账户组对"中核钛白"的交易,但未发现赵某、张某参与股票操作计划的制定或对股票操作计划知情,因此没有将其作为操纵市场责任人。

(三)解除限售存量股份的转让行为

为规范和指导上市公司解除限售存量股份的转让行为,中国证监会于2008年4月20日发布《上市公司解除限售存量股份转让指导意见》(以下简称《意见》)。《意见》第三条规定:"持有解除限售存量股份的股东预计未来一个月内公开出售解除限售存量股份的数量超过该公司股份总数1%的,应当通过证券交易所大宗交易系统转让所持股份。"本案中,原限售股股东北京嘉利在解禁后以大宗交易方式转让股份的行为并没有违反《意见》的规定,然而从其与大宗交易对手方的关联关系以及随后其对手方在二级市场上的表现等方面可以看出,该行为实质上是在借大宗交易之路径将股份转移到二级市场,而后通过操纵影响股票交易价格和交易量,试图在短期内获取利益的最大化。《意见》要求,转让存量股份应当遵守《证券法》、《公司法》等法律法规以及中国证监会对特定股东持股期限的规定和信息披露的要求,本案当事人通过大宗交易将解禁后的限售股份转至自己实际控制的账户,之后利用操纵手法实施减持的行为,必应受到相应的处罚。

## 三、主要启示

本案是股权分置改革后的新形势下发生的新的违法违规问题。与传统操纵手法不同,本案是上市公司原限售股股东在解禁后,利用大宗交易的方式绕道二级市场,分散股票、变相减持,通过操纵市场,在短期内大量出售股票,达到套现的目的,市场影响较为恶劣,情节较为严重。监管机构将对操纵市场行为,特别是各种新型操纵手法保持高压态势,密切监控,严厉打击,切实保护投资者的合法权益。同时,投资者应进一步了解和警惕新型操纵手法,切实加强防范、识别风险。

对于新问题的快速反应、对于新型案件的快速查处不仅可以在市场上起到震慑和警示的作用,同时可以有效地防范未来的风险,对增强投资者信心、维护市场"公开、公平、公正"和正常秩序,促进市场稳定健康发展起到积极的作用。

(稽查总队　王兴丽)

# 夏某、李某、卢某、王某等短线交易案

## 一、案件概要

2008年12月,部分上市公司董事、监事和高管集中减持其持有的本公司股份,引发广泛关注。中国证监会对有关上市公司董事、监事和高管违规交易本公司股份

行为依法开展调查,并予以行政处罚。具体情况如下:

(一)广州金发科技股份有限公司高管夏某、李某案

夏某自2007年11月12日至2009年1月21日,任广州金发科技股份有限公司(以下简称金发科技)副董事长。2008年12月29日,夏某通过妻子委托熊玲瑶代为卖出夏某证券账户中的金发科技股票791,200股。当日,该账户又买入金发科技股票18,400股,交易盈利-1472元。

李某自2007年11月12日至2009年1月21日,任金发科技董事、总经理。2008年12月26日,李某委托方某代为卖出李某证券账户中的金发科技股票230,000股。同日,又买入100,000股。12月30日再次卖出580,000股,交易盈利13,000元。

(二)甘肃祁连山水泥集团股份有限公司高管卢某案

卢某自2008年8月6日至2009年2月12日,任甘肃祁连山水泥集团股份有限公司(以下简称祁连山)监事。2008年11月6日,卢某通过其个人证券账户买入祁连山股票34,400股。2008年11月11日至13日卢某将其账户内祁连山股票全部卖出,交易盈利37,990元。

(三)安徽海螺水泥股份有限公司高管王某案

王某自2007年4月12日至2009年4月3日,任安徽海螺水泥股份有限公司(以下简称海螺水泥)副总经理。2007年8月至2008年11月,王某账户合计16个交易日交易了海螺水泥股票,累计买入109,600股,卖出48,477股,合计盈利-195,662元。

综上,夏某、李某、卢某、王某在担任上市公司高管期间交易本公司股票,违反了《证券法》第四十七条关于禁止上市公司高管短线交易的规定,构成《证券法》第一百九十五条所述"上市公司的董事、监事、高级管理人员,持有上市公司股份百分之五以上的股东,违反本法第四十七条的规定买卖本公司股票"的行为。据此,中国证监会分别对夏某、李某处以警告;对卢某、王某处以警告及罚款5万元的行政处罚。

## 二、争议焦点及评析

(一)短线交易的主观方面

上市公司高管短线交易案件调查中,行为人常常以"误操作"或主观上没有获取不正当利益为由对其行为进行辩解。例如,夏某在申辩中称,其卖出股票是为了缴纳税款,无获取不正当得利和违规的故意,且未对上市公司和社会公众利益产生不良影响,请求免予处罚。对此,我们认为,从主观方面看,短线交易采用客观归责原则,即不论行为人是否具有牟利的动机,不区分主观状态是故意或者过失,只要行为人在法律规定的期限内进行了证券交易,即构成违规。这样规定的原因在于:首先,相对于普通投资者,上市公司高管具有信息与身份的优势地位,需要对其交易行为进行更加严格的规制;其次,作为惩治和避免内幕交易的一项重要制度,短线交易采用客观归责原则,可以避免复杂的内幕交易证明过程,降低执法难度,有利于通过短线交易制度来防止内幕交易行为的发生。

虽然短线交易在认定要件上对行为的主观方面不做区分,但可以考虑对行为人不同过错的处罚加以区分,将行为的主观方面作为行政处罚的考量情节。

(二)短线交易的主体

根据《证券法》第四十七条的规定,短线交易为"特殊主体",即短线交易行为的主体必须是上市公司董事、监事、高级管理人员及持股百分之五以上的股东。因此,行为人何时具备上述身份就成为调查和认定的重点。

上述人员在任职期间内实施六个月内

买入后卖出或者卖出后买入的，是较为典型的短线交易行为。上市公司高管在行为期间发生身份变更的，如何追究其短线交易责任，存在不同认识。一种观点认为，当事人买入及卖出时均需具有董事、监事、高管身份才能认定为短线交易，即“两端说”。另一种观点认为，只要当事人在买入或卖出的任意一个时点具有此身份就可以认定为短线交易，即“一端说”。

我们认为，短线交易的目的在于阻吓高管利用内幕信息从事证券交易获取不正当利益的行为，因此，采“一端说”更有利于实现短线交易制度设立的初衷。

（三）短线交易“买卖”行为的认定

《证券法》第四十七条还规定了构成短线交易的客观方面，即“在买入后六个月内卖出，或者在卖出后六个月内又买入”的行为。本条规定的客观行为，六个月的时间比较容易确定，难点在于“买卖”行为的认定。在证券市场上，“买卖”行为可以从狭义和广义两个方面理解。狭义的“买卖”行为，仅指通过证券交易所的集中竞价交易行为。广义的“买卖”行为，也可以理解为引起股权变动的行为，例如非交易而产生的股权变动和司法原因而产生的股权变动。具体来说，股权激励取得，以及因债转股、公司合并、股票交换、特别股转换为普通股等行为属于非交易而产生的股权变动；司法强制执行、继承、遗赠、依法分割财产等方式属于司法原因产生的股权变动。因此，对于广义上的“买卖”行为，能否构成《证券法》第四十七条所称的“买卖”，则是在认定中需要解决的另一个问题。

我们认为，对于不同的证券取得方式，在短线交易中应该区分情况认定违规行为。首先，对于集中竞价交易的“买卖”可采取客观标准，只要在法定期间内发生了一组方向相反的交易，就构成短线交易。其次，对于非交易而产生股权变动的“买卖”行为可以采用主观标准，即以“滥用内幕信息的可能”作为判断基准，如果高管在进行非常规交易时有滥用内幕信息的可能，并借此牟利的，则认定为短线交易。最后，司法原因导致股份变动为被动的股权变动，一般不应认定为“买卖”行为。《高管持股及变动规则》第五条也规定，因司法强制执行等被动股份变动的不受减持本公司股票的限制。

（四）短线交易认定中的其他问题

1. 高管账户转借他人

在案件调查中，有当事人以其账户已被人借用，实际非其本人所有为事由要求免责。对于他人借用高管名义实施短线交易的行为，我们认为也应当由高管承担相应责任。首先，基于高管短线交易的立法目的出发，上市公司高管身份特殊，与一般投资者的地位差距悬殊，其对自身账户的管理义务应该高于普通投资者，必须更加严格、谨慎地履行法律规定的善管义务和忠实义务。其次，《高管持股及变动规则》第三条已有明确规定，高管所持本公司股份，是指登记在其名下的所有本公司股份。因此，其出借账户的行为而造成短线交易，应当由其自担责任。

2. 账户代理的责任承担

上市公司高管短线交易中，经常出现的另一种情况是代理人代理上市公司高管进行账户操作，造成短线交易的发生。对于委托代理关系的行政责任尚无直接规定，我们认为委托关系下的违法行为可以根据情况分别担责：(1)代理人在权限范围内实施了违法行为，且代理人不知道此行为违法的，应当认定委托人为违法行为的责任承担人；(2)代理人超出了委托的权限范围实施了违法行为，且委托人未追认代理人行为，不能认定委托人为短线交易；(3)委托人和代理人都知道委托代理的行为违法，只要代理人实施了委托行为，委托人与委托代理人应当视为共同违法行为人。

三、主要启示

(一)制定短线交易的免责事由,完善禁止短线交易制度

禁止短线交易的目的在于阻吓内幕交易行为。但实践中的情况千差万别,如果不加区别的处罚公司高管“短线交易”行为,则有可能损害公司高管的合法利益,在适用中起到负面效果。从实现立法目的和保护高管合法权益的角度出发,应当豁免部分“短线交易”行为。我国《证券法》只规定了对持股百分之五以上股东短线交易的免责事由,而没有规定公司高管的短线交易免责事由,这不能不说是一种缺失。我们认为,应当从立法层面进一步完善短线交易制度,制定公司高管的短线交易豁免理由。

(二)加强短线交易归入权的执行,保护公司中小股东利益

《证券法》第四十七条规定,公司高管实施短线交易的收益归上市公司所有。关于归入权的执行,该条也做了较为详尽的规定。首先,应当由公司董事会行使短线交易归入权;其次,公司股东也可以要求董事会行使归入权。但在实际中,很多上市公司的董事会和股东都没有行使上述权利,损害了中小投资者的利益。因此,我们建议在日常监管中鼓励上市公司积极行使短线交易归入权,切实保护公司中小股东的利益。

(三)实行高管人员减持预告制度,保障中小投资者知情权

鉴于高管人员身份的特殊性和减持行为的敏感性,我们建议在高管人员减持本公司股份时,不仅要事后披露,而且要事前预告,以便投资者先于高管减持前做出判断,同时也能有效避免可能发生的内幕交易行为。

(稽查总队 夏冰、王海平)

# 基金经理张某违反证券法律法规案

一、案件概要

2007年至2009年2月,时任融通基金管理有限公司(以下简称融通公司)基金经理的张某利用职务上的便利,在参加融通公司投资决策委员会会议、基金晨会、投研例会、研究月度会、外部券商推介会及与融通公司基金经理、研究员交流的过程中,获取了融通公司旗下基金投资及推荐相关个股的非公开信息,通过网络下单的方式,为朱某操作朱某实际控制的红塔证券“周某”账户从事股票交易,先于张某管理的融通巨潮100指数基金等融通公司基金买入并卖出,或先于融通公司有关基金卖出相关个股,为“周某”账户实现盈利9,398,362元,收取朱某感谢费200万元。张某上述行为违反了《证券投资基金法》第十八条的规定,构成了《证券投资基金法》第九十七条所述违法行为。

2006年12月至2007年7月,张某通过网络下单方式,操作其妻孙某账户进行交易,为该账户盈利2,294,791.90元。张某操作其妻账户从事股票交易行为是一种以他人名义持有、买卖股票的行为,违反了

《证券法》第四十三条有关禁止相关人员违规买卖股票的规定，构成了《证券法》第一百九十九条所述违法行为。

2009年6月18日，中国证监会依法作出行政处罚决定，取消张某基金从业资格，没收违法所得2,294,791.90元并处以400万元罚款，对其采取终身市场禁入措施。

## 二、主要特点

张某案是中国证监会立案查处的第三例基金经理"老鼠仓"案件，相较唐某、王某案件而言，张某的背信交易行为呈现出一些新的特点。

（一）张某利用非公开信息"代理操作他人证券账户"间接获利，违法手段更加隐蔽

张某作为基金经理，利用职务之便，通过获取的基金公司的非公开信息，违规代理操作他人证券账户从事股票交易，再从被代理人处获利200万元。这是与唐某、王某案的重要区别。唐某、王某两人均为获取非公开信息利用近亲属的账户来直接牟利的，并无代理他人进行股票交易的行为。在本案中，张某与朱某、周某之间并无直接的关联关系，张某与朱某之间通过口头约定，由张某代为操作周某账户，周某账户的资金来源和去向均与张某没有直接关联。张某背信交易和获利的手段更为间接和隐蔽，给案件的调查带来了一定的难度。最终，中国证监会依据张某的询问笔录、证券账户网络交易IP地址等证据依法认定张某代为操作周某账户的事实。

根据《刑法修正案（七）》、《证券法》和《证券基金投资法》的规定，笔者将基金经理利用职务便利违规进行股票交易的主要行为表现分为四类：第一，直接买卖自己管理的基金交易或准备交易的证券；第二，直接买卖本基金公司其他基金交易或准备交易的证券；第三，代理他人买卖本基金公司基金交易或准备交易的证券；第四，泄露信息或建议他人从事上述证券交易。唐某、王某的案件均属于第一种情况；而张某则属于第三种情况。基金经理"老鼠仓"系列案件的查处警示我们：证券市场复杂多变，随着相关案件的查处和披露，不法分子利用未公开信息背信交易的手段将会更加隐蔽和多样，案件的查处难度也将不断加大。

（二）张某利用融通公司"其他基金的非公开交易信息"进行股票交易，获取信息渠道不同

在唐某、王某案中，两人作为股票型基金经理均存在主动利用自己所管理基金的交易信息来为自己私下控制账户获利的行为；因所管理基金的类型不同，本案中张某作为指数型基金经理，无法直接通过影响自己管理的基金来为自己私下交易获利，其获利途径主要是通过参加投资决策委员会会议和基金晨会、同事交流和外出调研等途径获取基金公司其他基金的交易信息。这种行为相较唐某、王某案而言，有一定的间接性。

我们认为张某利用其他基金的交易信息进行股票交易牟利的行为仍属背信行为。基金经理实际负责基金资产的运营，其与基金管理人之间存在雇佣关系，对基金管理人负有信赖义务。张某获取会议信息、投资信息和外出调研机会应属基金经理工作的一部分，当然负有信赖义务；同时，这些信息应属基金资产的派生物。对这些有价值的信息，基金公司和基金经理都负有保密责任，不得利用这些信息牟利或泄露这些信息使基金财产遭受损失。所以，张某利用非公开信息为他人获利的行为，既违反了基金经理对基金公司的信赖义务，也对基金公司受托管理的基金资产造成了损害，因此仍属背信行为。

## 三、主要启示

(一)完善《证券法》和《证券投资基金法》,对基金经理的法律地位和行为准则做出清晰界定

《证券投资基金法》明确了基金管理人、基金托管人和基金持有人三者的法律关系及其权利义务。基金管理人对基金持有人负有信赖义务。基金经理作为基金管理人的雇员实际负责基金资产的运营,对基金管理人负有信赖义务。虽然基金经理"老鼠仓"行为已被纳入刑律,但就民事责任部分而言,依据现有法律规定,基金经理与基金持有人之间并不存在直接的法律关系。当出现"老鼠仓"行为时,对于基金持有人而言,需问责的是基金管理人而非基金经理。除民事追偿原则外,法律没有针对基金经理这一特殊身份规定其应对基金公司和基金持有人承担的责任内容。基金持有人只能承受基金经理的运作结果,却无法直接追究基金经理的责任。此外,目前只有中国证监会《基金管理公司投资管理人员管理指导意见》(证监基金字〔2006〕226号)规定了包括基金经理在内的投资管理人员的基本行为规范,法律层面的规定则比较笼统,缺乏对基金经理基本行为准则的具体明确约束。

因此,建议针对基金经理身份的特殊性,在《证券投资基金法》中对基金经理的法律地位和行为准则予以清晰界定。规定其作为受托财产的直接管理者,应对因其违反职业道德和行为准则而造成的基金财产的损失负有责任;同时制定针对基金经理的系统的、详细的职业道德规范和行为准则,既可以避免采取类推方式认定其背信行为性质,也可警示教育基金经理;既可以避免"不教而诛"的责难,也可做到真正的"罚当其罪"。

(二)鉴于基金经理职责的特殊性,基金公司应当加强对基金经理日常工作行为的管理

基金经理作为基金公司的雇员,掌握了基金投资决策和交易过程等有价值的信息,且基金经理可利用职务身份到上市公司调研、参加各种报告会,获取比普通投资者更多的信息。所以从法律关系上来讲,基金经理享有因基金持有人委托资产所带来的信息、身份的便利。因此,针对这一系列依身份产生的便利和优势,基金经理应该负有相应的责任和义务,即在工作行为上应有比普通雇员更严格的约束。

基金公司应当健全公司内控制度,包括建立健全通信管理制度,至少在办公时间内加强对基金经理各类通信工具和上网设备的管理;建立健全基金经理个人利益冲突管理制度,要求基金经理主动报备其直系亲属及其他主要社会关系人员的信息;加强对基金经理的出差和考勤管理;加强对基金经理执业行为的内部监察稽核等。通过加强对基金经理执业行为特别是日常工作行为的管理,从细节上防范基金经理的背信违规行为。

(三)强化投资管理人员的合规和保密意识,加强基金公司信息管理和风险隔离

为了加强基金公司保密和信息管理,《基金管理公司投资管理人员管理指导意见》要求投资管理人员包括基金经理不得违反规定向公司股东、与公司有业务联系的机构、公司其他部门和员工等无关人员,传递与投资活动有关的未公开信息。基金公司建立了相应的保密和信息管理制度,明确了投资交易信息属于保密范畴,但张某仍然滥用通过投研会议和私下交流获知的其他基金经理的投资交易信息,实施违法违规行为,表现出其合规和保密意识的淡漠。

首先,基金公司应加大对投资管理人员的法制教育和执业操守培训,明确其违反相关法律法规的责任追究,督促其保守

工作秘密、诚信守法执业。《刑法修正案(七)》明确规定,基金公司从业人员利用因职务便利获取的内幕信息以外的其他未公开信息进行牟利的,需承担相应法律责任。基金公司和基金经理有责任对未公开信息进行保密,不得利用这些信息牟利或泄露这些信息使基金财产遭受损失。

其次,作为基金管理人,基金公司有责任使受托管理资产保值增值,而让全体基金经理共享研究成果,有利于实现这一目的。但基金公司应当建立制度严格区分研究成果和非公开信息,设定非公开信息的知情范围,做好信息"防火墙"建设,加强对未公开信息的管理。在保证研究成果共享的同时,尽可能缩小非公开信息的传播范围。对于通过投研会议交流相关信息的,基金公司应控制投资交易信息交流的范围,掌握知情人名单,对相关人员加强监控管理。

(深圳证监局　祝函)

# 金股之王非法证券投资咨询活动案

"金股之王非法证券投资咨询活动案"是中国证监会查处的第一起以销售软件为名变相开展非法证券投资咨询活动的案件,受到证券市场各方的广泛关注。

经稽查审理,2009 年 6 月,中国证监会对深圳市金股之王科技有限公司(以下简称金股之王或该公司)非法从事证券投资咨询业务的违法事实进行了认定,对该公司责任人及有关媒体分析师做出撤销资格及市场禁入的处罚决定;同时,对涉嫌犯罪行为的部分移送公安机关,2009 年 7 月 13 日,深圳市罗湖区人民法院对房某等 7 名被告依法作出一审判决,相关被告人犯非法经营罪被判处 2 - 3 年有期徒刑,并处罚金 1 万 - 2 万元。

## 一、案件概要

金股之王成立于 2006 年 5 月 23 日,法定代表人为王某,股东为王某、孙某,实际控制人为台湾籍居民房某。2007 年 8 月底,金股之王开始经营股票软件销售业务,代理销售"股王先锋"、"金股王Ⅰ"、"金股王Ⅱ"、"金股王Ⅲ"、"股王至尊"等股票软件产品,金股之王将公司产品的广告录制成财经评论节目进行广告宣传,由公司员工扮演节目主持人和证券分析师,在节目中对大盘、个股进行点评,公开发表证券投资咨询建议,夸大公司的研究水平,宣称将向拨打免费热线电话的前若干名观众免费提供即将大幅上涨的股票,为观众免费诊断手中的个股;对拨打热线电话的观众,业务员通过宣扬公司推荐股票的惊人回报率,诱使客户购买公司软件和服务,并签署《产品订购确认书》;在观众成为公司客户后,金股之王便通过电话和短信提供证券投资咨询服务,指导客户买卖股票。在 2007 年 8 月至 2008 年 4 月短短半年期间,金股之王通过上述业务方式吸引客户 1090 人,获得业务收入 1700 余万元。

## 二、焦点问题

问题一:金股之王公司是否开展了证券投资咨询业务?

(一)"证券投资咨询业务"的范围

根据《证券期货投资咨询管理暂行办法》和全国人大常委会法制工作委员会编写的《中华人民共和国证券法(修订)释义》,"证券投资咨询业务"是指为投资人或者客户提供证券投资咨询分析、预测或者建议等直接或间接有偿咨询服务的活动,包括:接受客户委托,提供证券投资咨询服务;举办有关证券投资咨询的讲座、报告会、分析会等;在报刊上发表证券投资咨询的文章、评论、报告,通过电台、电视台等传播媒体提供证券投资咨询服务;通过电话、传真、电脑网络等电信设备系统,提供证券投资咨询服务等。

(二)如何界定金股之王从事证券投资咨询业务

从上述对证券投资咨询业务的规定可以看出,证券投资咨询业务具有以下特征:

| 项目 | 特征 |
| --- | --- |
| 广告渠道 | 通过电视、电台、网站等媒体发布广告 |
| 营销手段 | 利用传真、短信、电子信箱、电话、软件等工具及营销手段主动招揽 |
| 客户对象 | 不特定投资者 |
| 业务内容 | 提供证券投资信息、分析、预测或者咨询意见等专业服务 |
| 收费模式 | 取得咨询服务收入 |

经调查,金股之王具备上述各项特征:第一,从广告宣传渠道而言,金股之王仿照电视台的"财经节目"制成媒体宣传图版、视频等资料后,在全国共十四家电视媒体以及五家网络媒体上进行广告宣传活动。第二,从营销手段而言,金股之王利用广告宣传活动,吸引电视观众和网友拨打该公司热线电话,取得投资者的电话,同时还主动拨打通过其他渠道取得的大量投资者的电话,夸大宣传公司的证券投资研究能力,声称公司的系列证券分析软件所推荐的股票可以让客户获得高额收益,并在营销过程中大量使用承诺收益、虚假宣传等方式招揽客户。第三,从客户对象而言,主要是面向不特定投资者进行主动营销。第四,从业务内容而言,金股之王的主要业务方式包括:一是向客户出售证券分析软件,同时通过电话、短信等方式向客户提供股票投资品种和买卖点的信息与建议;二是对不需要或者不懂使用证券分析软件的客户,以收取软件服务费的名义,通过电话、短信等方式向客户提供股票品种和买卖点的信息与建议;三是对已经购买了证券分析软件的客户以提高收费即可获得更高级别的投资咨询服务等方式诱使其不断交费升级。第五,从收费模式而言,无论是软件销售费用,还是软件服务费用都只是不法分子用于规避监管的名义,客户向其交费所购买的实际上还是金股之王提供的有关股票投资品种和买卖点等信息的服务,其实质仍是咨询服务收入。

(三)销售软件的幌子不能掩盖其从事证券投资咨询业务的实质

值得注意的是,金股之王案中,不法分子披上了销售软件的合法外衣。为了逃避监管,金股之王表面上与客户签署《软件销售协议》,但其在营销过程中会告知客户提供证券投资咨询服务,在《软件销售协议》中也存在通过短信方式提供证券投资咨询服务的附加条款。不仅如此,公司客户中有很大一部分是根本不会使用网络或证券分析软件的投资者,有些中老年投资者甚至连电脑都不会使用,这些人所购买的就是金股之王所宣称的能够通过电话和短信等其他方式向其提供证券投资信息的服务。这也印证了金股之王以销售证券分析软件为幌子,提供证券投资咨询服务的实质。金股之王的营销模式其实并没有脱离传统证券投资咨询业务的框框,其行为模式可以描述如下:广告、话术吸引客户——签订软件协议——实际提供股票投资咨询服务。

揭开金股之王的面纱，我们发现，这间对外宣称拥有强大专家研究团队和研究实力的公司只是一个虚壳，根本不具备证券投资咨询的能力和资质。金股之王高价销售的证券分析软件，是其向第三方软件公司购买的一种普通的证券分析软件；庞大的专家团队实际上只是少数两三个并不知名的证券分析人员；所谓的专门的信息来源，甚至是操纵股价的能力也都是子虚乌有。

问题二：如何认定金股之王从事"非法"证券投资咨询活动？

近年来，中国证监会查处了多起证券投资咨询机构违法违规行为类的案件，这类案件与金股之王案最本质的区别在于主体，前者是合格的证券投资咨询机构在从事证券投资咨询业务过程中出现了违法违规行为，而金股之王则根本不具备证券投资咨询业务的主体资格，非法从事证券投资咨询业务。根据《证券法》的规定，证券投资咨询业务属于特许行业，只有经过国务院证券监督管理机构批准方能从事此项业务。目前只有具有证券投资咨询业务资格的证券公司和证券投资咨询公司才可以开展此项业务。

此案中，"合法"与"非法"证券投资咨询业务的界限主要在于主体是否具备证券投资咨询业务资格，不具备资格的主体从事了证券投资咨询业务，就涉嫌非法证券投资咨询活动；当非法经营涉及金额达到追究刑事责任的标准，就应该移送公安机关处理。

## 三、当前非法证券投资咨询活动的主要表现形式和社会危害

### （一）主要表现形式

近年来，随着股票市场的活跃，投资者人数大幅增加，其中很多中小投资者缺乏证券投资知识和经验，法律意识淡薄，容易受一夜暴富神话的蛊惑，对证券投资咨询服务缺乏理性的判断力。不法分子利用这一巨大的市场需求，以夸大宣传甚至诈骗的方式招揽客户，肆意敛财。非法证券投资咨询活动的作案手法多种多样，主要表现为以下形式：

1. 通过建立网站、博客、QQ 群等招收会员推荐股票，目的是招收会员，收取会费。不少上网的证券投资者都有这样的经验，经常会在一些博客或论坛上看到某人自称"股神"、"荐股专家"，有的博客发文声称，只要加入成为会员，就可以获取具体信息；有的门户网站出现招募广告，声称只要成为会员，就保证收益达到相当水平；有的网站声称代客炒股，收益分成。典型案例就是被法院以非法经营罪判处有期徒刑3 年的"带头大哥"案。

2. 以出售炒股软件为名实施非法证券投资咨询。部分机构打着信息公司、软件开发公司的旗号，以销售所谓的"荐股软件"从事非法证券投资咨询活动。其基本做法是：以开发专业证券资讯产品为名，通过报纸、电台、网站、现场营销等方式销售"荐股软件"，将非法证券投资咨询作为软件的功能和后期服务，把高额的收费隐藏在软件的销售当中。

3. 以代客理财的名义从事非法证券投资咨询。不法分子往往宣称推出了新的理财方式，会员无须缴纳会员费，只要将自己的股票代码及交易密码告知公司的业务员，公司就可代会员进行股票买卖，盈利后按约定的比例收取咨询费用。另外一种方式就是与投资者签订协议，由公司向投资者推荐股票，投资者自行操作，盈利后按约定的比例收取咨询费用。

4. 以私募基金之名，从事非法证券投资咨询业务。他们先在互联网上设立公司网站，并组织人员搜集各大媒体公开的股票研究报告信息，同时在网站上设立股票行情即时分析业务吸引股票投资者。然后

随机给投资者打电话,称是国内知名私募基金公司为广大股票投资者提供免费证券投资咨询服务。通过电话得知所联系的投资者有意愿获得证券投资咨询服务后,就反复向投资者推荐股票,收取服务费。

5. 以证券投资讲座、培训会、研究报告会等现场宣讲方式为名从事非法证券投资咨询活动。这类非法证券投资咨询活动通过网络、散发传单等方式发布有关讲座会议信息,以增强投资者投资专业知识为名,在宣讲的过程中骗取投资者信任,将其招收为会员,收取会员费并推荐股票。

(二)社会危害

1. 作案手法隐蔽性强,严重影响金融安全

非法证券投资咨询机构就像是金融市场上的"黑豆腐坊",输出劣质产品,破坏市场规则,扰乱市场秩序,蚕食市场信心,其非法证券活动的蔓延比当年的会员制业务风险更大,区别在于会员制业务的主体是有资格的证券投资咨询机构,相对能较好地配合监管部门的日常监管和调查;当前非法证券活动的主体很多根本不具备相关业务资格,从设立之初就有较强的反侦查意识,作案手法更加隐蔽多样。一有风吹草动就人去楼空,人、财、物转移很快,增加了立案查处的难度,也给地方政府和监管部门带来较大的维稳隐患。

2. 严重损害广大中小投资者的合法权益,社会危害性大

在非法证券活动中,许多中小投资者受到非法证券投资咨询公司或不法分子的蒙蔽与诱惑,缴纳巨额的咨询费,造成了巨大的经济损失。在我国以散户为主的市场结构中,很多中小投资者并不具备基本的投资知识和风险意识,而往往就是这些人的风险抵御能力是最低的,也是最容易受到各种市场欺诈行为侵害的。一旦其权益遭到侵害,极易引发群体性事件,影响到整个社会秩序的稳定。

在此类非法证券活动中,投资者的损失往往难以获得弥补,其原因在于:第一,非法证券咨询活动本身非常隐蔽,调查取证相当困难;第二,如果未能取得足够证据证明非法公司或不法分子是在从事非法证券投资咨询业务,则法律上很难界定投资者与投资公司或个人之间的关系是一般的民事关系还是证券业务关系;第三,行政责任或刑事责任的追究需要非常高的证据要求和认定标准,查处过程相对较长。尽管最高人民法院、最高人民检察院、公安部、中国证监会四部委联合下发《关于整治非法证券活动有关问题的通知》(证监发〔2008〕1号)明确规定了非法证券活动受害人的救济途径,但对于广大中小投资者而言,无论是民事诉讼程序还是刑事追赃程序都需要付出巨大的人力、物力成本,单纯依靠司法救济并不现实。此外,根据相关法律规定,参与非法活动损失不受法律保护。上述因素导致广大中小投资者参与这类活动的损失难以得到弥补。

## 四、查处本案的启示

作为第一例认定变相开展非法证券投资咨询业务的案件,中国证监会与法院分别对金股之王的行政违法和刑事责任予以认定和追究,对打击非法证券经营活动、净化市场秩序具有重要的现实意义。

(一)明确了对以销售其他产品为名从事非法证券投资咨询业务行为的认定

金股之王以销售荐股软件为幌子,在营销过程中承诺收益、推荐股票,并且通过短信等方式向客户直接提供证券投资咨询服务。本案涉案人员众多,涉案金额巨大,受到了证券市场各方的广泛关注,是中国证监会查处认定的第一起以销售软件为名变相开展证券投资咨询活动的案件,具有非常重要的典型意义。不仅为今后此类案

件的处理确立了认定标准，也对市场上正在开展非法证券投资咨询业务的不法分子起到了震慑警示作用。

（二）提高了相关部门协同作战的执法合力

当前打非工作存在取证难、性质认定难、部门协调难的特点，本案的违法违规形式属首次发现，查处难度很大。在案件的查处过程中，证券监管机构主动协调公安、工商部门联合执法，发挥各自优势，多方配合取证工作。由于前期与公安部门保持密切沟通、证据共享，得以推动公安机关及时立案，并成功布控抓获了主要嫌疑人员；在工商广告监控部门的协助下，对媒体宣传和营销等重要证据及时固化，对案件的认定起到重要的作用。

经过对金股之王案的查办，相关部门更清楚地认识到这类案件的特征、表现形式及危害性，熟悉了证据要求和取证方式。此案查处的成功经验，有利于加大对这类案件的打击力度，也有利于各部门协作配合，从源头上遏制非法证券投资咨询活动。

（三）体现了中国证监会保护中小投资者权益的监管原则

中国证监会的一项重要监管职责就是保护中小投资者合法权益。目前，对于销售荐股软件法律上没有禁止性规定，《证券法》未将股票软件的荐股功能纳入证券业务范围。但此类非法证券经营活动不仅骗取了投资者高昂的购买软件的费用，而且其不专业、不合法的投资咨询建议对投资者合法权益造成了巨大的侵害，特别是侵害了广大中小投资者的权益。中国证监会遵循基本的法律原则和法律精神，对金股之王的非法证券投资咨询行为进行认定和处罚，有力地保护了中小投资者的权益。

（深圳证监局　王婷）

# 万隆会计师事务所有限公司证券违法违规案

## 一、案件概要

2007年12月6日，中国证监会对万隆会计师事务所有限公司（以下简称万隆所）和金荔科技农业股份有限公司（以下简称金荔科技）涉嫌违反证券法律法规行为进行了立案调查，调查发现万隆所在对金荔科技2006年年度报告审计过程中未勤勉尽责，未按照中国注册会计师执业准则规定的程序审计，未对所依据文件资料内容的真实性、准确性、完整性进行核查和验证，出具了含有虚假内容的审计报告。具体行为有：

1. 万隆所对金荔科技2006年度会计报表审计建立在金荔科技完成资产置换、实现重组的基础上。在审计报告日前金荔科技没有完成资产置换，业务环境已发生变化的情况下，万隆所没有修改其审计策略，在审计过程中忽略了对风险的再评估。其行为不符合《中国注册会计师鉴证业务基本准则》第十三条和第五十六条的规定。

2. 万隆所在明知金荔科技应提未提资产减值准备和折旧摊销的情况下，为防止公司退市，出具了无保留意见的审计报告。其行为不符合《中国注册会计师审计准则第1101号——财务报表审计的目标和一般原则》第六条和《会计师事务所质量控制准则第 5101 号——业务质量控制》第十四条的规定,违背了独立、客观、公正的原则。

3. 万隆所在对金荔科技进行 2006 年年度报告审计时,没有制定具体审计计划,没有安排项目组讨论,存在审计内部控制上的重大遗漏。其行为不符合《中国注册会计师审计准则第 1201 号——计划审计工作》第十三条的规定。

4. 万隆所以“避免公司退市”作为审计目的,偏离了财务报表审计目标,不符合《中国注册会计师审计准则第 1101 号——财务报表审计的目标和一般原则》第四条和第六条的规定。

5. 万隆所在认定其他应收款和坏账准备期初数时,没有对去向待查的应收款项及兴业银行保证金进行函证,也未执行替代程序,未对期初数取得充分、适当的审计证据,在此情况下,万隆所确认其他应收款全额计提坏账准备 105,530,604.82 元。其行为不符合《中国注册会计师审计准则第 1331 号——首次接受委托时对期初余额的审计》第十二条的规定。

6. 万隆所知悉金荔科技管理层存在改善财务业绩、歪曲财务报表的压力,将审计风险评估为高水平,确认接近资产负债表日所取得的 3500 万元佣金收入为主要的审计风险,将公司管理层诚信和管理能力评估为低水平,在 3500 万元佣金收入所涉及的账务处理极其复杂的情况下,未按照《中国注册会计师审计准则第 1211 号——了解被审计单位及其环境并评估重大错报风险》第四十条和《中国注册会计师审计准则第 1312 号——函证》第五条、第七条、第九条的要求,针对金荔科技与秦皇岛路建工程机械有限公司、上海天地源企业有限公司、上海奉志实业有限公司的资金往来关系真实性向这 3 家公司进行函证,未就上海天地源企业有限公司开立的本票真实性函证出票行为,也未对金科德盛新技术有限公司和张家界金荔科技杜仲业发展有限公司注册资金来源实施审计。万隆所在未获得充分、适当的审计证据的情况下审计确认该笔重大收入。

7. 万隆所对关联方审计程序严重缺失,未进行函证,没有就资金占用金额与大股东进行核对,没有取得该项债务重组协议,并在未能确认关联方欠款是否真实的情况下,对 2006 年 12 月金荔科技调增资产冲抵大股东欠款的事项进行了确认。其行为不符合《中国注册会计师审计准则第 1323 号——关联方》第十三条的规定。

8. 万隆所在知悉 2006 年追回的资产已被冻结、存在权属不清的情况下,未按照《中国注册会计师审计准则第 1301 号——审计证据》第六条、第七条和《中国注册会计师审计准则第 1221 号——重要性》第十五条、第十六条的要求,采取相应的审计措施,对上述资产实施进一步审计程序;在注册会计师认为上述资产不具备确认为资产条件、以资抵债属于虚假清欠的情况下,确认为资产,致使对固定资产和无形资产虚增 79,059,574.12元发表了不正确的审计意见。

9. 万隆所在金荔科技董事长刘某介绍 2006 年度收入状况与居间合同业务取得的收入存在重大差异的情况下,未按照《中国注册会计师审计准则第 1141 号——财务报表审计中对舞弊的考虑》第六十四条的要求,实施相应的审计程序,致使未能发现虚假佣金收入业务。

10. 万隆所未按照《中国注册会计师审计准则第 1221 号——重要性》第十五条和第十六条的要求,采取相应的审计措施,在计算出固定资产折旧和无形资产摊销后,仍未在其出具的审计差异汇总表及财务报告中予以调整,致使审计确认少计固定资产折旧和无形资产摊销 22,274,855.74 元。

11. 万隆所未按照《中国注册会计师审计准则第1502号——非标准审计报告》第十一条、第十二条、第十三条的要求，发表了不恰当的审计意见，出具了含有虚假内容的审计报告。

卫某是万隆所副主任会计师兼质量控制委员会主任、金荔科技三级复核，胡某是万隆所上海分所副所长、金荔科技二级复核，且都在《重大事项逐级请示报告表》和《质量控制会议决议》上签字，是万隆所上述违法违规行为直接负责的主管人员；徐某、文某在金荔科技2006年年度审计报告上签字，是万隆所上述违法违规行为的其他直接责任人员。

经告知、听证程序，当事人提出了书面申辩意见。经审查，2010年1月中国证监会作出正式处罚决定和市场禁入决定。中国证监会认为，万隆所的行为违反了2006年1月1日施行的《证券法》第一百七十三条关于会计师事务所出具审计报告“应当勤勉尽责，对所依据的文件资料内容的真实性、准确性、完整性进行核查和验证”的规定，构成了《证券法》第二百二十三条所述“证券服务机构未勤勉尽责，所制作、出具的文件有虚假记载、误导性陈述或者重大遗漏”的行为。对万隆所没收业务收入50万元，并处以50万元罚款；对副主任会计师兼质量控制委员会主任、三级复核卫某给予警告，并处以10万元罚款，同时实施3年市场禁入；对签字注册会计师徐某、文某给予警告，分别处以10万元罚款；对上海分所副所长、二级复核胡某给予警告，并处以3万元罚款。

## 二、争议焦点及评析

（一）虚假资产是否应当计提折旧和摊销

万隆所等当事人认为，对虚假资产不计提折旧和摊销是合理的。金荔科技已与重组方签订资产置换协议，拟置入的国有资产已进行审计和评估，并通过董事会审议，该资产属于持有待售的固定资产，因此对该资产不提折旧和摊销符合《企业会计准则——固定资产》第二十二条的规定。我会认为，金荔科技实质性重组存在很大不确定性，该资产在审计报告日并不符合可以直接出售且极可能出售的固定资产，不符合持有待售资产的定义。此外，该资产既然已被确定为虚假资产，不符合资产定义，根据《企业会计准则》规定不应在会计报表中列报。

（二）二级复核负责人是否属于直接负责的主管人员

根据《中国注册会计师审计准则第1121号——历史财务信息审计的质量控制》和《会计师事务所质量控制准则第5101号——业务质量控制》及万隆所质量控制制度，胡某是万隆所上海分所副所长、金荔科技二级复核，在《重大事项逐级请示报告表》和《质量控制会议决议》上签字，作为审计质量控制的中间环节，应属于直接负责的主管人员之一。

（三）是否应对卫某给予市场禁入

万隆所在对金荔科技2006年年报审计时，副主任会计师兼质量控制委员会主任卫某从承接业务开始，到重大问题的判断和处理，与有关部门的沟通全程参与并决策，亲自担任金荔科技2006年年报的三级复核，并在《重大事项逐级请示报告表》和《质量控制会议决议》上签字，是万隆所上述违法违规行为直接负责的主管人员之一。依据《证券法》第二百二十三条和第二百三十三条，《证券市场禁入规定》第三条和第五条的规定，中国证监会认定卫某为市场禁入者，3年内不得从事任何证券业务。

（四）审计独立性问题

万隆所等当事人认为，在审计过程中已将相关问题的会计处理向有关方面汇报。中国证监会认为,按照审计准则的要求,注册会计师应当恪守独立、客观、公正的原则,执行审计或其他鉴证业务,应当始终保持形式和实质上的独立。金荔科技前任注册会计师已出具无法表示意见报告,且万隆所已认定该公司管理诚信和管理能力低水平,并将审计风险评估为高水平,万隆所等当事人应根据《中国注册会计师审计准则第1141号——财务报表审计中对舞弊的考虑》,采取更为审慎和职业怀疑态度对待各项重要事项。

### 三、主要启示

(一)本案是会计师事务所未保持独立性,导致审计失败的典型案例。按照审计准则的要求,注册会计师应当恪守独立、客观、公正的原则,执行审计或其他鉴证业务,应当始终保持形式和实质上的独立。

(二)本案是中国证监会第一起对会计师事务所审计过程中内部质量控制及其相关人员追究行政责任的案例。根据《中国注册会计师审计准则第1121号——历史财务信息审计的质量控制》和《会计师事务所质量控制准则第5101号——业务质量控制》的有关规定,会计师事务所应设计有效的质量控制制度,并安排执业经验丰富的会计师担任各审计项目的复核人员。为了防止质量控制制度形同虚设,切实保证质量控制的有效性,不断提供审计质量,对审计失败中存在故意或过失的质量控制人员追究责任是十分必要的。

(中国证监会行政处罚委　赵敏)

## 华南期货张某行政复议案

### 一、案件概要

2005年1月11日,华南期货经纪有限公司(以下简称华南期货)从银行保证金账户划款400万元至银行自有资金账户。次日,华南期货将该400万元从银行自有资金账户划至深圳市A公司(A公司系华南期货关联公司,同时为华南期货客户)银行账户。此后,华南期货又多次在保证金存在缺口的情况下从银行保证金账户向外划款,数额从2万元至300万元不等。

华南期货的行为违反了《期货交易管理暂行条例》第三十六条的规定,构成了《期货交易管理暂行条例》第六十条所述"挪用客户保证金"的行为。对华南期货的上述违法行为,时任华南期货董事长姜某和总经理张某是直接负责的主管人员。根据当事人违法行为的事实、性质、情节与社会危害程度,2009年4月,证监会决定对华南期货给予警告,并处以10万元的罚款;对姜某给予警告,并处以5万元的罚款;对张某给予警告,并处以3万元的罚款。2009年6月,当事人张某因不服处罚决定,提出行政复议申请。2009年8月,证监会作出维持行政处罚决定的复议决定。

### 二、争议的焦点问题

(一)划款400万元是否属于挪用客户保证金

对2005年1月11日从保证金账户划

出400万元，当事人一直否认挪用的是客户保证金。在案件调查过程中，当事人称华南期货向A公司划款400万元为期货交易所对活跃期货交易客户的手续费返还和奖励，属于“过路资金”，对公司经营权益及银行存款没有影响，该400万元划款没有形成保证金缺口。在听证过程中，当事人进一步提出，2005年1月11日当日，华南期货保证金账户中可以动用的资金余额远大于400万元，因此没有超出当时公司可从保证金账户划出资金余额，该笔400万元的划款不属于挪用客户保证金。

但经调查核实，当事人的上述申辩理由均不能成立：

其一，400万元罚款并不属于A公司的手续费返还。

A公司系华南期货的关联公司，于2004年1月在华南期货开立账户，成为华南期货的客户。自2004年4月起开始在华南期货进行期货交易。截至2004年年底，A公司当年共发生手续费支出195万元，全部上交至交易所，华南期货自身实际上并未收取A公司任何手续费。根据华南期货财务账和《华南期货与A公司资金往来明细》，自A公司2004年4月开始交易以来至2005年1月10日，华南期货共向A公司返还手续费104万元，返还方式是将返还的手续费直接转为A公司的保证金入金。截至2005年1月10日，A公司的保证金余额为32万元(含返还的手续费)。从上述数据不难看出，A公司2004年实际支付的手续费不足200万元，截至2005年1月11日已收到手续费返还100余万元，保证金余额只有30余万元，因此当事人称400万元属于A公司的手续费返还是没有根据的。

同时，根据上海期货交易所、大连商品交易所和郑州商品交易所提供的证明材料，期货交易所只对会员减免交易手续费，而并不指定会员将减免的手续费返还至客户。因此当事人所称该400万元还款属于期货交易所给A公司的交易手续返还的说法与实际情况不相符。不仅如此，2004年全年，上海期货交易所、大连商品交易所和郑州商品交易所向华南期货返还手续费总计也只有213万元，金额也不足400万元。

其二，2005年1月11日华南期货在保证金账户中并无可供划转的400万元。

根据《期货经纪公司保证金封闭管理暂行办法》(证监期货字〔2004〕45号)的规定，期货公司因收取手续费、利息等事由，可以从保证金账户中划款。但本案中的华南期货并无可供划转的400万元。

华南期货的报表显示，截至2004年12月31日，华南期货在保证金账户中的自有资金为88万元，但根据期货公司必须以自有资金在期货交易所交存50万元最低结算准备金的规定，华南期货必须在三家期货交易所以自有资金交存最低结算准备金共150万元。扣除这必须交存的150万元，华南期货实际可从保证金划转的自有资金为－62万元，加上2005年1月1日至10日期货交易所返还的交易手续费3万元，2005年1月11日华南期货可从保证金账户中划转的金额为－59万元。由此不难看出，当时华南期货在保证金账户中并没有任何可供划出的资金，华南期货所谓没有超出当时公司可从保证金账户划出资金余额的申辩理由不能成立。

(二)挪用客户保证金数额的认定问题

因历史原因，在涉案的挪用行为发生前，华南期货即已存在保证金缺口2135万元。鉴于上述保证金缺口并非由华南期货的挪用行为造成，而是由于违约方未能执行法院判决形成，因此，监管部门未将其作为违法行为予以处罚，而是采取其他监管手段予以解决。由于历史上遗留有较大的保证金缺口,华南期货在日常交易中,每当出现交易结算保证金头寸紧张时,便将自有资金或临时借来的资金注入保证金账户,在头寸紧张的状况缓解后,再将资金从保证金账户转出,用于偿还借款或划回自有资金账户。此外,华南期货还挪用部分客户保证金用于支付工资、房租等事项。

调查发现,华南期货除了2005年1月11日从保证金账户划出的400万元构成挪用外,在其后的2005年1月13日至2005年10月18日期间,华南期货在新增保证金缺口一直未弥补的情况下,多次从保证金账户往外划款,金额从2万元至300万元不等,既有明确标示为提取手续费的,也有未标明用途的,这些划款也都形成了部分的保证金缺口,但形成的缺口数均少于2005年1月11日挪用的400万元。此外,需要指出的是,华南期货在此期间也存在回补客户保证金的情况,金额从5万元至300万元不等,另外华南期货未从保证金账户划转的手续费收入客观上也填补了部分保证金缺口。

在资金不断从保证金账户划出和回补的情况下,华南期货挪用客户保证金的具体数额实际上是不断变化的。如何确定挪用数额是一个难题。经研究,我们从合理性的角度出发,确定了以最大挪用数额400万元作为追究当事人法律责任的主要依据,以当事人多次挪用保证金、回补保证金情况作为当事人的违法情节予以考虑。

(三)挪用保证金的责任人

对华南期货上述挪用客户保证金的违法行为,证监会认定华南期货董事长姜某和总经理张某是直接负责的主管人员。但张某从调查到听证会,再到行政复议,都一直声称自己不应当承担责任。

在案件调查和听证过程中,张某声称其并未经手2005年1月11日的400万元资金划转,不知道当时是何人划转、为何划转。此后,张某又称经了解,该笔划款应属于手续费收入的划转。在证监会作出正式的行政处罚后,张某提出了复议申请,称其未参与华南期货划转400万元的行为,不知情,不是华南期货挪用客户保证金行为直接负责的主管人员。

经调查,张某的申辩理由不能成立。

本案中,相关当事人为了掩盖违法行为,华南期货从保证金账户的400万元划款采用了网上银行方式,没有留下书面的划款指令,财务部门对此笔划款也没有做任何的账户记录。针对上述特殊情况,证监会在调查过程中调取了公司章程、公司相关工作制度、授权文件及日常签发保证金审批单等材料,确定谁有权限批准从保证金账户划款,并通过询问公司相关人员,确认公司管理层对保证金的划款权限及实际执行情况,了解从保证金账户划款的具体过程。通过对当事人在案件中的地位、作用等因素的综合分析,确定当事人是否应当承担责任及责任的大小。

认定张某为华南期货挪用客户保证金行为的责任人的理由主要包括:其一,华南期货公司章程、相关制度、公司的授权文件规定,总经理主持公司的生产经营管理工作,提请聘任或解聘公司副总和财务负责人,领导财务部门,审批客户保证金出金。其二,张某作为总经理全面负责公司经营管理工作,在财务和保证金监控中具有实际的职权。其三,在华南期货违法期间,张某实际审批了部分华南期货从保证金账户提取手续费的调款指令。

上述材料足以说明,张某作为华南期货总经理,负有保证保证金安全运作的职权,400万元划款没有审批手续本身就是其履行职责不到位的反映,应当被认定为华南期货挪用客户保证金行为直接负责的主管人员。

三、主要启示

（一）全面收集证据保证案件处理的质量

本案的案情看似并不复杂，但在调查过程中，由于当事人不配合调查，而公司内控管理混乱，会计科目随意调整，财务负责人、会计人员频繁更换，并且更换时没有办理相应的交接手续，这种情况导致调查人员不得不花费大量的人力、物力核实相关的银行存款、公司年报、对账单、手续费收入及返还等一系列财务数据。在这种情况下，调查部门仍多方调查，全面地收集了处罚所依据的事实证据，既重视对公司违法违规行为的收集，关注主要责任人员承担责任的证据，也本着客观、公正的原则，获取了减轻当事人责任的证据；既重视对直接证据的收集，也针对案件的特殊性，灵活变通，查找可印证的其他证据，形成完整的证据链条，最终保证了案件的处理质量和效果。这种全面取证保证案件处理质量的做法值得推广和学习。

（二）定性证据和定量证据应进行适当区分和选择

本案没有简单地把所有从保证金账户中划出资金的行为一概视为挪用，也没有以调款指令上签字所涉及金额的多少作为认定责任的标准，而是把2005年1月11日的400万元最大缺口数，作为定性证据定案，将多次审批划款的证据作为责任人违法行为的情节，在处罚时予以考虑，体现了对定性证据与定量证据的恰当使用。

（三）责任认定模式的探讨

本案摆脱了单纯依靠签字的责任认定模式，签字与否并不是唯一的标准，未签字并不表明对违法行为无须承担责任。本案的核心证据之一系由网上银行转账的银行确认凭证，并没有签字的调款指令，但综合考虑当事人在案件中的地位、作用，最终确定了公司董事长姜某、总经理张某应当承担责任及责任的大小。

（四）加强对期货公司日常管理的监管力度

本案系证监会在日常监管中发现华南期货有涉嫌挪用客户保证金的行为，由此立案调查。同时对于发现华南期货存在的保证金缺口，通过监管压力，让华南期货在后期实际解决了保证金缺口问题，维护了期货客户的合法权益。加强对期货公司的日常监管，可以有效降低期货公司违规违法风险，确实促进期货公司的快速健康发展。

（中国证监会行政处罚委　范林波）

# 周某申请国务院行政复议裁决案

一、案件概要

周某系大唐电信科技股份有限公司（以下简称大唐电信）的原董事长。2005年4月，周某在审议通过大唐电信2004年年度报告的董事会决议上签字同意。

2007年，中国证监会调查发现，大唐电信2004年年度报告虚增该年度利润总额共计37,186,597.53万元,且其会计报表附注中信息披露存在重大遗漏,同时,中国证监会认定周某为大唐电信上述违法行为直接负责的主管人员。2008年5月,中国证监会依据原《中华人民共和国证券法》(2004年修正,以下简称原《证券法》)第一百七十七条规定作出〔2008〕28号行政处罚决定书,其中对周某给予警告并处罚款20万元。2008年7月,周某向中国证监会申请行政复议。2008年11月,中国证监会作出〔2008〕19号行政复议决定书,综合考虑周某的违法情节表现,将对周某的处罚变更为警告并处罚款10万元。

2009年3月,周某向国务院申请最终裁决。2009年6月,国务院作出最终裁决,认为中国证监会作出的〔2008〕19号行政复议决定认定事实清楚,证据确凿,适用依据正确,程序合法,内容适当,裁决予以维持。

**二、争议焦点**

(一)关于董事责任认定问题

周某认为,公司的具体管理由经营班子负责,所涉问题应由主管财务部门的人员承担主要责任,证监会未正确区分当事人责任,导致对董事"签字就罚"。

原《中华人民共和国公司法》(2004年修正)第一百一十八条规定,董事会应当对董事会会议所议事项的决定做成会议记录,出席会议的董事和记录员在会议记录上签名。董事应当对董事会的决议承担责任。第一百二十三条规定,董事、经理应当遵守公司章程,忠实履行职务,维护公司利益。中国证券监督管理委员会《公开发行证券的公司信息披露内容与格式准则第2号——年度报告的内容与格式》(2004年修订)第十五条规定,公司董事会及其董事应当保证年度报告内容的真实性、准确性、完整性,承诺其中不存在虚假记载、误导性陈述或重大遗漏,并就其保证承担个别和连带的法律责任。大唐电信《公司章程》规定,董事应当在董事会决议上签字并对董事会的决议承担责任。据此,周某作为大唐电信的董事长,应当忠实、勤勉地履行法律、法规及公司章程赋予的职责,并对董事会决议及公司年度报告承担相应的法律责任。中国证监会根据周某的法定职责及其实际履职情况,认定其为大唐电信虚假陈述行为直接负责的主管人员,符合上述规定。

(二)关于原《证券法》第一百七十七条"发行人"是否包含"上市公司"的法律适用问题

周某认为,原《证券法》第一百七十七条规定的责任主体是"发行人",不包括上市公司,证监会援引该条款对其作出行政处罚适用法律不当。

原《中华人民共和国证券法》(2004年修正)第三条规定,证券的发行、交易活动,必须实行公开、公平、公正的原则。第六十条至第六十三条规定了上市公司应当依法如实对公司的年度报告、中期报告、临时报告等予以公告。第一百七十七条规定,经核准上市交易的证券,其发行人未按照有关规定披露信息,或者所披露的信息有虚假记载、误导性陈述或者有重大遗漏的,由证券监督管理机构责令改正,对发行人处以三十万元以上六十万元以下的罚款。对直接负责的主管人员和其他直接责任人员给予警告,并处以三万元以上三十万元以下的罚款。根据原《证券法》的立法精神和立法目的,结合该法规定的证券交易公开原则和上市公司持续信息披露的法定义务出发,原《证券法》第一百七十七条"发行人"应包含"上市公司",中国证监会依据该法第一百七十七条对周某作出行政处罚,适用法律正确。

## 三、主要启示

(一)国务院行政复议裁决明确支持了中国证监会根据上市公司董事的法定职责及其实际履职情况依法追究董事责任的执法原则

中国证监会在上市公司监管执法中,一直坚持根据上市公司董事的法定职责及其实际履职情况依法追究董事责任。在实践中,部分上市公司董事常以其对具体虚假或遗漏披露事项不知情、未参与或无法判断为由,推卸责任。国务院裁决从法律、中国证监会规范性文件及公司章程三个层面充分论证、明确支持了中国证监会上述执法原则。

(二)国务院行政复议裁决确认了中国证监会对原《证券法》第一百七十七条"发行人"应包含"上市公司"的理解及执法原则

部分上市公司董事对原《证券法》第一百七十七条"发行人"应包含"上市公司"曾予以质疑。国务院行政复议裁决从原《证券法》立法精神、立法目的及该法规定的证券交易公开原则和上市公司持续信息披露的法定义务出发,确认了中国证监会对原《证券法》第一百七十七条"发行人"应包含"上市公司"的理解及执法原则。

结合深圳市深信泰丰股份有限公司原董事丁某不服中国证监会行政处罚、深圳和光现代商务股份有限公司原副董事长黄某不服中国证监会行政处罚的行政诉讼案判决,中国证监会的上述两项监管执法原则得到了司法机关和最高行政机关的认可、支持,这对中国证监会依法查处上市公司信息披露违法违规行为,追究有关人员责任,具有重要意义。

(中国证监会法律部　周锡太、王景雷)

# 大鹏证券公司违法违规责任人员陈某行政诉讼案

## 一、案件概要

2003年1月至2005年1月期间,大鹏证券有限责任公司(以下简称大鹏证券)挪用客户交易结算资金20亿元,挪用客户证券5.7亿元,违规开展客户资产管理业务,涉及金额74亿元。当事人陈某在大鹏证券实施上述违法违规行为期间先后或同时担任大鹏证券执行副总裁、副总经理、总经理、副董事长、执行委员会委员和执行委员会首席运营官等职务。2007年1月12日,根据调查认定的事实,依据原《证券法》和中国证监会《证券市场禁入暂行规定》的规定,中国证监会对包括陈某等人在内的5名责任人员作出吊销证券从业资格证书的行政处罚,对包括陈某在内的10名责任人员实施市场禁入措施,其中决定对陈某实施10年市场禁入。陈某对中国证监会对其所作行政处罚和实施的市场禁入措施不服,向北京市第一中级人民法院(以下简称北京一中院)提起行政诉讼,请求法院撤销对其所做出的行政处罚和市场禁入决定。2009年2月,北京一中院作出一审判决,驳回陈某起诉。陈某不服一审判决,向北京市高级人民法院(以下称北京高院)提起上诉。2009年8月6日,北京高院作出二审判决,驳回上诉,维持原判。

## 二、争议焦点

原告陈某(二审上诉人,以下统称原告)起诉(上诉)的主要理由为:

(一)关于案件事实

1. 关于大鹏证券挪用客户交易结算资金的基本事实。

原告提出,根据中国证监会《客户交易结算资金管理办法》关于"证券公司开展资产管理业务接受客户存入的委托资金,在本办法中视同客户交易结算资金进行管理"的规定,大鹏证券将客户资产管理业务资金存入客户交易结算资金存款专户及从相关专户支付客户本息,并未违反证监会的规定。中国证监会答辩认为:(1)合法合规的资产管理业务的客户委托资金才能作为客户委托资产视同客户交易结算资金管理。而具有保底收益承诺条款的违规资产管理业务,实际是一种借贷关系,所形成的是公司与客户的债权债务关系,相关资金就算存入保证金专户,也不是作为相对应的特定客户资产存入专户的,从专户支付理财本息,就是挪用了其他客户的交易结算资金。(2)《客户交易结算资金管理办法》明确规定,客户交易结算资金必须全额存入专户,单独管理;专户必须开设在具有存管资格的商业银行;专户必须得到证监会的确认;专户资金只能用于交易清算和客户提款。大鹏证券从客户交易结算资金专户支付违规资产管理业务本息和经营费用,是无可争辩的挪用客户交易结算资金的行为。(3)原告并不能证明资产管理业务资金存入客户交易结算资金专户。

2. 关于挪用客户交易结算资金计算方法。原告提出:不应当以特定期间累计发生额计算挪用客户交易结算资金的金额,因为挪保是资金占用问题,资金占用只能以特定时点的余额计算。中国证监会答辩认为,挪用客户交易结算资金不是简单的资金占用行为,每次从客户交易结算资金存款专户支出用作规定之外的用途都是挪保行为,如以特定时点余额计算,对挪用后再还回去的行为就无法追究,因此,以发生额计算是科学的。

对上述事实,法院经审查认定,原告不能证明相关委托理财资金已存入中国证监会备案的客户保证金专户,其主张缺乏事实根据;大鹏证券挪用客户交易结算资金的具体笔数能够认定,累计计算并不违法。

3. 关于原告是否履行高管职权,是否起到决策、决定和组织实施作用的问题。

原告认为,其在任相关职务期间,大鹏证券执行委员会首席执行官履行了总经理的职责,总经理被架空,其未实际分管业务,未被赋予相应高管职权,在违法违规行为中未起决策、决定和组织实施作用,不应负相应责任。中国证监会答辩提出,原告在大鹏证券违法违规行为中起决策、决定和组织实施的作用的事实,有充分、确凿的证据证明,足以认定:(1)大鹏证券实施相关违法违规行为,是通过其高级管理人员对业务事项的审批形式进行决策、决定的,是通过公司经营管理程序组织实施的。(2)对相关人员在大鹏证券违法违规行为中所起的作用和应承担的责任,应当根据其职权和职责、实际履行职权的情况、直接参与的情况等方面综合进行认定。大鹏证券实施相关违法违规行为期间,原告在大鹏证券担任了执行副总裁、副总经理、总经理、副董事长、执行委员会委员和执行委员会首席运营官等职务,根据《公司法》规定的公司相关高级管理人员职责以及大鹏证券《章程》规定的相关职务的职责,原告除应当承担作为公司经理班子成员的相应责任外，作为公司副董事长和执行委员会成员、执行委员会首席运营官等职务，也应当在其相应职责范围内，对公司违法违规行为承担决策、决定和组织实施行的责任；大鹏证券实行执行委员会制度的同时，其《章程》中有关总经理（总裁）职责的内容并未修改或删除，经理班子的相关职责是确定的，原告的相应职责仍然存在。(3)从事实看，原告在大鹏证券挪用客户交易结算资金、挪用客户证券、违规开展资产管理业务的审批文件中签字同意，足以证明其在大鹏证券经营管理活动中实际行使高级管理人员职权，并实际起着决策、决定和组织实施作用。

对上述事实，法院认定，大鹏证券实施相关违法违规行为期间，原告作为大鹏证券具有决策、决定和组织实施作用的高级管理人员之一，中国证监会认定其为直接负责的主管人员之一，具有事实和法律根据。

（二）关于作出行政处罚和实施市场禁入的程序

原告提出，中国证监会听证时，未充分向其出示相关证据，部分证据是听证后新增加的，行政程序违法。中国证监会答辩提出，听证时，向当事人充分出示了相关证据，并为当事人查阅证据提供了方便；听证时，调查工作已结束，未增加任何新的证据，就算增加了新证据，也不违法，行政机关作出具体行政行为，以其作出该行为时取得的证据为准，听证程序是合法，原告观点没有任何证据支持，也没有任何法律依据。

法院审查认为，中国证监会在作出决定之前履行了告知听证程序并出示了相关证据，原告行使了申辩和质证的权利，因此中国证监会在行政程序上无违法之处。

（三）关于法律适用

原告提出，禁入市场是剥夺公民民事权利能力的严重处罚，依照法律，证监会无权制定禁入市场的规章制度，无权实施市场禁入措施。中国证监会答辩认为，中国证监会根据原《证券法》规定的职权，贯彻国务院决定，根据《证券市场禁入暂行规定》对违反法律法规的人员实施市场禁入行政监管措施，是合法、有效的。

法院经审查认为：中国证监会作为国务院证券监督管理机构，依法具有对全国证券市场实行集中统一监督管理，制定有关证券市场监督管理的规定，并对违反证券市场监督管理的行为进行查处的行政职权。根据《证券法》的规定，参照证监会制定的《证券市场禁入暂行规定》，对相关责任人员除给予行政处罚外，可视其情节，认定其为市场禁入者。市场禁入措施并非对原告民事权利能力的剥夺，原告认为该措施违法，缺乏法律依据，不予支持，证监会作出上述决定并无不当。

## 三、本案的启示

（一）主要证据确凿、充分是行政行为经受司法审查的重要基础。

本案中，由于证明大鹏证券挪用客户交易结算资金等违法违规行为主要证据确凿、充分，原告未能提出足以推翻违法违规事实的证据，针对个别证据瑕疵否定主要违法事实的主张未得到法院的支持。原告一再以其总经理职务被执行委员会架空，无法履行总经理职权，未在公司相关违法违规行为中起决策、决定和组织实施作用的主张，亦因中国证监会提供了大量其直接审批、经手违法违规事项，实际履行职权的证据所否定。因此，本案再一次说明，“打官司”主要就是“打证据”，事实清楚、证据确凿、充分是行政执法行为得以经受司法审查、取得法院支持的最重要因素。

（二）中国证监会实施市场禁入措施

具体行政行为的合法性第一次以终审司法判决的形式得到确认,从而为证监会会实施市场禁入措施提供了明确的司法判例支撑。

证券市场是一个高收益、高风险、专业性强的市场,因而也是特别强调规范、重视秩序、讲求城信的市场。结合证券市场专业性较强、职业化程度较高的特点,通过对证券违法违规人员的证券职业活动的限制措施,实施有效的警示和惩戒,是加强证券市场的监督管理,维护证券市场秩序,增强市场诚信,保护广大投资者合法权益的重要途径。这种制度及相关做法,在一些发达市场国家和地区,如美国和我国香港地区等,已经得到比较普遍的确立与运用,并发挥了比较好的效果。在我国,证券市场建立后,就一直在探索如何适当地引入这一制度和措施。1995 年,国务院证券委发布的《证券业从业人员资格管理暂行规定》中就规定:从业人员取得资格证书并上岗工作后,如违反国家有关法规,除按该有关法规进行处罚外,中国证监会可视情节轻重撤销其资格证书并在一定年限内或永久性地拒绝受理其从业资格申请,且向社会公告。这是我国证券市场禁入制度的雏形。

1996 年之后,我国越来越多的投资者参与到证券市场中来,市场趋于活跃,为防止市场失序和全面市场风险,建立完善的法律制度和进一步实施有效监管显得日益迫切。为此,国家决定采取措施,进一步加强对证券市场的监督管理,引导证券市场健康发展。1996 年 12 月,国务院明确要求,"建立证券行业禁入制度,对证券高级管理人员违法、违规的,除按现行法规予以处罚外,中国证监会将禁止其在证券行业中任职"。为贯彻、执行国务院决定,加强对证券市场的监督管理,证监会于 1997 年 3 月发布了《证券市场禁入暂行规定》,对证券市场禁入的含义和适用范围、条件、对象、程序及后续执行等问题作了较为全面的规定,我国证券市场禁入制度正式确立。

此后,国务院在其他有关文件中对实施证券市场禁入制度也作出过明确规定。证监会为配合《证券市场禁入暂行规定》的实施,在有关从业人员资格管理和相关机构高级管理人员任职资格管理等部门规章中也对市场禁入制度作出了相应的规定。

但是,在证券市场禁入制度的实施过程中,也遇到了一些阻力,出现了一些混淆的认识。有的认为市场禁入措施属于行政处罚,部门规章无权设定证券市场禁入措施等。

应当说,证券市场禁入作为一项新引入的、比较特殊的市场监督管理制度,人们还不够熟悉,对其性质的认识有不同意见,是正常的。但是,作为根据国务院的规定制定、在特定历史条件下借鉴国际资本市场的有效经验设立的特别监管措施制度,与我国现行法律规定并无冲突之处,其合法性不容否定。为了进一步明确证券市场禁入制度的地位和作用,保障这一制度的贯彻实施,国务院在 2004 年发布的《国务院关于推进资本市场改革开放和稳定发展的若干意见》中进一步强调,"对严重违法违规、严重失信的机构和个人坚决实施市场禁入措施",再次对证券市场禁入制度进行确认。2005 年 10 月,全国人大常委会通过了《证券法》修订案。修订后的《证券法》第二百三十三条明确规定,"违反法律、行政法规或者国务院证券监督管理机构的有关规定,情节严重的,国务院证券监督管理机构可以对有关责任人员采取证券市场禁入的措施",从而在法律上完全确立了证券市场禁入措施作为一项法定的监督管理措施的性质与地位。根据修订后的

《证券法》,证监会于2006年7月发布了《证券市场禁入规定》,《证券市场禁入暂行规定》相应废止。

证券市场禁入制度的建立和施行,在证券市场中产生了极强的震慑效应,一批具有严重违法违规行为、扰乱证券市场正常秩序的“害群之马”被清除出场。自《证券市场禁入暂行规定》发布实施以来,证监会共宣布三百多人为证券市场禁入者。证券市场禁入制度在维护市场秩序、打击证券违法违规行为、保护投资者合法权益、保障我国资本市场健康稳定发展方面起到了不可替代的重要作用。

(中国证监会法律部　周锡太)

# 王某诉招商证券德胜门营业部证券欺诈赔偿案

## 一、案件概要

原告王某为招商证券股份有限公司北京德胜门东滨河路证券营业部(以下简称德胜门营业部)客户。因其投入资金较多,德胜门营业部安排其职员丁某为王某提供股票交易服务,丁某在德胜门营业部的职务为“投资顾问”。王某私下口头委托丁某为其设立密码并代理股票交易,后发现其账户中存在大量对同一只股票短时间内反复买卖的情况,与丁某谈话要求其赔偿损失未果。2008年8月,丁某高坠致死。王某于2008年12月以德胜门营业部对丁某的管理存在漏洞,存在证券欺诈为由,诉至北京市西城区人民法院(以下简称一审法院),要求被告赔偿损失698万余元,及原告律师代理费21万元。

被告德胜门营业部认为,丁某的行为违反法律规定,同时也违反了营业部的内部规章制度,超出营业部对其授权的职责范围,属于丁某的个人行为,而非职务行为。原告王某违反与被告的合同约定,擅自向丁某透露了交易密码,由此造成的损失应由原告自行承担。

一审法院经开庭审理,于2009年6月作出一审判决:第一,认定王某与德胜门营业部之间构成委托代理关系,王某在履行合同的过程中,存在高风险行为和违约行为,包括委托他人代设密码、委托证券营业部职员全权代理交易和疏于查询交易明细等,而德胜门营业部并无违约行为;第二,丁某私下代理王某买卖股票行为不是源于德胜门营业部的指令或者利用职务便利违反交易规则。故此,王某因其自身违约而造成的损失,应当自行负担而不应由无过错、未违约的德胜门营业部承担。因此法院判决驳回原告王某的诉讼请求,案件受理费由原告王某负担。

原告王某不服一审判决,以丁某利用自己投资顾问的职位骗取其信赖以获取交易密码的行为应属职务行为,并构成证券欺诈侵权为由,上诉至北京市第一中级人民法院(以下简称二审法院)。二审法院经审理,维持一审判决。

## 二、争议焦点及评析

(一)丁某的行为是个人行为还是职务行为

丁某的行为性质是一审和二审法院关注的焦点之一,决定着能否适用《证券法》

第一百四十六条的规定。

《证券法》第一百四十六条规定:"证券公司的从业人员在证券交易活动中,执行所属的证券公司的指令或者利用职务违反交易规则的,由所属的证券公司承担全部责任。"此条文可以从以下几个方面理解:

1. 怎样理解"执行所属的证券公司的指令"

本条文中的"指令"是指证券公司向从业人员作出的涉及本公司业务的授权。该授权包括从业人员职务范围内的事项也包括职务范围外的事项;可能是合法事项也可能是非法事项。最终该授权的结果由公司承担。本案中丁某的行为显然不是在执行公司的指令。

2. 怎样理解"利用职务"

"利用职务"包括两种情形:一种是该行为属行为人职责范围内的职务行为。这种行为的代理权限没有瑕疵,不存在无代理权、超越代理权或代理权终止的情形;另一种是该行为不属于行为人职责范围内的行为,这种行为的代理权限有瑕疵,但是该行为符合表见代理的条件,应当视为职务行为。

本案中,王某与招商证券北京安定门营业部签订有《证券经纪业务协议书》。后原告账户迁至德胜门营业部,原告与被告均承认该协议对双方继续有效,原被告双方实质建立了委托代理合同关系。依据《合同法》第四十九条规定:"行为人没有代理权、超越代理权或者代理权终止后以被代理人名义订立合同,相对人有理由相信行为人有代理权的,该代理行为有效。"意即,在相对人善意的情况下,代理人的行为有效,并且由被代理人承担相应的后果。

本案所涉《证券经纪业务协议书》中明确约定:营业部及其员工无权从事受托理财、资金拆借、融资融券、全权代理、对外担保及任何类似业务,请勿与营业部、证券公司员工签署任何形式的类似业务协议,否则,由此产生的全部责任由投资者承担;投资者应注意妥善保管交易密码和资金密码,任何使用投资者密码进行的委托均视为有效的投资者委托,投资者自行承担由于其密码失密造成的损失。原告作为协议的签署方,应充分了解以上合同义务。同时在本案审理过程中,王某明确表示其密码由丁某帮助设立,他本人在2008年6月之前并不掌握密码,当然也未对密码做过修改。由此可见,王某明知营业部禁止投资者与职员私下订立全权委托协议,禁止投资者向他人透露密码。因此,原告王某相对于德胜门营业部来说,并非不知情的善意第三人,本案不适用表见代理。

由此可见,本案中丁某的行为不属于以上任何一种情形,故不构成"利用职务"。

综上所述,丁某的行为既不是"执行所属的证券公司的指令"也不属于"利用职务"的情形,因此不能适用《证券法》第一百四十六条的规定。

排除了《证券法》第一百四十六条的适用,丁某与原告进行的一系列约定和代理行为,当属丁某的个人行为,德胜门营业部不对此承担责任。基于以上理由,一审法院认为丁某利用王某账户进行的股票交易均视为王某本人的交易行为,结果由王某承担。德胜门营业部不应承担赔偿责任。

(二)王某需对自己的行为承担怎样的责任

原告王某在从事股票交易的过程中存在三方面疏忽,即造成密码失密、委托证券营业部职员全权代理交易以及疏于及时查询交易结果。对其本人而言是一种高风险行为。

同时,依据《证券法》第一百四十五条

规定："证券公司及其从业人员不得未经过其依法设立的营业场所私下接受客户委托买卖证券。"依据《合同法》第五十二条规定："有下列情形之一的，合同无效：(五)违反法律、行政法规的强制性规定的。"故原告王某与丁某之间的协议因违反了法律的强制性规定而归于无效。依据《合同法》第五十八条："合同无效或者被撤销后，因该合同取得的财产，应当予以返还，不能返还或者没有必要返还的，应当折价补偿。有过错的一方应当赔偿对方因此所受到的损失，双方都有过错的，应当各自承担相应的责任。"本案中原告王某和丁某都存在过错，应当在各自的过错范围内承担责任。王某明知全权委托和私下协议为法律所禁止，在该委托事项上存在过错，应当对自己的行为承担责任。

(三)德胜门营业部是否需对丁某的行为负责

德胜门营业部是否尽到管理职责，需依现行法律规定及行业规范来确定。本案主要涉及证券公司经纪业务的内部控制制度，直接的规范依据是《证券公司内部控制指引》，其中规定的证券公司经纪业务风险的防范措施涵盖开户、客户资料保存及使用、明示禁止的业务、建立实时监控系统、定期回访制度等环节。对照《证券公司内部控制指引》相关要求，德胜门营业部现有的制度设定基本完备。一审和二审法院认定原告对德胜门营业部管理存在漏洞的指控缺乏证据支持。

二审法院在判决中更进一步明确：王某以证券欺诈赔偿纠纷为诉因主张德胜门营业部承担赔偿责任，该责任属侵权责任，但德胜门营业部并非实际侵权行为人，其职员丁某接受王某的委托实施的交易行为亦非职务行为，故德胜门营业部不应对丁某个人行为产生的损害承担赔偿责任。

## 三、主要启示

(一)加强证券公司员工管理，完善经纪业务内控制度

王某与招商证券德胜门营业部的纠纷并非个别现象。在这类型案件中，经常会出现股票交易事实不明确，即究竟谁在掌握密码进行交易处于真伪不明的状态。本案也反映出目前证券公司经纪业务管理并非无懈可击。为此，加强证券经纪业务内部控制，证券公司不能仅停留在制定规章制度的层面，更要注重制度的落实和评价。

(二)加强投资者风险教育，不给违法代客理财以可乘之机

目前，证券市场的财富效应仍对很多投资者具有吸引力，一些违法代客理财活动也是利用投资者轻信"专业人员"的心理，私下操作客户股票账户，甚至以理财之名行诈骗之实。因此，在日常监管中有必要将市场中现有的非法代客理财的案例在证券公司营业部进行宣传，提醒投资者，以免上当受骗。

(北京证监局　傅冬霞、龙子威)

# 顾某违规披露、不披露重要信息和挪用资金等刑事案

顾某刑事案是中国证监会移送司法机关查处的证券市场重大案件之一，受到市

场的广泛关注。2009 年 3 月 25 日,广东省高级人民法院(以下简称广东省高院)对顾某刑事案依法作出终审判决,裁定驳回顾某等人的上诉,维持一审有罪判决,顾某受到了应有的刑事制裁。

## 一、案件概要

顾某是香港创业板上市的格林柯尔科技控股公司的实际控制人。2001 年 10 月,由顾某控股的顺德市格林柯尔企业发展有限公司(后更名为广东格林柯尔企业发展有限公司,以下简称顺德格林柯尔)以 3.48 亿元成功收购分别在香港联交所和深交所挂牌上市的广东科龙电器股份有限公司(股票代码 00921.HK/000921.SZ,以下简称科龙电器)控股权。顾某入主科龙电器后,该公司于 2002 年迅速实现账面扭亏,并于 2003 年 6 月 4 日实现"ST"摘帽。此后,顾某开始加速并购扩张,先后收购了美菱电器、亚星客车、ST 襄轴 3 家上市公司和境内外一批企业,打造了资本市场上广受关注的"格林柯尔系"。2004 年以来,顾某分别入选"2003 年度 CCTV 中国经济年度人物"、胡润第二届"资本控制 50 强"榜首。

2005 年 3 月,科龙电器因涉嫌虚构利润、格林柯尔系企业违法侵占其巨额资金被中国证监会立案调查。2005 年 7 月,顾某等 9 名科龙电器及格林柯尔公司高管人员被公安机关依法采取刑事强制措施。2006 年 6 月,中国证监会依法对科龙电器及顾某等人作出行政处罚和市场禁入决定,认定科龙电器披露的 2002 年、2003 年、2004 年年度报告存在虚假记载和重大遗漏,合计虚增利润 3.87 亿元,对顾某处以警告、罚款 30 万元,并实施永久性市场禁入。2006 年 9 月,佛山市人民检察院就顾某刑事案向佛山市中级人民法院(以下简称佛山市中院)提起公诉。2007 年 4 月,国务院对顾某提起的行政复议案作出最终裁决,维持中国证监会对顾某作出的行政处罚决定。2008 年 1 月,佛山市中院对顾某刑事案作出一审判决,判定主犯顾某构成虚报注册资本罪、违规披露、不披露重要信息罪、挪用资金罪,三罪并罚执行有期徒刑 10 年,并处罚金 680 万元;判处姜某、张某等 7 名被告 5 年至 1 年不等的有期徒刑,并处罚金 12 万元至 2 万元不等的罚金。宣判后,顾某等 5 名被告不服判决结果,向广东省高院提出上诉。广东省高院对该案进行了不开庭审理,于 2009 年 3 月 25 日作出了驳回上诉、维持原判的终审裁定。

受顾某恶意掏空上市公司的影响,顾某案发后,科龙电器出现严重的经营财务危机,2004 年至 2005 年度累计亏损超过 40 亿元,截至 2005 年年末资不抵债达 8.5 亿元。科龙电器对侵占其资金的格林柯尔系公司及特定第三方共提起民事诉讼案 19 件,诉讼标的总额为 7.91 亿元。截至 2009 年年末,佛山市中院对该等诉讼案全部作出了一审判决,判定科龙电器胜诉 17 件,涉及金额近 7.5 亿元,其中判决已生效 13 件,涉及金额 5.02 亿元。

## 二、经法院认定的顾某违法犯罪事实

经佛山市中院和广东省高院审理查明,顾某的主要违法犯罪事实有:

### (一)虚报注册资本

2001 年 5 月,顾某为收购科龙电器的法人股注册成立顺德格林柯尔。该公司注册资本为 12 亿元,其中顾某以专利所有权无形资产作价出资 9 亿元,占注册资本的 75%。2001 年 10 月,由顺德市容桂镇人民政府出具担保函,顺德格林柯尔在未验资、评估的情况下完成公司设立登记,取得营业执照。2002 年 5 月 14 日,为使顺德格林柯尔注册资本中无形资产出资比例降至法律规定的20%限额内，顾某指使刘某等人在顺德容桂农村信用社将来自科龙电器的1.87亿元通过在顾某控股的格林柯尔制冷剂(中国)有限公司(以下简称天津格林柯尔)和顺德格林柯尔账户之间四次来回转账的形式，取得了顺德格林柯尔6.6亿元的资金进账单，当天又将该款通过天津格林柯尔转回科龙电器。与此同时，顾某签署了一份关于顺德格林柯尔预付货款6.6亿元向天津格林柯尔购买制冷剂的虚假《供货协议书》。顺德格林柯尔凭借上述虚假资料骗取了广东公诚会计师事务所的验资报告，办理了天津格林柯尔以现金6.6亿元受让顾某所持公司股权并置换公司注册资本中55%无形资产的变更工商登记手续。

(二)违规披露和不披露重要信息

由于科龙电器在2000年和2001年两年连续亏损，被深交所戴上"ST"的帽子。如果2002年还是亏损，科龙电器将退市。2002年至2004年间，顾某为夸大科龙电器的业绩，指使姜某、严某、张某等人以加大公司2001年的亏损额、压货销售、本年费用延后入账、作假废料销售等方式虚增利润。其中，2003年顾某还指使他人专门成立合肥市维希电器有限公司、武汉长荣电器有限公司以操作压货销售增加利润额。据科龙电器公布的年度财务会计报告，公司2001年净亏损14.9亿元，2002年、2003年的利润总额分别为1.04亿元、2.2亿元，2004年又亏损6833万元。顾某等人向社会提供虚假的上市公司财会报告，剥夺了社会公众和股东对上市公司真实财务状况的知情权，对社会公众作出了错误的诱导，给股东和社会造成了严重的损失。

(三)挪用资金

一是挪用江西科龙实业有限公司(以下简称江西科龙)的4000万元和科龙电器的2.5亿元。2003年，顾某为收购扬州亚星客车股份有限公司(以下简称亚星客车)，指使张某等人以顾某父子名义申请设立注册资本为10亿元的扬州格林柯尔创业投资有限公司(以下简称扬州格林柯尔)。为筹集该公司8亿元的注册资本，顾某于同年6月指使姜某等人从科龙电器调动2.5亿元、指示张某从江西科龙内部划拨4000万元资金经天津格林柯尔转入扬州格林柯尔的验资账户，用于注册成立扬州格林柯尔。二是挪用亚星客车的6300万元。2005年3、4月间，顾某、姜某在未经亚星客车董事会同意的情况下，以亚星客车的名义起草了《付款通知书》并交给了扬州机电资产经营管理有限责任公司(以下简称扬州机电公司)负责人，要求该公司在2005年4月26日前支付《关于扬州柴油机有限责任公司股权转让合同书》项下应付亚星客车股权转让款及部分投资分红款6300万元，扬州机电公司收到该《付款通知书》后，于同年4月25日把6300万元划到了指定的扬州格林柯尔账户归扬州格林柯尔使用。转款后，扬州机电公司收到了两张金额分别为300万元和6000万元的亚星客车结算收据。

## 三、本案的争议焦点及评析

本案中，公诉机关佛山市人民检察院指控顾某犯虚报注册资本罪、虚假财会报告罪、挪用资金罪及职务侵占罪4项罪名，佛山市中院经审理认定了前3项罪名，并将顾某涉及的提供虚假财会报告罪名修改为违规披露、不披露重要信息罪。在一审和二审审理过程中，顾某及其辩护人针对公诉机关指控及一审法院认定的全部罪名作了无罪辩护。本案争议焦点及法院评判意见如下：

(一)关于虚报注册资本罪的认定

顾某及其辩护律师在一审辩护及上诉意见中均辩称顾某的行为不构成虚报注册

资本罪。其主要观点:一是顾某没有虚报注册资本的行为。二是顾某没有虚报注册资本的故意。三是顾某等人的行为不具有社会危害性。

对于上述意见,广东省高院和佛山市中院的评判意见如下:一是顺德格林柯尔变更股权结构的行为视为刑法规定的申请公司登记。二是顾某指使他人实施虚报注册资本行为事实清楚,证据确凿。三是顾某虚构注册资本行为具有社会危害性。四是顾某主观上具有虚报注册资本的故意。五是对虚报注册资本当事人刘从梦是否起诉不影响本案对被告人的判决。

(二)关于违规披露、不披露重要信息罪的认定

顾某及其辩护人在一审辩护及上诉意见中均否认顾某的行为构成违规披露、不披露重要信息罪。其主要观点:一是适用罪行不当。根据刑法"从轻兼从旧"的原则,适用《刑法修正案(六)》认定顾某等犯违规披露、不披露重要信息罪不当,对其只能适用提供虚假财会报告罪。二是本案认定科龙电器虚假销售、虚增利润以及因公司虚假财会报告而导致严重损害的主要事实不清,证据不足。三是顾某并没有为夸大科龙电器销售业绩而虚假销售并出具虚假财会报告的主观故意。四是专业审计机构应承担确认公司压货销售收入的责任。

对上述意见,广东省高院和佛山市中院的评判意见如下:一是顾某指使科龙电器虚增收入、虚构利润事实清楚,证据确凿。二是科龙电器提供虚假财会报告的行为严重损害了股东的利益。三是对顾某等人适用虚假披露、不披露重要信息罪定罪准确。顾某等人提供虚假财会报告的行为发生在2002年至2004年间。由于《中华人民共和国刑法修正案(六)》于2006年6月通过并实施,2007年11月6日起施行的《最高人民法院、最高人民检察院关于执行〈中华人民共和国刑法〉确定罪名的补充规定(三)》已取消了提供虚假财会报告罪,将该行为确定为违规披露、不披露重要信息罪。因此,一审判决适用上述规定以违规披露、不披露重要信息罪对顾某等人定罪准确。

(三)关于挪用资金罪的认定

顾某及其辩护人认为顾某的行为不构成挪用资金罪。其主要观点:一是认定顾某挪用资金的基本事实不清。二是顾某未挪用江西科龙的2.9亿元。三是认定顾某指使姜某挪用亚星客车6300万元资金的事实不清,证据不足。

针对顾某及其辩护人的上述意见,广东省高院和佛山市中院的评判意见如下:一是科龙公司与格林柯尔公司之间的非正常资金往来不影响罪名的成立。二是顾某指使被告人张某挪用的2.5亿元资金实际是科龙电器的资金。三是顾某主观上具有指使姜某、张某等人挪用单位资金的故意。四是科龙电器和江西科龙被挪用的2.9亿元资金实质使用人是顾某个人。五是认定顾某指使姜某挪用亚星客车6300万元的证据充分。六是顾某具有挪用6300万元的主观故意。七是顾某挪用的6300万元资金并非借款。八是顾某将资金挪给其控股企业可以认定为"挪用本单位资金归个人适用"的情形。顾某身为亚星客车的法定代表人和董事长,在未经董事会同意的情况下,指使姜某擅自将本单位资金6300万元挪给其个人完全控股并控制的扬州格林柯尔公司,属于《刑法》第二百七十二条第一款"挪用本单位资金归个人使用"的情形,构成挪用资金罪。

另外,在本案一审期间,佛山市人民检察院还指控顾某于2002年7月挪用江西科龙的9000万元用作天津格林柯尔出资设立江西格林柯尔的注册资本金,于2002

年9月挪用江西科龙的7500万元用于天津格林柯尔偿还银行贷款，并于2005年4月被中国证监会立案调查期间分别挪用江西科龙、深圳市科龙采购有限公司、广东科龙配件有限公司（以下简称深圳科龙、科龙配件）资金4080万元、8960.03万元、9741.222万元，以预付货款形式分别通过供应商济南三爱富氟化工有限责任公司、天津立信商贸发展有限公司、天津祥润工贸发展有限公司（以下分别简称济南三爱富、天津立信、天津祥润）走账，用于非法活动，以掩盖其挪用江西科龙资金的犯罪事实。对此，佛山市中院经审理认为控方指控顾某挪用上述资金归个人使用的证据不足，事实不清，因此不予认定。

（四）关于职务侵占罪的认定

佛山市人民检察院在起诉书中指控顾某于2004年4月30日指使姜某将扬州科龙的4000万元资金以超大冰箱项目“征地费”名义划到扬州经济开发区财政局预算管理科的账户，当天该款即转到扬州格林柯尔的账上，顾某还指使姜某在扬州科龙账户上以无形资产名义将该笔资金平账，从而占有该款，构成职务侵占罪。佛山市中院经审理，认为公诉机关指控顾某构成职务侵占罪的事实不清，证据不足，不予认定。

（五）关于顾某配合科龙电器重组是否属重大立功的认定

2005年9月，青岛海信空调有限公司（以下简称海信空调）与顾某签订股权转让协议，以9亿元的价格收购顺德格林柯尔持有的科龙电器26.43%股权，并接管了科龙电器经营管理权。2006年12月，海信空调完成科龙电器控股权过户手续。顾某辩护人在上诉意见中称顾某作为科龙电器的大股东和实际控制人，在该公司重组过程中，以大局和国家利益为重，牺牲和放弃个人重大利益，最终促成科龙电器重组的成功，避免造成重大社会损失，维护了社会稳定，对国家和社会做出了重大贡献。因此，请求广东省高院认定顾某有重大立功表现。

针对上述意见，广东省高院认定，顾某在科龙电器重组过程中，转让顺德格林柯尔所持科龙电器股权的行为是市场经济条件下的一种价格体现，只是促成科龙电器重组的其中一个环节，且顾某作为科龙电器的董事长，理应维护科龙电器的整体利益，却因其个人的犯罪行为导致科龙电器濒临破产，科龙电器走到重组这一步与顾某不无关系。故不能认定顾某构成立功。

## 四、本案的主要启示

顾某刑事案是顾某精心策划并有组织实施，通过欺诈手段违法收购上市公司并恶意操控公司经营管理权，非法侵占挪用上市公司资金，以诈骗手法侵害上市公司和广大投资者合法权益的典型案件。司法机关对顾某刑事案作出最终的定罪判决，印证了证监会行政执法认定的真实性和准确性，维护了法律的权威性和严肃性，极大地震慑了妄图利用不法手段侵害上市公司合法权益的违法犯罪分子，给资本市场参与主体以深刻的教育和警示，对维护我国证券市场正常秩序，防范系统性金融风险，促进证券市场规范发展具有十分重要的现实意义。该案刑事审判反映出的一些问题，对于改进证券监管执法工作具有一定启示。结合该案的审判情况，我们就完善证券监管执法工作机制提出以下建议：

（一）明确和统一证券犯罪案件的证明标准

顾某刑事案是顾某蓄意操纵格林柯尔系企业实施的系统性违法犯罪行为，涉及虚报注册资本、违规披露和不披露重要信息、侵占挪用上市公司资金事实等一系列罪行,情节非常恶劣。经司法机关努力,本案中顾某所犯的相当一部分罪行得到刑事检控和认定,但也有部分违法犯罪行为未得到认定。这既有顾某犯罪策划周密,作案手法隐蔽性、欺骗性强,司法机关调查取证困难的因素影响,也与证券刑事案件证明标准不明确、不统一相关。因此,建议最高人民法院组织法律专家收集近年来证券刑事案的成功判例,对证券领域出现的掏空上市公司等违法犯罪行为进行系统研究,研究出台相关司法解释,明确和统一证券犯罪案件证明标准,堵塞司法漏洞。

(二)明确证券犯罪案件的证据标准

在证券犯罪案件的司法实践中,司法机关对案件调查取得的证据,通常要求有司法会计鉴定的内容。但是,有的司法机关要求司法会计鉴定的内容过多过广,鉴定的形式和程序也十分复杂,导致这类司法会计鉴定出具难度很大,不同的司法会计鉴定机构对一些涉及专业判断的会计鉴定也很难得出完全一致的结论,这一问题严重影响了办案效率。考虑到证券市场专业化程度高,会计应用日趋复杂,证券监管部门对证券市场财务信息披露标准的认定具有法定性和权威性,为切实提高办案效率和质量,建议司法机关研究适当放宽司法会计鉴定的证据标准,并与中国证监会研究建立证券行政执法证据与刑事诉讼证据相衔接的机制,明确中国证监会依法按照适当标准取得的行政执法证据可以直接转化为刑事诉讼证据,中国证监会对上市公司财务信息披露问题作出的已生效行政处罚结论及相关证据可以直接作为刑事诉讼的证据。

(广东证监局 聂旺标、沈丽)

# 浙江世纪制品有限公司非法经营黄金期货案

## 一、案件概要

浙江世纪制品有限公司非法经营黄金期货案于2007年11月30日由杭州市公安局上城区分局立案侦查。经法院审理查明,确定了被告浙江世纪黄金制品有限公司及其法定代表人张某、系统工程部经理王某的三项犯罪事实:

1.非法经营黄金期货部分。2004年下半年,张某提出了成立公司炒卖黄金的设想,向上海联泰黄金制品有限公司等企业学习黄金交易,并取得客户协议书、交易规则等相关资料。2005年4月,张某作为股东注册成立了世纪黄金公司,由其担任法定代表人、执行董事、经理。为通过互联网进行黄金炒卖经营业务,张某指使世纪黄金公司王某负责设计开发了名为"金银制品销售与回购系统"的世纪黄金网上交易平台,并由王某负责系统维护和管理。此后,张某通过公开方式宣传该公司的黄金交易,并在外地设立分支机构招揽客户。

此项黄金交易业务是无实物交割的黄金合约集中交易。该公司的黄金交易与国际黄金市场并不接轨,客户可以选择买进或者卖出,公司向客户收取"网络使用费"和"仓储费"。客户在交易时可按一定比例放大交易,放大的比例根据客户购买的商品数量可分为1倍、2倍、5倍、10倍、20倍和50倍。世纪黄金公司采用人民币当日无负债结算制度,当客户在炒金过程中亏损额达到所缴定金的80%时,如果客户不补进定金,该公司即强行平仓。

自2005年7月1日至2008年6月26日,世纪黄金公司共向客户收取黄金交易定金275,061,775.81元,其中归还定金160,179,018.09元,该公司从该项黄金交易业务中获取解约客户清算4,601,175.46元,利息(即仓储费)6,858,437.79元,手续费(即网络使用费)57,558,944.11元,客户定金余额为45,864,200.36元。

截至2008年6月26日案发,世纪黄金公司的网上交易平台共存在客户1217名,发生交易176,579笔,放大后交易金额总数为58,327,942,510元,其中放大5倍以上(含5倍)的交易171,585笔,占交易总笔数的97.2%,放大5倍以上(含5倍)的交易金额总数为58,262,189,168元,占交易总金额的99.9%。

世纪黄金公司的上述黄金交易业务被中国证监会认定为非法期货交易。

2.非法经营集合资金信托部分。2007年6月至2008年6月间,由张某担任法定代表人的世纪黄金公司和杭州新世纪纪念币有限公司以及被张某世纪操控的杭州世纪巨冠投资管理有限公司(以上三家公司实际上为一套班子三块牌子的同一实体),向不特定的社会公众推销多种理财产品,共与169名客户签订181份理财协议,收取资金20,010,900元。这些现货黄金集合理财、金银币销售回购项目,投资范围包括现货黄金不定期即时买卖及延迟交收投资、认购金满堂黄金信托计划。

浙江银监局认为世纪黄金公司没有经营金融业务的资质。

3.抽逃出资部分。2005年5月4日,张某在世纪黄金公司成立时,向他人借款1000万元,作为张某本人及名义股东张华的出资款缴入验资账户,在通过验资、取得工商登记后,即将该1000万元全部抽逃归还,并支付了5万元的借款利息。

法院认为,被告单位世纪黄金公司在其直接负责的主管人员张某的决策和其他直接负责人王某的具体负责、操作下,未经国家有关部门批准,非法经营黄金期货业务、集合资金信托业务,扰乱市场秩序,情节特别严重,其行为构成非法经营罪。被告人张某作为直接负责的主管人员,被告人王某对单位黄金期货交易部分作为其他直接责任人员,应当追究刑事责任。被告张某作为世纪黄金制品有限公司的股东和实际出资人,在公司成立后抽逃出资,数额巨大,其行为构成抽逃出资罪。

法院判决被告世纪黄金公司犯非法经营罪,被判处罚金7100万元;主犯公司法定代表人张某犯非法经营罪、抽逃出资罪,两罪并罚被执行有期徒刑九年,并处罚金120万元;从犯公司系统工程部经理的王某犯非法经营罪,被判处有期徒刑三年,缓刑四年,并处罚金10万元。同时,法院判决没收被告单位非法所得901万元。

## 二、争议焦点及评析

(一)法院审理中的争议焦点

考虑到非法黄金期货部分涉及我会职能,故详述该部分的各方法律分析,并归纳争议焦点如下:

1.世纪黄金公司经营的业务是否属于非法期货

被告人张某的辩护人提出:其一,虽然公司协议、系统等使用了开仓、持仓、开盘、收盘、每手等术语,但是根据《上海黄金交易所延期交收业务》,这些术语并非期货交易的专用术语。其二,公司经营的是黄金现货延迟交付,不具备期货的交易特征。

世纪黄金公司的客户之间没有竞价机制,卖方与买方均是与公司交易,不属于集中交易;公司未提供履约担保;交易合同允许客户随时与公司进行实物交割,不是标准化合约交易;公司向客户收取的是定金而非保证金;《期货交易管理条例》颁布后,公司统一将定金比例调高到20%以上。

法院认为:其一,术语仅是形式问题,刑事案件应当作实质审查,只要符合期货的关键的实质性的特征,用语不影响对其行为性质的认定。其二,世纪黄金公司利用其交易平台为封闭的网络系统,采用集中交易的方式,招揽社会公众客户进行标准化合约的交易,在交易中采取了保证金制度、每日无负债结算制度和双向交易、对冲交易等交易机制,并为参与集中交易的所有买方和卖方提供履约担保,已具备期货交易的特征。

2. 被告是否具有非法经营的主观故意

张某的辩护人提出,公司曾接受中国人民银行杭州中心支行调研,并向行业部门、法制部门、政府领导汇报业务并寻求法律认定,均未获得非法黄金期货的答复。因此不具备主观故意。

法院认为,公司的各类报告及媒体报道对公司的介绍只是单方面的观点和陈述,并未全面本质深入地反映公司经营活动的情况和特点,有很大的局限性和不真实性。张某作为行内人在主观上对本公司的业务特点和经营情况非常清楚,主观故意不同于违法性认识。

3. 犯罪的起始时间如何计算

张某的辩护人提出,起始时间应当是《期货交易管理条例》施行之日。王某的辩护人提出,起始时间应是《期货交易管理条例》规定的整改期限之后。《期货交易管理暂行条例》没有禁止变相期货,《期货交易管理条例》规定由国务院商务主管部门限期整改,而商务部规定的整改期限为2007年9月30日。

法院认为,《期货交易管理条例》与之前的《期货交易管理暂行条例》相比,对非法期货的概念没有作出改变。非法期货的概念范围涵盖变相期货的概念。商务部整改的对象是针对大宗商品市场的整改,并不包括世纪黄金公司。

4. 涉案金额如何计算

张某的辩护人认为,涉案金额应以公司与客户之间实际发生的金额为准,且应剔除收取20%比例的定金部分,犯罪终止的时间也应是公司将定金比例提高到20%以上的2007年11月12日。

法院认为,公司与客户作为买卖双方的交易金额就是放大后的金额,客户盈亏计算也是依据放大后的交易金额,因此涉案金额应当是交易的金额数。而被告单位从事非法期货交易是从其实质内容、主要特征、基本模式综合分析,并非只因为其有放大五倍以上交易的特点。且被告提出公司将定金比例提高仅有公司的书面通知。福建中证司法鉴定中心证据固定检验报告统计结果自2005年7月1日至2008年6月26日,放大五倍以上的交易金额占总交易金额的99.9%,可见2007年11月12日之后,公司交易的放大比例没有明显变化。

(二)关于非法黄金期货主管部门的评析

世纪黄金案案发于2007年,但是2008年7月10日,国务院办公厅批准了《中国人民银行主要职责内设机构和人员编制规定》,笔者认为,非法黄金期货的主管部门也相应地有了变化。

第一,黄金市场及其衍生产品交易的主管部门为央行。一是《中国人民银行主要职责内设机构和人员编制规定》中,央行的主要职责包括"监督管理银行间同业拆借市场、银行间债券市场、银行间票据市场、银行间外汇市场和黄金市场以及上述市场的有关衍生产品交易”。也就是说，央行主管黄金市场。二是该规定同时明确了“在国务院领导下，中国人民银行会同中国银行业监督管理委员会、中国证券监督管理委员会、中国保险监督管理委员会建立金融监管协调机制，以部际联席会议制度的形式，加强货币政策和监管政策之间以及监管政策、法规之间的协调，建立金融信息共享制度，防范、化解金融风险，维护国家金融安全，重大问题提交国务院决定。”也就是说，中国人民银行应当主动担负起建立金融监管协调机制的职责，协调理顺现有的政策边界。

第二，证监会对期货市场的集中统一监督管理与央行对非法黄金期货的主管并不矛盾。《期货交易管理条例》第 84 条规定：“对本条例规定的违法行为的行政处罚，由国务院期货监督管理机构决定；涉及其他有关部门法定职权的，国务院期货监督管理机构应当会同其他有关部门处理；属于其他有关部门法定职权的，国务院期货监督管理机构应当移交其他有关部门处理。”那么，尽管我会对期货市场实行集中统一的监督管理，但是由于黄金市场及其衍生品交易的监管已归属于中国人民银行职责，笔者认为，我会今后可以根据《期货交易管理条例》第 84 条规定，将非法黄金期货案件移交央行处理。

## 三、本案的主要启示

（一）协同作战，联合执法，是非法经营案顺利查处的力量之源

本案的查处，是在证券监管部门与公安机关通力协作，充分发挥执法优势的基础上完成的，需要打非协调小组成员单位密切配合，联合推动，做到各守其位、各司其职、各负其责、各尽其能。在浙江证监局的努力下，杭州市政府和政法委三次召集工商、公安、证监、检察、法院等相关部门召开协调会，统一思想，消除疑虑，坚定了严惩非法证券期货活动、绝不姑息的决心和信心。浙江证监局还派出专业人员对办案的公安干警进行培训，帮助有关部门前往兄弟省市学习取经，使案件最终走上了快速查处的道路。

（二）及早动手，宣传说服，是涉众型案件妥善处置的有力保障

世纪黄金案涉及受害者 1217 名，是典型的涉众型案件，善后处置工作难度很大。2008 年 6 月 26 日，浙江局协同杭州市公安局经侦大队、杭州市工商局，组织 110 余名执法人员，采取集中行动，现场查处了世纪黄金公司。当天，浙江局在查处现场设立信访点，向现场投资者发放“非法期货界定标准说明书”，宣传说服，维持稳定局势，确保办案不受干扰。由于相关部门动手早，事先摸清世纪黄金公司的资金情况、投资者情况，赃款退还工作井然有序，共退还被骗群众资金 4374 万元。整个办案过程中没有一起投资者上访事件。去年以来，监管部门还陆续收到受骗群众的感谢信和表扬信，收到了良好的社会效果。

（三）有的放矢，重点突破，通过大案要案的查办形成有效震慑

巨大的财富效应驱使不法分子以身试法，挑衅监管权威。作为监管部门，面对非法经营证券期货案件，应当从维护法治尊严、净化市场秩序、保护投资者利益的角度出发，查办大案要案，实现社会效果与法律效果的统一。世纪黄金案的查处，重申了监管部门的高压打击态势，有力打击了不法分子的嚣张气焰，遏制了不法活动蔓延趋势，浙江省内非法经营黄金期货的机构迅速偃旗息鼓，新发案件显著减少。

（浙江证监局　傅敏、洪探骊）

# 第十部分　司法文书选编

## 中华人民共和国国务院
## 行政复议裁决书

国复〔2009〕46号

申请人：周寰

被申请人：中国证券监督管理委员会

住所：北京市西城区金融街19号

法定代表人：尚福林，主席

申请人不服被申请人作出的〔2008〕19号行政复议决定，依照《中华人民共和国行政复议法》第十四条的规定，向国务院申请最终裁决，本机关依法已予受理，现已审理终结。

申请人对被申请人作出的〔2008〕28号行政处罚决定和〔2008〕19号行政复议决定不服，请求撤销对申请人的警告并处罚款10万元的行政处罚。

申请人称：被申请人作出的行政处罚违法。主要理由是：

1. 责任认定不当。大唐电信科技股份有限公司（以下简称大唐电信）的具体管理由公司经营班子负责。本案所涉问题应当由主管财务部门的人员承担主要责任。被申请人未正确区分当事人的责任，导致对董事长"签字即罚"。

2. 适用法律不当。原《中华人民共和国证券法》一百七十七条规定的责任主体是"发行人"，不包括上市公司。被申请人援引该条款对申请人作出行政处罚，有擅权之嫌。

3. 被申请人事先告知的拟处罚决定已经致使国资委通知申请人退休且降低申请人的任期考核等级，被申请人再作出行政处罚有违执法之理。

被申请人答复称：被申请人作出的行政处罚符合法律规定。主要理由是：

1. 被申请人根据当事人违法行为的事实、性质、情节与社会危害程度，特别是对不同职务的董事进行责任区分，依法认定了大唐电信的违法行为及申请人的责任。

2. 根据原《中华人民共和国证券法》的立法目的和立法精神，该法第一百七十七条规定的"发行人"违反信息披露义务的行为，既包括违反发行信息披露义务的行为，也包括违反上市公司持续信息披露义务的行为。这符合被申请人多年的执法实践，也曾被司法判决所认可。

3. 大唐电信的信息披露违法行为严重损害了中小投资者的利益，损害上市公司形象，破坏了证券市场的正常秩序，社会影响恶劣。被申请人依法追究申请人的责任，达到了惩罚和教育当事人的双重目的。申请人提出的免责事由缺乏法律依据。

本机关经审理查明：

本案申请人系大唐电信的原董事长。2005年4月，申请人与其他董事签字通过了大唐电信2004年年度报告。2007年，被申请人审查发现，大唐电信2004年年度报告虚增该年度利润总额37,186,597.53万元，且其会计报表附注中信息披露存在重大遗漏。同时，被申请人认定申请人是上述违法行为直接负责的主管人员。2007年8月20日，被申请人依法向申请人送达了《行政处罚事先告知书》(处罚字〔2007〕2－1号)，申请人提交了书面申辩意见。2008年5月7日，被申请人根据原《中华人民共和国证券法》(2004年修正)第一百七十七条规定作出〔2008〕28号行政处罚决定书，对申请人给予警告并处罚款20万元。2008年7月28日，申请人向被申请人申请行政复议。2008年11月24日，被申请人作出〔2008〕19号行政复议决定书，综合考虑申请人的违法情节表现，将对申请人的处罚变更为警告并处罚款10万元。2009年3月，申请人向国务院申请最终裁决。

上述各项事实，有本机关核查认定的下列证据予以证明：

1. 大唐电信2004年董、监事名单；

2. 大唐电信科技股份有限公司2004年年度报告；

3. 大唐电信科技股份有限公司第三届第六次董事会决议；

4. 大唐电信科技股份有限公司第三届第六次董事会会议纪要；

5. 大唐电信科技股份有限公司2004年度股东大会决议；

6. 大唐电信科技股份有限公司企业法人营业执照及《大唐电信科技股份有限公司章程》；

7. 中国证券监督管理委员会《大唐电信虚假信息披露案》行政处罚审理档案卷宗(正卷、案卷一至案卷七及案卷九)；

8.《行政处罚事先告知书》(处罚字〔2007〕2－1号)及回执；

9. 申请人陈述及申辩意见书；

10. 中国证券监督管理委员会〔2008〕28号行政处罚决定书及送达回执。

本机关认为：

(一)关于被申请人所作行政处罚决定中的责任认定问题

原《中华人民共和国公司法》(2004年修正)第一百一十八条规定，董事会应当对董事会会议所议事项的决定作成会议记录，出席会议的董事和记录员在会议记录上签名。董事应当对董事会的决议承担责任。第一百二十三条规定，董事、经理应当遵守公司章程，忠实履行职务，维护公司利益。中国证券监督管理委员会《公开发行证券的公司信息披露内容与格式准则第2号〈年度报告的内容与格式〉》(2004年修订)第十五条规定，公司董事会及其董事应当保证年度报告内容的真实性、准确性、完整性，承诺其中不存在虚假记载、误导性陈述或重大遗漏，并就其保证承担个别和连带的法律责任。《大唐电信科技股份有限公司章程》第一百四十二条规定，董事应当在董事会决议上签字并对董事会的决议承担责任。据此，申请人作为大唐电信的董事长，应当忠实、勤勉地履行法律、法规及公司章程赋予的职责，并对董事会决议及公司年度报告承担相应的法律责任。被申请人根据申请人的法定职责及其实际履职情况，认定其为大唐电信虚假陈述行为直接负责的主管人员，符合上述规定。对于申请人提出的责任认定不当的主张，本机关依法不予支持。

(二)关于被申请人所作行政处罚决定中的法律适用问题

原《中华人民共和国证券法》(2004年修正)第三条规定，证券的发行、交易活动，必须实行公开、公平、公正的原则。第六十条至第六十三条规定了上市公司应当依法如实对公司的年度报告、中期报告、临时报告等予以公告。第一百七十七条规定,经核准上市交易的证券,其发行人未按照有关规定披露信息,或者所披露的信息有虚假记载、误导性陈述或者有重大遗漏的,由证券监督管理机构责令改正,对发行人处以三十万元以上六十万元以下的罚款。对直接负责的主管人员和其他直接责任人员给予警告,并处以三万元以上三十万元以下的罚款。根据原《中华人民共和国证券法》的立法精神和立法目的,结合该法规定的证券交易公开原则及上市公司持续信息披露的法定义务,被申请人依据该法第一百七十七条对申请人作出行政处罚,适用法律并无不当。对于申请人提出的适用法律不当的主张,本机关依法不予支持。

(三)关于申请人提出的免责事由

《中华人民共和国行政处罚法》第四条规定,实施行政处罚必须以事实为依据,与违法行为的事实、性质、情节以及社会危害程度相当。被申请人依据大唐电信的公司年报、公司内部明细账、会计凭证、董事会会议决议及会议记录、情况说明、谈话笔录等证据作出行政处罚,并结合申请人违法行为的情节及社会危害程度,在原级复议时对申请人予以减轻处罚。据此,被申请人作出的行政处罚与申请人违法行为的事实、性质、情节及社会危害程度相当,符合法律规定。申请人提出的免责事由缺乏法律依据,本机关依法不予支持。

综上,被申请人作出的变更〔2008〕28号行政处罚决定的〔2008〕19号行政复议决定认定事实清楚,证据确凿,适用依据正确,程序合法,内容适当。根据《中华人民共和国行政复议法》第十四条、第二十八条的规定,本机关裁决如下:

维持被申请人作出的〔2008〕19号行政复议决定。

本裁决为最终裁决。

二〇〇九年六月八日

# 江苏省高级人民法院
# 行政裁定书

(2009)苏行终字第0093号

上诉人(原审原告)江苏期望期货经纪有限公司,地址在南京市长江路99号长江贸易大楼20层。

法定代表人朱家瑞,该公司董事长。

委托代理人徐飚,该公司董事。

委托代理人何亚玲,该公司员工。

被上诉人(原审被告)中国证券监督管理委员会江苏监管局,地址在南京市中山东路90号华泰证券大厦19楼。

法定代表人左红,该局局长。

委托代理人周羽正,江苏三法律师事务所律师。

委托代理人王和平,江苏三法律师事务所律师。

上诉人江苏期望期货经纪有限公司(以下简称期望公司)诉中国证券监督管

理委员会江苏监管局(以下简称江苏证监局)作出的苏证监函〔2005〕94 号《关于商请配合控制江苏期望期货经纪有限公司风险的函》(以下简称〔2005〕94 号函)一案,不服江苏省南京市中级人民法院(2009)宁行初字第 44 号行政裁定,向本院提起上诉。本院 2009 年 10 月 20 日立案受理后依法组成合议庭,并于 2009 年 11 月 10 日公开开庭审理了本案。上诉人期望公司的委托代理人徐飏、何亚玲,被上诉人江苏证监局的委托代理人王和平到庭参加了诉讼。本案现已审理终结。

原审法院认定,2005 年 1 月 24 日,上海期货交易所、郑州商品交易所和大连商品交易所(以下简称三交易所)向各会员单位发布通知,将期货经纪公司会员结算准备金由原 50 万元调整为 200 万元,以期货经纪公司会员自有资金足额缴纳。嗣后,江苏证监局在对期望公司 2004 年度年检的现场检查中发现,期望公司未能以自有资金补充其在交易所的最低结算准备金,系挪用客户保证金缴纳。因此,江苏证监局于 2005 年 5 月 17 日作出苏证监函字〔2005〕55 号监管意见函,要求期望公司进行整改。期望公司收悉后,于 2005 年 5 月 27 日向江苏证监局提交了《关于请求宽限正常交易时间的报告》。江苏证监局接到该报告后于 2005 年 6 月 13 日作出苏证监函〔2005〕82 号监管意见函,对期望公司整改期间的行为提出了相关监管要求。后因期望公司未能及时整改,江苏证监局于 2005 年 6 月 29 日向三交易所发出〔2005〕94 号函,商请三交易所配合对期望公司采取停止开设新仓、暂停出金的措施。

期望公司曾于 2008 年 7 月 7 日以江苏证监局为被告向江苏省南京市中级人民法院提起行政诉讼,要求江苏证监局向其公布并送达〔2005〕94 号关于暂停支付期望公司期货交易所账户资金的行政决定书,江苏证监局辩称未作出过所诉称的行政决定书。后江苏省南京市中级人民法院应期望公司申请调取了〔2005〕94 号函,并于 2008 年 10 月 13 日向期望公司出示,期望公司即以其诉讼目的已经达到为由申请撤诉,江苏省南京市中级人民法院于当日裁定予以准许。

原审法院认为,参照被诉〔2005〕94 号函作出时有效的《期货交易所管理办法》(中国证监会第 6 号令)第四条规定,中国证监会依法对期货交易所实行集中统一的监督管理。而江苏证监局作为中国证监会的派出机构,与期货交易所之间并不存在直接的监管和被监管的关系。《期货交易所管理办法》第三条规定,期货交易所是按照其章程实行自律性管理的法人;第四十五条第一款规定,“有根据认为会员或者投资者违反期货交易所业务规则并且对市场正在产生或者将产生重大影响,为防止违规行为后果进一步扩大,期货交易所可以对会员或者投资者采取下列临时处置措施:(一)限制入金;(二)限制出金;(三)限制开新仓;(四)提高保证金比例;(五)限期平仓;(六)强行平仓。”结合〔2005〕94 号函的形式和内容看,江苏证监局只是“商请”三交易所配合和控制期望公司风险,“建议”采取相关措施,“恳望”予以大力配合;结合〔2005〕94 号函的内容和实质看,江苏证监局建议的停止开设新仓、暂停出金措施,均属于期货交易所自律性管理的权限范围,期货交易所对于是否采取临时处置措施具有自主决定权。故该函属于无隶属关系的单位之间的内部工作联系函,对三期货交易所并不具有命令性和强制力,对期望公司的权利义务更不产生实际影响,根据《最高人民法院关于执行〈中华人民共和国行政诉讼法〉若干问题的解释》第一条第二款第(六)项的规定,不属于人民法院行政诉讼受案范围。

依照《最高人民法院关于执行〈中华人民共和国行政诉讼法〉若干问题的解释》第四十四条第一款第(一)项之规定,裁定驳回期望公司的起诉。

上诉人期望公司上诉称,原审裁定认定事实不清、适用法律错误,〔2005〕94 号函是江苏证监局作出的行政命令,属于人民法院行政诉讼受案范围。请求本院撤销原裁定。

被上诉人江苏证监局答辩称,原审裁定认定事实清楚,适用法律正确,上诉人的上诉理由不能成立,请求本院驳回上诉,维持原裁定。

上诉人期望公司上诉后,原审法院已将各方当事人在原审中提交的证据材料随案移送本院。

本院庭审中,被上诉人江苏证监局对原审认定的事实没有异议,上诉人对原审认定"后原告未能及时整改"提出异议。上诉人认为,没有证据证明其在收到被上诉人的监管意见函后未及时进行整改。

本院经审查认为,上诉人没有提供证据证明其在接到被上诉人的监管意见函后及时进行了整改,上诉人所提有关事实的异议不能成立,本院依法不予支持。

本院经庭审查明的事实与原审认定的事实无异,依法予以确认。

本院庭审中,双方当事人围绕〔2005〕94 号函是否属于人民法院行政诉讼受案范围进行了辩论。

上诉人认为,被上诉人向三交易所发出〔2005〕94 号函,主要内容有两项:一是"建议立即停止江苏期望期货经纪有限公司开设新仓",是指导性行为,不属于行政诉讼受案范围;二是"请立即暂停江苏期望期货经纪有限公司所有出金",是具有强制力的行政命令,属于行政诉讼受案范围。上诉人的资金系被三交易所冻结,但被上诉人无权向三交易所作出本案被诉的〔2005〕94 号函。

被上诉人认为,根据《期货交易所管理办法》的规定,期货交易所系自律性法人,被上诉人作为中国证监会的派出机构与三个期货交易所之间没有隶属关系。根据中国证监会期函字〔2005〕5 号《关于配合交易所提高期货公司结算准备金最低额有关工作的通知》第三条规定,被上诉人将期望公司违规行为告知三交易所,商请、建议采取停开新仓、暂停出金的措施。三交易所作为自律性法人,是否采取上述措施由其自己决定。被上诉人作出的〔2005〕94 号函只是建议,不具有强制力,不属于行政诉讼受案范围。

本院认为,参照〔2005〕94 号函作出时有效的《期货经纪公司管理办法》(中国证监会第 7 号令)第三条、第五十一条的规定,被上诉人江苏证监局作为中国证监会的派出机构,对期货公司负有日常监督管理的职责,应及时将期货公司违规情形通知期货交易所并提出相关建议,以便期货交易所采取相应处理措施。本案中,被上诉人在进行例行年检中发现期望公司存在违规操作情形,即作出〔2005〕94 号函,将期望公司违规事实告知三交易所符合有关职责规定。在〔2005〕94 号函中,被上诉人"商请"三交易所配合采取停开新仓、暂停出金两项措施。根据《期货交易所管理办法》第三条、第四条和第四十五条的规定,三交易所系按照其章程实行自律性管理的法人,有权对违反期货交易所业务规则的会员采取限制出金、限制开新仓等临时处置措施。因三交易所有权自行决定是否采取上述行业自治处置措施,被上诉人虽在〔2005〕94 号函中建议三交易所采取以上措施,但该函只具有行政指导作用,不具有强制力。根据《最高人民法院关于执行〈中华人民共和国行政诉讼法〉若干问题的解释》第一条第二款第(四)项的规定,不具有强制力的行政指导行为不属于人民法院行政诉讼受案范围。因此，原审法院裁定驳回上诉人的起诉并无不当。综上，上诉人期望公司的上诉主张不能成立，依法不予支持。依照《中华人民共和国行政诉讼法》第六十一条第（一）项的规定，裁定如下：

驳回上诉，维持原裁定。

本裁定为终审裁定。

二〇〇九年十一月二十七日

# 北京市高级人民法院
# 行政判决书

（2009）高行终字第641号

上诉人（一审原告）陈永光，男，1967年7月23日出生，汉族，原大鹏证券有限责任公司总经理，现住美国洛杉矶。

委托代理人王丽萍，女，1966年6月18日出生，汉族，深圳市审计局干部。

委托代理人陶维群，广东瀚诚律师事务所律师。

被上诉人（一审被告）中国证券监督管理委员会，住所地北京市西城区金融大街19号。

法定代表人尚福林，主席。

委托代理人周锡太，男，中国证券监督管理委员会干部。

委托代理人覃家明，男，中国证券监督管理委员会干部。

上诉人陈永光因市场禁入决定一案，不服北京市第一中级人民法院（2007）一中行初字第1231号行政判决，向本院提出上诉。本院依法组成合议庭，公开开庭审理了本案。上诉人陈永光的委托代理人王丽萍、陶维群，被上诉人中国证券监督管理委员会的委托代理人周锡太、覃家明到庭参加诉讼。本案现已审理终结。

2007年1月12日，中国证券监督管理委员会（以下简称中国证监会）作出证监法律字〔2007〕2号《关于对徐卫国等10人实施市场禁入的决定》，认定陈永光为市场禁入者，自决定宣布之日起10年内不得从事任何证券业务和担任上市公司高级管理人员。陈永光对中国证监会作出的市场禁入决定不服，向北京市第一中级人民法院（以下简称一审法院）提起行政诉讼。

一审法院判决认定，根据《中华人民共和国证券法》（1998年颁布、2004年修正，以下简称《证券法》）第七条、第一百六十七条的规定，中国证监会具有对证券市场实施监督管理，依法对违反证券市场监督管理法律、行政法规的行为进行查处的职权。根据《证券法》第七十三条第（三）项的规定，在证券交易中，禁止证券公司及其从业人员挪用客户所委托买卖的证券或者客户账户上的资金。《证券法》第一百三十二条第二款亦规定，严禁挪用客户交易结算资金。中国证监会制定的《关于规范证券公司受托投资管理业务的通知》和《证券公司客户资产管理业务试行办法》

中规定:证券公司开展受托投资管理业务不得向委托人承诺收益或者分担风险;证券公司从事客户资产管理业务不得向客户作出保证其资产本金不受损失或者取得最低收益的承诺。中国证监会制定的《关于证券公司从事集合性受托投资管理业务有关问题的通知》规定:在新办法实施前,证券公司不得向特定或者不特定的多数投资者募集资金设立集合投资计划,从事集合性受托投资管理业务。中国证监会认定大鹏证券有限责任公司(以下简称大鹏证券)挪用客户交易结算资金、挪用客户证券、开展定向受托投资管理业务承诺固定收益或保底收益、开展集合资产管理业务未经被告批准并承诺保底收益违反了上述规定,事实清楚、证据充分。在大鹏证券上述违法违规行为期间,陈永光为其具有决策、决定和组织实施作用的高级管理人员之一,中国证监会认定陈永光为直接负责的主管人员之一,具有事实和法律根据。参照中国证监会制定的《证券市场禁入暂行规定》,对上述违法违规行为负有直接责任或者直接领导责任的,除给予行政处罚外,可视其情节,认定其为市场禁入者。所谓市场禁入是指在一定时期内或者永久性不得担任上市公司高级管理人员或者不得从事证券业务。上述措施并非对陈永光民事权利能力的剥夺,陈永光认为该措施违法,缺乏法律依据,不予支持。鉴于大鹏证券违法违规行为的严重性及陈永光在其中职责的重要性,中国证监会认定其为市场禁入者,自决定宣布之日起10年内不得从事任何证券业务和担任上市公司高级管理人员,并无显失公正之处。中国证监会在作出决定之前履行了告知听证程序并出示了相关证据,陈永光行使了申辩和质证的权利,因此中国证监会在行政程序上无违法之处。综上,中国证监会对陈永光所作决定证据充分,认定基本事实清楚,适用法律正确,程序合法。陈永光的诉讼请求缺乏事实和法律根据,不予支持。依照最高人民法院《关于执行〈中华人民共和国行政诉讼法〉若干问题的解释》第五十六条第(四)项之规定,判决驳回陈永光的诉讼请求。

陈永光不服一审判决,向本院提出上诉。诉称,(1)中国证监会无权作出市场禁入决定。市场禁入是剥夺公民民事权利能力的极其严重的处罚,中国证监会作为国务院的一个部委,依照《中华人民共和国宪法》和《中华人民共和国立法法》,无权制定相应的禁入市场的规章制度,更无权直接做出具体的禁止陈永光进入证券市场的行政处罚性措施。(2)中国证监会在事实认定上有明显的虚构事实、诬陷陈永光等渎职、滥权行为。其一,中国证监会对于大鹏证券挪用客户交易结算资金的认定完全是虚构事实,把大鹏证券会计记账凭证中使用的“客户经纪业务”会计科目支出资金都归属为挪用客户交易结算资金,这完全违背了其制定的挪用客户交易结算资金的判断标准。其二,中国证监会认定大鹏证券存在挪用证券的违法行为,不论大鹏证券是否存在挪用证券的违法行为,没有任何证据证明陈永光参与到这些违法行为中,也没有任何证据证明陈永光行使了审批权。其三,中国证监会对“金百合产品”集合资产管理业务定性不正确,在统计定向受托投资管理业务中保底承诺违法违规行为时错误较大,“信源产品”本身应是合法产品。其四,陈永光根本没有在虚构的“挪用客户交易结算资金”和“挪用客户证券”的行为中起到所谓的“决策、决定和组织实施的作用”。其五,陈永光决定指控的期间和范围内根本没有任何权限进行相应的挪用客户交易结算资金和挪用证券的审批。(3)中国证监会在证据方面存在伪造证据、提供虚假证据、选择性举证、隐瞒证据、不当使用、不当解释证据等问题,其提供的所有证据材料根本无法支持其认定陈永光存在的有关"违法违规行为",事实上,陈永光从来没有参与、审批过这些"违法违规行为"。(4)中国证监会在法律适用上将听证程序视为走过场,剥夺了陈永光的相应的听证权利,适用法律法规错误。综上,请求二审法院依法撤销一审判决,撤销中国证监会作出的证监法律字〔2007〕2号《关于对徐卫国等10人实施市场禁入的决定》,判令由中国证监会承担本案的一审、二审全部诉讼费用。

中国证监会答辩认为,(1)中国证监会根据国务院授权制定和执行的《证券市场禁入暂行规定》,对违反法律法规的人员实施市场禁入行政监管措施是合法、有效的。(2)陈永光认为中国证监会虚构事实、诬陷中国证监会是毫无根据的。首先,中国证监会对大鹏证券挪用客户交易结算资金和挪用客户证券和违规开展客户资产管理业务等违法违规行为的调查,以及对相关责任人员实施市场进入的行政监管措施,事实清楚、证据确凿、充分,法律依据充分、适用法律准确,程序合法。其次,中国证监会对大鹏证券违法违规事实的认定是无可争辩的,陈永光上诉时提出的有关观点不能成立。最后,中国证监会对陈永光实施市场禁入监管措施的行为,事实清楚、证据充分、法律适用准确、措施得当。相关人员在大鹏证券违法违规行为所起的作用和应承担的责任,是根据其职权和职责、实际履行职权的情况、直接参与的情况等方面综合进行认定的。陈永光在大鹏证券违法违规行为中起决策、决定和组织实施的作用的事实,有充分、确凿的证据证明,足以认定。(3)陈永光在上诉时对中国证监会进行毫无根据的诬陷、指责,只能表明其理屈词穷、以非理性态度对待事实、法律和法院的裁判。综上,中国证监会对陈永光实施市场禁入行政监管措施的具体行政行为,事实清楚、证据充分、法律适用准确、措施适当,是合法的行政行为,请求二审法院予以支持;陈永光的上诉理由和请求,与事实和法律不符,请求二审法院予以驳回。

一审法院审理期间,中国证监会向法院提供了以下证据:(1)广东省深圳市中级人民法院(2006)深中法民二破产字第6号民事裁定书。(2)有关行政程序的证据:①《行政处罚与市场禁入事先告知书》;②《行政处罚与市场禁入事先告知书》送达回证、回执;③《听证通知书》送达回证、《听证参加人员确认书》;④听证代理授权委托书;⑤听证笔录;⑥决定书送达回证;⑦向徐森林送达的公告;⑧大鹏证券有限责任公司清算组(以下简称清算组)关于陈永光等人无法联系的书面说明。(3)关于大鹏证券基本情况的证据:①大鹏证券企业法人营业执照、组织机构代码证、中国证券业协会会员证、经营证券业务许可证、经营股票承销业务资格证书、经营外资股业务资格证书、代办股份转让业务资格证书、经营外汇业务许可证;②大鹏证券设立登记申请书、中国人民银行深圳经济特区分行《关于成立大鹏证券有限责任公司的批复》、大鹏证券股东情况及增资扩股情况资料;③大鹏证券组织架构、内部组织机构介绍、关联公司结构图、大鹏证券关联公司概要;④大鹏证券章程。(4)有关责任人员任职情况的证据:①1999年3月至2004年9月大鹏证券高管任职情况表、2003年后各部门负责人任命情况表、历届高管人员情况表及员工人事信息表;②大鹏证券机构调整、人事任免文件、通知;③大鹏证券人事任免的董事会决议材料;④中国证监会及证监局有关大鹏证券人员任职、公司业务审批等的批复文件。(5)对徐卫国、张永衡、张志文等相关人员的谈话笔录及情况说明25份。(6)关于挪用交易结算资金的证据:①大鹏证券曾经使用过的客户结算资金账户、自有资金账户证据材料;②关于修订《资金集中清算管理制度》的通知等大鹏证券内部文件;③对刘杰、成希河等12人的谈话笔录12份;④大鹏证券违规使用客户交易结算资金支付委托理财、营业费用明细表(2003年1月1日至2005年1月14日)及有关单据。(7)关于挪用客户证券的证据,包括有关银行账户、资金账户资料,财务账表、记账凭证、原始凭证,有关协议、审批表,有关证券托管指令、账表、凭证,有关操作指令记录,有关证券交易、结算机构提供的证券交易和托管资料,有关内部转账凭证、法院冻结资料,谈话笔录及书面说明等共计155份证据材料。(8)关于违规开展客户资产管理业务的证据,包括有关协议、内部审批文件、财务凭证等共计119项证据材料。另外,根据陈永光的请求,一审法院责令中国证监会提交了经其于2003年6月批准的《大鹏证券有限责任公司章程》。

一审法院庭审期间,陈永光向法院提供了以下证据:①行政处罚与市场禁入事先告知书(法罚字第292号)与回执;②大鹏证券第五届董事会第九次会议决议公告;③大鹏证券执行委员会工作制度;④大鹏证券执行委员会2003年9月11日会议纪要、关于公司领导分工调整的通知;⑤2004年7月8日执委会会议纪要;⑥关于公司机构设置和领导分工的通知(大鹏证券〔2003〕6号);⑦大鹏证券自查报告(2004年6月21日提交给中国证监会的报告);⑧2004年5月19日执委会会议纪要;⑨关于公司部分领导分工调整的通知;⑩傅冠强私人信件:《审批权限更改》;⑪大鹏证券第六届董事会第四次会议决议公告;⑫Statement of Financial Responsibility及其翻译件;⑬“集合计划支持小组”私人信件《转发:银行资产托管业务简介》;⑭大鹏证券资产管理业务模式探索;⑮关于对经纪业务客户提供定向资产管理服务的汇报和思考(2004年6月11日向深圳证监局提交的汇报材料);⑯20040410会议纪要;⑰关于对经纪业务客户开展定向资产管理服务的汇报;⑱关于给信源产品客户梁晓娟开立承诺书的申请;⑲关于向一机构客户出具“信源”产品保本承诺函的请示;⑳关于信源产品销售的请示;㉑唐绍云私人信件:《通知》;㉒大鹏证券印章管理办法(修改稿);㉓关于向民生银行申请综合授信2亿元的请示;㉔关于向光大银行提供资料的请示;㉕关于加大融资力度的申请;㉖关于向农行深圳分行申请6000万元贷款的请示;㉗农行贷款合同等加盖公章的申请;㉘关于向建行提供相关资料进行授信额度申请的请示;㉙关于向中国农业银行深圳分行申请综合授信额度的请示;㉚关于以大鹏投资策划为主体办理商行存单质押贷款的请示;㉛关于向农行深圳分行申请1亿元贷款的请示;㉜关于向建行深圳分行营业部申请贷款的请示;㉝关于向发展行俊园支行申请贷款的请示;㉞关于投资策划公司向商行申请2000万元贷款的请示;㉟银行间5000万元企业债托管情况的说明;㊱关于向中国银行深圳分行申请银行间授信额度的请示;㊲2004年3月19日执委会会议纪要;㊳关于机构调整、部分领导分工调整和人事任免的通知;㊴关于向中国证监会机构部报告010213券有关情况的请示;㊵大鹏证券关于修改公司章程的请示(报中国证监会);㊶关于与中国农业银行深圳分行合作推出金百合-鹏程理财产品的请示;㊷三方监管受托理财银行出具的业绩证明的9份；㊸对《证券公司受托投资资产管理办法(征求意见稿)》的意见；㊹《证券公司客户资产管理业务管理办法》工作会议记录；㊺对《证券公司受托投资管理业务管理办法》的修改意见；㊻有关与厦门环讯软件公司信源产品协议的相关修改；㊼关于竞价购房方案；㊽关于加强公司在营业部所在地自有房产管理的请示；㊾关于银湖润塘山庄30套房产重新竞标的请示；㊿关于整体出售银湖润塘山庄的请示；(51)关于竞价购买东莞高尔夫球会会籍的公告；(52)关于重庆营业部房产竞价方案的请示；(53)陈述与申辩书；(54)笔迹鉴定申请书；(55)质证意见；(56)原大鹏证券总裁办秘书高翔《关于经办陈永光出国学习手续的说明》；(57)《中国证券报》2006年4月5日的《更正》及2006年3月31日《徐卫国涉嫌操纵证券交易价格罪》一文；(58)自大鹏证券增资扩股至15亿元以来章程修订情况的说明；(59)陈永光2005年1月14日给深圳证监局领导的汇报自动回执；(60)陈永光2004年12月20日、2005年1月14日与相关人员交流；(61)中国证监会现场工作人员(王月芳)接受《回顾与汇报》回执；(62)大鹏证券主持公司工作的张永衡副董事长接受《回顾与汇报》回执；(63)陈永光于2005年7月31日、8月22日、2006年3月1日、2006年7月8日申诉个人权益受到侵犯的反映材料；(64)广东省人民医院门诊及住院病历；(65)陈永光手机账单；(66)《关于证券公司从事集合性受托投资管理业务有关问题的通知》；(67)石桂生的证明。

一审法院对上述证据认证认为，(1)关于中国证监会证据：①中国证监会提交的证据能够证明其对大鹏证券违法违规行为及相关责任人的查处过程及相关事实，与本案具有关联性；②陈永光认为中国证监会举证不完全及超出听证会证据范围举证的主张，缺乏事实和法律根据；③部分缺少询问人与记录人签名的谈话笔录，存在形式上的瑕疵，但鉴于有被询问人的签名，其真实性、合法性可以予以确认；④清算组为大鹏证券管理人，其出具的有关大鹏证券情况的证明及经其核对无异加盖印章的由其保管的证据材料的真实性、合法性可以予以确认；⑤关于支付四川康维律师事务所费用审批单据，由于其支付时间在陈永光辞去大鹏证券相关职务之后，不具有直接认定陈永光对此笔费用的支付承担责任的证明作用；⑥厦门环迅的合同中承诺是年收益率为6%，与中国证监会决定中认定的“约定的年收益率为5%”不一致，但对案件的定性无实质影响；⑦陈永光对有关大鹏证券违规开展资产管理业务的证据提出的异议，没有事实根据；⑧中国证监会提供的谈话笔录、清算组的证明及有关单据能够证明大鹏证券挪用客户交易结算资金的事实，陈永光认为中国证监会认定有误，但不能证明相关委托理财资金已存入经中国证监会备案的客户保证金专户，其主张缺乏事实根据；由于大鹏证券挪用客户交易结算资金的具体笔数能够认定，中国证监会予以累计计算并不违法。综上，中国证监会提供的证据与本案有关联，且合法、真实，予以采纳。(2)关于陈永光证据：①对陈永光证据1，中国证监会无异议，予以确认；②陈永光证据2-11、13-41、43—52，不符合最高人民法院《关于行政诉讼证据若干问题的规定》第十条、第十二条关于证据形式的要求，不予采纳；③陈永光证据41与本案无关，不具有否定大鹏证券违法违规行为性质的证明力，不予采纳；④陈永光的证据12、56、57能够证明陈永光出国，予以采纳；⑤陈永光证据53-55能够证明其在行政程序中行使陈述和申辩权利的情况，予以采纳；⑥陈永光证据58-63、67的真实性不能确认，亦不能证明陈永光本人接受中国证监会的调查,不予采纳;⑦陈永光证据64、65与本案无关,不予采纳;⑧证据66不具有陈永光所主张的证明作用,不予采纳。

上述证据均随案移送本院,经开庭审查,本院认可一审法院的认证意见,予以确认。陈永光在二审诉讼过程中向本院提交了有关证券公司受托资产管理业务管理办法反馈意见的私人信件,本院经审查认为,根据最高人民法院《关于行政诉讼证据若干问题的规定》第五十二条的规定,陈永光提交的上述证据材料不属于新的证据,本院不予接纳。陈永光在二审诉讼过程中向本院申请调取证据、笔迹鉴定和审计,本院经审查认为陈永光申请调取的证据不属于依法应当由法院调取的证据,其笔迹鉴定和审计申请理由亦不充分,故对其申请本院不予准许。

本院根据合法有效的证据及当事人的有关陈述,确认如下事实:2005年1月,中国证监会对大鹏证券违法违规案立案调查,决定取消大鹏证券的证券业务许可,责令其关闭,并对相关责任人员另行查处。2006年8月16日,中国证监会作出法罚字第292号《行政处罚与市场禁入事先告知书》,并向陈永光等相关人员送达。2006年10月9日,中国证监会举行了听证会,出示了案件证据,陈永光代理人王丽萍、陶维群参加了听证会,发表了申辩和质证意见。

中国证监会认定,大鹏证券存在如下违法违规事实:(一)挪用客户交易结算资金:自2003年1月1日至2005年1月14日,大鹏证券累计挪用客户交易结算资金143笔,累计发生额为200,724.58万元。(二)挪用客户证券:截至2004年12月31日,大鹏证券挪用客户2003年中国石油天然气股份有限公司债券9000万元、可上市交易的企业债券标准券26,100万元和国债标准券22,308.24万元。(三)违规开展客户资产管理业务:1. 违规开展定向受托投资管理业务。大鹏证券通过签订三方监管协议、直接受托资产管理和"信源产品"等形式开展定向受托投资管理业务。其中:2003年1月1日至2005年1月14日,通过签订三方监管协议形式开展定向受托投资管理业务18笔,金额为68,078.42万元,其中9笔带有保底收益条款,金额为45,078.42万元;2003年1月1日至2005年1月14日,开展直接受托投资管理业务175笔,金额为632,600.16万元,均承诺有固定收益或保底收益;2004年5月至2004年6月,共接受59名客户委托以"信源产品"形式开展受托投资管理业务,共融入资金10,469.50万元,其中向12名客户作出保底收益承诺。2. 违规开展集合资产管理业务。2003年5月26日至2004年9月22日,大鹏证券未经批准,开展名为"金百合产品"的集合资产管理业务,累计筹集资金64,805万元。在开展该业务中,大鹏证券对"金百合"集合理财产品的收益实际作出了保底承诺。

在大鹏证券上述违法违规行为期间,陈永光曾先后或同时担任大鹏证券执行副总裁、副总经理、总经理、副董事长、执行委员会委员和执行委员会首席运营官等职务,具体情况为:2002年3月至2003年2月任执行副总裁;2003年2月至9月任副总经理;2003年9月至2004年9月任总经理;2003年4月至2003年9月任副董事长;2002年9月至2004年9月任执行委员会委员;2003年9月至2004年9月任执行委员会首席运营官。在上述任职期间,陈永光对有关违法违规行为行使了审批权。

2007年1月12日,中国证监会作出证监法律字〔2007〕2号《关于对徐卫国等10人实施市场禁入的决定》,其中认定徐卫国、陈永光、张志文在大鹏证券上述违法违规行为中起决策、决定和组织实施的作用,并共同实施了有关违法违规行为,为直接负责的主管人员,据此决定:(一)认定徐卫国为市场禁入者,自决定宣布之日起永久性不得从事任何证券业务和担任上市公司高级管理人员;(二)认定陈永光、张志文为市场禁入者,自决定宣布之日起10年内不得从事任何证券业务和担任上市公司高级管理人员。该决定还涉及刘杰、成希河、谷永春、王毕校、陈向东、徐森林、马毅等大鹏证券其他人员。该决定于2007年1月23日送达给陈永光代理人王丽萍。陈永光不服中国证监会作出的市场禁入决定,向一审法院提起行政诉讼。

本院认为,中国证监会作为国务院证券监督管理机构,依法具有对全国证券市场实行集中统一监督管理,制定有关证券市场监督管理的规定,并对违反证券市场监督管理的行为进行查处的行政职权。《证券法》第七十三条第(三)项规定,在证券交易中,禁止证券公司及其从业人员挪用客户所委托买卖的证券或者客户账户上的资金。《证券法》第一百三十二条第二款规定,严禁挪用客户交易结算资金。中国证监会制定的《关于规范证券公司受托投资管理业务的通知》和《证券公司客户资产管理业务试行办法》中规定:证券公司开展受托投资管理业务不得向委托人承诺收益或者分担风险;证券公司从事客户资产管理业务不得向客户作出保证其资产本金不受损失或者取得最低收益的承诺。中国证监会制定的《关于证券公司从事集合性受托投资管理业务有关问题的通知》规定:在新办法实施前,证券公司不得向特定或者不特定的多数投资者募集资金设立集合投资计划,从事集合性受托投资管理业务。本案中,中国证监会认定大鹏证券挪用客户交易结算资金、挪用客户证券、开展定向受托投资管理业务承诺固定收益或保底收益、开展集合资产管理业务未经中国证监会批准并承诺保底收益违反了上述规定,事实清楚、证据充分。参照中国证监会制定的《证券市场禁入暂行规定》,对上述违法违规行为负有直接责任或者直接领导责任的,除给予行政处罚外,可视其情节,认定其为市场禁入者。鉴于大鹏证券存在的上述违法行为以及陈永光在大鹏证券违法违规行为中起到的决策、决定和组织实施作用,中国证监会认定陈永光为市场禁入者,自决定宣布之日起10年内不得从事任何证券业务和担任上市公司高级管理人员并无不当。陈永光认为该措施违法,缺乏法律依据,本院不予支持。

中国证监会在对陈永光作出市场禁入决定过程中,告知了对陈永光作出市场禁入决定的事实、理由、依据及其依法享有的权利,保障了其依法应当享有的、听证权、陈述权、申辩权等法定权利。陈永光的诉讼请求没有事实根据和法律依据,一审判决驳回陈永光的诉讼请求并无不当,本院应予维持。依据《中华人民共和国行政诉讼法》第六十一条第(一)项的规定,判决如下:

驳回上诉,维持一审判决。

二审案件受理费人民币50元,由上诉人陈永光负担(已交纳)。

本判决为终审判决。

二〇〇九年八月六日

# 江苏省南京市中级人民法院
# 行政判决书

(2009)宁行初字第45号

原告陈栋,女,汉族,1950年8月30日出生。

委托代理人邹华锋,上海市李国机律师事务所律师。

委托代理人周爱文,上海市李国机律师事务所律师。

被告中国证券监督管理委员会江苏监管局,住所地在本市中山东路90号华泰证券大厦19楼。

法定代表人左红,该局局长。

委托代理人周羽正,江苏三法律师事务所律师。

委托代理人王和平,江苏三法律师事务所律师。

原告陈栋因要求被告中国证券监督管理委员会江苏监管局(以下简称江苏证监局)履行证券监管法定职责,向本院提起行政诉讼。本院于2009年6月4日受理后,于同年6月8日向被告寄送了起诉状副本及应诉通知书。本院依法组成合议庭,于2009年7月27日公开开庭审理了本案。原告陈栋的委托代理人邹华锋、周爱文,被告江苏证监局的委托代理人王和平到庭参加诉讼。本案现已审理终结。

原告陈栋于2008年3月11日向被告寄送书面申请,请求被告履行法定职责,查实黑牡丹(集团)股份有限公司(以下简称黑牡丹公司)在公开披露的2005年年报、2006年年报、2006年半年报信息中存在的虚假记载事实,对黑牡丹公司和江苏公证会计师事务所有限公司(以下简称公证事务所)作出行政处罚,并及时回复申请人。原告认为被告直至原告起诉时仍未履行法定职责。

原告陈栋诉称,其系黑牡丹公司的小股民,2007年因查阅黑牡丹公司公开披露的2006年年度报表信息,发现其经营业绩较好、经营盈利,且公证事务所为该公司披露的2005年、2006年年报分别出具了无保留的审计意见。为此,原告信赖审计报告与会计报表而持续购买了黑牡丹公司的股票,并造成了投资损失约13,379.93元。出售股票后,原告方经分析、计算,发现黑牡丹公司披露的2005年年报、2006年年报以及2006年半年报存在一系列虚假记载嫌疑。此后原告代理律师曾致函要求黑牡丹公司对上述疑问给予合法解释,但黑牡丹公司至今不愿给予合法解释。无奈,原告于2008年3月11日通过特快专递向被告提出申请,请求被告履行法定职责,依法查实黑牡丹公司在公开披露的2005年年报、2006年年报、2006年半年报中存在的虚假记载事实,并依法对黑牡丹公司、公证事务所进行行政处罚。2008年6月5日,被告以信访答复函形式告知原告,末发现原告所称的黑牡丹公司虚假陈述的相关事实证据,但对于原告的疑问并没有给予具体的解释。之后,原告向被告表示,以人民来信来访专用章的信访答复函作出回复不是行政行为，被告应当以被告单位名义作出行政行为，但被告至今不予理睬。综上，被告虽以信访答复函形式向原告作出回复，但此种信访答复函不可诉，不是行政行为，故被告针对原告的申请至今未作为；被告对于原告申请书中表明黑牡丹公司存在的明显虚假记载事实不予查处，明显违背法律规定。请求法院：1. 确认被告针对原告的请求采取“不作为”的行政行为违法；2. 判令被告对原告的请求履行法定职责；3. 本案诉讼费由被告承担。

被告江苏证监局辩称，中国证券监督管理委员会（以下简称中国证监会）证监发〔2005〕70 号文《中国证券监督管理委员会信访工作规则（试行）》（以下简称证监发〔2005〕70 号文）第三条第一款第（一）项规定，证券期货信访事项包括举报有关机构或者个人违反证券期货法律、行政法规、规章的行为。2008 年 6 月 5 日，答辩人按照国务院《信访条例》以及证监发〔2005〕70 号文的规定，就原告陈栋的举报在调查后以苏证监信复字〔2008〕9 号信访答复函形式予以书面答复，已履行了工作职责。此外，在本案中，原告陈栋所诉事项不属于人民法院行政诉讼的受案范围，根据《最高人民法院关于执行〈中华人民共和国行政诉讼法〉若干问题的解释》第四十四条第一款第（一）项之规定，应裁定驳回原告起诉。综上，请求法院裁定驳回原告的起诉或者判决驳回原告的诉讼请求。

原告向本院提供了以下证据：

1. 申请书及附件、原告身份证复印件及股票交割单、EMS 邮件详情单，用以证明原告向被告提出履行法定职责申请的事实以及申请事项的内容；

2. 苏证监信复字〔2008〕9 号信访答复函，用以证明被告只是以信访形式进行了答复；

3. 本院（2005）宁行终字第 29 号行政裁定书，用以证明本院曾以信访答复函不属于行政诉讼受案范围为由裁定驳回另案当事人的起诉。

被告于 2009 年 6 月 17 日向本院提交了证据和依据。证据有：

1. 申请书，用以证明原告向被告提出申请，要求对黑牡丹公司和公证事务所作出行政处罚；

2. 信访处理表，用以证明被告将原告申请事项作为信访事项立案处理；

3. 信访件延期办理申请单，用以证明信访案件的延期办理情况；

4. 谈话记录，用以证明被告对原告的信访事项进行了调查；

5. 黑牡丹公司董秘办公室给原告代理律师的说明函，用以证明经被告调查得知，黑牡丹公司就原告代理律师的相关疑问已向其作出过回复；

6. 公证事务所给被告的函，用以证明公证事务所就有关财务情况向被告作了相应说明，表明黑牡丹公司的相关财务报表是真实的；

7. 苏证监信复字〔2008〕9 号信访答复函，用以证明被告在经过调查、核实后未发现原告信访材料中所称黑牡丹公司涉及虚假陈述的事实，并以函的形式向原告作出了回复。

被告向本院提交的依据有：

1.《信访条例》（国务院令第 431 号）；

2. 证监发〔2005〕70 号文。

经庭审质证，本院对当事人提交的证据作如下确认：

关于原告提供的证据，被告对证据 1 中收到申请书的事实没有异议，但对后附其他材料的真实性有异议；对证据 2 予以认可；对证据 3 的真实性无异议，但不认可原告的证明目的，认为本案不属于法院行政诉讼受案范围，应裁定驳回原告的起诉。

关于被告提供的证据,原告对证据1的真实性无异议,但认为原告的申请是要求被告履行法定职责,不属于信访的范围;对证据2-7的关联性和真实性均不予认可。

本院经审查认为,原告提供的证据3,虽系生效裁判,但因与本案待证事实不具关联性,本院不予采信。原、被告双方提供的其他证据,能证明原告提出申请及被告收到申请后进行处理的相关事实经过,来源合法,具备真实性和关联性,本院均予以采信。

经审理查明,2008年3月11日,原告陈栋以特快专递方式向被告提出书面申请,请求被告履行法定职责,依法查实黑牡丹公司在公开披露的2005年年报、2006年年报、2006年半年报信息中存在的虚假记载事实,依法对黑牡丹公司、公证事务所进行行政处罚,并及时回复申请人。被告收到该申请后,于2008年3月12日作为信访案件予以立案受理,其后被告向黑牡丹公司和公证事务所进行了调查,制作了谈话笔录,上述两单位也向被告提供了相关材料。因情况比较复杂,被告于2008年5月8日经负责人批准延长办理期限30日。2008年6月5日,被告作出苏证监信复字〔2008〕9号信访答复函告知原告,未发现原告所指称的黑牡丹公司涉嫌虚假陈述的相关事实证据。原告认为被告未履行法定职责,遂诉至本院。

本院认为,本案原告系因认为被告未履行查处证券违法行为法定职责、侵犯其作为投资人的合法权益而提起诉讼,根据《中华人民共和国行政诉讼法》第二条、第十一条第(五)项的规定,原告所诉事项应当属于人民法院行政诉讼受案范围。《中华人民共和国证券法》第七条规定,"国务院证券监督管理机构依法对全国证券市场进行集中统一监督管理。国务院证券监督管理机构根据需要可以设立派出机构,按照授权履行监督管理职责。"本案被告江苏证监局作为中国证监会的派出机构之一,根据授权依法对辖区内的上市公司、从事证券业务的会计师事务所等进行监督管理。

《信访条例》第二条规定,"本条例所称信访,是指公民、法人或者其他组织采用书信、电子邮件、传真、电话、走访等形式,向各级人民政府、县级以上人民政府工作部门反映情况,提出建议、意见或者投诉请求,依法由有关行政机关处理的活动。"证监发〔2005〕70号文第三条规定,"证券期货信访事项包括:(一)举报有关机构或者个人违反证券期货法律、行政法规、规章的行为……"本案中,被告在接到原告寄送的申请书后,根据其反映内容结合上述规定,以信访件的形式进行登记受理,并无不当。被告经调查核实,未发现原告所指称的违法、违规行为,故未提出立案稽查建议,但被告及时将调查结果书面答复了原告,其已履行法定职责,并不构成行政不作为。原告认为被告以信访答复函的形式作出回复即属于"不作为"、被告应对黑牡丹公司和公证事务所作出行政处罚的诉讼主张,因缺乏事实和法律依据,本院不予支持。据此,依照《最高人民法院关于执行〈中华人民共和国行政诉讼法〉若干问题的解释》第五十六条第(一)项的规定,判决如下:

驳回原告陈栋的诉讼请求。

案件受理费50元,由原告陈栋负担。

如不服本判决,可在判决书送达之日起十五日内提起上诉,向本院递交上诉状,并按对方当事人的人数递交上诉状副本,上诉于江苏省高级人民法院。

二〇〇九年九月十四日

# 北京市高级人民法院
# 民事判决书

（2009）高民终字第4800号

上诉人（原审原告）魏兆莹，女，1963年11月20日出生，汉族，无业。

委托代理人杨兆全，北京杨兆全律师事务所律师。

委托代理人张秋敏，北京杨兆全律师事务所律师。

被上诉人（原审被告）大唐电信科技股份有限公司。

法定代表人曹斌，董事长。

委托代理人王建平，北京市德恒律师事务所律师。

委托代理人李娜，北京市德恒律师事务所律师。

上诉人魏兆莹因与被上诉人大唐电信科技股份有限公司（以下简称大唐电信公司）证券虚假陈述赔偿纠纷一案，不服北京市第一中级人民法院（2009）一中民初字第270号民事判决，向本院提起上诉。本院于2009年9月8日受理后，依法组成由法官于泽泓担任审判长，法官林涛、夏林林参加的合议庭审理本案。本案现已审理终结。

一审原告魏兆莹起诉称：1998年9月21日，大唐电信公司在北京市海淀区新技术开发试验区注册成立，其注册资本为43,898.64万元。次月，大唐电信公司的股票在上海证券交易所（以下简称上交所）挂牌上市，股票代码为600198。

经中国证券监督管理委员会（以下简称证监会）调查认定，＊ST大唐在2004年年度报告中虚增该年度利润总额3718余万元，且在2004年年度报告的会计报表附注中没有披露2004年期末存货可变现净值的确定依据，构成了原《中华人民共和国证券法》第一百七十七条规定的“所披露的信息有虚假记载……重大遗漏”的行为。证监会就此于2007年8月20日向＊ST大唐下发了《行政处罚事先告知书》（以下简称事先告知书），并于2008年5月26日向大唐电信公司下发了《行政处罚决定书》（以下简称决定书）。证监会公告大唐电信公司虚增利润的消息后，大唐电信公司的股票价格出现波动。魏兆莹根据大唐电信公司披露的信息，买入大唐电信公司股票造成直接损失46,038元，利息损失3752元。根据《中华人民共和国证券法》的规定，上市公司应对公司披露的信息的真实性、全面性承担责任。大唐电信公司发布虚假信息造成了该公司股票之投资者的损失，应当对股民承担完全的赔偿责任。魏兆莹因此请求一审法院判令大唐电信公司向其赔偿经济损失46,038元及截至赔付之日止的利息（暂计至2008年12月20日为3752元）。

一审被告大唐电信公司答辩称：1. 大唐电信公司虚假陈述的事实已被证监会处理，大唐电信公司对此也进行了披露，且披露的程序合法；2. 就魏兆莹诉求的损失，从购买股票的时段来看,都不在法定时间内,故大唐电信公司不应赔偿损失,应驳回魏兆莹的诉讼请求。

一审法院根据上述认证查明:大唐电信公司于1998年9月21日在北京市海淀区新技术开发试验区注册成立。同年10月,大唐电信公司股票"大唐电信"在上交所挂牌上市,股票代码为:600198,注册资本43,898.64万元。

2005年4月6日,大唐电信公司对外公布了2004年年报。2005年11月7日,大唐电信公司因涉嫌存在虚假信息披露行为,被中国证券监督管理委员会北京监管局(以下简称北京监管局)立案调查。大唐电信公司为此在次日的《中国证券报》上发布了公告。公告内容为:"公司于2005年11月7日接到中国证监会北京证监局通知,通知全文如下:大唐电信公司因涉嫌存在虚假信息披露行为,我局已决定对你公司立案调查。特此通知。公司将积极配合此项工作,并将调查进展情况及时履行信息披露义务。敬请投资者注意投资风险。特此公告。"

从2007年3月12日开始,魏兆莹陆续买入大唐电信公司的股票。

2007年8月20日,证监会以大唐电信公司2004年年报虚增37,186,597.53元利润及未披露2004年年末存货可变现净值的确定依据构成"重大遗漏"为由向大唐电信公司发出处罚字〔2007〕2-1号《事先告知书》。次日,大唐电信公司在《中国证券报》上发布了《大唐电信公司关于收到证监会〈行政处罚事先告知书〉的公告》。公告的内容是:"2007年8月20日,公司收到中国证券监督管理委员会下达的《行政处罚事先告知书》(处罚字〔2007〕2-1号)。主要内容是:(一)《告知书》称公司存在如下违法行为:1. 公司2004年年报虚增利润:公司在2004年度报告公开披露的2004年度利润总额为62,385,759.04元。但公司2004年通过费用资本化、少提资产减值准备、不当确认投资收益等方式,虚增该年度利润总额共计37,186,597.53元。2. 公司2004年年报存在重大遗漏:公司在2004年年报年度财务会计报告的会计报表附注中没有披露2004年年末存货可变现净值的确定依据。(二)《告知书》认为公司所披露的信息有虚假记载和重大遗漏,拟决定对公司处以30万元罚款,同时责令改正违法行为;并对相关责任人分别予以罚款和警告。特此公告。"

2008年5月26日,大唐电信公司收到证监会对其作出的〔2008〕28号《决定书》。该处罚决定书认定:1. 公司2004年年报虚报利润总额共计37,186,597.53元;2. 公司2004年年报存在重大遗漏,没有披露2004年期末存货可变现净值的确定依据;上述行为构成了原《中华人民共和国证券法》第一百七十七条所披露的信息有"虚假记载"和"重大遗漏"的行为。为此,证监会对大唐电信公司及其直接负责的主管人员予以处罚。大唐电信公司就该情形,于2008年5月27日在《中国证券报》上予以公告。公告内容为:"2008年5月26日,公司收到中国证券监督管理委员会下达的〔2008〕28号《行政处罚决定书》。主要内容如下:(一)《行政处罚决定书》称公司存在如下违法行为:1. 公司2004年年报虚增利润:公司虚增该年报利润总额共计37,186,597.53元。2. 公司2004年年报存在重大遗漏:公司在2004年年度报告的会计报表附注中没有披露2004年期末存货可变现净值的确定依据。(二)中国证监会行政处罚决定如下:责令股份公司改正虚假陈述行为,并对公司处以30万元的罚款;对上述违法行为的直接负责的主管人员分别给予警告、罚款等处罚。"

由于大唐电信公司在2005年和2006年连续两年亏损,上交所对其股票进行了特别处理,股票名称前被加上了"ST"。2004年度的业绩追溯为亏损后,其公司名称由ST大唐变为了"＊ST大唐"。

一审法院认为,本案争点问题为:第一,对大唐电信公司虚假陈述的实施日和揭露日的确定;第二,魏兆莹诉讼请求之经济损失与大唐电信公司虚假陈述行为之间是否存在因果关系;第三,大唐电信公司是否应当对魏兆莹的经济损失承担民事赔偿责任。

一、关于对大唐电信公司虚假陈述的实施日和揭露日的确定

《最高人民法院关于审理证券市场因虚假陈述引发的民事赔偿案件的若干规定》(以下简称《关于虚假陈述赔偿的规定》)第二十条第一款规定:"本规定所指的虚假陈述实施日,是指作出虚假陈述或者发生虚假陈述之日。"因大唐电信公司于2005年4月6日公布的其2004年年度报告中虚增2004年度利润总额,且在该年度报告的会计报表附注中没有披露2004年期末存货可变现净值的确定依据。后,该行为被证监会确认构成虚假陈述。故一审法院依据上述规定,确定2005年4月6日为大唐电信公司虚假陈述的实施日。

《关于虚假陈述赔偿的规定》第二十条第二款规定:"虚假陈述揭露日,是指虚假陈述在全国范围发行或者播放的报刊、电台、电视台等媒体上,首次被公开揭露之日。"一审法院据此并结合本案案情,确定大唐电信公司虚假陈述的揭露日为2005年11月8日,即大唐电信公司在《中国证券报》上发布关于其收到北京监管局因其涉嫌虚假陈述而向其发出决定立案调查通知书的公告之日。理由如下:

1. 大唐电信公司在其于2005年4月6日公布的2004年年度报告中,进行了"虚增2004年度利润总额37,186,597.53元,且在该年度报告的会计报表附注中没有披露2004年期末存货可变现净值的确定依据"的行为。后经北京监管局立案并经证监会调查,确认大唐电信公司上述行为构成虚假陈述,大唐电信公司对此予以认可,证监会亦因此最终对大唐电信公司及其相关责任人作出了行政处罚。此结论性事实与大唐电信公司于2005年11月8日在《中国证券报》上发布的公告内容前后呼应,且完全相符,是国家行政监管机构对大唐电信公司该公告中所述涉嫌存在虚假陈述行为的最终证实。该公告登载于全国范围发行的《中国证券报》上,且系首次公开披露。因此,上述事实符合《关于虚假陈述赔偿的规定》中关于"首次被公开揭露"之规定。

2. 证监会作为国家证券监管机构,其立案调查的性质不仅属于国家的一种行政监管措施,而且属于行政监管力度和行政监管手段都相当强烈的行政监管措施。根据相关行政法规规定,证券监管机构只有在掌握较为确实充分的证据的前提下,才能对涉嫌证券市场违法、违规者进行立案稽查。因此,大唐电信公司于2005年11月8日发布的关于其收到北京监管局因其涉嫌虚假陈述而向其发出决定立案调查通知书的公告内容,对于所有投资者都应属于具有较强警示性的投资信息,足以影响投资者的投资决策,符合有关虚假陈述"揭露"之客观要求。

3. 虚假陈述被揭示的意义就在于其对证券市场发出了一个警示信号,提醒投资人重新判断股票价值,进而对市场价格产生影响。大唐电信公司2005年11月8日公告的内容,不仅较为实际,而且已明确写明"敬请投资者注意投资风险",故其足以提醒投资者要重新判断股票价值,注意证券市场投资风险,否则风险自负,这是对

于一个理性投资人的基本要求。因此,从投资人理性的角度出发,当投资人获悉北京监管局的决定立案调查通知书内容时,应当预料到其中所涉大唐电信公司的行为可能被定性为虚假陈述,进而影响自身的投资决策,防范投资风险。故大唐电信公司2005年11月8日公告的内容符合虚假陈述足以满足“揭露”之本质要求。

二、关于魏兆莹诉讼请求之经济损失与大唐电信公司虚假陈述行为之间是否存在因果关系

《关于虚假陈述赔偿的规定》第十八条“投资人具有以下情形的,人民法院应当认定虚假陈述与损害结果之间存在因果关系”第(二)项规定:“投资人在虚假陈述实施日及以后,至揭露日或者更正日之前买入该证券”;第(三)项规定:“投资人在虚假陈述揭露日或者更正日及以后,因卖出该证券发生亏损,或者因持续持有该证券而产生亏损”。第十九条“被告举证证明原告具有以下情形的,人民法院应当认定虚假陈述与损害结果之间不存在因果关系”第(二)项规定:“在虚假陈述揭露日或者更正日及以后进行的投资”。据此,本案投资人只有在2005年4月6日及以后,至2005年11月8日之前买入,并在2005年11月8日及以后卖出“大唐电信”股票所造成的经济损失才可能被认定为与大唐电信公司虚假陈述行为之间存在因果关系。

本案中,魏兆莹作为理性投资者,在2005年11月8日获悉大唐电信公司因涉嫌虚假陈述被北京监管局决定立案调查的通知书以及明确的风险提示之后,仍于2007年3月12日起,陆续买入“大唐电信”股票。魏兆莹的行为即要么属于应当预见大唐电信公司涉嫌存在的虚假信息披露行为可能被定性为虚假陈述行为的结果会给自己带来投资风险而没有预见,要么属于已经预见大唐电信公司涉嫌存在的虚假信息披露行为可能被定性为虚假陈述行为的结果会给自己带来投资风险但抱有不必然给自己带来投资风险之侥幸心理,显属缺乏足够的证券市场风险防范意识。在此情况下,魏兆莹诉求之经济损失,属证券市场中正常的投资交易风险,不应归责于大唐电信公司。故一审法院依据《关于虚假陈述赔偿的规定》第十九条第(二)项之规定,认定魏光莹的经济损失与大唐电信公司虚假陈述行为之间不存在因果关系。

三、关于大唐电信公司是否应当对魏兆莹的经济损失承担民事赔偿责任

因一审法院认定魏兆莹的经济损失与大唐电信公司虚假陈述行为之间不存在因果关系,故大唐电信公司对魏兆莹的经济损失不应承担民事赔偿责任。

综上,大唐电信公司就魏兆莹的诉讼请求所涉损失而提出的从购买股票的时段来看“都不在法定时间内”之抗辩意见成立,一审法院予以采信。魏兆莹的诉讼理由不足以使其诉讼请求成立,一审法院对其诉讼请求不予支持。基于此,魏兆莹提交的对账单、大唐电信公司提交的K线图和上证指数以及大唐电信公司提交的事先告知书和收到事先告知书之公告的证明内容,均与本案的处理结果无关。依照《关于虚假陈述赔偿的规定》第一条、第十七条、第十八条、第十九条、第二十条和《最高人民法院关于民事诉讼证据的若干规定》第二条、第六十三条、第六十四条、第六十六条之规定,判决:驳回魏兆莹对大唐电信公司的诉讼请求。

魏兆莹不服一审法院判决,向本院提起上诉,请求本院撤销一审法院判决,改判大唐电信公司向魏兆莹赔偿经济损失及利息46,038元;大唐电信公司承担本案一、二审诉讼费用。其主要上诉理由是:只有以2007年8月21日为本案大唐电信公司

虚假陈述揭露日，才符合《关于虚假陈述赔偿的规定》之规定，才能使大唐电信公司虚假陈述行为与魏兆莹所受损害结果之间存在的因果关系明确；准确把握虚假陈述揭露日的含义，才能依法保护证券市场投资者的合法权益。

大唐电信公司服从一审法院判决。

本院经审理查明的事实与一审法院查明的事实一致。

本院认为，由于对虚假陈述行为的揭露途径不同，因此，媒体报道的日期、公司自我公告的日期、证券交易所实施停牌的日期、证券监管机构立案调查的日期、证券监管机构最终决定和做出相关行政处罚的日期等，均可能被认定为虚假陈述揭露日。而虚假陈述被揭露的重要意义就在于其对证券市场发出了一个警示信号，提醒投资人重新判断股票价值。虚假陈述揭露日的认定，亦是在虚假陈述行为被确认之后，为认定虚假陈述行为与投资人损失之间的因果关系而向前追溯的一个时点。根据"买者自警"的原则，对于这个时点，作为一个理性投资人至少应当保持警觉，谨慎决策。因此，本院认为，认定虚假陈述揭露日的标准，应为在该"揭露日"所揭露的事项，显属对虚假陈述行为的首次公开揭露，且足以对证券市场发出一个具有警示作用的信号，提醒投资人重新判断股票价值。《关于虚假陈述赔偿的规定》第二十条第二款规定："虚假陈述揭露日，是指虚假陈述在全国范围发行或者播放的报刊、电台、电视台等媒体上，首次被公开揭露之日"，而未将"导致市场价格异常波动"或者"对市场价格产生影响"作为认定虚假陈述揭露日的条件，故虚假陈述被揭露是否"对市场价格产生影响"，在所不问。

本案中，虽然大唐电信公司于2005年11月8日在《中国证券报》上发布有关证券监管机构立案调查公告的日期、于2007年8月21日在《中国证券报》上发布有关证券监管机构决定进行行政处罚公告的日期，均有可能被认定为虚假陈述揭露日，但是，首先，由于大唐电信公司于2005年11月8日在《中国证券报》上发布的有关证券监管机构立案调查的公告内容，不仅得到了国家行政监管机构稽查结果的认证，即对大唐电信公司在该公告中所述涉嫌存在虚假陈述行为的最终证实，而且与证监会最终因大唐电信公司的虚假陈述行为对其及其相关责任人作出行政处罚的结论性事实，前后呼应，完全相符，故认定以2005年11月8日公告日为大唐电信公司虚假陈述行为的首次公开揭露日较为公正、合理；其次，由于2005年11月8日的公告的内容，不仅明示了大唐电信公司因涉嫌存在虚假信息披露行为已被立案调查的事实，而且明确写明"敬请投资者注意投资风险"，故该公告亦构成了对所有投资人具有较强警示作用的投资信息，足以影响投资人的投资决策，提醒投资者要重新判断股票价值。从投资人理性的角度出发，当投资人获悉北京监管局的决定立案调查通知书内容时，应当预料到其中所涉大唐电信公司的行为可能被定性为虚假陈述，进而影响自身的投资决策，防范投资风险，注意证券市场投资风险，减少损失。因此，本院认为，一审法院依据《关于虚假陈述赔偿的规定》第二十条第二款之规定，确定大唐电信公司在《中国证券报》上发布关于其收到北京监管局因其涉嫌虚假陈述而向其发出决定立案调查通知书的公告之日，即2005年11月8日为大唐电信公司的虚假陈述揭露日合法、合理、正确，应予维持。魏兆莹的上诉理由，不能成立，本院不予支持。

综上，一审法院判决认定事实清楚，适用法律正确，应予维持。依照《中华人民共和国民事诉讼法》第一百五十二条第一

款、第一百五十三条第一款第(一)项之规定,判决如下:

驳回上诉,维持原判。

一审案件受理费一千零四十五元,由魏兆莹负担(已交纳)。二审案件受理费一千零四十五元,由魏兆莹负担(已交纳)。

本判决为终审判决。

二〇〇九年十二月八日

# 北京市第一中级人民法院 民事判决书

(2009)一中民终字第12883号

上诉人(原审原告)王玉清,男,1953年8月5日出生,汉族。

委托代理人李航,北京市国睿律师事务所律师。

被上诉人(原审被告)招商证券股份有限公司北京德胜门东滨河路证券营业部,营业场所北京市西城区德胜门东滨河路11号。

负责人胡定东,经理。

委托代理人余淼,男,1972年8月29日出生,汉族,招商证券股份有限公司职员。

委托代理人杨少南,广东仁人律师事务所律师。

上诉人王玉清因与被上诉人招商证券股份有限公司北京德胜门东滨河路证券营业部(以下简称德胜门证券营业部)证券欺诈赔偿纠纷一案,不服北京市西城区人民法院(2008)西民初字第13801号民事判决,向本院提起上诉。本院于2009年8月27日受理后,依法组成由法官魏纪明担任审判长,法官甄洁莹、法官梁志雄参加的合议庭,进行了审理。本案现已审理终结。

王玉清在一审中起诉称:王玉清原在北京证券有限责任公司安定门证券营业部开户进行股票交易,后北京证券有限责任公司重组,其经纪业务由招商证券股份有限公司托管。随后,王玉清将账户迁到作为本案被告的德胜门证券营业部继续从事股票交易,因投入资金较多,德胜门证券营业部安排其职员丁霞为王玉清提供股票交易服务。丁霞多次告诫王玉清,不要在自己的个人电脑上进行股票交易以防止信息泄露和投资风险。王玉清基于对丁霞的信任,授权丁霞设立了交易密码(王玉清自己并不掌握密码)。此后,王玉清一直采取向丁霞下达交易指令,由丁霞按王玉清指令进行股票买卖和资金转账的方式进行交易。2008年年初,有人告诉王玉清,通过某种软件可以看到王玉清的账户内经常发生大额的对敲交易(指对同一只股票反复进行的买入与卖出),但王玉清当时并未给予特别的重视。理由在于,王玉清认为丁霞不会将自己的交易密码泄露给他人,且丁霞自己不会做翻炒股票的事情。为慎重起见,王玉清于2008年1月31日向丁霞索要交易单。而丁霞按照其一贯做法,只向王玉清提交了汇总对账单,而未提交交易明细对账单,致使王玉清无法看到丁霞大量擅自买入、卖出股票的过程,而只能看到王玉清下达指令后账户内持有股票的结果。王玉清还询问丁霞是否“动”过自己的股票,丁霞作出了否定的回答。2008年1月之后,王玉清没有下达过任何交易指令,但丁霞毫无收敛,继续大量翻炒股票以获取交易手续费提成。每一笔交易,德胜门证券营业部可以获得交易额的千分之三作为交易手续费,而丁霞提取其8%作为奖金。2008年6月5日,王玉清向丁霞索要了自己的账户密码,并且第一次看到了自己账户内股票交易的真实情况。次日,王玉清确认,在自己不知情的情况下,丁霞为获取奖金在自己账户内进行了大量的对敲交易,造成了巨额印花税与交易手续费支出。当天,丁霞在王玉清的办公室内承认了其未经王玉清授权私自进行交易的行为并承诺向王玉清书面检讨错误。2008年6月10日,王玉清在自己的办公室内再次与丁霞见面。丁霞向王玉清提交了交易明细并承认其自2007年就开始在王玉清不知情的情况下擅自进行交易。当天,双方初步估算王玉清的账户及另一个关联账户的税、费总损失金额在一千二百万元至一千五百万元之间。丁霞表示尽力赔偿损失并要求王玉清不要将此事告知德胜门证券营业部。2008年6月10日之后,丁霞宽慰王玉清可以赔偿损失。但2008年8月1日,王玉清听说丁霞已自杀。王玉清认为,丁霞作为德胜门证券营业部的职员,本应按照王玉清的指令进行股票交易。但丁霞为获得交易手续费的提成擅自进行交易,造成王玉清的巨额损失,包括股票价差和税、费支出。这些损失,都是由于德胜门证券营业部对于其职员疏于监管造成的。经计算,王玉清损失金额为6,981,953.94元,其中包括德胜门证券营业部收取的交易手续费4,003,508.24元。综上所述,王玉清起诉德胜门证券营业部,要求德胜门证券营业部赔偿损失6,981,953.94元,并赔偿王玉清为本案诉讼而支出的律师代理费21万元。

德胜门证券营业部在一审中答辩称:不同意王玉清的诉讼请求,理由如下:(1)丁霞的行为违反了法律规定,也违反了德胜门证券营业部的规章制度,但丁霞行为是个人行为而不是职务行为。①德胜门证券营业部从未下达工作指令,要求丁霞接受王玉清的委托进行股票交易,而且明令禁止其职员实施此种行为,丁霞与王玉清对此均明知。②丁霞的行为不是为完成其职责范围内的事务而实施的辅助行为。丁霞的职责并不包含代客户进行股票交易,而且丁霞与王玉清共同向德胜门证券营业部隐瞒了他们之间的交易委托关系。(2)王玉清的损失是由于其违反法律规定和合同约定、将其交易密码透露给丁霞所造成的,应当自行承担损失结果。德胜门证券营业部曾经多次书面提醒王玉清,要注意对自己交易密码的保密,不要将密码透露给投资顾问或其他人员,也不得私自委托德胜门证券营业部的职员进行股票交易。法律也明确禁止证券公司及其工作人员在办理经纪业务时,接受客户全权委托办理股票交易事项。王玉清与丁霞对此明知,二人的行为是共同违法行为,因此造成的损害结果不应当由德胜门证券营业部负担。德胜门证券营业部与王玉清签订的合同约定,所有通过交易密码进行的操作均视为王玉清本人的操作,交易结果由王玉清承担。王玉清将交易密码透露给丁霞,是造成损失的根本原因。(3)按照王玉清的陈述,其在2008年初即知道丁霞擅自买卖股票的行为,但其向德胜门证券营业部隐瞒了此事,直到2008年8月才向德胜门证券营业部投诉。王玉清对事实的隐瞒,是其损失发生的直接原因,应当自行承担损失结果。(4)丁霞私自使用王玉清的密码进行交易,不是德胜门证券营业部的过错,德胜门证券营业部不应当对损失承担赔偿责任。(5)王玉清计算其损失的方式是错误的。王玉清在德胜门证券营业部共设立了五个账户,都由丁霞负责管理。五个账户至2008年6月30日共赢利63,391,057.24元。王玉清只享受巨额赢利,不承担个股交易亏损及税费负担,违背了权利义务平衡的原则。综上所述,德胜门证券营业部不同意王玉清的诉讼请求。

一审法院经审理查明:(1)德胜门证券营业部是招商证券股份有限公司经批准设立的企业法人分支机构,其经营范围为证券代理买卖、代理还本付息、分红派息、证券代保管、鉴证、代理登记开户。丁霞是招商证券股份有限公司的职员,与招商证券股份有限公司北京安定门内大街证券营业部(以下简称安定门证券营业部)签订有劳动合同,合同期限自2006年9月2日至2008年9月1日,其具体岗位为投资顾问。在劳动合同中,安定门证券营业部要求丁霞严格遵守劳动纪律、规章制度及职业道德。丁霞还签署了尽职承诺书,承诺其清楚职位职责,授权范围以及公司的相关制度。招商证券股份有限公司制定有员工守则,规定其员工不得接受客户对买卖证券的种类、数量、价格及买进或卖出的全权委托。招商证券股份有限公司于2005年8月下发了《经纪业务投资顾问管理办法(试行)》,其中规定了以下内容:投资顾问须严格遵守国家法律、法规及公司规章制度,应以客户资产增值和价值最大化为最终目的,严禁接受客户进行全权委托或诱导客户频繁交易。招商证券股份有限公司于2008年下发了《经纪业务投资顾问管理办法》,其中规定了以下内容:如投资顾问存在全权委托、代客理财等公司严令禁止的行为,一经查处,将予以开除。(2)2006年9月22日,王玉清与安定门证券营业部签订《证券经纪业务协议书》,该协议书包含以下文件:①资金开户申请表。王玉清于该申请表中签字。②证券经纪业务协议书文件签署表。在该签署表中,安定门证券营业部将客户逐一签署各份文件的缔约方式变更为在签署表中集中签署,并要求王玉清先详细阅读并充分理解有关协议、文件的具体内容,然后签署有关文件。签署表还记载,开户文件包含以下各份合同:证券交易委托代理协议书、指定交易协议书、股份转让委托协议书、ETF业务协议书、权证业务风险揭示书、代理配售新股申购协议书、网上委托协议书。签署表在客户协议签署栏内印制有以下文字:本人已详细阅读并充分理解,同意接受上述七项协议书、风险揭示书,现就上述文件签名,确认自双方签章时起,该文件生效。王玉清作为投资者签署了该协议,安定门证券营业部也在该签署表中加盖印章。③证券交易委托代理协议书。在该协议书的风险提示章节中,安定门证券营业部提示王玉清从事证券投资存在若干风险,其中包括:由于密码失密可能会造成损失,该损失由投资者自行承担。在该协议中,安定门证券营业部特别提示了其营业范围为:证券代理买卖、代理还本付息、分红派息、证券代保管、鉴证、代理登记开户及证监会批准的经营内容。安定门证券营业部还提示,其无权在上述业务范围之外与投资者签订业务合同。安定门证券营业部及其员工个人无权从事受托理财、资金拆借、融资融券、全权代理、对外担保及任何类似的业务,请勿与安定门证券营业部、证券公司员工个人签署任何形式的该类业务协议。否则,投资者将承担相应的经济及法律风险。该协议书中有双方声明内容,投资者声明为"已阅读并理解风险提示书、已详细阅读并理解本协议的条款含义"。协议书在关于开设资金账户的章节中,约定有以下内容:投资者开设资金账户时,应同时自行设置交易密码和资金密码(以下统称密码),并对密码负有保密责任,凡使用上述密码进行的一切交易及资产转移均视为投资者亲自办理,由此产生的任何经济损失和法律责任由投资者承担。协议书在交易代理的章节中约定,投资者应在委托下达后三个交易日内向安定门证券营业部查询该委托结果,当投资者对结果有异议时,须在查询当日以书面形式向安定门证券营业部质询。投资者逾期未办理查询或未对查询结果以书面形式向安定门证券营业部办理质询的,视同认可该交易结果是由投资者或其代理人在授权范围内操作。投资者对委托行为和交易结果承担责任。协议书在授权代理人委托的章节中约定,投资者不得以任何方式委托安定门证券营业部工作人员或与安定门证券营业部存在营销合作关系的机构或个人进行证券交易及与证券交易相关的其他业务。否则,由此产生的全部责任由投资者承担。协议书在双方的责任及免责条款这一章节中约定,安定门证券营业部郑重提醒投资者注意密码的保密,任何使用投资者密码进行的委托均视为有效的投资者委托,投资者自行承担由于其密码失密造成的损失。此外,《证券经纪业务协议书》中还包含有指定交易协议书、股份转让委托协议书、ETF 业务协议书、权证业务风险揭示书、代理配售新股申购协议书、网上委托协议书等文件,因与本案争议焦点无重要关联,在此不做赘述。(3)本案在审理过程中,王玉清向该院陈述:其与安定门证券营业部签订前述协议书后,出于对丁霞的信任,授权丁霞设立了密码并一直没有向丁霞索要密码。王玉清最终知道自己密码的时间是 2008 年 6 月。王玉清还向该院陈述,其与安定门证券营业部签订前述协议书后,将账户迁至德胜门证券营业部,在德胜门证券营业部进行交易活动。德胜门证券营业部向该院陈述,认同王玉清的账户自安定门证券营业部迁至该营业部继续进行证券交易活动。(4)王玉清的证券交易明细对账单显示,在王玉清的账户中,自 2007 年 6 月起,存在着大量的对同一只股票在短时间内反复进行的买入与卖出交易。(5)王玉清称,其于 2008 年 6 月 6 日在自己的办公室内与丁霞谈话,并对该次谈话进行了录音。录音显示,一位女士向王玉清说:“我真的不否认,我也有打交易量,这个我都承认”、“不是单纯打交易量,尽量做做差价”。此外,该女士还向王玉清表示歉意,承诺向王玉清书面检讨,并反复要求王玉清不要将此事向“公司”反映。(6)王玉清称,其于 2008 年 6 月 10 日在自己的办公室内与丁霞谈话,并对该次谈话进行了录音和录像。该院注意到,录像显示王玉清与一位女士进行谈话,王玉清指认该女士即为丁霞。德胜门证券营业部认为录像画面模糊,该女士是否为丁霞无法判明。录像资料中包含以下内容:王玉清:咱们这算代客理财?对方:就算代客理财。王玉清:代客理财本身就不允许啊。随即,录像中女士向王玉清提交了其事先写好的检讨书,王玉清看后要求该女士补充书写了以下内容:我(指该女士)辜负了您(指王玉清)的委托,在您不知情的情况下,多次进行股票交易,给您造成了巨大的经济损失,我深表歉意,愿意今后想尽一切办法给您弥补。此外在谈话过程中,该女士数次承认其对不起王玉清,跪求王玉清的原谅,还表示尽力赔偿损失。王玉清则要求其“砸锅卖铁”赔偿损失。(7)本案在审理过程中,王玉清向该院提交了落款为“丁霞”的检讨书,该检讨书中有以下内容:经过几天的反省,我认识到了自己错误的严重性。我想自己是被变相想挣些钱的心理给蒙蔽了。去年刚开始的时候行情非常好，我想就做短线吧，能给您多挣些钱，自己的收入也会相应有所增加。尝到甜头后胆子就大了，短线操作就更加频繁。随着大盘行情一泻千里，短线获利机会越来越少，不但没做成差价，还给您造成了损失，其实我真的不是只想追求交易量……我辜负了您对我的信任，甚至是肆意挥霍您对我的信任……请您再给我一次机会。(8)丁霞于2008年8月1日身故。(9)2008年8月4日，王玉清致电招商证券股份有限公司客户中心95565电话，投诉丁霞及德胜门证券营业部。当日，招商证券股份有限公司客户中心回电王玉清，询问了有关事项。(10)本案审理过程中，德胜门证券营业部向该院提出鉴定申请，要求对署名为丁霞的检讨书、王玉清与丁霞谈话的录音及录像的真实性、完整性以及是否为原始证据进行鉴定。该营业部在申请中认为，作为上述证据所涉及的重要当事人丁霞已经身故，故上述证据是否客观、真实、完整均难以认定，应当通过技术鉴定的方法以确认上述问题。

上述事实，有王玉清提交的王玉清账户汇总对账单及明细对账单，德胜门证券营业部提交的王玉清管理的五个账户的开户资料、《招商证券股份有限公司员工守则》、《招商证券经纪业务投资顾问管理办法(试行)》、《招商证券股份有限公司营业部投资顾问管理办法》、丁霞签署的《尽职承诺书》、丁霞与德胜门证券营业部之间的《劳动合同》、德胜门证券营业部岗位调整申报表、证券公司客户中心与王玉清的电话通话录音、王玉清管理的五个账户的资产值增减综合统计、资金明细查询、资产总量统计、资产确认单及当事人陈述等证据材料在案佐证。

一审法院判决认定：本案争议焦点应当确定于：王玉清与德胜门证券营业部在股票交易过程中是否有违约行为或其他不当行为？上述违约行为或不当行为可能造成的损失应当如何负担？(1)关于王玉清与德胜门证券营业部之间法律关系的性质及双方当事人权利义务的具体内容。依据王玉清在其起诉书中陈述的内容及德胜门证券营业部提交的证据《证券经纪业务协议书》可以认定，王玉清曾与安定门证券营业部签订合同，作为投资者在安定门证券营业部从事股票交易。通过对上述合同进行审查，该院未发现上述合同存在我国现行法律所规定的导致合同无效的情形，因此认定王玉清与安定门证券营业部所签订的《证券经纪业务协议书》是合法有效的合同。双方当事人均应当按照合同的约定，享受权利并承担义务。依据上述《证券经纪业务协议书》中所约定的内容，该院首先确定：王玉清是《中华人民共和国证券法》(以下简称证券法)所定义的投资者，招商证券股份有限公司(含其下属证券营业部)是证券法所定义的证券公司。就股票买卖环节而言，双方当事人形成委托关系，王玉清是委托人，安定门证券营业部是受托人。合同签订后，王玉清将其在安定门证券营业部的账户转入德胜门证券营业部，安定门证券营业部在合同中的权利义务转由德胜门证券营业部承继。原合同在权利义务内容不做变更的情况下，由王玉清与德胜门证券营业部继续履行。(2)安定门证券营业部在订立合同时，已经对于股票交易过程中存在的风险向王玉清作出了善意的提示，并且向王玉清提出了避免或者尽量减少风险的方法。该院注意到，《证券经纪业务协议书》中包含有《风险提示书》。安定门证券营业部在该提示书中向王玉清提示，密码失密有可能造成王玉清的损失，且王玉清应当对密码失密造成的损失自行负担。安定门证券营业部还在该风险提示书中特别提示王玉清,证券营业部的职员无权从事受托理财业务,请王玉清不要与他们签署任何形式的该类业务协议,否则王玉清将承担相应的法律和经济风险。在合同的其他章节,安定门证券营业部多次提示王玉清注意密码的保密以及不得委托该营业部的职员进行证券交易及相关业务,否则应自行承担损失。安定门证券营业部还在合同中提示王玉清,其应当在交易委托指令下达后三日内查询交易结果,如有异议应立即提出质询。安定门证券营业部作出的上述风险提示,覆盖了交易密码的保密、交易人员的限制、交易结果的查询等与交易安全密切相关的各个重要环节。该院据此认为,安定门证券营业部在订立合同时,已经恰当地对投资者进行了交易风险的提示。王玉清作为投资者,对上述风险应当明知且有必要给予关注。(3)王玉清在履行合同过程中,存在高风险行为。①王玉清委托丁霞代其设置密码,造成密码失密。合同约定,投资者开设资金账户时,应同时自行设置密码,并对密码负有保密责任,任何使用其密码进行的委托均视为有效的投资者委托,王玉清自行承担由于其密码失密造成的损失。王玉清作为投资者,已经在文件签署表中集中签署了有关文件,还声明对合同的有关内容充分理解且同意接受。在此情况下,该院认定王玉清对于密码失密所可能造成的损失结果应当是明知的。按照王玉清在起诉书中的陈述,其出于对丁霞的信任,在开户从事股票交易之初,即委托丁霞代其设置密码,而其本人对于密码并不掌握。在设置密码这一过程中,当事人为王玉清与丁霞,王玉清是委托人,丁霞是受托人,丁霞行为所产生的结果,依照现行法律对于委托的规定,由王玉清承担。丁霞所设置之密码,即视为王玉清本人设置,王玉清本人对于该密码知与不知,对于安定门证券营业部或德胜门证券营业部而言,并无影响。密码对于交易安全具有极其重要的作用,这对于从事股票交易的人员而言属于常识。王玉清委托丁霞代为设置密码,或者自己设置密码后告知丁霞,就其结果而言并无差别,都是密码失密。王玉清违反交易习惯及忽视安定门证券营业部的提示,任由他人掌握自己的交易密码,因此造成交易风险的提高,责任应当自行负担。②全权委托证券营业部职员丁霞进行股票交易。安定门证券营业部已经在合同中提示王玉清,该营业部职员无权接受客户委托从事受托理财、王玉清不得委托该营业部职员进行证券交易。而王玉清作为投资者,忽视安定门证券营业部的提醒,擅自委托证券营业部职员丁霞全权进行股票交易,因此造成交易风险的提高,责任应当自行负担。③王玉清没有及时查阅交易明细。安定门证券营业部在合同中提示王玉清,应在交易委托下达后三日内查询交易结果,如有异议立即提出。按照王玉清在本案审理过程中的陈述,丁霞未经其许可进行"对敲交易"的行为始于 2007 年,而王玉清在 2008 年 1 月以后未下达任何交易指令。王玉清上述陈述内容使该院确认,丁霞进行"对敲交易"的行为,与王玉清向丁霞下达交易指令的行为,在时间上有重叠。这一情节意味着,如果王玉清按照合同的约定,在下达交易委托指令后向德胜门证券营业部查询交易结果,则丁霞所实施的"对敲交易"行为将在该行为出现之初即被察觉。事实上,投资者向证券营业部查询交易结果(含交易明细)并不存在困难,即使王玉清所述其本人不掌握密码属实,也可以凭股东卡向证券营业部办理查询事项。王玉清疏于查询交易结果,对其损失的发生与扩大有直接影响。综上所述,王玉清在从事股票交易的过程中,存在三方面的疏忽,即造成密码失密、委托证券营业部职员全权代理交易以及疏于交易结果的查询。固然,法律并不禁止投资者向他人透露其密码,更未强制要求投资者及时查询交易结果。但是,这并不意味着存在上述疏忽的投资者不对其行为承担责任。上述三者,对于王玉清自身而言,属于高风险行为,对于与其订立合同的对方当事人证券营业部而言,属于违约行为。因上述三种情形所造成王玉清的损失,在其对方当事人(即安定门或德胜门证券营业部)无过错的情况下,由投资者自行承担。(4)关于王玉清与丁霞之间行为的性质。王玉清作为投资者在德胜门证券营业部从事股票交易,丁霞是德胜门证券营业部的职员,具体而言是王玉清的投资顾问。但是,不能因此而认定丁霞所实施的一切与王玉清有关的行为都是职务行为。丁霞所实施与王玉清有关的职务行为应当包括,接受德胜门证券营业部指令所为的行为以及其岗位职责范围内的行为。此外的行为,一般而言属于丁霞个人行为。按照王玉清在本案审理过程中对案件事实的描述,该院可以确认,王玉清委托丁霞进行的股票交易事项,是在德胜门证券营业部不知情的情况下进行的,是王玉清与丁霞之间的私下交易。另外,招商证券股份有限公司规定有详细的投资顾问岗位职责,禁止投资顾问接受客户委托全权代理交易,丁霞对此明知。固然,前述文件属于招商证券股份有限公司的内部规定,王玉清并不清楚。但是,安定门证券营业部已经在其与王玉清签订的合同中明确告知王玉清不得委托其职员全权进行股票交易,否则将自行承担经济风险。合同的上述约定,足以使王玉清产生明确的判断,丁霞接受其委托全权进行股票交易,是被证券营业部所禁止的行为,该院进而产生如下判断,丁霞受王玉清委托所实施的交易行为,不是其职务行为。丁霞使用王玉清密码、全权代理王玉清进行股票交易,不是受德胜门证券营业部的指令,而是受王玉清的私下委托。按照王玉清与安定门证券营业部所签订合同的约定,对于德胜门证券营业部而言,上述交易均视为王玉清本人进行的交易,交易结果由王玉清负责,德胜门证券营业部因上述交易的发生而收取的手续费,属于其正当收入。(5)关于德胜门证券营业部与丁霞的关系及其是否对丁霞行为所产生的后果承担责任。王玉清在本案中所提出的,用于支持其诉讼请求的核心法律依据为《证券法》第一百四十六条:证券公司的从业人员在证券交易活动中,执行所属的证券公司的指令或者利用职务违反交易规则的,由所属的证券公司承担全部责任。对于上述法律规定,该院进行如下分析:①德胜门证券营业部与丁霞的关系,即属于上述法律所定义的证券公司从业人员与其所属的证券公司之间的关系。②丁霞所实施的行为,不是接受德胜门证券营业部的指令而为,此节前文已经分析论述,在此不做重复。③关于丁霞所实施的行为是否属于利用职务违反交易规则的行为。该院将前述法律所规定的“利用职务违反交易规则”理解为,行为人利用其在证券公司从业所产生的职务上的便利实施的某些不当行为。就本案而言,按照王玉清在起诉书中的陈述,丁霞所实施的行为,是在王玉清不知情的情况下擅自进行“对敲交易”,从而造成王玉清交易税费及价差损失。该院注意到,王玉清所描述的丁霞在其账户内进行的股票交易,是利用王玉清的密码下达交易委托指令。而丁霞获取王玉清密码的途径,是王玉清授权其自行设立。这一情节意味着,丁霞之所以掌握王玉清的密码,是由于王玉清允许其掌握,而不是丁霞利用其职务便利、采取不当手段,在王玉清不知情的情况下盗取。任何掌握王玉清密码的人员都有可能实施与丁霞相同的行为,丁霞并不因其是证券公司的从业人员而拥有更多的便利。该院综合以上分析认定，王玉清在起诉书中所描述的丁霞的不当行为，既不是接受德胜门证券营业部的指令而实施，也不是利用其职务便利而实施。王玉清援引证券法第一百四十六条的规定，要求德胜门证券营业部对其损失承担责任，有关理由的论证不能成立。(6)关于德胜门证券营业部对丁霞的管理责任。德胜门证券营业部与丁霞之间，是雇主与雇员的关系，因此德胜门证券营业部对于丁霞履行职务负有管理义务。通过对德胜门证券营业部所提交的证据进行审查，该院发现招商证券股份有限公司制定了相对严格的规章制度，其中包括有“投资顾问接受客户委托全权代理股票交易将予以开除”的严厉惩罚措施。需要说明的问题是，王玉清委托丁霞全权代理股票交易的行为，是违反其与安定门证券营业部所签订合同之约定的违约行为。王玉清以合同对方当事人未对其违约行为予以监管为由，要求对方当事人承担因其违约而造成的损失，在逻辑上不能成立。另须说明的问题是，该院虽然在本案中判断，德胜门证券营业部对于王玉清的损失不承担责任，但并不意味着德胜门证券营业部对于其职员的监督管理已经无可挑剔。证券公司(含德胜门证券营业部)对其职员的监督管理，不能仅停留在制定规章制度的层面。在今后的经营活动中，德胜门证券营业部应当采取各种更为切实有效的措施，加强对其职员的管理，避免其雇员不当行为的发生。(7)关于王玉清的损失以及该损失与丁霞所实施行为的关联性。综合前述分析，该院认定本案共涉及两个法律关系：其一为王玉清与德胜门证券营业部之间的证券经纪合同关系；其二为王玉清与丁霞之间的股票买卖委托关系。特别需要说明的问题是，本案的诉讼当事人是作为原告的王玉清与作为被告的德胜门证券营业部。基于此，该院将本案的审查重点确定于王玉清与德胜门证券营业部在履行证券经纪合同过程中是否有违约行为、是否有欺诈行为或其他过错。前文已述，德胜门证券营业部在履行合同过程中未违约，且未发现该营业部存在欺诈王玉清或其他侵害王玉清财产权利的行为，而王玉清则存在若干违约之处。在此情况下，王玉清因其自身违约而造成的损失，应当自行负担而不应当由无过错、未违约的德胜门证券营业部承担。鉴于此，该院在本案中对于王玉清的确切损失金额无须作出认定。丁霞不是本案的诉讼当事人且已身故。在本案中，丁霞对于王玉清的指责无法进行抗辩。即便丁霞在接受王玉清委托从事股票交易的过程中实施过某些不当行为并因此而造成了王玉清的损失，因该过错责任不应由德胜门证券营业部承担，故丁霞的具体过错情节与其相应应当承担的责任均不是该院在本案中审查确认的范围。该院在王玉清起诉德胜门证券营业部的案件中，对于丁霞是否有过错以及该过错是否造成王玉清损失，也不作出认定。(8)关于德胜门证券营业部申请该院对王玉清提交的证据进行鉴定。本案在审理过程中，王玉清向该院提交了丁霞的检讨书、王玉清与丁霞谈话的录音及录像作为证据。德胜门证券营业部认为与上述证据密切相关者丁霞已经身故，故上述证据的是否客观、是否完整、是否原始以及是否是丁霞在被胁迫情况下所出具均无从判断，因此申请该院委托有关机构对上述证据进行鉴定。对此问题该院观点如下：按照本判决前面的分析论述，王玉清因其实施违反合同约定的行为所造成的损失，不应当由德胜门证券营业部承担，而应当自行承担。因此，上述证据即便客观真实，也不能凭借这些证据做出德胜门证券营业部对王玉清的损失承担赔偿责任的结论。这就意味着,录音、录像资料是否客观、真实、完整,检讨书是否由丁霞自愿出具,对于本案的审理结果并无实质意义。因此,该院对于王玉清所提交的上述证据的客观真实性不予以认定,对于德胜门证券营业部的针对上述证据提出的鉴定申请不予以批准。(9)该院对本案社会效果的考虑。王玉清与德胜门证券营业部之间的纠纷,并非个别现象。在这一类案件中,经常会出现股票交易的基本事实不明确,即究竟是谁在使用密码进行交易处于真伪不明的状态。在本案的审理中,该院并不怀疑王玉清提出主张的善意性。同时,王玉清针对德胜门证券营业部对其职员管理的严格性和有效性提出的质疑,虽然没有确切证据加以支持,但足以引起德胜门证券营业部的反思,从而进一步加强对其职员的管理,完善股票交易系统的安全性。但是,必须说明的问题是,如果该院做出由德胜门证券营业部承担最终败诉责任的判断,由于法院判决对社会行为的指引作用,则有可能向公众传达出错误的信息:司法机关对于投资者违反合同约定,随意向他人透露其密码、随意委托可信赖程度不高的人员全权进行股票买卖、忽视交易结果的查询等忽视交易安全的行为持支持态度,进而将引发一定的道德风险,或许将有一部分人采取逆向选择,以交易风险由证券公司承担作为判断依据,在股票交易过程中,随意委托他人全权进行股票交易并透露其密码,赢利即享受收益、亏损则向证券公司索赔。此种结果的出现,显然不利于证券市场的整体安全,不符合社会整体利益。因此,该院通过本案的审判,向公众传达出明确的信息,司法机关对于投资者违反合同约定实施的高风险行为不予以保护。凡违反合同约定随意泄露密码并因此而造成的损失,由实施上述行为的投资者自负其责。(10)本案结论。综合上述分析,该院对本案作出以下结论:王玉清在开户从事证券交易的过程中,违反了合同的约定委托他人全权进行股票买卖并造成密码失密,且没有及时对交易结果进行查询,是造成其损失发生以及扩大的根本原因。德胜门证券营业部在履行合同过程中无违约行为,且对于上述损失的发生没有责任,故该院对于王玉清要求德胜门证券营业部赔偿损失并承担律师代理费的诉讼请求不予以支持。综上所述,依照《中华人民共和国合同法》第六十条第一款、《中华人民共和国证券法》第一百四十六条的规定,判决:驳回王玉清的诉讼请求。

王玉清不服一审法院上述民事判决,向本院提出上诉。其主要上诉理由是:德胜门证券营业部的员工丁霞利用自己投资顾问的职位骗取王玉清的信赖以获取交易密码的行为应属职务行为,并构成证券欺诈侵权,并非一审判决论述的违约责任纠纷,德胜门证券营业部未完成其无过错的证明责任,因此对于丁霞的侵权行为德胜门证券营业部理应承担赔偿责任。据此请求本院依法予以改判。

王玉清向本院提交了以下新的证据材料:

1. 证监会机构监管部于2009年9月4日向各个证券机构下发的通报,证明德胜门证券营业部对丁霞的侵权行为存在监管不力的责任;

2.《招商证券经纪业务营销团队管理办法》,证明德胜门证券营业部有相关的规定,德胜门证券营业部存在监管不力的责任;

3.《招商证券经纪业务营销团队日常工作管理指引》,证明德胜门证券营业部有核查其员工行为的义务。

德胜门证券营业部同意一审判决。其针对王玉清的上诉理由及请求答辩称:根据现有证据不足以得出德胜门证券营业部的员工丁霞依法构成证券欺诈侵权的结论;丁霞的行为不属于职务行为;丁霞的行为是否构成利用职务违反交易规则的问题,一审判决对该问题已根据《中华人民共和国证券法》第一百四十六条的规定进行了正确的分析和确认;关于德胜门证券营业部"无过错"的证明责任问题,德胜门证券营业部已经完成了相应的证明责任;关于德胜门证券营业部相关"手续费收入"的问题,该收入属于正当合法的收入;一审判决结果符合社会的整体利益。据此请求本院维持一审判决。

本院经审查认为:王玉清向本院提交的证监会机构监管部于2009年9月4日向各个证券机构下发的通报,属于《最高人民法院〈关于民事诉讼证据的若干规定〉》第四十一条第(二)项规定的二审程序中新证据的范畴,《招商证券经纪业务营销团队管理办法》和《招商证券经纪业务营销团队日常工作管理指引》不属于上述规定的二审程序中新证据的范围。因王玉清提交的上述三份证据均未加盖相关印章,德胜门证券营业部对真实性均不予确认,故本院对此亦不予确认。

本院经审理查明的事实与一审法院查明的事实一致。

上述事实,还有双方当事人在二审期间的陈述在案佐证。

本院认为:王玉清与安定门证券营业部签订的《证券经纪业务协议书》,系签约双方真实意思表示,其内容未违反我国法律、行政法规的强制性规定,应认定有效。合同签订后,王玉清将其在安定门证券营业部的账户转入德胜门证券营业部,安定门证券营业部在合同中的权利义务由德胜门证券营业部承继。原合同在权利义务内容未变更的情况下,由王玉清与德胜门证券营业部继续履行。《中华人民共和国证券法》第一百四十六条规定:"证券公司的从业人员在证券交易活动中,执行所属的证券公司的指令或者利用职务违反交易规则的,由所属的证券公司承担全部责任",本条是对证券公司应当依法对其从业人员违反交易规则的行为承担责任的认定。所谓证券公司的从业人员则指在证券公司中担任职务并负责、承办证券公司各项证券业务的人员。就本案而言,丁霞与招商证券股份有限公司签订劳动合同,取得了从业资格和执业证书,在德胜门证券营业部从事经纪业务,应属证券公司的从业人员。根据上述法律规定,证券公司承担责任的前提是其从业人员利用职务违反交易规则。《中华人民共和国证券法》第一百四十三条规定:"证券公司办理经纪业务,不得接受客户的全权委托而决定证券买卖、选择证券种类、决定买卖数量或者买卖价格",该法条中规定的全权委托是指客户出于投资获利的愿望,在委托证券公司代其买卖证券时,对证券的买进或卖出,或者买卖证券的种类、数量、价格不加任何限制,完全由证券公司代为决定。招商证券股份有限公司制定的《证券交易委托代理协议书》和风险提示书等一系列文件中,均向客户提示了相关风险及明确双方的责任与义务。因此,丁霞的职责范围不包括掌握客户交易密码、操作客户账户,王玉清对此亦应为明知。由此本院认定丁霞的行为并非德胜门证券营业部的授权行为,不能代表证券公司的意志,亦非其职责范围内的职务行为,不符合《中华人民共和国证券法》第一百四十六条规定的"利用职务行为违反交易规则"的情形,故王玉清称丁霞的行为系职务行为的上诉意见,本院不予支持。欺诈客户行为的民事责任主要是合同责任,应当由合同法调整,欺诈客户行为给客户造成损失的,应当依照合同法的规定承担赔偿责任,但是在特定情况下,欺诈客户行为也可能会涉及侵权责任,因此对于行为人的欺诈行为,客户既可以追究行为人的合同责任,也可追究行为人的侵权责任。就本案而言,王玉清以证券欺诈赔偿纠纷为诉因主张德胜门证券营业部承担赔偿责任,该责任应属侵权责任,但德胜门证券营业部并非实际侵权行为人,其职员丁霞接受王玉清的委托实施的交易行为亦非职务行为,故德胜门证券营业部不应对丁霞个人行为产生的损害承担赔偿责任。综上,王玉清的上诉理由均不能成立,对其上诉请求,本院不予支持。一审判决认定事实清楚,适用法律正确,处理结果并无不当,应予维持。依照《中华人民共和国民事诉讼法》第一百五十三条第一款第(一)项之规定,判决如下:

驳回上诉,维持原判。

一审案件受理费六万二千一百四十四元,由王玉清负担(已交纳)。

二审案件受理费六万二千一百四十四元,由王玉清负担(已交纳)。

本判决为终审判决。

二〇〇九 年十一月十六日

# 第十一部分　法律意见书选编

## 一、境内发行上市类

### （一）创业板首次公开发行

### 关于乐普（北京）医疗器械股份有限公司首次公开发行股票并在创业板上市的法律意见书

致：乐普（北京）医疗器械股份有限公司

德恒根据与发行人签订的《专项法律顾问协议》，接受发行人的委托，担任发行人本次发行及上市的特聘专项法律顾问，并根据《公司法》、《证券法》、《发行办法》等有关法律、法规和中国证监会的有关规定，按照律师行业公认的业务标准、道德规范和勤勉尽责精神，为本次发行上市出具法律意见书。

#### 引　言

1. 德恒律师依据中国证监会颁发的《公开发行证券公司信息披露的编报规则第12号——〈公开发行证券的法律意见书和律师工作报告〉》的规定及本法律意见书出具之日以前已经发生或者已经存在的事实以及国家现行法律、法规、规范性文件和中国证监会的有关规定发表法律意见。

2. 德恒律师承诺已严格履行法定职责，遵循了勤勉尽责和诚实信用原则，对发行人的行为以及本次申请的合法、合规、真实、有效进行了充分的核查验证，保证法律意见书和律师工作报告不存在虚假记载、误导性陈述及重大遗漏。

3. 德恒律师同意将本法律意见书作为发行人申请本次公开发行股票所必备的法定文件，随其他申报材料一同上报，并愿意承担相应的法律责任。

4. 德恒律师同意发行人部分或全部在招股说明书中引用或按中国证监会审核要求引用法律意见书和律师工作报告的内容，但发行人作上述引用时，不得因引用上述内容而导致法律上的歧义或曲解，德恒律师有权对发行人本次公开发行股票招股说明书的相关内容进行再次审阅并确认。

5. 德恒律师在工作过程中，已得到发行人的保证：即公司业已向德恒律师提供了德恒认为制作法律意见书和律师工作报告所必需的原始书面材料、副本材料和口头证言,其所提供的文件和材料是真实、完整和有效的,且无隐瞒、虚假和重大遗漏之处。

6. 对于本法律意见书及律师工作报告至关重要而又无法得到独立证据支持的事实,德恒律师有赖于有关政府部门、发行人或者其他有关单位出具的证明文件作为制作本法律意见书的依据。

7. 本法律意见书仅供发行人为本次股票公开发行与上市之目的使用,不得用作其他任何目的。

德恒律师依据国家有关法律、法规、规范性文件和中国证监会的有关规定,在对发行人的行为以及本次申请的合法、合规、真实、有效进行了充分的核查验证的基础上,现就发行人本次公开发行股票与上市的条件和行为发表如下法律意见:

## 正　文

### 一、本次发行上市的批准和授权

(一)本次发行及上市已经过如下批准和授权:

1. 2008 年 3 月 13 日,发行人召开 2008 年第一次临时股东大会,同意发行人向社会公众发行人民币普通股并上市;授权董事会办理公司首次公开发行人民币普通股(A 股)股票及上市有关事宜。

2. 2009 年 6 月 8 日,发行人召开 2009 年第一次临时股东大会,同意延长公司申请首次公开发行人民币普通股票(A 股)并上市方案期限,延长授权董事会办理公司首次公开发行股票并上市期限。

3. 2009 年 7 月 21 日,发行人召开 2009 年第二次临时股东大会,明确首次公开发行股票时滚存的未分配利润由新老股东按持股比例共同享有,发行人首次公开发行人民币普通股(A 股)4100 万股。

4. 经发行人第一大股东七二五所申请,发行人实际控制人中船重工集团已于 2009 年 7 月 21 日向国务院国资委报送《关于划转部分乐普(北京)医疗器械股份有限公司国有股份转由全国社会保障基金理事会持有的请示》(船重资〔2009〕829 号),申请国务院国资委批准发行人国有股转持事项,并确认七二五所和中船投资国有股东身份及转持股份数量。

德恒认为,发行人股东大会已经依照法定程序做出了批准本次股票发行上市的决议;根据有关法律、法规、规范性文件及《公司章程》规定,上述决议的内容合法有效;发行人股东大会已授权董事会办理有关发行上市的事宜,授权范围、程序合法有效;中船重工集团已向国务院国资委报送确认七二五所和中船投资国有股东身份及转持股份数量的申请,申请程序合法有效。

(二)本次发行及上市尚需取得的授权和批准

根据《公司法》、《证券法》、《首发办法》等有关法律、法规,发行人本次公开发行股票尚需经中国证监会核准;发行人在创业板上市,尚需获得深交所的核准;发行人尚需取得国务院国资委关于确认七二五所和中船投资国有股东身份及向社保基金会转持国有股份数量的批复。

### 二、发行人发行股票的主体资格

1. 发行人现持有北京市工商局于 2008 年 6 月 10 日颁发的,经 2008 年度年检的 110000410140103 号《企业法人营业执照》。

2. 发行人前身为北京乐普,系北京乐普整体变更设立。2007 年 8 月 15 日,北京乐普第三届董事会 2007 年第五次会议通过决议,将北京乐普由有限责任公司整体变更为股份有限公司。中船重工集团、国防科工委、国务院国资委、商务部批准了发行人的整体变更设立方案。

3. 发行人及其前身北京乐普已通过2006年以来的历年外商投资企业联合年检；根据发行人《企业法人营业执照》记载及《公司章程》的规定，发行人为永久存续的股份有限公司；发行人不存在营业期限届满、股东大会决议解散、因合并或者分立而解散、不能清偿到期债务被宣告破产、违反法律、法规被依法责令关闭等需要终止的情形。

德恒认为，发行人是经批准依法设立并有效存续的股份有限公司，不存在依照法律、法规、规范性文件和《公司章程》需要终止的情形，具备本次发行股票及上市的主体资格。

**三、本次发行上市的实质条件**

（一）本次发行上市符合《证券法》规定的相关条件

1. 经核查，发行人已经建立股东大会、董事会、独立董事、监事会、董事会秘书制度；董事会由8名董事组成，独立董事占3名；董事会下设四个专门委员会。各个机构分工明确，相关机构和人员能够履行各自的职责。因此，发行人具备健全且运行良好的组织机构，符合《证券法》第十三条第一款第（一）项的规定。

2. 根据大信会计师事务有限公司出具的大信审字（2009）第1－1305号《审计报告》，发行人最近三年连续盈利，具有持续盈利的能力，财务状况良好，符合《证券法》第十三条第一款第（二）项的规定。

3. 根据大信会计师事务有限公司出具的大信审字（2009）第1－1305号《审计报告》、发行人及其控股子公司的书面承诺以及德恒律师适当核查，发行人提交的最近三年财务会计文件无重大虚假记载，无其他重大违法行为，符合《证券法》第十三条第一款第（三）项及第五十条第一款第（四）项的规定。

4. 根据大信会计师事务有限公司出具的大信京验字（2008）第0024号《验资报告》以及《公司章程》，截至本律师工作报告签署之日，发行人的股本总额为人民币36,500万股，本次发行4100万股的A股股票。据此，德恒认为，本次发行股本总额不少于人民币3000万元，符合《证券法》第五十条第一款第（二）项的规定。

5. 经核查，发行人现在的股本总额为36,500万股，本次发行4100万股的A股股票。以发行4100万股计，本次发行上市完成后，发行人公开发行的股份比例为发行后总股本的10.10%，超过公开发行后总股本的10%，符合《证券法》第五十条第一款第（三）项的规定。

（二）本次发行上市符合《首发办法》规定的相关条件

1. 经核查，发行人前身为北京乐普，成立于1999年6月11日，2007年8月15日，北京乐普第三届董事会2007年第五次会议通过决议，将北京乐普由有限责任公司整体变更为股份有限公司。因此，发行人是依法按照北京乐普原账面净资产值折股整体变更设立的股份有限公司，自北京乐普成立之日起计算，持续经营时间超过三年，符合《首发办法》第十条第（一）项的规定。

2. 根据大信会计师事务有限公司出具的大信审字（2009）第1－1305号《审计报告》，按照以扣除非经常性损益前后孰低者计算的净利润，发行人最近两年连续盈利，最近两年净利润累计不少于一千万元，且持续增长。符合《首发办法》第十条第（二）项的规定。

3. 根据大信会计师事务有限公司出具的大信审字（2009）第1－1305号《审计报告》，最近一期末净资产不少于两千万元，且不存在未弥补亏损。符合《首发办法》第十条第（三）项的规定。

4. 根据大信会计师事务有限公司出

具的大信京验字(2008)第0024号《验资报告》以及《公司章程》,截至本律师工作报告签署之日,发行人的股本总额为人民币36,500万股,本次发行4100万股的A股股票。因此,发行后股本总额不少于三千万元,符合《首发办法》第十条第(四)项的规定。

5. 根据大信会计师事务有限公司出具的大信京验字(2007)第0021号《验资报告》,确认截至2007年7月31日止,乐普(北京)医疗器械股份有限公司(筹)全体股东已将净资产折合为注册资本(股本)297,590,000.00元人民币。根据大信会计师事务有限公司出具的大信京验字(2008)第0024号《验资报告》,确认截至2008年5月29日止,发行人已将资本公积金51,830,000元和未分配利润,15580,000元转增股本。发行人变更后的注册资本为365,000,000.00元人民币,实收股本为365,000,000.00元人民币。经核查,发行人的注册资本已足额缴纳,发起人用作出资的资产的财产权转移手续已办理完毕,发行人的主要资产不存在重大权属纠纷。符合《首发办法》第十一条的规定。

6. 经核查,发行人主要经营冠状动脉介入医疗器械的研发、生产、销售业务,持有生产和销售医疗器械产品所需要的"医疗器械生产企业许可证"、"医疗器械经营企业许可证"和相关的医疗器械产品注册证。根据税务、环保、药监等政府主管部门的证明、发行人及其控股子公司书面承诺并经德恒律师适当核查,发行人及其控股子公司的生产经营最近三年内不存在因违反工商、税务、环保、药监、土地、劳动与社会保障以及其他法律、行政法规,而受到行政处罚且情节严重的情形。因此,德恒认为,发行人主要经营一种业务,其生产经营活动符合法律、行政法规和《公司章程》的规定,符合国家产业政策及环境保护政策。符合《首发办法》第十二条的规定。

7. 根据发行人的说明并经德恒律师核查,发行人最近两年内主营业务为冠状动脉介入医疗器械、先心病介入封堵器、介入麻醉监护及介入配件等医疗器械产品的研发、生产和销售,未发生重大变化;发行人最近两年的实际控制人均为中船重工集团,未发生变更;发行人最近两年内董事、高级管理人员未发生重大变化。符合《首发办法》第十三条的规定。

8. 根据发行人承诺及德恒适当核查,发行人不存在下列影响持续盈利能力的情形,符合《首发办法》第十四条的规定:

(1)发行人的经营模式、产品或服务的品种结构已经或者将发生重大变化,并对发行人的持续盈利能力构成重大不利影响;

(2)发行人的行业地位或发行人所处行业的经营环境已经或者将发生重大变化,并对发行人的持续盈利能力构成重大不利影响;

(3)发行人在用的商标、专利、专有技术、特许经营权等重要资产或者技术的取得或者使用存在重大不利变化的风险;

(4)发行人最近一年的营业收入或净利润对关联方或者有重大不确定性的客户存在重大依赖;

(5)发行人最近一年的净利润主要来自合并财务报表范围以外的投资收益;

(6)其他可能对发行人持续盈利能力构成重大不利影响的情形。

9. 根据发行人的说明、北京市昌平区税务局、北京市海淀区税务局、上海市宝山区税务局分别出具的《证明》、大信会计师事务有限公司出具的大信审字(2009)第1-1305号《审计报告》、发行人及其控股子公司的承诺并经德恒律师核查,发行人及其控股子公司在最近三年的生产经营活动中依法纳税，享受的各项税收优惠符合相关法律法规的规定，发行人及其控股子公司的经营成果对税收优惠不存在严重依赖。符合《首发办法》第十五条的规定。

10. 根据大信会计师事务有限公司出具的大信审字（2009）第1－1305号《审计报告》、发行人及其控股子公司的承诺并经德恒律师核查，发行人及其控股子公司不存在重大偿债风险，不存在影响持续经营的担保、诉讼以及仲裁等重大或有事项。符合《首发办法》第十六条的规定。

11. 根据七二五所及中船投资的承诺并经德恒适当核查，发行人的股权清晰，控股股东和受控股股东、实际控制人支配的股东所持发行人的股份不存在重大权属纠纷。符合《首发办法》第十七条的规定。

12. 根据发行人控股股东、实际控制人的承诺并经德恒适当核查，发行人资产完整，业务及人员、财务、机构独立，具有完整的业务体系和直接面向市场独立经营的能力。发行人与控股股东、实际控制人及其控制的其他企业间不存在同业竞争，以及严重影响公司独立性或者显失公允的关联交易。符合《首发办法》第十八条的规定。

13. 经核查，发行人已经依法建立健全了股东大会、董事会、监事会、独立董事、董事会秘书、审计委员会制度等工作制度，相关机构和人员能够依法履行职责。符合《首发办法》第十九条的规定。

14. 根据发行人的说明、大信会计师事务有限公司出具的大信审字（2009）第1－1305号《审计报告》和大信会计师事务有限公司出具的大信鉴字（2009）第1－0071号《内部控制鉴证报告》并经德恒律师适当核查，发行人会计基础工作规范，财务报表的编制符合企业会计准则和企业会计制度的规定，在所有重大方面公允地反映了发行人的财务状况、经营成果和现金流量，并由大信会计师事务有限公司出具了无保留意见的《审计报告》。符合《首发办法》第二十条的规定。

15. 根据大信会计师事务有限公司出具的无保留结论的大信鉴字（2009）第1－0071号《内部控制鉴证报告》及发行人的说明，并经德恒适当核查，发行人内部控制制度健全且被有效执行，能够合理保证公司财务报告的可靠性、生产经营的合法性、营运的效率与效果。符合《首发办法》第二十一条的规定。

16. 根据大信会计师事务有限公司出具的大信鉴字（2009）第1－0071号《内部控制鉴证报告》、发行人的说明并经德恒律师核查，发行人确立了严格的资金管理制度，发行人不存在资金被控股股东、实际控制人及其控制的其他企业以借款、代偿债务、代垫款项或者其他方式占用的情形。符合《首发办法》第二十二条的规定。

17. 根据大信会计师事务有限公司出具的大信审字（2009）第1－1305号《审计报告》，2006年4月2日，北京乐普向七二五所提供2000万元人民币借款。上述款项已于2007年1月30日收回。

德恒认为，发行人控股股东虽曾与北京乐普有过上述资金往来的情形，但该等资金占用行为均发生2007年改制之前，并已于2007年初清理完毕，目前，发行人与控股股东、实际控制人及其控制的其他企业不存在任何形式的资金占用情形。发行人与控股股东之间曾经发生的资金往来不会对本次股票发行及上市构成实质性障碍。

18. 经核查，《公司章程》已明确发行人对外担保的审批权限和审议程序；根据大信会计师事务有限公司出具的大信审字（2009）第1－1305号《审计报告》、发行人的说明并经德恒适当核查，发行人不存在为控股股东、实际控制人及其控制的其他企业进行违规担保的情形。符合《首发办法》第二十三条的规定。

19. 经核查,自发行人整体变更为股份公司,保荐机构、律师事务所、会计师事务所等中介机构向发行人的董事、监事和高级管理人员进行了《公司法》、《证券法》、《首发办法》、《上市规则》等与股票发行及上市有关的法律法规的培训,发行人的董事、监事和高级管理人员已经通过了保荐机构组织的辅导考试,成绩优秀。因此,发行人的董事、监事和高级管理人员已经了解了与股票发行及上市有关的法律法规,知悉上市公司及其董事、监事和高级管理人员的法定义务和责任。符合《首发办法》第二十四条的规定。

20. 根据发行人提供的董事、监事、高级管理人员的简历、发行人承诺、经德恒律师登陆中国证监会网站并经德恒律师适当核查,发行人的董事、监事和高级管理人员符合法律、行政法规等规范性文件和《公司章程》规定的任职资格,且不存在下列情形。符合《首发办法》第二十五条的规定。

21. 被中国证监会采取证券市场禁入措施尚在禁入期的;

(1)最近三年内受到中国证监会行政处罚,或者最近一年内受到证券交易所公开谴责的;

(2)因涉嫌犯罪被司法机关立案侦查或者涉嫌违法违规被中国证监会立案调查,尚未有明确结论意见的。

22. 根据发行人及其控股股东、实际控制人的承诺及德恒适当核查,发行人及其控股股东、实际控制人最近三年内不存在损害投资者合法权益和社会公共利益的重大违法行为;不存在未经法定机关核准,擅自公开或者变相公开发行证券,或者有关违法行为虽然发生在三年前,但目前仍处于持续状态的情形。符合《首发办法》第二十六条的规定。

23. 如本律师工作报告正文"十八、发行人募集资金的运用"所述,发行人募集资金将用于主营业务,并有明确的用途。募集资金数额和投资项目与发行人现有生产经营规模、财务状况、技术水平和管理能力等相适应。符合《首发办法》第二十七条的规定。

24. 如本律师工作报告正文"十八、发行人募集资金的运用"所述,发行人已经建立了募集资金专项存储制度,募集资金将存放于董事会决定的专项账户。符合《首发办法》第二十八条的规定。

(三)本次发行及上市符合《关于上市公司涉及外商投资有关问题的若干意见》(外经贸资发〔2001〕538 号)规定的相关条件

1. 经核查,发行人申请上市前三年均已通过外商投资企业联合年检,符合《关于上市公司涉及外商投资有关问题的若干意见》第二条第(二)项第一款的规定。

2. 经核查,发行人经营范围符合《外商投资产业指导目录》及《关于上市公司涉及外商投资有关问题的若干意见》第二条第(二)项第二款的规定。

3. 经核查,发行人现有股本总额为36,500 万股,本次发行 4100 万股 A 股股票,本次发行及上市完成后,公司股本总额变更为40,600 万股,外资股占总股本的比例不低于 10%,符合《关于上市公司涉及外商投资有关问题的若干意见》第二条第(二)项第三款的规定。

综上所述,德恒认为,发行人具备本次发行上市的实质条件。

## 四、发行人的设立

发行人由北京乐普以整体变更方式设立。

(一)整体变更为股份有限公司的授权和批准

1. 2007 年 5 月 15 日,中船重工集团出具《关于同意北京乐普医疗器械有限公司进行股份制改造的批复》(船重资〔2007〕468号),同意北京乐普通过整体变更方式实施股份制改造,变更为股份有限公司。

2. 2007年8月2日,国防科工委出具《国防科工委关于北京乐普医疗器械有限公司实施股份制改造有关问题的批复》(科工委〔2007〕807号),同意北京乐普实施股份制改造,整体变更设立为股份有限公司。

3. 2007年8月15日,北京乐普第三届董事会2007年第五次会议通过决议,以2007年7月31日经审计的账面净资产额297,590,370.28元,按照1∶0.999,998,756的比例折股,折合为股份29,759万股(每股面值1元),剩余0.037,028万元计入股份公司资本公积,将有限责任公司整体变更为股份有限公司。

4. 2007年12月19日,国务院国资委出具《关于乐普(北京)医疗器械股份有限公司(筹)国有股权管理有关问题的批复》(国资产权〔2007〕1547号),批准了北京乐普此次所改制涉及的国有股权管理方案。

5. 2007年12月27日,商务部出具《商务部关于同意北京乐普医疗器械有限公司改制为外商投资股份有限公司的批复》(商资批〔2007〕2144号),批准了发行人的改制方案。据此,发行人于2007年12月29日领取了批准号为商外资资审字〔2007〕0493号的《外商投资企业批准证书》。

(二)发起人协议

2007年8月28日,北京乐普的股东七二五所、中船投资、Brook、蒲忠杰、美国WP及苏荣誉共同签署了《发起人协议》,该协议就拟设立的股份公司的名称、宗旨、经营范围、公司股份总数、股本设置和出资方式、发起人的权利和义务等内容做出了明确约定,内容合法有效。

(三)发起人的出资

1. 2007年8月15日,北京乐普第三届董事会2007年第五次会议作出决议,确认以2007年7月31日经审计的账面净资产额297,590,370.28元,按照1∶0.999,998,756的比例折股,折合为股份29,759万股(每股面值1元),剩余0.037,028万元计入股份公司资本公积。

2. 2007年12月28日,大信会计师事务有限公司对发起人出资进行审验,并出具大信京验字(2007)第0021号《验资报告》,确认截至2007年7月31日止,乐普(北京)医疗器械股份有限公司(筹)全体股东已将净资产折合为注册资本(股本)297,590,000.00元人民币。

公司整体变更后的注册资本为29,759万元,股权结构如下表所示:

| 股东 | | 出资额(元) | 出资比例 |
|---|---|---|---|
| 1 | 七二五所 | 97,758,315 | 32.850% |
| 2 | 中船投资 | 62,642,695 | 21.050% |
| 3 | Brook公司 | 59,518,000 | 20.000% |
| 4 | 蒲忠杰 | 49,274,952 | 16.558% |
| 5 | 美国WP | 25,268,367 | 8.491% |
| 6 | 苏荣誉 | 3,127,671 | 1.051% |
| 合计 | | 297,590,000 | 100% |

(四)资产评估情况

2007 年 8 月 28 日,中联资产评估有限公司出具了以 2007 年 7 月 31 日作为改制基准日的《资产评估报告》(中联评报字〔2007〕第 522 号)。

该评估报告已经中船重工集团备案。

(五)创立大会召开情况

发行人于 2007 年 12 月 29 日召开创立大会,全部发起人(包括授权代表)出席了创立大会,审议通过了《公司章程》,选举产生了第一届董事会董事和第一届监事会非职工监事,授权董事会办理有关公司设立、注册登记等事宜。

(六)工商登记

2008 年 1 月 14 日,公司在北京市工商局完成变更登记注册手续,并领取了注册号为 110000410140103 的《企业法人营业执照》。

综上所述,德恒认为:

1. 发行人设立的程序、资格、条件、方式等符合当时有效的法律、法规和规范性文件的规定,并得到有权部门的批准。

2. 发行人改制设立过程中所签订的《发起人协议》符合有关法律、法规和规范性文件的规定,不会因此引致发行人设立行为存在潜在纠纷。

3. 发行人设立过程中履行了有关资产评估、验资等必要程序,符合相关法律、法规和规范性文件的规定。

4. 发行人创立大会程序及所议事项符合法律、法规和规范性文件的规定。

综上所述,德恒认为,发行人的设立行为合法、合规、真实、有效,不存在法律障碍或潜在的法律风险。

## 五、发行人的独立性

德恒认为,发行人资产完整,业务及人员、财务、机构独立,具有完整的业务体系和直接面向市场独立经营的能力。与控股股东、实际控制人及其控制的其他企业间不存在同业竞争,以及严重影响公司独立性或者显失公允的关联交易。符合《首发办法》第十八条的规定。

## 六、发起人和股东及实际控制人

发行人自北京乐普整体变更设立,整体变更前,北京乐普原股东均为发行人发起人:七二五所、中船投资、Brook 公司、蒲忠杰先生、美国 WP、苏荣誉先生。发行人的实际控制人为中船重工集团,以首次公开发行 4100 万股并向社保基金会转持 410 万股国有股计,本次发行及上市完成后,中船重工集团间接控制公司的股份比例为 47.45%。

综上所述,德恒认为:

1. 发起人或股东(已追溯至实际控制人)依法存续,具有法律、法规和规范性文件规定担任发起人或进行出资的资格。

2. 发行人的发起人或股东人数、住所、出资比例符合有关法律、法规和规范性文件的规定。

3. 发起人已投入发行人的资产的产权关系清晰,发起人投入发行人的资产不存在法律障碍。

4. 发起人投入发行人的资产或权利的权属证书已由发起人转移给发行人,不存在法律障碍或风险。

## 七、发行人的股本及其演变

(一)发行人设立时的股权设置、股本结构

如本律师工作报告"四、发行人的设立"所述,发起人是以有限责任公司整体变更为股份有限公司的方式设立的,发行人设立时取得了国资部门、商务部门、行业主管部门和上级主管单位的批准,董事会审议通过了整体变更方案及变更后的股权设置和股本结构,发起人签署了《发起人协议》,聘请注册会计师和资产评估师进行了审计和评估，并最终完成了工商注册登记。

德恒认为，发行人设立时的股份设置、股本结构合法有效，产权界定和确认不存在潜在纠纷及法律风险。

（二）发行人前身——北京乐普的设立

1. 设立的基本情况

根据中国船舶工业总公司《关于七二五所成立中外合资北京医疗器械有限责任公司可行性研究报告的批复》（船总计〔1999〕348 号）、北京市新技术产业开发试验区昌平科技园区管委会《关于中外合资经营北京乐普医疗器械有限公司立项及可行性研究报告的批复》（昌园委复〔1999〕1 号）、北京市昌平县对外经济贸易委员会《关于中外合资经营"北京乐普医疗器械有限公司"合同、章程及董事会人员组成的批复》（昌经贸资字〔1999〕011 号）批准，七二五所和美国 WP 签署合资合同，共同出资组建北京乐普医疗器械有限公司，投资总额 1260 万元，并于 1999 年 6 月 11 日在北京市工商行政管理局注册成立。

北京乐普设立时，持有外经贸京字〔1999〕00237 号《外商投资企业批准证书》和企合京总字第 014010 号《企业法人营业执照》。

经北京燕平会计师事务所以燕会科验字（1999）第 098 号、燕会科验字（2000）第 018 号《验资报告》验证，截至 2000 年 2 月 24 日，七二五所、美国 WP 认缴的注册资本已全部到位。

1999 年 5 月 26 日，北京市科学技术委员会出具《高新技术成果出资入股认定书》，认定美国 WP 公司申报的"PTCA 导管及冠状动脉支架"技术为高新技术成果，并认同此成果出资额占北京乐普注册资本总额的 30%。因此，北京乐普的高新技术出资占注册资本 30%，符合 1993 年《公司法》等相关法律法规的规定。

德恒认为，北京乐普的设立得到了有关权威部门的批准，设立的程序、条件、方式符合当时法律、法规和规范性文件的规定。

北京乐普设立时的股本总额及股权结构如下：

| | 股东 | 出资额（万元） | 出资比例 |
|---|---|---|---|
| 1 | 七二五所 | 882 | 70% |
| 2 | 美国 WP | 378 | 30% |
| | 合计 | 1260 | 100% |

2. 美国 WP 出资事项

根据中国船舶工业总公司《关于七二五所成立中外合资北京医疗器械有限责任公司可行性研究报告的批复》（船总计〔1999〕348 号）、七二五所和美国 WP 签署的合资合同及北京乐普设立时的公司章程，美国 WP 以"经皮腔及冠状动脉成型术的导管"及"扩张血管的支架"两项正在申请专利的专有技术作价 378 万元人民币对北京乐普出资。该等专有技术的原所有权人蒲忠杰先生、吴光熙先生已书面同意将其作为美国 WP 的资产向北京乐普出资。北京市昌平县对外经济贸易委员会对此次出资予以批准，上述两项无形资产已于 1999 年 7 月 28 日前由蒲忠杰先生、吴光熙先生交付北京乐普使用。

蒲忠杰先生、吴光熙先生于 1998 年 7 月 3 日就前述专有技术共同向国家专利局提出专利申请，于 1998 年 7 月 30 日被国家专利局受理，1999 年 8 月 25 日，国家专利局公告授予蒲忠杰先生、吴光熙先生专利权。2004 年 5 月 14 日，该等专利变更至北京乐普名下。

经核查，在被授予专利权之前，蒲忠杰先生、吴光熙先生已将前述无形资产作为美国 WP 的出资交付北京乐普使用。根据合资合同及公司设立时章程，七二五所和美国 WP 确定的"经皮腔及冠状动脉成型术的导管”及“扩张血管的支架”的出资形式为专有技术出资,而蒲忠杰先生、吴光熙先生同意美国 WP 以上述专有技术作为出资。因此,德恒认为,美国 WP 以“经皮腔及冠状动脉成型术的导管”及“扩张血管的支架”两项专有技术出资合法。

北京乐普取得美国 WP 的专有技术出资后,未及时办理该等专有技术的专利申请人变更登记手续,从而使蒲忠杰先生、吴光熙先生获得了专利权。但该等专利技术一直由北京乐普实际占有和使用,蒲忠杰先生、吴光熙先生从未因持有上述专利技术向北京乐普主张过任何权益。2004 年 5 月 14 日,由蒲忠杰先生、吴光熙先生直接将该等专利权变更至北京乐普名下,北京乐普亦未因此向上述二人支付任何对价,双方从未就专利权的归属产生纠纷。而且,北京乐普历次增资和改制为股份公司均得到了工商及外资主管部门的批复,未对北京乐普股东的出资提出过异议。因此,德恒认为,美国 WP 以专有技术出资后未及时办理权属变更登记手续对公司设立不构成实质法律障碍。

德恒认为,美国 WP 对北京乐普的出资合法有效,不存在争议和纠纷,不会对本次发行上市构成实质障碍。

(三)历次股权变动

1. 2004 年增资至 5000 万元

2003 年 8 月,中船重工集团以《关于七二五所重组中外合资北京乐普医疗器械有限责任公司的批复》(船重规〔2003〕526 号)批准北京乐普进行重组。

2004 年 3 月 6 日,北京乐普董事会作出决议,同意七二五所、中船投资、蒲忠杰先生、苏荣誉先生共同对北京乐普进行增资扩股。

2004 年 3 月 26 日,北京市昌平区对外经济贸易委员会出具《关于北京乐普医疗器械有限公司增资、扩股及调整经营范围的批复》(昌经贸企发〔2004〕24 号),批准此次增资行为,并向北京乐普颁发了新的《外商投资企业批准证书》。

根据北京科勤会计师事务所出具的科勤〔2004〕验字第 020 号《验资报告》,截至 2004 年 3 月 19 日,北京乐普已收到各投资方缴纳的实收资本合计 3740 万元。

2004 年 8 月 18 日,北京乐普在工商行政管理部门办理了相应的工商变更登记手续,并换领了变更后的《企业法人营业执照》。

在北京乐普本次增资扩股过程中,各增资方认购增资的溢价比例不一致,国有股东中船投资认购增资的溢价比例高于其他方认购增资的溢价比例。对此,经北京乐普各股东协商一致,同意对上述行为予以规范调整,并履行了以下必要的法律程序:2007 年 8 月,北京乐普董事会决议将 2004 年增资时中船投资投入资金超过其认缴注册资本而计入公司资本公积金的 400 万元中的 378.79 万元退还中船投资,但不因上述调整事项对各股东在北京乐普中的出资额和持股比例进行追溯调整;各方股东签署了《同意函》,同意向中船投资退回的资本公积金金额为 378.79 万元;2007 年 8 月 23 日,中船重工集团出具《关于七二五所、中船重工科技投资发展有限公司调整北京乐普医疗器械有限公司重组方案的批复》(船重规〔2007〕969 号),批准了上述调整事项及 2004 年北京乐普最终增资实施方案;2007 年 8 月 28 日,北京市昌平区商务局出具《关于北京乐普医疗器械有限公司变更合同及章程的备案通知》,对因上述调整而进行的合资合同及章程相关条款变更无异议,同意备案。

此次增资完成后,北京乐普投资总额由 1260 万元增至 6250 万元、注册资本由 1260 万元增至 5000 万元,相应的股权结构如下:

| | 股东 | 出资额(万元) | 出资比例 |
|---|---|---|---|
| 1 | 七二五所 | 1950 | 39% |
| 2 | 中船投资 | 1600 | 32% |
| 3 | 蒲忠杰 | 1008 | 20.16% |
| 4 | 美国WP | 378 | 7.56% |
| 5 | 苏荣誉 | 64 | 1.28% |
| | 合计 | 5000 | 100% |

经核查，对于发行人2004年增资，德恒认为：

(1)根据北京市政府于2001年3月2日颁布实施的《中关村科技园区企业登记注册管理办法》的规定，中国公民可以以自然人身份作为出资人兴办中外合资、合作的高新技术企业。北京乐普自设立以来，住所均在中关村科技园区内，且一直被认定为高新技术企业。因此，德恒认为，中国境内自然人蒲忠杰先生和苏荣誉先生通过认购增资的方式成为中外合资经营企业股东合法有效。

(2)经德恒律师核查，2004年增资后北京乐普的注册资本中无形资产的出资为1528万元(含1999年美国WP对北京乐普378万元的无形资产出资)，占注册资本的30.56%。根据《北京市工商行政管理局关于中关村科技园区高新技术企业注册登记改制改组工作的试点意见》(京工商发〔2000〕127号)，"鼓励投资者对园区内高新技术企业投资，以工业产权、非专利技术作价出资的，其作价出资的总金额占注册资本(金)的比例最高可达60%"；"中关村科技园区内经认定属高新技术企业的外商投资企业适用本条款"。北京乐普自设立以来，住所均在中关村科技园区内，且一直被认定为高新技术企业。因此，德恒认为，2004年北京乐普增资后无形资产占注册资本的比例达到30.56%，合法有效。

(3)经德恒律师核查，北京乐普向股东中船投资退还资本公积金得到了全体股东的同意并获得北京乐普最高权力机构董事会、国有资产主管部门中船重工集团和商务主管部门北京市昌平区商务局的批准，因此，不存在潜在的法律纠纷，不会对北京乐普的注册资本及各股东在北京乐普的出资、持股比例产生不利影响。

(4)经德恒律师核查，国有资产管理局于2005年12月7日向北京乐普颁发的《国有资产产权登记证》及中船重工集团于2007年8月23日出具的《关于七二五所、中船重工科技投资发展有限公司调整北京乐普医疗器械有限公司重组方案的批复》(船重规〔2007〕969号)，均确认了此次增资结果。中船重工集团于2008年11月25日出具《关于北京乐普医疗器械有限责任公司增资扩股事宜的说明》，"尽管本次增资没有对北京乐普的整体价值进行评估，但此次增资后，七二五所及中船科技投资公司在北京乐普的投资实现了国有资产的保值增值。"因此，德恒认为，本次增资没有对北京乐普的整体价值进行评估，不会影响发行人的有效存续及新增出资的效力，不会对发行人本次发行上市构成实质性障碍。

德恒认为，除德恒律师特别说明的情形外，北京乐普2004年增资扩股合法、合规、真实、有效。

2. 2006年增资至136,888,889元，并相应调整股权比例

2006年11月8日，北京乐普董事会作出决议，同意Brook公司以86,888,889

元人民币对北京乐普进行增资,取得增资后北京乐普10%的股权。

2006年11月20日,中船重工集团以《关于同意引进战略投资者重组北京乐普医疗器械有限公司和北京天地和协科技有限公司的批复》(船重资〔2006〕1022号)批准了本次增资事宜。

2006年12月18日,北京京都资产评估有限责任公司以2006年6月30日为评估基准日,对北京乐普的全部股东权益价值进行评估,出具了京都评报字(2006)第111号《资产评估报告》,为发行人此次增资扩股提供股权价值参考依据。该资产评估报告已在中船重工集团履行了国有资产评估结果备案手续。

2006年12月22日,北京市昌平区发展和改革委员会出具《关于北京乐普医疗器械有限公司增资扩股暨北京乐普介入医疗器械二期项目核准的批复》(昌发改复〔2006〕195号),同意Brook以8688.8889万元现金对北京乐普进行增资,占增资后北京乐普10%的股权。

2007年1月11日,北京市昌平区商务局出具《关于北京乐普医疗器械有限公司增资并购及变更董事会组成人员的批复》(昌商发〔2007〕004号),批准此次增资,并向北京乐普颁发了新的《外商投资企业批准证书》。

2007年2月15日、2007年3月26日,大信会计师事务有限公司分别出具大信京验字(2007)第0005号《验资报告》和大信京验字(2007)第0006号《验资报告》,确认截至2007年3月26日,Brook公司认缴的新增注册资本已足额缴纳,北京乐普注册资本人民币136,888,889.00元,实收资本136,888,889.00元。

北京乐普于2007年2月27日在工商行政管理部门办理了相应的工商变更登记手续,并换领了变更后的《企业法人营业执照》。

上述增资完成后,北京乐普的股权结构如下:

| | 股东 | 出资额(万元) | 出资比例 |
|---|---|---|---|
| 1 | 七二五所 | 4804.8000 | 35.1% |
| 2 | 中船投资 | 3942.4000 | 28.8% |
| 3 | Brook公司 | 1368.8889 | 10% |
| 4 | 蒲忠杰 | 2483.7120 | 18.144% |
| 5 | 美国WP | 931.3920 | 6.804% |
| 6 | 苏荣誉 | 157.6960 | 1.152% |
| | 合计 | 13,688.8889 | 100% |

经核查,Brook公司以86,888,889元人民币对北京乐普进行增资后,北京乐普注册资本变为136,888,889元,各股东协商确定了各自所占的股权比例。根据《关于外国投资者并购境内企业的规定》第十八条第二款的规定,"外国投资者认购境内有限责任公司增资的,并购后所设外商投资企业的注册资本为原境内公司注册资本与增资额之和。外国投资者与被并购境内公司原其他股东,在境内公司资产评估的基础上,确定各自在外商投资企业注册资本中的出资比例。"因此,德恒认为,北京乐普增资86,888,889元人民币,Brook公司占增资后10%的股权,已经过北京市商务局的批准,并进行了工商变更登记,符合相关法律法规的规定。

德恒认为，北京乐普2006年增资至136,888,889元并相应调整股权比例合法、合规、真实、有效。

3. 2007年七二五所和中船投资挂牌转让股权予Brook公司

2006年12月3日，经中船重工集团以船重资〔2006〕1022号文件批准，北京乐普董事会作出决议，同意七二五所和中船投资在北京产权交易所以公开挂牌方式分别转让其持有北京乐普2.5000%和8.6111%的股权（占增资扩股完成后的比例分别为2.250%和7.750%）。

2006年12月18日，北京京都资产评估有限责任公司以2006年6月30日为评估基准日，对北京乐普的全部股东权益价值进行评估，并出具了京都评报字（2006）第111号《资产评估报告》。该资产评估报告已在中船重工集团履行了备案手续。

2006年12月22日，北京市昌平区发展和改革委员会出具《关于北京乐普医疗器械有限公司增资扩股暨北京乐普介入医疗器械二期项目核准的批复》（昌发改复〔2006〕195号），同意七二五所和中船投资将其持有的北京乐普2.25%和7.75%的股权转让给Brook公司。

2007年2月5日，北京市昌平区商务局出具《关于北京乐普医疗器械有限公司股权转让的批复》（昌商发〔2007〕021号），并颁发了《外商投资企业批准证书》。

2007年2月15日，北京产权交易所出具了编号为0021528和0021529的《产权交易凭证》，七二五所将其所持有北京乐普2.5000%的股权以19,550,000元的价格转让给Brook公司，中船投资将其所持有北京乐普8.6111%的股权以67,338,889元的价格转让给Brook公司。

2007年6月8日，北京乐普在北京市工商局办理了相应的工商变更登记手续。

经过上述股权转让，北京乐普的股权结构如下：

| | 股东 | 出资额（元） | 出资比例 |
|---|---|---|---|
| 1 | 七二五所 | 44,968,000 | 32.850% |
| 2 | 中船投资 | 28,815,111 | 21.050% |
| 3 | Brook公司 | 27,377,778 | 20.000% |
| 4 | 蒲忠杰 | 24,837,120 | 18.144% |
| 5 | 美国WP | 9,313,920 | 6.804% |
| 6 | 苏荣誉 | 1,576,960 | 1.152% |
| | 合计 | 136,888,889 | 100% |

德恒认为，北京乐普2007年七二五所和中船投资挂牌转让股权予Brook公司合法、合规、真实、有效。

4. 2007年增资至150,000,000元，并相应调整股权比例

2007年6月30日，北京乐普董事会通过决议，同意七二五所、中船投资、Brook公司、美国WP共同对北京乐普增资扩股。

此次增资已经中联资产评估有限责任公司出具的中联评报字〔2007〕第439号《资产评估报告书》评估。该资产评估报告已在中船重工集团备案。

2007年7月26日，北京市昌平区商务局出具《关于北京乐普医疗器械有限公司增加注册资本的批复》（昌商发〔2007〕088号），并颁发了《外商投资企业批准证书》。

2007年7月27日，中船重工集团出具《关于同意对北京乐普医疗器械有限公

司实施增资的批复》(船重资〔2007〕855号),同意此次增资。

2007年7月30日,北京市昌平区发展和改革委员会出具《关于北京乐普医疗器械有限公司增资项目核准的批复》(昌发改复〔2007〕110号),核准了此次增资。

2007年8月11日,大信会计师事务有限公司出具大信京验字(2007)第0015号《验资报告》,确认截至2007年7月31日,七二五所、中船投资、Brook公司、美国WP认缴的新增注册资本已足额缴纳,北京乐普注册资本人民币150,000,000.00元,实收资本人民币150,000,000.00元。

2007年9月6日,北京乐普在北京市工商局办理了工商变更登记手续。

此次增资完成后,北京乐普注册资本变为150,000,000元,股权结构如下表所示:

| | 股东 | 出资额(元) | 出资比例 |
|---|---|---|---|
| 1 | 七二五所 | 49,275,000 | 32.850% |
| 2 | 中船投资 | 31,575,000 | 21.050% |
| 3 | Brook 公司 | 30,000,000 | 20.000% |
| 4 | 蒲忠杰 | 24,837,120 | 16.558% |
| 5 | 美国WP | 12,735,920 | 8.491% |
| 6 | 苏荣誉 | 1,576,960 | 1.051% |
| | 合计 | 150,000,000 | 100% |

德恒认为,北京乐普2007年增资至150,000,000元并相应调整股权比例合法、合规、真实、有效。

5. 改制为股份有限公司

如本律师工作报告"四、发行人的设立"所述,2007年12月29日,北京乐普整体变更为股份有限公司。股份公司设立后,发行人的注册资本达到297,590,000股。

德恒认为,北京乐普整体变更改制为乐普医疗合法、合规、真实、有效。

6. 2008年资本公积金转增股本及送股

2008年4月14日,中船重工集团以《关于乐普(北京)医疗器械股份有限公司资本公积金转增股本以及送股有关问题的批复》(船重资〔2008〕366号)批准了发行人以资本公积金转增股本5183万股,以未分配利润送股1558万股,发行人总股本变更为36,500万股,各股东持股比例不变。

2008年4月19日,发行人召开2008年第二次临时股东大会,同意根据大信会计师事务有限公司于2008年4月4日出具的大信京审字〔2008〕第0787号《审计报告》,发行人拟按2008年9月30日总股本为基数,按照每10股送0.523,54股的比例向全体股东送股,共计送出1558万股。发行人按照每10股转增1.741,66股的比例向全体股东转增股本,转增股数共计5183万股。

2008年5月27日,商务部以《关于同意乐普(北京)医疗器械股份有限公司增资和变更经营范围的批复》(商资批〔2008〕626号)批准了上述公积金转增及送股事宜,颁发了《外商投资企业批准证书》(商外资资审字〔2007〕0493号)。

2008年5月29日,大信会计师事务有限公司对新增注册资本及实收资本进行审验,并出具大信京验字(2008)第0024号《验资报告》,确认截至2008年5月29日,发行人已将资本公积金51,830,000元和未分配利润15,580,000元转增股本。发行人变更后的注册资本为365,000,000.00元人民币,实收股本为365,000,000.00元人民币。

2008年6月10日,发行人在北京市工商行政管理局进行了工商变更登记。

本次资本公积金转增股本完成后,发行人总股本达到365,000,000股,公司各股东持股比例不变,股权结构如下表所示:

| | 股东 | 持股数量(股) | 出资比例 |
|---|---|---|---|
| 1 | 七二五所 | 119,902,500 | 32.850% |
| 2 | 中船投资 | 76,832,500 | 21.050% |
| 3 | Brook 公司 | 73,000,000 | 20.000% |
| 4 | 蒲忠杰 | 60,436,700 | 16.558% |
| 5 | 美国 WP | 30,992,150 | 8.491% |
| 6 | 苏荣誉 | 3,836,150 | 1.051% |
| | 合计 | 365,000,000 | 100% |

德恒认为,发行人以资本公积金转增股本合法、合规、真实、有效。

(四)发行人各股东所持发行人股份的受限情况

根据发行人股东书面承诺和德恒律师的核查,除美国WP与Brook公司签订有股权质押合同外,发行人各股东所持发行人的股份不存在质押。

经核查,美国WP唯一股东张月娥于2007年7月20日与Brook公司签署协议,将其拥有的美国WP 70%的股权质押予Brook公司,以作为其向Brook公司300万美元借款的担保。

德恒认为,若张月娥女士到期不清偿债务,导致其所持美国WP 70%的股权变更至Brook公司名下,则Brook公司通过直接和间接持有的发行人股份最多将达到总股本(以36,500万元计)的25.94%,仍然无法控股发行人。因此,张月娥女士与Brook公司签订的股权质押合同对发行人的股权结构及外资比例不会产生重大影响,对本次发行及上市不构成实质性障碍。

(五)结论意见

经核查,德恒认为:

1. 发行人设立时的股份设置、股本结构合法有效,产权界定和确认不存在纠纷及风险。

2. 北京乐普的设立,得到了有权部门的批准,设立的程序符合当时法律、法规和规范性文件的规定。

3. 除德恒律师特别说明的情形外,发行人及北京乐普历次股权变动合法、合规、真实、有效。

4. 除德恒律师特别说明的情形外,发行人各股东所持发行人的股份不存在质押、诉讼以及由此引致的纠纷或者潜在的纠纷。

## 八、发行人的业务

(一)发行人的经营范围和经营方式符合有关法律、法规和规范性文件的规定。

(二)根据大信会计师事务有限公司出具的《审计报告》、发行人的承诺以及德恒律师适当核查,发行人没有在中国大陆以外从事经营活动。

(三)根据发行人的说明并经德恒律师核查,自发行人设立以来,主要从事冠状动脉介入医疗器械的研发、生产和销售,主要产品包括血管内药物(雷帕霉素)洗脱支架系统、PTCA球囊扩张导管、冠状动脉支架输送系统等。2008年,发行人完成全资收购天地和协(导管、导丝及麻醉监护等配套器械或介入配件)、上海形状(先心介入封堵器)和上海形记,并增资北京卫金帆(血管造影机),为完善公司介入医疗产品配套能力、丰富公司产品结构、增强公司市场综合竞争力提供了更多支持。德恒认为,发行人以冠状动脉介入医疗器械的研发、生产和销售为基础,不断完善介入医疗产品配套能力、丰富公司产品结构,不存在影响公司主营业务发展及主营业务所占比重的情况。

(四)根据大信会计师事务有限公司出具的大信审字(2009)第1－1305号《审计报告》,发行人2006年度、2007年度、2008年度及2009年上半年营业收入分别为:175,338,190.46元、298,984,733.77元、393,879,358.73元及280,897,706.90元,其中,2006年度、2007年度、2008年度及2009年上半年的主营业务收入分别为175,338,190.46元、298,984,733.77元、393,879,358.73元及280,897,706.90元。主营业务收入所占比例均为100%。因此,德恒认为,发行人主营业务突出。

(五)根据发行人成立以来的工商登记材料、大信会计师事务有限公司出具的大信审字(2009)第1－1305号《审计报告》并经德恒律师核查,截至本律师工作报告出具之日,不存在影响发行人持续经营的法律障碍。

**九、关联交易及同业竞争**

(一)发行人关联方

经核查,发行人存在如下关联方:

1. 发行人控股股东以及持有发行人股份5%以上的其他股东包括:七二五所、中船投资、Brook公司、蒲忠杰先生、美国WP。

2. 发行人的实际控制人为中船重工集团公司。

3. 发行人的控股子公司包括:天地和协、上海形状、上海形记、乐普科技、瑞祥泰康。

4. 发行人的参股子公司包括:卫金帆。

5. 控股股东七二五所直接控制的企业包括:洛阳双瑞特种装备有限公司、洛阳双瑞精铸钛业有限公司、洛阳双瑞金属复合材料有限公司、洛阳双瑞万基钛业有限公司、洛阳七星科贸发展有限公司、洛阳双瑞风电叶片有限公司。

6. 实际控制人直接控制的企业

根据发行人的实际控制人——中船重工集团提供的相关说明及相应的企业法人营业执照,其直接控制的企业包括:

| 公司名称 | | 设立时间 | 注册资本(万元) | 注册地/主要生产经营地 | 主营业务 |
|---|---|---|---|---|---|
| 一、工业企业 | | | | | |
| (一)造船厂 | | | | | |
| 1 | 大连船舶重工集团有限公司 | 1898年 | 337,183 | 辽宁省大连市 | 民用船舶制造 |
| 2 | 渤海船舶重工有限责任公司 | 1954年 | 152,370 | 辽宁省葫芦岛市 | 民用船舶制造 |
| 3 | 武昌船舶重工有限责任公司 | 1934年 | 32,000 | 湖北省武汉市 | 民用船舶制造 |
| 4 | 青岛北海船舶重工有限责任公司 | 1898年 | 172,073 | 山东省青岛市 | 民用船舶制造 |

续表

| 公司名称 | | 设立时间 | 注册资本（万元） | 注册地/主要生产经营地 | 主营业务 |
|---|---|---|---|---|---|
| 5 | 天津新港船舶重工有限公司 | 1940 年 | 2000 | 天津市塘沽区 | 民用船舶制造 |
| 6 | 山海关船舶重工有限公司 | 1972 年 | 40,905 | 河北省秦皇岛市 | 民用船舶制造 |
| 7 | 国营川东造船厂 | 1966 年 | 11,680 | 重庆市涪陵区 | 小型民用船舶制造 |
| 8 | 湖北华舟重工有限责任公司 | 1967 年 | 5458 | 湖北省赤壁市 | 舟桥制造 |
| （二）造机厂 | | | | | |
| 9 | 河南柴油机重工有限责任公司 | 1958 年 | 10,985 | 河南省洛阳市 | 大功率高速柴油机 |
| 10 | 国营江峡船舶柴油机厂 | 1970 年 | 10,062 | 湖北省枝江市 | 压力容器、冶金机械、建材机械 |
| 11 | 中船重工重庆液压机电有限公司 | 1967 年 | 4000 | 重庆市永川区 | 液压泵、缸、阀 |
| 12 | 重庆长江涂装机械厂 | 1977 年 | 1363 | 重庆市万州区 | 喷涂机 |
| （三）仪器仪表厂 | | | | | |
| 13 | 中船重工中南装备责任有限公司 | 1965 年 | 8000 | 湖北省宜昌市 | 液压启闭机、光学器材 |
| 14 | 国营汉光机械厂 | 1963 年 | 4827 | 河北省邯郸市 | 复印机、复印耗材 |
| 15 | 重庆华渝电气仪表总厂 | 1994 年 | 10,293 | 重庆市渝北区 | 研制和生产惯性器件及仪表为主导产品 |
| 16 | 重庆长平机械厂 | 1965 年 | 2075 | 重庆市万州区 | 电罗经、喷砂机 |
| 17 | 重庆江陵仪器厂 | 1966 年 | 1465 | 重庆市万州区 | 电子仪器、蓄电池生产设备 |
| 18 | 重庆清平机械厂 | 1965 年 | 2070 | 重庆市渝北区 | 中、小模数齿轮 |
| 19 | 重庆衡山机械厂 | 1966 年 | 1766 | 重庆市万州区 | 有色金属小型铸件 |
| 20 | 中船重工海声科技有限公司 | 2004 年 | 5000 | 湖北省宜昌市 | 电气机械及器材制造业，电光源制造业 |
| 21 | 沈阳辽海机械厂 | 1960 年 | 4902 | 辽宁省沈阳市 | 机、电、声产品开发设计和加工制造 |
| 22 | 北京长城无线电厂 | 1970 年 | 1874 | 北京市海淀区 | 汽车电子产品 |
| 23 | 淄博蓄电池厂 | 1944 年 | 4162 | 山东省淄博市 | 工业电池 |
| 24 | 保定风帆集团有限责任公司 | 1990 年 | 14,208 | 河北省保定市 | 不锈钢制品、电解铝等 |
| 25 | 风帆股份有限公司 | 2000 年 | 21,800 | 河北省保定市 | 汽车蓄电池 |

续表

| 公司名称 | | 设立时间 | 注册资本（万元） | 注册地/主要生产经营地 | 主营业务 |
|---|---|---|---|---|---|
| 26 | 昆明船舶设备集团有限公司 | 1969 年 | 40,385 | 云南省昆明市 | 烟机、物流、电子设备 |
| 27 | 山西平阳重工机械有限责任公司 | 1955 年 | 19,805 | 山西省侯马市 | 液压支架 |
| 28 | 山西汾西重工有限责任公司 | 1954 年 | 11,970 | 山西省太原市 | 电机 |
| 29 | 西安东风仪表厂 | 1964 年 | 19,875 | 陕西省西安市 | 干式变压器 |
| 30 | 山西江淮重工有限责任公司 | 1966 年 | 13,184 | 山西省晋城市 | 机械零部件加工铸造 |
| 31 | 重庆前卫仪表厂 | 1966 年 | 3226 | 重庆市江北区 | 燃气器具 |
| 二、其他企业 | | | | | |
| 32 | 中国船舶重工国际贸易有限公司 | 2003 年 | 36,700 | 北京市西城区 | 船舶及船用设备、海洋工程及设备、军用舰船及设备、各类机电产品的进出口业务 |
| 33 | 中国船舶工业物资总公司 | 1988 年 | 14,853 | 北京市西城区 | 经营金属材料、非金属材料、机电设备、建材、化工、轻工纺织品等众多产品以及房地产开发业务 |
| 34 | 中船重工物资贸易集团有限公司 | 2006 年 | 5000 | 北京市西城区 | 金属材料、机电设备、石油化工等物资贸易业务 |
| 35 | 中船重工财务有限责任公司 | 2002 年 | 71,900 | 北京市海淀区 | 同业拆借，对中船重工集团成员单位办理贷款及融资租赁 |
| 36 | 中船重工科技投资发展有限公司 | 2003 年 | 43,200 | 北京市海淀区 | 对中船重工集团成员单位进行股权投资 |
| 37 | 中船重工船舶设计研究中心有限公司 | 2003 年 | 6800 | 北京市朝阳区 | 船舶及海洋工程研究、开发与设计 |
| 38 | 中船建筑工程设计研究院 | 1965 年 | 603 | 北京市朝阳区 | 军工全行业、机械行业、建筑行业的工程设计、咨询及监理 |
| 39 | 深圳船舶工业贸易公司 | 1985 年 | 12,125 | 广东省深圳市 | 各类船舶、船用设备、海洋工程、压力容器及其他各类金属结构工程的外贸及国内贸易业务 |
| 40 | 深圳市远舟科技实业有限公司 | 1994 年 | 1350 | 广东省深圳市 | 国内商业、物资供销业、经济信息咨询；科技产品的开发、转让 |

根据中船重工集团的说明，七二五所为其下属单位，其他下属单位为需保密的军工企业。

7. 发行人的董事、监事和高级管理人员

董事：孙建科、蒲忠杰、李国强、马玉璞、冯岱、王社教、范有年和郭俊秀。

监事：郭同军、李少华、刘媛

高级管理人员：蒲忠杰、李国强、王泳、魏战江、王建辉

（二）发行人报告期内的关联交易

1. 天地和协向发行人无偿转让两项专利

2007 年 5 月和 11 月，发行人与天地和协签署《专利技术转让协议》及其《补充协议》，约定天地和协将其所拥有的“医用扩张人体管道变径支架”（专利号：ZL 99 2 57673.3）和“一种新型药液输注泵”（专利号：ZL 2003 2 0129579.7）两项专利无偿转让给发行人。经核查，现该项交易已经履行完毕，发行人已在国家专利局办理了相应的变更登记手续并经中船重工集团《关于天地和协向北京乐普无偿转让两项专利的批复》（船重科〔2008〕1097 号）批准。

德恒认为，天地和协向发行人无偿转让两项专利合法有效。

2. 蒲忠杰先生向发行人转让专利

经核查，蒲忠杰拥有的扩张人体管道用支架（专利号为：ZL 99 2 00308.3）、冠状动脉成型术用导线（专利号为：ZL 98 2 06575.2）、临床诊治用导管（专利号为：ZL 03 2 36221.0）、可自动辨别刺入血管类型的穿刺装置（专利号为：ZL 03 2 40189.2）、可调节流速的流量控制阀（专利号为 ZL 03 2 40190.6）和微型伤口封闭器（专利号为：ZL 00 2 51080.4）共六项专利。为保护发行人的利益，根据北京乐普股东的战略安排，北京乐普股东及其下属企业将其持有的与医疗器械相关的专利全部集中由北京乐普持有，据此，蒲忠杰于 2004 年 3 月前将上述专利交付给北京乐普。2004 年 3 月 5 日，北京乐普召开第二届第一次董事会，同意以 150 万元作为对蒲忠杰先生已交付的六项专利技术的补偿。2004 年 4 月 30 日，北京乐普与蒲忠杰签署《专利权转让合同》，对上述补偿事宜进行了约定。上述六项专利技术已经中联评报字〔2007〕第 522 号《资产评估报告书》评估，该评估报告经过中船重工集团备案。

经核查，专利“扩张人体管道用支架”于 2004 年 5 月 14 日过户至北京乐普名下；专利“临床诊治用导管”、“可自动辨别刺入血管类型的穿刺装置”和“可调节流速的流量控制阀”于 2007 年 2 月 16 日过户至北京乐普名下，专利“冠状动脉成型术用导线”于 2007 年 3 月 30 日过户至北京乐普名下，专利“微型伤口封闭器”于 2007 年 7 月 27 日过户至北京乐普名下，且北京乐普已于 2007 年 12 月向蒲忠杰先生支付了该等专利的补偿费 150 万元。

德恒认为，蒲忠杰先生向发行人转让六项专利合法有效。

3. 七二五所向发行人借款

2006 年 4 月 2 日，北京乐普向七二五所提供 2000 万元人民币的借款，2007 年 1 月 30 日，七二五所向北京乐普归还了上述借款，并向北京乐普支付资金占用费 75.3 万元人民币。德恒认为，发行人控股股东虽曾与北京乐普有过上述资金往来的情形，但该等资金占用行为均发生 2007 年改制之前，并已于 2007 年初清理完毕，目前，发行人与控股股东、实际控制人及其控制的其他企业不存在任何形式的资金占用情形。发行人与控股股东之间曾经发生的资金往来不会对本次股票发行及上市构成实质性障碍。

4. 北京乐普对天地和协增资

根据北京乐普第三届董事会2007年第八次会议决议,同意北京乐普以3500万元现金对天地和协进行增资,北京乐普与天地和协股东——七二五所、中船投资、蒲忠杰、苏荣誉和Brook公司共同签署了《增资协议》,其中约定此次增资完成后,发行人持有天地和协53.85%的权益。

德恒认为,北京乐普对天地和协此次增资合法有效。

5. 发行人收购Brook公司、蒲忠杰和苏荣誉持有的天地和协股权

经中船重工集团《关于北京乐普医疗器械有限公司并购增资北京天地和协科技有限公司的批复》(船重规〔2007〕1446号)及发行人2007年度股东大会的批准,发行人与Brook公司、蒲忠杰和苏荣誉签署《股权转让协议书》,受让Brook公司、蒲忠杰和苏荣誉持有的、发行人对天地和协增资前天地和协共计46.10%的权益,占发行人对天地和协增资完成后21.27%权益。

德恒认为,发行人收购Brook公司、蒲忠杰和苏荣誉持有的天地和协股权的行为合法有效。

6. 发行人收购七二五所和中船投资持有的天地和协24.88%股权

经中船重工集团《关于七二五所、中船重工科技投资发展有限公司转让北京天地和协科技有限公司股权的批复》(船重资〔2008〕417号)及发行人2007年度股东大会的批准,同意乐普医疗受让七二五所持有的天地和协15.16%的股权和中船投资持有的天地和协9.72%的股权。

德恒认为,发行人收购七二五所和中船投资持有的天地和协24.88%股权的行为合法有效。

7. 瑞祥泰康向卫金帆采购

2008年9月25日,卫金帆与瑞祥泰康签订《独家销售代理协议》,指定瑞祥泰康为其独家全权销售代理,独家代理卫金帆销售血管造影机、耗材等所有由卫金帆生产的医疗产品。代理期限为长期。具体价格和运输期,应在逐笔交易中确认,其细节详见双方签订的各专项销售合同。

2008年12月3日,瑞祥泰康与卫金帆签署《购销合同》,向卫金帆采购3台血管造影机,总价格为660万元。

德恒认为,瑞祥泰康与卫金帆签署的《购销合同》合法有效。

(三)独立董事对发行人报告期内发生的关联交易的独立意见

发行人的独立董事经充分核查后,对公司报告期内发生的关联交易履行审议程序的合法性及交易价格的公允性发表独立意见:

公司报告期内发生的关联交易均为公司正常经营所必需。关联交易均已按《公司法》和《公司章程》的规定履行了必要的批准程序,审议、表决程序合法。

公司报告期内发生的关联交易,遵循了公平合理的原则,签订了交易合同,关联交易定价公允,没有损害公司和其他股东的利益。

经核查,德恒认为:

1. 除发行人向发行人控股股东借款的交易外,上述重大关联交易均为公司正常经营所必需,定价合法、公允,不存在损害发行人及其股东利益的情形。截至本律师工作报告出具之日,发行人已不存在资金被控股股东、实际控制人及其控制的其他企业占用的情形。

2. 北京乐普董事会和发行人股东大会对上述事项进行表决时,依照法律法规及发行人当时的《公司章程》的有关规定履行了相应的批准程序,不存在违反当时法律、法规及发行人当时的《公司章程》规定的情况。

3. 对于交易一方是控股股东及控股股东控制的公司的关联交易，发行人已经采取了必要的措施对该等交易予以规范，已对其他股东的利益进行了保护，不存在损害发行人及其他股东利益的情况。

（四）发行人已在《公司章程》、《股东大会议事规则》、《董事会议事规则》、《关联交易管理和决策制度》、《独立董事工作制度》等公司内部规定中明确了关联交易公允决策的程序。

（五）根据发行人控股股东七二五所及实际控制人中船重工集团出具的承诺函，承诺其或其控制的其他企业目前没有、将来也不直接或间接从事与发行人及其控股子公司构成同业竞争的任何业务和活动。德恒认为，发行人控股股东和实际控制人已作出合法有效承诺以避免与发行人及其控股子公司发生同业竞争。

（六）关联交易和同业竞争的披露

根据发行人的承诺并经德恒律师核查，发行人已经对有关关联交易和避免同业竞争的承诺和措施进行了充分披露，没有重大遗漏或重大隐瞒。

## 十、发行人的主要财产

（一）发行人及其控股子公司所拥有的房产

经德恒律师核查，发行人及其控股子公司拥有的上述房屋所有权合法有效，不存在产权法律纠纷或潜在纠纷，不存在因担保或第三方权利而限制该等房屋所有权的行使的情况。

（二）发行人及其控股子公司拥有的土地使用权、商标、专利等无形资产

经德恒律师核查，发行人及其控股子公司拥有的土地使用权、商标、专利等无形资产合法有效，不存在产权法律纠纷或潜在纠纷，除昌平区科技园区超前路37号中关村生物医药创业园7#楼土地使用权及地上在建工程设定抵押权外（相关借款及抵押合同参见本律师工作报告“十一、发行人的重大债权债务”），不存在因担保或第三方权利而限制该等权利行使的情况。

（三）发行人拥有主要生产经营设备

经核查，发行人拥有的主要设备不存在权属潜在纠纷或法律风险，不存在担保或其他权利受到限制的情况。

（四）发行人及其控股子公司的租赁

德恒认为，发行人及其控股子公司租赁房产的行为合法有效。

（五）发行人的对外投资

1. 天地和协

（1）天地和协的设立

德恒认为，天地和协为依法设立的有限公司。

（2）2001年增资250万元

2001年6月，蒲忠杰以货币70万元和其拥有的“医用扩张人体管道变径支架”（专利号：992576733）专利技术作价180万元，共计250万元作为出资，对天地和协进行增资。此次增资完成后，天地和协的注册资本变更为300万元人民币，其中蒲忠杰投入279万元，占天地和协注册资本总额的93%，苏荣誉出资21万元，占天地和协注册资本总额的7%。上述出资业经北京燕平会计师事务所有限责任公司以燕会科验字（2001）第144号《验资报告》予以验证。

经核查，天地和协此次增资的无形资产出资占注册资本的60%，根据《北京市工商行政管理局关于中关村科技园区高新技术企业注册登记改制改组工作的试点意见》（京工商发〔2000〕127号），“鼓励投资者对园区内高新技术企业投资，以工业产权、非专利技术作价出资的，其作价出资的总金额占注册资本（金）的比例最高可达60%”；“中关村科技园区内经认定属高新技术企业的外商投资企业适用本条款”。

天地和协自设立以来,住所均在中关村科技园区内,且一直被认定为高新技术企业。因此,德恒认为,2001 年天地和协增资后无形资产占注册资本的比例达到 60%,合法有效。

(3)2004 年股权转让

德恒认为,天地和协本次股权变更合法有效。

(4)Brook 公司增资 200 万元并受让天地和协股权

2006 年 11 月 20 日,中船重工集团出具《关于同意引进战略投资者重组北京乐普医疗器械有限公司和北京天地和协科技有限公司的批复》(船重资〔2006〕1022 号),同意 Brook 公司对天地和协增资 200 万元,增资后持有天地和协 10% 的股权;同意七二五所向 Brook 公司转让其所持有的天地和协 2.5000% 的股权(折合为增资后天地和协 2.250% 的权益),同意中船投资向 Brook 公司转让其所持有的天地和协 8.6111% 的股权(折合为增资后天地和协 7.750% 的权益)。

根据天地和协股东七二五所、中船投资、蒲忠杰、苏荣誉与 Brook 公司于 2007 年 5 月 30 日签署的《合作合同》和《增资协议》以及天地和协于 2006 年 11 月 5 日通过的第二届第七次股东会决议,同意以京都出具的京都评报字(2006)第 131 号和京都评报字(2006)第 132 号《资产评估报告书》(该等评估报告已经中船重工集团评估备案)确认的天地和协截至 2006 年 6 月 30 日的净资产评估值为基础,由 Brook 公司以 200 万元人民币的等值外币认缴天地和协全部新增注册资本人民币 200 万元,享有增资后天地和协 10% 的权益,天地和协变更为中外合作经营企业;由七二五所和中船投资在北京产权交易所以公开挂牌方式分别转让其持有的天地和协 2.5000% 和 8.6111% 的股权。2007 年 11 月 20 日,北京产权交易所出具了编号为 0022746 和 0022747 的《产权交易凭证》。根据大信出具的大信京验字(2007)第 0023 号《验资报告》,Brook 公司已完成其出资义务。

2007 年 10 月 10 日,经北京市商务局《关于同意并购设立中外合作企业北京天地和协科技有限公司的批复》(京商资字〔2008〕1492 号)批准,天地和协变更为中外合作经营企业。2007 年 12 月 17 日,天地和协取得了变更后的《中外合作经营企业法人营业执照》,注册资本变为 500 万元。但 Brook 公司此次增资未在国家发展与改革部门履行核准程序。

上述增资和股权转让完成后,七二五所持有天地和协 32.850% 的权益,中船投资享有其 21.050% 的权益,蒲忠杰先生享有其 24.948% 的权益,苏荣誉先生享有其 1.152% 的权益,Brook 公司享有其 20% 的权益。

德恒认为,天地和协此次增资及股权转让除未履行国家发展与改革部门的核准手续外,均依照相关法律法规履行了必要的审批手续。虽然此次增资未履行国家发展与改革部门的核准手续,但根据《外商投资产业指导目录(2004 年)》,Brook 公司增资天地和协项目属于国家鼓励类项目,不违反国家产业政策,且已经过发行人的国资监管部门中船重工集团的批复、商务部门的审查核准,在工商部门办理了工商变更登记;2008 年,Brook 公司已将其所持有的天地和协股权转让与发行人,天地和协已由外商投资企业转变为内资企业,因此,天地和协此次增资过程中的瑕疵不会对发行人首次发行股份并上市构成实质法律障碍。

(5)发行人向天地和协增资 3500 万元和 Brook 公司向天地和协增资 100 万元

2007 年 12 月 11 日,中船重工集团出具《关于北京乐普医疗器械有限公司增资并购北京天地和协科技有限公司的批复》(船重规〔2007〕1446号),天地和协一期增资方案为,增资前,天地和协注册资本500万元,同意北京乐普向天地和协增资3500万元,同意Brook公司增资100万元。增资后天地和协注册资本增加为4100万元。

根据七二五所、中船投资、蒲忠杰、苏荣誉与Brook公司于2007年12月11日签署《增资协议》和《增资补充协议》,北京乐普第三届董事会2007年第八次会议和天地和协第三届董事会2007年第二次会议通过决议,决定以中联出具的中联评报字(2007)第768号《资产评估报告书》(该评估报告已经中船重工集团评估备案)确认的天地和协截至2007年10月31日的净资产评估值为基础,由北京乐普向天地和协增资3500万元,由Brook公司以100万元人民币的等值外币向天地和协追加投资,其对天地和协的增资总额调整为300万元人民币,但Brook公司在天地和协中分享收益及分担风险或亏损的比例不进行调整。天地和协此次增资后,注册资本增至4100万元人民币,北京乐普享有天地和协53.85%的权益,Brook公司享有20%的权益。根据大信出具的大信京验字(2008)第0003号《验资报告》,发行人与Brook公司已完成其出资义务。

2007年12月20日,北京市商务局出具《关于中外合作企业北京天地和协科技有限公司增资的批复》(京商资字〔2007〕1934号),批准了天地和协的上述增资,核发了《外商投资企业批准证书》。但Brook公司此次增资额的调整未在国家发展与改革部门履行核准程序。

2008年2月1日,天地和协取得了Brook公司调整增资和乐普医疗增资后的《企业法人营业执照》。此次增资完成后,天地和协注册资本由500万元增加到4100万元,发行人享有天地和协53.85%的权益,七二五所享有其15.16%的权益,中船投资享有其9.72%的权益,蒲忠杰先生享有其11.51%的权益,苏荣誉先生享有其0.53%的权益,Brook公司享有其9.23%的权益。

德恒认为,天地和协此次增资除Brook公司增资追加100万元未经国家发展与改革部门的核准手续外,均依照相关法律法规履行了必要的审批手续。根据《外商投资产业指导目录(2007年)》,Brook公司增资天地和协项目属于国家鼓励类项目,不违反国家产业政策,且已经过发行人的国资监管部门中船重工集团的批复、商务部门的审查核准,在工商部门办理了工商变更登记,2008年,Brook公司已将其所持有的天地和协股权转让与发行人,天地和协已由外商投资企业转变为内资企业,因此,天地和协此次增资未经国家发展与改革部门的核准不会对发行人首次发行股份并上市构成实质法律障碍。

(6)发行人收购蒲忠杰先生、苏荣誉先生、Brook公司、七二五所和中船投资所持有的天地和协股权

2007年12月11日,中船重工集团出具《关于北京乐普医疗器械有限公司增资并购北京天地和协科技有限公司的批复》(船重规〔2007〕1446号),天地和协二期增资方案为北京乐普以3000万元收购天地和协其余股东所持有的46.15%的股权,天地和协注册资本保持4100万元不变。2008年4月28日,中船重工集团出具《关于七二五所、中船重工科技投资发展有限公司转让北京天地和协科技有限公司股权的批复》(船重规〔2008〕417号),同意七二五所和中船投资分别转让所持有的天地和协15.16%和9.72%的股权。

根据发行人于2008年1月31日召开的2007年度股东大会和天地和协于2008

年2月3日召开的第三届董事会2007年第三次会议批准,同意以中联出具的中联评报字〔2008〕第39号《资产评估报告书》(该评估结果已经中船重工集团评估备案)确定的天地和协截至2008年1月31日的净资产评估值为定价基础,由发行人收购股东蒲忠杰先生、苏荣誉先生和Brook公司持有的天地和协股权;同意以中联出具的中联评报字〔2008〕170号《资产评估报告书》(该评估结果已经中船重工集团评估备案)确定的天地和协截至2008年1月31日净资产评估值为定价基础,七二五所和中船投资在北京产权交易所挂牌出售所持有的天地和协共计24.88%股权。

2008年2月25日,北京市商务局出具《关于中外合作企业北京天地和协科技有限公司转为外商投资企业境内投资企业的批复》(京商资字〔2008〕303号),同意上述转让。转让后,天地和协变更为外商投资企业境内投资企业,企业性质为有限责任公司。天地和协分别于2008年3月28日和2008年10月16日进行了相应的工商变更登记,天地和协成为发行人的全资子公司。

德恒认为,天地和协为依法设立的有限责任公司,除德恒律师已经给予特别说明的情形外,其历次股权变动依照相关法律法规履行了必要的审批手续,现合法存续。

2. 乐普科技

经核查,德恒认为,乐普科技为依法设立的有限责任公司,现合法存续。

3. 上海形状

经核查,德恒认为,上海形状为依法设立的有限责任公司,现合法存续。

4. 上海形记

经核查,德恒认为,上海形记为依法设立的有限责任公司,现合法存续。

5. 瑞祥泰康

经核查,德恒认为,瑞祥泰康为依法设立的有限责任公司,现合法存续。

6. 卫金帆

经核查,德恒认为,卫金帆为依法设立的有限责任公司,现合法存续。

综上所述,德恒认为,发行人的对外投资均为依法设立的有限责任公司,除德恒律师在特别说明的情形外,其历次股权变动均依照相关法律法规履行了必要的审批手续,现合法存续。

## 十一、发行人的重大债权债务

德恒律师对北京乐普或发行人及其控股子公司的重大合同进行了审查。经核查,德恒认为:

(一)发行人正在履行或将要履行或已履行完毕但仍对发行人具有重大影响的合同内容合法、有效,不存在潜在纠纷或风险。

(二)北京乐普签署的目前尚在履行阶段的合同,发行人已依法承继北京乐普在该等合同项下的权利、义务,上述重大合同的履行不存在法律障碍。

(三)根据发行人的书面承诺及环保、药监等部门出具的《证明》,发行人目前不存在因环境保护、知识产权、产品质量、劳动安全、人身权等原因产生的侵权之债。

(四)根据发行人及其控股子公司的书面说明发行人及其控股子公司已经依照法律法规及当地的相关政策,与员工签订了劳动合同,并相应为该等员工缴纳了社会保险。

(五)经大信会计师事务有限公司出具的大信审字(2009)第1-1305号《审计报告》确认,发行人与其关联方之间除已披露的关联交易外不存在其他重大债权债务关系及相互提供担保的情况,发行人与关联方之间的交易不存在损害发行人利益的情形。(详见本法律意见书“九、发行人的关联交易与同业竞争”)

(六)发行人金额较大的其他应收应付款是因正常生产经营活动发生,合法有效。

## 十二、发行人重大资产变化及收购兼并

(一)发行人设立至今的增资扩股情况

发行人设立至今的历次增资扩股情况详见本法律意见书“七、发行人的股本及其演变”。

(二)发行人设立至今的收购资产行为

1. 发行人对天地和协增资3500万元;

2. 发行人收购Brook公司、蒲忠杰和苏荣誉持有的天地和协权益;

3. 发行人收购七二五所和中船投资持有的天地和协股权;

4. 发行人收购许嘉龙、龚善石、邹孟云持有的上海形状、上海形记全部股权;

5. 发行人对卫金帆增资;

6. 乐普科技对瑞祥泰康增资。

德恒认为,除德恒律师特别说明的情形外,发行人设立至今的历次增资扩股及收购资产的行为均符合当时法律、法规和规范性文件的规定,并履行了必要的法律手续。除此之外,发行人无合并、分立、减少注册资本或出售资产等行为;也不存在拟进行的其他资产置换、资产剥离、资产出售或收购等行为。

## 十三、发行人章程的制定与修改

根据北京乐普的有关董事会决议、发行人的股东大会会议资料、会议决议和会议记录,德恒认为:

1. 发行人《公司章程》的制定及近三年的修改已履行了法定程序;

2. 发行人《公司章程》的内容符合现行法律、法规和规范性文件的规定;

3. 发行人的《章程(草案)》系按照中国证监会发布的《上市公司章程指引(2006年修订)》(证监公司字〔2006〕38号)的格式和内容及中国证监会发布的其他有关制定上市公司章程的规定进行制定并修改的。

## 十四、发行人股东大会、董事会、监事会议事规则及规范运作

经核查,德恒认为:

(一)发行人具有健全的组织机构。

(二)发行人具有健全的股东大会、董事会、监事会议事规则,该等议事规则符合相关法律、法规和规范性文件的规定。

(三)发行人历次股东大会、董事会、监事会的召开、决议内容及签署合法、合规、真实、有效。

(四)股东大会或董事会历次授权或重大决策等行为合法、合规、真实、有效。

## 十五、发行人董事、监事和高级管理人员及其变化

经核查,德恒认为:

(一)发行人现任董事、监事、高级管理人员均符合《公司法》、《证券法》等法律法规及相关规范文件和《公司章程》规定的任职资格和条件。

(二)在本次发行及上市前二年内,发行人的董事、监事和高级管理人员未发生重大变化。发行人的董事、监事和高级管理人员变化系为加强公司的治理水平,规范公司法人治理结构,且履行了必要的法律程序,符合法律、法规及有关规范性文件及《公司章程》的规定。

(三)经德恒律师核查,发行人设立了独立董事,独立董事的任职资格符合《公司法》、《关于在上市公司建立独立董事制度的指导意见》及发行人《公司章程》、《独

立董事工作制度》的规定,其职权范围未违反有关法律、法规和规范性文件的规定。

## 十六、发行人的税务

经核查,德恒认为:

(一)发行人及其控股子公司执行的税种、税率符合现行法律、法规和规范性文件的要求。

(二)发行人2007年至2008年享受免缴企业所得税及2009年至2011年享受减半缴纳企业所得税的税收优惠政策合法、合规、真实、有效。天地和协2005年至2007年享受减按15%税率缴纳企业所得税的税收优惠政策合法、合规、真实、有效。发行人享受的财政补贴政策合法、合规、真实、有效。

(三)根据发行人的说明及税务机关出具的证明文件,发行人及其控股子公司近三年来依法纳税,在生产经营活动中不存在因严重违反税务方面的法律、法规而受到行政处罚的情形。

## 十七、发行人的环境保护和产品质量、技术标准

(一)发行人的生产经营活动和拟投资项目符合有关环境保护的要求,有权部门已经出具意见

1. 发行人及其控股子公司的生产经营活动符合有关环境保护的要求

2008年5月15日,根据北京市环境保护局向中国证监会出具的《关于乐普(北京)医疗器械股份有限公司环保核查意见的函》(京环函〔2008〕316号),核查意见如下:"经查,该公司注册地为北京市昌平区白浮泉路10号北控科技大厦3层,主要从事医疗器械及其配件的开发和生产。该公司企业新、改、扩建项目能够严格执行环境影响评价和'三同时'制度;按规定进行排污申报登记并缴纳排污费;各项污染物排放指标符合国家和北京市的排放标准;该厂环境管理制度健全,3年内未发现违反环保法律、法规的行为。"

根据北京市环境保护局于2009年7月10日发布的《关于对乐普(北京)医疗器械股份有限公司进行环保核查情况的公示》及于2009年7月16日向中国证监会出具的《关于对乐普(北京)医疗器械股份有限公司进行环保核查意见的函》(京环函〔2009〕461号),证明发行人及其全资子公司天地和协近三年没有违反环保法律、法规的行为。

根据上海市宝山区环境保护局于2009年7月22日出具的核查文件,证明上海形状近三年亦未因环境问题受到行政处罚。

2. 发行人的拟投资项目符合有关环境保护的要求

根据北京市昌平区环境保护局核发的《关于"心血管药物支架及输送系统技术改造"建设项目环境影响报告表审查的批复》(昌环保审字〔2008〕0523号)、《关于"介入导管扩产及技术改造"建设项目环境影响报告表审查的批复》(昌环保审字〔2008〕0522号)、《关于"介入导丝及鞘管产业化技术改造"建设项目环境影响报告表审查的批复》(昌环保审字〔2008〕0521号)、《关于"产品研发工程中心"建设项目环境影响报告表审查的批复》(昌环保审字〔2008〕0520号),发行人的拟投资项目已经获得环保部门的批准,符合国家有关环境保护政策。

德恒认为,发行人的生产经营活动和拟投资项目符合有关环境保护的要求。

(二)根据北京市环境保护局和上海市宝山区环境保护局出具的环保核查文件及德恒律师的适当核查,发行人及其控股子公司近三年未因违反环境保护方面的法律、法规和规范性文件而被处罚

（三）发行人的产品质量和技术监督标准

1. 发行人的产品符合产品质量和技术监督标准

北京乐普于2004年10月首次取得北京国医械华光认证有限公司颁发的《质量管理体系认证证书》（编号:04707Q10270IS－I）和《医疗器械质量管理体系认证证书》（编号:04707Q10000269－I），证明北京乐普质量管理体系符合GB/T 19001－2000 idt ISO9001:2000标准及YY/T 0287－2003 idt ISO13485:2003标准，北京乐普连续三年通过质量认证监督、审核和复核。上述两项证书于2007年10月26日换发，有效期至2010年10月25日。

经核查，在最近三年，发行人分别通过北京药监局对新产品的生产质量体系现场考核和北京药监局对生产质量的日常监督检查。

国家药监局于2006年12月12日发布了《关于开展无菌和植入性医疗器械生产企业质量管理体系规范试点工作的通知》，这是我国首次在医疗器械领域进行质量管理体系规范（GMP）认证。2007年11月，根据国家药监局发布的《关于公布医疗器械企业质量管理体系试点检查通过企业名单的通知》（国食药监械〔2007〕688号），北京乐普成为全国12,000家医疗器械企业中率先通过医疗器械GMP检查审核的39家企业之一，并成为国内第一家通过国家药监局实行的《医疗器械生产企业质量管理体系规范》（GMP）试点检查审核的支架系统生产企业。

2. 药品监督管理部门关于发行人报告期内无产品质量问题的证明

北京市药监局于2008年3月5日向北京乐普出具了《关于乐普（北京）医疗器械股份有限公司执行法律法规情况的证明》，确认“自2005年以来，在监督检查中，未发现该企业存在违反国家有关医疗器械法律法规、医疗器械产品标准进行违法生产经营的行为和有关产品的质量事故”。

2009年6月18日，北京市药监局出具《关于乐普（北京）医疗器械股份有限公司执行法律法规情况的补充证明》，确认“自2008年3月以来，在监督检查中，未发现该企业存在违反国家有关医疗器械法律法规、医疗器械产品标准进行违法生产经营的行为和有关产品的质量事故”。

2009年7月22日，北京市药监局出具《关于北京天地和协科技有限公司执行法律法规情况的证明》，确认“自2008年3月以来，在监督检查中，未发现该企业存在违反国家有关医疗器械法律法规、医疗器械产品标准进行违法生产经营的行为和有关产品的质量事故”。

2009年7月16日，上海市药监局宝山分局出具《关于上海形状记忆合金材料有限公司执行法律法规情况的补充证明》，确认上海形状自2006年以来，未发生违反医疗器械法律法规、医疗器械产品标准进行生产经营的行为，未发生上述医疗器械产品的质量事故。同日，上海市药监局稽查大队出具《关于上海形状记忆合金材料有限公司执法监督情况进行核对的复函》，证明上海形状为合法持证医疗器械生产企业；并持有可上市的心脏外科器械产品的注册证件，未发现有严重违反国家医疗器械法规要求的违规记录事项。

2009年7月16日，上海市药监局宝山分局出具《关于上海形记科工贸有限公司执行法律法规情况的证明》，确认上海形记自2006年以来，未发生违反医疗器械法律法规进行经营的行为，未发生所经营医疗器械产品的质量事故。

2009年7月16日，北京市药监局昌平分局出具《关于北京瑞祥泰康科技有限公司执行法律法规情况的证明》,确认瑞祥泰康自2008年11月8日取得《医疗器械经营企业许可证》以来,未发现瑞祥泰康存在违反医疗器械有关法律法规进行违法经营的行为。

3. 关于2006年停产整改

2006年7月,国家药监局开展了对血管支架生产企业质量体系的专项检查。北京乐普在接受专项检查组现场检查过程中,具体工作人员在未获得授权的情况下,基于保护核心技术机密的考虑,没有及时提供核查要求的部分文件。2006年10月16日,北京药监局转发国家药监局《关于依法整顿血管支架生产企业的通知》(国食药监械〔2006〕509号),该通知指出,为加强国家重点监控品种的监督管理,落实医疗器械专项整治工作部署,决定对检查中发现的现有生产条件不足或质量体系不能有效运行及不能保证产品安全性的血管支架生产企业进行整顿,责令包括北京乐普在内的6家企业停产整改。北京乐普对上述专项检查结果提出了异议,国家药监局于2006年11月对北京乐普进行了复查,并根据复查结果出具了《关于北京乐普医疗器械有限公司等三家血管支架生产企业复查处理的意见》(国食药监械〔2006〕623号)。2006年12月20日,北京药监局依据上述文件向北京乐普出具了《关于对北京乐普医疗器械有限公司质量管理体系复查处理意见的通知》(京药监械〔2006〕59号),通知北京乐普恢复血管内支架等产品的生产。

经核查,德恒认为:

首先,北京乐普拥有与生产经营相适应的医疗器械生产企业许可证、医疗器械企业经营许可证及相关产品的注册证,获得了相应的产品质量体系认证;此次整改所涉事由不属于违反药品监督、产品质量及技术监督等方面法律、法规或者规章的情形。

其次,根据《行政处罚法》的有关规定,在行政机关有证据证明行政相对人的行为违反了现行有效的法律、法规或者规章的前提下,行政机关可以/应当根据该等法律、法规或者规章规定的处罚方式、幅度及赋予的权限,按照《行政处罚法》规定的程序,对行政相对人作出行政处罚措施。德恒律师对《关于依法整顿血管支架生产企业的通知》进行核查后认为:

第一,北京乐普此次整改所涉事由不存在任何违反药品监督、产品质量及技术监督等法律、法规或者规章的情形,而且《关于依法整顿血管支架生产企业的通知》中也没有援引任何现行有效的法律、法规或者规章作为认定北京乐普违法的依据。

第二,《关于依法整顿血管支架生产企业的通知》中并没有明确指出要求北京乐普整改的事由,只是含糊地说"对检查中发现的现有生产条件不足或质量体系不能有效运行及不能保证产品安全性的血管支架生产企业进行整顿"。

第三,《关于依法整顿血管支架生产企业的通知》仅提出停产整改的要求,但没有援引提出停产整改要求的法律依据。

第四,我国《行政处罚法》第三十九条明确规定:行政机关依照本法第三十八条的规定给予行政处罚,应当制作行政处罚决定书。行政处罚决定书应当载明下列事项:(一)当事人的姓名或者名称、地址;(二)违反法律、法规或者规章的事实和证据;(三)行政处罚的种类和依据;(四)行政处罚的履行方式和期限;(五)不服行政处罚决定,申请行政复议或者提起行政诉讼的途径和期限;(六)作出行政处罚决定的行政机关名称和作出决定的日期。行政处罚决定书必须盖有作出行政处罚决定的行政机关的印章。但国家药监局出具的

《关于依法整顿血管支架生产企业的通知》(国食药监械〔2006〕509号)不具备上述《行政处罚决定书》所必需的形式要件。

因此,国家药监局要求北京乐普停产整改不具备行政处罚的性质。

最后,根据北京市药监局出具的《关于乐普(北京)医疗器械股份有限公司执行法律法规情况的证明》,证明北京乐普自2005年以来无违法行为和产品质量事故。北京市药监局向北京乐普出具的《监督检查情况记录》,自2006年以来,北京乐普均通过北京药监局昌平分局进行的针对重点医疗器械产品实施的生产企业日常监督现场检查,证明北京乐普的产品未发生任何质量事故和质量纠纷。

因此,德恒认为,2006年10月整改所涉事由不属于违反药品监督、产品质量及技术监督等方面法律、法规或者规章的情形;国家药监局要求北京乐普停产整改不具备行政处罚的性质;上述停产整改事宜对发行人此次发行及上市不构成实质性障碍。

综上,德恒认为,发行人的产品符合有关产品质量和技术监督标准,近三年未因违反有关产品质量和技术监督方面的法律法规而受到处罚。

## 十八、发行人募集资金的运用

(一)发行人本次募集资金运用项目包括:

1. 心血管药物支架及输送系统生产线技术改造建设项目;

2. 介入导管扩产及技术改造建设项目;

3. 介入导丝及鞘管产业化技术改造建设项目;

4. 产品研发工程中心建设项目。

综上,德恒认为,上述项目符合国家产业政策,已经有权部门依法批准,该项目的决策和备案合法有效。

(二)募投项目涉及的房产和土地问题

经核查,德恒认为,7-1号楼的建设单位兴业公司为依法设立并合法存续的股份有限公司,具有房地产开发资质,具备向发行人转让其自行开发的工业厂房的主体资格。兴业公司依法持有与7-1号楼相关的土地使用权证书、建设用地规划许可证、建设工程规划许可证、建筑工程施工许可证。根据发行人与兴业公司签署的《工业厂房买卖协议》,7-1号楼竣工后,兴业公司应按照有关主管部门的要求与发行人办理7-1号楼的产权过户手续。

(三)经核查,发行人本次发行上市募集资金用途符合《首发办法》的相关规定

1. 发行人本次募集资金用途已经2008年第一次临时股东大会决议通过,有明确的使用方向,拟用于主营业务的发展。根据发行人制定的相关募集资金拟投资项目的可行性研究报告、发行人承诺及德恒律师适当核查,募集资金数额和投资项目与发行人现有生产经营规模、财务状况、技术水平和管理能力等相适应。符合《首发办法》第二十七条的规定。

2. 根据发行人提供的股东大会会议资料、会议决议及会议记录等相关资料,发行人于2007年12月29日召开的创立大会暨2007年第一次临时股东大会会议通过了《募集资金使用管理办法》,该办法中规定了募集资金专项存款制度,募集资金将存放于董事会决定的专项账户。符合《首发办法》第二十八条的规定。

(四)经核查,发行人本次发行所募集资金的用途不涉及与他人进行合作。

## 十九、发行人的业务发展目标

(一)经核查,发行人的主营业务为冠状动脉介入医疗器械的研发、生产和销售。

招股意向书(申报稿)已披露发行人的业务发展目标是建成国内领先、国际一流的“高技术、高疗效、高性价比”的高端介入医疗器械及诊疗设备研发生产企业。因此,德恒认为,发行人业务发展目标与主营业务一致。

(二)经核查,发行人业务发展目标符合国家相关法律、法规和规范性文件的规定,不存在潜在的法律风险。

## 二十、诉讼、仲裁或行政处罚

(一)根据持有发行人5%以上(含5%)的股东承诺和德恒律师的适当核查,持有发行人5%以上(含5%)的股东不存在尚未了结的或可预见的重大诉讼、仲裁及行政处罚案件。根据发行人及瑞祥泰康提供的说明,发行人除存在下列诉讼外,不存在其他尚未了结的或可预见的重大诉讼、仲裁及行政处罚案件。

1. 关于瑞祥泰康与卫金帆之间的诉讼

根据瑞祥泰康提供的说明及有关诉讼文件,由于卫金帆与瑞祥泰康就付款方式未能达成一致,卫金帆遂于2009年4月2日向北京市丰台区人民法院起诉瑞祥泰康,要求判决解除《独家销售代理协议》;由于卫金帆私自向其他客户销售设备,违反了《独家销售代理协议》,瑞祥泰康于2009年5月18日向北京市丰台区人民法院提起反诉,要求判令卫金帆将有关合同权利义务移转给瑞祥泰康,并将所收货款45万元移交瑞祥泰康。目前,该等诉讼正在人民法院的主持下进行调解。

经德恒律师核查,发行人间接控股子公司瑞祥泰康所涉的上述诉讼,涉及标的金额小,双方争议焦点是卫金帆向瑞祥泰康销售设备的付款方式问题,争议不大,因此,对发行人的财务状况、经营业绩、商誉和业务活动均不会产生较大影响,不会影响发行人本次发行及上市。

2. 关于北京乐普于2006年受到北京市药监局处罚的情形

经核查,北京乐普于2004年11月开始试制“血管内药物(雷帕霉素)涂层支架系统”,并于2004年12月与甘肃省人民医院合作开展临床试验。临床试验期间,北京乐普曾于2004年12月向甘肃省人民医院开具了8支“血管内药物(雷帕霉素)涂层支架系统”的发票(产品批号20041116,单价每支人民币17,000元,合计人民币136,000元)。

为此,北京市药监局依据《医疗器械监督管理条例》第三十五条的规定,于2006年11月21日向北京乐普下发(京)械行罚〔2006〕35号《行政处罚决定书》,确认上述行为违反了《医疗器械监督管理条例》第二十一条的规定,但考虑北京乐普实际未收取上述支架产品的销售钱款,且事后即将所开具的发票收回,无违法所得,因此,对北京乐普处以罚款人民币28,000元。

对于北京乐普受到的上述处罚,根据国务院1999年12月28日颁布的《医疗器械监督管理条例》第三十五条规定:未取得医疗器械产品生产注册证书进行生产的,由县级以上人民政府药品监督管理部门责令停止生产,没收违法生产的产品和违法所得,违法所得1万元以上的,并处违法所得3倍以上5倍以下的罚款;没有违法所得或者违法所得不足1万元的,并处1万元以上3万元以下的罚款。

因此,德恒认为,发行人的上述违法行为发生在报告期外,并且情节轻微,不属于重大违法行为,上述行政处罚不会对发行人的正常生产经营、财务情况构成重大影响,不会对本次发行上市构成实质法律障碍。

综上,德恒认为,发行人的上述诉讼及行政处罚不会对本次发行及上市构成影响。

（二）根据董事长孙建科先生和总经理蒲忠杰先生所做承诺并经德恒律师适当核查，发行人董事长孙建科先生和总经理蒲忠杰先生目前不存在尚未了结的或可预见的重大诉讼、仲裁及行政处罚案件。

**二十一、对发行人招股说明书法律风险的评价**

发行人关于本次发行上市的招股说明书系由发行人与主承销商编制，德恒参与了招股说明书的部分章节讨论，德恒及经办律师已阅读招股说明书，确认招股说明书与德恒出具的法律意见书和律师工作报告无矛盾之处；德恒对招股说明书中引用法律意见书和律师工作报告的相关内容无异议，确认招股说明书不致因上述引用出现虚假记载、误导性陈述及重大遗漏引致的法律风险，并对其所引用内容的真实性、准确性和完整性承担相应的法律责任。根据发行人董事及发行人、主承销商和有关中介机构的书面承诺和确认，德恒认为，招股说明书不存在虚假记载、误导性陈述或重大遗漏。

**二十二、结论**

德恒律师通过对发行人提供的材料及有关事实审查后认为：发行人本次股票公开发行及上市的申请符合《证券法》、《公司法》和《首发办法》等法律、法规和规范性文件规定的股票公开发行及上市的有关条件，其股票公开发行及上市不存在法律障碍。

本次发行人公开发行股票尚需获得中国证监会核准；发行人在创业板上市，尚需取得深交所的核准；发行人尚需取得国务院国资委关于确认七二五所和中船投资国有股东身份及向社保基金会转持国有股份数量的批复。

本律师工作报告正本五份，经德恒盖章并经单位负责人及经办律师签字后生效。

北京市德恒律师事务所
经办律师：张晓丹　张竞驰
负 责 人：王　丽

# 关于北京神州泰岳软件股份有限公司首次公开发行股票并在创业板上市的法律意见书

致：北京神州泰岳软件股份有限公司（以下简称发行人）

北京市天元律师事务所（以下简称本所）接受发行人委托，根据本所与发行人签订的《委托协议》，担任发行人首次公开发行股票并在创业板上市（以下简称本次发行）的专项法律顾问，为发行人本次发行出具法律意见书。

本所律师依据《中华人民共和国证券法》（以下简称《证券法》）、《中华人民共和国公司法》（以下简称《公司法》）、《首次公开发行股票并在创业板上市管理暂行办法》（以下简称《管理办法》）、《公开发行证券公司信息披露的编报规则第12号——公开发行证券的法律意见书和律师工作报告》、《律师事务所从事证券法律业务管理办法》等有关法律、法规和中国证监会的有关规定，按照律师行业公认的业务标准、道德规范和勤勉尽责精神，出具法律意见书。

本所律师承诺，已对发行人的行为以及本次发行申请的合法、合规进行了充分的核查验证，并对招股说明书进行审慎审阅，保证本法律意见书的真实性、准确性、完整性。

## 第一部分　声 明 事 项

为出具本法律意见书和律师工作报告，本所律师特作如下声明：

1. 本所律师已根据中国证监会颁布的《公开发行证券公司信息披露的编报规则第12号——公开发行证券的法律意见书和律师工作报告》及本法律意见书出具日以前已经发生或存在的事实和我国现行法律、法规和中国证监会有关规定发表法律意见。

2. 本所及经办律师承诺已遵守法律、行政法规及相关规定，遵循诚实、守信、独立、勤勉、尽责的原则，恪守律师职业道德和执业纪律，严格履行法定职责，对发行人的行为以及本次申请的合法、合规、真实、有效进行了充分的核查验证，对招股说明书进行了审慎审阅，保证法律意见书和律师工作报告不存在虚假记载、误导性陈述及重大遗漏，保证所出具文件的真实性、准确性、完整性。

3. 本所律师同意将本法律意见书和律师工作报告作为发行人本次申请公开发行股票所必备法律文件，随其他材料一同上报，并愿意承担相应的法律责任。

4. 本所律师同意发行人部分或全部在招股说明书中自行引用或按中国证监会审核要求引用法律意见书或律师工作报告的内容，但发行人作上述引用时，不得因引用而导致法律上的歧义或曲解，并需经本所律师对招股说明书的有关内容进行审阅和确认。

5. 本所在本次发行项目中，仅为发行人出具法律意见，未同时为保荐人、承销的证券公司出具法律意见。本所律师未担任发行人及其关联方董事、监事、高级管理人员，也不存在其他影响律师独立性的情形。

6. 本所律师已按照依法制定的业务规则，采用了面谈、书面审查、实地调查、查询和函证、计算、复核等方法，勤勉尽责，审慎履行了核查和验证义务。

7. 本所律师已依法对所依据的文件资料内容的真实性、准确性、完整性进行核查和验证；在进行核查和验证前，已编制核查和验证计划，明确需要核查和验证的事项，并根据业务的进展情况，对其予以适当增加和调整。

8. 本所律师在出具法律意见时，对与法律相关的业务事项已履行法律专业人士特别的注意义务，对其他业务事项已履行普通人一般的注意义务，制作、出具的文件不存在虚假记载、误导性陈述或者重大遗漏。

9. 本所律师对从国家机关、具有管理公共事务职能的组织、会计师事务所、资产评估机构、资信评级机构、公证机构等公共机构直接取得的文件，对与法律相关的业务事项在履行法律专业人士特别的注意义务，对其他业务事务在履行普通人一般的注意义务后作为出具法律意见的依据；对于不是从公共机构直接取得的文书，经核查和验证后作为出具法律意见的依据。

10. 本所律师已归类整理核查和验证中形成的工作记录和获取的材料，按照中国证监会的要求形成记录清晰的工作底稿。工作底稿由本所保存。

11. 本所为本次发行出具的法律意见和律师工作报告已由本所内核小组讨论复核，并制作相关记录作为工作底稿留存。

12. 本法律意见书仅供发行人本次发

行并在创业板上市之目的使用，不得用作任何其他目的。

## 第二部分　正　　文

### 一、本次发行上市的授权和批准

2009年7月7日，发行人召开第三届董事会第十五次会议，审议通过了《关于申请首次公开发行3160万股人民币普通股股票并在创业板上市的议案》、《关于首次公开发行股票募集资金投资项目及其可行性的议案》，提请股东大会审议。2009年7月22日，发行人召开2009年第五次临时股东大会，审议通过了董事会提交的上述议案。

本所律师认为，发行人股东大会已依法定程序作出批准发行上市的决议，股东大会的召集召开程序符合法律、法规、规范性文件和公司章程的规定；股东大会通过的发行上市的决议内容合法有效；发行人股东大会已授权董事会办理本次有关发行上市事宜，授权范围、程序合法有效；但发行人本次股票公开发行申请尚需经中国证监会核准，并且其股票在创业板上市交易尚需经证券交易所核准。

### 二、发行人本次发行上市的主体资格

经本所律师核查，发行人是依法设立并持续经营3年以上的股份有限公司；本次发行上市已依法经过上市辅导并获得保荐机构保荐；发行人已通过2008年度工商年检，根据法律、法规、规范性文件及公司章程规定，发行人没有需要终止的情形出现，依法有效存续。因此，本所律师认为，发行人具有发行上市的主体资格。

### 三、本次发行上市的实质条件

（一）发行人本次发行符合《公司法》规定的条件

发行人本次拟发行的股票为人民币普通股票，每股面值一元，每一股份具有同等权利；每股的发行条件和发行价格相同，任何单位或者个人所认购的股份，每股应当支付相同价额，符合《公司法》第一百二十七条的规定。

（二）发行人本次发行上市符合《证券法》规定的条件

1. 发行人符合《证券法》第十三条规定的公开发行新股的条件：

（1）具备健全且运行良好的组织机构；

（2）具有持续盈利能力，财务状况良好；

（3）最近三年财务会计文件无虚假记载，无其他重大违法行为；

（4）经国务院批准的国务院证券监督管理机构规定的其他条件。

2. 发行人符合《证券法》第五十条规定的下列股票上市条件，但还需要取得中国证监会关于首次公开发行股票的核准：

（1）发行人目前的股本总额为人民币9480万元，股本总额不少于人民币3000万元，本次发行完毕后股本总额将进一步增加；

（2）发行人本次公开发行3160万股人民币普通股，本次发行完成后，股本总额为12,640万股，公开发行的股份将达到公司股份总数的25%以上；

（3）发行人最近三年无重大违法行为，财务会计报告无虚假记载。

3. 发行人已聘请具有保荐资格的中信证券股份有限公司担任本次发行上市的保荐人，符合《证券法》第十一条和第四十九条的规定。

（三）发行人本次发行符合《管理办法》规定的条件

1. 根据立信会计师事务所有限公司

(以下简称立信事务所)出具的编号为信会师报字(2009)第23959号的《审计报告》(以下简称《审计报告》)及本所律师核查,发行人符合《管理办法》第十条规定的下列条件:

(1)发行人是依法设立且持续经营三年以上的股份有限公司。

发行人自2001年5月18日成立(设立时为有限责任公司),并于2002年6月3日按原账面净资产值折股整体变更为股份有限公司,持续经营时间在3年以上。

(2)发行人最近两年连续盈利,最近两年净利润累计不少于一千万元,且持续增长;净利润以扣除非经常性损益前后孰低者为计算依据。

(3)发行人最近一期末净资产不少于两千万元,且不存在未弥补亏损。

(4)发行人发行前的股本总额为人民币9480万元,股本总额不少于人民币3000万元。

2. 根据本所律师核查,发行人的注册资本已足额缴纳,发起人或者股东用作出资的资产的财产权转移手续已办理完毕。发行人的主要资产不存在重大权属纠纷。符合《管理办法》第十一条的规定。

3. 根据本所律师核查,发行人主要经营一种业务,即向国内电信、金融、能源等行业的大中型企业和政府部门提供IT运维管理的整体解决方案。发行人的生产经营活动符合法律、行政法规和公司章程的规定,符合国家产业政策及环境保护政策。符合《管理办法》第十二条的规定。

4. 根据本所律师核查,发行人最近两年内主营业务和董事、高级管理人员均没有发生重大变化,实际控制人没有发生变更,符合《管理办法》第十三条的规定。

5. 根据发行人的说明以及本所律师核查,发行人具有持续盈利能力,不存在下列情形,符合《管理办法》第十四条的规定:

(1)发行人的经营模式、产品或服务的品种结构已经或者将发生重大变化,并对发行人的持续盈利能力构成重大不利影响;

(2)发行人的行业地位或发行人所处行业的经营环境已经或者将发生重大变化,并对发行人的持续盈利能力构成重大不利影响;

(3)发行人在用的商标、专利、专有技术、特许经营权等重要资产或者技术的取得或者使用存在重大不利变化的风险;

(4)发行人最近一年的营业收入或净利润对关联方或者有重大不确定性的客户存在重大依赖;

(5)发行人最近一年的净利润主要来自合并财务报表范围以外的投资收益;

(6)其他可能对发行人持续盈利能力构成重大不利影响的情形。

6. 根据发行人的说明以及本所律师核查,发行人依法纳税,享受的各项税收优惠符合相关法律法规的规定。发行人的经营成果对税收优惠不存在严重依赖。符合《管理办法》第十五条的规定。

7. 根据立信事务所出具的《审计报告》、发行人的说明以及本所律师的适当核查,发行人不存在重大偿债风险,不存在影响持续经营的担保、诉讼以及仲裁等重大或有事项,符合《管理办法》第十六条的规定。

8. 根据本所律师核查,发行人的股权清晰,控股股东和受控股股东、实际控制人支配的股东所持发行人的股份不存在重大权属纠纷,符合《管理办法》第十七条的规定。

9. 根据发行人的说明以及本所律师核查,发行人资产完整,业务及人员、财务、机构独立,具有完整的业务体系和直接面向市场独立经营的能力,发行人与控股股东、实际控制人及其控制的其他企业间不存在同业竞争，以及严重影响公司独立性或者显失公允的关联交易，符合《管理办法》第十八条的规定。

10. 根据本所律师核查，发行人具有完善的公司治理结构，依法建立健全了股东大会、董事会、监事会以及独立董事、董事会秘书、审计委员会制度，相关机构和人员能够依法履行职责，符合《管理办法》第十九条的规定。

11. 根据立信事务所出具的《审计报告》，发行人会计基础工作规范，财务报表的编制符合企业会计准则和相关会计制度的规定，在所有重大方面公允地反映了发行人的财务状况、经营成果和现金流量，并由注册会计师出具无保留意见的审计报告，符合《管理办法》第二十条的规定。

12. 根据立信事务所出具的《审计报告》以及编号为信会师报字（2009）第23962号的《内部控制审核报告》（以下简称《内部控制审核报告》），发行人内部控制制度健全且被有效执行，能够合理保证公司财务报告的可靠性、生产经营的合法性、营运的效率与效果，并由注册会计师出具无保留结论的内部控制鉴证报告，符合《管理办法》第二十一条的规定。

13. 根据立信事务所出具的《审计报告》以及本所律师的核查，发行人具有严格的资金管理制度，目前不存在资金被控股股东、实际控制人及其控制的其他企业以借款、代偿债务、代垫款项或者其他方式占用的情形，符合《管理办法》第二十二条的规定。

14. 根据立信事务所出具的《审计报告》以及本所律师的核查，发行人的公司章程已明确对外担保的审批权限和审议程序，不存在为控股股东、实际控制人及其控制的其他企业进行违规担保的情形，符合《管理办法》第二十三条的规定。

15. 经过保荐机构和本次发行其他中介机构对发行人的辅导，发行人的董事、监事和高级管理人员了解股票发行上市相关法律法规，知悉上市公司及其董事、监事和高级管理人员的法定义务和责任，符合《管理办法》第二十四条的规定。

16. 根据本所律师核查，发行人的董事、监事和高级管理人员忠实、勤勉，具备法律、行政法规和规章规定的资格，且不存在下列情形，符合《管理办法》第二十五条的规定：

（1）被中国证监会采取证券市场禁入措施尚在禁入期的；

（2）最近三年内受到中国证监会行政处罚，或者最近一年内受到证券交易所公开谴责的；

（3）因涉嫌犯罪被司法机关立案侦查或者涉嫌违法违规被中国证监会立案调查，尚未有明确结论意见的。

17. 根据政府有关主管部门出具的证明、发行人及其控股股东、实际控制人的确认和承诺，并经本所律师适当核查，发行人及其控股股东、实际控制人最近三年内不存在损害投资者合法权益和社会公共利益的重大违法行为。发行人及其控股股东、实际控制人最近三年内不存在未经法定机关核准，擅自公开或者变相公开发行证券，或者有关违法行为虽然发生在三年前，但目前仍处于持续状态的情形，符合《管理办法》第二十六条的规定。

18. 发行人募集资金系用于主营业务，并有明确的用途。募集资金数额和投资项目与发行人现有生产经营规模、财务状况、技术水平和管理能力等相适应，符合《管理办法》第二十七条的规定。

19. 发行人于2009年7月23日召开临时股东大会通过了《募集资金管理及使用制度》，建立了募集资金专项存储制度，募集资金存放于董事会决定的专项账户，符合《管理办法》第二十八条的规定。

综上,本所律师认为发行人符合《公司法》、《证券法》以及《管理办法》等法律法规和规范性文件规定的发行上市的实质条件。

**四、发行人的设立**

发行人由北京神州泰岳软件有限公司(以下简称神州泰岳软件有限公司)整体变更,以发起设立的方式设立。经北京市人民政府经济体制改革办公室京政体改股函〔2002〕7 号《关于同意北京神州泰岳软件有限公司变更为北京神州泰岳软件股份有限公司的通知》批准,神州泰岳软件有限公司按照账面净资产折股整体变更为股份有限公司。

经本所律师核查,神州泰岳软件有限公司设立以及神州泰岳软件有限公司整体变更为股份有限公司的程序、资格、条件、方式等符合当时法律、法规和规范性文件的规定;发行人由有限责任公司整体变更为股份有限公司的过程中,由有限责任公司的全体股东签订的《北京神州泰岳软件股份有限公司发起人协议》符合有关法律、法规和规范性文件的规定,不会因此引致发行人设立行为存在潜在纠纷;发行人设立过程中有关资产评估、验资等履行了必要的程序,符合当时有关的法律法规和规范性文件的规定;发行人创立大会的程序及所议事项符合法律、法规和规范性文件的规定。

**五、发行人的独立性**

(一)发行人业务独立于股东单位及其他关联方

发行人的产品及服务范围独立,技术独立,原料采购和服务销售独立,与控股股东、实际控制人不存在同业竞争以及严重影响公司独立性或者显失公允的关联交易。因此,本所律师认为,发行人业务独立于股东单位及其他关联方。

(二)发行人的资产独立完整

经本所律师核查,发行人设立及历次增资股东出资的资产均已转移至发行人,目前,发行人独立、完整地拥有其所使用的计算机软件著作权以及生产经营所需的主要生产设备等,不存在与他人共同使用设备、技术的情况。发行人的资产与其股东、其他关联方或第三人之间产权界定清楚、划分明确,具备独立完整性。因此,本所律师认为,发行人资产独立完整。

(三)发行人具有独立完整的供应、生产和销售系统

经本所律师核查,发行人设有商务部,负责采购工作;设有系统网络事业部、通信网络事业部、信息安全事业部、服务流程事业部等部门,负责提供软件产品和服务等;设立销售部,负责与销售有关的工作。因此,本所律师认为,发行人具有独立完整的供应、生产和销售系统。

(四)发行人的人员独立

根据发行人高级管理人员的陈述和本所律师核查,发行人的总经理、副总经理、财务负责人和董事会秘书等高级管理人员不在控股股东、实际控制人及其控制的其他企业中担任除董事、监事以外的其他职务,不在控股股东、实际控制人及其控制的其他企业领薪;发行人的董事、监事、总经理、副总经理、财务负责人和董事会秘书等高级管理人员的任命程序均符合发行人《公司章程》及其他内部制度的规定,不存在股东、其他任何部门或单位或人员超越公司股东大会和董事会作出人事任免的情形;发行人拥有独立于各股东和其他关联方的员工,均专职在发行人或其子公司处工作并从发行人或其子公司处领取薪酬,不存在在关联方工作或从关联方领取报酬的情形。因此,本所律师认为,发行人的人员独立。

（五）发行人的机构独立

经本所律师核查，发行人设立有独立于其他单位的董事会、监事会及经营管理机构，建立健全了内部经营管理机构，独立行使经营管理权，与控股股东、实际控制人及其控制的其他企业间不存在机构混同的情形；发行人各内部组织机构和各经营管理部门的设立符合法律、法规、规范性文件、《公司章程》及其他内部制度的规定，其设置不受任何股东或其他单位或个人的控制；发行人各内部组织机构和各经营管理部门均独立履行其职能，独立负责发行人的生产经营活动。因此，本所律师认为，发行人的机构独立。

（六）发行人的财务独立

经本所律师核查，发行人建立了独立的财务核算体系，能够独立作出财务决策，具有规范的财务会计制度和财务管理制度；发行人具备独立的财务负责人及其他财务人员，所有财务人员均专职在公司任职，并设有财务部等独立的财务部门；发行人独立开立基本存款账户，不存在与控股股东、实际控制人及其控制的其他企业共用银行账户的情形；发行人目前不存在资金被控股股东、实际控制人及其控制的其他企业以借款、代偿债务、代垫款项或者其他方式占用的情形；发行人具有有效的国税和地税税务登记证，且独立进行纳税申报和履行税款缴纳义务。因此，本所律师认为，发行人的财务独立。

（七）发行人拥有独立产品、技术和资产，具备独立完整的经营管理体系，法人治理结构完善。因此，本所律师认为，发行人具有完整的业务体系和直接面向市场独立经营的能力。

## 六、发行人的股东（追溯至实际控制人）

（一）发行人的股东为四十六名自然人和两家公司，发行人目前的全体股东均为中国境内自然人和公司，均合法有效存续，具有担任发行人股东及进行出资的资格；根据各股东的持股比例、担任的职务和相互之间的关系，王宁、李力构成发行人的实际控制人，最近两年内实际控制人没有发生变化。

（二）经本所律师核查，发行人的发起人或股东人数、住所、出资比例均符合有关法律、法规和规范性文件的规定；发起人已投入发行人的资产的产权关系清晰，将上述资产投入发行人不存在法律障碍；发行人不存在发起人将其全资附属企业或其他企业先注销再以其资产折价入股的情形；发行人不存在发起人以在其他企业中的权益折价入股的情形；发起人投入发行人的资产或权利均已转移给发行人，不存在法律障碍或风险。

## 七、发行人的股本及其演变

（一）经本所律师核查，神州泰岳软件有限公司设立时的股权设置已经各股东签署的公司章程确认，并办理了评估、验资手续和工商登记备案，合法有效，产权界定和确认不存在纠纷和风险。

（二）2007 年 9 月甄岳宾（2007 年 7 月 2 日后不再担任发行人董事）、赵林（2007 年 7 月 2 日后不再担任发行人董事，2007 年 7 月 6 日后不再担任发行人副总经理）转让发行人股份的行为当时不符合《公司法》关于“公司董事、监事、高级管理人员离职后半年内，不得转让其所持有的本公司股份”的规定。甄岳宾和受让方万瀛女、赵林和受让方汪铖在甄岳宾、赵林离职半年后再次签署了《股份转让确认协议》，确认 2007 年 9 月的股份转让行为，并保证对本次股份转让不提出任何异议，发行人当时的其他股东也同时出具确认函，确认上述股份转让行为；本次股份转让已办理相应的工商变更登记。因此,本所律师认为,上述甄岳宾、赵林的股份转让目前已合法有效,不存在潜在争议或纠纷,对本次发行上市不构成法律障碍。发行人其他历次股权变动均合法、合规、真实、有效,不存在潜在争议、纠纷。

(三)根据发行人各股东的确认和本所律师核查,发行人的各股东所持有的发行人的股份目前均不存在质押。

## 八、发行人的业务

经本所律师核查,发行人经营范围和经营方式符合有关法律、法规和规范性文件的规定;发行人目前不存在在中国大陆以外经营的情形;发行人自设立以来,主营业务没有发生过变更;发行人的主营业务突出;发行人不存在持续经营的法律障碍。

## 九、关联交易及同业竞争

(一)目前直接持有发行人5%以上股份的关联方包括王宁、李力、齐强、黄松浪、王国华、万能、徐斯平。上述关联方对外投资或担任董事、高级管理人员的企业包括:北京神州泰岳计算机技术有限责任公司、北京互联时代通讯科技有限公司、北京神州泰岳信息系统技术有限责任公司、上海联盈数码技术有限公司、北京思乐信息技术有限公司。

(二)发行人与关联方之间在最近三年及最近一期存在关联交易。本所律师经核查后认为,该等关联交易没有损害发行人及其他股东的利益;发行人已采取必要措施对其他股东的利益进行保护。

(三)经本所律师核查,发行人在现行公司章程、《公司章程(草案)》及其他内部规定包括《股东大会议事规则》、《董事会议事规则》、《独立董事工作制度》、《关联交易决策制度》中明确规定了关联交易的公允决策程序。本所律师认为,发行人的上述规定符合国家有关法律、法规、规范性文件的规定。

(四)根据发行人的关联方的说明和本所律师核查,发行人与关联方之间目前不存在同业竞争;有关关联方已经承诺采取有效措施避免将来产生同业竞争;有关关联方避免同业竞争的承诺合法有效。

(五)经本所律师核查,发行人已对有关关联交易和解决同业竞争的承诺或措施进行了充分披露,无重大遗漏和重大隐瞒。

## 十、发行人的主要财产

(一)发行人不拥有房产(但租赁有房产);也不拥有土地使用权、特许经营权等无形资产,发行人及其子公司拥有59项软件著作权、1项专利权、1项注册商标;发行人拥有的主要生产经营设备包括开发软件和系统集成所需的各类台式计算机、服务器和笔记本电脑以及相关的办公设备、车辆等。

(二)经发行人确认和本所律师核查,发行人现有的主要财产不存在产权纠纷或潜在纠纷;发行人及其子公司拥有的软件著作权、专利权、注册商标及主要生产经营设备系以合法方式取得,均已取得完备的权属证书;除部分软件著作权存在质押以及部分机动车存在抵押,为发行人的银行借款提供担保外,发行人对其主要财产的所有权或使用权的行使不存在限制。

(三)发行人及其子公司目前存在的重要房屋租赁。

经本所律师核查,发行人目前向北京市海淀区市政园林服务中心、北京东环鑫融投资管理有限公司租赁房屋作为办公使用。发行人的子公司北京新媒传信科技有限公司(以下简称新媒传信)向北京鸿基恒业物业管理有限公司、北京东环鑫融投资管理有限公司以及中海实业公司租赁房屋作为办公使用。

经本所律师核查，北京东环鑫融投资管理有限公司已就向发行人和新媒传信出租的房屋取得房屋所有权证书，中海实业公司已就其向新媒传信出租的房屋取得房屋所有权证书，租赁合同内容符合法律法规规定。因此，本所律师认为，发行人和新媒传信与北京东环鑫融投资管理有限公司、中海实业公司签订的房屋租赁合同合法有效，不存在法律风险。

北京市海淀区市政园林服务中心、北京鸿基恒业物业管理有限公司对向发行人和新媒传信出租的房屋未能提供相应的权属证明，上述租赁关系存在被认定为无效的风险。但发行人、新媒传信自租赁上述房屋以来，未因此发生任何纠纷或受到任何政府部门的调查、处罚，未影响到发行人、新媒传信的实际使用。持有发行人5%以上股份的股东王宁、李力、齐强、黄松浪、王国华、万能、徐斯平已出具《承诺函》，承诺如果租赁上述房屋的租赁关系无效或者出现任何纠纷，导致发行人、新媒传信需要另租其他房屋进行搬迁、被有权的政府部门罚款、或者被有关当事人追索，王宁、李力、齐强、黄松浪、王国华、万能、徐斯平将对发行人、新媒传信全额承担赔偿责任，使发行人或新媒传信不因此遭受任何损失。

本所律师认为，发行人及新媒传信系服务企业，其租赁的房屋系办公用途，搬迁不会对其经营造成重大影响，持有发行人5%以上股份的股东已出具承诺，保证发行人及新媒传信不会因上述租赁关系的瑕疵遭受损失，因此，尽管发行人及新媒传信的上述租赁关系存在法律瑕疵，但不会对发行人及新媒传信的生产经营产生重大风险，对本次发行上市不会构成重大不利影响，不影响本次发行上市。

## 十一、发行人的重大债权债务

（一）根据发行人确认和本所律师核查，发行人已经履行完毕的重大合同不存在潜在纠纷；发行人及其控股子公司将要履行、正在履行的重大合同均合法有效；上述合同均是以发行人或其控股子公司的名义对外签署，合同的履行不存在法律障碍。

（二）根据发行人说明和本所律师核查，发行人目前没有因环境保护、知识产权、产品质量、劳动安全、人身权等原因产生的侵权之债。

（三）根据发行人确认和本所律师核查，截至本法律意见书出具之日，发行人与关联方之间不存在重大债权、债务关系；除发行人关联方为发行人的银行借款提供的反担保之外，发行人与关联方之间不存在其他的相互提供担保的情况。

（四）根据《审计报告》及本所律师核查，截至2009年6月30日，发行人金额较大的其他应收、应付款均因正常的生产经营活动发生，均合法有效。

## 十二、发行人重大资产变化及收购兼并

（一）根据发行人说明及本所律师核查，发行人自设立以来无合并、分立、减少注册资本的情况；发行人自设立以来发生的增资扩股、收购和出售资产行为，均符合当时法律法规和规范性文件的规定，履行了必要的法律手续。

（二）经发行人确认及本所律师核查，发行人目前不存在拟进行的资产置换、资产剥离、资产出售或收购等行为。

## 十三、发行人章程的制定与修改

经本所律师核查，发行人公司章程或章程草案的制定和历次修改均已履行了法定程序；发行人的公司章程或章程草案的内容符合现行法律、法规和规范性文件的

规定;公司章程(草案)系按照有关制定上市公司章程的规定起草,内容合法有效。

**十四、发行人股东大会、董事会、监事会议事规则及规范运作**

(一)根据发行人提供的发行人组织机构图和本所律师核查,发行人具有健全的组织机构,发行人的公司章程对公司各组织机构的职权作出明确的划分。

(二)经本所律师核查,发行人具有健全的股东大会、董事会、监事会议事规则,该议事规则符合相关法律、法规和规范性文件的规定;除《公司章程》和股东大会、董事会、监事会议事规则外,发行人还制定了一系列的规章制度,对公司经营管理的各项审批权限、决策程序、监督和制约、管理办法等进行了系统的规范,发行人的上述规章制度符合相关法律、法规和规范性文件的规定。

(三)经本所律师核查,发行人历次股东大会、董事会、监事会的召开、决议内容及签署均合法、合规、真实、有效;股东大会或董事会历次授权或重大决策等行为均合法、合规、真实、有效。

**十五、发行人董事、监事和高级管理人员及其变化**

(一)经本所律师核查,发行人的董事、监事和高级管理人员的任职符合法律、法规和规范性文件以及《公司章程》的规定。

(二)经本所律师核查,发行人董事和高级管理人员在近三年保持基本稳定,没有发生重大变化;发行人董事、监事和高级管理人员在近三年所发生的变化情况符合有关法律法规、规范性文件和《公司章程》的规定,并履行了必要的法律程序,不会对本次发行上市构成影响。

(三)经本所律师核查,发行人设有四名独立董事,其任职资格及职权范围符合法律、法规和规范性文件的规定。

**十六、发行人的税务**

(一)根据《审计报告》及本所律师核查,发行人及其控股子公司执行的税种、税率符合现行法律、法规和规范性文件的要求;发行人所享受的税收优惠政策、财政补贴合法、合规、真实、有效。

(二)根据相关税务主管部门出具的证明及本所律师核查,发行人近三年依法纳税,不存在被税务部门处罚的情形。

**十七、发行人的环境保护和产品质量、技术等标准**

(一)根据北京市环境保护局出具的证明及本所律师核查,发行人的生产经营活动和本次募集资金投资项目符合环境保护的有关规定;发行人近三年不存在因违反环境保护方面的法律、法规和规范性文件而被处罚的情形。

(二)根据发行人的确认及本所律师核查,发行人产品符合有关产品质量和技术监督标准,近三年不存在因违反有关产品质量和技术监督方面的法律法规而受到处罚的情形。

**十八、发行人募股资金的运用**

(一)发行人本次募股资金投资项目已经过股东大会合法批准,并已获得有权国家机关的立项批复或备案,合法有效。

(二)经发行人确认和本所律师核查,上述募股资金投向项目的实施并不涉及与他人进行合作;并且上述项目的实施不会导致关联方之间的同业竞争。

(三)发行人本次股票发行是首次向社会发行股票,不存在前次募集资金使用的问题。

**十九、发行人业务发展目标**

根据发行人的陈述及本所律师核查，发行人业务发展目标与主营业务一致；发行人业务发展目标符合国家法律、法规和规范性文件的规定，不存在潜在的法律风险。

**二十、诉讼、仲裁或行政处罚**

（一）根据相关各方的确认及本所律师核查，发行人目前涉及一宗诉讼，但涉及的金额均不大，不属于重大诉讼，对本次发行上市不构成实质性障碍；除此之外，发行人、持有发行人5%以上股份的股东（追溯至实际控制人）、发行人的控股公司目前均不存在尚未了结的或可预见的重大诉讼、仲裁或行政处罚案件。

（二）根据发行人董事长王宁先生和总经理李力先生的确认及本所律师核查，王宁先生、李力先生目前均不存在尚未了结的或可预见的重大诉讼、仲裁或行政处罚案件。

**二十一、发行人《招股说明书》法律风险的评价**

本所律师未参与发行人本次发行上市《招股说明书》的编制，但在《招股说明书》编制过程中，本所律师参与了法律问题的讨论，并已审阅该《招股说明书》，特别对发行人引用法律意见书和律师工作报告相关内容进行重点审阅。本所律师确认，发行人《招股说明书》不会因上述引用而存在虚假记载、误导性陈述或重大遗漏引致的法律风险。

**二十二、律师认为需要说明的其他问题**

本所律师认为，发行人的股东均不属于《境内证券市场转持部分国有股充实全国社会保障基金实施办法》所规定的国有股东，不涉及按照该规定转持国有股的问题。

**二十三、总体结论性意见**

综上所述，本所律师认为：发行人符合股票发行上市条件，已依法履行公司内部批准和授权程序；发行人申请公开发行股票并在创业板上市不存在法律障碍；招股说明书引用法律意见书和律师工作报告的内容已经本所律师审阅，引用的内容适当；发行人作为一家合法成立和有效存续的股份有限公司，申请向社会公开发行股票并在创业板上市在得到有权机关核准后，可将其股票在证券交易所创业板上市交易。

北京市天元律师事务所

经办律师：周世君 谭 清

负 责 人：王振强

# 关于青岛特锐德电气股份有限公司申请首次公开发行股票并在创业板上市的法律意见书

致：青岛特锐德电气股份有限公司（发行人）

根据北京市国枫律师事务所（以下简称本所）与发行人签署的《律师服务协议书》，本所接受发行人的委托，担任发行人申请境内上市人民币普通股首次公开发行并在创业板上市(以下简称本次发行上市)的特聘专项法律顾问,并据此出具本法律意见书。

本所律师乃根据《中华人民共和国公司法》(以下简称《公司法》)、《中华人民共和国证券法》(以下简称《证券法》)、《首次公开发行股票并在创业板上市管理暂行办法》(以下简称《管理办法》)及其他相关法律、法规及中国证券监督管理委员会(以下简称中国证监会)有关规定,按照律师行业公认的业务标准、道德规范和勤勉尽责精神出具本法律意见书。

对本法律意见书的出具,本所律师特作如下声明:

1. 本所律师乃依据中国证监会发布的《公开发行证券的公司信息披露编报规则第12号——公开发行证券的法律意见书和律师工作报告》的规定、本法律意见书出具日前已经发生或存在的事实以及我国现行法律、法规及中国证监会相关文件的规定发表法律意见;

2. 本所律师已根据相关法律、法规及规范性文件的规定严格履行法定职责,遵循了勤勉尽责和诚实信用的原则,对发行人本次发行上市的合法性、合规性、真实性和有效性进行了充分核查并发表法律意见,本法律意见书不存在虚假记载、误导性陈述及重大遗漏,否则愿承担相应的法律责任;

3. 本所律师同意将本法律意见书作为发行人申请本次发行上市所必备的法定文件随其他材料一起上报,并依法对本法律意见书承担责任;

4. 本所律师同意发行人自行引用或根据中国证监会的审核要求引用本所律师出具的法律意见书和律师工作报告中的相关内容;

5. 根据中国证监会的要求,本法律意见书所列示的内容为发行人与本次发行上市有关的法律问题的结论意见,该等结论意见的依据和所涉及的重要资料或文件、本所律师对该等结论意见的核查验证过程及论述过程详见本所律师为发行人本次发行上市事宜出具的律师工作报告;

6. 本所律师已经审阅了本所律师认为出具本法律意见书所需的有关文件和资料,并据此出具法律意见;但对于会计审计、资产评估、投资决策等专业事项,本法律意见书只作引用不进行核查且不发表法律意见;本所律师在本法律意见书中对于发行人有关报表、数据、审计和资产评估报告中某些数据和结论的引用,并不意味着本所律师对这些数据、结论的真实性做出任何明示或默示的保证,且对于这些内容本所律师并不具备核查和作出判断的合法资格;

7. 发行人已保证,其已向本所律师提供了出具本法律意见书所必需的全部有关事实材料,并且有关书面材料及书面证言均是真实有效的,无任何重大遗漏及误导性陈述,其所提供的复印件与原件具有一致性;

8. 对于本法律意见书至关重要而又无法得到独立证据支持的事实,本所律师依赖于有关政府部门、发行人、其他有关单位或有关人士出具或提供的证明文件、证言或文件的复印件出具法律意见;

9. 本法律意见书仅供发行人本次申请发行上市的目的使用,不得用作任何其他用途。

为出具本法律意见书,本所律师对涉及发行人本次发行上市的下述有关方面的事实及法律文件进行了审查:

1. 本次发行上市的批准和授权;

2. 发行人本次发行上市的主体资格;

3. 本次发行上市的实质条件;

4. 发行人的设立;

5. 发行人的独立性；

6. 发起人或股东及实际控制人；

7. 发行人的股本及其演变；

8. 发行人的业务；

9. 关联交易及同业竞争；

10. 发行人的主要财产；

11. 发行人的重大债权债务；

12. 发行人的重大资产变化及收购兼并；

13. 发行人公司章程的制定与修改；

14. 发行人股东大会、董事会、监事会议事规则及规范运作；

15. 发行人董事、监事和高级管理人员及其变化；

16. 发行人的税务；

17. 发行人的环境保护和产品质量、技术等标准；

18. 发行人募集资金的运用；

19. 发行人业务发展目标；

20. 诉讼、仲裁或行政处罚；

21. 发行人招股说明书法律风险的评价；

22. 律师认为需要说明的其他问题。

根据《证券法》第二十条的要求，按照律师行业公认的业务标准、道德规范和勤勉尽责精神，本所律师对发行人提供的文件和有关事实进行了核查和验证，现出具法律意见如下：

## 一、本次发行上市的批准和授权

本所律师认为，发行人本次发行上市事宜已经发行人依合法程序召开的董事会和股东大会决议通过，发行人股东大会已对本次发行上市须明确的有关事项作出决议，发行人股东大会就本次发行上市已对董事会作出相应授权，根据有关法律、法规、规范性文件及发行人公司章程的规定，上述股东大会的召开、股东大会的决议、股东大会对董事会的授权范围及程序均合法有效。根据有关法律、法规和规范性文件的规定，发行人首次公开发行股票事宜除尚待取得中国证监会对本次公开发行股票的核准及深圳证券交易所对发行人股票在其创业板上市的核准外，发行人本次发行上市已经获得必要的批准和授权。

## 二、发行人本次发行上市的主体资格

1. 本所律师认为，发行人为依法设立并有效存续的股份有限公司，符合《管理办法》第十条的规定。

2. 根据发行人的陈述及经审计的截至2009年6月30日的财务报表及其附注、发行人及其前身的历年纳税资料、工商年检资料并经合理查验，发行人为青岛特锐德按账面净资产值折股并以有限责任公司整体变更方式设立的股份有限公司，发行人自其前身青岛特锐德2004年3月16日成立以来一直持续经营，符合《管理办法》第十条的规定。

3. 根据发行人的陈述、发行人设立及历次增资时的《验资报告》、有关资产权属文件并经合理查验，发行人设立及历次增资的注册资本均已足额缴纳；发行人之发起人通过有限责任公司整体变更方式设立发行人时其用作出资的资产的财产权转移手续已办理完毕；发行人的主要资产不存在重大权属纠纷，符合《管理办法》第十一条的规定。

4. 本所律师认为，发行人的生产经营符合国家产业政策和环境保护政策，符合《管理办法》第十二条的规定。

5. 本所律师认为，发行人最近两年内主营业务和董事、高级管理人员没有发生重大变化，实际控制人没有发生变更，符合《管理办法》第十三条的规定。

6. 本所律师认为，发行人的股权结构清晰，控股股东持有的发行人股份不存在重大权属纠纷，符合《管理办法》第十七条的规定。

综上,本所律师认为,发行人具有中国法律、法规和规范性文件规定的申请首次公开发行股票并上市的主体资格。

**三、本次发行上市的实质条件**

(一)发行人的类别

发行人为根据《公司法》及其他相关法律、法规的有关规定,经青岛市对外贸易经济合作局批准以整体变更方式设立的股份有限公司。发行人于2009年6月4日在青岛工商局登记注册。发行人本次发行境内上市人民币普通股(A股)股票,为根据《公司法》、《证券法》及其他有关法律、法规和中国证监会的相关规定进行的首次公开发行。

(二)发行人符合《证券法》第十三条及《公司法》第一百二十七条规定的下述新股发行条件

1. 根据发行人的陈述并经合理查验,发行人具备健全且运行良好的组织机构。

2. 根据发行人的陈述及经审计的截至2009年6月30日的财务报表及其附注,并根据律师行业公认的业务标准进行合理查验,发行人具有持续盈利能力,财务状况良好。

3. 根据发行人经审计的截至2009年6月30日的财务报表及其附注,并根据律师行业公认的业务标准进行合理查验,本所律师认为,发行人最近三年一期的财务会计报告不存在虚假记载的情形;根据发行人的陈述、有关主管部门出具的证明并经合理查验,发行人近三年来不存在重大违法行为。

4. 根据发行人陈述,发行人本次拟向社会公众公开发行的股份为同一类别的股份,均为境内上市人民币普通股(A股),同股同权,每股的发行条件和价格相同,符合《公司法》第一百二十七条的规定。

(三)发行人符合《管理办法》规定的首次公开发行股票的条件

1. 发行人本次发行上市的主体资格

经合理查验,本所律师认为,发行人具有中国法律、法规和规范性文件规定的申请首次公开发行境内上市人民币普通股(A股)股票并在创业板上市的主体资格,符合《管理办法》第十条、第十一条、第十二条、第十三条和第十七条的规定。

2. 发行人的独立性

经合理查验,发行人具有完整的业务体系和直接面向市场独立经营的能力,其资产完整,人员、财务、机构、业务独立,符合《管理办法》第十八条的规定。

3. 发行人的规范运行情况

(1)经合理查验,发行人具有完善的公司治理结构,已依法建立健全了股东大会、董事会、监事会、独立董事、董事会秘书、审计委员会等专业委员会工作制度,并制定、完善了各项议事规则;根据发行人的陈述并经合理查验,发行人相关机构和人员能够依据法律、法规、规范性文件及发行人章程等规定履行各自职责,符合《管理办法》第十九条的规定。

(2)根据山东汇德会计师对发行人内部控制制度出具的无保留结论的"(2009)汇所综字第6-023号"《关于青岛特锐德电气股份有限公司内部控制的鉴证报告》,发行人已建立了与现时经营规模及业务性质相适应的内部控制制度,发行人2006年、2007年、2008年、2009年1月至6月在所有重大方面保持了与会计报表编制相关的有效的内部控制,能够合理保证会计报表的公允表达,符合《管理办法》第二十一条的规定。

(3)根据发行人的陈述及经审计的截至2009年6月30日的财务报表及其附注、发行人提供的资料并经合理查验,发行人已建立严格的资金管理制度,截至本法律意见书出具日不存在资金被控股股东、实际控制人及其控制的其他企业以借款、代偿债务、代垫款项或者其他方式占用的情形，符合《管理办法》第二十二条的规定。

（4）经合理查验，发行人的现行公司章程已明确规定了对外担保的审批权限和审议程序；根据发行人的陈述及经审计的截至2009年6月30日的财务报表及其附注并经合理查验，发行人不存在为控股股东、实际控制人及其控制的其他企业进行违规担保的情形，符合《管理办法》第二十三条的规定。

（5）根据发行人的董事、监事和高级管理人员的陈述，并经合理查验，发行人的董事、监事和高级管理人员均参加了辅导机构组织的首次公开发行上市辅导并通过了辅导机构组织的辅导考试，了解并熟悉与股票发行上市有关的法律、法规，知悉上市公司及其董事、监事和高级管理人员的法定义务和责任，符合《管理办法》第二十四条的规定。

（6）经合理查验，发行人的董事、监事和高级管理人员符合法律、行政法规和规章规定的任职资格，且不存在《管理办法》第二十五条规定的下列任职资格限制情形：

①被中国证监会采取证券市场禁入措施尚在禁入期的；

②最近三年内受到中国证监会行政处罚，或者最近一年内受到证券交易所公开谴责的；

③因涉嫌犯罪被司法机关立案侦查或者涉嫌违法违规被中国证监会立案调查，尚未有明确结论意见的。

（7）根据发行人的陈述、发行人控股股东德锐投资和实际控制人于德翔出具的承诺、相关行政并经合理查验，发行人及其控股股东、实际控制人不存在《管理办法》第二十六条规定的下列情形：

①发行人及其控股股东、实际控制人最近三年内不存在损害投资者合法权益和社会公共利益的重大违法行为。

②发行人及其控股股东、实际控制人最近三年内不存在未经法定机关核准，擅自公开或者变相公开发行证券，或者有关违法行为虽然发生在三年前，但目前仍处于持续状态的情形。

综上，本所律师认为，截至本法律意见书出具日，发行人运作规范，不存在违反有关法律、法规和规范性文件的规定而受重大处罚的情形。

4. 发行人的财务与会计

（1）根据发行人经审计的截至2009年6月30日的财务报表及其附注，发行人2006年度、2007年度、2008年度及2009年1-6月的净利润（以扣除非经常性损益前后较低者为计算依据）分别为人民币13,909,973.93元、18,424,444.31元、61,192,159.62元、38,864,269.35元，其中2007年度、2008年度的净利润合计人民币79,616,603.93元；符合《管理办法》第十条第（二）项关于“最近两年连续盈利，最近两年净利润累计不少于一千万元，且持续增长”的要求。

根据发行人经审计的截至2009年6月30日的财务报表及其附注，发行人截至2009年6月30日的净资产为169,700,097.76元，不存在未弥补的亏损，符合《管理办法》第十条第（三）项关于“最近一期末净资产不少于两千万元，且不存在未弥补亏损”的要求。

经合理查验，截至本法律意见书出具日，发行人股本总额为10,000万元，符合《管理办法》第十条第（四）项关于“发行后股本总额不少于人民币3000万元”的要求。

（2）根据发行人的陈述及经审计的截至2009年6月30日的财务报表及其附注，并经合理查验，发行人不存在《管理办法》第十四条规定的下列影响持续盈利能

力的情形:

①发行人的经营模式、产品或服务的品种结构已经或者将发生重大变化,并对发行人的持续盈利能力构成重大不利影响;

②发行人的行业地位或发行人所处行业的经营环境已经或者将发生重大变化,并对发行人的持续盈利能力构成重大不利影响;

③发行人在用的商标、专利、专有技术以及特许经营权等重要资产或技术的取得或者使用存在重大不利变化的风险;

④发行人最近一年的营业收入或净利润对关联方或者有重大不确定性的客户存在重大依赖;

⑤发行人最近一年的净利润主要来自合并财务报表范围以外的投资收益;

⑥其他可能对发行人持续盈利能力构成重大不利影响的情形。

(3)根据发行人的陈述经审计的截至2009年6月30日的财务报表及其附注、相关税务机关出具的证明,发行人依法纳税;根据发行人的陈述、山东汇德会计师出具的无保留意见的“(2009)汇所综字第6-022号”《关于特锐德电气股份有限公司2006-2008年度及2009年1-6月主要税种明细表的鉴证报告》,发行人申报期间增值税、企业所得税计缴与实际情况相符,发行人依法享受外商投资企业和高新技术企业的企业所得税减半征收的税收优惠政策;根据发行人2006年、2007年以及2008年的盈利情况,发行人的经营成果对税收优惠不存在严重依赖,符合《管理办法》第十五条的规定。

(4)根据发行人的陈述及经审计的截至2009年6月30日的财务报表及其附注,发行人不存在重大偿债风险,不存在影响持续经营的担保、诉讼以及仲裁等重大或有事项,符合《管理办法》第十六条的规定。

(5)根据发行人经审计的截至2009年6月30日的财务报表及其附注,发行人财务报表的编制符合《企业会计准则》及其他相关会计制度的规定,在所有重大方面公允地反映了发行人的财务状况、经营成果和现金流量。根据发行人的陈述及经审计的截至2009年6月30日的财务报表及其附注,并根据律师行业公认的业务标准进行合理查验,发行人会计基础工作规范,符合《管理办法》第二十条的规定。

(6)根据发行人陈述,并根据发行人聘请的山东汇德会计师出具了标准无保留意见的“(2009)汇所综字第6-023号”《关于青岛特锐德电气股份有限公司内部控制的鉴证报告》。发行人已建立了与现时经营规模及业务性质相适应的内部控制制度,于2006年、2007年、2008年、2009年1月至6月在所有重大方面保持了与会计报表编制相关的有效的内部控制,能够合理保证会计报表的公允表达,发行人的内部控制在所有重大方面有效执行,能够合理保证公司财务报告的可靠性、生产经营的合法性、营运效率与效果,符合《管理办法》第二十一条的规定。

5. 发行人的募集资金运用

(1)根据发行人陈述以及发行人提供的资料,发行人的募集资金用于主营业务,具有明确的使用方向,发行人的募集资金数额和投资项目与发行人现有生产经营规模、财务状况、技术水平和管理能力等相适应,符合《管理办法》第二十七条的规定。

(2)根据发行人陈述及发行人2009年第三临时股东大会审议通过的《募集资金管理制度》,发行人已建立募集资金专项存储制度,募集资金将存放于董事会决定的专项账户,符合《管理办法》第二十八条的规定。

(四)发行人符合有关法律、法规、规范性文件规定的上市条件

根据《证券法》第五十条及证券交易

所现行有效的股票在创业板上市规则的有关规定，发行人除尚待取得中国证监会对发行人本次公开发行的核准及深圳证券交易所对发行人股票在创业板上市的核准外，已经具备了公开发行后上市的下列必备条件：

1. 发行人现有股本总额10,000万股，发行人本次公开发行不超过3500万股（不低于3334万股、最终以中国证监会核定的发行规模为准）股份，符合公司上市股本总额不得少于人民币3000万元的规定。

2. 发行人拟公开发行的股份为不超过3500万股（不低于3334万股）股份，若按上述方案发行完毕，该部分公开发行的股本将超过发行人股份总数的25%，符合公司上市公开发行的股份须达到公司股份总数的25%以上的规定。

3. 根据发行人的陈述、有关政府机关出具的证明，并根据律师行业公认的业务标准进行合理查验，发行人最近三年无重大违法行为，财务会计报告无虚假记载。

综上，本所律师认为，除尚待取得中国证监会对发行人本次发行的核准及深圳证券交易所对发行人股票在创业板上市的核准外，发行人已具备了中国有关法律、法规及中国证监会的相关规定中对股份有限公司申请首次公开发行股票并在创业板上市所要求的各项实质条件。

## 四、发行人的设立

经合理查验，本所律师认为，青岛特锐德为依法设立，并以其全部资产为限对其债务承担责任的有限责任公司。

经合理查验，发行人的设立程序、资格、条件及方式均已经取得有权部门的批准，符合当时法律、法规及规范性文件的规定；发行人为依法设立、独立经营、自负盈亏并以全部资产为限对其债务承担责任之独立法人。

经合理查验，本所律师认为，全体发起人为设立发行人而签署的《发起人协议书》符合有关法律、法规和规范性文件的规定，《发起人协议书》不存在导致发行人不能设立的法律障碍或使其设立行为存在潜在纠纷的情形。

经合理查验，发行人设立过程中的资本验证事宜均已履行了必要的程序，符合法律、法规和规范性文件的规定。

经合理查验，本所律师认为，发行人创立大会暨第一次股东大会的程序和所议事项符合有关法律、法规和规范性文件的规定。

## 五、发行人的独立性

根据发行人的陈述并经合理查验，发行人资产具有完整性，符合《管理办法》第十八条关于发行人资产完整的规定。

根据发行人的陈述并经合理查验，发行人业务独立于控股股东德锐投资及实际控制人于德翔；发行人与其控股股东及实际控制人之间不存在同业竞争。

根据发行人陈述并经合理查验，尽管发行人与其关联方之间根据双方生产经营的实际需要和具体情况存在持续性关联交易，但是该等交易均符合自愿、公平、合理的原则，不存在显失公允的情形。同时，鉴于：(1)该等关联交易的发生上述关联交易皆因发行人与交易对方的正常生产需要而发生，该等关联交易的持续存在具备商业必要性和合理性；(2)根据发行人独立董事意见，发行人的该等关联交易遵循市场定价及互利双赢的交易原则，符合发行人及其股东利益，同时独立董事保证将切实履行职责，监督和督促发行人股东和关联交易对方切实履行相关各项承诺，确保其等所出具之承诺或说明得到贯彻实施；(3)交易双方已根据交易习惯和经营需要签署了相关交易协议,协议条款公平合理且未对双方在交易中所具有的自主选择和决定权进行任何限制;(4)针对 Helmut Bruno Rebstock(德国籍护照号码:330603884)(以下简称 Helmut Rebstock)所投资或/和任职的企业(许昌许继德理施尔电气有限公司(以下简称许继德理施尔)、特瑞德(北京)电气有限公司(以下简称特锐德(北京)))与发行人之间存在持续性关联交易的情形,Helmut Rebstock 郑重保证维护交易的公允性,既不会利用该等关联交易或以其他方式向股份公司输送非公允的利益,也不会利用该等关联交易或以其他方式损害股份公司及其股东的合法权益。据此,本所律师认为,发行人目前与其关联方之间存在的持续性关联交易不会对发行人的独立性产生实质性不利影响。

据此,本所律师认为,发行人目前与其关联方之间存在的持续性关联交易不会对发行人的独立性产生实质性不利影响。

综上所述,本所律师认为,发行人的业务独立,符合《管理办法》第十八条关于发行人业务独立的规定。

根据发行人的陈述并经合理查验,发行人的人员独立,符合《管理办法》第十八条关于发行人人员独立的规定。

根据发行人的陈述并经合理查验,发行人的财务独立于股东单位及其他关联方,符合《管理办法》第十八条关于发行人财务独立的规定。

根据发行人的陈述并经合理查验,发行人已设立经营管理机构,发行人各项生产经营活动均由其独立行使管理职权并自主决策,与控股股东或实际控制人不存在机构混同的情形,符合《管理办法》第十八条关于发行人机构独立的规定。

经合理查验,发行人独立的资产、业务、人员、财务和机构基础上形成了完整的业务体系,独立从事研发、生产、销售、客户服务等具体业务;发行人独立面向市场、开拓业务并以其名义签订销售、采购等合同,具备面向市场自主经营的能力。

综上所述,发行人具有完整的业务体系和直接面向市场独立经营的能力,其资产完整,人员、财务、机构、业务独立,具有中国法律、法规和规范性文件规定的申请首次在创业板公开发行境内上市人民币普通股(A 股)股票并在创业板上市的独立性条件。

## 六、发起人或股东及实际控制人

根据发行人陈述并经合理查验,本所律师认为,发行人的股东依法存续,具有有关法律、法规和规范性文件规定的担任发起人或股东的主体资格,其人数、住所及其出资比例符合有关法律、法规和规范性文件的规定。

本所律师认为,各发起人投入发行人的资产不存在法律纠纷或/和法律障碍;发行人已履行必要的法律程序取得了该等资产的所有权和/或使用权,且不存在法律障碍或法律风险。

本所律师认为,发行人最近两年来的实际控制人为自然人于德翔,未发生变更。

## 七、发行人的股本及其演变

根据发行人陈述并经合理查验,发行人前身在设立后、整体变更设立发行人前于 2007 年 4 月发生一次增资。

需要说明的是,本所律师注意到发行人前身该次增资用未分配利润、盈余公积金转增注册资本未根据《中华人民共和国中外合资经营企业法》(2001 年)的有关规定按照各股东出资比例进行利润分配和增资,但是鉴于发行人前身的该次利润分配已经其董事会按照内部决策程序审批通过,符合其当时有效的《公司章程》关于利润分配的规定并获得了青岛市崂山区对外贸易经济合作局的批准；利益相关人 Helmut Rebstock 除以签署董事会决议方式同意了相关利润分配及增资方案外，于 2009 年 7 月 23 日另行出具《承诺函》承诺同意发行人前身的历年利润分配，并承诺不可撤销地放弃因不同比例增加注册资本而致本人利益减少的事宜向任何司法机关、仲裁机构、政府部门等单位主张任何利益诉求的权利。此外，该等利润分配及转增股本方案并不违背当时有效的《公司法》等相关法律法规之要求。因此，本所律师认为，上述 2007 年 4 月发行人前身未按注册资本比例进行利润分配并增资的行为有效。

经合理查验，发行人变更设立前增资已经履行必要的法律程序，具有法律效力。

经合理查验，发行人设立时的股权设置、股本结构已经发行人全体股东确认，并经青岛市对外贸易经济合作局“青外经贸资审字〔2009〕470 号”《关于同意青岛特锐德电气有限公司增资并整体改制为外商投资股份公司的批复》批准，且已获青岛工商局核准登记，合法有效，不存在法律纠纷及风险。山东汇德会计师出具了“(2009)汇所验字第 6－002 号”《验资报告》，验证了发行人 9500 万元注册资本已全部缴足。

根据发行人陈述并经合理查验，发行人设立后于 2009 年 6 月实施增资扩股。本所律师认为，发行人已就该次增资履行了相关法律、法规和规范性文件规定的必要程序，合法、有效。

根据发行人及各发起人的陈述并经合理查验，各股东（发起人）持有的发行人股份不存在质押的情形。

## 八、发行人的业务

经合理查验，发行人前身经工商登记机关核发的营业执照所记载的经营范围均为：“设计、制造 110kV 以下的变配电一二次产品以及提供相关技术服务（以上范围需经许可经营的，须凭许可证经营）”；发行人在工商登记机关登记的营业范围变更为“设计、制造 220kV 及以下的变配电一二次产品以及提供相关技术服务（以上范围需经许可经营的，须凭许可证经营）”。根据发行人陈述，发行人自其前身设立至今，其主要产品始终为 0.4－35kV 户外和户内变配电产品。本所律师认为，发行人及其前身的经营范围的变更及其确定已经履行了必要的法律程序，合法有效。

经合理查验，发行人生产和销售变配电设备并提供相关技术服务已经获得了必要的批准或许可，同时发行人已根据其生产和销售需要获得了特定客户要求的交易证书或通过了相应的资质评审。因此，本所律师认为，发行人的经营方式符合相关法律法规的规定。

根据发行人的陈述及经审计的截至 2009 年 6 月 30 日的财务报表及其附注，并经合理查验，本所律师认为，发行人目前不存在在中国大陆以外其他国家或地区进行经营的情形。

根据发行人经审计的截至 2009 年 6 月 30 日的财务报表及其附注，本所律师认为，发行人的主营业务突出。

经合理查验，发行人的经营范围已经取得有权政府部门批准并已经青岛工商局核准登记，符合相关法律、法规的规定；根据发行人经审计的截至 2009 年 6 月 30 日的财务报表及其附注，发行人 2006 年度、2007 年度、2008 年度、2009 年 1－6 月连续盈利；根据发行人所属相关政府部门和主管部门出具的证明文件，发行人近三年来不存在因重大违法行为而受到处罚的记录；故此，本所律师认为，发行人不存在根据有关法律、法规、规范性文件以及发行人章程规定的发行人应终止的情形，发行人不存在持续经营的法律障碍。

## 九、关联交易及同业竞争

(一)关联方与关联关系

1. 发行人现有关联法人

根据《公司法》及《关联方披露规则》及《编报规则第12号》等法律、法规、规范性文件的有关规定,并经合理查验发行人提供的相关文件,截至本法律意见书出具日,发行人存在以下关联法人:

| 关联法人名称 | 与发行人关联关系 |
|---|---|
| 德锐投资 | 直接持有公司66.50%的股份,为公司控股股东;发行人董事长兼总经理担任其董事长 |
| 特瑞德(北京) | 发行人第二大股东及董事 Helmut Rebstock 担任其法定代表人、总经理 |
| Questing Holdings Ltd. | 发行人第二大股东及董事 Helmut Rebstock 持有其100%的股权并担任其董事 |
| MCH Global Consulting Ltd. | 发行人第二大股东及董事 Helmut Rebstock 持有其50%的股权并担任其董事 |
| 许继德理施尔 | 发行人第二大股东及董事 Helmut Rebstock 通过 Questing Holdings Ltd. 持有其10%的股权并担任其董事 |
| 迈驰(北京)国际咨询有限公司 | 发行人第二大股东及董事 Helmut Rebstock 通过 MCH Global Consulting Ltd. 持有其75%的股权并担任其董事长及总经理 |

此外,Helmut Rebstock 还担任德国特瑞德电气股份公司北京代表处的首席代表。

2. 发行人原有关联法人

根据《公司法》、《关联方披露规则》及《编报规则第12号》等法律、法规、规范性文件的有关规定,并经合理查验发行人提供的相关文件,发行人本次发行申报的最近三年及一期的财务报告期间曾存在有下表所列之关联法人:

| 关联法人名称 | 与发行人关联关系 |
|---|---|
| 邢台兴力公司 | 曾直接持有德锐投资5.72%的股份,发行人前身曾直接持有其6.67%的股份,董事长于德翔曾担任其董事 |

3. 发行人主要关联自然人

根据《公司法》、《关联方披露准则》及《编报规则第12号》等法律、法规、规范性文件的有关规定,并经合理查验发行人提供的相关文件,截至本法律意见书出具日,发行人主要关联自然人如下:

| 关联人姓名 | 与发行人关联关系 |
|---|---|
| 于德翔 | 发行人实际控制人(发行人控股股东德锐投资之控股股东,直接持有德锐投资57.86%的股份),通过德锐投资间接持有发行人38.47%的股权;现任发行人董事长兼总经理。 |
| Helmut Rebstock | 直接持有公司28.50%的股份,为发行人董事。 |
| 刘立中 | 直接持有德锐投资8.14%的股份,通过德锐投资间接持有发行人5.41%的股权;现任发行人董事、副总经理。 |
| 屈东明 | 直接持有德锐投资8.14%的股份,通过德锐投资间接持有发行人5.41%的股权;现任发行人董事、副总经理。 |

续表

| 关联人姓名 | 与发行人关联关系 |
|---|---|
| 陈忠强 | 直接持有德锐投资7.57%的股份,通过德锐投资间接持有发行人5.03%的股权;现任发行人董事、副总经理。 |
| 王聚辰 | 直接持有德锐投资7.57%的股份,通过德锐投资间接持有发行人5.03%的股权;现任发行人副总经理。 |
| 康晓兵 | 直接持有德锐投资5.72%的股份,通过德锐投资间接持有发行人3.80%的股权;现任发行人副总经理。 |
| 樊剑 | 现任发行人董事 |
| 吴建敏 | 现任发行人独立董事 |
| 李振生 | 现任发行人独立董事 |
| 王竹泉 | 现任发行人独立董事 |
| 常美华 | 直接持有德锐投资5%的股份,通过德锐投资间接持有发行人3.32%的股权;现任发行人监事会主席。 |
| 王希魁 | 现任发行人监事 |
| 王克业 | 现任发行人监事 |
| 杜波 | 现任发行人董事会秘书兼财务总监 |

此外,公司董事、监事、高级管理人员关系密切的家庭成员也为公司的关联方。

(二)关联交易

1. 持续性关联交易

根据发行人经审计的截至2009年6月30日的财务报表及其附注、发行人提供的相关资料并经合理查验,发行人及其前身在最近三年一期(2006年度、2007年度、2008年度、2009年上半年度)与其关联方之间存在的持续性关联交易主要为:(1)与邢台兴力公司的关联销售货物;(2)与特瑞德(北京)及许继德里施尔之间的关联采购货物。

本所律师认为,上述关联交易是基于公平及公允的原则,依据交易各方之间订立的合同、协议进行的,并按相关法律、法规和规范性文件的规定履行了相应的关联交易公允决策程序,不存在损害发行人及其他股东利益的情况。

2. 偶发性关联交易

经合理查验,报告期内发行人与其关联方之间存在偶发的资金往来情形。发行人的董事、监事及高级管理人员已经出具书面承诺,将严格遵守发行人已经制定的财务管理制度及其他关于员工因业务需要从公司预支款项的相关规定,不以任何形式非法占用公司资金。

(三)关联交易公允决策的程序

经合理查验,发行人已在其章程、股东大会议事规则、董事会议事规则、关联交易管理制度、独立董事工作细则、审计委员会工作细则、内部审计制度中根据有关法律、法规和规范性文件,明确规定了关联交易的决策权限,并规定了股东大会、董事会在审议有关关联交易事项时关联股东、关联董事回避表决的程序,以及独立董事对关联交易发表独立意见等公允决策程序。

(四)同业竞争

经合理查验,本所律师认为,截至本法律意见书出具日,发行人与控股股东和实际控制人之间不存在同业竞争的情形。

经合理查验,发行人的控股股东德锐投资和实际控制人于德翔已于2009年7月24日分别出具了不可撤销的《避免同业竞争的承诺函》。本所律师认为,发行人的股东和实际控制人已承诺采取有效措施避免同业竞争。

经合理查验,发行人之第二大股东及董事 Helmut Rebstock 除投资于发行人并在发行人处任职外,还存在其他投资或出任董事或高级管理人员的情形。根据发行人提供的文件资料及 Helmut Rebstock 的陈述,该等 Helmut Rebstock 投资或出任董事或高级管理人员的公司均未从事与发行人直接竞争的业务,其中特瑞德(北京)及许继德里施尔均从事发行人的上游产业,并为发行人提供其生产经营所需原料;其余两家境外公司仅从事对外投资,无实体经营行为。此外,为更加充分保证发行人的合法权益,Helmut Rebstock 签署书面承诺,确认其所控制的企业不会以任何形式从事与发行人相竞争的业务,亦不会进入发行人目前经营的业务领域;本人保证在本人参股或/和任职但不能控制的企业若讨论从事与发行人相竞争的业务或进入发行人目前经营的业务领域时,本人坚决投反对票;本人承诺将不会以任何方式从事、支持或协助他人经营与发行人相竞争的业务。

经合理查验,本所律师认为,发行人在其为本次发行上市而制作的招股说明书中对上述避免同业竞争的承诺已进行了充分披露,发行人对同业竞争的披露不存在重大遗漏或重大隐瞒的情形。

## 十、发行人的主要财产

根据发行人陈述并经本所律师查验发行人所持有的相关产权证明文件,截至本律师工作报告出具日,除正在申请的商标、专利以及尚在办理将相关产权证书由发行人前身变更至发行人名下的相关法律手续外,发行人已取得了有权部门核发的权属证书;本所律师认为,发行人所拥有的上述主要财产的所有权/使用权不存在产权纠纷或潜在纠纷,发行人所持有的相关产权证明文件中亦不存在有抵押、质押、其他对发行人权利进行限制的记载,或其他导致发行人对上述主要财产的所有权/使用权的行使受到限制的情形。

根据发行人前身与王家麦岛居委会于 2008 年 4 月 26 日签署的《厂房建设和租用合作协议》,王家麦岛居委会向发行人前身出租两栋厂房,并按照发行人前身的要求建设一栋新厂房(已经建成),该三栋厂房总面积为 8491 平方米,租期为三年;若任何一方违约,违约方按照年租金的 30% 向对方支付违约金。

在此需要说明的是,发行人现租赁使用上述王家麦岛居委会的 8491 平方米尚未取得相关房屋所有权证。但是,鉴于:(1)该等由王家麦岛居委会租赁给发行人使用的房产均建设于其自有之以出让方式取得的土地上,该等房产所占用之土地权属清晰;(2)王家麦岛社区居委会有权作为该等房产的权利人签署相关房屋租赁协议;(3)青岛市崂山区人民政府出具了《关于青岛特锐德电气股份有限公司租赁厂房的说明》,承诺将协助王家麦岛社区居委会尽快完善相关手续,不会影响发行人在承租期间对该等租赁厂房的使用;(4)发行人已经取得 78,320.7 平方米的国有土地使用权,计划用募投资金新建厂房,并已制定相关搬迁计划。因此,本所律师认为,尽管发行人目前从王家麦岛居委会租赁并使用的上述房产尚未取得相关权属证书,但是该等清晰不会对发行人使用该等厂房用于生产经营产生实质障碍,亦不会对发行人的本次发行构成实质性不利影响。

此外,根据发行人前身向崂山区中韩街道山东头社区居委会(青岛九峰实业总公司)租赁位于株洲路 101 号的工业用地约 20,000 平方米及厂房约 11,000 平方米。发行人及相关当事人已就上述租赁事宜办理了房屋租赁登记。据此,本所律师认为,发行人该等房屋租赁行为合法有效。

## 十一、发行人的重大债权债务

根据发行人陈述并经合理查验,截至本法律意见书出具日,发行人因其关联交易所发生之债权、债务外,发行人正在或将要执行的重大合同包括借款合同、商业汇票银行承兑合同、采购合同、销售合同、框架性协议、保荐协议和承销协议等重大合同。

经合理查验,本所律师认为,发行人正在或将要执行的重大合同或/和协议的内容和形式符合国家有关法律、法规的规定,合法有效,其履行不存在法律障碍。根据发行人的陈述并经合理查验,发行人的重大合同不存在法律纠纷或潜在纠纷,发行人履行该等合同项下的义务与其依据其他合同或法律文件承担的义务没有冲突。

根据发行人陈述并经合理查验,发行人不存在因环境保护、知识产权、产品质量、劳动安全、人身权等原因所发生的侵权之债。

根据发行人的陈述及经审计的截至2009年6月30日的财务报表及其附注并经合理查验,截至2009年6月30日,发行人与其关联方之间的应收账款余额为1,189,157.00元,为发行人因向邢台兴力公司销售产品而发生的应收款项;发行人与关联方之间的应付账款为16,306,446.80元,为发行人因从许继德里施尔采购原料而发生的应付款项。

根据发行人的陈述及经审计的截至2009年6月30日的财务报表及其附注,并经合理查验,发行人与其关联方之间不存在有相互提供担保的情形。

本所律师认为,发行人金额较大的其他应收款、其他应付款是因正常生产经营活动而发生的,合法有效。

## 十二、发行人的重大资产变化及收购兼并

经合理查验,发行人除本法律意见书所述之历次增资事项外,不存在其他合并、分立、增资扩股、减少注册资本、收购或出售资产等重大资产变化及收购兼并行为。本所律师认为,发行人历次增资事宜符合当时有效的法律、法规及规范性文件的规定,并已经履行了必要的法律程序。

经合理查验,发行人存在的购买资产情况为发行人以4920万元的价格依法取得位于崂山区滨海大道以东、李沙路以北7.832,07公顷的国有建设用地的使用权。本所律师认为,发行人已实施完毕的上述资产购买行为符合现时有效的法律、法规及规范性文件的规定,并已经履行了必要的法律程序。

根据发行人的陈述并经合理查验,截至本法律意见书出具之日,发行人不存在拟进行的资产置换、资产剥离、资产出售或收购等行为。

根据发行人的陈述并经合理查验,发行人本次发行上市不涉及资产置换、资产剥离、资产出售或收购等行为。

## 十三、发行人公司章程的制定与修改

经合理查验,发行人章程的制定与修改已履行法定程序,且发行人上市后适用的章程已经按照有关制定上市公司章程的规定进行修改,符合有关法律、法规及规范性文件的规定。

## 十四、发行人股东大会、董事会、监事会议事规则及规范运作

经合理查验,发行人具有健全的组织机构。

经合理查验,发行人股东大会、董事会和监事会的议事规则不存在违反有关法

律、法规和规范性文件的规定的情形。

经合理查验发行人提供的历次股东大会、董事会和监事会的会议通知、有关提案、会议记录和会议决议,本所律师认为,发行人历次股东大会、董事会和监事会的召开、决议内容和决议签署不存在违反有关法律、法规规定的情形,发行人该等股东大会、董事会、监事会的召开、决议内容和决议签署均合法有效。

经合理查验,本所律师认为,截至本法律意见书出具日,发行人股东大会对董事会的授权不存在违反有关法律、法规及规范性文件规定的情形,合法有效。

经合理查验,本所律师认为,截至本法律意见书出具日,发行人股东大会决议通过的历次重大决策不存在违反有关法律、法规及发行人章程规定的情形,均经发行人董事会审议后报请发行人股东大会批准,合法有效。

## 十五、发行人董事、监事和高级管理人员及其变化

根据发行人陈述并经合理查验,本所律师认为,发行人现任董事、监事和高级管理人员的任职均经法定程序产生,不存在有关法律、法规、规范性文件、发行人章程及有关监管部门所禁止的兼职情形。

根据发行人陈述并经合理查验,发行人现任董事、监事和高级管理人员的变化事宜符合有关法律、法规、规范性文件和发行人章程的规定,并已经履行必要的法律程序。发行人董事、监事和高级管理人员最近两年未曾发生重大变化。

经合理查验,发行人已在其董事会议事规则中规定了独立董事的职权范围,且2009年5月29日召开的发行人创立大会暨第一次股东大会审议通过了《独立董事工作细则》,发行人已根据章程规定聘任三名独立董事,占董事会成员的三分之一,其中两名为符合中国证监会要求的会计专业人士。经询证发行人的各独立董事并经其书面确认,发行人上述独立董事的任职不存在违反有关法律、法规、规范性文件和发行人章程的规定的情形,发行人中有关独立董事职权范围的规定亦不存在违反有关法律、法规和规范性文件及公司章程规定的情形。

## 十六、发行人的税务

经合理查验,本所律师认为,发行人目前执行的税种、税率不存在违反现行法律、法规和规范性文件的规定的情形。

经合理查验,发行人及其前身最近三年享受的所得税优惠待遇包括作为外商投资企业自获利年度起,第一年和第二年按税收政策规定免征企业所得税,第三年至第五年按税收政策规定减半征收企业所得税,以及作为高新技术企业享受高新技术企业的税收优惠政策。此外,根据《中华人民共和国企业所得税法》(2008年1月1日施行)、《国务院关于实施企业所得税过渡优惠政策的通知》(国发〔2007〕39号)的规定及其他相关规定,发行人及发行人前身在2008年和2009年可以选择继续执行原减半优惠税率(基础税率为25%),或者执行15%的高新技术企业优惠税率。发行人及发行人前身选择在2008年和2009年执行减半优惠税率,即12.5%(25%×50%)。但是,若发行人本次发行上市完成后,Helmut Rebstock的持股比例降低至25%以下,则发行人将可能不再根据相关法律法规的规定继续执行过渡期内外商投资企业减半征收企业所得税的优惠,而选择按照高新技术企业15%优惠税率执行。

经合理查验,本所律师认为发行人所享受的上述税收优惠待遇具有相应的法律依据并已履行了相关批准程序,合法有效。

经合理查验，发行人最近三年所享受的财政补贴收入包括创新基金、挖潜改造基金以及其他科研项目拨款。经合理查验，本所律师认为，发行人的上述财政补贴收入符合法律、法规和规范性文件的规定，合法有效。

针对发行人依法纳税事宜，发行人前身曾于2007年4月28日因存在部分发票不符合抵扣标准、部分事项未做进项税额转出、部分事项未计提销项税额、部分事项未作纳税调整的情形，被青岛市国家税务局稽查局以"青国税稽罚〔2007〕306号"《税务行政处罚决定书》处以罚款93,246.11元，其中因调增2005年度应纳税所得额1,089,758.23元（发行人前身2005年度处于免税期）处以罚款50,000元，因需要补缴增值税43,246.11元处以罚款43,246.11元。根据发行人提供的《中华人民共和国税收通用缴款书》，发行人前身已经于2007年4月29日向青岛市国家税务局缴纳了上述罚款。

针对上述发行人前身曾受到有关行政主管部门处罚的情形，鉴于：(1)发行人前身受到青岛市国家税务局稽查局处罚是由于财务人员所作财务处理不当造成的，发行人前身在履行缴税义务过程中并不存在违法违规的主观故意；(2)青岛市国家税务局稽查局已就发行人的上述违规行为做出了处以总计93,246.11元罚款的行政处罚决定，且发行人已于2007年4月29日向青岛市国家税务局如数缴纳了上述罚款；(3)上述罚款的数额甚小，与发行人截至2009年6月30日净资产数额相比不足1‰；(4)根据青岛市国家税务局稽查局2009年7月2日出具的《证明》，青岛市国家税务局稽查局认为上述事项不构成重大违法行为。据此，本所律师认为，发行人前身曾受到上述青岛市国家税务局稽查局处罚的情形不构成重大违法行为，不会对发行人本次发行上市构成实质性不利影响。

根据发行人陈述及其提供的年度纳税申报表、完税证明及发行人主管税务机关出具的证明文件并经合理查验，除上述情形外，发行人最近三年一期依法纳税，不存在重大违法行为。

## 十七、发行人的环境保护和产品质量、技术等标准

根据青岛市环境保护局于2009年7月10日出具的《关于青岛特锐德电气股份有限公司环保核查的函》（青环函〔2009〕23号），发行人自成立以来严格遵守国家和地方环境保护法律、法规，排放的主要污染物达到国家或地方规定的排放标准，未受到该局的行政处罚，无环境污染事故发生；依法履行了建设项目环境影响评价和"三同时"制度；环保设施稳定运转率大于95%，按时进行排污申报登记并按规定缴纳排污费；在研发和生产实施各环节中的辅助原料及产品均不含有国家法律、法规、产品标准中禁用的物质以及我国签署的国际公约中禁用的物质，采用的生产工艺均不在限制类和淘汰类之列，符合国家产业政策。拟融资新建项目符合国家环保法律法规的相关规定，不造成现实的和潜在的环境影响。

根据发行人提供的资料并经合理查验，发行人本次募集资金拟投资的项目，已按规定进行了环境影响评价并已经环保部门审批通过。

经合理查验，本所律师认为，发行人的生产经营活动以及发行人本次公开发行股票募集资金投资项目的建设均符合环境保护法律法规的规定，发行人最近三年不存在因违反环境保护法律、法规受到行政处罚的情形。

经合理查验，截至本法律意见书出具日，发行人的生产经营符合国家有关质量

和技术监督标准,近三年来不存在其他因违反有关质量和技术监督方面的法律、法规而受到处罚的情形。

## 十八、发行人募集资金的运用

经合理查验,发行人本次发行拟募集40,000万元,除补充营运资金外,募集资金将主要用于户外箱式电力设备技改项目、户内开关柜设备技改项目、研发中心建设项目及节能型变压器生产线建设项目。发行人本次公开发行股票募集资金用于上述项目后,募集资金如不足,不足部分发行人将自筹解决;募集资金若超过上述项目资金需求,超过部分用于补充公司流动资金。

经合理查验,本所律师认为,发行人本次募集资金投向项目符合国家产业政策和环境保护政策,并已经发行人内部批准和有权政府部门核准,符合相关法律、法规和规范性文件的规定,发行人实施该等项目不存在法律障碍。

## 十九、发行人业务发展目标

经合理查验,本所律师认为发行人的业务发展目标与其目前的主营业务一致,符合国家法律、法规和规范性文件的规定,且不存在潜在的法律风险。

## 二十、诉讼、仲裁或行政处罚

经合理查验,截至本法律意见书出具日,除本法律意见书所述之发行人受到主管税务部门行政处罚情形外,发行人不存在其他重大行政处罚事项。

根据发行人提供的材料并经合理查验,截至本法律意见书出具日,发行人不存在其他尚未了结的重大诉讼、仲裁事项。

经本所律师询证持有发行人股份5%以上的主要股东并经其书面确认,截至本法律意见书出具日,持有发行人股份5%以上的主要股东不存在有尚未了结或可以预见的重大诉讼、仲裁及行政处罚案件。

经本所律师询证发行人实际控制人并经其书面确认,截至本法律意见书出具日,发行人实际控制人不存在尚未了结或可预见的重大诉讼、仲裁及行政处罚案件。

## 二十一、发行人招股说明书法律风险的评价

本所律师参与了发行人招股说明书的编报及讨论,并审阅了招股说明书,对发行人在招股说明书中引用法律意见书和律师工作报告相关内容进行了认真审阅,确认招股说明书不致因上述内容出现虚假记载、误导性陈述及重大遗漏引致的法律风险。

## 二十二、律师认为需要说明的其他问题

根据青岛市崂山区劳动和社会保障局于2009年7月2日出具的相关证明,发行人自2006年以来遵守国家有关劳动和社会保障法律法规,已按照《劳动法》及相关规定与劳动者签订《劳动合同》,且依法应缴纳的社会保险费已全部缴清,没有因发生违反有关劳动和社会保障法律、法规而受到处罚的记录。

在此需要说明的是,根据发行人陈述并经合理查验,发行人自2004年3月设立至2009年3月期间未按照我国住房公积金管理的相关法律法规的规定为员工缴存住房公积金,该等情形不符合相关法律法规的规定。但是鉴于:(1)发行人自2004年设立之后便建立了针对内部职工的住房补贴制度,但由于其对青岛市住房公积金管理制度理解的差错,未按照相关规定在住房公积金管理中心为职工缴存住房公积金;(2)发行人已自2009年4月起根据相关住房公积金管理规定按照单位缴存

5%、个人缴存5%的比例为员工缴纳住房公积金；(3)青岛市住房公积金管理中心已于2009年7月3日出具证明，认定发行人及其前身不存在因违反有关住房公积金管理的法律法规而受到处罚的记录；(4)发行人之控股股东德锐投资及实际控制人于德翔已出具书面承诺，若经有关主管部门认定发行人需为发行人员工补缴2009年4月以前未缴存的住房公积金或受到处罚或被任何利益相关方以任何方式提出权利要求时，德锐投资将无条件全额承担经有关主管部门认定并要求发行人补缴的全部住房公积金款项、处罚款项，且全额承担被任何利益相关方以任何方式提出权利要求的赔偿、补偿款项，以及由上述事项产生的应由发行人负担的其他所有相关费用。据此，本所律师认为，发行人未能在2004年3月设立至2009年3月期间为员工缴存住房公积金事项不会对发行人本次发行上市构成实质性不利影响。

### 二十三、结论意见

综上所述，除尚待取得中国证监会核准发行人本次发行上市申请的批复外，发行人本次发行上市已符合《证券法》、《公司法》、《管理办法》及其他相关法律、法规、中国证监会和证券交易所相关文件规定的申请首次公开发行股票并上市的其他程序性及实质性条件的要求，具备首次公开发行股票并上市的上报待核准条件。

本法律意见书正本四份。

北京市国枫律师事务所

负责人：张利国

经办律师：张鼎映　冯翠玺

## 关于深圳新宙邦科技股份有限公司首次公开发行股票并在创业板上市的法律意见书

致：深圳新宙邦科技股份有限公司

根据《公司法》、《证券法》及中国证监会发布的《创业板首发办法》等有关法律、法规和规范性文件的规定，北京市中伦律师事务所作为公司聘请的专项法律顾问，现就公司申请首次公开发行股票并在深圳证券交易所创业板上市事宜出具本法律意见书。

根据本所与公司签订的《法律顾问聘请协议》，本所律师对公司本次发行上市的有关文件资料进行了审查，并获授权出具法律意见书和律师工作报告。

本所已经得到公司的保证：即公司已向本所提供了本所认为出具本法律意见书所必需的真实的原始书面材料、副本材料或口头证言；公司在向本所提供文件时并无遗漏，所有文件上的签名、印章均是真实的，所有副本材料或复印件均与原件一致。

对出具本法律意见书至关重要而又无法得到独立的证据支持的事实，本所依赖政府有关部门或其他有关单位出具的证明文件，出具法律意见。

本所依据本法律意见书出具之日以前已经发生或存在的事实，并依据我国现行法律、法规和规范性文件发表法律意见。

本所仅就与本次发行上市有关的中国

法律问题发表法律意见,并不对有关境外法律问题、会计审计、投资决策等专业事项发表评论。本法律意见书和律师工作报告中涉及会计审计等内容时,均按照有关中介机构出具的报告引述。

本所承诺,本所律师已严格履行法定职责,遵循了勤勉尽责和诚实信用原则,对公司的行为以及本次申请的合法、合规、真实、有效进行了充分的核查验证,保证本法律意见书和律师工作报告中不存在虚假记载、误导性陈述及重大遗漏。

本所同意将本法律意见书和律师工作报告作为公司本次发行上市所必备的法定文件,随其他材料一同上报,并依法对所出具的法律意见承担责任。

本所同意公司在招股说明书中自行引用或按中国证监会的审核要求引用法律意见书或律师工作报告的全部或部分内容,但公司作上述引用时,不得因引用而导致法律上的歧义或曲解。

本法律意见书仅供公司本次发行上市之目的使用,不得用作任何其他目的。

本所律师根据《证券法》第二十条、第一百七十三条的要求,按照律师行业公认的业务标准、道德规范和勤勉尽责精神,在对公司提供的有关文件和事实进行了充分核查验证的基础上,现出具法律意见如下:

**一、本次发行上市的批准和授权**

(一)公司本次发行上市已经依照法定程序获得公司于2009年7月16日召开的2009年第一次临时股东大会的有效批准。

(二)经审查,公司2009年第一次临时股东大会审议通过了公司本次发行的股票种类、发行数额、募股资金用途、滚存利润分配方案等决议,决议内容合法有效。

(三)公司2009年第一次临时股东大会作出决议,授权公司董事会全权办理本次发行上市相关的各项事宜,其授权范围和表决程序未违反法律、法规和公司章程的规定,有关授权合法有效。

(四)公司本次发行尚待中国证监会核准,有关股票的上市交易尚需经深圳证券交易所同意。

**二、公司本次发行上市的主体资格**

(一)公司是依法设立并合法存续的股份有限公司,没有出现法律、法规、规范性文件或公司章程规定的需要终止经营的情形。

(二)公司由新宙邦材料整体变更而设立,自2002年2月19日成立至今持续经营时间已经超过三年。

(三)根据深圳鹏城出具的深鹏所验字〔2008〕039号《验资报告》,公司的注册资本已足额缴纳,公司的主要资产不存在重大权属纠纷。

(四)公司的主营业务为新型电子化学品的研发、生产和销售。公司的业务经营符合法律、行政法规和公司章程的规定,符合国家产业政策。

(五)公司最近两年内主营业务没有发生重大变化,董事、高级管理人员没有发生重大变化。

(六)公司的股权清晰,控股股东和实际控制人持有的股份不存在重大权属纠纷。

基于上述,本所认为,公司具有本次发行上市的主体资格。

**三、本次发行上市的实质条件**

公司本次发行上市属于非上市的股份有限公司首次公开发行股票并在创业板上市。经核查,公司本次发行上市符合《公司法》、《证券法》、《创业板首发办法》等法律、法规、规范性文件以及《创业板上市规则》在以下方面规定的各项条件:

(一)公司本次发行上市符合《公司法》的有关条件

公司本次发行的股票种类为人民币普通股,与公司已发行的股份相同,每股具有同等的权利,符合《公司法》第一百二十七条的规定。

(二)公司本次发行上市符合《证券法》规定的有关条件

1. 公司本次发行上市符合《证券法》第十三条规定的公开发行新股的下列条件:

(1)公司具备健全且运行良好的组织机构,符合《证券法》第十三条第一款的规定;

(2)公司具有持续盈利能力,且财务状况良好,符合《证券法》第十三条第二款的规定;

(3)公司最近三年财务会计文件无虚假记载,无其他重大违法行为,符合《证券法》第十三条第三款的规定。

2. 公司本次发行上市符合《证券法》第五十条规定的股票上市的下列条件:

(1)公司本次发行后的股本总额不少于人民币3000万元,符合《证券法》第五十条第二款的规定;

(2)公司本次拟公开发行不超过2700万股,公开发行的股份达到股份总数的25%以上,符合《证券法》第五十条第三款的规定;

(3)公司最近三年无重大违法行为,财务会计报告无虚假记载,符合《证券法》第五十条第四款的规定。

(三)公司本次发行上市符合《创业板首发办法》规定的有关条件

1. 公司本次发行上市符合《创业板首发办法》第十条的规定:

(1)公司是依法由新宙邦材料整体变更设立并合法存续的股份有限公司,自2002年2月19日成立至今持续经营时间已经超过三年;

(2)公司最近两年连续盈利,最近两年净利润累计超过人民币1000万元,且持续增长;

(3)公司最近一期末净资产不少于2000万元,且不存在未弥补亏损;

(4)公司发行后股本总额不少于人民币3000万元。

2. 公司的注册资本已足额缴纳,公司的主要资产不存在重大权属纠纷,符合《创业板首发办法》第十一条的规定。

3. 公司主要经营一种业务,其生产经营活动符合法律、行政法规和公司章程的规定,符合国家产业政策及环境保护政策,符合《创业板首发办法》第十二条的规定。

4. 公司最近两年内主营业务和董事、高级管理人员没有发生重大变化,实际控制人没有发生变更,符合《创业板首发办法》第十三条的规定。

5. 公司具有持续盈利能力,不存在下列情形,符合《创业板首发办法》第十四条的规定:

(1)公司的经营模式、产品或服务的品种结构已经或者将发生重大变化,并对公司的持续盈利能力构成重大不利影响;

(2)公司的行业地位或所处行业的经营环境已经或者将发生重大变化,并对公司的持续盈利能力构成重大不利影响;

(3)公司在用的商标、专利等重要资产或者技术的取得或者使用存在重大不利变化的风险;

(4)公司最近一年的营业收入或净利润对关联方或者有重大不确定性的客户存在重大依赖;

(5)公司最近一年的净利润主要来自合并财务报表范围以外的投资收益;

(6)其他可能对公司持续盈利能力构成重大不利影响的情形。

6. 公司依法纳税,各项税收优惠符合国家或深圳市的相关规定,公司的经营成果对税收优惠不存在严重依赖,符合《创业板首发办法》第十五条的规定。

7. 公司不存在重大偿债风险,不存在影响其持续经营的担保、诉讼以及仲裁等重大或有事项,符合《创业板首发办法》第十六条的规定。

8. 公司的股权清晰,控股股东、实际控制人所持公司的股份不存在重大权属纠纷,符合《创业板首发办法》第十七条的规定。

9. 公司资产完整,业务及人员、财务、机构独立,具有完整的业务体系和直接面向市场独立经营的能力,公司与控股股东、实际控制人及其控制的其他企业之间不存在同业竞争,以及严重影响公司独立性或者显失公允的关联交易,符合《创业板首发办法》第十八条的规定。

10. 公司具有完善的公司治理结构,已经依法建立健全股东大会、董事会、监事会以及独立董事、董事会秘书、审计委员会制度,公司的相关机构和人员能够依法履行职责,符合《创业板首发办法》第十九条的规定。

11. 公司的会计基础工作规范,财务报表的编制符合企业会计准则和相关会计制度的规定,在所有重大方面公允地反映了公司的财务状况、经营成果和现金流量,深圳鹏城已就公司2006年-2009年6月30日的财务报表出具了标准无保留意见的《审计报告》,符合《创业板首发办法》第二十条的规定。

12. 公司的内部控制制度健全且被有效执行,能够合理保证公司财务报告的可靠性、生产经营的合法性、营运的效率与效果,深圳鹏城已就公司的内部控制情况出具了无保留结论的《内控报告》,符合《创业板首发办法》第二十一条的规定。

13. 公司具有严格的资金管理制度,公司不存在资金被控股股东、实际控制人及其控制的其他企业以借款、代偿债务、代垫款项或者其他方式占用的情形,符合《创业板首发办法》第二十二条的规定。

14. 公司现行章程以及本次发行上市后适用的章程(草案)中已经明确了对外担保的审批权限和审议程序,公司不存在为控股股东、实际控制人及其控制的其他企业进行违规担保的情形,符合《创业板首发办法》第二十三条的规定。

15. 公司的董事、监事和高级管理人员已经了解与股票发行上市有关的法律法规,知悉上市公司及其董事、监事和高级管理人员的法定义务和责任,符合《创业板首发办法》第二十四条的规定。

16. 公司董事、监事和高级管理人员具备法律、行政法规和规章规定的任职资格,不存在违反《创业板首发办法》第二十五条规定的情形。

17. 公司及其控股股东、实际控制人最近三年内不存在损害投资者合法权益和社会公共利益的重大违法行为;亦不存在最近三年内未经法定机关核准,擅自公开或者变相公开发行证券,或者有关违法行为虽然发生在三年前,但目前仍处于持续状态的情形,符合《创业板首发办法》第二十六条的规定。

18. 公司本次募集资金有明确的用途,全部用于主营业务。募集资金数额和投资项目与公司现有生产经营规模、财务状况、技术水平和管理能力等相适应,符合《创业板首发办法》第二十七条的规定。

19. 公司在本次发行股票募集资金到位后,将建立募集资金专项存储制度,将募集资金存放于董事会决定的专项账户,符合《创业板首发办法》第二十八条的规定。

综上所述,本所认为,公司已经具备了

本次发行上市的实质条件。

## 四、公司的设立

(一)公司是依照《公司法》的规定,由新宙邦材料整体变更而设立的股份有限公司。新宙邦材料自2002年2月19日成立以来的历次增资、股权转让等行为,符合当时法律、法规和规范性文件的规定,并已履行了有关的工商变更登记手续;新宙邦材料于2008年3月25日变更为公司,其设立的方式、程序、资格及条件等符合法律、法规和规范性文件的规定。

(二)公司发起人签订的《发起人协议》,符合有关法律、法规和规范性文件的规定,为合法有效的法律文件,不存在可能引致公司设立行为存在潜在纠纷的法律障碍。

(三)为设立公司,公司聘请了具有执行证券相关业务资格的会计师事务所对相关财务报表进行了审计,并对公司注册资本的缴付情况进行了验证,符合法律、法规和规范性文件的规定。

(四)公司创立大会的程序及所议事项符合《公司法》的规定。

## 五、公司的独立性

公司具有完整的业务体系和直接面向市场独立经营的能力,公司的资产完整,公司的人员、财务、机构、业务独立,在其他方面亦不存在影响其独立性的严重缺陷。

## 六、公司的股本及演变

(一)公司由新宙邦材料整体变更而设立,根据新宙邦材料整体变更的方案,新宙邦材料以截至2008年1月31日经审计的净资产值作为折股基础,折合为公司的股本总额80,000,000股,由新宙邦材料各股东按照各自在新宙邦材料的出资比例持有相应数额的股份。公司成立后的股本总额、股本结构如下:

| 姓名 | 持有数额(股) | 持股比例(%) |
|---|---|---|
| 覃九三 | 17,812,480.00 | 22.2656% |
| 周达文 | 13,299,680.00 | 16.6246% |
| 郑仲天 | 13,072,240.00 | 16.3403% |
| 钟美红 | 10,444,720.00 | 13.0559% |
| 邓永红 | 7,920,240.00 | 9.9003% |
| 张桂文 | 5,766,320.00 | 7.2079% |
| 赵志明 | 3,300,400.00 | 4.1255% |
| 江慧 | 3,106,240.00 | 3.8828% |
| 周艾平 | 955,520.00 | 1.1944% |
| 李梅凤 | 830,560.00 | 1.0382% |
| 毛玉华 | 370,400.00 | 0.4630% |
| 刘兴华 | 311,680.00 | 0.3896% |
| 姜希松 | 293,680.00 | 0.3671% |
| 沈兵 | 259,760.00 | 0.3247% |
| 郑春怀 | 239,760.00 | 0.2997% |

续表

| 姓名 | 持有数额(股) | 持股比例(%) |
|---|---|---|
| 张志强 | 238,640.00 | 0.2983% |
| 王明杰 | 235,120.00 | 0.2939% |
| 李荣成 | 234,720.00 | 0.2934% |
| 陈卫东 | 218,000.00 | 0.2725% |
| 陆军 | 218,000.00 | 0.2725% |
| 陈志锋 | 65,360.00 | 0.0817% |
| 刘焯 | 65,360.00 | 0.0817% |
| 莫官明 | 65,360.00 | 0.0817% |
| 秦武 | 65,360.00 | 0.0817% |
| 程育娟 | 32,720.00 | 0.0409% |
| 冯芬 | 32,720.00 | 0.0409% |
| 胡志坚 | 32,720.00 | 0.0409% |
| 黄珍 | 32,720.00 | 0.0409% |
| 李飞 | 32,720.00 | 0.0409% |
| 宋春华 | 32,720.00 | 0.0409% |
| 吴科国 | 32,720.00 | 0.0409% |
| 向秋芬 | 32,720.00 | 0.0409% |
| 校晶 | 32,720.00 | 0.0409% |
| 徐晓琳 | 32,720.00 | 0.0409% |
| 曾喜明 | 32,720.00 | 0.0409% |
| 曾原 | 32,720.00 | 0.0409% |
| 张俊彦 | 32,720.00 | 0.0409% |
| 朱用官 | 32,720.00 | 0.0409% |
| 陈长春 | 21,760.00 | 0.0272% |
| 高家勇 | 21,760.00 | 0.0272% |
| 何天虔 | 21,760.00 | 0.0272% |
| 李兵 | 21,760.00 | 0.0272% |
| 孙先保 | 21,760.00 | 0.0272% |
| 王建国 | 21,760.00 | 0.0272% |
| 张尚军 | 21,760.00 | 0.0272% |
| 合计 | 80,000,000.00 | 100% |

本所认为,公司成立时的股权设置、股本结构符合《公司法》的有关规定,有关产权界定和确认不存在任何纠纷或风险。

(二)公司设立以来股本总额、股本结构未发生变动

(三)根据公司各股东作出的确认并经本所律师适当核查,公司各股东持有的公司股份目前均不存在被质押、冻结或设定第三人权益的情况,亦未涉及任何争议和纠纷。

## 七、股东及实际控制人

(一)公司的股东情况

本所认为,公司的股东覃九三、周达文、郑仲天、钟美红、邓永红、张桂文等45人均为具有中国国籍,具备完全民事权利能力的自然人。上述股东均具有法律、法规和规范性文件规定担任公司股东的资格。

(二)公司股东的人数符合《公司法》规定的法定股东人数,且上述发起人的住所均在中国境内。

(三)覃九三、周达文、郑仲天、钟美红、邓永红、张桂文六人为公司实际控制人。公司最近两年实际控制人未发生变化。

## 八、公司的附属公司

(一)截至本所法律意见书出具之日,公司拥有以下附属公司:

公司目前拥有的附属公司包括南通宙邦、惠州宙邦、新宙邦(香港)三家子公司。该等附属公司目前均有效存续,不存在依照其适用的法律、法规等规定需要终止的情形。公司目前不存在分支机构。

## 九、公司的业务

(一)公司的经营范围已经深圳市工商局核准登记,符合相关法律法规和规范性文件的规定,公司实际从事的业务没有超出其《企业法人营业执照》上核准的经营范围和经营方式。

(二)经商务部〔2008〕商合境外投资证字第000119号《批准证书》批准,公司在香港设有全资子公司新宙邦(香港),主要从事化学材料及相关技术的进出口贸易业务。除此之外,公司未设立其他境外机构从事经营活动。

(三)公司的主营业务为新型电子化学品的研发、生产和销售,主要产品包括电容器化学品和锂电池化学品两大系列,具体包括铝电解电容器化学品、固态高分子电容器化学品、超级电容器电解液及锂离子电池电解液。公司主要经营一种业务。

(四)公司的收入主要来自于主营业务,主营业务突出。

(五)经本所律师核查,公司不存在影响其持续经营的法律障碍。

## 十、关联交易及同业竞争

(一)除公司发起人股东以及公司的附属公司外,公司的关联方主要包括宙邦化工(香港)、深圳中元电子有限公司(以下简称中元电子)、深圳市昊佳元电子有限公司、深圳市凯吉电子有限公司。

(二)公司近三年来涉及的主要关联交易事项包括:

1. 公司收购宙邦(香港)持有的南通宙邦49%股权;

2. 公司向宙邦(香港)销售电解液等化学品;

3. 公司向中元电子销售电解液等化学品;

4. 公司向覃九三、周达文、郑仲天、钟美红、邓永红、张桂文偿还借款;

5. 公司接受覃九三、邓永红、周达文、郑仲天、张桂文提供的担保;

6. 公司为南通宙邦提供担保。

除上述关联交易外,公司与关联方之间近三年内不存在其他重大关联交易。

(三)本所认为,公司按照净资产评估值收购南通宙邦49%股权,按市场价格向宙邦化工(香港)和中元电子销售货物,交易价格公允,不存在损害公司及其股东利益的情形。覃九三、邓永红、周达文、郑仲天、张桂文为公司的债务提供担保,公司为南通宙邦的债务提供担保,不存在损害公司及其他股东利益的情形。公司所欠覃九三、周达文、郑仲天、钟美红、邓永红、张桂文的债务是真实的,公司的偿还行为不存在损害公司及其他股东利益的情形。

(四)公司已经在其章程(草案)、《关联交易决策制度》、《对外担保管理办法》等内部规定中明确了关联交易公允决策的程序。

(五)公司与控股股东、实际控制人控制的其他公司之间不存在同业竞争。

(六)公司的控股股东、实际控制人覃九三、周达文、郑仲天、钟美红、邓永红、张桂文于2009年7月16日出具《关于避免同业竞争的承诺函》,该承诺函已对公司控股股东、实际控制人构成合法和有效的义务,可有效避免公司与其关联方产生同业竞争。

(七)公司涉及的上述关联交易事项,以及避免同业竞争的措施,已经在公司本次发行上市的招股说明书(申报稿)及其他相关文件中进行了充分披露,不存在重大遗漏或重大隐瞒的情况。

## 十一、公司的主要财产

(一)公司及其附属公司拥有的主要财产包括土地使用权、房产、商标、专利使用权等,均不存在产权纠纷或潜在纠纷。

(二)除公司以其所有的位于深圳市坪山镇沙坐的厂房为公司与中国银行股份有限公司深圳龙岗支行(以下简称中行龙岗支行)签订的授信额度为人民币4000万元的《授信额度协议》提供抵押担保、公司以金额为人民币3,655,400元、461,000元的定期存单分别为公司向中行龙岗支行港币4,153,152元、美元67,860元的借款提供质押担保外,公司拥有的主要财产目前不存在其他设定抵押、质押或其他第三者权利的情况,亦未涉及任何纠纷或争议。除已涉及质押、抵押的资产外,公司对其主要财产所有权或使用权的行使将不受任何第三者权利的限制。

## 十二、公司的重大债权债务

(一)公司正在履行的合同合法有效,目前不存在任何纠纷或争议,合同的履行不存在潜在的风险。

(二)本所律师对公司已履行完毕的部分重大合同进行了抽查,该等合同不存在产生潜在纠纷的可能性。

(三)截至本所法律意见书出具之日,公司不存在因环境保护、知识产权、产品质量、劳动安全、人身权等原因产生的侵权之债。

(四)本所法律意见书出具之日,公司与关联方之间不存在重大债权债务关系;除覃九三为公司的债务提供担保,公司与关联方之间不存在其他相互提供担保的情形。

(五)截至2009年6月30日,列入公司合并后的其他应收、其他应付账目项下金额较大的款项系因公司正常的经营活动而发生,债权债务关系清楚,不存在违反法律、法规限制性规定的情况。

## 十三、公司重大资产变化及收购兼并

(一)公司收购南通宙邦20%股权以及49%股权的行为符合法律、法规和规范性文件的规定,并已履行必要的法律手续。

(二)除新宙邦材料设立以来的增资扩股、变更公司形式等情况以及上述股权收购外,公司近三年来不存在其他重大资产重组、合并、分立、增资扩股、减少注册资本、收购或出售资产等行为。

(三)公司目前没有拟进行的资产置换、资产剥离、资产收购或出售等行为。

## 十四、公司章程的制定与修改

(一)公司章程的制定已履行了法定程序。

(二)公司现行章程无违反《公司法》

及国家现行有关法律、法规、规范性文件规定的内容。

（三）为本次发行上市，公司依照中国证监会发布的《上市公司章程指引》（2006年修订）、《上市公司股东大会规则》及其他有关规定，结合公司实际情况拟定了公司章程（草案），公司章程（草案）不存在与《上市公司章程指引》（2006 年修订）重大不一致的条款，亦不存在违反现行法律、法规和规范性文件规定的内容。该章程（草案）没有对股东特别是小股东依法行使权利作出任何限制性的规定，公司股东（包括小股东）的权利，可以依据该章程（草案）得到充分的保护。

## 十五、公司股东大会、董事会、监事会议事规则及规范运作

（一）公司具有健全的组织机构。

（二）公司已经具备了健全的股东大会、董事会及监事会议事规则，该等议事规则符合法律、法规、规范性文件及公司章程的规定。

（三）公司历次股东大会、董事会、监事会在召集、召开方式、会议提案、议事程序、表决方式、决议内容及签署等方面均合法、合规、真实、有效。

（四）公司股东大会、董事会的历次授权或重大决策行为均合法、合规、真实、有效。

## 十六、公司董事、监事和高级管理人员及其变化

（一）公司董事、监事及高级管理人员的任职情况符合法律、法规、规范性文件和公司章程的有关规定。

（二）公司董事、监事及高级管理人员的变化情况，符合《公司法》及公司章程的规定，已履行了必要的法律手续。

（三）公司近两年来董事、高级管理人员没有发生重大变化。

（四）公司目前设有独立董事三名，具备担任公司独立董事的条件，其任职情况符合中国证监会发布的《关于在上市公司建立独立董事制度的指导意见》的规定。

## 十七、公司的税务

（一）除公司自 2003 年起享受的企业所得税优惠未见有国家法律、行政法规或国务院的有关规定作为依据外，公司及其附属公司执行的其他税种、税率以及税收优惠均符合当时适用的法律、法规和规范性文件的规定。

（二）公司 2008 年 1 月 1 日以前享受的企业所得税优惠是依据《广东省经济特区条例》、《关于深圳经济特区企业税收政策若干问题的规定》（以下简称深府 232 号文）和《关于宝安、龙岗两个市辖区有关税收政策问题的通知》（以下简称深府 1 号文），2008 年 1 月 1 日以后享受的企业所得税优惠是依据《关于实施企业所得税过渡优惠政策的通知》和深圳市国家税务局公示的《企业所得税纳税须知》。本所认为，上述深府 232 号文、深府 1 号文以及《企业所得税纳税须知》均属深圳市地方性规定，该等文件自颁布或公示以后，深圳市辖区内凡符合文件规定条件的企业均普遍适用该等文件规定的税收优惠政策，但本所律师并未查验到深圳市人民政府、深圳市国税局制定该等文件有国家法律、行政法规或国务院的有关规定作为依据。

（三）公司控股股东、实际控制人股东覃九三、周达文、郑仲天、钟美红、邓永红、张桂文已于 2009 年 7 月 16 日向公司出具《承诺函》，承诺如今后公司因上市前享受的税收优惠被税务机关撤销而产生额外税项和费用，覃九三、周达文、郑仲天、钟美红、邓永红、张桂文将对公司由此遭受的一切损失作出赔偿。

本所认为,上述深府232号文、深府1号文以及《企业所得税纳税须知》规定的所得税优惠政策是对于深圳市辖区内企业的广泛优惠待遇,公司根据该等规定享受了税收优惠,其本身没有过错;鉴于公司控股股东、实际控制人覃九三、周达文、郑仲天、钟美红、邓永红、张桂文已经就公司存在的税务风险向公司作出承诺,因此,公司享受的上述税收优惠待遇不应对本次发行上市构成实质性的法律障碍。

(四)公司及其附属公司近三年来不存在因违反税收法律、法规受到行政处罚且情节严重的情形。

(五)公司获得的财政补贴合法、合规、真实、有效。

**十八、公司的环境保护和产品质量、技术等标准**

(一)公司及南通宙邦近三年来未发生环境污染事故和情节严重的环境违法行为,现阶段生产过程未对环境造成污染,已达到国家和地方规定的环保要求。

(二)公司已通过中华人民共和国环境保护部的上市环保核查。

(三)公司本次发行募集资金拟投资项目环境影响报告书已经深圳市环境保护局和惠州市环境保护局批准。

(四)公司近三年来未曾因为违反产品质量和技术监督方面的法律、法规和规范性文件的规定而被处罚。

**十九、公司募股资金的运用**

(一)公司本次发行募集资金拟投资项目已经公司2009年第一次临时股东大会批准。

(二)公司募集资金拟投资项目已经广东省发展和改革委员会备案。

(三)公司募集资金拟投资项目未涉及与他人合作的情况。

**二十、公司的业务发展目标**

本所律师审阅了《招股说明书》(申报稿)"业务发展目标"一节披露的公司发展战略及整体经营目标、主营业务的经营目标,本所认为,公司的业务发展目标与其主营业务一致,符合国家法律、法规和规范性文件的规定,不存在潜在的法律风险。

**二十一、诉讼、仲裁或行政处罚**

(一)截至本所法律意见书出具之日,公司及其附属公司不存在尚未了结的或可以合理预见的针对其重要资产、权益和业务及其他可能对公司本次发行上市有实质性影响的重大诉讼、仲裁案件或行政处罚事项。

(二)截至本所法律意见书出具之日,公司的控股股东、实际控制人覃九三、周达文、郑仲天、钟美红、邓永红、张桂文均不存在尚未了结的或可以合理预见的重大诉讼、仲裁案件或行政处罚事项。

**二十二、公司招股说明书法律风险的评价**

《招股说明书》(申报稿)与本所出具的法律意见书和律师工作报告无矛盾之处,《招股说明书》(申报稿)不致因引用本所法律意见书和律师工作报告的内容而出现虚假记载、误导性陈述或重大遗漏。

本法律意见书正本六份。

北京市中伦律师事务所
负 责 人:张学兵
经办律师:任理峰　钱伯明

# （二）上市公司再融资

## 关于北京王府井百货（集团）股份有限公司公开发行可转换公司债券的法律意见书

致：北京王府井百货（集团）股份有限公司

根据北京王府井百货（集团）股份有限公司（以下简称发行人）与北京市海问律师事务所（以下简称本所）签订的法律顾问协议，本所担任发行人公开发行可转换公司债券（以下简称本次发行，本次发行的证券以下简称可转债）的特聘专项法律顾问，并获授权为本次发行出具法律意见书和律师工作报告。

本所依据《中华人民共和国证券法》（以下简称《证券法》）、《中华人民共和国公司法》（以下简称《公司法》）及其他适用的法律、行政法规和《上市公司证券发行管理办法》（以下简称《管理办法》）及适用的政府部门其他规章、规范性文件（以下合称中国法律）的规定，出具本法律意见书。

为出具本法律意见书，本所依据中国法律的规定，对发行人本次发行的法律资格及其应具备的条件进行了调查。本所律师查阅了其认为出具本法律意见书所需查阅的文件，并就有关事项向发行人和/或有关中介机构作了询问并进行了必要的讨论。

在调查过程中，对于出具本法律意见书所依据的重要法律文件，发行人向本所提供复印件的，本所得到发行人如下保证：即其已经提供了本所认为出具本法律意见书所必需的、真实的原始书面材料、副本材料或口头证言，发行人在向本所提供文件时并无遗漏，所有文件上的签名、印章均是真实的，所有副本材料或复印件均与原件一致。

对出具本法律意见书至关重要而又无法得到独立的证据支持的事实，本所依赖政府有关部门、发行人或者其他有关机构出具的证明文件出具法律意见，该等证明文件的形式包括书面形式和电子文档形式。

本所按照中国证券监督管理委员会（以下简称中国证监会）的要求、参照证监发〔2001〕37 号《公开发行证券公司信息披露的编报规则第 12 号——公开发行证券的法律意见书和律师工作报告》的要求，并依据中国法律的规定，对发行人在本法律意见书出具日以前已经发生或存在的事实，并基于对有关事实的了解和对中国法律的理解发表法律意见。

本所仅就与本次发行有关的法律问题发表法律意见，并不对有关会计审计、资产评估、盈利预测、投资决策等专业事项发表评论。在本法律意见书中涉及该等内容时，均为严格按照有关中介机构出具的报告或发行人的文件引述。

本法律意见书依据出具日现行有效的中国法律出具。

本所出具本法律意见书时已严格履行了法定职责,遵循了勤勉尽责和诚实信用原则,对发行人的行为以及本次发行申请的合法、合规、真实、有效性进行了充分的核查验证。本所律师保证本法律意见书中不存在虚假记载、误导性陈述及重大遗漏。

本法律意见书仅供发行人为本次发行之目的使用,不得用作任何其他目的。

本所同意将本法律意见书作为发行人申请本次发行所必备的法定文件,随同其他申报材料提呈中国证监会审查,本所承诺对法律意见书的真实性、准确性和完整性承担相应的法律责任。

本所同意发行人部分或全部在发行人为本次发行而编制的《北京王府井百货(集团)股份有限公司公开发行可转换公司债券募集说明书》(以下简称《募集说明书》)中引用或按中国证监会审核要求引用本法律意见书或律师工作报告的内容,但发行人作上述引用时,不得因引用而导致法律上的歧义或曲解。

在本法律意见书中,除非特别说明,文中提及的"元"均指人民币元。

本所律师根据《证券法》第二十条的要求,按照律师行业公认的业务标准、道德规范和勤勉尽责精神,对发行人提供的有关文件和事实进行了核查和验证,现出具法律意见如下:

## 一、本次发行的批准和授权

1.1　2009 年 4 月 1 日,发行人第六届董事会第十二次会议审议批准了《关于公开发行可转换公司债券发行方案议案》和《关于本次发行可转换公司债券募集资金投资项目可行性研究报告的议案》,并提议于 2009 年 4 月 24 日召开 2008 年年度股东大会对前述事项进行审议。

1.2　2009 年 4 月 24 日,发行人 2008 年年度股东大会就本次发行的证券种类、发行规模、票面金额和发行价格、债券期限、债券利率、还本付息的期限和方式、转股期限、转股价格的确定和修正、转股价格向下修正条款、有条件赎回条款、回售条款、转股时不足一股金额的处理方法、转股年度有关股利的归属、发行方式及发行对象、向原股东配售的安排、债券持有人权利义务及债券持有人会议的相关事项、募集资金用途、担保事项、本次决议的有效期以及提请股东大会授权董事会办理本次发行具体事宜等事项,以及《关于本次发行可转换公司债券募集资金投资项目可行性研究报告的议案》逐项进行了表决;前述议案均获得了出席会议的股东所持表决权的三分之二以上同意。

1.3　2008 年 7 月 31 日,发行人第六届董事会第九次会议审议通过了《募集资金管理办法》。

1.4　本所律师认为,有关本次发行的董事会和股东大会召集和召开的程序、出席会议的人员资格、表决程序及决议的内容均符合适用的中国法律及发行人当时适用的《公司章程》(以下简称《公司章程》)的有关规定;2008 年年度股东大会授权董事会办理本次发行相关事宜的授权范围及程序合法有效。

1.5　本次发行尚待获得中国证监会核准。

## 二、本次发行的主体资格

2.1　发行人系经北京市经济体制改革办公室以京体改办字(93)第 12 号《关于批准设立北京王府井百货大楼(集团)股份有限公司的批复》、京体改办字(93)第 15 号《关于调整北京王府井百货大楼(集团)股份有限公司股权设置的批复》和北京市商业委员会以〔1993〕京商(企)字第 20 号《关于同意成立北京王府井百货大楼(集团)股份有限公司的批复》批准,由北京百货大楼集团、交通银行北京分行、华夏证券有限公司、深圳市宝安企业(集团)股份有限公司、深圳万科企业股份有限公司于1993年4月28日以定向募集方式共同发起设立的股份有限公司。

2.2　1994年3月,根据北京市经济体制改革委员会京体改委字〔1993〕第185号《关于批准北京王府井百货大楼(集团)股份有限公司发行5000万股社会公众股票的批复》、北京市人民政府京政发〔1994〕3号《关于北京王府井百货大楼(集团)股份有限公司发行社会公众股票(A股)的批复》和中国证监会证监发审字〔1994〕12号《关于北京王府井百货大楼(集团)股份有限公司申请公开发行股票的复审意见书》,发行人在境内首次公开发行5000万股A股。

2.3　2006年7月6日,发行人公告了《北京王府井百货(集团)股份有限公司股权分置改革说明书》。2006年7月13日,发行人公告了《北京王府井百货(集团)股份有限公司股权分置改革说明书(修订稿)》。2006年11月23日,北京市国资委以京国资产权字〔2006〕202号《关于北京王府井百货(集团)股份有限公司股权分置改革有关问题的批复》,同意发行人的股权分置改革方案。2006年11月29日,发行人按照相关规定召开了股权分置改革的A股流通股股东会议,审议通过了《北京王府井百货(集团)股份有限公司股权分置改革方案》。2006年12月14日,发行人发布股权分置改革方案实施公告,全体流通A股股东每持有10股流通A股将获得全体非流通股股东支付的30元现金对价。2006年12月18日,发行人A股股票复牌。

2.4　发行人现持有北京市工商行政管理局于2007年8月24日核发的《企业法人营业执照》(110000005013217号),据记载,发行人的基本情况如下:

注册资本:39,297.3026万元

法定代表人:郑万河

住所:北京市东城区王府井大街255号

经营范围:购销百货、针纺织品、五金交电化工(不含危险化学品及一类易制毒化学品)、工艺美术品、金银饰品、仪器仪表、电子计算机及其配件、新闻纸、凸版纸、纸袋纸、家具、民用建材、日用杂品、花卉、饮食炊事机械、制冷空调设备、金属材料、机械电气设备、化工轻工材料;室内装饰设计;音乐欣赏;舞会;摄影;游艺活动;仓储;日用电器、电子器具、日用品修理;文化用品修理;承办本公司辖区内店堂和户外国内广告;设备租赁;房屋租赁;货物进出口、技术进出口、代理进出口;以下项目限下属分支机构经营:销售糕点、酒、饮料、散装干果、定型包装食品、粮油、食品、副食品、烟、健字药品、化学药制剂、医疗器械、音像制品、电子出版物、图书、期刊、报纸、保险柜、汽车配件;烘烤销售面包;美容;餐饮服务;代理家财保险;电子游艺;汽车货运;制造、加工袜子;服装、针纺织品的制造、加工;洗染。

经核查,发行人已通过工商行政管理机关的2005年度、2006年度和2007年度的年度检验。

发行人获得国家有权部门的批准,依照合法程序设立,并办理了相关的工商登记手续。自成立之日起,未出现根据中国法律和《公司章程》的规定需要终止的情形,发行人为合法设立并有效存续的股份有限公司。

综上所述,本所律师认为,发行人具备本次发行的主体资格。

## 三、本次发行的条件

经适当核查,本所律师认为,发行人及

本次发行符合《证券法》、《管理办法》等适用的中国法律规定的上市公司公开发行证券的实质条件。

## 四、发行人的独立性

经适当核查,并根据我们具有的专业知识所能够做出的判断,本所律师认为,发行人在业务、资产、人员、机构和财务方面均独立于其控股股东及其他关联方,发行人具有面向市场自主经营的能力。

## 五、发行人的控股股东

截至本法律意见书出具之日,北京王府井国际商业发展有限公司(以下简称"王府井国际"或"控股股东")持有发行人50.13%的股份,是发行人的控股股东。

5.1 王府井国际系由北京控股集团有限公司和北京市燃气集团有限责任公司于2006年5月24日共同设立的有限责任公司。王府井国际成立时的名称为北京北控商业投资有限责任公司,于2007年6月29日变更名称为"北京王府井国际商业发展有限公司"。

5.2 2006年7月17日,北京市人民政府以京政函〔2006〕55号《关于同意北京市京联发投资管理中心转让所持北京王府井百货(集团)股份有限公司国有股权的批复》,以及2006年9月4日,国务院国资委以国资产权〔2006〕1112号《关于北京王府井百货(集团)股份有限公司国有股权转让有关问题的批复》,批准北京市京联发投资管理中心和北京控股投资管理有限公司向王府井国际转让其所持有发行人的19,701.557万股,合计占发行人总股本50.13%的股份。2006年10月16日,中国证监会以证监公司字(2006)225号《关于同意北京北控商业投资有限责任公司公告北京王府井百货(集团)股份有限公司收购报告书并豁免其要约收购义务的批复》,同意豁免王府井国际因直接持有发行人19,701.557万股股份(占总股本50.13%)而应履行的要约收购义务。

5.3 王府井国际现持有北京市工商行政管理局于2007年6月29日核发的《企业法人营业执照》(110000009591350号),据记载,王府井国际的基本情况如下:

注册资本:1000万元

法定代表人:郑万河

住所:北京市东城区王府井大街255号5层537室

经营范围:实业投资、投资管理;资产经营及管理(非金融业务);企业资产重组咨询、投资咨询、商业咨询与管理服务;销售日用品、工艺美术品、仪器仪表、电子计算机软硬件及其外部设备、家具、日用杂品、电子产品。

5.4 经核查,本所律师认为,王府井国际为依法设立并有效存续的有限责任公司,具有作为发行人股东的资格。

## 六、发行人的股本及其演变

6.1 发行人设立时的股权设置、股本结构合法有效。

6.2 发行人设立后的股权变动合法、真实、有效。

6.3 控股股东所持发行人的股份未被质押。

## 七、发行人的下属子公司和分支机构

截至本法律意见书出具之日,发行人在中国境内直接或间接持股50%以上或拥有实际控制权的下属子公司有23家,发行人下属分支机构5家。上述发行人的下属子公司和分支机构均有效存续。

## 八、发行人的业务

8.1 发行人主营业务为百货零售。

发行人自身经营并通过其下属分支机构和子公司从事该等业务。发行人的经营范围和经营方式符合中国法律的规定。

8.2　发行人从设立至今,其主营业务未发生变化。

8.3　根据《审计报告》(在本法律意见书中,《审计报告》指经信永中和会计师事务所有限责任公司审计、根据适用的中国会计准则编制的发行人财务报告,包括2006年度、2007年度、2008年度的年度报告,或其中任何一份)所载数据以及我们具有的专业知识所能够作出的判断,发行人的主营业务突出。

8.4　经适当核查,并根据我们具有的专业知识所能够作出的判断,本所律师认为发行人不存在持续经营的法律障碍。

## 九、发行人的关联交易及同业竞争

9.1　发行人的主要关联方及关联关系

经适当核查,发行人的主要关联方及关联关系的主要情况如下:

9.1.1　存在控制关系的关联方,即王府井国际和北京王府井东安集团有限责任公司(以下简称"实际控制人"或"王府井东安集团")。

9.1.2　不存在控制关系的关联方

(1)与发行人属同一实际控制人控制的主要关联方,包括北京东安振兴物业管理有限责任公司和南通王府物业发展有限责任公司。

(2)发行人的联营公司和合营公司,包括北京王府井洋华堂商业有限公司、柒一拾壹(北京)有限公司、北京恒和大风软件技术有限公司、北京恒和康建医药有限公司和北京恒和空间信息技术有限公司。

9.2　发行人与关联方之间的重大关联交易

经适当核查,最近三年发行人与前述主要关联方之间发生的重大关联交易如下:

9.2.1　收购王府井东安集团下属长安商场

2006年8月28日,发行人与王府井东安集团签订《股权转让协议》,约定发行人以现金方式收购王府井东安集团持有的长安商场100%权益,转让价格以中和资产评估有限公司出具的中和评报字(2005)第2005V2032号评估报告所载的评估价值为依据确定为31,012.84万元。本次收购已由发行人第五届董事会第十三次会议以及2006年第一次临时股东大会审议通过,有关关联方依法回避表决。发行人已按照有关法律法规要求履行信息披露义务。

9.2.2　收购王府井东安集团的土地房产

2007年7月23日,发行人子公司北京双安商场有限责任公司与王府井东安集团签署《房地产转让协议》,由北京双安商场有限责任公司收购王府井东安集团位于北京市海淀区北三环西路38号的土地4967.66平方米和相应的房产2936.60平方米,收购价格以中和资产评估有限公司出具的中和评报字(2007)第V5011号评估报告所载的评估价值为依据确定为3000万元。本次收购已由发行人第五届董事会第十五次会议审议通过,有关关联方依法回避表决。发行人已按照有关法律法规要求履行信息披露义务。

9.3　关于重大关联交易的公允性

9.3.1　经核查,前述重大关联交易公允,不存在损害发行人及其他股东利益的情况。

9.3.2　发行人现行有效的《公司章程》明确规定,发行人董事会和股东大会作出关于关联交易的决议时,关联董事及关联股东应放弃表决权。据此,本所律师认为,发行人在《公司章程》中规定了关联交易公允决策程序,该等规定有助于保护发行人的中小股东的利益。

9.3.3 经核查,发行人按照《公司章程》、《股东大会议事规则》和《董事会议事规则》的规定就上述重大关联交易履行了内部审批程序,并且按照中国证监会和上交所的要求进行了充分披露,不存在重大遗漏或隐瞒。

9.3.4 基于上述,本所律师认为,发行人与关联方之间的重大关联交易公允,不存在损害发行人及其他股东利益的情况。

9.4 发行人与控股股东之间的同业竞争情况

经适当核查,控股股东和实际控制人及其控制的其他企业目前与发行人不存在同业竞争。

9.5 避免同业竞争的措施

王府井东安集团已于2007年5月21日通过无偿划转取得王府井国际的股权时向发行人做出《避免同业竞争的承诺函》。王府井东安集团于2008年8月25日重申了《避免同业竞争的承诺函》所承诺事项,主要承诺如下:

“本公司及全资、控股和实际控制的企业在今后的业务中,不会直接或间接地从事与你公司相同或相似的业务;如你公司认定本公司及关联方现有业务与你公司存在同业竞争,则本公司将在你公司提出异议后及时转让或终止上述业务。”

基于上述,本所律师认为,发行人的实际控制人王府井东安集团已采取了有效措施避免与发行人之间的同业竞争。

9.6 发行人在为本次发行而编制的《募集说明书》中已对重大关联交易及有关同业竞争的情况作出充分披露,没有重大遗漏或隐瞒。

## 十、发行人拥有和/或使用的主要财产

10.1 房屋

截至本法律意见书出具之日,发行人及其子公司所使用的房屋(包括发行人拥有的房屋和租赁使用的房屋)建筑面积合计约为967,343平方米。

10.1.1 发行人拥有的房屋

经适当核查并经发行人书面确认,截至本法律意见书出具之日,发行人及其子公司拥有房屋的建筑面积合计约为567,380平方米,发行人及其子公司以发起人投入资产、自建或购买等方式取得上述房产,且均已取得房屋权属证书。本所律师认为,该等房屋权属清晰,发行人及其子公司有权依法转让、出租、抵押或以其他合法方式处分该等房屋。

10.1.2 发行人租赁的房屋

经适当核查,截至本法律意见书出具之日,发行人及其子公司通过租赁方式使用的房屋面积总计399,963平方米。

经适当核查或经发行人确认,在上述399,963平方米的房屋中,306,706平方米的房屋出租方已取得房屋权属证书、证明文件或房屋所有权人同意出租的证明文件;其余93,257平方米的房屋出租方已依法取得《国有土地使用证》、《建设用地规划许可证》、《建设工程规划许可证》、《建筑工程施工许可证》、《建设工程竣工验收备案表》等文件,并正在办理房屋权属证书。

根据有关租赁合同以及发行人的确认,上述399,963平方米的房屋中,79,231平方米在出租前已设定抵押权,占租赁房屋总面积的19.81%。根据发行人提供的由抵押权人出具的证明,抵押权人同意出租人将该等房屋出租给发行人。

综上,本所律师认为:

(1) 租赁合同的当事人有权签署租赁

合同,租赁合同的形式和内容不违反中国有关法律、行政法规的规定,合法有效。

(2)就上述93,257平方米尚未取得房屋权属证书的房屋,有关出租方办理其名下的房屋权属证书不存在法律障碍。

(3)就上述79,231平方米在出租前已设定抵押权的房屋,根据《担保法》及其相关司法解释的规定,"抵押人将已抵押的财产出租的,抵押权实现后,租赁合同对受让人不具有约束力。"根据上述规定,发行人上述租赁物业若发生抵押权实现的情况,相应租赁合同有被法院认定为对新的受让人不具有约束力的风险。但是,根据租赁合同或发行人提供的由有关出租方出具的承诺函,就上述79,231平方米已抵押房屋中的61,993平方米,如因抵押权人行使抵押权导致租赁合同不能履行,发行人有权解除合同,并且出租方赔偿发行人因此遭受的全部损失。根据发行人的确认,上述抵押情形不会对发行人的生产经营造成重大不利影响。

10.2 发行人拥有的土地使用权

经适当核查并经发行人书面确认,截至本法律意见书出具之日,发行人及其子公司拥有面积合计约为285,504平方米的土地使用权,发行人及其子公司以出让或转让方式取得上述土地使用权,且均取得国有土地使用证。本所律师认为,发行人及其子公司有权依法转让、出租、抵押或以其他合法方式处分该等土地。

10.3 知识产权

10.3.1 截至本法律意见书出具之日,发行人就16项商标拥有《商标注册证》。

10.3.2 经适当核查并经发行人书面确认,发行人所拥有的上述注册商标不存在重大产权纠纷。

10.3.3 经适当核查并经发行人书面确认,发行人所拥有的主要财产上不存在重大担保权益或其他权利瑕疵。

## 十一、发行人的重大债权、债务关系

11.1 发行人作为当事人一方的正在履行中的重大债权债务主要包括金额在500万元以上的人民币借款合同。本所律师认为,该等合同的形式和内容均符合中国法律的规定,发行人在该等合同项下的义务与其依据其他合同或法律文件承担的义务没有冲突,发行人履行上述合同不存在重大法律障碍。

11.2 经适当核查并经发行人书面确认,截至本法律意见书出具之日,不存在发行人及其子公司作为担保人的正在履行的担保合同。

11.3 经适当核查并经发行人书面确认,发行人没有因环境保护、知识产权、产品质量、劳动安全、人身权等原因产生的重大侵权之债。

11.4 经适当核查并经发行人书面确认,发行人截至2008年12月31日金额最大的前五项其他应收款和其他应付款系因正常的生产经营活动和根据本法律意见下文所述《北京王府井大厦有限公司股东权益转让合同》代扣代缴股权转让方应缴企业所得税款产生。

## 十二、发行人重大资产变化及收购兼并

12.1 经核查,除1993年减少注册资本以外,发行人自成立以来未发生合并、分立、减少注册资本等行为。发行人减少注册资本符合当时适用的中国法律的规定,履行了当时适用的中国法律要求的相关手续。

12.2 发行人自成立以来完成了7次增资扩股。该等增资扩股符合当时适用的中国法律的规定,履行了当时适用的中国法律要求的相关手续。

12.3 经适当核查并经发行人书面确

认,发行人自成立以来发生的重大资产收购或置换符合当时适用的中国法律的规定,履行了当时适用的中国法律要求的相关手续。

12.4 经适当核查并经发行人书面确认,除本法律意见书第18.1.1条所述外,发行人目前没有进行重大资产置换、资产收购、资产剥离、资产出售的行为或计划。

## 十三、发行人公司章程的制定与修改

13.1 发行人自设立以来,《公司章程》的制定、修改均履行了当时适用的中国法律规定的程序。

13.2 发行人目前为在上海证券交易所上市的股份有限公司,其现行《公司章程》符合《公司法》、《证券法》等有关规定。

## 十四、发行人股东大会、董事会、监事会议事规则及规范运作

14.1 发行人已经建立符合中国法律规定的健全的组织机构。

14.2 发行人制定了健全的股东大会、董事会和监事会的议事规则,该等议事规则的内容符合《公司法》、《证券法》等有关规定。

14.3 发行人自设立以来的历次股东大会、董事会和监事会的会议召开、决议内容均合法、真实、有效。

14.4 发行人设立以来的股东大会或董事会的历次授权或重大决策行为均为合法、真实、有效。

## 十五、发行人董事、监事、高级管理人员及其变化

15.1 发行人现任董事、监事和高级管理人员的任职均符合适用的中国法律及《公司章程》的规定。

15.2 发行人最近三年董事、监事和高级管理人员的更换均履行了必要的法律程序,符合中国法律和《公司章程》的规定。

15.3 发行人董事会设立3名独立董事,其任职资格符合有关规定,其职权范围未违反有关中国法律的规定。

## 十六、发行人的税务及优惠政策

16.1 发行人及其子公司适用的主要税种及税率(包括企业所得税、消费税、增值税、营业税),以及发行人及其子公司最近三年享受的税收优惠符合适用的中国法律的规定。

16.2 经适当核查并经发行人确认,发行人及其子公司自2006年1月1日至本法律意见书出具之日依法纳税,不存在被税务机关处罚的情形。

## 十七、发行人的环境保护和产品质量、技术标准

经适当核查并经发行人确认,发行人的主营业务为百货零售。根据发行人的确认,其自成立以来不存在因违反环境保护法律法规而受到环境保护主管部门处罚的情形。本次发行的募集资金将用于收购股权,无须取得环境保护主管部门的批准。

经适当核查并经发行人确认,发行人最近三年不存在因违反质量和技术监管方面的法律法规而受到处罚的情形。

## 十八、发行人募集资金的运用

18.1 根据发行方案,本次发行的募集资金将全部用于收购北京王府井大厦有限公司55%的股权,扩展北京市百货大楼经营规模项目。

2008年8月18日,发行人与动力国际投资集团有限公司签署《北京王府井大厦有限公司股东权益转让合同》,动力国际投资集团有限公司将其所持北京王府井

大厦有限公司55%的股权以10.6亿元的价格转让予发行人。转让完成后，发行人拥有北京王府井大厦有限公司100%的股权；动力国际投资集团有限公司不再承担按原《合作经营北京王府井大厦有限公司合同》约定应由其单方承担的王府井大厦公司6.34亿元债务。北京王府井大厦有限公司董事会于2008年8月1日召开会议，通过上述股权转让事宜。2008年9月2日，北京市商务局以京商资字〔2008〕1369号《关于北京王府井大厦有限公司变更为内资企业的批复》，批准上述股权转让事宜。

发行人2008年8月7日和2008年8月22日分别召开了第六届董事会第十次会议和2008年第一次临时股东大会，审议通过了《关于公开发行认股权与债券分离交易的可转换公司债券相关方案的议案》和《关于收购北京王府井大厦有限公司55%股权的议案》，拟以募集资金用于收购王府井大厦公司55%的股权。

由于资本市场融资环境发生变化，发行人于2009年4月1日和2009年4月24日分别召开第六届董事会第十二次会议和2008年度股东大会，审议通过《变更再融资方式的议案》、《关于公开发行可转换公司债券发行方案的议案》，变更再融资方式为公开发行可转换公司债券，募集资金仍用于收购王府井大厦公司55%的股权。

经适当核查并经发行人确认，截至本法律意见书出具之日，发行人已根据《北京王府井大厦有限公司股东权益转让合同》支付了全部股东权益转让款，并于2008年9月4日完成王府井大厦公司股权变更的工商登记手续。

根据《募集说明书》，本次发行可转债募集资金到位后将全部用于置换发行人先行投入的收购价款，补充公司营运资金。

18.2　根据我们所具有的专业知识所能够作出的判断，前述本次发行募集资金投资的项目符合国家产业政策。

18.3　根据发行人出具的《关于公司前次募集资金使用情况的说明》，发行人前次募集资金已按计划使用完毕，不存在变更募集资金投向的情况，也不存在投资项目转让与处置情况。基于前述，本所律师认为，发行人不存在未经法定程序擅自改变前次募集资金用途的情形。

## 十九、重大诉讼、仲裁或行政处罚

截至本法律意见书出具之日，不存在针对发行人、持有发行人5%以上（含5%）股份的主要股东、发行人的子公司以及发行人董事长和总裁的尚未了结的或可预见的、如作出不利判决或裁决将可能实质性影响发行人财务、正常经营及资产状况的重大诉讼、仲裁或行政处罚。

## 二十、对本次发行之《募集说明书》所涉及的法律风险的评价

本所律师虽未参与发行人为本次发行而编制的《募集说明书》的制作，但本所律师参与了该《募集说明书》的讨论，并对《募集说明书》作了总括性的审查，审阅了《募集说明书》中发行人引用律师工作报告和本法律意见书的相关内容。本所律师认为：

20.1　《募集说明书》之内容及格式符合中国证监会发布的《公开发行证券的公司信息披露内容与格式准则第11号——上市公司公开发行证券募集说明书》及其他有关信息披露的规定；

20.2　《募集说明书》及其摘要对重大事实的披露，不存在虚假记载、严重误导性陈述或者重大遗漏引致的法律风险；

20.3　《募集说明书》及其摘要对中国法律内容的表述真实、准确，不存在虚假记载、严重误导性陈述或者重大遗漏引致

的法律风险。

二十一、需要说明的其他问题

发行人对债券持有人权利的保护提供了如下措施,以满足《管理办法》的要求:

21.1 经核查,发行人第六届董事会第十次会议审议通过了《债券持有人会议规则》;《债券持有人会议规则》的主要条款已在《募集说明书》公布。本所律师认为,发行人制定并公布的《债券持有人会议规则》规定了债券持有人的权利、程序和决议生效的条件,符合《管理办法》第十九条的规定。

21.2 发行人本次发行已经委托鹏元资信评估有限公司进行信用评级和跟踪评级。根据鹏元资信评估有限公司出具的《2009年北京王府井百货(集团)股份有限公司可转换公司债券信用评级报告》,本期债券的信用等级为AA级。

根据《证券市场资信评级业务许可证》(ZPJ002号),鹏元资信评估有限公司具有从事证券市场资信评级业务的资格。本所律师认为,发行人委托鹏元资信评估有限公司进行信用评级符合《管理办法》第十七条的规定。

二十二、结论

综上所述,本所律师认为:发行人的本次发行已经履行了合法的内部批准和授权手续;发行人为有效存续的境内上市股份有限公司;发行人符合中国法律规定的申请公开发行可转债的实质条件;发行人自成立以来,能按照中国法律的有关规定规范运作,没有重大违法行为,不存在对本次发行构成实质性影响的法律障碍。

本法律意见书仅供北京王府井百货(集团)股份有限公司公开发行可转换公司债券之目的所用,不得用作任何其他目的。

北京市海问律师事务所
负 责 人:江惟博
经办律师:巫志声 肖 菱

# 关于长江证券股份有限公司2009年配股的法律意见书

致:长江证券股份有限公司

根据长江证券股份有限公司(以下简称公司、股份公司、发行人)与北京市嘉源律师事务所(以下简称本所)签订的《法律顾问协议》,本所担任公司2009年通过公开发行的方式向公司原股东配售股份(以下简称本次发行)的特聘专项法律顾问,并获授权为公司本次发行出具法律意见书(以下简称本法律意见书)和律师工作报告。

本法律意见书依据《中华人民共和国公司法》(以下简称《公司法》)、《中华人民共和国证券法》(以下简称《证券法》)、《上市公司证券发行管理办法》(以下简称《管理办法》)及中国证监会的其他有关规定,按照律师行业公认的业务标准、道德规范和勤勉尽责精神出具。

本所对公司本次发行的法律资格及其具备的条件进行了调查,查阅了本所认为出具本法律意见书所需查阅的文件,包括但不限于涉及本次发行的主体资格、授权和批准、发行的实质条件、公司的独立性、公司的主要业务及资产、公司与关联企业之间的关联交易及同业竞争、公司的重大债权债务关系、公司的收购与兼并情况、公司的规范运作情况、公司章程的制定与修改、公司董事、监事及高级管理人员的任职资格、公司的税务、公司的诉讼、仲裁或行政处罚、公司的业务发展目标、募股资金的运用等方面的有关记录、资料和证明，以及有关法律、法规和行政规章，并就有关事项向董事会成员及高级管理人员作了询问并进行了必要的讨论。

在前述调查过程中，本所得到公司如下保证：公司已经提供了本所认为出具本法律意见书所必需的、真实的原始书面材料、副本材料或口头证言。经本所适当核查，有关副本材料或者复印件与原件一致。

本所依据本法律意见书出具日以前已经发生或存在的事实及国家正式公布、实施的法律、法规和规范性法律文件，并基于对有关事实的了解和对法律的理解发表法律意见。

对于对出具本法律意见书至关重要而又无法得到独立的证据支持的事实，本所依赖政府有关部门、公司或者其他有关机构出具的证明文件作出判断。

本所仅就与本次发行有关的法律问题发表意见，并不对有关审计、评估等发表评论。本所在本法律意见书中对有关会计报表、审计报告和评估报告中某些数据和结论的引述，不表明本所对这些数据、结论的真实性和准确性做出任何明示或暗示的保证。对本次发行所涉及的财务数据等专业事项，本所未被授权、亦无权发表任何评论。

本所及本所承办律师已严格履行法定职责，遵循勤勉尽责和诚实信用原则，对公司的行为、所提供的所有文件、资料及证言的合法性、合理性、真实性、有效性进行了审查、判断，据此出具本法律意见书，并保证本法律意见书不存在虚假记载、误导性陈述及重大遗漏。

本所独立地对公司本次发行的合法性及对本次发行有重大影响的法律问题发表法律意见。本所并愿意承担相应的法律责任。

本所同意公司按中国证监会的审核要求，在其本次发行的招股文件中部分或全部引用本法律意见书的意见及结论。

本法律意见书仅供公司本次发行之目的使用，请勿用作任何其他目的。本所同意将本法律意见书作为公司本次发行所必备的法定文件，随其他发行申请材料一起上报，并依法对所出具的法律意见承担责任。

本所认为：本所作为本次发行的特聘专项法律顾问，已按照律师行业公认的业务标准、道德规范和勤勉尽职精神，对本次发行及公司为此提供或披露的资料、文件和有关事实以及所涉及的法律问题进行了合理、必要及可能的核查与验证，并在此基础上出具本法律意见书。

本法律意见书中相关名词的释义与本所出具的律师工作报告一致。

**一、本次发行的授权和批准**

1. 公司本次发行的方案以及与本次发行事项有关的议案均已经公司董事会和股东大会依公司章程规定的程序批准。

2. 公司股东大会已授权公司董事会办理本次发行的有关具体事宜，该等授权合法有效。

3. 根据有关法律、法规、规范性文件和公司章程的规定，公司与本次发行有关的董事会和股东大会的决议内容合法有效。

4. 公司本次发行尚待取得中国证监会的核准。

**二、公司本次发行的主体资格**

1. 公司为其股票已经依法在深圳证

券交易所上市交易的股份有限公司。

2. 公司依法有效存续,未发生根据国家法律、法规及公司章程规定需要终止的情形。

3. 公司已根据相关规定完成了股权分置改革。

4. 公司具备本次发行的主体资格。

## 三、本次发行的实质条件

(一)公司本次发行的类别

本次发行系公司向原股东配售人民币普通股(A股)。

(二)本次发行的条件

本所对照《公司法》、《证券法》、《管理办法》等法律、法规和规范性文件,对公司本次发行应满足的实质条件逐项作了审查,本所认为:

1. 公司章程合法有效,股东大会、董事会、监事会和独立董事制度健全,能够依法有效履行职责,符合《管理办法》第六条第一款的规定。

2. 公司内部控制制度健全,能够有效保证公司运行的效率、合法合规性和财务报告的可靠性;内部控制制度的完整性、合理性、有效性不存在重大缺陷,符合《管理办法》第六条第二款的规定。

3. 公司现任董事、监事和高级管理人员具备任职资格,能够忠实和勤勉地履行职务,不存在违反公司法第一百四十八条、第一百四十九条规定的行为;公司现任董事、监事和高级管理人员最近三十六个月内未受到过中国证监会的行政处罚,最近十二个月内均未受到过证券交易所的公开谴责,符合《管理办法》第六条第三款的规定。

4. 公司与股东在人员、资产、财务分开,机构、业务独立,能够自主经营管理,符合《管理办法》第六条第四款的规定。

5. 公司最近十二个月内不存在违规对外提供担保的行为,符合《管理办法》第六条第五款的规定。

综上,公司具备健全且运行良好的组织机构,符合《证券法》第十三条第一款和《管理办法》第六条之规定。

6. 根据公司2006、2007和2008年度审计报告,公司(借壳上市前指原长江证券有限责任公司)2006年度至2008年度连续盈利,符合《管理办法》第七条第一款的规定。

7. 公司业务和盈利来源相对稳定,不存在严重依赖于股东的情形,现有主营业务或投资方向能够可持续发展,经营模式和投资计划稳健,主要产品或服务的市场前景良好,行业经营环境和市场需求不存在现实或可预见的重大不利变化,符合《管理办法》第七条第二款、第三款的规定。

8. 公司高级管理人员和核心技术人员稳定,最近十二个月内未发生重大不利变化,符合《管理办法》第七条第四款的规定。

9. 公司重要资产、核心技术或其他重大权益的取得合法,能够持续使用,不存在现实或可预见的重大不利变化,符合《管理办法》第七条第五款的规定。

10. 不存在可能严重影响公司持续经营的担保、诉讼、仲裁或其他重大事项,符合《管理办法》第七条第六款的规定。

11. 公司最近二十四个月未曾公开发行过证券。

12. 综上,公司具有持续盈利能力,符合《证券法》第十三条第二款和《管理办法》第七条之规定。

13. 公司(借壳上市前指原长江证券有限责任公司)会计基础工作规范,最近三年财务报表未被注册会计师出具保留意见、否定意见或无法表示意见的审计报告,符合《管理办法》第八条第一款、第二款的规定。

14. 公司资产质量良好，不良资产不足以对公司财务状况造成重大不利影响，符合《管理办法》第八条第三款的规定。

15. 公司经营成果真实，现金流量正常，营业收入和成本费用的确认严格遵循国家有关企业会计准则的规定，最近三年资产减值准备计提充分合理，不存在操纵经营业绩的情形，符合《管理办法》第八条第四款的规定。

16. 自2007年借壳上市以来，公司以现金方式累计分配的利润不少于年均可分配利润的百分之三十，符合《管理办法》第八条第五款和《关于修改上市公司现金分红若干规定的决定》第三条的规定。

17. 自2007年借壳上市以来，公司财务会计文件无虚假记载，且不存在下列重大违法行为：

(1) 违反证券法律、行政法规或规章，受到中国证监会的行政处罚，或者受到刑事处罚；

(2) 违反工商、税收、土地、环保、海关法律、行政法规或规章，受到行政处罚且情节严重，或者受到刑事处罚；

(3) 违反国家其他法律、行政法规且情节严重的行为。

综上，公司财务状况良好，自借壳上市以来财务会计文件无虚假记载，无其他重大违法行为，符合《证券法》第十三条第三款和《管理办法》第八条、第九条之规定。

18. 公司本次发行募集资金预计为不超过人民币40亿元，将全部用于增加公司资本金，扩充公司业务，扩大公司规模，逐步开展并扩大创新业务规模，本次配股募集资金数额不会超过项目需要量；募集资金用途符合国家产业政策和有关环境保护、土地管理等法律和行政法规的规定。

19. 投资项目实施后，不会与股东产生同业竞争或影响公司生产经营的独立性。

20. 公司已经建立了募集资金专项存储制度，本次配股募集资金将存放于公司董事会决定的专项账户。

综上，公司本次发行募集资金的数额和使用，符合《管理办法》第十条之规定。

21. 公司不存在以下情形，符合《管理办法》第十一条之规定：

(1) 本次发行申请文件有虚假记载、误导性陈述或重大遗漏；

(2) 擅自改变前次公开发行证券募集资金的用途而未作纠正；

(3) 最近十二个月内受到过证券交易所的公开谴责；

(4) 公司及其控股股东或实际控制人最近十二个月内存在未履行向投资者作出的公开承诺的行为；

(5) 公司或其现任董事、高级管理人员因涉嫌犯罪被司法机关立案侦查或涉嫌违法违规被中国证监会立案调查；

(6) 严重损害投资者的合法权益和社会公共利益的其他情形。

22. 公司本次发行以2008年12月31日公司总股本1,674,800,000股为基数，向全体股东每10股配售3股，拟配售股份数量不超过本次配售股份前股本总额的百分之三十。

公司前五大股东中，青岛海尔投资发展有限公司、湖北能源集团股份有限公司和天津泰达投资控股有限公司均已出具了全额认购可配股份的承诺函；上海海欣集团股份有限公司和上海锦江国际酒店发展股份有限公司均已出具了认购可配股份的意向函。

本次发行将依法采取代销方式。

综上，公司本次发行，符合《证券法》第十一条和《管理办法》第十二条关于配股之规定。

23. 公司申请本次发行，距2007年原长江证券有限责任公司借壳原石炼化上市已超过一个完整会计年度,符合《上市公司重大资产重组管理办法》第四十七条之规定。

综上,经逐条核查,本所认为:公司本次发行方案符合《公司法》、《证券法》和《上市公司重大资产重组管理办法》的规定,并与《管理办法》规定的实质性条件一致,本次发行尚待取得中国证监会的核准。

## 四、公司的独立性

1. 公司在业务、资产、人员、机构及财务上独立于其股东及其他关联方。

2. 公司具有面向市场自主经营的能力。

## 五、公司的业务

1. 公司的经营范围和经营方式符合法律、法规及规范性文件的规定。

2. 公司的主营业务突出。

3. 公司未在境外设立子公司、分支机构,亦未在境外经营业务。

4. 公司已取得了经营业务所需的业务资质和许可。

5. 公司不存在持续经营的法律障碍。

## 六、关联交易及同业竞争

1. 经公司书面确认及本所适当核查,公司报告期内所发生的重大关联交易均公允合法,不存在损害公司及公司非关联股东利益的情况。

2. 公司已在其章程、股东大会议事规则和董事会议事规则中规定了关联交易公允决策的程序,该等规定合法有效。公司已采取必要的措施对非关联股东的利益进行保护。

3. 公司第一大股东青岛海尔投资发展有限公司已就避免同业竞争问题作出了明确的承诺;本次发行不会导致公司与主要股东及其控制的其他企业同业竞争的情形。

4. 公司已对与关联方之间的关联交易及同业竞争情况进行了充分披露,未有重大遗漏或隐瞒。

## 七、公司的主要财产

1. 公司对其主要财产拥有合法的所有权或使用权,该等财产不存在产权争议或潜在纠纷。

2. 公司拥有的五宗土地使用权均已取得合法的国有土地使用证,公司合法拥有该等土地的使用权。

3. 公司拥有的四处房产均已取得合法的房屋产权文件,公司合法拥有该等房产。

4. 公司租赁使用的房屋均已签订了房屋租赁合同,该等房屋均为公司办公或营业使用,该等租赁使用房屋的情形不会对公司的经营构成重大不利影响。

5. 公司目前使用的注册商标已完成更名至公司名下的手续,公司合法拥有该等注册商标。

6. 经公司确认及本所适当核查,公司主要财产未有设置抵押、担保等第三者权益的情况,公司对该等财产行使所有权或使用权不存在法律障碍。

## 八、公司的重大股权投资及分支机构

1. 公司控股子公司及参股公司均系依中国法律合法设立并有效存续,公司合法持有该等公司的股权。

2. 公司控股子公司及参股公司均已取得在中国境内经营业务所必需的业务资质和许可。

3. 公司现有分支机构的设立均已经证券监管机构的合法审批且取得了经营证券业务所必需的业务资质。除位于深圳市的深圳深南中路证券营业部莲塘服务部和深圳红岭中路证券营业部大鹏镇服务部地方工商行政管理部门未予办理营业执照外，公司其余分支机构（包括证券营业部和证券服务部等）均已取得了营业执照。该两处服务部未办理营业执照的情形不会对公司的经营及本次发行构成实质性不利影响。

## 九、公司的重大债权债务

1. 公司对外签订的、正在履行或将要履行的重大合同的内容均合法有效，合同履行无重大法律障碍。

2. 经公司确认及本所适当核查，公司不存在虽已履行完毕、但可能存在潜在纠纷的重大合同。

3. 根据公司确认及本所适当核查，公司没有向其股东或其他关联方提供担保的情况；公司资金、资产亦未有被具有实际控制权的个人、法人或其他组织及其关联人违规占用的情况。

4. 经公司确认及本所适当核查，公司金额较大的应收、应付款均因正常经营活动发生，其内容合法有效。

5. 根据公司书面确认及本所适当核查，公司目前未有因环境保护、知识产权、产品质量、劳动安全、人身权等方面的原因产生的侵权之债。

## 十、公司重大资产变化及收购兼并

1. 长江证券有限责任公司和/或长江证券股份有限公司近五年注册资本及股权结构的变化已按公司章程的规定履行了内部审批程序，且已按有关法律、法规和规范性文件的规定履行了必要的报批程序。

2. 长江证券有限责任公司 2004 年的分立、2005 年收购原大鹏证券有限责任公司证券类资产业务和 2007 年的借壳上市，均已获得了适当的审批和批准，该等重大资产变动合法有效。

## 十一、公司章程的制定与修改

1. 2007 年借壳上市以来公司章程的修改程序符合相关法律、法规和规范性文件的规定。

2. 公司现行章程的内容符合《公司法》、《上市公司章程指引》、《证券公司治理准则》和其他相关法律、法规和规范性文件的规定和要求，不存在针对股东，特别是中小股东依法行使权利的限制性规定。

3. 公司现行章程的修订尚待中国证监会批准并报工商行政管理机关备案。

## 十二、公司股东大会、董事会、监事会议事规则及规范运作

1. 公司具有健全的组织机构。

2. 公司已制定股东大会、董事会和监事会议事规则，该等议事规则的制定程序及内容符合法律、法规和规范性文件的规定。

3. 公司 2007 年借壳上市以来股东大会、董事会和监事会的召开、决议内容及签署符合有关法律、法规及公司章程的规定。

4. 公司 2007 年借壳上市以来股东大会和董事会的重大决策和授权事项不存在违反法律、法规和规范性文件的情况。

## 十三、公司董事、监事和高级管理人员及其变化

1. 根据本所合理核查及公司的书面确认，公司现任董事、监事及高级管理人员的任职符合法律、法规、中国证监会规范性文件以及公司章程的规定。

2. 根据本所合理核查及公司的书面确认，公司独立董事的任职资格和职权范围符合有关法规和规范性文件的要求。

3. 经公司确认及本所适当核查，公司

的董事、监事和高级管理人员不存在法律、法规禁止的交叉任职的情况。

## 十四、公司的税务

1. 公司执行的税种、税率符合现行法律、法规和规范性文件的要求。

2. 公司及借壳上市前的长江证券有限责任公司近三年已依法纳税,未受过税务部门的处罚。

## 十五、公司的环境保护和产品质量、技术等标准

1. 公司为非银行金融机构,其经营活动和拟投资项目不会对环境造成影响。

2. 根据公司书面确认及本所适当核查,公司及借壳上市前的长江证券有限责任公司近三年没有因违反环境保护方面的法律、法规和规范性文件而受到处罚的情况。

3. 根据公司书面确认及本所适当核查,公司及借壳上市前的长江证券有限责任公司近三年没有因违反有关质量技术监督方面的法律、法规而受到处罚的情况。

## 十六、公司募股资金的运用

1. 公司前五年无证券发行等情况,没有公开募集资金。

2. 公司本次募集资金拟投入的项目符合法律、法规和中国证监会相关规范性文件的规定,不涉及国家有关固定资产投资的审批、备案问题。

## 十七、公司的业务发展目标

1. 公司的业务发展目标与公司主营业务相一致。

2. 公司的业务发展目标不违反国家法律、法规和规范性文件的规定,不存在潜在的法律风险。

## 十八、诉讼、仲裁或行政处罚

1. 根据公司2008年度审计报告和公司的说明,公司对重大诉讼可能履行的义务已计提了相关预计负债或者已做出规范,相关重大诉讼不会对公司本次发行构成实质性的影响。

2. 公司及其下属子公司不存在其他对本次发行构成实质性影响的其他重大诉讼、仲裁纠纷。

3. 根据公司的书面确认并经本所适当核查,公司及借壳上市前的长江证券有限责任公司近三年来未发生因重大违法、违规行为而导致的行政处罚案件。

4. 经公司书面确认及本所适当核查,公司董事长、总经理不存在尚未了结的或可预见的重大诉讼、仲裁或行政处罚案件。

5. 公司现任监事宋求明、董事崔少华违规买卖公司股票的行为不会对公司本次发行构成实质性法律障碍。

6. 经公司书面确认并经本所适当核查,公司第一大股东青岛海尔投资发展有限公司不存在可能影响本次发行的尚未了结的或可预见的重大诉讼、仲裁或行政处罚案件。

## 十九、本次发行的信息披露情况

公司就本次发行已进行的信息披露符合法律、法规和规范性法律文件的要求,不存在应当披露而未披露的事项。

## 二十、律师认为需要说明的其他问题

经公司书面确认及本所适当核查,公司不存在未披露但对本次发行有重大影响的重大法律问题。

综上,本所认为:

1. 公司本次发行符合《公司法》、《证券法》、《管理办法》及相关法律、法规和规

范性文件的规定。

2. 本次发行已取得现阶段所需的授权和批准,本次发行没有实质性法律障碍。

3. 本次发行尚待取得中国证监会的核准。

本法律意见书正本三份。

北京市嘉源律师事务所
负 责 人:郭　斌
经办律师:贺伟平　施贲平

# 关于四川长虹电器股份有限公司2008年度公开发行认股权和债券分离交易的可转换公司债券的法律意见书

致:四川长虹电器股份有限公司

四川泰和泰律师事务所(以下简称泰和泰)受四川长虹电器股份有限公司(以下简称公司或发行人)委托,作为公司2008年度公开发行认股权和债券分离交易的可转换公司债券(以下简称本次发行)的特聘法律顾问,根据《中华人民共和国证券法》、《中华人民共和国公司法》、《股票发行与交易管理暂行条例》、《上市公司证券发行管理办法》(以下简称《管理办法》)等有关法律、法规和规范性文件的规定,按照律师行业公认的业务标准、道德规范和勤勉尽责精神,出具本法律意见书。

本法律意见书是按照中国证券监督管理委员会(以下简称中国证监会)颁布的《公开发行证券公司信息披露的编报规则第12号——公开发行证券的法律意见书和律师工作报告》(证监发〔2001〕37号)的规定及本法律意见书出具日以前已经发生或存在的事实和我国现行法律、法规和规范性文件的有关规定而出具。

为出具本法律意见书之目的,泰和泰根据中国现行的法律、法规、规范性文件的有关规定及泰和泰与发行人签订的《四川长虹电器股份有限公司与四川泰和泰律师事务所专项法律服务协议》的要求,对与出具本法律意见书有关的所有文件资料及说明进行审查判断,包括但不限于涉及授权与批准、公司主体资格、实质条件、公司的独立性、发起人和股东、股本结构及其演变、业务、关联交易及同业竞争、公司的主要资产、重大债权债务、公司的重大资产变化及收购兼并、公司章程的制定与修改、法人治理结构、税务、环保和产品质量、募集资金运用、业务发展目标、重大诉讼、仲裁与行政处罚等情况的文件、记录、资料,以及就有关事项向发行人高级管理人员和其他相关人员进行的必要的询问和调查。

发行人保证已经提供了泰和泰认为出具法律意见书所必需的、真实的原始材料、副本材料或者口头证言;并保证上述文件和证言真实、准确、完整;文件上所有签字与印章真实;复印件与原件一致。

对于出具本法律意见书至关重要而又无法得到独立证据支持的事实,泰和泰依赖于有关政府部门、发行人或者其他有关单位出具的证明文件。在本法律意见书中,泰和泰认定某些事项或文件是否合法有效是以该等事项发生之时所应适用的法律、法规为依据的,同时也充分考虑了有关政府部门给予的批准和确认。

在本法律意见书中,泰和泰仅就与本次发行有关的中国法律问题发表意见,而不对有关财务审计、资产评估、盈利预测、投资决策、中国大陆以外国家或地区的法律事项或报告等发表意见。泰和泰在本法律意见书中对有关会计报表、审计、资产评估报告和外国律师法律意见书中某些数据或结论的引述,并不意味着泰和泰对这些数据、结论的真实性和准确性或者对有关外国律师的适格资格做出任何明示或默示的保证;泰和泰亦无资格对该等数据、结论的真实性和准确性或者对有关外国律师的适格资格作出判断。

泰和泰已严格履行法定职责,遵循了勤勉尽责和诚实信用原则,对发行人的本次发行的合法、合规、真实、有效进行了充分的核查验证,保证本法律意见书不存在虚假记载、误导性陈述及重大遗漏。

泰和泰同意将本法律意见书作为发行人本次发行申请所必备的法律文件,随其他材料一同上报中国证监会审查,并依法对出具的法律意见承担相应的法律责任。

本法律意见书仅供发行人为本次发行之目的使用,不得用作任何其他目的。

泰和泰根据《证券法》第二十条的要求,按照律师行业公认的业务标准、道德规范和勤勉尽责精神,对发行人提供的有关文件和事实进行了核查和验证,现出具法律意见如下:

**一、本次发行的批准和授权**

(一) 2008 年 6 月 30 日召开的发行人 2008 年第一次临时股东大会(以下简称本次股东大会)已依法定程序作出批准本次发行的决议。

(二) 根据法律、法规、规范性文件以及《四川长虹电器股份有限公司章程》(以下简称《公司章程》)等规定,上述决议的内容合法有效,符合《管理办法》第四十三条和第四十四条的规定。

(三)股东大会已授权董事会办理本次发行具体事宜,授权范围、程序合法有效。

(四)截至本法律意见书出具之日,发行人本次发行已取得现阶段必要的批准和授权,公司本次发行尚需获得中国证监会的核准;本次发行实施后,公司债券和认股权证的上市尚需获得上海证券交易所的核准。

**二、发行人本次发行的主体资格**

公司是 1988 年 6 月经绵阳市人民政府绵府发(1988)33 号文批准设立,并经绵阳市工商行政管理局(以下简称"绵阳市工商局")核定注册成立的一家股份有限公司。同年,经原中国人民银行绵阳分行绵人行金(88)字第 47 号文批准,公司向社会公开发行股票。1993 年 3 月 1 日,原国家体制改革委员会以体改生(1993)54 号文批复确认公司继续进行公开发行股票的股份制试点。1994 年 3 月 11 日,经中国证监会证监发审字(1994)7 号文批准,公司的社会公众股 4997.37 万股在上海证券交易所上市流通。公司股票的证券代码为 600839,股票简称为"四川长虹"。2006 年 4 月 10 日公司完成股权分置改革。

公司现持有绵阳市工商局于 2007 年 6 月 5 日核发的 5107001800651 号《企业法人营业执照》。

泰和泰律师认为,发行人现为一家依法成立并合法有效存续的上市公司;根据有关法律、行政法规及公司章程的规定不存在需要终止的情形。发行人具备本次发行的主体资格。

**三、本次发行的实质条件**

发行人本次发行属于上市公司公开发

行认股权和债券分离交易的可转换公司债券，根据《公司法》、《证券法》、《管理办法》等法律、法规、规范性文件的规定，泰和泰律师对发行人本次发行的实质条件进行了逐一核查：

（一）经核查，发行人现行公司章程合法有效，股东大会、董事会、监事会和独立董事制度健全，能够依法有效履行职责。发行人组织机构健全、运行良好，发行人内部控制制度健全，现任董事、监事和高级管理人员具备任职资格。发行人与控股股东人员、资产、财务分开，机构、业务独立，过去十二个月不存在违规对外担保。发行人符合《管理办法》第六条的规定。

（二）根据四川君和会计师事务所有限责任公司出具的君和审字（2006）第1066号《审计报告》（以下简称"2005年《审计报告》"）、四川君和会计师事务所有限责任公司出具的君和审字（2007）第1028号《审计报告》（以下简称"2006年《审计报告》"）、四川君和会计师事务所有限责任公司出具的君和审字（2008）第1140号《审计报告》（以下简称"2007年《审计报告》"），发行人最近三年连续盈利，业务和盈利来源相对稳定，不存在严重依赖于控股股东、实际控制人的情形。发行人现有主营业务或投资方向能够可持续发展，经营模式和投资计划稳健，主要产品或服务的市场前景良好，行业经营环境和市场需求不存在现实或可预见的重大不利变化；公司的高级管理人员和核心技术人员保持稳定，在最近十二个月未发生重大不利变化。公司重要资产、核心技术或其他重大权益的取得合法，能够持续使用，不存在现实或可预见的重大不利变化（关于公司土地使用权、房屋、专利、商标等重要财产的详细情况，详见本法律意见书第九"发行人的主要财产"部分）。经发行人确认并经泰和泰律师适当核查，公司不存在可能严重影响公司持续经营的担保、诉讼、仲裁或其他重大事项。泰和泰律师认为，发行人的盈利能力具有可持续性，符合《管理办法》第七条的规定。

（三）根据2005年《审计报告》、2006年《审计报告》、2007年《审计报告》及四川君和会计师事务所有限责任公司出具的君和审字（2008）第1142号《内部控制审核报告》，并经泰和泰律师适当核查，以泰和泰律师具有的专业知识所能作出的判断，泰和泰律师认为，发行人财务状况良好，符合《管理办法》第八条的规定。

（四）根据发行人的承诺、有关政府部门出具的证明、2005年《审计报告》、2006年《审计报告》、2007年《审计报告》并经泰和泰律师适当核查，泰和泰律师认为，发行人在最近三十六个月财务会计文件无虚假记载，无其他重大违法行为，符合《管理办法》第九条的规定。

（五）根据本次股东大会有关决议及发行人的说明，发行人本次募集资金的用途为：（1）PDP显示屏及模组项目，该项目的内容为发行人向其参股的四川虹欧显示器件有限公司（以下简称虹欧公司）增资10亿元（除另有说明外，本法律意见书中的"元"均指人民币），使得虹欧公司成为发行人的控股子公司；（2）数字电视项目，该项目的内容为发行人向其控股的四川长虹网络科技有限责任公司（以下简称网络公司）增资5亿元；（3）偿还银行贷款及补充流动资金（10亿元用于偿还银行贷款，5亿元用于补充公司流动资金）等三个项目。经核查，发行人本次募集资金的数额及使用符合《管理办法》第十条的规定。

（六）根据发行人的说明及承诺，并经泰和泰律师适当核查，发行人不存在《管理办法》第十一条所述的各种情形。

（七）根据发行人提供的资料，并经核

查,泰和泰律师认为,发行人符合《管理办法》第二十七条的规定。

(八)发行人股票上市的证券交易所为上海证券交易所。根据公司说明及本次股东大会通过的有关决议,发行人本次发行分离交易的可转换公司债券及所附权证将分别申请在上海证券交易所上市交易,符合《管理办法》第二十八条的规定。

(九)根据本次股东大会审议通过的《关于发行分离交易的可转换公司债券的议案》,发行人本次发行的分离交易的可转换公司债券的期限为6年,符合《管理办法》第二十九条第一款的规定。

(十)发行人本次发行的债券面值、利率确定、信用评级、偿还债券的还本付息事宜、债券持有人权利保护办法及程序等方面,均符合《管理办法》第十六至第十九条的规定。据此,泰和泰律师认为,发行人符合管理办法第二十九条第二款的规定。

(十一)发行人本次发行的认股权证已约定了价格、存续期间、行权期间、行权比例,符合《管理办法》第三十一条的规定。

(十二)根据发行人本次股东大会审议通过的有关决议,发行人本次发行的认股权证的行权价格符合《管理办法》第三十二条的规定。

(十三)根据发行人本次股东大会审议通过的有关决议,发行人本次发行的认股权证的存续期间,符合《管理办法》第三十三条的规定。

(十四)根据发行人本次股东大会审议通过的有关决议,本次发行的认股权证的行权的起始日期及行权期间,符合《管理办法》第三十四条的规定。

(十五)根据发行人本次股东大会审议通过的有关决议,发行人本次发行分离交易的可转换公司债券已在募集说明书中约定,本次发行的分离交易的可转换公司债券募集资金用途的实施情况若根据中国证监会相关规定属于改变募集资金用途的,债券持有人拥有一次以面值加上当期应计利息的价格向公司回售债券的权利,符合《管理办法》第三十五条的规定。

(十六)综合上述第(一)-(十五)点,泰和泰律师认为,发行人本次发行符合有关法律、法规、规范性文件规定的发行分离交易的可转换公司债券的实质条件。

## 四、发行人的独立性

(一)发行人的业务独立。

(二)除本法律意见书第九部分"发行人的主要财产"所述的发行人拥有的部分财产的权属存在一定法律瑕疵外,公司合法拥有与生产经营有关的主要土地、厂房、机器设备以及商标、专利的所有权或者使用权。泰和泰律师认为,除本法律意见书第九部分"发行人的主要财产"所述的发行人部分财产的权属存在一定法律瑕疵外,发行人的其余资产完全独立。

(三)公司系生产经营性企业,具有独立完整的供应、生产、销售系统。

(四)发行人的人员独立。

(五)发行人的机构独立。

(六)发行人的财务独立。

(七)发行人在独立性方面不存在其他严重缺陷。

基于以上,泰和泰律师认为,公司拥有完整的业务体系和直接面向市场独立经营的能力。

## 五、发起人及主要股东(实际控制人)

(一)公司的发起人为国营长虹机器厂(以下简称长虹机器厂)。长虹机器厂依法成立并存续,具有法律、法规和规范性文件规定担任发起人的资格。

(二)截至2008年3月31日,四川长虹电子集团有限公司(以下简称长虹集团)持有发行人30.63%的股份,系发行人的控股股东;除长虹集团外无其他持有超过发行人5%以上股份的股东。长虹集团系国有独资公司,由绵阳市国有资产监督管理委员会(以下简称绵阳市国资委)根据绵阳市人民政府的授权履行出资人职责。绵阳市国资委为发行人的实际控制人。

## 六、发行人的股本及演变

(一) 经核查,泰和泰律师认为,公司的设立及历次股权变更合法、合规、真实、有效。

(二)经核查,泰和泰律师认为,长虹集团将所持发行人股份部分质押的情形对公司本次发行不构成实质性法律障碍。

## 七、发行人的业务

(一) 发行人的经营范围及经营方式符合有关法律、法规和规范性文件的规定。发行人尚需就其2007年度股东大会修订的公司经营范围办理工商变更登记手续。

(二) 发行人在中国大陆以外国家和地区从事经营均已获得中国有权主管部门的批准。

(三) 公司最近三年的主营业务未发生重大变更。

(四) 发行人的主营业务突出。

(五) 除中国大陆地区以外发行人的子公司的法律状态需要依据当地法律作出判断外,经泰和泰律师核查,截至本法律意见书出具之日,发行人在中国大陆地区的各直接控股、参股子公司均合法存续。

(六) 根据2005年《审计报告》、2006年《审计报告》和2007年《审计报告》并经泰和泰律师核查,发行人近三年以来,一直合法经营。以泰和泰律师所具有的专业知识所能作出的判断,发行人不存在持续经营的法律障碍。

## 八、关联交易及同业竞争

(一) 持有发行人5%以上股份的关联方为长虹集团。长虹集团及其控股子公司(发行人或发行人的控股子公司除外)属于发行人的关联企业。

(二) 发行人与长虹集团及其下属的部分子公司存在共同投资等重大关联交易。发行人本次发行募集资金用途中的PDP显示屏及模组项目系关联交易,该等事项业经发行人董事会中的非关联董事及本次股东大会中的非关联股东审议批准。本次发行成功后,发行人控股的虹欧公司与长虹集团控股的韩国Orion PDP株式会社(以下简称Orion PDP公司)之间的《技术许可协议》及其补充协议项下的技术许可将构成关联交易。

(三) 经核查,以泰和泰律师所具有的专业知识所能作出的判断,泰和泰律师认为,有关关联交易是基于市场公平、公正的原则,以协议、合同形式进行的,是公允的,不存在损害发行人及其他股东利益的内容。

(四) 上述关联交易的一方长虹集团或其控制的除发行人之外的其他子公司。发行人已在《公司章程》中规定了关联股东、关联董事审议关联交易事项的回避制度。发行人《公司章程》、《股东大会议事规则》、《董事会议事规则》、《关联交易管理制度》明确规定了关联交易公允决策的程序。公司已采取必要措施对其他股东的利益进行保护。

(五) 发行人与长虹集团共同投资四川长虹创新投资有限公司(以下简称长虹创投)事项,在公司董事会审议时,关联董事未回避表决,对本事项投赞成票的十名董事中,扣除参与表决但应予回避的四名关联董事的票数,尚有六名非关联董事同意该议案,超过了非关联董事的半数。至本法律意见书出具之日,对本事项进行审议的董事会决议作出已经超过六十日,此期间未有公司股东提出撤销诉讼,该董事会决议合法有效。公司在审议其他关联交易事项时,关联董事和关联股东均予以回避。

(六)根据公司及长虹集团的说明,并经泰和泰律师适当核查,公司与关联方不存在同业竞争,亦不会因为本次收购而产生同业竞争。

(七)发行人的控股股东长虹集团已承诺不从事与发行人构成竞争的业务。

(八)经泰和泰律师核查,除共同投资长虹创投事项未做专门的关联交易公告外,发行人对关联方、关联关系、重大关联交易和解决同业竞争的承诺和措施在有关的公告中进行了充分披露。泰和泰律师认为,该等披露与泰和泰律师查证后的事实相符,表达真实准确,无重大遗漏或重大隐瞒。泰和泰律师同时认为,共同投资长虹创投事项虽未做专门的关联交易公告,但是,公司于2006年10月30日已对该次董事会审议事项、决议情况及时作出了公告,不存在重大遗漏或重大隐瞒,对本次发行不构成实质性法律障碍。

**九、发行人的主要财产**

(一)发行人现拥有的主要财产包括房屋建筑物、机器设备、国有土地使用权、专利权和商标权。经核查,发行人对“502厂房”、“916厂房”用地尚未取得《国有土地使用证》,“502厂房”及“916厂房”因发行人未取得所在土地的国有土地使用权而存在办理房屋所有权证障碍;因相关购房合同未被提供,发行人所购北京、大连两宗房产(面积分别为1241.1平方米、94平方米)的所有权未得到确认;除此以外,发行人境内的其余财产不存在产权纠纷或潜在的产权纠纷。根据公司说明和泰和泰律师核查,“502厂房”、“916厂房”用地的面积共计约84,555平方米(分别约为76,000平方米、8555平方米),占公司土地面积总和的比例约为6%;“502厂房”(面积约87,782平方米)、“916厂房”(面积约4328平方米)和北京(面积为1241.1平方米)、大连(面积为94平方米)两宗房产的房屋(共计4宗)面积共计约为93,445平方米,占公司房屋面积总和的比例约为11%,其账面资产净值占公司最近一期经审计的净资产值的比例约0.9%;另外,公司、转让“502厂房”和土地使用权的长虹机器厂、长虹集团承诺办理有关“502厂房”所占土地和房屋产权手续,以及长虹机器厂和长虹集团承诺,若发行人因“502厂房”及其用地的权属证书未办理问题而遭受任何损失的,长虹集团及长虹机器厂将连带对发行人承担无条件的、全额的赔偿责任。由此,泰和泰律师认为,上述情形对本次发行不构成实质性法律障碍。

(二)根据公司确认并经泰和泰律师核查,除发行人对“502厂房”、“916厂房”用地尚未取得《国有土地使用证》,发行人对其不享有国有土地使用权、“502厂房”、“916厂房”因发行人未取得所在土地的国有土地使用权存在办理房屋所有权证障碍外,发行人拥有的主要财产的权利受限制的情况还有:(1)公司拥有的绵城国用(1993)第4227号《国有土地使用证》项下的国有土地使用权系通过划拨方式取得。根据有关房地产管理法律法规,划拨土地的国有土地使用权或其上的房屋转让的,应当经有权政府机关的审批。因此,若公司转让绵城国用(1993)第4227号《国有土地使用证》项下土地上的房屋的,应当经有权政府机关批准,不得自由转让、设置抵押等;此外,根据现行的《土地管理法》及《划拨用地目录》(国土资源部令第9号),公司拥有本幅土地已不属于可以划拨方式提供国有土地使用权的情形,公司应当依法办理相关的国有土地使用权出让、出租手续。在办理相关的国有土地使用权出租、出让手续前,公司处分该幅土地或者改变该幅土地的用途的,须经有权政府部门的批准。由于公司已经拥有了该幅土地的《国有土地使用证》,因此,在办理相关的国有土地使用权出让、出租手续之前,发行人按照登记的用途使用该幅土地不存在法律障碍;(2)因2000年长虹机器厂转让给发行人的绵城国用(总1998)字第89851111号《国有土地使用证》项下的国有土地使用权过户登记手续尚未完成,发行人无法自由处置、转让、抵押该等国有土地使用权;该幅土地上的发行人自建的"商贸中心办公大楼"因目前登记的国有土地使用权人仍为长虹机器厂,故暂时无法办理房屋所有权证,发行人无法自由处置、转让、抵押该房屋。该幅土地上的长虹大酒店不属于发行人所有,尚需办理该幅土地使用权的分割手续;(3)因发行人自建或受让的、位于发行人拥有国有土地使用权的土地上的40宗房屋未办理房屋所有权证,因此,发行人无法转让、抵押、处置该等房屋;(4)因2006年发行人与长虹集团之间的资产置换涉及的国有土地使用权、注册商标的转让涉及的权属变更登记手续尚未全部完成,发行人尚无法自由转让、抵押、处置该等国有土地使用权和两个尚未完成转让的国内注册商标及其余尚未完成转让的外国注册商标;(5)26宗被登记在长虹集团或长虹机器厂名下的房屋因产权证书上权利人变更登记手续尚未完成,发行人无法自由处置、转让、抵押该等26宗房屋,但发行人有权要求长虹机器厂及长虹集团办理该等26宗房屋的产权证书的变更登记手续,也有权要求长虹集团或机器厂协助处分该等房屋并由发行人享有全部所得款项。除前述外,根据公司确认并经泰和泰律师核查,公司拥有的主要财产(含国有土地使用权、房屋、机器设备、专利权、商标权)均未设有质押、抵押等担保或其他权利受到限制的情况。

2008年6月25日,绵阳市国资委出具了绵国资产〔2008〕39号文《绵阳市国资委关于协调解决四川长虹电器股份有限公司部分房屋、土地过户及办证事宜的函》,复函如下:绵阳市国资委已将涉及发行人土地房产、过户及办证等问题上报市政府,目前正在组织相关部门协调解决;绵阳市国资委承诺在18个月内解决发行人合法拥有的相关土地、房屋资产的过户及办证问题,切实维护上市公司利益。泰和泰律师认为,发行人完善全部有法律瑕疵的国有土地使用权及房屋所有权权属登记(含过户登记)手续后,发行人将有权依法自由处置、抵押、转让该等国有土地使用权和房屋。

(三) 2006年发行人与长虹集团资产置换涉及的外国注册商标的转让应当按照注册地法律办理;公司拥有的外国专利法律状态应当依据当地法律判定。

(四) 发行人租赁房屋、土地使用权情况

根据发行人提供的资料,发行人在绵阳以外地区租赁有约220处房屋,用于各地销售分公司办公或者销售分公司工作人员的住宿之用。因该等租赁房屋的租赁合同及《房屋所有权证》未被提供,泰和泰律师无法判断发行人承租该等房屋是否合法有效。发行人书面确认,若因相关房屋的出租人未拥有所出租房屋的所有权或者存在其他法律瑕疵的,发行人可以在当地另行寻找合法的场地租赁,用于分公司办公及员工住宿,不会对发行人的经营造成实质性影响。泰和泰认为,上述情形不会对发行人本次发行构成实质性法律障碍。

## 十、发行人的重大债权债务关系

(一)根据发行人提供的资料,经泰和泰律师核查,除发行人为本次募集资金运用而签订的关于增资虹欧公司和网络公司的有关协议业已合法成立但尚需履行相应的报批程序或者尚待全部生效条件满足外(报批程序或需要满足的全部生效条件的详细内容,见本法律意见书第十七部分“发行人本次募集资金的运用”),发行人其余正在履行或将要履行的重大合同均合法有效。发行人正在履行或将要履行的重大合同均不存在纠纷或潜在纠纷。

(二)合同中不存在须变更合同主体的问题,合同履行不存在法律障碍。

(三)根据各有关机构出具的证明并经泰和泰律师核查,发行人不存在因环境保护、知识产权、产品质量、劳动安全、人身权等原因产生的重大侵权之债。

(四)根据2007年《审计报告》,经泰和泰律师核查,除已披露的关联交易外,发行人与长虹集团及其他关联方之间不存在重大的债权债务关系。根据公司确认并经泰和泰律师核查,发行人及其控股子公司不存在为长虹集团(或长虹集团控股的除发行人之外的其他子公司)提供担保的情形。

(五)根据2007年《审计报告》,发行人金额较大的其他应收、应付款都是因正常的经营活动发生,该等法律关系合法有效。

## 十一、发行人重大资产变化及收购兼并

(一)根据公司说明,并经泰和泰律师核查,公司成立以来,进行过配股、分红送股、股权分置改革及定向回购股份、资产置换,没有实施过合并或者分立。

(二)泰和泰律师认为,公司自成立以来的历次配股、分红送股、股权分置改革、定向回购股份、收购上市公司及资产置换符合当时法律、法规和规范性文件的规定,已经履行必要的法律手续,合法、合规、真实、有效。公司本次发行募集资金使用涉及的增资虹欧公司及网络公司已经履行了部分法律手续。此外,增资虹欧公司尚需商务部批准和国家发展改革委员会(以下简称“国家发改委”)核准;增资虹欧公司及网络公司的实施均需中国证监会核准发行人本次发行申请。泰和泰律师认为,发行人拟实施的以上对外增资对发行人本次发行上市的实质条件不会产生实质性影响,亦不会导致发行人因此不再具备上市条件。

## 十二、发行人最近三年的章程修改

(一)发行人最近三年的章程修改已履行法定程序,合法有效。发行人尚需就2007年度股东大会审议修订的公司章程办理工商备案手续。

(二)公司现行的《公司章程》载明了《公司法》第八十二条要求载明的事项,且已按《上市公司章程指引》(2006年修订)的要求修改,其内容符合现行法律、法规和规范性文件的规定。

## 十三、发行人股东大会、董事会、监事会议事规则及规范运作

(一)公司已建立了股东大会、董事会及监事会的法人治理结构,具有健全的组织机构。

(二)发行人具有健全的股东大会、董事会、监事会议事规则,该等议事规则业经公司股东大会审议通过,符合相关法律、法规和规范性文件的规定。

(三)发行人与长虹集团共同投资长虹创投事项,发行人董事会审议时,关联董事未回避表决,但根据该董事会表决情况,即便扣除关联董事,非关联董事仍过半数以上同意,且董事会决议自作出后至本法律意见书出具日已超过六十日,此期间未

有公司股东提出撤销诉讼，该董事会决议合法有效。除此以外，发行人最近三年各次股东大会、董事会、监事会的召开、决议内容及签署合法、合规、真实、有效。

（四）发行人股东大会对董事会的历次授权及股东大会或董事会的重大决策等行为合法、合规、真实、有效。

**十四、发行人董事、监事和高级管理人员及其变化**

（一）公司的董事、监事、高级管理人员的任职资格，符合法律、法规和规范性文件的规定；董事、总经理未自营或为他人经营与发行人同类的业务，未从事损害发行人利益的活动。

（二）泰和泰律师认为，发行人董事、监事、高级管理人员近三年的变化符合有关法律、法规的规定，并履行了必要的法律程序。

（三）公司设立六位独立董事，发行人独立董事任职资格符合有关规定，其职权范围未违反有关法律、法规和规范性文件的规定。

**十五、发行人的税务**

（一）根据2007年《审计报告》、发行人提供的纳税资料及各有关部门出具的文件，泰和泰律师认为发行人执行的税种、税率符合现行法律、法规和规范性文件的要求，享受的税收优惠政策合法、合规、真实、有效。根据2008年1月1日起施行的《企业所得税法》的规定，发行人应当根据《企业所得税法》及财政部、国家税务总局、科技部于2008年4月14日共同颁布的国科发火〔2008〕172号《关于印发〈高新技术企业认定管理办法〉的通知》的规定，重新获得高新技术企业的认定后方可从获得认定的年度起享受《企业所得税法》规定的高新技术企业所得税优惠税率（即15%）。

（二）根据最近2005年《审计报告》、2006年《审计报告》和2007年《审计报告》以及四川省绵阳市国家税务局直属税务分局、四川省绵阳市地方税务局第一直属分局分别于2008年6月23日和2008年7月1日出具的《证明》，并经泰和泰律师核查，泰和泰律师认为，发行人近三年依法纳税，不存在被税务部门处罚的情形。

（三）根据发行人及其控股子公司提供的纳税资料、2007年《审计报告》，除广东长虹电子有限公司、广东长虹数码科技有限公司、中山长虹电器有限公司三家公司所享受的减按15%的税率征收所得税的优惠因与当时国家有关规定不符而存在需要补缴的可能外，发行人的其他控股子公司网络公司、四川新能源科技有限公司、绵阳国虹通讯数码集团有限责任公司、四川长虹包装印务有限公司、四川长虹器件科技有限公司、四川长虹精密电子科技有限公司、绵阳虹发模型设计制作有限公司享受的所得税税收优惠政策符合有关法律、法规和规范性文件的规定，是合法有效的。根据2008年1月1日起施行的《企业所得税法》的规定，2008年度起，发行人的子公司是否及享受何种企业所得税税收优惠应当根据《企业所得税法》及其他有关规定执行。

（四）除以上享受税收优惠的控股子公司外，发行人在中国大陆境内的控股子公司均按照33%的所得税率缴纳所得税，符合法律、法规及规范性文件的要求。2008年1月1日起，除根据《企业所得税法》享受优惠税率的公司外，发行人其余在中国境内的控股子公司均按25%缴纳企业所得税。发行人在中国大陆境内控股子公司执行的其他税种、税率亦均符合现行法律、法规和规范性文件的要求。发行人在中国大陆以外地区的控股子公司的税种、税率执行的合法性应按照当地法律加以判定。

(五) 泰和泰律师认为,公司及控股子公司网络公司享有的财政补贴合法有效。

## 十六、发行人的环境保护和产品质量、技术等标准

(一) 根据绵阳市环境保护局(以下简称“绵阳市环保局”)2008 年 6 月 23 日出具的证明文件,并经泰和泰律师核查,发行人的生产经营活动及拟投资项目符合有关国家环境保护的要求,有权部门已出具意见。

(二) 经核查,发行人近三年未因违反环境保护方面的法律、法规和规范性文件而被处以行政处罚。

(三) 根据有关认证并经泰和泰律师核查,发行人的产品符合有关产品质量和技术监督标准。发行人近三年没有因违反有关产品质量和技术监督方面的法律法规而受到处罚。

## 十七、发行人本次募集资金的运用

(一) 根据公司本次股东大会审议通过的《关于发行分离交易的可转换公司债券的议案》,发行人本次募集资金用途为:(1)PDP 显示屏及模组项目(即增资虹欧公司);(2)数字电视项目(即增资网络公司);(3)偿还银行贷款及补充流动资金(10 亿元用于偿还银行贷款,降低公司财务费用,5 亿元用于补充公司流动资金)等三个项目。除偿还银行贷款和补充流动资金项目无须取得有权部门的批准或授权外,其余各项目所需及已经取得的有权部门的批准和授权情况如下:

1. PDP 显示屏及模组项目(即发行人向虹欧公司增资 10 亿元),已经发行人股东大会和虹欧公司董事会合法有效批准,并经虹欧公司全体股东同意。虹欧公司系长虹集团的间接控股子公司,关于发行人本次向虹欧公司增资 10 亿元事项,绵阳市国资委于 2008 年 6 月 25 日出具的绵国资〔2008〕38 号《绵阳市国资委关于四川长虹电器股份有限公司发行分离交易的可转换公司债券事项的批复》,经绵阳市委、市政府批准,绵阳市国资委原则同意发行人用本次募集资金中的 10 亿元增资虹欧公司。发行人增资虹欧公司尚需商务部批准和国家发改委核准。根据发行人的说明,虹欧公司正在向商务部和国家发改委履行相应的报批程序。

2. 数字电视项目(即发行人向网络公司增资 5 亿元)已经发行人股东大会和网络公司股东会合法有效批准,网络公司其余股东均放弃对网络公司本次增资 5 亿元的优先认缴权。

3. 作为本次募集资金用途的增资虹欧公司项目和增资网络公司项目,均需以中国证监会核准发行人的本次发行且发行人成功实施本次发行募集相应资金作为实施的前提。

(二) 本次募集资金运用涉及的虹欧公司及网络公司的相关主要情况:

1. 虹欧公司

(1) 虹欧公司是一家根据中国法律成立的中外合资企业。经核查,虹欧公司合法设立并存续,不存在根据法律、行政法规或者虹欧公司的章程需要予以解散的情形。

(2) 虹欧公司目前使用的国有土地使用权为其根据与长虹集团签署的《土地使用权租赁协议》租赁长虹集团持有的绵城国用(2007)第 05519 号《国有土地使用证》项下的国有土地使用权,租赁价格为每平方米每年 4.5 元,租赁期限自 2008 年 5 月 9 日至 2018 年 5 月 9 日。该《土地使用权租赁协议》还获得了绵阳市国资委的确认,并已在绵阳市国土资源局备案。根据《土地使用权租赁协议》的约定,虹欧公司将在该幅租赁土地上建设厂房设施,房

屋建成后,以虹欧公司的名义办理房屋产权证书,长虹集团予以协助。

因虹欧公司现占用的土地的国有土地使用权人为长虹集团,若未来虹欧公司就新建厂房以自己的名义办理产权证书,将导致房屋的所有权人与所占土地的国有土地使用权人不一致的情形;根据 2007 年 10 月 1 日起施行的《物权法》及其他有关法律法规的规定,其以自己的名义进行厂房的权属登记将存在一定法律障碍。为解决该等问题,长虹集团于 2008 年 6 月 25 日出具了《四川长虹电子集团有限公司关于四川虹欧显示器件有限公司租赁土地转让的承诺函》,承诺:

(1)长虹集团承诺在虹欧公司 PDP 项目工程建设正式竣工后六个月内将虹欧公司承租的上述156,487.4491平方米国有土地使用权以合法的方式转让给虹欧公司,土地转让价格以基准底价为基础由双方协商确定。

(2)长虹集团在满足相关规定的条件下,尽快安排办理上述租赁土地转让的土地分割事宜。泰和泰律师认为,长虹集团将其租赁给虹欧公司的国有土地使用权转让给虹欧公司后,虹欧公司以自己的名义办理其新建厂房的房屋所有权证书不存在法律障碍。

(3) 虹欧公司已在其租赁的上述国有土地上进行建设项目。泰和泰律师认为,虹欧公司进行的在建工程已经取得了相关政府部门的批准。

(4) 经核查,虹欧公司正在申请的专利共有 16 项(其中发行专利 15 项、实用新型 1 项),该等 16 项申请已被中国国家知识产权局受理。

除以上正在申请的专利外,根据虹欧公司于 2006 年 12 月 22 日与 Orion PDP 公司签署的《技术许可协议》及 2007 年 4 月 28 日签署的《技术许可协议的补充合同之一》,Orion PDP 公司将共计 312 项专利及技术以不可转让及非独家权力的方式许可虹欧公司使用;除非一方有不履行协议项下的重大义务、破产等情形发生而解除协议,否则许可期间与虹欧公司的合营合同存续期间相同。根据韩国法务法人 CHANG GONG 出具的《关于 OPC 和 COC 之间技术及专利许可合同的律师意见书》(原件为韩文;由成都市通译翻译有限公司翻译成中文),虹欧公司与 Orion PDP 公司签署的前述《技术许可协议》及《技术许可协议的补充合同之一》在韩国法律项下是合法的,Orion PDP 公司是其许可给虹欧公司使用的专利和技术的合法所有者,有权将专利和技术许可给虹欧公司使用,并已在韩国国内合法备案;Orion PDP 公司对虹欧公司的该等技术许可是不违背"有关防止及保护产业技术流出的法律"的合法技术出口。

(5) 根据发行人及虹欧公司提供的资料,虹欧公司正在履行或者即将履行的重大经营合同合法有效。

(6) 经核查,虹欧公司已依法进行了税务登记。虹欧公司与绵阳市人民政府签署了《PDP 项目优惠政策协议书》,该协议书约定从虹欧公司盈利起,按规定的程序报税务机关同意后,可享受税收政策优惠,即第一、二年免征企业所得税,第三年至第五年减按 7.5% 征收企业所得税。根据虹欧公司《审计报告》及虹欧公司的说明,截至本法律意见书出具之日,虹欧公司 PDP 项目尚处于建设期,未有盈利,因此,暂未缴纳企业所得税。

根据 2008 年 1 月 1 日起施行的《企业所得税法》的规定,除依法享受企业所得税优惠税率的企业外,其余企业均按 25% 的税率缴纳企业所得税。《企业所得税法》同时还规定了享受企业所得税优惠的种类、条件及程序。根据《企业所得税法》的规定,泰和泰律师认为,仅凭前述虹欧公司与绵阳市人民政府签订的《PDP项目优惠政策协议书》不足以保证虹欧公司合法地享受协议约定的税收优惠。泰和泰律师进一步认为,虹欧公司应当根据《企业所得税法》及其实施条例的规定,在符合法定条件的前提下,依法履行相应的认定、审批程序后,方可依法享受相应的企业所得税优惠。

虹欧公司适用的其他税率为:增值税:按主营业务收入和材料、废料销售收入的17%计算销项税扣除进项税后的金额缴纳;城建税:按实际缴纳增值税、营业税额的7%计缴;教育费附加:按实际缴纳增值税、营业税额的3%计缴。泰和泰律师认为,虹欧公司的该等税率符合法律法规的规定。

(7)根据绵阳市环保局于2008年6月26日出具的《证明》,虹欧公司自成立以来严格遵守环境保护法律法规,未因违反环境保护法律法规而被处以行政处罚。

(8)根据四川君和会计师事务所有限责任公司出具的君和审字(2008)第1208号《审计报告》(以下简称虹欧公司《审计报告》)、四川华衡资产评估有限公司出具的川华衡评报〔2008〕64号《四川虹欧显示器件有限公司增资扩股项目资产评估报告书》,发行人增资虹欧公司已进行审计、评估,评估结果已办理了有关评估备案手续,发行人本次增资已履行必要的审计、评估程序。

(9)根据虹欧公司说明,虹欧公司的资金曾委托长虹集团代为管理并集中存放于长虹集团的结算中心。根据虹欧公司《审计报告》,截至2008年5月7日,虹欧公司存放于长虹集团结算中心的资金余额为178,052,969.36元。鉴于本次增资后,虹欧公司将成为发行人的控股子公司,长虹集团于2008年6月30日出具《承诺函》,说明并承诺以下事项:①截至2008年6月30日,长虹集团因资金集中管理形成的对虹欧公司的欠款已经全部清偿完毕。②长虹集团承诺自2008年6月30日起不再对虹欧公司进行资金集中管理,并严格按照有关规定严格规范与虹欧公司之间的资金往来。

2. 网络公司

(1)网络公司是一家根据中国法律成立的有限责任公司。经核查,网络公司合法设立并存续,不存在根据法律、行政法规或者网络公司的章程需要予以解散的情形。

(2)网络公司目前经营使用的房屋系其向发行人租赁取得的。发行人有权将其房屋租赁给网络公司使用。网络公司使用的专利为发行人许可其使用的。经核查,泰和泰律师认为,网络公司合法拥有相应的软件著作权,并合法持有成都长虹网络科技有限责任公司100%股权。

(3)根据发行人及网络公司提供的资料并经核查,泰和泰律师认为,网络公司正在履行或者将要履行的重大经营合同合法有效。

(4)经核查,网络公司已依法进行了税务登记。根据四川省绵阳市国家税务局直属分局及四川省绵阳市地方税务局第二直属分局于2008年6月5日分别出具的《证明》,网络公司自成立以来严格遵守税收法律法规,未因违反税收法律法规而被处以行政处罚。网络公司享有的企业所得税优惠合法、有效。

(5)根据2008年6月11日绵阳市环境保护局出具的《绵阳市环境保护局关于四川长虹网络科技有限责任公司环境保护情况的证明》,网络公司自成立以来严格遵守环境保护法律法规,未因违反环境保护法律法规而被处以行政处罚。

(6)根据四川君和会计师事务所有限责任公司出具的君和审字(2008)第1191号《审计报告》、四川华衡资产评估有限公司出具的川华衡评报〔2008〕65号《四川长虹网络科技有限责任公司增资扩股项目资产评估报告书》，发行人增资网络公司已进行审计、评估，评估结果已办理了有关评估备案手续，发行人本次增资已履行必要的审计、评估程序。

（三）发行人本次募集资金运用中的偿还银行贷款项目及补充流动资金项目，不涉及与他人合作的问题。如上文所述，发行人本次募集资金运用中的PDP显示屏及模组项目（即增资虹欧公司）和数字电视项目（即增资网络公司）分别涉及与虹欧公司的现有其他股东及网络公司现有其他股东的合作。发行人已依法就该等两个项目分别与虹欧公司其他全部股东、网络公司其他全部股东依法签订了相应的增资协议。该等两个项目的实施不会导致发行人与长虹集团构成同业竞争。

（四）公司前次募集资金实际使用改变了原募集计划，泰和泰律师认为，该等募集资金投资使用的改变已经公司董事会、股东大会批准及确认，履行了必要的法律程序，合法有效。

**十八、发行人业务发展目标**

（一）根据发行人的说明，发行人的业务发展目标是：信息家电的制造商、关键器件的供应商、内容服务的提供商。泰和泰律师认为，此与发行人的主营业务一致。

（二）经核查，泰和泰律师认为，发行人业务发展目标符合国家法律、法规和规范性文件的规定，不存在潜在的法律风险。

**十九、发行人的诉讼、仲裁或行政处罚**

（一）公司已在有关的临时报告或者定期报告中相应披露了有关重大诉讼、仲裁案件相关情况。泰和泰律师认为，有关案件不会对公司本次发行构成实质性障碍。经公司确认并经泰和泰律师核查，除以上外，发行人、长虹集团及发行人的控股子公司不存在尚未了结或者可预见的重大诉讼、仲裁及行政处罚。

（二）经发行人的确认，并经泰和泰律师核查，发行人董事长、总经理不存在尚未了结或虽未发生但可预见的重大诉讼、仲裁、行政处罚案件。

**二十、发行人本次发行募集说明书法律风险的评价**

泰和泰律师参与了发行人本次发行募集说明书及其摘要的编制及讨论，对募集说明书及其摘要的全文进行了审慎审阅，特别审阅了募集说明书及其摘要中引用泰和泰制作的法律意见书和律师工作报告的相关内容。泰和泰律师经审慎审查认为，发行人募集说明书及其摘要不存在因内容出现虚假记载、误导性陈述或重大遗漏而引致的法律风险。

**二十一、其他重大事项**

（一）美国APEX Digital Inc（以下简称APEX公司）拖欠货款纠纷

1. 为清收APEX公司拖欠发行人的货款，发行人于2004年11月15日在洛杉矶地方法院向APEX公司提起了民事诉讼，申请法院令状要求APEX公司开放财务。2005年1月，APEX公司在洛杉矶地方法院以发行人对APEX公司造成了商业损害等为由对发行人提出反诉，并提出了巨额赔偿。同时，发行人也修改了原来的诉状，要求APEX公司支付拖欠的约4.7亿美元货款。根据发行人第五届董事会第二十二次会议审议通过的《同意按个别认定法对APEX公司应收账款计提坏账准备》的决议、2005年6月29日召开的发行人2004年度股东大会审议通过的《关于2004年度计提资产减值准备的预案》和2006年5月31日召开的发行人2005年度股东大会审议通过的《关于2005年度报告正文及摘要》,截至2005年末,发行人应收APEX公司的货款为457,609,970.58美元(折合人民币3,693,003,984.57元),特别计提坏账准备313,814,980.60美元(折合人民币2,532,549,656.44元),估计能收回的款项金额为143,794,989.98美元(即为原估计能收回金额1.5亿美元,扣除2005年的回款及退货金额)。

2. 2005年6月APEX公司向发行人提供了三部分资产抵押,作为部分欠款的担保并签署了三份资产的《担保协议》。APEX公司所提供的抵押资产分为三个部分:一是APEX公司的一处仓库;二是APEX公司及季龙粉先生所持中华数据广播控股有限公司(以下简称CDB)的股份;三是APEX公司的商标。2005年11月APEX公司方面向发行人递交了《关于APEX公司与四川长虹贸易纠纷合作和解建议案总体框架协议》和CDB《改组方案(草案)》,并就有关纠纷的解决与公司进行协商。

3. 发行人与APEX公司、季龙粉于2006年4月11日签署了《和解框架协议》及其附件协议;2006年4月18日召开的发行人第六届董事会第十二次会议批准了《和解框架协议》及其附件协议。《和解框架协议》及其附件协议于2006年4月20日生效。《和解框架协议》及其附件协议主要内容为:APEX公司愿意承担对发行人1.7亿美元的债务,协议约定了债务的具体清偿方式(即APEX公司以其所拥有的一处仓库、所持CDB的股份、APEX公司的商标及APEX公司对第三方的债权用于抵偿其对发行人的债务),三方同意中止在美国的所有诉讼,待协议履行完毕后撤销诉讼。2006年9月13日,发行人与APEX公司、季龙粉先生签订了《美国APEX公司与四川长虹公司贸易纠纷补充协议》,对前述《和解框架协议》及其附件协议中的"合作与发展"、"股权转让"、"CDB改组"等条文做了部分调整。

4. 经发行人确认,《和解框架协议》及其附件协议、补充协议的履行情况如下:

(1) APEX公司提存于美国Powell Goldstein律师事务所的423,085.23美元现金已于2006年8月8日划转至发行人账户。

(2) APEX公司仓库已经处理完毕,负责仓库处理交易的中介机构应将共计1166万美元支付到发行人账户,其中,2007年结算430万美元。

(3) APEX公司已将商标"APEX公司"、商标"APEX公司 Digital"、APEX公司标识图案已经转让给发行人。发行人已经收到APEX公司律师移交的APEX公司商标的相关管理资料和权属文件,并于2006年11月29日完成了在美国专利商标局的过户转让登记手续。根据《和解框架协议》所附的《商标转让协议》的约定,以上商标将以其评估值用于冲抵APEX公司对发行人的债务,且商标的评估值应以具备法定资格的中国境内资产评估机构确认的评估结果为准,若商标的评估值高于9000万美元,则该商标抵偿债务的额度以9000万美元计;若商标的评估值低于9000万美元,则商标实际抵偿的债务的额度以实际评估值为准。截至2007年12月31日APEX公司商标公允价值尚不能确定,发行人考虑在2008年采用包括聘请中介机构等有效手段确定商标公允价值并入账。

(4) 2006年9月初,APEX公司正式向发行人转让了CDB 29.99%的股份(计:95,368,000股),全部股份的过户手续于2006年9月20日在香港中央结算有限公司完成。该部分股份按照每股0.72港元的价格转让,用于抵偿APEX公司所欠发行人的约880万美元的债务。根据双方协议和香港法律,发行人对CDB进行了改组。目前CDB正在积极处理复牌事宜。经泰和泰律师核查,发行人已就持有前述CDB 29.99%的股份取得了商务部核发的(2008)商合境外投资证字第000891号《中国企业境外投资批准证书》。

(5)发行人、APEX公司、季龙粉先生各方签署了《债权转让和债务承担协议书》以及《Assignment Agreement》(转让协议),约定将APEX公司中国和美国的应收账款权利转让给发行人。发行人已经收到APEX公司及其律师移交的已经公证、认证的在中国应收账款的部分资料复印件,经论证分析该部分资料不足以支撑诉讼,因此目前尚未采取法律手段对相关债权进行清收。此外,发行人和APEX公司中国授权代表和季龙粉在美国洛杉矶签署备忘录对中国应收账款材料的补充以及美国应收账款资料的提供作出了约定。

(6)发行人与APEX签订了《债务豁免契据》,双方约定:①APEX公司及其股东、董事、子公司免除在协议签订日以前存在或可能发生的APEX公司及其股东、董事、子公司对中华数据广播公司及其子公子的债权;②在①项实现的情况下,发行人免除同等金额的APEX对发行人的债务。

(7)根据绵阳市国资委绵国资(2006)26号《绵阳市国资委关于同意长虹电子集团承诺收购股份公司应收美国A-PEX公司1.5亿美元债权的批复》,经报绵阳市人民政府批准,绵阳市国资委原则同意长虹集团在发行人未能实现对APEX公司1.5亿美元的债权或者实现的债权少于1.5亿美元的情况下,由长虹集团收购发行人该1.5亿美元债权中的全部或部分。根据2006年11月30日发行人与长虹集团签订的《资产置换协议》,发行人将对APEX公司的4亿元应收账款转让给长虹集团。该《资产置换协议》业经发行人2006年度第二次临时股东大会及绵阳市国资委绵国资委(2006)92号文批准。发行人已经向APEX公司发出债权转让通知且该通知已为APEX公司收悉。

(8)发行人、APEX公司与季龙粉先生于2007年1月19日签署了《豁免协议》。按照协议双方不得再就此事提起诉讼。

(9)关于双方在美国洛杉矶的民事诉讼,双方律师已经于2007年1月向法庭提交相关文件并无保留撤销诉讼。

(10)2007年3月发行人与APEX公司签订协议,约定APEX公司将处理存货所得的款项在扣除相关费用后划给发行人,该部分款项为3.5万美元,发行人已经收到上述款项。

(11)APEX公司和季龙粉已按照《和解框架协议》及其相关协议的约定分别将其持有CDB的69,829,340股和13,180,000股转让给四川川投资产管理有限责任公司,股份转让价格为每股0.72港元,转让总金额为59,766,724.80港元,全部转让款项用于抵偿APEX公司对发行人的欠款。发行人于2007年7月3日收到该笔抵债款项。

(12)发行人在季龙粉所持CDB 14%股份上设定的质押权益,以及在其私人房产上设定的抵押权益已经解除。

(13)美国CIT保理公司将563,703.50美元划至发行人账户用于抵减APEX所欠发行人货款。

(14)截至本法律意见书出具之日,发行人一直继续推进《和解框架协议》的执行,但因涉及因素较多,程序复杂,特别是商标权的公允价值难以确定;上述应收账款的实现涉及的可收回金额受到许多不可预见因素的影响,包括欠款缘由、欠款时间、可能涉及的清理费用等因素,未来可收回金额的现值发行人目前虽然无法可靠估计,但发行人可以判断未来可收回金额的现值不小于2007年12月31日发行人应收APEX公司的账面价值,因此2007年未就应收APEX公司款计提减值准备(见发行人2007年年度报告)。

以上事宜,公司均已在有关的年报、半年报或者临时报告中予以披露;泰和泰律师认为,上述事项不会对公司本次发行构成实质性法律障碍。

**二十二、结论意见**

综上,泰和泰律师认为,发行人是依照中国法律法规设立并合法存续的股份有限公司,其股票依法在上海证券交易所上市交易,具备本次发行的主体资格。发行人本次发行的程序和实质性条件均符合《公司法》、《证券法》、《管理办法》和其他相关法律法规的规定,已具备申请发行的上报待批条件。

本法律意见书一式柒份,均为正本,无副本。

四川泰和泰律师事务所
负 责 人:程守太
经办律师:刘 斌 张 婕

## (三)上市公司并购重组

# 关于中国长江电力股份有限公司重大资产购买暨关联交易的法律意见书

致:中国长江电力股份有限公司

本所受公司的委托,担任公司本次向其控股股东中国三峡总公司购买资产暨关联交易事项的专项法律顾问。本所根据《公司法》、《证券法》、《重组管理办法》、《律师事务所从事证券法律业务管理办法》和中国证监会的有关规定出具本法律意见书(以下简称本法律意见书)。

本所律师在出具本法律意见书时遵守法律、行政法规及相关规定,遵循诚实、守信、独立、勤勉、尽责的原则,恪守律师职业道德和执业纪律,严格履行法定职责,保证所出具文件的真实性、准确性、完整性。

为出具本法律意见书,本所律师对公司本次重大资产重组相关的法律事项履行了法律专业人士特别的注意义务,对其他业务事项履行了普通人一般的注意义务,并保证本法律意见书不存在虚假记载、误导性陈述及重大遗漏。

为出具本法律意见书之目的,本所律师对公司本次重大资产重组的法律资格及其具备的条件进行了调查,查阅了本所律师认为出具本法律意见书所需查阅的文件,包括但不限于涉及本次重大资产重组的主体资格、整体方案、批准与授权、目标资产情况、涉及的债权债务处理、披露和报告义务、相关合同和协议、关联交易及同业竞争、相关证券服务机构的资格等方面的有关记录、资料和证明,以及有关法律、行政法规和部门规章,并就有关事项向公司及相关企业的相关主管人员作了询问并进行了必要的讨论。在前述调查过程中,本所律师得到公司如下保证:其已经提供了本所律师认为出具本法律意见书所必需的、真实的原始书面材料、副本材料或口头证言。经本所律师适当核查,有关副本材料或者复印件与原件一致。

本所律师仅就与本次重大资产重组有关的法律问题发表意见,并不对有关会计、审计、资产评估、内部控制等专业事项发表意见。本所律师在本法律意见书中对有关会计报表、审计报告、验资报告、评估报告等专业报告中某些数据和结论的引述,不表明本所律师对这些数据、结论的真实性和准确性做出任何明示或暗示的保证,本所律师依赖具备资质的专业机构的意见对该等专业问题作出判断。但是本所律师在引述有关数据和结论时,已经履行了一般人的注意义务并在本法律意见书中加以说明。

本所律师依据本法律意见书出具日以前已经发生或存在的事实及中国现行法律、行政法规、部门规章及其他规范性文件的有关规定,并基于对有关事实的了解和对法律的理解发表法律意见。

本法律意见书仅供公司为本次重大资产重组之目的而使用,不得被任何人用于其他任何目的。本所律师在此同意,公司可以将本法律意见书作为本次重大资产重组申请所必备的法定文件,随其他申报材料一起上报中国证监会,并依法对本所律师在其中发表的法律意见承担责任。

基于上述,本所律师根据《证券法》第二十条及《律师事务所从事证券法律业务管理办法》的要求,按照中国律师行业公认的业务标准、道德规范和勤勉尽责精神,对公司提供的文件和有关事实进行了核查和验证,现出具如下法律意见:

**一、本次重大资产重组交易双方的主体资格**

(一)长江电力的主体资格

1. 长江电力是经原国家经济贸易委员会以《关于同意设立中国长江电力股份有限公司的批复》(国经贸企改〔2002〕700号)批准,由中国三峡总公司作为主发起人,联合华能国际电力股份有限公司、中国核工业集团公司、中国石油天然气集团公司、中国葛洲坝水利水电工程集团有限公司和长江水利委员会长江勘测规划设计研究院五家发起人以发起方式设立的股份有限公司。长江电力于2002年11月4日在国家工商行政管理总局注册成立,成立时的注册资本为人民币553,000万元。

2. 2003年10月28日,经中国证监会以《关于核准中国长江电力股份有限公司公开发行股票的通知》(证监发行字〔2003〕132号)核准,长江电力首次向社会公开发行232,600万股、每股面值1元的人民币普通股。首次公开发行后,公司总股本增加至785,600万股。

3. 2005年8月15日,根据上证所《关于实施中国长江电力股份有限公司股权分置改革方案的通知》(上证上字〔2005〕101号)批准,长江电力实施了股权分置改革方案。股权分置改革完成后,公司总股本由785,600万股变更为818,673.76万股。

4. 2006年5月17日,经中国证监会以《关于核准中国长江电力股份有限公司发行认股权证的通知》(证监发行字〔2006〕4号)核准,长江电力向全体股东无偿派发认股权证,认股权证发行总额为1,228,010,640份。2007年5月,共计1,225,347,857份长江电力认股权证成功行权,公司总股本相应增加1,225,347,857股,由818,673.76万股增加至941,208.5457万股。

5. 长江电力现持有国家工商行政管理总局核发的注册号为 100000100373O 的《企业法人营业执照》;根据该营业执照记载,长江电力注册资本及实收资本均为人民币 9,412,085,457 元,住所为北京市西城区金融大街 19 号富凯大厦 B 座,法定代表人为李永安,公司类型为股份有限公司(上市),经营范围为电力生产、经营和投资;电力生产技术咨询;水电工程检修维护。

6. 根据长江电力提供的资料并经本所律师核查,截至本法律意见书出具之日,长江电力未出现依据有关法律、法规或公司章程需要终止的情形。

本所律师认为,长江电力为依法设立并有效存续的股份有限公司,具备本次重大资产重组的主体资格。

(二)中国三峡总公司的主体资格

1. 中国三峡总公司是经国务院以《国务院关于中国长江三峡工程开发总公司有关事项的批复》(国函〔1993〕111 号)批准,于 1993 年 9 月 18 日成立的全民所有制企业。

2. 根据国务院办公厅《关于公布国务院国有资产监督管理委员会履行出资人职责企业名单的通知》(国办发〔2003〕88 号),中国三峡总公司为由国务院国资委履行出资人职责的中央企业。

3. 中国三峡总公司现持有国家工商行政管理总局颁发的注册号为 1000001001505 的《企业法人营业执照》;根据该营业执照记载,中国三峡总公司注册资金为人民币 393,553 万元,企业性质为全民所有制,住所为北京市西城区金融大街 19 号,法定代表人为李永安,经营范围为:三峡工程建设和经营管理;住宿经营的管理;长江中上游水资源开发;水利水电技术服务;水利水电工程所需物资、设备的销售(国家有专营专项规定的除外);与上述业务有关的咨询服务;经营或代理公司所属企业自产产品(国家组织统一联合经营的 16 种出口商品除外)的出口业务;经营或代理公司及所属企业生产所需设备和材料(国家指定公司经营的 12 种进口商品除外)的进口业务;经营或代理技术进出口业务;承办中外合资经营、合作生产、来料加工、来样加工、来件装配、补偿贸易及易货贸易业务。

4. 根据中国三峡总公司提供的资料并经本所律师核查,截至本法律意见书出具之日,中国三峡总公司未出现依据有关法律、法规或公司章程需要终止的情形。

本所律师认为,中国三峡总公司为依法设立并有效存续的企业法人,具备实施并完成本次重大资产重组的主体资格。

## 二、本次重大资产重组的方案

根据长江电力于 2009 年 8 月 14 日召开的第二届董事会第三十一次会议审议通过的《关于重大资产重组方案暨关联交易的议案》等相关议案,本次重大资产重组方案的主要内容如下:

(一)本次重大资产重组方案概述

1. 长江电力以承接债务、非公开发行股票及支付现金的方式,向中国三峡总公司购买其拥有的下列资产:

(1)三峡工程 9JHJ 至 26JHJ 共 18 台单机容量为 70 万千瓦、合计装机容量为 1260 万千瓦的发电机组及对应的大坝、发电厂房、共用发电设施(含装机容量为2 × 5 万千瓦的电源电站)等主体发电资产;

(2)与发电业务直接相关的生产性设施,包括坝区通讯调度大楼、西坝办公大楼及三峡坝区供水、供电、仓储和水文站等生产配套设施;

(3)中国三峡总公司持有的辅助生产专业化公司的股权。

2. 目标资产的交易价格以国务院国资委核准的资产评估报告确认的目标资产

评估值人民币10,731,543.67万元为基础,并考虑过渡期间的损益予以确定,计算公式如下:

交易价格=经国务院国资委核准的资产评估报告确定的目标资产评估值-本次拟出售的三峡工程发电资产在过渡期间按账面值应计提的折旧+辅助生产专业化公司在过渡期间产生的由中国三峡总公司享有或承担的损益

3. 本次重大资产重组过渡期间的损益按如下原则处理:

(1)本次拟出售的三峡工程发电资产在过渡期间产生的损益归属于中国三峡总公司;

(2)辅助生产专业化公司在过渡期间产生的利润或亏损由中国三峡总公司按其持股比例享有或承担。

4. 长江电力通过以下方式向中国三峡总公司支付本次交易的对价:

(1)承接债务

长江电力以承接中国三峡总公司截至交割日的相关债务的方式支付对价金额约人民币500亿元。

(2)非公开发行股票

长江电力以每股人民币12.68元的价格向中国三峡总公司非公开发行股票1,587,914,543股,支付对价金额为人民币20,134,756,405.24元;自定价基准日至发行日期间,若长江电力股票发生除权、除息的,本次非公开发行的发行价格按规定做相应调整。

(3)支付现金

承接债务和非公开发行股票后的剩余对价由长江电力以现金支付,其中,在交割日后三个工作日内,长江电力向中国三峡总公司支付首期现金对价人民币200亿元;剩余现金对价作为长江电力对中国三峡总公司的负债,在交割日后一年内支付完毕,长江电力应就延期支付的剩余现金对价向中国三峡总公司支付利息,计息期间自交割日起至实际付款日止,利率按中国人民银行公布的以交割日为时点的同期银行贷款利率为基础确定,该利息与剩余现金对价一并支付。

根据天健光华出具的审计报告(天健光华审(2009)NZ字第010639号),目标资产在2008年12月31日经审计的资产总额为8,297,630.17万元,占长江电力2008年经审计的合并财务报表对应科目的比例为143.71%,超过50%,依据《重组管理办法》,本次交易构成上市公司重大资产重组。

(二)长江电力非公开发行股票方案

1. 发行股票的种类和面值

本次非公开发行的股票为人民币普通股(A股),每股面值人民币1元。

2. 发行对象

发行对象为中国三峡总公司。

3. 定价基准日

本次非公开发行的定价基准日为长江电力第二届董事会第二十九次会议决议公告日,即2009年5月16日。

4. 发行价格及定价依据

本次非公开发行的发行价格为长江电力第二届董事会第二十九次会议决议公告日前二十个交易日公司股票交易均价,即每股人民币13.19元。在扣除2007年度利润分配每股现金红利0.296,82元(含税)和2008年度利润分配每股现金红利0.215,85元(含税)后,调整为每股人民币12.68元。

若长江电力股票在定价基准日至发行日期间,再发生除权除息,本次非公开发行的发行价格将再相应调整。

5. 发行数量和认购方式

向中国三峡总公司非公开发行的股份数量为1,587,914,543股。在取得国家相关部门批准后,中国三峡总公司以资产认购本次发行的全部 A 股股票。

6. 锁定期安排

中国三峡总公司于本次非公开发行取得的股份自本次非公开发行结束之日起 36 个月内不转让。

7. 上市地点

本次非公开发行的股份拟上市交易所为上证所。

8. 发行前滚存未分配利润安排

长江电力在本次非公开发行前的滚存利润,将由本次非公开发行后的全体股东共享。

(三)与本次重大资产重组相关的其他安排

1. 目标资产相关的土地使用权安排

与目标资产相关的土地使用权由中国三峡总公司根据国家有关法律、法规办理国有土地使用证并经国土资源部批准授权经营后,长江电力向中国三峡总公司租赁相关土地。具体安排请参见本法律意见书“四、本次重大资产重组的目标资产”的相关内容。

2. 地下电站收购安排

鉴于地下电站目前尚未完工,为保持三峡工程建设管理体制的延续性,地下电站仍由中国三峡总公司负责建设管理,在本次交易中暂不作为目标资产出售给长江电力。

为充分发挥地下电站的效益,避免同业竞争,中国三峡总公司同意在地下电站首批机组投产发电前,将地下电站出售给长江电力,长江电力承诺购买地下电站。

3. 金沙江下游梯级电站建设项目的安排

金沙江下游梯级电站建设项目在本次交易中暂不出售给长江电力,其未来交易时间和交易方式由双方根据国家有关政策规定另行约定。

4. 人员安排

与目标资产相关、并与中国三峡总公司签订劳动合同的人员将根据“人随资产走”的原则进入长江电力,具体范围由中国三峡总公司、长江电力双方协商确定。辅助生产专业化公司的人员现有劳动关系主体不因本次交易而发生变化。

本所律师认为,本次重大资产重组方案合法、合规,符合《重组管理办法》的有关规定,不存在违反法律、行政法规的情形。

**三、本次重大资产重组的批准和授权**

(一)本次重大资产重组已获得的批准和授权

1. 中国三峡总公司和长江电力的内部批准和授权

(1)2009 年 5 月 12 日,中国三峡总公司召开总经理办公会,审议通过中国三峡总公司主营业务整体上市相关事宜。

(2)2009 年 5 月 15 日,长江电力召开第二届董事会第二十九次会议,审议通过了《关于重大资产重组预案暨关联交易的议案》等议案,关联董事对于涉及关联交易的议案均回避了表决。

长江电力独立董事崔建民、吴敬儒、武广齐、金莲淑出具《中国长江电力股份有限公司独立董事关于重大资产重组暨关联交易的专项意见》,就本次重大资产重组方案出具了肯定性结论的独立意见。

长江电力于 2009 年 5 月 16 日暨该次董事会作出决议后的次日,将董事会决议、独立董事意见及《中国长江电力股份有限公司重大资产重组预案》进行了公告。

(3)2009 年 8 月 14 日,长江电力召开第二届董事会第三十一次会议,审议通过了《关于重大资产重组方案暨关联交易的议案》等议案,关联董事对于涉及关联交易的议案均回避了表决。

长江电力独立董事崔建民、吴敬儒、武

广齐、金莲淑出具《中国长江电力股份有限公司独立董事关于重大资产重组暨关联交易的专项意见》,就本次重大资产重组方案出具了肯定性结论的独立意见。

2. 有关政府主管部门的批准和授权

(1)因本次重大资产重组事项,经上证所批准,长江电力股票自2008年5月8日起停牌。

(2)2009年8月7日,国务院国资委出具《关于中国长江三峡工程开发总公司主营业务整体上市资产评估项目予以核准的批复》(国资产权〔2009〕660号),核准中企华出具的本次重大资产重组的资产评估报告。

(二)本次重大资产重组尚待取得的批准和授权

1. 本次重大资产重组尚待取得长江电力股东大会的批准。

2. 本次重大资产重组尚待取得国务院国资委的批准。

3. 本次重大资产重组尚待取得中国证监会的核准,同时尚待中国证监会同意豁免中国三峡总公司以要约方式收购公司股份的义务。

本所律师认为,截至本法律意见书出具之日,本次重大资产重组已经履行了应当履行的批准和授权程序,尚需取得长江电力股东大会的批准、国务院国资委的批准以及中国证监会的核准后方可实施。

## 四、本次重大资产重组的目标资产

(一)本次拟出售的三峡工程发电资产

1. 本次拟出售的三峡工程发电资产概述

本次拟出售的三峡工程发电资产由以下部分组成:

(1)主体发电资产

主体发电资产包括:9JHJ至26JHJ共18台单机容量为70万千瓦、合计装机容量为1260万千瓦的发电机组及对应的大坝、发电厂房、共用发电设施(含装机容量为2×5万千瓦的电源电站)。根据中企华出具的资产评估报告,主体发电资产的评估价值为10,640,683.22万元。

(2)与发电业务直接相关的生产性设施

与发电业务直接相关的生产性设施,包括坝区通讯调度大楼、西坝办公大楼及三峡坝区供水、供电、仓储和水文站等生产配套设施。根据中企华出具的资产评估报告,与发电业务直接相关的生产性设施的评估价值为43,106.43万元。

经核查,本次拟出售的三峡工程发电资产未设置抵押、质押等担保权益或其他第三方权益,不存在涉及诉讼、仲裁、司法强制执行等重大争议。

2. 本次拟出售的三峡工程发电资产的立项、规划、环保及施工

(1)1992年4月3日,第七届全国人民代表大会第五次会议审议并通过了《关于兴建长江三峡工程的决议》,批准建设三峡水利枢纽工程。1992年2月17日,国家环境保护局出具《关于长江三峡水利枢纽环境影响报告书审查意见的复函》(环监〔1992〕054号),原则同意《长江三峡水利枢纽环境影响报告书》的评审意见。1993年7月29日,国务院作出《国务院关于中国长江三峡工程开发总公司有关事项的批复》(国函〔1993〕111号),明确中国三峡总公司是三峡工程的业主,全面负责三峡工程建设和经营。2007年9月13日,国务院三峡工程建设委员会作出《关于三峡电站范围和装机容量的批复》(国三峡委发办字〔2007〕18号),明确三峡电站的范围包括左岸和右岸电站26台机组(单机容量70万千瓦)、地下电站6台机组(单机容量70万千瓦)、电源电站2台机组(单机容量5万千瓦),总装机容量2250万千瓦。

截至本法律意见书出具之日,纳入目标资产范围的三峡工程 9JHJ 至 26JHJ 发电机组已通过验收并投产。

(2)2004 年 10 月 15 日,国务院三峡工程建设委员会以《对〈关于报请审批《长江三峡水利枢纽电源电站工程设计专题报告》的请示〉的批复》(国三峡委发办字〔2004〕25 号),批准中国三峡总公司建设电源电站,并确认电源电站纳入三峡工程统一管理。2005 年 2 月 23 日,国家环境保护总局出具《关于长江三峡水利枢纽地下电站和电源电站环境影响报告表审查意见的复函》(环审〔2005〕182 号),原则同意湖北省环境保护局的初审意见,并确认在全面落实相关防治措施后,同意地下电站和电源电站项目建设。截至本法律意见书出具之日,电源电站的发电机组已通过验收并投产。

综上所述,本所律师认为,本次拟出售的三峡工程发电资产为中国三峡总公司合法拥有,未设置抵押、质押等担保权益或其他第三方权益,不存在涉及诉讼、仲裁、司法强制执行等重大争议。

(二)土地使用权和房屋所有权

1. 与本次拟出售的三峡工程发电资产相关的土地使用权

(1)关于土地使用权的总体安排

中国三峡总公司已取得三峡工程建设期内的土地使用权。1996 年 12 月 4 日,原国家土地管理局出具《关于三峡水利枢纽工程坝区建设用地的批复》(国土批〔1996〕124 号),批准将共计 1744.39 公顷土地划拨给中国三峡总公司,作为长江三峡水利枢纽工程坝区建设用地。2000 年 12 月 30 日,宜昌市土地管理局向中国三峡总公司颁发地号为 200000001 的土地使用权证书,确认中国三峡总公司取得位于宜昌市、宜昌县(太平溪镇、乐天溪镇、三斗坪镇)和秭归县(茅坪镇)、面积为 19,532,038.86平方米的土地使用权,土地用途为工程用地。

根据中国三峡总公司与长江电力签署的《交易协议》,三峡工程发电资产相关的土地使用权根据国家有关法律、法规需办理国有土地使用权证的,由中国三峡总公司负责办理;待中国三峡总公司取得上述国有土地使用权属证书并经国土资源部批准授权经营后,长江电力向中国三峡总公司租赁相关土地,具体租赁范围和租金由双方另行签署补充协议予以确定。

(2)中国三峡总公司取得土地授权经营的批准

2009 年 6 月 11 日,宜昌市国土资源局向中国三峡总公司出具《关于对中国长江三峡工程开发总公司主营业务整体上市所涉及的土地权属和土地估价结果的初审意见》(宜市国土资函〔2009〕137 号),确认中国三峡总公司委托北京中地华夏土地房地产评估有限公司评估的位于宜昌市范围内划拨土地 14 宗,土地总面积3,945,485.45 平方米,并认定在评估基准日 2008 年 9 月 30 日,上述土地使用者为中国三峡总公司。

2009 年 6 月 16 日,国土资源部向中国三峡总公司出具《国土资源部关于核准中国长江三峡工程开发总公司重组改制土地资产处置总体方案的函》(国土资函〔2009〕813 号),批准本次交易涉及中国三峡总公司使用的生产性原划拨土地使用权,可采用授权经营方式处置。

2009 年 7 月 18 日,国土资源部向中国三峡总公司出具《国土资源部关于中国长江三峡工程开发总公司注资土地资产处置的函》(国土资函〔2009〕949 号),确认上述 14 宗国有划拨土地总面积为 3,945,485.45 平方米,评估总地价为 79,626.58万元,并同意将上述 14 宗原国有划拨土地使用权按原用途授权中国三峡总公司经营，在土地使用年限内，可向中国三峡总公司直属企业、控股企业、参股企业配置，或以作价出资（入股）、租赁方式向其他单位配置。

截至本法律意见书出具之日，中国三峡总公司已办理完毕上述授权经营的14宗国有划拨土地使用权的权属登记手续，具体情况如下：

| 序号 | 土地使用证编号 | 宗地名称 | 宗地位置 | 土地使用权年限（年） | 土地面积（$m^2$） | 土地使用权人 | 土地使用权类型 | 他项权利 |
|---|---|---|---|---|---|---|---|---|
| 1 | 宜市国用（2009）0010040010001号 | 茅坪防护大坝 | 三峡枢纽工程管理区 | 50 | 257,367.98 | 中国三峡总公司 | 国有授权经营 | 无 |
| 2 | 宜市国用（2009）0010040010002号 | 杨家湾岗A区 | 三峡枢纽工程管理区 | 50 | 67,647.00 | 中国三峡总公司 | 国有授权经营 | 无 |
| 3 | 宜市国用（2009）0010040010003号 | 杨家湾岗B区 | 三峡枢纽工程管理区 | 50 | 68,508.59 | 中国三峡总公司 | 国有授权经营 | 无 |
| 4 | 宜市国用（2009）0010040010004号 | 坛子岭变电站 | 三峡枢纽工程管理区 | 50 | 4074.62 | 中国三峡总公司 | 国有授权经营 | 无 |
| 5 | 宜市国用（2009）0010040010005号 | 三峡水利枢纽大坝厂房 | 三峡枢纽工程管理区 | 50 | 1,373,262.06 | 中国三峡总公司 | 国有授权经营 | 无 |
| 6 | 宜市国用（2009）0010040010006号 | 白庙子变电站 | 三峡枢纽工程管理区 | 50 | 5314.85 | 中国三峡总公司 | 国有授权经营 | 无 |
| 7 | 宜市国用（2009）0010040010007号 | 右岸180水池 | 三峡枢纽工程管理区 | 50 | 3841.39 | 中国三峡总公司 | 国有授权经营 | 无 |
| 8 | 宜市国用（2009）0010040010008号 | 鸡公岭坝前漂浮物处理场 | 三峡枢纽工程管理区 | 50 | 1,198,678.99 | 中国三峡总公司 | 国有授权经营 | 无 |
| 9 | 宜市国用（2009）0010040010009号 | 陈家冲变电站 | 三峡枢纽工程管理区 | 50 | 200,885.30 | 中国三峡总公司 | 国有授权经营 | 无 |
| 10 | 宜市国用（2009）0010040010010号 | 金属结构防腐基地 | 三峡枢纽工程管理区 | 50 | 376,190.21 | 中国三峡总公司 | 国有授权经营 | 无 |
| 11 | 宜市国用（2009）0010040010011号 | 鹰子咀水厂 | 三峡枢纽工程管理区 | 50 | 66,322.92 | 中国三峡总公司 | 国有授权经营 | 无 |
| 12 | 宜市国用（2009）0010040010012号 | 田秋渔设备物资库 | 三峡枢纽工程管理区 | 50 | 186,660.45 | 中国三峡总公司 | 国有授权经营 | 无 |
| 13 | 宜市国用(2009)0010040010013号 | 大象溪油库 | 三峡枢纽工程管理区 | 50 | 60,492.16 | 中国三峡总公司 | 国有授权经营 | 无 |
| 14 | 宜市国用（2009）0010040010014号 | 左岸重件码头 | 三峡枢纽工程管理区 | 50 | 76,238.93 | 中国三峡总公司 | 国有授权经营 | 无 |
| 合计 | | | | | 3,945,485.45 | | | |

2. 长江电力向中国三峡总公司租赁土地使用权

3. 截至本法律意见书出具之日,长江电力就租赁上述14宗土地使用权事宜已与中国三峡总公司达成了初步意向,双方将另行签署相关的土地使用权租赁协议。

4. 综上所述,本所律师认为,中国三峡总公司已合法取得与本次拟出售的三峡工程发电资产相关的土地使用权,并有权将该等土地使用权租赁给长江电力。待双方按相关规定签署的土地使用权租赁生效后,长江电力有权使用所租赁的与本次拟出售的三峡工程发电资产相关的土地使用权。

5. 与本次拟出售的三峡工程发电资产相关的房屋建筑物

6. 根据公司的说明并经本所律师核查,本次拟出售的三峡工程发电资产中尚有部分房屋建筑物尚未办理产权登记,其中,评估价值在人民币100万元以上的房产包括:

| 序号 | 建筑物或房屋名称 | 建筑面积($m^2$) | 启用时间 | 评估价值(元) |
|---|---|---|---|---|
| 1 | 西坝大楼 | 46,556 | 1998.6 | 154,125,406.00 |
| 2 | 调度通讯大楼 | 24,600 | 1998.6 | 74,035,668.00 |
| 3 | 鹰子咀水厂办公楼 | 1991 | 1994.7 | 1,273,701.00 |
| 4 | 陈家冲变电站主控楼 | 2000 | 1994.11 | 4,699,296.00 |
| 5 | 陈家冲变电站主控楼(配电) | 2000 | 1994.11 | 4,699,296.00 |
| 6 | 坛子岭变电站左岸变电所 | 1809 | 1999.12 | 4,899,897.00 |
| 7 | 仓库 | 3061 | 1994.7 | 1,255,795.00 |
| | 合计 | 82,017 | | 244,989,059.00 |

根据中国三峡总公司提供的说明并经本所律师适当核查,上述房屋除西坝大楼和调度通讯大楼外,主要为变电站、水厂等生产附属用房、设备用房及仓库,均位于生产厂区、坝区之内,不具备发电主业以外的市场价值,不能独立使用,且其所占土地在三峡工程建设期间为建设用地,不具备办证条件。西坝大楼和调度通讯大楼的产权不存在争议,并且长江电力已实际使用。上述房屋建筑物的评估价值占本次拟出售的三峡工程发电资产评估值的比例约为0.23%,所占比例很小。因此,本所律师认为,上述房屋建筑物未办理产权登记的情况对本次交易不构成重大法律障碍。

(三)辅助生产专业化公司的股权

辅助生产专业化公司的股权为中国三峡总公司持有的下列五家公司的股权:

| 序号 | 公司名称 | 注册资本(万元) | 中国三峡总公司持股比例 |
|---|---|---|---|
| 1 | 实业公司 | 10,774.19 | 100% |
| 2 | 设备公司 | 5000 | 100% |
| 3 | 水电公司 | 5000 | 100% |
| 4 | 招标公司 | 1500 | 95% |
| 5 | 三峡高科公司 | 100 | 90% |

1. 实业公司100%股权

(1)实业公司的主体资格

实业公司于2003年12月11日成立,系中国三峡总公司持股100%的全资子公司。实业公司目前持有宜昌市工商行政管理局颁发的注册号为420500000012266的《企业法人营业执照》。根据该营业执照记载,实业公司住所为宜昌市东山大道80号,法定代表人为邓玉敏,注册资本和实收资本均为人民币10,774.19万元,公司类型为有限责任公司(法人独资),经营范围为物业管理;房屋租赁;园林绿化设计、施工及市政环卫维护管理;酒店经营管理;户外广告设计、制作、发布;机电设备安装、建筑装饰施工、防腐保温工程、水工金属结构制作、城市及道路照明工程;汽车配件、百货、园林绿化材料销售;水电厂运行检修综合服务;道路普通货运(有效期至2010年7月31日);餐饮、汽车修理(限取得许可的分支机构经营)。

实业公司已通过2008年度工商年检。

(2)实业公司的设立及历次重大变更

①实业公司是由中国三峡总公司与长投公司于2003年12月11日共同出资设立。实业公司设立时的注册资本为人民币1亿元,其中,中国三峡总公司出资人民币4800万元,持有实业公司48%的股权,长投公司出资人民币5200万元,持有实业公司52%的股权。上述出资已由湖北华审会计师事务有限公司以鄂华审验字(2003)682号《验资报告》予以验证。

根据《验资报告》记载及本所律师的核查,实业公司设立时,中国三峡总公司与长投公司作为出资投入实业公司的房屋,尚未办妥房屋所有权的过户手续。

②2007年11月,中国三峡总公司对实业公司进行增资,实业公司的注册资本相应变更为人民币10,774.19万元,其中中国三峡总公司出资5574.19万元,占注册资本的51.74%,长投公司出资人民币5200万元,占注册资本的48.26%。上述增资已由宜昌市天成会计师事务所以宜天成资字(2007)299-2号《验资报告》予以验证。

③2009年5月12日,中国三峡总公司总经理办公会作出决议,决定以2008年9月30日为基准日,将长投公司持有的实业公司48.26%的股权无偿划转至中国三峡总公司名下。截至本法律意见书出具之日,前述股权无偿划转的相关工商变更登记手续已经完成。

2. 设备公司100%股权

(1)设备公司的主体资格

设备公司于2000年9月30日成立,系中国三峡总公司持股100%的全资子公司。设备公司目前持有宜昌市工商行政管理局颁发的注册号为420500000038128的《企业法人营业执照》。根据该营业执照记载,设备公司的住所为宜昌三峡坝区田秋渔,法定代表人程永权,注册资本及实收资本均为人民币5000万元,公司类型为有限责任公司(法人独资),经营期限自2000年9月30日至2015年9月29日,经营范围为机械设备(不含九座以下乘用车)、电子产品、建材、化工原料(不含危险化学品及国家限制经营的化学产品)、润滑油、自动化办公设备、五金交电、通讯器材销售及代理;商务服务;仓储、物业管理服务;新产品开发及技术咨询服务;经营、代理工程设备租赁;普通货运、大型物件运输、货运站经营(有效期至2011年7月31日);机械设备(不含汽车)安装、维修;金属结构加工、安装;汽油、柴油零售(限分公司经营)。

设备公司已通过2008年度工商年检。

(2)设备公司的设立及历次重大变更

①设备公司由中国三峡总公司与上海

上实(集团)有限公司于2000年9月30日共同出资设立。设备公司设立时的注册资本为人民币3000万元,其中中国三峡总公司出资人民币2700万元,占注册资本的90%,上海上实(集团)有限公司出资人民币300万元,占注册资本的10%。上述出资事项已由湖北华审会计师事务有限公司以鄂华审司验字(2000)447号《验资报告》予以验证。

根据设备公司提供的说明并经本所律师核查,设备公司设立时,中国三峡总公司作为出资资产投入设备公司的土地使用权尚未办理过户登记手续。

②2002年12月,经设备公司股东会审议同意,上海上实(集团)有限公司与上海欧海进出口公司签订《股权转让协议》,将其持有的设备公司10%的股权转让给上海欧海进出口公司。上述股权转让完成后,设备公司的股权结构为:中国三峡总公司出资人民币2700万元,持有90%的股权,上海欧海进出口公司出资人民币300万元,持有10%的股权。

③2004年4月,经设备公司股东会审议同意,上海欧海进出口公司将其所持有的设备公司10%的出资及权益转让给长投公司。上述股权转让完成后,设备公司的股权结构为:中国三峡总公司出资人民币2700万元,持有90%的股权,长投公司出资人民币300万元,持有10%的股权。

④2007年4月,设备公司的注册资本增加至人民币5000万元,以资本公积和未分配利润转增实收资本人民币700万元,长投公司以现金增资人民币1500.85万元,其中1300万元计为实收资本,200.85万元计为资本公积,上述增资完成后,设备公司的股权结构为:中国三峡总公司出资人民币3330万元,持有设备公司66.6%的股权,长投公司出资人民币1670万元,持有设备公司33.4%的股权。上述变更已由湖北华审会计师事务有限公司以鄂华审会验字(2007)008号《验资报告》予以验证。

⑤2009年5月12日,中国三峡总公司总经理办公会作出决议,决定以2008年9月30日为基准日,将长投公司持有的设备公司33.4%的股权无偿划转至中国三峡总公司名下。截至本法律意见书出具之日,前述股权无偿划转的相关工商变更登记手续已经完成。

3. 水电公司100%股权

(1)水电公司的主体资格

水电公司于2004年3月23日成立,系中国三峡总公司持股100%的全资子公司。水电公司目前持有宜昌市工商行政管理局颁发的注册号为420500000009439的《企业法人营业执照》。根据该营业执照记载,水电公司的住所为宜昌市西陵区西坝建设路1号,法定代表人邓玉敏,注册资本及实收资本均为人民币5000万元,公司类型为有限责任公司(法人独资),经营期限自2004年3月23日至2024年3月22日,经营范围为水电工程施工;建筑工程、市政工程施工总承包;装饰工程施工;防腐保温工程;金属结构件制作、安装;机电设备、管道安装工程;送变电工程施工管理;建筑材料、机械电子设备、百货、五金、化工产品(不含化学危险品)、电线、电缆销售;机械设备租赁;房屋租赁;仓储服务;水电工程技术咨询;以下范围限分支机构凭有效许可证经营:通讯系统工程;电视、网络及办公自动化的设计、施工、调试;自来水、纯净水生产、销售;酒店经营;工程施工供电管理(限办理许可证时使用)(经营范围中涉及国家专项规定的从其规定)。

水电公司已通过2008年度工商年检。

(2)水电公司的设立及历次重大变更

①水电公司由中国三峡总公司与长投公司于2004年3月23日共同出资设立。

水电公司设立时的注册资本为人民币5000万元，其中，中国三峡总公司出资人民币1000万元，持有水电公司20%的股权，长投公司出资人民币4000万元，持有水电公司80%的股权。上述出资事项已由湖北华审会计师事务有限公司以鄂华审验字(2004)176号《验资报告》予以验证。

根据《验资报告》记载及本所律师的核查，水电公司设立时，长投公司作为出资投入公司的房屋，目前尚未办妥房屋所有权的过户手续。

②水电公司自设立以来，其注册资本及股权结构未发生变更。

③2009年5月12日，中国三峡总公司总经理办公会作出决议，决定以2008年9月30日为基准日，将长投公司持有的水电公司80%的股权无偿划转至中国三峡总公司名下。截至本法律意见书出具之日，前述股权无偿划转的相关工商变更登记手续已经完成。

4. 招标公司95%股权

(1)招标公司的主体资格

招标公司于1996年6月13日成立。中国三峡总公司持有招标公司95%的股权。招标公司目前持有国家工商行政管理总局颁发的注册号为100000000019847的《企业法人营业执照》。根据该营业执照记载，招标公司的住所为北京市西城区金融大街19号富凯大厦B座17层，法定代表人杨清，注册资本及实收资本均为人民币1500万元，公司类型为有限责任公司，经营范围为许可经营项目：无。一般经营项目：各类国际、国内招标代理和采购代理服务；各类合同服务；经济贸易咨询及培训；进出口业务；机电产品及其零件的销售。

招标公司已通过2008年度工商年检。

(2)招标公司的设立及历次重大变更

①招标公司由中国三峡总公司、中国技术进出口总公司与葛洲坝水利发电厂于1996年6月13日共同出资设立。招标公司设立时的注册资本为人民币500万元，其中，中国三峡总公司出资人民币350万元，持有招标公司70%的股权，中国技术进出口总公司出资人民币100万元，持有招标公司20%的股权，葛洲坝水利发电厂出资人民币50万元，持有招标公司10%的股权。上述出资事项已由中恒信会计师事务所以中恒验字(96)第07号《验资报告》予以验证。

②1997年5月，招标公司进行增资，注册资本变更至人民币1500万元，其中，中国三峡总公司增加出资人民币625万元，中国技术进出口总公司增加出资人民币50万元，葛洲坝水利发电厂增加出资人民币25万元，中国电力技术进出口公司、中国电子进出口总公司、中国华润总公司、长江水利委员会长江勘测规划设计研究院各增加出资人民币75万元。上述增资事项已由中恒信会计师事务所以中恒验字(97)第11号《验资报告》予以验证。增资完成后，招标公司的股权结构变更为：

| 序号 | 股东 | 出资额(人民币) | 股权比例 |
|---|---|---|---|
| 1 | 中国三峡总公司 | 975万元 | 65% |
| 2 | 中国技术进出口总公司 | 150万元 | 10% |
| 3 | 葛洲坝水利发电厂 | 75万元 | 5% |
| 4 | 中国电力技术进出口公司 | 75万元 | 5% |
| 5 | 中国电子进出口总公司 | 75万元 | 5% |

续表

| 序号 | 股东 | 出资额(人民币) | 股权比例 |
|---|---|---|---|
| 6 | 中国华润总公司 | 75 万元 | 5% |
| 7 | 长江水利委员会长江勘测规划设计研究院 | 75 万元 | 5% |
| | 合计 | 1500 万元 | 100% |

③2003 年 4 月,作为中国三峡总公司全资子企业的葛洲坝水力发电厂完成企业改制予以注销。根据中国三峡总公司《关于增加对长江三峡投资有限责任公司投资及委托管理资产的通知》(三峡财字〔2003〕25 号),中国三峡总公司将葛洲坝水利发电厂持有的招标公司 5% 的股权投入长投公司,并获得其他股东的同意。2004 年 10 月,经招标公司股东会审议同意,中国华润总公司将其所持有的招标公司 5% 股权转让给华润股份有限公司。本次股权转让完成后,招标公司的股权结构为:

| 序号 | 股东 | 出资额(人民币) | 股权比例 |
|---|---|---|---|
| 1 | 中国三峡总公司 | 975 万元 | 65% |
| 2 | 中国技术进出口总公司 | 150 万元 | 10% |
| 3 | 长投公司 | 75 万元 | 5% |
| 4 | 华润股份有限公司 | 75 万元 | 5% |
| 5 | 长江水利委员会长江勘测规划设计研究院 | 75 万元 | 5% |
| 6 | 中国电子进出口总公司 | 75 万元 | 5% |
| 7 | 中国电力技术进出口公司 | 75 万元 | 5% |
| | 合计 | 1500 万元 | 100% |

④2005 年 12 月,经招标公司股东会审议同意,中国电力技术进出口公司将其持有的 5% 股权转让给中国三峡总公司。双方签署《产权交易合同》,并于 2006 年 8 月办理完成本次股权转让。本次变更后,招标公司的股权结构如下:

| 序号 | 股东 | 出资额 | 股权比例 |
|---|---|---|---|
| 1 | 中国三峡总公司 | 1050 万元 | 70% |
| 2 | 中国技术进出口总公司 | 150 万元 | 10% |
| 3 | 长投公司 | 75 万元 | 5% |
| 4 | 中国电子进出口总公司 | 75 万元 | 5% |
| 5 | 华润股份有限公司 | 75 万元 | 5% |
| 6 | 长江水利委员会长江勘测规划设计研究院 | 75 万元 | 5% |
| | 合计 | 1500 万元 | 100% |

⑤2006 年 7 月,经招标公司股东会审议同意,华润股份有限公司将其持有的 5% 的股权以资产评估价在北京产权交易所以挂牌交易方式转让给中国三峡总公司。2006 年 8 月,经招标公司股东会审议同意,中国技术进出口总公司将其持有的

10%的股权,中国电子进出口总公司将其持有的5%的股权以资产评估价在北京产权交易所以挂牌交易方式转让给中国三峡总公司。各方签署《产权交易合同》,并于2007年5月完成本次股权转让。本次变更后,招标公司的股权结构为:中国三峡总公司出资人民币1350万元,持有90%的股权,长投公司出资人民币75万元,持有5%的股权,长江水利委员会长江勘测规划设计研究院出资人民币75万元,持有5%的股权。

⑥2009年5月12日,中国三峡总公司总经理办公会作出决议,决定以2008年9月30日为基准日,将长投公司持有的招标公司5%的股权无偿划转至中国三峡总公司名下。截至本法律意见书出具之日,前述股权无偿划转的相关工商变更登记手续已经完成。

(3)本次股权转让取得其他股东同意的情况

2009年5月8日,招标公司的股东长江水利委员会长江勘测规划设计研究院出具《同意股权转让暨放弃股权优先购买权承诺书》,同意中国三峡总公司将其持有的招标公司95%的股权转让给长江电力,并同意放弃优先购买权。

5. 三峡高科公司90%股权

(1)三峡高科公司的主体资格

三峡高科公司成立于2001年10月12日,中国三峡总公司持有三峡高科公司90%的股权。三峡高科公司目前持有国家工商行政管理总局颁发的注册号为1000001003578的《企业法人营业执照》。根据该营业执照记载,三峡高科公司的住所为北京市海淀区卧虎桥甲6号3层,法定代表人曾国顺,注册资本及实收资本均为人民币100万元,公司类型为有限责任公司,经营期限为2001年10月12日至2021年10月11日,经营范围为工程项目管理咨询;工程管理信息系统的技术服务、技术培训;计算机软、硬件的设计、开发、生产和销售;计算机网络及系统工程、电子及楼宇自动监控系统和宽带综合数据网络工程的产品代理、系统集成和销售:计算机及电子产品的维修。

三峡高科公司已通过2008年度工商年检。

(2)三峡高科公司的设立及历次重大变更

①三峡高科公司由中国三峡总公司与太极计算机公司于2001年10月12日共同出资设立。三峡高科公司设立时的注册资本为人民币100万元,其中,中国三峡总公司出资人民币90万元,持有三峡高科公司90%的股权,太极计算机公司出资人民币10万元,持有三峡高科公司10%的股权。上述出资事项已由北京凌峰会计师事务所以(2001)凌峰验字9-11-2号《验资报告》予以验证。

②三峡高科公司自成立以来,其注册资本及股权结构未发生变动。

(3)本次股权转让取得其他股东同意的情况

2009年5月10日,三峡高科公司的股东太极计算机股份有限公司(系太极计算机公司更名而来)出具《同意股权转让暨放弃股权优先购买权承诺书》,同意中国三峡总公司将其持有的三峡高科公司90%的股权转让给长江电力,并同意放弃优先购买权。

综上所述,本所律师认为,上述五家辅助生产专业化公司均为依据中国法律设立并有效存续的有限责任公司,不存在根据相关法律、法规或其公司章程规定需要终止的情形。中国三峡总公司持有的辅助生产专业化公司股权权属清晰,不存在质押或其他权利受限制的情形。

实业公司、设备公司及水电公司在公

司设立及历史沿革过程中,存在部分股东出资的房屋或土地使用权未办理过户登记手续的问题。鉴于该等房产已由相关公司占有使用,不存在产权纠纷,其评估值占本次交易总额的比例很小,且中国三峡总公司已承诺,如该等房产或该等土地使用权存在第三人主张权利或其他权属纠纷的情形而影响相关公司对该等房产或该等土地使用权项下土地占有和使用的,中国三峡总公司将补偿相关公司因此而遭受的经济损失,因此,上述问题对本次交易不构成实质性影响。

## 五、本次重大资产重组涉及的债权债务的处理

长江电力拟以承接中国三峡总公司相关债务的方式支付部分交易对价。所承接债务的相关情况如下:

1. 目标三峡债

(1)目标三峡债的具体情况

长江电力拟承接三峡总公司已发行的、本金总额为人民币160亿元的99三峡债、01三峡债、02三峡债、03三峡债共四期企业债。目标三峡债的具体情况如下:

| 债券名称 | 发行日期 | 期限 | 额度 | 利率 | 担保人 |
| --- | --- | --- | --- | --- | --- |
| 99三峡债 | 2000年7月25日 | 10年 | 30亿元 | 一年期定期存款利率+1.75% | 三峡基金 |
| 01三峡债 | 2001年11月8日 | 10年 | 20亿元 | 一年期定期存款利率+1.75% | 三峡基金 |
| | | 15年 | 30亿元 | 5.21% | 三峡基金 |
| 02三峡债 | 2002年9月20日 | 20年 | 50亿元 | 4.76% | 三峡基金 |
| 03三峡债 | 2003年8月1日 | 30年 | 30亿元 | 4.86% | 中国工商银行股份有限公司 |

(2)转让目标三峡债的权利义务

根据长江电力与中国三峡总公司签署的《交易协议》及《三峡债承接协议》的相关约定,长江电力同意承接中国三峡总公司目标三峡债截至交割日零时尚未清偿的本金及最近一次付息日至交割日零时的应付利息,并自交割日起按照目标三峡债发行文件原定条款和条件履行兑付义务。双方在交割日后三个工作日内共同聘请双方认可的审计机构,对拟承接的三峡债的本息金额进行专项审计,并根据专项审计报告确定拟承接三峡债截止交割日零时的本息金额。

2009年6月30日,中国三峡总公司出具《担保函》,同意在目标三峡债债务转让给长江电力后,为长江电力履行目标三峡债的兑付义务提供不可撤销的连带责任保证。

(3)转让目标三峡债的法律程序

①2009年5月15日,长江电力与中国三峡总公司签署《三峡债承接协议》,具体约定了长江电力承接目标三峡债的相关权利义务安排。

②2009年5月16日,中国三峡总公司在上证所网站上发布《中国长江三峡开发总公司关于转让部分三峡债债务的提示性公告》,对中国三峡总公司向长江电力转让目标三峡债事宜进行了披露。

③2009年5月17日,中诚信国际信用评级有限责任公司出具《信用等级通知书》(信评委函字〔2009〕203号),经中诚信国际信用评级有限责任公司信用评级委员会审定,长江电力主体信用等级为AAA,评级展望稳定,目标三峡债信用等级均为AAA,不次于目标三峡债的原债券信用级别。

④2009年7月下旬,中国三峡总公司

已就目标三峡债项下债务由长江电力承接事宜向国家发改委、中国人民银行以及证券登记结算机构备案。

2. 外汇借款

截至2009年7月31日,公司拟承接的外汇借款的情况如下:

(单位:亿美元)

| 序号 | 协议名称 | 签约时间 | 贷款期限 | 贷款银行 | 国外贷款银行 | 截至2009年7月31日本金余额 | 利率 |
|---|---|---|---|---|---|---|---|
| 1 | 关于长江三峡工程左岸电站引进水轮发电机组利用德累斯顿银行商业贷款的贷款分协议 | 1997-9-23 | 自协议生效之日起,至首次还本日后第8年止,但最迟不得晚于2014年9月30日 | 国家开发银行 | 德累斯顿银行 | 0.74 | Libor+0.7% |
| 2 | 关于长江三峡工程左岸电站引进水轮发电机组利用德国出口信贷的贷款分协议 | 1997-9-23 | 自本协议生效之日起,至首次还本日后第12年为止,但最迟不晚于2018年9月30日 | 国家开发银行 | 德国复信信贷银行 | 0.31 | 7.2% |
| 3 | 关于长江三峡工程左岸电站引进水轮发电机组利用瑞士出口信贷的贷款分协议 | 1997-9-23 | 自商务合同项下最后一台机组初步验收日后6个月,最迟不晚于商务合同生效日后的112个月开始,至第12年止 | 国家开发银行 | 瑞士联合银行和法国兴业银行 | 0.89 | Libor+0.5% |
| 4 | 关于长江三峡工程左岸电站引进水轮发电机组利用西班牙出口信贷的贷款分协议 | 1998-3-20 | 商务分合同生效日后的108个月或商务分合同规定的最后一台机组初步验收日后开始,至其后的第12年止 | 国家开发银行 | 法国兴业银行 | 0.30 | 7.2% |
| 5 | 关于长江三峡工程左岸电站引进水轮发电机组利用加拿大出口信贷的贷款分协议 | 1997-10-28 | 自本协议生效之日起,至还款起算点后第12年止,但最迟不晚于2018年12月31日 | 国家开发银行 | 加拿大出口发展公司 | 0.76 | 本金部分年利率7.2%,利息部分年利率7.35% |
| 6 | 关于长江三峡工程左岸电站引进水轮发电机组利用法国出口信贷的贷款分协议 | 1998-3-20 | 自协议生效日起,至还款期算点后第十二年止,但最迟不晚于2018年8月30日 | 国家开发银行 | 法国巴黎国民银行 | 0.46 | 7.2% |
| 7 | 关于长江三峡工程左岸电站引进水轮发电机组利用利用汇丰银行、法国兴业银行商业贷款的贷款分协议 | 1997-10-28 | 15年 | 国家开发银行 | 汇丰银行、法国兴业银行牵头的银团 | 0.99 | Libor+0.675% |

续表

| 序号 | 协议名称 | 签约时间 | 贷款期限 | 贷款银行 | 国外贷款银行 | 截至2009年7月31日本金余额 | 利率 |
|---|---|---|---|---|---|---|---|
| 8 | 关于长江三峡工程左岸电站引进水轮发电机组利用挪威出口信贷的贷款分协议 | 1998-3-20 | 自协议生效日起,至还款起算点后第十二年止,但最迟不晚于2018年12月30日 | 国家开发银行 | 挪威出口融资公司 | 0.27 | Libor+0.25%(浮动)或7.2%(固定) |
| 9 | 关于长江三峡工程左岸电站引进水轮发电机组利用巴西出口信贷的贷款分协议 | 1998-3-20 | 自协议生效起,至还款起算点后第10年止,但最迟不晚于2016年9月15日 | 国家开发银行 | 巴西国家经济开发银行及其下属的FINAME | 0.61 | 还款期年利率6.4375% |
| 10 | 中国银行中国长江三峡工程开发总公司瑞士出口信贷转贷协议 | 1999-9-14 | 203个月 | 中国银行三峡分行 | 法国兴业银行 | 0.55 | Libor+0.35% |
| 11 | 中国银行中国长江三峡工程开发总公司德国出口信贷转贷协议 | 1999-9-14 | 230个月 | 中国银行三峡分行 | 德国复兴信贷银行 | 0.27 | 6.94% |
| 12 | 中国银行中国长江三峡工程开发总公司德国KFW银行商业贷款转贷协议 | 1999-9-14 | 206个月 | 中国银行三峡分行 | 德国复兴信贷银行 | 0.05 | Libor+0.7% |

就上述序号1至9所述外汇借款,2009年8月3日,国家开发银行股份有限公司湖北省分行出具《同意函》,同意上述序号1至9所述贷款协议项下的债务转让给长江电力,该等债务转让自长江电力本次重大资产重组获得中国证监会批准后生效。

就上述序号10至12所述外汇借款,2009年7月24日,中国银行股份有限公司湖北省分行出具《同意函》,同意上述序号10至12所述贷款协议项下的债务转让给长江电力,该等债务转让自长江电力本次重大资产重组获得中国证监会批准后生效。

3. 人民币借款

截至2009年7月31日,公司拟承接的人民币借款的情况如下:

(单位:亿元人民币)

| 序号 | 合同名称 | 签订时间 | 贷款银行 | 贷款金额 | 利率 |
|---|---|---|---|---|---|
| 1 | 人民币资金借款合同 | 2007-1-18 | 国家开发银行 | 18.00 | 五年期以上利率下浮10% |
| 2 | 银团贷款合同 | 2009-7-3 | 国家开发银行股份有限公司 | 30.00 | 三年期利率下浮10% |

续表

| 序号 | 合同名称 | 签订时间 | 贷款银行 | 贷款金额 | 利率 |
|---|---|---|---|---|---|
| 3 | 银团贷款合同 | 2009－7－3 | 三峡财务有限责任公司 | 10.00 | 三年期利率下浮10% |
| 4 | 银团贷款合同 | 2009－7－3 | 中国工商银行股份有限公司 | 20.00 | 三年期利率下浮10% |
| 5 | 银团贷款合同 | 2009－7－3 | 中国农业银行股份有限公司 | 20.00 | 三年期利率下浮10% |
| 6 | 银团贷款合同 | 2009－7－3 | 中国银行股份有限公司 | 20.00 | 三年期利率下浮10% |
| 7 | 银团贷款合同 | 2009－7－3 | 中国建设银行股份有限公司 | 20.00 | 三年期利率下浮10% |
| 8 | 银团贷款合同 | 2009－7－3 | 交通银行股份有限公司 | 5.00 | 三年期利率下浮10% |
| 9 | 银团贷款合同 | 2009－7－3 | 招商银行股份有限公司 | 5.00 | 三年期利率下浮10% |
| 10 | 银团贷款合同 | 2009－7－3 | 中国民生银行股份有限公司 | 5.00 | 三年期利率下浮10% |
| 11 | 银团贷款合同 | 2009－7－3 | 中信银行股份有限公司 | 5.00 | 三年期利率下浮10% |
| 12 | 银团贷款合同 | 2009－7－3 | 浙商银行股份有限公司 | 5.00 | 三年期利率下浮10% |
| 13 | 银团贷款合同 | 2009－7－3 | 兴业银行股份有限公司 | 3.00 | 三年期利率下浮10% |
| 14 | 银团贷款合同 | 2009－7－3 | 广东发展银行股份有限公司 | 3.00 | 三年期利率下浮10% |
| 15 | 流动资金借款合同 | 2009－7－28 | 中国建设银行股份有限公司 | 40.00 | 六个月以内利率下浮10% |
| 16 | 流动资金借款合同 | 2009－7－28 | 中国农业银行股份有限公司 | 40.00 | 六个月以内利率下浮10% |
| 17 | 流动资金借款合同 | 2009－7－28 | 中国工商银行股份有限公司 | 20.00 | 六个月以内利率下浮10% |
| 18 | 流动资金借款合同 | 2009－7－28 | 中信银行股份有限公司 | 20.00 | 六个月以内利率下浮10% |

就上述序号1所列人民币借款债务，2009年8月3日，国家开发银行股份有限公司湖北省分行出具《同意函》，同意上述序号1所述贷款协议项下的债务转让给长江电力，该等债务转让自长江电力本次重大资产重组获得中国证监会批准后生效。

就上述序号2至序号14所列人民币债务，2009年7月3日，中国三峡总公司与国家开发银行股份有限公司、中国工商银行股份有限公司、中国农业银行股份有限公司、中国建设银行股份有限公司、中国银行股份有限公司、交通银行股份有限公司、招商银行股份有限公司、中国民生银行股份有限公司、广东发展银行股份有限公司、中信银行股份有限公司、浙商银行股份有限公司、兴业银行股份有限公司、三峡财务有限责任公司签订了《长江三峡水利枢纽三期工程项目人民币资金银团贷款合同》(以下简称《银团贷款合同》),根据《银团贷款合同》的约定,中国三峡总公司可将上述序号2至14所列借款债务的全部权利和义务转让给长江电力,在签订《银团贷款合同》时,前述贷款机构无条件同意转让事项。

就上述序号15至18所列债务,2009年7月28日,中国三峡总公司与中国工商银行股份有限公司三峡分行、中国农业银行股份有限公司三峡分行、中国建设银行股份有限公司三峡分行和中信银行股份有限公司签署《流动资金贷款合同》,贷款金额总计120亿元。根据《流动资金贷款合同》相关条款的约定,中国三峡总公司可将上述序号15至18所列债务的全部权利和义务转让给长江电力。在签订《流动资金贷款合同》时,前述贷款机构无条件同意转让事项。

综上所述,本所律师认为,长江电力承接中国三峡总公司目标三峡债的债务,已经履行了必要的法律程序,目标三峡债债务转让的安排合法、有效。长江电力承接中国三峡总公司上述外汇借款和人民币借款已经取得了相应债权人关于债务转让的书面同意,该等债务转让的安排合法、有效。

**六、关于本次重大资产重组事宜的披露和报告义务**

(一)长江电力于2008年5月9日就本次重大资产重组发布了《重大事项暨停牌公告》。经核查,自长江电力股票停牌至本法律意见书出具之日,长江电力已按照有关信息披露的要求,定期发布了《重大事项进展公告》或《重大资产重组进展公告》。

(二)2009年5月15日,长江电力召开第二届董事会第二十九次会议,审议通过了《关于重大资产重组预案暨关联交易的议案》等相关议案;2009年5月16日,长江电力董事会公告了董事会决议、《中国长江电力股份有限公司独立董事关于重大资产重组暨关联交易的专项意见》和《中国长江电力股份有限公司重大资产重组预案》等文件。

(三)2009年8月14日,长江电力召开第二届董事会第三十一次会议,审议通过了《关于重大资产重组方案暨关联交易的议案》等相关议案。

综上所述,本所律师认为,截至本法律意见书出具之日,本次重大资产重组已履行了现阶段法定的信息披露和报告义务,不存在应披露而未披露的合同、协议、安排或其他事项。

**七、本次重大资产重组的实质条件**

(一)长江电力符合《重组管理办法》关于实施重大资产重组的条件

1. 本次重大资产重组符合国家相关产业政策和有关环境保护、土地管理、反垄断等法律和行政法规的规定

(1)本次重大资产重组符合国家产业政策

本次重大资产重组所购买的目标资产为中国三峡总公司的水力发电主营业务资产。水电属于清洁可再生能源,根据《中华人民共和国可再生能源法》,国家鼓励利用可再生能源。同时,根据国家发改委发布且现行有效的《产业结构调整指导目录(2005年版)》,水力发电业务属于国家规定的鼓励类产业。因此,本次重大资产重组符合国家产业政策。

(2)本次重大资产重组符合有关环境保护的法律和行政法规的规定

如本法律意见书"四、本次重大资产重组的目标资产"之"(一)本次拟出售的

三峡工程发电资产”所述，目标资产所涉及的三峡工程建设项目已按照国家环境保护的相关法律、法规，履行了相应的环境评价程序，评价结果已获得国家环境保护部门的批准，符合有关环境保护的法律和行政法规的规定。

(3)本次重大资产重组符合土地管理的相关法律、行政法规的规定

如本法律意见书“四、本次重大资产重组的目标资产”之“(一)本次拟出售的三峡工程发电资产”所述，中国三峡总公司已合法取得与本次拟出售的三峡工程发电资产相关的土地使用权，并获准授权经营，有权将该等土地使用权租赁给长江电力。在长江电力与中国三峡总公司按相关规定签署的土地使用权租赁协议生效后，长江电力有权使用所租赁的与本次拟出售的三峡工程发电资产相关的土地使用权。因此，本次重大资产重组符合土地管理的相关法律、行政法规的规定。

(4)本次重大资产重组不违反有关反垄断的法律和行政法规的规定

本次重大资产重组按规定不涉及需向国务院反垄断执法机构进行经营者集中申报的情况，不存在违反《中华人民共和国反垄断法》和其他行政法规相关规定的情形。

综上所述，本次重大资产重组符合国家产业政策和有关环境保护、土地管理、反垄断等法律和行政法规的规定，符合《重组管理办法》第十条第(一)项的规定。

2. 本次交易不会导致长江电力不符合股票上市条件

本次重大资产重组完成后，长江电力仍具备《上市规则》规定的股票上市条件，即公司股本总额超过人民币4亿元的，社会公众持股的比例不低于10%，符合《重组管理办法》第十条第(二)项的规定。

3. 本次交易所涉及的资产定价不存在损害上市公司和股东合法权益的情形

本次重大资产重组目标资产的交易价格，以具有证券业务资格的资产评估机构出具的资产评估报告所确定的评估值为依据确定，资产评估结果已由国务院国资委核准；长江电力董事会通过合法程序审核批准了目标资产的定价依据和交易价格，关联董事回避了表决，独立董事发表了肯定性意见，因此，本次重大资产重组的目标资产定价公允，不存在损害公司及其股东合法权益的情形，符合《重组管理办法》第十条第(三)项的规定。

4. 本次交易所涉及的资产权属清晰，资产过户或者转移不存在法律障碍，相关债权债务处理合法

如本法律意见书“四、本次重大资产重组的目标资产”所述，本次重大资产重组的目标资产为中国三峡总公司合法拥有的水电主营业务资产，资产过户或者转移不存在法律障碍；纳入目标资产范围的部分房屋建筑物尚未办理产权登记手续，但该等房屋建筑物为中国三峡总公司合法拥有，不存在产权纠纷，未办理产权登记的情况对本次交易不构成重大障碍。

如本法律意见书“五、本次重大资产重组涉及的债权债务的处理”所述，本次重大资产重组所涉及的债权债务处理合法有效，符合《重组管理办法》第十条第(四)项的规定。

5. 本次交易有利于公司增强持续经营能力，不存在可能导致公司重组后主要资产为现金或者无具体经营业务的情形

根据中信证券出具的《独立财务顾问报告》，通过本次交易，长江电力业务规模成倍增长，竞争优势增强，盈利能力进一步提高，增强了长江电力持续经营实力。长江电力购买的目标资产为三峡工程发电资产和中国三峡总公司下属公司的股权等经营性资产，不存在导致长江电力在重组后

主要资产为现金或者无具体经营业务的情形，符合《重组管理办法》第十条第(五)项的规定。

6. 本次交易有利于公司在业务、资产、财务、人员、机构等方面与实际控制人及其关联人保持独立，符合中国证监会关于上市公司独立性的相关规定

本次收购之前长江电力已经接受中国三峡总公司委托管理本次收购的核心资产9JHJ至26JHJ发电机组，本次重大资产重组不会改变长江电力目前的生产、经营和组织架构，不会影响长江电力在人员、采购、生产、销售、知识产权等方面的独立性。中国三峡总公司已作出承诺：在作为长江电力控股股东期间，中国三峡总公司与长江电力在资产、人员、财务、机构和业务等方面保持相互独立，符合《重组管理办法》第十条第(六)项的规定。

7. 本次交易有利于上市公司形成或者保持健全有效的法人治理结构

经核查，长江电力已按照《公司法》、《证券法》及中国证监会的相关规定设立股东大会、董事会、监事会等组织机构，并制定了相应的议事规则和管理制度，具有健全的组织机构和完善的法人治理结构。本次重大资产重组完成后，中国三峡总公司仍是长江电力的控股股东，不会改变长江电力目前的法人治理结构，符合《重组管理办法》第十条第(七)项的规定。

(二)长江电力符合《重组管理办法》关于非公开发行股份购买资产的要求

1. 本次交易有利于提高公司资产质量、改善公司财务状况和增强持续盈利能力

根据中信证券出具的《独立财务顾问报告》，长江电力在华南地区、华东地区、华中地区电力市场的占有率显著提高，市场竞争优势更加明显。长江电力主营业务规模将成倍增长，资产规模、盈利能力大幅提升，在水电行业的龙头优势地位更加巩固；本次交易完成后长江电力的资产负债率为64.32%，较交易完成前有所提高，前述资产负债率在合理范围内。

因此，本次重大资产重组完成后，公司资产质量得到改善，财务状况合理，持续盈利能力得到增强，符合《重组管理办法》第四十一条第(一)项的规定。

2. 关于规范关联交易和避免同业竞争的安排

如本法律意见书“九、本次重大资产重组涉及的关联交易及同业竞争”所述，本次重大资产重组有利于减少长江电力与中国三峡总公司之间的委托管理三峡发电资产的经常性关联交易和电力生产运营中发生的经常性关联交易。对于因本次重大资产重组而新产生的关联交易，长江电力与中国三峡总公司已采取必要措施和作出相应安排。通过本次重大资产重组，长江电力与控股股东中国三峡总公司之间不存在实质性的同业竞争；长江电力及中国三峡总公司已经采取有效措施避免潜在的同业竞争。

因此，长江电力对规范关联交易和避免同业竞争已经采取了有效的措施，本次交易不会对长江电力的关联交易和同业竞争情况产生不利影响，符合《重组管理办法》第四十一条第(一)项的规定。

3. 公司最近一年及一期财务会计报告被注册会计师出具无保留意见审计报告

经核查，天健光华已经为长江电力2008年度及2009年1－3月的财务报告出具了无保留意见的审计报告，符合《重组管理办法》第四十一条第(二)项的规定。

4. 公司发行股份所购买的资产，为权属清晰的经营性资产，并能在约定期限内办理完毕权属转移手续

如本法律意见书“四、本次重大资产

重组的目标资产”所述，本次重大资产重组的目标资产为中国三峡总公司合法拥有的水电主营业务资产，能够在约定期限内办理完毕权属转移或资产交割手续；纳入目标资产范围的部分房屋建筑物尚未办理产权登记手续，但该等房屋建筑物为中国三峡总公司合法拥有，不存在产权纠纷，未办理产权登记的情况对本次交易不构成重大法律障碍。符合《重组管理办法》第四十一条第（三）项的规定。

5. 公司发行股份的价格不低于本次发行股份购买资产的董事会决议公告日前20个交易日公司股票交易均价

长江电力本次非公开发行股票价格为长江电力审议本次重大资产重组的首次董事会决议公告日前20个交易日的股票交易均价，即13.19元/股。本次非公开发行的发行价格在扣除2007年度及2008年度利润分配的分红除息影响后，相应调整为12.68元/股，符合《重组管理办法》第四十二条的规定。

6. 中国三峡总公司已经作出承诺，其通过本次非公开发行取得的股份自股份发行结束之日起三十六个月内将不以任何方式转让，包括但不限于通过证券市场公开转让或通过协议方式转让，符合《重组管理办法》第四十三条的规定。

7. 本次非公开发行完成后，中国三峡总公司持有长江电力的股份比例从62.07%增加至67.54%，已触发要约收购义务。中国三峡总公司将根据相关规定，在长江电力股东大会同意其免予发出要约后，向中国证监会申请豁免要约收购义务，不违反《重组管理办法》第四十五条的规定。

综上所述，本所律师认为，本次重大资产重组符合《重组管理办法》和相关规范性文件规定的原则和实质性条件。

## 八、本次重大资产重组的相关合同和协议

（一）《交易协议》及《补充协议》

2009年5月15日暨长江电力审议本次重大资产重组的首次董事会召开当日，长江电力与中国三峡总公司签署《交易协议》。根据本次重大资产重组的交易进展情况，长江电力与中国三峡总公司还另行签署了《补充协议》。《交易协议》及《补充协议》对本次重大资产重组涉及的交易主体、签订时间、目标资产、交易价格及定价依据、支付方式、资产交付或过户的时间安排、目标资产自定价基准日至交割日期间损益的归属、与资产相关的人员安排、合同的生效条件和生效时间以及违约责任条款等事项进行了明确的约定。

（二）《三峡债承接协议》

2009年5月15日，长江电力与中国三峡总公司签署《三峡债承接协议》，约定长江电力以承接中国三峡总公司已发行的、本金总额为人民币160亿元的99三峡债、01三峡债、02三峡债及03三峡债共四期三峡债，以支付本次重大资产重组的部分交易对价。长江电力将承接上述各期三峡债截至交割日零时尚未清偿的本金及各期三峡债最近一次付息日至交割日零时的应付利息，并自交割日起按照各期三峡债发行文件原定条款和条件履行兑付义务。

本所律师认为，本次重大资产重组涉及的上述协议经各方签署业已成立，待约定的生效条件成就时生效；相关协议条款符合法律、法规及相关规范性文件的规定，内容合法、合规。

## 九、本次重大资产重组涉及的关联交易及同业竞争

（一）关联交易

1. 本次重大资产重组涉及的关联交易

本次重大资产重组的交易对象为长江电力控股股东中国三峡总公司,根据《上市规则》及公司章程的规定,本次重大资产重组构成长江电力与中国三峡总公司之间的关联交易。

(1)2009 年 5 月 15 日,长江电力召开第二届董事会第二十九次会议,审议通过了《关于重大资产重组预案暨关联交易的议案》等相关议案,关联董事在表决时对关联交易事项进行了回避,独立董事对关联交易事项出具了肯定性结论的独立意见。

(2)2009 年 8 月 14 日,长江电力召开第二届董事会第三十一次会议,审议通过了《关于重大资产重组方案暨关联交易的议案》等相关议案,关联董事在表决时对关联交易事项进行了回避,独立董事对关联交易事项出具了肯定性结论的独立意见。

(3)经核查,本次重大资产重组目标资产的交易价格以具备证券业务资格的评估机构出具的、并经国务院国资委核准的资产评估报告所确定的评估值为基础确定,关联交易价格公允,不存在损害长江电力及其股东利益的情形。长江电力独立董事就评估机构的独立性及交易价格的公允性已发表了肯定性结论的独立意见。

综上所述,本所律师认为,本次重大资产重组构成关联交易;该等关联交易已取得长江电力董事会的批准,尚需长江电力股东大会审议通过,有关关联股东在股东大会表决时需回避表决;长江电力独立董事就本次重大资产重组涉及的关联交易出具了肯定性结论的独立意见。

2. 本次重大资产重组对长江电力关联交易的影响

根据长江电力提供的资料并经本所适当核查,本次重大资产重组完成后,长江电力的关联方及资产边界将发生重大变化,长江电力及其控股子公司与中国三峡总公司及其他关联方之间的持续性关联交易亦将随之发生变化。

(1)长江电力主要关联方及关联关系

①持有长江电力 5% 以上股份的股东

| 关联方名称 | 主要关联关系 |
|---|---|
| 中国三峡总公司 | 本次发行后持有长江电力 67.54% 的股份,为长江电力控股股东 |

②中国三峡总公司直接控制的企业

本次重大资产重组完成后,除长江电力外,中国三峡总公司直接控制的企业共有 7 家,具体情况如下:

| 序号 | 关联方名称 | 关联方关系 |
|---|---|---|
| 1 | 中国水利投资集团公司 | 同受控股股东控制 |
| 2 | 中国水利电力对外公司 | 同受控股股东控制 |
| 3 | 三峡财务有限责任公司 | 同受控股股东控制 |
| 4 | 长投公司 | 同受控股股东控制 |
| 5 | 长江新能源开发有限公司 | 同受控股股东控制 |
| 6 | 宜昌三峡工程多能公司 | 同受控股股东控制 |
| 7 | 长江三峡技术经济发展有限责任公司 | 同受控股股东控制 |

(2)因本次重大资产重组而减少的关联交易

通过本次重大资产重组,将消除长江电力与中国三峡总公司之间委托管理三峡发电资产的经常性关联交易,消除分次注入三峡工程发电资产而产生的持续关联交易；收购辅助生产专业化公司的股权，使得辅助生产专业化公司成为长江电力的全资或控股子公司，将减少电力生产运营中发生的经常性关联交易。

(3)因本次重大资产重组而增加的关联交易

本次交易后，长江电力在水电工程建设方面将增加与中国三峡总公司之间的关联交易，具体如下：

①长江电力及下属子公司为中国三峡总公司提供物业管理、运输服务、生产供水、招标服务、工程施工监理、通讯网络技术等综合性服务；

②长江电力及下属子公司向中国三峡总公司租赁土地使用权。

(4)减少和规范关联交易的承诺和措施

就因本次重大资产重组而新产生的关联交易，长江电力与中国三峡总公司已在《交易协议》中约定，将根据本次重大资产重组所导致的关联交易变化情况，就新产生的关联交易重新签订协议，或对双方已签订的关联交易协议进行修订、补充，保证关联交易价格公允，并尽量减少不必要的关联交易。

综上所述，本所律师认为，本次重大资产重组有利于减少长江电力与中国三峡总公司之间的委托管理三峡发电资产的经常性关联交易和电力生产运营中发生的经常性关联交易。对于因本次重大资产重组而新产生的关联交易，长江电力与中国三峡总公司已采取必要措施和作出相应安排。

(二)同业竞争

1. 本次重大资产重组对同业竞争的影响

通过本次交易，长江电力实现收购三峡工程已投产的全部发电机组，中国三峡总公司将不直接持有已投产的水力发电资产，长江电力将有效避免与中国三峡总公司在水电生产领域的同业竞争。

如本法律意见书“二、本次重大资产重组的方案”所述，中国三峡总公司已与长江电力就地下电站收购安排和金沙江下游梯级电站建设项目的安排做出约定，并已对未来可能与长江电力之间存在的潜在同业竞争作出避免同业竞争承诺。

中国三峡总公司控股的中国水利投资集团公司继续从事水力发电业务，但由于其售电区域与长江电力售电区域不同，且规模差距较大，不与长江电力构成实质性同业竞争。

中国三峡总公司将继续从事风电业务，由于其售电区域与长江电力售电区域不同，并且风电与水电同属清洁能源，按国家有关规定，均具有优先上网的政策支持，上网售电有保证，不构成实质性同业竞争。

2. 避免同业竞争的承诺和措施

就地下电站、金沙江下游梯级电站项目可能存在的潜在同业竞争，公司与中国三峡总公司已在《交易协议》中就地下电站作出注入长江电力的约定，中国三峡总公司同意在地下电站首批机组投产发电前，将地下电站出售给长江电力，长江电力承诺购买地下电站；金沙江下游梯级电站建设项目在本次交易中暂不作为目标资产出售给长江电力，其未来交易时间和交易方式由双方根据国家有关政策规定另行约定。

综上所述，本所律师认为，通过本次重大资产重组，长江电力与控股股东中国三峡总公司之间不存在实质性的同业竞争；长江电力及中国三峡总公司已经采取有效措施避免潜在的同业竞争。

## 十、相关当事人证券买卖行为的核查

(一)核查情况

根据长江电力出具的自查报告及中国证券登记结算有限责任公司上海分公司出

具的《中国证券登记结算有限责任公司上海分公司投资者记名证券持有变动记录》,长江电力及其董事、监事、高级管理人员,中国三峡总公司及其董事、监事、高级管理人员(或主要负责人),参与本次交易的证券服务机构及其他知悉本次重大资产交易内幕信息的法人和自然人中,以及上述相关人员的直系亲属中,自长江电力股票停牌前6个月至2009年8月10日(即2007年11月8日至2009年8月10日,以下简称"核查期间")买卖长江电力股票的人士及相关情况如下:

| 姓名 | 职务/身份关系 | 身份证号 | 证券账户号 | 核查期间买卖股票情况 |
|---|---|---|---|---|
| 晏新华 | 长江电力职工代表监事 | 420500630722061 | A146265649 | 2007年11月29日,买入10000股;2007年12月3日,卖出10000股 |
| 邵蕾 | 长江电力董事会秘书楼坚配偶 | 120103197504164521 | A450581636 | 2009年6月1日,卖出200股 |

(二)对上述人员买卖长江电力股票行为性质的核查

1. 经核查,晏新华于2008年4月开始担任长江电力职工代表监事。其买卖长江电力股票的时间为2007年11月29日及2007年12月3日。晏新华在买卖股票时,其本人并非长江电力的董事、监事或高级管理人员,且当时本次重大资产重组尚未启动。

晏新华已出具书面声明,确认其买卖长江电力股票时,并非长江电力的董事、监事或高级管理人员。该股票买卖行为是其在未获知本次重大资产重组事项情况下,基于对二级市场交易情况的自行判断而进行的操作。

2. 经核查,邵蕾为长江电力董事会秘书楼坚的配偶,其卖出长江电力股票的时间为2009年6月1日,即长江电力公告《中国长江电力股份有限公司重大资产重组预案》之后。其购买该200股股票的时间为2007年6月8日,当时楼坚未担任长江电力的董事、监事或高级管理人员的职务。自2007年6月8日至2009年5月31日的期间,邵蕾未买卖长江电力股票;其账户的股票卖出情况是邵蕾根据长江电力已依法向投资者披露和公告的信息,基于对二级市场交易情况的自行判断而进行的操作。

楼坚已出具书面声明,确认其配偶邵蕾的上述卖出长江电力股票的情况是邵蕾根据长江电力已依法向投资者披露和公告的信息,基于对二级市场交易情况的自行判断而进行的操作,其本人未向邵蕾披露有关本次重大资产重组的任何信息。

邵蕾已出具书面声明,确认上述卖出长江电力股票的情况是其本人根据长江电力已依法向投资者披露和公告的信息,基于对二级市场交易情况的自行判断而进行的操作。除长江电力已依法向投资者披露和公告的信息外,其本人并未获得和利用任何其他有关本次重大资产重组的信息。

基于上述,本所律师认为,上述人员买卖长江电力股票的行为不具备内幕交易的基本构成要件,不属于《证券法》所禁止的证券交易内幕信息的知情人利用内幕信息从事证券交易的活动;该等人员买卖长江电力股票的行为不构成本次交易的法律障碍。

**十一、参与本次重大资产重组的证券服务机构的资格**

1. 根据中信证券持有的《企业法人营业执照》(注册号:100000100183 0)和《经营证券业务许可证》(编号:Z20374000),中信证券具备担任本次重大资产重组独立财务顾问的资格。

2. 根据天健光华持有的《企业法人营业执照》(注册号:110000003482326)、《会计师事务所证券、期货相关业务许可证》(证书号:02)及经办会计师韩建旻、王春媛持有的注册会计师证书,天健光华具备担任本次重大资产重组审计机构的资质,其经办会计师韩建旻、王春媛具备相应的业务资格。

3. 根据中企华持有的《企业法人营业执照》(注册号:110000005092155)、《资产评估资格证书》(编号:11020110)、《证券期货相关业务评估资格证书》(编号:0100011004)及经办资产评估师孙建忠、齐晓东、郁宁持有的注册资产评估师证书,中企华具备担任本次重大资产重组资产评估机构的资质,其经办资产评估师孙建忠、齐晓东、郁宁具备相应的业务资格。

4. 根据本所持有的《律师事务所执业许可证》(证号:010094100156)及签字律师刘艳、孔晓燕、许亮持有的《律师执业证》,本所及经办律师刘艳、孔晓燕、许亮具备担任本次重大资产重组法律顾问的资格。

## 十二、结论性意见

长江电力本次重大资产重组符合我国《公司法》、《证券法》、《重组管理办法》等相关法律法规和规范性文件的规定,交易主体合格,收购资产的行为及相关协议和整体方案合法合规,已经履行了现阶段应当履行的程序;在履行完毕如下全部必要的法律程序后,其实施不存在法律障碍:

1. 本次重大资产重组取得长江电力股东大会的批准。

2. 本次重大资产重组取得国务院国资委的批准。

3. 本次重大资产重组取得中国证监会的核准,同时中国三峡总公司认购本次非公开发行的股份取得中国证监会豁免其要约收购义务的核准。

本法律意见书正本六份。

北京市天元律师事务所

经办律师:刘　艳　孔晓燕　许　亮

负 责 人:王立华

# 关于徐州工程机械科技股份有限公司<br>向徐工集团工程机械有限公司<br>发行股份购买资产的法律意见书

致:徐州工程机械科技股份有限公司

北京市中伦律师事务所(以下简称本所)受徐州工程机械科技股份有限公司(以下简称徐工科技或上市公司)委托,担任徐工科技向徐工集团工程机械有限公司(以下简称徐工机械)发行股份购买资产的专项法律顾问,根据《中华人民共和国证券法》(以下简称《证券法》)、《中华人民共和国公司法》(以下简称《公司法》)、《上市公司证券发行管理办法》(以下简称《发行管理办法》)、《上市公司重大资产重组管理办法》(以下简称《重组管理办法》)、《律师事务所从事证券法律业务管理办法》及其他有关法律、法规和中国证券监督管理委员会(以下简称中国证监会)有关规范性文件的规定,就徐工科技向徐工机械发行A股股份(以下简称本次发行)以购买徐工机械的相关资产(以下简称购买资产)事项(本次发行和购买资产以下合称本次交易),出具本法律意见书。

## 第一部分 引 言

### 一、本所简介

本所成立于1993年;办公地址:北京市朝阳区建国路118号招商局中心01楼12、13层,邮政编码:100022;负责人:张学兵,电话号码:010-65681188(总机),传真:010-65681022。

本所是一家依据中国法律设立的综合性合伙制律师事务所,总部在北京,在上海、深圳、广州和日本东京设有分所。本所主要从事公司证券、金融、国际投资、国际贸易、房地产、知识产权等方面的法律服务及相关的诉讼和仲裁法律服务。截至本法律意见书出具之日,本所有合伙人90余人、专职律师近300余人,员工近500余人。本所是中国司法部授予的首批"部级文明律师事务所";2000年本所荣获北京市司法行政系统人民满意的先进集体称号;2005年6月,本所被第六次全国律师代表大会授予"全国优秀律师事务所"荣誉称号。

本所建立健全了风险控制制度;拥有超过200名以上的执业律师,其中40名以上曾从事过证券法律业务;已经办理有效的执业责任保险;自设立以来未因违法执业行为受到行政处罚,本所属于《律师事务所从事证券法律业务管理办法》鼓励的从事证券法律业务的律师事务所。

### 二、本所律师声明和承诺

为出具本法律意见书之目的,本所律师依据中国有关的法律、行政法规和规范性文件,对本次交易相关主体的法律资格及本次交易应具备的条件进行了核查,查阅了本所律师认为出具本法律意见书所需查阅的文件,就有关事项询问了上市公司和徐工机械的有关人员并进行了必要的讨论。

本所律师受托为本次交易进行的工作自2008年6月开始。本所律师向上市公司和徐工机械提交了上市公司和徐工机械应向本所律师提供的资料清单,并得到了上市公司和徐工机械依据该等清单提供的资料、文件和对有关问题的说明;该等资料、文件和说明构成本所律师出具法律意见书的基础。此外,对于本所律师认为对本次交易至关重要而又缺少独立证据支持的事项,本所律师取得了有关政府主管部门的证明以及上市公司、徐工机械对有关事实和法律问题的声明和承诺。上述证明、声明和承诺亦构成本所律师出具法律意见书的支持性材料。

前述调查过程中,本所律师得到徐工机械和上市公司如下保证:徐工机械和徐工科技提供的全部资料、文件均是真实、准确、完整的;提供文件上所有的签名、印鉴都是真实的,提供文件的复印件与其原件一致。

本所律师依据本法律意见书出具日以前已经发生或存在的事实,并基于本所律师对有关事实的了解和对中国现行有效的有关法律、行政法规和规范性文件的理解发表法律意见。

本所及本所指派的律师遵守法律、行政法规及相关规定,遵循诚实、守信、独立、勤勉、尽责的原则,恪守律师职业道德和执业纪律,严格履行法定职责,保证所出具文件的真实性、准确性、完整性。

本所律师已履行了法定职责,遵循了勤勉尽责和诚实信用原则,按照律师行业公认的业务标准、道德规范和勤勉尽责精神,对徐工科技本次发行及购买资产的相关法律事项(以本法律意见书发表意见事项为准及为限)进行了核查验证。本所律师保证本法律意见书不存在虚假记载、误导性陈述及重大遗漏。

本法律意见书仅供上市公司为本次交易之目的使用,未经本所书面许可,不得用作任何其他目的或用途。本所同意将本法律意见书作为上市公司申请本次发行及购买资产所必备的法定文件,随同其他申报材料上报中国证监会审查及进行相关的信息披露。本所律师依法对本法律意见书中所出具的法律意见承担责任。

本所律师同意徐工科技在其关于本次发行及购买资产申请资料中自行引用或按中国证监会审核要求引用本法律意见书的全部或部分内容,但不得因上述引用而导致法律上的歧义或曲解。

本所律师仅就与本次交易有关的法律事项(以本法律意见书发表意见事项为准及为限)发表法律意见,本法律意见书不对会计、审计、资产评估、验资、财务分析、盈利预测、投资分析、业务发展分析等法律专业之外的专业事项和报告发表意见。本法律意见书中对有关会计报表、审计报告、评估报告或其他业务报告中某些数据和结论的引述,并不意味着本所对这些数据、结论的真实性和准确性做出任何明示或默示的保证。对于该等数据、报告的内容,本所以及本所律师并不具备核查和做出评价的适当资格。

## 三、本法律意见书中有关简称

除非本法律意见书明确另有所指,以下词语在本法律意见书中具有如下含义:

| | | |
|---|---|---|
| 本所 | 指 | 北京市中伦律师事务所 |
| 本次发行 | 指 | 徐工科技为购买目标资产发行股份的行为 |
| 购买资产 | 指 | 徐工科技以发行股份方式购买目标资产的行为 |
| 本次交易 | 指 | 本次发行及购买资产 |
| 上市公司/徐工科技 | 指 | 徐州工程机械科技股份有限公司 |
| 徐工集团 | 指 | 徐州工程机械集团有限公司 |
| 徐工机械 | 指 | 徐工集团工程机械有限公司 |
| 重型公司 | 指 | 徐州重型机械有限公司 |
| 专用车辆 | 指 | 徐州徐工专用车辆有限公司 |
| 液压件 | 指 | 徐州徐工液压件有限公司 |
| 随车起重机 | 指 | 徐州徐工随车起重机有限公司 |
| 特种机械 | 指 | 徐州徐工特种工程机械有限公司 |
| 进出口公司 | 指 | 徐州工程机械进出口有限公司 |
| 研究中心 | 指 | 徐工集团工程机械有限公司试验研究中心 |
| 目标股权 | 指 | 徐工机械持有的重型公司90%的股权;专用车辆60%的股权;液压件50%的股权;随车起重机90%的股权;特种机械90%的股权;进出口公司100%的股权 |
| 目标公司 | 指 | 如下全部公司:重型公司;专用车辆;液压件;随车起重机;特种机械;进出口公司 |
| 目标资产 | 指 | 本次购买资产的对象,以仁合评估报告有关评估资产的清单为准 |

续表

| | | |
|---|---|---|
| 本所 | 指 | 北京市中伦律师事务所 |
| 仁合评估报告 | 指 | 江苏仁合资产评估有限公司出具的《徐州工程机械科技股份有限公司非公开发行股份购买资产暨重大资产重组(关联交易)资产评估报告书》(苏仁评报字〔2008〕第084号) |
| 深交所 | 指 | 深圳证券交易所 |
| 徐州市国资委 | 指 | 徐州市人民政府国有资产监督管理委员会 |
| 《重组管理办法》 | 指 | 《上市公司重大资产重组管理办法》 |
| 《上市规则》 | 指 | 《深圳证券交易所股票上市规则》 |
| 《公司法》 | 指 | 《中华人民共和国公司法》 |
| 《发行管理办法》 | 指 | 《上市公司证券发行管理办法》 |
| 《证券法》 | 指 | 《中华人民共和国证券法》 |
| 中国证监会 | 指 | 中国证券监督管理委员会 |

## 第二部分　正　文

### 一、本次发行及购买资产方案的主要内容

根据徐工科技与徐工机械于2008年9月24日签署的《非公开发行股份购买资产协议》及徐工科技2008年9月24日召开的第五届董事会第十六次会议决议通过的《徐州工程机械科技股份有限公司非公开发行股份购买资产暨关联交易报告书(草案)》,本次发行及购买资产方案的主要内容如下:

(一)目标资产的范围

目标资产的范围为仁合评估报告所评估的资产,包括:

1. 目标股权

目标股权包括:重型公司90%的股权;专用车辆60%的股权;液压件50%的股权;随车起重机90%的股权;特种机械90%的股权;进出口公司100%的股权。

2. 其他资产

其他资产包括:研究中心相关资产(含负债)和徐工机械拥有的相关注册商标。

目标资产具体范围以仁合评估报告有关评估资产的清单为准。

(二)目标资产的转让价格

评估基准日(2008年7月31日)目标资产评估值为人民币530,922.03万元,徐工科技购买徐工机械的目标资产的转让价格确定为人民币530,922.03万元。

(三)目标资产转让对价

购买目标资产的对价由徐工科技以向徐工机械发行股份(即本次发行)的方式支付。

徐工科技本次发行股份的面值为每股1.00元,发行价格为每股16.47元(徐工科技第五届董事会第十二次临时会议决议公告日(2008年7月25日)前20个交易日徐工科技股票均价的100%)。

徐工科技就本次购买资产合计发行股份32,235.7031万股。

(四)本次发行构成关联交易

截至本法律意见书出具之日,徐工机械持有上市公司已发行股份总额的27.82%。本次交易构成上市公司与徐工机械的关联交易。

(五)本次发行不会导致徐工科技的控制权发生变更

在本次发行完成前及完成后,徐工科

技的实际控制人均为徐工集团，本次发行不会导致徐工科技的实际控制人发生变更。

（六）本次发行股份的锁定期安排

徐工科技本次向徐工机械发行的股份，徐工机械承诺自发行结束之日起36个月内不转让和流通。

本所律师认为，本次发行及购买资产方案的主要内容符合相关法律、法规和规范性文件的规定。

**二、本次发行及购买资产的主体资格**

本次发行及购买资产的主体包括股份发行人和股份发行对象、资产购买方和资产出售方。

（一）徐工科技为本次股份发行人和资产购买方

1. 徐工科技历史沿革

1993年经江苏省体改委苏体改生（1993）230号文批准，由徐工集团作为发起人，投入其所属的工程机械厂、装载机厂和营销公司等经营性资产，以定向募集方式设立徐州工程机械股份有限公司（公司原名，以下简称徐工股份，已于2000年6月8日变更为徐州工程机械科技股份有限公司）。1993年12月15日，徐工股份在徐州市工商行政管理局注册登记，领取企业法人营业执照，注册资本为9594.66万元。

1996年8月13日至1996年8月23日，经中国证监会证监发审字〔1996〕147号文批准，徐工股份采用“全额预缴款、比例配售、余款即退”的发行方式，向社会公众发行人民币普通股2400万股，每股面值1.00元，每股发行价格4.8元。经深交所审核同意，徐工股份股票共3000万股（其中2400万股是新发行的股票，其余600万股是徐工股份在1993年定向募集设立时募集的部分内部职工股）于1996年8月28日在深交所挂牌交易，股票代码为000425，上市后徐工股份的总股本变更为119,946,600股。

经历次送股、配股、公积金转增股本，截至2003年5月底总股本增至54,508.7620万股，其中徐工集团持有19,367.9365万股，持股比例为35.53%，为徐工科技控股股东。

经江苏省人民政府苏政复（2003）9号文《关于同意徐州工程机械集团有限公司国有法人股股权划转的批复》和财政部财企（2003）101号文《财政部关于徐州工程机械科技股份有限公司国有股划转有关问题的批复》同意、中国证监会上市部函（2003）093号《关于同意豁免徐工集团工程机械有限公司要约收购“徐工科技”股份义务的函》批复，徐工集团将其持有的上市公司193,679,365股国有法人股划转给徐工机械持有，划转股份变更登记于2003年6月18日在中国证券登记结算有限责任公司深圳分公司办理完毕，股权划转后性质不变，仍为发起人国有法人股。

2006年12月18日，徐工机械通过股东会决议，决定实施股权分置改革方案：以徐工科技目前流通股股本213,622,596股为基数，全体非流通股股东向股权分置改革方案实施股权登记日登记在册的全体流通股股东按每10股流通股获得3.2股的比例执行对价安排，共计安排对价68,359,231股，执行对价安排的股份由全体非流通股股东按照股权比例分配，在股权分置改革方案实施后首个交易日，徐工科技非流通股股东所持非流通股份获得上市流通权。

2008年7月28日，重型公司与徐工机械签署协议，重型公司将持有的徐工科技32,569,439股股份无偿划转至徐工机械名下；2008年8月21日国务院国资委以国资产权〔2008〕845号《关于徐州工程机械科技股份有限公司部分国有股东所持股份划转有关问题的批复》同意该等股份划转;2008年9月26日中国证监会以证监许可〔2008〕1154号《关于核准徐工集团工程机械有限公司公告徐州工程机械科技股份有限公司收购报告书并豁免其要约收购义务的批复》对该次股份划转无异议并豁免徐工机械应履行的要约收购义务。

2. 截至本法律意见书出具之日,徐工科技住所为江苏省徐州经济开发区工业一区;法定代表人为王民;注册资本为54,508.762万元;公司类型为股份有限公司(上市);经营范围为:工程机械、建筑工程机械、工程机械配件的开发、研制、加工、销售,工程机械维修服务及相关的科技咨询服务。

3. 徐工科技的第一大股东为徐工机械。截至本法律意见书出具之日,重型公司向徐工机械无偿划转徐工科技32,569,439股股份之事宜已取得国务院国资委的批准,并已取得中国证监会无异议及豁免徐工机械要约收购义务批复。目前该次无偿划转股份的登记事宜正在办理之中,在该等无偿划转股份登记手续办理完毕后,徐工机械将持有上市公司股份184,232,543股,占上市公司股份总数的33.80%,仍为上市公司第一大股东。

4. 徐工科技的实际控制人为徐工集团,徐工集团系徐州市国资委持股100%的国有独资有限责任公司,徐工集团持有徐工科技的控股股东徐工机械100%的股权。

5. 根据徐工科技公司章程的规定,徐工科技为一家永久存续的股份有限公司。

本所律师认为,截至本法律意见书出具之日,徐工科技是依法成立并有效存续的上市公司,其已经通过最近一次工商年检。截至本法律意见书出具之日,未有依法律法规及其公司章程规定的终止情形出现,徐工科技依法具有本次交易的主体资格。

(二)徐工机械为本次股份发行对象和资产出售方

2002年5月17日,徐州市人民政府下达《市政府关于同意徐州工程机械集团有限公司作为国有资产出资人的批复》(徐政复(2002)15号),同意徐工集团代替徐州国有资产管理局行使出资人权利。2002年7月15日,徐州体改办下达《关于同意成立徐工集团工程机械有限公司的批复》(徐体改办发(2002)13号),同意徐工集团在债转股的基础上,进行股权多元化改制,设立新公司徐工机械,注册资本为125,301.3513万元,其中:徐工集团以原净资产投资64,299.07万元,占注册资本的51.31%;中国华融资产管理公司以债权转股权28,618万元,占注册资本的22.84%;中国信达资产管理公司以债权转股权12,179.4213万元,占注册资本的9.72%;中国东方资产管理公司以债权转股权16,287万元,占注册资本的12.99%;中国长城资产管理公司以债权转股权3917.86万元,占注册资本的3.13%。

2005年8月,经财政部批准,徐州市人民政府授权徐工集团分别与上述四家资产管理公司签署《股权转让合同》,协议收购上述四家资产管理公司持有的徐工机械债转股股权。收购完成后,徐工机械变更为国有独资有限责任公司。

截至本法律意见书出具之日有效的徐工机械《企业法人营业执照》记载:徐工机械成立日期为2002年7月28日;公司类型为有限责任公司(国有独资);注册资本为125,301.3513万元;住所为徐州经济开发区工业一区;法定代表人王民;经营范围为工程机械及成套设备、专用汽车、建筑工程机械、矿山机械、环卫机械、环保设备、发动机、通用基础零部件、家用电器、仪器、仪表、电子产品制造、加工、销售;环保工程;

工程机械研究、开发、试验，自研产品及配件销售；技术服务。

根据徐工机械公司章程以及本所的核查，徐工集团持有徐工机械100%的股权。

本所律师认为，截至本法律意见书出具之日，徐工机械是依法成立并有效存续的有限责任公司（国有独资），其已经通过最近一次工商年检。截至本法律意见书出具之日，未有依法律、法规及其公司章程规定的终止情形出现，徐工机械依法具有本次交易的主体资格。

（三）徐工机械因本次交易触发要约收购

徐工科技是一家在深交所上市的A股公司。

截至本法律意见书出具之日，按照上述徐工科技股份无偿划转登记完毕后徐工机械持有上市公司股份数量计算，徐工机械持有徐工科技已发行股份的33.80%，根据《上市公司收购管理办法》的有关规定，徐工机械认购本次发行股份将触发要约收购义务。

根据徐工科技与徐工机械签署的《非公开发行股份购买资产协议》的约定，就本次发行，徐工机械应向中国证监会报送豁免要约收购的申请，在豁免要约收购的申请获得中国证监会核准后，本次交易方可实施。

**三、本次发行及购买资产的批准**

（一）已取得的批准

截至本法律意见书出具之日，本次发行及购买资产已取得以下批准和授权：

1. 徐工科技的内部批准

（1）徐工科技于2008年7月24日召开的第五届董事会第十二次临时会议审议通过本次交易的相关预案。关联董事在该次董事会会议中对关联议案回避表决。

（2）徐工科技的全体独立董事于2008年7月24日出具了关于本次交易初步方案的独立意见。

（3）徐工科技于2008年9月24日召开的第五届董事会第十六次临时会议审议通过本次交易的正式方案。关联董事在该次董事会会议中对关联议案回避表决。

（4）徐工科技的全体独立董事于2008年9月24日出具了关于本次交易正式方案的独立意见。

（5）徐工科技于2008年10月10日召开的2008年第三次临时股东大会审议通过本次交易的正式方案。关联股东在该次股东大会中对关联议案回避表决。

2. 徐工机械的内部批准

徐工机械于2008年9月17日作出董事会决议，同意徐工机械以目标资产认购徐工科技发行的股份。

3. 徐工集团的内部批准

徐工集团于2008年9月17日作出董事会决议，同意徐工机械以目标资产认购徐工科技发行的股份。

4. 目标公司其他股东放弃优先受让权

重型公司、专用车辆、液压件、随车起重机、特种机械、进出口公司相关的其他股东已放弃相应的优先购买权。

5. 徐州市人民政府的批准

徐州市人民政府于2008年9月19日出具《市政府关于同意徐工集团工程机械有限公司认购定向发行股份有关事项的批复》（徐政复〔2008〕50号），同意徐工机械按照经核准的目标资产评估结果作价认购本次发行股份。

6. 资产评估的核准

徐州市国资委于2008年9月22日出具《关于徐工科技非公开发行股份购买徐工机械拥有资产评估项目核准意见的批复》（徐国资〔2008〕142号），认为该项目申请核准材料齐备，进行资产评估的经济行为已经徐州市人民政府批准；承担评估项目的江苏仁合资产评估有限公司具有资产评估资格，在评估报告中签字的注册资产评估师具有资产评估执业资格；该项目评估基准日为2008年7月31日，评估报告所揭示的评估结论仅对被评估资产在该特定目的下有效，自2009年7月31日起失效；资产总计评估价值人民币530,922.03万元。

本所律师认为：

1. 徐工科技董事会已依法定程序做出批准本次交易的决议，决议内容和程序合法、有效。

2. 徐工科技的独立董事已出具独立意见，同意本次交易。

3. 徐工科技股东大会已依照法定程序做出决议，同意本次交易，决议内容和程序合法、有效。

4. 徐工机械和徐工集团董事会已做出批准本次发行及购买资产的决议，决议内容和程序合法、有效。

5. 本次交易事宜已获得目标公司相关其他股东放弃相应的优先购买权。

6. 本次交易已取得徐州市人民政府的批准。

7. 本次交易的评估报告已取得徐州市国资委的核准。

(二)尚需取得的批准

本次交易的履行尚需获得中国证监会核准本次交易及相关事项，并豁免徐工机械对徐工科技已发行股份进行全面和部分要约收购。

## 四、本次交易的实质条件

(一)本次发行的实质条件

1. 本次徐工科技拟向徐工机械发行A股的股票面值为每股1.00元，发行价格为每股16.47元(徐工科技第五届董事会第十二次临时会议决议公告日(2008年7月25日)前20个交易日徐工科技股票均价的100%)；徐工科技于2008年10月10日召开2008年第三次临时股东大会审议通过本次交易的正式方案。本次发行价格符合《发行管理办法》第三十八条第(一)项之规定。

2. 徐工机械承诺，其认购本次发行的股份自发行结束之日起36个月内不转让和流通。徐工机械承诺本次发行股份限制转让符合《发行管理办法》第三十八条第(二)项之规定。

3. 在本次发行完成前及完成后，徐工科技的实际控制人均为徐工集团，本次发行不会导致徐工科技的实际控制人发生变更。本次发行不存在《发行管理办法》第三十八条之(四)所述导致上市公司控制权发生变化的情形。

4. 截至本法律意见书出具之日，徐工科技不存在《发行管理办法》第三十九条规定的如下任何一种情形：

(1)徐工科技本次发行申请文件有虚假记载、误导性陈述或重大遗漏；

(2)徐工科技的权益被控股股东或实际控制人严重损害且尚未消除；

(3)徐工科技及其附属公司违规对外提供担保且尚未解除；

(4)徐工科技现任董事、高级管理人员最近36个月内受到中国证监会的行政处罚，或最近12个月内受到深圳证券交易所公开谴责；

(5)徐工科技或其现任董事、高级管理人员因涉嫌犯罪正被司法机关立案侦查或涉嫌违法违规正被中国证监会立案调查；

(6)徐工科技最近一年及一期财务报表被注册会计师出具保留意见、否定意见或无法表示意见的审计报告；

(7)徐工科技存在严重损害投资者合法权益和社会公共利益的其他情形。

本所律师认为，本次发行符合《发行管理办法》规定的实质条件。

（二）本次购买资产的实质条件

1. 徐工科技本次购买资产符合国家产业政策和有关环境保护、土地管理、反垄断等法律和行政法规的实质性要求，符合《重组管理办法》第十条第（一）项之规定。

2. 徐工科技在最近三年内无重大违法行为，财务会计报告无虚假记载；满足《证券法》以及《上市规则》所规定的股票上市条件。实施本次交易后，徐工科技仍然具备股票上市条件。徐工科技本次购买资产符合《重组管理办法》第十条第（二）项之规定。

3. 本次购买资产的价格以具有证券从业资格的评估机构评估并报经有关国有资产主管部门核准的评估值为准，不存在损害上市公司和股东合法权益的情形，符合《重组管理办法》第十条第（三）项之规定。

4. 截至本法律意见书出具之日，本次购买所涉及的目标资产产权清晰，资产过户或者转移不存在法律障碍，相关债权债务处理合法，符合《重组管理办法》第十条第（四）项及第四十一条第（三）项之规定。

5. 本次购买资产有利于上市公司增强持续经营能力，不存在可能导致上市公司重组后主要资产为现金或者无具体经营业务的情形；有利于提高上市公司资产质量、改善公司财务状况和增强持续盈利能力；本次购买资产有利于避免徐工科技与关联方之间的同业竞争，且本次购买资产完成后徐工科技关联交易金额占营业收入和营业成本的比例均将比本次购买资产完成前有所降低，独立性得到进一步增强；本次购买资产符合《重组管理办法》第十条第（五）项和第四十一条第（一）项之规定。

6. 徐工集团及徐工机械承诺，将与徐工科技在业务、资产、财务、人员、机构等方面保持独立，符合《重组管理办法》第十条第（六）项之规定。

7. 上市公司已制定股东大会议事规则、董事会议事规则、监事会议事规则等工作制度，本次购买资产完成后，上市公司能够保持健全有效的法人治理结构，符合《重组管理办法》第十条第（七）项之规定。

8. 上市公司最近一年及一期财务会计报告被注册会计师出具无保留意见审计报告，符合《重组管理办法》第四十一条第（二）项之规定。

9. 本次徐工科技拟向徐工机械发行A股的股票面值为每股1.00元，发行价格为每股16.47元（徐工科技第五届董事会第十二次临时会议决议公告日（2008年7月25日）前20个交易日徐工科技股票均价的100%）；徐工科技于2008年10月10日召开2008年第三次临时股东大会审议通过本次交易的正式方案。本次发行价格符合《重组管理办法》第四十二条之规定。

本所律师认为，徐工科技本次购买资产符合《重组管理办法》规定的关于上市公司重大资产重组的实质条件。

## 五、本次发行及购买资产的相关协议

（一）《非公开发行股份购买资产协议》

2008年9月24日，徐工科技与徐工机械签署了《非公开发行股份购买资产协议》。

上述协议就目标资产的转让价格、目标资产转让对价的支付、协议的生效、实施本次交易的前提条件、目标资产的交割及其他安排、陈述和保证、违约责任等进行了约定，主要条款内容如下：

（1）徐工机械将其拥有的目标资产转让予徐工科技。

（2）根据仁合评估报告，以2008年7月31日为基准日，目标资产的评估值为人民币530,922.03万元;协议双方同意,以评估值为定价依据,目标资产的转让价格确定为人民币530,922.03万元。

(3)协议双方同意,目标资产的转让对价由徐工科技以向徐工机械发行(即本次发行)股份的方式支付;本次发行的股份种类为境内上市人民币普通股(A股),每股面值为人民币1.00元;本次发行股份每股发行价格是徐工科技第五届董事会第十二次临时会议决议公告日(2008年7月25日)前20个交易日徐工科技股票均价的100%,即每股人民币16.47元。

(4)根据本次交易的转让价格,徐工科技就购买目标资产向徐工机械发行股份数量为32,235.7031万股(即标的股份,标的股份股数以中国证监会最终核准的股数为准)。

(5)自评估基准日至交割日期间,目标资产运营所产生的盈利或亏损均由徐工机械享有或承担;但若自中国证监会核准本次交易之日起超过30日仍未到达交割日的,则自中国证监会核准本次交易之日后30日的当月月末开始,目标资产所产生的损益,由徐工科技享有或承担。

(6)本次非公开发行股份,不享有本次发行前徐工科技的滚存未分配利润。

(7)本次交易徐工机械所属分支机构研究中心相关资产将置入徐工科技,以保证试验运作的稳定性;研究中心相关工作人员39人也将进入上市公司;徐工机械、徐工科技确认,在目标资产交割完成后,上述相关工作人员的劳动关系转移手续依照相关的劳动法律、法规办理;在劳动关系转移手续办理完毕之后,上述相关工作人员的工龄连续计算,相关劳动保险、劳动保障、各项福利待遇保持不变,均继续享受;徐工机械确认,由于上述相关工作人员劳动关系转移至徐工科技所产生的一切相关费用均由徐工机械予以承担。

本所律师认为,徐工科技与徐工机械签署的《非公开发行股份购买资产协议》的内容符合法律、法规和规范性文件的规定。《非公开发行股份购买资产协议》的签署以及履行,不会侵害徐工科技以及全体股东的利益。

(二)《非公开发行股份购买资产的利润预测补偿协议》

2008年9月24日,徐工科技与徐工机械签署了《非公开发行股份购买资产的利润预测补偿协议》。

上述协议就徐工科技与徐工机械就本次发行购买的上述目标资产实际盈利数不足上述仁合评估报告所确定利润预测数应进行补偿、徐工机械的保证责任和补偿义务、实际盈利的确定、补偿的实施、纠纷的解决、协议生效等进行了约定,主要条款内容如下:

(1)徐工机械向徐工科技保证在本次交易实施完毕当年度起的3年内,对目标资产预测利润的实现承担保证责任。在保证期限内,如果目标资产实际盈利小于预测利润,则徐工机械负责向徐工科技补偿利润差额。利润差额的计算公式为:预测利润减实际盈利。

(2)本次交易完成后,目标资产的实际盈利即体现为本次交易徐工科技所购买的重型公司、进出口公司、液压件、专用车辆、随车起重机、特种机械的实现盈利数额(不含上述6家公司之间持股的投资收益,即不含进出口公司拥有的重型公司10%股权和特种机械10%股权的投资收益,重型公司拥有的液压件50%股权、专用车辆40%股权、随车起重机10%股权的投资收益;亦不含上述6家公司之间关联交易的未实现利润)和徐工机械下属子公司徐州徐工筑路机械有限公司、徐州徐工挖掘机械有限公司每年因使用徐工相关品牌商标需向徐工科技支付的商标使用费。

(3)自本次交易完成后,徐工科技在进行年度审计的同时,应聘请具备相关资质的审计机构对徐工科技持有的重型公司、进出口公司、液压件、专用车辆、随车起重机、特种机械前一年度实际盈利与仁合评估报告预测利润的差异情况,出具专项审核意见。在保证期限内,若某年度目标资产的实际盈利大于或等于预测利润,则徐工机械无须向徐工科技进行补偿。在保证期限内,若某年度目标资产实际盈利小于预测利润,则徐工机械应按照该协议规定的方式和程序向徐工科技进行补偿。

(4)若经审计,目标资产某年度的实际盈利小于预测利润,则徐工科技应在其该年度的年度报告披露后的5日内,以书面方式向徐工机械通知目标资产实际盈利小于预测利润的事实,并要求徐工机械补偿利润差额,该利润差额以会计师盈利专项审核意见的数据为准。徐工机械应在接到徐工科技书面通知后的2个月内以现金方式向徐工科技补足利润差额。

本所律师认为,徐工科技与徐工机械签署的《非公开发行股份购买资产的利润预测补偿协议》的内容符合法律、法规和规范性文件的规定。

## 六、目标资产1——目标股权

目标资产分为目标股权及其他资产两部分。

经查,目标股权均属徐工机械所有,截至本法律意见书出具之日,未设定质押,也不存在产权纠纷,均可依法转让至徐工科技。

本次交易徐工科技购买目标股权所对应的目标公司具体如下:

(一)徐州重型机械有限公司(重型公司)

1. 基本情况

根据重型公司经2007年度年检的《企业法人营业执照》(注册号:320300000007808),重型公司的基本情况如下:企业住所为江苏省徐州市铜山路165号;法定代表人为王民;注册资金为30,000万元;企业类型为有限责任公司;经营范围为全液压汽车起重机、混凝土机械、轨道吊车、立杆作业车、登高平台消防车、履带起重机;轮式挖掘机、泡沫水罐消防车、举高喷射消防车、全地面起重机制造、销售;成立日期为1995年12月2日。

重型公司的股东为徐工机械和进出口公司,各持有重型公司90%和10%的股权。

经核查,截至本法律意见书出具之日,重型公司为有效存续的有限责任公司,不存在根据法律、法规和规范性文件及其章程规定需要终止的情形;其现时业务没有超出其《企业法人营业执照》上核准的经营范围和经营方式,符合国家产业政策。

2. 重型公司主要资产状况

(1)股权投资

| 被投资公司名称 | 出资额 | 出资比例 |
|---|---|---|
| 徐州特许机器有限公司 | 37.5万美元 | 50% |
| 上海徐工徐重经贸有限公司 | 900万元 | 90% |
| 徐州徐工液压件有限公司 | 4800万元 | 50% |
| 徐州徐工随车起重机有限公司 | 400万元 | 10% |
| 徐州徐工专用车辆有限公司 | 400万元 | 40% |
| 徐州徐工供油有限公司 | 150万元 | 70% |

(2)土地使用权

| 宗地位置 | 土地证号 | 使用权类型 | 土地用途 | 土地面积($m^2$) | 终止日期 |
|---|---|---|---|---|---|
| 铜山路165号 | 徐土国用(2005)第3999号 | 出让 | 工业 | 13,508.9 | 2045年11月23日 |
| 铜山路165号 | 徐土国用(2005)第05300号 | 出让 | 工业 | 180,680.39 | 2045年11月23日 |
| 铜山路165号 | 徐土国用(2005)第05301号 | 出让 | 工业 | 1995.28 | 2045年11月23日 |
| 云龙区狮子山乡 | 徐土国用(2005)第05923号 | 出让 | 工业 | 43,236.9 | 2045年11月23日 |
| 云龙区建国村 | 徐土国用(2005)第29194号 | 出让 | 工业 | 20,703.6 | 2053年12月1日 |
| 徐州经济开发区桃山路北侧 | 徐土国用(2008)第23908号 | 出让 | 工业 | 231,619.81 | 2057年6月24日 |
| 铜山路165号 | 徐土国用(2008)第23868号 | 出让 | 工业 | 3203.4 | 2058年7月14日 |
| 云龙区铜山路 | 徐土国用(2008)第25713号 | 出让 | 工业 | 54,206.9 | 2058年8月24日 |

(3)房屋所有权

| 地址 | 房产证号 | 幢号/建筑面积($m^2$) |
|---|---|---|
| 铜山路165号(小坝山西侧) | 徐房权证云龙字第64211号 | 幢号1至5幢/面积467.62 |
| 铜山路165号(小坝山西侧) | 徐房权证云龙字第64212号 | 幢号6/面积16.34 |
| 铜山路165号 | 徐房权证云龙字第64216号 | 幢号10、6、7/面积13,366.91 |
| 铜山路165号 | 徐房权证云龙字第64202号 | 幢号81/面积1836 |
| 铜山路165号 | 徐房权证云龙字第64203号 | 幢号75、78、82/面积4819.27 |
| 铜山路165号 | 徐房权证云龙字第64207号 | 幢号56、57/面积5890.07 |
| 铜山路165号 | 徐房权证云龙字第64227号 | 幢号101、102、97/面积15,322.07 |
| 铜山路165号 | 徐房权证云龙字第64208号 | 幢号52、53/面积4935.03 |
| 铜山路165号 | 徐房权证云龙字第64201号 | 幢号87、88、89/面积1355.52 |
| 铜山路165号 | 徐房权证云龙字第64224号 | 幢号113、114、115、116、117/面积1698.23 |
| 铜山路165号 | 徐房权证云龙字第64223号 | 幢号118、119、122/面积202.87 |
| 铜山路165号 | 徐房权证云龙字第64214号 | 幢号16/面积1022.74 |
| 铜山路165号 | 徐房权证云龙字第64210号 | 幢号39/面积3983.65 |
| 铜山路165号 | 徐房权证云龙字第64205号 | 幢号73/面积1054.25 |
| 铜山路165号 | 徐房权证云龙字第48631号 | 幢号无(2幢)/面积5500.68 |
| 铜山路165号 | 徐房权证云龙字第48630号 | 幢号无(2幢)/面积6448.32 |
| 铜山路165号 | 徐房权证云龙字第64225号 | 幢号108、109、110、111、112/面积285.27 |
| 铜山路165号 | 徐房权证云龙字第64213号 | 幢号2至5/面积416.66 |
| 铜山路165号 | 徐房权证云龙字第64215号 | 幢号11至15/面积409.9 |
| 铜山路165号 | 徐房权证云龙字第64226号 | 幢号103至107/面积1093.6 |
| 铜山路165号 | 徐房权证云龙字第64209号 | 幢号49、50/面积438.1 |

续表

| 地址 | 房产证号 | 幢号/建筑面积($m^2$) |
|---|---|---|
| 铜山路165号 | 徐房权证云龙字第64206号 | 幢号58/面积73.85 |
| 铜山路165号 | 徐房权证云龙字第64204号 | 幢号70/面积84 |
| 铜山路165号 | 徐房权证云龙字第74563号 | 幢号无/面积17,368.59 |

(4)专利及专利申请权

| 专利名称 | 专利类型 | 专利号/申请号 | 状态 |
|---|---|---|---|
| 防翻车保护器 | 实用新型 | ZL02219620.X | 授权公告 |
| 工程机械用水平仪 | 实用新型 | ZL02263422.3 | 授权公告 |
| 防高压电安全装置 | 实用新型 | ZL02263523.8 | 授权公告 |
| 工程机械液压油自动散热器 | 实用新型 | ZL02258133.2 | 授权公告 |
| 高空消防车支腿智能控制装置 | 实用新型 | ZL02258194.4 | 授权公告 |
| 工程机械臂架机构 | 实用新型 | ZL02258293.2 | 授权公告 |
| 抢险救援车 | 外观设计 | ZL02371011.x | 授权公告 |
| 抢险救援车 | 实用新型 | ZL02258292.4 | 授权公告 |
| 起重机副臂的自动插销连接装置 | 实用新型 | ZL02258659.8 | 授权公告 |
| 履带起重机吊臂销轴自拆装装置 | 实用新型 | ZL02258662.8 | 授权公告 |
| 汽车起重机摆动式支腿 | 实用新型 | ZL02258661.X | 授权公告 |
| 内部互锁自动伸缩式"U"形起重臂 | 实用新型 | ZL02286205.6 | 授权公告 |
| 无绳控制伸缩装置 | 实用新型 | ZL02258525.7 | 授权公告 |
| 液压作用的冷暖空调机 | 实用新型 | ZL02286351.6 | 授权公告 |
| 汽车起重机发动机起动装置 | 实用新型 | ZL02287654.5 | 授权公告 |
| 履带式起重机液压系统逻辑集成控制装置 | 实用新型 | ZL02295476.7 | 授权公告 |
| 起重机操纵室无独立发动机的冷热空调机 | 发明 | ZL02157292.5 | 授权公告 |
| 履带式起重机液压回路转换阀 | 实用新型 | ZL03219266.5 | 授权公告 |
| 自由滑转液压控制装置 | 实用新型 | ZL03219267.3 | 授权公告 |
| 恒功率控制变量泵液压控制装置 | 实用新型 | ZL03219321.1 | 授权公告 |
| 可平视观察的夜视水平仪 | 实用新型 | ZL03219322.X | 授权公告 |
| 活塞杆自动旋转的液压油缸 | 实用新型 | ZL03219673.3 | 授权公告 |
| 一种重力快放的卷扬机 | 实用新型 | ZL03219698.9 | 授权公告 |
| 汽车起重机油气悬挂装置 | 实用新型 | ZL03220121.4 | 授权公告 |
| 液压控制卷扬棘轮锁止装置 | 实用新型 | ZL200320123245.0 | 授权公告 |
| 履带起重机分体式转台 | 实用新型 | ZL200320123246.5 | 授权公告 |
| 工程车辆器材箱卷帘门装置 | 实用新型 | ZL200320123244.6 | 授权公告 |
| 高空作业车杆链混合调平装置 | 实用新型 | ZL200320123243.1 | 授权公告 |
| 工程车辆走台板围沿装置 | 实用新型 | ZL200320123242.7 | 授权公告 |
| 起重机全头驾驶室 | 外观设计 | ZL200430016157.0 | 授权公告 |

续表

| 专利名称 | 专利类型 | 专利号/申请号 | 状态 |
|---|---|---|---|
| 汽车起重机起重臂长调整和对中装置 | 实用新型 | ZL200420024710. X | 授权公告 |
| 伸缩缸长度检测及位置信号传递装置 | 实用新型 | ZL200420024895. 4 | 授权公告 |
| 可调整式履带起重机吊臂防过仰装置 | 实用新型 | ZL200420024894. x | 授权公告 |
| 车辆多桥平衡悬架 | 实用新型 | ZL200420026721. 1 | 授权公告 |
| 起重机转台回转位置检测装置 | 实用新型 | ZL200420026114. 5 | 授权公告 |
| 多桥车辆的中桥提升装置 | 实用新型 | ZL200420025939. 5 | 授权公告 |
| 消防车进水管路卸压装置 | 实用新型 | ZL200420026028. 4 | 授权公告 |
| 回转机构中心距调节装置 | 实用新型 | ZL200420025794. 9 | 授权公告 |
| 手动紧急回转装置 | 实用新型 | ZL200420025795. 3 | 授权公告 |
| 液压先导操纵式变幅液压装置 | 实用新型 | ZL200420025938. 0 | 授权公告 |
| 组合式自拆装平衡重装置 | 实用新型 | ZL200420026113. 0 | 授权公告 |
| 组合式自拆装平衡重装置 | 发明 | ZL200410014776. 5 | 授权公告 |
| 安全方向检测装置 | 实用新型 | ZL200420026112. 6 | 授权公告 |
| 副起重臂辅助动力安装装置 | 实用新型 | ZL200420078070. 0 | 授权公告 |
| 车平面专用机床 | 实用新型 | ZL200420078264. 0 | 授权公告 |
| 焊接翻转机 | 实用新型 | ZL200420078263. 6 | 授权公告 |
| 大型汽车起重机集成控制阀 | 实用新型 | ZL200520069042. 7 | 授权公告 |
| 工程车辆转台区域集中润滑装置 | 实用新型 | ZL200520069034. 2 | 授权公告 |
| 起重机视野拓展装置 | 实用新型 | ZL200520070270. 6 | 授权公告 |
| 起重机水平支腿伸缩状态检测装置 | 实用新型 | ZL200520070236. 9 | 授权公告 |
| 支腿操纵装置 | 实用新型 | ZL200520070235. 4 | 授权公告 |
| 起重机支腿照明装置 | 实用新型 | ZL200520070271. 0 | 授权公告 |
| 转台焊接变位机 | 实作新型 | ZL200520071394. 6 | 授权公告 |
| 可移动式汽车起重机底盘翻转装置 | 实用新型 | ZL200520071391. 2 | 授权公告 |
| 自控节能式液压弹性装置 | 实用新型 | ZL200520071390. 8 | 授权公告 |
| 履带起重机销轴螺纹式自拆装置 | 实用新型 | ZL200520071395. 0 | 授权公告 |
| 起重机副臂收、放电液控制装置 | 实用新型 | ZL200520071398. 4 | 授权公告 |
| 混凝土泵车支腿锁止装置 | 实用新型 | ZL200520071396. 5 | 授权公告 |
| 混凝土泵车前伸缩后摆动型支腿 | 实用新型 | ZL200520071397. x | 授权公告 |
| 混凝土泵车连杆外置式四连杆机构运动装置 | 实用新型 | ZL200520072196. 1 | 授权公告 |
| 汽车起重机吊臂通用试验机 | 实作新型 | ZL200520071942. 5 | 授权公告 |
| 汽车起重机底盘专用固定翻转机 | 实用新型 | ZL200520071701. 0 | 授权公告 |
| 混凝土泵车分动箱挂接装置 | 实用新型 | ZL200520071944. 4 | 授权公告 |
| 混凝土泵车分动箱取力换向装置 | 实用新型 | ZL200520071943. X | 授权公告 |
| 发动机排气制动装置 | 实用新型 | ZL200520071941. 0 | 授权公告 |
| 起重机抱死制动与防驱动打滑装置 | 实用新型 | ZL200520075068. 2 | 授权公告 |

续表

| 专利名称 | 专利类型 | 专利号/申请号 | 状态 |
|---|---|---|---|
| 起重机活动支腿调整块的快换装置 | 实用新型 | ZL200520076212.4 | 授权公告 |
| 发动机工作转速限制装置 | 实用新型 | ZL200520140002.7 | 授权公告 |
| 一种双工作行程液压油缸 | 实用新型 | ZL200520139705.8 | 授权公告 |
| 闭式系统工作状态自动转换装置 | 实用新型 | ZL200520140004.6 | 授权公告 |
| 一种易拆装活塞连杆装置 | 实用新型 | ZL200520139706.2 | 授权公告 |
| 闭式系统多功能排量控制装置 | 实用新型 | ZL200520140003.1 | 授权公告 |
| 起重机卷扬制动器智能控制装置 | 实用新型 | ZL200620068636.0 | 授权公告 |
| 马达转速记忆卷扬制动器控制装置 | 实用新型 | ZL200620071181.8 | 授权公告 |
| 一种带有隔离箱的液压油箱体 | 实用新型 | ZL200620072776.5 | 授权公告 |
| 起重臂头部结构及滑块装置 | 实用新型 | ZL200620075056.4 | 授权公告 |
| 可调式防卷扬钢丝绳爬绳装置 | 实用新型 | ZL200620075058.3 | 授权公告 |
| 起重机的起升机构(大圆弧造型) | 外观设计 | ZL200630121450.2 | 授权公告 |
| 撞击式销轴拆装装置 | 实用新型 | ZL200620075057.9 | 授权公告 |
| 垂直支腿压力检测装置 | 实用新型 | ZL200620075154.8 | 授权公告 |
| 大型履带起重机臂架柔性缓冲装置 | 实用新型 | ZL200620075153.3 | 授权公告 |
| 履带起重机自拆装履带梁的工作装置 | 实用新型 | ZL200620075142.5 | 授权公告 |
| 工程机械集中润滑系统自动控制装置 | 实用新型 | ZL200620075491.7 | 授权公告 |
| 工程机械流体温度监测装置 | 实用新型 | ZL200620075492.1 | 授权公告 |
| 多桥转向后桥转向的转向锁死装置 | 实用新型 | ZL200620076369.1 | 授权公告 |
| 高空消防车备用空气呼吸系统装置 | 实用新型 | ZL200620076370.4 | 授权公告 |
| 机械式可变工况幅度限制器 | 实用新型 | ZL200620076371.9 | 授权公告 |
| 环绕式限载工作平台 | 实用新型 | ZL200620126714.8 | 授权公告 |
| 举高类消防车工作平台防碰装置 | 实用新型 | ZL200720034068.7 | 授权公告 |
| 磁力锁止式控制箱 | 实用新型 | ZL200720034067.2 | 授权公告 |
| 救援平台多功能联动机构 | 实用新型 | ZL200720034070.4 | 授权公告 |
| 车载式专用梯 | 实用新型 | ZL200720034066.8 | 授权公告 |
| 回转座圈下沉式车架结构 | 实用新型 | ZL200720034065.3 | 授权公告 |
| 发动机水箱低液位报警装置 | 实用新型 | ZL200720034069.1 | 授权公告 |
| 水平伸缩油缸支撑机构 | 实用新型 | ZL200720034063.4 | 授权公告 |
| 推拉式支脚盘 | 实用新型 | ZL200720034064.9 | 授权公告 |
| 安全多功能工作平台 | 实用新型 | ZL200720034158.6 | 授权公告 |
| 可调整角度的操作台旋转装置 | 实用新型 | ZL200720034160.3 | 授权公告 |
| 举高消防车的火场实时监视装置 | 实用新型 | ZL200720034159.0 | 授权公告 |
| 消防车水泵取力器制动装置 | 实用新型 | ZL200720034162.2 | 授权公告 |
| 消防车、泡沫两用罐装置 | 实用新型 | ZL200720034163.7 | 授权公告 |
| 汽车起重机前支腿过载报警装置 | 实用新型 | ZL200720034161.8 | 授权公告 |

续表

| 专利名称 | 专利类型 | 专利号/申请号 | 状态 |
|---|---|---|---|
| 油门控制隔离式中心回转接头组合装置 | 实用新型 | ZL200720036599. X | 授权公告 |
| 履带起重机臂架圆弧对中定位装置 | 实用新型 | ZL200720039325. 6 | 授权公告 |
| 大吨位起重机组合式吊钩 | 实用新型 | ZL200720039326. 0 | 授权公告 |
| 轮式起重机超起装置 | 实用新型 | ZL200720039672. 9 | 授权公告 |
| 发动机低温启动预热装置 | 实用新型 | ZL200720039751. X | 授权公告 |
| 轮式起重机穿绳装置 | 实用新型 | ZL200720039749. 2 | 授权公告 |
| 起重机操纵室 | 外观设计 | 2007300372556 | 授权通知/未公告 |
| 新型钢丝绳绳头固定装置 | 实用新型 | ZL200720039750. 5 | 授权公告 |
| 起重臂侧向间隙调整装置 | 实用新型 | ZL200720039891. 7 | 授权公告 |
| 移动式起重机侧置副臂的快速拆装机构 | 实用新型 | ZL200720039889. X | 授权公告 |
| 工程机械液压系统的磁性集污装置 | 实用新型 | ZL200720039888. 5 | 授权公告 |
| 汽车起重机电动玻璃升降器的限位保护装置 | 实用新型 | ZL200720039887. 0 | 授权公告 |
| 起重机液压油堵塞报警装置 | 实用新型 | ZL200720039886. 6 | 授权公告 |
| 起重机转台回转自动锁止装置 | 实用新型 | ZL200720039671. 4 | 授权公告 |
| 汽车起重机(整体流线型) | 外观设计 | ZL200730039439. 6 | 授权公告 |
| 起重机回转支承专用螺栓 | 实用新型 | ZL200720039673. 3 | 授权公告 |
| 变截面形式起重臂 | 实用新型 | ZL200720040576. 6 | 授权公告 |
| 自顶式平衡重安装装置 | 实用新型 | ZL200720038768. 3 | 授权公告 |
| 卵圆形截面的伸缩式起重臂 | 实用新型 | ZL200720040984. 1 | 授权公告 |
| 伸缩臂式起重机吊钩升降补偿装置 | 实用新型 | ZL200720041478. 4 | 授权公告 |
| 可变幅式臂端单滑轮装置 | 实用新型 | ZL200720040577. 0 | 授权公告 |
| 汽车起重机起重臂联动式伸缩机构 | 实用新型 | ZL200720040983. 7 | 授权公告 |
| 发动机燃油供给系统的前处理装置 | 实用新型 | ZL200720038998. X | 授权公告 |
| 发动机进气系统的前处理装置 | 实用新型 | ZL200720045626. X | 授权公告 |
| 控制双油缸同步伸缩的装置 | 实用新型 | ZL200720046838. X | 授权公告 |
| 双循环水路双风扇起重机散热装置 | 实用新型 | ZL200720046839. 4 | 授权公告 |
| 桁架式变截面加长型副起重臂 | 实用新型 | ZL200720045625. 5 | 授权公告 |
| 以油箱为载体的油温自动控制装置 | 实用新型 | ZL200720046840. 7 | 授权公告 |
| 负倾角结构的起重机支腿装置 | 实用新型 | ZL200720046837. 5 | 授权公告 |
| 臂架顺序伸缩安全控制装置 | 实用新型 | 200820069231. 8 | 已受理 |
| 履带起重机塔臂缓冲杆自动顶升装置 | 实用新型 | 200820069230. 3 | 已受理 |
| 汽车起重机辅助制动装置 | 实用新型 | 200820069232. 2 | 已受理 |
| 汽车起重机 | 外观设计 | 200830080329. 9 | 已受理 |
| 履带起重机 | 外观设计 | 2007301819694 | 授权通知/未公告 |
| 履带起重机桅杆吊 | 实用新型 | ZL01217724. 5 | 授权公告 |
| 起重机油门操纵装置 | 实用新型 | ZL01217723. 7 | 授权公告 |

续表

| 专利名称 | 专利类型 | 专利号/申请号 | 状态 |
| --- | --- | --- | --- |
| 起重机液压阀操纵油门联动装置 | 实用新型 | ZL01237825.9 | 授权公告 |
| 一种装有插装平衡阀芯的液压油缸 | 实用新型 | ZL01237696.5 | 授权公告 |
| 可移动式汽车起重机操纵室 | 实用新型 | ZL01218016.5 | 授权公告 |
| 起重机臂架柔性随动调衡腰绳装置 | 实用新型 | ZL01217725.3 | 授权公告 |
| 液比例控制闭式系统起升液压装置 | 实用新型 | ZL01237656.6 | 授权公告 |
| 起重机液压装置 | 实用新型 | ZL01237657.4 | 授权公告 |
| 起重机集成控制阀总 | 实用新型 | ZL01244458.8 | 授权公告 |
| 起重机背压补偿式制动器控制阀 | 实用新型 | ZL01244459.6 | 授权公告 |
| 可检测前方区域的旋转电刷 | 实用新型 | ZL01237695.7 | 授权公告 |
| 高喷车救援破碎装置 | 实用新型 | ZL01244990.3 | 授权公告 |
| 高空作业车工作平台旋转装置 | 实用新型 | ZL01244989.x | 授权公告 |
| 相贯线切割机 | 实用新型 | ZL01245219.x | 授权公告 |
| 高举车伸缩装置 | 实用新型 | ZL01245083.9 | 授权公告 |
| 高空消防车自动调平控制电路 | 实用新型 | ZL02218335.3 | 授权公告 |
| 汽车起重机 | 外观设计 | ZL01317793.1 | 授权公告 |

(5)主要生产经营设备

根据仁合评估报告,重型公司主要生产经营设备包括机械制造设备等。

经核查,截至本法律意见书出具之日,重型公司的上述主要经营性资产不存在因违反法律、法规和规范性文件规定而导致对其产生或可能产生不利影响的情形。

(二)徐州工程机械集团进出口有限公司(进出口公司)

1. 基本情况

根据进出口公司经2007年度年检的《企业法人营业执照》(注册号:320301000000807),进出口公司的基本情况如下:公司住所为徐州经济开发区工业一区;法定代表人为王岩松;注册资金为7000万元;公司类型为有限责任公司;经营范围为经营和代理各类商品及技术的进出口业务(国家限定公司经营或禁止进出口的商品和技术除外);与出口自产成套设备相关的境外工程的境内国际招标工程的承包及与上述境外工程相关服务的劳务人员对外派遣;承办“三来一补”业务;普通机械、电子产品、工程机械配件销售;工程机械维修、租赁;成立日期为1997年7月28日。

徐工机械为进出口公司的唯一股东,持有进出口公司100%的出资。

经核查,截至本法律意见书出具之日,进出口公司为有效存续的有限责任公司,不存在根据法律、法规和规范性文件及其公司章程规定需要终止的法律情形;其现时业务没有超出其《企业法人营业执照》上核准的经营范围和经营方式,符合国家产业政策。

2. 进出口公司主要资产状况

| 被投资单位名称 | 出资额 | 出资比例 |
|---|---|---|
| 徐州徐工特种工程机械有限公司 | 240 万元 | 10% |
| 徐州重型机械有限公司 | 3000 万元 | 10% |
| 徐州工程机械保税有限公司 | 500 万元 | 100% |

(1)股权投资

(2)主要经营设备

根据仁合评估报告,进出口公司主要经营设备包括办公设备等。

经核查,截至本法律意见书出具之日,进出口公司的上述主要经营性资产不存在因违反法律、法规和规范性文件规定而导致对其产生或可能产生不利影响的情形。

(三)徐州徐工特种工程机械有限公司(特种机械)

1. 基本情况

根据特种机械经2007年度年检的《企业法人营业执照》(注册号:320300000013279),特种机械的基本情况如下:公司住所为徐州市矿山西路58号;法定代表人为杨勇;注册资金为2400万元;公司类型为有限责任公司;经营范围工程机械及配件、塑料包装机械、风动工具、矿用防爆柴油机械及配件制造、销售、维修;成立日期为2002年4月22日。

特种机械的股东为徐工机械和进出口公司,各持有特种机械90%和10% 的股权。

经核查,截至本法律意见书出具之日,特种机械为有效存续的有限责任公司,不存在根据法律、法规和规范性文件及其公司章程规定需要终止的法律情形;其现时业务没有超出其《企业法人营业执照》上核准的经营范围和经营方式,符合国家产业政策。

2. 特种机械主要资产状况

(1)房屋所有权

| 地址 | 房产证号 | 产别 | 幢号/建筑面积($m^2$) |
|---|---|---|---|
| 矿山西路58号 | 徐房权证九里区字第4791号 | 股份房产 | 幢号1至5/面积1825.07 |
| 矿山西路58号 | 徐房权证九里区字第4792号 | 股份房产 | 幢号6至10/面积1489.66 |
| 矿山西路58号 | 徐房权证九里区字第4793号 | 股份房产 | 幢号11至15/面积2545.39 |
| 矿山西路58号 | 徐房权证九里区字第4794号 | 股份房产 | 幢号16至20/面积6839.70 |
| 矿山西路58号 | 徐房权证九里区字第4795号 | 股份房产 | 幢号21至25/面积891.55 |
| 矿山西路58号 | 徐房权证九里区字第4796号 | 股份房产 | 幢号26至30/面积1721.56 |
| 矿山西路58号 | 徐房权证九里区字第4797号 | 股份房产 | 幢号31至35/面积652.32 |
| 矿山西路58号 | 徐房权证九里区字第4798号 | 股份房产 | 幢号36至40/面积271.01 |
| 矿山西路58号 | 徐房权证九里区字第4799号 | 股份房产 | 幢号41至45/面积1310.5 |
| 矿山西路58号 | 徐房权证九里区字第4800号 | 股份房产 | 幢号46至48/面积1090.93 |

(2)专利及专利申请权

| 专利名称 | 专利类型 | 专利号/申请号 | 状态 |
|---|---|---|---|
| 挖掘装载机 | 外观设计 | ZL200430101925.2 | 授权公告 |
| 挖掘装载机 | 实用新型 | ZL200420080964.3 | 授权公告 |

续表

| 专利名称 | 专利类型 | 专利号/申请号 | 状态 |
|---|---|---|---|
| 挖掘装载机驾驶室 | 实用新型 | ZL200420080963.9 | 授权公告 |
| 挖掘装载机液压先导控制装置 | 实用新型 | ZL200420080962.4 | 授权公告 |
| 装载机 | 外观设计 | ZL200530083865.0 | 授权公告 |
| 装载机 | 实用新型 | ZL200520072197.6 | 授权公告 |
| 装载机液压先导控制装置 | 实用新型 | ZL200520072198.0 | 授权公告 |
| 装载机驾驶室 | 实用新型 | ZL200520072199.5 | 授权公告 |
| 装载机发动机机罩 | 实用新型 | ZL200520072200.4 | 授权公告 |
| 防爆装载机 | 实用新型 | ZL200520076468.5 | 授权公告 |
| 防爆柴油机 | 实用新型 | ZL200520076467.0 | 授权公告 |
| 挖掘装载机驾驶室 | 实用新型 | ZL200720034307.9 | 授权公告 |
| 挖掘装载机 | 外观设计 | ZL200730025903.6 | 授权公告 |
| 双支撑自吸气辅助隔板式发动机机罩 | 实用新型 | 200820069636.1 | 已受理 |
| 双气路油雾润滑式锁放连杆机构 | 发明 | 200810049373.2 | 授权公告 |

(3)主要生产经营设备

根据仁合评估报告,特种机械主要生产经营设备包括机械制造设备等。

经核查,截至本法律意见书出具之日,特种机械上述主要经营性资产不存在因违反法律、法规和规范性文件规定而导致对其产生或可能产生不利影响的情形。

(四)徐州徐工液压件有限公司(液压件)

1. 基本情况

根据液压件经2007年度年检的《企业法人营业执照》(注册号:320301000001512),液压件的基本情况如下:公司住所为徐州经济开发区桃山路18号;公司法定代表人为张玉纯;公司注册资金为9600万元;公司类型为有限责任公司;经营范围为许可经营项目:液压件、工程机械配件制造,普货运输;一般经营项目:液压件、工程机械配件销售、维修、技术服务,电镀加工,高中压液压元件系统、密封件、钢材销售;成立日期为1994年2月15日。

液压件的股东为徐工机械和重型公司,各持有液压件50%和50%的股权。

经核查,截至本法律意见书出具之日,液压件为有效存续的有限责任公司,不存在根据法律、法规和规范性文件及其公司章程规定需要终止的法律情形;其现时业务没有超出其《企业法人营业执照》上核准的经营范围和经营方式,符合国家产业政策。

2. 液压件主要资产状况

(1)土地使用权

| 宗地位置 | 土地证号 | 使用权类型 | 土地用途 | 土地面积($m^2$) | 终止日期 |
|---|---|---|---|---|---|
| 徐州经济开发区纬四路北侧 | 徐土国用(2008)第22677号 | 出让 | 工业 | 90,340.4 | 2056年12月9日 |

(2)房屋所有权

| 地址 | 房产证号 | 幢号/建筑面积($m^2$) |
|---|---|---|
| 铜山路 175 号 | 徐房权证云龙字第 26015 号 | 幢号 1-5/面积 4829.99 |
| 铜山路 175 号 | 徐房权证云龙字第 26016 号 | 幢号 6-10/面积 11,722.66 |

(3)专利权

| 专利名称 | 专利类型 | 专利号/申请号 | 状态 |
|---|---|---|---|
| 一种改进的钳口板 | 实用新型 | ZL200720038765.x | 授权公告 |
| 流体压力的深度传输机构 | 实用新型 | ZL200720038764.5 | 授权公告 |

(4)主要生产经营设备

根据仁合评估报告,液压件主要生产经营设备包括机械制造设备等。

经核查,截至本法律意见书出具之日,液压件上述主要经营性资产不存在因违反法律、法规和规范性文件规定而导致对其产生或可能产生不利影响的情形。

(五)徐州徐工随车起重机有限公司(随车起重机)

1. 基本情况

根据随车起重机经 2007 年度年检的《企业法人营业执照》(注册号:3203000013037),随车起重机的基本情况如下:公司住所为徐州市铜山路 248 号;法定代表人为施克元;注册资金为 4000 万元;公司类型为有限责任公司;经营范围为随车起重机、桥梁检测车、高空作业车、道路清障车、环卫车辆及设备、工程及矿山机械配套件产品制造、加工销售;成立日期为 2002 年 1 月 18 日。

随车起重机的股东为徐工机械和重型公司,各持有随车起重机 90% 和 10% 的股权。

经核查,截至本法律意见书出具之日,随车起重机为有效存续的有限责任公司,不存在根据法律、法规和规范性文件及其公司章程规定需要终止的法律情形;其现时业务没有超出其《企业法人营业执照》上核准的经营范围和经营方式,符合国家产业政策。

2. 随车起重机主要资产状况

(1)专利权

| 专利名称 | 专利类型 | 专利号/申请号 | 状态 |
|---|---|---|---|
| 桥梁检测作业车支腿 | 实用新型 | ZL200520076471.7 | 授权公告 |
| 起重机伸缩臂 | 实用新型 | ZL200520076469.x | 授权公告 |
| 桥梁检测车的工作装置 | 实用新型 | ZL200520076472.1 | 授权公告 |
| 起重机支腿油缸自动翻转装置 | 实用新型 | ZL200620075055.x | 授权公告 |
| 高低空作业车的工作装置 | 实用新型 | ZL200520076473.6 | 授权公告 |

(2)主要生产经营设备

根据仁合评估报告,随车起重机主要生产经营设备包括机械制造设备等。

经核查,截至本法律意见书出具之日,随车起重机上述主要经营性资产不存在因违反法律、法规和规范性文件规定而导致对其产生或可能产生不利影响的情形。

(六)徐州徐工专用车辆有限公司(专

用车辆）

1. 基本情况

根据专用车辆经2007年度年检的《企业法人营业执照》（注册号：320300000002636），专用车辆的基本情况如下：公司住所为徐州市铜山路165号；法定代表人为王民；注册资金为1000万元；公司类型为有限责任公司；经营范围为许可经营项目：普货运输；一般经营项目：工程机械及专用底盘、特种车辆、专用汽车开发、制造、销售及售后服务；成立日期为1992年1月21日。

专用车辆的股东为徐工机械和重型公司，各持有专用车辆60%和40%的股权。

经核查，截至本法律意见书出具之日，专用车辆为有效存续的有限责任公司，不存在根据法律、法规和规范性文件及其公司章程规定需要终止的法律情形；其现时业务没有超出其《企业法人营业执照》上核准的经营范围和经营方式，符合国家产业政策。

2. 专用车辆主要资产状况

根据仁合评估报告，专用车辆主要生产经营设备包括机械制造设备等。

经核查，截至本法律意见书出具之日，专用车辆上述主要经营性资产不存在因违反法律、法规和规范性文件规定而导致对其产生或可能产生不利影响的情形。

（七）目标公司尚在办证的房屋及土地使用权情况说明

1. 目标公司如下房屋权属证书尚在办理过程之中

| 公司名称 | 房屋名称 | 房屋建筑面积（$m^2$） | 坐落 |
|---|---|---|---|
| 重型公司 | 大吨位结构件厂房 | 11,964 | 徐州市铜山路165号 |
| | 泵车结构件厂房 | 6120 | 徐州市铜山路165号 |
| | 装配车间 | 24,480 | 徐州市铜山路165号 |
| | 装配厂房 | 17,301 | 徐州市铜山路165号 |
| | 涂装三线厂房 | 4827 | 徐州市铜山路165号 |
| | 客服中心及仓库 | 4334 | 徐州市铜山路165号 |
| | 产品检测室 | 404 | 徐州市铜山路165号 |
| | 35kV配电所 | 468 | 徐州市铜山路165号 |
| | 小计 | 69,898 | |
| 液压件 | 办公楼 | 5163.5 | 徐州市桃山路18号 |
| | 综合车间 | 53,596.9 | 徐州市桃山路18号 |
| | 附房 | 1205.1 | 徐州市桃山路18号 |
| | 小计 | 59,965.5 | |
| 特种机械 | 结构车间 | 2592 | 徐州市矿山西路58号 |
| | 总装车间 | 2592 | 徐州市矿山西路58号 |
| | 小计 | 5184 | |
| 随车起重机 | 一号厂房 | 11,831 | 徐州市驮蓝山路55号 |
| | 二号厂房 | 12,125 | 徐州市驮蓝山路55号 |
| | 整机精整车间 | 1496.5 | 徐州市驮蓝山路55号 |
| | 办公楼 | 5170.9 | 徐州市驮蓝山路55号 |
| | 小计 | 30,623.4 | |

对于上述房屋,徐州市房产管理局已出具《关于为徐工集团下属单位办理房产证情况的函》,说明“上述房屋权属证书正在办理过程中,办证无障碍。”

据此,本所律师认为,上述目标公司房屋权属证书的办理不存在障碍。

2. 目标公司如下土地使用权权属证书尚在办理过程之中

| 申请人 | 宗地面积($m^2$) | 坐落 |
|---|---|---|
| 特种机械 | 15,967.5 | 徐州矿山西路58号 |
| 特种机械 | 32,420.5 | 徐州矿山西路58号 |
| 随车起重机 | 87,334 | 徐州经济开发区纬一路南侧,经七路东侧 |

对于特种机械上述土地使用权,徐州国土资源局已出具《关于徐工集团徐工特种工程机械有限公司办理国有土地使用证情况的函》,说明“该局已与特种机械签订了《国有土地使用权出让合同》,目前正在按程序办理土地使用证,无障碍”。

对于随车起重机上述土地使用权,徐州市国土资源局已出具《关于徐工集团徐州徐工随车起重机有限公司办理国有土地使用证情况的函》,说明“目前该宗地由随车起重机按工业用途使用,随车起重机正在申请办理宗地土地的土地使用证,无障碍。”

据此,本所律师认为,特种机械和随车起重机上述宗地土地使用权证的办理不存在障碍。

## 七、目标资产2——其他资产

根据仁合评估报告,其他资产包括:徐工机械拥有的相关注册商标和研究中心相关资产(含负债)。

### (一)徐工机械拥有的相关注册商标

| 商标 | 注册号 | 类别 | 有效期截止 |
|---|---|---|---|
| 徐工 | 1641818 | 7 | 2011年9月27日 |
| 图形 | 1641821 | 7 | 2011年9月27日 |
| 图形 | 3434582 | 12 | 2014年8月20日 |
| 徐工 | 3434583 | 12 | 2014年8月20日 |
| XCMG | 3552539 | 12 | 2014年12月13日 |
| 徐工 | 3552540 | 12 | 2014年12月13日 |
| 徐工;XCMG | 3552541 | 12 | 2014年12月13日 |
| 徐工集团;XCMG | 3552542 | 7 | 2015年1月13日 |
| 徐工集团 | 3552543 | 7 | 2015年1月13日 |
| XCMG | 3552544 | 7 | 2015年3月6日 |
| 徐工集团;XCMG | 3552545 | 7 | 2015年3月6日 |
| 徐工集团;XCMG | 3552546 | 6 | 2014年11月27日 |
| 徐工 | 634466 | 7 | 2013年3月19日 |
| 图形 | 634474 | 7 | 2013年3月19日 |
| 徐工 | 635677 | 8 | 2013年3月29日 |
| 图形 | 635678 | 8 | 2013年3月29日 |

续表

| 商标 | 注册号 | 类别 | 有效期截止 |
| --- | --- | --- | --- |
| 图形 | 636558 | 12 | 2013年4月6日 |
| 徐工 | 636559 | 12 | 2013年4月6日 |
| 图形 | 638473 | 6 | 2013年4月20日 |
| 徐工 | 638500 | 6 | 2013年4月20日 |
| 徐工 | 772964 | 42 | 2014年11月27日 |
| 徐工 XCM | 775849 | 37 | 2015年1月13日 |
| 徐工 XCM | 777158 | 41 | 2015年2月6日 |
| XCM | 784507 | 7 | 2015年10月20日 |
| XCM | 784516 | 7 | 2015年10月20日 |
| XCM | 792518 | 12 | 2015年11月20日 |
| 海虹 | 155871 | 7 | 2013年2月28日 |
| 海虹 | 350543 | 7 | 2009年6月9日 |

本所律师认为,上述注册商标属于徐工机械,转让至徐工科技名下不存在法律障碍。

(二)研究中心相关资产

研究中心系徐工机械所属分支机构,注册于2004年4月24日,经营范围是工程机械研究、开发、试验、自研产品及配件销售、技术服务。根据《徐州工程机械科技股份有限公司非公开发行股份购买资产暨关联交易报告书(草案)》,本次交易,研究中心的全体人员将与试验中心相关资产、负债以及业务等整体进入徐工科技,以保证试验运作的稳定性。

根据仁合资产评估报告,研究中心如下资产将通过本次交易进入徐工科技:

(1)土地使用权

| 宗地位置 | 土地证号 | 使用权类型 | 土地用途 | 土地面积($m^2$) | 终止日期 |
| --- | --- | --- | --- | --- | --- |
| 金山桥开发区一期工业区 | 徐土国用(2002)字第26208号 | 出让 | 工业 | 44,672 | 2044年7月7日 |

(2)房屋所有权

| 地址 | 房产证号 | 产别 | 幢号/建筑面积($m^2$) |
| --- | --- | --- | --- |
| 金山桥工业一区 | 徐房权证金山桥字第5788号 | 公产 | 幢号1至5/面积13,201.19 |

(3)专利权

| 专利名称 | 专利类型 | 专利号/申请号 | 状态 |
| --- | --- | --- | --- |
| 电控变速箱换挡控制器 | 实用新型 | ZL200720034072.3 | 授权公告 |
| 工程车操纵室电动刮水器试验装置 | 实用新型 | ZL200620125967.3 | 授权公告 |
| 工程车辆封闭式前照灯 | 实用新型 | ZL200620125966.9 | 授权公告 |

(4)主要经营设备

根据仁合评估报告,研究中心主要经营设备包括试验研究设备等。

(5)负债

研究中心账面短期借款人民币8800万元,已取得债权人出具的《同意函》,同意在徐工机械和徐工科技办理相关《借款合同》及其相关担保合同的变更手续后,将上述负债转为徐工科技承担。

研究中心账面与徐工机械往来款人民币79.5万元,系研究中心作为徐工机械所属分支机构,由徐工机械拨付分支机构款项,该等债务的转移经徐工机械同意。

经核查,研究中心为徐工机械所属分支机构,截至本法律意见书出具之日,上述研究中心资产均属徐工机械所有,该等资产未设定质押或抵押,也不存在产权纠纷,可以依法转让至徐工科技;截至本法律意见书出具之日,上述负债转至徐工科技承担已获得债权人同意。

(6)未办证房屋

| 房屋名称 | 房屋建筑面积($m^2$) | 坐落 |
| --- | --- | --- |
| 办公楼 | 11,700.85 | 徐州经济开发区工业一区 |
| 小计 | 11,700.85 | |
| 喷漆房(彩钢) | 153.72 | 徐州市驮蓝山路1号 |
| 烤漆房(彩钢) | 77.06 | 徐州市驮蓝山路1号 |
| 小计 | 230.78 | |

对于研究中心使用的上述办公楼,徐州市房产管理局已出具《证明》,证明上述房屋属于徐工机械拥有;目前该等房屋所有权证书正在办理之中;徐工机械有权以该等房屋所有权认购徐工科技非公开发行股份;在中国证监会批准本次交易之后,该等房屋转让至徐工科技并无障碍。

对于上述研究中心使用的喷漆房(彩钢)和烤漆房(彩钢),徐州市房产管理局已出具《关于为徐工集团下属企业办理房产证情况的函》,说明"上述房屋权属证书正在办理过程中,办证无障碍。"

据此,本所律师认为,上述房屋属于徐工机械,转让至徐工科技名下不存在法律障碍。

(三)研究中心相关人员安排

根据徐工机械与徐工科技签署的《非公开发行股份购买资产协议》的约定:本次交易研究中心相关资产将置入徐工科技,以保证试验运作的稳定性,研究中心相关工作人员39人也将进入徐工科技;徐工科技和徐工机械已确认,在目标资产交割完成后,上述相关工作人员的劳动关系转移手续依照相关的劳动法律、法规办理;在劳动关系转移手续办理完毕之后,上述相关工作人员工龄连续计算,相关劳动保险、劳动保障、各项福利待遇保持不变,均继续享受;徐工机械确认,由于上述相关工作人员劳动关系转移至徐工科技所产生的一切相关费用均由徐工机械予以承担。

上述研究中心相关人员已出具书面同意函,同意上述人员安排方案。

经核查,本次交易涉及的上述人员安排方案合法合规,不存在损害职工利益的情形。

## 八、本次发行及购买资产后徐工科技的独立性

1. 本次发行及购买资产不会影响徐工科技的资产完整,不会影响徐工科技的

人员、机构、财务、业务的独立，徐工科技仍拥有独立的组织管理、生产经营、财务管理系统，并具有面向市场自主经营的能力。

2. 徐工科技的实际控制人为徐工集团，本次向特定对象发行股份购买资产完成后，徐工科技实际控制人未发生变更。

3. 本次发行及购买资产不会影响徐工科技股东大会、董事会和监事会的运作，徐工科技的治理结构仍将符合相关法律、法规和规范性文件的规定和其章程的要求。

4. 徐工科技公司章程规定了关联交易的决策、回避表决、信息披露的程序，已有必要的措施保护其他股东的合法利益，本次发行及购买资产不会影响徐工科技的关联交易制度的实施。

本所律师认为，本次发行及购买资产虽然增加了徐工机械持有的上市公司股份，但不会对徐工科技的法人治理结构和独立性造成不利影响。

**九、同业竞争及关联交易**

（一）同业竞争

由于徐工科技公司改制时间较早，本次交易前徐工机械与徐工科技存在一定程度的同业竞争。通过本次交易，徐工科技将收购目标资产，从而有效减少徐工机械与徐工科技存在的同业竞争。

徐工机械已做出避免同业竞争承诺，主要内容如下：

“只要公司仍直接或间接对上市公司拥有控制权或重大影响，本公司及本公司的全资子公司、控股子公司或本公司拥有实际控制权或重大影响的其他公司将不会从事任何与上市公司目前或未来所从事的业务发生或可能发生竞争的业务。”

“如本公司及本公司的全资子公司、控股子公司或本公司拥有实际控制权或重大影响的其他公司现有经营活动可能在将来与上市公司发生同业竞争或与上市公司发生利益冲突，本公司将放弃或将促使本公司之全资子公司、控股子公司或本公司拥有实际控制权或重大影响的其他公司无条件放弃可能发生同业竞争的业务，或将本公司之全资子公司、控股子公司或本公司拥有实际控制权或重大影响的其他公司以交易公平、公允的市场价格，在适当时机全部注入上市公司。”

本所律师认为，本次交易的实施将有效减少徐工科技与徐工机械的同业竞争；本次交易不会导致徐工科技与徐工机械之间产生新的同业竞争。

（二）关联交易

为规范本次交易完成后的经常性关联交易，上市公司的控股股东徐工机械和实际控制人徐工集团已分别出具《规范关联交易的承诺函》，作出如下承诺：

“徐工集团、徐工机械及其全资子公司、控股子公司或其拥有实际控制权或重大影响的其他公司不会利用拥有的徐工科技股东权利或者实际控制能力操纵、指使徐工科技或者其董事、监事、高级管理人员，使得徐工科技以不公平的条件，提供或者接受资金、商品、服务或者其他资产，或从事任何损害徐工科技利益的行为。”

“徐工集团、徐工机械及其全资子公司、控股子公司或其拥有实际控制权或重大影响的其他公司与徐工科技进行关联交易均将遵循平等、自愿、等价、有偿的原则，保证交易公平、公允，维护徐工科技的合法权益，并根据法律、行政法规、中国证监会及证券交易所的有关规定和公司章程，履行相应的审议程序并及时予以披露。”

此外，上市公司与徐工机械、徐工集团签署了《关联交易定价协议》，其主要内容是：

“按照如下原则确定各方及其下属企业之间关联交易的成交价格，但最终成交价格以权力机构批准的关联交易协议为准：

(1)房屋租赁价格按照如下公式计算确定:

年租金 =(租赁面积 ÷ 房屋总面积)×(房产评估价值 ÷ 使用年限)× 租赁年限

(2)商标使用费按照如下方式收取:

徐工机械下属企业徐州徐工筑路机械有限公司每年因使用徐工相关品牌商标需向徐工科技支付商标使用费150万元;徐工机械下属企业徐州徐工挖掘机械有限公司每年因使用徐工相关品牌商标需向徐工科技支付商标使用费50万元。

(3)采购货物、代理进出口、提供技术研究及产品实验:

a. 实行国家固定价格的,以有权机关最近一次发布的价格为准;

b. 实行国家定价范围内浮动价格的,以有权机关最近一次发布的浮动价格的中间价为准;

c. 实行市场价格的,按照货物销售地或服务提供地的最近一年市场平均价格为准;

d. 若无可比市场价格的,则以合理成本费用加上合理利润后构成的价格为准。

"每笔关联交易发生前,各方应进行充分的沟通,以使各方全面了解上市公司及其下属企业所需货物或服务的名称、品质、性能、位置、服务方式、服务内容、服务标准等信息,并以最终签署的相关买卖或服务合同中确定的价格为最终定价。"

"对按本协议第(3)项d款确定价格的,上市公司有权要求徐工机械和徐工集团提供成本构成及核算的详细说明,如上市公司或上市公司非关联董事、独立董事或非关联股东对该成本构成或核算方法提出异议,徐工机械和徐工集团应根据上市公司或上市公司非关联董事、独立董事或非关联股东之意见作相应调整。"

经核查,徐工科技的《公司章程》及《关联交易制度》等工作制度已对关联交易的决策、回避表决的程序已做了相关规定,对于本次交易之后的可能发生的关联交易,徐工科技与徐工机械、徐工集团签署了《关联交易定价协议》予以进一步规范,符合有关法律法规的规定。

## 十、实施本次交易的行为

1. 截至本法律意见书出具日,上市公司实施本次交易的行为,符合《发行管理办法》和《重组管理办法》的要求;

2. 截至本法律意见书出具日,本次交易涉及的其他相关权利、义务处理合法有效,实施不存在法律障碍;

3. 截至本法律意见书出具日,上市公司和徐工机械履行了法定披露和报告义务,不存在应披露而未披露的合同、协议或安排。

## 十一、本次交易的中介机构及其资格合法性

经本所律师查证,参与本次交易的中介机构如下:

(一)独立财务顾问

本次交易的独立财务顾问为华泰证券股份有限公司,华泰证券股份有限公司具有合法的执业资格。

(二)资产评估机构

本次交易的资产评估机构为江苏仁合资产评估有限公司,江苏仁合资产评估有限公司具有合法的执业资格。

(三)审计及盈利预测机构

本次交易的审计及盈利预测机构为江苏苏亚金诚会计师事务所有限公司,江苏苏亚金诚会计师事务所有限公司具有合法的执业资格。

(四)法律顾问

徐工科技已委托本所作为本次交易的法律顾问,本所具有合法的执业资格。

## 十二、关于本次交易的特别事项

就徐工机械及其关联方、关联方董事、监事、高级管理人员(或主要负责人)及相关经办人员和他们的直系亲属自本次交易所涉及事项停牌前6个月至重大资产重组报告书公布之日止(2007年12月12日至2008年9月24日,以下简称“核查期间”)买卖上市公司股票的情况,上市公司向本所律师提供了:本次交易关联方徐工集团、徐工机械、上市公司《董事、监事、高级管理人员(或主要负责人)、相关经办人员及其直系亲属名单》、中国证券登记结算有限责任公司深圳分公司出具的《信息披露义务人持股变更查询结果报表》和《股东股份变更信息报表》,以及徐工集团、徐工机械和徐工科技出具的《关于买卖徐州工程机械科技股份有限公司股票相关情况的说明》和相关买卖股票人员的书面声明和承诺。

根据上述文件,上述企业及其相关人员和他们的直系亲属于核查期间买卖上市公司股票的情况如下:

(一)徐工机械

| 姓名 | 职务/身份关系 | 核查期间买卖上市公司股票的情况 |
| --- | --- | --- |
| 王玲 | 副总经理张玉纯配偶 | 2008年1月8日,卖出1000股 |
| 杨勇 | 董事/副总经理 | 2008年1月9日,高管股解锁7832股<br>2008年4月2日,卖出7832股<br>2008年6月3日,买入10,000股 |
| 路豫湘 | 杨勇配偶 | 2008年5月6日,买入3000股<br>2008年5月15日,卖出3000股 |
| 包新燕 | 监事王庆祝配偶 | 详见中国证券登记结算有限责任公司深圳分公司出具的股东股份变更信息报表 |

(二)徐工集团

| 姓名 | 职务/身份关系 | 核查期间买卖上市公司股票的情况 |
| --- | --- | --- |
| 王玲 | 副总经理张玉纯配偶 | 2008年1月8日卖出1000股 |
| 杨勇 | 董事/副总经理 | 2008年1月9日高管股解锁7832股<br>2008年4月2日卖出7832股<br>2008年6月3日买入10,000股 |
| 路豫湘 | 杨勇配偶 | 2008年5月6日买入3000股<br>2008年5月15日卖出3000股 |
| 陈淑琴 | 监事(已退休) | 2008年1月3日卖出1000股 |

(三)上市公司

| 姓名 | 职务/身份关系 | 核查期间买卖上市公司股票的情况 |
| --- | --- | --- |
| 王玲 | 董事张玉纯配偶 | 2008年1月8日,卖出1000股 |
| 汤春蔓 | 董事周立成配偶 | 2008年4月30日,买入10,000股<br>2008年6月10日,卖出10,000股 |

(四)对上述人员买卖上市公司股票行为性质的核查

1. 本次交易动议时间

根据徐工集团、徐工机械和上市公司的说明及本所律师核查,上市公司本次交易的动议过程及时间如下:

(1)上市公司股票停牌之前(2008年6月13日之前)

2008年5月4日,徐工集团向徐州市人民政府提交了《关于推进徐工集团改革改制的请示》(徐工集(2008)42号),其向徐州市人民政府请示推进徐工机械改革改制工作,由徐工机械引进战略投资者,对徐工机械进行增资扩股,争取2009年底前在国内证券市场公开发行股票。

根据徐工集团、徐工机械和上市公司的说明,此后徐工机械开始积极筹备其引进战略投资者进行增资扩股的有关方案。

2008年6月12日,徐州市人民政府通知徐工机械,拟将徐工机械相关经营资产注入上市公司,并要求立即向深圳证券交易所申请股票停牌。徐工机械立即通知上市公司向深圳证券交易所报告此重大事项,同时申请上市公司股票停牌。

在接到徐州市人民政府上述通知之前,徐工集团、徐工机械和上市公司并未筹备本次交易相关事宜。

2008年6月13日,经深圳证券交易所审核同意,上市公司股票于该日停牌。

在接到徐州市人民政府通知至上市公司股票停牌期间,徐工机械及上市公司董事长王民、徐工机械副总经理王岩松、上市公司董事会秘书费广胜参与有关重大事项报告及申请停牌事宜。

(2)上市公司股票停牌之后

2008年7月15日,徐工集团召开董事会会议,审议通过了本次交易的有关方案。

2008年7月15日,徐工机械召开董事会会议,审议通过了本次交易的有关方案。

2008年7月24日,徐工科技召开董事会会议,审议通过本次交易的相关预案。

2008年9月24日,徐工科技召开董事会会议,审议通过本次交易的正式方案。

2008年10月10日,徐工科技2008年第三次临时股东大会审议通过本次交易的正式方案。

2. 上述买卖上市公司股票人员参与决策的情况

根据徐工集团、徐工机械和上市公司的说明和本所律师核查,本次交易系在上市公司股票停牌之后(2008年6月13日之后)方开始筹备。于上述筹备期间,杨勇作为徐工集团和徐工机械董事、副总经理参与了本次交易的相关决策程序;张玉纯作为上市公司董事、徐工机械副总经理、徐工集团副总经理参与了本次交易的决策程序;周立成作为上市公司董事参与了本次交易的相关决策程序;王庆祝作为徐工机械监事未参与本次交易的相关决策程序;陈淑琴作为徐工集团监事未参与本次交易的相关决策程序。

3. 上述买卖上市公司股票人员的声明和承诺

(1)徐工集团和徐工机械董事副总经理杨勇

徐工集团和徐工机械董事副总经理杨勇已出具书面声明和承诺,其对涉及本次交易相关信息严格保密,并未向任何人披露本次交易的有关信息;其配偶、子女也同时承诺在上述买卖上市公司股票期间并未获知本次交易的有关信息:

①杨勇配偶股票账户存在的上述买卖上市公司股票的情形,是其配偶在并未获知本次交易有关信息的情况下,基于对二级市场交易情况的自行判断而进行的操作。

②杨勇股票账户是由其子女杨杰实际操作。杨杰是在并未获知本次交易有关信息的情况下，基于对二级市场交易情况的自行判断而进行的操作，杨勇对此买卖股票行为并不知情。

(2)上市公司董事、徐工机械副总经理、徐工集团副总经理张玉纯

上市公司董事、徐工机械副总经理、徐工集团副总经理张玉纯已出具书面声明和承诺，其对涉及本次交易的相关信息严格保密，并未向任何人披露本次交易的有关信息；张玉纯配偶王玲也同时声明，其股票账户存在的上述股票卖出行为，是其在并未获知本次交易有关信息的情况下，基于对二级市场交易情况的自行判断而进行的操作。

(3)徐工集团监事陈淑琴

徐工集团监事陈淑琴已出具书面声明和承诺，其作为徐工集团监事，没有参与本次交易的决策过程，也未通过其他任何途径获得本次交易的相关内容和信息，上述卖出上市公司股票的行为是其基于对二级市场交易情况的自行判断而进行的操作。

(4)徐工机械监事王庆祝

徐工机械监事王庆祝已出具书面声明和承诺，其并未参与本次交易的决策，也未通过其他任何途径获得本次交易的相关内容和信息；王庆祝配偶同时也声明，其上述买卖上市公司股票的行为是在并未获知本次交易有关信息的情况下，基于对二级市场交易情况的自行判断而进行的操作。

(5)上市公司董事周立成

上市公司董事周立成已出具书面声明和承诺，其对涉及本次交易的相关信息严格保密，并未向任何人披露本次交易的有关信息；周立成配偶声明，其上述买卖上市公司股票的行为是在并未获知本次交易有关信息的情况下，基于对二级市场交易情况的自行判断而进行的操作。

4. 本所律师认为

除徐工机械监事王庆祝配偶包新燕于2008年7月29日卖出12,900股、于2008年7月30日卖出8000股上市公司股票之外，上述相关人员买卖上市公司股票行为均系发生在上市公司本次交易开始筹备之前(即上市公司股票停牌之前，2008年6月13日之前)；该等人士已声明其上述买卖上市公司股票行为系在未获知本次交易有关信息的情况下进行的。

徐工机械徐监事王庆祝及其配偶包新燕已书面声明其上述买卖上市公司股票的行为是在并未获知本次交易有关信息的情况下，基于对二级市场交易情况的自行判断而进行的操作。

基于上述，本所律师认为，该等人士买卖上市公司股票的行为不具备内幕交易的基本构成要件，不属于《证券法》所禁止的证券交易内幕信息的知情人利用内幕信息从事证券交易的活动；该等人士买卖上市公司股票的行为不构成本次交易的法律障碍。

## 十三、结论

综上所述，本所律师认为，截至本法律意见书出具之日，除本法律意见书第三条“本次发行及购买资产的批准”所载明的尚需取得批准外，徐工科技本次发行及购买资产符合法律、法规和规范性文件的有关规定，符合各项程序性和实质性条件的要求。

截至本法律意见书出具之日，徐工科技本次发行及购买资产行为、相关协议和整体方案合法有效，徐工科技、徐工机械具备主体资格，本次交易所涉及的相关权利、义务处理合法有效；徐工科技实施本次发行及购买资产行为符合《发行管理办法》、《重组管理办法》的要求；本次交易实施不存在法律障碍；徐工科技履行了法定披露

和报告义务,不存在应披露而未披露的合同、协议或安排。

本次交易及相关事项的履行尚需中国证监会核准本次发行及购买资产、豁免徐工机械因本次发行及购买资产所触发的要约收购义务。

北京中论律师事务所

签字律师:方　路

负 责 人:张学兵　张　忠

# 关于北京兆维科技股份有限公司资产置换及向特定对象发行股份购买资产的法律意见书

致:北京兆维科技股份有限公司

本所作为在中国取得律师执业资格的律师事务所,根据《中华人民共和国证券法》(以下简称《证券法》)、《中华人民共和国公司法》(以下简称《公司法》)、中国证券监督管理委员会发布的《上市公司证券发行管理办法》(以下简称《发行办法》)、《上市公司重大资产重组管理办法》(以下简称《重组办法》)和《公开发行证券的公司信息披露内容与格式准则第 26 号——上市公司重大资产重组申请文件》等法律、法规和中国证券监督管理委员会的有关规定(以下简称法律、法规和规范性文件),以及北京兆维科技股份有限公司(以下简称发行人或兆维科技)与本所签订的《专项法律顾问协议》,按照律师行业公认的业务标准、道德规范和勤勉尽责精神,就发行人资产置换及向特定对象发行股份购买资产(以下简称本次交易)事宜,出具本法律意见书。

本所已履行了法定职责,遵循了勤勉尽责和诚实信用原则,对发行人本次交易申请的合法、合规、真实、有效进行了充分的核查验证,保证本法律意见书不存在虚假、误导性陈述及重大遗漏。

本所同意将本法律意见书作为发行人就本次交易必备的法律文件,随同其他材料一同上报中国证券监督管理委员会,并愿意承担相应的法律责任。

本所同意发行人部分或全部在其关于本次交易申请文件及其他材料中自行引用或按中国证券监督管理委员会审核要求引用本法律意见书的内容,但不得因引用而导致法律上歧义或曲解。

本法律意见书不对会计、审计、资产评估、财务分析、投资决策、业务发展等其他法律之外的专业事项和报告发表意见。本法律意见书中对有关会计报表、审计报告或业务报告中某些数据和结论的引述,并不意味着本所对这些数据、结论的真实性和准确性作出任何明示或默示的保证。对于该等数据、报告的内容,本所以及本所律师并不具备核查和作出评价的适当资格。

若无特殊说明,本法律意见书所述之货币单位均为人民币。

在本法律意见书内,除非另有说明,下述词语的含义如下:

| 词语 | 含义 |
| --- | --- |
| 中国证监会 | 中国证券监督管理委员会 |
| 北京市国资委 | 北京市人民政府国有资产监督管理委员会 |
| 上证所 | 上海证券交易所 |
| 登记结算公司 | 中国证券登记结算有限责任公司上海分公司 |
| 《股票上市规则》 | 《上海证券交易所股票上市规则》 |
| A股 | 境内上市人民币普通股股票 |
| B股 | 境内上市外资股股票 |
| 北京电控 | 北京电子控股有限责任公司 |
| 和智达 | 北京和智达投资有限公司 |
| 兆维集团 | 北京兆维电子(集团)有限责任公司 |
| 电子城 | 北京电子城有限责任公司 |
| 丽水嘉园 | 北京市丽水嘉园房地产开发有限公司 |
| 七星集团 | 北京七星华电科技集团有限责任公司 |
| 京东方 | 京东方科技集团股份有限公司 |
| 东光微电子 | 北京东光微电子有限责任公司 |
| 燕东微电子 | 北京燕东微电子有限公司 |
| 信息学院 | 北京信息职业技术学院 |
| 物资公司 | 中国电子物资北京公司 |
| 将台公司 | 北京市将台经济技术开发公司 |
| 电子城其他股东 | 七星集团、京东方、东光微电子、燕东微电子、信息学院、物资公司及将台公司 |
| 丽安嘉信 | 北京市丽安嘉信物业服务有限公司 |
| 合力开发 | 北京电控合力开发建设有限公司 |
| 兆维工装 | 北京兆维工装有限公司 |
| 兆维光通信 | 北京兆维光通信技术有限公司 |
| 兆维信源 | 北京兆维信源通讯技术有限公司 |
| 博西设备 | 北京博西电力转换设备有限公司 |
| 华鑫设备 | 华鑫金融设备系统有限责任公司 |
| 兆维泰奇 | 北京兆维泰奇科技有限公司 |
| 兆维开发 | 北京兆维科技开发有限公司 |
| 兆维自服设备 | 北京兆维自助服务设备技术有限公司 |
| 金朋电镀 | 北京金朋电镀器材有限责任公司 |
| 康宁光缆 | 北京康宁光缆有限公司 |
| 浙江华盟 | 浙江华盟股份有限公司 |
| 民族证券 | 中国民族证券有限责任公司 |
| 中审亚太 | 中审亚太会计师事务所有限公司 |
| 中联评估 | 中联资产评估有限公司 |
| 本所 | 北京市竞天公诚律师事务所 |

续表

| 词语 | 含义 |
| --- | --- |
| 置出资产 | 发行人拥有的、经审计和评估的全部资产及负债 |
| 置入资产 | 电子城91.36%股权和丽水嘉园100%股权 |
| 评估基准日 | 2009年4月30日 |
| 置出公司 | 发行人拥有股东权益的控股子公司及参股公司 |
| 置入公司 | 电子城和丽水嘉园 |

## 一、本次交易方案的主要内容

发行人第七届董事会第八次会议于2009年5月8日审议通过了《关于公司符合重大资产重组和非公开发行股份相关法律、法规规定的议案》、《审议〈北京兆维科技股份有限公司重大资产重组预案〉的议案》、《公司董事会关于重组符合〈关于规范上市公司重大资产重组若干问题的规定〉第四条规定的说明》、《关于签署相关重大资产置换及发行股份购买资产等协议的议案》及《关于召开公司临时股东大会的议案》。

发行人第七届董事会第九次会议于2009年6月10日审议通过了《公司重大资产置换及发行股份购买资产暨关联交易的议案》、《公司审议〈北京兆维科技股份有限公司重大资产置换及发行股份购买资产暨关联交易报告书(草案)〉及〈报告书摘要〉的议案》、《公司董事会对评估机构的独立性、评估假设前提的合理性、评估方法与评估目的的相关性以及评估定价的公允性发表的意见》、《关于批准涉及公司重大资产置换及发行股份购买资产暨关联交易的相关审计、评估及盈利预测报告的议案》、《关于签署本次重大资产置换及发行股份购买资产相关补充协议和利润补偿协议等协议的议案》、《关于提请股东大会批准和智达及一致行动人免于以要约方式增持公司股份的议案》、《关于提请股东大会授权董事会办理本次重大资产置换及发行股份购买资产暨关联交易相关事宜的议案》及《关于召开公司2009年第一次临时股东大会的议案》。

发行人2009年第一次临时股东大会于2009年6月26日审议通过了《关于公司符合重大资产重组和非公开发行股份相关法律、法规规定的议案》、《关于签署相关重大资产置换及发行股份购买资产等协议的议案》、《北京兆维科技股份有限公司重大资产置换及发行股份购买资产暨关联交易的议案》、《公司审议〈北京兆维科技股份有限公司重大资产置换及发行股份购买资产暨关联交易报告书(草案)〉及〈报告书摘要〉的议案》、《关于签署本次重大资产置换及发行股份购买资产相关补充协议和利润补偿协议等协议的议案》、《关于提请股东大会批准和智达及一致行动人免于以要约方式增持公司股份的议案》及《关于授权董事会办理本次重大资产置换及发行股份购买资产暨关联交易相关事宜的议案》。

根据上述议案,本次交易方案的主要内容如下:

(一)整体资产置换

1. 资产置出:发行人拟将置出资产转让至兆维集团。根据中联评估于2009年5月20日出具的《资产评估报告书》(中联评报字〔2009〕第186号),置出资产评估值为11,917.36万元。各方协商确定置出资产的交易价格为11,917.36万元。

2. 资产置入:和智达拟将置入资产转

让至发行人。根据中联评估于2009年5月20日出具的《资产评估报告书》(中联评报字〔2009〕第187号)及《资产评估报告书》(中联评报字〔2009〕第188号),置入资产评估值为242,250.80万元。各方协商确定置入资产的交易价格为242,250.80万元。

3. 兆维集团将其拥有的发行人2400.22万股A股股份作为和智达以其置入资产代替兆维集团置换发行人拥有的置出资产的对价,转让至和智达;前述2400.22万股A股股份与置出资产的溢价部分,由和智达向兆维集团支付现金1500万元。

(二)发行股份购买资产

置入资产交易价格超过置出资产交易价格的差额部分230,333.45万元,由发行人向和智达发行股份购买;发行人另拟向七星集团、京东方、东光微电子、燕东微电子、信息学院、物资公司及将台公司等电子城其他股东发行股份购买其合计拥有的电子城8.64%股权(以下简称本次发行)。本次发行具体情况如下:

1. 发行股份的种类和面值

本次发行的股份为A股,每股面值1元。

2. 发行方式

本次发行采取向特定对象发行股份的方式。

3. 发行对象

本次发行股份的对象为和智达、七星集团、京东方、东光微电子、燕东微电子、信息学院、物资公司及将台公司八家法人单位。

4. 购买资产范围及定价

(1)置入资产交易价格超过置出资产交易价格的差额部分:根据中联评估就置入资产于2009年5月20日出具的《资产评估报告书》(中联评报字〔2009〕第187号)及《资产评估报告书》(中联评报字〔2009〕第188号)和就置出资产于2009年5月20日出具的《资产评估报告书》(中联评报字〔2009〕第186号),置入资产评估值超过置出资产评估值的差额为230,333.45万元。各方协商确定置入资产超过置出资产的差额部分的交易价格为230,333.45万元。

(2)七星集团、京东方、东光微电子、燕东微电子、信息学院、物资公司及将台公司合计拥有的电子城8.64%股权。根据中联评估就电子城于2009年5月20日出具的《资产评估报告书》(中联评报字〔2009〕第187号),该部分股权对应的评估值为18,758.22万元。各方协商确定该部分股权的交易价格为18,758.22万元。

5. 发行价格

本次发行股份的价格为6.03元/股,即发行人第七届董事会第八次会议决议公告日(2009年5月8日)前20个交易日发行人股票交易均价(发行定价基准日前20个交易日发行人股票交易总额除以发行定价基准日前20个交易日发行人股票交易总量)。发行人股份在本次发行定价基准日至发行日期间除权、除息的,本次发行价格随之进行调整。

6. 发行数量及限售期安排

发行人向各发行对象的发行数量及限售期安排如下:

| 发行对象 | 发行数量(股) | 限售期 |
|---|---|---|
| 和智达 | 381,979,181 | 自股份发行结束之日起36个月 |
| 七星集团 | 11,456,076 | 自股份发行结束之日起36个月 |

续表

| 发行对象 | 发行数量(股) | 限售期 |
| --- | --- | --- |
| 京东方 | 9,819,493 | 自股份发行结束之日起36个月 |
| 东光微电子 | 1,636,582 | 自股份发行结束之日起36个月 |
| 燕东微电子 | 1,636,582 | 自股份发行结束之日起36个月 |
| 信息学院 | 1,636,582 | 自股份发行结束之日起36个月 |
| 物资公司 | 1,636,582 | 自股份发行结束之日起12个月 |
| 将台公司 | 3,273,164 | 自股份发行结束之日起12个月 |
| 合计 | 413,074,242 | — |

7. 上市地点

发行人本次发行的股份在上证所上市交易。

8. 本次交易决议有效期

本次交易决议的有效期为发行人股东大会审议通过之日起12个月。

本所认为,本次交易方案符合法律、法规和规范性文件以及发行人《章程》的规定。

## 二、本次交易的主体以及资格

本次交易的主体包括股份发行人和股份发行对象、资产置出方和资产置入方及置出资产受让方。

(一)兆维科技既为股份发行人,又为资产置出方

1. 发行人目前基本法律状况

发行人是一家依法成立并有效存续股份有限公司,成立于1986年12月26日,发行人发行的股票在上证所挂牌交易,股票代码为"600685",股票简称为"兆维科技"。截至本法律意见书出具之日,发行人的股份总数为167,023,116股,其中兆维集团拥有发行人34,002,194股股份,占发行人股份总数的20.36%,是发行人第一大股东和控股股东;北京电控拥有兆维集团100%的股权,北京电控为发行人的实际控制人。

发行人现持有北京市工商行政管理局于2008年7月3日核发的《企业法人营业执照》(注册号为110000001007641),住所为北京市朝阳区酒仙桥路14号,法定代表人为赵炳弟,注册资本为16,702.31万元,实收资本为16,702.31万元,公司类型为股份有限公司(上市),经营范围为"制造自助服务设备(组装自动柜员机、存款机、外币兑换机、制卡机、自动售货机、自动售票系统、信息服务终端);系统集成、工程施工、安防器材制造及销售自营和代理各类商品和技术的进出口,但国家限定公司经营或禁止进出口商品和技术除外;制造印刷设备及材料、机箱、家具(限分支机构经营);法律、行政法规、国务院决定禁止的,不得经营;法律、行政法规、国务院决定规定应经许可的,经审批机关批准并经工商行政管理机关登记注册后方可经营;法律、行政法规、国务院决定为规定许可的,自主选择经营项目开展经营",营业期限自1997年7月5日至长期。

2. 发行人成立及重大法律事项的变更

(1)发行人的前身

发行人前身为北京市天龙股份有限公司(以下简称天龙股份),成立于1986年12月26日。设立时,天龙股份总股本为1037.8万元,每股面值为100元;其中,北京崇文天龙公司(以下简称天龙公司)出资500.95万元,北京市供销合作总社(以

下简称北京供销社)出资498.85万元,北京市崇文区商业网点管理处出资38万元。经中国证监会证监发审字〔1993〕5号文复审通过,并经上证所上证上〔93〕字第2033号文审核同意,天龙股份股票于1993年5月24日在上证所挂牌交易,股票简称为"天龙股份"。

(2)发行人的2000年度至2001年度重组

天龙公司与兆维集团于2000年10月31日签署《股权转让及公司重组合同》,天龙公司将其拥有的天龙股份30,530,676股股份转让给兆维集团;北京供销社和兆维集团于2000年10月31日签署《股权转让协议》,北京供销社将其拥有的天龙股份8,351,156股股份转让给兆维集团;北京农行信托投资公司与兆维集团于2000年12月20日签署《股权转让协议》,北京农行信托投资公司将其拥有的天龙股份9,705,600股股份转让给兆维集团。

天龙股份与兆维集团分别于2000年11月2日及2000年11月21日签署《资产置换协议》和《资产置换协议修正案》,并经天龙股份于2000年12月8日召开的2000年临时股东大会审议通过,天龙股份以审计后净值为21,378.24万元的资产作价,置换兆维集团经评估的价值为19,545.04万元的净资产,差额1833.2万元由兆维集团以现金补足。

经天龙股份2001年第一次临时股东大会于2001年3月10日审议通过,并经北京市工商行政管理局于2001年3月23日核准,天龙股份名称变更为"北京兆维科技股份有限公司"。2001年4月9日,天龙股份股票简称变更为"兆维科技"。

上述重组完成后,兆维集团拥有发行人48,587,432股股份,占发行人股份总数的29.09%,成为发行人的第一大股东及控股股东。

(3)发行人的股权分置改革

经北京市国资委于2006年6月6日核发《关于北京兆维科技股份有限公司股权分置改革有关问题的批复》(京国资产权字〔2006〕142号)核准,并经发行人于2006年6月12日召开的股东大会批准,发行人实施股权分置改革。

股权分置改革方案实施后,兆维集团拥有发行人41,530,748股股份,占发行人股份总数的24.87%,全部为有限售条件的流通股;其他股份全部为无限售条件的流通股。

3. 发行人最近三年控股权变动情况

经核查,截至本法律意见书出具之日,兆维集团拥有发行人34,002,194股A股股份,占发行人总股本的20.36%,为发行人控股股东。近三年来,发行人控股股东均为兆维集团,实际控制人均为北京电控;发行人控股股东和实际控制人未发生变化。

4. 发行人控股股东及实际控制人目前基本法律状况

(1)发行人控股股东目前基本法律状况

发行人控股股东为兆维集团,兆维集团成立于1997年9月16日。根据兆维集团现行有效的《章程》,北京电控拥有兆维集团100%的股权。

兆维集团现持有北京市工商行政管理局于2008年6月26日核发的《企业法人营业执照》(注册号为110000002109596),住所为北京市朝阳区酒仙桥路14号,法定代表人为赵炳弟,注册资本为75,656.07万元,实收资本为75,656.07万元,公司类型为有限责任公司(国有独资),经营范围为"制造、加工自动电话交换机、电子计算机、印制板、工具模具、机箱、集群通信系统、家具、日用电子器具;计算机软硬件开发;插件装焊测试;计算机交换机安装、调试、维修服务;货物运输服务;压铸压塑;自有房产的物业管理;机动车停车服务”,营业期限自 1997 年 9 月 16 日至 2017 年 9 月 15 日。

(2)发行人实际控制人目前基本法律状况

发行人实际控制人为北京电控,北京电控成立于 1997 年 4 月 8 日。北京市国资委拥有北京电控 100% 的股权。

北京电控现持有北京市工商行政管理局于 2006 年 4 月 3 日核发的《企业法人营业执照》(注册号为 1100001509967),住所为北京市朝阳区酒仙桥路 12 号,法定代表人为卜世成,注册资本为 130,737 万元,实收资本为 130,737 万元,公司类型为有限责任公司(国有独资),经营范围为“授权内的国有资产经营管理;通信类、广播电视视听类;计算机和外部设备及应用类;电子基础原材料和元器件类;家用电器及电子产品类;电子测量仪器仪表类;机械电器设备类;交通电子类产品及电子行业以外行业产品的投资及投资管理;房地产开发,出租、销售商品房;物业管理”,营业期限自 1997 年 4 月 8 日至 2017 年 4 月 7 日。

综上所述,本所认为,截至本法律意见书出具之日,发行人为依法成立并有效存续的上市公司,不存在法律、法规和规范性文件及其《章程》规定的应予终止的情形,发行人作为本次交易的主体,具有合法的资格;发行人最近三年控股权未发生变更;发行人控股股东兆维集团为依法成立并有效存续的有限责任公司,不存在法律、法规和规范性文件及其《章程》规定的应予终止的情形;发行人实际控制人北京电控为依法成立并有效存续的有限责任公司,不存在法律、法规和规范性文件及其《章程》规定的应予终止的情形。

(二)兆维集团为置出资产受让方

兆维集团目前基本法律状况详见本法律意见书“二、(一)4. 发行人控股股东及实际控制人目前基本法律状况”部分。

本所认为,兆维集团依法具有本次交易的主体资格。

(三)和智达、七星集团、京东方、东光微电子、燕东微电子、信息学院、物资公司及将台公司为股份发行对象,其中,和智达又为资产置入方

1. 和智达

和智达是一家依法成立并有效存续的有限责任公司,成立于 2008 年 10 月 30 日。根据和智达现行有效的《章程》,北京电控拥有和智达 100% 的股权。

和智达现持有北京市工商行政管理局于 2008 年 10 月 30 日核发的《企业法人营业执照》(注册号为 110000011422801),住所为北京市朝阳区酒仙桥甲 12 号 16 层 1607 室,法定代表人为卜世成,注册资本为 3000 万元,实收资本为 3000 万元,企业类型为有限责任公司(法人独资),经营范围为“投资及投资管理”,营业期限自 2008 年 10 月 30 日至 2028 年 10 月 29 日。

2. 七星集团

七星集团是一家依法成立并有效存续的有限责任公司,成立于 1999 年 6 月 10 日。根据七星集团现行有效的《章程》,北京电控拥有七星集团 53.35% 的股权,中国华融资产管理公司拥有七星集团 45.24% 的股权,中国信达资产管理公司拥有七星集团 1.41% 的股权。

七星集团现持有北京市工商行政管理局核发的《企业法人营业执照》(注册号为 110000000440503),住所为北京市朝阳区酒仙桥东路 1 号,法定代表人为杨文良,注册资本为 90,264.95 万元,实收资本为 90,264.95 万元,企业类型为有限责任公司,经营范围为“制造电子材料、元器件、零部件、机电一体化设备、仪器仪表、电子产品、汽车电子产品;自营和代理各类商品

及技术的进出口业务，但国家限定公司经营或禁止进出口的商品及技术除外；经营进料加工和“三来一补”业务，经营对销贸易和转口贸易”，营业期限自1999年6月10日至2029年6月9日。

3. 京东方

京东方是一家依法成立并有效存续股份有限公司，成立于1993年4月9日，京东方发行的股票在深圳证券交易所挂牌交易，A股股票代码为“000725”，A股股票简称为“京东方A”，B股股票代码为“200725”，B股股票简称为“京东方B”。截至本法律意见书出具之日，京东方的股份总数为8,282,902,447股，其中北京京东方投资发展有限公司拥有京东方723,762,253股股份，占京东方股份总数的8.74%，是京东方第一大股东和控股股东；北京电控拥有北京京东方投资发展有限公司56.25%的股权，并直接拥有京东方290,697,675股股份，占京东方股份总数的3.51%，北京电控为京东方的实际控制人。

京东方现持有北京市工商行政管理局于2008年9月8日核发的《企业法人营业执照》（注册号为110000005012597），住所为北京市朝阳区酒仙桥路10号，法定代表人为王东升，注册资本为3,282,902,447元，企业类型为股份有限公司（上市），经营范围为“电子产品、通信设备、电子计算机软硬件的制造及购销；计算机数据处理；机械电器设备、五金交电、建筑材料、纸制品、工业气体、工具模具、蒸汽热汽的制造、设计、销售；技术开发、技术咨询、技术服务、技术转让；承办展览展销活动；自营和代理各类商品和技术的进出口，但国家限定公司经营或禁止进出口的商品和技术除外；无线电寻呼业务；自有房产的物业管理（含房屋出租）；机动车停车服务”，营业期限自1997年2月17日至2047年2月16日。

经核查，经中国证监会以《关于核准京东方科技集团股份有限公司非公开发行股票的批复》（证监许可〔2009〕369号）核准，京东方非公开发行500,000万股A股股份，截至本法律意见书出具之日，京东方正在办理有关非公开发行500,000万股A股股份涉及的工商变更登记手续。

4. 东光微电子

东光微电子是一家依法成立并有效存续的有限责任公司，成立于1969年4月9日。根据东光微电子现行有效的《章程》，北京电控拥有东光微电子29.6%的股权，中国华融资产管理公司拥有东光微电子70.4%的股权。

东光微电子现持有北京市工商行政管理局于2006年8月16日核发的《企业法人营业执照》（注册号为1100001209708），住所为北京市朝阳区酒仙桥路12号，法定代表人为谢小明，注册资本为10,168.6万元，实收资本为10,168.6万元，企业类型为有限责任公司，经营范围为“制造、加工半导体器件、半导体集成电路原材料、电子工业专用设备；销售装饰材料、建筑材料、金属材料、五金交电、百货；货物仓储服务；房屋租赁”，营业期限自2000年12月29日至2010年12月28日。

5. 燕东微电子

燕东微电子是一家依法成立并有效存续的有限责任公司，成立于1987年10月6日。根据燕东微电子现行有效的《章程》，北京电控拥有燕东微电子73.26%的股权，中国长城资产管理公司拥有燕东微电子26.74%的股权。

燕东微电子现持有北京市工商行政管理局于2009年3月23日核发的《企业法人营业执照》（注册号为110000002083964），住所为北京市朝阳区东直门外西八间房，法定代表人为谢小明，注册资本为21,821.16万元，实收资本为21,821.16万元,企业类型为其他有限责任公司,经营范围为“制造、加工半导体器件;一般经营项目:设计、销售半导体器件及其应用技术服务;自营和代理各类商品及技术的进出口业务,但国家限定公司经营或禁止进出口的商品及技术除外”,营业期限自2000年12月28日至2010年12月27日。

6. 信息学院

信息学院是一家依法成立并有效存续的事业单位。根据信息学院现行有效的《章程》,信息学院举办单位为北京电控。

信息学院现持有北京市机构编制委员会办公室核发的《事业单位法人证书》(编号为事证第111000000136号),住所为北京市朝阳区芳园西路5号、北京市西城区宣武门西大街127号,法定代表人为武马群,经费来源为全额拨款,开办资金为4681万元,宗旨和业务范围为“培养高级技术应用人才,促进科技技术发展;工学、经济学、管理学、文学、外语、艺术学科本科、大专、中专学历教育,相关国际合作办学、相关科学研究与开发、相关继续教育、相关专业、相关培训、相关国内外学术交流;从事面向产业界、面向社会的相关技术服务与咨询服务”。

7. 物资公司

物资公司是一家依法成立并有效存续的全民所有制企业,成立于1988年2月16日。根据物资公司现行有效的《组织章程》,物资公司的出资人为中国电子物资总公司。

物资公司现持有北京市工商行政管理局于2008年5月15日核发的《企业法人营业执照》(注册号为110000005004239),住所为北京市朝阳区酒仙桥北路北窖地4-1,法定代表人为何在明,注册资金为1662万元,实收资金为1662万元,经济性质为全民所有制,经营范围为“购销服装、金属材料、冶金炉料、机电产品、电子产品、化工轻工材料、建筑材料、森林工业产品、劳保产品、五金交电、煤炭、石油、汽车(不含小轿车);计划内物资限系统内经营;物业管理(含房屋出租);货物仓储、物资回收利用、技术开发、咨询、服务;医疗设备维修、办公设备维修”。

8. 将台公司

将台公司是一家依法成立并有效存续的集体所有制企业,成立于1992年12月18日。根据将台公司现行有效的《组织章程》,将台公司的资金来源为北京市朝阳区将台乡农工商总公司。

将台公司现持有北京市工商行政管理局朝阳分局于2008年7月3日核发的《企业法人营业执照》(注册号为110105002213284),住所为北京市朝阳区芳园南街6号,法定代表人为祥旺,注册资金为30万元,实收资金为30万元,经济性质为集体所有制,经营范围为“引进资金、人才和提供咨询服务、新技术开发”。

本所认为,截至本法律意见书出具之日,和智达、七星集团、京东方、东光微电子、燕东微电子、信息学院、物资公司及将台公司均为依法成立并有效存续的法人,法人类型包括有限责任公司、股份有限公司、全民所有制企业、集体所有制企业及事业单位,不存在法律、法规和规范性文件及其组织章程规定的应予终止的情形,和智达、七星集团、京东方、东光微电子、燕东微电子、信息学院、物资公司及将台公司作为本次交易的主体,具有合法的资格。

综上所述,本所认为,发行人、兆维集团、和智达、七星集团、京东方、东光微电子、燕东微电子、信息学院、物资公司及将台公司均具备本次交易的合法的主体资格。

## 三、本次交易的批准和授权

(一)已取得的批准和授权

截至本法律意见书出具之日,本次交

易已取得以下批准和授权：

1. 发行人内部批准和授权

(1)发行人第七届董事会第八次会议于2009年5月8日审议通过了《关于公司符合重大资产重组和非公开发行股份相关法律、法规规定的议案》、《审议〈北京兆维科技股份有限公司重大资产重组预案〉的议案》、《公司董事会关于重组符合〈关于规范上市公司重大资产重组若干问题的规定〉第四条规定的说明》、《关于签署相关重大资产置换及发行股份购买资产等协议的议案》及《关于召开公司临时股东大会的议案》。审议通过有关议案时，关联董事均回避表决。

发行人独立董事在发行人第七届董事会第八次会议上发表了肯定性结论的独立意见。

(2)发行人第七届董事会第九次会议于2009年6月10日审议通过了《公司重大资产置换及发行股份购买资产暨关联交易的议案》、《公司审议〈北京兆维科技股份有限公司重大资产置换及发行股份购买资产暨关联交易报告书(草案)〉及〈报告书摘要〉的议案》、《公司董事会对评估机构的独立性、评估假设前提的合理性、评估方法与评估目的的相关性以及评估定价的公允性发表的意见》、《关于批准涉及公司重大资产置换及发行股份购买资产暨关联交易的相关审计、评估及盈利预测报告的议案》、《关于签署本次重大资产置换及发行股份购买资产相关补充协议和利润补偿协议等协议的议案》、《关于提请股东大会批准和智达及一致行动人免于以要约方式增持公司股份的议案》、《关于提请股东大会授权董事会办理本次重大资产置换及发行股份购买资产暨关联交易相关事宜的议案》及《关于召开公司2009年第一次临时股东大会的议案》。审议通过有关议案时，关联董事均回避表决。

发行人独立董事在发行人第七届董事会第九次会议上发表了肯定性结论的独立意见。

(3)发行人2009年第一次临时股东大会于2009年6月26日审议通过了《关于公司符合重大资产重组和非公开发行股份相关法律、法规规定的议案》、《关于签署相关重大资产置换及发行股份购买资产等协议的议案》、《北京兆维科技股份有限公司重大资产置换及发行股份购买资产暨关联交易的议案》、《公司审议〈北京兆维科技股份有限公司重大资产置换及发行股份购买资产暨关联交易报告书(草案)〉及〈报告书摘要〉的议案》、《关于签署本次重大资产置换及发行股份购买资产相关补充协议和利润补偿协议等协议的议案》、《关于提请股东大会批准和智达及一致行动人免于以要约方式增持公司股份的议案》及《关于授权董事会办理本次重大资产置换及发行股份购买资产暨关联交易相关事宜的议案》。审议通过有关议案时，关联股东均回避表决。

2. 兆维集团的内部批准

兆维集团董事会于2009年5月8日召开会议，审议通过与本次交易的相关事宜，并作出了《2009年第五次临时董事会决议》。

3. 和智达、七星集团、京东方、东光微电子、燕东微电子、信息学院、物资公司及将台公司的内部批准

(1)和智达的内部批准

和智达股东于2009年5月8日作出了与本次交易相关事宜的决定，并作出了《2009年股东决议》。

(2)七星集团的内部批准

七星集团于2009年5月8日召开了2009年第一次临时股东会，审议通过与本次交易的相关事宜，并作出了《2009年第

一次临时股东会决议》。

(3)京东方的内部批准

京东方于 2009 年 5 月 8 日召开了第五届董事会第二十四次会议,审议通过了《关于终止转让北京电子城有限责任公司股权及同意并参与该公司资产重组的议案》,并作出了《第五届董事会第二十四次会议决议》。审议通过有关议案时,关联董事均回避表决。

(4)东光微电子的内部批准

东光微电子于 2009 年 5 月 8 日召开了 2009 年第一次股东会,审议通过与本次交易的相关事宜,并作出了《2009 年第一次股东会决议》。

(5)燕东微电子的内部批准

燕东微电子于 2009 年 5 月 8 日召开了 2009 年第三次股东会,审议通过与本次交易的相关事宜,并作出了《2009 年第三次股东会决议》。

(6)信息学院的内部批准

信息学院于 2009 年 5 月 8 日召开了办公会,审议通过与本次交易的相关事宜,并作出了《办公会决议》。

(7)物资公司的内部批准

物资公司于 2009 年 5 月 8 日召开了办公会,审议通过与本次交易的相关事宜,并作出了《办公会决议》。

(8)将台公司的内部批准

将台公司于 2009 年 5 月 8 日召开了办公会,审议通过与本次交易的相关事宜,并作出了《办公会决议》。

4. 北京市国资委的批准

(1)北京市国资委于 2009 年 4 月 22 日核发《北京市人民政府国有资产监督管理委员会关于北京电子控股有限责任公司重组北京兆维科技股份有限公司的批复》(京国资〔2009〕97 号),同意北京电控整合所属优质地产资产,对发行人进行重组。

(2)北京市国资委于 2009 年 6 月 5 日核发《北京市人民政府国有资产监督管理委员会关于对北京市丽水嘉园房地产开发有限公司资产置换评估项目予以核准的批复》(京国资〔2009〕125 号),于 2009 年 6 月 8 日核发《北京市人民政府国有资产监督管理委员会关于对北京兆维科技股份有限公司资产置换评估项目予以核准的批复》(京国资〔2009〕131 号),于 2009 年 6 月 8 日核发《北京市人民政府国有资产监督管理委员会关于对北京市电子城有限责任公司资产置换评估项目予以核准的批复》(京国资〔2009〕132 号),对本次交易涉及的《资产评估报告书》(中联评报字〔2009〕第 186 号)、《资产评估报告书》(中联评报字〔2009〕第 187 号)及《资产评估报告书》(中联评报字〔2009〕第 188 号)予以核准。

综上所述,本所认为:

(1)发行人董事会已依法定程序批准本次交易的相关议案,决议内容和程序合法、有效。独立董事就本次交易发表了肯定性结论的独立意见。

(2)发行人 2009 年第一次临时股东大会已依法定程序批准本次交易的相关议案,决议内容和程序合法、有效。

(3)兆维集团已依法定程序批准本次交易,内容和程序合法、有效。

(4)和智达、七星集团、京东方、东光微电子、燕东微电子、信息学院、物资公司及将台公司已依法定程序批准本次交易,内容和程序合法、有效。

(5)北京市国资委已批准同意本次交易,并已核准本次交易涉及的《资产评估报告书》(中联评报字〔2009〕第 186 号)、《资产评估报告书》(中联评报字〔2009〕第 187 号)及《资产评估报告书》(中联评报字〔2009〕第 188 号)。

截至本法律意见书出具之日,本次交易已经履行了截至目前应当履行的批准和授权程序，已经获得的批准和授权合法有效。

（二）尚需获得的批准和授权

本次交易的生效和实施，尚需获得如下批准和授权：

1. 尚需获得中国证监会对本次交易的核准；

2. 尚需获得中国证监会对本次交易触发的要约收购义务豁免申请的核准。

本所认为，本次交易获得上述批准和核准后，方可生效并实施。

## 四、本次交易的相关协议

就本次交易事宜，经协商一致，发行人与相关当事人共签署了17份协议，包括发行人与兆维集团、和智达于2009年5月8日签署《资产置换及发行股份购买资产协议》，并于2009年6月10日签署《资产置换及发行股份购买资产协议之补充协议》；发行人分别与七星集团、京东方、东光微电子、燕东微电子、信息学院、物资公司及将台公司于2009年5月8日签署《发行股份购买资产协议》，并于2009年6月10日签署《发行股份购买资产协议之补充协议》；发行人与和智达于2009年6月10日签署《资产置换及发行股份购买资产之利润补偿协议》。

（一）《资产置换及发行股份购买资产协议》及《资产置换及发行股份购买资产协议之补充协议》的主要内容

1. 协议标的

（1）发行人将置出资产作价转让至兆维集团；

（2）和智达将置入资产作价转让至发行人；

（3）置出资产与置入资产的作价差额部分，由发行人通过向和智达发行A股的方式购买；

（4）兆维集团将对价股份，作为和智达以其置入资产代替兆维集团置换发行人拥有的置出资产的对价，转让至和智达，对价股份超过置出资产的溢价部分由和智达向兆维集团支付现金1500万元。

2. 交易价格及支付方式

（1）置入资产以经中联评估《资产评估报告书》（评估基准日为2009年4月30日）所确定的评估值为置入资产的交易价格。根据《资产评估报告书》（中联评报字〔2009〕第187号）和《资产评估报告书》（中联评报字〔2009〕第188号），置入资产的交易价格确定为242,250.8万元。

（2）置出资产以经中联评估《资产评估报告书》（评估基准日为2009年4月30日）所确定的评估值为置出资产的交易价格。根据《资产评估报告书》（中联评报字〔2009〕第186号），置出资产的交易价格确定为11,917.36万元。

（3）向和智达发行的A股股票面值为1.00元/股，发行价格为6.03元/股（发行定价基准日前20个交易日发行人股票交易均价，即发行定价基准日前20个交易日发行人股票交易总额除以发行定价基准日前20个交易日发行人股票交易总量）。若发行人股份在发行定价基准日至发行日期间除权、除息的，发行价格及发行数量随之进行调整。根据置入资产和置出资产的交易价格，发行人拟向和智达发行的股份数量确定为381,979,181股。

（4）本次向和智达发行的股份的限售期为自发行结束之日起36个月。

（5）和智达向兆维集团支付的对价股份与置出资产溢价部分的现金金额，由兆维集团与和智达根据置出资产最终的交易价格，确定为1500万元。

3. 协议的生效

协议由发行人、兆维集团与和智达各方法定代表人或授权代表分别签字盖章，在下述条件全部满足时（以最后一个条件

的满足日为生效日)生效:

(1)发行人董事会、股东大会批准本次交易;

(2)国有资产管理部门批准本次交易;

(3)中国证监会核准本次交易;

(4)中国证监会核准豁免和智达及其一致行动人因本次交易所触发的要约收购义务。

4. 交割及过渡期等其他安排

(1)各方同意,置入资产及置出资产的交割应于协议生效后三个月内(或经各方书面议定的较后的日期)完成,届时,以下所有事项应办理完毕:

A. 就置入资产变更至发行人名下,置入公司完成股东变更的工商变更登记;

B. 就置出资产变更至兆维集团名下,置出公司完成股东变更的工商变更登记;

C. 发行人已向和智达发行了股份,新发行的股份已在登记结算公司被登记至和智达名下;

D. 兆维集团已向和智达交付了对价股份,对价股份已在登记结算公司被登记至和智达名下;

E. 和智达已将对价股份与置出资产溢价部分的现金交付至兆维集团。

(2)各方同意,自协议签署之日至交割完成之日为过渡期;过渡期内,未经发行人事先书面许可,和智达不得就置入资产设置质押等任何第三人权利,且应通过行使股东权利、保证各置入公司在过渡期内不得进行与正常生产经营无关的资产处置、对外担保、利润分配或增加重大债务之行为。

过渡期内,未经兆维集团事先书面许可,发行人亦不得就置出资产设置抵押、质押等任何第三人权利,且应通过行使股东权利、保证各置出公司在过渡期内不得进行与正常生产经营无关的资产处置、对外担保、利润分配或增加重大债务之行为。

(3)各方同意,置入公司在损益归属期间的利润由发行人享有;对于置入公司在损益归属期间的亏损,由和智达向发行人补偿同等金额的现金。具体补偿金额以资产交割日为基准日的相关专项审计结果为基础计算。

(4)各方同意,置出资产在损益归属期间的利润由兆维集团享有;对于置出资产在损益归属期间的亏损,由兆维集团承担。

5. 置入公司和置出资产所涉及的人员安排

(1)本次交易不影响置入公司员工与置入公司签订的劳动合同关系,原劳动合同关系继续有效。本次交易完成后,发行人有权根据法律法规、规范性文件及各置入公司《章程》所规定的程序,向置入公司委任或提名董事或监事。本次交易完成后,除非另有约定,和智达有权在履行法律、法规和规范性文件及发行人《章程》所规定的程序后,向发行人提名董事或监事候选人。

(2)本次交易不影响置出公司员工与置出公司签订的劳动合同关系,原劳动合同关系继续有效。

(3)除置出公司所属人员外,置出资产所涉及的原与发行人签署劳动合同关系的其他人员,根据人随资产走的原则,由兆维集团接收。兆维集团根据法律、法规和规范性文件的规定,与有关人员签署相关合同。

6. 置出资产其他有关问题的处理

(1)除置出公司的债权债务主体不发生变更外,置出资产涉及的原以发行人为主体的相关债权债务,一并由兆维集团享有或承担。其中:

A. 对于置出资产涉及的原由发行人承担的债务,发行人应尽合理努力与相关债权人沟通，并取得债权人的同意函，同意本次交易完成后相关债务由兆维集团承担。

B. 对于置出资产涉及的原由发行人享有的债权，发行人应尽合理努力通知相关债务人，同意本次交易完成后由兆维集团享有。

(2)除置出公司的正在履行的合同主体不发生变更外，置出资产涉及的原以发行人为主体的正在履行的合同，一并由兆维集团承继，发行人应根据前述第1项的要求履行相关义务。

(3)兆维集团应根据发行人的要求，尽合理努力、采取合理方式，配合发行人履行前述要求的相关义务。

7. 发行人声明、承诺及保证如下：

(1)就协议之签署，发行人已取得现阶段所必需的授权或批准，协议系发行人真实的意思表示。

(2)发行人将严格依据协议的规定，向兆维集团交付置出资产并向和智达支付A股股份。

(3)协议之签署和履行，不违反发行人或置出公司与其他第三方签订的任何协议、合同或承诺，也不会与法院、仲裁机构或行政机关作出的生效判决、裁决或行政决定书相抵触。

(4)发行人对置出资产拥有合法的、完整的权利；置出资产未设定任何形式的担保，不存在任何被查封、被扣押的情形，在任何法院、仲裁机构或政府机构也不存在针对置出资产的任何争议、诉讼、仲裁或行政决定或其他任何形式的行政、司法强制措施。

(5)发行人将按照中国法律及有关政策的精神与和智达、兆维集团共同妥善处理协议签署及履行过程中的任何未尽事宜。

8. 兆维集团的声明、承诺和保证

(1)就协议之签署，兆维集团已取得现阶段所必需的授权或批准，协议系兆维集团真实的意思表示。

(2)协议之签署和履行，不违反兆维集团与其他第三方签订的任何协议、合同或承诺，也不会与法院、仲裁机构或行政机关作出的生效判决、裁决或行政决定书相抵触。

(3)兆维集团就对价股份拥有合法的、完整的权利；该等股份未设定任何形式的担保，不存在任何被查封、被扣押的情形，在任何法院、仲裁机构或政府机构也不存在针对该等股份的任何争议、诉讼、仲裁或行政决定或其他任何形式的行政、司法强制措施。

(4)兆维集团将按照中国法律及有关政策的精神与发行人、和智达共同妥善处理协议签署及履行过程中的任何未尽事宜。

9. 和智达的声明、承诺和保证

(1)就协议之签署，和智达已取得现阶段所必需的授权或批准，协议系和智达真实的意思表示；和智达转让置入资产已依各置入公司《章程》规定，通知各置入公司或取得置入公司股东会的同意，置入公司的其他股东均已放弃优先购买权。

(2)和智达严格遵守了各置入公司《章程》所规定的各项义务，不存在对置入公司经营及资产构成重大危险、或有责任、重大影响及导致置入公司终止之情形。

(3)各置入公司依法成立并有效存续，不存在违反法律法规、规范性文件及其公司《章程》所规定的导致或可能导致置入公司终止之情形。

(4)和智达对置入资产拥有合法的、完整的权利；置入资产未设定任何形式的担保，不存在任何被查封、被扣押的情形，在任何法院、仲裁机构或政府机构也不存在针对置入资产的任何争议、诉讼、仲裁或行政决定或其他任何形式的行政、司法强制措施。

(5)协议之签署和履行，不违反和智达或置入公司与其他第三方签订的任何协议、合同或承诺，也不会与法院、仲裁机构或行政机关作出的生效判决、裁决或行政决定书相抵触。

(6)和智达已经向发行人提供了签署协议所需的真实的书面材料、副本材料和其他文件；该等材料及文件无任何形式的虚假陈述及重大遗漏。

(7)本次交易完成后，和智达将尽可能减少和规范与发行人及其控股子公司之间的关联交易；对于无法避免或者有合理原因而发生的关联交易，和智达将一律遵循等价、有偿、公平交易的原则，并依据有关规范性文件及发行人《章程》履行合法程序并订立相关协议或合同，及时进行信息披露，规范相关交易，保证不通过关联交易损害发行人及其他股东的合法权益。

(8)和智达将按照中国法律及有关政策的精神与发行人、兆维集团共同妥善处理协议签署及履行过程中的任何未尽事宜；对于发行人因和智达违反上述保证条款所遭受的损失，和智达承诺承担赔偿责任。

(二)发行人分别与电子城其他股东签署的《发行股份购买资产协议》及《发行股份购买资产协议之补充协议》的主要内容

1. 协议标的

发行人向电子城其他股东发行股份购买其分别拥有的电子城股权，包括七星集团拥有的3.18%股权、京东方拥有的2.73%股权、东光微电子拥有的0.45%股权、燕东微电子拥有的0.45%股权、信息学院拥有的0.45%股权、物资公司拥有的0.45%股权及将台公司拥有的0.91%股权。

2. 交易价格及支付方式

(1)协议标的以经中联评估《资产评估报告书》(评估基准日为2009年4月30日)所确定的评估值为其交易价格，其中，七星集团拥有的电子城股权交易价格确定为6908.01万元，京东方拥有的电子城股权交易价格确定为5921.15万元，东光微电子拥有的电子城股权交易价格确定为986.86万元，燕东微电子拥有的电子城股权交易价格确定为986.86万元，信息学院拥有的电子城股权交易价格确定为986.86万元，物资公司拥有的电子城股权交易价格确定为986.86万元，将台公司拥有的电子城股权交易价格确定为1973.72万元。

(2)协议标的的购买对价为发行人向电子城其他股东发行的A股股份。

(3)发行人向电子城其他股东发行的A股股票面值为1.00元/股，发行价格为6.03元/股(发行人第七届董事会第八次会议决议公告日前20个交易日公司股票交易均价，即决议公告日前20个交易日公司股票交易总额除以决议公告日前20个交易日公司股票交易总量)。发行人股份在发行人第七届董事会第八次会议决议公告日至发行日期间除权、除息的，发行价格及发行数量随之进行调整。

(4)发行人拟向电子城其他股东发行的股份数量按上述第1款约定的交易价格除以发行人股份发行价格确定。若出现协议资产余额的折股数不足认购股份一股的情况的，由发行人向电子城其他股东支付现金购买该部分余额。其中，向七星集团发行的股份数量确定为11,456,076股，向京东方发行的股份数量确定为9,819,493股，向东光微电子发行的股份数量确定为1,636,582股，向燕东微电子发行的股份数量确定为1,636,582股，向信息学院发行的股份数量确定为1,636,582股，向物资公司发行的股份数量确定为1,636,582股，向将台公司发行的股份数量确定为3,273,164股。

(5)本次向七星集团、京东方、东光微电子、燕东微电子及信息学院发行的股份的限售期为自发行结束之日起36个月,向物资公司及将台公司发行的股份的限售期为自发行结束之日起12个月。

3. 协议的生效

协议由发行人、电子城其他股东各方法定代表人或授权代表分别签字盖章,在下述条件全部满足时(以最后一个条件的满足日为生效日)生效:

(1)发行人董事会、股东大会批准本次交易;

(2)国有资产管理部门批准本次交易;

(3)中国证监会核准本次交易;

(4)中国证监会核准豁免和智达及其一致行动人因本次交易所触发的要约收购义务。

(三)《资产置换及发行股份购买资产之利润补偿协议》的主要内容

1. 置入公司利润预测数

根据中审亚太于2009年5月20日出具的《审核报告》(中审亚太审字〔2009〕010251－3号),置入公司2009年度利润预测数为21,881.89万元。

2. 实际盈利数与利润预测数差额的确定

本次交易完成后,发行人应当在2009年度审计时,对置入公司当年的实际盈利数进行审查,并由会计师事务所对置入公司实际盈利数与利润预测数的差异情况出具专项审核意见。实际盈利数与利润预测数的差额根据会计师事务所出具的专项审核结果确定。

3. 补偿金的数额及补偿方式

本次交易完成后,如置入公司在2009年度的实际盈利数不足《审核报告》(中审亚太审字(2009)010251－3号)中所确定的利润预测数的,实际盈利数与利润预测数的差额由和智达以现金方式一次性向发行人补足。

和智达应在会计师事务所出具2009年度专项审核意见之日起30个工作日内,将相应的补偿金支付至发行人指定的银行账户。

综上所述,本所认为,发行人与相关交易方签署的相关协议的形式及内容符合法律、法规和规范性文件的规定,在其约定的生效条件满足后生效,具有执行力。

## 五、本次交易的置出资产

(一)置出资产的范围

本次交易的置出资产为发行人的全部资产及负债。根据中联评估于2009年5月20日出具的以2009年4月30日为评估基准日的《资产评估报告书》(中联评报字〔2009〕第186号),置出资产调整后的账面净资产值为15,948.02万元,评估值为11,917.36万元。具体情况如下:

| 项目 | | 账面价值(万元) | 调整后账面值(万元) | 评估价值(万元) | 增减值(万元) | 增值率% |
|---|---|---|---|---|---|---|
| | | A | B | C | D＝C－B | E＝D/B×100% |
| 一、流动资产合计 | 1 | 16,109.78 | 16,109.78 | 16,081.52 | －28.26 | －0.18 |
| 二、非流动资产合计 | 2 | 22,375.42 | 22,375.42 | 18,373.02 | －4002.40 | －17.89 |
| 长期投资 | 3 | 17,311.11 | 17,311.11 | 11,981.78 | －5329.33 | －30.79 |
| 固定资产 | 4 | 4086.54 | 4086.54 | 4530.99 | 444.45 | 10.88 |

续表

| 项目 | | 账面价值（万元） | 调整后账面值（万元） | 评估价值（万元） | 增减值（万元） | 增值率% |
|---|---|---|---|---|---|---|
| | | A | B | C | D = C - B | E = D/B × 100% |
| 其中:在建工程 | 5 | 371.53 | 371.53 | 381.39 | 9.86 | 2.65 |
| 建筑物 | 6 | 1657.32 | 1657.32 | 1630.35 | -26.97 | -1.63 |
| 设备 | 7 | 3847.19 | 3847.19 | 2519.25 | -1327.94 | -34.52 |
| 土地 | 8 | – | – | – | – | |
| 无形资产 | 9 | 977.77 | 977.77 | 1860.25 | 882.48 | 90.25 |
| 其中:土地使用权 | 10 | 977.77 | 977.77 | 1860.25 | 882.48 | 90.25 |
| 其他资产 | 11 | – | – | – | – | |
| 三、资产总计 | 12 | 38,485.20 | 38,485.20 | 34,454.54 | -4030.66 | -10.47 |
| 四、流动负债 | 13 | 21,811.41 | 21,811.41 | 21,811.41 | – | – |
| 五、非流动负债 | 14 | 725.77 | 725.77 | 725.77 | – | – |
| 六、负债总计 | 15 | 22,537.18 | 22,537.18 | 22,537.18 | – | – |
| 七、净资产 | 16 | 15,948.02 | 15,948.02 | 11,917.36 | -4030.66 | -25.27 |

（二）发行人的资产

截至2009年4月30日，发行人拥有的资产主要包括发行人拥有的股权、土地使用权、房屋所有权、其他无形资产及主要机器设备等。

1. 发行人拥有的股权

（1）截至2009年4月30日，发行人的控股子公司为兆维工装、兆维光通信、兆维信源、博西设备、华鑫设备、兆维泰奇、兆维开发和兆维自服设备。

A. 兆维工装

兆维工装是一家依法成立并有效存续的有限责任公司，成立于1997年3月11日。根据兆维工装现行有效的《章程》，发行人直接拥有兆维工装87.5%的股权，兆维光通信拥有兆维工装12.5%的股权。

兆维工装现持有北京市工商行政管理局朝阳分局于2007年6月29日核发的《企业法人营业执照》（注册号为110105002458045），住所为北京市朝阳区酒仙桥路14号兆维公司内，法定代表人为刘会阳，注册资本为1300万元，实收资本为1300万元，公司类型为有限责任公司，经营范围为“设计、制造模具、塑料制品、金属制品、机电产品；加工零配件；金属表面处理及热处理；技术开发、技术转让、技术咨询、技术服务、技术培训”，营业期限自1998年6月11日至2018年6月10日。

B. 兆维光通信

兆维光通信是一家依法成立并有效存续的有限责任公司，成立于1989年1月28日。根据兆维光通信现行有效的《章程》，发行人拥有兆维光通信75%的股权，北京欣优特通信技术有限公司拥有兆维光通信25%的股权。

兆维光通信现持有北京市工商行政管理局于2007年9月6日核发的《企业法人营业执照》（注册号为110000005000392），住所为北京市朝阳区酒仙桥路14号，法定代表人为刘会阳，注册资本为4000万元，实收资本4000万元，公司类型为有限责任公司，经营范围为“专业承包；承接计算机网络工程；开发、制造、销售与工程项目配套的终端机、视频产品（不含彩电）；技术开发、技术转让、技术咨询、技术服务；销售通信设备、光纤、仪器仪表、计算机软硬件及外部设备、建筑材料（非货币出资780万元）”，营业期限自1999年11月30日至2019年11月29日。

C. 兆维信源

兆维信源是一家依法成立并有效存续的有限责任公司，成立于1991年3月26日。根据兆维信源现行有效的《章程》，发行人拥有兆维信源92.6875%的股权，自然人刘强拥有兆维信源1.4375%的股权，自然人陈威拥有兆维信源1.1250%的股权，自然人王星刚拥有兆维信源1.1250%的股权，自然人张研欣拥有兆维信源1.0000%的股权，自然人潘建国拥有兆维信源0.7500%的股权，自然人黄宁拥有兆维信源0.5625%的股权，自然人吴青松拥有兆维信源0.5625%的股权，自然人孙彦斌拥有兆维信源0.3750%的股权，自然人王刚拥有兆维信源0.3750%的股权。

兆维信源现持有北京市工商行政管理局朝阳分局于2009年3月5日核发的《企业法人营业执照》（注册号为110105002606425），住所为北京市朝阳区酒仙桥路14号，法定代表人为刘会阳，注册资本为1600万元，实收资本为1600万元，公司类型为有限责任公司，经营范围为“制造、加工自动电话交换机、集群通信系统、日用电子器具；专业承包；技术推广服务（知识产权出资120万元）”，营业期限自2003年4月14日至2023年4月13日。

D. 博西设备

博西设备是一家依法成立并有效存续的有限责任公司，成立于1998年7月10日。根据博西设备现行有效的《章程》，发行人拥有博西设备75%的股权，兆维集团拥有博西设备25%的股权。

博西设备现持有北京市工商行政管理局朝阳分局于2008年6月17日核发的《企业法人营业执照》（注册号为110105006151774），住所为北京市朝阳区酒仙桥路14号，法定代表人为刘会阳，注册资本为1407.481万元，实收资本为1407.481万元，公司类型为有限责任公司，经营范围为“开发、生产通讯用整流器；直流电源系统及有关电源设备并销售自产产品及提供自产产品的调试维修服务；专业承包；货物进出口；技术进出口；代理进出口”，营业期限自1998年7月10日至2027年7月9日。

E. 华鑫设备

华鑫设备是一家依法成立并有效存续的有限责任公司，成立于1995年3月9日。根据华鑫设备现行有效的《章程》，发行人拥有华鑫设备65%的股权，普天东方通信集团有限公司拥有华鑫设备22.5%的股权，南天电子信息产业集团公司拥有华鑫设备10.0%的股权，北京中盾安全技术开发公司拥有华鑫设备2.5%的股权。

华鑫设备现持有北京市工商行政管理局于2004年1月15日核发的《企业法人营业执照》（注册号为1101051504038），住所为北京市朝阳区酒仙桥路14号，法定代表人为刘会阳，注册资本为2000万元，公司类型为有限责任公司，经营范围为“自动柜员机、金融电子设备、计算机及外部设备、通信网络工程、仪器仪表的技术开发、技术咨询、技术服务、技术转让及维修；销售无线数据通信设备；人才培训；设备租赁（汽车除外）（未取得专项许可的项目除外）”，营业期限自1995年3月9日至2015年3月8日。

F. 兆维泰奇

兆维泰奇是一家依法成立并有效存续的有限责任公司，成立于2004年12月1日。根据兆维泰奇现行有效的《章程》，发行人拥有兆维泰奇55%的股权，兆维光通信拥有兆维泰奇45%的股权。

兆维泰奇现持有北京市工商行政管理局于2004年12月10日核发的《企业法人营业执照》(注册号为1101051780990),住所为北京市朝阳区酒仙桥路14号,法定代表人为刘会阳,注册资本为1000万元,公司类型为有限责任公司,经营范围为"法律、行政法规、国务院决定禁止的,不得经营;法律、行政法规、国务院决定规定应经许可的,经审批机关批准并经工商行政管理机关登记注册后方可经营;法律、行政法规、国务院决定为规定许可的,自主选择经营项目开展经营活动(实缴注册资本1000万元)",营业期限自2004年12月1日至2024年11月30日。

G. 兆维开发

兆维开发是一家依法成立并有效存续的有限责任公司,成立于2006年10月25日。根据兆维开发现行有效的《章程》,发行人拥有兆维开发55%的股权,兆维泰奇拥有兆维开发45%的股权。

兆维开发现持有北京市工商行政管理局朝阳分局于2008年10月6日核发的《企业法人营业执照》(注册号为110105009991201),住所为北京市朝阳区酒仙桥东路1号院6号厂房6-11号,法定代表人为刘会阳,注册资本为200万元,实收资本为200万元,公司类型为有限责任公司,经营范围为"组装、制作自助服务设备(如自助提款机、查询机、售票机、检票机等);法律、行政法规、国务院决定禁止的,不得经营;法律、行政法规、国务院决定规定应经许可的,经审批机关批准并经工商行政管理机关登记注册后方可经营;法律、行政法规、国务院决定为规定许可的,自主选择经营项目开展经营活动",营业期限自2006年10月25日至2026年10月24日。

H. 兆维自服设备

兆维自服设备是一家依法成立并有效存续的有限责任公司,成立于2006年10月25日。根据兆维自服设备现行有效的《章程》,发行人拥有兆维自服设备100%的股权。

根据北京市工商行政管理局朝阳分局于2008年6月2日核发的《企业法人营业执照》(注册号为110105002857963),住所为北京市朝阳区酒仙桥路14号33楼3层,法定代表人为刘会阳,注册资本为2000万元,实收资本为2000万元,公司类型为有限责任公司(法人独资),经营范围为"加工、制造自助服务设备(自动柜员机、存款机、外币兑换机、制卡机、自动售卡机、自动售票系统、信息服务终端);法律、行政法规、国务院决定禁止的,不得经营;法律、行政法规、国务院决定规定应经许可的,经审批机关批准并经工商行政管理机关登记注册后方可经营;法律、行政法规、国务院决定为规定许可的,自主选择经营项目开展经营活动",成立日期为2007年1月16日,营业期限至2027年1月15日。

(2)截至2009年4月30日,发行人另拥有参股公司金朋电镀24%的股权、康宁光缆19%的股权和浙江华盟1.6%的股权。

根据金朋电镀于2006年12月4日作出的2006年第二次董事会决议,金朋电镀合资经营期满后不再继续合资经营,成立清算小组进行普通清算。北京市通州区商务局已于2007年6月14日核发《关于北京金朋电镀器材有限公司终止合同章程并进行普通清算的批复》(通商资字〔2007〕60号),同意终止金朋电镀合同及章程并进行普通清算,并收回批准证书。经核查,截至本法律意见书出具之日,金朋电镀尚在清算过程中。

本所认为,发行人合法拥有上述股权。除金朋电镀外,置出公司不存在依据法律、法规和规范性文件及其《章程》规定需要终止的情形；发行人拥有的置出公司股权权属清晰，无设置质押及其他权利受到限制的情形。

2. 发行人拥有的国有土地使用权和房屋所有权

(1)经核查，截至2009年4月30日，发行人拥有的国有土地使用权如下表所示：

| 序号 | 证号 | 土地坐落 | 用途 | 使用权类型 | 终止年限 | 面积（平方米） | 他项权利 |
|---|---|---|---|---|---|---|---|
| 1 | 东丽国用（200 更）字第049号 | 东丽区卫国道南、沙柳路东侧 | 生产、办公 | 出让 | 无 | 33,218.8 | |

(2)经核查，截至2009年4月30日，发行人拥有的房屋所有权如下表所示：

| 序号 | 房屋所有权证号 | 房屋坐落 | 用途 | 面积(平方米) | 他项权利 |
|---|---|---|---|---|---|
| 1 | 房权证东丽字第津0022948号 | 东丽区卫国道 | 工业 | 13,222.59 | |

本所认为，发行人拥有的国有土地使用权和房屋所有权，已办理有效产权登记的，发行人占有、使用该等土地和房屋合法有效，该等国有土地使用权和房屋无设置抵押及其他权利受到限制的情形，办理有关权属变更登记不存在法律障碍。

3. 发行人拥有的专利及专利申请权

(1)截至2009年4月30日，发行人拥有境内专利共27项，具体情况如下：

| 序号 | 权利种类 | 权利证书名称 | 权利人 | 专利号 | 授权日 |
|---|---|---|---|---|---|
| 1 | 实用新型 | 一种拍照售卡机 | 发行人 | 200520132819.x | 2007-12-20 |
| 2 | 实用新型 | 多功能自助服务终端 | 发行人 | 200520136558.9 | 2007-1-3 |
| 3 | 实用新型 | 一种纸币处理装置 | 发行人 | 200720103314.X | 2008-3-12 |
| 4 | 实用新型 | 一种具有改进检测通道的验钞机 | 发行人 | 200720103563.9 | 2008-2-6 |
| 5 | 实用新型 | 压钞装置 | 发行人 | 200720149040.8 | 2008-3-5 |
| 6 | 实用新型 | 暂存装置 | 发行人 | 200720149712.5 | 2008-9-24 |
| 7 | 实用新型 | 一种钱箱 | 发行人和兆维开发 | 200720170307.1 | 2008-9-24 |
| 8 | 实用新型 | 一种硬币循环处理机 | 发行人和兆维开发 | 200720170308.6 | 2008-9-3 |
| 9 | 实用新型 | 一种硬币处理装置 | 发行人和兆维开发 | 200720172801.1 | 2008-9-24 |
| 10 | 实用新型 | 一种硬币处理机的钱箱 | 发行人和兆维开发 | 200720172802.6 | 2008-9-24 |
| 11 | 实用新型 | 一种在线集中管理自助服务终端设备的指纹钞箱系统 | 发行人和兆维开发 | 200720173018.7 | 2008-12-10 |
| 12 | 实用新型 | 一种利用掌心静脉纹路识别技术替代IC卡的门禁系统 | 发行人和兆维开发 | 200720173017.2 | 2008-10-15 |
| 13 | 实用新型 | 一种具有指纹识别功能的纸币储运箱 | 发行人和兆维开发 | 200720173147.6 | 2008-9-24 |

续表

| 序号 | 权利种类 | 权利证书名称 | 权利人 | 专利号 | 授权日 |
|---|---|---|---|---|---|
| 14 | 实用新型 | 一种手机娱乐体验设备 | 发行人和兆维自服设备 | 200720190828. 3 | 2008 - 9 - 24 |
| 15 | 实用新型 | 一种拍照售卡机 | 发行人 | 200520132819. x | 2007 - 12 - 20 |
| 16 | 外观设计 | 铁路自动售票机 | 发行人 | 200530022188. 1 | 2006 - 11 - 22 |
| 17 | 外观设计 | 自助拍照售卡机 | 发行人 | 200530022187. 7 | 2006 - 10 - 25 |
| 18 | 外观设计 | 多功能自助服务终端 | 发行人 | 200530022189. 6 | 2006 - 10 - 25 |
| 19 | 外观设计 | 纸币识别机(B) | 发行人 | 200730143951. 5 | 2008 - 7 - 30 |
| 20 | 外观设计 | 纸币识别机(A) | 发行人 | 200730143955. 3 | 2008 - 7 - 30 |
| 21 | 外观设计 | 自动售票机(1) | 发行人和兆维开发 | 200730144268. 3 | 2008 - 7 - 30 |
| 22 | 外观设计 | 自动售票机(2) | 发行人和兆维开发 | 200730144267. 9 | 2008 - 7 - 30 |
| 23 | 外观设计 | 自助售票机操作面板 | 发行人和兆维开发 | 200730304974. X | 2008 - 7 - 30 |
| 24 | 外观设计 | IC 卡出票单元出口装饰板 | 发行人和兆维开发 | 200730304977. 3 | 2008 - 9 - 17 |
| 25 | 外观设计 | 纸币单元出口装饰板 | 发行人和兆维开发 | 200730304976. 9 | 2008 - 9 - 17 |
| 26 | 外观设计 | LCD 显示器装饰板 | 发行人和兆维开发 | 200730304975. 4 | 2008 - 12 - 17 |
| 27 | 外观设计 | 硬币找零口 | 发行人和兆维开发 | 200730304978. 8 | 2008 - 12 - 17 |

(2)截至2009年4月30日,发行人拥有境内专利申请权共27项,具体情况如下:

| 序号 | 权利种类 | 权利证书名称 | 申请人 | 申请号 | 申请日 |
|---|---|---|---|---|---|
| 1 | 发明 | 一种纸币处理装置 | 发行人 | 200610171594. 8 | 2006 - 12 - 31 |
| 2 | 发明 | 一种具有改进检测通道的验钞机 | 发行人 | 200710063813. 5 | 2007 - 2 - 12 |
| 3 | 发明 | 压钞装置 | 发行人 | 200710098980. 3 | 2007 - 4 - 30 |
| 4 | 发明 | 暂存装置 | 发行人 | 200710118912. 9 | 2007 - 6 - 14 |
| 5 | 发明 | 一种在线集中管理自助服务终端设备的指纹钞箱系统 | 发行人和兆维开发 | 200710121511. 9 | 2007 - 9 - 7 |
| 6 | 发明 | 一种利用掌心静脉纹路识别技术替代IC卡的门禁系统 | 发行人和兆维开发 | 200710121510. 4 | 2007 - 9 - 7 |
| 7 | 发明 | 一种具有指纹识别功能的纸币储运箱 | 发行人和兆维开发 | 200710121838. 6 | 2007 - 9 - 17 |
| 8 | 发明 | 纸钞厚度检测装置 | 发行人和兆维开发 | 200910076441. 9 | 2009 - 1 - 7 |
| 9 | 发明 | 纸钞处理装置及纸钞处理方法 | 发行人和兆维开发 | 200910076439. 1 | 2009 - 1 - 7 |
| 10 | 发明 | 自动取款机中的挖钞、分钞、传钞装置 | 发行人和兆维开发 | 200910076440. 4 | 2009 - 1 - 7 |
| 11 | 发明 | 一种纸钞搬运与检验装置 | 发行人和兆维开发 | 200910080738. 2 | 2009 - 3 - 31 |
| 12 | 发明 | 机械手悬臂称重装置 | 发行人和兆维开发 | 200910080737. 8 | 2009 - 3 - 31 |

续表

| 序号 | 权利种类 | 权利证书名称 | 申请人 | 申请号 | 申请日 |
|---|---|---|---|---|---|
| 13 | 发明 | 一种硬币循环处理装置 | 发行人和兆维开发 | 200910080736.3 | 2009-3-31 |
| 14 | 发明 | 一种图像修复方法及系统 | 发行人和兆维开发 | 200910080740.X | 2009-3-31 |
| 15 | 实用新型 | 一种提供个性化服务的接口设备 | 发行人 | 200820109005.8 | 2008-7-2 |
| 16 | 实用新型 | 一种用于钣金加工的数控冲模具 | 发行人、兆维开发和兆维工装 | 200820124163.0 | 2008-11-27 |
| 17 | 实用新型 | 纸钞处理装置 | 发行人和兆维开发 | 200920105013.X | 2009-1-7 |
| 18 | 实用新型 | 自动取款机中的挖钞、分钞、传钞装置 | 发行人和兆维开发 | 200920105014.4 | 2009-1-7 |
| 19 | 实用新型 | 纸钞厚度检测装置 | 发行人和兆维开发 | 200920105015.9 | 2009-1-7 |
| 20 | 实用新型 | 一种硬币暂存装置 | 发行人和兆维开发 | 200920106490.8 | 2009-3-31 |
| 21 | 实用新型 | 一种智能钱箱 | 发行人和兆维开发 | 200920106487.6 | 2009-3-31 |
| 22 | 实用新型 | 一种纸钞搬运与检验装置 | 发行人和兆维开发 | 200920106485.7 | 2009-3-31 |
| 23 | 实用新型 | 机械手悬臂称重装置 | 发行人和兆维开发 | 200920106489.5 | 2009-3-31 |
| 24 | 实用新型 | 一种硬币循环处理装置 | 发行人和兆维开发 | 200920106488.0 | 2009-3-31 |
| 25 | 实用新型 | 减震垫 | 发行人和兆维开发 | 200920106491.2 | 2009-3-31 |
| 26 | 外观设计 | 纸币识别器 | 发行人和兆维开发 | 200930126001 | 2009-1-7 |
| 27 | 外观设计 | 一卡通售票机 | 发行人和兆维开发 | 200930126002.5 | 2009-1-7 |

本所认为，发行人合法拥有上述专利及专利申请权，上述专利及专利申请权无设置质押及其他权利受到限制的情形，办理有关权属变更登记不存在法律障碍。

4. 发行人拥有的机器设备

根据中联评估出具的《资产评估报告书》（中联评报字〔2009〕第186号），截至2009年4月30日，发行人机器设备的评估值为24,327,314元。

经核查，本所认为，发行人拥有机器设备权属清晰，无设置抵押、质押及其他权利受到限制的情形，转让该等机器设备不存在法律障碍。

（三）发行人的负债

根据中联评估出具的《资产评估报告书》（中联评报字〔2009〕第186号），截至2009年4月30日，发行人负债总计的评估值为22,537.18万元。其中，流动负债的评估值为21,811.41万元，包括应收账款、预收款项、应付职工薪酬、应交税费和其他应付款；非流动负债的评估值为725.77万元，为其他非流动负债。

（四）置出资产相关事项的处理

1. 发行人相关合同及其他债权债务关系的处理

（1）发行人合同交易对方及债权人的同意

经核查，发行人向发行人相关合同的交易对方及发行人的债权人发出了237份《合同及债务转让征询函》，涉及金额249,908,616.50元。截至本法律意见书出具之日，发行人已收到146份《合同及债务转让同意函》，涉及金额228,000,425.80元。

根据相关《合同及债务转让同意函》，债权人同意自发行人将相关资产交付至兆维集团之日，原以发行人名义签署的合同的履行主体变更为兆维集团，该等合同项下的权利、义务一并转让给兆维集团,均由其享有和承担;因该等合同或其他原因产生的、发行人的债务亦由兆维集团承担;同意,主体变更日的具体时间由发行人书面通知后确定;在此之前,双方的合同及其他法律关系均不发生变化。

经核查,兆维集团于2009年6月5日出具《关于合同及债务转让的承诺》,承诺如下:

A. 自主体变更日起,对于主体变更日前发行人的全部资产及负债中,尚未取得相关合同交易对方同意转让的合同或合同交易对方未同意转让的合同,如相关合同交易对方要求发行人履行的,由兆维集团代替发行人承担履行义务;或在发行人履行合同后,由兆维集团最终享有合同相关权利、承担合同相关义务;兆维集团承诺不因前述事由向发行人提出任何追索、赔偿或补偿。

B. 自主体变更日起,对于主体变更日前发行人全部资产及负债中,尚未取得相关债权人同意转让的债务或相关债权人未同意转让的债务,如相关债权人要求发行人承担的,由兆维集团代替发行人承担并清偿相关债务;或在发行人承担后,由兆维集团最终向发行人承担并清偿相关债务;兆维集团承诺不因前述事由向发行人提出任何追索、赔偿或补偿。

本所认为,本次交易所涉发行人相关合同及其他债务处理合法有效;对于未能取得合同交易对方及债权人同意转移的债务,兆维集团已承诺承担相应清偿责任,对本次交易不构成实质性法律障碍。

(2)发行人债务人的通知

截至本法律意见书出具之日,发行人已向其债务人签发了140份《债权转让通知函》,涉及金额15,893,676.42元。

根据相关《债权转让通知函》,发行人通知相关债务人自发行人将相关交付至兆维集团之日起,发行人对相关债务人享有的债权亦转让至兆维集团,由债务人向兆维集团履行该等债权的相关义务;本次变更仅限于债权主体的变更,原债权的内容、有关款项的支付期限、履行方式等均不发生变化;主体变更日的具体时间由发行人根据本次交易的实施情况另行通知。

本所认为,本次交易所涉发行人债权转让合法有效。

(3)其他诉讼、仲裁等或有负债的处理

根据发行人书面说明及本所核查,截至本法律意见书出具之日,发行人不存在符合《股票上市规则》应当予以披露的正在进行或尚未了结的或可预见的导致对其产生或可能产生重大不利影响的重大诉讼或仲裁。

根据前述兆维集团于2009年6月5日出具的《关于合同及债务转让的承诺》,尚未取得相关债权人同意转让的债务或相关债权人未同意转让的债务,如相关债权人要求发行人承担的,由兆维集团代替发行人承担并清偿相关债务;或在发行人承担后,由兆维集团最终向发行人承担并清偿相关债务。故,对于主体变更日前,与发行人诉讼或仲裁等相关的债务及因相关导致发行人承担相关负债的,均由兆维集团最终承担。

2. 发行人转让置出公司股权相关事项的处置

(1)经核查,发行人已就兆维工装、兆维光通信、兆维信源、华鑫设备、兆维泰奇、兆维开发、兆维自服和康宁光缆的股权转让事宜,发出了相关置出公司的股权转让征询函,通知了相关公司的其他股东。

截至本法律意见书出具之日,发行人已获得置出公司中的兆维工装、兆维光通信、华鑫设备、兆维泰奇、兆维开发、兆维自服和康宁光缆全部其他股东的股权转让同意函。根据相关股权转让同意函，其他股东均同意在相关资产交付至兆维集团之日，发行人将相关置出公司的股权转让给兆维集团，并放弃优先购买权；同意股权转让的价格由发行人与兆维集团协商确定；同意具体转让时间由发行人书面通知后确定，在转让前，发行人仍为股东。

（2）经核查，就兆维信源股权的转让，发行人已取得其他9位自然人股东中的8位自然人股东的股权转让同意函，同意在相关资产交付至兆维集团之日，发行人将相关置出公司的股权转让给兆维集团，并放弃优先购买权；同意股权转让的价格由发行人与兆维集团协商确定；同意具体转让时间由发行人书面通知后确定，在转让前，发行人仍为股东。

兆维信源其他9位股东中的1位自然人股东王星刚虽未同意发行人转让其股权，但根据《公司法》及兆维信源《章程》，就兆维信源股权的转让，发行人已获得过半数以上其他股东的同意，可向兆维集团依法转让兆维信源股权。

根据发行人说明并经本所核查，就兆维信源转让股权的优先购买权，发行人于2009年6月5日向自然人股东王星刚发出了《优先购买权征询函》，截至本法律意见书出具之日，该股东尚未给予书面答复。根据兆维信源《章程》的规定："经股东同意转让的股权，在同等条件下，其他股东有优先购买权。股东应就其股权转让的条件（股权受让方、转让股份数、股权转让价格或价格的确定方式等）以书面方式通知有优先购买权的股东，该些股东在收到书面通知之日起的三日内给予书面答复，如在上述期限内，未给予书面答复视为放弃优先购买权"，该位股东未就其是否行使优先购买权给予书面答复，视为放弃优先购买权。

（3）经核查，博西设备为发行人与兆维集团共同出资的公司，兆维集团为本次交易的置出资产受让方，已同意本次交易方案，无须就发行人向其转让博西设备股权另行作出同意的表示；浙江华盟为股份有限公司，发行人转让其股份，无须取得其他股东的同意；因金朋电镀正在清算程序过程中，发行人在其清算完毕后不再拥有金朋电镀股权，故发行人未就其股权转让征询金朋电镀其他股东的书面同意。

综上所述，本所认为，除金朋电镀外，发行人可依法向兆维集团转让置出公司股权，且置出公司的其他股东均已明示或默示放弃其各自拥有的优先购买权，置出公司办理股权变更登记不存在法律障碍；金朋电镀清算完毕后，发行人不再拥有其股权，清算后取得的剩余财产可以依法向兆维集团转让。

3. 发行人置出资产涉及的人员安排

根据本次交易的相关协议，本次交易发行人置出资产涉及的人员安排如下：

（1）本次交易不影响置出公司员工与置出公司签订的劳动合同关系，原劳动合同关系继续有效。

（2）置出资产所涉及的原与发行人签署劳动合同关系的其他人员，根据人随资产走的原则，由兆维集团接收。兆维集团根据法律、法规和规范性文件的规定，与有关人员签署相关合同。

经核查，发行人第二届第三次职工代表大会于2009年6月22日审议通过了《关于北京兆维科技股份有限公司重大资产重组中职工劳动合同主体变更的议案》，会议决议自发行人将其全部资产及负债交付至兆维集团之日，与发行人存在劳动关系的职工，原则上根据"人随资产走"的原则由兆维集团负责接收；上述人员与发行人签署的劳动合同主体变更为兆维集团。

本所认为，置出资产涉及人员安排方

案合法;置出资产所涉及的原与发行人签署劳动合同关系的其他人员安排,已由发行人职工代表大会审议通过。

综上所述,本所认为,本次交易所涉发行人相关合同及其他债权债务处理合法有效;除金朋电镀外,发行人将置出公司股权向兆维集团转让不存在法律障碍;发行人在金朋电镀清算后取得的剩余财产可以依法向兆维集团转让;置出资产涉及人员安排方案合法。

## 六、本次交易的置入资产及置入公司

根据本次交易方案,置入资产为和智达拥有的电子城91.36%股权和丽水嘉园100%股权,置入公司为电子城和丽水嘉园。

(一)电子城

1. 目前基本法律状况

电子城现持有北京市工商行政管理局于2008年12月5日核发的《企业法人营业执照》(注册号为110000005030270),住所为北京市朝阳区酒仙桥路甲12号,法定代表人为卜世成,注册资本为11,000万元,实收资本为11,000万元,公司类型为有限责任公司,经营范围为“在电子城规划区范围内从事房地产开发、销售商品房;电子设备、家用电器、通讯设备、电子系统工程的开发、销售、服务、维修;经济信息咨询;销售五金交电、建筑材料、百货、机械电器设备;房屋出租”,成立日期为1994年10月28日,营业期限自1994年10月28日至2024年10月27日。

根据电子城现行有效的《章程》,其股权结构如下表所示:

| 序号 | 股东名称 | 出资额(万元) | 持股比例 |
|---|---|---|---|
| 1 | 和智达 | 10,050 | 91.36% |
| 2 | 七星集团 | 350 | 3.18% |
| 3 | 京东方 | 300 | 2.73% |
| 4 | 将台公司 | 100 | 0.91% |
| 5 | 燕东微电子 | 50 | 0.45% |
| 6 | 东光微电子 | 50 | 0.45% |
| 7 | 信息学院 | 50 | 0.45% |
| 8 | 物资公司 | 50 | 0.45% |
|  | 合计 | 11,000 | 100% |

2. 历史沿革

(1)电子城成立

a)主管机关批准

北京市人民政府办公厅于1994年3月12日核发《北京市人民政府办公厅批复通知》((1994)厅秘字第12号),北京市经济委员会于1994年3月18日核发《关于转发〈北京市人民政府办公厅关于北京电子城方案的批复通知〉的通知》((94)京经研字第85号),同意成立北京电子城投资开发总公司,建设北京电子城。

北京市城乡建设委员会于1994年9月27日核发《关于同意北京电子城有限责任公司从事房地产开发经营业务的复函》((94)京建开字第522号),同意电子城在电子城规划区范围内从事房地产开发业务。

北京市人民政府办公厅于1994年11月8日核发《北京市人民政府办公厅批复通知》((1994)厅秘字第64号),同意北京电子城投资开发总公司名称变更为“北京电子城有限责任公司”。

b)验资及工商登记

经北京华益会计师事务所于1994年9月21日出具《验资报告》((1994)华益验字第100号)验证确认,电子城注册资本2000万元已全部缴足。北京市工商行政管理局于1994年10月28日核发了《企业法人营业执照》(注册号为11503027),电子城成立。

电子城成立后,其股权结构如下表所示:

| 序号 | 股东名称 | 出资额(万元) | 持股比例 |
| --- | --- | --- | --- |
| 1 | 北京电视配件三厂 | 600 | 30% |
| 2 | 北京东方电子集团股份有限公司 | 300 | 15% |
| 3 | 国营北京有线电总厂 | 300 | 15% |
| 4 | 北京建中机器厂 | 100 | 5% |
| 5 | 将台公司 | 100 | 5% |
| 6 | 北京飞行电子总公司 | 100 | 5% |
| 7 | 国营北京电子动力公司 | 50 | 2.5% |
| 8 | 物资公司 | 50 | 2.5% |
| 9 | 国营北京第一无线电器材厂 | 50 | 2.5% |
| 10 | 北京无线电工业学校 | 50 | 2.5% |
| 11 | 北京燕东微电子联合公司 | 50 | 2.5% |
| 12 | 国营北京晨星无线电器材厂 | 50 | 2.5% |
| 13 | 国营北京第二无线电器材厂 | 50 | 2.5% |
| 14 | 北京真空电子技术总公司 | 50 | 2.5% |
| 15 | 国营北京无线电工具设备厂 | 50 | 2.5% |
| 16 | 北京东光电工厂 | 50 | 2.5% |
|  | 合计 | 2000 | 100% |

(2)1998年股权转让、增资及股东名称变更

a)股东会决议

电子城第七次股东会于1998年7月9日作出决议,与会股东一致同意北京电视配件三厂及北京真空电子技术总公司将其所持电子城15%及2.5%股权转让给北京电子信息产业(集团)有限责任公司,国营北京无线电工具设备厂将其所持电子城2.5%股权转让给北京无线电仪器二厂;同意电子城注册资本由2000万元增加至6000万元,电子城新增出资4000万元全部由北京电子信息产业(集团)有限责任公司认缴。

b)股权转让

就上述股权转让,北京电视配件三厂与北京电子信息产业(集团)有限责任公司于1998年7月9日签署了《股权转让协议书》,国营北京无线电工具设备厂与北京无线电仪器二厂于1998年7月9日签署了《股权转让协议书》,北京真空电子技术总公司与北京电子信息产业(集团)有限责任公司于1998年7月25日签署了《股权转让协议书》。

c)增资

本次增资已由北京华益会计师事务所

于1998年9月2日出具《变更登记验资报告书》((1998)华益验字第297号)验证确认。

d)股东名称变更

经北京市工商行政管理局于1997年9月16日核准,国营北京有线电总厂名称变更为"北京兆维电子(集团)有限责任公司"。

e)工商登记

就上述股权转让、增资及股东名称变更,电子城制定了新《章程》,并于1998年9月21日依法办理完毕工商变更登记。

上述股权转让、增资及股东名称变更完成后,电子城股权结构如下表所示:

| 序号 | 股东名称 | 出资额(万元) | 持股比例 |
| --- | --- | --- | --- |
| 1 | 北京电子信息产业(集团)有限责任公司 | 4350 | 72.5% |
| 2 | 北京电视配件三厂 | 300 | 5% |
| 3 | 北京东方电子集团股份有限公司 | 300 | 5% |
| 4 | 兆维集团 | 300 | 5% |
| 5 | 北京建中机器厂 | 100 | 1.67% |
| 6 | 将台公司 | 100 | 1.67% |
| 7 | 北京飞行电子总公司 | 100 | 1.67% |
| 8 | 国营北京电子动力公司 | 50 | 0.833% |
| 9 | 物资公司 | 50 | 0.833% |
| 10 | 国营北京第一无线电器材厂 | 50 | 0.833% |
| 11 | 北京无线电工业学校 | 50 | 0.833% |
| 12 | 北京燕东微电子联合公司 | 50 | 0.833% |
| 13 | 国营北京晨星无线电器材厂 | 50 | 0.833% |
| 14 | 国营北京第二无线电器材厂 | 50 | 0.833% |
| 15 | 北京东光电工厂 | 50 | 0.833% |
| 16 | 北京无线电仪器二厂 | 50 | 0.833% |
|  | 合计 | 6000 | 100% |

(3)1999年增资

a)股东会决议

电子城第八次股东会于1999年3月19日作出决议,与会股东一致同意电子城注册资本由6000万元增加至11,000万元,电子城新增出资5000万元全部由北京电子信息产业(集团)有限责任公司认缴。

b)验资及工商登记

本次增资已由北京华益会计师事务所于1999年5月21日出具《变更登记验资报告书》((1999)华益验字·第198号)验证确认。就上述增资,电子城制定了新《章程》,并于1999年6月9日依法办理完毕工商变更登记。

上述增资完成后,电子城股权结构如下表所示:

| 序号 | 股东名称 | 出资额(万元) | 持股比例 |
| --- | --- | --- | --- |
| 1 | 北京电子信息产业(集团)有限责任公司 | 9350 | 85% |
| 2 | 北京电视配件三厂 | 300 | 2.73% |

续表

| 序号 | 股东名称 | 出资额(万元) | 持股比例 |
|---|---|---|---|
| 3 | 北京东方电子集团股份有限公司 | 300 | 2.73% |
| 4 | 兆维集团 | 300 | 2.73% |
| 5 | 北京建中机器厂 | 100 | 0.92% |
| 6 | 将台公司 | 100 | 0.92% |
| 7 | 北京飞行电子总公司 | 100 | 0.92% |
| 8 | 国营北京电子动力公司 | 50 | 0.45% |
| 9 | 物资公司 | 50 | 0.45% |
| 10 | 国营北京第一无线电器材厂 | 50 | 0.45% |
| 11 | 北京无线电工业学校 | 50 | 0.45% |
| 12 | 北京燕东微电子联合公司 | 50 | 0.45% |
| 13 | 国营北京晨星无线电器材厂 | 50 | 0.45% |
| 14 | 国营北京第二无线电器材厂 | 50 | 0.45% |
| 15 | 北京东光电工厂 | 50 | 0.45% |
| 16 | 北京无线电仪器二厂 | 50 | 0.45% |
| | 合计 | 11,000 | 100% |

(4)2003年股东名称变更

a)经教育部于1999年7月26日核发《关于同意建立北京信息职业技术学院和北京轻工职业技术学院的通知》(教发〔1999〕93号),同意在北京市电子仪器工业局职工大学和北京无线电工业学校的基础上成立北京信息职业技术学院。

b)经北京市人民政府于1999年12月28日核发《关于同意北京电子信息产业(集团)有限责任公司修改章程的批复》(京政函〔1999〕161号),核准北京电子信息产业(集团)有限责任公司公司名称变更为"北京电子控股有限责任公司"。

c)经北京电控于2000年11月24日核发《关于将北京建中机器厂等6企业合并重组改制为北京七星华电科技集团有限责任公司的决定》((2000)京电控投管字第249号),同意北京建中机器厂、国营北京无线电工具设备厂、国营北京晨星无线电器材厂、国营北京第一无线电器材厂、国营北京第二无线电器材厂及北京飞行电子总公司6户企业在原北京七星联发电子有限责任公司的基础上合并重组为"北京七星华电科技集团有限责任公司"。

d)北京市工商行政管理局分别出具《证明》,北京电视配件三厂于1999年12月28日变更为"北京吉乐电子集团有限公司",北京燕东微电子联合公司名称于2000年12月28日变更为"北京燕东微电子有限公司",北京东方电子集团股份有限公司名称于2001年6月18日变更为"京东方科技集团股份有限公司",国营北京电子动力公司名称于2000年11月16日变更为"北京正东电子动力集团有限公司",北京东光电工厂名称于2000年12月29日变更为"北京东光微电子有限责任公司"。

就上述股东名称变更,电子城制定了新《章程》,并于2003年4月8日依法办理完毕工商变更登记。上述股东名称变更后,电子城股权结构如下表所示:

| 序号 | 股东名称 | 出资额(万元) | 持股比例 |
|---|---|---|---|
| 1 | 北京电控 | 9350 | 85% |
| 2 | 七星集团 | 350 | 3.19% |
| 3 | 北京吉乐电子集团有限公司 | 300 | 2.73% |
| 4 | 京东方 | 300 | 2.73% |
| 5 | 兆维集团 | 300 | 2.73% |
| 6 | 将台公司 | 100 | 0.92% |
| 7 | 北京正东电子动力集团有限公司 | 50 | 0.45% |
| 8 | 物资公司 | 50 | 0.45% |
| 9 | 信息学院 | 50 | 0.45% |
| 10 | 燕东微电子 | 50 | 0.45% |
| 11 | 东光微电子 | 50 | 0.45% |
| 12 | 北京无线电仪器二厂 | 50 | 0.45% |
| | 合计 | 11,000 | 100% |

(5)2008年股权划转

a)股东会决议

电子城2008年临时股东会于2008年11月18日作出决议,与会股东一致同意北京电控、兆维集团、北京吉乐电子集团有限公司、北京正东电子动力集团有限公司(以下简称正东集团)及北京无线电仪器二厂将其所持电子城85%、2.73%、2.73%、0.45%及0.45%无偿划转给和智达。

b)股权划转协议

就上述股权划转,北京电控、兆维集团、北京吉乐电子集团有限公司、正东集团及北京无线电仪器二厂分别与和智达于2008年11月18日签署《无偿划转协议》。本次股权划转已由北京产权交易所于2008年11月28日出具《产权交易凭证》(No:0024844、0024845、0024846、0024847、0024848)。

c)工商登记

就上述股权划转,电子城制定了新《章程》,并于2008年12月5日依法办理完毕工商变更登记。

上述股权划转完成后,电子城股权结构如下表所示:

| 序号 | 股东名称 | 出资额(万元) | 持股比例 |
|---|---|---|---|
| 1 | 和智达 | 10,050 | 91.36% |
| 2 | 七星集团 | 350 | 3.18% |
| 3 | 京东方 | 300 | 2.73% |
| 4 | 将台公司 | 100 | 0.91% |
| 5 | 燕东微电子 | 50 | 0.45% |
| 6 | 东光微电子 | 50 | 0.45% |
| 7 | 信息学院 | 50 | 0.45% |
| 8 | 物资公司 | 50 | 0.45% |
| | 合计 | 11,000 | 100% |

(二)丽水嘉园

1. 目前基本法律状况

丽水嘉园现持有北京市工商行政管理局于2008年11月18日核发的《企业法人营业执照》(注册号为110103001005757),住所为北京市崇文区花市头条47号,法定代表人为齐战勇,注册资本为3000万元,实收资本为3000万元,公司类型为有限责任公司(法人独资),经营范围为“房地产开发;销售商品房、钢材、木材;技术咨询(不含中介服务)(未经专项审批的项目除外)”,营业期限自2008年1月31日至2028年1月30日。

根据丽水嘉园现行有效的《章程》,和智达拥有丽水嘉园100%的股权。

2. 历史沿革

(1)丽水嘉园成立

a)主管机关批准

北京市经济委员会于1984年8月22日核发《关于成立北京市广播电视工业总公司住宅建设开发公司请示的批复》(〔84〕京经调字第537号),同意成立北京市广播电视工业总公司住宅建设开发公司。

b)工商登记

北京市工商行政管理局于1984年9月29日核发《企业法人营业执照》(京崇文建字第023号),北京市广播电视总公司住宅建设开发公司成立。经北京市工商行政管理局核准,企业名称又变更为“北京市广播电视工业总公司住宅建设开发公司”。

(2)1986年企业名称变更

北京市工商行政管理局于1986年10月6日核发《企业法人营业执照》(京崇文建字第023号),北京市广播电视工业总公司住宅建设开发公司企业名称变更为“北京市广播电视建设承发包公司”。

(3)重新核准

a)主管机关重新核准

北京市城乡建设委员会及北京市计划委员会于1987年1月7日联合核发《关于核准城市建设开发公司、城市建设承包公司的通知》(〔87〕京建企字第03号、〔87〕京计基字第15号),核准北京市广播电视建设承发包公司具有城市建设承包开发公司的资格。

根据《保留公司意见报表》,北京市人民政府电子工业办公室及北京市经济委员会、北京市清理整顿公司领导小组分别于1989年12月2日和1990年4月26日作出决定,同意保留北京市广播电视建设承发包公司。

b)验资及工商登记

北京会计师事务所崇文分所于1989年4月5日出具《验资证明》验证确认,北京市广播电视建设承发包公司注册资金为30万元。

北京市工商行政管理局于1990年7月23日重新核发《企业法人营业执照》(注册号为03100575),北京市广播电视建设承发包公司住址为北京市崇文区花市头条47号后门,法定代表人来裕安,注册资金30万元,经济性质为全民所有制,经营方式为服务,生产经营范围为“主营:本系统内的住宅开发建设,工程承发包业务,基本建设技术咨询,共用天线安装。兼营:批发零售电子办系统基建工程所用钢材、木材”。

(4)1994年增资

经北京市人民政府电子工业办公室及北京市国有资产管理局于1994年3月2日在《国有资产产权登记表》审定同意,北京市广播电视建设承发包公司注册资金由30万元增加至122.6万元。北京市崇文审计事务所于1994年3月14日出具《审验资金核定书》验证确认。

就上述增资,北京市广播电视建设承发包公司制定了新《章程》,并于1994年4

月6日依法办理完毕工商变更登记。

(5)1995年增资

北京市人民政府电子工业办公室于1995年10月11日及北京市国有资产管理局于1995年10月20日在《国有资产产权登记表》审定同意,北京市广播电视建设承发包公司注册资金由122.6万元增加至211.6万元。

就上述增资,北京市广播电视建设承发包公司制定了新《章程》,并于1995年12月12日依法办理完毕工商变更登记。

(6)1999年企业名称变更

经北京市崇文区工商行政管理局于1999年3月4日核准,北京市广播电视建设承发包公司企业名称变更为"北京市丽水园建设承发包中心"。

(7)2001年企业名称变更及增资

北京电控于2001年7月2日及北京市财政局于2001年7月5日在《企业国有资产变动产权登记表》审定同意,北京市丽水园建设承发包中心注册资金由211.6万元增加至1000万元,企业名称变更为"北京市丽水嘉园房地产开发中心"。

就上述企业名称变更及增资,北京市丽水园建设承发包中心制定了新《章程》,并于2001年7月6日依法办理完毕工商变更登记。

(8)2008年改制

a)主管机关批准

北京电控于2007年12月19日核发《关于北京市丽水嘉园房地产开发中心改制方案的批复》(京电控业一字〔2007〕325号),同意北京市丽水嘉园房地产开发中心改制为北京市丽水嘉园房地产开发有限公司,注册资本为3000万元,北京电控拥有丽水嘉园100%。

b)审计及评估

就本次改制,北京华益会计师事务所有限责任公司于2007年12月16日出具《审计报告》(华益审字〔2007〕第379号);北京中盛联盟资产评估有限公司于2007年12月18日出具《资产评估报告书》(中盛联盟评报字〔2007〕第C-063号);前述《资产评估报告书》并于2007年12月29日经北京市国资委备案。

c)验资及工商登记

本次改制出资已由北京中盛联盟会计师事务所有限公司于2008年1月25日出具《验资报告》(中盛联盟验字〔2008〕第1602号)验证确认。就本次改制,丽水嘉园制定了新《章程》,并依法办理完毕工商变更登记。

(9)2008年股权划转

a)股东决议

北京电控于2008年11月6日作出《关于无偿划转北京市丽水嘉园房地产开发有限公司股权的决定》,决定将丽水嘉园的全部股权无偿划转给和智达。

b)股权划转协议

就上述股权划转,北京电控与和智达于2008年11月8日签署《无偿划转协议》。本次股权划转并由北京产权交易所于2008年11月14日出具《产权交易凭证》(No:0024786)。

c)工商登记

就上述股权划转,丽水嘉园制定了新《章程》,并于2008年11月18日依法办理完毕工商变更登记。

综上所述,本所认为,截至本法律意见书出具之日,置入公司为依法成立并有效存续的有限责任公司,不存在法律、法规和规范性文件及其《章程》规定的应予终止的情形。和智达、七星集团、京东方、东光微电子、燕东微电子、信息学院、物资公司及将台公司各自拥有的电子城股权以及和智达拥有的丽水嘉园股权权属清晰,不存在权属纠纷或风险,办理股权变更登记不存在法律障碍。

## 七、置入资产中电子城的资产及业务

电子城的资产主要为电子城拥有的股权、国有土地使用权、房屋所有权及其其他重大生产经营设备；电子城的业务主要为园区地产、房地产开发与销售。

(一)电子城拥有的股权

经核查，电子城拥有以下股权：

1. 电子城拥有合力开发100%的股权。

合力开发是一家依法成立并有效存续的有限责任公司，成立于2008年3月7日。根据合力开发现行有效的《章程》，电子城拥有合力开发100%的股权。

合力开发现持有北京市工商行政管理局平谷分局于2008年3月7日核发的《企业法人营业执照》(注册号为110117010866655)，住所为北京市平谷区马坊工业区西区265号，法定代表人为王洪福，注册资本为2500万元，实收资本为2500万元，公司类型为有限责任公司(法人独资)，经营范围为"房地产开发；销售自行开发的商品房；物业管理；从事房地产经纪业务"，营业期限自2008年3月7日至2028年3月6日。

2. 电子城另拥有北京电子城电子有限公司20%的股权、北京中关村科技担保有限公司1.19%的股权、北京莎威电子有限责任公司14.10%的股权及北京金龙大厦有限公司13.89%的股权、北京百万园园林绿化有限公司10%的股权以及北京千住电子材料有限公司31.81%的股权。

本所认为，电子城合法拥有上述股权，电子城所投资的公司不存在依据法律、法规和规范性文件及其《章程》规定需要终止的情形。

(二)电子城拥有的国有土地使用权和房屋所有权

1. 经核查，截至本法律意见书出具之日，电子城拥有的国有土地使用权如下表所示：

| 序号 | 证号 | 土地坐落 | 用途 | 使用权类型 | 终止年限 | 面积(平方米) | 他项权利 |
|---|---|---|---|---|---|---|---|
| 11 | 京朝国用〔2007出〕第0477号 | 朝阳区酒仙桥万红里中关村电子城国际电子总部5号 | 研发 | 出让 | 2056.12.8 | 18,844.88 | |
| 21 | 京朝国用〔2007出〕第0478号 | 朝阳区酒仙桥万红里中关村电子城国际电子总部4号 | 研发 | 出让 | 2056.12.8 | 23,222.51 | |
| 31 | 京朝国用〔2007出〕第0479号 | 朝阳区酒仙桥万红里中关村电子城国际电子总部3号 | 研发 | 出让 | 2056.12.8 | 19,669.36 | |
| 4 | 京朝国用〔2007出〕第0480号 | 朝阳区酒仙桥万红里中关村电子城国际电子总部26号 | 研发 | 出让 | 2056.12.8 | 24,441.75 | |
| 5 | 京朝国用〔2008出〕第0108号 | 朝阳区酒仙桥电子城IT产业园A区 | 工业 | 出让 | 2056.12.7 | 69,128.42 | |
| 6 | 京朝国用〔2008出〕第0109号 | 朝阳区酒仙桥电子城IT产业园C区 | 工业 | 出让 | 2056.12.7 | 52,932.2 | |
| 7 | 京朝国用〔2005出〕第0639号 | 朝阳区酒仙桥电子城IT产业园CRT－CSTN项目(D区) | 工业 | 出让 | 2054.9.1 | 56,940.69 | |
| 8 | 京朝国用〔2005出〕第0640号 | 朝阳区酒仙桥电子城IT产业园CRT－CSTN项目(B区) | 工业 | 出让 | 2055.9.1 | 70,024.1 | |

续表

| 序号 | 证号 | 土地坐落 | 用途 | 使用权类型 | 终止年限 | 面积(平方米) | 他项权利 |
|---|---|---|---|---|---|---|---|
| 9 | 京朝国用〔2001出〕第0196号 | 朝阳区酒仙桥东路1号(南) | 工业 | 出让 | 2050.11.19 | 51,889.16 | |
| 10 | 京朝国用〔2001出〕第0197号 | 朝阳区酒仙桥东路1号(北) | 工业 | 出让 | 2050.11.26 | 14,626.63 | |
| 11 | 京朝国用〔2001出〕第0198号 | 朝阳区酒仙桥路12号 | 科研、生产 | 出让 | 2050.11.26 | 4658.99 | |
| 12 | 京朝国用〔2008出〕第0111号 | 朝阳区酒仙桥路14号 | 工业 | 出让 | 2051.3.5 | 34,678.41 | |
| 13 | 京朝国用〔2003出〕第0327号 | 朝阳区酒仙桥驼房营地区驼房营住宅小区 | 住宅、配套、地下车库 | 出让 | 住宅:2073.3.8<br>配套:2043.3.8<br>地下车库:2053.3.8 | 83,055.99 | |

2. 经核查,截至本法律意见书出具之日,电子城拥有的房屋所有权如下表所示:

| 序号 | 房屋所有权证号 | 房屋坐落 | 用途 | 面积(平方米) | 他项权利 |
|---|---|---|---|---|---|
| 11 | 京房权证朝其02字第00307号 | 朝阳区酒仙桥东路1号 | | 21,126.08 | |
| 21 | 京房权证朝其04字第00641号 | 朝阳区酒仙桥东路1号院 | | 128,131.62 | |
| 31 | 京房权证朝其06字第001770号 | 朝阳区酒仙桥路甲12号 | 科研、生产 | 26,266.5 | |
| 41 | 京房权证市朝其字第0080202号 | 朝阳区安慧里三区7号楼 | 住宅 | 206.07 | |
| 5 | X京房权证朝字第618746号 | 朝阳区酒仙桥东路9号院1号楼等3幢 | 厂房 | 41,631.79 | |
| 6 | X京房权证朝其字第504451号 | 朝阳区驼房营南路2号院13号楼等6幢 | 住宅 | 68,337.26 | |
| 7 | X京房权证朝字第622391号 | 朝阳区驼房营南路2号院10楼 | 住宅 | 1816.47 | |
| 8 | X京房权证朝字第618745号 | 朝阳区驼房营南路2号院14楼 | 住宅 | 3564.69 | |
| 9 | X京房权证朝字第618744号 | 朝阳区驼房营南路2号院2幢 | 住宅 | 4287.26 | |
| 10 | X京房权证朝字第678384号 | 朝阳区酒仙桥北路甲10号院401楼-1至4层101 | 厂房 | 28,179.63 | |

经核查,X京房权证朝其字第504451号为驼房营住宅小区D2、D3、D4、D5、B3及B4号楼的《房屋所有权证》,截至2009年4月30日,D2、D3、D4、D5、B3及B4号楼尚有1套住宅未销售完毕,建筑面积为125.12平方米。

本所认为,电子城拥有的国有土地使用权和房屋所有权,已办理有效产权登记的,电子城占有、使用和处置该等土地和房屋合法有效。

(三)电子城拥有的重大生产经营设备

经核查,本所认为,电子城拥有完整的生产经营设备,重大生产经营设备权属清晰,电子城有权占有、使用和处置该等重大生产经营设备。

(四)重大财产的产权风险及权利限制

经核查,本所认为,电子城的重大财产不存在产权纠纷或潜在纠纷风险,不存在设置抵押、质押及其他权利受到限制的情形。

(五)电子城的重大债权债务

1. 重大合同

经核查,截至2009年4月30日,除本法律意见书"七、(七)电子城目前在建及拟建的项目情况"已披露的出让合同外,电子城正在履行的其他重大合同如下:

A. 建设施工合同

(1)电子城与北京城建建设工程有限公司于2007年11月30日签署《建设工程施工合同》。合同约定,电子城委托北京城建建设工程有限公司建设B1厂房工程,工程地点位于朝阳区酒仙桥,工程内容为建筑面积56,651平方米、全现浇框架、地上6层,合同价款为98,912,793.77元。

(2)电子城与北京城建建设工程有限公司于2008年10月30日签署《建设工程施工合同》。合同约定,电子城委托北京城建建设工程有限公司建设B2厂房工程,工程地点位于朝阳区酒仙桥,工程内容为建筑面积36,976.5平方米、地上1层、地上6层,合同价款为1,545,319.66元。

(3)电子城与北京城建建设工程有限公司于2008年10月30日签署《建设工程施工合同》。合同约定,电子城委托北京城建建设工程有限公司建设电子城IT产业园D1厂房二期新建部分等3项工程,工程地点位于北京市朝阳区酒仙桥,工程内容为建筑面积14,670.56平方米,合同价款为28,384,259.5元。

B. 借款合同

电子城与北京银行股份有限公司金运支行(以下简称北京银行金运支行)于2008年1月9日签署《借款合同》(编号:0032843)。合同约定,电子城自该银行借款1亿元,借款期限为3年,自2008年1月9日至2011年1月7日止,借款利率为年息7.56%,月息6.3‰。根据电子城书面确认,目前该合同借款余额为5000万元。北京电控与北京银行金运支行同日签署《保证合同》(编号:0032843),约定北京电控为电子城自该银行的上述借款提供保证担保。

C. 蒸汽供应协议

电子城与北京正东电子动力集团有限公司(以下简称正东集团)于2005年11月18日签署《蒸汽供应协议》。协议约定,正东集团为电子城供应一定品质的蒸汽,电子城按蒸汽优惠价格182元/吨(含税价)、凝结水价格8元/吨的价格向正东集团支付相应费用,协议有限期为4年。根据正东集团于2008年11月18日出具的《关于调整燃煤供蒸汽出厂价格的通知》,蒸汽价格自2008年11月1日起调整为198元/吨。

D. 个人购房按揭贷款开发商合作协议

电子城与北京银行金运支行签署《个人购房按揭贷款开发商合作协议》。协议约定,电子城为购买其开发楼盘,且符合贷款条件的商品房购买人自北京银行金运支行的购房按揭贷款,提供阶段性连带责任保证;保证期间为商品房购买人的债务履行期届满之日起2年,商品房购买人向北京银行金运支行办妥抵押担保登记手续,且北京银行金运支行收到他项权证正本之日起,电子城保证责任自动解除。

经核查,前述协议为电子城按房地产经营惯例而签署的,根据中审亚太于2009年5月20日出具的《审计报告》(中审亚太审字〔2009〕010251号),截至2009年4月30日,电子城承担的前述阶段性担保额合计为3.25亿元。

E. 项目合作协议

电子城与北京阳光房地产综合开发公司(以下简称阳光公司)于2004年1月10日签署《"电子城驼房营住宅小区"项目合作协议》。协议约定,电子城负责该项目的全部开发建设和施工管理;阳光公司按约支付价款,负责该项目的全部销售工作(电子城销售部分除外)。电子城、阳光公司及北京首创阳光房地产有限责任公司(以下简称首创阳光)于2004年10月20日签署《协议书》,协议约定由首创阳光承继阳光公司在《"电子城驼房营住宅小区"项目合作协议》下的全部权利和义务。

根据中审亚太于2009年5月20日出具的《审计报告》(中审亚太审字〔2009〕010251号),截至2009年4月30日,电子城对首创阳光的预付款为150,645,121.57元。

F. 其他重大合同

北京马坊工业园区管理委员会(以下简称马坊管委会)与北京电控合力置业有限公司(以下简称合力置业)于2007年12月12日签署《北京电控(马坊)科技产业园开发建设协议书》,约定合作建设"北京电控(马坊)科技产业园"。根据该协议书,马坊管委会负责将项目用地出让给合力置业,合力置业支付相应地价款项。双方签署协议之日起第1个月内,合力置业支付项目用地款项2000万元,其余款项根据马坊管委会的征地进度安排和合力置业的征地面积需求计划逐步分期支付。如有变故未能签署该地块土地出让合同,马坊管委会应在15日内退还合力置业上述款项并按银行同期贷款利率标准退付相应的利息。

合力置业、合力开发与马坊管委会于2008年3月19日签署《北京电控(马坊)科技产业园开发建设补充协议》,协议约定合力置业在原《北京电控(马坊)科技产业园开发建设协议书》项下的全部权利和义务由合力开发承继。

经核查,电子城现时正在履行的以上适用中国法律的建设施工合同、借款合同、蒸汽供应协议、个人购房按揭贷款开发商合作协议、项目合作协议以及其他对电子城存续和经营有重大影响的重大合同均按正常商业条款签订,具有可执行性,合同内容及形式不违反法律、法规和规范性文件的规定,该等合同合法有效。

2. 侵权之债

根据电子城的说明及本所核查,电子城不存在因环境保护、知识产权、产品质量、劳动安全、人身权等原因产生的足以影响其存续或者重大经营业绩的重大侵权之债。

(六)电子城目前取得的资质情况

经核查,电子城目前取得了北京市建设委员会于2009年2月24日核发的《房地产开发企业资质证书》(证书编号:CY-A-0703),资质等级为二级,有效期至2012年2月23日。

(七)电子城目前在建及拟建的项目情况

电子城目前在建及拟建的项目为驼房营住宅小区、中关村电子城IT产业园及中关村电子城国际电子总部。

1. 驼房营住宅小区

就驼房营住宅小区建设,电子城取得了如下批准、许可或备案:

(1)项目立项

北京市发展计划委员会与北京市建设委员会于2002年6月29日联合核发《关于开发建设驼房营住宅小区项目建议书(代可行性研究报告)的批复》(京计投资字〔2002〕1492号),同意电子城建设驼房营住宅小区项目,建设地点位于朝阳区将台乡驼房营,总建筑面积为34万平方米。

(2)环境影响评价

北京市环境保护局于2003年5月9日核发《关于电子城驼房营住宅小区建设项目环境影响报告书的批复》(京环保监督审字〔2003〕146号),同意电子城在北京市朝阳区将台乡建设电子城驼房营住宅小区,主要建设住宅及配套公建,总建筑面积约34万平方米。

(3)建设用地规划许可证

| 序号 | 证号 | 用地项目名称 | 用地位置 | 用地面积(平方米) | 核发机关 | 核发日期 |
|---|---|---|---|---|---|---|
| 11 | 2001规地字0330号 | 居住用地 | 朝阳区驼房营 | 90,987 | 北京市规划委员会 | 2001年10月19日 |

(4)国有土地使用权出让合同

| 序号 | 合同编号 | 受让人 | 出让方式 | 宗地位置 | 出让面积/建筑面积(平方米) | 土地规划用途 | 地价款 | 出让年限 | 签署日期 |
|---|---|---|---|---|---|---|---|---|---|
| 11 | 京地出〔合〕字〔2002〕第674号 | 电子城 | 协议出让 | 北京市朝阳区酒仙桥驼房营地区驼房营住宅小区 | 81,046/337,940 | 住宅及配套 | 112,412,185元 | 住宅70年、配套40年、地下车库50年,自合同签订之日起计算 | 2003年3月9日 |

经电子城书面确认及本所核查,电子城已全数缴清该宗土地的地价款。

(5)国有土地使用证

经核查,就驼房营住宅小区开发,电子城现拥有编号为京朝国用〔2003出〕第0327号的《国有土地使用证》,详见本法律意见书"七、(二)电子城拥有的国有土地使用权和房屋所有权"部分。

(6)建设工程规划许可证

| 序号 | 证号 | 建设项目名称 | 用地位置 | 建设规模(平方米) | 核发机关 | 核发日期 |
|---|---|---|---|---|---|---|
| 1 | 2003规建字1367号 | 电子城驼房营住宅小区B1、E1号楼等3项(包括B1、E1号楼、F2、F3地下车库) | 朝阳区酒仙桥 | 26,571.41 | 北京市规划委员会 | 2003年10月22日 |
| 2 | 2003规建字1244号 | 电子城驼房营住宅小区B2号楼 | 朝阳区酒仙桥 | 12,499 | 北京市规划委员会 | 2003年9月11日 |
| 3 | 2003规建字1102号 | 电子城驼房营住宅小区B3号楼等2项(包括B3、B4号楼) | 朝阳区酒仙桥 | 17,150 | 北京市规划委员会 | 2003年8月21日 |
| 4 | 2003规建字0479号 | 电子城驼房营住宅小区C1号楼等3项(包括C1、C2、C3号楼) | 朝阳区酒仙桥 | 64,279.62 | 北京市规划委员会 | 2003年4月11日 |

续表

| 序号 | 证号 | 建设项目名称 | 用地位置 | 建设规模（平方米） | 核发机关 | 核发日期 |
|---|---|---|---|---|---|---|
| 5 | 2004 规建字0294号 | 电子城驼房营住宅小区D2号楼等4项(包括D2、D3、D4、D5号楼) | 朝阳区酒仙桥驼房营 | 51,299.69 | 北京市规划委员会 | 2004年6月22日 |
| 6 | 2004 规(朝)建字0592号 | 电子城驼房营小区E2配套综合楼等2项(包括E2配套综合楼、F1地下车库) | 朝阳区酒仙桥驼房营 | 10,077.16 | 北京市规划委员会 | 2004年12月3日 |
| 7 | 2004 规(朝)建字0385号 | 驼房营住宅小区E3综合服务楼等3项(包括E3综合服务楼、E4号楼、E5幼儿园) | 朝阳区酒仙桥驼房营 | 8175.25 | 北京市规划委员会 | 2004年8月4日 |
| 8 | 2004 规(朝)建字0549号 | 电子城驼房营住宅小区简易综合楼等2项(包括简易综合楼、变电所) | 朝阳区酒仙桥驼房营 | 385.80 | 北京市规划委员会 | 2004年11月12日 |
| 9 | 2004 规(朝)建字0392号 | 调压站 | 朝阳区酒仙桥驼房营 | 78.8 | 北京市规划委员会 | 2004年8月11日 |
| 10 | 2005 规(朝)建字0111号 | 电子城驼房营小区A1#住宅楼 | 朝阳区将台乡 | 14,711.66 | 北京市规划委员会 | 2005年2月28日 |
| 11 | 2005 规建字0080号 | 电子城驼房营小区A2#住宅 | 朝阳区酒仙桥 | 14,716.70 | 北京市规划委员会 | 2005年2月7日 |
| 12 | 2005 规建字0082号 | 电子城驼房营住宅小区A3号楼 | 朝阳区酒仙桥 | 14,381.63 | 北京市规划委员会 | 2005年2月7日 |
| 13 | 2005 规建字0081号 | 电子城驼房营住宅小区A4号楼 | 朝阳区酒仙桥 | 14,716.70 | 北京市规划委员会 | 2005年2月7日 |
| 14 | 2005 规(朝)建字0110号 | 电子城驼房营小区A5#住宅楼 | 朝阳区将台乡 | 15,522.22 | 北京市规划委员会 | 2005年2月28日 |
| 15 | 2005 规建字0083号 | 电子城驼房营小区A6号楼 | 朝阳区酒仙桥 | 15,567.93 | 北京市规划委员会 | 2005年2月7日 |
| 16 | 2005 规(朝)建字0106号 | 电子城驼房营小区D1#住宅楼 | 朝阳区将台乡 | 21,930.34 | 北京市规划委员会 | 2005年2月22日 |

(7)建筑工程施工许可证

| 序号 | 证号 | 工程名称 | 建设地址 | 建设规模（平方米） | 核发机关 | 核发日期 |
|---|---|---|---|---|---|---|
| 1 | 00(建)2003·1886 | 电子城驼房营住宅小区C1、C2、C3号楼 | 朝阳区酒仙桥 | 64,279 | 北京市建设委员会 | 2003年7月16日 |
| 2 | 00(建)2004·3188 | 电子城驼房营住宅小区D2、D3号楼 | 朝阳区酒仙桥驼房营 | 28,378.87 | 北京市建设委员会 | 2004年12月13日 |
| 3 | 00(建)2004·3228 | 电子城驼房营住宅小区 D4JHJ、D5JHJ楼 | 朝阳区酒仙桥驼房营 | 22,920.82 | 北京市建设委员会 | 2004年12月18日 |

续表

| 序号 | 证号 | 工程名称 | 建设地址 | 建设规模（平方米） | 核发机关 | 核发日期 |
|---|---|---|---|---|---|---|
| 4 | 00（建）2004·2264 | 电子城驼房营住宅小区 F2 地下车库 | 朝阳区酒仙桥驼房营 | 4494.4 | 北京市建设委员会 | 2004 年 9 月 1 日 |
| 5 | 00（建）2004·2265 | 电子城驼房营住宅小区 F3 地下车库 | 朝阳区酒仙桥驼房营 | 4711.01 | 北京市建设委员会 | 2004 年 9 月 1 日 |
| 6 | 00（建）2005·0061 | 驼房营住宅小区 E4 号楼、E5 幼儿园 | 朝阳区酒仙桥驼房营 | 4525.68 | 北京市建设委员会 | 2005 年 1 月 11 日 |
| 7 | 00（建）2005·0295 | 电子城驼房营住宅小区 B1、E1 号楼 | 朝阳区酒仙桥路 | 17,366 | 北京市建设委员会 | 2005 年 2 月 6 日 |
| 8 | 00（建）2005·0293 | 电子城驼房营住宅小区 B2 号楼 | 朝阳区酒仙桥路 | 12,499 | 北京市建设委员会 | 2005 年 2 月 6 日 |
| 9 | 00（建）2005·0294 | 电子城驼房营住宅小区 B3 号楼、B4 号楼、E3 号楼、调压站 | 朝阳区酒仙桥路 | 20,878.37 | 北京市建设委员会 | 2005 年 2 月 6 日 |
| 10 | 00（建）2005·0638 | 电子城驼房营住宅小区 F1 地下车库 | 朝阳区酒仙桥驼房营 | 8995.56 | 北京市建设委员会 | 2005 年 4 月 6 日 |
| 11 | 00（建）2005·0328 | 电子城驼房营小区简易综合楼、变电所 | 朝阳区酒仙桥驼房营 | 385.8 | 北京市建设委员会 | 2005 年 5 月 21 日 |
| 12 | 〔2006〕施（朝）建字 0023 号 | 电子城驼房营小区 A1#住宅楼、E2#配套综合楼 | 朝阳区将台乡 | 15,793 | 北京市朝阳区建设委员会 | 2006 年 6 月 2 日 |
| 13 | 〔2006〕施（朝）建字 0024 号 | 电子城驼房营小区 A2#住宅楼 | 朝阳区将台乡 | 14,716 | 北京市朝阳区建设委员会 | 2006 年 6 月 2 日 |
| 14 | 〔2006〕施（朝）建字 0025 号 | 电子城驼房营住宅小区 A3#住宅楼 | 朝阳区将台乡 | 14,381 | 北京市朝阳区建设委员会 | 2006 年 6 月 2 日 |
| 15 | 〔2006〕施（朝）建字 0026 号 | 电子城驼房营住宅小区 A4#住宅楼 | 朝阳区将台乡 | 14,716 | 北京市朝阳区建设委员会 | 2006 年 6 月 2 日 |
| 16 | 〔2006〕施（朝）建字 0027 号 | 电子城驼房营小区 A5#住宅楼 | 朝阳区将台乡 | 15,522 | 北京市朝阳区建设委员会 | 2006 年 6 月 2 日 |
| 17 | 〔2006〕施（朝）建字 0028 号 | 电子城驼房营小区 A6#住宅楼 | 朝阳区将台乡 | 15,567 | 北京市朝阳区建设委员会 | 2006 年 6 月 2 日 |
| 18 | 〔2006〕施（朝）建字 0022 号 | 电子城驼房营小区 D1#住宅楼 | 朝阳区将台乡 | 21,930 | 北京市建设委员会 | 2006 年 6 月 2 日 |

（8）竣工验收备案

| 序号 | 编号 | 工程名称 | 工程地址 | 建筑规模（平方米） | 备案机关 | 备案日期 |
|---|---|---|---|---|---|---|
| 1 | 〔朝阳〕2005－257 | 电子城驼房营小区 C1、C2、C3 号楼 | 朝阳区酒仙桥路甲 12 号 | 64,279.62 | 北京市朝阳区建设委员会 | 2005 年 10 月 14 日 |
| 2 | 〔朝阳〕2006－221 | 电子城驼房营住宅小区 B1、E1 住宅楼 | 朝阳区酒仙桥驼房营路 | 17,366 | 北京市朝阳区建设委员会 | 2006 年 10 月 20 日 |

续表

| 序号 | 编号 | 工程名称 | 工程地址 | 建筑规模(平方米) | 备案机关 | 备案日期 |
|---|---|---|---|---|---|---|
| 3 | 〔朝阳〕2006－220 | 电子城驼房营住宅小区 B2 住宅楼 | 朝阳区酒仙桥驼房营路 | 12,499 | 北京市朝阳区建设委员会 | 2006 年 10 月 16 日 |
| 4 | 〔朝阳〕2006－114 | 电子城驼房营住宅小区 B3、B4 号楼 | 朝阳区酒仙桥 | 17,150 | 北京市朝阳区建设委员会 | 2006 年 6 月 16 日 |
| 5 | 〔朝阳〕2006－123 | 电子城驼房营住宅小区 F2 地下车库 | 朝阳区酒仙桥驼房营路 | 4494.4 | 北京市朝阳区建设委员会 | 2006 年 6 月 20 日 |
| 6 | 〔朝阳〕2006－116 | 电子城驼房营住宅小区 F3 地下车库 | 朝阳区酒仙桥 | 4711.01 | 北京市朝阳区建设委员会 | 2006 年 6 月 16 日 |
| 7 | 〔朝阳〕2006－122 | 电子城驼房营住宅小区 D2、D3 楼 | 朝阳区酒仙桥驼房营路 | 28,378.87 | 北京市朝阳区建设委员会 | 2006 年 6 月 20 日 |
| 8 | 〔朝阳〕2006－115 | 电子城驼房营住宅小区 D4#、D5#楼 | 朝阳区驼房营 | 22,920.82 | 北京市朝阳区建设委员会 | 2006 年 6 月 16 日 |
| 9 | 〔朝阳〕2006－239 | 电子城驼房营住宅小区 E5 幼儿园 | 朝阳区驼房营路 | 2034 | 北京市朝阳区建设委员会 | 2006 年 11 月 1 日 |
| 10 | 〔朝阳〕2006－240 | 电子城驼房营住宅小区 E3 综合服务楼 | 朝阳区驼房营 | 3649 | 北京市朝阳区建设委员会 | 2006 年 11 月 1 日 |
| 11 | 〔朝阳〕2008－200 | 电子城驼房营住宅小区 A1#住宅楼 | 朝阳区将台乡 | 14,711.66 | 北京市朝阳区建设委员会 | 2008 年 6 月 30 日 |
| 12 | 〔朝阳〕2008－235 | 电子城驼房营住宅小区 A2 楼 | 朝阳区酒仙桥驼房营南路 | 14,716.7 | 北京市朝阳区建设委员会 | 2008 年 7 月 4 日 |
| 13 | 〔朝阳〕2008－209 | 电子城驼房营小区 D1 楼 | 朝阳区酒仙桥驼房营南路 | 21,930.34 | 北京市朝阳区建设委员会 | 2008 年 7 月 4 日 |
| 14 | 〔朝阳〕2008－236 | 电子城驼房营住宅小区 A3 楼 | 朝阳区酒仙桥驼房营南路 | 14,381.63 | 北京市朝阳区建设委员会 | 2008 年 7 月 11 日 |
| 15 | 〔朝阳〕2008－202 | 电子城驼房营住宅小区 A4 楼 | 朝阳区酒仙桥驼房营路 | 14,716.7 | 北京市朝阳区建设委员会 | 2008 年 6 月 30 日 |
| 16 | 〔朝阳〕2008－208 | 电子城驼房营住宅小区 A6 住宅楼 | 朝阳区酒仙桥驼房营南路 | 15,567 | 北京市朝阳区建设委员会 | 2008 年 7 月 4 日 |
| 17 | 〔朝阳〕2008－201 | 电子城驼房营住宅小区 A5 楼 | 朝阳区酒仙桥驼房营南路 | 15,522.22 | 北京市朝阳区建设委员会 | 2008 年 6 月 30 日 |

根据电子城的书面确认，截至 2009 年 4 月 30 日，该项目尚有 E2 号楼、E4 号楼、F1 地下车库、简易综合楼、变电所及调压站正在办理竣工验收手续。

(9)房屋所有权

经核查，就驼房营住宅小区开发，电子城现拥有编号为 X 京房权证朝其字第 504451 号、X 京房权证朝字第 622391 号、X 京房权证朝字第 618745 号及 X 京房权证朝字第 618744 号的《房屋所有权证》，详见本法律意见书“七、(二)电子城拥有的国有土地使用权和房屋所有权”部分。另外，就该项目 B1 楼、B2 楼及 C1、C2 与 C3 楼，电子城曾取得编号为 X 京房权证朝其字第 502620 号、X 京房权证朝其字第 502619 号及京房权证朝其 06 字第 001847 号的《房屋所有权证》，根据电子城的书面确认，该等住宅楼宇已销售完毕。

(10)预售许可及销售

| 序号 | 证号 | 预售范围 | 建筑面积(平方米) | 核发机关 | 核发日期 |
|---|---|---|---|---|---|
| 1 | 京房售证字〔2004〕58号 | 电子城驼房营住宅小区C1、C2、C3号楼 | 62,087 | 北京市国土资源和房屋管理局 | 2004年3月4日 |
| 2 | 京房售证字〔2005〕26号 | 电子城驼房营住宅小区D2#、D3#、D4#、D5# | 46,653.94 | 北京市建设委员会 | 2005年1月28日 |
| 3 | 京房售证字〔2005〕223号 | 电子城驼房营住宅小区B1、B2、B3、B4号楼 | 42,364.45 | 北京市建设委员会 | 2005年6月12日 |
| 4 | 京房售证字〔2006〕257号 | 电子城驼房营住宅小区A1#－A6#楼、D1#楼 | 104,939.4 | 北京市建设委员会 | 2006年7月3日 |

根据电子城的书面确认,截至2009年4月30日,电子城已售出该项目中2688套住宅单位中的2678套住宅,建筑面积共计253,827.30平方米;前述房产已出售但尚未办理完毕产权转让手续。截至2009年4月30日,电子城该项目尚有10套住宅未出售,建筑面积共计1178.30平方米。

2. 中关村电子城IT产业园

就中关村电子城IT产业园建设,电子城取得了如下建设批准、许可或备案:

(1)项目立项

北京市发展和改革委员会于2004年9月2日核发《关于北京电子城IT产业园电子工业厂房项目(一期)可行性研究报告的批复》(京发改〔2004〕1831号),同意原北京电子城CRT&CSTN项目调整为北京电子城IT产业园电子工业厂房项目(一期),同意电子城建设该项目,项目地点位于中关村科技园区电子城科技园IT产业园B区、D区,总用地面积为126,877.47平方米,总建筑面积为156,942.87平方米。

北京市发展和改革委员会于2005年4月3日核发《关于北京电子城IT产业园电子工业厂房项目(二期)核准的批复》(京发改〔2005〕703号),同意电子城建设北京电子城IT产业园电子工业厂房二期项目,项目地点位于中关村科技园区电子城科技园IT产业园,总用地面积为123,367平方米,总建筑面积为198,195平方米。

北京市发展和改革委员会扩大内需工作办公室于2009年4月20日出具《关于印发市政府扩大内需重大项目绿色审批通道确认表的通知》,经北京市绿色审批通道推进小组第四次项目联审会审定,以及北京市发展和改革委员会、北京市规划委员会、北京市国土资源局、北京市环境保护局、北京市交通委员会、北京市住房和城乡建设委员会等13个相关政府机关盖章同意,电子城开发的中关村电子城IT产业园项目进入绿色审批通道,应抓紧开展项目前期工作。

(2)环境影响评价

北京市环境保护局于2004年9月2日核发《关于北京电子城CRT&CSTN项目B、D地块环境影响报告表的批复》(京环保评价审字〔2004〕591号),同意电子城在朝阳区酒仙桥实施该项目,主要建设六座CRT&CSTN项目用工业厂房及配套设施,总建筑面积约15.694万平方米。

北京市环境保护局于2005年9月21日核发《北京市环境保护局关于北京电子城IT产业园电子工业厂房项目(二期)环

境影响报告表的批复》(京环审〔2005〕900号),同意电子城在朝阳区酒仙桥北京电子城IT产业园A、C地块实施该项目,建设电子工业厂房、研发中心及配套服务设施,总建筑面积约16.9万平方米。

(3)建设用地规划许可证

| 序号 | 证号 | 用地项目名称 | 用地位置 | 用地面积(平方米) | 核发机关 | 核发日期 |
|---|---|---|---|---|---|---|
| 11 | 2004规地字0156号 | 工业用地 | 朝阳区酒仙桥 | 126,964.74 | 北京市规划委员会 | 2004年9月16日 |
| 21 | 2006规地字0100号 | 工业用地 | 朝阳区酒仙桥 | 123,279.86 | 北京市规划委员会 | 2006年5月17日 |

(4)国有土地使用权出让合同

| 序号 | 合同编号 | 受让人 | 出让方式 | 宗地位置 | 出让面积/建筑面积(平方米) | 土地规划用途 | 地价款 | 出让年限 | 签署日期 |
|---|---|---|---|---|---|---|---|---|---|
| 11 | 京地出〔合〕字〔2004〕第0663号 | 电子城 | 协议出让 | 北京市朝阳区酒仙桥电子城IT产业园CRT－CSTN项目(B、D区) | 126,964.73/104,976.67/260,653(补充协议) | 工业 | 13,966,120元 | 50年,自合同签订之日起计算 | 2004年9月2日/2006年12月28日(补充协议) |
| 2 | 京地出〔合〕字〔2006〕第0772号 | 电子城 | 协议出让 | 北京市朝阳区酒仙桥电子城IT产业园A区 | 69,122.198/173,512 | 工业 | 16,776,320元 | 50年,自合同签订之日起计算 | 2006年12月8日 |
| 3 | 京地出〔合〕字〔2006〕第0773号 | 电子城 | 协议出让 | 北京市朝阳区酒仙桥电子城IT产业园C区 | 54,157.671/130,631 | 工业 | 12,609,410元 | 50年,自合同签订之日起计算 | 2006年12月8日 |

经电子城书面确认及本所核查,电子城已全数缴清上述三宗土地的地价款。

(5)国有土地使用证

经核查,就中关村电子城IT产业园建设,电子城现拥有编号为京朝国用〔2005出〕第0639号、京朝国用〔2005出〕第0640号、京朝国用〔2008出〕第0108号及京朝国用〔2008出〕第0109号的《国有土地使用证》,详见本法律意见书“七、(二)电子城拥有的国有土地使用权和房屋所有权”部分。

(6)建设工程规划许可证

| 序号 | 证号 | 建设项目名称 | 用地位置 | 建设规模(平方米) | 核发机关 | 核发日期 |
|---|---|---|---|---|---|---|
| 1 | 2004规(朝)建字0515号 | 电子城IT产业园D1厂房 | 朝阳区酒仙桥 | 13,511.03 | 北京市规划委员会 | 2004年10月25日 |

续表

| 序号 | 证号 | 建设项目名称 | 用地位置 | 建设规模（平方米） | 核发机关 | 核发日期 |
|---|---|---|---|---|---|---|
| 2 | 2005 规（朝）建字 0001 号 | 北京电子城 IT 产业园电子工业厂房 D2 厂房等 6 项（包括 D2、D3、D4 厂房、D4 厂房甲类库房、D4 厂房助焊剂车间、辅助用房） | 朝阳区酒仙桥 | 57,362.51 | 北京市规划委员会 | 2005 年 1 月 7 日 |
| 3 | 2005 规（朝）建字 0231 号 | 电子城 IT 产业园 D 区 1－7#门卫室 | 朝阳区酒仙桥 | 170 | 北京市规划委员会 | 2005 年 5 月 23 日 |
| 4 | 2007 规（朝）建字 0205 号 | B1 厂房 | 朝阳区酒仙桥 | 56,651 | 北京市规划委员会 | 2007 年 8 月 14 日 |
| 5 | 2007 规（朝）建字 0260 号 | B2 厂房 | 朝阳区酒仙桥 | 36,976.5 | 北京市规划委员会 | 2007 年 10 月 23 日 |
| 6 | 2007 规（朝）建字 0100 号 | 电子城 IT 产业园 D1 厂房等二期新建部分等 2 项（新建部分、加层部分） | 朝阳区酒仙桥 | 14,670.56 | 北京市规划委员会 | 2007 年 4 月 6 日 |

（7）建筑工程施工许可证

| 序号 | 证号 | 工程名称 | 建设地址 | 建设规模（平方米） | 核发机关 | 核发日期 |
|---|---|---|---|---|---|---|
| 1 | 00（建）2005·0512 | 电子城 IT 产业园 D1 厂房 | 朝阳区酒仙桥 | 13,511.05 | 北京市建设委员会 | 2005 年 3 月 21 日 |
| 2 | 00（建）2005·0885 | 北京电子城 IT 产业园电子工业厂房 D2 厂房等 5 项（包括 D2、D3、D4 厂房、D4 厂房甲类库房、D4 厂房助焊剂车间） | 朝阳区酒仙桥 | 56,976.71 | 北京市建设委员会 | 2005 年 4 月 30 日 |
| 3 | 〔2007〕施（朝）建字 0278 号 | 电子城 IT 产业园 D1 厂房二期新建部分等 2 项 | 朝阳区酒仙桥 | 14,670.56 | 北京市朝阳区建设委员会 | 2007 年 10 月 23 日 |
| 4 | 〔2007〕施（朝）建字 0367 号 | B1 厂房 | 朝阳区酒仙桥 | 56,651 | 北京市朝阳区建设委员会 | 2007 年 12 月 25 日 |
| 5 | 〔2008〕施（朝）建字 0299 号 | B2 厂房 | 朝阳区酒仙桥 | 36,976.5 | 北京市朝阳区建设委员会 | 2008 年 12 月 3 日 |

(8)竣工验收备案

| 序号 | 编号 | 工程名称 | 工程地址 | 建筑规模(平方米) | 备案机关 | 备案日期 |
|---|---|---|---|---|---|---|
| 1 | 〔朝阳〕2006－043 | 电子城工厂产业园D1厂房 | 朝阳区酒仙桥北路 | 13,511 | 北京市朝阳区建设委员会 | 2006年3月31日 |
| 2 | | 电子城IT产业园电子工业厂房D2厂房等6项(D4厂房) | 朝阳区酒仙桥北路 | 8117 | 北京市朝阳区建设委员会 | 2006年5月23日 |
| 3 | 〔朝阳〕2006－043 | 电子城IT产业园电子工业厂房D2厂房等6项(D2厂房) | 朝阳区酒仙桥 | 24,283.71 | 北京市朝阳区建设委员会 | 2006年10月20日 |
| 4 | | 电子城IT产业园电子工业厂房D2厂房等6项(助焊剂车间) | 朝阳区酒仙桥北路 | 104.86 | 北京市朝阳区建设委员会 | 2006年10月20日 |
| 5 | | 电子城IT产业园电子工业厂房D2厂房等6项(甲类库房) | 朝阳区酒仙桥北路 | 104.98 | 北京市朝阳区建设委员会 | 2006年10月20日 |
| 6 | 〔朝阳〕2009－086 | 电子城IT产业园电子工业厂房D1厂房二期新建部分等2项 | 朝阳区酒仙桥 | 14,670.56 | 北京市朝阳区建设委员会 | 2009年5月13日 |

(9)房屋所有权

经核查,就中关村电子城IT产业园已竣工验收的D1厂房及D1厂房二期新建部分等2项,电子城现拥有编号为X京房权证朝字第678384号的《房屋所有权证》,详见本法律意见书“七、(二)电子城拥有的国有土地使用权和房屋所有权”部分。另外,就已竣工验收的D4厂房、D2厂房、助焊剂车间及甲类库房,电子城曾取得编号为X京房权证朝其字第540637号的《房屋所有权证》,根据电子城的书面确认,该等建筑物已销售完毕。

3. 中关村电子城国际电子总部

就中关村电子城国际电子总部建设,电子城取得了如下批准、许可或备案:

(1)项目立项

北京市发展和改革委员会于2006年11月9日核发《关于中关村电子城国际电子总部项目核准的批复》(京发改〔2006〕2112号),同意电子城建设中关村电子城国际电子总部项目,建设地点位于朝阳区酒仙桥万红里,规划建设用地面积为85,000平方米,建筑规模控制为245,450平方米,建筑内容为科研办公项目。

北京市发展和改革委员会于2008年11月6日核发《关于中关村电子城国际电子总部项目继续办理前期手续的批复》(京发改投资函〔2008〕第261号),同意电子城继续办理中关村电子城国际电子总部项目的前期手续。

北京市发展和改革委员会扩大内需工作办公室于2009年4月20日出具《关于印发市政府扩大内需重大项目绿色审批通道确认表的通知》,经北京市绿色审批通道推进小组第四次项目联审会审定,以及北京市发展和改革委员会、北京市规划委员会、北京市国土资源局、北京市环境保护局、北京市交通委员会、北京市住房和城乡建设委员会等13个相关政府机关盖章同意，电子城开发中关村电子城国际电子总部项目进入绿色审批通道，应抓紧开发项目前期工作。

(2)环境影响评价

北京市环境保护局于2006年8月9日核发《北京市环境保护局关于中关村电子城国际电子总部项目环境影响报告书的批复》(京环审〔2006〕734号)，同意电子城在朝阳区酒仙桥电子城科技园区内实施中关村电子城国际电子总部项目，建筑面积约45.8万平方米。

(3)建设用地规划许可证

| 序号 | 证号 | 用地项目名称 | 用地位置 | 用地面积(平方米) | 核发机关 | 核发日期 |
|---|---|---|---|---|---|---|
| 11 | 2007规地字0157号 | 科技产业用地 | 朝阳区酒仙桥万红里 | 86,178.494 | 北京市规划委员会 | 2007年9月4日 |

(4)国有土地使用权出让合同

| 序号 | 合同编号 | 受让人 | 出让方式 | 宗地位置 | 出让面积/建筑面积(平方米) | 土地规划用途 | 地价款 | 出让年限 | 签署日期 |
|---|---|---|---|---|---|---|---|---|---|
| 11 | 京地出〔合〕字〔2006〕第0774号 | 电子城 | 协议出让 | 北京市朝阳区酒仙桥万红里中关村电子城国际电子总部4#地 | 23,222.506/145,000 | 研发 | 127,600,000元 | 50年，自合同签订之日起计算 | 2006年12月9日 |
| 2 | 京地出〔合〕字〔2006〕第0775号 | 电子城 | 协议出让 | 北京市朝阳区酒仙桥万红里中关村电子城国际电子总部5#地 | 18,844.881/68,000 | 研发 | 59,840,000元 | 50年，自合同签订之日起计算 | 2006年12月9日 |
| 3 | 京地出〔合〕字〔2006〕第0776号 | 电子城 | 协议出让 | 北京市朝阳区酒仙桥万红里中关村电子城国际电子总部3#地 | 19,669.358/83,000 | 研发 | 73,040,000元 | 50年，自合同签订之日起计算 | 2006年12月9日 |
| 4 | 京地出〔合〕字〔2006〕第0777号 | 电子城 | 协议出让 | 北京市朝阳区酒仙桥万红里中关村电子城国际电子总部26#地 | 24,441.749/74,000 | 研发 | 65,120,000元 | 50年，自合同签订之日起计算 | 2006年12月9日 |

经电子城书面确认及本所核查，电子城已全数缴清上述四宗土地的地价款。

(5)国有土地使用证

经核查，就中关村电子城国际电子总部项目建设，电子城现拥有编号为京朝国用〔2007出〕第0477号、京朝国用〔2007出〕第0478号、京朝国用〔2007出〕第0479号及京朝国用〔2007出〕第0480号的《国有土地使用证》，详见本法律意见书“七、(二)电子城拥有的国有土地使用权和房屋所有权”部分。

(八)电子城出租的房屋

经核查,截至2009年4月30日,电子　　城出租的房屋情况如下表所示:

| 序号 | 房屋名称 | 承租方 | 合同编号 | 面积(平方米) | 租赁起始期限 | 租赁备案号 |
|---|---|---|---|---|---|---|
| 1 | M3厂房 | 恩智浦半导体(北京)有限公司 | | 5165 | 2001年1月1日-2013年4月30日 | 1468 |
| 2 | M6厂房 | 比业电子(北京)有限公司 | 京电城销字08-B-046号 | 3000 | 2009年5月1日-2010年10月14日 | 1505 |
| 3 | | 北京日立控制系统有限公司 | BEZW〔2002〕1206 | 2800 | 2003年3月1日-2012年12月31日 | 1129 |
| 4 | M7厂房 | 山谷蓝远东国际医疗科技(北京)有限公司 | 山谷蓝M7-东-2 | 1210 | 2008年6月1日-2011年9月30日 | 1508 |
| 5 | | 北京和协航电科技有限公司 | 京电城销字08-B-031号 | 1890 | 2008年9月1日-2011年7月31日 | 998 |
| 6 | | 西门子工厂自动化工程有限公司 | 京电城销字08-Q-023 | 200 | 2008年11月1日-2011年10月31日 | 1531 |
| 7 | | 西门子工厂自动化工程有限公司 | 京电城销字08-B-37号 | 5746 | 2008年11月1日-2011年10月31日 | 1527 |
| 8 | | 西门子(中国)有限公司 | 京电城销字08-B-034号 | 1528 | 2008年11月1日-2011年10月31日 | 1501 |
| 9 | | 北京三星广告有限公司 | 京电城销字06-006号 | 349 | 2006年9月6日-2010年3月31日 | 1532 |
| 10 | | 北京麦华盛工程技术有限公司 | | 386.88 | 2006年8月8日-2009年8月7日 | 1500 |
| 11 | A1厂房 | 北京美华盛工程技术有限公司 | | 30 | 2006年8月8日-2009年8月7日 | 1492 |
| 12 | | 北京美盛沃利工程技术有限公司 | 京电城销字07-B-022号 | 3705 | 2007年11月1日-2009年8月7日 | 1487 |
| 13 | | 连云港美盛沃利工程有限公司北京分公司 | 京电城销字07-B-021号 | 3468.97 | 2007年11月1日-2009年8月7日 | 1499 |
| 14 | | 北京美盛沃利工程技术有限公司 | 京电城销字08-B-026号 | 3698.65 | 2007年12月1日-2009年8月7日 | 1487 |
| 15 | | 米其林(中国)投资有限公司 | 京电城销字07-B-002号 | 1578.4 | 2007年5月1日-2013年4月30日 | 1512 |
| 16 | | 西门子工厂自动化工程有限公司 | 京电城销字08-B-028号 | 855.1 | 2008年2月15日-2010年10月31日 | 1488 |
| 17 | | 爱瑞森特科技(北京)有限公司 | 京电城销字07-B-001号 | 1126 | 2007年2月1日-2010年1月31日 | 1526 |
| 18 | | | 京电城销字07-B-012号 | 3718 | 2007年7月1日-2010年6月30日 | 1494 |
| 19 | | 三星数据系统(中国)有限公司 | 京电城销字07-B-017号 | 2155 | 2007年7月1日-2010年6月30日 | 1494 |

续表

| 序号 | 房屋名称 | 承租方 | 合同编号 | 面积(平方米) | 租赁起始期限 | 租赁备案号 |
| --- | --- | --- | --- | --- | --- | --- |
| 20 | A2厂房 | 北京三星鹏泰技术咨询有限公司 | 京电城销字07-B-018号 | 300 | 2007年7月1日-2010年6月30日 | 1495 |
| 21 | A2厂房 | 西门子工厂自动化工程有限公司 | 京电城销字08-B-033号 | 2727 | 2008年9月01日-2011年8月31日 | 1528 |
| 22 | A2厂房 | 斯凯威科技(北京)有限公司 | 京电城销字08-B-036号 | 172 | 2008年11月1日-2011年10月31日 | 1507 |
| 23 | A2厂房 | 北京京福安科技服务有限公司 | 京电城销字08-B-038号 | 1102 | 2008年12月25日-2010年12月31日 | 1451 |
| 24 | A2厂房 | 北京握奇数据系统有限公司 | 京电城销字09-B-039号 | 1000 | 2009年1月1日-2011年12月31日 | 1510 |
| 25 | A2厂房 | 北京握奇智能科技有限公司 | 京电城销字09-B-040号 | 3386.92 | 2009年1月1日-2011年12月31日 | 1511 |
| 26 | A2厂房 | 泰科曼远东国际科技发展(北京)有限公司 | 山谷蓝A2-1-东 | 2030 | 2005年9月1日-2015年8月31日 | 1502 |
| 27 | IT产业园D1厂房一期 | 北京ABB电气传动系统有限公司 | | 13,640 | 2005年7月1日-2015年6月30日 | 1565 |
| 28 | IT产业园D1厂房二期 | 北京ABB电气传动系统有限公司 | 京电城销字07-B-020号 | 14,700 | 2008年3月1日-2015年6月30日 | 1565 |
| 29 | 电子城科技大厦 | 中关村科技园区电子城科技园管理委员会 | 京电城销字08-B-035 | 1450 | 2009年1月1日-2009年12月31日 | 1453 |
| 30 | 电子城科技大厦 | 北京九州天昱投资开发有限公司 | | 电子城科技大厦地上1-14层、地下1-2层 | 2009年5月1日-2014年4月30日 | 1454 |

经核查,电子城用以出租的房屋,均已办理有效产权登记,并取得房屋所有权证;上述租赁合同均得到实际履行,相关方对合同履行事宜不存在争议及潜在纠纷;电子城就有关租赁合同均办理了租赁登记备案。

经电子城书面确认,电子城开发的IT产业园B1栋一层厂房将于2009年年底前办理竣工验收手续,就IT产业园B1栋一层厂房租赁事宜,电子城已与北京ABB电气传动系统有限公司签署相关租赁协议。根据相关租赁协议及本所核查,租赁期尚未开始起算,电子城也未收取相关租金,相关各方对协议履行事宜不存在争议及潜在纠纷;本所认为,电子城与北京ABB电气传动系统有限公司签署的相关租赁协议合法有效;该等厂房建设在电子城拥有国有土地使用权的土地之上,竣工验收完毕后,电子城就该等房屋办理房屋所有权登记并取得该等房屋的房屋所有权证不存在重大法律障碍。

(九)电子城合法经营证明

1. 根据北京市朝阳区社会保险基金管理中心于2009年4月24日出具的《缴费证明》,自2006年1月至2009年3月,电子城在该中心正常缴纳各种保险。

2. 根据北京住房公积金管理中心朝阳管理部于2009年4月22日出具的《证明》,电子城在该中心开立了住房公积金账户,近三年以来,正常缴纳了住房公积金。

3. 根据北京市朝阳区安全生产监督

管理局出具的《证明》,近三年以来,电子城能严格遵守国家有关安全生产方面的法律、法规,从未因违反国家有关安全生产方面的法律、法规而受到行政处罚。

4. 根据北京市朝阳区地方税务局第二税务所于2009年4月28日出具的《北京市地方税务局纳税人、扣缴义务人涉税保密信息告知书》,暂未发现电子城2006年1月1日至2008年12月31日期间存在欠税情形,无被给予税务行政处罚或处理的记录。

5. 根据北京市朝阳区国家税务局于2009年4月30日出具的《北京市朝阳区国家税务局涉税证明》,自2006年1月1日至2009年4月30日,电子城在该局缴纳的税种为增值税,已缴纳的税额为1,211,613.28元。

6. 根据北京市朝阳区环境保护局于2009年5月19日出具的《证明》,电子城遵守国家的环境保护法律、法规,近一年来没有违反环境保护法律、法规的记录。

(十)重大诉讼或仲裁

根据电子城说明及本所核查,电子城目前不存在符合《股票上市规则》应当予以披露的正在进行或尚未了结的或可预见的导致对其产生或可能产生重大不利影响的重大诉讼或仲裁。

## 八、置入资产中丽水嘉园的资产及业务

丽水嘉园的资产主要为丽水嘉园拥有的股权、国有土地使用权、房屋所有权及其其他重大生产经营设备;丽水嘉园的业务主要为房地产开发与销售。

(一)丽水嘉园拥有丽安嘉信100%股权

丽安嘉信是一家依法成立并有效存续的有限责任公司,成立于1996年11月5日。根据丽安嘉信现行有效的《章程》,丽水嘉园拥有丽安嘉信100%的股权。根据北京市工商行政管理局朝阳分局于2008年7月30日核发的《企业法人营业执照》(注册号为110105002449567),丽安嘉信住所为北京市朝阳区六里屯4号楼,法定代表人为齐战勇,公司类型为有限责任公司(法人独资),注册资本为50万元,实收资本为50万元,经营范围为"物业管理;家居装饰;经济贸易咨询;机动车公共停车场服务;出租商业用房",营业期限自2008年7月3日至2028年7月29日。

本所认为,丽水嘉园合法拥有上述股权,丽安嘉信不存在依据法律、法规和规范性文件及其《章程》规定需要终止的情形。

(二)丽水嘉园拥有的国有土地使用权和房屋所有权

1. 经核查,截至本法律意见书出具之日,丽水嘉园拥有的国有土地使用权如下表所示:

| 序号 | 证号 | 土地坐落 | 用途 | 使用权类型 | 终止年限 | 面积(平方米) | 他项权利 |
|---|---|---|---|---|---|---|---|
| 1 | 京朝国用(2001出)字第0085号 | 朝阳区甜水园东里46号楼1-9门 | 住宅 | 出让 | 2070.11.26 | 5077.79 | |
| 2 | 京朝国用(2001出)字第0047号 | 朝阳区六里屯1号楼 | 住宅 | 出让 | 2071.1.31 | 1278.58 | |
| 3 | 京朝国用(2003出)字第0249号 | 朝阳区六里屯丽水园4JHJ、6JHJ住宅楼及地下车库 | 住宅、地下车库 | 出让 | 住宅:2073.3.8<br>地下车库:2053.3.8 | 8601.15 | |

续表

| 序号 | 证号 | 土地坐落 | 用途 | 使用权类型 | 终止年限 | 面积（平方米） | 他项权利 |
|---|---|---|---|---|---|---|---|
| 4 | 京朝国用（2006出)字第0075号 | 朝阳区六里屯丽水园物业管理办公楼 | 办公 | 出让 | 2051.4.27 | 938.72 | |
| 5 | 京朝国用（2005出)字第0453号 | 朝阳区六里屯丽水园1、2、3号楼地下车库 | 住宅、配套、地下车库 | 出让 | 住宅:2073.4.4<br>配套:2043.4.4<br>地下车库:2053.4.4 | 13,053.99 | |

2. 经核查,截至本法律意见书出具之日,丽水嘉园拥有的房屋所有权如下表所示:

| 序号 | 房屋所有权证号 | 房屋坐落 | 用途 | 面积(平方米) | 他项权利 |
|---|---|---|---|---|---|
| 1 | 京房权证朝字第662432号 | 六里屯1号楼 | 住宅 | 511.9 | |
| 2 | 京房权证朝字第662423号 | 朝阳区六里屯5号楼等2幢 | 住宅 | 5909.19 | |
| 3 | 朝国06字第002456号 | 朝阳区六里屯4号楼 | 办公 | 3577.4 | |
| 4 | 京房权证朝字第662426号 | 朝阳区甜水园东里46号楼 | 住宅 | 122.87 | |

根据丽水嘉园的书面确认,截至本法律意见书出具之日,丽水嘉园开发的丽水园1、2、3JHJ楼已办理完毕竣工验收手续,正在办理房屋所有权证手续。

本所认为,丽水嘉园拥有的国有土地使用权和房屋所有权,已办理有效产权登记的,丽水嘉园占有、使用该等土地和房屋合法有效。就正在申请竣工验收的建筑物,其办理产权登记手续不存在重大法律障碍。因丽水嘉园2008年改制发生了名称变更,部分国有土地使用权证和房屋所有权证的证载权利人仍为“北京市丽水嘉园房地产开发中心”,应办理权利人名称变更手续。本所认为,丽水嘉园合法拥有上述国有土地使用权和房屋所有权,办理该等名称变更手续不存在重大法律障碍。

（三）丽水嘉园拥有的重大生产经营设备

经核查,本所认为,丽水嘉园拥有完整的生产经营设备,重大生产经营设备权属清晰,丽水嘉园有权占有、使用和处置该等重大生产经营设备。

（四）重大财产的产权风险及权利限制

经核查,本所认为,丽水嘉园的重大财产不存在产权纠纷或潜在纠纷风险,不存在设置抵押、质押及其他权利受到限制的情形。

（五）丽水嘉园的重大债权债务

1. 重大合同

经核查,截至2009年4月30日,除本法律意见书“八、（七）丽水嘉园目前在建的项目情况”已披露的出让合同外,丽水嘉园正在履行的其他重大合同如下:

丽水嘉园与北京北广电子集团有限公司(以下简称北广电子)于2008年7月31日签署《资产划转协议》和《补充协议(一)》,并于2009年3月27日签署《补充协议(二)》。双方约定,北广电子将位于北京市朝阳区来广营西路89号的土地的性质变更为出让性质后,将该宗土地及其地上建筑物向丽水嘉园划转,该宗土地土地使用权面积为11,500平方米,地上建筑物面积约为8923.15平方米,有房屋所有权证面积为5900.5平方米,无权证面积为

3022.65平方米,国有土地使用证为京朝国用(地)字第000029号,房屋所有权证为朝全字第13262号,划转价格为6000万元;自2009年3月27日至2009年9月30日之前,办理完毕资产划转手续(以丽水嘉园取得国有土地使用权证和房屋所有权证为止);如未办理完毕,协议自动终止。

经核查,丽水嘉园现时正在履行的以上适用中国法律的对丽水嘉园存续和经营有重大影响的重大合同均按正常商业条款签订,具有可执行性,合同内容及形式不违反法律、法规和规范性文件的规定,该等合同合法有效。

2. 侵权之债

根据丽水嘉园的说明及本所核查,丽水嘉园不存在因环境保护、知识产权、产品质量、劳动安全、人身权等原因产生的足以影响其存续或者重大经营业绩的重大侵权之债。

(六)丽水嘉园目前取得的资质情况

经核查,丽水嘉园取得了北京市建设委员会于2008年3月3日核发的《房地产开发企业资质证书》(证书编号:CW－A－0524),资质等级为肆级,有效期至2009年10月10日。

(七)丽水嘉园目前在建的项目情况

丽水嘉园目前开发建设的项目为丽水园5JHJ住宅楼和丽水园小区(亦称丽水嘉园小区)。

1. 丽水园5JHJ住宅楼

根据丽水嘉园的书面确认,丽水园5JHJ住宅楼原为在划拨土地上建设的职工福利房项目,非商品房开发项目;丽水园5JHJ住宅楼建成后,丽水嘉园于2001年2月1日签署《北京市国有土地使用权出让合同》,并缴纳完毕土地使用权出让金,可依法转让丽水园5JHJ住宅楼房产。

就丽水园5JHJ住宅楼建设,丽水嘉园取得了如下批准、许可或备案:

(1)划拨土地使用核准

北京市房屋土地管理局出让处于1998年4月17日核发《关于建设项目取得土地使用权方式的复函》(京房地出函(98)第062号),同意丽水园5JHJ住宅楼以划拨方式取得国有土地使用权。

(2)建设工程规划许可证

| 序号 | 证号 | 建设项目名称 | 用地位置 | 建设规模(平方米) | 核发机关 | 核发日期 |
|---|---|---|---|---|---|---|
| 11 | 98规建字1212号 | 住宅 | 朝阳区六里屯北里 | 27,503 | 北京市城市规划管理局 | 1998年10月6日 |

(3)建筑工程施工许可证

| 序号 | 证号 | 工程名称 | 建设地址 | 建设规模(平方米) | 核发机关 | 核发日期 |
|---|---|---|---|---|---|---|
| 11 | 京建开字〔98〕第10715号 | 住宅 | 朝阳区六里屯北里 | 27,503 | 北京市城乡建设委员会 | 1998年11月8日 |

(4)竣工验收备案

| 序号 | 编号 | 工程名称 | 工程地址 | 建筑规模（平方米） | 备案机关 | 备案日期 |
|---|---|---|---|---|---|---|
| 1 | 2000-070 | 丽水园5#住宅楼 | 北京朝阳区六里屯北里 | 27,503 | 北京市朝阳区城乡建设委员会 | 2000年11月7日 |

(5)国有土地使用权出让合同

| 序号 | 合同编号 | 受让人 | 出让方式 | 宗地位置 | 出让面积建筑面积/（平方米） | 土地规划用途 | 地价款 | 出让年限 | 签署日期 |
|---|---|---|---|---|---|---|---|---|---|
| 11 | 京地出〔合〕字（2001）第028号 | 北京市广播电视建设承发包公司 | 协议出让 | 朝阳区六里屯北街丽水园5JHJ住宅楼 | 4200/27,573 | 住宅 | 16,160,925元 | 住宅70年，自合同签订之日起计算 | 2001年2月1日 |

(6)国有土地使用证

经核查，就丽水园5JHJ住宅楼项目建设，丽水嘉园现拥有编号为京朝国用〔2001出〕字第0047号的《国有土地使用证》，详见本法律意见书“八、(二)丽水嘉园拥有的国有土地使用权和房屋所有权”部分。

(7)房屋所有权

经核查，就丽水园5JHJ住宅楼项目建设，丽水嘉园现拥有编号为京房权证朝字第662432号的《房屋所有权证》(证载房屋坐落为六里屯1号楼)，详见本法律意见书“八、(二)丽水嘉园拥有的国有土地使用权和房屋所有权”部分。

(8)销售情况

根据丽水嘉园的书面确认，5JHJ住宅楼以现房销售，截至2009年4月30日，5JHJ住宅楼尚有4套住宅未出售，建筑面积共计407.05平方米。

2. 丽水园小区

就丽水园小区建设，丽水嘉园取得了如下批准、许可或备案：

(1)项目立项

北京市发展计划委员会与北京市建设委员会于2002年6月29日联合核发《关于开发建设丽水园住宅小区项目建议书(代可行性研究报告)的批复》(京计投资字〔2002〕1383号)，同意丽水嘉园开发建设丽水园小区二期项目，建设地点位于朝阳区六里屯北街，总建筑面积为155,737平方米。

(2)环境影响评价

北京市朝阳区环境保护局于2003年3月10日核发《关于对北京市丽水嘉园房地产开发中心申报建设丽水嘉园4号、6号住宅楼、地下车库及开闭站工程项目环境影响报告表的批复》(BJCHYX-SAHB0082-2-2003)，同意丽水嘉园建设丽水嘉园4号、6号住宅楼、地下车库及开闭站工程项目。

北京市环境保护局于2005年11月2日核发《北京市环境保护局关于丽水嘉园住宅小区二期建设项目环境影响报告表的批复》(京环审〔2005〕1101号)，同意丽水嘉园实施丽水嘉园住宅小区二期建设项目。

(3)建设用地规划许可证

| 序号 | 证号 | 用地项目名称 | 用地位置 | 用地面积（平方米） | 核发机关 | 核发日期 |
|---|---|---|---|---|---|---|
| 1 | 99-规地字-0133 | 居住区 | 朝阳区六里屯 | 155,300 | 北京市城市规划管理局 | 1999年7月2日 |

(4)国有土地使用权出让合同

| 序号 | 合同编号 | 受让人 | 出让方式 | 宗地位置 | 出让面积/建筑面积（平方米） | 土地规划用途 | 地价款 | 出让年限 | 签署日期 |
|---|---|---|---|---|---|---|---|---|---|
| 11 | 京地出〔合〕字〔2003〕第035号 | 北京市丽水嘉园房地产开发中心 | 协议出让 | 北京市朝阳区六里屯丽水园1#、2#、3#住宅楼 | 13,829/89,016 | 住宅、配套、地下车库 | 47,960,900元 | 住宅70年、配套40年、地下车库50年，自合同签订之日起计算 | 2003年4月5日 |
| 21 | 京地出〔合〕字〔2003〕第276号 | 北京市丽水嘉园房地产开发中心 | 协议出让 | 北京市朝阳区六里屯丽水园4#、6#住宅楼及地下车库 | 8660/61,477 | 住宅、地下车库 | 34,574,064元 | 住宅70年、地下车库50年，自合同签订之日起计算 | 2003年3月9日 |

经丽水嘉园书面确认及本所核查，丽水嘉园已全数缴清上述三宗土地的地价款。

(5)国有土地使用证

经核查，就丽水园小区项目建设，丽水嘉园现拥有编号为京朝国用(2003出)字第0249号和京朝国用(2005出)字第0453号的《国有土地使用证》，详见本法律意见书“八、(二)丽水嘉园拥有的国有土地使用权和房屋所有权”部分。

(6)建设工程规划许可证

| 序号 | 证号 | 建设项目名称 | 用地位置 | 建设规模（平方米） | 核发机关 | 核发日期 |
|---|---|---|---|---|---|---|
| 21 | 2002规建字1414号 | 丽水园小区4#住宅楼、6#住宅楼、地下车库等3项 | 朝阳区六里屯 | 61,477 | 北京市规划委员会 | 2002年10月22日 |
| 3 | 2004规(朝)建字0139号 | 丽水园小区1#楼、2#楼、商服楼、1#楼地下车库、2#楼地下车库、1#2#楼人防出口、1#楼车库出口、2#楼车库出口等8项 | 朝阳区六里屯 | 63,606 | 北京市规划委员会 | 2004年3月30日 |
| 4 | 2006规(朝)建字0131号 | 丽水园小区3#住宅楼、人防出口等2项 | 朝阳区六里屯 | 20,833.7 | 北京市规划委员会 | 2006年3月21日 |
| 5 | 2006规(朝)建字0159号 | 丽水园住宅小区幼儿园、小学等2项 | 朝阳区六里屯 | 6303 | 北京市规划委员会 | 2006年3月30日 |

(7)建筑工程施工许可证

| 序号 | 证号 | 工程名称 | 建设地址 | 建设规模（平方米） | 核发机关 | 核发日期 |
|---|---|---|---|---|---|---|
| 21 | 05(建)20023027号 | 丽水嘉园4# | 朝阳区六里屯 | 29,311 | 北京市建设委员会 | 2002年12月24日 |
| 31 | 05(建)20023028号 | 丽水嘉园6#住宅及地下车库 | 朝阳区六里屯 | 32,166 | 北京市建设委员会 | 2002年12月24日 |
| 41 | 2005(建)234号 | 丽水园小区1#2#楼及地下车库、人防出口、商业服务楼 | 朝阳区六里屯 | 57,254 | 北京市朝阳区建设委员会 | 2005年12月16日 |
| 5 | 2005(建)114号 | 丽水嘉园小区2#地下车库及出口 | 朝阳区六里屯 | 6352 | 北京市朝阳区建设委员会 | 2005年7月28日 |
| 6 | 〔2006〕施(朝)建字0013号 | 丽水园小区3#住宅 | 朝阳区六里屯 | 20,833 | 北京市朝阳区建设委员会 | 2006年5月29日 |
| 7 | 〔2007〕施(朝)建字0227号 | 丽水园住宅小区幼儿园、小学等2项 | 朝阳区六里屯 | 6303 | 北京市朝阳区建设委员会 | 2006年5月29日 |

(8)竣工验收备案

| 序号 | 编号 | 工程名称 | 工程地址 | 建筑规模（平方米） | 备案机关 | 备案日期 |
|---|---|---|---|---|---|---|
| 1 | 〔朝阳〕2004－253 | 丽水嘉园4#住宅 | 北京朝阳区六里屯北里 | 29,311 | 北京市朝阳区建设委员会 | 2004年11月25日 |
| 1 | 〔朝阳〕2004－254 | 丽水嘉园6#住宅及地下车库 | 北京朝阳区六里屯北里 | 32,166 | 北京市朝阳区建设委员会 | 2004年11月25日 |
| 1 | 〔朝阳〕2006－310 | 丽水园小区2#地下车库及出口竣工备案 | 北京朝阳区六里屯北里1号院 | 5960.1 | 北京市朝阳区建设委员会 | 2006年12月11日 |
| 1 | 〔朝阳〕2008－356 | 丽水园小区1#2#楼及地下车库、人防出口、商业服务楼 | 朝阳区六里屯 | 57,254 | 北京市朝阳区建设委员会 | 2008年11月24日 |
| 1 | 〔朝阳〕2008－357 | 丽水园小区3#楼及人防出口 | 北京市朝阳区六里屯 | 20,833.7 | 北京市朝阳区建设委员会 | 2008年11月24日 |

根据丽水嘉园的书面确认，截至2009年4月30日，丽水园小区项目中尚有丽水园小区幼儿园、小学等2项工程尚未竣工。

(9)房屋所有权

经核查，就丽水园小区项目，丽水嘉园现拥有编号为京房权证朝字第662423号和京房权证朝字第662432号的《房屋所有权证》，详见本法律意见书“八、(二)丽水嘉园拥有的国有土地使用权和房屋所有权”部分。

根据丽水嘉园的书面确认，截至本法

律意见书出具之日,丽水嘉园开发的丽水园1JHJ、2JHJ、3JHJ楼已办理完毕竣工验收手续,正在办理房屋所有权证手续。

(10)预售许可及销售

| 序号 | 证号 | 预售范围 | 建筑面积(平方米) | 核发机关 | 核发日期 |
|---|---|---|---|---|---|
| 1 | 京房售证字〔2007〕364号 | 丽水嘉园3号楼地上 | 19,033.98 | 北京市建设委员会 | 2008年5月30日 |

根据丽水嘉园的书面确认,4JHJ、6JHJ楼均以现房销售,截至2009年4月30日,丽水嘉园该项目中,1JHJ楼、2JHJ楼尚未销售;3JHJ楼尚有31套住宅未出售,建筑面积共计5055.96平方米;3JHJ楼另有62套住宅已签署购房合同但尚未办理完毕产权转让手续,建筑面积共计8928.88平方米;4JHJ楼尚有7套住宅未出售,建筑面积共计899.45平方米;6JHJ楼尚有12套住宅未出售,建筑面积共计1258.91平方米。

(八)丽水嘉园其他合法性证明

1. 根据北京市朝阳区社会保险基金管理中心于2009年4月23日出具的《证明》,近三年以来,丽水嘉园能严格按照国家及地方有关社会保险方面的法律、法规、规章的规定按期足额缴纳社会保险费,从未因违反国家及地方有关社会保险方面的法律、法规、规章的规定而受到行政处罚。

2. 根据北京住房公积金管理中心朝阳管理部于2009年4月23日出具的《证明》,近三年以来,丽水嘉园能严格按照国家及地方有关住房公积金管理方面的法律、法规、规章的规定按期足额缴纳住房公积金,从未因违反国家及地方有关住房公积金管理方面的法律、法规、规章的规定而受到行政处罚。

3. 根据北京市朝阳区安全生产监督管理局于2009年4月29日出具的《证明》,丽水嘉园最近3年在朝阳区未发生安全生产事故。

4. 根据北京市崇文区地方税务局前门税务所于2009年5月14日出具的《北京市地方税务局纳税人、扣缴义务人涉税保密信息告知书》(编号:崇地税前字(2009)001),暂未发现丽水嘉园2006年1月1日至2009年4月30日期间存在欠税情形,无被给予税务行政处罚或处理的记录。

5. 根据北京市崇文区国家税务局第四税务所于2009年4月23日出具的《证明》,丽水嘉园依法在该局办理税务登记,系该局管理的纳税人,在该局缴纳的主要税种为增值税,2006年1月1日至2009年3月31日,丽水嘉园没有入库增值税,该局管理部门没有对该公司的行政处罚记录。

6. 根据北京市崇文区环境保护局于2009年5月13日出具的《证明》,未发现丽水嘉园在崇文区内存在环境保护违法行为及记录。

(九)重大诉讼或仲裁

根据北京市第二中级人民法院(以下简称二中院)于2008年9月19日作出的《民事判决书》〔(2007)二中民初字第15402号〕,北京市朝阳城市建设综合开发公司(以下简称朝开公司)就其与丽水嘉园合资、合作开发房地产合同纠纷一案提起诉讼,要求丽水嘉园偿付其47,971,200元,并承担诉讼费用;丽水嘉园答辩并提起反诉认为,朝开公司的诉讼请求无事实和法律依据,请求驳回朝开公司的全部诉讼请求,同时要求朝开公司赔偿丽水嘉园维修团结湖中路的损失37,284,005.75元,由朝开公司承担诉讼费用。二中院审理后认为：朝开公司和丽水嘉园签署的相关协议系根据《关于六里屯开发区大市政工程开发建设有关问题的通知》，该通知具有浓厚的行政色彩；在有关工程实施中，实际情况发生变化，且多年来双方未就各自履行情况进行决算；此外，朝开公司和丽水嘉园的证据不足以支持诉讼请求。二中院判决驳回朝开公司和丽水嘉园的全部诉讼请求。

朝开公司和丽水嘉园均向北京市高级人民法院(以下简称北京高院)提交《民事上诉状》。北京高院于2009年3月31日作出《民事裁定书》〔(2009)高民终字第1号〕，认为本案事实需进一步查清，裁定撤销二中院(2007)二中民初字第15402号民事判决，发回二中院重审。

截至本法律意见书出具之日，丽水嘉园与朝开公司合资、合作开发房地产合同纠纷一案尚在重审中。

就该等纠纷，北京电控于2009年6月5日出具《关于北京市丽水嘉园房地产开发有限公司与北京市朝阳城市建设综合开发公司诉讼纠纷的承诺》，承诺如下：

若该案最终生效的《民事判决书》、《民事调解书》或其他法律文件(以下简称生效法律文件)，要求丽水嘉园向朝开公司承担赔偿、补偿及其他相关责任的，均由北京电控负责承担，并支付相关款项。

自丽水嘉园收到生效法律文件三日内，将相关文件送达至北京电控，由北京电控负责在生效法律文件规定的时限内向丽水嘉园支付相关款项，用于承担生效法律文件要求的法律责任。

根据丽水嘉园书面说明及本所核查，除上述诉讼外，丽水嘉园目前不存在符合《股票上市规则》应当予以披露的正在进行或尚未了结的或可预见的导致对其产生或可能产生重大不利影响的重大诉讼或仲裁。

## 九、本次交易的信息披露

经核查，发行人分别于2009年4月10日、2009年4月13日、2009年4月20日、2009年4月27日、2009年5月4日发布了《重大事项停牌公告》；2009年5月8日，发行人第七届董事会第八次会议审议通过了本次交易预案的相关议案，上述董事会决议及相关预案文件于2009年5月11日及时公告；2009年6月10日，发行人第七届董事会第九次会议审议通过了本次交易的相关议案，上述董事会决议及相关文件于2009年6月11日及时公告；2009年6月26日，发行人2009年第一次临时股东大会审议通过了本次交易相关议案，上述股东大会决议及相关文件及时公告。

本所认为，截至本法律意见书出具之日，发行人履行了法定的信息披露义务，发行人和交易对方之间不存在应当披露而未披露的合同、协议、安排或其他事项。

## 十、本次交易的实质条件

根据本次交易方案及相关协议，置入资产及置出资产以中联评估出具的《资产评估报告书》(中联评报字〔2009〕第187号)、《资产评估报告书》(中联评报字〔2009〕第188号)及《资产评估报告书》(中联评报字〔2009〕第186号)所确定的评估值为其交易价格，即分别为242,250.8万元及11,917.36万元。根据北京京都天华会计师事务所有限责任公司于2009年3月25日出具的《审计报告》(北京京都天华审字(2009)第0312号)，发行人2008年度经审计的合并财务会计报告期末资产总额为446,538,945.82元，置入资产及置出资产的资产总额占发行人2008年度经审计的合并财务会计报告期末资产总额的比例达到50%以上，发行人本次交易构成《重组办法》规定的重大资产重组。根据本次交易方案及相关协议,本次交易涉及发行股份购买资产。本次交易须符合《重组办法》规定的关于重大资产重组及发行股份购买资产的实质条件。

(一)关于重大资产重组的实质条件

1. 合法性

根据置入公司出具的书面说明及本所核查,置入公司在最近36个月内不存在违反工商、税收、土地、环境保护、证券监管、外汇管理以及其他法律、行政法规,受到行政处罚,且情节严重的情形;也不存在涉嫌犯罪被司法机关立案侦查,尚未有明确结论意见的情形。

本所认为,本次交易符合国家产业政策和有关环境保护、土地管理等法律和行政法规的规定,符合《重组办法》第十条第一项的要求。

2. 股票上市条件

截至本法律意见书出具之日,发行人的股本总额为167,023,116元。本次交易完成后,发行人的股本总额将增至580,097,358元。本次交易完成后,和智达将拥有发行人405,981,375股股份,持股比例为69.99%,持股10%以下的社会公众股东合计持股比例为22.93%,大于10%。

本所认为,本次交易完成后,发行人的股本总额和股权分布符合《证券法》和《股票上市规则》的规定,本次交易不会导致发行人不符合股票上市条件,符合《重组办法》第十条第二项的要求。

3. 资产定价

经核查,置入资产及置出资产的价格均在评估值的基础上由交易各方协商确定,本次交易中发行人发行股份的价格为有关本次交易的第七届董事会第八次会议决议公告日前的20个交易日发行人的股票交易均价。发行人的独立董事发表的独立意见认为,本次交易的评估机构具有证券从业资格和国有资产评估资质,评估定价公允,不存在损害发行人及其股东、特别是中小股东利益的行为。

本所认为,本次交易定价公允,截至本法律意见书出具之日不存在损害发行人和其股东利益的情形,符合《重组办法》第十条第三项的要求。

4. 资产权属及其处理

经核查,本所认为,本次交易所涉及的资产权属清晰,不存在纠纷和潜在纠纷,资产的过户和转移不存在法律障碍,符合《重组办法》第十条第四项的要求。

5. 持续经营能力

本次交易完成后,置入公司成为发行人的直接全资子公司,发行人的主营业务发生变化,主营业务由原来的通信及相关设备制造业变更为园区地产、房地产开发与销售。经核查,置入公司所涉业务符合国家产业政策,不存在违反法律、法规和规范性文件而导致其无法持续经营的情形。

根据中审亚太出具的《审核报告》(中审亚太审字〔2009〕010251-6号),本次交易完成后,发行人具有持续经营能力。

本所认为,本次交易有利于发行人增强持续经营能力,不存在可能导致发行人在本次交易后主要资产为现金或者无具体经营业务的情形,符合《重组办法》第十条第五项的要求。

6. 独立性

经核查,发行人业务、资产、财务、人员、机构等方面均独立于发行人控股股东、实际控制人及其控制的其他企业。和智达已出具了《承诺函》,承诺从业务、资产、财务、人员、机构等方面保障发行人的独立性。

本所认为,本次交易,符合中国证监会关于上市公司独立性的相关规定,符合《重组办法》第十条第六项的要求。

7. 法人治理

经核查,目前发行人已经按照《公司法》、《证券法》、《上市公司治理准则》等法律、法规和规范性文件的规定,设置了股东大会、董事会、监事会等组织机构,制定了相应的组织管理制度,组织机构健全。

和智达在其出具的《承诺函》承诺:保证发行人建立健全股份公司法人治理结构,拥有独立、完整的组织机构;保证发行人的股东大会、董事会、独立董事、监事会、总经理等依照法律、法规和规范性文件及《章程》独立行使职权。

本所认为,本次交易符合《重组办法》第十条第七项的要求。

(二)关于发行股份购买资产的实质条件

1. 根据发行人为本次交易编制的《北京兆维科技股份有限公司重大资产置换及发行股份购买资产暨关联交易报告书》和中审亚太出具的《审核报告》(中审亚太审字〔2009〕010251－6号),本次交易完成后,发行人的资产规模、业务规模、盈利能力及抵御风险的能力将大幅增强。和智达及北京电控已就减少和规范与发行人的关联交易、避免与发行人同业竞争分别出具承诺函,以利于减少关联交易和避免同业竞争。

本所认为,本次交易符合《重组办法》第四十一条第一款第一项的规定。

2. 北京京都天华会计师事务所有限责任公司就发行人2008年度以及截止2009年1月1日至2009年4月30日财务会计报告均出具标准无保留意见《审计报告》;发行人不存在最近一年及一期财务会计报告被注册会计师出具保留意见、否定意见或者无法表示意见的审计报告的情形。

本所认为,本次交易符合《重组办法》第四十一条第一款第二项的规定。

3. 发行人本次交易中以发行股份方式购买的资产为置入公司的股权。置入公司的股权权属清晰,置入公司为持续经营的企业法人,置入公司的股权在约定期限内办理完毕权属转移手续不存在法律障碍。

本所认为,本次交易符合《重组办法》第四十一条第一款第三项的规定。

4. 根据本次交易相关协议的约定,本次发行股份的发行价格为6.03元/股,为发行人第七届董事会第八次会议决议公告日(2009年5月11日)前20个交易日的股票交易均价。

本所认为,本次发行股份的发行价格符合《重组办法》第四十二条的规定。

5. 和智达、七星集团、京东方、东光微电子、燕东微电子及信息学院分别出具了《承诺函》承诺,其各自在本次交易中取得的股份自该等股份发行结束之日起36个月内不转让该等股份;物资公司及将台公司分别出具了《承诺函》承诺,其各自在本次交易中认购的股份自该等股份发行结束之日起12个月内不转让该等股份。

本所认为,和智达、七星集团、京东方、东光微电子、燕东微电子、信息学院、物资公司及将台公司的上述承诺符合《重组办法》第四十三条的规定。

综上所述,本所认为,发行人本次交易符合法律、法规和规范性文件有关重大资产重组及发行股份购买资产的实质条件。

## 十一、本次交易对发行人法人治理结构的影响

(一)本次交易不会影响发行人的资产完整,不会影响发行人的人员、机构、财务、业务的独立;本次交易完成后,发行人仍拥有独立的组织管理、生产经营、财务管理系统,并具有面向市场自主经营的能力。

(二)本次交易不会影响发行人的实际控制权;本次交易完成后,发行人的实际

控制人未发生变更,仍为北京电控。

(三)本次交易不会影响发行人的股东大会、董事会和监事会的议事程序的实施;本次交易完成后,发行人仍将遵守《股票上市规则》、相关法律、法规和规范性文件的规定和其《章程》的要求执行其股东大会、董事会和监事会的议事程序。

(四)本次交易不会影响发行人的关联交易制度的实施,发行人《章程》及《关联交易管理办法》规定了关联交易的决策、回避表决、信息披露的程序,已有必要的措施保护其他股东的合法利益。

本所认为,本次交易不会对发行人法人治理结构产生实质性的影响。

**十二、本次交易涉及的关联交易及同业竞争**

(一)关联方及关联交易

1. 关联方

(1)本次交易完成前,发行人关联方情况如下:

A. 控股股东:兆维集团。

B. 实际控制人:北京电控。

C. 发行人的其他关联方主要为实际控制人的主要控股子公司及下属单位:和智达、北京京东方投资发展有限公司、北京吉乐电子集团有限公司、北京牡丹电子集团有限责任公司、正东集团、七星集团、燕东微电子、北京半导体器件五厂、东光微电子、北京飞宇微电子有限责任公司、北京宇翔电子有限公司、北京市半导体器件六厂、北广电子、北京北电科林电子有限公司、北京无线电厂、北京易亨电子集团有限责任公司、北京大华无线电仪器厂、北京飞达电子集团公司、北京方略信息科技有限公司、北京北方微电子基地设备工艺研究中心有限责任公司、信息学院、北京市电子工业学校、北京市电子产品质量检测中心、北京市电子工业环保技安中心、北京市电子技术咨询服务中心、北京现代金属防腐剂研制中心、北京市电子工艺技术研究中心、北京电子工业发展研究中心、北京电子信息高级技工学校及北京电控久益实业发展公司。

(2)本次交易完成后,发行人无新增关联方。

2. 关联交易

(1)本次交易构成关联交易

和智达、兆维集团、七星集团、京东方、东光微电子、燕东微电子及信息学院均为发行人实际控制人北京电控的控股子公司及下属单位,根据《股票上市规则》的相关规定,本次交易构成关联交易。

(2)置入公司与发行人的关联方存在的关联交易

经核查,截至2009年4月30日,除本法律意见书“七、(五)1、重大合同”及“八、(五)1、重大合同”所述,电子城与正东集团之间的蒸汽供应协议,以及北广电子将相关土地及其地上建筑物转让给丽水嘉园外,置入公司与发行人的关联方不存在其他正在执行的按照《股票上市规则》应该予以披露的重大关联交易。

经电子城书面说明及本所核查,电子城与正东集团之间《蒸汽供应协议》系双方在公平市场条件下签署的,定价公允,不损害发行人及发行人股东合法权益;经丽水嘉园书面说明及本所核查,丽水嘉园与北广电子签署的《资产划转协议》系双方真实意思表示,经履行国有资产评估程序,并取得有权机关核准或备案后,即可执行,不损害发行人及发行人股东合法权益。

3. 规范关联交易的承诺

为了规范与发行人将来可能产生的关联交易,和智达及北京电控于2009年5月8日分别出具了关于规范关联交易的相关承诺函,承诺如下:

(1)本次交易完成后,和智达及北京电控依据减少并规范关联交易的原则,采取合法方式减少或消除新增的关联交易；对于确有必要存在的关联交易，其关联交易价格按照公平合理及市场化原则确定并签订相关关联交易协议，确保发行人及其他股东利益不受侵害。

(2)和智达及北京电控严格遵守发行人章程、股东大会议事规则及发行人关联交易决策制度等规定，履行关联交易决策、回避表决等公允决策程序。

(3)和智达保证上述相关承诺在发行人于国内证券交易所上市且和智达作为其控股股东期间持续有效且不可撤销。如有任何违反相关上述承诺的事项发生，和智达承担因此给发行人造成的损失。

(4)北京电控保证上述相关承诺在发行人于国内证券交易所上市且北京电控作为其实际控制人期间持续有效且不可撤销。如有任何违反上述相关承诺的事项发生，北京电控承担因此给发行人造成的损失。

4. 发行人关于关联交易的内部规定

(1)发行人《章程》、《股东大会议事规则》及《董事会议事规则》均对关联交易的决策、表决以及关联股东、关联董事的回避程序、信息披露等内容作了规定。

(2)发行人制定了《关联交易管理办法》。

综上所述，本所认为，发行人已在《章程》及内部制度中明确了关联交易公允决策的程序。本次交易完成后，发行人可能发生的关联交易若能按照法律、法规和规范性文件及发行人的内部制度履行相关程序，发行人及其中小股东利益不会因该等关联交易受到损害；和智达及北京电控亦采取有效措施，规范将来可能产生的关联交易。

(二)同业竞争

1. 本次交易完成后和智达与发行人不存在同业竞争情形

本次交易完成后，发行人主营业务发生变更，主营业务由原来的通信及相关设备制造业变更为园区地产、房地产开发与销售。经核查，和智达的主要经营业务为以自有资金进行投资，未有其他实际经营活动。和智达和发行人不存在同业竞争。

2. 本次交易完成后北京电控与发行人不存在同业竞争情形

经核查，北京电控为北京市国资委授权经营的投资控股公司，主要经营业务为授权内的国有资产经营管理，未有其他实际经营活动。北京电控和发行人不存在同业竞争。

3. 本次交易完成后北京电控主要控股子公司及下属单位与发行人不存在实质性同业竞争情形

经核查，本次交易完成后，除发行人外，北京电控主要控股子公司及下属单位的业务主要涉及显示器件、电子装备、广电发射设备、特种元器件、系统集成及仪器仪表等。北京电控下属的个别企业有部分房地产出租业务，主要为国有老工业基地企业利用原有闲置厂房进行出租，属于合理利用房产增加企业收入的一种暂时行为，且该部分业务不是其主营业务，与发行人不存在实质性同业竞争。

七星集团下属的“798”艺术区的出租业务主要是针对当代艺术、产品推介会、新闻发布会、联谊会、大型会议、各种公关晚会、大型演唱会等，为发挥文化创意产业带来的集聚效应而开展的业务，与发行人在目标客户群体、物业形态和功能定位等方面具有明显差异，与发行人不存在实质性同业竞争。

正东集团下属的北京时尚设计广场，是利用上世纪五十年代的老厂房设施等工业资源改造建设的文化创意产业项目。出租业务主要针对各类文化创意产业工作室，与发行人不存在实质性同业竞争。

兆维集团下属的兆维工业园系兆维集团原有闲置厂房对外出租而形成的。兆维工业园园内主要对外出租的房屋均为历史遗留下的老工业厂房,系兆维集团为了增加收益,安置员工,将具备条件的厂房对外出租。兆维工业园园内的兆维大厦主要出租对象为从事物流、咨询等大型企业,而电子城拥有的电子城科技大厦定位于中小企业孵化器,主要出租对象为中小型企业,且电子城主营业务的重点是园区地产开发与销售,出租业务是其有益补充,故兆维集团的上述出租业务与电子城的主营业务不构成实质性同业竞争。

综上所述,本所认为,本次交易完成后,发行人主要业务为园区地产、房地产开发与销售,不以房地产出租为主要利润来源,其经营业态与北京电控主要控股子公司及下属单位存在的出租业务明显不同。北京电控主要控股子公司及下属单位与发行人不存在实质性同业竞争。

4. 避免同业竞争的承诺

为避免与发行人产生同业竞争情形,和智达及北京电控已于2009年5月8日分别出具了避免同业竞争的相关承诺函,承诺如下:

(1)本次交易完成后,作为发行人的实际控制人及控股股东,北京电控及和智达在中国境内将不再新增直接或间接与发行人构成竞争的业务或活动。

(2)如果未来出现北京电控及和智达直接或间接控制的公司产生与发行人形成实质性同业竞争的业务,北京电控及和智达承诺将优先将该业务转让或暂时托管给发行人,或将该业务转让给其他无关联第三方。

综上所述,本所认为,本次交易完成后和智达及北京电控与发行人不存在实质性同业竞争的情形;和智达及北京电控已作出承诺,放弃将来可能与发行人同业竞争及利益冲突的业务或活动。

## 十三、本次交易的其他重大事项

(一)本次交易完成前后的发行人股份结构变化

本次交易完成前后,发行人股份结构变化情况如下表所示:

| 项目 | 本次交易完成前 | | 本次交易完成后 | |
|---|---|---|---|---|
| | 数量(股) | 比例 | 数量(股) | 比例 |
| 兆维集团 | 34,002,194 | 20.36% | 10,000,000 | 1.72% |
| 和智达 | — | — | 405,981,375 | 69.99% |
| 七星集团 | — | — | 11,456,076 | 1.97% |
| 京东方 | — | — | 9,819,493 | 1.69% |
| 东光微电子 | — | — | 1,636,582 | 0.28% |
| 燕东微电子 | — | — | 1,636,582 | 0.28% |
| 信息学院 | — | — | 1,636,582 | 0.28% |
| 物资公司 | — | — | 1,636,582 | 0.28% |
| 将台公司 | — | — | 3,273,164 | 0.56% |
| 其他流通股东 | 133,020,922 | 79.64% | 133,020,922 | 22.93% |
| 总股数 | 167,023,116 | 100% | 580,097,358 | 100% |

(二)最近12个月内发生的重大资产收购、出售或置换行为

经核查,除本次交易外,在本法律意见书出具日前的最近12个月内,发行人不存在任何重大的出售、收购或置换资产的行为。

## 十四、本次交易的证券服务机构及其资格

经核查,参与本次交易的证券服务机构如下:

(一)独立财务顾问

本次交易的独立财务顾问为民族证券。经核查,民族证券具有合法的执业资格。

(二)审计机构

本次交易的审计机构为中审亚太。经核查,中审亚太具有合法的执业资格。

(三)资产评估机构

本次交易的资产评估机构为中联评估。经核查,中联评估具有合法的执业资格。

(四)法律顾问

本所担任本次交易的法律顾问,本所具有合法的执业资格。

经核查,本所认为,参与本次交易活动的独立财务顾问、审计机构、资产评估机构及法律顾问均具有必备的从业资格。

## 十五、本次交易相关期间相关当事人证券买卖行为的核查

(一)发行人及其董事、监事和高级管理人员的证券买卖行为

根据发行人的自查报告及登记结算公司就发行人现任董事、监事、高级管理人员及其直系亲属出具的查询记录,发行人及发行人现任董事、监事、高级管理人员及其直系亲属在发行人有关本次交易的第七届董事会第八次会议决议前6个月至本次交易的报告书公布之日止(以下简称核查期间),不存在买卖发行人股票的情况。

(二)北京电控、兆维集团、和智达、七星集团、京东方、东光微电子、燕东微电子、信息学院、物资公司、将台公司、电子城及丽水嘉园(以下简称相关各方)及其董事、监事和高级管理人员的证券买卖行为

根据相关各方的自查报告及登记结算公司就相关各方现任董事、监事、高级管理人员及其直系亲属出具的查询记录,除下述情况外,相关各方及相关各方现任董事、监事、高级管理人员及其直系亲属在核查期间,不存在买卖发行人股票的情况:

| 公司 | 姓名 | 身份 | 核查期间买卖发行人股票的情况 |
|---|---|---|---|
| 电子城 | 陈景霞 | 电子城副总经理张长付配偶 | 2008年11月21日卖出1000股。 |
| 北京电控 | 王献吉 | 北京电控监事 | 1. 2008年11月27日卖出4000股;<br>2. 2009年2月19日卖出6000股;<br>3. 2009年3月11日卖出6000股;<br>4. 2009年4月1日卖出6000股;<br>5. 2009年4月8日卖出2000股;<br>6. 2009年4月9日卖出2100股。 |
| 东光微电子 | 梁洁 | 东光微电子监事 | 1. 2008年11月24日买入100股;<br>2. 2008年11月26日卖出100股。 |
| 京东方 | 刘霞 | 京东方执行董事、总裁陈炎顺配偶 | 1. 2008年12月11日买入41,200股;<br>2. 2009年3月12日卖出41,200股。 |

续表

| 公司 | 姓名 | 身份 | 核查期间买卖发行人股票的情况 |
|---|---|---|---|
| 信息学院 | 王慧玲 | 信息学院院长武马群配偶 | 1. 2009 年 5 月 14 日买入 24,000 股;<br>2. 2009 年 5 月 19 日买入 2000 股;<br>3. 2009 年 5 月 27 日卖出 3000 股;<br>4. 2009 年 6 月 2 日买入 3000 股;<br>5. 2009 年 6 月 3 日卖出 3000 股。 |

经核查,经上证所审核同意经核查,经上证所审核同意,发行人股票于 2009 年 4 月 13 日停牌,于 2009 年 5 月 11 日复牌;2009 年 5 月 8 日,发行人第七届董事会第八次会议审议通过了本次交易预案的相关议案;2009 年 6 月 10 日,发行人第七届董事会第九次会议审议通过了本次交易的相关议案。核查期间,陈景霞及王献吉仅存在卖出发行人股票行为;梁洁及刘霞买卖发行人股票行为发生在发行人股票本次交易相关停牌前;王慧玲买卖发行人股票行为发生在发行人股票本次交易相关复牌后。

电子城、北京电控、东光微电子及京东方已分别出具书面声明,张长付、王献吉、梁洁及陈炎顺没有参与发行人本次交易决策过程,也未通过其他任何途径获得本次交易的相关内容和信息。陈景霞、王献吉、梁洁、刘霞及王慧玲(以下简称该等人士)已出具书面声明,在核查期间内买卖发行人股票是基于对二级市场交易情况的自行判断而进行的操作,对本次交易的相关信息并不知情。经核查,发行人股票复牌后,武马群没有参与发行人本次交易相关的决策过程及具体工作,除发行人股票复牌时已公告的信息外,未通过其他任何途径获得本次交易的审计及评估等其他相关内容和信息。

综上所述,本所认为,该等人士已声明其上述买卖发行人股票行为系在未获知本次交易有关信息的情况下进行的;该等人士买卖发行人股票的行为不具备内幕交易的基本构成要件,不属于《证券法》所禁止的证券交易内幕信息的知情人利用内幕信息从事证券交易的情形;该等人士买卖上市公司股票的行为不构成本次交易的重大法律障碍。

(三)本次交易的证券服务机构及其相关人员的证券买卖行为

根据民族证券、中审亚太、中联评估、本所的自查报告及登记结算公司就本次交易证券服务机构相关人员出具的查询记录,本次交易的证券服务机构及其具体业务经办人员在核查期间,不存在买卖发行人股票的情况。

## 十六、结论

基于上述事实,本所认为,发行人本次交易符合法律、法规和规范性文件中有关重大资产重组及向特定对象发行股份购买资产的规定。本次交易的主体均具备相应的合法的资格。本次交易的相关协议内容和形式合法、有效,具有可执行力。本次交易方案合法。本次交易涉及的置入资产及置出资产权属清晰,不存在纠纷和潜在纠纷风险,就资产置换所需办理的权属变更登记不存在法律障碍。本次交易发行人已履行了法定的披露和报告义务,不存在应披露而未披露的发行人签署的合同、协议、安排或其他事项。参与本次交易活动的证券服务机构具备必要的资格。本次交易尚需获得中国证监会的核准,尚需获得中国证监会对本次交易触发的要约收购义务豁免申请的核准。

北京市竞天公诚律师事务所(盖章)

经办律师:项振华　钟节平

负 责 人:张绪生

# 二、境外发行上市类

## 关于中国民生银行股份有限公司发行境外上市外资股并在香港联合交易所有限公司主板上市的法律意见书

致:中国民生银行股份有限公司

国浩律师集团(北京)事务所在中华人民共和国具有执业资格,可以从事与中国法律有关之业务。根据本所与中国民生银行股份有限公司签订的《专项法律顾问服务协议》,本所接受公司的委托,作为公司本次在香港联合交易所有限公司主板发行境外上市外资股并上市的特聘专项中国法律顾问,现就公司本次发行上市的有关事项发表法律意见并出具法律意见书。

律师应当声明的事项

本所根据《公司法》、《证券法》、《特别规定》、中国证监会《通知》、《商业银行法》、《银监法》及其他有关法律、法规、规章和规范性文件的规定,出具本法律意见书。

本所依据本法律意见书出具日以前已发生或存在的事实和中国现行法律、法规、规章和规范性文件发表法律意见。本所并不依据任何中国境外法律发表法律意见,也不对有关会计、审计、资产评估等专业事项发表任何意见。

为出具本法律意见书,本所已经进行了必要的审慎调查,查阅和审核了公司提供的必要的原始书面材料或副本材料,并且公司已经向本所保证,其所提供的文件和所作的陈述和说明是真实、准确、完整的,且一切足以影响本法律意见书的事实和文件均已向本所披露,并无任何虚假记载、误导和隐瞒、疏漏之处。

在本法律意见书出具过程中,对于那些对本法律意见书至关重要但已无法得到直接独立的证据支持的事实,本所依据中国有关政府部门及其他有关机构的证明文件出具相关的法律意见。本法律意见书中不存在虚假记载、误导性陈述及重大遗漏,否则,本所愿意依法承担相应的法律责任。

本所同意公司部分或全部在申请文件及招股说明书中引用本法律意见书的内容,但如做部分引用时,应与本所商议所引用部分,以避免因引用而导致法律上的歧义或曲解。本所未授权任何单位或个人对本法律意见书作任何解释或说明。

本所同意将本法律意见书作为公司申请本次发行上市所必备的法律文件,随同其他材料一同上报审批机关和监管机构(包括但不仅限于中国证监会、香港联交所、证券及期货事务监察委员会或其他机构),并愿意承担相应的法律责任。

本法律意见书仅供公司为本次发行上市之目的使用,不得用作任何其他目的。

基于上述声明,根据中国法律的规定,本所出具法律意见如下:

## 正　文

### 一、本次发行上市的批准和授权

(一)本次发行上市的内部批准和授权

1. 董事会的召开及决议

2009年5月26日,发行人以电子邮件方式向全体董事发出召开第五届董事会第三次会议的会议通知。

2009年6月5日,发行人在北京以现场方式召开了第五届董事会第三次会议,出席及委托出席会议的董事17名,经出席会议董事所持表决权的100%通过了以下决议:

(1)《关于公司发行H股股票并上市的决议》;

(2)《关于公司发行H股股票并上市方案的决议》;

(3)《关于公司转为境外募集股份有限公司的决议》;

(4)《关于公司前次募集资金使用情况的决议》;

(5)《关于公司发行H股股票募集资金使用及投向计划的决议》;

(6)《关于提请股东大会同意发行H股股票并上市决议有效期的决议》;

(7)《关于提请股东大会授权公司董事会及其获授权人士全权处理与发行H股股票并上市有关事项的决议》;

(8)《关于确定董事会授权人士的决议》;

(9)《关于公司发行H股之前滚存利润分配方案的决议》;

(10)《关于修订〈中国民生银行股份有限公司章程草案〉(H股)的决议》。

经核查,本所律师认为,该次董事会的召集和召开程序、出席会议人员的资格、表决程序和表决内容符合《公司法》及发行人《公司章程》的规定。上述董事会决议在形式及内容上均为合法、有效。

2. 股东大会的召开及决议

2009年6月6日,发行人以公告方式通知全体股东于2009年6月22日召开2009年第二次临时股东大会。

2009年6月22日,发行人2009年第二次临时股东大会在通知所述地点如期召开。会议采取现场投票和网络投票相结合的方式,发行人股东可通过上交所的交易系统在网络投票时间内投票行使表决权。出席本次股东大会现场会议的股东及股东代理人共23名,代表公司股份4,768,082,720股,占公司股份总数的25.33%,参加本次股东大会网络投票的股东及股东代理人共772名,代表公司股份2,731,382,478股,占公司股份总数的14.51%。经出席会议股东所持表决权的三分之二以上通过了以下决议:

(1)《关于公司发行H股股票并上市的决议》;

(2)《关于公司发行H股股票并上市方案的决议》;

(3)《关于公司转为境外募集股份有限公司的决议》;

(4)《关于公司前次募集资金使用情况的决议》;

(5)《关于公司发行H股股票募集资金使用及投向计划的决议》;

(6)《关于提请股东大会同意发行H股股票并上市决议有效期的决议》;

(7)《关于提请股东大会授权公司董事会及其获授权人士全权处理与发行H股股票并上市有关事项的决议》;

(8)《关于公司发行H股之前滚存利润分配方案的决议》;

(9)《关于修订〈中国民生银行股份有限公司章程草案〉(H股)的决议》。

经核查，本所律师认为，该次临时股东大会的召集和召开程序、出席会议人员的资格、表决程序和表决内容符合《公司法》及发行人《公司章程》的规定。上述股东大会决议在形式及内容上均为合法、有效。

3. 对董事会的授权

发行人在2009年第二次临时股东大会上通过了《关于提请股东大会授权公司董事会及其获授权人士全权处理与发行H股股票并上市有关事项的决议》，授权董事会及其获授权人士全权处理与发行H股股票并上市有关的事项。

经核查，本所律师认为，发行人该次临时股东大会的上述授权范围、授权程序符合《公司法》及发行人《公司章程》的有关规定，其决议内容合法、有效。

综上所述，本所律师认为，发行人本次发行上市已获得法律、法规及发行人《公司章程》所规定的内部批准与授权。

（二）本次发行上市的政府机关审批程序

1. 发行人于2009年7月16日获得中国银监会签发的《关于中国民生银行发行H股有关事项的批复》（银监复〔2009〕231号），根据该批复，中国银监会同意发行人发行H股并在香港上市，募集资金用于补充公司资本金；同意发行人转为境内外募集股份并上市的股份有限公司，并核准《中国民生银行股份有限公司章程》（H股）。

2. 发行人于2009年7月24日获得中国银监会签发的《中国银监会关于向中国民生银行出具监管意见书的函》（银监函〔2009〕270号），该监管意见书载明，发行人公司治理结构基本完备，经营管理水平不断提升，财务状况和盈利水平较好，资产负债管理的各项主要指标均符合中国银监会的监管要求。发行人通过境外公开发行股票的方式补充资本金，有利于其长期稳健发展。

3. 发行人本次发行上市尚待获得中国证监会的核准。

4. 在中国政府主管部门及监管机构同意后，发行人本次发行上市的申请还需获得香港联交所的审核同意。

综上所述，本所律师认为，发行人本次发行上市已获得法律、法规及发行人《公司章程》所规定的内部批准与授权，以及中国法律规定的银行业监督管理机构所必需的批准程序。根据中国现行关于发行境外上市外资股的相关法律法规的规定，发行人本次发行上市尚待取得中国证监会和香港联交所的批准或同意。

## 二、发行人本次发行上市的主体资格

（一）发行人本次发行上市的主体资格

1. 公司系经国务院国函〔1995〕32号文批准设立，中国人民银行银复〔1995〕182号文批准筹建，中国人民银行银复〔1996〕14号文批准开业，并由59家股东发起设立的股份制商业银行。公司于1996年2月7日在国家工商总局登记注册，注册资本为人民币1,380,248,376元。公司现持有注册号为100000000018983的《企业法人营业执照》（原注册号为：1000001001898）和机构编码为B10911000H0001的《金融许可证》（原机构编码为：B10911000001）。公司成立时发起人投入公司的资产全部为现金，根据北京中洲会计师事务所于1995年12月6日出具的中洲（95）发字第138号《验资报告》验证，59家发起人认购的股本人民币1,380,248,376元已经全部到位。

2. 根据公司持有的现行有效的《企业法人营业执照》记载，公司的经营范围为：许可经营项目：吸收公众存款；发放短期、中期和长期贷款；办理国内外结算；办理票据承兑与贴现、发行金融债券;代理发行、代理兑付、承销政府债券;买卖政府债券、金融债券;从事同业拆借;买卖、代理买卖外汇;从事结汇、售汇业务;从事银行卡业务;提供信用证服务及担保;代理收付款项;提供保管箱服务;经国务院银行业监督管理机构批准的其他业务。一般经营项目:(无)。

3. 公司设立时即为股份有限公司形式的商业银行,其股权结构已经符合中国法律、法规规定的发行社会公众股的要求,不需要经重组改制即可在相关政府部门的核准下进行境内外发行申请。2000 年 11 月 27 日,经中国证监会证监发行字〔2000〕146 号文核准,公司在上交所首次公开发行人民币普通股(A 股)35,000 万股,发行价格为每股 11.80 元。公司 A 股股票于 2000 年 12 月 19 日在上交所上市交易,证券简称"民生银行",证券代码"600016"。公司首次公开发行人民币普通股(A 股)的募集资金经天健会计师事务所有限公司出具的天健〔2000〕验字 018 号《验资报告》验证,扣除发行费用后,募集资金人民币 4,088,745,000 元已经全部到位。

4. 根据上交所的公告资料及本所律师的核查,公司 A 股自上市交易以来,一直处在正常交易的情形之下,没有因违反上交所的上市规则而导致股票长期停牌,也未出现按上交所上市规则规定的股票需特别处理或摘牌下市的情形。

5. 公司具有独立的法人资格,有符合中国境内上市公司要求的法人治理结构。

6. 公司高级管理层长期稳定,具有丰富的金融管理经验,能够承担商业银行的管理事务,并且能够按照金融监管机构的要求,建立符合法律、法规和部门规章要求的风险管理体系,在追求股东利益最大化的同时实施审慎经营原则。

7. 公司自设立以来,没有发生主营业务变更,合并或分立,以及资产或权益发生重大变化等情形。

(二)发行人的存续状况

1. 根据国家工商总局于 2009 年 1 月 5 日向发行人核发的注册号为 100000000018983 的《企业法人营业执照》,发行人已依照《中华人民共和国公司登记管理条例》的规定,通过 2006、2007 年度的工商年检,截至本法律意见书出具之日,公司正在履行 2008 年度的工商年检程序,经本所律师核查后认为,公司不存在丧失继续经营资格的法律风险。

2. 经核查,发行人不存在根据法律、法规、规章、规范性文件以及发行人《公司章程》需要终止的下列情形:

(1)公司章程规定的解散事由出现;

(2)股东大会决议解散;

(3)因公司合并或者分立需要解散;

(4)依法被吊销营业执照、责令关闭或者被撤销;

(5)公司经营管理发生严重困难,继续存续会使股东利益受到重大损失,通过其他途径不能解决的,持有公司全部股东表决权 10% 以上的股东,请求人民法院解散公司。

综上所述,本所律师认为,发行人历史沿革清晰,系依法设立且其股票在上交所上市交易的股份有限公司,不存在根据法律、法规、规章、规范性文件及发行人《公司章程》需要终止的情形,符合法律、法规、规章及规范性文件关于本次发行上市主体资格的有关规定,具备本次发行上市的主体资格。

## 三、本次发行上市的实质条件

1. 根据公司 2009 年第二次临时股东大会决议通过的募集资金用途显示,公司本次发行上市所筹集资金的用途为补充公司核心资本,符合国家产业政策、利用外资政策及国家有关金融政策的规定。

2. 根据普华永道出具的2008年度《审计报告》显示,截至2008年12月31日,公司净资产数额为538.1亿元,符合申请发行H股净资产不少于4亿元人民币的条件。

3. 根据普华永道出具的2008年度《审计报告》显示,公司在2008年的税后利润为78.31亿元,符合申请发行H股过去一年税后利润不少于6000万元人民币的条件。

4. 根据公司董事会制定的H股发行方案显示,公司拟发行的H股规模为不超过发行后公司总股本的15%,并授予全球簿记管理人不超过上述H股股数15%的超额配售权。根据上述数据,并按合理预期市盈率计算,公司筹资额不少于5000万美元,符合申请发行H股的条件。

5. 公司具有规范的法人治理结构及较完善的内部管理制度,股东大会、董事会、监事会的体系完整,议事规则齐全。公司有较稳定的高级管理层及较高的管理水平。

6. 公司为股份制商业银行,有获准许可的外汇经营业务,H股上市后分红派息有可靠的外汇来源,符合国家外汇管理的有关规定。

7. 公司已经制定并通过了载明《到境外上市公司章程必备条款》要求内容的《公司章程》(H股),该《公司章程》(H股)已经中国银监会银监复〔2009〕231号文核准。

综上所述,本所律师认为,公司已经符合法律、法规规定的发行H股的基本要求和条件。

**四、发行人的独立性**

(一)发行人的业务

根据国家工商总局于2009年1月5日向发行人核发的注册号为100000000018983的《企业法人营业执照》记载,发行人的经营范围为:许可经营项目:吸收公众存款;发放短期、中期和长期贷款;办理国内外结算;办理票据承兑与贴现、发行金融债券;代理发行、代理兑付、承销政府债券;买卖政府债券、金融债券;从事同业拆借;买卖、代理买卖外汇;从事结汇、售汇业务;从事银行卡业务;提供信用证服务及担保;代理收付款项;提供保管箱服务;经国务院银行业监督管理机构批准的其他业务。一般经营项目:(无)。发行人现持有中国银监会于2007年5月11日核发的机构编码为B10911000H0001的《金融许可证》。

发行人独立从事其《企业法人营业执照》所核定的经营范围中的业务,未受到发行人股东及其他关联方的干涉、控制,亦未因与发行人股东及其他关联方之间存在关联关系而使发行人经营自主权的完整性、独立性受到不良影响。本所律师认为,发行人具有完整的业务体系和直接面向市场独立经营的能力,符合业务独立性的要求。

(二)发行人的资产

根据本所律师核查,除本法律意见书"九、发行人的主要财产"中披露的发行人购置、租赁的物业资产存在少量权证完备性瑕疵外,发行人拥有与其业务经营有关的资产(包括土地、房屋、无形资产等)的所有权或合法的使用权,其资产符合独立性、完整性要求。

(三)发行人的人员

根据本所律师核查,发行人的行长、副行长、董事会秘书与财务总监等高级管理人员未在主要股东及其控制的其他企业担任除董事、监事以外的其他职务,未在主要股东及其控制的其他企业领取薪酬,发行人的财务人员未在主要股东及其控制的其他企业中兼职,符合人员独立性的要求。

(四)发行人的机构

根据本所律师核查,发行人所有的职能部门的设置均独立于股东和其他关联方,与股东和其他关联方的相关部门不存在上下级的隶属关系,符合机构独立性的要求。发行人的组织机构情况见本法律意见书附件一:"中国民生银行股份有限公司组织机构图。"

(五)发行人的财务

根据本所律师核查,发行人设有独立的财务部门,有符合金融监管和运营的全部财务核算体系;发行人开设了独立的银行账户,不存在发行人与其他人共用银行账户的情形;发行人有独立的《税务登记证》和《金融许可证》,有规范的财务会计制度和对分支机构的财务管理制度;不存在发行人资金或资产被其主要股东及其他关联方占用的情形,符合财务独立性的要求。

综上所述,本所律师认为,发行人作为一家商业银行已经具备了中国法律规定的资产、人员、财务、机构和业务等方面的独立性。发行人没有控股股东,也不受任何股东单位与关联方的控制。发行人在独立性方面不存在其他严重缺陷。

## 五、发行人的历史沿革及重要股本演变

(一)发行人的设立及发起人和主要股东情况

1. 发行人的设立和发起人股东

公司由59家发起人于1996年2月共同发起设立。公司的发起人股东是:广州益通集团公司、中国乡镇企业投资开发有限公司、中国煤炭工业进出口总公司、中国船东互保协会、山东泛海集团公司、哈尔滨亚麻厂、厦门福信集团有限公司、宁波市经济建设投资公司、北京万通实业股份有限公司、杭州通普电器公司、昆明建华企业集团、深圳前进开发公司、希望集团有限公司、哈尔滨岁宝热电股份有限公司、郑州梦达实业有限公司、河南电力开发有限公司、昆明百货大楼、南海市桂城商业贸易物资总公司、中国旅游国际信托投资有限公司、湛江经济技术开发区财务开发公司、深圳市宝安区润田企业公司、鞍山市腾鳌区辽河饲料集团公司、广东恒丰投资集团有限公司、山西安泰国际企业(集团)股份有限公司、河南兴亚企业集团有限公司、南宁南和发展公司、长沙南方华侨港澳台胞贸易公司、郑州斐蒙达皮制品有限公司、深圳呈鑫实业发展公司、顺德市万和企业集团公司、深圳市上步实业股份有限公司、成都华侨新苑实业有限公司、河南原田置业公司、浙江省衢州市鸿基实业有限公司、北京理想产业发展公司、鞍山太平洋(集团)有限公司、广州商汇有限公司、鞍山城南轧钢集团公司、广西喷施宝有限公司、南宁市展通物资供应公司、太原清泉煤焦化运销集团公司、山西省海鑫钢铁公司、洛阳建筑机械厂、中国山东台岛集团、天津港田集团公司、中国建材郑州中岳联营特种水泥厂、辽宁盖州市芦屯铁东管件厂、北京恒润达科工贸公司、广东省工商大厦、浙江上虞信诚实业公司、浙江瑞安市永久机电厂、北京门山园开发公司、浙江卧龙集团公司、浙江上虞市财务开发公司、深圳泰绅实业股份有限公司、昆明市工商联兴业公司、河北食品工业总公司、广东连山明华电化厂、深圳汇商有限公司。

2. 发行人自成立时起股权结构即较为分散,截至2008年12月31日,发行人第一大股东新希望投资有限公司持股比例为5.90%,前十大股东合计持股比例为41.91%,因此发行人无控股股东。

3. 截至2008年12月31日,占发行人总股本5%以上股份的股东共有2家,分

别为：

(1)新希望投资有限公司

新希望投资有限公司成立于2002年11月，其法定代表人和实际控制人均为刘永好。该公司是一家根据中国法律注册成立的有限责任公司，注册资本为57,655.56万元，其主要经营业务包括创业投资、投资管理、财务顾问、理财咨询、企业重组咨询、市场调查、资信调查、技术开发及转让、技术咨询服务(涉及许可经营的凭许可证经营)。截至2008年12月31日，新希望投资有限公司共持有发行人股份1,111,322,354股，占发行人总股本的5.90%，为发行人第一大股东。新希望投资有限公司所持有的发行人股份原为新希望农业股份有限公司持有，2003年1月，新希望农业股份有限公司将其持有的发行人股份作为出资投入新希望投资有限公司。新希望投资有限公司的主要股东为四川新希望集团有限公司及四川新希望农业股份有限公司。经本所律师核查，新希望投资有限公司已通过2006、2007、2008年度工商年检，合法存续。

(2)中国人寿保险股份有限公司(股票代码:601628)

中国人寿保险股份有限公司系经国务院批准、财政部《关于中国人寿保险股份有限公司(筹)国有股权管理有关问题的批复》(财金〔2003〕77号)、中国保监会《关于中国人寿保险公司重组上市的批复》(保监复〔2003〕88号)及《关于设立中国人寿保险股份有限公司的批复》(保监复〔2003〕115号)的批准，由中国人寿保险(集团)公司作为独家发起人于2003年6月30日发起设立，并于2003年12月17日及18日分别在美国纽约和香港两地上市的人寿保险公司。中国人寿保险股份有限公司的总股本为2,826,470.50万股，全部为流通股。中国人寿保险股份有限公司A股股票发行日期为2006年12月26日，股票上市日期为2007年1月9日，其主要经营业务包括人寿保险、健康保险、意外伤害保险等各类人身保险业务；人身保险的再保险业务；国家法律、法规允许的或国务院批准的资金运用业务；各类人身保险服务、咨询和代理业务。截至2008年12月31日，中国人寿保险股份有限公司－传统－普通保险产品－005L－CT001沪共持有发行人股份959,422,762股，占发行人总股本的5.10%，为发行人第二大股东。中国人寿保险股份有限公司的法定代表人为杨超，实际控制人为财政部。经本所律师核查，中国人寿保险股份有限公司已通过2006、2007、2008年度工商年检，合法存续。

综上所述，本所律师认为，发行人成立时，发行人的发起人股东均为当时依中国法律有效存续的企业，具有《公司法》、《商业银行法》规定的担任商业银行发起人或进行出资的主体资格，并经当时的金融监管机构中国人民银行核准。相关发起人股东投入发行人的资产权属清晰，全部为现金且足额到位。现持有发行人5%以上股份的股东亦为依法存续的企业，其具备法律、法规、规章和规范性文件规定的担任发行人股东的资格，该等股东合法拥有发行人的股份。

(二)发行人的重要股本演变

1. 公司设立时的股权结构

1995年5月6日，国务院以国函〔1995〕32号文批准设立中国民生银行股份有限公司。1996年1月8日，中国人民银行以银复〔1996〕14号文批准中国民生银行股份有限公司开业。1996年2月7日，中国民生银行股份有限公司在国家工商总局登记注册，领有注册号为1000001001898的《企业法人营业执照》(现注册号为100000000018983)和机构编码为 B10911000001 的《金融许可证》(现机构编码为 B109111000H0001)。公司成立时的总股本为 138,024.8 万元,全部由发起人认购,股权结构如下:

| 序号 | 股东名称 | 出资额和出资方式(单位:万元人民币) | 持股比例(%) | 股权性质 |
|---|---|---|---|---|
| 1 | 广州益通集团公司 | 货币:9028 | 6.54 | 社会法人股 |
| 2 | 中国乡镇企业投资开发有限公司 | 货币:9008 | 6.53 | 社会法人股 |
| 3 | 中国煤炭工业进出口总公司 | 货币:9000 | 6.52 | 社会法人股 |
| 4 | 中国船东互保协会 | 货币:9000 | 6.52 | 社会法人股 |
| 5 | 山东泛海集团公司 | 货币:9000 | 6.52 | 社会法人股 |
| 6 | 哈尔滨亚麻厂 | 货币:9000 | 6.52 | 社会法人股 |
| 7 | 厦门福信集团有限公司 | 货币:8030 | 5.82 | 社会法人股 |
| 8 | 宁波市经济建设投资公司 | 货币:7500 | 5.43 | 社会法人股 |
| 9 | 北京万通实业股份有限公司 | 货币:7406 | 5.37 | 社会法人股 |
| 10 | 杭州通普电器公司 | 货币:7000 | 5.07 | 社会法人股 |
| 11 | 昆明建华企业集团 | 货币:6000 | 4.35 | 社会法人股 |
| 12 | 深圳前进开发公司 | 货币:6000 | 4.35 | 社会法人股 |
| 13 | 希望集团有限公司 | 货币:5080 | 3.68 | 社会法人股 |
| 14 | 哈尔滨岁宝热电股份有限公司 | 货币:5000 | 3.62 | 社会法人股 |
| 15 | 郑州梦达实业有限公司 | 货币:3150 | 2.28 | 社会法人股 |
| 16 | 河南电力开发有限公司 | 货币:3000 | 2.18 | 社会法人股 |
| 17 | 昆明百货大楼 | 货币:3000 | 2.18 | 社会法人股 |
| 18 | 南海市桂城商业贸易物资总公司 | 货币:2000 | 1.45 | 社会法人股 |
| 19 | 中国旅游国际信托投资有限公司 | 货币:2000 | 1.45 | 社会法人股 |
| 20 | 湛江经济技术开发区财务开发公司 | 货币:2000 | 1.45 | 社会法人股 |
| 21 | 深圳市宝安区润田企业公司 | 货币:1500 | 1.09 | 社会法人股 |
| 22 | 鞍山市腾鳌特区辽河饲料集团公司 | 货币:1000 | 0.72 | 社会法人股 |
| 23 | 广东恒丰投资集团有限公司 | 货币:1000 | 0.72 | 社会法人股 |
| 24 | 山西安泰国际企业(集团)股份有限公司 | 货币:1000 | 0.72 | 社会法人股 |
| 25 | 河南兴亚企业集团有限公司 | 货币:1000 | 0.72 | 社会法人股 |
| 26 | 南宁南和发展公司 | 货币:1000 | 0.72 | 社会法人股 |
| 27 | 长沙南方华侨港澳台胞贸易公司 | 货币:846 | 0.61 | 社会法人股 |
| 28 | 郑州斐蒙达皮制品有限公司 | 货币:738 | 0.53 | 社会法人股 |
| 29 | 深圳呈鑫实业发展公司 | 货币:652.8 | 0.47 | 社会法人股 |
| 30 | 顺德市万和企业集团公司 | 货币:600 | 0.43 | 社会法人股 |
| 31 | 深圳市上步实业股份有限公司 | 货币:600 | 0.43 | 社会法人股 |
| 32 | 成都华侨新苑实业有限公司 | 货币:500 | 0.36 | 社会法人股 |

续表

| 序号 | 股东名称 | 出资额和出资方式（单位:万元人民币） | 持股比例(%) | 股权性质 |
|---|---|---|---|---|
| 33 | 河南原田置业公司 | 货币:500 | 0.36 | 社会法人股 |
| 34 | 浙江省衢州市鸿基实业有限公司 | 货币:500 | 0.36 | 社会法人股 |
| 35 | 北京理想产业发展公司 | 货币:500 | 0.36 | 社会法人股 |
| 36 | 鞍山太平洋实业(集团)有限公司 | 货币:500 | 0.36 | 社会法人股 |
| 37 | 广州商汇有限公司 | 货币:500 | 0.36 | 社会法人股 |
| 38 | 鞍山城南轧钢集团公司 | 货币:450 | 0.33 | 社会法人股 |
| 39 | 广西喷施宝有限公司 | 货币:350 | 0.26 | 社会法人股 |
| 40 | 南宁市展通物资供应公司 | 货币:350 | 0.26 | 社会法人股 |
| 41 | 太原清泉煤焦化运销集团公司 | 货币:318 | 0.23 | 社会法人股 |
| 42 | 山西省海鑫钢铁有限公司 | 货币:300 | 0.22 | 社会法人股 |
| 43 | 洛阳建筑机械厂 | 货币:200 | 0.15 | 社会法人股 |
| 44 | 中国山东台岛集团 | 货币:200 | 0.15 | 社会法人股 |
| 45 | 天津港田集团公司 | 货币:200 | 0.15 | 社会法人股 |
| 46 | 中国建材郑州中岳联营特种水泥厂 | 货币:200 | 0.15 | 社会法人股 |
| 47 | 辽宁省盖州市芦屯镇铁东管件厂 | 货币:200 | 0.15 | 社会法人股 |
| 48 | 北京恒润达科工贸公司 | 货币:150 | 0.11 | 社会法人股 |
| 49 | 广东省工商大厦 | 货币:124 | 0.09 | 社会法人股 |
| 50 | 浙江上虞信诚实业公司 | 货币:100 | 0.07 | 社会法人股 |
| 51 | 浙江瑞安市永久机电厂 | 货币:100 | 0.07 | 社会法人股 |
| 52 | 北京门山园开发公司 | 货币:100 | 0.07 | 社会法人股 |
| 53 | 浙江卧龙集团公司 | 货币:100 | 0.07 | 社会法人股 |
| 54 | 浙江上虞市财务开发公司 | 货币:100 | 0.07 | 社会法人股 |
| 55 | 深圳泰坤实业股份有限公司 | 货币:100 | 0.07 | 社会法人股 |
| 56 | 昆明市工商联兴业公司 | 货币:86 | 0.06 | 社会法人股 |
| 57 | 河北食品工业总公司 | 货币:80 | 0.06 | 社会法人股 |
| 58 | 广东连山明华电化厂 | 货币:53 | 0.04 | 社会法人股 |
| 59 | 深圳汇商有限公司 | 货币:25 | 0.02 | 社会法人股 |
| | 合计 | 138,024.8 | 100.00 | |

经核查,本所律师认为,公司设立时的股权结构合法有效,公司资产权属的界定和确认不存在纠纷及风险,符合《公司法》的有关规定。

2. 公司股权结构的历史演变

(1)公司设立时的总股本为138,024.8万元,全部为社会法人股。

(2)公司A股发行上市后的股权结构变化

2000年11月27日,经中国人民银行银复〔1999〕234号文、中国证监会证监发行字〔2000〕146号文核准,公司在上交所首次公开发行人民币普通股(A股)35,000万股,发行价格为每股11.80元,发行成功后,公司 A 股股票于 2000 年 12 月 19 日在上交所上市交易。根据天健会计师事务所有限公司出具的天健〔2000〕验字 018 号《验资报告》验证,扣除发行费用后,公司首次公开发行人民币普通股(A 股)的募集资金人民币 4,088,745,000 元已经全部到位。公司首次公开发行成功后,公司的注册资本和实收资本增加到 173,024.8376 万元。根据当时法律法规的规定,公司首次公开发行后的股本分为流通股和非流通法人股。

公司首次公开发行股票并上市后的股权结构如下:

| 股权种类 | 持有股数(万股) | 占总股本比例 |
|---|---|---|
| 社会法人股 | 138,024.8 | 79.77% |
| 社会公众股 | 35,000 | 20.23% |
| 合计 | 173,024.8 | 100% |

(3)公司发行可转换公司债券后的股权结构变化

2003 年 2 月 27 日,经中国证监会证监发行字〔2003〕13 号文核准,公司发行可转换公司债券 40 亿元人民币,每张面值 100 元人民币,共计发行 40,000,000 张。根据普华永道出具的普华永道验字〔2003〕第 32 号《验资报告》验证,扣除发行费用后,公司发行可转换公司债券的募集资金人民币 3,938,950,048 元已经全部到位。

2003 年 8 月 27 日,该部分债券进入转股期并于 2008 年 2 月 26 日到期。截至 2008 年 2 月 26 日收盘,公司该次发行的可转换公司债券已经转换成公司股份的数量为 1,616,729,400 股(含送增股),占该次发行可转换公司债券发行总量的 99.992%。公司已将该等信息按照相关法律法规的要求,在指定媒体上予以公告。

(4)公司实施股权分置改革后股权结构的重大变化

A. 公司股权分置改革的方案

公司首次公开发行社会公众股票后,因中国证券市场的制度原因,公司股权结构中由社会法人股和社会公众股两部分组成,存在股权分置的情况。2005 年 5 月以后,由于政策法规的变化,上市公司股权分置状况得以改变。2005 年 10 月 12 日,公司获得中国银监会《关于中国民生银行股权分置改革等有关问题的批复》(银监复〔2005〕260 号),同意公司进行股权分置改革。公司根据有关法律、法规规定,于 2005 年 10 月 17 日召开了公司 2005 年第一次临时股东大会暨相关股东会议,会议以全体股东 98.7752%、流通股股东 92.3255% 的赞成比例通过了《中国民生银行股份有限公司关于资本公积金转增股本及〈公司股权分置改革方案〉的议案》。该等股权分置改革方案的内容是:公司以方案实施股权登记日(2005 年 10 月 24 日)收市后总股本 6,284,495,595 股为基数,用资本公积金向全体股东按每 10 股转增股本 1.55 股,参加该次改革的全体非流通股股东将可获得的全部转增股份 673,578,944 股作为对价支付给流通股股东。该方案实施后,公司股份总数为 7,258,592,412 股,全部为流通股。

B. 公司股权分置改革获得的批准

2005 年 10 月 12 日,公司获得中国银监会《关于中国民生银行股权分置改革等有关问题的批复》(银监复〔2005〕260 号),同意公司进行股权分置改革。公司根据有关法律、法规规定,于 2005 年 10 月 17 日召开了公司 2005 年第一次临时股东大会暨相关股东会议,会议以全体股东 98.7752%、流通股股东 92.3255% 的赞成比例通过了《中国民生银行股份有限公司关于资本公积金转增股本及〈公司股权分置改革方案〉的议案》。

C. 公司股权分置改革的实施及股权

结构的变化

公司股权分置改革完成于2005年10月。股权分置改革完成后,公司股东全部为流通股股东,因原法人股东遵守一定禁售期的承诺,因此,公司的流通股份分为有限售条件的流通股和无限售条件的流通股。

公司股权分置改革方案实施前后的股权结构变动情况如下:

| 证券类别 | 变更前股数 | 变更股数 | 变更后股数 | 持有人数 |
|---|---|---|---|---|
| 社会法人股 | 3,995,055,649 | -3,995,055,649 | 0 | 55 |
| 境外法人股 | 350,614,956 | -350,614,956 | 0 | 2 |
| 普通股 | 1,938,824,990 | 5,319,767,422 | 7,258,592,412 | |
| 合计 | 6,284,495,595 | 974,096,817 | 7,258,592,412 | |
| 备注 | 其中流通股股份变更后数量中包含有限售条件的股份4,345,670,605股 | | | |

截至2007年10月27日,股权分置改革中有限售条件的流通股全部上市流通。

(5)公司非公开发行股票后的股权结构变化

2006年8月8日,公司2006年第三次临时股东大会通过了以非公开方式向最多不超过10家投资人发行不超过350,000万股股票的决议,并向中国证监会提出了非公开发行的申请。2007年1月12日,公司获得中国证监会证监发行字〔2007〕7号文核准向中国人寿保险股份有限公司、中国平安人寿保险股份有限公司、上海健特生命科技有限公司、新希望投资有限公司、中国泛海控股有限公司、四川南方希望实业有限公司、光大证券股份有限公司七家股东非公开发行新股不超过350,000万股。2007年6月6日,公司获中国银监会银监复〔2007〕228号文对本次非公开发行股东资格的认定。2007年6月20日,根据中国证监会证监发行字〔2007〕7号文核准,公司非公开发行人民币普通股(A股)238,000万股,募集资金1,816,000万元人民币,扣除承销佣金1000万元后的余额1,815,000万元人民币划入公司账户,并经华寅会计师事务所有限责任公司以寅验〔2007〕6002号《验资报告》予以验证。2007年6月22日,中国证券登记结算有限责任公司上海分公司出具了非公开发行的证券变更登记说明,本次非公开发行完毕。非公开发行股票后,公司的总股本达到14,479,080,428股。

截至本法律意见书出具之日,获非公开发行股票的七家股东,除中国人寿保险股份有限公司持有的92,820万股股票尚按承诺处于禁售期以外,其余获非公开发行股票的股东所持有的有限售条件的流通股全部上市流通。目前,公司的股权结构为:

| | 股份数量(万股) | 占总股本比例 |
|---|---|---|
| 有限售条件股份 | 92,820 | 4.93% |
| 无限售条件股份 | 1,789,480.2 | 95.07% |
| 股份总数 | 1,882,300.2 | 100% |

注:中国人寿保险股份有限公司—传统—普通保险产品-005L-CT001沪持有的92,820万股有限售条件股份于2009年8月23日可上市交易。

(6)除上述因首次公开发行股票、发行可转换公司债券、股权分置改革、非公开发行股票等事项引起的公司股权结构变化外,公司因分红派息所引起的股本变化情况如下:

A. 2001年,公司在执行2000年度利润分配方案时,实施每10股派发现金红利

2元(含税),每10股转增3股,2001年转增后,公司注册资本和实收资本增加到224,932万元,并由普华永道出具的普华永道验字〔2001〕第90号《验资报告》予以验证。

B. 2002年,公司在执行2001年度利润分配方案时,实施每10股派送红股1.5股、派发红利0.70元,2002年派送后,公司注册资本和实收资本增加到258,672万元,并由普华永道出具的普华永道验字〔2002〕第86号《验资报告》予以验证。

C. 2003年4月16日,公司在执行2002年度利润分配方案时,实施每10股派送红股2股、以资本公积金转增1股、派发红利0.60元,2003年派送后,公司注册资本和实收资本增加到336,274万股,并由普华永道出具的普华永道验字〔2003〕第113号《验资报告》予以验证。

D. 2004年4月16日,公司在执行2003年度利润分配方案时,实施每10股派发现金红利1.2元,每10股送2股并转增1.5股,该次分红转增后,加上公司可转换公司债券的转股,截至2004年6月30日,公司的注册资本和实收资本增加到518,160.4万元。该等股本增加的事项,由普华永道出具的普华永道验字〔2004〕第149号《验资报告》予以验证。

E. 2005年4月15日,公司在执行2004年度利润分配方案时,以2005年4月15日股权登记日公司总股本5,184,723,434股为基数,向全体股东按每10股送红股2股并派发现金股利0.7元(含税)的方式进行分红。该年度分配后,加上公司可转换公司债券的转股,截至2005年4月18日,公司的总股本增加到622,166.81万股。该等股本增加的事项,由普华永道出具的普华永道验字〔2005〕第112号《验资报告》予以验证。

F. 2006年4月17日,公司在执行2005年度利润分配方案时,以2006年4月14日股权登记日公司总股本7,261,332,878股为基数,向全体股东按每10股派送红股1.5股、以资本公积金转增2.5股、派送现金股利0.50元(含税)的方式进行分红,共计送增股份2,904,533,151股。该年度分配后,加上公司可转换公司债券的转股,截至2006年6月30日,公司的总股本为1,016,586.60万元。

G. 2007年6月11日,公司在执行2006年度利润分配方案时,以2007年6月8日股权登记日公司总股本10,167,285,336股为基数,向全体股东按每10股以资本公积金转增1.9股,增加股本人民币193,178.4万元。

H. 2008年4月11日,公司在执行2007年度利润分配方案时,以2008年4月3日股权登记日公司总股本14,479,232,299股为基数,向全体股东按每10股送红股2股、资本公积转增1股、派送现金0.50元(含税)的方式进行分红,增加股本人民币434,376.969万元。

I. 2009年5月25日,公司在执行2008年度利润分配方案时,以2008年12月31日收市后的公司总股本18,823,001,989股为基数,向全体股东按每10股派送现金0.80元(含税)的方式进行分红,该利润分配事项未引起公司总股本的增加。

(7)截至2008年12月31日,公司前十名股东持有公司股份的情况如下:

| 序号 | 股东名称 | 持有股数(股) | 占总股本比例 |
|---|---|---|---|
| 1 | 新希望投资有限公司 | 1,111,322,354 | 5.90% |

续表

| 序号 | 股东名称 | 持有股数(股) | 占总股本比例 |
|---|---|---|---|
| 2 | 中国人寿保险股份有限公司－传统－普通保险产品－005L－CT001 沪 | 959,422,762 | 5.10% |
| 3 | 中国平安人寿保险股份有限公司－传统－普通保险产品 | 926,967,800 | 4.92% |
| 4 | 上海健特生命科技有限公司 | 896,630,415 | 4.76% |
| 5 | 中国船东互保协会 | 754,803,754 | 4.01% |
| 6 | 东方集团股份有限公司 | 740,808,520 | 3.94% |
| 7 | 四川南方希望实业有限公司 | 684,915,782 | 3.64% |
| 8 | 厦门福信集团有限公司 | 617,917,635 | 3.28% |
| 9 | 中国中小企业投资有限公司 | 616,088,526 | 3.27% |
| 10 | 中国泛海控股集团有限公司 | 582,449,263 | 3.09% |
|  | 合计 | 7,891,326,811 | 41.91% |

综上所述，本所律师认为，公司设立时的股权结构符合当时法律、法规的要求并经政府相关监管部门的核准。公司设立后，特别是A股上市以来的股权结构变化符合《公司法》、《证券法》、《商业银行法》和相关法律、法规、部门规章及公司章程的规定。公司现有的股权结构合法、有效。

## 六、发行人的业务

（一）发行人的经营范围根据国家工商总局于2009年1月5日向公司核发的《企业法人营业执照》（注册号为：100000000018983）记载，公司的经营范围为：许可经营项目：吸收公众存款；发放短期、中期和长期贷款；办理国内外结算；办理票据承兑与贴现、发行金融债券；代理发行、代理兑付、承销政府债券；买卖政府债券、金融债券；从事同业拆借；买卖、代理买卖外汇；从事结汇、售汇业务；从事银行卡业务；提供信用证服务及担保；代理收付款项；提供保管箱服务；经国务院银行业监督管理机构批准的其他业务。一般经营项目：（无）。

（二）发行人的业务许可

经本所律师核查公司和各分支机构的《金融许可证》、营业执照及中国人民银行、中国银监会、国家外汇管理局等对公司业务的批准或备案文件以及公司总行相关业务授权文件，公司和各分支机构获得的业务许可具体情况如下：

1. 营业执照

根据公司提供的相关资料及本所律师的核查，截至本法律意见书出具之日，公司405个分支机构均已经取得各地工商行政管理部门核发的《营业执照》，其中包括公司下属的总行营业部、28家分行、1家直属支行、香港代表处和374家支行。

2. 金融许可证

根据公司提供的相关资料及本所律师的核查，截至本法律意见书出具之日，公司总行及下属的各分支机构已经取得中国银监会及其各地派出机构核发的《金融许可证》。

3. 结汇、售汇业务的批准

根据公司提供的相关资料及本所律师的核查，截至本法律意见书出具之日，公司74个分支机构已经取得当地外汇管理部门关于其经营结汇、售汇业务的批准，19个分支机构已经取得当地外汇管理部门关于其经营结汇、售汇业务的备案证明。未获得结汇、售汇业务的分支机构不开展结汇、售汇业务。

4. 保险兼业代理业务的许可

根据公司提供的相关资料及本所律师的核查,截至本法律意见书出具之日,公司254个分支机构已经取得当地保险业监督管理部门核发的《保险兼业代理许可证》或关于其经营保险兼业代理业务的批准。

(三)发行人控股子公司的业务情况

根据公司提供的相关资料及本所律师核查,截至本法律意见书出具之日,公司在中国境内共有四家下属控股子公司,包括民生金融租赁股份有限公司、民生加银基金管理有限公司、彭州民生村镇银行有限责任公司和慈溪民生村镇银行股份有限公司。该四家子公司已取得《企业法人营业执照》、《金融许可证》或《基金管理资格证书》。该四家子公司的详细情况见本法律意见书"十一、发行人的重大资产变化及收购兼并"。

(四)发行人业务开展的监管核准或备案

| 序号 | 需核准或备案的业务 | 核准或备案文件编号 |
|---|---|---|
| 1 | 借记卡业务 | 银复〔1998〕369号、银办函〔2002〕25号 |
| 2 | 个人外汇买卖业务 | 银办函〔2000〕735号 |
| 3 | 债券托管和结算业务 | 中债函字〔2001〕011号 |
| 4 | 办理买方付息票据贴现业务 | 银复〔2001〕255号 |
| 5 | 进口远期信用证项下外汇票据买断业务 | 银管备准〔2002〕第006号 |
| 6 | 委托贷款业务 | 银管备中〔2002〕第016号 |
| 7 | "银信通"业务 | 银管备中〔2002〕第025号 |
| 8 | 个人出境旅游保函业务 | 银复〔2002〕101号 |
| 9 | 自费出国(境)留学保函业务 | 银复〔2002〕116号 |
| 10 | 网上银行业务 | 银复〔2002〕133号 |
| 11 | 开放式基金业务 | 银复〔2002〕270号 |
| 12 | 国内保理业务 | 银复〔2002〕296号 |
| 13 | 个人委托贷款业务 | 银管备〔2002〕0003号 |
| 14 | 信贷资产转让业务(包括信贷资产买断和信贷资产回购业务) | 银管备准〔2002〕第0006号 |
| 15 | "银彩通"业务 | 只有总行营业部、上海分行和深圳分行开办了该项业务,总行营业部已取得中国人民银行营业管理部银行管理处签发的《商业银行分支机构增开业务报告回执》,但由于该项业务属于代理资金清算类中间业务,而《国务院关于取消第二批行政审批项目和改变一批行政审批项目管理方式的决定》(国发〔2003〕5号)取消了对代理资金清算类中间业务的备案要求,故上海分行和深圳分行未作备案。 |
| 16 | 票据包买业务 | 银复〔2003〕96号 |
| 17 | 衍生产品交易业务 | 银监复〔2004〕61号 |
| 18 | 证券投资基金托管业务 | 证监基金字〔2004〕101号 |
| 19 | 银行间债券市场做市商业务 | 银发〔2004〕157号 |

续表

| 序号 | 需核准或备案的业务 | 核准或备案文件编号 |
|---|---|---|
| 20 | 开立企业年金财户 | 银复〔2005〕10号 |
| 21 | 民生信用卡 | 银监复〔2005〕72号 |
| 22 | 全国社会保障基金托管业务 | 银监复〔2005〕86号 |
| 23 | 短期融资券承销业务 | 银发〔2005〕133号 |
| 24 | 人民币结构性理财 | 监管二备〔2005〕072号 |
| 25 | 发售保证收益型外汇个人理财计划 | 银监复〔2006〕227号 |
| 26 | 代客境外理财 | 银监复〔2006〕298号 |
| 27 | 企业年金基金账户管理业务 | 0045 |
| 28 | 企业年金基金托管业务 | 0045 |
| 29 | 保险资金托管业务 | 保监资金审托〔2008〕3号 |

综上所述，本所律师认为，公司的经营范围已经有关主管机关批准，符合法律规定。根据《商业银行法》及其他相关法律、法规的要求，对于特定业务，公司在开展经营前，已经履行了相应的核准和备案程序，公司的业务经营合法、有效。公司的控股子公司亦已取得从事其业务所需取得的许可。

## 七、发行人近三年来资本充足率及各项主要监管指标情况

1. 有关发行人近三年来的资本充足率的情况

根据发行人公开披露的财务报告、向中国银监会报送的资本充足率汇总情况及本所律师的核查，发行人近三年的资本充足率情况如下：

| 项目<br>时间 | 2008年<br>12月31日 | 2007年<br>12月31日 | 2006年<br>12月31日 |
|---|---|---|---|
| 核心资本充足率 | 6.60% | 7.40% | 4.40% |
| 资本充足率 | 9.22% | 10.73% | 8.20% |

2. 根据发行人提供的资料及本所律师的核查，近三年来，发行人各项主要财务指标和风险监管指标的具体情况如下：

| 主要指标(%) | | 标准值 | 2008年 | | 2007年 | | 2006年 | |
|---|---|---|---|---|---|---|---|---|
| | | | 期末 | 平均 | 期末 | 平均 | 期末 | 平均 |
| 资本充足率 | | ≥8 | 9.22 | 9.98 | 10.73 | 9.47 | 8.20 | 7.97 |
| 核心资本充足率 | | ≥4 | 6.60 | 7.00 | 7.40 | 5.90 | 4.40 | 4.60 |
| 流动性比例 | 人民币 | ≥25 | 45.50 | 35.69 | 34.94 | 40.62 | 51.42 | 45.55 |
| | 外币 | ≥60 | 119.16 | 142.06 | 97.37 | 83.87 | 66.15 | 70.10 |
| 存贷比 | 人民币 | ≤75 | 75.00 | 74.72 | 74.44 | 72.12 | 69.72 | 69.37 |
| | 外币 | ≤85 | 38.98 | 57.39 | 61.67 | 58.55 | 51.52 | 51.39 |
| 拆借资金比例 | 拆入资金比 | ≤4 | 0.04 | 0.26 | 0.29 | 0.19 | 0.19 | 0.06 |
| | 拆出资金比 | ≤8 | 2.11 | 2.22 | 2.54 | 1.94 | 1.70 | 1.72 |
| 不良贷款比例 | | - | 1.20 | 1.21 | 1.22 | 1.24 | 1.25 | 1.23 |
| 单一最大客户贷款比例 | | ≤10 | 4.49 | 3.41 | 3.75 | 4.95 | 5.88 | 5.45 |

续表

| 主要指标(%) | 标准值 | 2008 年 | | 2007 年 | | 2006 年 | |
|---|---|---|---|---|---|---|---|
| | | 期末 | 平均 | 期末 | 平均 | 期末 | 平均 |
| 最大十家客户贷款比例 | ≤50 | 27.34 | 26.45 | 28.17 | 35.40 | 43.74 | 45.31 |
| 拨备覆盖率 | – | 150.04 | 131.59 | 113.14 | 111.01 | 108.89 | 104.57 |

注:2006 年同期数据根据《企业会计准则》(2006)进行了追溯调整。

根据上述数据显示的信息,本所律师认为,发行人已经满足了法律法规、部门规章规定的资本充足率及其他风险监管指标的要求。发行人的资本充足率情况及风险监管指标的情况,不会对发行人本次发行上市构成法律障碍。

## 八、关联交易及同业竞争

(一)发行人的关联方

根据上交所《上海证券交易所股票上市规则(2008 年修订)》第十章、财政部《关于印发〈企业会计准则——关联方关系及其交易的披露〉的通知》、中国银监会《商业银行与内部人和股东关联交易管理办法》(中国银监会令 2004 年第 3 号)等规定,发行人的关联方主要包括:

1. 发行人的控股股东:发行人持股数量最大的单一股东的持股比例为 5.90%,因此,发行人不存在控股股东。

2. 持有发行人 5% 以上股份的其他企业:持有发行人 5% 以上股份的其他企业共有 2 家:新希望投资有限公司和中国人寿保险股份有限公司。

3. 对发行人具有重大影响的股东:东方集团股份有限公司、中国泛海控股集团有限公司、四川南方希望实业有限公司、中国船东互保协会、上海健特生命科技有限公司、中国中小企业投资有限公司、厦门福信集团有限公司。上述公司均为在发行人董事会中拥有董事席位的股东。

4. 对发行人有重要影响的股东以及发行人董事、监事、高级管理人员或其关联人控制的或能施加重大影响的公司及其控股子公司。

对发行人有重要影响的股东多为控股公司,发行人部分董事和监事亦控制多家公司,因此该类关联方数量众多。根据重要性原则,本法律意见书披露近三年与发行人发生交易的该类关联方,具体如下:

| 序号 | 关联方 | 与发行人关系 |
|---|---|---|
| 1 | 北京星火房地产开发有限责任公司 | 董事控制的公司 |
| 2 | 北京格兰德高物业管理有限公司 | 董事控制的公司 |
| 3 | 北京瑞海物业管理有限公司 | 董事控制的公司 |
| 4 | 北京瑞华物业管理有限公司 | 董事控制的公司 |
| 5 | 北京光彩置业有限公司 | 董事控制的公司 |
| 6 | 泛海建设控股有限公司 | 董事控制的公司 |
| 7 | 东方家园有限公司 | 董事控制的公司 |
| 8 | 通海建设有限公司 | 董事控制的公司 |
| 9 | 山东信发希望铝业有限公司 | 主要股东的关联公司 |
| 10 | 东方希望集团有限公司 | 主要股东的关联公司 |

续表

| 序号 | 关联方 | 与发行人关系 |
| --- | --- | --- |
| 11 | 东方集团财务有限责任公司 | 主要股东的关联公司/董事控制的公司 |
| 12 | 厦门信地实业有限公司 | 主要股东的关联公司/董事控制的公司 |
| 13 | 东方家园家居建材商业有限公司 | 主要股东的关联公司/董事控制的公司 |

5. 发行人全资及控股子公司：截至本法律意见书出具之日，发行人无全资子公司。发行人控股子公司包括：民生金融租赁股份有限公司、民生加银基金管理有限公司、彭州民生村镇银行有限责任公司和慈溪民生村镇银行股份有限公司。

6. 发行人董事、监事、高级管理人员：有关发行人董事、监事、高级管理人员的详细情况见本法律意见书“十六、发行人董事、监事和高级管理人员及其变化。”

（二）发行人与关联方之间的关联交易内容及关联交易制度的安排

1. 发行人与关联方之间的关联交易内容

发行人与关联方的关联交易主要体现为（一）授信；（二）资产转移；（三）提供服务；（四）中国银监会规定的其他关联事项。授信是指商业银行向关联方直接提供资金支持，或者对关联方在有关经济活动中可能产生的赔偿、支付责任做出保证，包括贷款、贷款承诺、承兑、贴现、证券回购、贸易融资、保理、信用证、保函、透支、拆借、担保等表内外业务；资产转移是指商业银行与关联方之间的自用动产与不动产的买卖、信贷资产的买卖以及抵债资产的接收和处置等；提供服务是指向商业银行提供信用评估、资产评估、审计、法律等服务。

近三年来，发行人与关联方之间不存在资产转移的关联交易。发行人与关联方之间的提供服务的关联交易为发行人向中国人寿保险股份有限公司购买人寿保险合约，作为发行人为员工提供的补充养老保险。该保险合约在中国人寿保险股份有限公司构成发行人关联方之前即按一般商业条款达成，发行人按期交付相关保费。发行人关联授信主要为关联方贷款，包括短期贷款、贴现、押汇、中长期项目贷款；发行人无关联方证券回购和担保。自2000年发行人A股股票上市以来，已经按照规定的信息披露制度在公开的财务信息中对关联方的贷款余额进行了披露。

根据发行人《审计报告》，截至2008年12月31日，发行人与关联方的贷款情况如下：

（单位：人民币千元）

| | 2008年12月31日 | | 2007年12月31日 | | 2006年12月31日 | |
| --- | --- | --- | --- | --- | --- | --- |
| | 贷款余额 | 占资本净额比例（%） | 贷款余额 | 占资本净额比例（%） | 贷款余额 | 占资本净额比例（%） |
| 北京格兰德高物业管理有限公司 | 657,000 | 0.93% | 656,910 | 1.07% | 656,910 | 1.89% |
| 北京瑞华物业管理有限公司 | 399,000 | 0.56% | 399,293 | 0.65% | 444,593 | 1.28% |
| 东方家园有限公司 | 70,000 | 0.10% | 218,327 | 0.35% | 250,000 | 0.72% |
| 厦门信地实业有限公司 | 0 | 0.00% | 132,000 | 0.21% | 84,599 | 0.24% |
| 东方希望集团有限公司 | 0 | 0.00% | 100,000 | 0.16% | 100,000 | 0.29% |

续表

| | 2008年12月31日 | | 2007年12月31日 | | 2006年12月31日 | |
|---|---|---|---|---|---|---|
| | 贷款余额 | 占资本净额比例(%) | 贷款余额 | 占资本净额比例(%) | 贷款余额 | 占资本净额比例(%) |
| 东方集团财务有限责任公司 | 254,000 | 0.36% | 96,870 | 0.16% | 100,000 | 0.29% |
| 中国船东互保协会 | 34,000 | 0.05% | 30,000 | 0.05% | 147,000 | 0.42% |
| 中国中小企业投资有限公司 | 0 | 0.00% | 17,000 | 0.03% | 17,000 | 0.05% |
| 北京星火房地产开发有限责任公司 | 0 | 0.00% | 0 | 0.00% | 970,000 | 2.79% |
| 北京瑞海物业管理有限公司 | 0 | 0.00% | 0 | 0.00% | 454,474 | 1.31% |
| 北京光彩置业有限公司 | 0 | 0.00% | 0 | 0.00% | 349,309 | 1.01% |
| 泛海建设控股有限公司 | 0 | 0.00% | 0 | 0.00% | 311,200 | 0.90% |
| 通海建设有限公司 | 0 | 0.00% | 0 | 0.00% | 200,000 | 0.58% |
| 山东信发希望铝业有限公司 | 0 | 0.00% | 0 | 0.00% | 140,000 | 0.40% |
| 厦门福信集团有限公司 | 300,000 | 0.42% | 0 | 0.00% | 0 | 0.00% |
| 东方家园家居建材商业有限公司 | 49,000 | 0.07% | 0 | 0.00% | 0 | 0.00% |
| 东方希望(三门峡)铝业有限公司 | 50,000 | 0.07% | 0 | 0.00% | 0 | 0.00% |
| 资阳嘉好饲料科技有限公司 | 500 | 0.00% | 0 | 0.00% | 0 | 0.00% |
| 彭山新希望饲料有限公司 | 500 | 0.00% | 0 | 0.00% | 0 | 0.00% |
| 关联方个人 | 0 | 0.00% | 2,876 | 0.00% | 1,152 | 0.00% |
| 合计 | 1,814,000 | 2.56% | 1,653,276 | 2.69% | 4,226,237 | 12.18% |

2. 发行人对于关联交易的制度安排

发行人《公司章程》中对关联交易的交易类别进行了界定,并对股东贷款进行了约束,如:“股东应维护本行的利益,本行对股东贷款的条件不得优于其他同类贷款者的条件”。“同一股东在本行的借款余额不得超过本行资本净额的百分之十。股东的关联企业的借款在计算比率时应与该股东在本行的借款合并计算。”“股东在本行借款逾期未还期间内,其表决权应当受到限制。”“凡本行与关联方发生的转移资源或义务的下列事项均属关联交易事项:(一)授信;(二)资产转移;(三)提供服务;(四)中国银行业监督管理委员会规定的其他关联事项。”

根据发行人《公司章程》的规定,一般

关联交易是指:公司与一个关联方之间单笔交易金额占公司资本净额1%以下,且该笔交易发生后公司与该关联方的交易余额占公司资本净额5%以下的交易。一般关联交易由公司按内部授权程序批准,并报关联交易控制委员会备案。一般关联交易也可以按照重大关联交易程序审批。重大关联交易是指:公司与一个关联方之间单笔交易金额占公司资本净额1%以上,或公司与一个关联方发生交易后,与该关联方的交易余额占公司资本净额5%以上的交易。重大关联交易应当由公司关联交易控制委员会审查后,提交董事会批准。特别重大的关联交易是指:公司与一个关联方之间单笔交易金额占公司资本净额5%以上,或公司与一个关联方发生交易后,与该关联方的交易余额占公司资本净额10%以上的交易。特别重大的关联交易应当提交股东大会批准。

按照《公司章程》的规定,重大关联交易应当由公司关联交易控制委员会审查后,提交董事会批准,特别重大的关联交易应当提交股东大会批准。

为严格控制关联交易事项,公司于2004年9月12日召开的2004年第二次临时股东大会上通过了《中国民生银行股份有限公司关于严格控制关联交易的若干规定》,从公司制度层面对关联交易的控制进行了规定。之后,为完善和提高公司对关联交易和风险控制的决策水平,根据中国银监会在公司治理检查中重点提出的意见,公司于2008年4月22日召开的第四届董事会第十七次会议上通过了《中国民生银行股份有限公司关联交易管理办法(草案)》,该管理办法严格依据中国银监会制定的《商业银行与内部人和股东关联交易管理办法》的相关规定,对关联方信息的确认与管理、关联方的报告与承诺、关联交易的审批程序管理以及法律责任处置程序等进行了详细的规定。

3. 发行人对于关联交易的专门工作机构

公司决策层面中对关联交易和风险控制有明确的规定和要求,针对关联交易事项,公司董事会中设立了关联交易控制委员会,该专门委员会由独立董事担任召集人并在人数上占多数。该专门委员会对重大关联交易进行审核研究后,将研究意见提供给董事会进行决策参考,或由独立董事认可后,提交董事会讨论。发行人董事会的关联交易控制委员会自设立以来,为甄别和规范公司与内部人和股东之间的关联交易起到了较好的指导作用,为董事会提高关联交易管理水平起到了较好的决策参考作用。发行人于2008年4月22日召开的第四届董事会第十七次会议上,对《中国民生银行股份有限公司董事会关联交易控制委员会工作细则》进行了修订,对该委员会的人员构成、审批权限等进行了重新界定和规范。

综上所述,本所律师认为,发行人与股东(包括关联股东与其他股东)及其他关联方之间的关联交易关系均为正常的商业关系,能够按照市场交易规则进行,涉及银行向关联股东贷款事项的,双方之间已制定了符合《贷款通则》、《中华人民共和国合同法》、《中华人民共和国担保法》、《中华人民共和国物权法》规定内容的贷款合同及担保合同。发行人未向股东或其他关联方提供过信用贷款或优于其他同类贷款人条件的担保贷款。经过不断完善,发行人目前实施的贷款独立评审体系、董事会专门委员会审核体系及相关制度能够规范和约束关联交易,保护中小股东和投资者的利益。

(三)关于发行人的同业竞争

根据中国的法律法规和部门规章,发行人所经营的商业银行是特许经营行业,该等行业的经营和从事的业务受中国相关政府部门和监管机构的核准和监督。

发行人没有控股股东和实际控制人。发行人股权结构较分散,截至2008年12月31日,发行人第一大股东新希望投资有限公司持股比例为5.90%,前十大股东合计持股比例为41.91%,不存在按股权比例、《公司章程》或协议能够控制发行人董事会半数以上投票权或股东大会半数以上表决权的股东。

占发行人5%以上股份的股东中,没有经营与发行人同样的金融及银行存贷款业务的企业。因此,发行人与占发行人总股本5%以上股份的股东不存在同业竞争。

(四)发行人对有关关联交易和同业竞争事项的披露

根据本所律师对发行人近三年公布的年报、中报和季报及相关财务文件的核查,发行人披露了其与关联方的关联交易,并依法履行了关联交易的决策程序以保证关联交易的公允性。

综上所述,本所律师认为,发行人与关联方之间的关联交易是基于市场公平、公正的原则,在正常的商业条件下进行的,经过不断完善,发行人目前实施的贷款独立评审体系、董事会专门委员会审核体系及相关制度能够规范和约束关联交易,不存在损害公司及其他股东利益的情况。发行人关联交易的决策程序及关联交易的披露均符合现行法律法规的有关规定;发行人与占发行人总股本5%以上股份的股东及其董事、监事、高级管理人员及其亲属以及各自的关联方不存在同业竞争。

## 九、发行人的主要财产

发行人的主要财产由三个方面组成:(一)发行人为经营金融业务而购置、建造的房产;(二)发行人为经营金融业务而购置的技术装置及车辆等设备;(三)发行人所拥有的无形资产。

1. 截至2009年6月30日,发行人共计拥有176项房产,建筑面积合计288,242.03平方米,共计取得386个《房屋所有权证》(或《房地产权证》)。

(1)发行人营业物业的权属状况

发行人共计拥有101项营业物业,建筑面积合计253,442.07平方米,占发行人全部自有物业的87.90%,根据发行人确认,该等自有的营业物业主要包括发行人用于日产经营、办公的物业及车位等相关配套物业。发行人拥有的营业物业情况见本法律意见书附件二:"中国民生银行股份有限公司自有营业物业明细表"。其中:

A. 发行人已取得74项,合计建筑面积为186,437.81平方米房屋的《房屋所有权证》及房屋项下土地的《国有土地使用证》或《房地产权证》,该等物业占发行人自有房屋总建筑面积的64.70%,该等房屋项下土地使用权的取得方式为出让。

B. 发行人已取得了2项,合计建筑面积为9992.01平方米房屋的《房屋所有权证》,但尚未取得该等房屋项下土地的《国有土地使用证》,该等物业占发行人自有房屋总建筑面积的3.50%。该等房产位于西安,房屋设计用途为办公,根据本所律师对西安房地产管理情况的调查及了解,除特例外,当地房地产管理部门一般不办理《国有土地使用证》,业主在获得《房屋所有权证》后,除合法占有、使用、出租、抵押以外,也可以在产权交易中心合法转让。

C. 发行人已取得4项,合计建筑面积为5111.14平方米房屋的《房屋所有权证》及房屋项下土地的《国有土地使用证》,该等物业占发行人自有房屋总建筑面积的1.80%,该等房屋项下土地使用权的取得方式为划拨。

根据《国有土地使用证》记载，该等房屋项下土地的使用权人为发行人，但该等划拨的土地需根据中国相关法律法规规定办理完毕土地性质由划拨转为出让手续后方能自由转让、抵押或以其他方式处置。根据发行人确认，发行人已督促下属分支机构积极办理该等土地性质变更手续。

D. 发行人已取得8项，合计建筑面积为28,575.59平方米房屋的《房屋所有权证》，但尚未取得该等房屋项下土地的《国有土地使用证》，该等物业占发行人自有房屋总建筑面积的9.90%。

E. 发行人实际占用13项，合计建筑面积为23,325.52平方米的房屋尚未取得《房屋所有权证》和《国有土地使用证》，该等物业占发行人自有房屋总建筑面积的8.10%。其有3项，合计建筑面积为3301.54平方米的房屋，系因土地性质变更、整体国有土地使用证分割、尚未完成竣工验收等原因，尚未办理《房屋所有权证》及《国有土地使用证》。

综上，经本所律师核查后认为：

A. 对于上述第1项所述的物业，发行人合法拥有该等房屋的所有权及所占用土地的使用权，发行人能够合法占有、使用、出租该等物业并可自由转让、抵押、处置该等物业。

B. 对于上述第2项所述的物业，根据本所律师了解当地物业权属证书发放情况后认为，对于发行人获得《房屋所有权证》的营业物业，除能够合法占有、使用、出租、抵押以外，亦可以合法转让。

C. 对于上述第3项所述的物业，发行人能够合法地占有、使用、出租房屋，待发行人办理完毕土地性质由划拨转为出让的手续后，发行人可以合法拥有该等房屋的所有权和所占用土地的使用权，并可自由转让、抵押、处置该等房地产。根据发行人确认并经本所律师核查，发行人以出让方式取得上述房屋项下的《国有土地使用证》不存在实质性法律障碍。

D. 对于上述第4项所述的物业，发行人能够合法的占有、使用、出租该等房产，待发行人取得《国有土地使用证》后即可自由转让、抵押、处置该等房地产，发行人取得上述房屋项下的《国有土地使用证》不存在实质性法律障碍。

E. 对于上述第5项所述的物业，在发行人获得相关物业的《房屋所有权证》和《国有土地使用证》后，发行人始能合法、有效地拥有该等房屋的所有权及项下土地的使用权。

F. 对于上述第3项至第5项中所述物业，根据发行人确认，如因该等物业的房屋所有权或土地使用权的瑕疵导致发行人无法继续使用而必须搬迁时，发行人可以在相关区域内找到替代性的合法经营场所继续办公营业，该等搬迁不会对发行人的整体经营和财务状况产生重大不利影响，亦不会对本次发行上市造成实质性影响。

(2)发行人住宅物业的权证状况

发行人共计拥有75项为住宅物业，建筑面积合计34,799.96平方米，占发行人全部自有物业的12.10%，根据发行人确认，该等物业的主要用途为用于员工周转居住及配套车位。发行人拥有的住宅及其他用途物业情况见本法律意见书附件三："中国民生银行股份有限公司自有住宅物业明细表"。其中：

A. 发行人已取得35项，合计建筑面积为12,367.43平方米房屋的《房屋所有权证》及房屋项下土地的《国有土地使用证》或《房地产权证》，该等物业占发行人自有房屋总建筑面积的4.30%，该等房屋项下土地使用权的取得方式为出让。

B. 发行人已取得了31项，合计建筑面积为11,669.34平方米房屋的《房屋所有权证》，但尚未取得该等房屋项下土地的《国有土地使用证》,该等物业占发行人自有房屋总建筑面积的4.00%。该等房产系发行人为员工周转居住而购买,主要位于北京、大连、西安、昆明、长沙和郑州,根据本所律师对上述城市房地产管理情况的了解,虽该等城市目前仍单独颁发《房屋所有权证》及《国有土地使用证》,但对于住宅用房,业主一般仅能办理《房屋所有权证》。

C. 发行人已取得3项,合计建筑面积为1680.33平方米房屋的《房屋所有权证》及房屋项下土地的《国有土地使用证》,该等物业占发行人自有房屋总建筑面积的0.58%,该等房屋项下土地使用权的取得方式为划拨。

根据《国有土地使用证》记载,该等房屋项下土地的使用权人为发行人,但该等划拨的土地需根据中国相关法律法规规定办理完毕土地性质由划拨转为出让手续后方能自由转让、抵押或以其他方式处置。根据发行人确认,发行人已督促下属分支机构积极办理该等土地性质变更手续。

D. 发行人已取得1项,合计建筑面积为685.36平方米房屋的《房屋所有权证》,但尚未取得该等房屋项下土地的《国有土地使用证》,该等物业占发行人自有房屋总建筑面积的0.24%。

E. 发行人实际占用5项,合计建筑面积为8397.5平方米的房屋尚未取得《房屋所有权证》和《国有土地使用证》,该等物业占发行人自有房屋总建筑面积的2.90%。其中1项,建筑面积为1584.5平方米的房屋,发行人已缴纳完毕契税。

综上,经本所律师核查后认为:

A. 对于上述第1项所述的物业,发行人合法拥有该等房屋的所有权及所占用土地的使用权,发行人能够合法地占有、使用、出租该等物业并可自由转让、抵押、处置该等物业。

B. 对于上述第2项所述的物业,根据本所律师了解当地物业权属证书发放情况后认为,对于发行人获得《房屋所有权证》的住宅物业,除能够合法占有、使用、出租、抵押以外,亦可以合法转让,因此,该等物业作为员工周转居住的房产而言,属于权证完备的物业。

C. 对于上述第3项所述的物业,发行人能够合法地占有、使用、出租房屋,待发行人办理完毕土地性质由划拨转为出让的手续后,发行人可以合法拥有该等房屋的所有权和所占用土地的使用权,并可自由转让、抵押、处置该等房地产。根据发行人确认并经本所律师核查,发行人以出让方式取得上述房屋项下的《国有土地使用证》不存在实质性法律障碍。

D. 对于上述第4项所述的物业,发行人能够合法地占有、使用、出租该等房产,待发行人取得国有土地使用权证书后即可自由转让、抵押、处置该等房地产,发行人取得上述房屋项下的《国有土地使用证》不存在实质性法律障碍。

E. 对于上述第5项所述的物业,发行人办理完毕《房屋所有权证》和《国有土地使用证》后,始能合法、有效地拥有该等房屋的所有权及项下土地的使用权。

F. 根据发行人确认,由于发行人拥有的住宅物业及其他用途物业占发行人自有物业的比例较小,且主要用于员工周转居住,该等物业的瑕疵状况不会对发行人的经营产生重大不利影响,亦不会对本次发行上市造成实质性影响。

2. 除自有物业以外,截至2009年6月30日,发行人向第三方承租1070项房产,建筑面积合计634,852.07平方米,其中:

(1)发行人承租的579处、合计建筑面积为468,428.27平方米的房产,出租方拥有该等房产的权属证书(包括《房屋所有权证》、《国有土地使用证》及《房地产权证》）或其他可以证明出租方有权出租该等房产的合法证明文件。该等合法证明文件包括：出租方所在地有权房地产管理部门出具了证明该等物业系出租方所有或有权出租该等物业的权属证明文件；出租方已就房屋租赁合同在房屋管理部门办理了租赁登记备案手续；出租方系有权出租军队所有的房地产的单位或部门并已取得《军队房地产租赁许可证》。

（2）发行人承租的10处、合计建筑面积为49,937.42平方米的房产，该等物业的出租方系房屋开发商，并且已取得了房屋建设过程中需取得的《国有土地使用证》、《建设用地规划许可证》、《建设工程规划许可证》、《建筑工程施工许可证》、《商品房销售许可证》和竣工验收文件，但尚未办理《房屋所有权证》。

（3）发行人承租的481处、合计建筑面积为116,486.38平方米的房产，出租方未办理该等房产的《房屋所有权证》和《国有土地使用证》或《房地产权证》，或未能提供其他可以证明出租方有权出租该等房产的合法证明文件。

（4）发行人承租的上述房产中，有44处、合计26,354.49平方米的房屋已办理租赁备案手续，其余1026处合计建筑面积608,497.58平方米的房屋未办理租赁备案手续。

（5）根据发行人确认，如因租赁物业的权属瑕疵原因或未办理租赁合同备案手续导致无法继续租赁关系，需要相关分支机构搬迁时，相关分支机构可以在相关区域内找到替代性的能够合法租赁的经营场所，该等搬迁不会对发行人的经营和财务状况产生重大不利影响，亦不会对本次发行上市造成实质影响。

综上，经本所律师核查后认为：

（1）对于上述第1项所述的租赁物业，该等房屋的租赁合法、有效。发行人有权依据房屋租赁合同的约定使用该等房屋，并可得到中国法律的保护。

（2）对于上述第2项所述的租赁物业，按照中国相关法律法规规定，该等物业的开发商办理《房屋所有权证》不存在实质性的法律障碍。经核查发行人与开发商签署的租赁合同，开发商在租赁合同中保证其有权出租该等房产。据此，本所律师认为，发行人签署的租赁合同内容合法有效并可执行。

（3）对于上述第3项所述的租赁物业，根据《城市房屋租赁管理办法》的相关规定，未依法取得《房屋所有权证》的房屋不得出租。出租方将未取得《房屋所有权证》的房屋进行出租违反《城市房屋租赁管理办法》的相关规定，出租方可能会受到房屋所在地的房地产管理部门的罚款。但出租方出租未取得《房屋所有权证》的房屋并不会导致合同无效，因此，发行人承租出租方未取得《房屋所有权证》的房屋的情形不会影响相关房屋租赁合同的合法有效性和可执行性。中国法律法规未有在上述情形下发行人会被有关政府部门或出租方要求搬迁的强制性规定，发行人不存在被迫迁出承租物业的可能性，在房屋租赁合同有效期内，发行人可依据租赁合同之约定使用租赁物业。

（4）对于发行人租赁使用的尚未办理租赁登记备案手续的房屋。根据最高人民法院《关于适用〈中华人民共和国合同法〉若干问题的解释》（一），未办理租赁登记手续不影响租赁合同的有效性，故发行人所租赁使用的该等房屋未办理该等手续的情形不会对公司租赁使用该等房屋构成实质性影响，相关租赁不会对发行人经营构成重大不利影响。但是，根据《城市房屋租赁管理办法》，房地产管理部门有权责令当事人补办租赁登记手续并处以罚款。

因此,发行人存在被房地产管理部门罚款的潜在风险。同时,中国部分地方性法规规定未办理租赁登记手续不能对抗第三人,因此,在该等行政区域内,发行人存在被第三人依据已经备案的租赁合同要求终止租赁关系并停止使用涉诉租赁物业的风险。

3. 截至2009年6月30日,发行人拥有的注册商标使用权15项、注册商标申请权114项;发行人拥有的专利权2项、专利申请权18项。发行人已登记的著作权2项、正在申请登记的著作权3项;发行人拥有已获注册的域名177项。

经本所律师核查后认为,发行人依法拥有上述知识产权。发行人拥有及正在申请的知识产权情况见本法律意见书附件四:"中国民生银行股份有限公司拥有和正在申请的知识产权及域名一览表"。

4. 发行人购置的技术设备和运输设备。发行人购置的技术设备主要为用于零售业务、信用卡业务等所需的设备,该等设备有发行人与供货商所签订的合同与购置发票等凭证证明发行人对其权利的完整性。发行人购置的运输设备主要为车辆,有购置发票与车辆行驶证证明发行人对其权利的完整性。

根据本所律师的核查,公司的资产均系公司通过合法的方式获得,且不存在抵押、质押和其他第三方权利的设定,没有产权纠纷或潜在的纠纷。公司对所购置并已取得《房屋所有权证》、《国有土地使用证》或《房地产权证》的房屋拥有完整的财产权,在有关权证列明的有效期限内,公司可以依法自由占有、使用、处置和享有收益权,并不存在重大风险及法律障碍与限制。公司自有物业的房屋所有权证与国有土地使用证等权属证明办理的瑕疵并不会给公司的经营业务造成重大不利影响。

根据发行人本次发行上市的需要,本所律师将对发行人物业情况出具专项法律意见并呈交香港联交所,该专项法律意见书将一并呈交中国证监会备案。

## 十、发行人的重大债权债务

(一)发行人发行的次级债券

2004年11月,经中国人民银行银复〔2004〕59号文和中国银监会银监复〔2004〕159号文的批准,公司在全国银行间债券市场以私募方式发行了58亿元人民币的次级债券。根据本所律师的核查,发行人本次次级债券的发行合法有效。截至本法律意见书出具之日,发行人本次发行的58亿元人民币的次级债券处在正常的运营状态中,并能够按时足额支付债券利息。

2005年12月,经中国人民银行银复〔2005〕112号文和中国银监会银监复〔2005〕309号文的批准,公司在全国银行间债券市场以私募方式发行了14亿元人民币的次级债券。根据本所律师的核查,发行人本次次级债券的发行合法有效。截至本法律意见书出具之日,发行人本次发行的14亿元人民币的次级债券处在正常的运营状态中,并能够按时足额支付债券利息。

(二)发行人发行的混合资本债券

2005年12月,经中国人民银行银市场许准予字〔2006〕27号《准予行政许可决定书》和中国银监会银监复〔2006〕80号文的批准,公司在全国银行间债券市场公开发行了总额为43亿元人民币的混合资本债券,该次发行的混合资本债券期限为15年,在该期债券发行满10年之日起至到期日期间,经中国银监会批准,发行人有权按面值一次性赎回全部或部分本期债券。该期债券分成固定利率和浮动利率两个品种,其中固定利率发行33亿元,初始发行利率为5.05%,如发行人不行使赎回权,则后5年债券利率在前10年初始利率的基础上增加300BP。浮动利率债券发行10亿元,浮动利率债券的票面年利率为基准利率与基本利差之和,基准利率为中国人民银行公布的一年期整存整取定期储蓄存款利率,初始基本利差为2%,如果发行人不行使提前赎回权,则从第11个计息年度开始,每个计息年度基本利差为在初始基本利差基础上提高100BP。截至2006年12月28日,43亿元混合资本债券资金已全额划入公司账户,本次债券发行募集完毕。根据有关规定,43亿元募集资金全部计入公司附属资本。根据本所律师核查,发行人本次混合资本债券的发行合法有效。截至本法律意见书出具之日,发行人本次发行的43亿元人民币的混合资本债券处在正常的运营状态中,并能够按时足额支付债券利息。

2009年3月,经中国人民银行银市场许准予字〔2009〕8号《准予行政许可决定书》和中国银监会银监复〔2009〕16号文的批准,公司在全国银行间债券市场公开发行了总额为50亿元人民币的混合资本债券,该次发行的混合资本债券期限为15年,在该期债券发行满10年之日起至到期日期间,经中国银监会批准,发行人有权按面值一次性赎回全部或部分本期债券。该期债券分成固定利率和浮动利率两个品种,其中固定利率发行33.25亿元,初始发行利率为5.70%,如发行人不行使赎回权,则后5年债券利率为8.70%。浮动利率债券发行16.75亿元,浮动利率债券的票面年利率为基准利率与基本利差之和,基准利率为中国人民银行公布的一年期整存整取定期储蓄存款利率,初始基本利差为3%,如果发行人不行使提前赎回权,则从第11个计息年度开始,每个计息年度基本利差为在初始基本利差基础上提高300BP。截至2009年3月26日,50亿元混合资本债券资金已全额划入公司账户,本次债券发行募集完毕。根据有关规定,50亿元募集资金全部计入公司附属资本。根据本所律师核查,发行人本次混合资本债券的发行合法有效。截至本法律意见书出具之日,发行人本次发行的50亿元人民币的混合资本债券处在正常的运营状态中。

(三)发行人发行的金融债券

2006年5月,经中国人民银行银市场准予字〔2006〕3号《准予行政许可决定书》和中国银监会银监复〔2006〕18号文的批准,公司在全国银行间债券市场发行300亿元人民币的金融债券。截至2008年6月30日,公司分两次在全国银行间债券市场发行共计220亿元人民币的金融债券。根据本所律师核查,发行人本次金融债券的发行合法有效。截至本法律意见书出具之日,发行人发行的220亿元人民币的金融债券处在正常的运营状态中,并能够按时足额支付债券利息。

(四)发行人的重大合同

根据发行人提供的资料,本所律师对发行人日常金融业务以外的资产购置及其他有关重大合同进行了核查,主要有:

1. 对外投资合同

详细情况见本法律意见书"十一、发行人的重大资产变化及收购兼并。

2. 重大资产购置合同

(1)《房地产转让合同》及改扩建工程项目合同

该合同系发行人与上海中商穗华置业有限公司签订。该合同的内容是:发行人向中商穗华置业有限公司购置位于上海陆家嘴的中商大厦,共计建筑面积68,015.26平方米,每平米价格为18,760元人民币,总价为12.75966亿元。该合同还对房屋的交接,分期付款的结算等事项、房地产权证的过户等事宜进行了约定。该重大购置事项经2004年1月8日召开的临时股东大会决议通过。该合同正在履行之中。出售房屋的中商穗华置业有限公司拥有完备的房地产权证,按合同约定的条件,该房屋的房地产权证过户等事项已经完成。改扩建工程项目主体结构全部完成,即将全面开展精装修施工。

(2)《国有土地使用权转让协议书》

该合同系发行人与北京顺奥投资中心签订。该合同的内容是:发行人受让北京顺奥投资中心位于顺义区马坡镇赛马场南、顺安路东、龙苑路北地块的土地使用权,其使用年限为50年,自2006年11月15日至2056年11月14日。该受让地块的总面积为170,249.6平方米,受让地块的转让金为8938.104万元。该合同还对分期付款的结算等事项、土地使用权交割手续等事宜进行了约定。

(3)《商品房买卖合同》

2007年12月14日,发行人与郑州歌亿房地产开发有限公司分别签署九份《商品房买卖合同》,约定发行人购买位于郑州郑东新区CBD商务外环路1号的九间房屋,建筑面积共计10,634.23平方米,合计人民币133,104,626元。发行人已取得了该九间房屋的《房屋所有权证》。

经核查,本所律师认为,发行人的上述合同/协议的内容和形式符合中国有关法律、法规的规定,合法有效。发行人可以依法享有并承担上述重大合同项下的权利和义务,上述合同的履行不存在重大法律障碍或其他潜在风险。

(五)合同主体的变更及合同的履行

根据本所律师的核查和发行人向本所律师作出的情况说明,发行人是上述合同的主体,不存在需要变更合同主体的情形,上述合同的履行不存在法律障碍。

(六)发行人的侵权之债

根据本所律师的核查和发行人向本所律师作出的情况说明,截至本法律意见书出具之日,发行人不存在因环境保护、知识产权、产品质量、劳动安全、人身权等原因产生的侵权之债。

(七)发行人金额较大的其他应收款、应付款的合法性

根据《审计报告》及本所律师的核查,发行人金额较大的其他应收、应付款均与银行业务有关,受中国法律的保护和约束。

## 十一、发行人的重大资产变化及收购兼并

(一)发行人近三年的重大对外投资情况

1. 发行人投资组建民生金融租赁股份有限公司

2007年8月2日,公司与天津保税区投资有限公司签署《出资协议》,约定公司联合天津保税区投资有限公司共同发起设立民生金融租赁股份有限公司,其中,公司出资金额为人民币26亿元,占民生金融租赁股份有限公司注册资本的81.25%,天津保税区投资有限公司出资金额为人民币6亿元,占民生金融租赁股份有限公司注册资本的18.75%。

2007年9月30日,公司获得由中国银监会签发的银监复〔2007〕445号《中国银监会关于批准筹建民生金融租赁股份有限公司的批复》,批准公司和天津保税区投资有限公司共同出资设立民生金融租赁股份有限公司。

2008年3月26日,公司获得由中国银监会签发的银监复〔2008〕112号《中国银监会关于民生金融租赁股份有限公司开业的批复》,批准民生金融租赁股份有限公司开业。民生金融租赁股份有限公司于2008年4月2日取得《金融许可证》和《企业法人营业执照》,2008年4月18日正式运营。

2. 发行人投资组建民生加银基金管理有限公司

根据公司与加拿大皇家银行、三峡财务有限责任公司签署的《合资经营合同》,公司联合加拿大皇家银行、三峡财务有限责任公司共同发起设立民生加银基金管理有限公司,其中,公司出资金额为人民币12,000万元,占民生加银基金管理有限公司注册资本的60%,加拿大皇家银行出资金额折合人民币6000万元,占民生加银基金管理有限公司注册资本的30%,三峡财务有限责任公司出资金额为人民币2000万元,占民生加银基金管理有限公司注册资本的10%。

2007年12月27日,公司获得由中国银监会签发的银监复〔2007〕615号《中国银监会关于中国民生银行发起设立民生加银基金管理有限公司的批复》。2008年10月15日,公司获得由中国证监会签发的证监许可〔2008〕1187号《关于核准设立民生加银基金管理有限公司的批复》,核准设立民生加银基金管理有限公司。民生加银基金管理有限公司于2008年11月3日取得《企业法人营业执照》,于2008年11月6日取得《基金管理资格证书》,民生加银基金管理有限公司于2008年11月18日正式开业。

3. 发行人向中国银联股份有限公司增资

公司原持有中国银联股份有限公司(以下简称中国银联)5000万股,2007年1月15日,公司参与中国银联的增资扩股,增持中国银联的股份,增持后,公司持有中国银联的股份达8000万股,持股比例为2.77%。该项投资已由中国银监会于2008年5月审核批准(银监复〔2008〕202号)。

4. 发行人投资联合银行控股公司(美国)

2007年10月7日,公司与联合银行控股公司(美国)(以下简称联合控股)签订《投资协议》,约定公司通过新股配售的形式收购联合控股具有投票权的普通股股份,占联合控股发行后股本的4.9%,价格相当于签署投资协议前90个交易日联合控股在纳斯达克股市的平均收盘价(第一步平均价)。2008年12月31日之前,公司通过联合控股发行新股或其指定的某些售股股东出售老股的方式增持,占联合控股发行后股本的9.9%。新股收购价(如发行)为联合控股第二步交割日期前5个营业日前的90个交易日的平均收盘价(第二步平均价),另加5%的溢价(如果第一步平均价和第二步平均价之间百分比变化,如同期美国 Keefe, Bruyette&Woods 地区银行业指数〔KRX〕指数的百分比变化的算数差高于20%,则溢价应减至0%)。第一步和第二步的投资额将不超过25亿元人民币,不超过公司2007年6月30日净资产的5.38%,以现金形式支付。

2008年1月18日,公司收到中国银监会备案回复通知书(监管二备〔2008〕004号),同意公司参股联合银行控股公司,持股比例为4.9%。

根据国家外汇管理局北京外汇管理部《关于收购联合银行控股公司境外投资外汇资金来源审查的批复》(汇审〔2008〕015号),公司已经在国家外汇管理局北京外汇管理部完成汇出核准手续,购汇金额为95,731,903.80美元。2008年3月5日,公司投资9573万美元(折合人民币68,219万元),占联合控股发行后总股本的4.9%,完成第一步投资。

2008年12月18日,根据《国家外汇管理局资本项目外汇业务核准件》((京)汇资核字F110000200802549号),公司购汇29,899,115.10美元。2008年12月23日,公司投资上述美元(折合人民币2.05

亿元)购买联合控股股份,完成第二步投资,增持后公司合计持有的联合控股股份占其发行后总股本的约9.9%。截至2008年12月31日,该项投资的账面价值为人民币5.43亿元。

5. 发行人拟投资成立中国民生银行信用卡有限公司

2008年1月28日,公司第四届董事会第十五次会议以通讯表决的方式表决通过了《关于成立中国民生银行信用卡有限公司的议案》,同意投资成立全资信用卡公司,注册资金16亿元人民币,注册地在北京。目前,公司投资成立信用卡公司事项正在监管部门审核过程中。

6. 发行人发起设立彭州民生村镇银行有限责任公司

2008年2月29日,公司第四届董事会第十六次会议审议通过了《关于公司发起设立彭州市村镇银行的决议》,同意公司发起设立彭州市村镇银行,出资额不超过0.20亿元人民币,持有股份占所发起村镇银行总股本的20%以上。

2008年7月17日,根据中国银监会四川监管局签发的川银监复〔2008〕248号《关于同意筹建彭州民生村镇银行有限责任公司的批复》,同意彭州民生村镇银行有限责任公司筹建。2008年9月3日,根据中国银监会四川监管局签发的川银监复〔2008〕352号《关于同意彭州民生村镇银行有限责任公司开业的批复》,同意彭州民生村镇银行有限责任公司开业。彭州民生村镇银行有限责任公司于2008年9月4日取得《金融许可证》,2008年9月5日取得《企业法人营业执照》。彭州民生村镇银行有限责任公司于2008年9月12日正式开业,注册资本0.55亿元,公司持股比例为36.36%。

7. 公司发起设立慈溪民生村镇银行股份有限公司

2008年8月22日,公司第四届董事会第二十次会议审议通过了《关于公司发起设立慈溪民生村镇银行股份有限公司的决议》,同意公司发起设立慈溪民生村镇银行股份有限公司。

2008年12月5日,根据中国银监会宁波监管局签发的甬银监复〔2008〕422号《关于同意慈溪民生村镇银行股份有限公司筹建的批复》,同意筹建慈溪民生村镇银行股份有限公司。2008年12月26日,根据中国银监会宁波监管局签发的甬银监复〔2008〕439号《关于同意慈溪民生村镇银行股份有限公司开业的批复》,同意慈溪民生村镇银行股份有限公司开业。慈溪民生村镇银行股份有限公司于2008年12月26日取得《金融许可证》,2008年12月29日取得《企业法人营业执照》,慈溪民生村镇银行股份有限公司于2008年12月30日正式开业,注册资本1亿元,公司持股比例为35%。

综上,本所律师认为,发行人近三年的重大对外投资事项符合当时法律、法规和规范性文件的规定,已经履行了必要的法律手续,该等重大对外投资行为合法、有效。发行人控股子公司合法成立,并有效存续。

(二)发行人近三年的重大资产处置情况

1. 公司对持有的海通证券股权的处置情况

公司于2004年和2005年通过司法裁定分别受让借款方抵债的海通证券股份有限公司(以下简称海通证券)股权3.87亿股和1.62亿股,合计5.49亿股,初始入账价值分别为38,734万元和16,150万元,合计54,884万元,会计核算科目为“可供出售投资”。截至2007年6月30日,上述海通证券股权已全部过户至公司名下。根据海通证券借壳上市方案,都市股份(股票代码:600837)换股吸收合并海通证券,换股比例为每股海通证券股份换0.347股都市股份,公司持有换股后海通证券股权1.90亿股,海通证券2008年上半年每10股送3股转增7股,除权后公司持股3.8亿股,股权性质为限售流通股。根据《企业会计准则实施问题专家工作组意见》规定,上市公司股权的公允价值以市价计算,公司持有的海通证券股权以2008年12月31日收盘价每股8.11元计算,期末公允价值为30.89亿元,2007年底公司持有海通证券公允价值为104.6亿元。

根据《商业银行法》第四十二条第二款"商业银行因行使抵押权、质权而取得的不动产或者股权,应当自取得之日起二年内予以处分"的规定,公司持有的海通证券部分股权(1.34亿股)已经超过两年,因股权分置改革中禁售承诺事项,该等逾期持有的股权尚不能通过上市交易的方式进行处置,但为遵守《商业银行法》的规定,2007年12月25日,公司第四届董事会第五次临时会议以通讯表决的方式通过了《关于启动处置公司所持部分海通证券股权的决议》。在该决议中,公司决定以法律法规和中国证监会允许的其他方式尽快处置该等股权。

2008年2月29日,公司第四届董事会第十六次会议表决通过了《关于公司所持海通证券部分股权处置方案(草案)的决议》。在该决议中,公司决定以公开竞价、整体拍卖的方式处置该等股权。2008年3月24日,公司2007年度股东大会通过了该处置方案。此后,公司委托北京雍和嘉诚拍卖有限公司对其持有的"海通证券134,407,099股限售流通A股股票(限售期至2008年12月29日止)"进行整体拍卖。2008年5月23日,因在拍卖公告规定的时间内(2008年5月21日),无竞买人办理竞买登记注册手续,根据相关法律法规的规定,第一次拍卖中止。根据股东大会授权以及公司第四届董事会第六次临时会议决议,公司继续委托北京雍和嘉诚拍卖有限公司对其持有的海通证券股权于2008年6月30日进行再次拍卖,但因联合竞买体中的部分竞买人在规定时间内未能将竞买保证金划入指定账户,不符合《中华人民共和国拍卖法》的相关规定,导致流拍。公司已将该等事项按照有关法律法规的规定在指定媒体上进行了公告。

2008年11月20日,公司2008年第二次临时股东大会审议通过《关于公司所持海通证券股权处置方案的决议》,授权董事会处理海通证券股权的具体处置事项,董事会在取得股东大会授权批准后,授权经营层采用监管部门允许的市场交易方式具体实施。2008年12月29日,公司持有的海通证券股权全部解禁。根据公司于2009年6月25日公布的《关于完成海通证券处置工作的公告》,截至2009年6月22日,公司累计卖出海通证券380,914,014股,平均处置价格约为14.33元,已完成所持有的海通证券处置工作。

2. 公司持有的洪城股份股权

公司于2006年通过司法裁定受让借款方沙市洪城置业有限责任公司抵债的湖北洪城通用机械股份有限公司股权(股票代码:600566,以下简称洪城股份)13,559,844股,初始入账价值为3082万元,会计核算科目为"可供出售投资"。2006年,洪城股份进行了股权分置改革,改革后公司持有洪城股份10,208,403股。截至2008年12月31日,公司尚持有洪城股份77.01万股,持股比例为0.72%。公司持有的洪城股份股权以2008年12月31日收盘价每股4.44元计算,期末公允价值为0.03亿元,2007年底公司持有洪城股份公允价值为0.46亿元。

综上,本所律师认为,公司近三年对重

大资产的处置符合当时法律、法规和规范性文件的规定,已经履行了必要的法律手续,该等重大资产处置行为合法、有效。

(三)发行人拟进行的重大资产变化及收购兼并

根据发行人向本所律师所作的情况说明及本所律师的核查,截至本法律意见书出具之日,发行人没有作出有关资产置换、资产出售或其他收购兼并等事项的安排或计划。

## 十二、发行人公司章程的制定与修改

(一)发行人章程的制定情况

经核查,公司设立时制定的《中国民生银行股份有限公司章程》经创立大会决议通过,并获得中国人民银行银复〔1996〕14 号文的核准。

(二)发行人章程的修订情况

1. 1999 年6 月,发行人股东大会通过了修订章程的决议。该章程于 1999 年 10 月 15 日获得中国人民银行银复〔1999〕233 号文的批准并生效。

2. 1999 年10 月,为适应公司 A 股股票发行的需求,发行人按照中国证监会颁布的《上市公司章程指引》的规定,对公司章程进行了修订,形成了 A 股上市后适用的《公司章程》(草案)。该章程草案获得股东大会的通过,并经中国人民银行银复〔2001〕73 号文和中国证监会的审核批准。

3. 2003 年1 月,发行人根据中国证监会和中国银监会的法人治理要求,对《公司章程》进行了修订。修订后的章程草案在发行人 2003 年 2 月召开的年度股东大会上获得通过。在该次年度股东大会上,合计持有公司 5% 以上的股东以临时提案的方式,要求对章程草案中的个别条款进行修正和补充。该临时议案经股东大会审议后被采纳,股东提议修改和补充的个别条款,在 2003 年 6 月 16 日召开的 2003 年第一次临时股东大会上获得通过。

4. 2003 年 12 月,为适应公司发行境外上市外资股的需求,发行人按照国务院颁布的《到境外上市公司章程必备条款》、香港联交所颁布的《香港联合交易所有限公司证券上市规则》,以及中国银监会、中国证监会的治理指引等文件对 H 股上市公司章程的规定,对《公司章程》进行了修订,形成了符合发行 H 股并在香港联交所上市的《公司章程》(草案)。2004 年 1 月 8 日,公司股东大会通过了该章程草案,2004 年 2 月 25 日、2004 年 8 月 8 日公司董事会根据联交所新修订的上市规则以及中国银监会的审核反馈意见,对章程中的个别条款进行了调整,2004 年 11 月 3 日,公司修订的章程获得了中国银监会银监复〔2004〕175 号文的核准。

5. 2006 年7 月16 日,公司2006 年第二次临时股东大会根据中国证监会颁布的《上市公司章程指引》的规定和上交所的要求,对公司当时适用的章程进行了修订。2007 年 1 月 26 日,公司修订的章程获得了中国银监会银监复〔2007〕27 号文的核准。

6. 此后,因公司增加注册资本、调整管理需求等原因而导致的公司章程个别条款的修订,亦获得了中国银监会的核准及许可。

7. 2009 年 6 月 22 日,为适应公司本次发行上市的需要,公司制定了 H 股发行上市后适用的章程草案,该章程草案已经公司2009 年第二次临时股东大会审议通过,并获得中国银监会银监复〔2009〕231 号文的核准。

经核查,本所律师认为,发行人现行有效的《公司章程》及公司章程的修订内容符合法律、法规和规范性文件的规定,已经过发行人股东大会审议通过,发行人将公司章程修订内容报主管部门批准及向国家工商总局办理章程的变更登记程序合法。发行人H股发行上市后适用的章程草案已获得中国银监会的核准，核准后的《公司章程》(H股)将于公司H股发行并上市之日起生效，在H股发行并上市前，公司现行章程继续有效。

**十三、发行人股东大会、董事会、监事会议事规则及规范运作**

(一)发行人具有健全的组织机构

根据本所律师的核查，发行人设有股东大会、董事会、监事会、行长等健全的组织机构。各组织机构的人员及职责明确，前述组织机构均具有规范的运行制度。符合《公司法》、《上市公司治理准则》、《股份制商业银行公司治理指引》等法律法规的有关规定。

(二)发行人股东大会、董事会、监事会的议事规则

1. 经核查，发行人股东大会、董事会、监事会议事规则分别规定在《公司章程》第四章、第五章和第七章中。

2. 经核查，发行人根据《公司法》、《商业银行法》、《股份制商业银行公司治理指引》等规定，专门制定了股东大会议事规则、董事会议事规则和监事会议事规则。

3. 经核查，发行人的董事会设立了战略发展与投资管理委员会、风险管理委员会、审计委员会、关联交易控制委员会、提名委员会和薪酬与考核委员会，为发行人董事会提供专业的、审慎的、科学的决策依据。

4. 经核查，发行人的监事会设立了监督委员会和提名与薪酬委员会。

5. 经核查，根据相关法律法规的要求，发行人设立了独立董事制度和外部监事制度。截至本法律意见书出具之日，发行人有17名董事，其中5名为独立董事，就独立董事在全体董事中的占比而言，未达到全体董事三分之一的要求，有关该等事项的专项核查和法律意见，请见本法律意见书“二十二、律师认为需要说明的其他问题”。此外，根据金融监管机构的要求和指引，发行人在监事会中设有两名外部监事。

经核查，本所律师认为，发行人具有健全的股东大会、董事会、监事会议事规则，该等议事规则符合相关法律、法规和规范性文件的规定。

(三)发行人2006年1月1日至2008年12月31日历次股东大会、董事会、监事会会议的召开、决议内容及签署

根据本所律师对发行人2006年1月1日至2008年12月31日历次股东大会、董事会、监事会会议文件及相关事实所作的核查，发行人历次股东大会、董事会、监事会会议的召开、决议内容及签署均符合《公司法》、发行人《公司章程》等有关法律、法规和规范性文件的规定，合法、合规、真实、有效。

综上所述，本所律师认为，发行人股东大会、董事会、监事会议事规则的内容及发行人历次股东大会、董事会、监事会会议的召开、表决、决议内容均符合发行人《公司章程》及现行法律法规的有关规定。

**十四、发行人董事、监事和高级管理人员及其变化**

(一)公司董事的选举和董事会的组成程序

按照《公司章程》的规定，公司董事产生的程序是：由上届董事会在广泛征求股东意见的基础上，以书面提案的方式向股东大会提出，公司董事会、监事会和单独或合并持有公司有表决权的股份总数3%以上的股东提名产生股东董事候选人，公司董事会、监事会和单独或合并持有公司有表决权的股份总数1%以上的股东提名产

生独立董事候选人。董事会设有提名委员会,具体负责征求股东意见和收集提名提案、审查被提名人的资格后报董事会审议,由董事会以提案方式提交股东大会进行表决,通过后当选。

公司董事会由当选的董事组成,公司董事会组成后由全体董事过半数选举产生董事长和副董事长。董事长和副董事长的罢免也由全体董事过半数表决通过。

(二)公司监事的选举和监事会的组成程序

按照《公司章程》的规定,公司监事产生的程序是:股东监事由监事会、单独或合并持有公司有表决权的股份总数3%以上的股东提名产生候选人、外部监事由监事会、单独或合并持有公司有表决权的股份总数1%以上的股东提名产生候选人。提名后由监事会与薪酬委员会对股东监事和外部监事的资格和条件进行审核并报监事会审议。由监事会以提案的方式提交股东大会选举产生。公司监事中的职工监事由公司工会组织职工提名,经职工代表大会选举后产生。

公司监事会由当选的监事组成,公司监事会组成后由全体监事过半数选举产生监事会主席和副主席。监事长和副监事长的罢免也由全体监事过半数表决通过。

(三)公司高级管理层人员的产生和聘任程序

按照《公司章程》的规定,公司的高级管理人员由行长、副行长、董事会秘书和财务总监组成。上述高级管理人员由公司董事会提名委员会进行审查后向董事会提议,董事会审议通过后由董事会聘任。公司行长、副行长和按照相关监管规定应由中国银监会进行资格审查后批准的,还需由中国银监会进行资格核准。

公司本届高级管理层产生于2009年3月23日,由公司第五届董事会第一次会议决议通过后产生。

经本所律师核查后认为,公司董事会、监事会组成人员及高级管理人员的选举和聘任程序符合法律、法规及《公司章程》的规定。目前,公司现任所有股东董事、独立董事和公司高级管理人员的任职资格已经中国银监会核准。公司董事、监事和高级管理人员的任职合法、有效。

**十五、发行人社会保险及住房公积金制度执行情况**

根据发行人总行、各分行及控股子公司所在地的社会保险管理部门出具的《证明》及本所律师的核查,发行人总行、各分行及控股子公司已经依法办理社会保险登记。截至2009年6月30日即最近三年及一期发行人申报的基本养老、基本医疗、工伤、失业和生育保险的缴费人数、缴费基数符合规定,已经足额缴纳各项社会保险费,不存在欠缴的行为,也不存在任何因社会保险事宜而受到处罚的情形。

根据发行人总行、各分行及控股子公司所在地的住房公积金管理部门出具的《证明》及本所律师的核查,发行人总行和各分支机构已经依法建立住房公积金制度,未出现欠缴。

根据发行人确认,其下属南昌分行于2009年7月15日开业,尚未开始缴纳社会保险及住房公积金。

**十六、发行人适用的税种、税率及税务事项**

(一)发行人及其各分支机构的税种、税率

根据《审计报告》及发行人提供的关于适用税种、税率的书面说明,发行人适用的主要税种、税率为:

| 税种 | 税率 |
|---|---|
| 企业所得税 | 2006、2007 年度发行人适用的企业所得税率为 33%。2007 年 3 月 16 日，全国人民代表大会通过了《中华人民共和国企业所得税法》（以下简称新所得税法），新所得税法于 2008 年 1 月 1 日起施行。据此，发行人适用的企业所得税率自 2008 年 1 月 1 日起由 33% 调整为 25%。（发行人深圳分行 2006、2007 年适用 15% 的企业所得税税率；2008 年至 2012 年的 5 年期间内逐步过渡到 25%。2008 年为 18%，2009 年为 20%，2010 年为 22%，2011 年为 24%，2012 年为 25%）。 |
| 营业税 | 5% |
| 城市维护建设税 | 实行地区差别税率，根据纳税人所在地的行政级别征收营业税基数的 1% －7% |
| 教育费附加 | 3% |

根据《审计报告》及发行人提供的书面说明，除深圳分行外，发行人不享有其他税收优惠。

经核查，本所律师认为，发行人及其各分支机构执行的税种、税率符合现行法律、法规和规范性文件的要求。

（二）发行人近三年的纳税情况

根据发行人确认，近三年来，发行人及各分支机构已经依法缴纳各项国税和地税税款。

根据发行人总行、各分行及控股子公司所在地的税务机关出具的《证明》，近三年来，发行人的各分支机构已经依法缴纳各项国税和地税税款。根据发行人下属的南昌分行所在地税务主管机关出具的《证明》，该分行于 2009 年 7 月 15 日正式开业，尚未开始缴纳税款。

有关公司个别机构因纳税不规范而受到相关税务部门税务处罚的事项，已经在本法律意见书第十九项中进行了说明。

综上所述，本所律师经核查后认为，发行人能够依法缴纳税款，个别分支机构因纳税不规范而补缴税款及滞纳金的事项，不会对本次发行上市构成重大法律障碍。

## 十七、发行人的环境保护和产品质量、技术等标准

（一）根据发行人向本所律师所作的情况说明并经本所律师核查，发行人自成立以来，不存在因违反环境保护方面的法律、法规和规范性文件而被处罚的情形。

（二）根据发行人向本所律师所作的情况说明并经本所律师核查，发行人的产品（主要为借记卡等）符合有关产品质量和技术监督的标准，不存在因违反有关产品质量和技术监督标准的法律法规而受到处罚的情形。

综上所述，本所律师经核查后认为，发行人在环境保护、产品质量和技术监督方面符合中国现行法律、法规和规范性文件及相关的行业标准的有关规定。

## 十八、发行人募集资金的运用

（一）发行人本次发行上市募集资金的运用及有关授权和批准

1. 发行人本次发行 H 股所募集资金在扣除发行费用后，拟全部用于补充公司的核心资本，提高资本充足率，增强公司抵御风险能力和盈利能力，支持公司各项业务发展。上述募集资金的用途符合国家产业政策和利用外资政策。

2. 发行人本次发行 H 股所募集资金的使用及投向计划已经发行人第五届董事会第三次会议决议通过。

3. 发行人本次发行 H 股所募集资金的使用及投向计划已经发行人 2009 年第二次临时股东大会决议通过。

4. 根据中国银监会于 2009 年 7 月 16

日签发的银监复〔2009〕231号《中国银监会关于中国民生银行发行H股有关事项的批复》,中国银监会已批准发行人本次发行上市的募集资金用途。

(二)发行人本次募集资金的运用不涉及与他人合作的情况。

(三)发行人前次募集资金使用情况

根据普华永道出具的普华永道中天特审字(2009)第668号《前次募集资金使用情况报告及鉴证》,发行人:

1. 前次募集资金情况

根据中国证监会于2007年1月12日签发的《关于核准中国民生银行有限公司非公开发行股票的通知》(证监发行字〔2007〕7号),发行人于2007年6月18日按照每股7.63元价格定向发行普通股23.8亿股,共募集资金人民币181.5亿元(已扣除承销费用以及其他交易费用)。发行人已于2007年6月20日收到上述资金,该等资金经华寅会计师事务所有限责任公司出具验资报告寅验〔2007〕6002号予以验证。

2. 前次募集资金的实际使用情况

依照《2006年非公开发行人民币普通股发行情况报告书》,发行人已将募集资金用于补充核心资本、提高资本充足率,具体用途为:(1)拨付分支机构营运资金;(2)购置固定资产、增加科技投入;(3)增加资产的流动性。在发行情况报告书中发行人未对募集资金在各具体用途上的投入比例作出承诺。截至2008年12月31日,发行人募集资金项目款项已按照募集说明书的承诺使用完毕。发行人募集资金具体运用情况如下:

金额单位:人民币万元

| 序号 | 承诺/实际项目名称 | 实际使用金额 | 实际投入时间 |
|---|---|---|---|
| 1 | 拨付分支机构营运资金 | 60,833 | 2007年6至12月 |
| 2 | 购置固定资产 | 58,544 | 2007年6至12月 |
| 3 | 债券投资 | 1,695,623 | 2007年6至12月 |
| | 合计 | 1,815,000 | |

公司已将上述募集资金的实际使用情况与公司2007年至2008年12月31日止年度报告、中期报告和其他信息披露文件中所披露的有关内容进行逐项对照,实际使用情况与披露的相关内容一致。

综上所述,本所律师认为,发行人前次募集资金的使用与原募集计划一致。

## 十九、发行人业务发展目标

(一)发行人业务发展目标与主营业务的关系

根据本所律师核查,发行人的业务发展目标为:

力争跻身:"一流信誉、一流服务、一流人才、一流管理"的商业银行,成为中国优秀企业和中、高收入个人的首选金融服务供应商,在中国的经济增长中发挥作用。

经本所律师核查,发行人的业务发展目标与主营业务一致。

(二)发行人业务发展目标的法律风险

经本所律师核查,发行人的业务发展目标符合国家法律、法规和规范性文件的规定,不存在潜在的法律风险。

## 二十、诉讼、仲裁或行政处罚

根据公司提供的文件及本所律师的核查,占公司总股本5%以上的股东不存在尚未了结的或可预见的重大诉讼、仲裁或被行政处罚的案件。

根据公司提供的文件及本所律师对相关事实所作的核查，截至本法律意见书出具之日，公司现任董事长及行长均不存在尚未了结的或可预见的重大诉讼、仲裁或被行政处罚的案件。

根据公司提供的法律文件及本所律师对相关事实所作的核查，截至2009年6月30日，涉及公司本身及其相关工作人员的诉讼、仲裁或被行政处罚的情况如下：

1. 诉讼与仲裁

(1)公司作为原告的诉讼、仲裁：

根据公司提供的文件及本所律师的核查，截至2009年6月30日，公司作为原告的尚未了结诉讼、仲裁案件共44宗，涉及诉讼标的金额约70,766万元。其中，涉案金额5000万元以上的案件有：

A. 石家庄三鹿集团股份有限公司综合授信合同纠纷案

2008年10月6日，发行人石家庄分行因综合授信合同纠纷案向河北省石家庄市中级人民法院对石家庄三鹿集团股份有限公司提起诉讼，请求判令石家庄三鹿集团股份有限公司立即支付票据款项本金共计约18,000万元。目前，该案处于一审阶段。

B. 高新张铜股份有限公司借款合同纠纷案

2008年7月17日，发行人南京分行因借款合同纠纷案向江苏省南京市中级人民法院对高新张铜股份有限公司、江苏张铜集团有限公司、中国高新投资集团公司提起诉讼，请求判令高新张铜股份有限公司偿还借款本金及利息75,395,850元；请求判令江苏张铜集团有限公司、中国高新投资集团公司承担连带还款义务。目前，该案处于一审阶段。

C. 北京泰丰房地产开发有限公司、北京黄河房地产开发有限公司、张爱华借款合同纠纷案

发行人北京苏州街支行因借款合同纠纷案向北京市第一中级人民法院对北京泰丰房地产开发有限公司、北京黄河房地产开发有限公司、张爱华提起诉讼，请求判令北京泰丰房地产开发有限公司支付所欠借款本息及罚息共计73,258,627.17元；请求判令北京黄河房地产开发有限公司、张爱华承担连带清偿责任；请求判令发行人北京苏州街支行对抵押物行使优先受偿权；以及请求被告承担全部诉讼费及其律师费。根据北京市第一中级人民法院(2008)一中民初字第2600号《民事判决书》，该案一审发行人北京苏州街支行胜诉。目前，该案被告已提起上诉。

D. 常熟科弘材料科技有限公司、常熟星岛新兴建材有限公司借款合同纠纷案

2008年10月8日，发行人苏州分行因综合授信合同纠纷案向江苏省常熟市人民法院对常熟科弘材料科技有限公司提起诉讼，请求判令常熟科弘材料科技有限公司补交保证金5000万元。目前，该案处于一审阶段。

E. 迪高乐实业(深圳)有限公司、迪高乐家具(惠州)有限公司借款合同纠纷案

2009年1月17日，发行人深圳分行因借款合同纠纷案向深圳市中级人民法院对迪高乐实业(深圳)有限公司、迪高乐家具(惠州)有限公司提起诉讼，请求判令迪高乐实业(深圳)有限公司偿还借款本金约9668万元及相应的利息；请求判令迪高乐家具(惠州)有限公司承担连带保证责任。目前，该案处于一审阶段。

前述案件主要为商业银行在经营过程中因催收贷款而提起的民事诉讼，不会对公司的经营及本次发行上市产生重大不利的影响。

(2)公司作为被告的诉讼、仲裁

根据公司提供的文件及本所律师的核查，截至2009年6月30日，公司作为被告

的尚未了结的诉讼、仲裁共29宗,涉及诉讼标的金额约8787万元。其中,涉案金额5000万元以上的案件有:

A. 广东省高速公路有限公司诉发行人广州分行贷款利息赔偿纠纷案

2006年5月17日,广东省高速公路有限公司因贷款利息赔偿纠纷案向广州市中级人民法院对发行人广州分行提起诉讼,请求判令发行人广州分行向其支付贷款利息赔偿金折合人民币37,594,460.68元;请求判令发行人广州分行向其支付赔偿金的利息;以及请求发行人广州分行承担全部诉讼费及其律师费。2009年1月4日,广东省高级人民法院下达(2008)粤高法民二终字第82号《民事判决书》,发行人因操作不当,给广东省高速公路有限公司造成一定的经济损失,判决发行人向广东省高速公路有限公司支付1998年4月16日至1999年3月4日期间按照银行同期美元贷款利率5680.8万美元本金的利息损失、约32万诉讼费和15万元律师费。2009年2月16日,广东省高速公路有限公司申请执行上述判决,申请执行的利息损失折合人民币约3100万元、诉讼费约32万元和律师费15万元。2009年4月3日,最高人民法院下达(2009)民申字第00362号《受理案件通知书》,已受理发行人广州分行的再审申请。根据发行人确认,该案目前已暂缓执行。

前述案件主要为因商业银行在经营过程中与其他主体之间的民事纠纷而引起,不会对公司的经营及本次发行上市产生重大不利的影响。

(3)涉及发行人员工犯罪的特殊案件

经本所律师核查,近三年,涉及发行人内部员工金融犯罪的案件发案数量较少,进入刑事侦察程序的仅有2006年济南分行经十路支行业务部经理孙鹏诈骗案1宗。2006年1月,公司济南分行经十路支行客户经理孙鹏涉嫌诈骗案被公安机关刑事拘留。孙鹏被刑事拘留后,有4名个人客户及一家公司客户向公司济南分行经十路支行提起诉讼,要求返还总计5670万元的资金,经查,以上的诉讼均与孙鹏有关,案发后,部分涉案的资金已被公安机关冻结。向公司济南分行经十路支行提起诉讼的4名个人客户及一家公司客户已撤诉,该案件给发行人造成的资产损失约1000万元,发行人对相关责任人已作出严肃处理。

2. 行政处罚

根据公司提供的资料并经本所律师核查,近三年来公司总行及其分支机构受到了来自以下行政管理部门的处罚:

(1)来自中国人民银行的处罚

近三年来,公司深圳分行、武汉分行、重庆分行、济南分行、宁波分行因业务违规的事项被中国人民银行处以行政处罚,总计9笔,并处罚款总计62万元。

(2)来自中国银监会的行政处罚

近三年来,公司及公司下属的总行营业部、宁波分行、温州分行因业务违规被中国银监会处以行政处罚,总计7笔,并处罚款总计1012万元。

(3)来自国家外汇管理局的行政处罚

近三年来,公司的深圳分行、杭州分行、重庆分行、西安分行、宁波分行、成都分行、泉州分行因外汇业务违规被国家外汇管理局处以行政处罚,总计7笔,并处罚款总计40.48万元。

(4)来自税务机关的行政处罚

近三年来,公司的深圳分行、福州分行、福州分行鼓楼支行、济南分行、天津分行、苏州分行、武汉分行及其中南支行、洪山支行、东湖支行、京汉支行、水果湖支行、徐东支行、新华支行、光谷支行、硚口支行因税务交纳不规范被当地的税务部门处以行政处罚,总计23笔,并处罚款总计约13.78万元。

(5)来自财政部门的行政处罚

近三年来,公司的深圳分行、宁波分行在财政部门的检查中,因财务管理情况不规范而受到财政部门的行政处罚,总计2笔,并处罚款7.8万元。

经本所律师对以上诉讼、仲裁案件和来自行政部门行政处罚事项核查后认为,公司的诉讼、仲裁案件就其性质而言,属于商业银行在经营中正常出现的以追索借款、服务纠纷等形成的案件为主,同时,案件数量与涉诉金额相对公司的资产总额而言所占比例较小,不会对公司的经营和利润产生重大的影响。公司及各分支机构所受到的税务、财政和其他行政处罚事项,多因执行程序不规范而引起,在有关行政部门下达行政处罚决定后,各有关机构均能及时纠正。因此,上述诉讼、仲裁和行政处罚事项不会对公司的经营资格和利润构成重大影响,也不会对本次发行上市构成重大的法律障碍。

## 二十一、本次发行涉及的各有关中介机构

经本所律师核查,发行人本次发行上市所涉及的有关中介机构包括:

1. 联席保荐人:瑞士银行、中银国际亚洲有限公司;

2. 本次发行上市涉及的其他投资银行:中国国际金融香港证券有限公司、麦格理资本证券股份有限公司、海通证券(香港)经纪有限公司;

3. 发行人中国法律顾问:国浩律师集团(北京)事务所;

4. 发行人香港及美国法律顾问:高伟绅律师行;

5. 承销商中国法律顾问:北京市金杜律师事务所;

6. 承销商香港及美国法律顾问:富而德律师事务所;

7. 审计师兼申报会计师:普华永道会计师事务所有限公司;

8. 物业评估师:仲量联行西门有限公司;

9. 公关公司:皓天财经集团有限公司。

经本所律师核查,上述中介机构拥有为发行人本次发行上市提供相关服务的资格并具备相应的执业资格。

## 二十二、律师认为需要说明的其他问题

(一)有关发行人不适用减持国有股筹集社会保障资金的特别说明

1. 发行人发起设立时的国有股东情况

根据本所律师的核查,发行人是以民营资本占主导地位的股份制商业银行,发起设立时,发起人股东中有四家带有国有背景的单位,即:中国煤炭工业进出口总公司、洛阳建筑机械厂、中国建材郑州中岳联营特种水泥厂和辽宁省盖州市芦屯镇铁东管件厂。

2. 发行人发起设立后至股权分置改革前的国有股东情况

根据本所律师的核查,发行人发起设立后至股权分置改革前,四家带有国有背景的发起人股东已将其持有的发行人股份转让完毕。

3. 发行人股权分置改革后的股东股权性质情况

根据本所律师的核查,发行人实施股权分置改革方案时,有限售条件的流通股中不存在国有股东。2007年10月27日,股权分置改革中有限售条件的流通股已全部上市流通。

4. 截至2009年6月,发行人国有股东情况

截至2009年6月12日,发行人共有

99万户股东,针对股权分置改革后发行人股份全流通的情形,根据中国证券登记结算公司上海分公司《关于股东名册中国有股东账户标识信息的通知》(中国结算沪业字〔2009〕41号)和《关于优化全体股东名册"持有人类别"信息的通知》(中国结算沪业字〔2009〕92号)的相关规定,本所律师查验了截至2009年6月12日发行人登记在册的99万户股东的"持有人类别信息",搜索信息表明,99万户股东中,有14家股东的"持有人类别信息"标识为"国有",该14家股东合计持有发行人股份25,348,582股(最高持股数量为中经信投资有限公司持有681.8956万股,最少持股数量为上海航天能源有限公司持有0.43万股),占发行人股份总数的比例仅为0.13%。对照公司发起人股东的名册和股权分置改革前法人股东的名册,本所律师认为,该14家股东持有的发行人股份均系其在二级市场买卖公司股票的交易行为而产生,且该比例亦随二级市场的交易情况处于动态变化过程中。该等国有股东在二级市场买卖公司股票的行为为现行法律允许的正常投资行为,合法有效,不适用减持国有股筹集社会保障资金的有关规定。

综上所述,本所律师认为,发行人本次发行上市不适用减持国有股筹集社会保障资金的有关规定。

(二)有关发行人董事会中独立董事的比例问题

根据本所律师的核查:

1. 发行人在公司章程中规定,董事会应由18名董事组成,其中三分之一为独立董事。

2. 截至本法律意见书出具之日,发行人董事会成员共17名,其中独立董事为5名,独立董事人数不足董事会全体成员的三分之一。出现该等情况的原因是:在2009年3月发行人换届选举时,有两名独立董事候选人未能获得超过半数的同意票。针对该等情况,发行人在2009年第一次临时股东大会决议公告中已经表示,公司会尽快在条件成熟时补选所缺独立董事。

3. 截至2009年7月16日,现任的独立董事高尚全先生、张克先生已经连续六年担任公司的独立董事,根据中国证监会《关于在上市公司建立独立董事制度的指导意见》规定,高尚全先生和张克先生于2009年7月22日向董事会提出辞呈,要求辞去独立董事的职务。加上换届选举时的缺额,发行人董事会中的独立董事已经大幅低于《关于在上市公司建立独立董事制度的指导意见》规定的比例。鉴于此,根据《关于在上市公司建立独立董事制度的指导意见》第四条第六款的规定,公司董事会在公告两位独立董事辞职时提出,高尚全、张克先生的辞职需待新的独立董事选举产生后方能生效。

4. 发行人董事会已经开始履行增补独立董事的程序,于2009年7月17日,董事会的提名委员会已经召开了相关候选人资格的审核会议,发行人预计,发行人独立董事的增补选举事项将会在两个月之内完成。

综上所述,本所律师认为,发行人独立董事人数不足董事会全体成员的三分之一,尚待补选3名独立董事,但经本所律师对发行人董事会运行的历史状况的核查,发行人自成立以来一直比较重视独立董事在董事会中的作用,公司上市之前就设立有外部董事制度,上市后独立董事的比例一直符合相关法规的要求,目前独立董事比例低于《公司章程》和《关于在上市公司建立独立董事制度的指导意见》规定要求的情形系偶然因素造成,且已经采取了积极措施启动了增补独立董事的程序。因此,发行人独立董事人数不足的情况将很快得到解决，该等事项不会对发行人本次发行上市构成实质性法律障碍。

**二十三、结论意见**

综上所述，本所律师认为，公司是依法成立并合法存续的股份有限公司；公司已经发行A股并在上交所上市交易；公司已经具备了发行H股并在香港联交所上市的实质性条件；公司本次申请在香港联交所发行H股并上市已经获得公司股东大会的批准和授权；公司已经获得中国银监会同意其境外公开募集股份和上市交易股份的批复；公司在最近三年内不存在重大违法违规的行为，亦不存在影响公司本次发行上市的重大法律问题。

本次发行上市尚需取得中国证监会的批准以及香港联交所的批准或同意。

本法律意见书正本一式五份，无副本。

国浩律师集团（北京）事务所
负 责 人：王卫东
经办律师：陆 绮 王卫东 张丽欣

# 关于国药控股股份有限公司首次发行境外上市外资股并上市的法律意见书

致：国药控股股份有限公司

本所是在中华人民共和国（以下简称中国）境内具有合法执业资格的律师事务所，经委聘，担任国药控股股份有限公司（以下简称公司）发行境外上市外资股（以下简称H股）并在中国香港特别行政区（以下简称香港）香港联合交易所有限公司（以下简称香港联交所）主板上市（以下简称本次发行上市）的中国法律顾问。

本所根据《中华人民共和国公司法》（以下简称《公司法》）、《中华人民共和国证券法》（以下简称《证券法》）、《国务院关于股份有限公司境外募集股份及上市的特别规定》（国务院令第160号）（以下简称《特别规定》）、中国证券监督管理委员会（以下简称中国证监会）《关于企业申请境外上市有关问题的通知》（证监发行字〔1999〕83号）（以下简称《通知》）、《关于执行〈到境外上市公司章程必备条款〉的通知》（证委发〔1994〕21号）（以下简称《章程必备条款》）、原国家经济贸易委员会和中国证监会1999年3月29日颁布的《关于进一步促进境外上市公司规范运作和深化改革的意见》（国经贸企改〔1999〕230号）（以下简称《改革意见》）等有关中国法律、行政法规及规范性文件的规定，出具本法律意见书。

仅就本法律意见书而言，“中国”指中华人民共和国，不包括中国台湾省、香港特别行政区和澳门特别行政区；“中国法律”包括中国现行有效的法律、行政法规、部门规章及规范性文件等。

本所律师已严格履行法定职责，遵循勤勉尽责和诚实信用原则，对公司本次发行上市行为的合法、合规性进行了充分的核查验证，保证本法律意见书不存在虚假记载、误导性陈述及重大遗漏。同时，本法律意见书的出具已得到公司如下保证：公司已提供了本所律师为出具本法律意见书所需的全部文件资料的原始书面材料、副本材料、复印件、确认函或证明及相关口头证言,并保证其所提供的文件资料及向本所律师陈述的情况真实、准确和完整,不存在任何遗漏或隐瞒;所提供的文件资料的复印件与正本或原件相符,文件资料的签字和/或盖章全部属实,该等文件的签署人业经合法授权并有效签署。

本法律意见书受下列之规限:本所律师依据本法律意见书出具日之前已发生或存在的事实及本所律师对该等事实的了解,及已经颁布的中国法律的有关规定发表法律意见。对于出具本法律意见书至关重要而又无法得到独立证据支持的事实,本所律师依赖有关政府部门、公司或其他有关单位出具的证明文件出具法律意见。

本所仅就与公司本次发行上市有关的法律问题发表意见,而不对有关会计、审计及资产评估等专业事项发表意见。在本法律意见书中对有关会计报告、审计报告和资产评估报告书中某些数据和结论的引述,并不意味着本所对这些数据、结论的真实性和准确性做出任何明示或默示保证。本所并不具备核查和评价该等数据的适当资格。在本法律意见书中,除非另有说明,“元”指中国法定货币人民币元。

本所律师同意将本法律意见书作为公司本次发行上市所必备的法定文件,随其他申报材料一同上报中国证监会,并愿意依法承担相应的法律责任。本法律意见书仅供公司为本次发行上市之目的使用,未经本所律师同意,不得用作任何其他目的。

基于以上所述,本所律师按照律师行业公认的业务标准、道德规范和勤勉尽责的精神,出具法律意见如下:

● 本次发行上市的批准和授权

1.1　公司股东大会关于公司本次发行上市的批准及授权

2008年10月8日,公司召开2008年第一次临时股东大会,全体股东代表共两名出席了会议,代表公司有表决权的股份1,637,037,451股,占公司有表决权总股份1,637,037,451股的100%,会议的召集符合《公司法》及《国药控股股份有限公司章程》(以下简称《公司章程》)的相关规定。会议由董事长佘鲁林先生主持,公司11名董事及3名监事参加了会议,部分高级管理人员列席了会议。本次股东大会逐项表决通过了《关于公司申请发行境外上市外资股并于香港联合交易所有限公司主板上市的议案》、《关于公司转为境外募集公司的议案》、《关于授权董事会全权办理本次发行H股并上市的具体事宜的议案》、《关于公司本次发行H股募集资金使用计划的议案》、《国药控股股份有限公司章程(H股)》(草案)(以下简称H股章程(草案))及《国有股减持方案》等议案。

通过对上述会议程序、会议文件及内容的核验,本所律师认为公司股东大会已经依照法定程序作出批准本次发行上市的决议;上述决议的内容符合有关法律、法规、规范性文件和《公司章程》的规定,决议合法有效;公司股东大会已经授权董事会办理本次发行上市相关事宜,该项授权范围、程序合法有效。

1.2　有关主管部门对公司本次发行上市的批准

1.2.1　2008年【】月【】日,国务院国有资产监督管理委员会(以下简称国资委)以《关于同意国药控股股份有限公司国有股减持方案的批复》(文号),批准公司股东中国医药集团总公司(以下简称国药集团)减持其所持有的公司国有法人股【】股(按公司全额行使15%的超额配售选择权后发行H股上限【】股的10%计算),并将该等拟减持的股份全部划拨给全国社会保障基金理事会(以下简称社保基金会)持有。

2008年【】月【】日,社保基金会以《关于国药控股股份有限公司到香港上市有关问题的函》(文号),要求公司在向中国证监会提出上市申请时,同时申请将社保基金会持有的公司国有股转为境外上市外资股;公司在办理H股股东登记时,将实际发行新股10%计算的H股登记到社保基金会名下,并在上市前将上述股份数量登记到社保基金会在香港中央结算有限公司开立的投资者户口上;如果公司行使超额配售权,将超额配售新股10%计算的H股登记到社保基金会名下,并在规定的时间内将上述股份数量登记到社保基金会在香港中央结算有限公司开立的投资者户口。

1.2.2　2008年【】月【】日,国资委以《关于同意国药控股股份有限公司转为境外募集股份有限公司的批复》(文号),同意公司转为境外募集股份有限公司,发行境外上市外资股并在香港联交所上市。

1.2.3　公司本次发行上市申请尚需取得中国证监会的正式批准及香港联交所的同意。

● 公司本次发行上市的主体资格

1.3　公司的前身"国药控股有限公司"(以下简称国药控股),于2003年1月8日在上海市工商行政管理局(以下简称上海市工商局)黄浦分局注册成立(其设立情况详见本法律意见书第四部分"公司的设立、股本及其演变")。

1.4　根据国资委2008年9月5日核发的《关于中国医药集团总公司所属国药控股有限公司变更设立股份有限公司的批复》(国资改革〔2008〕1071号)的批准,国药控股股东国药产业投资有限公司(下称"国药产投")与国药集团作为发起人,以发起设立方式,将"国药控股有限公司"整体变更为"国药控股股份有限公司",在上海市工商局完成变更登记并领取公司变更后的营业执照。

1.5　2008年【】月【】日,经国资委以【】号《关于同意国药控股股份有限公司转为境外募集公司的批复》批准,公司转为境外募集股份有限公司。

1.6　公司现时持有上海市工商局核发的《企业法人营业执照》(注册号310101000307576号),该执照登记事项如下:

公司名称:国药控股股份有限公司

设立日期:2003年1月8日

经营期限:2003年1月8日至不约定期限

住所:上海市黄浦区福州路221号六楼

法定代表人:佘鲁林

注册资本:1,637,037,451元

实收资本:1,637,037,451元

公司类型:股份有限公司(非上市、国有控股)

经营范围:实业投资控股,医药企业受托管理及资产重组,中成药、中药饮片、化学药制剂、化学原料药、抗生素、生化药品、生物制品、第二类精神药品、疫苗批发,国内贸易(除专项许可),物流配送及相关的咨询服务,经营各类商品和技术的进出口(不另附进出口商品目录),但国家限定公司经营或禁止进出口的商品及技术除外。(以上范围涉及许可经营的凭许可证经营)

1.7　公司已连续通过2005年度、2006年度、2007年度工商年检。

1.8　根据公司的确认、相关工商年检资料并经本所合理核查,公司自设立至今未出现根据法律、法规和公司章程、公司作为一方当事人的合同和/或协议及其财产或者行为受约束的文件需要公司停业、解散或影响其合法存续或持续经营的情形;截至本法律意见书出具之日,公司无正在进行或即将进行的使发行人解散、停业、清算的司法或行政程序。

综上,本所律师认为,公司为依法设立并有效存续的股份有限公司。公司已具备中国证监会证监发行字〔1999〕83号文《关于企业申请境外上市有关问题的通知》规定的关于在境外发行股票并上市的主体资格。

● 公司本次发行上市的实质条件

根据本所律师的核查并经公司确认,截至本法律意见书出具之日,公司已经具备下述有关中国法律规定的申请于境外募集股份并上市的实质条件:

1.9 公司是一家依照中国法律合法设立并有效存续的股份有限公司,公司本次发行上市,符合《公司法》、《证券法》、《特别规定》等有关境外上市的法律、法规和规范性文件的规定,符合《通知》第一条第一款第(一)项的规定。

1.10 根据公司2008年第一次临时股东大会决议,公司本次发行上市所募集资金将用于分销渠道、零售网络及物流中心的建设,包括覆盖全国分销网络空白点、新增零售门店,建成上海、天津等物流中心,以及采购国外药品、公司信息化建设、补充流动资金等(详见本法律意见书第十七部分"公司募股资金的运用")。

根据国家第十一个五年计划,国家计划建立药品流通的市场运行机制,发展面向生活消费的服务业包括商业零售。根据国家发展和改革委员会(以下简称国家发改委)于2005年12月2日发布的《产业结构调整指导目录(2005年本)》(2005年第40号令)及于2007年12月27日公布的《产业结构调整指导目录(2007年本征求意见稿)》,公司的医药流通业务不属于上述两个目录所列的淘汰类、限制类产业,且"专业化配送、大型批发采购分销网络建设"属于《产业结构调整指导目录(2007年本征求意见稿)》所列的鼓励类。因此,公司本次募集资金的运用符合国家的产业政策。此外,公司就建设上海和天津的物流中心的投资项目,已取得有关固定资产投资的立项批准和建设用地,并已通过或正在进行环境影响评价审核,符合国家有关固定资产投资的规定。因此,公司本次筹资用途符合《通知》第一条第一款第(二)项的规定。

1.11 根据普华永道中天会计师事务所有限公司于2008年【】月【】日出具的(文号)《审计报告》(以下简称普华审计报告)及其所附之公司财务报表,截至2008年6月30日公司归属于母公司的净资产为【20.55】亿元,不少于4亿元;公司2007年度的税后利润为【35,745.97】万元,不少于6000万元;公司预计本次发行上市拟募集资金约为18.75亿-25.00亿元,折合为美元后不少于5000万美元,符合《通知》第一条第一款第(三)项的规定。

1.12 公司已按照《公司法》等有关法律、法规及有关规范境外上市公司法人治理结构的相关规定,设置股东大会、董事会、监事会、独立董事及经理,并在董事会下设三个专门委员会,即提名委员会、薪酬委员会及审核委员会,具有健全、规范的法人治理结构;公司并已制定较完善的内部管理制度,包括《股东大会议事规则》、《董事会议事规则》、《监事会议事规则》等;公司自成立以来独立、规范运作(详见本法律意见书第五部分"公司的独立性");公司有较稳定的高级管理层及较高的管理水平(详见本法律意见书第十四部分"董事、监事和高级管理人员及其变化"),符合《证券法》第十三条第一款第(一)项关于公开发行新股条件的规定及《通知》第一条第一款第(四)项的规定。

1.13 根据《特别规定》第二十七条、中国人民银行1996年6月20日发布的《结汇、售汇及付汇管理规定》、国家外汇管理局《关于外汇指定银行办理利润、股息、红利汇出有关问题的通知》（汇发〔1998〕29号）及《关于修改〈关于外汇指定银行办理利润、股息、红利汇出有关问题的通知〉的通知》（汇发〔1999〕308号）等有关规定，境内机构支付境外的股息属于经常项目外汇支出。公司经批准发行H股并上市后，向境外股东分红派息时，公司可以持中国证监会核准发行H股的批文、股东大会决议、公司的章程、完税证明等有效文件，经国家外汇管理局上海市分局审查核准，向外汇指定银行购汇支出，能确保上市后分红派息有可靠的外汇来源，并符合国家外汇管理的有关规定，因此符合《通知》第一条第一款第（五）项的规定。

1.14　公司为本次发行制作的H股章程（草案）已经公司2008年第一次临时股东大会通过，该H股章程（草案）中已载明《必备条款》以及中国证监会海外上市部与原国家体改委生产体制司联合颁布的《关于到香港上市公司对公司章程作补充修改的意见的函》（证监海函〔1995〕1号）所要求的内容，符合《特别规定》第十三条的规定。

1.15　根据普华审计报告及其所附之公司财务报表，公司最近三年均实现盈利，具有持续盈利能力，且财务状况良好，符合《证券法》第十三条第一款第（二）项关于公开发行新股条件的规定。

单位：万元

| 项目/年度 | 2008年1－6月 | 2007年度 | 2006年度 | 2005年度 |
|---|---|---|---|---|
| 营业收入 | 1,828,812.74 | 3,026,337.77 | 2,372,961.19 | 2,032,462.97 |
| 归属于母公司的净利润 | 28,348.54 | 35,745.97 | 14,856.28 | 14,821.13 |
| | 2008年6月30日 | 2007年12月31日 | 2006年12月31日 | 2005年12月31日 |
| 归属于母公司的净资产 | 205,485.87 | 172,925.09 | 176,715.37 | 150,207.63 |
| 总资产 | 1,604,594.07 | 1,405,281.49 | 1,151,434.64 | 979,802.98 |

1.16　【根据普华审计报告、公司的确认并经本所律师适当核查，公司最近三年财务文件无重大虚假记载且无其他重大违法行为】，符合《证券法》第十三条第一款第（三）项关于公开发行新股条件的规定。

综上，本所律师认为，除尚须取得中国证监会对公司H股发行的核准，并取得香港联交所对公司H股发行的批准以外，公司本次发行上市符合中国法律、法规规定的实质条件。

● 公司的设立、股本及其演变

1.17　公司的前身国药控股的设立、股本及其演变

1.17.1　2003年1月8日设立

（1）根据2002年11月8日国药集团签发的国药总办〔2002〕286号《关于国药集团资产重组的决定》、2002年11月国药集团与上海复星产业投资有限公司（以下简称复星产业）共同签署的《合资成立国药集团医药控股有限公司合同书》、《补充协议》及《国药集团医药控股有限公司章程》，国药集团以本部及所属企业中国医药北京采购供应站等相关企业的净资产作价524,256,400元出资，复星产业以货币资金503,697,325.49元出资，合资成立国药集团医药控股有限公司，各占51%和49%的出资比例。

根据中资资产评估有限公司出具的中资评报字（2002）第193号《中国医药集团总公司资产重组项目资产评估报告书摘要》，截至2002年3月31日，医药集团用于出资的上述本部及中国医药北京采购供应站等相关企业的净资产评估值

为52,425.64万元。该评估结果已经财政部备案(备案号:20020324)。

(2)国药集团医药控股有限公司成立时的注册资本1,027,953,725.49元业经上海财瑞联合会计师事务所出具的沪财瑞会验〔2003〕001号《验资报告》验证确认。2003年1月8日,国药集团医药控股有限公司取得了上海市工商局黄浦分局签发的注册号为3101011023425号的企业法人营业执照。

1.17.2 2004年5月28日变更名称及股东

(1)2004年2月,国药控股股东会通过一系列决议,同意:(i)将"国药集团医药控股有限公司"名称变更为"国药控股有限公司";(ii)复星产业将其所持有的国药控股9%的股权转让给上海复星实业股份有限公司(后更名为上海复星医药(集团)股份有限公司,以下简称复星医药,一家所发行股票于上海证券交易所挂牌交易的上市公司,股票代码:600196),转让价款为9767万元,将其所持有的国药控股40%的股权转让给上海复星大药房连锁经营有限公司(以下简称复星大药房),转让价款为43,408万元,上述转让价格均系依据国药控股截至2003年10月31日经审计确认的净资产值确定。国药控股并通过了根据该等变更制定的章程修正案。

(2)2004年2月4日,复星产业与复星医药及复星大药房就上述股权转让事宜共同签订了《国药集团医药控股有限公司股权转让协议》。

(3)2004年5月28日,国药控股就本次公司名称及股东等变更事宜在上海市工商局黄浦分局完成了变更登记手续。

1.17.3 2006年9月4日增加注册资本

(1)2006年4月20日,国药集团、复星医药、复星大药房及国药控股共同签署了《增资扩股协议》,约定国药控股新增注册资本609,803,725.5元,国药集团、复星医药及复星大药房按其持股比例认购,其中,(i)国药集团以其持有的国药集团药业股份有限公司(以下简称国药股份,一家所发行股票于上海证券交易所挂牌交易的上市公司,股票代码:600511)的78,036,600股股份(下称增资股份)认购国药控股的新增注册资本310,632,700元;根据中发国际资产评估公司出具的2006第009号《资产评估报告》,国药股份截至2005年12月31日的净资产评估值为529,420,200元,国药集团持有的增资股份所对应的评估值为310,632,700元;前述增资股份所对应的国药股份2005年度的现金分红由国药集团享有;(ii)复星医药以现金56,870,011.85元认购国药控股的新增注册资本54,817,535.3元(即每1.03744元认购1元的新增注册资本额);(iii)复星大药房以现金252,755,608.2元认购国药控股新增的注册资本243,633,490.2元(即每1.03744元认购1元的新增注册资本额)。本次增资完成后,国药控股注册资本变更为1,637,037,450.99元。

同日,国药集团、复星医药、复星大药房及国药控股签署了前述《增资扩股协议》的《补充协议书》,约定:国药集团就本次增资事宜缴付增资的同时,国药股份应进行股权分置改革,如相关法律法规要求国药集团必须在增资股份过户至国药控股之前履行股权分置改革方案中的对价安排义务的,国药集团支付的增资股份为股权分置改革对价支付完成后的有限制条件的可流通股股份(依据股权分置改革方案确定的对价安排实施后的原非流通股所剩所有股份数额)的,视为国药集团已全面履行了增资义务。

(2)国药集团就前述以其持有的国药股份的股份向国药控股增资事宜,与国药控股签署了《股权转让协议》。

(3)2006年4月20日,国药控股的股东会通过决议,同意本次增资事宜及相应的章程修正案。同日,国药集团董事会、复星医药董事会亦通过决议,同意本次增资事宜。

(4)2006年5月31日,国资委向国药集团下发国资产权〔2006〕612号《关于国药集团国药股份有限公司国有股权变动有关问题的批复》,同意国药集团以所持国药股份7803.66万股国有法人股向国药控股进行增资;本次股权出资完成后,国药股份总股本仍为13,300万股,其中国药控股持有7803.66万股,占国药股份总股本的58.67%,股权性质为国有法人股。

(5)2006年7月13日,中国证监会向国药控股出具证监公司字〔2006〕149号《关于同意国药控股有限公司公告国药集团药业股份有限公司收购报告书并豁免其要约收购义务的批复》,同意国药控股收购国药股份计划,并同意豁免国药控股因累计持有、控制7901.83万股国药股份的股份(占国药股份总股本的59.408%)而应履行的要约收购义务。

(6)2006年7月26日,中国证券登记结算有限责任公司上海分公司出具《过户登记确认书》,确认国药集团持有的国药股份78,036,600股股份过户至国药控股。

(7)国药控股经上述增资后的注册资本为1,637,037,450.99元,已经上海立信长江会计师事务所有限公司出具信长会师报字(2006)第20857号《验资报告》验证确认全部缴足。

(8)2006年9月4日,国药控股就本次增资事宜在上海市工商局黄浦分局完成了变更登记手续,领取了变更登记后的企业法人营业执照。

1.17.4 2008年6月-7月期间的股东及股权变更

(1)2008年4月23日,国药集团董事会决议以其持有的国药控股48.96%股权和货币资金530万元认缴国药产投的新增注册资本4100万元,将国药产投的注册资本由1000万元增至5100万元。

根据上述决议,国药集团与国药产投签订了《无偿划转协议书》,双方同意国药集团将持有的国药控股的48.96%股权无偿划转至国药产投,该部分股权所对应的国药控股截至2007年9月30日的净资产值业经中发国际资产评估有限公司出具的中发评报字〔2008〕第062号《资产评估报告》(该评估结果已在国药集团进行备案)评估确认,净资产超过股权作价部分的余额进入公司的资本公积。

北京产权交易所就此次股权划转事宜出具《产权交易凭证》(No:0024315)。2008年6月20日,国药控股就本次股权转让事宜在上海市工商局黄浦分局完成了变更登记手续,领取了变更登记后的企业法人营业执照。

(2)2008年5月21日,上海齐绅投资管理有限公司(以下简称上海齐绅)与其母公司复星医药签订《股权转让协议》,约定:复星医药将持有国药控股的9%股权中的7.04%股权转让给上海齐绅,股权转让价款以转让方的原始出资为基础确定为12,089万元。该股权转让事宜已经复星医药董事会审议批准。

同日,上海齐绅与复星大药房签订《股权转让协议》,约定:复星大药房将其所持有的国药控股的40%股权转让给上海齐绅,股权转让价款以转让方的原始出资为基础确定为68,684万元。该股权转让事宜已经复星大药房股东会审议批准。

2008年6月11日,国药控股就本次股权转让事宜在上海市工商局黄浦分局完成了变更登记手续,领取了变更登记后的企业法人营业执照。

(3)2008年6月20日,复星医药与国药集团签订《关于国药控股有限公司股权转让协议》及其补充协议,约定:复星医药将持有国药控股的9%股权中的1.96%股权转让给国药集团,根据中发国际资产评估有限公司出具的中发评报字〔2008〕第025号《资产评估报告》(该评估结果已在国药集团进行备案),股权转让价格按照转让股权对应的国药控股截至2007年9月30日经评估确认的净资产值确定。该股权转让事宜已经复星医药董事会和国药集团董事会审议批准。

上海联合产权交易所就此次股权转让事宜出具《产权交易凭证》(No:005524)。2008年7月14日,国药控股就本次股权转让事宜在上海市工商局黄浦分局完成了变更登记手续,领取了变更登记后的企业法人营业执照。

(4)2008年6月20日,国药集团与上海齐绅签订《关于国药产业投资有限公司增资协议》,约定:在国药产投的注册资本增至5100万元基础上,上海齐绅以其持有的国药控股47.04%的股权和货币资金1470万元认缴国药产投新增注册资本4900万元,占增资完成后的国药产投的注册资本1亿元的49%。上述上海齐绅用于增资的国药控股的47.04%股权所对应的国药控股截至2007年9月30日经评估确认的净资产值业经中发国际资产评估有限公司出具的中发评报字〔2008〕第065号《资产评估报告》(该评估结果已在国药集团进行备案)评估确认,净资产超过股权作价部分的余额进入公司的资本公积。

上海联合产权交易所就此次股权转让事宜出具《产权交易凭证》(No:005593)。2008年7月21日,国药控股就本次股权转让事宜在上海市工商局黄浦分局完成了变更登记手续,领取了变更登记后的企业法人营业执照。

(5)就上述股权变更事项及相应修改后的国药控股章程,国药控股股东会均已通过相关决议予以批准。经过上述股权重组,国药控股的股权结构变更为:国药产投持股比例为96%,国药集团持股比例为4%。

通过对上述历史沿革相关资料的核验,本所律师认为,公司前身国药控股的设立及历次增资、股权划转及转让事宜已获得公司及有关方有权决策机构的批准、授权和许可,并取得了有权主管机关的批准、备案,增加的注册资本金或股权转让价款均已缴付或支付,并向工商管理部门办理了变更登记手续,该等股权的变更合法、有效并已实施完毕。

1.18 整体变更为股份有限公司

1.18.1 2008年8月6日,国药控股股东会做出决议,同意根据《公司法》第96条规定,将国药控股的组织形式由有限责任公司变更为股份有限公司(以下简称股份公司),并由国药控股现登记在册的全体股东作为发起人共同发起设立;同意折股方案为:以信永中和会计师事务所出具的XYZH/2006A1040《审计报告》所确认的国药控股截至2007年9月30日的净资产值1,881,951,653.30元为依据,按照1:0.8699的比例折合股份公司的股份1,637,037,451股,每股面值为1元;该股份总额由发起人按其原持有国药控股的股权比例分别持有;股本总额为1,637,037,451元,折股后的净资产余额计入国药控股的资本公积。

根据国药产投2008年4月23日的股东会决议和国药集团2008年8月6日的董事会决议,各发起人对国药控股变更设立股份公司的决定已经各自权力机构批准。

1.18.2 2008年8月6日,国药控股的两名法人股东作为发起人签署了《国药控股股份有限公司发起人协议》和《公司章程》(草案)。经审验,《国药控股股份有限公司发起人协议》约定了股份公司的发起人、设立方式、股份公司的名称、住所、宗旨、经营范围、经营期限、组织结构、财务制度、股份总额、股份类别、股份面值、各发起人认购股份的缴付、有限公司权利和义务的承继、发起人的权利和义务及设立费用等内容。

1.18.3　为本次变更设立股份公司提供资产权益价值参考之目的,中发国际资产评估有限公司出具的中发评报字(2008)第026号《评估报告》确认,截至2007年9月30日止,国药控股的所有者权益(即净资产)的评估价值为261,025.38万元。该评估报告已经国药集团备案。

1.18.4　2008年8月18日,国资委签发《关于国药控股股份有限公司(筹)国有股权管理有关问题的批复》(国资产权〔2008〕825号),批准公司设立时的国有股权管理方案。

1.18.5　2008年9月5日,国资委签发《关于中国医药集团总公司所属国药控股有限公司变更设立股份有限公司的批复》(国资改革〔2008〕1071号),同意国药控股整体变更为股份公司的申请及《公司章程》(草案)。

1.18.6　2008年9月22日,普华永道中天会计师事务所有限公司出具普华永道中天验字(2008)第142号《验资报告》确认,截至2008年9月12日,公司的发起人股东已依法足额缴纳了各自所认缴股份的出资。

1.18.7　2008年9月22日,公司创立大会召开,审议通过公司的筹办报告、章程、由股东选举的首届董事会成员及监事会成员。

1.18.8　2008年10月6日,公司在上海市工商局完成了设立股份公司的变更登记,领取了变更为股份有限公司的企业法人营业执照(注册号:310101000307576)。

根据对上述文件资料的核验,本所律师认为公司设立的程序、资格、条件、方式等均符合中国法律的规定,并在设立过程中进行了必要的评估及验资程序,得到了有权审批部门的批准,公司的设立合法、有效。公司的股权设置、股本结构合法有效,注册资本已足额缴纳,公司产权界定和确认不存在纠纷及风险。

1.19　根据公司的各发起人确认,于本法律意见书出具之日,发起人所持有公司的股份未设置质押或被司法冻结。

● 公司的独立性

1.20　公司的资产完整

1.20.1　公司与各发起人的产权关系明晰。公司由国药控股整体变更设立,国药控股在变更为股份有限公司之时,是以国药控股经审计确认的净资产值折合为公司的股份总额(股本总额),并经验资机构审验确认,不存在发起人用作出资的资产的财产权转移之事项,公司的注册资本已足额缴纳。

1.20.2　公司独立、完整地拥有与经营有关的场所、配套设施、设备等相关资产。

公司及其子公司经国药集团授权可以使用国药集团现有的注册商标,因其性质属于香港联交所颁发的《香港联合交易所有限公司证券上市规则》(以下简称《上市规则》)定义的关连交易,经公司确认,公司将于获得香港联交所的批准后与国药集团签订商标许可使用合同,并在中国国家工商行政管理总局商标局办理备案手续。

1.21　公司的业务独立

1.21.1　公司主营医药流通领域的分销和零售。根据普华审计报告,公司2005年度、2006年度、2007年度及2008年1-6月的营业收入分别是【2,032,462.97】万元、【2,372,961.19】万元、【3,026,337.77】万元及【1,828,812.74】万元,归属于母公司的净利润分别为【14,821.13】万元、【14,856.28】万元、【35,745.97】万元及【28,348.54】万元。

1.21.2　公司拥有独立完整的采购、生产、供应、销售系统,具有独立面向市场从事经营活动的能力。

在公司的主营药品分销业务方面,公司自主向拜耳、罗氏、勃林格殷格翰等国际知名制药企业采购药品,并通过公司自主建设的物流服务系统销售至由医院、下游分销商、零售药店组成的自有客户网络。作为对分销业务的补充,公司在全国拥有数百家直营的和加盟的连锁药店,自主开展终端零售业务。

1.21.3　经本所律师合理核验及公司确认,公司未与股东订立任何委托经营、租赁经营的协议。

1.21.4　国药产投作为公司的控股股东,仅为中间层持股公司,本身不从事具体经营活动,也未投资其他企业。

经本所律师合理核验及公司确认,公司的业务独立于控股股东,公司与控股股东不存在显失公平的关联交易。

1.22　公司的机构独立

1.22.1　公司的注册地址在上海市福州路221号六楼,其下属企业的经营场所分布于全国各地;其控股股东国药产投的注册地址在上海市张江高科技园区郭守敬路351号1号楼506室,国药集团的注册地址在北京市海淀区知春路20号,公司其股东的经营和办公机构场所均分开。

1.22.2　公司具有独立的股东大会、董事会和监事会,这三个机构具有较为完善的议事程序,其运行亦符合公司《公司章程》的规定;同时公司已根据自身经营需要形成独立健全的职能部门组织,与其各股东的职能部门不重叠。(详见本法律意见书第十三部分"公司股东大会、董事会、监事会的议事规则及规范运作")

经本所律师适当核查,本所律师认为公司能够独立行使经营管理职权,与控股股东不存在机构混同的情形。

1.23　公司的人员独立

1.23.1　公司的经营和行政管理包括劳动、人事及工资管理等完全独立于各股东。经营管理班子包括总经理、副总经理、财务总监及其他部门负责人均专职在公司处工作,在公司处领取薪酬,未在股东国药产投或国药集团担任除董事、监事外的其他职务,亦未在控股股东领薪;公司的财务人员亦未在控股股东兼职。

1.23.2　公司的股东通过合法程序选举董事和非职工代表监事,不存在股东干预公司股东大会作出人事任免决定的情况,公司的高级管理人员均由董事会聘任,不存在股东单位干预公司董事会人事任免决定、越权任命的情况。

1.23.3　公司董事会成员的产生从候选人提名到选举,均符合《公司法》和《公司章程》的规定。公司股东大会作出的人事任免决定不受控股股东的干预。(详见本法律意见书第十四部分"公司董事、监事和高级管理人员及其变化")。

1.24　公司的财务独立

1.24.1　公司设置独立的财务部门。公司并结合自身业务性质、组织形态建立了独立的会计核算体系和财务管理制度,独立进行财务决策,具有规范的财务会计制度。

1.24.2　经本所律师核查,公司开立了独立的银行账户,不存在与控股股东及其控制的其他企业共用银行账户的情况。

1.24.3　经本所律师核查公司近三年的纳税申报资料,公司依法独立进行纳税申报和履行缴纳义务。

1.25　经本所律师合理核验,公司在

独立性方面不存在其他严重缺陷。

综合上述几个方面的核验，本所律师认为，公司在业务、人员、机构、财务和资产方面独立于其股东及其他关联方，具备直接面向市场独立经营的能力。

● 发起人和股东

1.26 公司的发起人

根据《国药控股股份有限公司发起人协议》，公司变更设立时，共有两家法人股东，即国药集团和国药产投。

1.26.1 国药集团

国药集团持有公司65,481,498股，占公司总股本的4%，股份性质为国有股。

国药集团系一家全民所有制企业，其出资人为国资委。根据中华人民共和国工商行政管理总局于2007年9月19日向其签发的《企业法人营业执照》（注册号：1000001000588），其住所为北京市海淀区知春路20号，注册资本为152,920万元，法定代表人为佘鲁林，成立日期为1998年11月26日，经营范围为医药企业受托管理、资产重组，医药实业投资项目的咨询服务，举办医疗器械的展览展销，中药材、中成药、中药饮片、化学原料药、化学药制剂、抗生素、生化药品、生物制品的批发。国药集团已通过2007年度工商年检。

1.26.2 国药产投

国药产投持有公司1,571,555,953股，占公司总股本的96%，股份性质为国有股，为公司的控股股东。

国药产投系一家依法设立的有限责任公司。根据上海市工商局于2008年7月28日向其签发的《企业法人营业执照》（注册号：310115001068765），国药产投注册资本为1亿元，成立日期为2008年5月6日，住所为上海市张江高科技园区郭守敬路351号1号楼506室，企业类型为有限责任公司（国有控股），法定代表人为佘鲁林，经营范围为实业投资、医药企业受托管理，资产重组，投资咨询（除经纪）。国药产投的成立目的仅为持有公司的股权，不从事日常经营活动，其股权结构如下：

| 股东名称 | 出资额（万元） | 持股比例 |
|---|---|---|
| 国药集团 | 5100 | 51% |
| 上海齐绅 | 4900 | 49% |

国药产投的股东之一上海齐绅系一家依法设立的有限责任公司。根据上海市工商局于2008年4月20日向其签发的《企业法人营业执照》（注册号：3102251015429），其注册资本为82,243万元，成立日期为2007年4月24日，住所为上海市南汇区康桥镇沪南公路2575号1208室（康桥），企业类型为一人有限责任公司，法定代表人为范邦翰，经营范围为投资管理（以上凡涉及行政许可的凭许可证经营）。复星医药为其唯一股东。上海齐绅已通过2007年度工商年检。

通过上述核验，本所律师认为，公司的两名股东均为依照中国法律设立并合法存续的法人，具备中国法律规定的担任发起人或进行出资的资格。

1.27 发起人的人数、住所和出资比例

如上所述，公司有2名发起人，该2名发起人均在中国境内有住所，符合《公司法》关于股份有限公司发起人人数及住所的规定。

公司股份总数由公司的2名发起人按各自原持有国药控股注册资本的出资比例分别持有，发起人的出资比例均不违反中国法律的规定。

1.28 发起人投入公司的资产

由于公司由有限责任公司整体变更设立，公司的股本总额是以国药控股经审计确认的全部净资产按照1∶0.8699比例折合，故不存在股东资产投入股份公司的法律障碍，也不存在投入资产或权利的权属证书的转移障碍或风险。股份公司各发起人的出资已经普华永道中天会计师事务所有限公司出具的普华永道中天验字(2008)第142号《验资报告》验证确认全部缴足,因此,各发起人投入公司的资产的产权关系清晰。

● 公司的业务

1.29 公司的经营范围和经营方式符合中国法律的规定。

1.29.1 根据《公司章程》及公司营业执照的记载,公司的经营范围为:实业投资控股,医药企业受托管理及资产重组,中成药、中药饮片、化学药制剂、化学原料药、抗生素、生化药品、生物制品、第二类精神药品、疫苗批发,国内贸易(除专项许可),物流配送及相关的咨询服务,经营各类商品和技术的进出口(不另附进出口商品目录),但国家限定公司经营或禁止进出口的商品及技术除外。(以上范围涉及许可经营的凭许可证经营)。公司各下属企业的经营范围请参见本法律意见书附表一。

经本所律师适当核查及经公司确认,公司及下属企业实际从事的业务及经营方式未超越各自经核准的经营范围和经营方式,符合有关中国法律的规定。

1.29.2 【经核查,公司及下属企业已依照中国法律的规定就所从事业务取得相应经营许可证或资质】,具体如下:

(1)公司通过附表二所列企业从事药品批发业务。

根据于2001年12月1日起施行的《中华人民共和国药品管理法》(以下简称《药品管理法》),药品批发企业需省、自治区、直辖市人民政府药品监督管理部门批准并发给《药品经营许可证》,否则不得经营药品。此外,药品经营企业还必须按照国务院药品监督管理部门制定的《药品经营质量管理规范》经营药品,取得省、自治区、直辖市药品监督管理部门签发的《药品经营质量管理规范认证证书》("GSP"证书)。【公司及其下属药品批发企业均已获得药品经营许可证及GSP证书,具体情况详见本法律意见书附表二】。

(i)麻醉药品和精神药品的批发经营许可

根据国务院颁布且于2005年11月1日起施行的《麻醉药品和精神药品管理条例》,国家对麻醉药品和精神药品实行定点经营制度。跨省、自治区、直辖市从事麻醉药品和第一类精神药品批发业务的企业(以下简称全国性批发企业),应当经国务院药品监督管理部门批准;在本省、自治区、直辖市行政区域内从事麻醉药品和第一类精神药品批发业务的企业(以下简称区域性批发企业),应当经所在地省、自治区、直辖市人民政府药品监督管理部门批准。专门从事第二类精神药品批发业务的企业,应当经所在地省、自治区、直辖市人民政府药品监督管理部门批准。全国性批发企业和区域性批发企业可以从事第二类精神药品批发业务。

公司子公司国药集团药业股份有限公司是经国家食品药品监督管理局审核批准的三大全国性麻醉药品和第一类精神药品定点批发企业之一,目前主要承担全国区域内的供货责任,在部分地区设立10个药品储存点,具体名单如下:

| 储存点名称 | 仓库所属企业名称 |
| --- | --- |
| 南京储存点 | 江苏省医药公司 |
| 济南储存点 | 山东天地医药有限公司 |
| 杭州储存点 | 华东医药股份有限公司 |
| 合肥储存点 | 安徽省医药(集团)股份有限公司 |
| 武汉储存点 | 湖北医药集团有限公司武汉药品分公司 |
| 长沙储存点 | 湖南双鹤医药有限公司 |
| 广州储存点 | 国药控股广州有限公司 |

续表

| 储存点名称 | 仓库所属企业名称 |
|---|---|
| 南宁储存点 | 国药控股南宁有限公司 |
| 成都储存点 | 四川省医药有限公司 |
| 昆明储存点 | 云南省医药有限公司 |

经本所律师核查，公司子公司国药控股广州有限公司、国药控股柳州有限公司、国药控股沈阳有限公司、国药控股南宁有限公司是经企业所在地省、自治区、直辖市人民政府药品监督管理部门批准在本省、自治区、直辖市行政区域内从事麻醉药品和第一类精神药品批发业务的企业。

（ii）兴奋剂目录所列禁用物质的批发经营许可

根据自2004年3月1日起施行的《反兴奋剂条例》，国家对兴奋剂目录所列禁用物质实行严格管理，药品批发企业经省、自治区、直辖市人民政府食品药品监督管理部门批准，方可经营兴奋剂目录所列蛋白同化制剂、肽类激素。

经本所律师核查，公司子公司国药集团药业股份有限公司、国药控股柳州有限公司、国药控股柳州有限公司荣军批发商场和国药控股南宁有限公司均经所在地省、自治区、直辖市人民政府食品药品监督管理部门批准具有蛋白同化制剂、肽类激素的批发经营资质。

（iii）以互联网为媒介的药品经营许可

根据国家食品药品监督管理局颁布且于2005年12月1日起施行的《互联网药品交易服务审批暂行规定》，药品批发企业通过自身网站与本企业成员之外的其他企业进行的互联网药品交易属于互联网药品交易服务，必须经过审查验收并取得省、自治区、直辖市（食品）药品监督管理部门签发的互联网药品交易服务机构资格证书。

公司子公司国药控股（郑州）九瑞股份有限公司（以下简称国控九瑞）于2007年11月15日已获河南省食品药品监督管理局签发的《互联网药品交易服务资格证书》（编号：豫B20070001），网站名称为药品网—网络药品信息，网络域名为http://www.ypwang.com.cn，服务范围为与其他企业进行药品交易，有效期至2012年11月14日。

根据国家食品药品监督管理局颁布且于2004年5月28日起施行《互联网药品信息服务管理办法》，通过互联网向上网用户无偿提供公开的、共享性药品信息等服务的活动属于非经营性互联网药品信息服务，该网站应向主办单位所在地省、自治区、直辖市（食品）药品监督管理部门提出申请，经审核同意后取得提供互联网药品信息服务的资格，然后应当在向国务院信息产业主管部门或者省级电信管理机构申请办理经营许可证或者办理备案手续。

国控九瑞于2006年11月17日已获河南省食品药品监督管理局签发的《互联网药品信息服务资格证书》（编号：（豫）—非经营性－2006－0009），网站域名为http://www.ypwang.com.cn，服务性质：非经营性，有效期至2011年11月16日。并已在河南省通信管理局办理了备案手续（豫ICP备06019001号）。

（2）公司通过附表三所列企业从事药品物流配送及第三方物流业务。

根据于2004年7月1日起施行的《中华人民共和国道路运输条例》规定，企业从事货物运输经营的，应当取得道路运输经营许可证。公司下属物流企业均已取得道路运输经营许可，具体情况详见本法律意见书附表三。

（3）公司通过附表四所列企业从事药品零售业务。

根据《药品管理法》的规定,药品零售企业需县级以上地方药品监督管理部门批准并发给《药品经营许可证》,否则不得经营药品。此外,药品零售企业还必须按照国务院药品监督管理部门制定的《药品经营质量管理规范》经营药品,取得 GSP 证书。【公司下属药品零售企业均已获得药品经营许可证及 GSP 证书,具体情况详见本法律意见书附表四】

国药控股国大药房有限公司控制的上海国大药房连锁有限公司、江苏大德生药房医药连锁有限公司、浙江英特药房有限公司等公司以及深圳市一致医药连锁有限公司招揽加盟商开设药店,通过签订合同授予他人使用其标识、字号等,为其提供统一配送服务,提供管理支持,属于特许经营范畴。根据《商业特许经营管理条例》(2007 年 5 月 1 日起施行)、《商业特许经营备案管理办法》(2007 年 5 月 1 日起施行)及《商业特许经营信息披露管理办法》(2007 年 5 月 1 日起施行)规定,特许经营必须向商务主管部门备案。目前,深圳市一致医药连锁有限公司已完成了跨省连锁经营备案,而国药控股国大药房有限公司正在向商务部申请办理跨省连锁经营备案。

(4)公司通过附表五所列企业从事药品生产业务和化学试剂生产经营业务。

(i)药品生产业务

根据《药品管理法》的规定,药品生产企业需取得《药品生产许可证》,否则不得生产及销售药品。此外,药品生产企业还必须按照国务院药品监督管理部门制定的《药品生产质量管理规范》组织生产,取得药品生产质量管理规范认证证书("GMP"证书)。公司下属药品生产企业均已获得药品生产许可证及 GMP 证书,具体情况详见本法律意见书附表五。

此外,根据《药品管理法》及国家食品药品监督管理局于 2005 年 2 月 28 日颁布并于 2005 年 5 月 1 日起实施的《药品注册管理办法》,生产新药或者已有国家标准的药品,须经国务院药品监督管理部门批准,并发给《药品注册批件》及药品批准文号。药品生产企业在取得《药品注册批件》及药品批准文号后,方可生产该药品;但生产没有实施批准文号管理的中药材和中药饮片除外。【公司药品生产企业拥有常年生产的药品注册批件约【167】件,具体情况详见本法律意见书附表六】。

公司子公司广西一致中药饮片有限公司主要从事中药饮片的炮制业务,不需取得药品批准文号。

(ii)化学试剂生产经营业务

化学试剂是特殊化工产品,在生产、销售过程中要求严格的安全措施和管理。目前我国对危险化学品的生产、销售实行严格的许可证制度。公司下属化学试剂生产、销售企业共八家,其中:化学试剂生产企业一家,化学试剂销售企业七家。

根据于 2002 年 3 月 15 日起施行的《危险化学品安全管理条例》规定,国家对危险化学品的生产和储存实行统一规划、合理布局和严格控制,并对危险化学品生产、储存实行审批制度;未经审批,任何单位和个人都不得生产、储存危险化学品。另据 2005 年 11 月 1 日起施行的《工业产品生产许可证管理条例实施办法》,国家对重要工业产品实行生产许可证制度管理,任何企业未取得生产许可证不得生产实行生产许可证制度管理的产品。据此,涉及生产危险化学品的化学试剂企业需具备《安全生产许可证》和《全国工业产品生产许可证》方可进行危险化学品的生产与销售。公司下属化学试剂生产企业—太仓沪试试剂有限公司已获得《安全生产许可证》和《全国工业产品生产许可证》,具体情况详见本法律意见书附表五。

根据自2002年11月15日起施行的《危险化学品经营许可证管理办法》规定，国家对危险化学品经营销售实行许可制度，经营销售危险化学品的单位，应当取得《危险化学品经营许可证》。危险化学品生产单位销售本单位生产的危险化学品，不再办理经营许可证，但销售非本单位生产的危险化学品或在厂外设立销售网点，仍须办理经营许可证。据此，危险化学品的销售企业须具备《危险化学品经营许可证》。公司下属化学试剂销售企业均已获得《危险化学品经营许可证》，具体情况详见本法律意见书附表五。

根据自2005年11月1日起施行的《易制毒化学品管理条例》，国家对易制毒化学品的生产、经营、购买、运输和进口、出口实行分类管理和许可制度。易制毒化学品分为三类：第一类是可以用于制毒的主要原料，第二类、第三类是可以用于制毒的化学配剂。申请生产第一类易制毒化学品，应经相关行政主管部门审批，取得生产许可证后，方可进行生产。申请生产第一类中的药品类易制毒化学品的，由国务院食品药品监督管理部门审批；申请生产第一类中的非药品类易制毒化学品的，由省、自治区、直辖市人民政府安全生产监督管理部门审批。生产第二类、第三类易制毒化学品及经营第二类易制毒化学品的，应向所在地的设区的市级人民政府安全生产监督管理部门备案。经营第三类易制毒化学品的，应向所在地的县级人民政府安全生产监督管理部门备案。化学试剂生产、销售企业涉及易制毒化学品生产经营的，应获得相应的监督管理部门的审批或取得备案证明。公司下属化学试剂生产、销售企业除上海沃恺化学试剂有限公司尚未实际经营该部分业务外均已获得相应的非药品类易制毒化学品经营许可证或易制毒化学品生产经营备案证明，具体情况详见详见本法律意见书附表五。

此外，根据《危险化学品安全管理条例》规定，国家对危险化学品的运输实行资质认定制度；未经资质认定，不得运输危险化学品。化学试剂生产、销售企业运输危险化学品需取得《道路危险货物运输许可证》或委托有资质的运输企业运输。公司下属化学试剂生产、销售企业拥有《道路危险货物运输许可证》共3家，具体情况详见本法律意见书附表五。

1.30 经本所律师适当核查，公司自设立以来，经营范围进行了如下变更：

1.30.1 2003年1月8日，国药控股设立时，经营范围为：中成药（含参茸银耳）、化学原料药、化学药制剂、抗生素、生化药品、生物制品、诊断药品批发，实业投资，医药企业受托管理及资产重组，国内贸易（除专项许可），物流配送及相关的咨询服务。（涉及许可经营的凭许可证经营）

1.30.2 2004年4月23日，国药控股的经营范围变更为：中成药（含参茸银耳）、化学原料药、化学药制剂、抗生素、生化药品，生物制品、诊断药品批发，实业投资，医药企业受托管理及资产重组，国内贸易（除专项许可），物流配送及相关的咨询服务，经营各类商品和技术的进出口（不另附进出口商品目录），但国家限定公司经营或禁止进出口的商品及技术除外。（以上范围涉及许可经营的凭许可证经营）。

1.30.3 2004年5月28日，国药控股的经营范围变更为：实业投资控股，医药企业受托管理及资产重组，中成药（含参茸银耳）、化学原料药、化学药制剂、抗生素、生化药品、生物制品、诊断药品批发，国内贸易（除专项许可），物流配送及相关的咨询服务，经营各类商品和技术的进出口（不另附进出口商品目录），但国家限定公司经营或禁止进出口的商品及技术除外。

(以上范围涉及许可经营的凭许可证经营)。

1.30.4　2008年6月11日,国药控股的经营范围变更为:实业投资控股,医药企业受托管理及资产重组,中成药、中药饮片、化学药制剂、化学原料药、抗生素、生化药品、生物制品、第二类精神药品、疫苗批发,国内贸易(除专项许可),物流配送及相关的咨询服务,经营各类商品和技术的进出口(不另附进出口商品目录),但国家限定公司经营或禁止进出口的商品及技术除外。(以上范围涉及许可经营的凭许可证经营)。

经本所律师核查,上述经营范围的变更均依法履行了决策程序,相应修改了公司的章程,取得了审批机关的批准,并办理了工商变更登记,该等变更合法有效。

1.31　根据公司的确认以及本所律师的适当核查,公司未在中国大陆以外从事经营活动。

1.32　公司主营业务突出。

根据普华审计报告,公司2005年度、2006年度、2007年度及2008年1-6月的营业收入分别是【2,032,462.97】万元、【2,372,961.19】万元、【3,026,337.77】万元及【1,828,812.74】万元,归属于母公司的净利润分别为【14,821.13】万元、【14,856.28】万元、【35,745.97】万元及【28,348.54】万元,其业务十分突出且增长迅速。

1.33　根据公司的确认及本所律师核查,公司现有生产经营范围符合国家产业政策,且公司现行章程、合同、协议及公司作为一方主体签署的法律文件均不存在妨碍公司持续经营的法律障碍。

● 关联交易及同业竞争

1.34　关联方

根据国家财政部颁布的《企业会计准则第36号-关联方披露》的规定,结合本所律师核验的公司的实际情况,公司的关联方主要如下:

1.34.1　持有公司5%以上的股份的股东

国药产投持有公司96%的股份,为持有公司5%以上股份的股东。

1.34.2　存在控制关系的企业及其控股企业

国药集团直接持有公司4%的股份,透过国药产投间接控制公司96%的股份。

国药集团控股的其他企业也构成公司的关联方,国药集团下属全资和控制的企业主要包括中国医药工业有限公司、中国医药对外贸易公司、中国医疗器械工业公司、中国药材集团公司、国药励展展览有限责任公司、中国医药集团总公司四川抗菌素工业研究所、中国医药集团联合工程有限公司等。

1.34.3　重大影响投资人及其控股企业

上海齐绅持有国药产投49%的股权,为对公司有重大影响投资人,其控股股东为复星医药,实际控制人为郭广昌,郭广昌控制的其他企业也构成公司的关联方。郭广昌控制的企业主要包括复星国际有限公司、上海复星高科技(集团)有限公司、复星医药、复地(集团)股份有限公司、南京钢铁联合有限公司、上海广信科技发展有限公司、上海复星高新技术发展有限公司及各自下属企业。

1.34.4　公司直接或间接控制的企业及主要合营、联营企业

(1)公司直接或间接控制的企业详见本法律意见书附表一。

(2)公司主要联营企业主要包括宜昌人福药业有限责任公司、青海制药(集团)有限责任公司、深圳万乐药业有限公司、国药集团上海医疗器械有限公司、上海东虹医药有限公司、国药集团上海立康医药股

份有限公司、国药控股湖北新龙有限公司。

1.35　关联交易

1.35.1　已发生的关联交易

根据本所律师的适当核查及普华审计报告，公司近三年与关联方发生的主要关联交易情况如下：

(1)销售货物

单位：元

| 关联单位名称 | 2008年1月1日至6月30日止期间 | | 2007年度 | | 2006年度 | | 2005年度 | |
|---|---|---|---|---|---|---|---|---|
| | 金额 | 比例(%) | 金额 | 比例(%) | 金额 | 比例(%) | 金额 | 比例(%) |
| 宜昌人福药业有限责任公司 | 219,398,671 | 51.63 | 236,193,990 | 34.50 | 153,948,712 | 24.09 | 117,725,203 | 22.12 |
| 中国医药对外贸易公司 | 73,217,702 | 17.23 | 125,805,768 | 18.38 | 117,192,993 | 18.34 | 54,882,536 | 10.31 |
| 费森尤斯卡比(中国)投资有限公司 | 32,394,066 | 7.62 | 92,926,899 | 13.57 | 80,304,586 | 12.57 | 57,844,003 | 10.87 |
| 国药集团上海立康医药股份有限公司 | 20,290,619 | 4.77 | 29,630,625 | 4.33 | 17,348,998 | 2.72 | 13,030,045 | 2.45 |
| 广东南方医药对外贸易有限公司 | 17,429,566 | 4.10 | 42,976,406 | 6.28 | 30,686,898 | 4.80 | 32,616,778 | 6.13 |
| 青海制药(集团)有限责任公司 | 16,047,788 | 3.78 | 22,377,248 | 3.27 | 14,212,947 | 2.22 | 18,382,089 | 3.45 |
| 广东东方新特药公司 | 11,475,557 | 2.70 | 25,875,772 | 3.78 | 19,956,737 | 3.12 | 14,377,035 | 2.70 |
| 北京中欣医药经营公司 | 10,165,536 | 2.39 | 20,949,053 | 3.06 | 17,423,349 | 2.73 | 16,748,976 | 3.15 |
| 上海东虹医药有限公司 | 8,305,751 | 1.95 | 15,663,934 | 2.29 | 14,391,523 | 2.25 | 8,976,872 | 1.69 |
| 中国药材集团公司 | 7,808,610 | 1.84 | 6,684,687 | 0.98 | 6,343,573 | 0.99 | 12,804,443 | 2.41 |
| 深圳万乐药业有限公司 | 3,237,047 | 0.76 | 6,921,196 | 1.01 | 4,973,957 | 0.78 | 3,110,684 | 0.58 |
| 中国医药工业有限公司 | 1,603,351 | 0.38 | 2,082,112 | 0.30 | 1,145,346 | 0.18 | 280,445 | 0.05 |
| 国药集团工业股份有限公司 | 1,436,228 | 0.34 | – | – | 100,497,427 | 15.73 | 128,886,249 | 24.22 |
| 国药控股湖北新龙有限公司 | 755,292 | 0.18 | 762,118 | 0.11 | – | 0.00 | – | – |
| 无锡华瑞制药有限公司 | 599,700 | 0.14 | 815,373 | 0.12 | 660,774 | 0.10 | 1,094,221 | 0.21 |
| 中国医药集团总公司 | 550,794 | 0.13 | 9885 | 0.00 | – | – | – | – |

续表

| 关联单位名称 | 2008年1月1日至6月30日止期间 | | 2007年度 | | 2006年度 | | 2005年度 | |
|---|---|---|---|---|---|---|---|---|
| | 金额 | 比例(%) | 金额 | 比例(%) | 金额 | 比例(%) | 金额 | 比例(%) |
| 国药集团上海医疗器械有限公司 | 200,526 | 0.05 | 313,770 | 0.05 | 282,892 | 0.04 | 340,615 | 0.06 |
| 湖北怡保国际医药有限公司 | 14,010 | 0.00 | – | – | – | – | – | – |
| 河北省医药药材公司 | 13,149 | 0.00 | – | – | 213,871 | 0.03 | – | – |
| 国药控股江苏有限公司 | – | – | 30,494 | 0.00 | – | – | – | – |
| 北京国药前景口腔技术有限公司 | 1680 | 0.00 | 23,335 | 0.00 | 75,129 | 0.01 | 31,193 | 0.01 |
| 中国大冢制药有限公司 | 416 | 0.00 | 10,386,255 | 1.52 | 9,774,041 | 1.53 | 9,073,016 | 1.70 |
| 天津百特医疗用品有限公司 | – | – | 36,377,380 | 5.31 | 30,806,529 | 4.82 | 29,507,501 | 5.54 |
| 天津华立达生物工程有限公司 | – | – | 3,673,202 | 0.54 | 2,182,202 | 0.34 | 1,837,430 | 0.35 |
| 广西梧州华梧药材有限公司 | – | – | 2,784,008 | 0.41 | 2,255,223 | 0.35 | – | – |
| 天津塞诺制药有限公司 | – | – | 1,289,097 | 0.19 | 605,913 | 0.09 | 60,712 | 0.01 |
| 成都中新药业有限公司 | – | – | 71,795 | 0.01 | 5,082,262 | 0.80 | 4,153,054 | 0.78 |
| 国药集团北京医疗器械有限公司 | – | – | 8827 | 0.00 | 139,241 | 0.02 | 62,047 | 0.01 |
| 广东仁博医疗器材有限公司 | – | – | 480 | 0.00 | – | – | 449 | 0.00 |
| 天津市中央药业有限公司 | – | – | – | – | 3,580,385 | 0.56 | 2,298,885 | 0.43 |
| 天津新丰制药有限公司 | – | – | – | – | 3,053,549 | 0.48 | 2,115,572 | 0.40 |
| 华颐药业有限公司 | – | – | – | – | 1,278,046 | 0.20 | 1,219,561 | 0.23 |
| 广东天量医药有限公司 | – | – | – | – | 382,654 | 0.06 | – | – |
| 天津中新药业股份有限公司 | – | – | – | – | 90,308 | 0.01 | 481,846 | 0.09 |
| 国药健与康保健有限公司 | – | – | – | – | 81,951 | 0.01 | 105,481 | 0.02 |

续表

| 关联单位名称 | 2008年1月1日至6月30日止期间 | | 2007年度 | | 2006年度 | | 2005年度 | |
|---|---|---|---|---|---|---|---|---|
| | 金额 | 比例(%) | 金额 | 比例(%) | 金额 | 比例(%) | 金额 | 比例(%) |
| 华禾药业股份有限公司 | – | – | – | – | 17,117 | 0.00 | 14,009 | 0.00 |
| 北京中冠药业有限责任公司 | – | – | – | – | – | – | 108,721 | 0.02 |
| 合计 | 424,946,059 | | 684,633,709 | | 638,989,133 | | 532,169,671 | |

(2)采购货物

单位:元

| 关联单位名称 | 2008年1月1日至6月30日止期间 | | 2007年度 | | 2006年度 | | 2005年度 | |
|---|---|---|---|---|---|---|---|---|
| | 金额 | 比例(%) | 金额 | 比例(%) | 金额 | 比例(%) | 金额 | 比例(%) |
| 上海东虹医药有限公司 | 85,731,123 | 49.63 | 156,239,428 | 39.27 | 137,056,056 | 41.83 | 11,570,251 | 7.39 |
| 国药控股江苏有限公司 | – | – | 77,701,386 | 19.53 | 45,558,699 | 13.90 | 29,736,834 | 19.00 |
| 国药集团上海立康医药股份有限公司 | 25,819,385 | 14.95 | 60,530,029 | 15.21 | 32,942,114 | 10.05 | 33,029,885 | 21.11 |
| 湖北怡保国际医药有限公司 | 19,645,350 | 11.37 | 52,055,632 | 13.08 | 42,781,802 | 13.06 | 31,482,598 | 20.12 |
| 国药控股湖北新龙有限公司 | 17,440,437 | 10.10 | 5,927,513 | 1.49 | – | – | – | – |
| 广西国大药方连锁有限公司 | 5,518,955 | 3.19 | 9,162,230 | 2.30 | 7,556,143 | 2.31 | 1,428,527 | 0.91 |
| 广东南方医药对外贸易有限公司 | 4,929,298 | 2.85 | 6,626,214 | 1.67 | 17,826,025 | 5.44 | 7,638,461 | 4.88 |
| 北京中欣医药经营公司 | 3,414,640 | 1.98 | 3,364,481 | 0.85 | 562,863 | 0.17 | 1,671,730 | 1.07 |
| 中国医药工业有限公司 | 3,078,223 | 1.78 | 8,716,652 | 2.19 | 6,035,219 | 1.84 | 5,732,155 | 3.66 |
| 中国医药对外贸易公司 | 1,918,009 | 1.11 | 8,217,380 | 2.07 | 7,192,517 | 2.19 | 13,544,167 | 8.66 |
| 中国医药集团四川抗菌素研究所 | 1,630,150 | 0.94 | – | – | – | – | – | – |
| 广东东方新特药公司 | 1,327,901 | 0.77 | 2,375,328 | 0.60 | 12,799,134 | 3.91 | 4,807,202 | 3.07 |

续表

| 关联单位名称 | 2008年1月1日至6月30日止期间 | | 2007年度 | | 2006年度 | | 2005年度 | |
|---|---|---|---|---|---|---|---|---|
| | 金额 | 比例(%) | 金额 | 比例(%) | 金额 | 比例(%) | 金额 | 比例(%) |
| 中国药材集团公司 | 1,236,968 | 0.72 | 3,092,074 | 0.78 | 2,776,557 | 0.85 | 2,932,929 | 1.87 |
| 扬州医药集团高邮医药有限公司 | 309,994 | 0.18 | – | – | – | – | – | – |
| 中国药材集团公司承德药材有限责任公司 | 253,502 | 0.15 | 349,491 | 0.09 | 254,082 | 0.08 | 435,734 | 0.28 |
| 国药集团北京医疗器械有限公司 | 145,941 | 0.08 | – | – | – | – | – | – |
| 成都中新药业有限公司 | 137,661 | 0.08 | 658,284 | 0.17 | 725,738 | 0.22 | 1,114,770 | 0.71 |
| 广西梧州华梧药材有限公司 | 106,373 | 0.06 | 169,750 | 0.04 | – | – | – | – |
| 河北省医药药材公司 | 57,552 | 0.03 | – | – | 13,588 | 0.00 | – | – |
| 广东天量医药有限公司 | 49,707 | 0.03 | 1,557,997 | 0.39 | 3,891,007 | 1.19 | 3,630,259 | 2.32 |
| 国药集团工业股份有限公司 | – | – | 1,100,000 | 0.28 | 8,280,255 | 2.53 | 7,701,262 | 4.92 |
| 广东仁博医疗器材有限公司 | – | – | 19,440 | 0.00 | 1,174,938 | 0.36 | 8775 | 0.01 |
| 中国医药集团总公司 | – | – | 10,256 | 0.00 | – | – | – | – |
| 国药集团上海医疗器械有限公司 | – | – | – | – | 252,664 | 0.08 | – | – |
| 青海制药(集团)有限责任公司 | – | – | – | – | – | – | 11,894 | 0.01 |
| 北京国仁堂医药有限公司 | – | – | – | – | – | – | 10,590 | 0.01 |
| 合计 | 172,751,169 | – | 397,873,565 | – | 327,679,401 | – | 156,488,023 | – |

经公司确认,公司与关联方之间就采购货物、销售货物产生的关联交易均采用参照市场价格的方式进行定价。

(3)利息费用

单位:元

| 关联单位名称 | 2008年1月1日至6月30日止期间 | 2007年度 | 2006年度 | 2005年度 |
|---|---|---|---|---|
| | 金额 | 金额 | 金额 | 金额 |
| 国药集团 | 9,487,961 | 24,264,111 | 10,849,437 | 986,312 |

(4)利息收入

单位:元

| 关联单位名称 | 2008年1月1日至6月30日止期间 | 2007年度 | 2006年度 | 2005年度 |
|---|---|---|---|---|
| | 金额 | 金额 | 金额 | 金额 |
| 国药集团上海立康医药股份有限公司 | 656,801 | 270,059 | – | – |
| 宜昌人福药业有限责任公司 | – | 1,266,152 | – | – |
| 国药控股江苏有限公司 | – | 307,800 | – | – |
| 青海制药(集团)有限责任公司 | – | 143,727 | – | – |
| 合计 | 656,801 | 1,987,738 | – | – |

(5)关键管理人员薪酬

单位:元

| 科目 | 2008年1月1日至6月30日止期间 | 2007年度 | 2006年度 | 2005年度 |
|---|---|---|---|---|
| | 金额 | 金额 | 金额 | 金额 |
| 工资、奖金及其他福利 | 2,870,185 | 10,129,824 | 8,108,061 | 5,741,677 |

本所律师认为,公司与其关联方之间发生的关联交易不违反中国法律的规定,合法有效,亦无显失公允及损害公司及其他股东的利益的情形。

1.35.2　公司上市后将持续进行的关联交易

公司确认,本次发行上市后,公司将持续进行的关联交易种类主要包括:

(1)继续向国药集团及其附属公司、上海复星医药(集团)股份有限公司及其附属公司采购药品;

(2)继续向国药集团及其附属公司、上海复星医药(集团)股份有限公司及其附属公司销售药品;

(3)继续向国药集团及其附属公司、上海复星医药(集团)股份有限公司及其附属公司销售化学试剂;

(4)继续经国药集团许可使用国药集团拥有的注册商标。

公司确认,就上述将持续进行的关联交易,公司与关联方将遵守公司制定的有关关联交易制度规定,按照市场公允的价格和一般商业条款签署相关关联交易协议,并符合上市地上市规则对关联交易的披露、公告及批准要求。

1.36　公司关联交易决策制度

1.36.1　经本所律师核查,公司主要在现行《公司章程》中明确规定了控股股东及实际控制人的义务、关联交易的决策程序及回避制度。具体如下:

(1)《公司章程》第38条规定:公司的控股股东、实际控制人员不得利用其关联关系损害公司利益。违反规定的,给公司造成损失的,应当承担赔偿责任。

(2)《公司章程》第40条规定:对股东、实际控制人及其关联方提供的担保须经股东大会审议通过。

(3)《公司章程》第76条规定:股东大会审议有关关联交易事项时,关联股东不应当参与投票表决,其所代表的有表决权的股份数不计入有效表决总数,股东大会决议应当充分披露非关联股东的表决情况。有关联关系的股东可以自行申请回避,本公司其他股东及公司董事会可以申请有关联关系的股东回避。如因关联股东回避、导致审议关联交易事项的非关联股东少于2名的,该等关联交易事项授权董事会依照本章程第一百二十二条规定进行审议、表决。

(4)《公司章程》第122条规定:公司董事与董事会会议决议事项所涉及的企业有关联关系的,不得对该项决议行使表决权,也不得代理其他董事行使表决权。该董事会会议由过半数且不少于3名的无关联关系董事出席即可举行,董事会会议所作决议须经无关联关系董事过半数且不少于3名通过。

为本次发行上市的需要,公司拟订了H股章程(草案),并于2008年10月8日经公司2008年第一次临时股东大会审议通过。该H股章程(草案)中也对控股股东及实际控制人的义务、关联交易的决策程序及回避制度进行了相应的规定。

1.36.2 公司并确认,公司于香港联交所上市后,有关关联交易的决策权限及披露将遵循H股章程(草案)及《上市规则》的相关规定。

1.37 同业竞争

1.37.1 经本所律师适当核查及经公司和国药产投确认,国药产投作为中间层持股公司的目的设立,本身不从事具体经营活动,亦未投资其他企业,因此不会与公司构成同业竞争。

公司并确认,国药集团对下属主要全资或控股企业有着明确的业务定位及发展规划,国药集团的医药流通业务主要集中于公司,而医药工业、中药、医疗器械及其他医药相关服务业务则分布于其他下属子公司。目前国药集团控制的中国医药工业有限公司、中国医药对外贸易有限公司、广东南方医药对外贸易公司、北京中欣医药经营公司、广东东方新特药公司、湖北怡保国际医药有限公司、中国医药工业公司天津联营公司等企业仍存在少量的西药流通业务,但是这些业务在品规、地域、供应商等方面与公司经营的分销业务有所区分,因此对公司的医药分销业务不构成实质竞争。

1.37.2 解决同业竞争的措施

(1)为解决与公司的同业竞争问题,国药集团向公司出具承诺函,承诺:国药集团在现有少量的与公司主营业务构成竞争的业务以外,国药集团及其所控制的法人(包括其附属企业)均不再从事任何与公司主营业务构成竞争的业务,不进行任何可能导致公司利益受损的活动;保证向公司提供其所知悉或获得的与公司的主营业务构成竞争的业务机会,并尽其最大努力促使该等业务机会按不低于向国药集团提供的条款及条件首先向公司提供;授予公司选择权和优先权以购买与公司的主营业务构成竞争的国药集团的任何资产及业务。

因此,本所律师认为公司的实际控制人已就目前存在的及今后可能发生的同业竞争采取了合理、有效的解决措施。

● 公司的主要财产

1.38 公司的对外投资权益

【根据公司的确认及本所律师的核验,截至本法律意见书出具日,公司主要对外投资了本法律意见书附表一所列之【80】家子企业,该等企业均列入公司财务合并报表范围的，公司合法拥有该等对外投资权益，具体情况详见本法律意见书附表一】。

1.39　公司的知识产权及其他重要财产权利

截至本法律意见书出具日，公司及其控制的企业拥有【106】个注册商标及【56】项正在申请的专利、【2】项专利及【7】项正在申请的专利，详见本法律意见书附表七和附表八。

公司控制的企业还拥有以下新药品种：

| 序号 | 新药证书持有者 | 药品通用名称 | 新药证书编号 | 备 注 |
|---|---|---|---|---|
| 1 | 深圳致君制药有限公司 | 愈酚伪麻待因口服溶液 | 国药证字 H20051839 | 监测期至 2008 年 12 月 27 日 |
| 2 | 深圳致君制药有限公司 | 那格列奈胶囊 | 国药证字 H20060710 | 过渡期至 2009 年 7 月 12 日 |
| 3 | 国药集团国瑞药业有限公司 | 吡嘧司特钾片 | 国药证字 H20051779 | 过渡期至 2009 年 1 月 23 日，与南京华威医药科技开发有限公司共同持有 |
| 4 | 国药集团国瑞药业有限公司 | 拉呋替丁胶囊 | 国药证字 20070023 | 监测期至 2009 年 5 月 11 日，与合肥信风科技开发有限公司共同持有 |

1.40　公司的物业权益

1.40.1　土地使用权（详见本法律意见书附表九）

（1）公司及其下属企业已取得 18 宗面积总计为 449,783.48 平方米的宗地的出让类型的国有土地使用证。本所律师认为，公司及其控股子公司在该等土地使用证所载明的使用期限内合法拥有前述国有土地使用权，有权在该使用期限内依法占有、使用、收益、转让、出租、抵押或以其他方式处置该等国有土地使用权，唯转让、出租已被抵押的物业应征得抵押权人同意，或应通知抵押权人并将转让或出租的收益优先用于清偿所抵押担保的债务。

（2）公司及其下属企业拥有或占有的 9 宗面积合计为 89,524.18 平方米的土地已经被列入政府规划范围，现时无法办理土地出让手续。

（3）公司及其下属企业已取得 4 宗面积合计为 25,872.16 平方米的划拨类型的土地的国有土地使用证。根据《中华人民共和国城镇国有土地使用权出让和转让暂行条例》及其他有关规定，本所律师认为，公司及其下属企业有权在持有国有土地使用证期间，依法占有、使用或经批准转让、出租、抵押或以其他方式处置该处土地，唯转让、出租、抵押该土地时，须按照有关规定向土地管理部门办理出让手续、补交土地出让金或土地增值收益金。

（4）公司已经就 2 宗面积合计为 53,019.90平方米的土地与有权国土资源管理机关签署了土地出让合同，并足额支付了土地出让金，本所律师认为公司取得该等土地的使用证不存在法律障碍。

（5）公司现时正就 2 宗合计面积为 48,354.17 平方米的土地办理出让手续。

1.40.2　房屋所有权（详见本法律意见书附表十）

（1）公司及其控股子公司已取得 162 处建筑面积总计为 188,793.33 平方米房产所相应的房屋所有权证。本所律师认为,公司及其控股企业在该等房屋所有权证所载明的使用期限内合法拥有前述房屋,有权在该使用期限内依法占有、使用、收益、转让、出租、抵押或以其他方式处置该等房屋,唯转让、出租已被抵押的物业应征得抵押权人同意,或应通知抵押权人并将转让或出租的收益优先用于清偿所抵押担保的债务。

(2)公司及其子公司已取得48处建筑面积总计为63,532.99平方米房产取得相应的房屋所有权证,但未就该等房屋取得相应的国有土地使用证或该等房屋系建造于划拨土地上的房屋,根据《中华人民共和国城镇国有土地使用权出让和转让暂行条例》、《中华人民共和国城市房地产管理法》及其他有关地方规定,本所律师认为,公司及其子公司有权在持有该房产的房屋所有权证期间,依法占有、使用、收益或经批准转让、出租、抵押或以其他方式处置该处房产(连同该房产所占用土地的土地使用权),唯转让、出租、抵押该处房产时,须按照有关规定向土地管理部门办理出让手续、补交土地出让金或土地增值收益金。

(3)公司及其下属企业已取得44处建筑面积总计为67,208.8平方米房产取得相应的房屋所有权证,但未就该等房屋取得相应的国有土地使用证或该等房屋系建造于划拨土地上的房屋,该等房屋及其所占土地现时已经列入政府规划范围,本所律师认为,公司及其下属企业现时无法就该等房屋所占土地办理出让手续。

(4)公司现时正就1处建筑面积为2405.84平方米房产所相应占有的国有土地租赁登记证的延期手续,本所律师确认公司的子公司办理该等租赁变更登记事项不存在法律障碍。

(5)公司及其下属企业占有、使用的42处建筑面积总计为10,299.92平方米房产未取得相应的房屋所有权证,其中5处建筑面积总计为1467.65平方米房产及其所占土地现时已经列入政府规划范围,本所律师认为,公司及其下属企业现时无法就该等房屋所占土地办理出让手续。

(6)公司及其下属企业占有、使用的6处建筑面积总计为52,725.77平方米房产未取得相应的房屋所有权证,该等房屋系建在出让土地上,且公司及其相关下属企业已经取得建设该等房产的《建设用地规划许可证》、《建设工程规划许可证》及《建筑工程施工许可证》,本所律师认为,公司及其相关下属企业取得该等房产的房屋所有权证不存在法律障碍。

1.40.3　租赁物业(详见本法律意见书附表十一)

(1)公司及其下属企业承租的386处建筑面积为129,646.89平方米的房产,出租方拥有该等房产的房屋所有权证或已经办理了租赁备案登记手续,经核查,该等租赁合法有效。

(2)公司及其下属企业承租的31处合计建筑面积为16,304.13平方米的房产,出租方未能提供该等房产的房屋所有权证或该房产的所有权人同意出租方转租该房产的证明文件,出租方亦因此未办理房屋租赁备案登记手续,该等处房产的出租方出具书面确认函,承诺赔偿公司或其下属企业因租赁房产存在权利瑕疵而受到的任何损失。本所律师认为,若出租方未拥有该等房产的所有权或取得房屋所有权人同意其转租的证明文件,出租方并因此亦未办理房屋租赁备案登记手续,则出租方无权出租上述房产。在此情况下,若第三方对该等房产的所有权或出租权提出异议,则可能影响公司及其下属企业继续承租该等房产。但公司及其下属企业仍可依据租赁合同向出租方进行索赔。

(3)公司及其下属企业承租的92处

合计建筑面积为32,150.54平方米的房产,出租方未能提供该等房产的房屋所有权证或该房产的所有权人同意出租方转租该房产的证明文件,出租方亦因此未办理房屋租赁备案登记手续。本所律师认为,若出租方未拥有该等房产的所有权或取得房屋所有权人同意其转租的证明文件,出租方并因此亦未办理房屋租赁备案登记手续,则出租方无权出租上述房产。在此情况下,若第三方对该等房产的所有权或出租权提出异议,则可能影响公司及其下属企业继续承租该等房产。

(4)公司及其下属企业承租的上述(2)、(3)中的房产均未办理房屋租赁备案登记手续。根据现行相关法律规定及实践案例,办理房屋租赁备案登记手续是出租方的义务,作为承租方的公司及其下属企业无须因此承担任何民事责任、行政处罚责任或刑事责任,但存在不能对抗善意第三方的风险。但(2)所述房产的出租方均已出具书面确认函,承诺赔偿公司及其下属企业因未办理房屋租赁备案登记手续而受到的任何损失(包括但不限于因搬迁或业务经营受影响所带来的所有损失),故本所律师认为,该等情形不会对公司及其下属企业的经营构成实质影响。

1.41　公司主要财产提供担保的情况

截至本法律意见书出具日,公司的子公司国药集团医药物流有限公司以其拥有的1宗土地使用权(合计面积33,522.32平方米)及其上在建工程为其向中国农业银行上海市浦东分行1亿元的借款提供担保并办理了抵押登记。

公司确认,除上述所披露情况外,公司对其主要财产的所有权或使用权的行使不存在受到限制的情况。

● 公司的重大债权债务

1.42　公司的合同之债

1.42.1　授信合同

经审查公司提供的合同文件,并根据公司经营情况,截至本报告出具之日,公司正在履行的标的金额在2亿元以上的授信合同如下:

(1)2007年12月26日,公司与中国光大银行上海分行签订编号为SX06070063的《综合授信协议》,约定在2007年12月3日至2008年12月3日期间,中国光大银行上海分行提供给公司合计8亿元的综合授信额度。

(2)2007年12月7日,公司与深圳发展银行股份有限公司上海南京西路支行签订编号为深发沪南京西综字第20071207001号的《综合授信额度合同》,约定在2008年2月25日至2009年2月25日期间,深圳发展银行股份有限公司上海南京西路支行提供给公司合计4亿元的综合授信额度。

(3)2008年4月11日,公司与招商银行股份有限公司上海泰兴支行签订编号为2008年泰字第21080308号的《授信协议》,约定在2008年期间,招商银行股份有限公司上海泰兴支行提供给公司合计2亿元的综合授信额度。

1.42.2　借款合同

经审查公司提供的合同文件,并根据公司经营情况,截至本报告出具之日,公司正在履行的标的金额在1亿元以上的借款合同如下:

2008年6月18日,公司与中国银行股份有限公司上海市杨浦支行签订了2008年国控字第3号《人民币借款合同》,向后者借款1亿元,借款期限为2008年6月18日至2008年12月17日,年利率为5.913%。该借款由公司提供保证担保。

1.42.3　担保合同

经审查公司提供的合同文件,并根据公司经营情况,截至本报告出具之日,公司正在履行的标的金额在1亿元以上的担保合同如下：

2004年11月11日，公司子公司国药集团医药物流有限公司与中国农业银行上海市浦东分行签订编号为沪浦农银抵字(2004)第320001号《抵押合同》，为该公司1亿元借款向中国农业银行上海市浦东分行提供抵押担保。抵押物为编号沪房地闸字2004第029293号房地产权证项下的在建工程和土地使用权，他项权证为200408030517号，抵押期限为2004年11月30日至2011年8月10日。

1.42.4 中央医药储备责任书

国药集团和公司签订《中央医药储备责任书》，安排由公司承担中央医药储备责任，累计占用中央储备资金175,307,483.74元。

1.42.5 重大业务合同

经审查公司提供的合同文件，并根据公司经营情况，截至本报告出具之日，公司正在履行的标的金额在1亿元以上或虽未达到1亿元但对生产经营活动、未来发展或财务状况具有重要影响的业务合同如下：

(1)2008年，上海罗氏制药有限公司与上海国药外高桥医药有限公司签订《药品销售合同》、一系列《购销备忘录》和《药品销售合同和购销备忘录的修改与说明》，约定前者指定后者在2008年1月1日至2008年12月31日期间作为其在全国区域的分销商，可由后者的任何关联方向罗氏制药采购药品。

(2)2008年3月27日，国药控股、上海国药外高桥医药有限公司、勃林格殷格翰国际贸易(上海)有限公司(以下简称勃林格贸易)和上海勃林格殷格翰药业有限公司(以下简称勃林格药业)签订《分销协议》，约定由国药控股在2006年4月1日至2009年12月31日期间作为勃林格贸易和勃林格药业指定的药品的分销商。此后，国药控股、上海国药外高桥医药有限公司、勃林格贸易和勃林格药业签署《分销协议转让合同》，国药控股将其在《分销协议》中的所有权利义务转让至上海国药外高桥医药有限公司，其他两方表示同意。

(3)2008年4月1日，公司子公司国药控股广州有限公司与北京诺华制药有限公司签订《2008年购销协议》，由前者在2008年1月1日至2008年12月31日作为后者在广东省区域的经销商，向后者采购并对外销售总额1.2亿元的产品。

(4)2008年1月1日，公司子公司国药控股广州有限公司与上海诺华贸易有限公司签订《2008年总经销商协议》，由前者在2008年1月1日至2008年12月31日作为后者在中国境内的总经销商。

(5)2008年1月1日，公司子公司国药控股广州有限公司与阿斯利康(无锡)贸易有限公司签订《2008年度经销协议》，由前者在2008年1月1日至2008年12月31日作为后者在中国境内的经销商，向后者采购并对外销售总额2.5亿元的产品。

经本所律师核验上述重大合同后认为，上述将要履行或尚未履行完毕的重大合同或协议合法有效；上述合同的主体均为公司或其子公司，公司及其子公司对该等合同或协议的履行不存在法律障碍；根据公司向本所提供的信息资料及根据本所律师的合理查验，就本所律师所知，公司及其子公司上述将要履行或尚未履行完毕的重大合同或协议不存在潜在的纠纷或风险；公司已履行完毕的其他重大合同或协议也不存在潜在纠纷。

1.43 公司的侵权之债

经本所律师查验及公司确认，公司目前未有因环境保护、知识产权、产品质量、劳动安全、人身权等原因产生的侵权之债。

1.44 公司和关联方之间的重大债权

债务关系情况

根据普华审计报告，截至2008年6月30日，公司和关联方之间的重大债权债务关系如下：

1.44.1　公司对关联方享有的重大债权

单位：元

| 序号 | 债务人 | 金额 |
|---|---|---|
| 1 | 上海东虹医药有限公司 | 21,650,535 |
| 2 | 广西壮族自治区南宁医药批发站 | 22,851,244 |
| 3 | 中国药材集团公司 | 20,000,000 |

1.44.2　公司对关联方负有的重大债务

单位：元

| 序号 | 债务人 | 金额 | 性质 |
|---|---|---|---|
| 1 | 宜昌人福药业有限责任公司 | 100,409,836 | 应付账款 |
| 2 | 中国医药对外贸易公司 | 28,708,766 | 应付账款 |
| 3 | 宜昌人福药业有限责任公司 | 119,491,597 | 应付票据 |
| 4 | 中国医药对外贸易公司 | 12,364,818 | 应付票据 |
| 5 | 国药集团 | 47,820,000 | |

除上述情况外，【公司与股东、关联企业、董事、监事及其他高级管理人员之间不存在其他债权、债务关系，公司亦不存在为股东及其关联方或董事、监事和其他高级管理人员提供担保的情形。】

1.45　金额较大的其他应收、应付款

1.45.1　根据普华审计报告，截至2008年6月30日，公司金额较大的其他应收如下：

单位：元

| 序号 | 种类 | 金额 |
|---|---|---|
| 1 | 应收公司间往来款 | 57,496,562 |
| 2 | 应收土地转让款 | 37,739,500 |
| 3 | 应收关联方款项 | 49,092,533 |
| 4 | 保证金 | 36,481,580 |
| 5 | 员工借款 | 37,311,885 |
| 6 | 应收特种储备资金 | 18,095,426 |
| 7 | 应收房屋租赁款 | 11,300,000 |
| 8 | 应收采购退回款项 | 18,257,348 |
| 9 | 代垫款项 | 22,949,399 |
| 10 | 收购子公司预付款 | 10,745,000 |

1.45.2　根据普华审计报告，截至008年6月30日，公司金额较大的其他应付如下：

单位：元

| 序号 | 种类 | 金额 |
|---|---|---|
| 1 | 应付销售费用 | 154,808,743 |
| 2 | 应付公司间往来款 | 144,965,320 |
| 3 | 应付保理业务还款 | 128,258,486 |
| 4 | 应付个人款项 | 61,421,099 |
| 5 | 应付关联方款 | 54,351,267 |
| 6 | 应付销售返利 | 45,145,527 |
| 7 | 应付保证金 | 29,268,553 |
| 8 | 预提费用 | 29,114,652 |

【经本所律师查验，公司金额较大的其他应收、应付款，均因正常的生产经营活动发生，系合法有效】。

● 公司重大资产变化及收购兼并

1.46　经本所律师核查，公司设立至今，并未发生过合并、分立、减少注册资本及重大出售资产之行为，其历次增资行为，请参见本法律意见书第四部分“公司的设立、股本及演变”章节，其重大收购行为请见下述11.3。

1.47　为开展业务经营的需要，截至本法律意见书出具日，公司主要对外投资

【80】家企业,该等企业的基本情况详见本法律意见书附表一。

【经核查,本所律师认为,公司投资的该等企业均系依法设立并合法存续的具有独立法人资格的企业,注册资本已全部缴清,公司合法持有附表一所列企业的权益】。

1.48 重大收购

1.48.1 收购深圳一致药业股份有限公司

(1)2004 年 2 月 18 日,深圳市投资管理有限公司与国药控股签订了《深圳一致药业股份有限公司股份转让协议》,约定前者将所持深圳一致药业股份有限公司(以下简称一致药业)的 12,486.474 万股股份(占总股本的 43.33%),以每股净资产溢价 27% 的价格(最终以国资委批复的价格为准)转让给国药控股。一致药业,系一家于深圳证券交易所有限公司挂牌交易的上市公司,股票代码:000028;主营药品的研发、生产,中西成药、中药材、生物制品、生化药品、保健品、医疗器械的批发销售和连锁零售。

2004 年 7 月 5 日,国资委出具《关于深圳一致药业股份有限公司国有股权转让有关问题的批复》(国资产权〔2004〕525 号),同意深圳市投资管理公司将其所持一致药业的 12,486.474 万股股份(占总股本的 43.33%)转让给国药控股,该部分股份的性质由国家股变更为国有法人股。

2004 年 11 月 25 日,中国证监会出具《关于同意国药集团医药控股有限公司披露〈深圳一致药业股份有限公司收购报告书〉并豁免其要约收购义务的批复》(证监公司字〔2004〕94 号),同意豁免国药控股因受让深圳市投资管理公司所持一致药业的 12,486.474 万股股份而应履行的要约收购义务。

2004 年 12 月 9 日,一致药业在中国证券登记结算有限公司深圳分公司完成上述股东变更的登记。

(2)2006 年 4 月 14 日,一致药业相关股东会审议通过了股权分置改革方案,根据该方案,流通股股东持有的每 10 股流通股股份将获得全体非流通股股东支付的 3 股股份对价的安排;同时一致药业第一大股东国药控股承诺,在股改实施日起 24 个月内不通过交易所挂牌出售原非流通股,期满后减持数量在 12 个月内占一致药业股份总数的比例不超过 10%,交易价格不低于股改前 30 个交易日一致药业股票加权均价的 110%。该方案已经国资委出具的《关于深圳一致药业股份有限公司股权分置改革有关问题的批复》(国资产权〔2006〕365 号)批准。一致药业股权分置改革方案实施后,一致药业股份总数不变,股份结构发生相应变化,国药控股所持的股份数变更为 11,278.6386 万股,占总股本的 39.14%。

1.48.2 收购郑州九瑞药业股份有限公司

根据郑州九瑞药业股份有限公司(以下简称郑州九瑞)2007 年 8 月 14 日获发的营业执照,其注册于郑州市工商行政管理局(营业执照注册号为 4101001000188),住所:郑州市经济技术开发区航海东路 1405 号;法定代表人:李忠;公司类型:股份有限公司;注册资本:2550 万元,主营药品批发,尤其是电子商务药品交易。

(1)2007 年 12 月,国药控股、郑州九瑞与王巍(郑州九瑞股东的代表)签订《合作框架协议书》,约定:(i)王巍等郑州九瑞的全部股东转让 20% 的股权给国药控股;(ii)在完成上述股权转让后,郑州九瑞注册资本由 2550 万元增至 5776.53 万元,其中国药控股出资 3226.53 万元;(iii)根据国资委及监事会的有关要求,国药控股作为新公司的控股股东,其投资(51% 股权计 4246.53 万元）年回报率应不低于 10%（即每年税后分红不低于 424.65 万元），双方一致同意，郑州九瑞股东应保证新公司每年度净利润不低于 833 万元，以保证股东双方的利益；（iv）如果新公司成立后的第一个经营年度税后净利润低于 833 万元，国药控股提出退出股权，郑州九瑞股东承诺无条件以 4671.18 万元价格收购国药控股持有新公司所有股权，并以股东个人等值资产作为担保。

郑州九瑞截至 2007 年 10 月 31 日，净资产经上海东明审计事务所审计和上海东洲会计师事务所评估确认为 5,100 万元。

（2）2008 年 1 月 23 日，崔丽红与李忠、牛淑勤等原郑州九瑞的股东分别签署了《股权转让协议》，约定由后者转让1040 万股给前者。

2008 年 1 月 25 日，国药控股与张俊伟、陈云芹、杨德政、赵可心、宋捷签署了《股权转让协议》，就张俊伟等郑州九瑞的原股东将 510 万股作价 1,020 万元转让给国药控股的具体事宜进行了约定。

上述股份转让后郑州九瑞的股份比例为：国药控股占 20%；王巍占 39.22%；崔丽红占 40.78%。

河南省产权交易中心出具了豫产交鉴〔2008〕028 号《股权交易成交鉴证书》，鉴证本次股权转让行为符合股权交易程序。

（3）2008 年 1 月 25 日，国药控股与王巍、崔丽红签署了《增资协议》，约定郑州九瑞注册资本增至 5776.53 万元，国药控股出资 3226.53 万元。增资后郑州九瑞的股份比例为：国药控股占 51%、王巍占 17.3%、崔丽红占 31.7%。

该次增资分两步完成：（i）国药控股出资 3662.53 万元，其中 1613.2653 万元对郑州九瑞增资，使其注册资本变为 4163.2653万元，其余 1613.2647 万元进入郑州九瑞的资本公积；（ii）以郑州九瑞的资本公积金 1613.2647 万元向全体股东转增股本 1613.2647 万股，股东按各自的持股数量同比例享受。

上述两次增资行为已经河南光大会计师事务所出具的豫光大验字（2008）第 003 号和豫光大验字（2008）第 006 号《验资报告》验证已经缴足。

河南省产权交易中心出具了豫产交鉴〔2008〕029 号和豫产交鉴〔2008〕031 号《股权交易成交鉴证书》，鉴证增加本次注册资本的行为符合相关程序。

2008 年 5 月 9 日，在第一次增资完成时，郑州九瑞更名为国控九瑞。

（4）2008 年 1 月 25 日，国药控股与王巍、崔丽红签署《合资经营协议》，就合资经营国药控股（郑州）九瑞药业股份有限公司事项进行了具体的约定。

同日，国药控股与王巍、崔丽红签署的《债权确认书》及《担保合同》，约定：（i）如果新公司成立后的第一个经营年度税后净利润低于 833 万元，且在国药控股向王巍、崔丽红提出退出股权，并根据国有产权交易规则，在履行国有资产在合法的产权交易机构公开披露信息，广泛征集受让方程序后，未获任何第三方受让方而转入协议转让时，王巍、崔丽红确认收购国药控股持有的新公司所有股权，并支付股权转让款 4671.18 万元；（ii）因可能的第三方参与竞买，使挂牌价格 51% 的股权转让价格高于 4671.18 万元时，王巍、崔丽红书面放弃购买的，不视为双方违约；（iii）为保证上述《债权确认书》的完全履行，王巍、崔丽红愿以王巍、崔丽红所持有国药控股（郑州）九瑞药业股份有限公司的股权向国药控股提供担保，担保的范围是：主合同约定的国药控股对王巍、崔丽红享有的全部债权 4671.18万元及其同期银行利息、损害赔偿金和国药控股实现债权的费用（包括但不限于：律师费、诉讼费、财产保全费、申请执行费、办案费用、公告费、评估费、拍卖费等)。

上述股东变更、注册资本增加和名称变更事宜都已经郑州九瑞(后变更为“国控九瑞”)股东大会通过。

国药集团2008年4月8日以《关于同意收购郑州九瑞药业股份有限公司20%股权和对该公司增资的批复》(国药总投〔2008〕149号)同意国药控股收购郑州九瑞并对其进行增资。

截至2008年5月13日,郑州九瑞完成了全部上述事项的工商变更登记手续。

1.49 重大出售

1.49.1 出售湖北新龙有限公司

(1)2007年11月30日,国药控股国大药房有限公司(以下简称国大药房)、湖北世纪龙腾经贸发展有限公司(以下简称龙腾公司)和国药控股湖北新龙有限公司(以下简称湖北新龙)签订了《关于国药控股湖北新龙公司、国药控股湖北公司股权转让框架协议》,约定:(i)国大药房分三次向龙腾公司转让其所持有的湖北新龙60%的股权,2008年1月15日前转让25%,转让价款以资产评估价值确定,不得少于2500万元,2009年10月31日前转让25%,转让价款以2009年9月30日为评估基准日所作的资产评估价值确定,不得少于2500万元,2010年10月31日前转让10%,转让价款以2010年9月30日为评估基准日所作的资产评估价值确定,不得少于1000万元;(ii)在第一次股权转让完成时,湖北新龙向国大药房转让其所持有的国药控股湖北有限公司13.89%的股权,转让价款按评估基准日2007年9月30日所作的资产评估价值确定;(iii)湖北新龙的股权交易系在北京产权交易所公开挂牌,除龙腾公司外,任何潜在的购买者均可以向产权交易所提出收购意向并参与交易,若出现股权由其他竞买者购得时,不视为国大药房违约,若第一次股权转让被其他竞买方购得,则龙腾公司有权选择放弃购买剩余部分股权;(iv)若因第三方参与竞买,使得第一次挂牌价格高于2500万元,第二次高于2500万元,第三次高于1000万元,或全部60%股权转让价格高于6000万元,龙腾公司书面放弃购买的,不视为违约。

2007年11月30日,国大药房和龙腾公司就转让湖北新龙25%股权具体事宜签署了《关于国药控股湖北新龙有限公司股权(25%)转让协议》,股权转让价款以评估基准日为2007年9月30日所做的评估价值确定。

(2)就上述股东、股权转让变更事项及相应修改后的章程,湖北新龙股东会已通过相关决议予以批准。

(3)根据中发国际评估有限公司出具的中发评报字(2007)第151号《评估报告》,截止2007年9月30日,湖北新龙的净资产评估值为9980.12万元。该评估结果已经国资委备案(备案号:08-002)。

北京产权交易所就第一次股权转让事宜出具《产权交易凭证》(No:0023948)。

2008年5月22日,湖北新龙就本次股权转让事宜在湖北省工商行政管理局完成了变更登记手续,领取了变更登记后的企业法人营业执照。

经核验与上述资产收购、出售有关的合同、协议、批复、批准证书及相应的工商变更登记文件,本所律师认为上述资产收购、出售行为符合当时法律、法规和规范性文件的规定,已履行必要的法律手续。

1.50 根据公司确认并经本所适当核查,公司目前除上述11.4项以外无计划从事其他资产置换、资产剥离、资产出售或收购等行为。

● 公司章程的制定与修改

1.51 2008年8月6日,根据国药控股股东会做出的将公司整体变更为“国药控股股份有限公司”的决议，国药控股原两位股东作为发起人共同制定并签署了《公司章程》（草案）。该草案载明了《公司法》第82条规定应载明的事项，并获得国资委原则批准，于2008年9月22日经公司创立大会审议通过，及于2008年10月6日在上海市工商局登记备案后，为现行的公司章程。

经本所律师审阅该章程内容及上述章程制定、批准程序的会议通知、会议决议、批准文件及工商登记资料等，认为《公司章程》的内容符合《公司法》的有关规定，且依照法定程序制定并生效。

1.52　为本次发行上市的需要，公司按照《章程必备条款》，香港联交所颁布的《上市规则》，中国证监会海外上市部与原国家体改委生产体制司联合颁布的《关于到香港上市公司对公司章程作补充修改的意见的函》（证监海函〔1995〕1号），《改革意见》，中国证监会颁布的《境外上市公司董事会秘书工作指引》等文件的规定，拟订了公司H股章程（草案）。该H股章程（草案）于2008年10月8日，公司2008年第一次临时股东大会审议通过。该H股章程（草案）将自完成本次发行上市时立即生效并取代现行的《公司章程》。

本所律师经审阅该H股章程（草案）内容及上述制定、批准程序的会议决议文件认为，该H股章程（草案）内容符合上述有关H股章程制定文件的要求，制定程序符合现行的《公司章程》的规定。

公司股东大会、董事会、监事会的议事规则及规范运作

1.53　经本所律师核查，公司现行的组织机构主要包括：

1.53.1　股东大会。股东大会是公司的权力机构，由全体股东组成，代表股东的利益，按照《公司法》及公司章程的规定行使权利。

1.53.2　董事会。董事会是公司的常设管理机构，对股东大会负责，按照《公司法》及公司章程的规定行使职权。

根据《公司章程》规定，公司董事会由11名董事组成，均由股东大会选举产生，其中：董事长一人，副董事长一人，以全体董事的过半数选举产生，按照公司章程的规定行使职权。公司第一届董事会成员中，外部董事（包括3名独立董事）为10名，占董事会人数的二分之一以上。

董事会设董事会秘书。董事会秘书是公司的高级管理人员，对董事会负责，按照公司章程的规定行使职权。董事会秘书由董事长提名，经董事会聘任或解聘。

1.53.3　监事会。监事会是公司常设的监督机构，负责对董事会及其成员和总经理、副总经理等管理人员行使监督职能。

根据《公司章程》规定，监事会由三名监事组成，包括2名股东代表、1名公司职工代表。监事会设主席一名，经全体监事的过半数选举产生。监事会按照《公司法》和公司章程的规定行使职权。公司第一届监事会成员中，外部监事2名，占监事会人数的二分之一以上。

1.53.4　总经理及副总经理。根据《公司章程》规定，公司设总经理一名，副总经理若干名，财务总监一名，均由董事会聘任或解聘。董事可受聘兼任总经理、副总经理或者其他高级管理人员，但兼任总经理、副总经理或者其他高级管理人员职务的董事不得超过公司董事总数的二分之一。在董事会提名委员会成立之前，总经理由董事长提名，副总经理、财务总监及其他高级管理人员由总经理提名；在董事会提名委员会成立之后，由董事会提名委员会提名。

1.53.5　总经理下设20个内部职能部门，分别是药品分销事业部、物流事业

部、物流工程部、工业发展部、国际合作部、运营管理部、质量管理部、投资管理部、证券部、资产管理部、资金管理部、财务部、审计部、法律事务部、公共关系部、人力资源部、信息技术部、安全保卫部、党群工作部、办公室。

综上,本所律师认为,公司已按照《公司法》、《改革意见》及其他有关法律、法规和规范性文件的规定,设立了健全的组织机构。公司确认,公司并将按照香港联交所有关H股公司的治理要求,进一步完善法人治理结构。

1.54　经本所律师审阅,现行的《公司章程》及H股章程(草案)均对公司股东大会、董事会、监事会的议事程序做出了专门和具体的规定;H股章程(草案)并对类别股东表决的特别程序做出了规定。该等规定符合《公司法》、《章程必备条款》等相关法律法规的规定。

1.55　【经核查公司自变更设立以来历次召开的股东大会、董事会及监事会的通知、议案、会议决议文件及授权委托书等会议文件资料,本所律师认为,公司历次股东大会、董事会及监事会的召开、决议内容及签署合法、合规且真实有效。公司股东大会、董事会决议中作出的授权和重大决策行为均系依照《公司法》等有关法律、法规、规范行文件及公司章程做出,合法、合规且真实有效】。

● 公司董事、监事和高级管理人员及其变化

1.56　公司目前的董事、监事和高级管理人员

1.56.1　公司的董事

公司现任董事11名,包括佘鲁林、付明仲、陈为钢、邓金栋、郭广昌、汪群斌、范邦翰、柳海良、王方华、陶武平、谢荣。

(1)佘鲁林先生,1956年12月出生,任公司董事长。佘先生持有南京药学院学士学位,主修药学专业,副主任药师,并持有清华大学高级管理人员工商管理硕士学位。佘先生自1998年以来一直担任国药集团总经理职务,并于2007年8月出任国药控股董事长。除担任国药控股董事长外,佘先生还兼任国药集团法定代表人、中国麻醉药品协会会长。

(2)郭广昌先生,1967年2月出生,任公司副董事长。郭先生持有复旦大学哲学学士学位和工商管理硕士学位,高级工程师,曾任上海复星医药(集团)股份有限公司董事长、上海豫园旅游商城股份有限公司董事,现任复星国际有限公司执行董事、董事长兼首席执行官。郭先生自2003年1月以来一直担任国药控股副董事长。目前,郭先生还兼任上海复星高科技(集团)有限公司董事长、复星医药董事、复地(集团)股份有限公司董事长、上海复星产业投资有限公司董事长、南京钢铁联合有限公司副董事长、上海友谊复星(控股)有限公司副董事长、招金矿业股份有限公司董事、上海市工商业联合会(商会)副主席和上海市浙江商会会长。郭先生是中华人民共和国第十届、第十一届全国人民代表大会代表和中国人民政治协商会议第九届全国委员会委员。

(3)付明仲女士,1950年3月出生,任公司董事。付女士持有哈尔滨工业大学硕士研究生学历,高级经济师,曾任哈尔滨制药三厂副厂长、哈药集团股份有限公司董事兼哈尔滨市医药公司总经理、国药集团副总经理、中国医药工业公司常务副总经理、国药集团药业股份有限公司董事长。付女士自1999年以来一直担任国药集团董事,并于2003年1月出任国药控股董事,2006年2月起兼任国药控股总经理。目前,付女士还兼任深圳一致药业股份有限公司董事长、国药集团药业股份有限公司董事、中国医药商业协会会长和上海市

黄浦区人大代表。

(4)陈为钢先生,1958年7月出生,任公司董事。陈先生持有上海交通大学高级管理人员工商管理硕士学位,曾任中国医药集团上海公司总经理助理、副总经理、总经理,国药控股总经理,现任国药集团副总经理。陈先生自2003年1月以来一直担任国药控股董事,目前还兼任中国药材集团公司董事长、中国青年企业家协会副会长和中国化学制药工业协会副会长。

(5)汪群斌先生,1969年10月出生,任公司董事。汪先生持有复旦大学遗传工程学学士学位,高级工程师,曾任复旦大学遗传研究所教师、上海复星医药(集团)股份有限公司董事、总经理,现任复星国际有限公司执行董事。汪先生自2003年1月以来一直担任国药控股董事,目前汪先生还兼任上海复星高科技(集团)有限公司董事、上海复星医药(集团)股份有限公司董事长、上海友谊复星(控股)有限公司董事、上海友谊股份有限公司董事、河南羚锐制药股份有限公司董事、天津药业集团有限公司董事、上海生物医药行业协会会长和中国化学制药工业协会副会长等职务。

(6)范邦翰先生,1953年2月出生,任公司董事。范先生曾任上海医药股份有限公司副总经理,现任上海复星医药(集团)股份有限公司副总经理。范先生自2003年1月以来一直担任国药控股董事,目前还兼任上海市医药商业协会副会长。

(7)柳海良先生,1949年9月出生,任公司董事。柳先生曾任强生(中国)有限公司人事经理、上海复星医药(集团)股份有限公司总经理助理、人力资源部总监,现任上海复星医药(集团)股份有限公司监事长。柳先生自2003年1月以来一直担任国药控股董事。

(8)邓金栋先生,1964年12月出生,任公司董事。邓先生持有杭州电子工业学院会计专业学士学位和中央财政金融学院经济学硕士学位,注册会计师。邓先生自2004年以来一直担任国药集团总会计师,并于2007年8月出任国药控股董事。

(9)王方华先生,1947年7月出生,任公司独立董事。王先生持有复旦大学经济学硕士学位,曾任上海复旦大学管理学院工业经济教研室主任、院长助理、企业管理系主任,上海交通大学任管理学院副院长、常务副院长、院长,现任上海交通大学安泰经济与管理学院院长、院学术委员会主任。王先生于2003年1月出任国药控股独立董事,并与2006年1月连任第二届董事会独立董事。目前,王先生还兼任国务院学位办学科评议组成员、全国MBA教育指导委员会委员、国家自然科学基金管理学部评议组成员、教育部科技委管理学部委员、中国会展经济研究会副会长、中国市场学会副会长、中国企业管理研究会副理事长、中国管理现代化研究会常务理事、上海行为科学学会会长、上海市场学会副会长、上海管理科学学会副理事长兼《上海管理科学》主编、上海企业家协会副会长、上海企业联合会副会长、上海创意产业学会副会长,中国服务外包研究中心副主任、国务院特殊贡献专家、上海"十一五"规划特聘专家、上海世博局特聘专家等职务。

(10)陶武平先生,1955年5月出生,任公司独立董事。陶先生持有复旦大学国际经济法硕士研究生学历,曾任上海市联合律师事务所、上海市浦东涉外律师事务所、上海市申达律师事务所律师,现任海市申达律师事务所主任、高级合伙人。陶先生于2003年1月出任国药控股独立董事,并于2006年1月连任第二届董事会独立董事。目前,陶先生还兼任上海市消费者权益保护委员会委员、上海对外贸易学院法学客座教授、华东师范大学法学客座教授、上海师范大学法商学院名誉院长。曾获“全国优秀律师”和“首届上海东方大律师”称号。

(11)谢荣先生,1952年11月出生,任公司独立董事。谢先生持有上海财经大学会计专业博士学位,曾任上海财经大学会计学系副主任、毕马威华振会计师事务所合伙人,现任上海国家会计学院副院长,享受国务院政府特殊津贴。谢先生于2007年8月出任国药控股独立董事,目前还兼任国务院学位委员会会计硕士专业学位教育指导委员会委员、中国会计学会常务理事、中国审计学会理事等职务。

1.56.2　公司的监事

公司现任监事3名,包括陈启宇、邢永刚、张健。

(1)陈启宇先生,1972年4月出生,任公司监事会主席。陈先生持有复旦大学遗传工程学士学位和中欧国际工商学院高级管理人员工商管理硕士学位,曾任上海复星医药(集团)股份有限公司副总经理、财务总监、董事会秘书及常务副总裁,现任上海复星医药(集团)股份有限公司董事、总经理。陈先生自2003年1月以来一直担任国药控股监事长,目前还兼任上海友谊复星(控股)有限公司监事、上海友谊股份有限公司监事、上海市遗传学会理事、上海市执业药师协会副会长及上海市医药行业协会副会长。

(2)邢永刚先生,1976年9月出生,任公司监事。邢先生持有中国人民大学法学院硕士学位,曾任国药集团药业股份有限公司办公室法务专员、国药集团法律事务部业务主管、高级业务主管、主任助理,现任国药集团法律事务部副主任。邢先生于2008年7月出任国药控股监事。

(3)张健女士,1973年10月出生,任公司职工监事。张女士持有上海财经大学大学会计学学士学位,注册会计师。曾任大华会计事务所审计经理、德隆国际战略投资有限公司审计部经理、友联战略投资有限公司审计部经理,国药控股审计部部长。张女士拟出任国药控股变更为股份公司后的首届监事会职工监事候选人,目前张女士还兼任国药集团药业股份有限公司监事会主席、上海国药外高桥医药有限公司监事、国药控股北京有限公司监事及国药控股山西有限公司监事。

1.56.3　公司的高级管理人员

公司现任高级管理人员8名,包括付明仲、魏玉林、龚家申、沈立年、卢军、陈彪、吴爱民、宋廷锋。

(1)付明仲女士,任公司总经理,详见董事部分介绍。

(2)魏玉林先生,1957年4月出生,任公司副总经理。魏先生持有长江商学院高级工商管理硕士研究生学历,执业药师,曾任中国医药集团天津公司总经理、国药控股天津有限公司董事长兼总经理。魏先生自2003年1月以来一直担任国药控股副总经理,目前还兼任上海国药外高桥医药有限公司董事长、国药控股沈阳有限公司董事长、国药控股山西有限公司董事长、国药控股湖南有限公司董事长、国药控股浙江有限公司董事长、国药集团西南医药有限公司董事长。

(3)龚家申先生,1954年4月出生,高级经济师,任公司副总经理。龚先生持有北京财贸学院(现更名为首都经贸大学)学士学位,高级经济师,曾任国药集团药业股份有限公司董事、董事会秘书、副总经理、总经理。龚先生于2008年3月出任国药控股副总经理,目前还兼任国药集团药业股份有限公司董事长、国药控股北京有限公司董事长、国药控股天津有限公司董事长。

(4)沈立年女士,1957年11月出生,任公司副总经理。沈女士持有荷兰马斯特利赫特管理学院工商管理硕士学位,高级经济师，曾任中国医药集团上海公司总经理助理兼总经办主任，中国医药集团上海公司副总经理、党委委员。沈女士自2003年1月以来一直担任国药控股副总经理。

(5)卢军先生，1958年9月出生，任公司副总经理。卢先生持有荷兰马斯特利赫特管理学院工商管理硕士学位，曾任国药集团上海立康医药股份有限公司总经理、上海国大药房连锁有限公司总经理、国药控股总经理助理兼药品零售事业部总经理和投资规划部部长。卢先生于2004年6月出任国药控股副总经理，目前还兼任国药控股国大药房有限公司董事长。

(6)陈彪先生，1962年7月出生，任公司副总经理。陈先生陈先生持有中欧国际工商学院硕士学位，曾任赛诺金(中国)公司副总裁、中国医药集团上海公司总经理助理、中国医药上海化学试剂采购供应站(现更名为上海沃恺化学试剂有限公司)总经理、国药控股总经理助理兼化学试剂事业部总经理和国药集团化学试剂有限公司总经理、国药集团医药物流有限公司总经理。陈先生于2004年6月出任国药控股副总经理，目前还兼任国药控股物流工程部部长、国药集团化学试剂有限公司董事长、国药控股湖北有限公司董事长。

(7)吴爱民先生，1970年2月出生，任公司副总经理和董事会秘书。吴先生持有上海交通大学高级管理人员工商管理硕士学位，会计师，曾任苏州资产评估事务所高级经理、江苏仁合资产评估公司合伙人、徐州维维食品饮料股份有限公司财务总监、国药控股财务总监。吴先生2003年7月加入国药控股并出任财务总监，于2006年11月改任国药控股副总经理，并从2008年3月起兼任国药控股董事会秘书。吴先生还兼任深圳一致药业股份有限公司董事、国药集团药业股份有限公司董事。

(8)宋廷锋先生，1968年8月出生，任公司财务总监。宋先生持有中国人民大学会计学博士学位，注册会计师，高级会计师、资产评估师，曾任辽宁省华信会计师事务所注册会计师和资产评估师、浙江省天健会计师事务所注册会计师、北京双鹤药业股份有限公司财务管理委员会主任和资产监管中心副主任、国药集团药业股份有限公司财务总监。宋先生于2006年12月出任国药控股财务总监，目前宋先生还兼任深圳一致药业股份有限公司监事会主席。

1.57　董事、监事及高级管理人员的任职资格

根据公司董事、监事及高级管理人员的声明、承诺和本所律师的合理核验，就本所律师所知，公司现任董事、监事及高级管理人员未有《公司法》第一百四十七条和《公司章程》规定的不得担任股份公司董事、监事及其他高级管理人员的情形，其任职资格符合《公司法》等法律、法规、规范性文件以及公司章程的规定，并且符合公司于2008年第一次临时股东大会上审议通过的H股章程(草案)的相关规定。

1.58　公司的独立董事

公司现任独立董事共计3名，其简历情况详见本章14.1.1部分。

根据公司提供的独立董事个人资料和本人声明并经本所律师适当核查，公司独立董事的任职资格符合有关规定，《公司章程》规定的独立董事职权范围未违反有关法律、法规和规范性文件的规定。

1.59　董事、监事及高级管理人员的任职程序

经核查，公司现任11名董事及股东代表出任的2名监事，均于2008年9月22日公司召开的创立大会选举产生。董事长佘鲁林先生及副董事长郭广昌先生系由首届董事会第一次会议选举产生。公司现任

监事中,陈启宇先生经首届监事会第一次会议当选为监事会召集人(监事会主席),张健女士经由公司职工代表大会选举产生。公司现任高管均由首届董事会第一次会议决议产生。

经本所律师核查上述有关股东大会、董事会及监事会会议通知、有关候选人简历及声明、会议决议、会议记录、表决票等文件,认为公司现任董事、监事及高级管理人员的当选及聘任程序符合《公司法》及公司章程规定。

1.60　公司董事、监事和高级管理人员的变化

经本所律师核查,公司自整体变更设立以来,未发生重大变化。

另据公司确认,为符合《上市规则》的要求,公司已经在物色一名居住于香港本地的独立董事,此外,公司也将按照《上市规则》要求设置公司秘书。

● 公司的税务

1.61　公司的税务登记

经本所律师核查,公司及其控制的企业均已依法办理了税务登记,公司持有上海市国家税务局和上海市地方税务局核发的【】号《税务登记证》。

1.62　公司适用的主要税种及其税率

经本所律师核查,公司适用的主要税种、税率分别是:

1.62.1　2008年1月1日前公司适用33%的企业所得税税率,自2008年1月1日起适用25%的企业所得税税率;

1.62.2　公司商品销售收入适用增值税。其中:一般商品销项税率为17%,药用植物商品销项税率为13%,避孕药品销项率为0%;

1.62.3　公司租金及仓储收入适用营业税,适用税率5%;公司运输及搬运收入适用营业税,适用税率3%。

本所律师认为,公司及其子公司执行的上述税种和税率符合现行有效的税务法律、法规以及规范性文件的规定。

1.63　公司及其控制的企业享受的税收优惠及政府补贴

1.63.1　税收优惠

(1)增值税优惠

(i)按照《中华人民共和国增值税暂行条例》等文件的规定,避孕药品免征增值税。经本所律师核查,公司及其控制的企业于2005-2007年期间均曾因销售避孕药品免征增值税。

(ii)按照《中华人民共和国增值税暂行条例》、财政部、国家税务总局《关于印发〈农业产品征税范围注释〉的通知》(财税字(1995)52号)和国家税务总局《关于〈农业产品征税范围注释〉执行日期的通知》(国税明电(1995)044号)等文件的规定,农产品属增值税低税率征税范围,药用植物包括中药饮片都属于农产品范围,适用13%的税率。

(2)所得税优惠

(i)上海统御信息科技有限公司注册于上海市浦东新区,根据国税发〔1992〕114号《国家税务局关于上海浦东新区中资联营企业使用所得税税率的通知》和沪财浦〔1992〕2号《关于落实浦东新区内资企业税收政策的执行办法》的有关规定于在2008年1月1日之前按15%的税率交纳企业所得税。

(ii)上海国药外高桥医药有限公司注册于上海市浦东新区,根据国税发〔1992〕114号《国家税务局关于上海浦东新区中资联营企业使用所得税税率的通知》和沪财浦〔1992〕2号《关于落实浦东新区内资企业税收政策的执行办法》的有关规定在2008年1月1日之前按15%的税率交纳企业所得税。

(iii)国药控股天津物流有限公司2005年9月29日成立,根据天津市保税

区国家税务局第二税务所出具的津国税保税减免〔2007〕85号《减、免税批准通知书》，其根据(94)财税字第001号《关于企业所得税若干优惠政策的通知》作为新办企业享受免征2007年度一年企业所得税的优惠。

(iv)广西一致药店连锁有限公司根据广西壮族自治区地方税务局出具的桂地税函〔2007〕302号文有关批复，其有权根据财税〔2001〕202号《财政部、国家税务总局、海关总署关于西部大开发税收优惠政策问题的通知》享受国家鼓励类税收优惠政策，自2006年度至2010年度减按15%的税率缴纳企业所得税。

(v)深圳一致药业股份有限公司本部及其注册地在深圳经济特区内的广东一致药店有限公司、深圳致君医疗贸易有限公司、深圳市一致医药连锁有限公司、深圳市健民医药有限公司、深圳一致药业物流有限公司和深圳市一致药材有限公司根据1980年8月26日批准施行的《广东省经济特区条例》在2008年1月1日之前适用的企业所得税税率为15%。

深圳一致药业股份有限公司下属的民办非企业单位广东一致医药职业技能培训中心根据《事业单位、社会团体、民办非企业单位企业所得税征收管理办法》(1999年4月26日国家税务总局国税发65号)第十九条和《广东省经济特区条例》之规定在2008年1月1日之前适用的企业所得税税率为15%。

(vi)国药物流有限责任公司经北京经济技术开发区国家税务局《关于对国药物流有限责任公司申请享受开发区内生产性外商投资企业减按15%税率缴纳所得税优惠政策的批复》(开国税函〔2007〕144号)核准，其为注册于国务院批准设立的北京经济技术开发区的生产性外商投资企业，有权根据《中华人民共和国外商投资企业和外国企业所得税法》及其实施细则自2007年1月1日起减按15%税率缴纳企业所得税。

(vii)国药控股南宁有限公司根据广西壮族自治区南宁经济技术开发区国家税务局出具的南经国税函〔2005〕16号文有关批复，其有权根据(94)财税字第001号《关于企业所得税若干优惠政策的通知》作为国家确定的“老、少、边、穷”地区新办的企业，自2004年至2006年止免征所得税。

(viii)国药控股湖北有限公司2005年7月1日被武汉东湖新技术开发区管理委员会授予《高新技术企业证书》(编号为05041730)，被认定为高新技术企业，自2005年9月起至2007年12月31日减按15%的税率征收所得税。

(ix)深圳致君制药有限公司根据1980年8月26日批准施行的《广东省经济特区条例》在2006年度和2007年度适用的企业所得税税率为15%。

本所律师认为公司及其控制的企业享受的上述有关税收优惠政策合法、合规、真实、有效。

1.63.2　公司及其控制的企业享受的政府补贴情况详见本法律意见书附表十二，本所律师认为该等政府补贴并不违反中国法律的规定。

1.64　根据相关税务主管机关(国税、地税)分别出具的证明，【公司及其下属企业依法申报纳税，没有欠缴任何税款，亦无因违反国家税收法律法规被行政处罚的过往记录】。

● 公司的环境保护和产品质量、技术等标准

1.65　公司的环境保护

公司主要从事医药流通领域的分销和零售业务。医药流通领域的业务活动对环境污染影响轻微。根据上海市黄浦区环境

保护局于2008年8月26日出具的《证明》,公司的经营活动符合国家有关环境保护的要求,自设立以来不存在因违反国家有关环境保护方面的法律、法规而被处罚的情形。

公司亦通过下属企业深圳致君制药有限公司、广西一致中药饮片有限公司及国药集团国瑞药业有限公司从事药品生产业务。

综上,本所律师认为,公司的业务活动符合国家有关环保法律、法规及规范性文件的规定。

1.66 公司的产品质量和技术标准

【根据公司的确认及本所律师的核查,公司下属药品生产企业均已依法申请及获得药品生产企业所需的经营许可(如本法律意见书附表三所示),均已符合《药品生产质量管理规范》的要求,通过认证获得GMP证书;所生产的药品均已通过国家食品药品监督管理局对安全性、有效性及质量可控性等的系统评价,获得药品注册证书及生产批件。据此,本所律师认为,从生产药品的主体资格、厂房设施、设备、人员、物料、生产工艺、质量控制及产品的安全性、有效性方面,公司下属药品生产企业已符合《药品管理法》及《药品注册管理办法》等有关药品质量控制的相关规定。】

经公司确认和本所律师核查,公司并无因违反《药品管理法》、《药品注册管理办法》及《药品生产质量管理规范》相关法律法规的规定而被处行政处罚的过往记录,也无尚未了结或正在受理、调查、复议过程中的产品质量投诉。

● 公司募股资金的运用

1.67 公司本次发行上市预计将募集的资金约为18.75亿-25.00亿元。根据公司于2008年10月8日召开的2008年第一次临时股东大会所通过的《关于公司发行H股募集资金投向的决议》,公司本次发行上市的募集资金在扣除有关费用后,将主要用于分销渠道、零售网络及物流中心的建设,包括覆盖全国分销网络空白点、新增零售门店,建成上海、天津等物流中心,以及采购国外药品、公司。

● 信息化建设、补充流动资金等

1.68 募股资金的运用符合国家的产业政策

根据国家"十一五"计划,国家计划建立药品流通的市场运行机制,发展面向生活消费的服务业包括商业零售。此外,根据国家发改委于2005年12月2日发布的《产业结构调整指导目录(2005年版)》(2005年第40号令)及于2007年12月27日公布的《产业结构调整指导目录(2007年本征求意见稿)》,医药流通业务不属于限制类、淘汰类,且"专业化配送、大型批发采购分销网络建设"属于2007年12月27日公布的《产业结构调整指导目录(2007年本征求意见稿)》所列鼓励类。因此,公司本次募集资金的运用符合国家的产业政策。

1.69 募投项目已履行的审批程序

1.69.1 根据《国务院关于投资体制改革的决定》,国家改革投资项目审批制度,落实企业投资自主权。彻底改革现行不分投资主体、不分资金来源、不分项目性质,一律按投资规模大小分别由各级政府及有关部门审批的企业投资管理办法。对于企业不使用政府投资建设的项目,一律不再实行审批制,区别不同情况实行核准制和备案制。其中,政府仅对重大项目和限制类项目从维护社会公共利益角度进行核准,其他项目无论规模大小,均改为备案制。而需由政府核准的重大项目和限制类项目,国家已制定《政府核准的投资项目目录》,《政府核准的投资项目目录》以外的企业投资项目,实行备案制,除国家另有规定外,由企业按照属地原则向地方政府投资主管部门备案。此外,《国务院关于投资体制改革的决定》亦规定扩大大型企业集团的投资决策权。

经本所律师查阅,医药行业投资项目并不在《政府核准的投资项目目录》中,为此,医药行业投资项目应属于实行备案制的项目。

1.69.2 经核查,公司根据现行有关法律法规的规定及政府有关部门的要求就上述募集资金运用办理了如下批准、核准及备案手续。

(1)2000年5月6日,国家食品医药监督管理局公布《关于公布第一批药品零售跨省连锁试点企业名单的通知》(国药管市〔2000〕368号),批准国药控股国大药房有限公司、中国医药集团上海公司、深圳一致医药连锁有限公司为第一批药品零售跨省连锁试点企业。根据该通知,公司可通过下属该3家企业开展药品零售跨省连锁经营业务。

(2)公司建设上海和天津物流中心的投资项目的具体进展如下:

上海:该项目共分三期进行建设,上海市闸北区发展计划委员会以《关于新建上海国药物流基地一期仓储用房项目可行性研究报告的批复》、《关于新建上海国药物流基地二期仓储用房项目可行性研究报告的批复》和《关于新建上海国药物流基地三期仓储用房项目可行性研究报告的批复》(闸计投(2003)67-69号)同意对该项目三期项目进行立项;上海市闸北区环境保护局也以《上海市闸北区建设项目环境影响报告表审批意见单》(闸环审2004-211号)原则同意该项目的环境影响报告。目前,国药控股医药物流有限公司已合法取得项目一期工程的《房地产权证》(沪房地闸字2007第013435号),国药控股医药物流有限公司已就二期和三期工程用地签订《国有土地使用权出让合同》,国药控股医药物流有限公司已按照出让合同的约定支付土地出让金,取得该土地的使用权不存在法律障碍。

天津:该项目共分两期进行建设,天津空港物流加工区综合经济局以《关于准予国药控股天津物流有限公司物流配送中心建设项目备案的通知》(津保综经〔2006〕32号)同意对该项目予以备案。国药控股天津物流有限公司也已合法取得该项目一期工程所在土地的使用权,获发保单国用(2008)017号《国有土地使用证》;天津空港物流加工区环境保护局也以《关于国药控股天津物流有限公司项目环境影响报告表的批复》(津空加环保批〔2006〕19号)同意该一期工程项目环境影响报告表及结论建议。国药控股天津物流有限公司已就该项目二期工程用地签订《国有土地使用权出让合同》,国药控股天津物流有限公司已按照出让合同的约定支付土地出让金,取得该土地的使用权不存在法律障碍。二期工程项目正在办理环境影响评价相关手续。

(3)公司对分销业务的投资,为权益性投资,不涉及固定资产投资及相关备案、核准手续。

根据上述,本所律师认为,公司本次募集资金投资项目符合国家产业政策及有关固定资产投资立项的规定。

● 公司业务发展目标

1.70 根据公司的说明,公司的业务发展目标是通过境外上市提高公司海外知名度、加大国际药品的采购与分销,以及境外分销网络的兼并与收购。通过上市募集资金,加快行业资源整合,扩张国内外分销网络、增加零售网点数量,掌握终端资源,进一步扩大市场份额,打造“中国药品分销第一品牌”,将公司发展成为行业资源的整合者,行业价值的提升者,中国医药流通领域的市场领导者及世界级的医药服务提供商。公司将进一步扩张分销渠道,力争覆盖全国,计划在 2010 年,建成覆盖超过 10,000 家医院、67,000 家零售药房和 55,000 家其他终端的分销渠道,以及拥有约 2000 家自营零售门店,与公司目前的主营业务一致。

1.71　本所律师认为,公司的业务发展目标,符合国家法律、行政法规和规范性文件的规定,不存在潜在的法律风险。

● 诉讼、仲裁或行政处罚

1.72　经本所律师适当核查及根据公司、国药集团、国药产投的分别确认,公司及公司股东国药产投、国药集团并不存在尚未了结的或可预见的将对其业务经营及公司财产造成重大不利影响的诉讼、仲裁或行政处罚。

1.73　经本所律师合理核验,并经公司现任董事长佘鲁林、总经理付明仲确认,公司现任董事长佘鲁林、总经理付明仲并不存在尚未了结的或可预见的重大诉讼、仲裁及行政处罚案件。

● 公司招股说明书法律风险的评价

1.74　本所律师作为公司本次发行及上市的中国法律顾问,协助保荐人、主承销商、境外律师等中介机构处理公司在编制申报文件中所涉及的中国法律问题,并协助提供《招股说明书》附录所载明的有关中国法律、法规、政策资料。

【本所律师仔细审阅了公司呈报中国证监会的《招股说明书》(申报稿)全文,确认该《招股说明书》(申报稿)所载明公司的各项法律资料无重大遗漏、虚假陈述或误导。本所将审阅公司《招股说明书》最后定稿中所引用的本所为本次发行上市所出具的《法律意见书》的相关内容,确保公司本次发行的《招股说明书》不致因上述内容出现虚假记载、误导性陈述或重大遗漏引致的法律风险。】

● 本次发行上市的基本情况

1.75　本次发行上市的方案

1.75.1　股票发行方案

公司拟以发行 H 股方式在境外公开发行股份并在香港联交所主板挂牌上市,发行方式以香港公开发售及国际配售相结合,发行对象为境外投资人。公司本次计划首次公开发行 H 股新股不超过 545,679,150股,授权 H 股承销商(或其代表)根据当时的市场情况,选择行使超额配售权,其比例不超过 545,679,150 股的 15%,即 81,851,873 股。如果超额配售权全额行使,则本次发行 H 股新股将不超过 627,531,023 股,扩大后总股本将不超过 2,264,568,474 股。则发行前后,公司的股权结构将如下表所示:

| 股东 | 发行前 | | 发行后(超额配售权不行使) | | 发行后(超额配售权全额行使) | |
|---|---|---|---|---|---|---|
| | 股数(万股) | 比例(%) | (万股) | 比例(%) | (万股) | 比例(%) |
| 国药集团 | 6548.15 | 4.00 | 1091.36 | 0.50 | 272.84 | 0.12 |
| 国药产投 | 157,155.60 | 96.00 | 157,155.60 | 72.00 | 157,155.60 | 69.40 |
| 社保基金会 | 0.00 | 0.00 | 5456.79 | 2.50 | 6275.31 | 2.77 |
| H 股公众股东 | 0.00 | 0.00 | 54,567.92 | 25.00 | 62,753.10 | 27.71 |
| 合计 | 163,703.75 | 100.00 | 218,271.66 | 100.00 | 226,456.85 | 100.00 |

由于市场存在不确定性因素,最终发行规模由公司根据资本市场环境及公司的

融资目标进行调整。

1.75.2　国有股减持安排

公司确认,公司在境外发行股份并上市的同时,将遵守国务院《减持国有股筹集社会保障基金管理暂行办法》和国资委签发的《关于国药控股股份有限公司国有股减持方案的批复》(文号)的有关规定,将相当于发行股份10%的股份转让至社保基金会,该部分股份将从国药集团直接持有公司股份的4%中划转,届时将根据相关批复办理国有股减持和股权划转至社保基金会的相关手续。

1.75.3　为本次发行上市服务的中介机构

(1)保荐人及承销商

中国国际金融香港证券有限公司(China International Capital Corporation Hong Kong Securities Limited),本次发行上市的联席保荐人及主承销商,持有香港证券及期货事务监察委员会签发的资质证书(证书号:AEN894)。

瑞银投资银行(UBSAG),本次发行及上市的联席保荐人及主承销商,持有香港证券及期货事务监察委员会签发的资质证书(证书号:AEP554)。

(2)审计机构

普华永道中天会计师事务所有限公司,本次发行上市的境内审计机构,持有中国财政部、中国证监会核发的《会计师事务所证券、期货相关业务许可证》(证书号:035)。

罗兵咸永道会计师事务所(PricewaterhouseCoopers),本次发行上市的境外审计机构,持有香港会计师公会核发的资质证书。

(3)资产评估机构

西门(远东)有限公司,本次发行上市的境外物业估值师,持有香港测量师管理局签发的《香港注册专业测量师证书》(证书号:1779)及香港测量师学会签发的《香港测量师学会资深会员证书》(证书号:0070)。

(4)律师事务所

本所,本次发行上市的公司中国法律顾问,持有上海市司法局核发的《律师事务所执业许可证》)(证书号:091298105021)。

贝克·麦坚时律师事务所(Baker & McKenzie),本次发行上市的公司香港及美国法律顾问,其负责香港及美国法律部分的主要合伙人分别为陈世芝和Brian Prescott Spires,他们均持有香港律师会核发的证书(证书号:S003936和FL－F001476)。

国浩律师集团(上海)事务所,本次发行上市的承销商中国法律顾问,持有上海市司法局核发的《律师事务所执业许可证》(证书号:090193107030)。

美富律师事务所(Morrison & Foerster),本次发行上市的承销商香港及美国法律顾问:其负责香港的主要合伙人分别为Chau Chi Chung和Tan Venatius,他们均持有香港律师会核发的证书(证书号:S008250及S004618);其负责美国法律部分的主要合伙人分别为李俊杰和张旭,他们分别持有香港律师会核发的证书(证书号:FL－F00001631)和美国纽约州法院核发的证书。

● 关于本次发行上市的总体结论性意见

综上所述,本所律师认为:【除尚需取得中国证监会核准公司首次公开发行境外上市外资股(H股)并取得香港联交所安排其股票上市的同意外,公司已符合《证券法》、《公司法》、《特别规定》和《通知》等中国法律规定的关于公开发行境外上市外资股及上市交易的其他各项程序性和实质性条件的要求。公司本次发行上市的《招股说明书》(申报稿)所引用的本法律意见书的内容是适当的。】

本法律意见书正本一式三份，经本所盖章并由本所律师签字后生效。

上海市瑛明律师事务所
经办律师：陈志军　陈　婕
负 责 人：陈明夏

# 附　录

## 2009年资本市场法制建设大事记

### 一月

1.8　中国证监会公布《证券期货市场统计管理办法》,自2009年3月1日起施行。《办法》明确,证券期货市场建立由中国证监会集中统一领导,分业务、分级别责的统计管理体制。证券期货市场统计资料或者可能影响证券期货市场稳定运行的统计资料应当由中国证监会统计部门对外提供或者公布。

1.13－1.14　全国证券期货监管工作会议在京召开,中国证监会党委书记、主席尚福林指出,要坚持依法监管、依法治市,继续加强资本市场法律制度建设,完善市场法律制度体系,配合做好《刑法修正案(七)》的出台和《证券投资基金法》的修订工作,推动出台《上市公司监督管理条例》等行政法规,修改上市公司破产重整等司法解释。加大案件查处力度,尽快启动"中国证监会证券期货违法举报"系统,着重查处并购重组过程中的内幕交易、操纵市场以及虚假信息披露行为。完善行政处罚工作机制,制定案件审理标准,构建证券期货案件法律适用标准体系,提高案件审理的质量和效率,加大执行和处罚力度。加大案件曝光力度,提升执法的影响力和威慑力。

1.14　中国证监会在京举行2007－2008年度稽查立功表彰大会。证监会党委书记、主席尚福林在书面讲话中强调,加强证券执法是维护"公开、公平、公正"市场秩序,保护投资者合法权益,促进资本市场健康稳定发展的重要保障。证券期货监管系统执法人员要进一步增强稽查执法工作的责任感和使命感,振奋精神,密切协同,充分发挥集中统一指挥的体制优势,不断提高快速反应能力和证券执法效率,促进资本市场稳定健康发展。

1.19　中国证监会和中国银监会联合发布《关于开展上市商业银行在证券交易所参与债券交易试点有关问题的通知》,明确14家上市商业银行可以在履行相关程序后进入证券交易所从事债券交易。

### 二月

2.3　国务院国资委发布《关于进一步加强中央企业金融衍生业务监管的通知》,对进一步加强中央企业金融衍生业务监管,建立有效的风险防范机制,实现稳健经营,提出七点要求,包括:认真组织清理工作;严格执行审批程序;严守套期保值原则;切实有效管控风险;规范业务操作流程;建立定期报告制度;依法追究损失责任。

2.4　中国证监会下发《关于调整期货监管机构设置的通知》。经证监会党委研究并报中央编办批准,决定将期货监管部更名为期货监管一部,设立期货监管二部。期货监管一部负责期货市场总体规划、产品创新及市场监管等工作;期货监管二部负责期货市场中介机构的市场准入和日常监管等工作。

2.5　中国证监会在京召开资本市场法制建设新春座谈会。证监会党委书记、主席尚福林到会,就“进一步加强证券期货法制建设,创造良好的外部法治环境”发表了重要讲话。尚主席回顾总结了近年来资本市场法制工作,充分肯定了资本市场法制建设取得的显著成绩,强调2009年和今后一个时期的资本市场改革发展和保持稳定的任务,依然十分繁重,并对重点工作作出指示。全国人大常委会法工委副主任安建、郎胜,国务院法制办副主任宋大涵、郜风涛,最高法院副院长奚晓明、熊选国,最高检察院副检察长朱孝清等领导参会。证监会副主席范福春、桂敏杰,主席助理刘新华出席会议。

2.27　中国证监会向媒体通报将对以“推荐黑马”、“提供内幕”、“代客理财”为名实为,诈骗的违法犯罪活动进行重点打击。

2.28　《刑法修正案(七)》经第十一届全国人民代表大会常务委员会第七次会议审议通过,自公布之日起施行。《修正案(七)》共计十五条,其中增加了对金融从业人员背信从事“老鼠仓”交易的刑事法律规制,加大了对严重违法行为的打击力度,有利于市场秩序的维护。

**三月**

3.3　中共中央宣传部、司法部和全国普法办公室联合发布《关于表彰全国“五五”普法中期先进集体和先进个人的决定》,中国证监会普法办被评为全国“五五”普法中期先进集体,中国金融期货交易所叶国鹏同志和广东局方毅祖同志被评为全国“五五”普法中期先进个人,上海证监局薛珍同志和陕西证监局丁海筠同志被评为全国“五五”普法中期先进工作者。

3.3-3.11　为落实国务院法制办《关于贯彻落实〈全面推进依法行政实施纲要〉情况进行总结检查的通知》,扎实推进证监会依法行政工作,证监会贯彻落实《纲要》领导小组办公室组成了三个检查工作小组,分别走访了广东地区、上海-浙江地区、四川-重庆地区,听取了12家证监会派出机构的依法行政总结自查情况报告,并查看了部分被抽查单位的相关制度文件、执法文书档案等资料。抽查反映情况良好,各单位认真贯彻落实《纲要》的实施意见等文件要求,监管工作相关制度健全、切实可行,基本形成了依法监管、依法治市的良好局面。

3.5　中国证监会与最高人民法院召开部际协调会议,证监会副主席桂敏杰、最高院副院长奚晓明出席。会议讨论了上市公司破产重整等问题,努力为资本市场健康稳定发展营造更为良好的外部司法环境。

3.6　全国普法办公室发布《关于印发〈第六届全国法制动漫作品征集活动获奖名单〉的通知》,中国证监会及上海证监局、海南证监局、安徽证监局荣获组织奖。此次活动共征集到1130件作品,评出各类获奖作品90件,35个单位获得组织奖,证监会及系统单位占获组织奖单位总数的比例超过10%。

3.11　中国证监会、人民银行联合发布《关于发布〈证券期货业与银行间业务数据交换消息体结构和设计规则〉行业标准的通知》,规定了数据交换、消息体的结构描述、会话机制和使用规则,详细描述了系统类、账户类、交易类、交易结果保障类、对账类等五类业务的35种消息体的设计规则。

3.13　中国证监会公布《证券经纪人管理暂行规定》，自2009年4月13日起施行。《暂行规定》对证券公司委托公司以外的人员作为证券经纪人，代理其进行客户招揽、客户服务等活动作了具体规定，明确了证券经纪人的法律地位、资格条件、执业行为规范以及证券公司对证券经纪人的管理职责。

3.17　中国证监会公布《基金管理公司投资管理人员管理指导意见》，自2009年4月1日起施行。《意见》对基金管理公司投资管理人员的范围、基本行为规范以及监督管理进行了明确规定。

财政部发布《金融企业国有资产转让管理办法》，自2009年5月1日起施行。《办法》对金融企业国有资产的定义、转让渠道、转让方式、转让程序等方面进行了规范与明确。规定无论通过协议方式还是大宗交易，对外转让上市金融企业国有股份和金融企业对外转让上市公司国有股份都必须遵照市价执行。

3.18　中国人民银行发布公告（中国人民银行公告〔2009〕第5号），允许基金管理公司以特定资产管理组合名义在全国银行间债券市场开立债券账户，并对其业务运作进行了规范。

中国人民银行、中国银监会联合发布《关于进一步加强信贷结构调整，促进国民经济平稳较快发展的指导意见》，要求人民银行系统和各金融机构深入贯彻落实党中央、国务院关于进一步扩大内需、促进经济增长的十项措施和《国务院办公厅关于当前金融促进经济发展的若干意见》精神，认真执行适度宽松的货币政策，促进国民经济平稳较快发展。

3.20　中国证监会发布《关于做好整治利用网络等媒体开展非法证券活动有关工作的通知》，对整治利用网络等媒体开展非法证券投资咨询、非法证券委托理财活动进行了全面部署，要求证监会系统各单位紧密依靠地方政府、公安司法机关、工商、广电、通信、新闻宣传等行政管理部门，从前端监控、媒体净化、案件查处、投资者教育、维护稳定等六个环节，统筹安排，坚决、有序、平稳推进整治工作，以净化证券市场环境和保护投资者利益。

中国证券业协会发布《基金经理注册登记规则》，自2009年4月1日起施行。该《规则》是依据证监会《基金管理公司投资管理人员管理指导意见》，深化基金业自律管理而采取的一项重要措施。

3.24　国务院国资委发布《关于实施〈关于规范国有企业职工持股、投资的意见〉有关问题的通知》，对中央企业和地方国资委在执行《关于规范国有企业职工持股、投资的意见》过程中遇到的一些具体问题予以进一步明确。

3.25　中国人民银行公布《全国银行间债券市场金融债券发行管理操作规程》，自5月15日起施行，进一步规范与完善了金融债券发行管理，提高了金融债券发行审核的透明度，健全了市场约束与风险分担机制。

广州市中级人民法院对董正青等涉嫌内幕交易、泄露内幕信息案作出终审裁定，依法驳回上诉，维持原判。董正青犯泄露内幕信息罪，判处有期徒刑4年，并处罚金300万元；董德伟、赵书亚犯内幕交易罪，分别判处有期徒刑4年、1年9个月，并处罚金2500万元、100万元，二人违法所得22846712.42元和100万元分别上缴国库。

广东省高级人民法院对顾雏军等人违规披露、不披露重要信息罪等案作出终审裁定，依法驳回上诉，维持原判。顾雏军犯虚报注册资本罪，判处有期徒刑2年，并处罚金660万元；犯违规披露、不披露重要信息罪,判处有期徒刑2年,并处罚金20万元;犯挪用资金罪,判处有期徒刑8年。总和刑期有期徒刑12年,决定执行有期徒刑10年,并处罚金680万元。

3.26 中国人民银行公布《银行间债券市场债券登记托管结算管理办法》,自2009年5月4日起施行。《办法》对银行间债券市场的债券登记、托管和结算业务予以进一步规范。

3.27 中国证监会公布《发行证券的公司信息披露内容与格式准则第27号——发行保荐书和发行保荐工作报告》和《证券发行上市保荐业务工作底稿指引》,自2009年4月1日起施行。《准则》要求在保荐书外增加保荐工作报告,详细说明保荐书中的结论性意见的事实、依据和逻辑推理的过程,交中国证监会作为审核必备材料;《指引》对保荐工作底稿提出更加严格的要求,保荐机构需留存作为备查材料。

中国证监会批准,线材和螺纹钢期货合约在上海期货交易所上市交易。中国中央政治局委员、上海市委书记俞正声出席上市仪式并为线材和螺纹钢期货开盘交易鸣锣,中国证监会党委书记、主席尚福林和上海市副书记、市长韩正共同为合约揭牌。

3.31 中国证监会公布《首次公开发行股票并在创业板上市管理暂行办法》,自2009年5月1日起施行。推出创业板是完善我国资本市场层次与结构、拓展资本市场深度与广度的重要举措,能够为数量众多的自主创新企业和成长型创业企业提供资本市场服务,同时通过资本市场的示范效应,发挥拉动民间投资、推动产业结构升级、以创业促就业的重要作用,有利于更好地发挥资本市场在资源配置中的基础性功能,强化资本市场对国民经济发展的支持,推动创新型国家建设。

**四月**

4.3 中国证监会公布《关于加强上市证券公司监管的规定》,自公布之日起施行。《规定》明确,未经证监会审批持有或者实际控制上市证券公司5%以上股权的,应当限期改正。改正前,相应股权不具有表决权。

4.10 中国证监会公布《关于废止部分证券期货规章的决定(第八批)》。根据《规章制定程序条例》的规定,按照贯彻实施《行政许可法》的要求,证监会对自成立以来至2008年底期间公布的证券期货规章、规范性文件进行了再次清理。其中,自2008年1月1日至2008年12月31日期间应予废止和自行失效的规章25件,已明令废止的规章15件。

4.12 中国证券业协会发布实施《中国证券业协会证券经纪人执业规范(试行)》、《证券经纪人委托合同必备条款》和《中国证券业协会证券经纪人执业注册登记暂行办法》等自律规则,对证券经纪人执业行为规范、委托合同管理、执业注册登记等事项作了具体要求。

4.14 为了进一步贯彻落实全国证券期货监管工作会议部署,中国证监会召开期货监管工作座谈会。中国证监会主席尚福林发表重要书面讲话,主席助理姜洋作出指示,各证监局、期货交易所、期货保证金监控中心及期货业协会等单位代表参加了此次会议。

4.17－4.19 “博鳌亚洲论坛”在海南举行,在“资本市场:走出危机的阴影”分论坛上,中国证监会副主席姚刚表示,国际金融危机对中国资本市场影响有限,风险处于可控的程度。

4.20 中国证监会公布《证券期货规章草案公开征求意见试行规则》,自2009年5月8日起施行。《规则》进一步贯彻科学立法、民主立法、开门立法的原则，有利于包括广大投资者在内的公众参与制定相关政策，促进证券期货立法工作集思广益。

经中国证监会批准，早籼稻期货在郑州商品交易所正式挂牌交易。证监会党委书记、主席尚福林出席仪式并作重要讲话。尚主席强调，上市稻谷期货，将有助于完善稻谷价格形成机制，为相关企业提供风险控制手段，以达到提高决策科学性、稳定生产的目的；还标志着我国粮、棉、油、糖等主要农产品期货品种体系已基本健全，品种建设的工作重心将逐步转向做精做细现有品种。

4.23　中国证监会公布新换届的主板发审委委员名单，由于第十届发审委自2008年5月19日召开第一次发审会议后，至9月16日后未再对首次公开发行股票和上市公司公开发行再融资进行审核（非公开发行股票和公司债照常审核），本次换届将第十届委员全部续聘为第十一届委员。

4.30　国务院新闻办、商务部、工商行政管理总局联合发布《外国机构在中国境内提供金融信息服务管理规定》，自2009年6月1日起施行。对外国金融信息服务提供者在中国境内向从事金融分析、金融交易、金融决策或者其他金融活动的用户提供可能影响金融市场的信息或者金融数据的服务，予以规范。

**五月**

5.4　财政部、国家税务总局联合发布《关于上市公司高管人员股票期权所得缴纳个人所得税有关问题的通知》，对上市公司高管人员取得股票期权在行权时，纳税确有困难的情形进行了规范。

5.5　中国证监会公布《关于基金管理公司开展特定多个客户资产管理业务有关问题的规定》，自2009年6月1日起施行。《规定》对“一对多”专户理财业务的投资者参与门槛、资产管理计划的设立条件、资产管理计划的销售方式以及开放参与和退出频率等作出明确规定。

5.7　中国证监会党委中心组（扩大）召开学习报告会，邀请全国人大常委会委员、法制工作委员会副主任信春鹰作“转型社会的政府职能与依法行政”专题法制讲座。中国证监会党委书记、主席尚福林主持报告会并讲话，就进一步做好资本市场法治建设和依法行政工作提出五点要求：一是进一步完善法律制度体系；二是进一步规范行政执法行为；三是进一步推进执法体制创新；四是进一步强化监督制约机制；五是进一步加强依法行政能力建设。

5.9　商务部与香港政府签署《〈内地与香港关于建立更紧密经贸关系的安排〉补充协议六》，自10月1日起正式实施。该协议扩大了内地对香港服务贸易开放和经贸合作的范围，其中在证券服务方面，允许符合外资参股证券公司境外股东资质条件的香港证券公司与内地具备设立子公司条件的证券公司，在广东省设立合资证券投资咨询公司。合资证券投资咨询公司作为内地证券公司的子公司，专门从事证券投资咨询业务，香港证券公司可持股比例最高可达到三分之一。

5.11　第二次中英经济财经对话在英国伦敦举行，中国证监会副主席姚刚出席会议。中英达成的共识包括：支持经济增长和福利、金融稳定和资本市场发展、通过能源和环境合作支持绿色增长以及贸易投资四大方面。中方同意按照相关审慎管理原则，允许符合条件的境外公司（包括英国公司）通过发行股票或存托凭证形式在中国证券市场上市。

5.12　中国证监会向媒体通报了高新张铜股份有限公司内幕交易案、同人华塑股份有限公司内幕交易案、厦门创兴置业股份有限公司内幕交易案三起案件的调查情况:三起案件均已完成行政调查,涉嫌犯罪的证据材料已移送公安机关追究刑事责任。同时,中国证监会还向媒体通报了2008年以来内幕交易、操纵市场案件的总体查处情况,以及证券违法案件移送公安机关加强刑事打击的有关情况。

5.13　中国证监会公布《关于修改〈中国证券监督管理委员会发行审核委员会办法〉的决定》,自2009年6月14日起施行。规定创业板发审委委员为35名,部分发审委委员可以为专职。其中证监会的人员5名,证监会以外的人员30名。主板发审委委员、创业板发审委委员和并购重组委委员不得相互兼任。

中国证监会公布《关于修改〈证券发行上市保荐业务管理办法〉的决定》,自2009年6月14日起施行。规定对首次公开发行并在创业板上市的以及创业板上市公司发行新股、可转换公司债券的,持续督导时间都比主板长一年;要求保荐机构对创业板公司的定期报告披露跟踪报告,对重大临时报告发表独立意见;取消了创业板公司上市当年营业利润比上年下滑50%以上对保荐代表人的监管要求。

5.15－5.16　"2009陆家嘴论坛"在上海举行。中国证监会党委书记、主席尚福林出席并就"如何在应对国际金融危机的同时促进资本市场健康发展"发表了演讲。尚福林表示,要继续加强对国际金融危机的监测和预警,加强对资本跨境流动的监管,落实重大风险预警和应急处置机制。强化信息披露监管和现场检查,切实提高对各类主体的一线监管工作实效。密切关注市场变化和违法违规行为的新特点,进一步加大对操纵市场、内幕交易、利益输送等违法违规案件惩处和曝光,有效维护市场的正常秩序。

5.18　全国证券期货监管系统纪检监察工作会议在嘉峪关市召开。中国证监会纪委书记李小雪出席并代表证监会纪委作了工作报告,全面总结了2008年以来证监会各系统党风廉政建设和反腐败工作情况,对证监会今后一段时期的工作作了具体部署。甘肃省省委常委、常务副省长冯健身,中央纪委、中央组织部第一企业金融巡视组副局级巡视专员马联孝,中央纪委二室副局级纪检监察专员夏太立等领导出席会议,中国证监会纪委委员、证监会机关各部门负责人和纪委书记以及纪检监察人员参加了会议。

中国证监会期货部、中国期货业协会在京联合召开了"期货公司首席风险官座谈会",来自全国90多家期货公司的首席风险官参加了本次会议。证监会主席助理姜洋出席会议并讲话,他指出,实施首席风险官制度是加强期货公司合规监管的一项重要基础性制度建设,其与以净资本为核心的风险预警监管制度、保证金安全存管监控制度、期货公司开户实名制等基础性制度一起,构建起了期货公司合规监管的制度框架。

5.19　国务院办公厅转发国家发改委《关于2009年深化经济体制改革工作的意见》,明确提出由中国证监会牵头加强资本市场基础性制度建设,建立健全有利于资本市场稳定发展和投资者权益保护的法规体系,适时推出创业板,推进场外市场建设,完善资本市场功能;由证监会、发展改革委、人民银行负责继续发展中小企业板市场,稳步发展中小企业集合债券,继续开展中小企业短期融资券试点;由证监会、发展改革委、财政部、人民银行负责完善债券市场化发行机制、市场约束与风险分担机制,逐步建立集中统一的债券市场监管规则和标准。

中国证监会公布《〈上市公司收购管

理办法〉第六十二条及〈上市公司重大资产重组管理办法〉第四十三条有关限制股份转让的适用意见——证券期货法律适用意见第4号》,对并购重组后上市公司股东转让所持上市公司股份的行为进行规范。

5.20　“杭萧钢构虚假陈述民事赔偿案”调解成功。在杭州市中级人民法院的主持下,原被告双方当事人进行了成功调解。118名投资者将获得杭萧钢构的一次性现金赔付约400万元。

5.25　经中国证监会批准,聚氯乙烯(PVC)期货合约在大连商品交易所正式挂牌交易。证监会党委书记、主席尚福林出席仪式并致辞。尚主席表示,上市聚氯乙烯期货,将有助于优化聚氯乙烯的价格形成机制,指导聚氯乙烯上下游企业合理安排生产和经营,为相关企业提供低成本、高效率的风险控制手段,以达到提高企业管理水平、增强市场竞争力的目的。同时,聚氯乙烯期货的上市,还标志着我国合成树脂期货品种体系进一步健全,期货市场为国民经济服务的作用将进一步拓展。

5.26　中国证监会公布《证券公司分类监管规定》,自发布之日起施行。《规定》将风险管理能力评价指标从6大类69个指标简化为资本充足、公司治理与合规管理、动态风险监控、信息系统安全、客户权益保护和信息披露等6大类27个指标,突出对公司风险综合评价,促进行业提高竞争力,鼓励创新。

5.31　由中国证监会、工信部、国资委和中国钢铁工业协会共同主办,中国浦东干部学院和上海期货交易所联合承办的首期钢铁企业钢材期货培训班开班了。证监会主席助理姜洋在开班仪式上指出,近年来,我国期货市场规模稳步扩大,产品创新有序推进,期货公司资本实力逐步增强,合规水平有所提高,期货市场法规制度不断健全,监管工作进一步加强。

**六月**

6.2　由上海期货交易所主办的第六届上海衍生品市场论坛在上海举行,本次论坛的主题是“商品期货服务实体经济的新挑战——金融风暴后的思考”。中国证监会主席尚福林为论坛致辞,他表示,近年来,我国期货市场呈现出稳定健康发展的良好势头,在全球金融危机的背景下保持了平稳运行:一是产品创新有序推进;二是市场规模稳步扩大;三是经济功能逐步发挥。

6.10　中国证监会公布《关于进一步改革和完善新股发行体制的指导意见》,自2009年6月11日起施行。该指导意见是对询价制度的进一步完善,改革的总体目标是通过市场化定价机制的完善,优化股票的价格发现功能;强化买方对卖方的约束;重视中小投资者的参与意愿,适当提高中小投资者的中签比例。

6.11　科龙电器公司虚假陈述索赔案原、被告双方达成和解协议。广州市中级人民法院确认投资者损失1452万元,科龙公司给予全额赔偿。

6.12　经中国证监会批准,中国证券业协会公布新修订的《证券公司代办股份转让系统中关村科技园区非上市股份有限公司股份报价转让试点办法(暂行)》及相关配套规则,自2009年7月6日起施行。修订后的《暂行办法》从投资者适当性、公司挂牌条件、转让结算制度、信息披露制度及股份限售制度等五方面进行了调整。

6.15　国务院国有资产监督管理委员会发布《企业国有产权交易操作规则》,自2009年7月1日起施行。《规则》对企业国有产权转让主体在履行相关决策和批准程序后,通过产权机构发布产权转让信息,公开挂牌竞价转让企业国有产权的流程做了统一的规范。

6.16 中国证券业协会落实新股发行体制改革的要求,发布了《关于做好新股发行体制改革后新股询价工作的通知》。要求询价对象认真学习《指导意见》,健全业务规程,提高定价能力,及时报备相关信息,持续保证报备信息的准确。

6.19 桂林三金公告其首次公开发行股票招股说明书,标志着暂停了9个月的国内A股首次公开发行股票项目重新启动。

财政部、国资委、证监会、社保基金会联合发布《境内证券市场转持部分国有股充实全国社保基金实施办法》和2009年第63号公告,自公布之日起施行。《办法》规定,对股权分置改革新老划断至本法颁布前首次公开发行并上市的股份有限公司转持的股份,在承继原来法定和自愿承诺禁售期基础上,再将禁售期延长3年;公告对《办法》的实施做了进一步的明确与细化。

6.21 中国证监会向媒体通报了融通基金管理有限公司原基金经理张野违法违规案的查处结果:张野因违反《证券投资基金法》关于禁止从事损害基金财产和基金份额持有人利益的规定,以及《证券法》关于禁止相关人员买卖股票的规定,被依法取消基金从业资格,并受到行政处罚及市场禁入。同日,中国证监会还集中通报了张健雄操纵市场案、中核钛白股票操纵案和齐鲁期货、三隆期货、华南期货违法违规案件的行政调查和处罚结果。

6.23 中国证券业协会发布《证券公司网上证券信息系统技术指引》,自发布之日起施行。《指引》详细提出了技术安全要求,内容不仅涵盖了网上证券信息系统的各个技术性环节,还对网上证券安全管理的人员设置、业务连续性和应急预案、运行维护、监控等提出了具体要求。

6.24 中国期货业协会颁布《期货公司网上期货信息系统技术指引》,自发布之日起施行。《指引》就期货公司网上期货信息系统的建设、运行、安全和应急处理等环节提出了一系列要求。

国务院国资委公布《关于规范上市公司国有股东行为的若干意见》、《关于规范国有股东与上市公司进行资产重组有关事项的通知》以及《关于规范上市公司国有股东发行可交换公司债券及国有控股上市公司发行证券有关事项的通知》,对国有股东如何依法履行股东职责,保证信息披露的及时、公平、准确、完整,维护好各类投资者合法权益等提出了原则要求,并作出了相关规定。

6.26 中国人民银行发布《中国金融稳定报告2009》。报告显示,央行将努力改革国际货币体系,推动国际储备货币向着币值稳定、供应有序、总量可调的方向完善,从根本上维护全球经济金融稳定。

6.29－6.30 全国证券期货监管系统网络信息安全和保密工作专题会议在京召开。中国证监会党委书记、主席尚福林在通报上半年资本市场改革监管工作进展情况、部署下半年重点工作时强调,要认真贯彻党中央、国务院"保增长、扩内需、调结构、惠民生"的决策部署,坚决落实中央应对国际金融危机的一揽子计划,坚定信心,振奋精神,深化改革,锐意进取,促进我国资本市场稳定健康发展。

6.30 中国证监会公布《创业板市场投资者适当性管理暂行规定》,作为《暂行规定》的配套规则,《深圳交易所创业板市场投资者适当性管理实施办法》和《创业板市场投资风险揭示书(必备条款)》也由深圳证券交易所和中国证券业协会分别发布,均自2009年7月15日起施行。这些规定初步构建了创业板市场投资者适当性管理制度,通过一定的程序和要求,使投资者能充分理解创业板市场的风险,审慎做出投资决策，从而达到保护投资者合法权益的目的。

七月

7.2　中国人民银行公布《跨境贸易人民币结算试点管理办法》，自2009年7月1日起实施。《办法》明确了跨境贸易人民币结算试点企业、清算行、出口退税等政策细节。

深圳证券交易所发布《关于完善中小企业板首次公开发行股票上市首日交易监控和风险控制的通知》，明确规定"对通过大笔集中申报、连续申报、高价申报或频繁撤销申报等方式影响证券交易价格或证券交易量的账户，将依据有关规定采取限制交易、上报中国证监会查处等措施。"

7.3　中国证监会公布《关于进一步加强期货公司信息技术管理工作的指导意见》，自公布之日起施行。该指导意见加强了期货公司信息技术管理工作，切实保护了投资者合法权益，对行业技术的运行风险起到了有效控制的作用。

7.6　中国银监会发布《关于进一步规范商业银行个人理财业务投资管理有关问题的通知》，自发布之日起施行。《通知》进一步规范了商业银行个人理财业务的投资管理活动，对理财业务的有序发展起到了促进作用。

7.9　中国证监会公布《〈上市公司证券发行管理办法〉第三十九条"违规对外提供担保且尚未解除"的理解和适用——证券期货法律适用意见第5号》，自2009年7月13日起施行。该公告为保荐机构及相关证券服务机构提供了合理、审慎的判断标准。

7.10　国家发改委发布《关于加强创业投资企业备案管理　严格规范创业投资企业募资行为的通知》，加强了对备案创业投资企业的监管，严格规范了其募资行为。

7.14　国家税务总局发布《关于企业所得税核定征收若干问题的通知》，自2009年1月1日起施行。《通知》进一步规范了企业所得税的核定征收工作。

7.15　商务部、中国人民银行、银监会、证监会、保监会联合发布《金融业经营者集中申报营业额计算办法》，自公布之日起三十日后实施。《办法》对银行业金融机构、证券公司、期货公司、基金管理公司和保险公司等金融业经营者，集中申报营业额的计算作出规定。

7.16　中国人民银行公布人民银行公告〔2009〕第11号，自公布之日起施行。公告对证券公司为开展证券资产管理业务在全国银行间债券市场开立债券账户的有关事项作出规定。

7.20　中国证监会公布《公开发行证券的公司信息披露内容与格式准则第28号——创业板公司招股说明书》与《公开发行证券的公司信息披露内容与格式准则第29号——首次公开发行股票并在创业板上市申请文件》，均自公布之日起施行。

中国证监会公布证监会公告〔2009〕19号，公告中指出，中国证监会于2009年7月26日起依照法定要求和程序受理发行人首次公开发行股票并在创业板上市的申请。

7.27　中国证监会行政处罚委与上海、深圳证券交易所纪律处分委员会召开首次联席会议，正式建立了证监会行政处罚与交易所纪律处分之间的协调、沟通机制。证监会副主席姚刚在会上指出，当前证券市场改革发展的新形势对证监会监管和执法提出了新的要求，证监会处罚委和交易所纪律处分委员会建立联席会议制度有利于充分发挥各自的优势，加强协调配合，努力形成对违法违规行为多层次的打击态势，进一步提高证券执法能力和社会效果。

7. 31　中国银监会发布《关于进一步加强银行金融机构与机构客户交易衍生产品风险管理的通知》,进一步提高了银行业金融机构衍生产品交易中的风险管理水平,从而有效防范风险。

## 八月

8. 4　中国证监会公布《基金管理公司特定多个客户资产管理合同内容与格式准则》,自2009年8月18日起施行。基金管理公司为多个客户办理特定资产管理业务,资产委托人、资产管理人和资产托管人应当按照本准则的要求订立资产管理合同。

8. 14　第一届创业板发行审核委员会成立大会在北京召开。证监会主席尚福林出席会议并讲话,副主席姚刚主持会议。尚福林指出,推出创业板是党中央、国务院的战略部署,也是资本市场体系建设和制度创新的一项基础工作。第一届创业板发审委的成立,标志着创业板发行工作即将正式启动。证监会主席尚福林,副主席姚刚、刘新华,主席助理朱从玖向第一届创业板发审委的35名委员颁发了聘书。

中国证监会向媒体集中通报了吕道斌等人内幕交易案,沈昌宇未按规定报告、披露信息及违规买卖股票案,山东德棉股份有限公司信息披露违法违规案的查处结果,相关责任公司及人员依法受到行政处罚。同日,中国证监会还通报了假冒证监会及其领导名义,以进行所谓的投资理财方式诈骗投资者的乐友金诈骗案的调查情况,犯罪嫌疑人乐友金已被公安机关依法逮捕。

8. 17　中国证监会公布《期货公司分类监管规定(试行)》,自2009年9月1日起施行。该规定明确期货公司违规使用分类评价结果的处理措施,相关条款的约束力进一步增强。

8. 21　中国证监会公布首批通过证券投资咨询机构2008年度年检的82家机构名单。武汉新兰德证券投资顾问有限公司不能持续符合证券投资咨询业务资格条件,经审核未通过2008年度年检,不得继续从事证券投资咨询业务。

中国证监会与国家工商行政管理总局联合发布《关于证券经纪人工商登记注册有关问题的通知》,明确表示证券经纪人执业无需工商登记,个人依法以证券经纪人名义从事的合法证券活动,不以无照经营查处。

8. 24　国家税务总局发布《关于股权激励有关个人所得税问题的通知》,自发布之日起施行。《通知》确定了关于股权激励所得项目和计税方法、关于股票增值权应纳税所得额、限制性股票应纳税所得额等相关事项。

8. 27　中国证监会公布《期货市场客户开户管理规定》,自2009年9月1日起施行。该规定在吸收和继承现有开户制度合理内容的基础上,进一步完善了开户环节的管理程序,确立了统一开户的新规则。

8. 28　中国保监会发布《关于加强保险机构债券回购业务管理的通知》,旨在防范融资融券风险,促进稳健投资。《通知》要求保险机构加强回购融入资金管理,包括加强账户管理,强化成本控制,明确资金用途等。

## 九月

9. 1　财政部发布《金融控股公司财务管理若干规定》,对金融控股公司的资本、投资、经营、资产管理、风险控制、利润分配、信息披露等若干事项作出详细规定。对于混业经营的金融控股公司,《规定》明确指出资产负债率原则上应当保持在60%以下,不符合要求的,应当于6个月内予以调整。

9.2　由中国人民银行中国金融电子化公司主办的“第十届中国金融发展论坛”在北京举行。中国证监会副主席刘新华发表演讲，他表示，要充分发挥市场机制的作用，不断完善市场主体自我约束，增强资本约束和价格约束机制，健全市场优胜劣汰机制，引导社会资源向优质企业集中，不断提高市场效率。

9.3　中国证监会在湖北武汉召开了第一次全国证券期货监管系统统计工作会议。中国证监会党委委员、副主席姚刚同志作了题为《理顺统计工作机制 提升统计工作水平》的重要讲话，分析了证券期货监管系统统计工作的现状和问题，强调了新形势下加强和改进统计工作的重要意义，并就进一步明确职责、加强协调，做好统计工作作出部署。

9.9　五粮液发布公告称，其因涉嫌违反证券法规受到证监会立案调查。公告后两日内五粮液市值蒸发84亿元人民币。

9.19　国务院发布《国务院关于进一步促进中小企业发展的若干意见》。意见提出，要进一步营造有利于中小企业发展的良好环境，完善相关政策法律体系，完善政府采购支持中小企业的有关制度，加强中小企业权益保护。

9.20　中国证监会批复“巨潮资讯网”、“中证网”、“中国证券网”、“证券时报网”、“中国资本证券网”等5家网站为创业板信息披露指定网站。

9.21　中国证监会党委书记、主席尚福林主持召开党委扩大会议，认真传达学习党的十七届四中全会和十七届中纪委四次全会精神，并结合资本市场实际，就贯彻落实党的十七届四中全会精神，做好当前和今后一个时期资本市场改革监管工作，加强证券期货监管系统党的建设做出了部署和安排。证监会党委全体成员及各部门负责人参加了会议.

9.22　中国保监会发布《关于债券投资有关事项的通知》，对保险机构债券投资的有关政策进行了调整。

9.23　中国证监会向媒体集中通报了上海近臣纺织品有限公司及其法定代表人张萍内幕交易案、上海宏普实业投资有限公司内幕交易案、泰安鲁润股份有限公司涉嫌违法违规案、华夏建通科技开发股份有限公司违法违规案等四起案件的调查情况：四起案件均已完成行政调查，涉嫌犯罪的证据材料已移送公安机关追究刑事责任。

中国证监会向媒体通报五粮液案初步调查结果，及时、适时披露五粮液涉嫌存在未按规定披露重大证券投资行为及较大投资损失、未如实披露重大证券投资损失、披露的主营业务收入数据存在差错等三项违法违规行为。

9.25　中国证监会稽查局和沪、深证券交易所在京召开“创业板执法暨异常交易监管三方联席会”，研究部署创业板市场开通前后的执法工作，分析讨论当前异常交易特点、趋势和监管重点，以有针对性地加强执法工作，确保创业板平稳推出和规范运行。证监会创业板办、上市部、处罚委、稽查总队和北京、上海、深圳证监局应邀参会，桂敏杰副主席到会并讲话。

9.27　财政部和国税总局联合发布了《关于个人金融商品买卖等营业税若干免税政策的通知》，自2009年1月1日起施行，此前已征、多征税款应从纳税人以后的应纳税额中抵减或予以退税。《通知》明确了个人从事外汇等金融商品买卖、个人无偿赠与不动产等相关营业税优惠政策。

9.28　中国证监会新一届上市公司并购重组审核委员会成立大会在北京召开，证监会主席尚福林出席会议并讲话，他表示，目前资本市场服务于国民经济全局的功能日益突出，上市公司已成推动国民经济增长的中流砥柱,有效发挥资本市场功能,支持促进有条件的企业并购重组,是资本市场服务于国家宏观经济政策目标的重要组成部分。证监会副主席庄心一在会上宣读了中国证监会聘任新一届并购重组委委员的决定。

中国证券业协会组织5家证券资信评级机构签署了《证券资信评级行业自律公约》。《自律公约》围绕评级基本原则、评级独立性、评级透明度、评级质量、对客户的保密义务以及禁止性执业行为等方面,明确了证券资信评级机构开展评级业务的基本原则与职业操守。

9.29　国家外汇管理局发布《合格境外机构投资者境内证券投资外汇管理规定》,自发布之日起施行。《规定》明确国家对合格投资者的境内证券投资实行额度管理,国家外汇管理局批准单个合格投资者的投资额度,鼓励中长期投资。

国家外汇管理局发布《关于基金管理公司和证券公司境外投资外汇管理有关问题的通知》,自发布之日起施行。《通知》对证券经营机构申请投资额度应向国家外汇管理局提交的材料作出了明确规定。

**十月**

10.11　中国证监会行政处罚委与中国法学会行政法学研究会共同举办了"新形势下证券执法体制改革研讨会"。中国证监会副主席姚刚出席会议并作重要讲话。与会专家应松年、姜明安等对于中国证监会施行的"查审分离"证券执法体制给予了一致肯定,并提出建议借鉴国外行政法官制度,不断提高行政处罚体制的公正性和权威性。

10.15　中国证监会公布《关于修改〈关于进一步规范证券营业网点的规定〉的决定》,自2009年11月1日起施行。《决定》适应市场发展和满足投资者需求的需要,进一步放宽了证券公司设立证券营业部的主体资格条件,引导证券公司在证券营业网点空缺地区设立证券营业部,并进一步加强了证券营业网点的监管。

证券公司合规管理座谈会在京举行,各证券公司就合规管理工作的有效做法和经验体会,进行了广泛的交流。中国证监会主席尚福林发表重要讲话。尚主席在讲话中回顾总结了证券行业建立和实施合规管理制度的背景、过程、取得的成效和存在的不足,深入阐述了证券行业实施合规管理的重要性,并就做好当前和今后一个时期的合规管理工作提出了明确的方向和要求。

10.17　由中国社会科学院金融研究所主办的"2009创业板与中小企业投融资论坛"在北京举行。证监会主席尚福林出席并发表演讲,他指出,建设一个成功的创业板市场需要大量高质量、创新能力强的上市公司为基础,需要良好的制度设计来引导,需要严格的监管为保障,需要广大投资者的理性投资为依托,需要市场参与各方的共同努力与呵护。

10.19　中国证监会向媒体集中通报了王建超、卢宪斌、夏世勇、李建军等四名上市公司高管人员违规买卖股票案的行政调查和处罚结果,以及卢道军操纵市场案的行政调查和处罚结果。

10.20 中国证监会、国家保密局和国家档案局联合公布《关于加强境外发行证券与上市相关保密和档案管理工作的规定》,自公布之日起施行。该规定旨在保障国家经济安全,保护社会共同利益,对加强境外发行证券与上市相关保密和档案管理工作作了具体要求。

10.21　中国证监会与西班牙国家证券市场委员会正式签署并交换了《证券期货监管合作谅解备忘录》。至此,中国证监会已与40个国家和地区的监管机构签署了44个监管合作谅解备忘录。

10.22　中国证监会公布《期货公司信息公示管理规定》，自2009年11月16日起施行。这是继2007年发布《期货交易管理条例》后，监管部门首次明确期货公司信息披露内容，并统一了期货公司的信息公示平台。根据《规定》，中国期货业协会网站将作为全国统一的期货公司信息公示平台。期货公司历史情况、分支机构基本情况，及高级管理人员、从业人员、公司股东信息和诚信记录等都被列入公示范围。

10.23　创业板开板仪式在深圳举行。中国证监会主席尚福林出席仪式并讲话，他指出，创业板的推出和发展，将发挥对高科技、高成长创业企业的“助推器”功能，为各类风险投资和社会资本提供风险共担、利益共享的进入和退出机制，促进创业投资良性循环，逐步强化以市场为导向的资源配置、价格发现和资本约束机制，提高我国资本市场的运行效率和竞争力。

10.26　中国证监会主席尚福林在基金业第32次联席会议上强调，推动机构投资者又好又快发展，必须坚持把保护投资者合法权益放在首要位置等四项原则；维护持有人的利益是整个基金行业的生命线，任何机构和个人，都不能触犯“老鼠仓”、非公平交易和各种形式的利益输送这三条底线；要强化公司合规管理，增强行业核心竞争力，努力将我国基金业建设成为“专业精良、治理完善、诚信合规、运作稳健”的现代资产管理行业。

**十一月**

11.3　中国证监会副主席姚刚在“金融危机背景下的证券投资者保护”国际研讨会上指出，近年来，中国证监会在着力强化市场基础性制度建设的同时，始终将投资者合法权益保护作为监管工作的重中之重，在培育市场股权文化理念、强化股东对上市公司的约束、引导上市公司增加投资者回报、有效打击证券违法犯罪等方面做了大量的工作。

11.5　中国证监会副主席刘新华在“第五届北京国际金融博览会开幕式”上表示，过去一年，我国资本市场经受住了国际金融危机的严峻考验，有效支撑了金融体系的稳定运行。但在市场规模明显扩大、外部影响因素日趋复杂的情况下，维护资本市场稳定健康发展的任务仍然十分艰巨。证监会将继续推进资本市场基础制度建设，稳步深化市场改革创新，注重培育和发挥市场功能，不断增强资本市场服务国民经济发展的能力。

中国银监会发布《商业银行投资保险公司股权试点管理办法》，自发布之日起施行。《办法》明确，现阶段商业银行投资保险公司原则上应选择现有保险公司，且一家银行只能投资一家保险公司。

11.6　中国证监会公布《证券投资基金评价业务管理暂行办法》，自2010年1月1日起施行。为了防止投资者被短期、频繁的基金评价结果误导和注重对基金的长期评价，《办法》明确规定，基金成立不到三年不能参与评价。

中国证监会公布《关于加强证券评估机构有关后续管理问题的通知》。《通知》指出，证券评估机构未按规定时间、内容进行报备的，财政部、证监会、中国资产评估协会将予以通报批评；审计报告应当披露评估业务收入金额以及其中证券业务和非证券业务的收入金额、各类业务应收应付款主要构成、股东借款情况、职业风险基金提取和使用情况；年度报备的上年度评估业务和收入汇总表，所列业务和收入应当按照相关的规定进行统计。

11.7　由大连商品交易所和马来西亚大马交易所联合举办的第四届国际油脂油

料大会在广州召开。中国证监会主席助理姜洋同志出席了会议。姜洋在讲话中充分肯定了我国期货市场发展取得的成绩，表示下一步将进一步强化市场监管，继续支持上市符合国民经济需要、市场条件具备的期货新品种，同时开展了已上市期货品种功能发挥情况的评估工作，做深做精做细期货产品，不断增强期货市场服务实体经济的能力。

11.15　中国证监会副主席刘新华在“2009北京国际金融论坛”上表示，证监会今后要着力加强和改进市场监管，完善对异常交易、违规投资等行为的快速反应机制，依法严厉打击“老鼠仓”、非法公平交易和各种形式的利益输送等违法案件和背信行为，切实增强证券执法的权威性和公信力。

11.16　中国证监会与台湾金融监督管理机构签署了《海峡两岸证券及期货监督管理合作谅解备忘录》。两岸证券及期货监督管理机构将在信息交换、机构设立、协助调查以及人员培训和交流等方面开展监管合作，共同维护两岸证券期货市场的稳定发展。备忘录的签署将进一步推动两岸证券期货市场的交流与合作，便利两岸证券期货业经营机构的相互准入，促进两岸证券期货市场的互利双赢和共同发展。

11.20　中国证监会发布《关于修改〈证券登记结算管理办法〉等决定》，对原《办法》第十四条和第十九条进行了修改，增加中国金融期货交易所依法履行职责时可查询证券登记结算资料，以及中国合伙企业及其他组织形式的企业可作为开立证券账户的主体等内容，自2009年12月21日起施行。

11.21　商务部公布《经营者集中申报办法》，自2010年1月1日起施行。《申报办法》借鉴国外反垄断法的相关规定，在第4条规定了营业额的范围，同时对“在中国境内的营业额”作了规定。

11.24　商务部公布《经营者集中审查办法》，自2010年1月1日起施行。参与集中的经营者的申辩权对于集中审查程序的客观公正性至关重要，《审查办法》明确规定了参与集中的经营者陈述意见和申辩的渠道、方式和程序。

11.25　国务院发布《外国企业或者个人在中国境内设立合伙企业管理办法》，自2010年3月1日起施行。制定本《办法》所遵循的指导思想是，尽量减少审批，简化办事程序，为外国企业或者个人在中国境内设立合伙企业营造宽松的法律环境。

11.26－11.27　中国证监会会计监管工作会议在广东珠海召开，中国证监会党委委员、纪委书记李小雪同志作了重要讲话。会议总结一年来资本市场审计和会计监管工作取得的成绩，全面分析当前面临的形势，并对下一阶段的工作作了部署和安排。李小雪指出，随着我国资本市场的发展壮大，注册会计师行业要紧跟资本市场改革发展和对外开放的新形势，牢固树立忧患意识、机遇意识和责任意识，统一思想，提高认识，积极行动，不断提高审计执业水平，提升资本市场会计信息质量，为资本市场稳定健康发展做出新的更大的贡献。

## 十二月

12.2　中国证监会主席尚福林在“第八届中国证券投资基金国际论坛年度峰会”上强调，今年以来，我国资本市场的内外部环境、形势发生了深刻的变化，特别是我国资本市场与实体经济和国际金融市场联动的不断加强，市场发展面临的外部环境更趋复杂。要坚持以科学发展观统领资本市场的改革发展全局，坚持解放思想、实事求是、与时俱进，进一步明确资本市场改革发展思路，加强和改进市场监管，有效满足实体经济对资本市场服务的合理需求。

12.3　中国证监会主席尚福林在第五届中国（深圳）国际期货大会上发表了题为“稳步发展期货市场，服务实体经济健康发展”的讲话。尚主席指出，当前和今后一个时期，将是我国期货市场由量的扩张向质的提升转变的关键时期。下一步，将重点做好以下几个方面工作：一要强化期货公司中介定位，提升服务产品的质量；二是以做深、做精、做细为原则，推进商品期货品种建设；三是稳妥推出股指期货，完善资本市场运行机制；四是要加强监管，保障期货市场稳定运行；五是加强投资者教育，完善投资者适当性管理。

12.7　中国证监会党委书记、主席尚福林主持召开党委扩大会议，传达学习中央经济工作会议精神，结合资本市场实际，对做好当前和今后一个时期工作做出部署。证监会党委全体成员及各部门负责人参加了会议。尚主席表示，要统一思想、提高认识，全面把握中央经济工作会议精神实质，认真分析当前经济形势及其对资本市场的影响，进一步理清发展思路，明确明年资本市场改革监管的指导思想和重点工作，更加自觉地把资本市场监管工作融入服务经济发展的大局之中。

12.10　国家税务总局发布《关于加强非居民企业股权转让所得企业所得税管理的通知》，自2008年1月1日起施行。明确指出境外投资股权转让所得是指非居民企业转让中国居民企业的股权，不包括在公开的证券市场买入并卖出中国居民企业的股票所取得的所得。

12.14　中国证监会公布《开放式证券投资基金销售费用管理规定》，自2010年3月15日起施行。《管理规定》是针对近年来基金销售过程中由于销售渠道竞争激烈而出现的一些问题，对开放式基金费用收取、费率结构及销售机构盈利模式等予以明确，此举旨在规范基金销售市场秩序，完善基金销售费用结构和水平，促进基金行业健康发展。

12.16　中国证监会公布《中国证券监督管理委员会行政许可实施程序规定》，自2010年2月1日起施行。该《规定》主要修改了以下四个方面：一是调整了适用范围；二是删除了原规定中关于证监会授权“证券、期货交易所”实施行政许可的规定；三是在审查程序上规范了第一次反馈意见的回复，并增加了审查人员与申请人的沟通途径，简化申请人主动撤回申请时的终止审查程序；四是增加规定中止审查制度。

12.24　中国证监会公布《公开发行证券的公司信息披露内容与格式准则第30号——创业板上市公司年度报告的内容与格式》，自公布之日起施行。与主板上市公司年报准则相比，《准则第30号》增加了对创业板上市公司的核心竞争力、研发情况、成长性、无形资产等体现创业板上市公司特点的披露要求，强化了创业板上市公司风险因素、投资及募集资金使用的披露要求，简化和调整了部分内容，以提高信息披露效率。

12.25　财政部发布《关于印发〈金融类国有及国有控股企业绩效评价实施细则〉的通知》，自发布之日起施行。《细则》明确，金融企业绩效评价工作应当遵循综合性、客观性和发展性原则。

12.27　财政部发布《关于贯彻落实〈金融企业国有资产转让管理办法〉有关事项的通知》，进一步规范了金融企业国有资产转让行为，促进了金融国有资产的有序流转。

12.29　中国保监会发布《关于保险机构投资无担保企业债券有关事宜的通知》，明确指出保险机构可以投资境内银行间市场发行的具有国内信用评级机构评定的AAA级或者相当于AAA级的长期信用级别的无担保企业债券。

中国证监会与最高人民法院召开了“期货司法解释研讨会”,研究解决期货交易所指定管辖以及结算担保金等结算财产的司法保护,出台相关司法政策,以进一步为期货市场创造良好的司法环境,保障股指期货交易的平稳健康运行。

12.31　财政部、国家税务总局、中国证监会联合发布《关于个人转让上市公司限售股所得征收个人所得税有关问题的通知》。《通知》规定,自2010年1月1日起,对个人转让限售股取得的所得,按照“财产转让所得”,适用20%的比例税率征收个人所得税。